重读《资治通鉴》

第一卷

傅剑仁 著

战国时期

河北出版传媒集团
河北教育出版社

图书在版编目（CIP）数据

重读《资治通鉴》：1-6卷 / 傅剑仁著. -- 石家庄：
河北教育出版社，2024.6
ISBN 978-7-5545-8573-3

Ⅰ. ①重… Ⅱ. ①傅… Ⅲ. ①《资治通鉴》- 通俗读
物 Ⅳ. ①K204.3-49

中国国家版本馆CIP数据核字(2024)第097076号

重读《资治通鉴》

CHONGDU ZIZHITONGJIAN

作　　者　傅剑仁
策　　划　董素山
责任编辑　汪雅瑛　刘书芳　张　畅　温彦敏
装帧设计　牛亚勋
出版发行　河北出版传媒集团
　　　　　河北教育出版社　http://www.hbep.com
　　　　　（石家庄市联盟路705号，050061）
印　　制　河北新华第一印刷有限责任公司
开　　本　787mm × 1092mm　1/16
印　　张　108.25
字　　数　1350千字
版　　次　2024年6月第1版
印　　次　2024年6月第1次印刷
书　　号　ISBN 978-7-5545-8573-3
定　　价　580.00元（全6卷）

自序

中国历史蕴含中华文明大智慧

我喜欢中国历史，是因为中国历史蕴含着许多天地密码，特别是中华文明的大智慧。

四十岁以后，我读《史记》，是为了填充工作之余的闲暇时间；退休后重读《资治通鉴》，就不是填充退休后的无所事事了，而是缘于学习中国历史的强烈愿望。

读历史使我感觉到，但凡中国人，无论是上过学的或是没上过学的，都在灵魂深处镶嵌着中国历史的符号和印记，都承接了中华文明的大智慧。

我的这个看法，可能很多人不赞成。

但我看，就是这么回事。

比如盘古开天地、三皇五帝、秦皇汉武、唐诗宋词等历史符号，中国人谁的记忆中会没有呢?

再比如，“执子之手，与子偕老”“新婚燕尔”“寿比南山”“一日不见，如隔三秋”“同仇敌忾”“不可救药”“人无远虑，必有近忧”“以小人之心度君子之腹”“先声夺人”“心腹之患”“有备无患”“举棋不定”等成语，会说中国话的人，都能顺嘴说出来。这说出来的，就是华夏祖先用一个一个、一串一串故事书写的中国历史典故。这些成语在中国流传几千年了，成了我们今天的家常话，谁能说不是镶嵌在中国人灵魂中的智慧呢？

还有今天散落在中国各地的祖祠，很多普通人家的家谱、族谱，就是中华文明在民间传承的生动体现。建祖祠，修家谱、族谱，不完全是追寻祖上出过什么大人物，更重要的是追寻祖传的良好家风。家风可不是一代两代能培育起来的，而要历经一朝两朝甚至更长时间的接续培育。一代代传承的家风、家训中，就有大量中华文明的大智慧。

因此说，历史，不仅在史学家出版的著作中，也不仅在老师讲授的课堂上，它也是镶嵌在人们灵魂中的印记和智慧。也可以说，这种历史的印记和智慧，是随民族的血脉而传承的。

当然，灵魂中镶嵌的历史印记和智慧，与喜欢或不喜欢中国历史是两回事，前者是传承下来的，不自觉的；后者是凭个人兴趣使然的，自觉的。

今天，在我们的日常生活中，就能感受到许多远古与今天对接的知识和智慧。

比如，古人不提倡在大房间睡觉；古人喝酒讲究“酒过三巡”，也就是敬酒三次；古人染发，但不提倡连续染；古人赌博，认为一心想赢的却赢不了；古代绘画，青与赤相间谓之“文”，白与赤相间谓之“章”，合起来叫“文章”；古时有十位相马大师，有相马眼睛的，有相马后腿的，都能相出日行千里、夜行八百的千里马；古人也患“富贵病”，“出则以车，入则以辇，务以自佚，命之曰‘招蹶之机’。肥肉厚酒，务以自强，命之曰‘烂肠之食’。靡曼皓齿，郑卫之音，务以自乐，谓之曰‘伐性之斧’。三患者，富贵之所致也”。

正是因为从历史中强烈感觉到了远古与今天的对接，使得我在读《史记》《资治通鉴》时，感觉像是司马迁、司马光两位大师给我面对面授课，他们讲授的语言，就是我们今天讲的普通话、白话，而不是文言文、古语。文言文可能是古人专门用于写书的，这样能节省成本。但如果人们日常说话、人与人交流都用文言文的话，老百姓听不懂，也就不会说话了。

在我看来，远古与今天对接最广泛、最深刻的，当数博大精深的思想文化，即中华文明。

中国是理论家、思想家、文学艺术家、科学家等辈出的国家，儒、墨、道、兵、法等思想理论大家，在不同的历史发展阶段，用传承、发展、创新，形成了中华文明“文而化之”的强大穿透力、渗透力、凝聚力、感染力。“文而化之”的巨大能量，势不可挡。比如，我在本书中写到的“五胡十六国”“五代十国”，被史学家称作中国历史的“大黑暗时期”。就是在这样的时期，中华文明仍牢牢占据思想文化的主场，在与各少数民族的文化交融中，吸纳优秀文化精华，扬弃腐朽文化糟粕，扩大中华文明内涵，书写中华民族的苦难辉煌。尤其是中国历史的南北朝时期，几乎占据黄河以北全部国土的北魏，是个马背上的拓跋族帝国，他们从政府架构、祖祠祭祀，到衣服着装、文字语言等方方面面，全盘汉化，完全融入中华文明的“文而化之”。

因此我认为，以儒学为代表的中华文明，是中华民族宝贵的精神财富。“大学之道”的八个修身步骤，深刻地揭示了一个人、一个家庭与国家密不可分的关系：“物格而后知至，知至而后意诚，意诚而后心正，心正而后身修，身修而后家齐，家齐而后国治，国治而后天下平。”这个格物、至知、诚意、正心、修身、齐家、治国、平天下的修炼步骤，是一个人从无知走上“格物”“至知”，从庸俗走上“诚意”“正心”“修身”，从一家走上“治国”“平天下”的正确路径。这个路径，最终在家国情怀上聚焦。故而我认为，家国情怀就是中国人的信仰！因为从古至今每每高喊“国家兴亡，匹夫有责”的中国人，血脉中就有家国情怀的基因！

战争，是从古至今始终牵动中国人神经的重大问题。下面，我们走进司马光的《资治通鉴》，领略一下华夏祖先在对待战争上的大智慧。

公元626年八月初九，唐太宗李世民登基称帝。八月二十八，东突厥汗国十万大军，打到了唐朝首都长安的渭水西岸。李世民带六位大臣来到渭水东岸，与东突阿史那咄苾可汗对话。对话尚未开始，唐朝多路大军纷纷开来，瞬间“旌旗招展，铠甲耀日，遮蔽原野”。李世民令军队后撤列阵，只身一人留在渭水东岸，准备与阿史那咄苾对话。一看这架势，阿史那咄苾不打了，请求和谈。李世民便与他在渭水便桥上斩白马盟誓，东突厥大军撤走。

事后李世民解释道：当他们请求和解时，可汗一个人停在渭水西岸，其他高官贵族都来见我，我如果摆下筵席，把他们灌醉绑住，而后乘机袭击他们的军队，势如摧枯拉朽。我再派长孙无忌、李靖，在他们北返要道豳州埋伏重兵，张开口袋阵等待，蛮虏逃回时，伏兵在前头痛击，大军在后追赶，消灭他们如同翻转手掌一般。

毫无疑问，本就是战火中打出来的常胜将军李世民，就如何彻底消灭东突厥大军的方案，当时已在他的脑子里形成了，而且看得出来，这个方案完美无缺。

可他为什么不实施呢？

李世民的解释是：我所以不用战争手段，是因为我刚刚登基，国家还不安定，人民仍很贫困，需要安抚休养。一旦跟蛮虏开战，我们的损失一定也多……

李世民的这个解释，传承的是华夏祖先的战争理念！

华夏祖先特别崇尚和平，“和为贵”“和而不同”“和睦万邦”等与“和”相关的理念，与崇尚和平是一脉相承的。打仗，也都打的是“义战”，即符合道义、得道多助的战争。诚如汉朝名将陈汤所说：“犯我中华者，虽远必诛！”前提是“犯我”，你不“犯我”，我不“犯你”，你若“犯我”，你逃得再远，我也要把你消灭！

东突厥汗国十万大军打到渭水西岸，不是“犯我”吗？为何不反击？

李世民给出的理由是，在国家尚不安定、人民仍很贫困的情况下，反击的时机不成熟，尚需“把自己的事做好”。但他并没有说此仇不报！

两年后的公元628年，李世民下令对盘踞在今陕西绥德、延安、甘肃庆阳的梁国发起毁灭性攻击。原因是，唐王朝建立后，投靠东突厥汗国的梁国从东突厥汗国搬兵，不断点燃战火，掠夺唐王朝的土地和人民。如今梁国被歼灭了，你东突厥扶持梁师都称帝、派大军支援梁国攻打唐王朝这笔账，不能抹掉吧？西突厥汗国请求与唐王朝和解，你东突厥汗国却百般阻挠这笔账，不能抹掉吧？还有李世民刚登基，你东突厥十万大军就打到唐朝首都的渭水西岸这笔账，也不能就这么算了吧？公元629年，李世民在消灭梁国后，把东突厥汗国“犯我”的旧账、新账一起算，派李靖为远征军作战司令，发起对东突厥汗国的进攻，将东突厥汗国彻底击溃，把阿史那咄苾可汗俘获押解到长安。至公元630年三月，“瀚海沙漠以南，遂无敌踪”。

……

无须解释什么了，华夏祖先诸多智慧的传承，正是我喜欢中国历史的根本原因！

我以为，一个人的大智慧，要从中国历史中去汲取！

《重读〈资治通鉴〉》一书，完全遵照司马光的记载，将在我看来读者应该知道的重大历史事件、历史节点、历史人物等都写到了；而司马光记载简略的，我则到相关历史典籍中取材，力求写得清晰一些，丰满一些。尤其是前三卷，司马光在不少年份记的是“本年无记载”，所记载的也大都取材于《史记》。司马光所记载的秦始皇在位十一年，只有2325个字。如此简略，是无法让人认识千古一帝秦始皇的。因而我常到《史记》中向司马迁请教，引用司马迁的记载多一些。《史记》之后的历史，司马光的笔端放开了，写得很丰满，很有趣，我的笔端继续跟进，到司马光的《资治通鉴》里取舍。至于取舍得是否恰当，与我的学识有关，只能由读者评说了。同时在撰写书稿的过程中，我参考相关文献对一些古代官职和机构进行了个人解读，主要是便于当下读者对古时官名的理解。能力所及，疏误之处在所难免，敬请专家读者批评指正。

《重读〈资治通鉴〉》的出版发行，得到很多朋友的热情鼓励和支持，特别是学者型领导陈少军、河北教育出版社社长董素山、河北福美文化交流公司吴永辉，他们学识渊博，见解独到深刻。陈少军还在2022年工作之余，逐字逐句读了一遍古文版《资治通鉴》。他们断不了以“探班”的方式邀我茶叙，与我探讨一些重大的历史问题，使我深受启发。还有马校帅、郑阳两位小朋友，在工作之余为我打印校对文稿。后期跑出版社交涉有关事宜，郑阳替我做了大量工作。在此，一并表示衷心感谢！

傅剑仁

2023年7月30日

目录

第一章 三家分晋开启战国大幕

周朝取代商朝后，周天子是“天下共主”，由他按公、侯、伯、子、男的等级分封天下……

晋国首任国君唐叔虞，是周武王姬发之子，国号初为唐，后改为晋……

春秋时期，晋国“并十七，服三十八”，城濮之战击败楚国，一战而霸……

但晋平公之后，晋国范氏、中行氏、智氏、赵氏、魏氏、韩氏为争夺晋国的控制权内斗，范氏、中行氏败亡……

公元前403年，赵、魏、韩三家灭智，晋国从此分为三国……

“三家分晋”标志周王朝没落

曾几何时，周王朝是何等的权势，“天下共主”周天子张嘴分封百国千国，盘踞各地的酋长、首领，一夜之间换装君袍、王袍。分封到晋国的第一任国君唐叔虞，是周武王的儿子、周成王的弟弟，血统的尊贵使得晋国在春秋天下分外耀眼，始终站在“春秋五霸”的平台，高举“替天子讨不庭”的大旗，对其他国家进行讨伐。

但是，周王朝的辉煌，被周幽王为逗褒氏一笑——烽火戏诸侯——一把火烧断了，被父亲周幽王追杀而被姬姓诸侯国扶进天子殿堂的周平王，把周王朝的香火接续起来，史称东周王朝，也即是孔老夫子编纂《春秋》下笔之处的“春秋之乱”。“春秋之乱”乱的是儒家礼制，一乱便四处蔓延，不可收拾。这不，公元前403年，周武王儿子唐叔虞的晋国，被赵、魏、韩三家分了。

晋国踏着“春秋之乱”的节拍，早就乱成一锅粥了。先是六卿，即范氏家族、中行氏家族、智氏家族、赵氏家族、魏氏家族、韩氏家族的六个上卿，把晋国的权力、利益瓜分了，连国土也只剩一小片。晋国名义上的国君，只是像个看客一样，在一旁看着六卿为争权夺利而打斗，偶尔出面当一回和事佬，但说话谁都不听了。范氏、中行氏两家的气力耗尽后，智氏、赵氏、魏氏、韩氏四家接着斗。从他们打斗的情况看，智氏家族占上风，掌握晋国政府大权。

司马光写道：智姓家族族长智申指定儿子智瑶当继承人，遭智姓家族的长老反对，说智瑶有五项超人的优点，只有一项缺点。五项优点是：一表人才、精于骑射、通晓各项技能、文章流利、坚决果断。一项缺点是：胸襟狭窄、刻薄寡恩。

司马光又写道：赵姓家族族长赵鞅有两个儿子，长子赵伯鲁，幼子赵无恤。赵鞅在决定继承人时，比较谨慎，于是想了一招，在两块竹签上刻一段很普通的训诫，交两个儿子研读收藏，并反复告诫他们“要切记在心”。三年后，赵鞅考两个儿子，问他们研读情况。长子赵伯鲁张口结舌说不出来，竹签也早弄丢了；幼子赵无恤却背诵如流，竹简也立即能从袖子里掏出来。赵鞅于是指定赵无恤当继承人。

接下来。司马光没有写三家如何分晋，而是对人的德、才大发宏论。

司马光说：才能和品德是两码事，普通人很难辨别，看到一个人能干，就称赞他贤明，于是常常看错人。才能的意思是：聪慧、明察、有魄力、坚韧不拔，即“聪察强毅”；品德的意思是：公正、公平、不偏不倚、平和温暖，即“正直中和”。才能是品德的资本，品德是才能的主宰。

司马光又说：才能和品德兼备，就是“圣人”；才能和品德全都没有，就是“愚人”；品德胜过才能，就是“君子”；才能胜过品德，就是“小人”。

司马光还说：任用一个人担当大任，如果物色不到“圣人”“君子”，与其用“愚人”，也不能用“小人”。为什么呢？因为“小人”有才能去干坏事，那是一种灾难。而“愚人”想干坏事，智慧和才能不够。

看了司马光这番宏论，“三家分晋”的走势，也就可想而知了。

掌握晋国大权的智瑶，与韩姓族长韩虎、魏姓族长魏驹聚宴。酒席桌上，智瑶戏弄韩虎，侮辱韩家的秘书长（相）段规，韩虎把这口气咽了。不久，智瑶向韩虎要求割让领土，韩虎非常生气，打算拒绝。段规劝他说：智瑶要土地你不给，必然向你发起攻击，那就是你的灾难。给了他，他必然如法炮制，向别人索要土地，别人不给，战争就会打响，而你在这个时候可坐以待变。这“坐以待变”，即是战争打起来以后，根据战场态势，决定帮谁灭谁。听了段规的建议，韩虎又咽下这口气，把一座拥有一万户的城市送给了智瑶。

占了这么大便宜后，智瑶又向魏驹要求割让领土，魏驹也非常生气，打算拒绝。他的秘书长（相）任章劝道：正因为智瑶强迫我们割地毫无道理，我们才应该割让给他，这一来，我们被害的几家才能真诚团结起来，共同将他击溃。任章还引用《书经》上的话说：“将击溃他时，先使他恶贯满盈；将灭亡他时，先喂他一点东西。”（将欲败之，必姑辅之；将欲取之，必姑与之。）听了任章的劝告，魏驹也将一座拥有一万户的城市送给了智瑶。

智瑶更加膨胀了，转过脸去，点名要赵家的皋狼（今山西省吕梁市离石区），赵家族长赵无恤明确予以拒绝。习惯了张嘴要、别人就给的智瑶，哪能容忍赵无恤反抗，于是联络韩、魏向赵家发起攻击，赵无恤只好逃跑。

逃到哪里好？司马光记载：有人认为长子（今山西省长子县）近，那里的城堡又刚刚修好，建议去长子。赵无恤不同意，说：“长子刚完成巨大工程，人民已精疲力竭，再要他们卖命守城，谁会这么傻？”有人建议去邯郸（今河北省邯郸市），赵无恤说：“邯郸的官员已经剥夺了人民的财富，如今我们再去剥夺人民的性命，谁肯帮助我们？”赵无恤决定逃回赵家的老根据地晋阳，因为晋阳郡政府待人民宽厚，人心能够归附。

智瑶率韩、魏兵团，把晋阳包围起来，决汾水灌城，使得晋阳城像浮在水上的一条船。晋阳城内的情况很糟，百姓的炉灶都被水泡塌了，到处是鱼蛙，但民众决心死守，战斗意志空前统一。智瑶面对波涛翻滚的水面，对陪伴在左右的韩虎、魏驹说："到今天我才知道，水可以亡人亡国。"

听智瑶这么一说，魏驹用手肘轻轻碰了一下韩虎，韩虎用脚也轻轻碰了一下魏驹。是呀！汾水可以灌晋阳，不是也可以灌安邑（今山西省夏县，魏家根据地）、平阳（今山西省临汾市汾西县，韩家根据地）吗?

在这里，司马光记述了一个细节。智瑶的智囊絺疵警告智瑶"韩、魏两家可能叛变"并分析了原因。智瑶非常自信，立马把韩、魏两家族长召来问询。在这种情况下，两族长只能表演自己如何与智瑶一心，期盼分享灭赵后的领土了。絺疵一看智瑶把自己卖了，以出使他国为由跑了。

恰在这时，困守危城的赵无恤，派出秘密使节会见魏驹、韩虎，三方一拍即合，决定反击智瑶。到了约定时间，赵无恤派出精兵，突击智家守军，反决堤坝，汹涌的大水倒灌智家军阵地，智家军大乱，自顾逃命。韩、魏两家军队，乘机从两翼夹击，把逃命的智家军杀得尸横遍野。赵无恤亲率劲旅从晋阳城杀出，生擒智瑶，立即斩杀，智姓家族全部被屠灭。

公元前403年，赵、魏、韩三家瓜分智家领土，周王朝第三十八任天子威烈王姬午，诏令魏斯任魏国国君、赵籍任赵国国君、韩文任韩国国君。

周武王分封给儿子唐叔虞的晋国，被赵、魏、韩三大家族瓜分了，晋国只剩一小片国土。

战国天下的大幕，由此开启。

司马光对“三家分晋”痛心疾首

司马光的巨著《资治通鉴》，下笔的起始点，是公元前403年的“三家分晋”。

一下笔就是“三家分晋”，司马光痛心疾首！因而“三家分晋”是怎么分的，三家各分得多少土地等内幕一字没写，便用“司马光曰”大发宏论。

司马光痛心疾首的聚焦点，直指周天子给瓜分晋国的三家族长封为国君！直指的意蕴是：是你周天子亲自破坏礼教和天下的规矩！

是啊！周文王、周武王推翻商纣残暴统治的伟大创举，周公旦讨伐不庭的王室宣威、成康两王治理天下的四海咸服，穆王远征四夷的开疆拓土，不就是高举礼教大旗吗？周天子一张嘴分封成百上千个国君，不就是依据礼教规矩吗？可是赵、魏、韩三家严重践踏礼制，不把晋国国王当回事，瓜分了晋国的土地，你周天子不召集天下各国共同讨伐，反而给三家的族长颁发国君的帽子，你这不是带头违反礼教规矩吗！

司马光说：天子最重要的职责，莫过于遵守礼教，而礼教中最重要的，是官位，官位中最重要的，是名分。什么是“礼教”？礼教就是纲纪。什么是“官位”，官位就是君主、臣民。什么是“名分”？名分就是官爵在政府中的关系位置。

接下来，司马光论述礼教的核心。

我在这里提醒读者朋友：对于司马光的如下论述，请予以特别关注！

司马光先提了一个问题：四海之广，亿万之众，却被高高在上的某一个人控制，人民纵有盖世武功，纵然有高度智慧，都心甘情愿听从他指挥，为他奔走服役，原因何在？

司马光自答：原因就是有严格的“礼教”和严格的“纲纪”。具体的表现方式是：天子统御三公（宰相或宰相以上的官员），三公统御封国国君（诸侯），封国国君统御国务官（大夫），国务官统御人民。这种统御节节相扣，层层控制，权贵支配贫贱，贫贱接受权贵支配；高官贵爵之驱使小民，犹如身体之支配胳膊腿脚，树干之支配树叶；小官小民之侍奉高官贵爵，犹如胳膊腿脚之保卫身体，枝叶之保护树干；这样上下相保，国家才能平安治理。

在这里，我们向司马光提一个问题：凭什么四海之广、亿万之众，为高高在上的一个人奔走服役？

司马光搬出《易经》作答。他说：周文王给《易经》写序，认为乾（阳）坤（地）属于第一第二顺序。孔老夫子的解释是：天至高至尊，地至低至贱，阴阳已经定位。高者自高，低者自低，贵贱同样已经定位。君王、官员、人民之间的关系定位，跟天地之间的关系定位一样，不可改变。

说白了，就是六个字：人的命，天注定。

司马光解释礼教的内涵，就是上天注定的高低贵贱名分，神圣不可侵犯。为此，他特地讲了孔老夫子曾经处理的一件事。

春秋时期，齐国攻击卫国，在新筑（今河北省大名县）会战，卫军大败，新筑一个叫于溪的村民，召集大家奋起反抗，击退齐军，救出卫国当权的国务官孙良夫。于溪立了大功，卫国奖励他一个邑（村落），于溪不想要，他想要国君批准贵族才可以使用的佩戴在马脖子上的红缨。孔老夫子认为，宁可多给于溪几个邑，也不能允许他使用红缨。原因是：像红缨这种表示名分和身价的东西，不能给不配使用红缨的人。

看到了吧，司马光奉行的礼教是：天注定你是地位低下的贱民，你就只能世世代代“贱民”下去，纵然你具有高超的智慧，纵然你为国家立有天大的功勋，你也永远是贱民。而反过来，纵然高高在上的某个人是天子、贵爵、官吏，这个人哪怕是个白痴、恶棍、文盲，什么也做不了，甚至什么也没做，也永远是统御四海之广、亿万之众的天子、贵爵、官吏，且子子孙孙永续接替。

再看司马光与宋神宗赵顼的一段对话。

赵顼：“公元前2世纪的西汉王朝，如果一直守着它第一任宰相萧何制定的法律规章，不加改变，你认为可以吗？”

司马光：“当然可以，岂止西汉王朝可以，即令公元前20世纪的那些君王和夏商周王朝所制定的法律规章，一直用到今天的话，也都是完善的。”

司马光最后的结论是：祖宗所制定的法律规章，绝不可有任何改变！

我以为，宋神宗赵顼也不可能认同司马光的看法！

司马光是正统的儒学大家，他对周天子不兴兵讨伐分晋的三家，而是擢升三家族长当封国国君的做法非常气愤，进而认为，并不是赵、韩、魏三大家族破坏礼教，而是天子本人破坏礼教！

秉持这样的心态，编撰历史巨典《资治通鉴》的司马光，所要把持的写作方向，无疑是儒学的、礼教的、名分的。

但是，建立大汉王朝的高祖刘邦，一个村里游手好闲的混混，他哪里有帝王血脉的传承？《资治通鉴》从战国时期一直写到大宋王朝建立的一千三百六十二年中，数都数不清的皇帝中，有一个是从周王室的天子那里接续的血脉传承吗？

这就是历史的铁定事实，司马光的笔端走向，不得不“适应”！对此，我们读《资治通鉴》，也能读得出来。例如，儒学大家王莽，严格遵从儒家规矩，从历史典籍中翻出许多不为人知的儒家古制，大肆仿照复古的做法，司马光的笔端没有给予肯定、欣赏，而是鄙视、批判。

这就是司马光撰写《资治通鉴》的“适应”。

通过以上所写，我想告诉读者朋友的，是读《资治通鉴》应把持的一个总体方向。《资治通鉴》中经常出现的类似皇帝死后的谥号怎么定，皇帝的爷爷、父亲、母亲如何追赠谥号，等等无聊的问题，司马光花费大量笔墨记述臣僚之间如何辩论、扯皮，都与他把持的这个写作总体方向有关。我给读者朋友的提示是：读《资治通鉴》遇到此类记述，翻过去就好了。

另外，在司马光的《资治通鉴》里，战国的开始阶段写得比较简略，不少年份记的是“本年无记载”。其实战国天下是极其丰富精彩的，“百花齐放，百家争鸣”最早就出现在那个时期。我在写作中为求丰满一些，便到《史记》中向大史学家司马迁请教，还常到《战国策》等史典中取材。因为战国、秦汉的历史，司马光虽都有记载，但比较简略，所记的也大都取材于《史记》，故引用司马迁的记载较多。

在此，特向读者朋友禀告。

第二章 七雄解码的战国活力

春秋没落的密码，掌握在战国手里……

华夏老祖宗为春秋创立的礼制，春秋后期就已经不适应了，甭说春秋五霸，就连为周王朝举礼制大旗的鲁国，都带头践踏礼制……

礼制，已经成为社会活力的束缚……

于是，君王站出来，权臣站出来，大夫站出来，士人站出来，庶民站出来，为活力而战……

于是，战国七雄用各自的崛起，解码战国活力……

于是，战国天下精彩纷呈，活力迸发……

但这活力是双刃剑，剑的另一刃是血腥……

魏国的解码是“王道”

公元前403年，晋国的魏、赵、韩三大家族，把另一智姓家族灭了，并瓜分了智家的土地和财产。实际是，进一步瓜分了晋国的土地和财产，晋国从此分为魏、赵、韩三国，并得到周王朝的认可和册封。

魏国的第一位国君文侯魏斯，就这样带领魏国闪亮登场，走进战国。

从地理位置看，魏国地处物产富饶的中原地带，一马平川，几乎没有水旱之灾，但凡风调雨顺，大地就能给国人奉献丰硕的果实。

从文化积淀看，魏国是春秋时期中华文明进化的主要演绎场，儒、墨、道、法、兵等思想文化，轮番登场，相互碰撞，极大地提升了中原地区的文明水准。因而，魏国跨进战国门槛，是战国开局的王者来兮。司马光特地写了几件小事，予以铺垫和佐证。

一件是：魏国有位德高望重的老学者，叫段干木。文侯魏斯每次路过段干木的住所时，都低头致敬——有人看到时低头致敬，黑夜里没人看到，也低头致敬。

另一件是：魏斯与臣僚喝酒，杯来盏去喝得十分高兴，突然天降大雨，魏斯想起与虞人约定的打猎，因下雨应当改期了，便备马出发，前去告之。左右官员一齐劝说：“大家喝得正高兴，你就别去了。”魏斯说：“约定了打猎时间，我不去跟他说，人家会冒雨等，怎么能不去呢？”

还有一件是：魏国攻陷中山国后，魏斯打算把中山国的土地作为儿子魏击的封邑，但也心有顾忌，便在上朝时征求臣僚的意见。几乎所有臣僚都夸他是仁慈的君主，只有大臣任座谈了不同看法，说：“你得到土地，不封给你弟弟，而是封给你儿子，这怎么称得上仁慈呢？”魏斯一听立马翻脸，任座便赶紧退出。魏斯自找台阶，问大夫翟璜，自己到底是个什么样的君主？翟璜回答说：“臣闻君仁则臣直。向者任座之言直，臣是以知之。”他说的是，君主仁慈，臣僚才能正直。任座那么直率地对您提出批评，这不正说明您是仁慈的君主吗！魏斯听了很舒服，派翟璜请任座回来，并亲自下台阶迎接。

不仅如此，魏国从秦国手里抢得西河重镇阴晋后，设西河郡。为使当地的秦人归附，进一步弘扬王者之道，魏文侯魏斯把当时的名士大儒请到西河，设稷门学宫，让这些大学者齐聚西河讲学传授。汇聚到这里的，有百岁大儒子夏，有子夏的弟子公羊高、穀梁赤、段干木，还有子贡的弟子田子方，等等。如此众多的大儒齐聚西河，形成了儒学史上著名的“西河流派”。

司马光写这一连串小事，想要说的是，魏文侯施行的是王道。“文侯由此得誉于诸侯”，“四方贤士多归之”。

是的，在魏斯的麾下，儒学大家子夏、田子方、段干木等人，治国雄才李悝、翟璜、西门豹等人，战将吴起、乐羊等人，在政治、军事、治国理政等方面施展才华，使得魏国在战国的开局之中陡地雄起。

“西门豹治邺”，便是魏斯为君时创作的历史佳话。

邺，古地名，今邯郸临漳县，是魏国抑制赵国南进中原的战略要地。魏斯选择西门豹为邺令。

史载：西门豹一上任，便“会长老，问民之疾苦”。

令西门豹深感震惊的，竟是“为河伯娶妻”的怪事！

邺地常有水灾，当地官员、三老便拿“为河伯娶妻”敲诈百姓，说：“即不为河伯娶妻，水来漂没，溺其人民。”不仅如此，每年搜刮百姓钱财几百万，用其中的很少一部分为河伯娶妻，其余的装进了这些贪官、三老和巫婆的私囊。不仅如此，每到为河伯娶妻的日子，巫婆以为河伯选妻为由，到庶民人家巡查，选中漂亮女子便下聘礼，为她洗头、做新衣裳，并在河边搭个帷帐，让女子住进去斋戒。当地官员、三老和巫婆装神弄鬼地搞一套祭祀仪式，大吃大喝十几天后，把女子放在一张装饰点缀好的床上，再将床放在河中漂浮，漂不了多久便沉了，按巫婆的话说，就是被河伯娶走了。不管河伯要不要年年换妻，当地的官员、三老、巫婆都要每年给他送一个。因而当地有女儿的人家，特别是女儿长得漂亮的人家，纷纷带着女儿逃走。

西门豹治邺，便拿这一怪事开刀。

到了为河伯娶妻的那天，西门豹来了，他也要送送这个女子。

当地官员、三老、有钱有势的人，以及一个老女巫带着十来个小女巫，打扮得花枝招展地来了，看热闹的群众数千。

西门豹说：“叫河伯的新媳妇过来，我看看长得漂亮不漂亮。”

女巫扶着一个女子走出帷帐，来到西门豹面前。

西门豹认真端详了一番这个女子，然后转身对官员、三老和围观群众说：“这女子长得不漂亮，那就麻烦大巫婆去向河伯禀报，重新找个漂亮的女子，过几天送去。”

西门豹这么一说，跟随他的差役便抱起大巫婆扔到河里。

正在大家惊愕不已时，西门豹开口了，他说：“大巫婆为什么去这么久，叫个弟子去催催她。”

差役们抱起一个小女巫扔到河里。

过了一会儿，西门豹说：“这弟子为什么也这么久，再派一个去催催。”

差役们又抱着一个小女巫扔到河里。

还不见回来，西门豹又叫差役往河里扔了一个小女巫。

扔了三个小女巫后，西门豹对跟在他身后的三老和当地官员说：“巫婆和她的弟子都是女人，不能把事说清楚，还是请三老走一趟吧！”

差役们抱起三老扔到了河里。

三老被扔进河里以后，西门豹弯着腰且微垂首，一副恭敬虔诚的样子，等着三老回来。久等不来，便转身对当地官员和富豪说：“巫婆、三老都不回来，要不请你们走一趟？”

当地官员和富豪早已吓得魂飞魄散，听西门豹这么一说，纷纷跪地叩头，叫停都停不下来。

从此以后，邺地官员以“为河伯娶妻”为由搜刮民脂民膏的事没人敢提了，延续多年的恶习刹住了。

西门豹征发百姓兴修水利，开挖了十二条渠道，旱时引黄河水灌溉农田，涝时以渠道排涝，邺地百姓旱涝无灾，政府财力宏厚，邺地成了抗击赵国军队南进魏国的坚强屏障。

邺地兴旺富裕了，但诋毁西门豹的声音不断传到魏文侯的耳朵里，说邺地官仓无存粮，府库无金银，武库无兵器，百姓对西门豹怨声载道。魏文侯没有听了就信，而是到邺地考察。当打开粮仓、府库、武库，真的看不到存粮、兵器和金银后非常愤怒，要对西门豹问罪。

西门豹解释道：官仓无粮，是因为粮食积储在百姓家里；府库无银，是因为金银都在百姓兜里；武库无兵器，是因为邺地人人皆兵，武器都在百姓手中。为了让魏文侯相信，西门豹登上门楼敲击战鼓，把百姓拉出来搞演习，以便让魏文侯看看他所说的是否属实。战鼓一击，百姓披盔戴甲，手执兵器，迅速集合到楼下；战鼓再击，又从四面八方涌来百姓，用车装着粮食来到楼下集合。

一看这阵势，魏文侯高兴极了，连连称赞，并叫西门豹停止演习。西门豹不干，他也许想起了周幽王烽火戏诸侯的历史悲剧，坚持要把演习搞下去，否则百姓受骗，以后就不好再动员了。

魏文侯不好制止。于是西门豹提出，燕国常来邺地侵扰，掠杀百姓和财物，不如把这次演习直接变成对燕国的进攻。魏文侯同意，西门豹便率领民众组成的军队攻打燕国，大获全胜，不少被燕国夺走的土地被重新夺回。

被魏文侯召到麾下的还有吴起，这可是战国初期赫赫有名的战将。战国的历史证明，哪个国家得到吴起，哪个国家就战无不胜。

吴起，卫国人，少年家贫，但志向宏大，四处求学，以图在官场上施展才华。离家与母亲诀别时，吴起咬破手指，向母亲立下血誓：不当上公卿将相，绝不踏回卫国一步。吴起先是投奔到儒学大师曾子门下，潜心学习儒术。不久其母亲去世，吴起信守誓言，没有回家奔丧。曾子容不得吴起如此不孝，断绝了与吴起的师生关系。吴起没辙，学儒不成，只好改道赴鲁，还是不踏回卫国一步。

吴起到鲁国后，改习兵法，谋略大增，得到鲁国国君赏识，想拜他为将，却遭到一些小人阻挠，挑唆说：吴起的妻子是齐国人，将来齐鲁一旦发生战争，吴起不会效忠鲁国。那意思很明确，除非吴起想法断绝自己的后路，不会成为鲁国的后患，才能重用。吴起为了实现自己对母亲发过的血誓，忍痛把妻子杀了，以表达自己对鲁国的忠诚。于是，鲁国国君拜吴起为将，吴起不负重托，在与齐国作战中出战即胜，威名大震。

司马光写道：吴起身为大将，却跟最低微的士兵同甘共苦，穿一样的衣服，吃一样的食物，睡觉时不架床，和士兵一样睡在地上，行军时徒步，绝不骑马。公元前400多年的中国，将军与士兵是有天壤之别的，一个横刀立马的将军，与最低微的士兵同甘共苦，仅此描写就足以看出吴起与众不同的性格、品质。

更撼人心魄的，是吴起的那个故事。

行军途中，吴起看到一个士兵肩上长着疽疮，已经化脓，吴起亲口为那个士兵吸吮脓血。这个士兵的母亲听说后失声痛哭，说“吾儿必死”。这位母亲当然不会记恨吴起用嘴为她儿子吸吮脓血，但她非常清楚，从此以后她的儿子就会为吴起卖命，战死沙场。因为这位母亲的丈夫也曾是吴起手下的士兵，也长疽疮化脓，也是吴起亲口为他吸吮脓血，之后他便冲锋陷阵，战死在沙场上。不难想象，一位统率数十万雄兵的战将，一位在兵勇群中威风八面的将军，为一个如草如芥般的士兵吸吮脓血，这样的将军统领的军队，能不所向披靡、战无不胜吗!

吴起的名气大了以后，鲁君身边的小人又出来诋毁了，他们不仅搬出吴起杀妻的残忍问题，而且搬出他母亲去世不回去奔丧的不孝问题，还搬出“小小鲁国能破强敌，将招致各国联合进攻”的歪理，动摇鲁君再用吴起的决心。鲁君糊涂，罢免了吴起的将军。吴起不得不走了——不走将有杀身之祸。

逃到哪里去呢？魏国的魏斯贤明，就到魏国去吧。

魏国得吴起为将，首战秦国，占五座城池而返，打得秦国不敢向东进犯；再战韩、赵，打得韩国、赵国对魏国唯命是从。

公元前389年，秦国集结五十万大军向东杀来，在魏国重镇阴晋城外列阵布营。魏文侯慌了，问吴起如何是好。吴起则胸有成竹，只派出五万精兵迎战。

吴起这五万精兵，是他精心训练出来的“魏武卒”。每次打了胜仗后，吴起都请魏文侯举行庆功宴。宴会上，在战场立了“上功”的士兵坐第一排，桌上有牛、猪、羊三牲，餐具是金银制品；立了“中功”的士兵坐第二排，桌上有猪肉，餐具是铜制品；没有立功的士兵坐第三排，不上肉，餐具是陶制品。宴会结束后，在大门外对士兵的家属论功行赏，当然也是赏立了“上功”“中功”的士兵家属。

如此持续了多年，立了“上功”的还想再立功，立了“中功”的想立“上功”，没有立功的都摩拳擦掌，想上战场立功。面对秦国的进攻，五万渴求立功的士兵像饿虎一样，一个个拼死搏杀，以一当十，把秦国的五十万大军打得落花流水，也创造了战国史上以少胜多的著名战例。

魏国在战国开局中的崛起，延续了春秋的道义，上演的是王者之道。

所谓王者之道，是君主贤明，奉行德治；能招揽治国理政的各路人才，使之各尽其用；尊崇义战，即复仇之战，征伐他国，也不用战争的手段斩尽杀绝、断了人家的祭祀等。

史学巨匠司马光是王道的推崇者，因而在他的刀笔之下，挑选的历史事件更多的是王道之为。

魏、韩、赵是从晋国分离出来的兄弟之邦。史载：韩国与赵国关系生变，双方都想攻击对方，觉得战胜的把握不大，便拉魏国加盟。先是韩国拉魏国进攻赵国，魏斯明确拒绝，说魏、韩、赵是兄弟之邦，我不能帮一个兄弟去打另一个兄弟。后是赵国拉魏国进攻韩国，魏斯还是用同样的话拒绝。拒绝，使得韩、赵非常愤怒，但当时间消弭了这种愤怒的情绪之后，特别是知道魏国不帮一个兄弟打另一个兄弟的立场后，韩、赵两国的君臣非常感动，主动到魏国朝觐。

朝觐，是对王者的尊崇；主动朝觐，便是打心里认定被朝觐者为王者，为老大。

但春秋延续下来的王道，到战国不灵了，战国奉行的是霸道。

所谓霸者之道，奉行的是专制，是强权，是以强凌弱，是以大欺小。比如战争，春秋视战争为荣耀，士大夫以参战为荣；战场有血性而无血腥，讲究战争礼仪；作战的时间很短，一旦决出胜负，便收兵回撤，绝不赶尽杀绝。战国就不同了，一场战争常常一开打就是几个月甚至几年，杀人无数，还将几十万俘虏活埋，攻下城池后屠城等野蛮行径，成了战国时期的军事常态。

但司马光还是把魏国的衰落，归咎为王道的没落。

如司马光写魏斯的儿子魏击的一件小事，便能看出他的笔端走向。

魏击，即魏斯之后的魏武侯，还是太子时，在路上遇到田子方，便急忙下车，在道旁下拜。田子方没搭理他，旁若无人地从他身边走过。魏击火冒三丈，拦住田子方质问："普天之下，是富贵值得骄傲，还是贫贱值得骄傲？"

田子方则回答说："这还用问，当然是贫贱的人可以骄傲，富贵的人怎能骄傲呢？"

田子方接着教训魏击："国君骄傲则失去他的封国，大夫骄傲则失去他的家族。像我们这些贫贱之辈，进言不被采纳，行为不合主人的要求，那就简单了，穿上鞋走人，反正走到哪里都是一样贫贱。"

光脚的不怕穿鞋的，战国就是这样的世道。

史学巨匠刀笔下的这么一个细节，要说明的是王道的没落。儒学大家、站在士人行列游说八方的田子方，该还礼不还礼；太子魏击因田子方不还礼而火冒三丈，还拦着人家理论。这两个人的做法，都背离了王道的礼数。

还有一个细节是这样的：魏武侯魏击在黄河乘坐御舟顺流而下，看到河水奔腾，峭壁夹岸，非常兴奋，对同行的将军吴起说："多么美丽的锦绣江山啊，固若金汤，这可是我们魏国的至宝啊！"

吴起回答说："我不认为地理形势有多么重要，国家的安危，在领导者的品德，而不在关隘的险阻。”他联系历史上三苗部落左有洞庭湖、右有鄱阳湖，关隘险阻万无一失，却因领导者的堕落昏庸而被消灭，以及夏王朝、商王朝都有关隘险阻，却因领导者暴虐无道而覆灭的历史，强化王道的核心要义：国家的安危，在领导者的品德，而不在关隘的险阻。

这些看似不起眼的细节，都发生在魏武侯魏击身上，接下来史学家要揭示的，是魏国的继承人，之所以没有继续魏国的强大，是因为其背离了王者之道。

推崇王者之道、令魏国威震战国天下的战将吴起，在魏击手里被陷害而出逃。

魏国丞相叫公叔，他的妻子是魏国公主。自己是当朝丞相，老婆是当朝公主，地位之高，权势之大，可想而知。但面对战功赫赫的吴起，公叔总感觉底气不足，总担心自己丞相的交椅被吴起坐了。于是，设下一串陷阱陷害吴起。

公叔先是对国君魏击说，吴起是一位了不起的英雄，是一个难得的治国安邦之才，只是魏国是一个小国，恐怕留不住他，而留住他的唯一办法，是许配给他一个公主，使他成为魏君的女婿。待魏击一同意，第二个阴谋便出笼了。公叔邀吴起到家里做客，同时请公主作陪。酒食桌上，公主按公叔的授意对吴起百般侮辱，历数他出身贫贱，母亲死了不回去奔丧，为求做将军杀死妻子等罪过。公叔则在一旁帮腔，择要害处对吴起进行侮辱。吴起始料不及，气呼呼地跑到魏击那里，明确表示无法消受公主这个金枝玉叶。魏击一听傻了，不敢相信自己的耳朵，堂堂一国之君的女儿，想叫谁做女婿不成？挑上谁是谁的福分。可吴起竟明确表示拒绝，这能使魏击相信自己的耳朵吗？

望着魏击那惊愕的眼睛，吴起这才醒过味来，发现这是一个阴谋，自己已经上当。从国君府一出来，吴起便跑了。

治国良将吴起被逼走了，之后的军事家孙膑被剜去双膑而逃离，再后来是可以扭转乾坤的商鞅又被排斥出魏国，再后来是创造“远交近攻”大战略的范雎被屈打逃出魏国。如此往下走的魏国，能在强国的行列站立而不出局吗！

司马光把魏国的陡地崛起与快速衰落，聚焦于实行王道与否，其实战国就是这样，不认王道，只认霸道。

秦国的解码是“变法”

秦国，是春秋时的西域强国，站上过春秋霸主的舞台。

但是，秦国一直被中原国家瞧不起，认为是蛮族部落。直到历史走到战国时的公元前362年，中原各国召集的会盟，仍把秦国排斥在外。

秦国占据黄河和崤山西边的大片土地，而东南边便是齐、韩、赵、魏、燕、楚六个强国，以及许多小封国。魏国为了防拒秦国，从陕西华县沿洛河到陕西绥德修筑了一条长城；而楚国占据的自汉中经重庆到湖南沅陵的大片土地，又把秦国挤压在贫瘠的黄土高原。也就是说，直到战国中期，秦国仍看不到雄霸天下的出路。

秦国的历史，在秦孝公嬴渠梁手里被改写了。

严格说，是战国的历史被改写了。

嬴渠梁是秦献公的儿子，他披上秦孝公君袍时，只有二十一岁。

秦孝公改写历史的举措，只有一招，即招募人才。他如是说：“宾客群臣有能出奇计强秦者，吾且尊官，与之分土。”秦孝公公开征聘贤才的范围，包括秦国的，还包括天下的。换句话说，即当时战国天下的贤才，秦国都聘以重任，不仅可以当高官，而且封食邑，待遇十分优厚。

可以想象，战国天下兴起的士人阶层，大多追求高官厚禄，秦国开出这么优厚的条件，对他们具有强大的吸引力。因而当时各国的贤才都往秦孝公的招贤令下聚集，其中最重要、最突出的一个治国理政人才，就是商鞅。

甚至也可以说，改写秦国历史，继而改写战国历史的，是商鞅。

商鞅，卫国公子，也叫卫鞅。他笃信法家学说，对法律有很深入的研究，是法家学派巨子。他见到秦孝公后，先谈帝道，即尧、舜、禹这些先贤的部落之道，秦孝公不感兴趣；再谈王道，即周文王、周武王、周穆王等的邦国之道，包括君臣父子这一套，秦孝公也不感兴趣；最后谈到霸道，即以强凌弱，以大欺小，实行集权统治的强国之道，秦孝公听得两眼放光、神采飞扬。

是的，秦孝公是个明白人，世道变了，不行霸道出不了头。

秦孝公授商鞅左庶长官阶，支持商鞅变法。

商鞅推出了几大方面的变法：

组织民众，十家编成一组，相互监督，一家有罪，九家连坐；

鼓励告密，凡举报犯罪的，与疆场上杀敌同一功勋，知情不报或掩护犯罪的，与阵前降敌者同一处罚；

建立军功的，受上赏；

不诉诸官府而自相斗殴的，依情节轻重处罚；

在各自岗位努力工作，农夫农妇从事耕种纺织，有超额生产的，免除其赋税；

商人工匠，因懒惰而陷于贫穷的，家产没收，男当奴隶，女当婢仆；

皇亲国戚，如不在战场上立功，一律排除在皇亲国戚之外；

爵位官级，分上下尊卑等级，按规定顺序升迁，并在田庄、姬妾、衣服样式上区分出来；

对国家有功勋的，赐其荣耀，无功勋的富有人家，即便金钱再多，也没有光彩。

在这诸多方面的改革举措中，最切中要害的，是论军功，不论血统：包括皇亲国戚在内的所有贵族，爵位世袭统统归零，按军功大小，重新确定尊卑、贵贱、爵位、俸禄；没有军功的皇亲国戚和贵族，爵位、俸禄没份了，充其量只是个富人；而有军功的，布衣庶民包括不是秦国的人都可以按顺序升迁，获得爵位、俸禄，进入秦国的领导层和决策层。

而爵位再高，也不过封侯，虽有封地，但无产权，无治权，只有财权。也就是说，只能收租税，而不能理民事。

这可是伤筋动骨的大变法，是前无古人的大变法，是重新构建国家集权统治的大变法。

在这套改革举措推出之前，秦孝公、商鞅和另一位大臣甘龙有过一次讨论。

商鞅：“夫民不可与虑始，而可与乐成。论至德者不和于俗，成大功者不谋于众。是以圣人苟可以强国，不法其故。”

甘龙：“不然。缘法而治者，吏习而民安之。”

商鞅：“常人安于故俗，学者溺于所闻。以此两者，居官守法可也，非所与论于法之外也。智者作法，愚者制焉；贤者更礼，不肖者拘焉。”

秦孝公：“善。”

君臣三人讨论的核心是，要搞一项重要的改革，普通人开始不支持，等到成果出来了才支持；而高贵者不随波逐流，建不世之功的人，绝不征求每个人的意见；普通人习惯于惯性，专业学者限于专业局限，所以不能跟他们讨论政纲国策；先知先觉者创立政纲国策，后知后觉的人执行；贤者改变现状，庸者抱着现状死也不放。

秦孝公的抱负是建不世之功，当然期望通过改革而改变现状，所以支持商鞅这套大刀阔斧的改革。

抵制并反制这套改革的，必然是两股势力：一股是皇亲国戚和世袭贵族，因为这套改革触及了他们的切身利益，因而抵制并反制是发自内心的。必须看到，这股势力是商鞅最难对付的。另一股是民众的惯性，习惯了祖传的那一套做法，如今要改掉习惯，适应新法，也会形成抵制。但从根本上看，这套改革是对民众有利的，因而适应一段以后便习惯了。

分析看，商鞅最担心的，是皇亲国戚、贵族与民众的反抗合流，要是那样的话，力量太强大，无法阻挡，改革便会夭折。

怎么办？商鞅经过谋划，想了一招。

变法令颁布后，民众不相信，认为不可能实行。于是，商鞅在秦国首都栎阳的南市竖了一根三丈长的木杆，告示说，谁要是把它移到北门，给二百两黄金的报酬。告示贴出后，围观的群众很多，但没有人去碰它，觉得这点事给二百两黄金，太离谱了，靠不住。商鞅又贴出告示，给一千两。人们更觉得离谱了，这怎么可能呢？有好事之徒，觉得移个木头不费多大劲，不给钱也没什么了不起，如果真兑现了，不就捡了大便宜吗！于是，他就把这根木头移到了北门。木头往那儿一竖，商鞅就付给他一千两黄金。

这下炸窝了，消息迅速传遍秦国大街小巷，人们议论纷纷，觉得商鞅这个人说话算数，颁布的新法能够实行。

但抵制变法的大有人在，暗流汹涌。到首都栎阳控诉新法弊端的各地民众络绎不绝，民怨愈积愈大，舆论一片哗然。就在这个关节点上，太子嬴驷触犯新法，瞬间把全国民众的目光聚焦到了商鞅如何依法处置上。

如不依法处置，推行了一年的新法，便会半途而废，政府的公信力便会一落千丈。怎么办？

商鞅是个内心非常强大的人，意志力刚毅，实行新法的态度非常坚决。他如是说："法之不行，自上犯之。"太子，君嗣也，不可施刑，刑其傅公子虔，黥其师公孙贾。太子是储君，不能上刑，那就对太子的师傅嬴虔实施劓刑（割掉鼻子），对皇家教师公孙贾实施黥刑（脸上刺字）。

嬴虔的鼻子一割，公孙贾脸上的字一刺，秦国上下震撼，控诉新法弊端的人，一夜之间全部哑口，依仗财富、权势而对新法行险侥幸的人，一夜之间全部规矩起来了。史载：“明日，秦人皆趋令。”又载：“行之十年，秦国道不拾遗，山无盗贼，民勇于公战，怯于私斗，乡邑大治。”

这才是秦孝公所期待达到的治国目标。

强大起来的秦国，历史做了如下记载：

公元前358年，秦国在陕西东部击败韩国军队；

公元前354年，秦国在陕西澄湖击败魏国军队；

公元前352年，秦国以商鞅为将，率军攻击魏国，转年，占领魏国的固阳；

公元前350年，商鞅在咸阳筑城建殿，秦国首都从栎阳迁到咸阳。

就在这一年，商鞅再颁新法：

“严禁父母兄弟姐妹儿媳同睡一室。”商鞅的这条新法，是文明的、进步的！中国北方冬天寒冷，靠火炕取暖，一家人包括父母、姐弟、儿媳、孙儿全挤在一个炕上睡觉。有些人家穷，烧不起第二个炕，或情有可原。而一些富裕人家，有条件改善居住条件的，仍挤在一个炕上，成了一种弊俗。商鞅的新法，无疑是革除这种弊俗的进步！

“把若干村落集结成一县，设县令、县丞。”这是郡县制的起源，食邑变郡邑，土地就是国君的。从此，秦国不再有食邑，只有县邑，全国设三十一个县，由县令和县丞负责管理。

"废除井田制，铲除阡陌。"

"制定新的度量衡，统一全国斗、斛、丈、尺。"

从以上变法不难看出，商鞅是在大手笔地做秦帝国的大构造。

如此，大范围、全方位、深层次的改革，又是在那么短的时间内完成，世俗的反抗可想而知。尤其是基层的保甲制和连坐法，实际是鼓励人们相互监督，相互告发。如此一来，邻里之间，相互有仇的、有怨的、有争的，甚至嫉妒的、眼红的，等等，都成了告发的事由，一时间，冤案、错案、陷害案满天飞，多少人受刑甚至人头落地都数不过来了。据载，商鞅在渭水之滨，一天就处决了七百余人，杀得"渭水尽赤，号哭之声动于天地，畜怨积仇比于丘山"。

民间如此，官僚层呢？特别是皇亲国戚和贵族们呢？他们对商鞅的痛恨，是刻骨铭心的！只是秦孝公支持商鞅，支持变法，他们暂时不敢出手，而是在等待时机。

公元前343年，周国国王姬扁，封秦孝公为西部盟长。此时的周国，已不是周天子时的王朝，也不是春秋时的所谓"共主"，已经沦落成末流小国，国土面积也就巴掌大，且一分为二了。在这种情况下，周王室仍给强大的秦国册封为西部盟长，是可笑之举。但秦孝公没有不高兴，管用不管用不说，至少是天下的一种认可吧。

公元前340年，商鞅为秦国谋了个大局。商鞅的这个谋划公私兼顾，既有秦国的利益，也有他自己的复仇。商鞅对秦孝公说：魏国是秦国的心腹之患，它位于险要的山岭之西，西面与秦国接壤，有黄河天险阻隔，东面独占崤山以东，魏国强盛时向西侵秦，衰弱时靠东方广漠无隘的平原支撑。这些年魏国衰弱，秦国正可跨过黄河，击溃魏国，并凭借山险之势，把东方广大封国揽入秦国版图。

显然，商鞅要报的是被魏国陷害之仇。

秦孝公怦然心动，令商鞅向魏国进攻。

魏国迎战，令公子魏印统军。

两军已进入战斗位置，商鞅便派人给魏印送去一封信，说昔日我在魏国时，我们是好朋友，今天我们成了敌对的两军统帅。我虽是奉国君之命前来作战，但我内心并不想打仗，而是想跟你见面谈谈，用和平手段解决两国纷争，然后举杯痛饮，各自班师。

魏印认为商鞅说得合情合理，顾念朋友情谊，出席和平谈判。二人一见，甚是欢喜，把酒言欢，不亦乐乎。酒席散后，魏印准备返营，商鞅突然变脸，把魏印抓起来，同时下令，对魏军发起进攻。没有统帅的魏军，在秦军凌厉的攻势面前，溃不成军。

魏国国君魏罃肺都气炸了，但作为战败之君，不得不把打碎的牙咽到肚里，派使节前往秦国，献出黄河西岸、陕西东部的大片土地，请求和解。这样一来，魏国的首都安邑直接面对秦国，不得不迁到大梁。

魏罃仇恨万分，说“我恨不用公叔痤之言！”

公叔痤跟魏罃说了什么呢？

商鞅最早在魏国供职，虽是个一般职员，但他显露出来的气度、才华，被丞相公叔痤欣赏，便打算向魏国国君魏罃推荐。恰在这时，公叔痤害病卧床，魏罃前去探望，见公叔痤奄奄一息，便问：“万一你不幸之后，国家大事，我跟谁商量？”

公叔痤说：“我的随从官商鞅，年纪虽轻，却胸有奇才，盼望您能信任他，把国家交给他治理。”

魏罃听了惊愕万分，他简直不相信自己的耳朵，怎么能把国家交给一个他不认识、职位又低的年轻人呢？魏罃觉得是公叔痤病重说胡话，不予接受。

公叔痤望着魏罃惊愕的眼睛，接着说：“如不用他，就立即杀掉他，千万别让他跑到别国去，那将是魏国的祸患！”

魏罃又是惊愕万分，支吾几句便起身告辞。

魏罃出了相府后，对左右随从说："丞相病入膏肓了，一会儿叫我用商鞅当丞相，一会儿又叫我把商鞅杀掉，语无伦次了。"

在这种情况下，公叔痤便把商鞅找来，说："对不起，我是国家丞相，必须以国家利益为重，所以先劝国君用你，不用就杀你，现在我告诉你，快逃吧！"

商鞅听了公叔痤的话，逃到了秦国，在秦国变法图强，尽情地施展了自己治国理政的才华。但有一个人的话他没听，最终遭五马分尸。

商鞅在秦国为相十年，功勋卓著，但积怨很深。庶民百姓怨他，也只能怨怨而已，而皇亲国戚和贵族怨他，就不是怨怨而已了，他们处心积虑，等待有机会发泄的那一天，把商鞅干掉。

商鞅自己没有看清，但他的好友赵良看清了，特地赶来劝他。

此时的商鞅，权倾朝野，一人之下，万人之上，正春风得意。他问赵良："你看我治理秦国，比百里奚如何？"

赵良答："百里奚为相六七年，向东攻郑国取得胜利，晋国三任国君，都由他选任，并使楚国免于灾难；他身为相国，虽疲惫也不坐车，虽酷暑炎热，车上也没有遮盖；他到各地视察，从没有侍从前呼后拥，戒备森严。百里奚去世，秦国人失声痛哭，孩子停止歌唱，农妇停止杵米。而你掌握权柄之后，欺凌贵族，残害人民，割嬴虔的鼻子，在公孙贾脸上刺字。《诗经》云：'得人者兴，失人者崩。'你干的都是失人之事，况且你每每出门，一大串车辆在后压阵，雄壮的武士在左右保镖，侍卫全副武装，箭在弦，刀出鞘，吏道奔驰。古语云：'恃德者昌，恃力者亡。'你干的都是恃力之事，一旦秦孝公死了，秦国将用什么办法对付你，恐怕不能想象！"

商鞅听了淡然一笑，不以为然。

五个月后，赵良所说兑现。

公元前338年，秦孝公去世，太子嬴驷继位。被割掉鼻子八年没有出门的嬴虔出门来了，他带领其党羽，检举商鞅谋反。嬴驷接到举报，即签发逮捕令。商鞅在没有任何准备的情况下，只得脱掉相袍，赶快逃命。

商鞅打算逃到最近的魏国，魏国拒绝他入境，他只好在秦国边境找店住下。店老板不知他就是商鞅，叫他出示证件，商鞅没有，住店不成。店老板还特地跟商鞅讲了一番"商君之法"，叫"舍人无验者坐之"，简称"连坐"。说的是：商君规定，客人住店都要出示证件，没有就不能收留，如违法收留，而客人如是罪人，那么，罪人判什么罪，受什么罚，店老板也判什么罪，受什么罚。

商鞅感叹"作茧自缚"，原来他制定新法是对付他人的，如今结结实实地砸到了自己头上。

在走投无路的情况下，商鞅集结其党徒，党徒又组织当地的民众进行顽抗。秦国派大军围剿，生擒商鞅，立即斩首。不过瘾，不解恨，又把商鞅的头和四肢绑在五辆马车上，然后使劲抽打马，把商鞅的尸体瞬间拉扯成五块。

商鞅的尸体被车裂成五块，但他的眼睛肯定不会闭上！因为他在秦国的变法，大写的是中华民族历史上成功的变法图强！

商鞅虽然死了，但实施了十多年的法令，并没有因为商鞅的死而废弃。人们已经初步形成了守法的惯性，尤其是军队士卒，已经在商鞅的法令规定范围内享受着杀敌建功的各种优厚待遇，即便再恨商鞅变法的秦国君臣，也舍不得废弃商鞅留给他们的这一强秦之策！

赵国的解码是“改革”

“胡服骑射”，是赵国在战国时期上演的改革佳话。

战国时期，中原人穿的是宽袍大袖，不但浪费资源，而且行动也很不方便。尤其参战，宽袍大袖碍手碍脚，延误战机，不利于快速出击，先敌制胜。当时作战，以马拉战车为主，车上乘坐战士，跑跑不快，转转不灵，无论是追击还是逃跑，都很笨重迟钝。而北方的少数民族，穿的是紧身短衣，不拖泥带水，骑的是战马，奔腾在战场，左冲右杀，追击很快捷，逃跑很迅速，与身穿宽袍大袖、乘坐马拉战车的中原国家军队作战，常因机动灵活，夺得先机，打得赢就打，打不赢就跑，创造了不少以少胜多的杰出战例。中原国家与少数民族接壤的地区，也常遭少数民族军队的抢掠，民众苦不堪言，中原各国也十分头痛。

赵国处于强国和少数民族包围之中，东邻齐国和中山国，与内蒙古接壤的北面有燕国和东胡部落，与山西接壤的西面有楼烦部落和秦国、韩国。尤其是中山国，像一把利剑，把赵国分成南北两块，赵国的国都设在南面的邯郸，而北面的代郡被中山国分开了，国都邯郸与代郡的联系只有一条小路，军队和兵车进出十分困难。

令赵国头痛的是，中山国的军队是骑马打仗，而赵国的军队，是士兵乘坐战车打仗。两军一交手，中山国的军队万马奔驰，冲杀迅猛，常常打得赵军落荒而逃。

正是仗着军队的这一优势，每当中原国家发生利益相争时，燕、齐、魏等国就会贿赂拉拢中山国，帮他们牵制或打击赵国。

可以说，摆平中山国是赵国的头等大事！“胡服骑射”的历史性改革，就是在这样的背景下出笼的。

提出并推动这一改革的，是赵武灵王赵雍。

公元前326年，赵肃侯去世，赵武灵王继位，年仅十五岁。

秦、魏、齐、燕、楚等国以吊丧为名，纷纷向赵国派出使节，每个使节的后面，都跟着数万军队。明摆着，他们不是来吊丧，而是来“会葬”，企图趁机把赵国埋葬。

年仅十五岁的赵武灵王，雄才大略，向天下发出严正声明。各国军队一律不准进入赵国国境，只允许使节进入。同时下令全国戒严，国都邯郸、代郡、太原郡、上党郡的军队进入战斗状态，坚决击退任何敌军的进犯。此外，联合韩、宋两国，使赵、韩、宋三国军队构成品字形，置秦、魏、楚、齐军队于多方受攻的被动局面；又多方派出使节，贿赂越王、楼烦王和中山国，叫他们在楚、燕的大后方展开骚扰破坏活动，以此牵制楚、燕两国。

这一连串的部署，招招切中要害。进入赵国的五国使节，见到赵国到处是兵，持剑拿枪，弓箭上弦，只好打消了趁丧偷袭赵国的念头。

化解“五国会葬”的危机后，赵武灵王便高高举起了“胡服骑射”的改革大旗，即穿胡人的紧身短衣，骑马作战。

这是一项划时代的伟大改革，一经推出便遭到了朝野的一致反对。赵武灵王的叔父赵成，第一个站出来反对，他称病卧床，拒绝参加赵武灵王召集的会议。

赵武灵王派人向赵成捎话：在家当然听命尊长，但在国则必须听命君王。我赵雍已经改穿胡服，而叔父大人不肯更换，恐怕天下人要对你提出指责。“制国有常，利民为本；从政有经，令行为上。明德先论于贱，而从政先信于贵，故愿慕公叔之义以成胡服之功也。”

赵成听不进去，叫来人给赵武灵王捎回话：“臣闻中国者，圣贤之所教也，礼乐之所用也，远方之所观赴也，蛮夷之所则效也。今王舍此而袭远方之服，变古之道，逆人之心，臣愿王孰图之也！”

叔父赵成搬出儒家礼教的那一套，把赵武灵王捎话所说的那一套硬给顶了回去。

赵武灵王决心已定，绝不放弃，亲自登门给赵成做工作。他说：我赵国周边都是虎狼之辈，“今无骑射之备，则何以守之哉？先时中山负齐之强兵，侵暴吾地，系累吾民，引水围鄗；微社稷之神灵，则鄗几于不守也，先君丑之。故寡人变服骑射，欲以备四境之难，报中山之怨。而叔顺中国之俗，恶变服之名，以忘鄗事之丑，非寡人之所望也”。

话说到这个份上，叔父赵成也不好再抵制了。第二天上朝，赵成穿上了胡服，于是，赵武灵王下令“胡服骑射”，全国一致响应。

史载：赵国实行“胡服骑射”后，国力陡增，成了战国后期唯一可以跟秦国抗衡的强国。

公元前306年，赵武灵王率军北上，开疆拓土，抵达与东胡接壤的宁葭，稍事休整，又率军深入东胡部落，一路所向披靡，直抵榆中，在黄河北岸卸下马鞍，领略草原风光。当地的林胡部落酋长，特地率众献马致敬……赵武灵王任命代郡郡守主持蛮族事务，招募胡人充军，把“胡服骑射”的改革效应，从国都邯郸极大地扩展出去。

公元前305年，赵武灵王向中山国发起了雪耻之战。

中山国是赵国的东邻，它曾仗着齐国撑腰，经常对赵国发起侵略，甚至决河水灌鄗城。按赵武灵王的话说，要不是祖上神灵保佑，鄗城很可能失守。这是赵国从晋国分离出来以后遭受的最大耻辱。如今，屡遭中山国这等小国欺凌的赵国，实行“胡服骑射”改革后，其国力、军力足以支撑起找中山国复仇雪耻了！

中山国本就是小国，军队虽骑马作战，但数量有限，面对数十倍于己的赵军，骑着高头大马黑压压地冲杀过来，根本就无法招架，似石头砸鸡蛋一样不堪一击。这一战，赵国攻陷中山国的丹丘、爽阳、鸿之塞，占领鄗城、石邑、封龙山、东垣等地，中山国北至今曲阳、西至今鹿泉，东至今正定，南至今柏乡的大片土地，全部划归赵国版图。不仅如此，中山国还割让四个城池送给赵国，以示臣服。

公元前301年，赵国再次进攻中山国，中山国王只好逃奔齐国。

天下各国都对赵国刮目相看！

赵武灵王还有更大的抱负，即拿唯一可以与赵国抗衡的秦国开刀，仗着“胡服骑射”的辐射效应，抢夺天下第一强国头衔。

为此，在公元前299年，赵武灵王又搞了一次重大改革，即主动禅让，把国君的宝座让给了小儿子赵何，自己则戴一顶太上皇的帽子，继续为赵国打拼。太上皇赵雍的谋划是，让儿子赵何坐镇后方，主持国政，由他率军从内蒙古云中、九原，向南奇袭秦国都城咸阳，从秦国的首脑部位下手，彻底击溃秦国。

太上皇赵雍假扮赵国使节出使秦国，实地勘察山川地形，并亲自观察秦昭襄王嬴稷的为人、做派。

一个是秦昭襄王嬴稷，一个是赵国刚脱下王袍换上太上皇袍的赵雍。两个人见面时，一个是王，一个是使节，双方都在用眼用心观察对方。赵雍是有备而来，尽可能地把自己矮化成使节的样子。秦昭襄王虽无心理准备，但还是从赵雍的气度上，看出了面前的这个使节不像使节，也不像普通臣僚。因而当赵雍告别离宫后，秦昭襄王急忙下令，逮住赵国来的这个使节。赵雍早就参透了秦昭襄王的心机，一出宫就逃，一口气逃出了秦国边境。

司马光告诉我们，历史在赵雍禅让上大写了“败笔”二字。

这个“败笔”证明，赵雍的禅让，是一个重大的历史错误，赵国因为这次禅让，走上了混乱与衰败的不归路！

赵武灵王这么做，源于他早先的荒唐一梦。他梦见一个妙龄少女为他抚琴而歌，他被少女的美丽深深吸引了，也被少女凄婉的歌唱而深深打动。从美梦中走出来后，他四处寻找这个梦中美女，见到吴广的女儿吴娃后，一口认定吴娃就是梦中的美女，迅速娶吴娃为妻，称惠后。史载，赵雍对吴娃爱之入骨，数年不出宫门，只与吴娃一人爱抚。生下儿子赵何后，才走出宫门。

在此之前，赵武灵王的后宫，已经为他生了一群孩子，并册封长子赵章为太子，早就做好了赵武灵王百年之后王位的接替安排。但娶吴娃、生赵何、爱吴娃爱得不知如何是好时，赵武灵王便改变既定的王位接替安排，把太子赵章罢黜，册封赵何为太子，决意把王位传给赵何。可能是担心在他死后孩子们抢夺王位而引发祸乱，因而赵雍打算在他活着的时候，凭着自己的权势和威望，把君位让给赵何，扶他上马并送一程，以保赵家江山永久兴旺发达，强霸天下。

赵武灵王的这着棋走臭了！

首先是，王位不传长子而传幼子，不符合祖传规矩，不仅后宫的一群王子不服气，而且臣僚乃至庶民百姓都不认同。

其次是，赵章被册封为太子后，已经开始做接班准备了，包括他执政后谁任丞相，谁统大军，哪些人为臣僚等治国理政的人事安排，早就在心里打下谱了。而期望在赵章手下得到重用的各色人等，早就开始向赵章靠拢，出谋划策，投其所好，甚至极其恭维巴结了。赵武灵王把王位接替人选一换，不要说换成吴娃生的赵何，换成任何一个娃生的儿子，都像是引爆一个赵家王朝的毁灭弹。首先毁灭的，是以原太子赵章为核心的人事布局圈子，也就是赵章构筑的关系网，因而必然遭到赵章及其党羽的强劲反扑。

公元前299年，赵武灵王举行盛大典礼，祭祀禀告祖庙里排列的列祖列宗，把国君宝座让给幼子赵何。赵何主持朝廷第一次会议，任命了肥义丞相等一干臣僚。赵雍号称太上皇，专做把小儿子扶上马、送一程的工作，并再次北上代郡，跟楼烦部落酋长会面，从楼烦部落为赵国招募兵勇。

公元前295年，太上皇赵雍联合齐国、燕国，攻陷中山国，并将中山国国王流放。回到首都邯郸后，犒赏全国军民，大赦天下，大宴五天。论功行赏时，赵雍把长子赵章封到代郡，号称安阳君，任命大夫田不礼为他的辅佐官。

赵雍的这一封赏，引起朝廷上下极大的不安。

大臣李兑就认为，赵章年轻好勇，态度傲慢，被册封为太子后，交结拉拢了很多党羽，他的欲望是君位，而不是代郡或其他地方的郡守。而田不礼呢，生性好斗，心狠手辣，什么事都敢做。这两个人搅和到一起，必是赵国的祸乱之源。李兑把自己的看法告诉了丞相肥义，肥义也有同感，认为赵章和田不礼仗着太上皇的宠爱，为非作歹，横肆暴虐。肥义并据此判断，赵章将假托太上皇之命发动政变。

应当说，从丞相到大臣，对赵章发动政变的潜在祸患都看得很准，但他们拿不出应对之策，只是肥义对护卫赵王的侍从下令：从今天开始，没有经我同意，任何人不准见赵王，即便说是太上皇召见，也必经我丞相同意！

就在赵国的政局即将发生祸乱的关键时刻，太上皇赵雍突然动了恻隐之心。他在参加朝会时，看到赵章态度懒散，向高坐御椅的弟弟朝拜时心不在焉，顿生怜悯之情。他这时想的是，本来赵章已被册封为太子，这王位该传给他坐，如今小儿子赵何坐上了，很是亏待了赵章。想到这里，赵雍便突然冒出一个新的主意：把赵国一分为二，赵何为赵王，首都设邯郸；把代郡设为代国，首都设蔚县，叫赵章为代国国王。

虽然太上皇的这个想法没有说出来，他尚需权衡、盘算，但这无疑是个荒唐至极的想法！把赵国一分为二，让原先的太子和今天的赵王各占一国，来个平均分配。平得了吗？是赵何舍得还是赵章满足？舍不得是祸根，不满足也是祸根！如此一来，完整的赵家一统江山，必然在一国二王的祸乱纷争中分崩离析！

太上皇赵雍携赵何出游离邯郸五十余里的沙丘，想借出游的机会透个口风，听听他的想法，顺便做做他的工作。父子俩分住两座行宫，赵章和田不礼认为这是难得的机会，立马动手。赵章假传太上皇诏令，召赵何进宫，护卫急忙报告丞相肥义，肥义迅速赶过去询问，一到便被砍掉了脑袋。护卫纷纷拔刀向前，与赵章和田不礼的党羽进行拼杀。难分难解之际，太上皇赵雍的叔叔赵成和大夫李兑率军赶到。赵章、田不礼不是军队的对手，几招一过，田不礼被杀，赵章及其党羽落荒而逃。

在这关键时刻，赵章脑子转得飞快，他不是逃往代郡，而是逃到了太上皇赵雍的行宫。赵成、李兑率军包围赵雍行宫，并强行入宫，搜出赵章，就地处决。

当赵章的脑袋落地之时，赵成、李兑突然醒悟过来，杀赵章事小，包围太上皇行宫，犯的是诛杀九族之罪！

怎么办？

没有退路了，为了自家九族的安危，赵成、李兑一不做二不休，对太上皇行宫的随行人员下令：先出来的，有赏；后出来的，格杀！这令一下，跟随太上皇的人员蜂拥而出。太上皇也急忙出宫，却被官兵挡在宫门。

随着宫门“砰”的一声重重地关上，偌大的行宫之中，只剩下太上皇赵雍一人。

没有宫女，没有随从，只有满地的鲜血，以及搜索赵章时砸得满地的破烂。

当第二天太阳从东边升起，笑出满天的彩云时，太上皇赵雍揉了揉昏花的老眼，眯缝着望着太阳，望着彩云。他走到紧闭的宫门前，使劲捶打，撕心裂肺地呼救，没有换来任何回应，只有宫苑里那棵老槐树上，鸟儿在叽叽喳喳地鸣叫。

没有吃的，没有喝的，没有侍从，除了鸟叫和狂风卷起的黄沙呼号外，再没有任何声音。

可以想象，此时的太上皇赵雍，一定想得起对吴娃的万般宠爱来，一定想得起被他扶上马、往前送的赵何来，一定想得起后宫那一群王子来，还想得起被他任命的众多臣僚和将军来。这会儿他们这些人都在哪里呢？他们会想得起，在离邯郸仅五十来里的沙丘行宫，那个被饿得哆哆嗦嗦爬到树上，掏鸟蛋充饥的小老头吗？

三个月后，太上皇赵雍耗尽了自身所有的能量，闷死在沙丘行宫。

可以想象，赵雍不是死在床上，而是靠着宫苑里那棵老槐树，头朝着赵都邯郸，眼睛张着，怎么也不肯闭上……

“胡服骑射”后蓬勃兴起、充满活力的赵国，因为赵雍的自乱章法而中止了。从此，赵国雄霸天下的信心丧失了，能力衰减了，完全变成了秦国一统天下这场大戏的配角，秦国怎么摆布，赵国怎么“跑龙套”。

虽然赵国的“跑龙套”因为和氏璧的面世，也演绎过精彩，但在一统天下的大戏中，那只是插曲。

楚国的解码是“蛮性”

楚国向战国走去，“蛮性”不改。

楚人，被称为“南蛮子”。

湖南人至今还有个常用词，叫“霸蛮”。“霸”是血性，是气魄；“蛮”，是率性，是倔强，做事不合常规，不随大流。“霸蛮”不同于蛮干，它有超越蛮干的智慧和内心的刚毅坚守。

楚人的这种“蛮性”，是楚国的这方山水孕育出来的！

在这里，我们请教史学大家司马迁，把楚国的历史往前翻翻。

周文王姬昌在镐京召开英雄大会，昭告天下部族团结起来，推翻商纣王的残暴统治。一位九十岁的老人，跋山涉水，“霸蛮”到镐京参会来了。这位老人叫鬻熊，“南蛮子”的酋长，周文王拜他为师。

就是这个鬻熊，早就参透了天地运行规律，他认为“物损于彼者盈于此，成于此者亏于彼。损盈成亏，随世随死”。他还认为，物质变化不会短时间完成，所以“间不可觉，俟至后知”。

在周文王按公、侯、伯、子、男的等级论功行赏时，楚地被封为楚国，鬻熊爵位低一点，为子爵。后史书称楚王为“楚子”，源于这个封赏。

历史翻到公元前706年，楚国大军北上，“伐庸，扬粤，至于鄂”后，接着伐随。作为交换条件，随国国君跑到周天子那里，为楚国说情，请求将楚国的子爵调升为侯爵，与中原诸国平起平坐。遭到周天子拒绝后，“南蛮子”的“蛮性”张扬出来了，向天下宣告：

“我蛮夷也，不与中国之号谥！”从此楚国来了个大跨越，自称王国，国君就是国王，根本不理周天子封不封侯那一套。

历史翻到公元前689年，楚文王即位。即位之初，他得到两件宝贝，一件是茹黄之狗，一件是宛路之箭。从此他沉湎于驱狗寻猎，常常数月不归，朝政不理。接着又得丹地美女，便坠入女色不能自拔，整整一年不理朝政。主管刑罚的大臣葆申，搬出先王定的规矩，要对他进行笞刑，但又不能真打，只好把五十根荆条捆起来，放到楚文王的背上，放两次，表示笞刑一百下。行刑完毕，葆申请他起来，楚文王的“蛮性”张扬出来了，不肯起来，要求真的挨一百下笞刑。挨过笞刑的楚文王，爬起身便杀了茹黄之狗，折了宛路之箭，放了丹地美女，亲自率军出征，一口气吞并了三十九个周天子册封的诸侯国。

历史翻到了公元前613年，楚庄王即位。头三年，他朝政一概不理，军令一概不出，沉溺于声色犬马，骄奢淫逸。大夫伍举实在气不过，强行入宫劝谏，只见楚庄王左手抱着一个郑国美女，右手搂着一个越国美女，坐在乐队中间，嬉皮笑脸，伍举说什么都不听，气得伍举感慨：有只鸟待在高高的山上，三年不飞，三年不鸣。大臣贾成公强行闯宫，与楚庄王打隐语，问高山上那只鸟，为何三年不飞，三年不鸣？楚庄王回答说：“这只鸟三年不飞，是要生长羽翼；三年不鸣，是要观察世间法度。这只鸟一飞将冲上天空；这只鸟一鸣，将使天下惊恐！”果然，这只鸟一飞，便灭庸、侵陈、伐宋，反复敲打郑国，打得中原各国都用惊恐的目光看着楚军所向披靡，一路高歌，并在周天子的地盘搞军事演习，而后与晋国拉开邲之大战，一举打败晋国，登上春秋霸主的平台。

楚国走到战国时，国力衰了，但仍“蛮性”不改。

公元前387年，魏国陷害吴起，吴起逃到了楚国。

司马光告诉我们，此时的楚国处于衰败状态。国王芈疑早就仰慕吴起的才华，吴起一到，便被任命为丞相。吴起则放开手脚，施展才华，雷厉风行地推行了一系列改革，例如：他以立法的形式，罢黜所有只领俸禄而不干实事的吃空饷官员；撤销了时隔好几代还打着王室血统旗号而享受俸禄的遗老遗少的爵位；精简机构，提高办事效率；整顿军队，加强训练，提高战斗力；坚持独立自主的外交政策，不参与大国无缘无故践踏小国的行动。时间不长，便产生了巨大的改革效应。史载：在吴起剧烈的革新运动下，楚国迅速崛起，数年之间，疆土迅速扩张，南面攻打南越，北面吞并陈、蔡，还有效地阻击了魏、赵、韩三国的南侵，西面数度击溃秦国的进犯，天下各国对楚国的迅速复兴大为忧虑。

但吴起的好景不长，楚国的好景也不长。公元前381年，楚王芈疑去世，尸骨未寒之际，因吴起推行改革而丧失地位、丧失利益的王室贵族，乘丧暴乱，追杀吴起。吴起逃脱不了，便跑进灵堂，趴在芈疑的尸体旁边，以为如此能躲过乱箭的射杀。不承想，早就憋红了眼的那帮芈疑的堂哥堂弟、表叔表舅们，把仇恨集中在弯弓的箭矢上，齐齐射向吴起，射向芈疑的僵尸。

随着吴起的倒下，楚国的崛起也倒下了。

战国的脚步走到公元前329年时，楚国的第二十一任国王芈槐继位，号称楚怀王。似乎已经逐步退化的楚人“蛮性”，在他身上又复发了。

楚国与齐国邦交敦睦，订有共同抗御外患的盟约。秦国打算进攻齐国，担心一战而面对齐、楚两国，于是张仪的那张嘴派上了用场。张仪对楚王芈槐说：“假若你与齐国断交，那么秦国就奉送商于之地的六百里土地给你，两国世代结亲，永结兄弟之好。”张仪回到秦国后，称病闭门谢客，他要等待楚国的“蛮性”发作。

楚国的“蛮性”果然发作。为讨得秦国高兴，不仅废弃了与齐国的盟约，而且派人到齐国大骂齐国的国王，什么难听挑什么骂，终于激怒齐国，一改与秦国为敌的立场，跟秦国结盟。

张仪看目的达到，“病”也好了，出面召集楚国使节，故作惊讶地说：“你怎么还在这里，不去接收我许诺给楚国的六里土地？”

六百里变成六里后，楚怀王下令向秦国开战，丹阳首战失利，蓝田再战失利，只好屈服，割让两个城池给秦国。

秦国出于战略考虑，打算用武关换取楚国的黔中。楚怀王的“蛮性”出来了，他为报被张仪欺骗耍弄之仇，提出奉献黔中，不要秦国的土地，而只要张仪。

张仪不顾劝阻，来到楚国，被囚禁天牢，并无任何畏惧。因为在秦、楚交战之前，他已经收买了楚国两个人，一个是宠臣靳尚，一个是宠姬郑袖。张仪一关进天牢，白天是靳尚找郑袖，晓以不能杀张仪而得罪秦国之利害，晚上是郑袖用撒娇的眼泪动摇楚怀王杀张仪之决心。如此，张仪便大摇大摆地从天牢出来了，还被尊为上宾。

本可换得的武关，楚怀王不要，只要张仪；张仪被打进天牢，又被放出来。楚国的“蛮性”发作，就这样，黔中白送给了秦国。

公元前302年，楚国派往秦国作人质的太子芈横，跟秦国一位大臣闹翻了，一怒之下，芈横把这个大臣杀了，并逃回了楚国。

这已经引起秦国上下的震怒，更让秦国震怒的是，太子回到楚国后不久，楚国为与齐国修睦结盟，又把他送到齐国去当人质了。于是，在公元前299年，秦国发起了对楚国的大举进攻，攻占了楚国八个城池后，秦昭襄王给楚怀王写信，说：“秦、楚两国，国土接壤，王族互相嫁娶，再没有比我们更亲近的了。假如秦、楚两国不能亲善相处，就不可能号令天下。”因此提议与楚怀王在武关相会，再续友好盟约。

这时的楚国，楚怀王早已乱了方寸，臣僚也已方寸大乱，七嘴八舌，有反对的，有赞成的，大夫屈原就反复劝谏，反对楚怀王赴约。怀王的儿子芈兰则坚决赞成，因为他娶的是秦国的王室女子，认为婚姻关系可以仗恃，所以赞成赴约结盟。

楚怀王如期赴约，他一到达武关，便被秦国扣押，并押解到咸阳。秦王嬴稷在章台殿高坐，摆上国宴，把楚怀王当作前来朝贡的封国国君，让他与官员坐在台阶之下。尚未开喝，嬴稷便以下令的口气给楚怀王提出要求，割让楚国的今重庆市巫山县的巫郡，和之前已经抢走的今湖南沅陵的黔中郡给秦国。

楚怀王气得几近昏倒。此时他保持了一份清醒，提出先签订盟约，容他回国后再割让土地。秦昭襄王则绝不退让，坚持先割让土地，再签订盟约，然后放他回国。

此时的楚怀王，“蛮性”又发作了，他大发牛脾气，大骂嬴稷是骗子，并表示绝不从命。

谈不拢，秦国便把楚怀王软禁在咸阳。

楚人的这股子“蛮性”上来以后，九头牛也拉不回去。可以想象，秦、楚被中原诸侯国认为是边患蛮夷，两国从春秋时就交好，楚国被吴国打得支撑不住时，是秦国出手帮助楚国稳定政局的。秦国被晋国逼得没有退路时，是楚国发兵北上，帮秦国解难的。秦、楚两国世代通婚，楚王的子女与秦君的子女多有嫁娶，子孙的血脉中都流有对方的血。因此，楚怀王被秦国软禁之后，秦国宫廷的楚王室官员前去做工作，劝他先忍下来，以后再图的人不会少。但楚怀王的倔强，使得他怎么也不肯回头。他逃跑过，被抓了回来，最后死在秦国。

“合纵”鼓吹者苏秦认为：“楚强则秦弱，楚弱则秦强，此其势不两立……纵合则楚王，横成则秦帝。”

“连横”鼓吹者张仪认为：“凡天下强国，非楚而秦。”

楚国的阴阳学家楚南公下过一个论断：“楚虽三户，亡秦必楚。”

但历史的走向，常常超出哲人的预判，在改变走向的诸多因素中，君王乃至民众的性格，特别是血性，是一个至关重要的因素，而这，恰恰是难以预判的！

楚国是从春秋完完整整地跨进战国的，它王室的芈姓从未更改，一直到公元前223年，立国五百一十九年才灭亡。楚国在战国时期，除吴起搞过一番改革外，在司马迁和司马光的刀笔之下，便再没有很有起色的作为。楚国之所以跌跌宕宕一路走来，仍被史学家公认为是唯一有能力抗衡强秦的国家，是因为楚国地大物博，物产丰富，几乎占据了华夏全部的江南水乡。而组成“南蛮子”的族群，多是依山、依水而居的少数民族，生性勤劳、勇敢、冒险、刚毅，骨子里就有放荡不羁、特立独行的特质。加之楚国人口众多，一夜之间能征召数十万大军，说要打仗，从田里、山上放下砍刀、锄头，打着赤脚就走。正是这样的山水养育的子民，支撑着楚国“蛮性”不改，一路跌跌宕宕，一路诠释跻身于战国七雄的密码。

齐国的解码是“德政”

齐国的老祖宗是姜子牙，直到春秋末期，齐国的国君都姓姜，但在走向战国时，国君由姜姓改为田姓了。

田姓源于陈国公子陈完，他在陈国内乱时逃到齐国，在齐桓公手下为臣，家业越做越大。陈氏家族每每在民众闹饥荒时，用特制的大容器放租，用小容器收租；寻常百姓需要的木材、鱼盐，陈氏家族从山上、海边采购，进价是多少，就卖给百姓多少，不加价，还搭上运费。如此普施恩惠，因而齐国民众对陈氏“爱之如父母，归之如流水”。在姜姓的齐国败落得再也支撑不起齐国的国政时，陈氏家族取而代之，并在走向战国时改姓田。

田姓家族是靠向民众施惠而兴起的，走进战国后仍恪守德政。

施行德政的第一要素，是国君贤明。贤明的要素很多，诸如亲民，诸如用才，诸如听谏，等等。但在战国这种靠腰围、肌肉逞强称霸的大背景下，首要的是明智。君王主一国大事，责系百姓，必须搞清什么是国家大事，并把主要精力、智谋用在如何料理国家大事，特别是民生福祉、国家生死存亡的大事上。如果大事抓不住，抓到手的尽是些鸡毛蒜皮的小事，国家治理不好，也就谈不上有建树、有德政。其次是明断。君王处理国家大事，王公大臣断不了要提这样那样治国安邦的建议。这建议是人提出来的，免不了局限性，也免不了带有个人或家族门庭的私欲和感情色彩。君王的德政修明，就得表现在对所提各种建议去伪存真、由表及里的明断上，把于国兴达、于民得利、于政权稳定的建议吸纳并付诸实施，才是最重要的。

田姓齐国的第四任国君田因齐，做了一件被天下各诸侯国刮目相看的事。公元前370年，他前往洛阳，晋谒周烈王姬喜。史载：“齐威王来朝。是时周室微弱，诸侯莫朝，而齐独朝之，天下以此益贤威王。”齐威王在“诸侯莫朝”的情况下而“独朝”，行的是一种礼数，发起的是政治造势。他这么一“独朝”，能不引发人们的思古幽情吗？刚刚告别春秋，春秋的遗老遗少正对战国抛弃礼乐的作为感到茫然，齐威王却对没人搭理的周王朝尽晋谒之礼，瞬间吸引了天下的眼球，故此对齐威王有“益贤”之赞誉。

但不得不说，齐国走向战国的过程，是反复挨打的过程。这个过程就发生在齐威王身上。

司马光是这么写的：齐威王元年，魏、赵、韩三国乘齐威王的父亲去世之机，攻打齐国的灵丘；齐威王六年，鲁国又来打了，攻入齐国的阳关，残存的晋国跟着来打，直打到齐国的博陵；齐威王七年，小小的卫国来打，占领了齐国的薛陵；齐威王九年，赵国来打，占领了齐国的甄城……

为什么实行德政的齐国，像一面破锣一样，谁想来敲打便能敲打一下？

司马光的解释是：“威王初即位以来，不治，委政卿大夫，九年之间，诸侯并伐，国人不治。”司马光说清楚了，齐威王即位头九年不问政事，搞得民不聊生。

这可不是贤君之所为！

也许因为近十年的挨打被打得清醒了，在齐威王十年即公元前370年，他突然转向，朝德政的方向转了。

齐威王手下有两个大夫，一个在即墨任职，叫即墨大夫；一个在阿邑镇守，叫阿邑大夫。就在齐威王把国事推给卿大夫处理的那段时间里，不断有臣僚对这两地大夫为官情况传小话，传即墨大夫的都是诽谤的话，传阿邑大夫的都是赞扬的话。诽谤也好，赞扬也罢，他这个国王连朝政都不理，自然是任由臣僚说去，从不深究。当他清醒过来以后，即派人到即墨和阿邑秘密调查。掌握了实际情况后，他把即墨大夫召来，对他说："自从你到即墨任职，我每天都接到诽谤你的报告。然而我派人去即墨秘密调查，发现你开辟荒野，农作物遍野，人民生活富庶，官吏清廉，齐国东部安定祥和。据我了解，你之所以口碑不好，是你没有巴结我左右臣僚造成的。"说完后对即墨大夫进行奖励，增加一万户封邑。

接着，齐威王把阿邑大夫召来，对他说："自从派你到阿邑，我每天都听到对你的赞扬。可我派人前去秘密调查，发现完全不是那么回事，田野荒芜，农民贫困。前些时候，赵国攻击我齐国甄城，你不率军救援；卫国占领我薛地，薛地与阿邑接壤，离得那么近，你装作不知道。我了解到的、我所听到的那些吹捧你的话，都是你贿赂我左右臣僚，拿钱买来的！"说罢下令，架起大锅，将阿邑大夫煮了。同时下令，将收受阿邑大夫的贿赂，帮他说好话、说假话的一批臣僚，统统扔到锅里煮了……

无须再发布什么政令训敕了，这一做法本身就具有极大的震撼力。史载，锅烹阿邑大夫和一批臣僚后，全国大为震动，官员悚然戒惧，不敢再敷衍塞责了，也不敢用金钱为自己买好话了，大家在各自的岗位上兢兢业业，认真履职，官场风气一夜之间大变，齐国因此大治，一举走上强国之路，各诸侯国有二十年不敢对齐国用兵。

公元前355年，齐威王与魏惠王相约狩猎。两个人的一段对话，值得品味。

魏惠王问："你们齐国有些什么国宝呀？"

齐威王答："没有什么。"

魏惠王："那太糟了，我的国家虽小，但还有十二颗直径一寸以上、光彩夺目、夜里可以照亮十二辆车子的珍珠。齐国是个大国，难道真没有宝物？"

齐威王："我对国宝的定义，跟你对国宝的定义不一样。"

魏惠王不解。

齐威王说："在我齐国的政府高级官员中，有位大臣叫檀子，令他镇守南部边城，楚国不敢进犯，泗水流域十二个小封国的国君，都来齐国朝觐；有一位叫田盼的大臣，镇守西部之唐，赵国人不敢到黄河来捕鱼；有一位大臣叫黔夫，镇守徐州，燕国人在北门焚香祈祷，赵国人在西门焚香祈祷，祈祷准予他们移民到齐国来，最后徐州收容了这两国七千余户人家；还有一位大臣叫种首，负责维护齐国的社会治安，他是盗贼的克星，使齐国人民安居乐业，道不拾遗。我这四位大臣，光照千里，岂止照亮十二辆车子！"

两位国君对国宝的不同理解，恰在为君是否贤明，也即是在亲民、用才，特别是民生福祉、国家兴旺发达等大是大非问题上，形成了鲜明的对比。齐威王视人才为国宝，使得他的治国理政聚焦在德政的方向！

公元前354年，魏国大举进攻赵国，包围了赵国首都邯郸。在齐国是否出兵救赵上，齐威王身边聚集了一批决断大事的人才。

有孙膑，他是被同窗好友庞涓骗到魏国，剜去双腿髌骨后被废弃，齐国使节把他藏在车里，悄悄运回齐国担任军师的。

有邹忌，他是能从琴声中听出国君情怀、民生福祉的智者。他对齐威王如是说："大弦急弹，如春风般温暖，是象征国君；小弦声音明辨而清晰，是象征宰相；手把弦抓得紧，而又轻轻地放开，是象征政令；和谐的声音，大小相辅相成，曲折而不相干扰，象征四时；声音往复而不乱，象征政治的昌明；声音连续而行，象征国运长久。所以说，能将琴音调理好，天下就能平治。”能从音乐声中听出如此多玄机的邹忌，被齐威王任命为丞相。

邹忌为相，他对齐威王的辅佐非常得力。《战国策》载：邹忌身高八尺多，长得非常帅气。一天早晨，他对着镜子穿戴衣冠，对镜子里的自己非常满意。他问妻子：“我孰与城北徐公美？”徐公是齐国公认的美男子，可妻子却说：“君美甚。徐公何能及君也。”邹忌虽然听了很高兴，但还是有些不自信，于是问小妾，小妾的回答与妻子说的一样：徐公哪能比得上您呢！第二天，家里来了一位客人，邹忌用同样的问题问客人，结果客人的回答也与妻妾一样。邹忌冷静下来，醒悟道：我的妻子说我漂亮，是因为她偏爱我；小妾说我漂亮，是她害怕我；客人说我漂亮，是他有求于我。其实，他们全说的是违心话。上朝时，邹忌特地联系这件事对齐威王说：齐国的土地纵横千里，有一百二十座城池。大王宫中的后妃和身边的侍从，没有不偏爱大王的；朝廷的群臣，没有不害怕大王的；国内的百姓，没有不向大王求助的。如此看来，大王所受的蒙蔽真是非常厉害啊！齐威王采纳邹忌的劝谏，下令：“群臣吏民能面刺寡人之过者，受上赏！上书谏寡人者，受中赏！能谤议于市朝，闻寡人之耳者，受下赏！”此令一下，宫廷内外像集市一样热闹，挤满了前来提意见的人；几个月后，偶尔有人来提意见；一年后，就没有人来了。齐国于是政通人和，燕、赵、韩、魏都到齐国来朝见。

所以在齐国是否出兵救赵的朝议中，群臣不隐不藏，各抒己见，并达成齐国出兵救赵的共识。《史记》载：“使田忌南攻襄陵。十月，邯郸拔，齐因起兵击魏，大败之桂陵。于是齐最强于诸侯，自称为王，以令天下。”

齐国虽在进入战国后，用“德政”诠释了占据七雄一席的密码，但“德政”并未接续传承，在齐威王之后的齐国诸王，一个接一个地在背离“德政”的道路上越走越远。特别是齐国第三任国王齐滑王，暴戾贪婪，罔顾民生，政坛大乱，国力日衰。燕国的乐毅率多国盟军进攻齐国时，楚国派大将淖齿率军救援齐国，结果淖齿逮住了正在逃亡的齐滑王，两个人有一段对话，司马光的《资治通鉴》与《战国策》的记述是不一致的。

先看《资治通鉴》的记述。

淖齿问：“齐国从千乘走到博昌一带，天降血雨，你可知道？”

齐滑王答：“知道。”

淖齿问：“在嬴、博一带，大地突然开裂，黑水从地下涌出，奔腾咆哮，你可知道？”

齐滑王答：“知道。”

淖齿问：“这些日子人们常听到孤魂野鬼在夜里呼号，你可知道？”

齐滑王答：“知道。”

淖齿肺都气炸了，说：“天降血雨对你警示，地涌黑泉对你警示，孤魂野鬼用呼吼对你警示，你还这么为非作歹，那我就替天行道，砍了你的脑袋！”

《战国策》记述齐滑王的回答，全是“不知道”。

毫无疑问，从齐滑王的嘴里，说出的“知道”或“不知道”，本质是一致的。“知道”天降血雨，你还涂炭民众，你是个什么东西！“不知道”天降血雨，民生的事你概不关心，你又是个什么东西！总之，从齐滑王的嘴里，已经听不到一丝一毫的“德政”了！

诚然，战国本就不推崇“德政”，而只认拳头。但似齐滑王这样的国君，战国天下几乎没有，就连拳头很大很硬的秦王也不是这样。

韩国的解码是“阴德”

韩国的“阴德”，得到司马迁的《史记》中去请教。《史记》载：“韩厥之感晋景公，绍赵孤之子武，以成程婴、公孙杵臼之义，此天下之阴德也。韩氏之功，于晋未睹其大者也。然与赵、魏终为诸侯十余世，宜乎哉！”

司马迁这个记载，重点讲的是，韩国的祖先救了赵氏孤儿，积了“阴德”；正是因为“阴德”，使得在战国天下没有什么大作为的韩国，登上七雄舞台并延续了十余世。

晋景公三年，即公元前597年，先前受晋灵公宠信的大夫屠岸贾，在晋景公时掌管刑狱，开始追查杀害晋灵公的党徒，牵扯到赵氏家族的掌门人赵盾。晋灵公被杀时，赵盾正在逃亡，尚未逃出晋国，赵盾的侄子赵穿把晋灵公杀了。这件事，晋国的史官有记载，把账记在赵盾的头上，记的是“赵盾弑君”。掌管刑狱的屠岸贾，正是依据这个记载，诛杀赵氏家族的。

但此时赵盾已经去世，加之虽有赵盾弑君的史载，却很是牵强，朝野多有议论，且是为赵盾鸣不平的。

诛杀之祸不可避免之时，赵氏掌门人赵朔，对韩氏掌门人韩厥说：“我死了没什么好遗憾的，但赵氏不能断了香火，请你帮赵家这个忙。”

韩厥答应了，称病不出大门，不参与对赵家的诛杀。屠岸贾心狠手辣，不向晋景公报告，把赵朔、赵括、赵婴齐，连同赵家老老少少全部杀害了。屠岸贾的心思是要将赵氏家人斩尽杀绝，听说赵朔的妻子怀有身孕，便进行疯狂追杀。

为帮助赵家延续香火，站出来两个人，一个是赵朔的门客公孙杵臼，一个是赵朔的好友程婴，待赵朔的妻子生出儿子赵武后，便把赵武藏匿在山里，同时从庶民家找来一个男婴，包裹上华丽的襁褓。一切商办妥当后，程婴从躲藏的山里出来，跑出去报告，说只要给他千金，就说出赵氏孤儿藏匿的地方。

拿到千金的程婴，引导官兵来到山上。按照事先的设计，公孙杵臼背着假的赵氏孤儿，在官兵面前大骂程婴是忘恩负义的小人，是见利忘义的小人，并反复请求杀死自己，留下这个孩子。屠岸贾不答应，公孙杵臼和假赵氏孤儿被杀，程婴则领着真正的赵氏孤儿，藏匿起来。

在以上这段故事中，韩国的掌门人韩厥并没有出手帮忙，只是知道赵家有香火传续，没有说出这个秘密，也没有参与对赵家的屠杀。

接下来的故事，是韩厥帮忙。

晋景公十七年，即公元前583年，晋景公得了重病，叫人占卜，结果是有个大家族后裔断了香火在作怪。晋景公不解，赵家被诛已经过去十多年了，他早忘了，而景公自己儿孙满堂，不存在断绝香火的问题呀！他问韩厥，这卦到底是指什么？

韩厥知道赵氏孤儿的事，便说："应该是赵氏吧！赵氏宗族被灭，国人哀怜，所以显现在龟策上。"并借机说出了赵氏孤儿的详情。

为了使自己的病好转，晋景公叫韩厥把赵氏孤儿和程婴从山里接来，藏在他的宫里，并调韩家兵勇把守。然后借臣僚到宫中问候病情之机，请出赵氏孤儿和程婴，提出接续赵家香火。众臣僚对屠岸贾大开杀戒早就不满，在晋景公的提议下，纷纷表示赞同，并全部反水，攻击屠岸贾，灭了他的宗族，把赵家原先的田邑又全部还给了赵家。

在这个故事中，韩家帮赵家大忙，被司马迁赞为“天下之阴德”，继而认为，韩家虽没什么大的建树，仍在战国时期传十余世，与积的这个“阴德”有关。

诚如司马迁所言，韩家在战国时期确无大的建树，只是韩昭侯时，在历史的殿堂里亮光闪了一下。

《资治通鉴》载：公元前351年，申不害向韩昭侯自荐，当上了韩国丞相。

申不害，郑国平民出身，研究黄老学和法学，在郑国谋了个低级官吏。为使自己的才华得以施展，申不害特地跑到韩国来自荐，并被韩昭侯任命为丞相。就是在申不害为相的十五年间，韩国政治上进行改革，外交上谋取和平，使得韩国安定了十五年，并崛起为战国七雄之一。

申不害曾推荐自己的堂兄为官，遭韩昭侯拒绝。申不害大不高兴，韩昭侯于是对他说：“我在你身上学到了治理国家的原则，现在，我是接受你的请托而破坏原则呢，还是遵守原则而拒绝你的请托呢？你曾经教导我，要严格执行赏罚，用人一定要依照顺序，而你却对自己的堂兄私相授官。你说，你要我听你哪一种话呢？”

申不害汗流浃背，认错。

之所以说韩国在战国的历史殿堂里亮光闪了一下，是想说，除此之外，韩国再也不好找出在战国时期的闪光点了。

司马光记载了韩昭侯一件小事，说的是韩昭侯有条破裤子，不穿了，吩咐收藏起来，侍从因此说他吝啬。

照我看，侍从说的没错！一条穿破了的裤子，扔了都不可惜，何至于收藏呢！

韩昭侯却说：“英明的君主珍惜他的皱眉和欢笑，皱眉时必须有事使别人皱眉，欢笑时必须有事使别人欢笑。一条破裤子跟皱眉和欢笑一样，我要赏赐给对国家有功的人。”

真不知司马光写这件小事，是赞扬韩昭侯，还是笑话韩昭侯。对国家有功的人，既舍不得拿重要官职去鼓励，又舍不得拿食邑去封赏，拿条自己穿破的裤子去赏赐，真不知拿到这条破裤子的功臣们作何感想！

就是这个韩昭侯，在韩国遭遇旱灾，蝗虫在庄稼地漫天飞舞的时候，却花大钱修筑了一个高大的城门。楚国大夫屈宜臼说：“韩昭侯出不了这座高门。”他做这个判断的理由是：韩国时运好的时候，他不去建大门；去年，秦国攻占了韩国的宜阳，今年，韩国旱灾，他不去抗灾减少损失、安抚民众，却花大钱建城门，这叫“时绌举赢”。

“时绌举赢”，即是在衰敝之时，做奢侈之事。

屈宜臼预测很准，韩昭侯在高大城门筑成之后，尚未出门，便去世了。

在司马光的《资治通鉴》里，这之后的韩国几乎没有一年不挨打，没有一年国土、城池不被攻占。至公元前230年，秦国俘获了韩国最后一个国君，韩国的全部国土划归秦国，韩国走到了历史的尽头。

韩国因救赵氏孤儿而积下的“天下之阴德”，至此也不再庇荫。

韩国在战国天下，除申不害为相时，“修术行道，国内以治，诸侯不来侵伐”外，落在司马迁笔下的记载，几乎全是挨打、割地，当然还有其国内的夺权杀戮，诸如“韩严弑其君哀侯”“韩姬弑其君悼公”之类。它之所以“为诸侯十余世”，主要是战国中期之前，强国尚未放大将他国吞并的胆量，如若吞并一国，必遭天下诸侯群起而攻之。在我看来，司马迁之所以将韩国“为诸侯十余世”的原因，归结为救赵氏孤儿而积“天下之阴德”，是因为他本是儒学大家，他崇尚“阴德”之说。

燕国的解码是“马骨”

燕国在战国七雄中，占有一席。

司马迁告诉我们，燕国的老祖宗召公，与周天子同姓姬，周武王灭商纣后，封召公于燕。史载，召公很得民众爱戴，他曾下乡巡察，在一棵棠梨树下判决刑狱和处理政务，从侯爵到百姓都很满意。召公死后，民众怀念棠梨树，并写成《甘棠》诗予以纪念。

燕国的北面与蛮貉接壤，国土狭长，被齐、晋包围挤压。从春秋开始，便艰难地生存在强国之间，力量薄弱，无数次几近灭国。

公元前316年，苏秦去世，他的弟弟苏代也从事游说之事。苏代跟燕国的丞相子之是儿女亲家，子之有取代王位的野心，苏代便帮他完成这个愿望。

燕国国王姬哙问苏代：“依你观察，齐宣王田辟疆有没有成为霸主的可能？”

苏代答：“没有可能，因为他不信任他的助手。”

史载，姬哙恍然大悟，从此一味信任丞相子之。

接着有人给姬哙进言：人们之所以称赞尧帝贤明，是因为他能把帝位让给舜帝，假若你能把燕国政权让给子之，不也可以与尧帝一样名满天下吗？

毫无疑问，这话是苏代授人游说的。

姬哙脑子进水了，满脑子想的是与尧帝一样，名满天下，不假思索便把燕国的大权交给了子之。

又有人进言：夏禹假装禅让，私下里叫儿子启夺取政权。你虽说把国事交给了子之，可所有官吏都是太子的党羽，你这不与夏禹一样是假禅让吗？

这话肯定也是苏代授人游说的。

到这会儿，姬哙的脑子完全被水灌糊涂了，他下令把燕国中级以上的官吏一夜之间全部免职，把国王印信缴呈子之，由子之任命他的党羽。

至此，丞相子之坐上金銮宝殿，披上了燕国国王的龙袍。原本的燕王姬哙，反而成了不再过问国事的摆设。

子之在燕国国王的宝座上坐了三年，燕国便开始大乱。齐宣王派人与燕太子姬平密谋，表示齐国愿做他的后盾，灭掉子之。姬平觉得有齐国做靠山，兴奋无比，召集党羽，由将军市被率领，向子之发起进攻。

历史在这个节点上打了个死结。

市被原是太子同党，率众向子之发起了进攻，可在关键时刻，市被突然反水，调转枪头，向太子姬平发起进攻。这一来，燕国乱得更不可收拾了，双方打来打去，混战数月，数万军民在混乱中死亡，民众不得不在极大的恐慌中逃难。

恰在这时，齐国组成远征军团，大举进攻燕国，燕国边防军见齐国大军来犯，放开边卡；燕国国都见齐国大军来犯，大开城门。齐军如入无人之境，长驱直入燕国首都蓟城，生擒子之，剁成肉酱，顺手把姬哙也杀了。

齐国原本是来侵犯燕国的，在孟轲先生的劝说下，放弃了侵占，撤兵走了。

司马光写道，接替君位的燕昭王，从太多的经历中深思图强之道，他迈开双腿，走出王宫，慰问死者家属，安抚残存的孤儿寡母，自己带领王室成员节衣缩食，与民众同甘共苦，并谱写了“一堆马骨”的历史佳话。

燕昭王想招募天下奇才，帮他出谋划策，以实现他奋发图强的宏愿。他对丞相郭隗说：齐国乘我国内乱，强下毒手，此仇不共戴天。我深知燕国是个小国，力量弱，无法报仇。但我仍希望得到天下奇才，跟他共同治理国家，以求洗刷我们所受的羞辱。你如果发现这样的奇才，我甘愿侍奉他。

郭隗则给燕昭王讲了一个故事，说从前有一位君王，派他的随从带千两黄金去买千里马。因为千里马早已死掉了，随从便花五百两黄金，把千里马的骨头买了回来。君王看到一堆马骨，大发雷霆。随从则说："死的还出高价，何况活的？千里马不久就会送上门来。"不到一年，果然陆续有人送来了三匹千里马。

讲完这个故事，郭隗说："大王如果决心招请贤能之士，请把我当死马，比我贤能的人，都会来为您效力。"

燕昭王于是为郭隗大兴土木，建豪华宫殿，并尊郭隗为师傅。司马迁为了表达自己对这种做法的赞美，提笔写道：各国贤能之士纷纷投奔燕国。

郭隗无疑是这"一堆马骨"故事的受益者，他借古人花重金买千里马的故事，自比千里马，张嘴要待遇，并心安理得地从丞相府搬进了豪华宫殿。燕国虽小，但智慧、才华、品行在郭隗之上者大有人在，作为有些学识、才华的郭隗，并不会不知晓，可他一个也没有推荐，而是把国王师傅、丞相的桂冠，连同国家的宫殿，全部揽在自己名下。

燕昭王纳才兴国的心思是真实的，他在为郭隗兴建豪华宫殿之后，又花重金在今河北省定兴县的高里镇修建了一个黄金台，也叫招贤台。黄金台建得很豪华，给前来应召的贤士开出的条件很优厚，令战国天下的有志之士十分羡慕。可以说，黄金台拉开了燕国中兴的序幕，一大批志士贤才来到燕国，其中有战国时期的名将乐毅，有从金、木、水、火、土五行中创立哲学流派的邹衍等。

燕昭王雄心勃起，派乐毅联络韩、魏、秦、赵等国，共同发起对齐国的围殴。当时各国对乐毅都很敬重，乐毅一趟游说下来，不仅赵、魏、韩等国积极响应，连秦国也不甘落后，赵国干脆把军队全部交由乐毅统领。

攻齐战役一打响，秦国率先出兵，吸引并牵制齐国军队的主力，乐毅则统领燕、赵、魏、韩四国军队，直接杀向齐国的纵深。待赵、魏、韩等国军队在齐国大捞一把财物撤走后，乐毅率燕军继续在齐国征伐，一口气拿下齐国七十余座城池，只剩下莒和即墨两座孤城，还被燕军层层包围。

这时有人进谗言，说乐毅自恃有功，想留在齐国称王，所以故意留下莒和即墨两个孤城，以此为自己在齐国称王讨价。燕昭王很开通，不仅将进谗言的人杀掉，而且给乐毅送去了任齐王的诏书。

乐毅坚辞不受。他是应召到燕国的战将，享受燕国的俸禄，为燕国出力，心底无私，绝无称王的想法。

对齐一战，打得战国天下对燕国刮目相看，燕昭王享受了燕国历史上从未有过的来自各国的尊重。

但好景不长，燕昭王去世后，接任的燕惠王分不清谗言和诤言，很快疏远乐毅，把他的齐军统帅头衔也撤了，逼迫乐毅离开燕国。

接下来的历史就改写了。被困在即墨城的齐国小臣田单，用奇招引诱燕军上当，发起绝地反击，几乎在一夜之间，把燕军赶出了齐境，被燕军占领的七十余座城池，全部收复。

燕国从此走向衰败、灭亡的不归路。

司马迁特地写道：燕国社稷享受牲牢的祭祀长达八九百年，在姬姓国家中，只有燕国最后灭亡，这难道不是召公的功业吗？

召公几百年前就去世了，他如果在天有灵，是不会赞同司马迁这么写的！

周王室为解码战国活力背书

写战国时的周王朝，还得到《史记》中去请教司马迁。

司马迁写道，舜帝指令大禹治理洪灾，大禹于是在新婚四天后便带领朝野官员，用脚丈量华夏土地，测量高山大川的起源走向。他在外风餐露宿十三年，三次经过家门而不入。十三年后，各大名山都用楼木标明进出路径，大川、水源都已疏导畅通，湖泊、大泽都已修筑堤防。根据治水需要，大禹设置九州，令九州牧用本地产的青铜，按统一规格，各铸一鼎，共九鼎，鼎上铸山川湖泊，象征夏王朝的至尊。后夏桀失德，九鼎迁商；殷纣失德，九鼎迁周。鼎之所在，即天下权力中心之所在，可号令天下，教化民众。

马克思说，普鲁士民众需要皇帝，就像头上要有一个太阳，需要阳光雨露滋润一样。从尧帝开始的华夏子民，也需要上天派遣下来的帝王和天子，作为自己的领袖和教父。而尧、舜、禹乃至后来的周文王、周武王等贤君，倡立并推行的仁义礼智信这一套教化，深得大众的认可和接受，因而帝王、天子在受到民众顶礼膜拜的同时，存放在他们宫殿的九鼎，自然被当作王权、尊严的象征，神圣不可侵犯。

公元前606年，即将登顶霸主高地的楚庄王，把军队拉到周天子的眼皮底下，要求在王畿地盘搞军事演习。周定王不敢拒绝，放下身段，派王孙满去慰劳楚军。

面对王孙满，楚庄王问了一个天下霸主才能问的问题。

楚庄王问："九鼎有多大，有多重？"

周王朝虽不敢拒绝楚军在王畿重地搞军演的要求，但在楚庄王问到九鼎的时候，王孙满还是保持了一份尊严。他回答说："关键在德不在鼎。现在周德虽衰，但天命未尽。鼎的轻重大小，还是不问为好。"

楚庄王扭头走了。

《左传》记载的这个细节，至少说明两个问题：

一个是，春秋霸主的野心，已经膨胀到问鼎了；另一个是，周王朝的天子地位，已经难保了。

历史就是这么往下写的。

事实上，周王朝分封诸侯、教化天下的历史，在周幽王为逗褒姒一笑，烽火戏诸侯，一把火把天下共主的尊严、权威都烧毁时就中止了。

这似乎是天意，司马迁就是这么认为的。

司马迁写道，周幽王继位的第二年，西周大地震，泾、渭、洛三条大河同时枯竭，岐山崩塌。司马迁这么写，是为了说明上天在昭示周朝的灭亡。因为历史上伊水、洛水枯竭而夏亡，黄河枯竭而商亡，泾、渭、洛三条大河同时枯竭，周朝能不亡吗？

接着司马迁把褒姒拉进来，把她写成是上天派下来灭亡周朝的特使。

司马迁写道，夏朝灭亡之前，有两条神龙降落在夏帝的庭院，夏帝叫人占卜，占卜的结果是，杀不行，赶走不行，留下也不行，只有把这两条神龙的涎沫储藏起来，才能躲过这一劫。于是，夏帝摆开祭祀的礼仪，以简策告请神龙。结果神龙瞬间消失，留下一地涎沫，夏帝便着人用箱子收藏起来。夏朝灭亡后，这个箱子传到了商朝；商朝灭亡后，这个箱子又传到了周朝。历经两朝，没有人敢打开。传到幽王的爷爷厉王手里后，他打开了。箱子一打开，涎沫流得满庭院都是，怎么清扫都清扫不净。厉王于是使出怪招，叫宫里的女人全部脱得一丝不挂，对着那满庭院的涎沫乱喊乱叫。这一招果然灵验，流得庭院到处都是的涎沫瞬间收缩，最后变成了一只鼋鱼，蹿到厉王的后宫。后宫一个七八岁的侍女正好出来，碰上了这只鼋鱼，鼋鱼便不见了。小侍女因此怀孕，直到十五岁那年才分娩，生出了美女褒姒。褒姒深得幽王宠幸，她以不爱笑的怪癖，引导幽王把周王朝毁灭了。

如此看来，褒姒不就是上天派来毁灭周朝的特使吗！

周幽王之后的东周，便改朝换代，进入春秋了。进入春秋的周朝，首先上演的是父子追杀。

周幽王的儿子宜臼，被废掉储君地位后，幽王还不放过他，继续追杀。宜臼逃到外公申侯家，幽王便发兵攻打申国。申国便请犬戎帮忙，犬戎一出手，幽王大败，周都镐京沦陷，幽王也崩了。

宜臼被申国、许国、郑国等姬姓诸侯国扶进天子殿堂，史称周平王。而同是姬姓的西虢国把幽王的另一个儿子余臣，也扶进天子殿堂，史称周携王。郑国把西虢国灭了，打落余臣的周携王帽子，让周平王戴上“天下共主”的帽子。但这时的“天下共主”已经是一面破锣了，诸侯国想怎么敲打便能怎么敲打。只是华夏祖宗的礼制传承，使得周王朝“天下共主”的面子用纸糊着。毕竟九鼎还放在那里，有些礼仪上的事情，包括给诸侯国办手续的事，还得让它来做。

但历史向战国走去的步伐是大势所趋，周王朝随势而去，不断用自家的内乱、自毁，诠释走向战国的不归路，同时为战国的活力解码背书。

公元前636年，王子带叛乱，把周襄王打跑了，是晋文公出手，帮周王室杀了王子带，但代价是周王室要将一大片土地送给晋国。晋文公两次召周襄王到河阳、践土会盟，各诸侯都来朝见。这时候的朝见，味道就变了，是朝见周襄王呢，还是朝见晋文公？因为周襄王是晋文公“召”来的嘛！

公元前520年，《左传》载：“王室乱。”周王室之乱，离鲁哀公获麟即孔子绝笔，只相隔不到四十年。这四十年中，吴国被越国灭掉了；鲁国的三桓把鲁公赶跑了；齐国执政的国夏、高张被陈氏家族赶跑了；控制晋国的六大家族打得只剩下四家，接着就是三家分晋了。恰在天下大乱时，“王室乱”来凑热闹了。

周景王宠信庶子王子朝，想立他为太子。周王室的卿士刘献公、单穆公认为不合礼制，刘献公的庶子刘蚠便想把王子朝，连同他的师傅宾起一并杀掉，立另一位王子猛。景王得知后，便以到北山打猎为由，把刘献公、单穆公杀掉。不承想，景王心脏病发作死了，单穆公与刘蚠便把王子猛扶进天子殿堂，号称周穆王，并把王子朝的师傅宾起杀了。接下来便是一片刀光剑影、血腥之灾了。

先是王子朝借周景王安葬之机，召集周灵王、周景王的子孙，以及旧官和百工中受到单、刘排挤打压的人，发动叛乱，对刘献公及族人发起进攻。打打杀杀的慌乱之中，单穆公把周穆王藏在自己的家里。王子朝的同党发起冲击，又在夜里把周穆王抢走。单穆公逃跑后，召集余党杀将过来，一次就杀了周灵王、周景王八个子孙，杀得尸横遍野。王子朝重整旗鼓，又把周王室的刘献公、单穆公两个卿士打得大败，又杀得血流成河……

面对周王室的血腥内斗，各诸侯国都在冷眼看热闹，偶尔有出手相助的，也都是从各自的利益出发，链接历史上的恩怨情仇，鸡一嘴鸭一嘴地左帮右助，把周王室本就极其复杂的各种矛盾纠葛，挑唆得乱上加乱。

周王室就这样向战国走去。

被自毁弄得摇摇晃晃的周王室，各诸侯国都不去朝拜了，周王室叫他们去，也没人听。怎么办？于是太史苌弘想了一招，他在周朝的宫室庭院，设计了一种吓唬诸侯的仪式，名叫“射狸首”。在用装神弄鬼搞一套神秘兮兮的仪式后，点名叫某某诸侯来朝，不来的，用箭射杀。就这样，也没人去看周天子一眼。可能是晋国国君也被当作“狸首”射了，晋国把苌弘捉去砍了。

周王室的另一位太史，就比苌弘聪明。《史记》载，周威烈王在给瓜分晋国的魏、赵、韩三家掌门人办完国君手续后不久，周太史儋晋见秦献公时如是说：“始周与秦国合而别，别五百载复合，合十七岁而霸王者出焉。”翻译成白话即是：从前周朝和秦国原是合在一起的，后来分开了，分开五百年后再会合在一起，复合十七年，将有霸王出现。太史儋也许真有料事的道行，也许是看到秦国发展势头很猛，见到秦献公说奉承话。

司马迁还陆陆续续写道“王赧时东西周分治”，“东周与西周战”，“秦取九鼎宝器，而迁西周公于惮狐。后七岁，秦庄襄王灭东周。东西周皆入于秦，周既不祀”。

司马迁说的是，周王室日益没落再也端不起天子的架势了，存放在周王室的九鼎，被秦国搬到祖庙了，东、西周被秦国吞并，从此断了香火。

可以说，曾经尊严无比、号令天下、教化万众的周王朝，在向战国走去时，用“自毁”做了一件事，即为春秋的没落嘉勉，为战国活力解码背书。

虽然周王室为各诸侯国兴起的家族册封对诸侯国无关紧要，但这是名分。“名正言顺”嘛！有了经过周王室册封的名分，到了战国打斗征伐，就能举大旗作虎皮了。

第三章 鬼谷子布局的战国天下

鬼谷子心地极其善良，道德操守极高，却写了一本属阴的《纵横学》……

他先把庞涓、孙膑打发下山，用他俩各自高超的军事谋略，挑起战国纷争，把魏国独强，打成天下诸国都强……

他再把苏秦、张仪打发下山，一个推销“合众弱以攻一强”的合纵，一个推销“事一强以攻众弱”的连横，将相互对立的两种推销，统一于战国天下的布局之中……

合纵与连横对弈的结局是：强者助其强，弱者助其亡……

毕竟，中华民族的版图，不是分成无数个小国才好……

毕竟，国家不是越小越好，而是越大越好……

世道逼迫鬼谷子行捭阖

纵横学，主要包括合纵、连横两极。有合纵无连横，即无纵横；有连横无合纵，亦无纵横。纵横即是合纵、连横的对立统一。纵横学的核心，是捭阖。

所谓“捭术”，即是想方设法让对方开口，从中揣摩对方的意图，抓住对方的破绽。

所谓“阖术”，即是择要害处用激烈的言辞令对方无言以对，使之完全听从游说者的主张。

从本质上说，纵横学属阴谋，间或使用阳谋。

纵横学的创始人叫鬼谷子，姓王名诩，又名王禅，战国时期著名的思想家、纵横家、军事家、谋略家。因隐居在卫国朝歌附近云梦山的鬼谷山中，故称鬼谷子。

鬼谷子心地极其善良，他创立纵横学，完全是世道逼出来的，从本质上说，是春秋走到战国时的必然产物。

鬼谷子出身名望大家，父亲王错是魏国重臣，深得魏武侯宠信。在罢相换人的权谋争斗中，王错暗中较劲，罢掉了李悝的丞相之位；在吴起训练出“魏武卒”，力抗强秦，连打胜仗后，素不与吴起交好的王错，又参与并支持对吴起的排挤，最终把吴起挤走了。

可以说，父亲王错，是儿子鬼谷子的第一任老师，虽然王错并没有专门给他上课，但从朝廷的传闻、人事的变动，以及父亲的言谈话语、喜怒哀乐中，天生聪慧的鬼谷子，已经对争权夺势、诬告陷害的权谋之术，有了深切的领悟，并初步形成了自己的理解。

家里的书不够读了，鬼谷子来到西河重镇阴晋求学。这里原是秦国的土地，被魏国反复征战拿下后，设西河郡。为使当地的秦人归附，魏文侯把当时的名士大儒请来西河讲学，有百岁大儒子夏，有子夏的弟子公羊高、穀梁赤、段干木，还有子贡的弟子田子方，形成了儒学史上著名的“西河流派”。

鬼谷子到达阴晋时，子夏已去世多年，鬼谷子师从田子方，学的是纵横学。

田子方讲的是他的老师子贡，运用纵横术搅动天下的故事。

故事发生在春秋时期，是这样的：齐国权臣田常，想抢夺齐国君位，但他担心高、国、鲍、晏四大家族联手反制，便抽调他们几家的军队去攻打鲁国，打算趁机把四大家族灭掉。

为了救鲁，孔子派子贡前去游说。

子贡先去齐国，见到田常后，大说了一番反话。他说的是，鲁国城墙短矮，护城河狭窄水浅，国君愚昧不行，臣僚虚伪无能，百姓厌恶战争，但它是最难攻打的国家。而吴国城墙高大，护城河宽阔水深，士卒百姓同仇敌忾，臣僚满腹韬略，是最容易攻打的国家。

田常认为这是子贡故意要弄自己，非常愤怒。子贡则不慌不忙地说：“国内有忧患，应以攻打强国来转移民众的视线；国外有忧患，应以攻打弱国来平息民众的不满。而齐国的忧患在国内，在四大家族。你真把鲁国打败了，齐国国君得到土地，臣僚得到封赏，这时你对四大家族下手，他们在外征战的军队反扑过来，你难有胜算。而攻打强吴，必久攻不下，且消耗巨大，这样一来，四大家族的势力被削弱了，参加作战的死伤，又使得他们掌握的军力被削弱了，在这种情况下，你去抢班夺权，不就容易了吗？”

田常被子贡鼓动得心花怒放，决定攻打吴国。但有一点担忧，齐国四大家族的军队已经向鲁国开去了，往回撤，没有合适的理由，会引起四大家族猜测，要坏大事的。

子贡想好了对策，他叫田常把军队停在鲁国边境，由他出使吴国，鼓动吴国以援助鲁国为名，出兵攻打齐国，然后田常将军队回撤，攻打吴军。

吴国会围着子贡的指挥棒转吗?

且看子贡，到了吴国，晋见吴王夫差，如是说："拥有百万战车的齐国，一旦攻打鲁国，那它就成为吴国的劲敌了。救援鲁国，就是救援吴国。救援奉行周礼的鲁国，天下诸侯都会称赞吴国奉行大义，你既高举奉行大义的旗帜，又压制住了强敌齐国，称霸天下也就指日可待了。"

吴王又被子贡鼓动得心花怒放，决定打齐救鲁。但他想先打完越国再说，因为越国正蠢蠢欲动，担心它趁吴出兵救鲁而从背后捅吴一刀。

子贡给吴王解释："打弱小的越国，天下会指责吴国不仁不义。而不使越国的祭祀断绝，向天下诸侯显示吴国的仁德，援助弱鲁攻打强齐显示吴国的勇敢，这是天下霸主的作为。"讲了这些道理后，子贡出使越国，又去游说越王。

面对越王，子贡是这么说的："吴王这个人，残暴凶狠，大臣难以忍受；吴国连年发动战争，弄得国力空虚，士兵疲惫，百姓苦不堪言。在这种情况下，越王如果假意出兵辅佐吴王，用金钱美女获取他的欢心，用谦卑的言辞满足他的虚荣，他便一定会攻打齐国。如吴国战败，越国兴盛指日可待；如战胜，吴王一定会北上攻打晋国。我告别您之后便去晋国，请晋国配合齐国攻击吴国。到那时，吴国的精锐消耗在齐国，重兵又被晋国牵制，您便可趁机攻打空虚的吴国，一战而得。"

越王勾践被子贡鼓动得心花怒放，送给他黄金百镒，宝剑一把，良矛二支，子贡坚辞不受。

子贡回到吴国，汇报做越王工作的情况，给吴王吃定心丸。紧随而至的是越国大夫文种，不仅送来了越国祖先珍藏的步光剑、屈卢矛等宝物，而且请求由勾践带三千越兵，协助吴军攻打齐国。吴王夫差听从子贡的劝谏，收了宝物，接受越国三千士兵，但不让越王勾践同行。

按捺不住了，吴国迅速发起对齐国的进攻。

吴国大军一开，子贡便拔腿出发，走向晋国。

子贡对晋国国君如是说："齐、吴已开战，如吴败，越便会从背后偷袭吴；如吴胜，吴国军队便会向晋国开来。"他教给晋国的办法是：做好准备，迎接战斗。

子贡从鲁到齐，从齐到吴，从吴到越，从越回吴，又从吴到晋，从晋回鲁，兜了这么一大圈后，在鲁国静候消息。

消息一个一个传来。

先传来的是：齐、吴在艾陵大战，齐军大败，七个将军及无数士兵被俘；

又传来的是：吴军大举进攻晋国，两军在黄池相遇，晋军率先发起进攻，吴军惨败；

还传来的是：越军渡江袭吴，打到距吴国都城只有七里的地方。撤回救援的吴军，斗志丧失，连城门都守不住，被越军包围了吴王宫，最后吴王夫差被杀，国家灭亡。

儒家大弟子子贡这一圈游说，先骗齐国，再骗吴国，而后鼓动越国、晋国。骗齐，使得强齐衰落；骗吴，使得吴国灭亡；鼓动晋，使得晋国中兴；鼓动越，使得越国称霸。这一圈欺骗、鼓动下来，使得弱小的鲁国，免遭了强齐的进攻。

子贡的这次游说，历史有记载。但作为田子方教学的教材，难免夸大、渲染。

田子方给鬼谷子讲的子贡游说的故事，讲得鬼谷子目瞪口呆，简直不相信自己的耳朵。他子贡可是儒学大家，他这一趟游说，使用的不是欺骗、诈术吗！游说游说，不承想如此力道神通！在此之前，他还从来不曾想过，凭三寸不烂之舌，便能纵横天下，使天下局势发生翻天覆地的变化，好坏之变，瞬间颠倒，上下之位，顷刻坍塌。

从此，鬼谷子迷上了纵横之术。他在西河向公羊高、穀梁赤学《春秋》，了解各国的历史演变；向段干木学辅政权谋之道；还钻研了《孙子兵法》。他认为，这些都是纵横之术最重要的基础，没有这个基础，就不可能拿出真正打动人的说辞来。

在西河学习一年后，父亲王错又把鬼谷子送到了魏国的京都太学。这里各类史书典籍琳琅满目，驳杂丰富。鬼谷子如饥似渴地博览群书，继续做领悟纵横术的积淀。太学还为鬼谷子请了三位老师，一位是精通天道历法的太史皓，他给鬼谷子讲天干地支二十八星宿，再结合天人感应的道理，推算人的祸福吉凶；一位是通晓兵法的司马武，他让鬼谷子对着地图，学习排兵布阵演练；一位是擅长说辞游说的行人强，他教鬼谷子游说的方法、技巧，以及各种不同场景下游说的重点、切入点。三位老师轮流上课，如此坚持了数年，鬼谷子的学业长进很大。精通兵法的司马武，还特地把姜子牙所著的《金版六弢》一书，送给了鬼谷子。诸如“善战者，不待张军；善除患者，理于未生；善胜敌者，胜于无形；上战与无战”等精辟的军事论述，使得鬼谷子如醍醐灌顶，茅塞顿开。

父亲王错，与其他臣僚把吴起逼走后，又参与魏国王子继位之争，做得太过分，被魏王罢黜。王错感到自己在魏国待不下去了，打发鬼谷子到楚国谋生。此时吴起已被王公大臣乱箭射杀，楚国无亲人，也无仇敌，安全无忧。为了生计，鬼谷子扯起一面布幡，上面写着“卜卦”二字，在路边算卦赚钱糊口。凭着他学习积淀的天文地理知识和阴阳五行学识，再加上他练就的三寸不烂之舌，鬼谷子的“卜卦”生意日益红火，找他占卜的人越来越多，盘缠也越积越多。有钱了，他就不专事“卜卦”了，而是迈开双腿，游历到处是青山绿水的湘楚大地。不久，在魏国失宠的父亲王错，得知魏国打算偷袭韩国的消息后，便跑到韩国通风报信，并留在了韩国。鬼谷子只好辗转赴韩。

在韩国，鬼谷子又拜在刑名学家邓玉门下，补上了刑名学这一课。

父亲王错老了，儿子鬼谷子大了，王错想给儿子寻一门亲事，且想攀个高枝。当时韩哀侯的金公主久病不起，四处求医问药皆不见好。有人知道鬼谷子能瞧病，提出叫他去试着治治，治好了，便去做媒，让鬼谷子成为韩哀侯的驸马爷。这正是王错最大的愿望，但并没有跟鬼谷子说提亲之事，只是说去瞧病。

鬼谷子去给金公主瞧病，一来二去，公主的病好了，两个人也瞧上了。经人撮合，韩哀侯也同意，这档婚事成了，鬼谷子成了韩国的驸马爷，开始登上政治舞台，多次随外相出使他国，深得韩国君臣赏识。鬼谷子则把每次出使的情况，特别是在不同国家、不同事由的游说情况记录下来，编成韩国外交的教科书，在臣僚中争相传阅。其中游说魏、楚开战，而使得韩国侵伐郑国大获其利，便是鬼谷子运用纵横之术的杰作。

韩国逐渐强盛起来后，便开始打郑国的主意。而郑国背后站立的是楚国，韩国不是楚国的对手。怎么能在韩国攻打郑国时，楚国不出手救郑呢？鬼谷子把纵横术用上了。

他先是派人对魏武侯说：“魏国的叛贼吴起死了，正是魏国向楚国报仇的好机会。楚国一向觊觎中原，对韩、魏更是虎视眈眈。在这种情况下，魏国如果以天子之名出师讨楚，天下诸侯定会一呼百应，韩国更会尊魏国为盟主，倾力相助。”魏国被说动了，决心伐楚。

鬼谷子又派人到楚国游说，对楚王如是说：“魏国雄霸天下之心不死，向来视楚国为眼中钉。如今吴起死了，魏国认为楚国无人能战了，正加紧准备攻打楚国。韩、魏虽在中原为邻，但魏素有吞韩之意。如楚国出兵伐魏，韩国定助一臂之力。”楚国也被说动了，加紧军备，伺机向魏国进攻。

楚、魏果真大打出手，韩国趁机发兵攻郑，结果把郑国的国都攻占了。

鬼谷子在实际中运用的纵横之术，小试牛刀，便使得韩国大获其利。

鬼谷子与金公主成亲后，一开始两个人相亲相爱，小日子和睦温馨。但因鬼谷子擅长游说之术，断不了要作为使节派往他国，且一去便是一月或数月。金公主可能也是耐不住寂寞，便与鬼谷子的一个叫庞喜的门生鬼混上了。此事父亲王错知道，闷在心里不便说，不久便去世了。鬼谷子的好友给他透了口风，自然他也是心知肚明。父亲死了，妻子背叛了，韩国没有什么可留恋的了，鬼谷子离开韩国，来到宋国。

在宋国，大夫高欣把鬼谷子推荐给宋君，鬼谷子被重用。但宋国是个小国，难以在诸多强国中出头，在齐国辩士淳于髡的游说下，鬼谷子转而投奔齐国。

齐国是强国，野心很大，且首先想拿下的便是弱宋。

宋国上下一片恐慌，不知如何是好。有人提出，鬼谷子来宋，是大夫高欣推荐的，如今宋国难保，只好派高欣去找鬼谷子，叫他要么回宋国，要么离开齐国。

高欣沮丧极了，硬着头皮叩见齐君，请求将鬼谷子要回宋国，遭到严词拒绝，又见鬼谷子，流着泪对他说："你若不回宋，或不离开齐国，我家三族数十口性命休矣！"

鬼谷子心地极其善良，为人也恪守品德。他在听了高欣的流泪诉说后，深深意识到，宋国是断然不能回的，为了高欣三族性命，齐国也是断然不能留的。投奔哪里呢？鬼谷子回想父亲王错在魏国的权谋争斗，回想自己在韩国的婚姻悲剧，不禁仰天长叹："是老天要我远离世俗纷争啊！"

鬼谷子离开齐国，来到卫国的云梦山，在一处名叫鬼谷的山涧住下，隐姓埋名。从此，没有王诩了，也没有王禅了，只有鬼谷子。他在这里远离尘世，冷眼旁观，看战国天下的弱肉强食，看君臣争斗的权谋剧变，并在吟山诵水之余，写了一部《纵横》。从此，他心纳天地，收徒传艺，终老鬼谷山涧。

鬼谷子的纵横理论，大前提是观测之术，即了解天下大势，了解各国君主的脾气、性格、嗜好，了解其国家的历史、地理、经济、政治制度、文化习俗、军事实力，以及与其他国家的远近亲疏、矛盾隐患。在此基础上，再使用捭阖之术，其具体的方法是静听，即只听只琢磨，以静制动，了解其意图；反听，即主动发问，用言语试探对方；以己推人，即站在对方的立场，想对方对事物的感受和反应，附和其心，诱使其把想法和盘托出。捭阖术的五种说辞是：平言，即成事之言；戚言，即亲近之言；谀言，即迎合之言；佞言，即谄媚之言；诤言，即谏诤之言。捭阖术的五种忌讳是：忌病，即有气无力、无病呻吟、没有根据的话不能说；忌恐，即六神无主、语无伦次、唯唯诺诺的语气不能有；忌忧，即吞吞吐吐、断断续续、让人生烦的话不能说；忌怒，即条理混乱、钻牛角尖、前后矛盾还力争的话不能说；忌喜，即随心所欲、看到对方上钩便不能节制、夸夸其谈的话不能说。捭阖术的第一要义是制人而不制于人，重在使用阴谋，间或使用阳谋。其中的“制君之术”“惑乱之术”“背向之术”“离间之术”等等，鬼谷子也有深刻的阐述。

毋庸置疑，鬼谷子的一整套纵横术理论，虽然在人们交往的日常生活中多有使用，但上升为一种理论体系，是为儒家、墨家、道家、法家、兵家等所不齿的，也是被看重道法修为的人士所摒弃的。

但我们不得不说，鬼谷子的纵横术产生于战国时期，是必然的，也可以说是不可或缺的。世道变了，人心不古，篡权弑君、弱肉强食、尔虞我诈等为春秋所不齿的作为，已经成了战国天下争霸的主旋律。在这样的时代背景下，恪守春秋传续下来的那套礼制，只能挨打，只有灭亡。而要适应世道的变迁，在争霸征伐的战国时代生存下来，发展壮大，就不得不改弦更张，用纵横术去谋道，去拓展。

更何况，泱泱华夏总不能由如此众多的小国没完没了地打斗下去吧！春秋已然是多战，战国已然是血战，无论是多战，还是血战，死的、伤的、苦的，不都是普通民众吗！止战、不战，才是天下之大幸、民之大福啊！

在鬼谷山涧讲学的鬼谷子，收徒众多，但从鬼谷山涧走出去，搅动天下，把战国风起云涌的历史，搅动得丰富多彩的，有四个高徒：庞涓、孙膑、苏秦、张仪。

且看他们是如何按照鬼谷子对战国天下的布局，演绎精彩故事的吧！

庞涓、孙膑演绎的战国兴衰

鬼谷子打发庞涓、孙膑出山的时候，战国天下的第一强国是魏国，它挟老晋国的余威，东征西讨，几乎打败过所有的对手。它的战略发展方向是东进，占据河北平原。而实力不弱的齐国，是阻止魏国东进的主要劲敌。虽然魏、齐两国没有发生大的正面冲突，但明争暗斗，使得表面相安无事的局面极其脆弱。鬼谷子把两个高徒庞涓、孙膑打发出去，率先挑起的，即是魏、齐争斗的表面化。

遇羊而荣

鬼谷子先打发走的是庞涓，他对庞涓说："我在谷林散步时，见一阵狂风将落叶卷起，我随即占了一卦，发现这是你发迹的征兆，你可以下山了。"并着他找一株花草，再占一卦。

庞涓找来一朵马兜铃，这种花生性娇嫩，每朵十二瓣，明月夜开，遇太阳便萎谢凋零。

鬼谷子给庞涓算的是，他将发迹十二年。马兜铃生长于鬼谷，遇日便萎，"委"与"萎"相通，旁边加个"鬼"字，便是"魏"字，说明庞涓发迹的地方是魏国。

此时魏国正招贤纳士，庞涓想去的正是魏国。告别鬼谷子时，庞涓再请指教，鬼谷子便送他八个字："遇羊而荣，遇马而卒。"

庞涓要走了，孙膑十分留恋。庞涓说："待我做了官以后，一定请你下山，与你共享荣华富贵！我若不履行诺言，死于乱箭之下。”

庞涓来到魏国，刚踏进宫门，正赶上魏惠王用膳。王宫厨师用大盘盛了一只蒸肥羊路过，庞涓不禁大喜，这不正是“遇羊而荣”吗！

魏惠王问庞涓所学，庞涓意气风发，说跟鬼谷子先生学兵法谋略，不仅将先生所传全牢记于心，而且触类旁通，有自己的领悟和心得。

魏惠王问：“我魏国东邻齐国，西邻秦国，南有韩楚，北有赵燕，这些国家对魏国虎视眈眈，赵国还抢走了中山国，这该当如何应对？”

庞涓答：“大王如用微臣为将，定能战必胜，攻必克，攻灭六国，兼并天下，也如探囊取物！”

魏惠王觉得庞涓口气太大，讥讽他大言不惭。

庞涓则夸下海口：“如不操六国于手掌之中，愿提头来见。”

敢夸如此海口，魏惠王很高兴，拜庞涓为上将军，兼任军师。庞涓则把儿子庞英，侄子庞葱、庞茅统统召来，统统任命为将军。

首先要做的，当然是练兵。庞涓按鬼谷子先生所教，排兵布阵，反复演练战阵之法。魏国在吴起统兵时，练就过“魏武卒”，军队素有勇战遗风，经庞涓捡起来再练，不多时日，便练就了魏军强大的战斗力，且求战热情高昂。

魏国逼走吴起，又逼走商鞅之后，国内政治萧条，军队疲弱，被庞涓练出军队的精气神后，从国君到民众都眼睛一亮。庞涓则从国人的眼光中，看到自己已经在魏国站稳脚跟，于是主动发起对魏国周边小国的侵伐。伐卫，取得大胜；伐宋，又大胜而归。打得体量不小的鲁国、郑国日益恐惧，相约卫、宋一起来魏国朝觐。

这可是魏惠王不曾想到的，四国来朝，尊他为老大，把魏惠王乐坏了，臣僚及国人也喜不自禁。

在举国上下庆贺欣喜的同时，魏国上至国王，下至黎民，都把目光聚焦在庞涓身上，认定他是魏国兴盛的中流砥柱。

庞涓确不负众望，在之后不久齐国军队犯边时，庞涓率军出击，把齐军打得落花流水，落荒而逃。

这一来，魏惠王对庞涓更加倚重了，连连给他加爵授封。而庞涓在一连串的胜利面前，自信心加速膨胀，战必胜，攻必克，成了他日常的自我夸诩。

在取得巨大成功的同时，庞涓想起了孙膑。同窗学习数年的孙膑，此时是不是还像往常那样，成天面对山涧的日升日落，听着溪唱虫鸣，数着花草枯荣？他想起与孙膑临别时的诺言，自己已经发迹了，得兑现承诺，请孙膑下山来享受自己带给他的荣华富贵。于是，庞涓以孙膑是孙武后人为由，向魏惠王举荐，请孙膑出山。

改宾为膑

庞涓在魏国资望飙升，尤其是连打胜仗、很受魏惠王倚重的情况，深居鬼谷山中的鬼谷子和孙膑也都知晓。孙膑只是一味地为庞涓高兴，当然也免不了有点酸溜溜的。同门师兄弟，一个海阔天宽，宏图大展，一个还隐居在崇山草木之中，能不发酸吗？而鬼谷子心里怎么盘算的，没有流露。因为庞涓下山去魏国发迹，在他对战国天下的布局之中。恰在这时，庞涓请孙膑去魏国的送信人，来到了鬼谷山。

仍如庞涓出山时那样，鬼谷子叫孙膑采一朵花来为他占卦。此时寒风萧瑟，百花凋零，孙膑在山涧找不到鲜花，便把插在花瓶的一朵菊花拿来了。

鬼谷子沉吟良久后说：“此花虽已残折，但它本性耐寒，经霜不落。你此番下山，就如此花，虽有苦难，但终能化险为夷。你把它放回花瓶吧，这预示着你将回到自己的祖国齐国，并成就一番事业。”说了这番话后，鬼谷子将孙膑原名的“宾”字，左边加个“月”字，改为“膑”。

“膑”，同“髌”，是古时剔除膝盖骨的刑罚。

孙膑不知鬼谷子为他改名的用意，只是服从。

临别前，鬼谷子交给孙膑一个锦囊，嘱他万分危急时，方可打开。

虽然叫庞涓、孙膑采花占卦，是民间传说附会，但鬼谷子会占卦、有神算是真实的，否则，搅动战国天下布局的，不可能都出自他的门下。

孙膑来到魏国，庞涓隆重迎待。魏惠王欲封孙膑为副帅，在庞涓的领导下同掌兵权，庞涓则提议拜孙膑为客卿。因为客卿上朝时坐第一区，地位仅次于庞涓；还因为客卿可参与朝政议事，且不用施以臣子之礼。

这个安排，体现了庞涓对孙膑的尊重。

孙膑的到来，庞涓非常高兴，两个人来往甚密，少不了把酒言欢，高谈阔论，也少不了对天下大势的分析判断。当谈到兵法之道时，庞涓发现，孙膑的军事理论非常精到，头头是道，高他一层。庞涓于是向他打听，这些军事理论是从哪里学来的？此时的孙膑毫不设防，说鬼谷子先生叫他看过《孙子兵法》，先生还对该书有详尽的阐述。

庞涓听了，心头一惊。

尤其是魏惠王让庞、孙二人演练阵法时，庞涓布置的阵法，孙膑一眼就看穿，并能立即拿出破阵的方法来。而孙膑布置的阵法，庞涓看不懂，不得不私下向孙膑询问。

这对庞涓是更大的刺激！

史载：“膑至，庞涓恐其贤于己，疾之，则以法刑断其两足而黥之，欲隐勿见。”

这个记载，给人以巨大且合理的想象空间。

可以想见的是：孙膑的祖籍是齐国，有人便借此做文章，告发孙膑是齐国派来的间谍，被魏惠王打进大牢，剜去双髌，脸上刺字。

可以想到，这个告发孙膑的人，不会是他人，而是庞涓！当然，他不会亲自告发，而会指使他人。因为孙膑是庞涓请来的，虽然此时的庞涓在魏国资望飙升，深得魏惠王宠信，但把个齐国的间谍请到魏国，朝野上下能不对庞涓产生怀疑吗？但庞涓不惧怀疑，他宏大的志向，决定了他另有更大的图谋。

因为知道孙膑是孙武的后代子孙，还知道孙膑读过《孙子兵法》以及鬼谷子先生的传授，可以想见的是，野心膨胀的庞涓，必然要想方设法从孙膑的心里把这些理论挖出来。

一旦这些军事理论到手，战国天下的战将就都不是他庞涓的对手了。而懂这些军事理论的孙膑，已是一个废人，站都站不起来了。

此时的孙膑，还对庞涓没有丝毫怀疑。庞涓常去看他，可怜他，慰问他，派人侍候他，孙膑感激涕零。庞涓叫他把《孙子兵法》及鬼谷子的阐述写出来，孙膑忍着疼痛，搜肠刮肚地回忆，把凡是能想起来的，一一写下来。

写着写着，孙膑觉得不对劲。他来魏国时间很短，没有与任何人结怨；他在魏国既无亲人，也无朋友，与他交往的只有庞涓一人；加之他与庞涓同窗多年，对他的品性、胸襟、气度、野心多有了解，会不会是庞涓为得《孙子兵法》而陷害自己呢？

孙膑不愿意把怀疑聚焦在庞涓身上，可分析来分析去，聚焦庞涓的疑点又化解不开。纠结万分、痛苦难挨之际，他想起鬼谷子老师的嘱咐，打开锦囊。

锦囊一打开，“诈疯魔”三个字，使孙膑全明白了。

原来，把“宾”改为“膑”，全在鬼谷子先生的神算之中啊！

这之后，孙膑就“疯”了，把写成半截的《孙子兵法》毁了，胡言乱语，且哭且唱，吃到嘴里的东西全吐出来，吐出来又拿起来吃。庞涓来看他，他不知道庞涓是何人。庞涓想试探他是否装疯，着人把他扔到猪圈，他便与猪同吃同住，并当着庞涓的面，大口吃起猪粪来。

庞涓叹息一声走了，他相信一个人如果没疯，是不会吃猪粪的。但他还是嘱咐手下，要严加看守。

据传，鬼谷子对此了如指掌，他特地请墨家大师墨子设法营救孙膑，并经过墨子的弟子禽滑厘，把孙膑从猪圈救出，送到了齐国。

田忌赛马

孙膑到达齐国后，洗澡更衣，见到了大将军田忌。田忌早就钦佩孙膑，孙膑一到，便被拜为上宾，留在田忌的府上。

齐国人有个爱好，即赛马，上至国王，下至庶民，都钟情于赛马。只是平民百姓把自己喂养的马牵出来比个胜负，图个乐和；而有钱人家，特别是贵族，则在赛马场砸大把的金钱，用赛马进行赌博。

齐威王爱赛马，他的马是从齐国各地挑选出来的好马。大将军田忌也喜好赛马，他的马虽然也是从各地挑选出来的，但与齐威王的马相比，要稍逊一筹。因而齐威王与田忌赛马，田忌屡赛屡输。输掉大把的赌资不说，关键是面子上不好看。

齐威王偏偏爱点名与田忌赛马，而田忌早就憋了一股劲要赢一回。

再赛马时，孙膑给田忌支了一招。

孙膑的这一招，是在深入研究齐国的赛马规则后想出来的。

齐国的赛马规则是，双方各出三匹马，三场比下来，胜两场者为赢家。孙膑叫田忌将过去上等马对上等马、中等马对中等马、下等马对下等马的出场顺序，改为用下等马对齐威王的上等马，用上等马对齐威王的中等马，用中等马对齐威王的下等马。这一调整，从理论上看是能够取胜的。

但有两点很关键：一是摸清齐威王上、中、下等马的出场顺序，以便有的放矢地应对；二是田忌的上等马对齐威王的中等马、中等马对齐威王的下等马有没有胜算。齐威王虽最有条件在齐国各地挑选好马，但大将军田忌，并非等闲之辈，也能从全国把好马选来。经过周密谋划，田忌准备好了对策，就等齐威王下战书了。

齐威王赛马的战书一到，田忌立即响应。

赛场上人山人海，齐威王率文武臣僚全来观赛。第一局，齐威王的上等马赢了，高兴得他嘴都合不拢；第二局，齐威王的中等马输了，他笑不出来了，等着第三局的胜利到来；第三局，齐威王的下等马又输了。齐威王大惑不解，他可是抱定必胜而来比赛的，过去也都是他创造的全胜纪录，怎么这次输了呢？他在把大把赌资交给田忌的同时，问他怎么赢的。

田忌于是向齐威王推荐了孙膑，两人见面一谈，齐威王对孙膑十分钦佩，奉他为皇家教师。

孙膑于是在自己的家乡齐国，站上了施展才华的重要舞台，为鬼谷子老师对战国天下的布局，演绎了惊心动魄的历史大戏！

围魏救赵

公元前354年，赵国进攻卫国，夺取了卫国的漆及富丘。卫国是魏国的盟国，盟国受侵，不能不管。于是，魏国以庞涓统兵，率军入卫，打得赵军节节败退，退到赵国境内。魏军仍不罢休，穷追猛打，直打到赵国国都邯郸，把邯郸围了个水泄不通。

赵国危在旦夕，只好向齐国求救。

齐、赵两国多有积怨，赵国多次进犯齐国的情景，朝野上下记忆犹新。

齐威王召集臣僚讨论时，主张救赵和反对救赵的两种意见互不相让。不救有不救的道理，但若不救，势头正猛的魏国，吞并赵国，再征服韩国，重复春秋时三晋合一的盛况，那么齐国就必是它下一个征服的目标。如此下来，齐国不仅不能在战国的天下崛起，甚至连祖先的祭祀都得断了。

齐威王决定救赵，任命孙膑为统兵大将，孙膑辞不肯受，理由是自己是个残疾人，身为主帅，不能树立军队的威严。齐威王又改任田忌为帅，孙膑为军师。因膝盖骨被剜，孙膑不能似其他将领那样，站在战车之上，只能安坐于辎车之中，不能穿战袍甲胄，而是穿戴一身长袍大袖的儒冠儒服。

田忌手下有八万大军，他打算长驱直入，打到邯郸城下与魏军战斗。

孙膑不同意，他说："丝线缠作一团，要解开，就不能不顾起止头尾，胡乱撕扯；两伙人打架，要想止斗劝和，就不能跳进去亲自搏斗。而要解决问题，必须找到纷繁乱象背后的症结。如今庞涓统魏军主力在邯郸大战，留在魏国国都大梁的，必是老弱之旅，我们如果批亢捣虚，军指大梁，并派人把大梁被围的消息散播出去，庞涓听到后，必放弃攻赵而回兵来救，如此，赵之围自可化解。"

孙膑非常谨慎，这毕竟是他来到齐国后，第一次作为军师在战场上亮相。直捣魏国大梁，必能解邯郸之围，但庞涓气势正盛，回援大梁的速度一定很快，而齐军回撤途中，很可能与魏军遭遇，双方打起来，齐军没有胜算。于是，孙膑在把军队开往魏国大梁的途中，布下了一招迷惑庞涓。齐国军队进攻大梁之前，佯攻魏国的平陵。平陵是魏国大梁的东面屏障，它的南面是宋国，北面是卫国，果真进攻平陵，宋、卫作为魏国的同盟，必然出手相助，切断齐军的运粮通道，这仗就没法打了。

这无疑是排兵布阵的败招。正是这一败招，使得庞涓大上其当。他认为这是围歼齐军的天赐良机，因而从邯郸撤出，下令军队抛弃战车，改用骑兵和步兵追击，嫌速度太慢，又把大部分辎重粮草丢弃，以轻装昼夜兼程，朝齐军追击。

就在庞涓率军必经的桂陵，齐军设下埋伏，待魏军进入陷阱后，田忌一声令下，齐军四面出击。魏军丢弃了战车，只有少数人骑马，绝大多数人徒步，加之长途奔袭，昼夜兼程，十分疲惫，战斗力锐减。而齐军乘坐战车，冲进魏营，横冲直撞，碾死战死的魏军不计其数。

关键时刻，庞涓保持了一份冷静，他认真观察战场态势，发现东面山区齐军力量薄弱，便将魏军收紧，而后向东面发起猛攻，撕开一个口子，使得魏军突围出来。

桂陵一战，是庞涓与孙膑的第一次交手，庞涓虽然中计，牺牲了很多士兵，但主力犹存。齐军也没有恋战，迅速回撤到齐国。

两弟子的这番交手，隐居鬼谷山涧的老师鬼谷子了然于心，他站在鬼谷山涧的冷月下，摇头叹息。

遇马而卒

桂陵之战十二年后，山转水转，庞涓与孙膑又在战场上相遇了。

这十二年，是庞涓憋足了劲要打败孙膑的十二年。十二年的憋劲，使得他训练的“魏武卒”战斗力更强，成了战国天下无与匹敌的劲旅。

这十二年，孙膑似乎在等待，事实上也只能等待。他在齐国的声望，远不如庞涓在魏国的声望。但围魏救赵这一仗打得漂亮，齐威王更加宠信田忌、孙膑，把兵权交给了他们二人，使得丞相邹忌心生妒忌，埋下了围绕田忌、孙膑与邹忌权谋争斗的祸根。

而此时的战国天下，秦国正处于历史的关键时刻，商鞅正在秦国大刀阔斧地进行变法，无暇顾及天下纷争。而魏国又与赵国结盟了，为了各自的利益，联手向韩国发起了进攻。公元前341年，魏、赵联军已经在韩国国都新郑郊外叫阵了。

韩国无他国可求，只有向齐国求救。

救不救？三种意见。以丞相邹忌为代表的保守派，认为不必蹚这个浑水；以大将军田忌为代表的主战派，主张发兵救韩，彰显国威；另一派只有一人，即军师孙膑。

孙膑的意见是：韩国必须救，若不救，即是弃韩肥魏。如果是这样，战国的天下，就没有谁能抵挡魏国军队的侵伐脚步了，齐国也只能向其俯首称臣。

如何救？这是齐国君臣最想听的意见。

孙膑的意见是：缓救。他解释道：“告之韩国，齐国一定发兵救韩，激励韩国全力抗魏。待魏国军力在韩国的拼死抵抗下衰减时，再发齐兵救韩，以小的代价去获取大的战果。”

韩国仗着齐国出兵来救，倾全国之力，顽强抗击魏国，虽然在庞涓统领的“魏武卒”面前，韩军连战连败，但韩国决不放弃，仍败了再战。直到韩国国都新郑即将沦陷时，齐国的大军才投入战斗。

大将军田忌打算率军直入韩境，与魏军决战，被孙膑阻止。他给出的战役部署还是老战法——围魏救韩。于是，齐军直奔魏国大梁开进。

庞涓得知后，迅速撤军回救，但他经过十二年的憋气、憋劲，对付孙膑的战法，想了一套又一套。这次回撤到魏国后，庞涓变得极其谨慎，他没有向齐军发起追击，而是静观其变。

显然，庞涓在想对付孙膑的战法，而孙膑也没有放弃谋划如何对付庞涓。这同门师兄弟的斗智比拼，在这一刻达到了顶峰。

孙膑说道："兵法云，百里而趣（趋）利者蹶上将，五十里而趣利者军半至。"翻译成白话即是：以一百里的速度急行军，会损失上将；以五十里的速度急行军，士兵死亡逃散，到达目的地，最多保持一半。正是依据这一兵法理论，孙膑使出了牵着庞涓鼻子走进陷阱的高招。

齐军向大梁方向走了，留下满地安营扎寨的痕迹。庞涓派人数齐军留下的军灶，足够做十万人的饭。齐军人数如此之多，使得庞涓更加谨慎。

第二天，庞涓又派人数齐军留下的军灶，这次只够做五万人的饭。庞涓一愣，面露笑容。

第三天，庞涓又派人去数军灶，这次只够做三万人的饭。庞涓忍不住仰天大笑大吼："这是魏王的洪福啊！"

随庞涓作战的魏太子申，不解庞涓为何如此高兴。

庞涓解释道："齐军入我魏境才三天，士卒逃亡即已过半，这不正是全歼它的机会吗！"

孙膑则不断派人打探庞涓大军的消息，得知魏军已过沙麓山，正日夜兼程追来，屈指计算行程，料定日暮时分魏军能赶到马陵。而马陵道在今邯郸的大名府东南，夹在两山之间，山上树木丛生。于是，孙膑请田忌下令，将道路两旁的大树全部砍倒，横放路上，只留一棵大树，将树皮刮去一块，用黑炭书写八个大字：庞涓死于此树之下。

按孙膑的部署，齐军挑选上万弓弩手，在马陵道两边的山上埋伏，给他们的命令是：只要树下火光亮起，立即发箭射击。再令田婴引兵一万，在离马陵不远处埋伏，待魏军通过后，再从后截杀。

庞涓率军穷追不舍，到达马陵道时，恰是日落西山。其时十月下旬，天黑得早。先头部队被横在路上的树木阻塞，庞涓令他们移开。抬头见一棵未砍的大树被剥去一块皮，露出白色，上面隐约写有字，庞涓叫人点火来看。

火光一点，“庞涓死于此树之下”八个字看清了，铺天盖地的飞箭也同时射来。

庞涓深知已经中计，但尚未做任何反应，数箭已经射到了他的身上，他从马上摔下，被人扶起，稍一镇定，便抽出佩剑，刎颈而亡。魏军大败，死伤无数，魏太子申被生擒。

庞涓死前，有没有想起鬼谷子先生所说的“你将发达十二年”“遇羊而荣”“遇马而卒”的话来，不得而知；有没有想起孙膑被他陷害，剜去双髌，自己是什么感受，不得而知。司马光的《资治通鉴》写道，庞涓临死说：“竟然教白痴成名！”这么写来无法令人相信。因为利箭射向庞涓的速度太快，他拔剑自刎的速度太快，因而在他行将结束生命之前，他对自己的人生放在战国天下的感悟，哪怕是感叹，都不可能浓缩成一句话说出来。这当是历史的一大遗憾！因为他那时说的，将是最深刻的、最真实的！还因为，他是战国前期最伟大的军事家、战略家、政治家之一，他在生命结束之前所说的，将是对战国天下发展走势最深刻的阐释，能省去这之后历史学家无休无止的猜测。

孙膑与庞涓博弈的这一段记述中，孙膑始终是受历史学家，包括普通读者同情的对象，因为同情，所以有对他人性诚善的认同，这当然离不开对他祖先孙武认同的因素。据传，孙膑感念与庞涓的同门师兄之情，命人将庞涓的尸首装殓后，亲手将其火化，并着人将其骨灰送往云梦山鬼谷涧。

这一切，都在鬼谷子对战国天下的布局之中，他最器重的两大弟子，孙膑被剜去双髌，庞涓被乱箭射杀的结局，在他拈花占卜的神算中都算到了。因而史话演义，有了“遇羊而荣”“遇马而卒”等与神算契合的故事。虽然这些故事很是牵强，比如“遇马而卒”的“马”，漫山遍野都是，庞涓会不遇吗？作为魏军统帅的庞涓，十多年间几乎没有停止过骑马作战征伐，他不是屡战屡胜吗，何至于这个“马”定是马陵道的“马”呢？但不得不说，真实的历史故事与演义的历史故事之间，有某种合乎逻辑的联系，这个联系，就是想象联系，就是智慧联系，更是人们割舍不去的历史情结！

在战国时期创造过“围魏救赵”“减灶诱敌”等经典战法的伟大军事家孙膑，在庞涓死后，便消失了，再也没有精彩的战争演绎。这也是个历史之谜！

但放在鬼谷子对战国天下的布局中看，似乎孙膑的历史使命完成了。因为马陵道一战，不仅是魏国由盛转衰的转折点，也是战国天下由魏国独强，进入诸国都强而争霸征伐的转折点。

因为，只有诸强混战，历史才能在连年的混战之中，反复筛选出独霸战国、一统华夏的帝国来。

这似乎也在鬼谷子下一步的布局之中！

苏秦、张仪对弈的天下纵横

鬼谷子在两个高徒——庞涓、孙膑完成他布局战国天下第一阶段的使命后，他又派出两个高徒，一个是苏秦，一个是张仪，去演绎他战国天下布局的第二阶段使命——纵横天下。

问题是，为什么要在战国诸强的混战中，派苏秦、张仪去游说纵横?

答案是，不游说纵横，战国天下诸强混战的烽火，将没完没了地燃烧下去，虽然燃烧到最后，也可能会产生一个天下一统的大国，但连年战火燃烧，天下生灵涂炭，可就苦了庶民百姓。而派苏秦、张仪去游说纵横，便可在较短时间里，把没有能力担当天下一统的国家，从战国打斗中抹去，使有条件担当天下一统的国家，在华夏的版图上迅速崛起。简而言之，即是叫当败者败，助当兴者兴，以尽快结束多国混战，使黎民百姓在较短时间里获得和平安生。

九州一盘棋，七雄为棋子！苏秦、张仪则是按鬼谷子的布局去下棋。

这，似乎才是隐居云梦山鬼谷涧的鬼谷子，对战国天下的大布局，大构建!

苏秦、张仪拜鬼谷子学纵横术多年，在孙膑出山之后，他俩也想出去闯荡。接续庞、孙二人出山时的历史演义，鬼谷子还是那一套，叫他俩分别采两朵花来，为他们占卦，占得的卦爻是：苏秦先吉后凶，张仪先凶后吉；苏秦很快就会发迹，张仪则晚几年才大有作为。

鬼谷子还占得苏秦、张仪水火难容，定有相互攻伐之事，因而嘱咐又嘱咐，叫他俩定要互让，切莫伤了感情。

苏秦、张仪拜别老师鬼谷子，同时出山。

鬼谷子从此不再收徒，在历史上遁迹。

苏秦挂相

苏秦，今河南洛阳人，告别鬼谷子后，把游说的目标瞄向秦国。秦惠文王可不是轻易能见到的，于是苏秦变卖家产，用于疏通关系。

变卖家产，招来全家上下的不满，但苏秦主意已定，特立独行，硬是把家产卖掉上了路，终于见到了秦惠文王。

第一次见到秦惠文王，苏秦表现得过于急切，口若悬河，滔滔不绝，把鬼谷子老师教的“捭阖术”全忘了，“制君之术”“惑乱之术”“离间之术”“背向之术”，等等，还有让对方开口、上当的“捭术”，以及反制对方，令对方无言以对的“阖术”，全没用上。他对秦惠文王说：“秦国的南面有巫山、黔中为屏障；东面有崤山、函谷关为险塞；现又占据巴、蜀、汉中等地，土地肥沃，物产丰富；秦国的战马来自北方外族，日行千里，能征善战。”苏秦摆出这些秦国称霸天下的优异条件，无非是要说明，只要秦惠文王采纳我苏秦的谋略，秦国即可一统天下。

这一套太直接了，完全背离了鬼谷子教的“捭阖之术”。

秦惠文王教训苏秦：“羽毛不丰满不能高飞，法令不完备不能实施赏罚，德行不高的君王不能统治万民，政治教化必须上顺天意，下合民心。你苏秦还嫩了点，讲的这套大道理，在当今时局下行不通。”

话说到这个份儿上，不好再谈下去了。可苏秦不肯轻易放弃，他好不容易见到秦惠文王，变卖家产的钱为打点秦惠文王身边的人，花得所剩无几了，因而他缠着秦惠文王说：“‘一将功成万骨枯’，要想称霸天下，不打仗不行。”他还搬出神农攻打补遂，黄帝攻打蚩尤，虞舜攻打三苗，夏禹攻打共工，商汤攻打夏桀等华夏圣贤的战例，为自己的说辞辩护。

秦惠文王终于忍不住了，大手一挥，转身而去。

为了游说秦惠文王，苏秦把后半生当赌注全押上了，不能因秦惠文王大手一挥而作罢，于是，他一连十次上书，陈述自己的谋略主张，以此想说动秦惠文王。结果伏案书写奏疏，连黑貂皮大衣都磨破了，也不见秦惠文王一个字的回应。

变卖家产的全部盘缠花光了，在秦国也待不下去了，他只好垂头丧气地回家。

《战国策》载：苏秦游说秦惠文王失败后，“羸縢履蹻，负书担橐，形容枯槁，面目犁黑，状有归色”。翻译成白话即是：苏秦用破布绑着小腿，穿着草鞋，背着书籍，挑着担子，面目黝黑，形容憔悴，回到家里。

更凄凉的是，苏秦狼狈归来，嫂子做饭，人人有份，唯独没有他的；父母吃饭，不看他一眼；妻子不下织机，仍旧织布。这对苏秦是极大的刺激，进一步激发了他奋发作为的雄心壮志。

不管家人的冷漠、白眼，苏秦奋发读书，尤其反复研读姜太公的《阴符》。姜太公垂钓用的是直钩，这明明不是钓鱼，而是钓周文王，愿者上钩，最终得到重用，帮助周文王成就了霸业。

这直钩垂钓，与“捭阖术”之间究竟是个什么关联？苏秦久思不得其解，那就从《阴符》中去领悟吧！《阴符》言简意赅，但寓意深远。苏秦苦读揣摩，常常读到深夜。为防止自己读累了打瞌睡，他预备了一把锥子，一打瞌睡，就用锥子在自己的大腿上扎一下，瞌睡越浓，扎得越重，常常扎得血流至足也不知晓。

一年多后，苏秦自认为深刻领悟了《阴符》，决定再次出山。《战国策》载：苏秦无限感慨地说，“此真可以说当世之君矣。”那意思是说，他已领悟到《阴符》的真谛，可以游说天下而畅行无阻了。

公元前333年，苏秦来到燕国。他原是去赵国的，被赵肃侯的弟弟奉阳君挡了驾，只好转道北上，到燕国，见到了燕文侯。

燕文侯也是懒得见苏秦的。燕国的东南有辽东，北面有林胡、楼烦等少数民族部落，西面有云中、九原，南面有滹沱河、易水河。燕国南面的碣石、雁门一带土地肥沃，连年丰产；北部土壤虽贫瘠，但盛产红枣、板栗。苏秦跟燕文侯开玩笑说，燕国即便不收庄稼，光红枣、板栗也能养活百姓。关键是，赵国是燕国免遭强国入侵的强大屏障，在苏秦见到燕王之前，秦、赵打了五仗，赵胜三仗，秦胜两仗，檑木滚石、刀光剑影杀得尸横遍野，燕国冷眼旁观，不参战，也不助威，坐山观虎斗，自身的利益丝毫无损。因为这个原因，燕文侯这个国君当得很悠闲，很自在。当然，他也有心交结秦国。毕竟秦国崛起得最快，也最霸道，以为交结这样一个强国，能对自己进行保护。

苏秦的游说，直指燕国要害。

他说：“燕国夹在秦、赵两个虎狼国家之间，秦国穿越云中、九原，再翻越代郡和上谷，长途跋涉，劳师远征来攻燕，划不来，即便占领了燕国，也守不住。而赵国就不同了，它的几十万大军，一个早晨就能开进燕国的东桓，不出一日就能渡过滹沱、易水，不出半月燕国就要改姓赵了。”

燕文侯从来没有想过这个问题，听苏秦这么一说，惊出一身冷汗。

见燕文侯进入他的谈话圈套，苏秦才亮出真招——合纵，即“合纵弱以攻一强”。秦国是“强”，燕、赵、齐、楚、韩、魏是

“弱”，“弱”合纵而连为一体，共同抗强秦，则必胜；“弱”合纵为一体，还可防止相互攻伐，如此，燕国也就安稳了。

燕文侯大喜过望，把丞相印信交给苏秦，同时赠给他香车宝马和大把的钱财、宝物，催他赶快上路，去游说赵国。

再去赵国的苏秦，已披上燕国丞相的官服了，赵肃侯不得不见。

他给赵肃侯讲的大道理是：国君最重要的莫过于让百姓安居乐业，远离战祸。而在纷乱的战国天下，要想远离战祸，最重要的是搞好邦交。

在讲了这样一番大道理做铺垫后，苏秦替赵国分析：战国天下，秦、赵、齐、楚最强，如果赵国与齐、秦开战，受苦的是赵国百姓；如果赵国联秦攻齐，受苦的还是赵国百姓；如果赵国联齐攻秦，受苦的依然是赵国百姓。而如果赵国与齐、楚等国家建立“合纵”联盟关系，那么，不仅赵国百姓不会遭受战祸之苦，而且为了表达对赵国的感激，燕国会向赵国贡献盛产毡裘狗马的土地，齐国会向赵国贡献盛产鱼盐的海湾，楚国会向赵国贡献盛产橘柚的果园，韩国、卫国、中山国会拿出土地作为赵国的汤沐地。

为了阐明“合纵”的战略意义，苏秦划分了多种战略假设，即假若秦国攻击楚国，齐、魏就能派军支援楚国，韩军就能立即切断秦国的粮道，赵军就能南渡漳河夹击秦军，燕军就能在常山以北出兵攻秦，如此，秦军没有不败之理。当然，苏秦还假设了秦国攻打魏国、齐国，特别是赵国时，“合纵”同盟国出兵切断秦军粮道、设伏分割秦军主力、偷袭秦国国都等战略预案。

苏秦的这番战略假设，说得赵肃侯欣喜万分，他也像燕文侯一样，将丞相印信交给苏秦，同时赠给他香车宝马和大把钱财，催他赶快上路，去游说楚、齐等国。

苏秦坐着开往楚国的香车没走多远，秦国大军向魏国开战的硝烟飘过来了，硝烟夹带的信息是：魏军主将龙贾被擒，雕阴已陷，秦国大驱军马，正向东挺进。

拖住秦国大军东进的步伐，是构建“合纵”联盟的关键！

怎么办？

苏秦打道回赵，想出了一个妙计！

巧诱张仪

张仪是苏秦的同门师弟，魏国人，出身庶民人家，不甘受穷，以学习为业，企望出人头地。就在庞涓、孙膑在战国名声大噪时，张仪登上云雾山，拜鬼谷子为师，专攻纵横之学。张仪学成出山后，去了楚国。

在楚国，张仪虽然能说会道，口若悬河，但终究未能与楚王相见，只是在楚国丞相府住下来，以谋士身份混口饭吃。

一次宴饮，楚相向众人炫耀一块美玉。这块美玉温润透亮，十分珍贵，大家争相传看，赞叹不已。因为人多，还因为大家都喝了点酒，传着传着美玉不见了。楚相当场下令搜查，查来查去也没有查着。查不着，大家便用心来查，心查的结果聚焦在张仪身上。因为出席这次宴饮的人中，张仪最寒酸，加之他平时夸夸其谈，不讨人喜欢，所以人们都认为是张仪偷了。

张仪确实没偷，他挨了几百鞭子，浑身被打得血肉模糊，还是说自己没偷。虽然众人怀疑是他偷的，但谁也拿不出证据，只好把他放了。

张仪回到家，妻子很心疼，劝他不要再去耍嘴皮子了，老老实实在家耕田过日子。张仪则嬉皮笑脸地张着嘴问妻子：“看看舌头还在不在嘴里。”

舌头还在嘴里，用鞭子是打不掉的。张仪游说天下搅动战国，靠的就是这张嘴和巧舌如簧。

张仪挨打时，苏秦已经挂上了燕国和赵国的相印。

恰在这时，有人主动上门，给张仪出主意，说："你跟苏秦是同窗，关系又好，如今苏秦在赵国丞相府高就，你怎么不去投奔他呢？"

于是，张仪来到赵国，在丞相府拜上名帖。

名帖报上去了，却没人搭理他。此时的张仪悔恨交加，悔的是不该来找苏秦，恨的是苏秦不讲同窗友谊。想见苏秦见不着，想走又怕失去苏秦来见他的机会。如此煎熬了几天，苏秦终于见到了。

见苏秦是在赵国丞相府，苏秦丝毫没有老同学相见的热情，他高坐堂上，令张仪坐堂下，一副接见下臣、公事公办的架势。更可气的是，苏秦赐给他的食物，竟是奴仆、侍妾吃的饭食。不仅如此，苏秦还在高堂大声数落张仪，说："同拜在鬼谷子老师门下，你张仪竟然混成了一个乞丐。我苏秦本想举荐你，你这个样子如何举荐！"

遭受如此羞辱，张仪决定报复。报复当然是攻打赵国，因为苏秦在赵国为相。而有能力攻打赵国的，数遍战国天下，唯有秦国。于是，张仪带着满腹的复仇怒火，前去投靠秦国。

而要见到秦惠文王，没有大把的金钱疏通关系，是不可能的。对此，张仪心知肚明。苏秦是变卖家产才见到秦惠文王的，自己没有金钱疏通关系，在楚国见不到楚王，还受了一通冤打。怎么办？张仪满腹焦虑。

恰在这时，又有人主动帮忙，带上车马，还有不菲的金钱、财物，陪送张仪赴秦。

有了金钱铺路，张仪获秦惠文王召见。

在张仪走投无路时，建议他投奔苏秦的"那个人"，以及张仪被苏秦羞辱后赴秦，送给他车马和金钱的"那个人"，这时又出面了，他对张仪说："这都是苏秦一手导演的，苏秦正在搞南北合纵联盟，他担心秦国大军东进，破坏了这一计划，就故意激怒你，使你赴秦，阻止秦国东进攻赵，以使他完成南北合纵联盟。"

张仪恍然大悟，羞愧难当。他对"那个人"说："请转告苏秦，只要我在秦国掌权，就绝不攻打赵国。"

此时的战国天下，正在酝酿重大变革，苏秦已挂燕、赵两国相印，一旦六国的相印都挂在他身上，秦国想染指其中的任何一国，都会遭遇巨大的阻碍。今非昔比了，秦惠文王不得不寻求对合纵联盟的破解之策。与秦惠文王的一番交谈后，张仪被封为客卿。张仪给秦惠文王出的主意是伐韩，而不是伐赵，以使苏秦完成他说服六国合纵联盟的使命。

苏秦于是继续游说，他从赵国出发，第一站，是韩国。他把自己嘴里说出来的话，变成是赵国国君捎的话，对韩宣王说："韩国地方九百余里，军队数十万，天下最精良的弓箭刀枪剑戟，都产自韩国。韩军士兵勇武无比，手执利剑，一人能敌百人。而韩国委曲求全，一味地迁就秦国。韩国的领土有限，秦国的贪欲无穷，以有限的领土，去满足无穷的贪欲，这正是花钱购买怨恨灾祸的行为。俗话说'宁为鸡口，不为牛后'，以你韩宣王的贤明，手里又有举世闻名的强兵，竟然当牛的屁股，实在使人羞愧难当。"

苏秦并非信口胡诌，史载：韩军的剑，"陆断牛马，水截鹄雁，当敌则斩坚甲铁幕，革抉瞂芮，无不毕具"。韩军士兵持此利剑，以一当十。

《战国策》载：韩宣王听了苏秦的游说，顿时脸色大变，手按剑柄，仰天长叹"我宁可死，也不向秦国屈服"，并表态将率领全韩国，加入合纵联盟。

苏秦出发的第二站，是魏国。他对魏惠王说："魏国武装部队中，野战军二十万，奴隶军二十万，突击队二十万，后勤部队十万，战车六百辆，战马五千匹。手握如此强大的军队，竟然有人劝魏国去当秦国的附庸，真是令人震惊！”

事实是，此时的魏国，已经被秦国收拾得没脾气了。魏国不仅自称为秦国的属臣，而且为秦王建造离宫，接受秦国的分封，采用秦国的冠服式样，春秋两季都去秦国纳贡助祭。可能也是心不甘、情不愿，听了苏秦的一番鼓动，魏惠王明确表态，魏国绝对听从赵国的安排，加入合纵联盟。

第三站，苏秦去的是齐国。齐国是东方大国，与秦国相距很远，中间还隔着好几个国家。齐国南有泰山，东有琅琊山，西有清河，北有渤海，地理位置得天独厚。史载，齐国泰山以南和清河一带的百姓，从来就没有征过兵，但齐国同样侍奉秦国。

苏秦分析道：“齐国之所以侍奉秦国，既不是受到秦国威胁，也不是齐国无能，而是齐国的消息闭塞，战略方式不当，对战国天下大势不甚了解。”苏秦介绍了一番天下形势说：“齐国人过于富庶殷实，大家都沉湎于斗鸡、赛狗、赌博、踢球。临淄大街上，人多得把衣襟连起来可作帷帐，人们抹下脸上的汗珠就像下雨。秦国暂时没对齐国征战，那是因为还没有把韩、魏等国拿下，一旦拿下，就轮到齐国了。”

《战国策》载：齐威王说，“我真是个糊涂虫！我愿率全国民众，追随赵国之后”。

苏秦最后一站，去的是楚国。楚国是当时战国天下唯一可以与秦国抗衡的国家，楚强则秦弱，楚弱则秦强，几乎是历史学家的共识。战国一路走来，楚国跌跌宕宕，内政不治，腐败横行，内斗不止。但楚国毕竟身经百战，国土面积大，资源丰富，所以称霸天下的野心不死。

苏秦十分熟悉楚人的“蛮性”，故而用利益为诱饵。他对楚威王如是说：“楚国加入合纵联盟，就可以使秦国陷入孤立。我可以保证，让崤山以东的各国，四季进贡，接受你的领导，把国家和祖先的祭坛，都交到你手里，训练的精兵，都由你统领。”

利益的诱惑，并未使楚威王动心。真正动心的，是联合六国共同抗秦。楚威王早就做过合纵抗秦的谋划，只是周边国家被秦国打得诚惶诚恐，根本不能与他们商量议事；而国内臣僚大都反对合纵联盟，找不到帮助他实现联手抗秦的有力助手。苏秦送上门来一说，正合其意，楚威王立马拍板，加入南北合纵联盟，共同抗秦。

可以说，六国中，楚国是真心合纵的国家。

游说大半个中国，苏秦凭一张嘴，说动了六国的君王，一致拥护合纵以赵国为核心，以苏秦为盟主。六国都把丞相印信交给苏秦，同时送给他车马、钱物、礼品。

苏秦达到了人生成功的顶点，在回赵国复命途中，特地到家乡洛阳看望亲人。史载：“苏秦之昆弟妻嫂侧目不敢仰视，俯伏侍取食。”这里需要解释的是“俯伏侍取食”，即趴在地上，恭恭敬敬地服侍苏秦用餐。

苏秦感慨万分，昔日游说秦国失败，徒步回家，黄昏残照，夕阳如血，穿着草鞋，背扛肩挑，好不凄凉的一幕如在昨天；回家后受家人冷落、嘲讽的一幕也如在昨天。他抑制不住内心的伤感，说：“此一人之身，富贵则亲戚畏惧之，贫贱则轻易之，况众人乎！”

亲人之间都如此势利，何况没有任何关系的外人呢！

张仪说楚

张仪被苏秦激将到秦国后，兑现承诺，帮了苏秦的大忙，苏秦游说六国成功，当上了南北合纵联盟的盟主，使得“合众弱以攻一强”的合纵联盟，演绎了战国史上的大联合、大变局。而一手主导“事一强以攻众弱”连横战略的张仪，则从“合纵”的反面，用“连横”对战国史上的大联合、大变局，进行了丰富多彩的拆解。

这，才是鬼谷子传授给苏秦、张仪“纵横术”的真谛！

苏秦挂上六国相印后，使命就完结了。而张仪导演的“连横”，在秦国才刚刚拉开序幕。

公元前328年，秦国张仪和公子嬴华率军攻打魏国边城蒲阳，秦军的战鼓一擂，蒲阳就攻陷了。接着，张仪便向秦惠文王建议，把蒲阳归还魏国，这还不算，又建议派秦国公子到魏国做人质。

魏国傻眼了，不知秦国的葫芦里装的什么药，既不敢拒绝，又不敢接收。

就在魏惠王脑袋还在发蒙时，张仪登门来了，他对魏惠王说：“秦国可是真心诚意对你好，魏国应该懂事，应以礼还礼。”

魏惠王立即听懂了。按照惯例，一国接收另一国的礼物后，所还之礼应该更贵重一些。秦国已经给魏国送了一个边城蒲阳，你魏国不能没有表示吧。魏惠王听懂后，将魏国的上郡和少梁，割让给秦国。

攻陷蒲阳，又归还蒲阳，秦国伐魏这一仗，白白得了魏国上郡、少梁两座城池，在道义上还不受指责。

秦惠文王对张仪的谋略非常欣赏，封他为丞相。

坐在丞相府的大堂之上，张仪给楚国的丞相写信，说他没有偷美玉，却遭诬陷，遭受鞭笞之辱。他警告楚丞相：“好好守护楚国吧，如今我张仪不偷玉璧，专偷城池。”

公元前313年，秦国准备进攻齐国。齐国与楚国邦交敦睦，并订有共同抵抗外患的盟约。秦国担心一战而面对两国，于是把张仪那张嘴派上用场，叫他从中斡旋。

张仪在此之前去过楚国，对楚国的情况特别是楚怀王的性格特点了如指掌，他对楚怀王说：“假若你与齐国断交，那么，秦国就将商于地区六百里的土地割让给你。不仅如此，还从秦国挑选最漂亮的女子送给你做妾，两国世代结亲，永结兄弟之好。”楚怀王经不起六百里土地和美女的引诱，不顾臣僚的反对，迅速与齐国断交，与秦国结盟，并任命张仪兼任楚国丞相，给他送了一批贵重礼品。

张仪回到秦国，闭门谢客，佯装养病，他要等待他所期待的结果出现。三个月后，如愿以偿。

这三个月，楚国为了讨得秦国的欢心，做了许多亲者痛仇者快的事，比如，特地派人到齐国大骂齐王，什么话难听挑什么话骂，终于激怒了齐国，一改与秦国为敌的立场，与秦国结盟。

结果等来了，目的达到了，张仪的“病”也好了。他“病”好后做的第一件事，就是召见楚国使节，故作惊讶地说：“你怎么还在这里，不去接收我许诺给楚国的六里土地？”

六百里变成六里以后，楚怀王才清醒过来，下令与秦国作战。丹阳首战失败，蓝田再战再败，只好屈服，割让两个城市给秦国，在战败者的席位上缔结与秦国的盟约。

秦国在大咬了楚国一口后，出于战略考虑，打算用武关换楚国的黔中。楚怀王为报被张仪欺骗耍弄之仇，提出奉献黔中而不要秦国的武关，只要张仪一人。

不要土地要张仪，就是要张仪的命！

张仪不顾劝阻，毅然前往。

张仪一到楚国，就被打入天牢。

张仪之所以有这么大的胆量，是因为手里捏着一张平安无事的底牌。

在楚国挨过一顿冤打，张仪最恨楚国。受秦国重用后，张仪为了立功，曾作为秦国使节去楚国游说过一次，不受楚怀王待见，但张仪就是赖着不走，弄得楚怀王心里很麻烦。

突然有一天，张仪提出要走，去韩国。楚怀王巴不得他走，赶紧送行。张仪问楚怀王是否有什么需要，包括给韩国传个话什么的。楚怀王就是想打发他走，什么需要也没有。

“美女呢？”张仪问。

楚怀王眼睛一亮。

张仪对楚怀王太了解了，他贪财、好色、惧内，脑子还不够用。张仪对中原女子如仙如妖的描述，楚怀王听得神魂颠倒，他立即赠送张仪大把金钱，请他帮忙寻找美女。

拿到金钱后，张仪磨磨叽叽不走了，还故意放出风来，他要去中原为楚怀王寻找美女。

楚怀王的南后和宠妃郑袖听说后，火速拜访张仪，南后一出手就送给张仪千金，郑袖也是大把地送，拜托张仪千万别在中原为楚怀王寻找美女。张仪则拍着胸脯向她俩保证，绝不会动摇她俩在后宫的牢固地位。

终于要走了，楚怀王给张仪举行欢送宴会。酒都喝得有些微醉时，张仪提出，听说南后和郑袖是楚国大美女，希望能见见，欣赏一下。楚怀王的脑子不够用表现出来了，他非常高兴，立马把南后和郑袖召来。张仪一见，扑倒在地，大呼该死。楚怀王还不明就里，问怎么了。张仪说，南后和郑袖比仙女还美，中原美女可比不上，他可不敢到中原去找什么美女了。

就这样，大把让找和不让找美女的钱装进兜里后，美女不用找了不说，他还获得南后和郑袖的好感。

此次张仪作为秦、楚的交换筹码，被打入楚国天牢后，优哉游哉一点儿也不担心。因为在楚国被他收买的靳尚，是楚怀王的宠臣，加之南后、郑袖对张仪满心感激，所以张仪深知，这些人会帮忙救他。

果不其然，楚怀王经不起南后、郑袖的缠绵，也经不起靳尚的叨叨，没几天便把张仪从天牢请出来了。

史载：“怀王后悔，赦张仪，厚礼之如故。”

张仪从天牢出来，一点儿也没有被囚的狼狈和尴尬，一见楚怀王，便以秦国丞相的口气给予其教导，大谈楚国必须臣服秦国的道理。说服楚国后，张仪赶到韩国，一席话把韩国降格为秦国的藩属国，接着出使齐国，出使赵国，出使燕国，鬼使神差地使这几个国家都甘愿侍奉秦国，并割让大片国土，作为臣服秦国的见面礼。

至此，张仪推销连横的成果，达到顶峰。

纵横家谢幕

天下一盘棋，七雄为棋子，苏秦和张仪用合纵、连横进行对弈。

苏秦的合纵布局，使得对征伐有瘾的秦国，龟缩了十五年，没敢出函谷关。

张仪的连横布局，使得战国天下除秦之外的六雄，日益衰落，不得不向秦国俯首称臣，或割地纳贡。

这场拿战国天下布局的对弈，在苏秦、张仪走到人生尽头时，终于谢幕了。

两位杰出的游说家，是如此谢幕的：苏秦是被车裂的，即常说的五马分尸。关键是，车裂是苏秦自己提的要求。

苏秦披挂六国相印回赵国复命途中，一路走，一路撒钱，见到亲人撒，见到邻居撒，给身边的随从撒，且出手很大方。这似乎是苏秦才有的预感。虽然他把六国盟书送给秦惠王，使得秦军十五年不敢出函谷关，但苏秦心知肚明，这一纸合纵盟约实际是一张废纸，六国各怀鬼胎，联盟极其脆弱，一点点眼前的利益，一瞬间的对峙火花，都可以使六国合纵联盟毁于一旦。

果不其然，当苏秦回到赵国时，秦国的公孙衍说服齐、魏，三国联手向赵国发起了夹击进攻。赵王把满腔怒火撒向苏秦，把他骂了个狗血喷头。

苏秦没辙了，请求出使燕国，报复带头拆散合纵联盟的齐国。

燕国也变了，支持苏秦的燕文侯去世了，接任的太子燕易王，刚刚娶了个秦国公主为妻。而齐国呢，趁燕国国丧，发起进攻，一口气夺走了燕国十座城池。

燕易王斥责苏秦说："燕文侯拿出大把钱，资助你苏秦游说六国，可齐国打了赵国又来打燕国，你搞的合纵联盟管什么用！"

燕易王当然不会说，是自己娶秦国公主，率先破坏六国联盟。

苏秦在燕国也待不住了，只好去齐国。

见到齐威王时，苏秦头昂得高高的，并特地向他深表哀悼。

莫名其妙嘛！何谈哀悼？

苏秦对齐威王说："即便是快要饿死的人，也不会吃乌头来充饥，因为乌头是毒物，毒发身亡比饿死快得多。燕易王娶的是秦公主，是秦国女婿，你夺人家十座城市，不就像吃了乌头一样吗？燕国打不过你，秦国呢？"

齐威王吓得面如土色，赶紧把夺燕国的十座城池还了。

齐国将士用鲜血和生命换来的燕国十座城池，被苏秦一席话又送回去了。齐国朝野大骂苏秦是大骗子，待齐威王回过味时，苏秦跑回燕国了。

凭一席话，为燕国收回十座城池，理应受到封赏，可燕国不领情，苏秦一回到燕国，官职便被剥夺了。原因很简单，燕国一些臣僚诋毁苏秦，说他不忠、不义。

苏秦承认自己不忠、不义，他对燕易王说："曾参是天下公认的大孝子，为了尽孝，他从未离开父母在外过上一夜；伯夷是品性高洁的典范，不愿做孤竹国的继承人，也不接受周朝的封赏，最终在首阳山饿死；尾生是诚信的典范，约好了与女子见面，时间到了，女子仍然没来，他信守承诺，不见不散，结果潮水上涨，他抱着桥柱等，被淹死。这三个孝、忠、信的典范，无益于国家和人民。"

燕易王不解。

苏秦接着说："我如果像曾参那样孝顺，就不会抛弃老母，不远万里来辅助燕国；我如果像伯夷那样愚忠，就不会为了燕国十座城池去游说齐国；我如果像尾生那样诚信，就不会欺骗齐王。"

担心有些嫩的燕易王还是听不懂，苏秦便又讲了一个小故事：

有一个人在远方做官，妻子耐不住寂寞，与他人通奸。听说丈夫快要回来了，淫妇与奸夫阴谋毒死丈夫。淫妇的侍妾心地善良，她既不想毒死主人，也不想被淫妇赶走。于是端着毒酒走到主人面前时，故意摔倒，把毒酒洒了，结果遭到主人打板子。

听了这个小故事，燕易王明白了，苏秦犹如那个侍妾，一片忠心为两全其美，结果还被人诋毁，于是善待苏秦，恢复了他的官职。

但苏秦已经走向了谢幕之路，好运不会再伴随他。不久，传出苏秦与燕文侯的妻子，也即是燕易王的母亲私通。这也许是真有其事，毕竟苏秦在战国舞台上魅力四射嘛；也许是诬陷，毕竟他游说所使用的欺诈、诡辩这一套，为很多人所不齿，因而用与燕文侯妻子私通这种编排羞辱他也未可知。

苏秦在燕国再也待不下去，他决定去齐国。因为齐国破坏了他好不容易撮合起来的合纵联盟，他恨齐国；齐国也恨他，因为他要两片嘴皮，把齐国用将士鲜血和生命换来的十座城池，又骗回去了。

苏秦这次赴齐，是人生谢幕的尾声，他要把齐国搞乱！

例如，齐宣王去世后，苏秦鼓动继位的齐滑王，不惜劳民伤财，为齐宣王举办盛大豪华的葬礼；再例如，他鼓动齐滑王搜刮民脂民膏，大兴土木，侵占百姓耕地，兴建高大排场的宫殿。

终于，齐国遭“国际舆论”强烈指责，百姓极其不满，民怨沸腾。

恰在这时，燕易王突然死了，继任的燕哙，不明就里，联手齐国，诋毁苏秦。齐国大夫不惜重金，雇用浑身恶胆的杀手，刺杀苏秦，但未能一剑致死，留了一口气让他痛苦地喘息。

但就是这一口气，苏秦又运用上了自己的智慧。

齐国大动干戈，在国都临淄搜查凶手，但因有齐国大夫掩藏接应，凶手久抓不着。苏秦于是对齐滑王说：“你将我拉到闹市，告示天下，苏秦是燕国派来齐国搞破坏的，要对他车裂，凶手就会现身。”

齐滑王也想查清这背后的鸡肠鸭肚，将苏秦在闹市五马分尸。

在苏秦被撕裂成几块的残酷一刻，果然凶手现身——是齐国大夫雇来的。齐滑王看清了事件真相。

至此，苏秦的人生谢幕。

再看张仪，他似乎比苏秦幸运。

第一阶段，张仪说服魏国、楚国，北上又吃定韩国；第二阶段，张仪说服齐国、赵国，最后北上吃定燕国。返回秦国的路上，传来噩耗，鼎力支持他的靠山秦惠文王死了。继任的秦武王，当太子时就讨厌张仪，加之陈轸、公孙衍等过去曾与张仪明争暗斗的大臣，很受秦武王宠信。

秦国待不下去了，怎么办？

张仪经过一番谋划，对秦武王献上了“出三川，临二周，挟天子以令诸侯”的计划。张仪知道，秦武王对周朝九鼎垂涎得很，便利用齐国最恨自己的情况，他张仪出使魏国，引得齐国来攻魏，待齐、魏大战而无暇他顾时，秦国趁机发兵攻韩，穿过函谷关，直奔周朝取九鼎。

秦武王虽然讨厌张仪，但对张仪献上的这一计谋，还是十分欣赏的。他特地下令，准备了三十辆豪华马车，大张旗鼓地送张仪入魏。

张仪前脚到魏，齐国的大军就向魏国开来了。

张仪于是派出门客冯喜拜见齐宣王，见面第一句话即是："你既然憎恨张仪，就应该叫张仪的生存没有依托才对，怎么反而帮助张仪增大依托呢？"

齐宣王听不懂——他张仪躲到哪里，我齐国就打到哪里，这怎么叫帮助张仪增大依托呢？

当有人把张仪与秦武王的密谋告诉齐宣王后，他幡然醒悟，下令火速撤军。

张仪的目的达到了。一方面，他逃离了秦国谗言中伤他的那个环境，因为再不离开，接下来就不是谗言中伤了，而是性命攸关；另一方面，他躲过了其他国家来找他的麻烦，最恨张仪的齐国都回撤军队去阻拦秦国抢周朝的九鼎走了，其他国家也就没有那么急迫地来跟张仪较劲了。

公元前309年，张仪在魏国病死。

张仪死了，此前苏秦也死了，可以说，鬼谷子布局战国天下的使命完成了。但他二人作为战国时期最杰出的外交家、政治家、游说家，其成功的秘诀是值得深思的。在司马光的笔下，苏秦、张仪，包括鬼谷子，都是不受褒扬的。儒学大师孟轲，张嘴便把他们从大夫的行列剔除出去了；才高八斗的大学者扬雄，则对他们做了巧言令色佞幸之辈的盖棺论定。

他们不受儒学泰斗和史学巨匠的好评，是情理之中的事。儒学总体属阳，而纵横学总体属阴，二者不存在对话和交流的基础。加之人们对属阴的纵横学也不认同，类似游说中普遍使用的欺骗诈术，是人们认定并普遍排斥的损人利己，甚至是伤天害理的作为。还加之儒学讲究地位、名分，苏秦、张仪都出身贫寒，凭自己的才华，登上数国丞相高位，让历史的发展变迁完全受制于他们的政治智慧，甚至受制于他们的喜怒哀乐。仅此一点，儒家和史学家就不舒服，就不喜欢。

但历史的功过不是以儒家、史学家的好恶为转移的，你高兴也好，不高兴也罢，秦国吞并六国，一统华夏江山的宏大历史功绩，至今仍让华夏子孙享用。

毕竟，中华民族的版图，不是分成无数个小国才好！

毕竟，国家不是越小越好，而是越大越好！

第四章 和氏璧演绎的赵国故事

华夏祖宗爱玉……

玉，代表地位，代表尊贵……

甭说达官显贵，就是庶民百姓死后，嘴里都要塞上一块玉……

当一块珍美绝伦、价值连城的宝玉问世后，几乎战国天下所有的王公大臣、达官显贵，都会瞬间瞪大眼睛紧盯……

盯着盯着，便会生出占有的奢望……

与奢望同行的，即是绞尽脑汁的阴谋，和凶残流血的战争……

和氏璧，是契合天地大德、世间大美、民生大福的一块宝玉，它的问世，必将唤醒诸多英豪，鞭笞卑鄙小人，演绎诸多故事……

和氏璧面世的因应

楚人卞和，庶民，以琢玉为生，数十载的风雨奔波，图的就是找到一块美玉，以此改变自己贫贱的人生。

《韩非子》《新序》等书载，卞和钻到楚山深处，从山涧溪水的石头中寻找美玉。听人说，有火凤凰栖落在荆山的青石板上。凤凰可不落无宝之地，有凤凰栖落，必有宝贝藏着。于是，卞和跋山涉水，赶往荆山。

坐落在今湖北南漳县的荆山，高峰直插云天，深涧溪水潺潺，树木参天，鸟鸣兽跃，甚是奇伟秀丽。卞和认定，宝玉就在此山。

风餐露宿，长时间的上山涉涧，卞和终于找到一块璞玉。他凭着自己数十年的琢玉经验，在经过一番仔仔细细地观其形、辨其色、听其声后，欣喜若狂，紧紧把璞玉抱在怀里，不停不歇地往回赶。他要去献给楚国的厉王芈熊眴。因为即便是价值连城的宝玉，不在王公大臣、达官显贵的手上炫耀，而是放在庶民百姓家里收藏，也是一文不值的，且一旦被贼人盯上，还将引发血光之灾。

楚厉王爱玉但不识货，听了卞和从火凤凰栖落处找到宝玉的描述后，立即召宫中的玉匠前来辨别。

宫中玉匠并非徒有虚名，他在认真品鉴一番后，认定这是一块绝世宝玉，但出于私心，担心自己在楚国辨玉的地位被卞和取代，便对楚厉王说："这不过是一块普通的石头，不是什么有价值的宝玉。"

宫中玉匠的这番说辞，也就给卞和加上了欺君罔上的罪名。

楚厉王大怒，将卞和赶出大殿，削其左足。

卞和怀抱璞玉，一瘸一拐地回到家中等待。

机会等来了，楚厉王去世，楚武王继位。卞和又将璞玉献给楚武王。

楚厉王死了，但宫中那个玉匠没死，他给出的鉴定结论，不仅与上次相同，而且加了一句："你是何居心？难道你以为楚厉王英明，楚武王就好欺骗吗？"

楚武王当然应比楚厉王更英明，怎能容你一个小小玉匠欺骗，于是下令砍去卞和的右足。

双足被砍的卞和，似乎不再对这块璞玉抱什么希望了，不抱希望，反而希望降临。楚武王死后，楚文王继位。这可是一位在楚国历史上大有作为的君王，他杀了茹黄之狗、折了宛路之箭、放了丹地美女之后，在国内大行仁政，减轻赋税和徭役，清理前朝冤狱，对百姓爱护有加。听说卞和两度献宝被砍去双足后，特地派人到楚山询问。卞和大哭不止，哭得满眼溢血。他这时所哭，不为砍足，而是为真正的宝玉被当作普通石头、忠贞之人被当作欺君之徒的颠倒黑白而哭。

抱着璞玉的卞和，第三次来到王宫，给楚文王献宝。楚文王令人将璞玉的表层切开，一块美轮美奂的惊世宝玉耀世。为了嘉奖卞和，楚文王将这块宝玉，命名为"和氏璧"。

为什么将卞和找到的绝世宝玉命名为"和氏璧"呢？照今天人们的理念看，卞和姓"卞"，名"和"，命名通常和姓氏联系起来，当叫"卞氏璧"才对。楚文王却张口给这块美玉起了个"和氏璧"的名字，这之中是不是有什么因应呢？

笔者以为，绝世宝玉光鲜、润泽、柔美，如果与人世间的某种意境、气韵契合的话，唯有"和"最贴切！"和"是天地大德、世间大美、民生大福！

楚文王将和氏璧视作国宝，珍藏在王殿之上。《战国策》载：“周有砥厄，宋有结绿，梁有悬黎，楚有和璞。”

和氏璧是一块绝世宝玉，楚文王是一位宏才明君，历史将美玉和明君结合，契合了冥冥之中的一种因应，兆示出一个宝物与一代明君相随相行的天机，因而它必然演绎出精彩故事。

这之后的故事，因应在赵国。

和氏璧怎么来到赵国的，历史没有记载。《史记》载，楚国有昭、屈、景三大姓，昭氏的昭阳，战功卓著，被任命为上柱国，地位在丞相之上。楚威王时，将和氏璧赐予昭阳保管，以表彰他对楚国建立的功勋。被楚王赐予保管和氏璧的昭阳，得到如此恩宠，兴奋万分，走到哪儿都带着，拿出来给宾客欣赏。在一次高朋满座的宴会上，昭阳又将和氏璧拿出来让大家欣赏，你传我，我传他，传来传去传没了。昭阳十分恐慌，他可是替楚国保管和氏璧的，如今和氏璧不翼而飞，楚王要是知道了，那可是要掉脑袋，甚至夷三族的。于是，昭阳不予声张，给外界造成一种他还保管着和氏璧的假象。

和氏璧就这样隐没了，它要等待下一个轮回的因应。

蔺相如与和氏璧

历史走过五百年，和氏璧沉寂了五百年。这五百年走过来，和氏璧不再珍藏在楚国的王殿之上，它已被雕琢得精美绝伦，但不知道封存在什么人的储宝柜里。

五百年之后，和氏璧再次面世。这次面世，似乎更像是兆示。

此时的天下，秦、楚、魏、韩、赵、齐、燕七国，为争强称霸，打得不可开交。当和氏璧在赵国缪贤手里的消息一传开，战国七雄顿时停止了打斗，目光齐刷刷地聚焦于赵国，盯着和氏璧。

最想得到和氏璧的是秦昭襄王，此时他已与韩、魏、赵三国结盟，完成了远交近攻、与东方列国连横的战略部署，下一步的战略指向，是灭掉楚国。但在和氏璧出现在赵国后，秦昭襄王搁置攻楚的谋划，开始打和氏璧的主意。

秦昭襄王采纳臣僚的建议，提出用十五座城池，与赵国的和氏璧做个交易。秦昭襄王想的是：如果赵国把和氏璧献上，秦国十五座城池不给了，打个哈哈一笑了之；如果赵国不献出和氏璧，正好给了秦国一个攻打赵国的理由，那就怪不得秦国了。

对于秦昭襄王的这一图谋，赵惠文王看清了。他深知，秦国是虎狼之国，历来不讲诚信，和氏璧给了秦国，十五座城池根本就得不到；如不给，秦国必将以此为借口，发兵攻赵。

赵国满朝文武大臣有说给的，有说不给的，莫衷一是。从本质上说，和氏璧给也不是，不给更不是。

怎么办?

手握和氏璧的缪贤站出来说话了。

缪贤，赵国宫廷的宦官头子，他曾打算逃往燕国，手下一名叫蔺相如的食客拦住他，问他为什么打算逃往燕国，缪贤说他曾随赵王在国境上与燕王约会，燕王私下拉着他说，愿与他交个朋友，回国后，被赵王怀疑通燕叛国，故打算逃跑。蔺相如帮缪贤分析道："赵国是强国，燕国是弱国，你在赵国受宠，燕王才愿和你交朋友，如今你以罪臣的身份逃到燕国，燕王不敢收留你，而且还会把你绑起来，交给赵国处置。"

不逃跑，怎么办?

蔺相如给缪贤出的主意是：把自己绑起来，伏在刀斧之下，请求赵王治罪。

这可以说是唯一免遭劫难的办法。

缪贤照此办理，得到赵王赦免。由此他认为，蔺相如是个有大智慧的人，在满朝臣僚就和氏璧给不给秦国而拿不定主意时，缪贤说的是，叫蔺相如带着和氏璧去会秦昭襄王。

至此，蔺相如站上了战国的历史舞台，更是站到了秦、赵两国争斗的风口浪尖之上。

临出发前，蔺相如给赵惠文王做如下表态："如果秦国将十五座城池给了赵国，我即把和氏璧给了秦国；如果秦国虚与委蛇，要和氏璧而不给十五座城池，我必将和氏璧完好无损地带回赵国。"

这是解决秦、赵和氏璧之争的最佳方案，但难度极大!

蔺相如到达咸阳后，秦昭襄王立即召他到章台宫晋见。蔺相如献上和氏璧，秦昭襄王两眼放光，看了又看，爱不释手。自己看完了，又传给大臣看；大臣看完后，又传给后宫的嫔妃看。秦昭襄王企图以这种方式，将和氏璧在大臣、嫔妃的手里看来看去，最后"看"没了，十五座城池也就免谈。

秦昭襄王的这点心计，被蔺相如看透了。怎么把和氏璧要回到自己的手上呢？他们二人开始斗智。

蔺相如心生一计，对秦昭襄王说：“和氏璧并非完美无瑕，它有一处瑕疵，请允许我指给您看。”

一听和氏璧上有瑕疵，秦昭襄王很是好奇，急忙从嫔妃手里拿回和氏璧，交给蔺相如指认。

和氏璧一到手，蔺相如便急忙退到大殿的柱子旁，义正词严地对秦昭襄王和满朝臣僚说：“赵国上下都不赞成给秦国和氏璧，原因是秦国贪婪成性，假以十五座城池来诈取和氏璧。是我坚持把和氏璧送来，因为和氏璧不过一个玩物，平民间交往尚且言而有信，何况秦、赵一东一西两个大国之间的交往呢！在我出使之前，赵王斋戒五日，让我怀抱和氏璧，在朝堂上行叩拜大礼。这么做，是为了表达对秦国的尊重和敬意。现在看来，你秦王根本没有用十五座城池换取和氏璧的诚意，如此，我只好将和氏璧带走，如果要逼我，我就与和氏璧一同撞碎在这柱子上！”

秦昭襄王并不担心蔺相如的脑袋在柱子上撞碎，而是担心和氏璧被撞碎，于是立即改口道歉，并将负责国土查核的官员召来，一边看地图，一边指指点点，意在表明秦国拿哪十五座城池给了赵国。

这无疑是给蔺相如出了一道考题。秦国真肯拿十五座城池跟赵国换和氏璧吗？蔺相如一琢磨，便又参透了秦昭襄王的心机。不可能！这是缓兵之计，意在稳住蔺相如，以便把和氏璧夺到手。

继续斗智。蔺相如临机应变，想好了对策，他对秦王说：“我来秦国之前，赵王特地斋戒五日，今天我把和氏璧带来了，秦王是否也斋戒五日，并在朝堂安设‘九宾’的礼节，来接和氏璧呢？”

这是蔺相如设计的拖延之策，秦昭襄王没有参透，所以答应了蔺相如的要求。

五天时间足够了。蔺相如一回到宾舍，便打发心腹带着和氏璧，悄悄回到了赵国。

秦昭襄王为得到和氏璧，真的斋戒五日，五日后在朝堂设“九宾”礼仪，叫蔺相如献璧。

蔺相如空手来到朝堂，对秦王说：“我担心您不信守承诺，所以叫人把和氏璧送回了赵国。当今天下，秦强赵弱，如您真有诚意，可打发使节到赵国去，把十五座城池交给赵国，赵国定会将和氏璧交使节带回。至于我犯的欺秦君之罪，愿接受汤镬之刑。”

虽然秦昭襄王受到蔺相如的戏弄，但他毕竟是强秦的君王，不好做得太失风度，只好体体面面地把蔺相如送回了赵国。

司马迁赞道：“知死必勇，非死者难也，处死者难。方蔺相如引璧睨柱，及叱秦王左右，势不过诛，然士或怯懦而不敢发。相如一奋其气，威信敌国。”

蔺相如“完璧归赵”的美谈，在战国天下广为传颂。

蔺相如主导的外交胜局

公元前280年，秦国发起对楚国的进攻，由司马错大将统兵，从陇西出发，取道蜀中，直取黔中。因担心赵国拉拢齐国联手救楚，所以秦昭襄王提议，请赵惠文王到渑池相会，商议两国结盟事宜。

赵惠文王不敢去，因为秦国邀楚怀王武关相会，扣押楚怀王的事犹在昨日。

强大的秦国邀弱小的赵国会盟，不去，给了秦国一个进攻赵国的借口；去，又怕赵王重蹈楚怀王覆辙，落得个客死异乡的下场。就在满朝臣僚拿不定主意时，蔺相如主张去见秦王，并请求与赵王一同前往。有蔺相如陪同，赵惠文王便壮着胆子去了。

临出发前，大将廉颇提了两条建议，一是赵惠文王如果三十天之内不返回赵国，请允许太子接任赵王，以断绝秦国扣押赵王而要挟赵国的念头，也避免赵国因群龙无首而引发内乱；二是廉颇率军驻守在赵国边境，同时派数千名官兵，在离渑池三十里的地方驻扎，以防赵王遭遇不测。

此时的赵惠文王，已然六神无主，臣僚所提建议，只好都应承下来。

从分析看，秦国为攻打楚国而拉拢赵国，并没有扣押赵王之意，因而在赵惠文王抵达渑池后，以礼相待，热情有加，酒也喝得很融洽。

一番推杯换盏之后，秦昭襄王露出霸气，对赵惠文王说："听说你瑟弹得很好，何不弹奏一曲，以助酒兴？”

赵惠文王多少有些不情愿，弹瑟助酒兴之类的事，不是一个国君干的，但出于礼节，又是秦王提出来的，只好弹了一曲。

谁知秦昭襄王不怀好意，在赵惠文王弹了一曲之后，竟然把史官召来，在秦国史书上记下：某年某月某日，秦王与赵王在渑池相会，赵王为秦王弹瑟一曲。

这无疑是羞辱赵国！你秦国虽然是战国七雄中的强国，但赵国并不是你秦国的附属国，赵王也不是你秦王的臣子，你在史书上记载“赵王为秦王弹瑟一曲”，这不是羞辱矮化赵国吗？传播出去，成何体统！

关键时刻，蔺相如站出来了，他对秦王说：“刚才赵王所弹一曲，犹如天籁。然而，琴声虽好，却无人应和。听说秦王擅长击缶，还请秦王击缶为大家助兴。我想，只有秦王有资格击缶，与赵王弹瑟相和。”

缶，是装酒的瓦罐，秦人常击缶而歌。

秦昭襄王愤然作色！本来叫赵王弹瑟，就是想羞辱他，叫我击缶相和，不是羞辱我吗？我堂堂强秦君王，怎能受如此羞辱！

秦昭襄王正要发作，蔺相如则将缶端到了他的跟前，瞪大双眼，大声说道：“壮士一怒，血溅五步！现在我离您只有五步之遥，如答应击缶，大家相安无事，如不答应，我蔺相如贱命一条，拼着一死，也要溅您一身血！”

秦昭襄王对蔺相如有过领教，知道他是那种不惜用生命和鲜血捍卫赵国利益的壮士，他说得出就做得到。果真在秦王宫闹出血案来，传出去会遭世人谴责。犹豫片刻后，秦昭襄王只好勉强在缶上敲了几下。蔺相如则赶忙叫赵国的史官记上：某年某月某日，赵王与秦王在渑池相会，秦王为赵王击缶助兴！

斗智斗法又斗成平手了。

秦昭襄王虽很不甘心，但考虑到联赵攻楚的战略谋划，也得知赵国数千兵勇离渑池不远，故而强压怒火，没有生出什么是非来。

赵国在强大的秦国面前，是弱国，但因为蔺相如的大智慧，使得赵国在外交斗争中，取得了一次前所未有的大胜利！

和氏璧的将相因应

冥冥之中，和氏璧必然带来“和”的兆示。

蔺相如、廉颇的将相和，大概就是这种兆示的因应。

廉颇是赵国的军事砥柱，也是战国天下的名将。公元前283年，赵军伐齐，廉颇为将，他竟然率数万赵军，孤军深入齐国境内。这在军事家看来，廉颇犯了大忌。但廉颇恰恰是反其道而行之，他以迅雷不及掩耳之势，率军直取晋阳，在齐军尚未反应过来之时，晋阳便拿下了。此役打得战国天下对赵国刮目相看，廉颇成了赵国的门神，其他国家想打赵国的主意，首先想的是廉颇这尊门神让不让进。尤其是赵、秦的光狼城之战，廉颇一看战局不利，突然放弃光狼城，大踏步后撤，一口气撤到长平之地。与之作战的秦将白起，见廉颇率军撤回长平，立即下令停止追击。他深知，如此时秦军硬顶上去，必败无疑。

如此声名显赫的战将廉颇，在赵国地位很高。

蔺相如“完璧归赵”，特别是陪赵王与秦王渑池相会后，声名大振，被封为上卿，官职比廉颇还高。这一来廉颇不舒服了，拿自己与蔺相如比，怎么比都觉得自己功劳比蔺相如大，怎么比都觉得自己的官爵不该比蔺相如低，比来比去，比出了一肚子的不满和牢骚。廉颇是那种直肠子之人，憋在心里的话，不说出来难受，因而他到处散播说：“我廉颇战无不胜，攻无不克，为赵国立下赫赫战功。他蔺相如一个宦官门下的食客，凭一张嘴能说会道，竟然爬到我的头上去了。

别人看他的脸色行事，我可不看他的眼色，也不买他的账，不要让我碰到他，否则，我必定叫他下不了台！”

这话很快传到了蔺相如的耳朵里。他知道廉颇的火爆性格，尽量避开与他见面，就连赵王召集的朝会，都托病不参加。因为廉颇是从无数次刀光剑影中拼杀出来的人，又是赵国的大功臣，他是不会顾忌朝会这种场合的，见到蔺相如，必定会在朝会上咆哮出来，造成的不良影响将是不可挽回的！

一次外出，在邯郸城那条宽不足五米的街道上，蔺相如远远看到廉颇驱车过来，急忙掉转车头，钻到横插在这条街道的一条小巷里，待廉颇威风凛凛地过去了，才若无其事地从小巷出来。

对此，蔺相如的幕僚、好友愤愤不平，说蔺相如官在廉颇之上，却因为廉颇的公开挑衅而躲躲藏藏，实在是窝囊！

蔺相如是窝囊之人吗？面对虎狼之国的秦王，他敢把和氏璧高高举过头顶，以玉石俱焚的大无畏气概，使和氏璧完璧归赵；在秦王故意矮化赵王的外交场合，他仗剑向前，以血溅其身的赴死壮举，挽回了赵国的面子。他蔺相如并非那种没有血性的男儿，只是这种血性，不能使在自己的同僚身上，何况这同僚是赵国的门神廉颇呢！

蔺相如给同僚、好友的解释是：“强秦之所以不敢对我们赵国发起进攻，是因为我和廉颇将军同在朝廷为官。如果我们俩斗气，犹如二虎相争，绝无两全之理。我之所以避他，无非是把国家的安危放在前头，把个人的恩怨搁在后头罢了。”

蔺相如这番话，不仅说服了他的同僚、好友，而且传出去之后，深深地打动了廉颇。于是廉颇袒露上身，背负荆鞭，特地到蔺相如府上“负荆请罪”，当面检讨自己的浅薄，表明以国家利益为重的态度。两个人从此结为生死至交。

一块价值连城的“和氏璧”，引出了“卞和献璧”“完璧归赵”“渑池相会”“回车巷”“负荆请罪”“将相和”等一串曲曲折折的故事，树起了中华民族史典上一面以国家利益为重的光辉旗帜。在这面旗帜下，不仅站立着蔺相如、廉颇，而且站立着赵奢一家人、李牧等被世代传颂的历史老人！

赵奢一家写佳话

赵国的忠烈，当是赵奢一家。

马服君赵奢，虽姓赵，但不源于赵王室血统。因为出身卑微，故史学家没有对赵奢的出身背景花费太多笔墨，只是记载他在公元前287年，任赵国的田部吏，即收田租税的小官。

赵奢不只是收过田租税，而且统过赵国大军，数度御敌获胜，也是赵国的一尊门神，与蔺相如、廉颇齐名。他的儿子赵括，熟读兵法，人称马服子，是赵国统兵御敌的一员战将，因为纸上谈兵而脱离实战，最后兵败身亡。关于赵奢的妻子，史学家没有记载她姓什么名什么，但她深明大义的举措，在华夏历史上留下了佳话。

赵奢公正坦荡，不畏权贵。他任田租税官时，因为平原君赵胜家偷逃税款，收缴时还仗势抵制，赵奢当机立断，一次就杀了赵胜家主事的九人。

平原君赵胜，是赵惠文王的弟弟，是“战国四公子”之一，因为贤德，不仅是赵国的主事大臣，而且在战国天下声誉极高。你一个小小的田部吏，一次杀他赵胜家九个门人，岂不是吃了豹子胆，要在太岁头上动土吗？

赵奢主动上门，对平原君赵胜说：“君于赵为贵公子，今纵君家而不奉公则法削，法削则国弱，国弱则诸侯加兵，是无赵也。君安得有此富乎！以君之贵，奉公如法则上下平，上下平则国强，国强则赵固，而君为贵戚，岂轻于天下邪！”赵奢从国家强，王公贵族被人尊重，国家弱，王公贵族被人轻视的角度，阐述了王公贵族率先守法的重要性。

原打算砍了赵奢脑袋的平原君赵胜，听了赵奢的解释后，不仅放弃了杀他的念头，还对他赏识有加，向赵惠文王举荐重用，使得赵奢从一个收田租税的小官，一步跨上了管理赵国赋税的总管。史载：自从赵奢当上赵国的赋税总管后，“国赋大平，民富而府库实”。

在秦、赵二王渑池相会时，廉颇率大军在边境准备接战，平原君赵胜推荐赵奢率数千兵勇保卫赵王。虽然秦、赵两国最终没有打起来，但赵惠文王发现，赵奢虽是文官出身，但具备带兵作战的素养，忠勇而坚毅，果敢而谨慎，对上敬而有分寸，对下严而有关爱。因而在公元前280年，特命赵奢统十万大军，进攻齐国的麦丘。

麦丘被赵军围困，已经成了一座孤城，但就是攻不下来。战况传到赵惠文王手里，他非常气愤，觉得赵奢令他失望。生气之余，对赵奢下令，一个月内必须拿下麦丘，否则叫赵奢提着脑袋来见。

没有退路了，赵奢下令对麦丘强攻。

关键时刻，赵括站出来了。

赵括是赵奢的儿子，从小就熟读兵书，对孙子“用兵之法，全国为上，破国次之；全军为上，破军次之；全旅为上，破旅次之；全卒为上，破卒次之；全伍为上，破伍次之。是故百战百胜，非善之善者也；不战而屈人之兵，善之善者也。故上兵伐谋，其次伐交，其次伐兵，其下攻城。攻城之法为不得已”等理论，能倒背如流。他第一次对父亲的劝谏，就是谈的这套理论，强调强攻麦丘是无奈的最后选择，而非第一选择。

赵奢听不进去，赵惠文王只给他一个月的时间。于是，赵奢向赵军发出了强攻麦丘的帅令。

麦丘的城墙被攻得矮了一截，城下伏尸数万，仍攻不下来。

赵括再次犯颜直谏，特地提醒父亲赵奢：麦丘城储备了充足的粮食，加之最善攻守的墨家弟子，已经加入守城齐军，赵军如再强攻，只能是伤亡更大，而麦丘还是拿不下来。即便拿下麦丘，而牺牲赵军大量士兵，也不符合赵王的本意！

这次劝谏，赵奢听进去了。他非常清楚，赵军士兵如此折损下去，即便麦丘被攻下，赵惠文王也不见得高兴，何况还可能攻不下呢！

根据赵括的建议，在麦丘城外广布密探，抓了几个齐国俘虏，并采取攻心战术，给俘虏好吃好喝好招待，对他们礼遇有加，放他们回去时，还送给他们粮食。俘虏被感动后，告诉赵括，麦丘城的粮草已断，百姓开始易子而食。但齐军控制很严，百姓对赵军很恐惧，所以负隅顽抗，等待齐国的援军来救。

赵括于是再次向父亲赵奢进言，进一步优待齐军俘虏，力促麦丘城百姓生变，再寻机破城。

赵奢听计，更加优待齐军俘虏。没过几天，麦丘城盛传赵军仁慈，不仅不虐待俘虏，还给他们的家人带粮食。这个消息一传开，全城人心惶惶，不少人打算出城向赵军投降。

齐军进一步加强管控，把俘虏带回去的粮食，从城头扔出来。赵奢这回真不急了，他下令将扔出的粮食扔回去。如此扔出扔回，持续了几天，突然传出一个消息：齐国守城将领被部属斩杀了，城中军民纷纷向赵军投降。

麦丘一战，赵奢功成名就，成了与廉颇齐名的赵国战神；赵括也因此成名，成了赵国统兵御敌的后起之秀。

公元前270年，秦国攻打韩国，重兵围困阏与，韩国向赵国求援。韩、赵同属三晋之地，唇亡齿寒，户破堂危。

“救还是不救？”赵惠文王问廉颇。

廉颇答道：“道远险狭，难救。”

问乐毅的儿子乐乘。

乐乘顺着廉颇的思路，谈了救不得的意见。

问赵奢。

赵奢说出一句旷古名言："狭路相逢勇者胜"（其道远险狭，譬之犹两鼠斗于穴中，将勇者胜）。

凭着这句名言，赵奢率军踏上了救援阏与的征途。

秦军针锋相对，从关中发兵向西，直插中原重镇武安，与围攻阏与的部队，构成相互驰援的掎角之势，在赵军救援阏与时，大可从背后捅上一刀。

赵奢率军在离邯郸三十里的地方筑垒扎营，修筑隐蔽工事，同时下达了一道军令："有敢于谈及军事者，一律斩首！"

这是一道匪夷所思的军令！军队本就是出来打仗的，怎么能不谈及军事呢？赵奢手下一个将军，冒死直谏，结果真的被赵奢斩了。

这消息传到秦军，引起秦军人心浮动。这赵奢率军修工事，搞隐蔽，不让谈军事，还将谈军事的一个将领斩首，他这是在构建一个什么样的战役布局呢？

秦军于是故意挑衅，赵军不予理睬，使得秦军更加疑惑。

秦军派探子进入赵军营地，察看虚实，赵军浑然不知，任其自由活动，还把他们当作驻地村民，招待他们吃饭。探子回去报告后，秦军将领非常高兴，认为赵军"去国三十里而军不行，乃增垒，阏与非赵地也"。

恰在这时，赵奢下令军队火速向西，两天一夜后，如兵从天降，赶到了离阏与五十里的地方。驻守武安的秦军做梦也没想到，赵军会从自己的眼皮底下突然消失。

赵军千里跃进、孤军深入，虽然到达预定的作战区域，但仍未摆脱阏与和武安两地秦军的夹击。此时的赵奢，不再执行敢来言军事者斩的军令了，而是采纳军士许历的建议，加重兵阵，以逸待劳，避秦军锋芒；拨一万人马，由许历率领，抢占阏与的北山，占据制高点，掌握战役的主动权；赵奢亲率赵军主力，攻击围困阏与的秦军。

战斗的结果是，阏与城被解围，从武安前来驰援的秦军，被许历的一万大军从山上冲下，拦腰斩断，杀得七零八落，四散溃逃。

赵军千里突袭阏与的战役谋划，是儿子赵括给老子赵奢出的主意。临出发前，赵奢向赵括问计，赵括则展露了自己运筹帷幄的军事才华。他提醒赵奢：秦军千里攻阏与，必求速战，在这种情况下，首先要派人告之阏与的韩军，赵军已赶来救援，激励韩军加紧攻伐，牵制秦军；而赵军要以极大的耐心，给武安的秦军示之不能，以此麻痹松懈秦军，时机一旦成熟，再突然拔寨而行，直捣阏与，方可成功。赵奢的战役部署，可以说是完全照赵括的建议实施的。

阏与之战的胜利，是赵奢、赵括父子共同创作的军事杰作。

赵奢经历丰富，对这一军事杰作和人们的赞赏，很快便放下了。而年轻的赵括，却当作包袱背起来了，自以为整个战国天下，能在军事上与之相比的，还找不出人来。赵奢看出了赵括的盲目骄傲，试图劝说引导，但赵括听不进去。赵奢不无忧虑地对妻子说："使赵不将括即已，若必将之，破赵军者必括也。"

赵惠文王去世后，太子赵孝成王继位。

公元前260年，秦军攻克赵国上党，赵孝成王即遣廉颇率军驻守长平，以抵挡秦军的进一步征伐。秦将是赫赫有名的战将白起，战术部署超人，战斗意志超强，加之秦军屡打胜仗，势头正猛。廉颇率军抵御，几战不胜，便下令坚守营垒，拒不出战，以寻找破敌之策。

面对老辣的战将廉颇，白起不得不改变战法，他派人花重金到赵国实施反间计，说秦军怕的不是廉颇，而是赵括。此时赵奢已经去世，赵括正摩拳擦掌，跃跃欲试，很想在军事上大露一手。赵孝成王对白起的反间计不做分析，信以为真，立马下令，撤掉廉颇，换上赵括。

这时赵括的母亲登上了历史舞台，她赶紧找到赵孝成王，阐述儿子赵括不能为将的理由。

这位母亲说，当年她丈夫赵奢为将时，亲自端碗招待客人，赵王分封给他的赏赐，他全部分发给将士。他从为将受命的那天起，就不再管家里的事，全部心思用在了军队上。而儿子赵括刚做大将，就高堂而坐，接受礼拜，吓得大小军官都不敢抬头看他；赵王赏赐给他的金银绸缎，他全部拿回家藏起来；他受命后不是忙于军务，而是忙于察看哪里有美宅良田可以买下……这位母亲最后请求，千万不能派她儿子赵括去替换廉颇，这可是社稷之大祸！

赵孝成王对赵括非常器重，根本听不进赵括母亲的忠告。

无奈之下，这位母亲向赵孝成王提了一个请求："一旦赵括出了差错，请赵王不要连罪赵家！"

这是一个对儿子有透彻认识的请求，其实仍是忠告！

赵括取代廉颇，一上任便另搞一套，调换军官，废弃军规，下令军队迅速出击。

白起盼的就是赵括这一招，几经交手，赵括便陷入白起的圈套，一分为二，运粮通道被切断，赵军困于两地，断粮四十六天。而白起下令军队坚守营垒，不与赵军交战。可怜赵国官兵，饿急了扒尸体为食。在穷途末路之际，赵括没有崩溃，没有投降，而是从绝望中寻找希望。他兵分四路，强行突围，武器打没了便与秦军肉搏，最终战死沙场。赵括率领的四十余万赵军，除二百四十个年轻娃娃被放回赵国外，其余的不是战死，就是投降后被活埋。加之从上党退到长平的赵军，总共达四十五万人之多！

仅此一战，赵国被彻底打残了！

但赵国在惨败的回光中，返照出赵奢一家，满门忠烈！

赵太后的明睿成触詟之功

“触詟说赵太后”，是战国史上的著名事件。事件就赵太后的儿子到齐国当人质展开。赵太后舍不得儿子，不让去，而赵国面临的危局，不去又不行。在这种情况下，老臣触詟做通了赵太后的工作，同意派幼子长安君到齐国当人质，使得赵国的危局得以缓解。

显然，该事件盛赞的是触詟。

其实，赵太后的明大理，更值得盛赞！

一件小事，就足见赵太后的胸襟和视野。

齐国使节到赵国慰问赵太后，赵太后连问了他三个问题：“岁亦无恙耶？”“民亦无恙耶？”“君亦无恙耶？”

第一个问题，问的是齐国当年的收成好不好；第二个问题，问的是齐国人民的生活好不好；第三个问题，问的是齐国的国君身体好不好。

从这三个问题的顺序可以看出，赵太后心里装的是民众，收成不好，民众可就苦了。至于问到国君的身体好不好，是外交场上的客套。

对于赵太后这样的提问，齐国使节很不高兴。在使节看来，首先该问的是国君，而后才是收成和人民，怎么能把这个顺序颠倒呢？

赵太后的解释是：“苟无岁，何以有民？苟无民，何以有君？故有舍本而问末者耶？”

赵太后的这个解释，说到问题的根本了。收成不好，怎么养活人民，没有人民，怎么会有国君呢！

如此可以看出，赵太后是个大明大智之人。

公元前266年，赵惠文王去世，赵太后执掌赵国政权。

赵惠文王临死前，嘱咐又嘱咐："一定要好好照顾太子，保住赵国的万世基业，尤其叮嘱要防止秦国趁火打劫。"

赵惠文王尸骨未寒，秦国迅速发起了对赵国的攻击。赵太后刚开始临朝听政，对如何应对、处置未理出章法。赵国上下乱作一团，只好赶快派使节前去齐国求援。

东边的齐国，正享受范雎"远交"的好处，是整个战国天下唯一没有受到秦国攻伐的国家，因而也是最有实力救援赵国的国家。因为这个原因，赵国朝廷普遍认为，齐国不会帮忙。

然而出人意料的是，齐国同意出手相救，但提出一个条件，让赵国太子长安君，到齐国做人质。

这可就戳到赵太后的心眼处了。丈夫赵惠文王有交代，不能让太子遭受什么苦难。而她，十分疼爱这个孩子。因而当齐国提出质子的要求后，赵太后一口拒之千里。

眼看秦国大兵压境，赵国危在旦夕，臣僚们纷纷对赵太后劝谏，但怎么劝都没用，她就是不同意。不同意还劝，把赵太后劝烦了，放出狠话："这事不许再提，否则让他满脸沾上老身的唾沫！"

其实，赵太后有自己的盘算。当时的赵国，武有廉颇，文有蔺相如，王室还有平原君赵胜，这些人才华横溢，德高望重。他们不去齐国搬救兵，却盯着她的爱子去做人质，这不是对她临朝听政的轻视吗！

眼看赵太后的工作做不下来，臣僚们把希望寄托在老臣触詟身上。

触詟为官规矩，不争宠，不争利，能言善辩，在赵国威望很高。加之触詟年事很高，赵太后对他很尊重，不至于招惹唾沫。

触詟颤颤抖抖走进太后宫，磨磨蹭蹭走到赵太后跟前，行礼请罪，说：“自己年纪大了，腿脚不麻利，但一直心念太后，却不能前来谒见，这次前来请安，就想看看太后玉体是否康健。”

赵太后对触詟来干什么心知肚明，因而只是敷衍着应付。话题一开始都是饮食起居，家常故里，聊着聊着，聊到了孩子。

触詟说：“老臣有个小儿子，叫舒祺，十五岁了，没什么才干，但老臣特别疼爱他，想把他放到宫廷侍卫队去锻炼锻炼，也好让他长点本事。”

赵太后一听，有所触动，说：“我以为母亲才会溺爱自己的小儿子，原来做父亲的也是这样。”

触詟赶紧接话茬，说：“比母亲更加溺爱。”

聊到这会儿，赵太后就不是敷衍应付了，而是当家常聊起来了。她说：“妇道人家，大都偏爱小儿子。”

触詟则说：“太后与一般妇道人家不同，不是更爱小儿子，而是更爱燕后。”

赵太后的女儿嫁到燕国去了，为燕后。

赵太后说：“爱卿错了，老身爱长安君，比爱燕后要深得多。”

触詟说：“燕后出嫁的时候，太后抱着她哭泣，担心她如此一别，还能否回来；燕后走后，每逢祭祀，太后都为她祈祷，祈祷她不要回到赵国，以求长久居住在燕后宫。太后的心思，是想燕后能香火永续，子子孙孙都能在燕国大富大贵。”

赵太后完全进入一种闲聊状态，拍着大腿说：“老身正是这样想的。”

触詟说：“容老身问一句，从今往上数三代，到赵氏建立赵国的时候，赵国君主的子孙，凡被封侯的，他们的后代有几个能继承爵位？”

赵太后对赵国祖宗的传续一清二楚，张口便说：“一个没有。”

触詟又问：“赵国是这样，其他国家呢？”

赵太后想了想说："老身孤陋寡闻，还真没有听说。"

直到这时，触謦才回到主题。他对赵太后说："其实，其他国家也没有。没有的原因，不是说君王的子孙都不好，而是这些子孙都拿不出可以让人信服的功绩。他们俸禄优厚却好逸恶劳，拥有的财产土地很多，却不知道规避风险。如此，往近里说，损害了自己，往远里说，伤害了子孙。"

在讲了这样一番道理后，触謦把长安君拉到要谈的话里来了。他说："这就和现在的长安君一样，太后把肥沃的土地封给他，把大量的珍宝赐予他，却没有给他创造机会，为国家做出功绩。太后百年之后，他怎么能在如此风起云涌的乱世中立足呢？由此来看，太后不是爱燕后更胜于爱长安君吗！"

如前所述，赵太后不是不明事理之人，赵国危亡在即，她能因溺爱幼子而眼看着国家灭亡吗！她只是觉得，自己一个妇道人家临朝听政，朝中这么多臣僚，没有人站出来担当，却把她小儿子作为筹码，心里有些生气。在与触謦一番闲聊后，赵太后找到了一个适当的台阶，便走了下来。

触謦说赵太后的成功，不能否认触謦的智慧，但更主要的，还是赵太后的英明睿智。她是明"苟无岁，何以有民？苟无民，何以有君？"的明睿之人，知道事大事小，只要给她一个适当的台阶，她定会做出舍小取大的选择。假若她是那种不明事理，钻到牛角尖不出来的人，即便苏秦、张仪去游说，也是不管用的。

所以说，是赵太后的明智，成就了触謦游说的成功！

就像任何事物都有发生、发展、消亡的过程一样，和氏璧在冥冥之中也有这样一个轮回。出现在赵国的和氏璧，至此不再在战国的史典中现身了，似凤凰五百年涅槃一次那样，在等待下一次面世的因应。

廉颇是被害“老”的

辛弃疾的《永遇乐·京口北固亭怀古》写道：“凭谁问，廉颇老矣，尚能饭否？”

衡量一个人是否老了，“饭否”确实是个标志。

但战将廉颇虽然年事已高，却不能用“饭否”来说他“老矣”。

长平之战中，秦国实施反间计，赵括取代廉颇，结果赵国大败，四十五万将士，被白起坑杀。

廉颇被免职后，赋闲在家，门客纷纷离去，有的甚至走前连招呼都不打。长平兵败后，廉颇再次被任命为赵国的主将，离去的门客纷纷返回。廉颇是个典型的军人，瞧不起那些墙上草、随风倒的门客，将他们一概赶走。

长平之战中，被白起放回赵国的二百四十个娃娃兵，没有给赵国带去不寒而栗，而是带去了同仇敌忾。秦国想乘长平之战的胜势，一举踏平赵国。赵国军民则血气阳刚，众志成城，舍生忘死，视死如归，在强大的秦军面前，没有表现出丝毫的畏惧和退缩。

廉颇统领赵国二十万老弱之族，加强邯郸的防务，采取得当的战略，有机会就出击，没有机会就固守，不仅顶住了秦国四十五万大军的轮番进攻，而且时常抓住战机出击，扩大了战果。加之战事胶着，拖的时间很长，魏国、楚国又从外围对秦军发起进攻，使得邯郸之战，以赵国的胜利而宣告结束。

虽然顶住了强秦的进攻，但还不能说赵国因此而强大。毕竟数十万赵军被杀，加之连年战事纷扰，国内财资空虚，人力匮乏。

恰在这当口，燕国趁火打劫来了。

燕国派丞相栗腹以祝寿为名，到赵国一探虚实。栗腹看清了赵国“壮者尽于长平，其孤未壮”的悲惨现状，向燕王提议攻打赵国。

燕王亲自点将，点到的是战将乐毅的儿子乐间。

在燕国被封为昌国君的乐间，毫不犹豫地拒绝了。他的理由是，此时燕国出兵伐赵，名不正，言不顺，失道寡助不说，而且燕军的士气提振不起来。反观赵国，举国节哀，哀兵死战，战而必胜。

燕王不肯放弃趁火打劫的机会，改任丞相栗腹为主将，于公元前251年，发兵六十万，从赵国的鄗城、代郡两个方向发起进攻。

赵军统帅就是廉颇，但他能召集起来的军队，全部加起来也不到四十万，除去驻防国境的，聚集到廉颇旗下的只有二十五万人。虽敌我兵力悬殊，但双方统兵的将领大有不同。统兵二十五万的是赵国的门神廉颇，统兵六十万的是燕国的丞相栗腹。廉颇对栗腹，尚未开战，似乎胜负便分出来了。结果也是一样，栗腹统两路大军来袭，廉颇则以各个击破的方式对攻。率四十万大军进攻鄗城的栗腹，被廉颇的二十万大军彻底击败，栗腹的脑袋还被砍了下来。燕国另一路统兵副将卿秦，面对的是廉颇的副将乐乘，乐乘带五万人马在代郡，向二十万燕军发起进攻，打得燕军望风而逃，卿秦还被乐乘生擒。廉颇在鄗城将栗腹击溃后，率军乘胜追击，一口气追了五百里，把燕国的国都围了起来。燕王献出五座城池，赵国才撤兵。

在赵国面临生死存亡的关键时刻，廉颇站出来成为中流砥柱！此后数年，廉颇统军，多次击退他国进犯，且在公元前245年攻取了魏国的繁阳。

也就在赵国攻取繁阳的当年，赵孝成王死了，他的儿子赵偃继位，号称赵悼襄王。他一上台，便打击权臣。廉颇为赵国丞相、主将，大权在握，自然是他打击的首要对象。

赵悼襄王找的打手，叫郭开。

同朝为臣，廉颇看不上郭开，认为他没什么本事还在其次，成天围着赵悼襄王摇尾巴，进谗言，害忠良，廉颇就气不过。军人性格的廉颇，有话敢说，多次当面怒斥郭开，揭露他的无能和虚伪。

郭开得赵悼襄王之宠后，自然站到了第一打手的位置上，且首打廉颇。不久，廉颇的丞相职位被免，军权被解除，改由乐乘代替。赵悼襄王还特地派使节禀告在外作战的廉颇，速回邯郸待命。廉颇深知，他一脚踏进邯郸，等待他的将是什么。于是一不做，二不休，率军攻击替代他的乐乘，把乐乘打得逃回了邯郸。

廉颇这么做的想法是，在赵国，最善战的还是我廉颇，让我回去统领赵军，是赵国最好的选择。

这纯粹是战将的思维！

等不来赵悼襄王的反悔，有能力另立新主的廉颇，不去想另立新主；有能力自立为王的廉颇，更不去想自立为王。他想的是，继续警示赵悼襄王，促使他最终反悔，把自己召回去，重新回到掌管赵国的门神之位。

这仍是纯粹战将的思维延续。

赵悼襄王可不听他的警示，也不管你廉颇是不是赵国的门神，他要的是收回廉颇手中全部的权力。

没有等来赵悼襄王的反悔，廉颇则延续自己纯粹的战将思维，离开赵国，但他不是投奔实力强大的齐国，而是投奔被白起打得一蹶不振的魏国。因为魏国离赵国很近，马蹄跃起便可回到赵国。

赵悼襄王这回似乎明白了，廉颇一旦在魏国为将，赵国没有他的对手，加之两国紧邻，魏国军队一两天便能在邯郸兵临城下。于是，他派出使节，到魏国做廉颇的工作。

使节是宦官唐玖，与郭开是鼠蛇一窝。派唐玖，就是郭开的主意，由此便可断定，唐玖不会为赵国做请廉颇回国的工作，而只会做相反的工作。

赵悼襄王叫唐玖带了一副盔甲和四匹快马，那意思很清楚，让廉颇穿上盔甲，骑着快马回来。

结果是，廉颇没有回来，唐玖回来了。他给赵悼襄王报告的情况是，廉颇很能吃，一顿饭吃了一斗米和十斤肉，但一会儿的工夫，便上了三次茅厕。

赵悼襄王听了唐玖的禀报后，决定彻底放弃廉颇。在他看来，一个统兵大将，连大小便都控制不了，如何去统领军队呢！

真实的情况是：廉颇为了表明自己身强体壮，一顿饭吃了一斗米和十斤肉，吃完饭后没有上茅厕，而是飞身上马，挥舞大刀，来回奔驰，神武不减当年。

赵国的护国门神廉颇，就这样被奸臣郭开害“老”了！

被赵国抛弃的廉颇，后来被楚国接走并封为大将。但廉颇人在楚心在赵，不久便客死他乡。

司马迁在《史记》中写道：“廉颇一身用与不用，实为赵国存亡所系。此真可以为后代用人殷鉴矣。”

李牧为赵国的覆灭殉葬

战国历史沉痛宣告：李牧死，赵国亡。

遗憾的是，战将李牧不是死于战场，而是死于奸臣的谋害。

已经大厦将倾的赵国，随着李牧的被害，轰然倒下，从此在战国消亡。

李牧是今河北邢台人，常年驻守代地，抗击匈奴的进犯。他是继廉颇之后，战国天下公认的智慧、骁勇、仁义的战将。

李牧在远离邯郸的代地戍边，赵王廷赋予他设置官吏、任命官员、田租税不用上交朝廷的权力。可以说，这是支撑赵军戍边的必备条件。赵国国都邯郸离代地很远，不赋予戍边将领这个权力，一旦有战事，层层报告，多大的事都会耽误了。

镇守代地的李牧，因地制宜，因情施策，军民关系搞得很和谐，官兵关系也搞得很融洽。比如，他率领军队在赵武灵王修筑的长城上，修建了若干个烽火台。自代郡至阴山南麓的高阙，常年派兵把守瞭望，远远地就能看清匈奴的进退态势，烽火一点，一排狼烟，代地军民就知道怎么防御了。再比如，李牧亲自教授官兵骑射技术和围攻战术，极大地提升了军队的战斗力。还比如，李牧几乎每天宰牛杀羊，犒劳立下功勋的将士，激励军队斗志。在此基础上，李牧制定了非常恰当的攻防策略，简而言之即是，一旦匈奴入侵，烽火报警，代地军民就全部进入城池营垒，实行坚壁清野，无论匈奴怎样叫阵骂阵，代地军民就是坚守不应。这样一来，匈奴既掠不到人民，又抢不到物资，常常兴师动众白忙乎，耗费很大。

当然，这样的策略，匈奴侵伐无功，李牧也同样御敌无果。赵孝成王很不满意，派使节对李牧大加斥责，喝令他要么出击匈奴，要么回到邯郸。李牧是很有定力的战将，没有因为赵王的斥责而改变策略，而是一如既往，寻找战机。赵孝成王更为恼怒，直接派人到代地，把李牧换了。李牧不为自己解释，就回去了。

接替李牧的将领，按赵孝成王的旨意，匈奴一来，便全线出击。匈奴兵多，赵国戍边军队很少，加之匈奴擅长骑射野战，双方一交战，匈奴大胜，不仅杀死赵军很多，而且掠走了代地大批财物和民众。

赵孝成王这才回过味来，诏令李牧重新镇守代地。李牧则称病拒不受命，因为他知道，此番前去，朝廷如果把赋予他的权力收了，他去了也难以把代地守住。赵孝成王答应他的要求后，李牧才重新上任。

重新上任的李牧，还是老一套，匈奴大举来犯，他们就点燃烽火，人员物资退入城池营垒，坚守不出。匈奴一次次无功而返，认为李牧胆小无能，遂产生了轻敌思想。

李牧全面分析自己的御匈态势，认为时机成熟了，于是制定了一个诱敌深入的战役方案。这个作战方案的诱饵是，大批百姓漫山遍野地放牛牧羊，待匈奴前来打探虚实时，赵军前去攻击，而一交战，便败下阵来，连山上的牛羊和放牧的群众都不顾，只管自己逃命。

匈奴与李牧交手，第一次占到这么大便宜，便胆气更壮，头脑更热，驱大军向代地进攻。李牧巧设奇阵，用战车正面迎战，用步兵居中阻击，用弓弩手后置远程射杀。待匈奴损失惨重后，把隐藏在后方的骑兵放出来，直冲匈奴的指挥中心，打得本就溃不成军的匈奴四散逃逸。十万匈奴大军，除单于带少数亲随逃脱外，其余的不是被杀，就是被俘。李牧率军乘胜追击，把依附匈奴的东胡、襜褴等部族全部灭了。

这一仗打完之后，匈奴连续十年没有向代地加兵。

匈奴不敢来犯，秦军可气势汹汹地来了。秦国大将樊於期率军攻打赵国，拿下平阳、武城两个城池后，乘胜追击，又拿下赤丽、宜安两座城池，兵锋直指邯郸。

赵国危在旦夕，赵幽缪王赶紧拜镇守雁门的李牧为大将军，令他从雁门南下，昼夜兼程回援邯郸。李牧临危受命，率军赶到宜安，与樊於期率领的秦军对峙。双方较劲，李牧高筑营垒，不与樊於期正面交手，用坚守疲敌；樊於期耗不起，粮草兵源补充不济，急于与李牧交手。为诱使李牧出城，樊於期故意率主力进攻肥下。不承想，李牧不是率军救援肥下，而是率军直扑秦军大营。此时的秦军大营，主力打肥下走了，留下的少量兵员看守辎重，被李牧全数尽缴。樊於期赶忙率军来救，却在中途遭到李牧的伏击，秦军被打得溃不成军。樊於期倒是带少数随从杀出来了，但不敢回秦国了，只好投奔燕国。

公元前232年，秦国再遣大军，兵分两路，一路从南进攻魏国的邺城，一路从北进攻赵国的井陉，企图打赵国一个首尾不顾。李牧采取的战术是，先打南面，把秦军阻止在漳水以南；再打北面，把秦军阻止在番吾一带；接着北面的赵军迅速南撤，与抗击南面进攻的赵军会合，向秦军发起进攻，一举将南犯的秦军击溃，使得这次秦国向赵国的大举进攻，以赵国的胜利而宣告结束。

为了彻底拿下赵国，秦国君臣经过一番谋划，决定军事、策反两手都用上，以军事进攻施压，促成策反成功，诱使赵国把李牧杀掉。

秦国选定的策反对象，还是郭开。

在郭开收下秦国的三千金和三座城的许诺后，秦国以王翦为将，率大军开到魏国邺城，不是发动进攻，而是派使节前去与赵军讲和。

赵幽缪王的工作已经被郭开做好了，故诏令李牧不能向秦军发起攻击。秦、赵两军对峙，秦军前来讲和的人员，纷纷来到赵军大营，造成了一种双方罢兵回撤的假象。

郭开于是上场，他对赵幽缪王如是说：“秦、赵两军对峙，之所以这么长时间不开战，是因为李牧已经收受了秦国大量贿赂，只要邯郸一破，李牧就到秦国做高官去了。”

赵幽缪王一听，头都炸了，迅速派出使节，到李牧大营打探究竟。使节到大营一看，看到秦国使节在赵军大营进进出出，不问缘由，转身就跑，赶快向赵幽缪王禀报。

赵幽缪王自认为郭开的报告得到证实，立马委派宗室赵葱去取代李牧。

李牧拒不受命。此番被废，绝不是废除他的军权那么简单，而是要废除他的小命。他不甘心啊！大敌当前，赵国灭亡在即，他作为赵国的子民，作为赵国的统兵大将，一心想的是为挽救赵国而战，为生他养他的赵国人民而战。

可是，一心想吞并赵国的秦国不让李牧活，拿了秦国大把金钱、得到秦国巨大利益许诺的郭开，更不能让李牧活。李牧最终在赵幽缪王和郭开设计的圈套中被捕，遭到斩杀。

李牧被杀之后，秦国与赵国的讲和之戏落下帷幕，王翦统领的秦军，一转脸便向赵国发起进攻，迅速攻下邢台，接着攻下邯郸。在战国天下演出过赵氏孤儿、胡服骑射、完璧归赵、将相和等精彩大戏的赵国，在抬腿迈向下一个朝代时，覆灭了。

诚然，赵国的灭亡，不完全是郭开之类的奸臣造成的。赵国出现郭开，是战国历史终结前的宿命！

至于郭开，有必要说说他的结局。他先是害廉颇，接着害李牧，赵国两代顶天立地的名将都死于他的陷害，也可以说，是死于他之手。故后人对郭开的痛恨，都寄希望于“恶报”的结局。

是的！郭开应了“恶有恶报”。

赵国灭亡后，秦国兑现了对郭开的许诺，郭开将受贿的全部财宝装了十几辆大车，喜不自禁地向秦国驶去。半路杀出一伙打劫的，在抢货的同时，把郭开的脑袋砍了。

可以说，这是赵国后人，也是华夏子孙，都愿看到的结局！

第五章

战国四公子的诟病

齐国孟尝君、赵国平原君、魏国信陵君、楚国春申君，是战国赫赫有名的四君子……

四君子门下养士众多，学士、策士、武士、术士、食客等，鱼龙混杂，其中不乏高手……

四公子既是王室成员，又号称君子，必有王室成员才有的特权，还有称之为君子的风范……

问题在于，王室权谋的尔虞我诈，必然限制那些想成为君子的人，最终当不成君子……

因诟病而扬名，就这样成就了四君子……

孟尝君诟病于“卖国自保”

齐国大名鼎鼎的孟尝君，是战国天下四公子之一，在司马迁的笔下评价不高，说他“好客自喜”。“好客”，说的是他养了三千食客；“自喜”，不太好解释，联系那段齐国的历史看，当说他养这么多食客，不是为了齐国的利益，而是为了自己的利益博取名声。

在司马光的笔下，则直白多了，说他“盗其君之禄，以立私党，张虚誉，上以侮其君，下以蠹其民，是奸人之雄也，乌足尚哉！”无须解释，司马光说他是伪君子，是奸人之雄。

两位史学巨匠的这个评价，放在与孟尝君有关的历史事件中看，似应还有其他说道。

孟尝君是齐国靖郭君田婴之子，名叫田文。

不少史书对孟尝君的评价是，极富人格魅力，追随他的人很多。田婴有四十个儿子，田文则是他的一个小老婆所生。但田文有大智慧，谋略深，负责接待宾客事务，宾客无不对他赞誉。田婴死后，把爵位传给田文，号称孟尝君。

孟尝君府上养了三千食客。当然，这三千食客，不全是江湖草莽之辈，也有高人。

有一个叫冯谖的食客，穿草鞋，提一把佩剑，没有剑鞘，剑柄还用绳子缠绕，他慕孟尝君之名，加入孟尝君的食客队伍，被安排在下等行列。一到吃饭，冯谖就击剑而唱：“长铗归来乎，食无鱼。”唱的是，长剑呀，回去吧，这里吃饭没有鱼。

孟尝君就将冯谖调到中等食客住所，吃饭有鱼了。

吃饭时，冯谖又击剑而唱："长铗归来乎，出无车。"唱的是，长剑呀，回去吧，出行没有车。

孟尝君又将冯谖调到上等住所，出入有马车接送。

再到吃饭时，冯谖还击剑而唱："长铗归来乎，无以为家。"

要吃鱼，给了；要坐车，给了；还说没钱养家，这不是没完没了、得寸进尺吗？孟尝君不搭理他了。

一年后，庄稼歉收，租地的百姓交不了租金。孟尝君府上光食客就三千多个，食宿衣着开销很大，经济难以为继。在这种情况下，孟尝君叫冯谖到他的封邑薛地去催缴租金。

冯谖去了薛地，实地走访查询后，催缴租金，也收了一些钱。

拿到钱后，冯谖就举办了一场大型宴会，叫欠孟尝君租金的人，带上借据，都来参加宴请。酒喝到兴头时，冯谖对大家说："孟尝君府上的食客太多，已经没钱供养了。我这次来催债，还得起的都还了，还不起的就一律免了。"说罢又叫大家把借据全部烧掉，烧掉后，他说了一句："有君如此，岂可负哉！"

这句话极其重要，意思是：孟尝君对大家这么好，可不能辜负他！

大家深受感动，纷纷跪地，拜了又拜。

回去交差，冯谖两手空空，孟尝君火了，好不容易收上来一些钱，你却用作宴请花了，孟尝君能不火吗！

冯谖给孟尝君做了一番解释，关键词是两句：一句是，既然老百姓还不了钱，为什么不免掉呢！另一句是，还不了，你去催，这不是逼着老百姓逃亡吗！

孟尝君的明智在于，他觉得冯谖讲得有道理，不仅很赞同，而且对冯谖表达了感谢。

孟尝君出访楚国，楚国仰慕他的贤明，送给他一张象牙雕刻的床，孟尝君打算派登徒护送到齐国去。登徒很为难，象牙床是很珍贵的，价值两万四千两黄金，路途这么远，有个闪失怎么办？他把自己的忧虑跟随孟尝君出访的公孙戌说了。公孙戌对孟尝君说："很多小国愿意送相印给您，求您兼任他们的丞相，是认为您能体恤贫穷。大家敬佩的，是您的仁义；仰慕的，是您的清廉。现在您第一次到楚国就接受象牙床这么贵重的礼物，将来您再去别的国家，叫他们送您什么呢？"孟尝君听后，婉转辞谢，把象牙床退了。

不仅如此，孟尝君还贴出告示：凡能促使我得到美好名声，能够制止我犯错，即令是接受他人贿赂，或被他人利用来劝谏的，都没关系，请马上给我规劝！

孟尝君不仅养士名声很大，还为齐国做出过重大贡献。

比如，秦国用欺诈手段诱使楚怀王赴秦并扣押后，楚国群龙无首，围绕在齐国做人质的楚太子芈横是否放回楚国继位，齐国争论不休，拿不定主意。主流意见是，放芈横回去可以，但楚国必须给予回报，把淮河以北的土地割让给齐国。

这其实是很幼稚的想法！

楚怀王后宫美女很多，王子一大群，想当楚王的人多的是，有的还害怕芈横回国。在这种情况下，齐国提出叫楚国拿土地交换，不仅不可能，而且将使楚国与齐国结仇。关键是，齐国还将在战国天下背负骂名。

孟尝君特地提醒说："一旦楚国立了其他王子接任，太子芈横就成了齐国的一个烫手山芋，留着无用，送还送不出去。"

齐威王觉得有道理，把芈横体体面面地送回楚国，让他继位为楚顷襄王。

再比如，秦武王死后，秦国实际掌权的宣太后，是楚国的王室人员，她念及娘家亲情，将秦国占领楚国的汉中交还给楚国，还将秦国美女嫁给楚国国王。楚国于是一头倒向秦国，并断绝了与齐、魏、韩缔结的合纵联盟。齐、魏、韩于是出动三国大军，发起对楚国的进攻。

孟尝君为三国军队统帅，实际统兵的大将是匡章。联军与楚军沿水安营扎寨，隔河都能看见对方，但联军不敢轻易出击，不知河水的深浅。

双方对峙一段时间后，匡章在当地老乡的指点下，突然对楚军防御人马最多的河段发起进攻。原因是河水深浅楚军知道，水深的地方基本不布防，军队主要部署在河水浅的地方。长时间驻防，仗又没打起来，楚军放松了警惕。联军突然发起进攻，很快蹚过河去，打得楚军措手不及，四散逃命。

齐国牵头的这一仗打完后，声威大震，孟尝君的声誉更是在战国天下如雷贯耳。

秦昭襄王敬慕孟尝君的贤能，派弟弟嬴悝到齐国当人质，交换孟尝君到秦国为丞相。不久，便有人对秦昭襄王说："孟尝君是齐国人，他当然把齐国利益放在第一位，秦国因此会陷入险境。"秦昭襄王认为有理，罢了他的相，担心放回去对秦国不利，又把他囚禁起来，准备处死。

孟尝君人脉关系很广，他着人向秦昭襄王宠幸的姬妾求救，这个姬妾的条件是要孟尝君穿的一件白色狐狸皮袍，可这件皮袍早就送给秦昭襄王了。孟尝君门下一个叫狗盗的食客，是个神偷，很快便溜进秦王宫，把那件皮袍偷出来送给了秦王的宠姬。这个宠姬于是使计缠绵，叫秦王把孟尝君放了。孟尝君刚走出囚牢，秦王便反悔了，派人追捕。此时孟尝君已经走到秦国的一个关卡，按照关卡的规定，每天清晨，鸡打鸣了才开关。时值子夜，追兵逼近，大家慌作一团。

关键时刻，食客中一个叫鸡鸣的人，是个口技专家，他学鸡叫，高声一啼，当地的鸡跟着啼叫起来。守关的打开关门，孟尝君一行得以逃脱。

但在齐湣王继位后，孟尝君的日子就不好过了，他一上台，就着手整孟尝君，且决意找碴儿除掉孟尝君。

也是事有凑巧，一国之君齐王，被一个叫田甲的人劫持过一回。齐湣王出来后，一口咬定孟尝君是劫持他的主谋。因为他府上的三千食客中，小偷、强盗、杀人犯都有。

孟尝君有口难辩，打算出逃。

这一逃不是“此地无银三百两”吗！有人到齐湣王那里，为孟尝君开脱，并愿为孟尝君的清白去死。齐湣王半信半疑，下令彻查，结果真凶抓到，与孟尝君无任何关系。

虽然证明了自己的清白，但嫌隙已生，孟尝君还是打算离开朝廷，到他的封邑薛地养老。

一听到孟尝君回薛地养老的消息，尽管他还没有走，他府上养的三千食客一哄而散都走了，连个招呼都没打。对此司马光特地写了孟尝君的一声叹息：“客见文一日废，皆背文而去，莫顾文者。”

有一个人不离不弃，他就是冯谖。

冯谖开导孟尝君说：“官员人家犹如集市，天一亮，人们往集市赶，因为集市上有他们需要的东西；黄昏了，人们都走了。这不是人们喜欢早晨，而不喜欢黄昏，关键是没有利益。”

孟尝君一路走去，走回封地养老时，步子是稳健的，世人是认可的，形象是正面的。这之后，孟尝君走了一步，走出了世人对他的诟病，也走出了司马光对他的否定。

孟尝君离开朝廷之后，秦国的逃亡将领吕礼来到齐国，被齐湣王拜为丞相。正在齐国担任客卿的苏代，也就是苏秦的弟弟，与吕礼争宠，吕礼占了上风，便利用丞相的权势，打压苏代。苏代斗不过吕礼，便请孟尝君出山。孟尝君也看不惯吕礼的做派，站在苏代一方，吕礼于是把打击的矛头对准孟尝君，并与齐湣王联手，打算置他于死地。

孟尝君在与吕礼的斗争中，犯了一个史学家不能饶恕的重大错误，他光顾了自己保命，而忽视了齐国的利益。孟尝君给秦国丞相魏冉写信，叫他说服秦王发兵攻齐，并用利益诱惑，说秦国占领齐国的土地后，他孟尝君去做秦昭襄王的工作，把这些土地分封给魏冉。对权势和土地十分贪恋的魏冉，真的把秦昭襄王说动了，在燕国大将乐毅率魏、赵、韩等国大举进攻齐国时，秦国发兵进行策应，把齐国的主力吸引过去，使得乐毅率领的联军在齐国大地驰骋横扫，一口气夺了七十余座城池。

孟尝君的这一步，不只是走偏了，而是走反了，走向了背负历史骂名的不归路。

虽然齐湣王想置孟尝君于死地，丞相吕礼也想置他于死地，作为名满战国天下的孟尝君可以抗争，可以反击，但万万不能在自身生命危在旦夕的关键时刻，出卖国家，苟且偷生！

孟尝君大概也认识到了这一点，他后来被魏国拜为丞相，对涉及齐国的事务，一概不参与，保持中立。

但，这已然于事无补了！

平原君诟病于“利令智昏”

平原君赵胜是赵武灵王的儿子，赵惠文王的弟弟，两度为赵国丞相。

司马光是这么评价他的：“平原君，翩翩浊世之佳公子也，然未睹大体。鄙语曰‘利令智昏’，平原君贪冯亭邪说，使赵陷长平兵四十余万众，邯郸几亡。”

看得出来，司马光对平原君的评价不高，说他不识大体，原因就是长平之战，赵国数十万大军被坑杀，是平原君“利令智昏”所致。

秦国按范雎“远交近攻”的战略谋划，最想拿下的是韩国的上党。上党位于今山西的东南部，辖长治和晋城。上党“地极高，与天为党”，可俯瞰中州，其西南部的王屋山、中条山接壤今河南，东南部的太行山脉是今河北、河南的分界。秦国得上党，退可依太岳山，进可攻韩国都城新郑，直接对魏国都城大梁、赵国战略重地长平构成重大威胁。

公元前262年，秦军直指上党。郡守冯亭认识到，奋起抗击，打不过秦军；逃回韩国，不会有好下场；唯有投降赵国，才有抗衡秦国进犯的可能。于是，他派使节带着上党郡的地图，到赵国邯郸议降。

恰在这时，赵国的赵孝成王做了个美梦，梦见满天的祥云向他飘来，散开时一条金龙从天而降，飞到他的脚下，他骑上金龙，飞向蓝天，半途金龙不见了，他往下坠落，竟然落在一座金光灿灿的山上。第二天，赵孝成王叫臣僚解梦，有的说大吉大利，有的说不是好事。

尤其是占卜人员占出的结果不好以后，赵孝成王很纠结。也就在这时，上党郡守冯亭派来议降的使节到了，一张嘴把上党郡的十七座大小城池全部献给赵国。

天上真的掉馅饼了！赵孝成王大喜过望，认为他的美梦得到应验。

赵孝成王的叔父赵豹泼冷水，认为冯亭是驱狼搏虎，他不是投靠赵国，而是借赵国之力保韩国，是祸水东引。

赵孝成王不听，又找平原君赵胜商量，赵胜则给他全力支持，他说："这些年赵国屡屡发兵征伐，夺他国一两座城池都很难。如今上党郡十七座大小城池全归赵国，何乐不为呢？上党是战略要地，赵国占，秦国东进南下之路就堵死了；秦国占，攻伐三晋的道路就打通了，赵国为何不占呢？"

正是平原君的这番言论，被司马光认定为"未睹大体""利令智昏"。

平原君奉命接收上党郡，"以三万户之都封太守，千户封县令，诸吏皆益爵三级，民能相集者，赐家六金"。面对如此优厚的待遇，郡守冯亭闭门不受，独自一人站在城墙上哭了三天三夜，边哭边骂自己卖主求荣，不忠不义。待他哭够了，平原君才得以进城。

公元前262年，秦国发起对上党的进攻，冯亭败下阵来，退到长平。

公元前260年的长平之战，是秦、赵两国的关键一战，赵国的四十余万大军被白起坑杀，使得赵国彻底丧失了抗衡秦国一统天下的实力。

由此分析，平原君被司马光认定为"未睹大体""利令智昏"，也许有更深层次原因。这原因可能是秦国收买了冯亭，冯亭则以假降赵国，引狼入室，使得秦、赵两国最终在长平一战，秦国彻底把当时天下最有实力的赵国打垮。因为冯亭之后的冯毋择、冯去疾、冯劫等人，都在秦朝入相为将。

长平之战，赵国损重兵折大将，一蹶不振。两年后，秦国大军又把赵国国都邯郸围了。情急之下，赵国派平原君联络其他国家，订立合纵盟约联兵抗秦，解邯郸之围。

平原君养食客三千，决定从中挑选文武兼备的二十人，一同前往楚国，把盟约签下来。选来选去，只选出十九人，二十人凑不起来。这时，食客中一个名叫毛遂的人，找到平原君，自荐赴楚。

平原君问："先生寄附我门下几年了？"

毛遂答："三年。"

平原君说："有才能的人，就如同锥子放在口袋里，锋尖立即会显露出来。你在我门下三年了，没人称赞过你，我也没听说过你有什么贤能，所以你不能随行。"

毛遂说："假若早把我放在口袋里，整个锥子早露出来了，何止是露点锥尖！"

平原君觉得毛遂谈吐不凡，便把他带上。而另外十九个食客，都暗地里对"毛遂自荐"进行讥笑。但一路走到楚国，大家便改变了对毛遂的看法，觉得他确有学识，且善辩。

平原君与楚考烈王摆开架势，商讨合纵抗秦事宜，还特地推荐楚王作为合纵抗秦首领。但楚王对这个首领丝毫不感兴趣，因为合纵联盟的前车之鉴反复证明，各国打的都是自身利益的小算盘，秦国只需使出一个离间计，合纵联盟就树倒猢狲散，根本就成不了事。故任由平原君如何论说，楚王就是拒绝参与合纵抗秦联盟。

从太阳初升开始，一直谈到日照中天，楚考烈王就是油盐不进。眼看会谈进入僵局，再谈下去，也谈不出什么结果。这时，毛遂按剑向前，说："合纵的事，利害关系如此简单，可你俩从早上一直谈到现在，有什么可争的？”

楚考烈王早就谈得不耐烦了，见平原君的随从上来插嘴，顿时火了，呵斥毛遂大胆。

毛遂则说：“我知道这是在您的王庭，人多势众，但十步之内，您的性命就在我的手里！”在这样一番恐吓后，毛遂说：“昔日春秋五霸之首的楚庄王，其气势是三年不鸣一鸣惊人，三年不飞一飞冲天，使得楚国成就霸业。可后来呢？楚国连年损兵折将，楚怀王客死异乡，白起率几万部众攻楚，一战而拿下鄢、郢，迫使楚国迁都寿春；二战毁夷陵，烧毁了楚国先王的陵墓，侮辱楚国的祖先。这是百世之仇，楚国的三岁小孩都知道此仇不共戴天，而您却不知羞耻！我告诉您吧，合纵不是为了赵国，而是为了楚国，为了救楚国于危亡之中！”

毛遂这番话，激活了楚考烈王内心深处的羞耻感，楚考烈王于是决定派出楚国八万的精锐之师，前去解邯郸之围。

从楚国搬救兵出来之后，平原君又前往魏国搬兵。

平原君的夫人是魏国信陵君魏无忌的亲姐。自然，平原君一到魏国，便找小舅子信陵君。信陵君是魏安釐王同父异母的弟弟，听了姐夫平原君的陈述后，迅速找魏王，反复分析出兵救赵的利害关系，终于说动魏王，同意派大将晋鄙，领兵十万救赵。

但魏安釐王私下里对晋鄙有交代，魏国大军开到邺地后，筑营留屯，不得出击，以观时变。

信陵君得知这一消息后，心急如焚。而平原君得知这一消息后，连连派出使节责问信陵君，说：“邯郸眼看就要被秦军铁骑踏平，在这万分危急的情况下，魏军迟迟不到，何以体现你信陵君的高风亮节？难道你信陵君义薄云天只是徒有虚名？你信陵君纵使瞧不起我赵胜，难道不怜惜你的姐姐吗？”

信陵君被逼无奈，叫人偷出兵符，斩杀晋鄙，率军赴赵救援。

秦国得知合纵联兵向邯郸开来，下令围攻邯郸的军队连续发起强攻，邯郸军民殊死抵抗，到了“炊骨易子而食”的地步。关键时刻，平原君听从李同的建议，散尽家财，慰劳守城军民，同时把自己门下的食客组成敢死队，由李同带队，与攻城的秦军死战。史载：“至于平原君之属，皆令妻妾补缝于行伍之间。臣人一心，上下同力，犹勾践困于会稽之时也。”

好在楚国、魏国的援兵赶到，邯郸之围得解。

解邯郸之围，平原君赵胜厥功至伟，受到战国天下的一致好评！

应当说，平原君在战国天下的好名声，也是逐渐积累起来的。

赵国大名鼎鼎的赵奢，就是平原君举荐的。

赵奢布衣出身，做了个收田租税的小官。一次，赵奢到平原君家收田租税，平原君的家人倚仗其贵为国戚的权势，抗拒不交。赵奢则不管什么国戚不国戚，依法办事，一次就处死了他家管事的九人。平原君火了，打算拿赵奢的小命开刀。赵奢对平原君说：“君于赵为贵公子，今纵君家而不奉公则法削，法削则国弱，国弱则诸侯加兵，是无赵也。君安得有此富乎！以君之贵，奉公如法则上下平，上下平则国强，国强则赵固，而君为贵戚，岂轻于天下邪！”平原君的贤明在于，听了赵奢如此说后，不仅放弃了杀他的念头，而且把他推荐给赵王管理国家的赋税。史载：自从赵奢当赋税官后，赵国“国赋太平，民富而府库实”。正是平原君的推荐，赵奢才从一个收田租税的小官，一步提升为赵国的赋税总管，继而成为名震天下的战将。

范雎在魏国受辱，逃到秦国当上丞相后，令魏国把丞相魏齐的头送到秦国来。魏齐害怕，逃到赵国，就躲在平原君府上。秦昭襄王为帮范雎报仇，诱骗并扣押了平原君，叫赵国拿魏齐的人头来换。这时的平原君，大义凛然，没有屈服。他说：“魏齐是我的朋友，在我家也不能交出来！”倒是赵孝成王吓坏了，派兵包围平原君的宅院，去取魏齐的人头，魏齐无望自杀，赵王着人割下魏齐的人头献给秦王，换回了平原君。

平原君贵为国戚，自然妻妾成群。据传，平原君的高楼下是民宅，民宅中有个跛子，经常一瘸一拐地出来打水。平原君一个妾看到跛子打水的样子，哈哈大笑。跛子找到平原君说：“我不幸得病致残，可您的姬妾却在高楼耻笑我，我希望得到耻笑我的那个人的头。”平原君笑着应承，并没有当回事。一年后，投奔平原君的食客陆续离去，平原君不解，一个食客告诉他：“因为你不杀那个耻笑跛子的妾，大家认为您喜好美色而轻视士人，所以纷纷离去。”平原君听后，砍下那个妾的头，亲自登门给跛子送去，并向他道歉。这之后，离去的食客又纷纷回来，而且各地投奔他的人越来越多。

这个故事今天的人们理解不了，被人耻笑了，便要人家的头，不对等，是非分要求。但在战国时期，养士成风，也是名人、君子追求的一种时尚，用这种超常做法，博取士人的仰慕、追随，倒是可能的。

至于司马光对平原君“未睹大体”“利令智昏”的评价，似乎也可做一些说道。因为战国天下，乱世万象，什么事都可能发生，取利取义，莫衷一是，华夏后人难以分清孰是孰非！

战国虽言七雄，但小国还多的是，仅一个没落得无人理睬的周王朝，还分为东西二公。各国的国君都有强烈的国家概念，即国王宝座的概念，而大臣特别是士人阶层，几乎没有什么国的概念，有的只是利益追逐，哪里有利可图，哪里便是祖国。毕竟华夏子孙源于一宗，泱泱华夏再怎么划分地盘，也不可无视甚至脱离这一宗！

信陵君诟病于“窃符斩将”

魏国的魏无忌，是魏安釐王魏圉同父异母的弟弟，因封邑信陵，称之为信陵君。他曾在军事上两度击败秦国，军事才华突出，并著有《魏公子兵法》。

司马光对信陵君的评价是：“为人仁而下士，士无贤不肖皆谦而礼交之，不敢以其富贵骄士。士以此方数千里争往归之，致食客三千人。当是时，诸侯以公子贤，多客，不敢加兵谋魏十余年。”

可以看出，司马光对信陵君的评价比较正面，他招揽的食客，不贤不肖的都“谦而礼交”，所以数千里之外的士人都汇聚在他的门下。因为这个原因，在秦国不断的征伐中，魏国避免了十年的战祸。

司马光特地写了一个细节：一次信陵君与魏安釐王下棋，北方边境传来警报，说赵国军队进犯，快进入边境了。魏王一听，立即放下棋子，传令召集臣僚商议对策。信陵君则若无其事地说：“是赵王打猎，不是进犯边境。”叫魏王坐下来继续下棋。魏王心里没底，下棋没心思，无疑是棋路大乱。恰在这时，又传来消息，说是赵王打猎，不是赵军进犯。魏王在把心装进肚里的同时，十分惊讶，问信陵君是怎么知道的。信陵君说：“我有食客已经进入赵王身边，赵王有什么行动，食客会立即报予我。”

司马光记载的这件小事，隐含了两个问题：一个是信陵君所养的食客在关键时刻能发挥大作用；一个是魏安釐王因此会处处提防信陵君，信陵君不可能取得他的真心信任。

我们不妨循着这两个问题，去认识信陵君。

在战国四公子中，信陵君寻访士人的态度最真诚，他“窃符斩将”的诟病，正源于此。

当时魏国有个隐士叫侯嬴，家贫，七十多岁仍只是国都大梁夷门的看门小吏。信陵君听说后，备了一份厚礼，前去登门拜访。侯嬴人穷志不穷，对信陵君说：“我出身寒微，却没有丧失志气，几十年来，一直修身洁行，虽然我很困顿，但不需要任何人来可怜，所以您的礼物，绝不接受！”

信陵君一想，自己做错了。但凡才气横溢的士子，气节高尚，都不会接受嗟来之食。于是，信陵君在家设宴，大会宾客。凭着他在魏国的地位，来的自然都是地位名望很高的人。待大家坐定后，信陵君驱车前去迎接侯嬴。

侯嬴也不客气，一屁股坐到车上，行至半路，说要先去看一个叫朱亥的朋友。信陵君亲自驾车，赶到朱亥的住处。朱亥是个屠夫，车在市场停下，侯嬴下车，与朱亥又抱又拥，说说笑笑，把信陵君晾在车上不管。

明眼人都看得出来，这是侯嬴在考验信陵君的真诚和耐心；信陵君当然知道侯嬴的意图，故而丝毫没有表现出不耐烦来。

告别朱亥后，信陵君把侯嬴引进宴会大厅，坐上座，并隆重向宾客推介，还率先向他敬酒。侯嬴就这样成了信陵君府上的上卿。侯嬴于是向信陵君推介了朱亥，说朱亥也是个贤者，只是以屠夫的身份隐居于世俗之中。

于是信陵君到市场拜访朱亥，并送去厚礼。朱亥呢，信陵君来了他也见，礼也收，但没有客套，不说感谢的话。信陵君去了多次，次次都是如此，使得信陵君心生疑虑，朱亥到底是个什么样的人？侯嬴怎么会与他交情很深呢？

公元前260年，秦将白起在长平之战中，坑杀赵军四十余万，赵国从此风雨飘摇。两年后，秦国发兵攻赵，把国都邯郸包围了。为解邯郸之围，赵国的平原君前往魏国搬救兵。

信陵君的姐姐嫁的是平原君，姐夫来求援，小舅子信陵君自然鼎力相助，做通魏安釐王的工作，派大将晋鄙率十万魏军前去解邯郸之围。秦国则派出使节，吓唬魏王，说魏军如果去救援赵国，灭了赵国就来灭魏国。魏安釐王害怕，私下授意晋鄙把大军开到邺地后，隔岸观战，以待时变。

说好了魏军来救，却迟迟不到，平原君非常着急，多次派出使节质问信陵君。信陵君则反复做魏安釐王的工作，但他就是不听。在这种情况下，信陵君决定拼死一搏，把自己门下的食客组织起来，亲自带一百余辆车马，赶赴邯郸，与秦军搏斗。信陵君十分清楚，他率领的食客队伍去战秦军，无疑是以卵击石，有去无回。即便如此，他仍义无反顾。他信陵君就是这种义薄云天之人，生死面前，不能失了自己的风范。

信陵君带着人马路过夷门时，恰巧碰见了侯嬴。他急忙下车，把自己准备去救邯郸的打算说了，期待侯嬴给他出谋划策。

令信陵君大失所望的是，侯嬴一点儿也不着急，只是淡淡地说："您去救赵国，我就不随您去了。"信陵君的心凉透了，驱车离去，越走心里越气，他不明白，侯嬴怎么会是这样无情无义的人呢？气不过，掉头回，当面去质问侯嬴。

侯嬴则还在原地等着，没等信陵君张口，侯嬴就笑着说："我知道您会回来。您这样做，无异于羊入虎口，不会有丝毫效果。您养了这么多食客，这样的关键时刻，怎么就不用他们呢？"

信陵君赶忙下车问计，侯嬴避开左右，对信陵君说："要叫晋鄙大军去救赵，必须拿到兵符。而兵符的另一半，在魏安釐王的卧室。

设法拿到兵符，您才能前去调动魏军。”

怎么拿到那半块兵符呢?

侯嬴说：“后宫有一个叫如姬的，甚得魏王宠信，她能自由进出魏王的卧室，找她，能把那半块兵符偷出来。”

信陵君一听，泄气了，这个如姬，怎么会替自己去偷兵符呢?

侯嬴说：“您去找她，她定会答应。原因是，如姬的父亲被人杀了，如姬四处求人，包括求魏王、大臣，求了三年，也没人出手帮忙。结果求到您信陵君，您则什么也没说，直接派人把凶手的人头送给了如姬。”

信陵君帮人无数，这事儿早忘了。

结果如侯嬴所言，信陵君找到如姬，把那半块兵符偷了出来。

信陵君以为大功告成，侯嬴则料到了事情的变故。他对信陵君说：“您拿着兵符去调兵，晋鄙肯定怀疑，必定请示魏王，这样一来，您的计划就不成。”侯嬴叫信陵君把朱亥带上，如晋鄙不听命调军，就叫朱亥把他杀了。

信陵君一听，大哭起来，说：“晋鄙是魏国的大将，曾为魏国立下赫赫战功，是魏国难得的将才。此番前去，晋鄙定然不会交出兵权，而将死于朱亥之手。”

但，抗击强秦，阻滞它灭亡六国的步伐，是战国天下第一位的大事，信陵君也只好忍痛割爱了。

事情果如侯嬴所料，信陵君赶到邺地，拿出那半块兵符，与晋鄙手里的另一半一合，天衣无缝。但晋鄙还是好生怀疑，因为临行前，魏安釐王对他反复叮嘱，不得与秦军交战，除非看到他的诏令。于是，他向信陵君讨要魏王的诏令。

诏令拿不出来，朱亥下手了，用四十斤重的铁锤，把晋鄙杀了。信陵君拿出兵符，调动魏军，他如是说：“父与子，如同在出征大军的，准其父回家；兄与弟，如同在军中的，准其弟回家；独子的，准其回家。”该回家的走后，信陵君亲率八万大军，开赴邯郸前线。恰逢楚国大军赶到，秦军不敌，邯郸得救。

“窃符斩将”，使得信陵君被人诟病！

诟病的关键点，不是窃符，不是率军救赵，而是击杀晋鄙！他可是魏国不可多得的统兵大将啊！

假设一下，信陵君请教侯嬴：“有没有既调魏军，又不击杀晋鄙的办法？”也许侯嬴能拿出法子来。比如，将晋鄙灌醉；再比如，假传魏王诏令，把他抓起来送回魏国；还比如，从食客中找几个大力士，当场把晋鄙绑了等办法，都比击杀他要仁义！

历史没有假设，战国天下就是用各种不同的方式，书写名士贵族养士风尚的。

大史学家司马迁是赞赏信陵君的，他写道：“吾过大梁之墟，求问其所谓夷门。夷门者，城之东门也。天下诸公子亦有喜士者矣，然信陵君之接岩穴隐者，不耻下交，有以也。名冠诸侯，不虚耳。高祖每过之而令民奉祠不绝也。”

再看另一个问题：信陵君因为养士而不得魏安釐王信任。

前面写到的信陵君与魏安釐王下棋的那个细节，司马光便得出结论：“是后魏王畏公子之贤能，不敢任公子以国政。”

因为自己的兄弟贤能，担心其夺了自己的君位，是君王普遍的狭隘。魏安釐王本就是个庸君，因为担心而引发的狭隘，比一般君王更突出。在信陵君反复劝他出兵救赵后，他假意派出大军，背后又叮嘱晋鄙不能与秦军交战。信陵君率军救赵后，军队放回了魏国，自己则留在赵国。他不敢回去，知道回去没有好下场。

信陵君在赵国待了十年。这期间，秦国多次出兵伐魏，魏军屡战屡败，城池献了一座又一座，秦国仍不肯罢兵。在这种情况下，魏安釐王派出使节，请信陵君回去。

开始信陵君不打算回去，他在邯郸结识的两个食客，一个叫毛公，是个赌徒；一个叫薛公，是卖甜酒的。这二人对信陵君说：“您受赵国尊重并名闻天下，都是因为有魏国。现在魏国有急难，而您不顾惜，一旦秦军攻克大梁，毁掉您的宗庙，您还有什么脸面面对天下人呢？”

史载：毛公、薛公的话还没说完，信陵君便备车回国。魏安釐王让他统领魏军，抗击秦军的进犯，信陵君即向其他国家求援，因为他的名气和影响力，燕、赵、韩、楚都派军队救援魏国，把秦将蒙骜带领的秦军，打得退了回去。

秦军吃了败仗回去，又使出老手段：离间。秦国派人持重金到魏国，找到晋鄙的家人、食客，叫他们诋毁信陵君，离间他与魏安釐王的关系。说辞是这样的：天下只知道有信陵君，不知道有魏安釐王；信陵君打算取代魏王，各国都很拥戴。更恶毒的一手是派出多路人员，假装来祝贺信陵君登上王位。

虽是无中生有之事，但魏安釐王却信。他下令剥夺了信陵君的兵权，接着给信陵君赐予鸩酒，把他毒死了。

信陵君魏无忌被毒死后的第十八年，魏国灭亡了。

春申君诟病于“孕妾献王”

战国四公子之一春申君黄歇，楚国人，楚王室大臣。

说春申君，得从楚怀王说起。

楚国一直与齐国交好，两国订有共同抵御外患的盟约。秦国打算进攻齐国，因担心一战而面对齐、楚两国，于是派张仪去楚国游说，叫楚国与齐国断交，许诺给楚国商于地区六百里土地。楚怀王在巨大的诱惑面前，做得很绝，不仅与齐国断交，为讨得秦国高兴，还特地派人到齐国叫骂，把齐王骂火了，一改与秦国为敌的立场，与秦国结盟。秦国许诺给楚国的六百里土地变成六里后，楚国向秦国开战，没有齐国帮忙，楚国连吃败仗，只好割让城池向秦国求和，并派太子芈横到秦国做人质。

太子芈横在秦国与一个大臣发生争执，把这个大臣杀了，逃回了楚国。秦国非常愤怒，诱骗楚怀王至秦后，扣住不放，直到死了才把尸体送回。

太子芈横继位，号称楚顷襄王。秦国以白起为将，率军攻打楚国，先后攻夺巫郡、黔中郡，并于公元前278年，攻下楚国首都郢，迫使楚国向东迁都于陈县。在这种情况下，楚顷襄王向秦国求和，并派春申君黄歇出使秦国。

春申君一到秦国，便听到一个消息，说秦国已经联络韩、魏两国，打算联兵攻楚，仍以白起为联军统兵大将。春申君一看大事不妙，急忙上奏秦昭襄王。

他是这么写的："天下莫强于秦、楚。今闻大王欲伐楚，此犹两虎相与斗。两虎相与斗而驽犬受其弊，不如善楚。""且王攻楚将恶出兵？王将借路于仇雠之韩、魏乎？兵出之日而王忧其不返也，是王以兵资于仇雠之韩、魏也。王若不借路于仇雠之韩、魏，必攻随水右壤。随水右壤，此皆广川大水、山林溪谷，不食之地也，王虽有之，不为得地。是王有毁楚之名而无得地之实也。""夫以王壤土之博，人徒之众，兵革之强，壹举事而树怨于楚，迟令韩、魏归帝重于齐，是王失计也。"

春申君博学，对天下大势分析透彻，整篇上书围绕秦国的利益展开，言之有利，言之有理，终于说服秦王，与楚国缔结盟约。

春申君拿着盟约回到楚国后，楚顷襄王派太子熊完去秦国做人质，春申君随行。这一去，在秦国待了十年。

十年后的公元前263年，楚顷襄王病重，太子熊完急于回去继位，可秦昭襄王不让走。春申君于是请秦国丞相范雎做秦王的工作，结果是：太子熊完不能走，可派他的师傅回楚国，打探楚王的病情。

这可把春申君急坏了。楚顷襄王病重，说死就死，假若在他死前不把王位交给太子熊完，等楚王两眼一闭，楚国王室便会围绕王位打起来，那时太子熊完赶回去，也于事无补，没有人会把王位拱手让给他。

怎么办？

关键时刻，春申君果断出手，他让熊完换上仆人衣服，扮作使臣车夫，赶着马车出关了。他自己则留在太子的行宫，以太子生病为由闭门谢客，估算着熊完离开秦国了，春申君才觐见秦昭襄王，说："楚太子已归，出远矣。歇当死，愿赐死。"

秦昭襄王勃然大怒，春申君的解释是"太子得立，其事秦必重"，"若不归，则咸阳一布衣耳；楚更立太子，必不事秦"。丞相范雎也在一旁帮着做工作，秦昭襄王才把怒火平息下来，并同意春申君回楚国。

楚顷襄王去世后，太子熊完继位，号称楚考烈王，春申君黄歇为丞相。公元前257年，邯郸被秦军包围，赵国的平原君游说楚国出兵救援，春申君率八万楚国精锐之师，赴赵解邯郸之围。一年后，楚考烈王派春申君率军攻鲁，一举将鲁国消灭，使得楚国在战国天下威望大增，春申君更是声名远扬。

贵为王室大臣、权倾朝野的春申君，游学博闻，很讲义气，礼贤下士，门下养了三千食客，待遇非常丰厚。他的食客多是楚人，逞强好斗，奢侈浮华。一次，赵国的平原君派食客拜访春申君，春申君则把他们全部安排在上等客馆食宿。平原君的食客摆阔，特地在头上插着玳瑁簪子，亮出装饰着珍珠宝玉的剑鞘，前去拜见春申君。而春申君的食客都穿着用珠宝做的鞋子，在地上走来走去，把平原君的食客比下去了。

司马光是这么评价春申君的："吾适楚，观春申君故城，宫室盛矣哉！初，春申君之说秦昭王，及出身遣楚太子归，何其智之明也！后制于李园，旄矣。语曰：'当断不断，反受其乱。'春申君失朱英之谓邪？"

可以看出，司马光在两件事上用"何其智之明"盛赞了春申君，一件是说服秦国放弃攻楚，一件是叫太子逃回楚国继位。接下来说"后制于李园，旄矣"，就不是赞，而是贬了。

事情是这样的：楚考烈王无子，春申君找过很多江湖郎中给楚王把脉配药，他仍没有生出儿子来。春申君又从楚国各地选过很多腰粗臀阔的年轻女子送到宫中，楚王还是没有生出儿子来。

正在春申君为此焦虑之时，赵国人李园打上了主意。他有个非常漂亮的妹妹，自认为送给楚王，楚王会视为心头尤物。但楚王不生子，送了也没用。于是，他构思了一个巨大的阴谋。

这个阴谋，得他们兄妹联手实施。

第一步，把妹妹献给春申君。为此，李园投奔到春申君门下，做了一名随从。过了一些日子后，李园请假回家，但逾期不返。返回后，春申君问他为何回来晚了，李园则说："齐国国君派使臣来娶自己的妹妹，招待使臣喝酒，耽误了时间。"春申君一听，很是好奇，便问齐国使臣带来什么聘礼，李园说什么也没带。春申君不解，怎么会这样呢，莫不是李园的妹妹长得不出众，齐国国君还有些犹豫？于是叫李园把妹妹带过来，让他瞧瞧。

李园的妹妹一到，春申君便两眼发直，不能自持。李园见春申君上钩了，便把妹妹献给了春申君。进了春申君后宫的妹妹，按阴谋使出百般解数，很快得到春申君的专宠，并很快怀孕。

第一步的目的达到后，开始第二步。

这第二步，即是把妹妹献给楚考烈王。这一步的幕后主谋是李园，实施的是他妹妹。按照哥哥的谋划，妹妹给春申君吹枕边风，说春申君虽在一人之下万人之上，但楚王没有子嗣，楚王百年之后，他的兄弟必定争位，到那时，春申君不仅相位不保，弄不好还会人头落地。因此，为今之计，把她献给楚王，她在王后的位置上生下春申君的儿子，立为太子，接替王位，春申君在楚国的地位、权势便长盛不衰了！

作为游学博闻的春申君，其实完全能辨别并分析透这样做的诸多不确定性。怎么能确定她肚子里的那点血脉，生下来就一定是个男孩呢？若是女孩，不是白忙乎吗？再说，做人应该有道德底线嘛！你把美女的肚子搞大了，再献给国王，与你名震天下的君子形象吻合吗？

可是，春申君完全昏了头，任由李园兄妹牵着鼻子走。他把李园的妹妹安置在一个秘密住所，而后进宫对楚考烈王说，他在赵国物色了一个绝世美女，准备进献给他。

楚考烈王一见李园的妹妹，立即倾倒，迎进后宫。李园的妹妹不久查出怀孕，被立为王后，生下儿子后，立为太子。

李园则因为妹妹被楚王宠信，封官晋爵，大受重用。

第二步如期达到目的后，李园兄妹开始实施第三步。

这第三步，即是把太子的亲爹春申君杀掉。这时的主角无疑就是李园了，他豢养了一批杀手，就等机会下手了。

毕竟春申君名气很大，手下又养了一大批食客，李园豢养杀手的事被食客发觉并报告了春申君。其中一个叫朱英的食客，即是司马光写的“春申君失朱英之谓邪”的那个人，他对春申君说：“世有毋望之福，又有毋望之祸。今君处毋望之世，事毋望之主，安可以无毋望之人乎？”“毋望”即是不期而至、难以预料的意思。

春申君问什么是毋望之福。

朱英的解释是：“您身为丞相二十多年，大权独揽。楚王一旦去世，还指望您来辅佐年幼的君主，您在楚国的大权，不期而至、难以预料的大福分就伴随您一生。”

问什么是毋望之祸。

朱英的解释是：“您大权独揽，李园得到什么呢？李园豢养杀手已经是公开的秘密，一旦楚王去世，他必定入宫夺权，那么您就是他要除掉的首要目标。这便是不期而至、难以预料的灾祸！”

问什么是无毋望之人。

朱英就把自己摆进去明说了，他说：“您对我们这些宾客礼遇有加，养兵千日，用兵一时，待楚王去世，我抢先入宫，替您杀掉李园。这就是您并不是没有难以预料、如期而至的人。”

春申君一听，脸色都变了，他劝朱英放下这个念头，并说他了解李园，生性软弱，绝不会做出谋杀他的事来。

朱英不再说了，而是悄悄逃亡。

也就半个来月，楚考烈王去世了，春申君急忙进宫，被李园的杀手砍下脑袋，扔到了棘门之外。

不得不说，春申君落得如此下场，从根本上说，还是他把李园妹妹的肚子搞大以后，送给楚王做王后埋下的祸根。他这么做，突破了道德底线，丢掉了君子风度！

第六章 士人书写的战国多彩

战国的法则，就是没有法则……

战国的规矩，就是不讲规矩……

战国只认本事、能力、才智……

治国理政、辅政安民、权谋争斗、外交游说、战争征伐等领域，只认同唯才是举……

士，在没有法则、不讲规矩的战国天下，扯平世袭权贵、书香门第、布衣庶民的血统贵贱，站在同一起点上，展示才华，书写风流……

于是，战国天下风起云涌，丰富多彩，波谲灵动……

士人，战国的新兴阶层

达官贵人养士，由来已久，春秋时期就形成了风尚。

战国时期，养士之风更甚。战国四公子的门下，食客数千，其中不乏能人、高人。

士的门类繁多。

一类是学士，主要是儒、墨、道、法、兵、卦、名等方面的专家学者，其中以儒、墨居多。这些人饱读诗书，勤于思考，从华夏祖先的著述中吸取了丰富的营养，有的因此形成了自己的学术体系，提出自己的政治主张，对华夏文明做出了巨大贡献。战国时期的孟子、荀子、韩非子等就属于这类士。虽然他们遵循的思想理论，源于儒家、法家，但在战国的时代背景下，没有照搬硬套，而是联系实际，有所创新、发展。如孟子和荀子都是儒学大师，他们就一改儒家空谈政治理想的弊端，从时下的政治态势出发，对传统的儒学进行了大胆的改造，使之适应新兴地主阶级统治集团的需要。这些大学问家，也是到处推销自己的政治理论，以谋求政治地位。如荀子就投奔到秦国，只是秦王不接受他的政治主张而没有留用。孟子也常周游列国，推销自己的政治主张，且常是出门时前呼后拥，几十辆豪华车马随行。总的看，以专家学者为主体的学士，深受各国尊重，但重用他们做官的很少。毕竟战国是攻打杀伐的战国，是以强凌弱的战国，更需要的是战场上的胜利，而不是治国理政打根基的慢功夫、慢效果。

另一类是策士，主要是从事游说的纵横家。这些人不仅学识涉猎面非常广，而且对各国君主、权臣的性格特点、脾气爱好、说话口气、饮食习惯等非常熟悉。其中大多数人在出山之前，曾到专门的培训学校进行训练，练嘴皮，练脸皮，练应对。《战国策》一书中，有不少就是训练时的记录，并非实际发生的情况。策士大多擅长合纵连横策略，凭自己的一张嘴，游说君主或权臣，鼓动其认可他们的主张并得以实施，对社会政治变局产生了巨大的影响。苏秦、张仪便是其中最杰出的代表。他俩在出山之前，就拜在鬼谷子先生门下学习数年。苏秦、张仪的成功，极大地激发了诸多策士的游说热情。不得不说，不少策士是见人说人话，见鬼说鬼话，什么样的阴招都使得出来，且常常吃里爬外，两边献策谈计，两边算着谋利，缺诚信，也缺起码的道德。但不管怎么说，相对于学士而言，策士在战国更吃香，更活跃，发挥的作用也更大。

还有一类是术士。术士大体分两类：一类是天文、地理、农技、医药、力算等方面的专家，他们在某一学科领域研究得很深，探索得很远，有的还形成了自己的专门著述，像郑国这样的水利科学家就属于这类；另一类则是研究阴阳八卦、神仙之术、占筮、卜梦等以预测吉凶为主的游方人士。这之中确有高人，他们遵循天地契合、阴阳轮转的自然规律，从中研究并解开了许多常人不可企及的天地密码，至今仍留下了许多未解之谜。但这之中不乏传授房中术、预测鬼神吉凶而骗取钱财之徒。这类术士没有形成大的气候，多在达官显贵的宫室，特别是乡野的阴暗处，装神弄鬼，骗得一把钱便走人。

此外就是食客。食客的成分非常杂，有高人，如帮助孟尝君建狡兔三窟的冯谖，跟随平原君出使楚国的毛遂，建议信陵君“盗符斩将”解邯郸之围的侯嬴，提醒春申君防着李园的朱英等，都是智谋有过人之处的食客。包括孟尝君从秦国逃跑出关，跟随他的食客鸡鸣、狗盗，也有常人所不具备的一技之长，在关键时刻发挥了作用。

但食客中混饭吃的大有人在，尤其是一些杀人逃犯、赌徒、懒汉、奸人等，也混在食客队伍之中。据传，孟尝君有一次路过赵国，前呼后拥地跟着许多食客。赵国人久闻孟尝君大名，纷纷聚集在路边等着观看。孟尝君在食客的簇拥下走来，人们见到以后大失所望。原因是“孟尝君名何其盛，竟然是个矮个子男人”。孟尝君听了很不自在，跟随的食客则火冒三丈，怒骂呵斥围观人群，招惹得围观者讥笑有加。孟尝君的食客气愤不过，拔剑砍杀了围观群众数百人，因担心这事传出去影响孟尝君的名声，干脆把全县人都杀了灭口。

总的看，士，是在战国土地上成长起来的一个特殊阶层，他们之中除极少数出身权贵外，绝大多数是来自社会底层的庶民，是在战国以大欺小、以强凌弱、用战争标榜强弱的时代背景下召唤出来的杰出人士。这是战国特有的标志，也是历史发展、社会进步的标志！

毕竟，只有生产力得到极大的解放，经济才能快速发展！

毕竟，只有人的能量得到极大的释放，社会才能文明进步！

但是，司马迁和司马光是儒学大家，他们头脑中根深蒂固的“名分”等级，使得他们对社会底层有不同智慧、才华的士人，存有抹不掉的偏见，因而对他们的评价，在我看来是有失公允的。

权谋争斗中的讲故事高手

张仪一到秦国，就盯上了两个人，一个是大良造公孙衍，人称犀首；一个是大臣陈轸。这二人都很有能力，交往甚密，深得秦惠文王倚重。这二人都排斥张仪，联手挤对他。

公孙衍主张合纵，张仪主张连横，政治主张截然不同。张仪游说魏国割让上郡和少梁给秦国后，张仪受重用，当上了秦国丞相，公孙衍被冷落，赋闲在家喝闷酒。

陈轸的能力在张仪之上，张仪十分清楚。但张仪年轻气盛，斗志十足，他不怵陈轸，而且下决心把他打入冷宫。

张仪对秦惠文王说："陈轸经常来往于秦、楚，而秦、楚的关系越来越糟，可见陈轸没起好作用。我听说陈轸向楚国泄露秦国的秘密，而且近日又要去楚国，这可是隐患，不如赶快斩草除根。"

泄露秦国的秘密，肯定是张仪无中生有。由此引出了故事高手陈轸讲故事。

张仪的挑唆，引起了秦惠文王的警觉，他对陈轸说："听说你准备离开，要去哪儿呀？我为你备好车马。"

陈轸被问呆了，他立即醒悟过来，对秦惠文王说："我打算去楚国。"

战国天下，一国臣僚到另一国去谋职是常有的事。

这不证实张仪所说属实吗！秦惠文王脱口而出："这么说，张仪说的没错。"

陈轸很镇定，说：“这事不仅张仪知道，朝廷上下都知道。”他干脆把事挑明，挑明后补了一句：“我正因为忠于您，楚王才接纳我做他的臣子。”

忠于我，楚王才接纳你。秦惠文王听不懂，说：“忠于我，就不该把秦国的秘密泄露给楚国呀！”

陈轸则说：“我这样做，是为了迎合张仪的连横之计，以证明我并非楚国的同党呀！”

秦惠文王更糊涂了。你陈轸不否认向楚国告密，又说不是楚国的间谍，这是什么逻辑？

于是，陈轸给秦惠文王讲了第一个故事：

从前，楚国一个人有二妾，一个年纪大，一个年纪小。一个淫贼勾引那个年纪大的妾，结果遭一顿臭骂。淫贼不甘心，又去勾引那个年轻的妾，结果得逞。有人问淫贼：“如果从这两个妾中选一个做妻子，你选哪个？”淫贼不假思索回答：“当然选那个年纪大的。”问者不解：“年纪大的骂你，年轻的迎合你，你为何要娶那个骂你的呢？”淫贼说：“她骂我，说明她忠于她丈夫，我当然希望我的妻子对勾引她的人破口大骂，对我忠贞不贰。”

讲完这个故事，陈轸对秦惠文王说：“您仔细想想，我作为秦国臣子，如果常把秦国的秘密泄露给别的国家，楚国会信任我吗？重用我吗？”

听完这个故事，秦惠文王消除了疑虑。

张仪挑起的这一权谋争斗，必然遭遇反击，故事还得讲下去。

反击围绕合纵、连横展开。陈轸去了楚国，他知道楚王在合纵问题上被臣僚干扰得犹豫不决，便与去了魏国的公孙衍合谋，串联多国搞合纵。因为合纵一旦成功，张仪的连横就失败，秦国便会抛弃张仪。

陈轸与公孙衍谋划后，公孙衍借了魏国三十辆马车，故意招摇过市，并大张旗鼓地摆在自家的院子里。

这是造势，一传出去，各国都十分关注。楚国听说公孙衍将代表魏国出使燕、赵，十分不满，断绝与魏国的结盟关系。而齐国觉得是个机会，把丞相印信交给公孙衍，同意搞合纵联盟。齐国将印信一交，赵国、燕国跟上，把丞相印信交给公孙衍，魏、齐、燕、赵结成合纵联盟。

之前坐冷板凳的公孙衍，身披多国丞相印信，风光重现。

陈轸于是游说楚王，终于说服楚王与秦国交好。

张仪一看大事不妙，又在秦惠文王那里捣鼓陈轸。陈轸出使，来到秦国，秦惠文王召见，开口第一句话是："你是秦国人，在楚国待了那么久，想念过秦国吗？"

陈轸听懂了，他没有正面回答，而是给秦惠文王又讲了一个故事：

吴国有个人，出身庶民，在楚国做官，因能力强，又肯干，官至执圭爵位。这个人生病了，楚王很关心，尤其关心的是他是否想念家乡。有人对楚王说，但凡在外做官的人，如果生病了，一定会操家乡的口音呻吟。楚王于是派人前去探听，看这个人病中操的什么口音呻吟。

这个故事没有结果，陈轸一口地道的陕北方言、口音，秦惠文王听出了放心。

乡音无改嘛！

陈轸从楚国来秦的当口，韩、魏正在交战，打了很久都没停下来。秦国想趁火打劫，然而朝臣意见不一，秦惠文王也委决不下。陈轸知道秦惠文王想听听他的意见，便又讲了一个故事：

两只老虎捕食一头牛，卞庄子看见后，操起大刀要去杀老虎，被一人拦住了，说：“这两只老虎正在吃牛，为了独占这头牛，一定会争斗。老虎撕打十分残忍，强壮的也会受伤，病弱的会被咬死。待两只老虎一死一伤的时候，你再出手，把受伤的老虎刺死。外人搞不清，以为你一次刺杀了两只老虎。”

陈轸以这个故事暗喻韩、魏争斗，提示秦惠文王等到韩、魏两败俱伤，抑或一死一伤时才出手，如此则损失最小，获利最大。

秦惠文王当然也听懂了。

陈轸讲的这三个故事，前两个是在被秦惠文王怀疑自己背叛秦国的情况下讲的，故事深刻的寓理，表明了他对秦国的忠心耿耿；后一个是给秦惠文王提的建议，同样表白的是对秦国的赤胆忠诚。听了陈轸讲的故事，我们当该清楚，智者心里积淀的，不是故事，而是智谋！

屈原因爱国而高歌

屈原仰天长歌：路漫漫其修远兮，吾将上下而求索。

屈原的这一长歌，把自己的远大抱负，以及为之奋斗的坚韧意志，向苍天大地做了敞开心胸的尽情倾诉！

他的这一倾诉，聚焦于爱国！

屈原出身贵族，在楚国朝廷任大夫。当楚怀王在南后、郑袖以及宠臣靳尚反复劝说下，打算把打入天牢的张仪请出来时，屈原火速求见楚怀王，反复陈述利害，劝楚怀王杀掉张仪。但为时已晚，张仪放出来跑了。

其实，屈原此时是冒杀头之罪去劝谏楚怀王的，因为在此之前，楚怀王已经疏远了屈原。还因为屈原出身王族，在楚国人气很高，楚怀王心里不舒服，生怕屈原抢了他的王座，处处防着屈原。

屈原是大诗人，在楚国为官，主要负责外交工作。他待人礼貌周到，辞令表达清晰生动，他既为楚国利益周旋力争，又能使他国君王折服。因而，一开始楚怀王对屈原非常倚重，外交事宜全委托屈原处理，甚至提出让屈原制定楚国的法令。

制定法令，这可是治国理政的大事，没有国王的鼎力支持，是不可能制定出来的，即便制定出来了，也是执行不了的。

于是，楚国朝廷暗流涌动，阻止屈原制定法令、离间屈原与楚怀王的关系，逐渐演变成了楚国朝廷权谋争斗的主旋律。

上官大夫的阴谋是，把屈原起草的法令偷出来，变成自己的作品，呈献给楚怀王。

这一阴谋没有得逞，屈原起草的法令没能偷出来。

但上官大夫又使出一个阴谋，向楚怀王进谗言，说屈原对外大肆张扬，吹嘘全楚国只有他才能制定法令。

楚怀王脑子不够使，听到这一谗言后，不做任何分析、研断，迅速疏远屈原，楚国的法令也就胎死腹中。

屈原怨恨不已，用诗歌发泄，于是千古诗文《离骚》问世！

“路漫漫其修远兮，吾将上下而求索”……

“指九天以为正兮，夫惟灵修之故也”……

“长太息以掩涕兮，哀民生之多艰”……

屈原用《离骚》，表达了自己的宏大抱负，表达了对祖国、对宗庙的忠诚，表达了对人民的关爱和慈怜。

大史学家司马迁心愤难平，写道：“屈平疾王之不聪也，谗谄之蔽明也，邪曲之害公也，方正之不容也，故忧愁幽思而作《离骚》。”

秦昭襄王挖了一个陷阱，邀楚怀王到武关会盟，屈原冒死劝谏，把这个阴谋揭示得清清楚楚。可楚怀王在公子子兰和其他媚臣的鼓动下，还是往陷阱里跳。这一跳，不仅使得楚怀王的尸体从秦国运回来，而且秦国出兵武关，杀死楚国数万官兵，夺走了析邑等十五座城池。

面对楚怀王这一步走出去的结局，屈原悲愤万分，用诗作发泄，抱怨楚怀王不用忠臣，盲目听信子兰、上官大夫的谗言，误国害身。诚如司马迁所写的那样：“存君兴国而欲反复之，一篇之中三致志焉。”

这样的诗作一经传诵，产生的后果可想而知！

令尹子兰、上官大夫等一帮佞臣像毒狼一样扑过来，同时发射中伤、诋毁、造谣等毒箭，瞄准射击的目标，就是屈原。

屈原被放逐，心痛得不再感觉什么是痛了，他披头散发，一步三摇，边走边吟，走到了汨罗江边。

波涛翻滚的汨罗江水，犹如屈原此时的心情。他是一位身怀爱国理想的伟大诗人，理想是他的灵魂，是他的情怀，是他为之终生奋斗的抱负，他要用汨罗江清澈的流水，证明他理想的崇高和纯洁。

司马迁写道：一位渔夫见到正准备投江的屈原，问他为什么投江。

屈原说："举世混浊而我独清，众人皆醉而我独醒，是以见效。"

渔夫说："如果一个人的道法修养达到最高境界，他对事物的看法就不是死的，而是随着世俗风气而改变的。既然全社会的人都污浊，你就应该随波逐流，甚至推波助澜；既然所有人都昏昏欲醉，你就应该陪他们喝个痛快。"

显然，这个渔夫不是渔夫，而是司马迁。

司马迁想通过渔夫之口，问问大诗人屈原，死前到底是怎么想的，为什么会高洁得不从俗而流。

屈原的回答是："刚洗过头的人，一定要掸去帽子上的尘埃；刚洗干净身子的人，一定要去除衣服上的灰尘。如果一个人是干干净净的，怎么能容忍尘垢沾染呢！"

是的！做人的最高品质是爱国，爱国的最高品质是纯洁！屈原就是这种高品质、最纯洁的爱国诗人！

乐毅“交绝不出恶声”

司马光写道：郭隗给燕昭王讲了千里马的故事后，燕昭王花重金建了一个黄金台，即招贤台，并招来了军事家乐毅、哲学家邹衍等名人。

乐毅，名将之后，他的祖先乐羊在魏文侯手下为将，把经常侵犯魏国的中山国给灭过一回。乐毅本在赵国为将，赵武灵王在沙丘行宫被饿死后，乐毅回到魏国。听说燕国建了招贤的黄金台，他又去燕国，被燕昭王封为亚卿。

哲学家邹衍，研究金、木、水、火、土的五行循环学，他将五行循环学的演变，放在历史的发展轨迹之中，向燕昭王提了一个建议。他说：“商朝的运势是金德，崇尚白色，发迹的方位在西边；周朝的运势是火德，火克金，崇尚红色，发迹的方位在南边；克火的是水，下一个王朝的运势是水德，崇尚黑色，发迹的方位在北边。”

燕昭王一听，马上联想到自己，燕国不是在北边吗？这下一个王朝的大运，不正对着我的头吗！他压根儿就没想，秦国也在西北。

雄心勃起的燕昭王决定先拿齐国开刀，称霸天下。

而此时的齐国，已经被齐湣王搞得天怒人怨。他自认为智慧超群，不可一世，先后发兵攻楚、赵、魏、韩，还打周王室的主意，发誓要把周天子赶下台，由他来做天子。大臣狐爰指责他荒唐，他把狐爰拉到街市斩首；大臣陈举继续规劝，他把陈举绑到东门处决。齐湣王一系列荒唐之举，不仅让燕国觉得是个机会，其他国家也都觉得有机可乘。

但军事家乐毅还是比较谨慎，因为凭燕国的国力、军力，不是齐国的对手，因而提议联合其他国家，一起伐齐。

燕昭王拍板同意，并迅速派人联络魏、赵等国。乐毅是有名的战将，资望很高，人缘极好。赵惠王一听乐毅为将，不仅答应将军队叫乐毅统领，而且把攻伐齐国将获取的巨大利益做诱饵，劝秦国一起出兵。

公元前284年，乐毅佩燕、赵两国相印，率燕、赵、秦、韩、魏五国军队，向齐国发起进攻。秦国很配合，派大将蒙骜从河东方向发起侧攻，引诱齐军上当。齐军果然上当，倾全国主力，火速开往河东迎战。乐毅则率燕、赵主力，从赵国的南面向齐国挺进，一举拿下齐国的北境屏障灵丘，使得齐国国都临淄完全暴露在战火一线。齐滑王慌了，任命触子为大将，达子为副将，率军迎战乐毅大军。

触子认为，他率的不是齐军主力，应先避一避乐毅大军的锋芒，择机迎战。齐滑王一张口便否决了，并威胁触子："你再不出击，我斩你全家，挖你的祖坟。"

面对叫士兵去白白送死的作战，触子不忍心，两军对峙后，触子突然鸣金收兵，悄悄逃跑了。齐军群龙无首，被乐毅大军打得落荒而逃。

副将达子收拾残兵败将，退守临淄西大门秦周。他对齐滑王说："敌强我弱，应拿出犒赏，激励斗志。"齐滑王却大骂达子，说他与触子是一丘之貉，并逼迫他率军出击，结果秦周沦陷，达子战死。

攻下秦周后，参与作战的魏、赵、韩等国大捞一把财物撤走了。乐毅则率燕军，以迅雷不及掩耳之势，攻下齐国国都临淄。

临淄一攻下，燕昭王便火速赶到了，封乐毅为昌平君，并命他为燕国驻扎齐国的全权代表。

驻扎在齐国的燕军，在乐毅的带领下，采取闪电战，快速出击，速战速决，在不长的时间里，齐国的战略中枢、要地全部荡平，只剩莒、即墨两座孤城。

即墨城易守难攻，乐毅率军围了三年。

这时谗言出来了，有人对燕昭王说："乐毅在片刻之间攻陷齐国七十余座城池，而一个小小的即墨，三年却攻不下来，这说明他不是攻不下来，而是不想攻下来，他是在要价，想做齐王，独霸齐国。"

燕昭王有定力，很大气，他说："乐毅要是当了齐王，燕、齐就成了兄弟之国，这不是天大的好事吗！"于是，他下令把进谗言的人拉出去砍了，而后把王后的服装送给乐毅夫人，把太子的服装送给乐毅的儿子，并派丞相赶赴齐国，宣读乐毅为齐王的诏书。

乐毅非常感动，但坚决不予接受。

两年后，燕昭王去世，儿子燕惠王接任。燕惠王目光短浅，相信谗言，在他人的挑唆下，日益流露出对乐毅的不满、指责，并派一位叫骑劫的将领，赶赴即墨取代乐毅，令乐毅返燕。

乐毅是战国时期著名的军事家，他对这种权谋争斗的原因、结果看得很清楚，一旦返回燕国，厄运难逃。于是他卸下燕军统帅的将服，离开齐国，去了赵国。

乐毅一走，齐国的田单就使用奇招，把包围即墨的燕军击溃，并乘胜发起反击，一举收复七十余座城池，把燕军赶到了黄河边上。

燕惠王心眼儿小，乐毅一去赵国，他害怕乐毅率赵国军队攻击燕国，于是专门派出使节，到赵国去指责乐毅，说燕昭王如何器重乐毅，乐毅如何对不起燕昭王，等等。

乐毅听懂了燕惠王派人来指责他的真实想法，于是修书一封，请使节交给燕惠王。《史记》载：乐毅在信中写道，他绝不会为了个人恩怨，带赵国的兵去攻打燕国，"君子，交绝不出恶声"。

乐毅，战国时期的名将、君子！他胸怀坦荡，品德高尚，言而有信。他不仅没有带赵国的军队去侵犯燕国，而且经常穿梭于燕、赵两国，做相互修睦的工作。两国对他都很尊重，任他为客卿，最后终老于赵国。

战国的奇人、奇招

乐毅率军进攻齐国时，齐国上下人心惶惶，纷纷逃命。在这种惶恐的气氛下，有一个人很镇定，并且在关键时刻指挥齐军反击，挽救了齐国。

此人，就是田单。

司马光写道：田单在齐国为官，但级别很低，家住临淄城。临淄沦陷前夕，田单带着家小逃到了安平。不久，燕军向安平扑来，人们又惊慌失措，继续逃亡。大户人家带着细软、乘坐马车从城里拼命往外逃。田单不急，在别人逃跑时，他却在车两边的车轴套上了坚硬笨重的铁罩头。大家都挤到城门时，马车挤成了一团，不少马车的车轴被撞断了。田单因车轴套了铁罩头，很快就逃了出来，逃到了即墨。

乐毅又率大军赶来，把即墨围了个水泄不通。

人们在逃亡中认为，田单最有谋略，推举他为首领，带领大家逃亡保命。

田单临危受命，但他站到即墨城头往下一看，心凉了。四周飘扬着燕军的旌旗，官兵扎下帷帐，住下来了。尤其令田单焦虑的是，乐毅派人大肆散布消息，说只要诚心归降，燕军不仅不抓，而且供给吃喝，分给田耕，闹得即墨城人心非常波动，想要出去投降的人很多，弄得田单不得不分派人手，成天做安定人心的工作。

如此坚持了三年，燕军没有撤退，即墨也没人出城投降。

三年后，围困即墨的燕军将领由乐毅换成了骑劫，田单也由此改变策略，接连推出了几招。

第一招，打的是对祖先的祭祀牌。每次吃饭前，田单都祭祀祖先，引导民众祈求祖先保佑。祭祀在露天进行，饭菜的香味被风一刮，引得飞鸟纷纷前来啄食。时间一长，无数鸟儿按时按点从四面八方飞来，场面十分壮观。田单借此放话，说是上天派神灵来保护即墨百姓。消息传到围城的燕军耳中，官兵注目观看，信以为真。为了把这场戏演足，田单还找来一个士兵，让他坐在面朝东方的上座，用侍奉老师的礼节对待他。田单每次发号施令，都要把这个士兵请上座，祭祀一番。说这就是上天派来指导他的老师，并把这个消息也散布到了围城的燕军。

第二招，打的是悲情牌。田单故意放出风去，说即墨百姓最害怕见到燕军惩罚齐军俘虏的惨状，如果燕军割掉齐军俘虏的鼻子，即墨城就保不住了，一定不攻自破。

燕国围城将领骑劫信以为真，把齐国俘虏拉到即墨城下，齐刷刷地割掉了他们的鼻子。站在即墨城墙上的人看到后，惨烈的呼叫声骤起，城上、城下撕心裂肺的呼喊号啕，使得即墨城的百姓义愤填膺，恨不能立即出城，与燕军做拼死搏斗。

第三招，打的是复仇牌。田单又故意放出风去，说即墨城百姓如今最害怕燕军挖他们城外的祖坟，侮辱他们的祖先。

骑劫没有脑子，听到这个消息后，下令把即墨城外的坟地都刨开，挖出尸骨烧成灰烬。

当祖先的尸骨变成灰烬漫天飘飞时，即墨城哭成一片，人们边哭边喊，纷纷向田单请战，决意冲出城去，与燕军以死相搏。

时机成熟了，田单开始做出城痛击燕军的准备工作。

他自己带头，把家里的金钱拿出来，又组织筹款，共筹得千金，派人送给燕军，请求攻破即墨城后，不要伤害妇女儿童。

接着，田单派人到燕军营地，与骑劫商量投降事宜。

骑劫兴奋无比，他乐毅围攻即墨城数年，一无所获，如今即墨城要在他的手里投降了，骑劫痛快地答应了，并约定了投降时间和出城地点。

夜幕降临，约定投降的时间到了，即墨城墙上站满了手持兵器的老人、妇女。城门一打开，突然冲出一千多头五彩斑斓的怪物，这些怪物疯狂奔跑，后面还燃着烈火。准备接受投降的燕军官兵，纷纷瞪大眼睛看，不知这是什么新鲜玩意儿。可没等他们愣过神来，五彩斑斓、后面冒火的怪物冲了过来，怪物后面还跟着数千名经过强化训练的敢死队员。

怪物是牛，牛角上都绑着锋利的刀，牛尾巴上都绑着浸了油的火把，火烧得牛生痛，疯了一般往前冲；牛后面跟着的，是被燕军割齐军俘虏鼻子、挖即墨人祖坟而激发得血脉偾张、决意以死复仇的敢死队员。

这阵势，突然，凶猛！

而燕军，傻呵呵地当热闹看！

尖刀、火牛和数千名敢死队员，冲进毫不设防的燕军，被牛角尖刀刺死的、被牛踩死的、被敢死队杀死的不计其数。

史载："牛尾炬火光明炫耀，燕军视之皆龙文，所触尽死伤。五千人因衔枚击之，而城中鼓噪从之，老弱皆击铜器为声，声动天地。"

在城头老弱妇孺惊天动地的号啕、喊叫声中，在火牛横冲直撞的狂奔之中，在数千敢死队员以命相搏的赶杀中，燕军将领骑劫死在乱军之中，燕军一盘散沙，溃败逃命。田单率军乘胜追击，所到之处，被燕军攻陷的城市纷纷发起反击，燕军一路逃命，一直逃回燕国。

仅此一战，齐国被燕军占领的七十余座城池，除个别小城池外，全部收复！

田单率众绝地反击，一战将燕军击溃赶走，无疑是齐国最大的功臣。此时的田单受到齐国百姓一致拥戴，军队大权又掌握在他手里，登上齐国国王的宝座，顺理成章，没人阻拦。

而此时的齐滑王正在逃亡的路上。他先投奔卫国，卫国国君卫嗣让出宫室给他下榻，供给他国君才能享受的物品。而齐滑王呢，根本就不把卫国的臣僚放在眼里，似自己的奴仆一般呵斥使唤，气得卫国切断了给他的供应，使得他不得不再逃。他逃到鲁国，鲁国也很热情，特地派大臣到边境迎接。可齐滑王不接受教训，要求鲁国以天子之礼侍奉他，鲁国不吃他这一套，直接把他赶跑了。再逃的时候，就是奔邹国去。恰逢邹国国君去世，齐滑王则要以天子身份吊丧。要知道，天子吊丧的排场宏大，新任国君要背向棺木，站在西面台阶上，向北哭泣。而齐滑王则要坐在北面祭坛，一面接受新任国君的哭泣，一面举手表示慰问。邹国虽是弱国小国，但也不吃齐滑王这一套，又把他赶走了。楚国派来救援齐国的大将淖齿，没有救齐国，而是把齐滑王抓起来审讯。对齐滑王面对天谴警告充耳不闻的态度非常气愤，他替天行道，砍了齐滑王的脑袋！

齐国无君了，田单四处寻找齐滑王的后人，把躲起来当仆役的太子田法章找到后，扶进了齐王殿堂，号称齐襄王。齐襄王一高兴，给了个丞相让田单做。

田单在丞相的位置上，勤勤恳恳，日理万机。有一年冬天，田单办理公务，在淄水见一位长者躺在岸边，衣衫单薄，连鞋子都没穿。他急忙赶过去询问，得知老人蹚过冰水，冻得站不起来后，赶忙脱下自己的狐裘大衣，给老人穿上。

这之后，在齐国传遍田单“解衣救人”的故事。

这故事一传，麻烦来了。一些大夫对田单进行诋毁，说田单已经功高盖主，还去收买人心，一定是图谋不轨，用心险恶。

齐襄王本就是个小肚鸡肠之人，听到这些谗言后处处提防田单，满脑子想的是如何收拾田单，以致禁不住自言自语：“田单收买人心是图谋我的王位，我如果不先动手，一定会栽在他的手里。”

这话一出口，齐襄王警觉了，因为跟随他的侍从就在身边，于是他惊恐地问侍从听见没有。

侍从说全听到了。

齐襄王吓了一跳，他认定这个侍从就是田单安排在自己身边的耳目。于是问：“既然都听到了，你说说，接下来我该怎么办？”

侍从不是田单安排在齐襄王身边的耳目，但他比齐襄王明大理。他对齐襄王说：“您应该嘉奖田单，天下人听到您的嘉奖后，就会认为，原来田单‘解衣救人’是齐襄王叫他这么做的，美誉就加到了您的身上。”侍从还告诉他：“对诋毁中伤田单的人要严厉惩处，以此表明您与田单的关系极好，这样一来，世人对田单的爱戴就会转移到您的身上。”

齐襄王虽是个不明大理的君王，但对侍从的提议还是听进去了，朝议时对田单“解衣救人”大加赞赏，并说田单这么做，深合他的心意。

《战国策》载：“举曰：‘田单之爱人，嗟，乃王之教也！’”

不知田单听到百姓的这种赞誉后作何感想？其实无所谓，对百姓好，让百姓得实惠，功劳不一定记到个人的头上！

游说的茅焦版本

嫪毐攻杀秦王政被击败后，秦王政在车裂嫪毐、诛其三族的同时，把跟随嫪毐的同党，包括朝中的二十余个大臣，如内史肆、佐弋竭、卫尉竭、中大夫令齐等都砍了脑袋。不仅如此，秦王政还下令，将跟随嫪毐参与这次政变的人，分罪轻、罪重两类，罪轻的罚苦役三年，罪重的剥夺爵位，迁到蜀中，服役三年，涉及者达四千余家。

始作俑者太后赵姬虽没有参与嫪毐的政变，但她与嫪毐在太后宫生两个儿子，使得做儿子的秦王政极其丢人。于是，秦王政在诛杀这两个弟弟的同时，把母亲赵姬逐出咸阳，迁到萯阳宫居住，并宣布与赵姬断绝母子关系，永不相见。

儿子宣布断绝与母亲的关系，这在儒家看来是大逆不道、悖孝之为。秦国虽然起源于西域少数民族，但在与中原诸国交往的近千年中，儒家、墨家等忠孝思想已深入民心。因而臣僚一拨一拨地对秦王政劝谏，劝他宽容赵太后，把她接回咸阳。也许秦王政正在气头上，也许秦王政以为这些劝谏的臣僚与嫪毐有瓜葛，于是下令：敢为太后进谏者，“戮而杀之，蒺藜其背”。令秦王政没有想到的是，他下了杀戮令之后，一拨一拨的臣僚接着进谏。不能说话不算数，那就开杀。于是，二十七个进谏臣僚被杀，尸体悬挂在咸阳的宫墙之上，以儆效尤。

这一杀，没有人再敢劝谏了。

但门客茅焦站出来继续劝谏。他在咸阳四处宣扬，说儿子把母亲囚禁，断绝与母亲的关系，违背孝道；说自己虽不是秦国人，但天下人管天下事，所以还准备劝谏秦王。

看得出来，茅焦这类门客是不可能面见秦王政的。他之所以四处宣扬，就是想引起秦王政的注意，从而达到被召见的目的。

果然，茅焦四处宣扬的消息传到了秦王政的耳里，秦王政没有派人去杀了他，而是派使者去训斥，说："你好大的胆子，就不怕掉脑袋吗？"茅焦则说："天上有二十八星宿，如今有二十七个荣登神位，砍了我的脑袋，正好凑齐二十八星宿，我有什么好怕的呢？"

二十七个大臣被杀，说成是二十七个人荣登二十七星宿，自己被杀，正好凑齐二十八星宿。茅焦这套卖弄毫无科学依据，但很玄乎，很神秘。

也许正是这个原因，秦王政召见他。

茅焦进宫之前准备了一缸水，沐浴更衣，把同室的门客吓坏了。因为秦国有连坐法，茅焦被杀，其他门客也脱不了干系，因而纷纷逃跑，跑之前还瓜分了茅焦的衣服行李。

听了使节的回报后，秦王政立即拿出了对策。他命人烧开一锅水，摆在大殿中间；他自己则取出君王剑，端坐在龙椅上，等着茅焦来见。

茅焦进殿一看到那口正翻滚着的大锅，也吓坏了，他虽说是准备冒死进谏，但心里盘算着自己死不了。进宫看到这架势，心里也怵得慌。但他马上镇定下来，故意挪着步子，一点一点往前移。使者催他走快点，他说："我这一去，就是横着出来，我磨蹭着多活一会儿吧。"

秦王政高高端坐，手握君王剑，不催不语，满脸杀气。

茅焦好不容易挪到秦王政跟前，行礼后说："一个人长寿，是不忌讳谈论死亡的；一个国君，是不忌讳研究国家是否会灭亡的。因为人忌讳死亡，寿命不会增加；国君忌讳亡国，国家未必不会灭亡。不知大王是不是也这么认为？”

茅焦这番话，不入主题，云里雾里。

秦王政开口了：“你这话什么意思？”

茅焦解释道：“奉承的话，忠臣不讲；违背世俗的事，明君不做。然而看到大王行为荒唐，我就不得不说了。”

秦王政继续呵斥道：“有话便说，不要隐瞒！”

茅焦说：“大王是举世无双的明君，然而却做了一些不得人心的事：车裂假父嫪毐，为不仁之举；斩杀两个弟弟，为不友之举；将太后囚禁在外，为不孝之举；杀掉二十多个前来劝谏的大臣，这和夏桀、商纣有什么区别？大王所做的这一切，大家虽嘴上不说，但心里定然不会服气。如果战国天下听说大王是这么一个人，谁还会归附秦国？这怎能不叫人担心呢？”

茅焦说罢，脱去衣服，趴在殿下，等着被往滚锅里扔。

毋庸置疑，茅焦这是演戏，如果真的想死，连衣服也可不脱，直接跳到沸腾的大锅就行。

秦王政顿了一会儿，从高堂下来，扶起茅焦，叫他穿上衣服。

按照茅焦出的主意，秦王政下令厚葬因谏而杀的二十七个大臣，安抚其家人，亲自驾车从萯阳宫把母亲接回咸阳。

茅焦被秦王政立为太子傅，尊为上卿。

茅焦从门客到上卿的过程，可以说，是战国时期士人游说成功的典范。他从故意放风引起秦王政注意开始，到使者去斥责时讲二十八星宿的玄乎，再到见秦王政前沐浴更衣准备去死的做戏，到最后见到秦王时既阿谀奉承又说他的不仁不孝，一步一步都是事先设计好的，最终达到了他自己预设的目标。

这之中存不存在风险？

当然存在。

假如在秦王政发出敢有为太后之事进谏者，“戮而杀之，蒺藜其背”的诏令后，茅焦第一个去进谏，那他就是第一个人头落地。杀了二十七个进谏的大臣，杀得朝廷内外人心惶惶、议论纷纷了，秦王政慢慢平复心情，开始反思时，再有人去进谏，就可能不会没完没了地杀下去了，这时甭说是茅焦，换成李焦、王焦，只要胆大，且说得出似茅焦讲的那些道理来，也一样会成功，会被尊为上卿。

茅焦的成功，在于他能够抓准时机，设计好步骤，用步骤的稳步实施消除风险点，最终达到预设目的。可以说，茅焦的游说，堪称战国时期众多士人游说天下的范本。

侠客刺出的战国亮点

战国时期三位著名的侠客，是豫让、聂政、荆轲。三个侠客利剑出鞘，刺出战国天下各不相同的亮点。

下面按时间顺序，分别来写。

豫让刺出的，是赵无恤的仁义

司马光写道：豫让出身贫寒，曾侍奉过范氏、中行氏两个家族，不被重视。范氏、中行氏两个家族被灭掉后，豫让投奔晋国的执政大夫智瑶，受到重视。正是这种由不重视到重视的转变，豫让操起了刺客的宝剑，向战国天下刺出了第一个亮点。

公元前403年，晋国的执政大夫智瑶联合韩氏、魏氏攻打赵氏，决汾水灌晋阳城。关键时刻，韩、魏、赵三大家族联手，反决堤坝，倒灌智家军营地，智瑶连同族人几乎全数被屠，土地被瓜分。韩、魏、赵各自立国，三家分晋。赵无恤为了泄愤，把智瑶的脑壳涂上漆，当酒具。

豫让站出来，为智瑶报仇。他改名换姓，扮作犯罪受刑的奴仆，在赵国当差，并选择粉刷厕所的差事，怀揣短剑，打算在赵国国君赵无恤上厕所时，把他杀掉。而赵无恤上厕所时，心里突然觉得不对劲，让侍卫搜查，查出豫让和他怀揣的短剑。问他企图干什么，豫让不隐瞒，说杀赵无恤，为智瑶报仇。

侍卫要把豫让杀了，赵无恤制止了，说："这是个很讲义气的人，以后我小心躲避他就是了。"赵无恤还说："智瑶没有后人，他的手下想替他报仇，说明他是个贤人啊！"说罢将豫让放了。

豫让并没有因为赵无恤不杀他而放弃刺杀赵无恤，他被释放后，用油漆把自己的全身漆了，浑身上下长满癞疮；他还吞下火炭，烫哑自己的嗓子，愣是把自己活活折腾得谁也认不出他，连他的妻子也认不出来。在做完这一切以后，豫让打探到赵无恤要出门，便潜伏在他必经之路的一座小桥下，打算突然袭击，把他杀了。也是怪了，赵无恤一上桥，马突然惊了，明确表明它的主人将遇到不测的预兆。赵无恤立即想到是豫让躲在桥下，派侍卫一搜，果然从桥下把豫让和刀剑搜出来了。

赵无恤问："你曾为范氏、中行氏效力，智瑶把他们灭了，你为什么不替他们报仇，反而投奔到智瑶那里？现在智瑶死了，你却死心塌地为他报仇，这是为什么？"

豫让答："我为范氏和中行氏效力时，他们看不起我，所以我也以看不起他们的态度回报。智瑶把我当作国士厚待，我因此要舍命去报答他。"

豫让这席话，把赵无恤的眼泪都说下来了。他叹息着对豫让说："豫让啊豫让，上次你想杀我，我放了你，可你仍想要我的命，这次我就不放你了。"

豫让则说："上次您放了我，天下没人不称赞您的贤德，这次我本就没想得到您的宽恕。但我死前有个要求，请您把外衣脱下，让我刺几剑，以了却我为智瑶报仇的心愿，这样我就死而无憾了。"

赵无恤当即脱下衣服交给豫让，豫让连刺三剑衣服后，刎颈自尽。

当豫让挥剑向赵无恤的衣服刺去时，利剑划出的亮点，既是豫让的侠义，也是赵国国君赵无恤的仁义！

因为赵无恤懂得各为其主的道理，还因为赵无恤能满足一名纯粹的侠客的心愿！

聂政刺出的，是姐姐的贞烈

四十年之后，战国天下第二位赫赫有名的侠客登场了。

聂政，齐国轵邑深井里人，因杀人，为避仇带老母和姐姐逃到齐国，以屠狗为业。

司马光写道：当时韩国的大臣严仲子，与韩相侠累结下怨仇。侠累是国君的亲戚，权重势大，对严仲子多有欺凌。严仲子气愤不过，逃亡游走各国，物色能够替他报仇出气的人。听说聂政义气千秋，勇猛过人，特地到聂政家拜求，连续去了好多趟，聂政都拒而不见。打听到聂政母亲的寿辰日后，严仲子特地备了一份丰盛的酒食，亲自送到聂政的母亲面前贺寿。聂政不好再拒绝了，留下严仲子一起喝寿酒。酒喝到尽兴时，严仲子捧出黄金百镒，孝敬聂政的母亲。聂政再三辞谢，坚决不收。严仲子于是悄悄对聂政说：“我因有仇人，所以在各国游走。到齐国后，我听人说你义气高尚，故送你百镒黄金作为供养母亲的费用，愿与你结为朋友，并没有别的意思。”

聂政听懂了，但坚持拒绝收受黄金。他对严仲子说：“臣所以降志辱身居市井屠者，徒幸以养老母；老母在，政身未敢以许人也。”概括说即是：只要我母亲活着，我就不会去为别人卖命！

但是，聂政还是因为严仲子对他的器重而感动了。

聂政的母亲去世后，他仍然没有去为严仲子卖命。原因是他的姐姐聂荣尚未出嫁，他不愿因自己做刺客而连累姐姐。待姐姐出嫁后，聂政才找到严仲子，报答他对自己的器重，拔剑出鞘，直奔戒备森严的侠累相府，将侠累一剑毙命。

杀死侠累后，聂政的举动骇人惊心。他用刀剥去自己的面皮，挖去双眼，然后剖腹自杀。他这样做的原因是，他有一个已经出嫁的姐姐，不愿因自己的作为而连累她，因而用毁容来对姐姐做最后的庇护。

没有人认识这个刺客是谁，韩国便暴尸于市，供人辨认。没有人认得出来，韩国又悬赏千金，诱人来辨认。

消息传到齐国后，聂政的姐姐聂荣哭了，说："一定是我的弟弟聂政。"她迅速赶赴韩国，抱着聂政的尸体大哭不止。

围观的人对聂荣说："这人杀了我们韩国的丞相，现韩君正悬赏千金调查他是谁，你怎么还敢前来认尸呢！"

聂荣边哭边说："我弟弟就是因为我还在的缘故，才采取毁容残身的办法以免牵连于我，而我又怎么能为了担心牵连自己，埋没了弟弟的英名呢！"说罢越哭越伤心，因悲伤过度而死在聂政的尸体旁。

聂政刺出的这一剑，划出的亮点是姐姐聂荣的贞烈！

史载："晋、楚、齐、卫闻之，皆曰：'非独政能也，乃其姊亦烈女也。'"

荆轲刺出的，是风萧萧兮易水寒

聂政之后二百二十余年，荆轲作为刺客，走进历史，走进人们的口碑。

荆轲的祖先是齐国人，后迁徙到卫国。《史记》载："荆卿好读书击剑，以术说卫元君，卫元君不用。"说明荆轲最早也用游说推销过自己，只是没有成功。他不止在卫君那里游说，还游说过很多地方，也都没有成功。

司马光写道：公元前232年，秦国大将樊於期统兵与赵国大将李牧交战，战败后怕受责罚，逃到燕国，被燕太子丹接纳。秦国杀了樊於期的家人，并赏千金买他的人头。太子太傅建议太子丹把樊於期送给匈奴，把祸水引走，太子丹不同意。

太子丹不同意，既有他讲义气的原因，但更主要的原因，是他痛恨秦王政。因为太子丹曾在赵国做人质，秦王嬴政也出生在赵国，小时候两个人一起玩耍，很要好。可后来，嬴政在秦国当秦王了，太子丹被燕国派到秦国做人质，地位悬殊于天地。秦王政坐在秦国的王位上，把小时候的友谊全忘了，压根儿就不把太子丹当回事，把太子丹气坏了。因此，樊於期逃到燕国，太子丹就收留了他。

不仅如此，太子丹还通过友人田光，找到了荆轲。他对荆轲大讲了一番秦国吞二周、抢九鼎、伐他国、掠天下的罪恶后，提出想找一位天下最大无畏的勇士，迫使秦王政停止对他国的侵伐，并归还抢夺他国的土地。在荆轲明确表示愿意充当刺客赴秦后，太子丹“尊荆卿为上卿，舍上舍。太子日造门下，供太牢具，异物间进，车骑美女恣荆轲所欲，以顺适其意”。

荆轲赴秦之前，在燕国住高级宾舍，供太牢具，享受车骑美女，满足了他所愿意享受的一切美好。

公元前228年，秦国大军攻陷赵国首都邯郸，接着统兵向北，兵锋直指燕国。太子丹吓坏了，他催促荆轲赶紧上路。荆轲则磨磨蹭蹭不走，提出要带两样东西，一是燕国地图，二是秦将樊於期的脑袋。理由是，没有这两样东西，去了秦国也见不到秦王。

太子丹不同意带樊於期的脑袋。樊於期逃到燕国后，族人已经全数被杀，秦国还赏千金买他的脑袋，在这种情况下，燕国怎能把他杀了呢！

荆轲于是背地里找到樊於期，历数秦王的暴政，激发他的仇恨。最后说：“愿得将军之首以献秦王，秦王必喜而善见臣，臣左手把其袖，而右手揕其胸，然则将军之仇报而燕见陵之愧除矣。将军岂有意乎？”想来樊於期也是出于无奈，家人都被杀了，自己逃到燕国，寄人篱下，活着也没什么意思了。面对荆轲的劝说，即便自己不同意，还能有什么法子！于是拔剑自刎。太子丹听说后急忙赶来，见樊於期已死，趴在他身上大哭。

荆轲于是带着樊於期的脑袋和燕国地图上路了，燕赵大地于是发出“风萧萧兮”的吟诵。

到达秦国后，荆轲用重金贿赂中庶子蒙嘉，通过他得到秦王政的召见。荆轲先献上樊於期的脑袋，接着献上燕国地图。随着卷着的地图慢慢展开，图穷匕见。荆轲则在秦王政大惊失色的一瞬间，迅速伸出左手抓住他的衣袖，右手操起匕首狠狠刺去。秦王政挣脱了荆轲，伸手去拔剑，情急之下，剑拔不出来，荆轲则追上前去刺，秦王政则绕着大殿的柱子跑。而随秦王政上朝的大臣，根据秦国的法律，不能随身佩剑，大家赤手空拳，不知如何是好。恰在一片惊恐慌乱之时，御医夏无且急中生智，把随身带的一个药囊，向荆轲砸去。荆轲一愣，让秦王政逮住机会，拔出剑来，挥杀过去，便把荆轲的左腿砍下。倒地的荆轲做最后一搏，把浸染剧毒的匕首朝秦王政掷去，但偏差甚大，击中的是柱子，没有伤及秦王政一根毫毛。秦王政则持剑向前，连砍数剑，把荆轲砍得遍体鳞伤。

史载：“轲自知事不就，倚柱而笑，箕踞以骂曰：‘事所以不成者，以欲生劫之，必得约契以报太子也。’”

荆轲说的是，之所以没把秦王政杀了，是想生擒他。但从史书记载的情况看，并不是这么回事。图穷匕见时，秦王政惊呆了，荆轲操起短剑便刺，只刺中了秦王政的衣袖；秦王政的剑拔不出来，荆轲手里可是拿着匕首，追着秦王政围着大殿的柱子跑，可荆轲却追不上秦王政；被砍掉左腿倒地的荆轲，把染毒的匕首掷向秦王政，结果只击中柱子；荆轲最后靠着柱子，哈哈大笑，对秦王政说，要不是想生擒他，早把他杀了。可荆轲在动员樊於期自杀时，说的是他将“左手把其袖，而右手揕其胸”，说的并不是要生擒秦王政，而是把他捅死。这些细节足以说明，荆轲作为刺客，手艺不高。

荆轲死了，但“风萧萧兮易水寒，壮士一去兮不复还”的吟诵，穿越两千多年时空，一直流传至今。这一吟诵得天地怆然、草木悲壮的诗句，似乎并不能说明什么问题。秦国一统天下是势所必然，是历史发展不可改变的结果，凭荆轲，凭一把染毒的匕首，阻挡不了！

鲁仲连树起游说的高尚典范

战国时期的士人游说，几乎无一例外都是为了谋求私利。

但有一个人例外，他游说是为了国家利益、民族利益，而非个人私利。

这个人叫鲁仲连，齐国人。司马迁对他的评价是："好奇伟俶傥之画策，而不肯仕宦任职，好持高节。"这个评价很高，说他节操高尚，智慧超群，善设奇谋妙计，而不愿做官。

公元前279年，田单率军攻击齐国境内的狄部落，出发前请教鲁仲连，鲁仲连则说："依我看，你打不垮他们。"田单不服，结果打了三个月，毫无战果。孩子们编儿歌唱道："大帽子像个簸箕，长宝剑支住面颊，狄国打不下，枯骨已堆积如山。"田单于是再请教鲁仲连。鲁仲连说："你在固守即墨时，坐着的时候就编草筐，站着的时候就挖土，同士卒同唱军歌：'我们往哪里去？国家就要灭亡，只有拼命，再不能彷徨！'当时你有必死的决心。而现在，你东有夜邑的奉养，西有临淄的丞相之尊，身戴黄金带，骑骏马驰骋，有生的无穷乐趣，怎么能把狄部落打垮呢？"田单听懂了，第二天就亲擂战鼓，冒着乱箭投石带头冲锋，把狄部落扫平了。

公元前260年，秦、赵长平之战，赵国惨败之后，秦国又发兵包围了赵都邯郸。

赵国的平原君于是四处搬兵，从楚国搬来了八万，从魏国搬来了十万。但魏国十万大军开到邺地后，停在那里观战。原因是秦昭襄王派出使节，对魏安釐王吓唬了一顿，说："魏国如果救赵国，灭了赵国就来灭魏国。"魏安釐王害怕，就授意魏军将领晋鄙隔岸观战。魏安釐王又派出一名叫新垣衍的将军，悄悄潜入赵国，对赵孝成王说："秦国攻打赵国的真正用意，是秦昭襄王逼迫各国拥戴他称帝。如果此时赵国带头拥护他称帝，秦王一定高兴，邯郸之围便解除了。"

恰在这时，鲁仲连来到邯郸，提出要见新垣衍。新垣衍开始不愿见他，经过平原君撮合，两个人见面了。

见面后，鲁仲连不开口，干坐着，新垣衍只好问："据我观察，来到这座被围之城的人，都有求于平原君，您不求他，为什么还不离开呢？"

鲁仲连开口了，他说："秦国不讲礼仪，秦王驱使士兵、奴役百姓，这样的人当了皇帝，天下万民会好过吗！我之所以来见你，就是帮助赵国不踏进这个火坑。"

新垣衍觉得鲁仲连口气不小，于是挑衅问道："你打算怎么来救赵国？"

鲁仲连说："叫魏、燕出兵。"

新垣衍知道魏国不愿出兵，听鲁仲连一说，立即打断他的话，说："我是从魏国来的，您怎么说服魏国？"

鲁仲连则讲了齐国的一段历史插曲，说齐威王倡导仁义，号召诸侯朝拜周天子，没人响应，只有齐威王一人去了。一年后，天子去世，各诸侯国都去奔丧，齐国最后一个才去。周王室于是给齐王送讣告说："天子去世，是天下最大的事，你作为藩臣的齐国，迟迟不来，依罪当斩！"气得齐威王怒道："呸！这个婢女生的儿子，竟然如此无礼！"鲁仲连说："你想想，一个已经过了气的周天子都这样，一旦强秦称帝，还不知要超过周天子多少倍呢！"

鲁仲连讲齐国的这段插曲，发生在公元前370年，他要说明的是，一旦秦国称帝，天下遭殃。

可是新垣衍没听懂，反驳道："你没见过那些仆人吗？他们十个人服侍一个主人，不是他们的力量不如主人，也不是智慧不如主人，而是畏惧主人。"

新垣衍说出如此不着调的话，遭到鲁仲连讥笑，说："难道你们魏国已经把自己当成秦国的仆人了？"

新垣衍竟然张口答道："是的。"

鲁仲连顿时严厉起来，说："那我就叫秦王把魏王煮了！"

新垣衍反唇相讥，说："我倒想听听您怎么叫秦王把我们魏王煮了？"

鲁仲连则联系商纣王把九侯剁成肉酱、齐湣王游鲁邹接连碰壁的历史，得出结论说："当今天下，秦、魏都是拥有万乘战车的国家，国君都位居王位，仅仅看到秦国打了几次胜仗，就要尊他为帝，而自己却退缩到被剁成肉酱、被晒成肉干的卑微地位。可魏国没看清，一旦秦国称帝，就会换上他们所亲近信任的人，或许还会派出自己的子孙主持魏国。到那时，魏王不被煮杀，还有别的下场吗？而你还能受到宠信吗？"

直到这时，新垣衍才起身下拜，连连道歉。

包围邯郸的秦将，听说鲁仲连与新垣衍的谈话后，下令退军五十里。

恰在这时，楚、魏大军也赶到了，邯郸之围得解。

赵国感谢鲁仲连，要给他封授，鲁仲连坚决不接受。恰逢鲁仲连生日，平原君赵胜给他设宴祝寿，酒喝得兴起时，平原君拿出千金赠给鲁仲连，鲁仲连拒收，并说："所贵于天下之士者，为人排患释难解纷乱而无所取也。即有取者，是商贾之事也，而连不忍为也。"他辞别平原君，且终生不再见面。

鲁仲连的所作所为，堪称“贵于天下之士者”。

这之后，鲁仲连又发挥其士人的智慧，解聊城固守之难。

齐国的田单采用奇招、奇战，绝地反击，将侵犯齐国的燕军打跑，但固守聊城的燕军既不投降，又不回撤。原因是，燕军攻占聊城后，无恶不作，鱼肉百姓，引起民愤，纷纷向燕王控诉守城燕军的罪行。燕军将领害怕撤回燕国被罚，又怕投降齐国被罚，所以固守聊城。齐将田单率大军围攻聊城，死伤无数，仍攻不下来。

鲁仲连于是给燕军将领写了一封信，用箭射入城中。

信中写道：“智者不倍时而弃利，勇士不怯死而灭名，忠臣不先身而后君。今公行一朝之忿，不顾燕王之无臣，非忠也；杀身亡聊城，而威不信于齐，非勇也；功败名灭，后世无称焉，非智也。三者世主不臣，说士不载，故智者不再计，勇士不怯死。今死生荣辱，贵贱尊卑，此时不再至，愿公详计而无与俗同。”

从非忠、非勇、非智三个方面指出死守聊城的弊端后，鲁仲连又给燕军守将指出了回燕国、降齐国两条出路。投降齐国，自然是享受荣华富贵；回燕国的出路，则是把燕军全部带回去，让百姓看到他们的子弟平安回来。这样的话，燕王不会责罚，百姓还会感激。

燕军守将捧着鲁仲连的信，哭了三天三夜，思来想去，还是自杀。聊城因此得以收复。

齐国要封赏鲁仲连，鲁仲连则拔腿就跑，一直跑到海边隐居起来，只听他气喘吁吁地说：“吾与富贵而诎于人，宁贫贱而轻世肆志焉！”

不接受富贵而屈从于人，宁享受贫贱而特立于世。这，就是鲁仲连作为士人，在战国天下树起的典范！

孔斌坚守的儒士本色

孔斌，孔老夫子第六代孙，学习传承儒学，在战国天下声望很高。

司马光写道：魏国国王魏圉，敬慕孔斌的贤能，派使节送上黄金绸缎，请孔斌担任魏国丞相。孔斌说："如果魏王采纳我的建议，而我的建议可以使魏国长治久安，就是叫我吃蔬菜喝凉水，我也心甘情愿。如果只是利用我的名声，给我优厚的待遇，魏王难道缺少一个平民吗？"使节坚决敦请，孔斌才去魏国。

魏王亲自到郊外迎接，并任命孔斌为丞相。

孔斌上任后，大刀阔斧地整顿内政，把靠关系占据各部门官位而又没有本事的人，一律撤换，换上贤能的人；把一大批吃闲饭没事干的人员，全部裁撤，把省下的经费用到国家需要的事业上。没过多长时间，魏国政府的风气大变，办事效率也大大提升，官员的精神面貌为之一振。

被撤销官职和被裁撤的官员，开始散布谣言，对孔斌进行攻击。

孔斌的态度是：不介意任何攻击。

他如是说："任何一个政治家，改革之初，都会遭到反对。春秋时郑国的子产，当了丞相三年之后，才没有人再抨击他；我祖先孔丘当鲁国丞相，一开始人们编歌谣骂他，说'那个穿鹿皮长袍的家伙，干掉他，心里一点也不难过；那个穿鹿皮长袍的家伙，干掉他，不知用什么方法'。三个月之后，人们从改革中获利，又编歌谣夸他，说

‘那个戴大帽穿皮袄的人，满足我们的需要；那个戴大帽穿皮袄的人，对人民没有偏私’。所以，我不会因为遭受抨击而放弃改革。”

当时的战国天下，赵国在与秦国的长平之战中，几乎丧失了全部的主力部队，在赵国的巨大伤痛尚未缓解过来时，秦国又发兵攻赵。面对这种形势，魏王召集大夫商议，魏国怎么应对。大家一致的意见是：秦国如果获胜，魏国就向秦国臣服；秦国如果战败，魏国就趁它疲惫，向它发起攻击。总之，赵国失败了，是赵国的耻辱，恰是魏国的利益；赵国打胜了，魏国就去攻击秦国，也能获得利益。

孔斌不赞同，于是讲了一个燕雀在屋梁筑巢的故事：燕雀在屋梁上筑巢，母子相亲相爱，叽叽喳喳，相互依偎，相互喂食，那种幸福快乐的场景，令人好生羡慕。燕雀自以为非常安全。不承想炉灶失火，房屋眼看要烧毁倒塌，而燕雀毫不惊慌，不知道大祸就要临头。讲完这则故事后，孔斌说：“秦国战胜赵国后，下一个就轮到魏国遭殃。我真不明白，为什么你们的见解跟燕雀一样呢？”

遗憾的是，孔斌用如此浅显的故事所揭示出的如此深刻的道理，魏国君臣似燕雀般听不懂。不仅如此，孔斌所提的建议，凡涉及魏国大政方针的，一概不被采纳。于是他毅然辞去丞相，原因是当魏国的丞相，拿很高的俸禄，又不能为魏国人民做什么贡献，深感内心不安，甚至是深感罪恶。

孔斌的好友新垣固问：“你当魏国丞相，九个月就下台，是不是没有做出什么贡献？”

孔斌坦诚地说：“我是没有做出什么贡献，才辞去丞相的！”

是的！在秦国的四处攻伐面前，各国无论多么小心谨慎地巴结它，讨好它，也不可能获得安生。自保还来不及，又怎么会有心思去发展经济，增强国力，安抚民心呢？所以孔斌断言：“不出二十年，天下将全部被秦国吞并！”

孔斌作为士人，学识渊博，目光深邃，堪称士人阶层的佼佼者。尤其与众不同的是，孔斌恪守儒士的本色，纯洁正派，坦坦荡荡，不贪恋高官厚禄，不谋求本就不该得的私利，为官做事，一心为民，特立独行，令人钦佩！

游说“择机”高手蔡泽

游说“择机”，是士人必备的目光和洞察力。但似蔡泽那般，游说的时间节点把握得那么好，在战国天下罕见。

司马光写道：蔡泽，燕国人，去过多国游说谋官，没有成功。他曾游说赵国，被驱逐，辗转去韩、魏的路上，他的行李、炊具还被人抢了。为此，他找相面的给他看看，将来能不能因游说而升官发财。相面的笑他说：“你鼻子上翘，鼻梁下陷，面大脖短，肩宽腿弯。你这副尊容，我实在看不出你将来能否发达。”可能是怕伤了他的自尊心，相面的补充了一句：“圣人无相，你也许就是这种面相吧。”

蔡泽没有受到相面的打击，而是四处寻找机会。

恰在这时，秦国丞相范雎遇到麻烦了，蔡泽便抓住了这个机会。

范雎的麻烦，是秦昭襄王的一声叹息。

公元前255年，秦昭襄王忽然叹息。丞相范雎问他什么原因，他说：“现在白起死了，郑安平、王稽又都背叛了，内无良将，可外面的敌国多的是，不由得感到忧虑啊！”

范雎一听，顿时毛骨悚然。

因为郑安平是范雎在魏国时的好友，在魏丞相李齐陷害他时，是郑安平伸出援手，将他更名为张禄，隐藏起来，并送到秦国的。为报答郑安平，范雎当了丞相后，推荐郑安平为将军，率军参与对邯郸的包围。在赵国的平原君、魏国的信陵君搬来援兵后，包围邯郸的秦军被击退，郑安平陷入重围，率两万人投降了赵国。

真是屋漏偏遭连天雨。公元前255年，秦国河东郡郡守王稽，与外国秘密勾结，被斩首。这王稽也是范雎的大恩人。王稽作为秦国使节出使魏国，范雎和郑安平扮作仆人求见，王稽听了范雎一席话，觉得他是个人才，悄悄带到秦国，推荐给了秦昭襄王。为报答王稽，范雎向秦昭襄王举荐，王稽当了河东郡守。

按照秦国的法律，被推荐的人犯法，推荐人也要受到同样的处分。眼下郑安平投降赵国，王稽又因叛国被处决，这两个人都是范雎推荐的，依法范雎得死两回。故范雎听到秦昭襄王一声叹息后，毛骨悚然。

蔡泽抓的机会，即是范雎的麻烦。

此时的蔡泽只是一个游士，想见丞相范雎，门儿也没有。

于是，蔡泽在咸阳街头四处放风，说秦国最近来了一个宾客，这个人很有才能，一旦受到秦王的接见，范雎的丞相就当不成了，就是他当了。

蔡泽放风的目的，就是激怒范雎，召见自己。

果然，范雎被激怒，派人召见这个狂徒。一见面便没好气地问："听说你四处扬言，要取代我当丞相，可有这事？"

蔡泽毫不避讳，说："是这样。"

范雎更没好气，说："既如此，谈谈你的高见吧！"

于是蔡泽侃侃而谈，从士人的追求和愿望，士人应具备的品德和应负的责任入手，侃了一通后，问范雎："您是想得到秦国的商鞅、越国的文种、楚国的吴起那样的下场吗？"

范雎知道蔡泽是用这三个人的悲惨下场吓唬自己，于是反驳："这三人都为自己的国家建立了巨大功业，像他们那样，为了仁义而殉难，杀身保全自己的名节，不正是士人所追求的吗？"

蔡泽反驳道："论忠诚没有超过比干的，论明智没有超过伍子胥的，论孝顺没有超过申生的。结果怎样？殷商、吴国灭亡，晋国大乱。为什么？因为国君不贤明，不能采纳他们的忠告。您也该考虑一下秦王是否英明，对您是否信任。再说，您比商鞅、吴起、文种强吗？”

范雎软下来了，说自己比不了商鞅、吴起、文种，还说没有获得秦王的完全信任。

蔡泽说：“您的功业不如商鞅、吴起、文种，可您的俸禄超过了他们三人。此时您不考虑身退，那么您的祸患就要超过他们三人。《史记》说‘成功之下，不可久处’。《易经》说‘亢龙有悔，此言上而不能下，信而不能诎，往而不能自返者也。愿君孰计之！’”

史载，范雎听了蔡泽一席话，说：“善。吾闻‘欲而不知止，失其所以欲；有而不知足，失其所以有’。先生幸教，雎敬受命。”

再上朝时，范雎对秦昭襄王说：“有位从燕国来的门客叫蔡泽，不仅精通成就霸业的道理，而且非常熟悉世俗的变化。虽然我结识的人很多，但没有人可以和他相比，因此我斗胆向您推荐。”

秦昭襄王立即召见，一席交谈，拜蔡泽为客卿。不久，范雎托病请求归乡，并交还相位，蔡泽接替丞相。

但蔡泽在丞相的位置上只坐了几个月，便托病归还了相印。原因是有人在秦昭襄王那里说他的坏话，他深知“成功之下，不可久处”的古训，所以戴一顶纲成君的帽子，回到封邑颐养天年。

进择机，退亦择机，蔡泽获得了巨大的成功！

郑国恪守科学家的操守

郑国，韩国人，任韩国管理水利事务的官员，治理过韩国的荥泽水患，还修整过鸿沟之渠，在战国天下名气很大。

郑国所处的战国末期，七雄中唯有秦国，国力日益强盛，尤其是吕不韦推行的工商政策，使得秦国“礼抗万乘，名显天下”。秦国当然不安于做一个经济上的强国，它的欲望是吞并六国，一统天下。因而秦昭襄王采用范雎“远交近攻”的战略谋划，与远在东方的齐国交好，连续发起对赵、魏、韩、楚、燕的攻伐，打得这五国节节败退，不断割地求饶。在这种情况下，燕国的太子丹在全天下寻找最勇猛的刺客，企图一举杀死秦王政，阻止秦国一统天下的步伐。韩国也想了一招，就是派出水利科学家郑国，以帮助秦国兴修水利工程为由，消耗秦国的财力，达到“疲秦”的目的，故而使得衰退的“疲秦”无力再东征西伐，让天下各国得以从秦国的攻伐掠取中摆脱出来。

这是极其低劣、荒唐的招数!

郑国于是被韩国阴谋出使，以术士身份入秦，得到秦王政的召见。

秦国干旱少雨，经常河床干裂，六料不收，饿殍遍野。郑国是名誉天下的水利专家，他来帮助秦国兴修水利，秦国当然非常欢迎。故而当郑国提出引泾水修渠，灌溉关东平原的工程设想后，秦王政当即拍板同意，并张口给了郑国一顶总指挥的帽子。

郑国主持修建的这个水利工程，被秦王政命名为“郑国渠”。

“郑国渠”修建于陕西的北山南麓，途经泾阳、三原、富平、蒲城、白水等县，全长三百余里。北山南麓地势较高，由西向东，与冶峪、清峪、浊峪、沮漆等水系相交。这种设计便于穿凿支渠南下，灌溉南面的大片农田，同时绕过了泾水的多沙河段，渠道的落差比降小，水流慢，在关中平原北部，泾、洛、渭之间构成密集的灌溉系统，使干旱缺雨的关中平原得到源源不断的灌溉、滋养。

《史记》载：“渠就，用注填阏之水，溉泽卤之地四万余顷，收皆亩一钟，于是关中为沃野，无凶年，秦以富强，卒并诸侯，因命曰郑国渠。”

《史记》的这段记载，有两个问题得做点解释。

一是，“注填阏之水，溉泽卤之地”。说的是，从泾水流过来的水，带有淤泥，而灌溉的地，是咸卤之地。也就是说，关中平原的土地原来是含盐咸的，经过带淤泥的水灌溉，土质改善了。其改善的土地面积达四万多顷。

二是，“收皆亩一钟”。一钟为六石四斗，而当时黄河中游的亩产是一石五斗。关中平原亩产的收成，是黄河中游亩产收成的四倍多。

至于“关中为沃野，无凶年，秦以富强，卒并诸侯”，也就无须解释了。

“郑国渠”从公元前246年开始修建，历时十年，确实耗费了秦国巨大的财力，但没有伤及其筋骨，渠修成之后，反而使得秦国的国力大增，吞并天下的支撑能力更强。

《史记》载：“中作而觉，秦欲杀郑国。”说的是，渠修到半截，秦国发现郑国是韩国派来搞“疲秦”活动的，也就是来秦国搞破坏活动的，秦国打算处死郑国。

的确，郑国是韩国派到秦国来搞破坏活动的。但怎么被秦国发觉的，历史没有记载。分析看，秦国采用李斯之计，向各国派出了大量间谍。这些间谍怀揣金钱珠宝，贿赂他国权臣，不排除派往韩国的间谍，通过金钱珠宝的贿赂，打探到了韩国派郑国到秦国搞破坏的阴谋。

秦王政要杀郑国，郑国则直言不讳，承认“始臣为间，然渠成亦秦之利也”。他承认自己是韩国派来“疲秦”的间谍。他说，虽然这一工程耗损了秦国的巨大财力，但给秦国留下了万世不拔的福祉。

此时的郑国，死已然不惧，他要求继续修建未完工的郑国渠！

这，就是科学家的操守。

可以想见，郑国在受领韩国赋予的“疲秦”使命后，便处于一种两难的矛盾之中。一方面，他是韩国人，肩负着韩国“疲秦”的国家使命，他不能有负于韩国；另一方面，他是水利科学家，由他主持兴建的水利工程，不能违背科学家的职业操守和良知，耗费大量的财力、物力、人力，去建造一个毫无作用的烂尾工程。面对这种两难的选择，郑国无疑做了两选，既不负国家的使命——“疲秦”，又不负科学家的操守、良知——修建造福万世的“郑国渠”。

秦王政的明智在于，他没有诛杀郑国，而是让他继续主持修建这个水利工程，并在渠成后，命名为“郑国渠”。

十二岁的游说家

吕不韦的封邑在河间，即邯郸的漳河一带。他一心想扩大封地，决定联合燕国进攻赵国，使得赵国在战败者的板凳上接受吕不韦在漳河扩大封地的要求。当时的燕国已经被秦国彻底打服了，并派燕王喜的太子丹到秦国做人质。吕不韦打算派秦将张唐到燕国去做丞相，以促成他攻打赵国、扩大封地的目的。

张唐不敢受命，原因是“之燕者必径于赵，赵人得唐者，受百里之地”。张唐作为秦将，曾率军进攻赵国，杀了很多人，赵国人对他非常痛恨。而要到燕国去，必经过赵国，赵国已经贴出告示，抓到张唐的人，赏赐百里土地。

不受命，大权在握的丞相吕不韦非常恼火。

这时，一个十二岁的孩子站出来，这孩子叫甘罗，他大言不惭地对吕不韦说：“我能叫张唐赴燕就职。”

吕不韦一听更火了：“我自行之而不肯，汝安能行之也？”

是啊！我堂堂秦国丞相做工作做不下来，你一个十二岁的娃娃，竟口出狂言，能叫他赴燕就职？一边去吧你！

甘罗则说：“项橐七岁就做了孔子的老师，我都十二岁了，就让我试一把吧！”

甘罗是秦国大臣甘茂的孙子，小小年纪便在吕不韦府上做家臣。可能是小甘罗很机灵，讨人喜欢，吕不韦就信他一回，同意他去游说张唐。

甘罗于是找到张唐，问：“卿之功孰与武安君？”

问的是，你张唐的功劳，能比得上武安君白起吗？

张唐答：“武安君战胜攻取，不知其数；攻城堕邑，不知其数。臣之功不如武安君也。”

那好，甘罗再问：“范雎和吕不韦相比，谁在秦国的权势更重？”

之前在秦国做丞相的范雎，与今天的丞相吕不韦相比，不是一个重量级。对此，张唐心知肚明。

在问了这样两个问题后，甘罗对张唐说：“范雎想攻打赵国，白起认为有困难而不肯受命，结果是，白起被逐赐死；如今吕不韦想派你到燕国任相，你不肯受命，臣不知卿所死之处矣！”

最后这句，说的是我不知你会死在哪里，张唐大惊失色，他顿时清醒过来，立马答应赴燕。

十二岁的甘罗给张唐所提的两个问题，都是纵观历史、立足现实的严肃问题，不懂得秦国的历史、不清楚权谋争斗的残酷，是不可能提出来的！

接着，甘罗找吕不韦，要五辆车，又去游说赵王。

见到赵王后，甘罗又问了两个问题。

一个是：“燕太子丹到秦国当人质，你听说了没有？”

一个是：“秦国大将张唐到燕国做丞相，你听说了没有？”

赵王的回答是都听说了。

好，你都知道了，那我告诉你吧。甘罗说：“燕太子丹入秦为人质，表明燕国不欺骗秦国；秦派张唐到燕国做丞相，表明秦国不欺骗燕国。秦、燕互不欺骗，赵国就危险了。因为秦、燕联手，就是想攻打赵国，以扩大河间的地盘。”

甘罗这么一说，赵王顿时大惊失色，不知如何是好。

甘罗给赵王出主意，说：“如赵国割让给秦国五座城池，用以扩大河间的地盘，那我将请秦遣燕太子丹回国，秦、燕断交，转而秦与赵联手，攻打燕国。”

赵王全盘接受，割让河间一带的五座城池给秦国，秦国即把太子丹送还燕国。赵国仗着秦国作后盾，发兵攻燕，占领燕国上谷郡三十六县。当然，赵国没有全部装进口袋，而是又给秦国送了几个县。

十二岁的甘罗，竟然在错综复杂的战国天下，当上了说客，且都能游说成功，这在今天的人们看来，简直是不可思议！

邹衍展示的理论智慧

写邹衍，也得到《史记》中去请教司马迁。

邹衍，齐国人，阴阳学创始人，其主要学术成果，是“五行终始说”“五德终始说”。这一学说，似乎是为秦始皇吞并六国、一统天下、秦朝代替周朝而量身打造的。

司马迁写道：“邹衍睹有国者益淫侈，不能尚德，若《大雅》整之于身，施及黎庶矣。乃深观阴阳消息而作怪迂之变，《终始》《大圣》之篇十余万言。”

司马迁惜墨如金，但写邹衍，却不惜笔墨。他说，邹衍目睹一些国君越来越荒淫奢侈，不崇尚德政，不像《诗经·大雅》所要求的那样约束自己，再推及百姓。于是就深入观察万物的阴阳消长，记述怪异玄虚的变化，并写了《终始》《大圣》等文章，共十万余字。

司马迁的进一步解释是：邹衍所写的，宏大广阔而荒诞不经，但他都是从细微的事物观察、验证入手，然后扩展开去，验证世间大的事物，以致达到无边无际。

邹衍认为，盘古开天地以来，金、木、水、火、土五行相生相克，决定物质世界的发展变化，而这五行反映到人类社会，就是五种德性。这五种德性也相生相克，与历代朝廷帝王的更替相照应。这便是人们所认知的，天降祥瑞或灾祸与人事相应。

毫无疑问，邹衍的这套理论，战国天下特别是各国的君王，没有人做过观察论证，更多的人是云里雾里听不懂，但五种德行与历代朝廷、帝王的更替相照应，便足以引起天下特别是君王的高度重视。所以，邹衍是齐国人，在齐国备受尊重；他去魏国，魏王远接高迎，同他行宾主之礼；他去赵国，名誉天下的平原君侧身陪行，亲自为他拂拭席座；他去燕国，燕昭王拿着扫帚清扫道路为他作先导，自己则坐在弟子的座位上，还专门为他修建了供他居住的碣石宫。

邹衍的“五德终始说”，在齐、燕两国各做过一次尝试。他很识时务，也很灵活。在齐国，他推行的是五行相生说，即木生火，火生土，土生金，金生水，水再生木；在燕国，他推行的是五行相胜说，即水胜火，土胜水，木胜土，金胜木，火胜金。邹衍将地上“五行”的演变，对应天上北极星的逆时旋转，当北极星附近的小熊星座出现β星（视作帝星）时，便认为将改朝换代，出现帝王。

《吕氏春秋》记载了邹衍所讲的道理是：“凡帝王者之将兴也，天必先见祥乎下民。黄帝之时，天先见大螾大蝼。黄帝曰：‘土气胜。’土气胜，故其色尚黄，其事则土。及禹之时，天先见草木秋冬不杀。禹曰：‘木气胜。’木气胜，故其色尚青，其事则木。及汤之时，天先见金刃生于水。汤曰：‘金气胜。’金气胜，故其色尚白，其事则金。及文王之时，天先见火赤乌衔丹书集于周社。文王曰：‘火气胜。’火气胜，故其色尚赤，其事则火。代火者必将水，天且先见水气胜。水气胜，故其色尚黑，其事则水。水气至而不知数备，将徙于土。”

邹衍搬出黄帝、禹帝、商汤、文王四个贤君的朝政更替历史，外加更替之前“天必先见祥乎下民”的情况，即黄帝时见大螾大蝼、禹帝时见草木秋冬不杀、商汤时见金刃生于水、文王时见赤色的乌鸦衔丹书集于周社，用这种世间罕见的怪异，论证朝代更替后应崇尚的不同颜色。因而齐、燕二君在邹衍的鼓动下，先后称帝，东边的齐湣王称东帝，北边的燕昭王称北帝，把崇尚的颜色全部改为黑色。

令邹衍没有想到的是，齐、燕两国既不是赵国、楚国的对手，也不是秦国的对手。秦国今天侵齐，明天伐燕，早把这两国打成菜鸟了，叫这两个菜鸟国家的君主称帝，天下各国都不服，加之周王室虽衰微得只剩下残喘，但好歹还是春秋延续下来的一个“共主”符号。让齐、燕两国取代周王室这个符号，天下各国都不干。

在天下一片声讨的浪潮中，齐、燕两国只好取消帝号。

虽如此，但也得承认，邹衍的“五德终始说”取得了巨大成功，因为有两个国家的国君跟着他的学说动起来了。

这之后，邹衍的“五德终始说”被秦王政所接受，作为他称帝及吞并六国的理论旗帜被高高举起。史载：“邹子之徒论著终始五德之运，及秦帝而齐人奏之，故始皇采用之。”秦王政以水德之治，崇尚黑色。

由此可见，理论的力量是巨大的。虽然邹衍的“五德终始说”是否揭示出了人类社会发展的一般规律，拿今天的科学手段去验证，也未必能得出什么结论，但它是一个全新的理论，且这一理论把物质的五行，与人类社会的五德相因应，启发了人们的认同感，因而被想称王称帝的君王所接受，使得这一理论产生了强大的现实力量。

不仅如此，邹衍还创立了一个理论，叫“大九州说”。

这一理论挑战的是儒家的“中国”概念，体现了天外有天、海外有海的科学推想。古代的宇宙论，有“盖天说”，认为“天象盖笠，地法覆盘”，这一学说立足于内陆；还有“浑天说”认为水不仅载着地，而且撑着天，这一学说立足于海洋。邹衍的“大九州说”，是以海洋为基础的大九州观。

邹衍认为：“儒者所谓中国者，于天下乃八十一分居其一分耳。中国名曰赤县神州。赤县神州内自有九州，禹之序九州是也，不得为州数。中国外如赤县神州者九，乃所谓九州也。于是有裨海环之，人民禽兽莫能相通者，如一区中者，乃为一州。如此者九，乃有大瀛海环其外，天地之际焉。”

解释一下邹衍所说：儒家的所谓中国，其实是整个天下九九八十一的“一分”，且这“一分”是海洋中的一块陆地。从中国内部看，就是大禹勘定的九州，而中国的九州之外，“有裨海环之”；“裨海”之外，还有“赤县神州”；“赤县神州”之外，还有“大瀛海环其外”。而这些地方与中国之间“人民禽兽莫能相通”。

这在当时无疑是惊世骇俗的理论，但无疑也是前无古人的宇宙观、海洋观！虽然他将中国说成是天下九九八十一的“一分”，不符合今天已知的世界地理划分，但中国不是全天下，中国之外还有诸多国家，中国只是海洋中一个陆地等概念，在邹衍大九州说里完全表述出来了。

邹衍的理论智慧，确实值得华夏子孙自豪、骄傲！

如今的北京密云有一景，叫“黍谷先春”，与邹衍有关。

邹衍在燕国受到礼遇，他便四处游览，一年春天，来到渔阳郡，即今密云的西部。别的地方春色满园，而渔阳郡却依然是冬天，草木枯黄，寒气逼人。于是邹衍登上郡城南面的一座小山，吹起了律管，演奏春之曲，这一吹便是三天三夜不停不歇。三天之后，暖风从南面吹来，阳光普照，冰雪消融，树叶绿了，花儿开了，整个渔阳大地一派春意盎然，农民纷纷下地，播种耕作，秋收时五谷丰登。不仅当年如此，渔阳此后年年如此。当地百姓为纪念邹衍，特地把他吹律管的小山，定名为黍谷山，山上还建了祠堂，让他享受香火供奉。

邹衍在燕国的礼遇，源于爱惜人才的燕昭王。燕昭王死后，燕惠王便不再礼遇他了。加上邹衍是齐国人，在燕昭王以乐毅为将，率秦、楚、韩、赵、魏联合伐齐时，身处燕国的邹衍，既不出伐齐的主意，也不出阻止的主意，完全置身于此事之外。燕惠王身边的奸臣，便以此作为陷害他的借口，鼓动燕惠王将他逮捕入狱。

《淮南子》载：“邹衍事燕惠王尽忠，左右谮之，王系之，（衍）仰天而哭，五月为之下霜。”邹衍被打进大牢时，正值夏天，而他仰天一哭，整个燕国被一层白霜覆盖了，像被雪包裹了一样。这便是“六月飞雪”的原始版本。

燕惠王很是恐惧，听人说是邹衍被冤枉，才引得“六月飞雪”，赶紧把邹衍从大牢里放出来。邹衍出牢门后，随手捡起一根竹子，吹奏了一段乐曲，顿时天空放晴，阳光普照大地，包裹大地的白霜顿时消融。

邹衍，这位在中国历史上创造过“邹衍谈天”“六月飞雪”成语的大学者，必然有这样那样的趣闻轶事，在人们的口头流传中立起碑来！

公孙龙的“名家”贡献

公孙龙，赵国人，平原君赵胜的门客，是名家的代表人物，其代表作是《白马论》和《坚白论》。

与儒、墨、道、法、兵一样，名家在春秋时期就加入百家争鸣的思想文化领域，促进了百花齐放的生动局面。但春秋天下，礼制的气氛浓厚，对其他学说多有抑制，故名家未能站到争鸣的舞台中央来。进入战国后，儒家礼制的那套定律，被攻打征伐、弱肉强食的法则打乱了，从周王室到各诸侯国，只是把礼制作为一种流传下来的王道符号，或挂在嘴上，或束之高阁，儒学礼制基本弃之不用了。在这种情况下，思想文化百花盛开，各显神通，名家也就应运而生。

所谓名家，主要是运用逻辑学原理，辨析事物的“名”“实”性状，并开拓出一个有着特殊探讨价值的领域。其主要表现方式是辩论，且辩论多集中于与政治实务无关的哲学问题。

名家的主要贡献，是从哲学领域，推动了我国古代逻辑学的发展。

但名家靠耍嘴皮子辩论的做法，湮没了他们的贡献，不大为人们所认可。

公孙龙是名家的主要代表人物，他的主要辩题之一，是“白马非马”。

据说赵国一度流行传染病，导致大批战马死亡。为防止瘟疫传入秦国，秦国特地在函谷关贴出告示，严禁赵国的马入关。

公孙龙却骑着一匹白马要进关。关吏说：“你人可以进去，马不能进。”

公孙龙于是开始辩论了，他说：“白马不是马，怎么不可以进关呢？”

关吏听得莫名其妙，白马怎么不是马呢？

公孙龙说：“‘白马’这个概念，分开来就是‘白’和‘马’。‘白’和‘马’是两个不同的概念。如果说我要马，给黄马、黑马等都可以，但如果我要白马，给我黄马、黑马等就不对了。这就证明，‘白马’和‘马’不是一回事，所以说‘白马非马’。”

普通百姓是无论如何都接受不了公孙龙辩解的这一套的！

其实，公孙龙的辩词是这样的：“马者，所以命形也；白者所以命色也。命色者非命形也。故曰：白马非马。”公孙龙的这一辩词，聚焦了逻辑学上的三个问题。

一是概念的内涵。公孙龙认为，凡是具有马的形态的都叫马，凡是白颜色的都叫白，“马”的内涵是一种动物，“白”的内涵是一种颜色，“白马”的内涵是一种动物加一种颜色，三者内涵各不相同，所以说“白马非马”。

二是概念的外延。公孙龙认为，马的外延，包括黄马、黑马等一切马。而白马的外延，仅限于白颜色的马，黑马、黄马等就不能包含在内。因马与白马的外延不同，决定了“白马非马”。

三是个性与共性的关系。公孙龙认为，白是一切白色的共性，而不是马；马，是一切马的共性，而不是白。白马，是白色的共性加马的共性，所以“白马非马”。在这里，公孙龙从马与白马两个概念，指出了一般与个别的差别。

但公孙龙夸大了这种差别，把个性与共性完全割裂开来，并加以绝对化，以求达到否认个性，只承认共性，使共性脱离个性而存在的目的。这无疑是把抽象的概念，当成脱离具体事物的精神实体，陷入了客观唯心主义。

无独有偶，在公孙龙提出“白马非马”“鸡三足”“飞鸟未动”等辩题的同时，远在意大利南部的伊利亚，古希腊哲学家芝诺，也提出了“飞矢不动”的辩题。东西方几乎同时提出类似诡辩式论题进行呼应，是巧合呢，还是契合了人类文明发展的某个轨迹？

再看公孙龙的另一个辩题：“离坚白”。

公孙龙这个辩题的切入点，是“坚白石”。其核心论点是：“视不得其所坚而得其所白者，无坚也；拊不得其所白而得其所坚者，无白也。”说的是，眼前一块白石，用不同的方式去感知它，将产生不同的结果。一种方式是，用眼睛去看，不知道它是坚硬的，而只知道它是白颜色的。另一种方式是，用手去摸，只知道它是坚硬的，而不知道它是白颜色的。用眼看的方式，石头的坚藏起来了；用手去摸的方式，石头的白藏起来了。因而公孙龙得出结论，白色与坚硬并不是结合在石头里，而是脱离石头独立存在的。这便是“离坚白”的主要论点。

用哲学的视角来看，公孙龙的这个辩点，否定了一般存在于个别之中，明显带有强词夺理的诡辩色彩。

但也应看到，公孙龙辩论所分开的“石”“白”“白石”，源于与语言世界密不可分的概念世界。当人们把各种不同颜色、形状的“石”，命名为“石”时，这时的“石”便已经脱离了一块块具体的“石”，而进入人们的思维、语言领域了，这也即是公孙龙所辩称的“离”。同样，“白”这一概念脱离了各种各样石头的颜色，进入人们的思维、语言领域，“白”也就脱离出来了。

这么写来虽有些绕，但无疑属于逻辑推理的范畴。

公孙龙善辩，他的名气也因此而广泛传播。史载，当时战国天下的名人，只要路过赵国，都要找他辩论。

孔子的六世孙孔穿路过赵国，就专程到平原君府上，找公孙龙辩论，而且被辩得无言以对。

孔穿不同意公孙龙“白马非马”那一套，公孙龙则说：“你的老祖宗孔子可是赞成的啊。”并且讲了一个证明孔子赞成的故事。

故事是这样的：楚庄王张开繁弱弓，装上亡归箭，在云梦打猎，结果把弓弄丢了。随从要去找，楚庄王拦住他说：“不用了，楚国人丢了弓，楚国人拾了去，何必找呢！”孔子听到后说：“楚王的仁义还没有做到家，应该说，人丢了弓，人拾了去，何必要说楚人呢？”

公孙龙讲这个故事，要说的道理是：人们肯定了孔子把楚人和人区别开来的看法，为什么要否定我把白马与马区别开来的看法呢！最后公孙龙说：“你孔穿遵奉儒家学说，却反对孔子赞同的观点；你提出向我学习，却叫我放弃要教你的东西。即便一百个像我这样的老师，又能做你的老师吗？”

孔穿无言以对。

儒学大家孔穿无言以对，心里是窝着火的，于是当平原君问他昨天辩得怎样时，孔穿开始撒火了，他说：“公孙龙几乎能让奴婢真的长出三只耳朵来。我想请教您，现在论证三只耳朵十分困难，又不是事实，论证两只耳朵十分容易，而确属事实，不知您将选择容易的、真实的，还是选择困难的、虚假的呢？”

平原君无言以对。

邹衍路过赵国，平原君请他与公孙龙辩论，邹衍明确拒绝。

拒绝的理由是：“夫辩者，别殊类使不相害，序异端使不相乱。抒意通指，明其所谓，使人与知焉，不务相迷也。故胜者不失其所守，不胜者得其所求。若是，故辩可为也。及至烦文以相假，饰辞以相悖，巧譬以相移，引人使不得及其意，如此害大道。夫缴纫争言而竞后息，不能无害君子，衍不为也。”

邹衍认为，用繁文缛节作为凭据，用巧言饰辞相互诋毁，用华丽辞藻偷换概念，用诡辩纠缠不休、咄咄逼人，总要让人认输才住口，这样的辩论，有害治学大道，也有害君子风度！

司马光写道：养士三千，且常为公孙龙善辩而感到有面子的平原君，在听了邹衍的一席话后，渐渐冷落了公孙龙。

名家之所以能在诸子百家中独立成家，绝非偶然。名家“不法先王，不是礼义”，其辩论也不只是展示一种口才，而是揭示各种事物的关联，在他们的辩词中，甚至在诡辩中，揭示出千丝万缕的关联，变成了一种学说，即逻辑学。

“帝王师”孟子的善政理念

“民为贵，社稷次之，君为轻。”

这是划时代的伟大见解！

其民权和民生的意义，政权和执政的意义无与伦比！

在漫长的封建社会，君是什么？君是受天命而主宰天下的天子！民是什么？民是受天子奴役、为天子供奉奢侈享受的草芥！

华夏祖先从原始社会开始，便创作了一套厘定天下等级秩序的礼数，即君为臣纲，父为子纲，夫为妻纲。君叫臣死，臣不得不死，臣要是不死，即是大逆不道，有违天理。而“民”在“君”眼里又算得了什么呢？“民”要是对“君”翻一下白眼，那便是犯上作乱，便会遭灭三族、屠九族的大祸。

可在公元前三百多年，在那个图强争雄、血肉横飞的战国天下，孟子振臂而呼：“民为贵，社稷次之，君为轻！”

他这一呼，彻底颠覆了天下等级秩序的礼数，把最底层的“民”，一步提上了天。

孟子，名轲，山东邹城人，是继孔子之后伟大的政治家、思想家、教育家。孟子家贫，父亲早丧，母亲守寡。战国时的孟子与孔子相似，他带领学生游历魏、齐、宋、鲁、滕、薛等国，也想谋个大官做做，以施展自己的政治抱负。他在齐国当过齐宣王的客卿，抱负施展不出来，便回到家乡聚徒讲学，与学生万章等人著书立说，成为仅次于孔子的一代宗师，被后人称为“亚圣”，与孔子合称为“孔孟”。

孟子的伟大，与他母亲的伟大分不开。

《三字经》有“昔孟母，择邻处，子不学，断机杼”的表述。

孟子小的时候，家的住地靠近一个墓地，经常有人家在那里办理丧葬事宜。孟子觉得有趣，也常与小伙伴们在墓地玩丧葬祭拜游戏。孟母认为这个地方不适合孩子居住，便搬家了。新安的家在一个集市旁边，孟子有样学样，又开始和小伙伴玩做买卖和杀猪杀鸡的游戏。孟母觉得这个地方也不适合孩子居住，又搬家了。最后选择的新家住址是在一个学堂旁边。学堂琅琅的读书声，以及老师传授的各种礼节，深深地吸引了年少的孟子，也跟着学起来。这便是流传至今的“孟母三迁”的故事。

孟母不只是“三迁”，她对孟子的教育也极其严格。一天，孟子放学回家，孟母还在织布，便问他学习怎么样。孟子则心不在焉，说跟过去一样，没什么好学的。孟母一听火了，操起剪刀，把刚织好的布剪断。孟子大为惊讶，问母亲为什么要断织。孟母说：“你荒废学业，如同我剪断织好的布一样。女人荒废家务劳作，男人放松自己的修养和德行，那么，一家人纵使不做强盗、小偷，也只能从事劳役了。”孟子听了猛醒过来，从此学习格外用功。孟子成家后，一次回家，推开门见妻子蹲在地上，非常恼火，就对孟母说：“请允许我把她休了。”孟母问为什么，他说妻子蹲在地上。孟母又问他怎么知道的，他说他亲眼看见的。孟母一听便明白了，不是儿媳妇不讲礼仪，而是儿子不讲礼仪。因为《礼经》规定：一个人将要进门的时候，必须先问屋里谁在；将要进厅堂时，必须用咳嗽或吟诵弄出些声响，以便让屋里的人知道；将进屋时，必须眼往下看。《礼经》这样规定，为的是防止屋里的人措手不及，不能以相应的礼仪对待。孟子进屋，推门便进，把妻子吓一跳不说，还以妻子违背礼仪为由，要将妻子休了，显然是悖理的。孟母把孟子教育一番后，休妻的事不再提了。

毫无疑问，孟子并非出身名门望族、书香门第，但他母亲对他的家教，还是蛮“书香”的。孟子在儒学发展史上的伟大建树，与孟母的家教不无关系。

孟子思想理论的核心是“性善”说，并由此出发，把心、性、天统一起来了。孔老夫子没有在人性善恶上作什么探讨，只是提出了“食、色性也”。而战国天下，诸多士人加入这个讨论的行列。荀子就坚持“性恶论”，对“性善论”给予了猛烈抨击。告子则认为人性无善无不善，与仁义也没什么联系。孟子的“性善论”观点，主要是在与告子的争辩中提出来的。

告子说：“人性就像急流的水一样，东边开个口子就往东流，西边开个口子就往西流。人性就像水流不分东西一样，不分善恶。”

孟子说：“流水不分东西，难道不分高低吗？人的本性向善，就像水往低处流一样。没有水不往低处流的，就犹如人的本性没有不善的。用戽斗把水引上高山，这难道是水的本性吗？是外在形式迫使的。人会做坏事，也是因为其本质受到了外在影响。”

告子认为：文王、武王时，百姓就喜欢向善；幽王、厉王时，百姓就喜欢横暴；百姓普遍向善时，也有人喜欢横暴；百姓跟着暴君行恶时，也有人喜欢行善。这不正说明人性无善无不善吗？

孟子则说：“恻隐之心，人皆有之；羞恶之心，人皆有之；恭敬之心，人皆有之；是非之心，人皆有之。恻隐之心，仁也；羞恶之心，义也；恭敬之心，礼也；是非之心，智也。仁义礼智，非由外铄我也，我固有之也。”

请注意！孟子把“性善”与儒学道义结合起来了。他说“恻隐之心，仁之端也；羞恶之心，义之端也；辞让之心，礼之端也；是非之心，智之端也。”“端也”，起始、萌芽的意思。而这“四端”是先天的，人的“善性”是与生俱来的。只有不断扩充、培养这些“善端”，才能成为具有仁、义、礼、智等道德修养的完人。孟子认为，为什么文王、武王时期，百姓普遍向善，却还有人横暴呢？是因为这些人不去扩充和培养这些“善端”，没能守住自己的“良知”所致。

孟子在“性善”上的论述很多，极大地丰富了儒学“修身、齐家”的理论体系。

孟子对儒学发展的一个重大贡献，即是把儒学道义与治国安邦紧密结合起来。孔老夫子带着弟子辗转天下，也想找官做，不成，只好传授学问，走一路传授一路，理论来理论去，与“修身”“齐家”联系紧密，与“治国”“平天下”几乎不搭界。孟子与孔老夫子走的路子几乎一样，辗转战国天下，也谋官做，不成，也设坛讲学。所不同的是，孟子走到哪里，都把他的“仁政”理论宣传到那里，且与治国安邦联系起来，即理论与实践相结合。

司马光写道：孟子见梁惠王，梁惠王问能带给他什么利益。

孟子则说：“何必曰利？亦有仁义而已矣。”

他接着说：“国君想的是怎么使国家获利，大夫想的是怎么使自家获利，士人和百姓想的是自己如何获利，结果上上下下争相逐利，大夫不把国君的财富夺去便不会满足，如此国家就危险了，国君的君位就不保。而上上下下讲仁义，讲道德辞让，国家就能富庶安稳。”

梁惠王自吹自擂，说自己施政做得如何好，而邻国做得没自己好，土地和人口却增加了，问孟子为什么会这样。

孟子用“五十步笑百步”给他讲了一番道理。孟子如是说：“战鼓敲响，兵刃相交，士兵丢下盔甲拖着兵器逃跑，有的一口气跑了百步停下来，有的跑了五十步停下来。如果跑了五十步的去嘲笑跑了一百步的，有道理吗？跑五十步的难道不是逃跑？”

司马光还写道：见齐宣王，孟子给他大讲王道。

齐宣王有一件事自以为做得很好，他坐在大殿之上，见有人牵着一头牛从殿下走过，便问牵牛干什么，得知是宰了牛祭钟。齐宣王不忍心看到牛被宰，叫人放了。牵牛的人问是否废弃祭钟仪式，齐宣王说："怎么能废掉呢，用羊代替吧。"对此，齐国百姓说齐宣王吝啬，齐宣王却很得意，认为自己的做法符合王道。

孟子则说："如果我的力气能举起三千斤的东西，却说举不起一根羽毛，你肯定不信。大王您的恩惠已经施加到禽兽身上了，而百姓却没得到好处。为什么呢？是因为一根羽毛你不是举不起，而是您不愿举。这就犹如您用仁政治理国家，不是做不到，而是不肯去做。"孟子接着说："您不以仁政治理国家，不是挟泰山跨渤海之类的事情，确实做不到，而是为老人按摩捶背之类的事情，能够做得到，而您却不做。如果您实施仁政，使天下想做官的都愿在您的朝中任职，耕田的都想在您的土地上耕种，经商的都想在您的集市上经营，旅客都想在您的道路上行走，百姓的产业上足以侍奉父母，下足以养活妻儿，丰年能吃饱，荒年饿不死人，您还能不称王于天下吗？"

孟子的类似言论在战国天下引起巨大反响，想见孟子的君王很多，孟子也就越来越忙，从齐国出来去邹国，从邹国出来到滕国，从滕国出来到鲁国，一行几十辆车马，上百个弟子，浩浩荡荡，着实威风。

孟子来到齐国，齐宣王任命他为客卿。客卿相当于副相国，参与重大国事的决策谋划。这时的孟子，抱负膨胀，悄然萌发了"帝王师"的自我感觉。但现实重重打击了他，齐王不待见他，他只好离开。

孟子的学生充虞见他不高兴，就用"君子不怨天，不尤人"劝他。

孟子则说："五百年必有王者兴，其间必有名世者。由周而来，七百有余岁矣。以其数，则过矣；以其时考之，则可矣。夫天未欲平治天下，如欲平治天下，当今之世，舍我其谁也？”

这是孟子内心装着“帝王师”而放不下的原因！孟子认为，按历史发展规律，五百年必有一个英明的君主出现，也必有一个命世之才出来。孟子算着，尧、舜至商汤，五百余年；商汤至周文王，五百余年；从周王朝到现在，七百多年了，论年数，已超过五百年了，从目前的形势看，应出王者和名世者了。上天不想治理天下则罢了，如想治理，当今天下，除了我还有谁呢？

这是孟子内心世界的真实道白！

在孟子看来，七百多年来，王者没出现，“名世者”也没出现，但“帝王师”出现了，即“舍我其谁”！

说这话时，孟子可能没有想起孔老夫子来。

孟子“帝王师”的自我意识始终放不下，只是给学生讲授时自诩“帝王师”，也觉得没有什么意思，于是变一种思路，给学生讲大丈夫。

讲“大丈夫”，即是讲人格。孟子要求他的学生，用儒家的道德规范，培养自己的“浩然之气”。他说：“居天下之广居，立天下之正位，行天下之大道；得志，与民由之；不得志，独行其道。富贵不能淫，贫贱不能移，威武不能屈”。努力培养自己“生，亦我所欲也；义，亦我所欲也，二者不可兼得，舍生而取义者也”的伟大人格。

“富贵不能淫，贫贱不能移，威武不能屈”“舍生取义”等，是高尚人格的“浩然之气”。这“浩然之气”，穿越两千多年的时光，闪烁着华夏子孙人格的光彩。

也可以说，是孟子确立了士人（知识分子）的独立品格，确立了知识分子立身处世的标准，极大地升华了中国知识分子的精神境界！

孟子学识广博，思想超前，见地独特。《诗经》是我国最早的诗歌总集，是从众多诸侯国收集起来的。由于各诸侯国生活习性不同，语言差别很大，因而把诗读懂非常困难。孟子也读《诗经》，他在如何读诗特别是读懂诗上，创造性地提出了两条重要方法：以意逆志、知人论世。

以意逆志，即是“不以文害辞，不以辞害志”。说的是，要懂得《诗经》所特有的艺术特征，不能只抠字眼，只从字词的表意来理解，而误解全句的意思，甚至曲解诗人所表达的思想。要深入到诗人的内心世界，探求诗人的写作意图。在这里，孟子特别提倡读者要根据自己的生活体验和主观感受，通过自己的想象、体验等活动，把握诗人的思想感情，从而把诗读懂。

知人论世，孟子是这样说的：“以友天下之善士为未足，又尚论古之人。颂其诗，读其书，不知其人，可乎？是以论其世也，是尚友也。”孟子讲的是交友之道，却道出了一条重要的读书方法。在他看来，阅读古人的作品，必须“知其人”“论其世”。所谓“知其人”，就是要了解作者的生平、受教育所形成的思想等；所谓“论其世”，就是要了解作者的生活经历、家庭情况、当时的社会风俗，以及社会经济、政治、文化等对他的影响。在孟子看来，你读不懂作者，也就不可能读懂他的作品。

两千多年前，孟子关于读诗、读古人作品的两条重要方法，为华夏子孙指明了读书、读懂书的方向。

孟子生活的战国天下，战火纷飞，檑木滚石。战国七雄乃至诸多小国，只认肌肉，只认拳头，因而他奔走呼号的“仁政”“善政”，国君不响应，大夫不响应，就连学者也不响应。而奔走于战国七雄之间，一个用合纵术的苏秦，一个用连横术的张仪，拿战国天下的布局对弈，弄得风生水起，大受追捧。与苏秦、张仪相比，孟子逊色多了。好在孟子内心强大，在他给学生的授课中，把苏秦、张仪从大夫的行列剔除，把他们贬到流氓之列。

显然，追捧者遍布战国天下的苏秦、张仪，不会对孟子的评价置之不理。据载，在齐宣王的朝堂上，张仪指着孟子的鼻子说："孟老夫子，你何其厚颜无耻啊！"接着，张仪骂儒家人士全是小人，说假话，虚伪，骗吃骗喝，于社会毫无用处。张仪嬉笑怒骂，大殿中竟无一人吭声。孟子气坏了，一肚子的话想反驳，可喘着粗气说不出来，不久便气死了。

这个记载似乎难以令人置信，因为孟子的内心极其强大，他认为五百年必有王者兴，自己就是"帝王师"，怎么会因张仪的一顿数落而影响自己的心气呢？还因为孟子提倡的仁政、王道，在当时的战国天下，产生了巨大反响。赵国太后就对孟子"民贵君轻"的仁政、善政，作了最生动的阐释！

赵太后见齐国使节，问了三个问题：

"岁亦无恙耶？"

"民亦无恙耶？"

"君亦无恙耶？"

司马光写道：齐国使节很不高兴，在他看来，首先该问的是国君，而后才是收成和人民，怎么能把这个顺序颠倒呢？

赵太后的解释是："苟无岁，何以有民？苟无民，何以有君？故有舍本而问末者耶？"

赵太后的这个解释，说到了问题的根本，生动、鲜活地诠释了孟子关于"民为贵，社稷次之，君为轻"的仁政、善政理念！

这也是司马光编纂的《资治通鉴》中，诸多明君所奉行的仁政、善政理念。

韩非子的法学主张

韩非，战国时期韩国公子，“为人口吃，不能道说而善著书”。因为说话结巴，韩非似孟子那般反复找各国君王游说的记载极少，但留下的著作很多，其《五蠹》《孤愤》《说难》等名篇，深得华夏后人推崇。

战国天下儒、墨、道、法、兵、卦等思想理论百花齐放，竞相争鸣。其中最显眼的，当数“合众弱以攻一强”“事一强以攻众弱”的“合纵连横”学说。而“合纵连横”的说辞，却无一例外都抱住了儒家仁、义、礼、智、信等“仁政”的大腿，以及拉扯着夏、商、周等古代圣贤的衣角。不同的说辞抱不同的大腿，不同的游说扯不同的衣角，公说公的道，婆说婆的理，给人的感觉是，谁都说得有道理。

但有一个人例外，他不抱儒学大腿，不扯圣贤衣角，而是高举法治大旗，他的大名叫韩非！

韩非主张依法治国，“循名责实”，即行动与法令相一致。

正是这个主张，使得韩非旗帜鲜明地对儒墨之道进行批判，对提倡效法先圣的行为进行抨击，并把扰乱社会风气的五种人，称为“五蠹”，专门写文章进行批判。这“五蠹”，就包括称颂先王之道，大讲仁、义、礼、智、信的学者；当然还包括制造谎言、见人说人话、见鬼说鬼话的游说家，聚集党徒、标榜气节的所谓“公子”，大肆行贿、巴结豪门、逃避战争之苦的士者，粗制滥造、囤积居奇的商人和手工业者。韩非高举“五蠹”大棒，一棒打下去，把他们统统打成了损害国家和人民利益的蛀虫！

剩下什么是国家和人民最需要的？

韩非说："法治！"

韩非依法治国的主张，与申不害有关。

司马光写道：公元前375年，韩哀侯率军消灭郑国。韩昭侯继位后，重用申不害为丞相，让他主持韩国的改革。申不害"内修政教，外应诸侯"，帮助韩昭侯推行"法""治""术"十五年，使韩国君主专制得到加强，国内政局稳定，贵族特权受限，百姓生活改善，韩国成了战国天下的强国。

韩非是韩国公子，他对韩国历史上的兴衰感同身受，对韩国"兴"为什么"兴"，"衰"为什么"衰"，肯定有过深入研究，因而他继承申不害的法治理念，并结合战国天下的现实情况，进一步发展并形成了他自己的法治理念。

韩非秉持的是坚决而全面地推行法治，他在《问辩》中写道："明主之国，令者，言最贵者也；法者，事最适者也。言无二贵，法不两适，故言行而不轨于法令者必禁。"按照这个主旨，韩非用法、术、势构建起了法治思想体系。

所谓"法"，就是立法。

韩非认为，立法权为君主独控，任何人不得染指。君主颁布的法律，具有公开性和强制性，是臣民言行的标准，全国官民都必须遵照执行；与民众密切相关的刑罚条款，一定要家喻户晓、尽人皆知。

韩非提出的立法原则是"因道全法"。所谓"道"，是指宇宙万物的客观运行法则；所谓"全法"，是指社会治理的方方面面，都要全面依法而行，不能有遗漏，也不能受自己的私利、好恶所掩累。韩非认为，人的本性都是"自为"的，即自私自利、好逸恶劳的。因此君主的立法，必须因应人的趋利避害的本性，而不应为人的主观意愿或好恶、情感所左右。因为“道”的特性是不同于万物的，所以“法”的内容应体现君主至高无上的权威性和他独裁的合理性。其中要把握好“刑德”二柄，“杀戮之谓刑，庆赏之谓德”，以做到“圣王之立法也，其赏足以劝善，其威足以胜暴”。因为民众的本性是，喜欢无法无天，而不喜欢禁止约束，所以君主制定的法律，刑罚一定要重，奖赏一定要恰当。“刑胜而民静，赏繁而奸生。故治民者，刑胜，治之首也；赏繁，乱之本也。”

韩非“因道全法”的立法原则，愿望是美好的，但理想色彩太浓。

所谓“术”，就是君主对臣下的驾驭艺术。韩非说：“术者，藏之于胸中，以偶众端而潜御群臣者也。”“术者，因任而授官，循名而责实，操生杀之柄，课群臣之能者也。”

韩非认为，法令要行文公布，让每个人都知道。而“术”是隐藏的、秘密的，是叫人看不出、猜不透的，只能深藏在君主一个人的心底。韩非运用自己的智慧，联系大量的历史事件、故事，阐述了君王驾驭群臣的领导艺术。在《韩非子·内储说上七术》等多个篇目中，韩非提出的“形名参同”“众端参观”等“术”的措施，对于检验名实是否相符、考察臣僚言行是否一致、功过赏罚是否恰当，还是有创意的，当属领导艺术的范畴。

但是，韩非创作的“疑诏诡使”“奖励告奸”等“术”术，引导君主除奸使用行刺暗杀、爵禄利诱等手段，不乏肮脏与卑鄙，且与韩非全面严格依法治国的主张不相一致，背离了法治的轨道。

所谓“势”，就是君主要把握好自然和人为两大趋势，当然，“人为之势”是韩非谈的重点。“自然之势”，主要是论述一个人要登上君位，必须把握天时、人心。“人为之势”，主要是论述君主要树立自己的权势，只有权势强大，臣僚才能配合君主，才能使“太山之功长立于国家，而日月之名久著于天地”。

法、术、势是韩非论述法治的整体理论，着墨很多，这里只做个大概介绍。

韩非的法治主张，在战国天下与孔孟唱反调，因而，如何评价儒学以及其他学派，是绕不过去的一个课题。为此，韩非高举批判的大旗，猛烈抨击，火力全开。

孔老夫子的儒学源于尧、舜、禹，特别是周朝的文王、武王、周公等，他在弘扬光大儒学的同时，对这些先圣顶礼膜拜。韩非对儒学的批判，便是从分析这些先圣所处时代人们的生存状况入手，一下笔就走得很远，走到了上古时代。他分析道：上古时代，人少而禽兽多，人类经受不住禽兽虫蛇的侵害。这时有位圣人站出来，他用树枝搭成像鸟巢一样的住处，以避免各种禽兽的侵害，人民就爱戴他，让他统治天下，这位圣人叫有巢氏。人民吃野生的瓜果和河里的蛤蜊，因为腥臊而伤害肠胃，很多人生病。这时有位圣人站出来，钻木取火，烧熟食物以去掉腥臊味，人民就爱戴他，让他统治天下，这位圣人叫燧人氏。韩非认为，有巢氏、燧人氏统一天下，是人民的生存所需。历史走到今天，如果还有人构木为巢、钻燧取火的话，是会被笑话的。同样的道理，如果今世之人赞美尧、舜、禹、汤、武那套治理人民的办法，不也会被笑话吗？因此，新时代的圣人不羡慕远古时代，不效法永恒不变的常规，而是研究当下的实际，采取相应的治理办法。

韩非接着说：“古时男人不耕地，是因为草木的果实足够吃；妇女不纺织，是因为禽兽的皮毛足够穿。不用费力劳作而生活给养充足，人民数量少而财物充足，所以人与人之间不会发生争夺。在这种情况下，赏没有必要，罚也没有必要，天下自然安定。当下的情况就不同了，一人有五个孩子不算多，每个孩子分别又有五个孩子，祖父还没死就有二十五个孙子。人多财物有限，即便费力劳作也满足不了供养，因此人民相互争夺。在这种情况下，君主即便加倍奖赏、重复惩罚，也难以避免祸乱。”

孔子是儒学的旗手，是韩非绕不过去的话题。

韩非虽然毫不客气地批判“儒以文乱法”，但对孔子还是保留了一份尊重，他说：“仲尼，天下圣人也，修行明道以游海内。”但他笔锋一转说道：“天下人都说喜欢孔子的仁，赞美他的义，而愿为他效劳的，只有门徒七十二人，而真正行仁义的，只有孔子一人。”

接下来，韩非拿孔子讲故事。

一个故事：有个鲁国人跟随君主打仗，三次上阵三次逃跑。孔子问他为什么逃跑，他回答说：“我还有个年迈的父亲，如果我战死了，就没人供养他了。”孔子听了很受感动，认为他是个大孝子，特地提拔他做官。

另一个故事：楚国有个人叫直躬，为人非常正直。他的父亲偷了别人的羊，他主动向官府告发。令尹听说后，下令把直躬杀掉。理由是，直躬虽然对君主忠心，但他对父亲却是大逆不道，所以必须杀掉。孔子知道这个故事，也做过评价。

韩非讲的这两个故事，不只是抓人眼球，而是严重撞击人的大脑！

因为要为父亲尽孝，在保家卫国的战场，两番三次当逃兵，没有受到惩处，反而提拔起来做官；因为遵守国家的法令，告发父亲偷羊，却被砍掉脑袋。打出这个“孝”字招牌，出征御敌，可以当逃兵；好逸恶劳，可以偷盗；见财起心，可以抢劫；为报私仇，可以杀人。人世间还有什么恶行，不可以在这个“孝”字招牌下实施呢？如此，“仁政”何在？“善政”是耶？

关键是，儒家“以文乱法”，“微妙之言，上智之所难知也。今为众人法，而以上智之所难知，则民无从识之矣”。韩非说的是啊！儒家特别是孔老夫子，惜字如金，他刀笔之下的简约，浪费了后代学者研究、考证、猜测的大量时光，有些文字至今未必真正弄懂。如此深奥玄妙的言辞，智慧极高的人都难以理解，却把它作为民众的行为规范，民众根本就听不懂，又如何让他们遵照执行呢?

可悲的是，说老百姓听不懂的话，或不会说老百姓话的人，被各国尊为上宾，享受高官厚禄；那些违反禁令、仗剑行侠的人，却得到国君丰厚的供养；那些今天教唆多国去打一国、明天教唆一国去打多国的人，损害他国利益，自己却把封地和厚禄都捞到手了……如此，庶民百姓的日子过得下去吗？天下又何谈“仁政”“善政”呢！

……

司马光写道：公元前233年，秦国再攻赵国，接连攻陷赵国的宜安、平阳、武城，把与赵国接壤的韩国吓坏了。韩国马上割地，献上国王印信，请求降格为秦国的附庸国，并派韩非到秦国拜谒秦王政。

秦王政非常欣赏韩非的贤能，读到《孤愤》《五蠹》后说：“嗟夫！寡人得见此人与之游，死不恨矣！”因而听到韩非来秦的消息后，他非常兴奋，打算立即召见。

但，历史在这里打了个死结！

《史记》载：韩非到达咸阳后，欣赏韩非的秦王政并没有召见他，韩非也没有请求秦王政召见，而是给秦王政写了一份“卖国上书”。

“卖国上书”写的是韩非向秦国贡献破坏合纵联盟的具体方案。韩非信誓旦旦地写道：秦国用此方案，如不能教赵国投降、韩国灭亡、楚国和魏国屈服、齐国和燕国归顺，秦国的霸王之名不能建立，天下国君不来秦朝觐，就把我韩非杀了，用以作为对秦王不忠诚的警戒。

司马光评价韩非是“法学派巨子”，但认可“韩非向秦国献策，第一要先覆灭他的祖国，目的只在证实他的才干”。

诸多史学家认为，“卖国上书”绝非出自韩非之手！疑点极多，是对韩非的诬陷！

我们不妨做点分析。

疑点一：韩非是享誉战国天下的法学巨匠，富有忧国忧民情怀，对韩国不用智者贤才，而用“五蠹”，深感焦虑。他是战国天下的法学巨匠，思想深邃，著作等身，他的骨子里永远镌刻着韩国政治清明时，王室公子独有的尊严和清高，怎么会一脚踏进咸阳，便抛弃自己的学术主张、政治主张、人格尊严和清高，立马拜倒在秦王政的脚下投降呢？

疑点二：韩非是韩国派出的使节，他的使命是将韩国降格为秦国的附庸国。怎么在他所谓的“卖国上书”中，变成了鼓动秦国灭掉韩国呢？难不成作为韩国公子的韩非，早就投降了秦国、背叛了韩国？

疑点三：韩非所谓的“卖国上书”收录在《韩非子》一书中，篇名叫《初见秦》。据考证，这里说的“见秦”，见的是秦昭襄王。秦昭襄王是秦王政的太爷爷，翻遍史书，也找不到韩非在秦昭襄王时期到过秦国的记录。况且那个时候的战国天下，并非秦国独强，而是包括韩国在内的七雄争霸，赵国、楚国、齐国，这三个国家的实力都可以与秦国单挑。在这种情况下，韩非又怎么可能跑到秦昭襄王那里，教唆秦国灭亡韩国呢？

史学家认为，《初见秦》并非韩非所作，而可能是张仪、范睢、蔡泽等假韩非之名而作。我在认真读了《初见秦》后，觉得更像李斯所作。

《初见秦》分析了四次秦国打败楚国、齐国、赵国而一统天下的良机，却被秦国谋臣毁掉的历史。这个分析，极像李斯的刀笔。比如，公元前260年，秦、赵长平大战打响，赵国精锐尽丧。秦昭襄王令白起一鼓作气，攻陷赵国首都邯郸，而担心白起功劳和权势超过自己的丞相范雎，接受赵国厚礼，鼓动秦昭襄王撤军，使秦国丧失了一次一统天下的良机。此时的李斯，为主管秦国刑法律令的廷尉，对范雎的私心狭隘，看得十分清楚。而作为韩国公子的韩非，对这种内幕是不可能知道的。因此说，《初见秦》更像李斯所作。

问题是，李斯为什么要构陷韩非呢？

我们依据史学巨匠司马迁的刀笔走向，来做点分析。

司马迁写道：李斯、韩非一起拜荀子为师，同为弟子，李斯自认为才识不如韩非。公元前236年，李斯奉秦王政之命出使韩国。分析看，韩非见到十多年未见的李斯，少不了宴请交谈，并将自己写的《五蠹》《孤愤》等文章送给李斯。李斯回秦后，献给秦王政。秦王政读后，大加赞赏，恨不得立即与韩非见面。三年后韩非到达秦国，李斯出面了，他对秦王政说："韩非是韩国的王子，他不可能忘记韩国而为秦国效力。但如果放他回韩国，凭他的才能，他就一定是秦国的后患，不如用法律除掉他。"秦王政同意，下令逮捕韩非，李斯则派人送去毒药，令韩非自杀。

但秦王政很快后悔了，急忙派人去赦免韩非，晚了一步，韩非喝了李斯送去的毒药，已经死了。

李斯给韩非送毒药的动作，如此迅速，令人生疑！

高举法治大旗，立身战国天下的韩非，饱受史学家和华夏后人争议，但他提出的法治思想、执法理念、法治主张，在今天仍熠熠生辉！

庄子用执一、无我构建的精神高地

庄子，名周，司马迁说“庄子者，蒙人也”，刘向说他是“宋之蒙人也”。“蒙”是何国之“蒙”，司马迁没有交代清楚。由于战国时的宋国在汉代属梁，因而有人说他是梁人。庄子的生卒年无法考证，因司马迁说他“与梁惠王、齐宣王同时”，又说“楚威王闻庄周贤，使使厚币迎之，许以为相”，由此推断，庄子生活的时代为战国中期。

庄子自述家居陋巷，以织草鞋为生，饿得面黄肌瘦，形容枯槁，温饱得不到满足，常向人借米，被人讥嘲。司马迁说他“尝为蒙漆园吏”，即可能是专门负责种植漆树的小官。也许是出于生活所迫，庄子不得已做这么个小官维持家计。

庄子所处的战国中期，社会剧烈动荡，战火日夜燃烧，民不聊生，生灵涂炭。在这样的土壤上，大量涌现出“士”这一社会阶层。这些人大都有文化，有胆识，能说会道，到处游说君王或依附权贵，各自打出旗帜，进行激烈的理论交锋。一时间，战国天下百花齐放、百家争鸣，呈现出思想文化繁盛的景象。庄子也属于“士”这一社会阶层，但他恪守老子“道”的学术思想，不游说，不依附，只是运用自己丰富的思维想象，在哲学领域的宇宙观、认识论、人生观、政治观以及文学艺术领域，进行了全方位的抒发和拓展，写出了彪炳华夏史册的《庄子》一书。庄子自叙其著述特点为“寓言十九，重言十七，卮言日出，和以天倪”。所谓寓言，就是创作一则故事，寓理于事，表明自己的看法；所谓重言，就是借古人之言，以申明自己的观点；所谓卮言，就是在自己所写的文章中，随文就势发表的一些零星议论。为的是将自己心灵迸发的一些道理，或寄寓于一个虚设的情境之中，或借托众人所信服的先知先觉的嘴巴说出来，或依循事理谈自己的看法。他如是说："以天下为沉浊，不可与庄语。以卮言为曼衍，以重言为真，以寓言为广。独与天地精神往来，而不敖倪于万物。不谴是非，以与世俗处。其书虽瑰玮，而连犿无伤也。其辞虽参差，而諔诡可观。"这样的写作思路，决定了《庄子》一书中的人物大都是虚构的，故事情景大都是创作的。例如，孔子与柳下惠相隔两百多年，竟在庄子的笔下成了好朋友，孔子因此又去劝说柳下惠的好友盗跖。这种超越时空的人物聚离，完全是庄子为了表达自己思想观点而拉扯来的。需要谁搬谁，契合了庄子"独与天地精神往来"的特点。

虽然庄子表白自己的出发点是不论是非，但他所推销的道学，不高举批判的大旗，不对其他学术理论进行抨击，是不可能的。

庄子说："天地与我并生，而万物与我为一。"他给"道"下的定义是：夫道有情有信，无为无形；可传而不可受，可得而不可见；自本自根，未有天地，自古以固存；神鬼神帝，生天生地；在太极之先而不为高，在六极之下而不为深，先天地生而不为久，长于上古而不为老。

在这个定义中，"有情有信""自古以固存"，是说"道"的客观性，"无为无形""可传而不可受，可得而不可见"，是说"道"超乎感知的虚无性，"在太极之先而不为高，在六极之下而不为深，先天地生而不为久，长于上古而不为老"，是说"道"超越时空限制的绝对性、终极性。

这是庄子全部哲学命题的出发点。

庄子说：“有实而无乎外者，宇也；有长而无本剽者，宙也。”这就是庄子的宇宙观——无始无终，无边无垠。因此，生活在宇宙中的人，无论是其感性还是理性，对事物感知、推测的认识，都不可避免地带有相对性和局限性。庄子的认识论告诉我们：宇宙中的万事万物存在着普遍的差异，这种差异不是绝对的，而是相对的，因此不可能以某个特定存在的事物作为唯一标准来衡量世间万物。但庄子在辩证法的道路上没走多远便拐弯了：“以道观之，物无贵贱；以物观之，自贵而相贱；以俗观之，贵贱不在己。以差观之，因其所大而大之，则万物莫不大；因其所小而小之，则万物莫不小。知天地之为稊米也，知毫末之为丘山也，则差数睹矣。”意思是说，既然事物之间没有统一的标准来彼此衡量，那么只要将万物都归结到一个统一的本原，就不会有任何差别了。这个统一的本原，就是“道”，“道”成了宇宙间万事万物的绝对标准。

沿着这个标准走下去，庄子的人生观，即是“避世”。

“避世”，就是“自埋于民，自藏于畔，其声销，其志无穷，其口虽言，其心未尝言，方且与世违而心不屑与之俱。是陆沉者也”。其直接目的是自我保全。这在今天看来，无疑是消极的人生观。但要看到，庄子的“避世”态度，契合了他自身精神世界的高度自信。

庄子在《秋水》篇中写道：庄子在濮水之畔钓鱼，楚国的国君派两位大臣请他去楚国做丞相，他们说得很委婉，说“愿以境内累矣”。说的是把国家的行政事务全交给你来办理。庄子正处于山水忘我的垂钓之境，头也不回地问道：“楚国稻田里有很多龟，这些龟是愿意到楚王那里钻到铺满锦缎、镶着金边的盒子里，尔后放在宗庙，让其‘留骨而贵’呢，还是愿意继续在水田里拖着尾巴顺泥水而活着呢？”两位大臣不假思索地说：“当然是在泥水里活着好了。”庄子这才掉过头来，对他们说：“你们去吧，我也该继续在泥水里拖着尾巴快活了。”

乌龟的贵，是从水田捉到国君的宗庙，“留骨而贵”，龟壳被人用来烧烤占卜凶吉。人呢？甭说庄子是否具备做楚国丞相的能力，就是具备这个能力，下场会比乌龟好吗？庄子可是精神高蹈之人，他用一生坚守精神的纯洁，不是高官厚禄能把他从精神高地引诱下来的！

庄子有个好朋友叫惠子，他可能是《庄子》一书中唯一一个与庄子探讨争辩的人，也可能是庄子唯一的好朋友。庄子的妻子去世后，庄子鼓盆而歌，而惠子去世后，庄子不禁伤感，并以“匠石运斤”的故事，表达自惠子死后，自己“无以为质”“无与言之”的寂寞心情。虽然庄子和惠子不同道，学术观点相互对立，但友谊很深。他俩的辩论主要集中在“大而无用”、“人故无情”、濠梁“鱼之乐”三个方面。庄子偏于美学上的观赏，惠子偏于知识论的判断，虽然观点针锋相对，但越辩两人的感情越深，越辩思想理念越深刻。

惠子有才，善辩，做了梁国的丞相。庄子路过梁国，当然要去看望老朋友，趁机再辩论一个话题。可有人对惠子说：“庄子的名气和才能太大了，他这次来梁国，是打算取代你当丞相。”惠子一听非常惊恐，生怕自己的丞相位置让庄子坐了，于是下令在全国搜查，结果搜了三天三夜，也没找到庄子。这事庄子到达梁国后就听说了，他没有掉头离去，而是照常去拜访惠子。两人见面后的情景没有记载，惠子是惊讶，还是尴尬，不得而知，落在文字上的记载是，庄子对惠子说：“南方有一种大鸟，叫凤凰，你知道吗？它从南海出发，打算飞往北海，途中除了梧桐树之外，其他树是不栖落的，除了竹子之外也不吃别的食物，除了甘泉之外绝不饮其他水。这时，一只鹰飞过，找到了一只已经腐烂的老鼠，当宝贝一样捂在手里，当凤凰从这儿飞过时，鹰以为要和它争食，赶紧仰头吓唬凤凰，叫凤凰快走。”最后庄子说：“惠子呀！你是在拿梁国吓唬我啊！”

在庄子眼里，惠子当作宝贝的丞相高位，不过是一只腐臭的老鼠。庄子心中装满了纵横天下的豪迈，哪有去和朋友争当丞相的无聊呢！

惠子是庄子的好友，庄子对惠子下令搜查他三天三夜这件事看得很淡，老朋友嘛，搜查到了又怎样，一说开不就结了吗？但看得出来，庄子多少还是有些不爽，因而他把自己比喻为凤凰，把惠子比喻为捂着腐鼠的老鹰。这么个对比，庄子是给了惠子面子的。

面对曹商，庄子就一点儿也不留情面了。

曹商是宋国人，出使秦国时，宋君送给他几辆车，是工作需要，也是以示激励。从秦国返回时，秦君又送给他百辆车作为奖赏。曹商得意忘形了，回宋国的路上，碰上穿着自己编的草鞋的庄子，便拿庄子开涮，说："你也只能住在破烂的小胡同里，靠织草鞋为生，形容枯槁，这真是你的所长，却恰是我曹商的所短。而一见万乘之主便能得车百辆，那才是我曹商的所长啊！当然，这些车，你庄子是用不上的……"无缘无故受了这样一番奚落，庄子必然反击，他说："我听说秦君生病找医生时，凡是能为他破痤疮挤脓血者，便可得一辆车，而为他舔痤疮者，可得五辆车，所治的病越下作，得的车就越多。你能得这么多车，肯定是为秦君舔痤疮了吧？你还有什么脸在这里炫耀啊！快滚吧！"

真痛快！庄子骂曹商这番话，让人听了解气！

庄子的政治观，则是"无为而治"。

老子《德经》的开头语即是："上德不德，是以有德；下德不失德，是以无德。""上德"，是指当权者为社会管理构建起的等级制度，以及教化百姓的仁义道德。道家认为，人为构建的社会管理和教化体系，是与道学关于宇宙万物顺其自然的规律相抵触的，因而道家从老祖宗到徒子徒孙，都对"上德"火力全开，进行批判。

问题是，整个封建社会沿用的成套制度体系，是华夏祖宗中的圣贤，特别是尧、舜、禹等大帝发明、创作并延续发展起来的，能火力全开对准他们吗？道家可不管那么多，他们坚持自己的道学理念，首先向圣贤开火。

庄子是这么开火的：

“圣人生而大盗起”；

“掊击圣人，纵舍盗贼，而天下始治矣”；

“圣人已死，则大盗不起，天下平而无故矣”；

“圣人不死，大盗不止”；

“窃钩者诛，窃国者为诸侯。诸侯之门而仁义存焉”；

……

庄子的这些论断，每一句都吓死人！

还没完，庄子借老子之口，这样评价三皇五帝：

三皇五帝之治天下，名曰治之，而乱莫甚焉。三皇之知，上悖日月之明，下睽山川之精，中堕四时之施。其知憯于蠆虿之尾，鲜规之兽，莫得安其性命之情者，而犹自以为圣人，不可耻乎，其无耻也？

译成白话是这样的：三皇五帝治理天下，名义上是治理，但扰乱人心和情理没有比它更严重的了。三皇五帝的智慧，上遮蔽了日月的光辉，下损害了山川的灵性，中毁坏了四时的运行，他们的智慧比蠆虿（一种尾巴有剧毒的虫）、鲜规（不详，可理解为毒物）还要狠毒，不能得到本性的安宁，还自以为是圣人，不可耻吗？他们太无耻了！

为什么如此糟蹋古代圣贤？

答案很简单，因为宇宙万物自有“道”的运行，而三皇五帝构建的社会管理和教化体系，违背了“道”的运行规律，人为地造成了社会的混乱。庄子认为，天下大乱的根源，来自尧、舜，尔后世代流传。圣人出现后，挖空心思地推行仁义，天下人才开始疑惑；放纵逸乐，烦屑拘泥地追求礼乐，天下人才开始变坏。仁义，就是作伪；仁义，成了后世贪婪者作恶的工具；礼法制度，成了后世贪婪者因为私利而发动战争、尔虞我诈的工具；法治，成了后世统治者惩治庶民百姓，维护统治利益的工具；仁德教化，成了摧残百姓纯洁心灵的毒计。总之，宇宙万物的自然属性之“道”，天下最纯真的道德，因三皇五帝和圣贤的出现，而遭受了极大的破坏。

抨击圣贤，就不能不抨击孔子。为此，庄子特地写了一文叫《盗跖》。

庄子是这么写的：三个不同时期的历史人物，穿越时空聚到一起，一个是誉为“圣人之和也”的柳下惠，一个是杀人放火的盗贼跖，一个是儒学泰斗孔子。比孔子早两百余年的柳下惠与孔子是好朋友，与古时义军领袖跖是亲兄弟。庄子以奔腾狂放的艺术想象，通过对真实历史人物超越时空、超越常识的描写，把跖创作成为完美奇特的英雄。

故事情节是这样的：

柳下惠的弟弟跖，手下有九千人，他们肆无忌惮地横行天下，残暴地侵犯诸侯，穿墙破室，赶走人家的牛马，掳劫人家的妇女，贪求利益而忘了亲友，不关心父母兄弟，不祭祀祖先。跖所经过的地方，大国严守城防，小国退入城堡，人民饱受涂炭。孔子对柳下惠不教育弟弟跖大为不满，决定去教训跖。

听说孔子来访，跖怒发冲冠，说：“这不就是鲁国那个善于弄虚作假的孔丘吗？替我告诉他，你制造舆论，随意称说周文王、周武王的道德，头上戴着华饰繁多的帽子，系着牛皮腰带，满口繁词谬说，不耕种却吃得很好，不编织却穿得很好，议论游说，无端制造是非，迷惑天下国君，使天下学士不能回归自然本性，虚伪地称说孝悌，企图求得封侯而成为富贵之人。你罪大恶极应加重惩处，赶快滚吧！否则挖出你的心肝来做午餐！”

孔子不走，并说明与柳下惠是好友，跖才叫他进去。

孔子多次拜谢后对跖阿谀奉承，赞美他身兼多种美德，身高八尺二寸，双目炯炯有神，嘴唇像丹砂般鲜红明亮，牙齿像排列的贝壳那样洁白整齐，声音像黄钟那样响亮。在如此赞美一番后，说："盗跖是个恶名，为将军羞耻。"话锋一转，回到他游说的主题，说："将军如果听从我的意见，我愿向南出使吴国、越国，向北出使齐国、鲁国，向东出使宋国、卫国，向西出使晋国、楚国，让这些国家为将军建个数百里的大城，建数十万的封邑，尊奉将军为诸侯，给天下除旧布新。"

盗跖听了很生气，反过来教训孔子。

盗跖说："我身材高大，面目美好，人见人爱，是父母给的。你孔子不夸赞我，难道我不知道吗？况且我知道，喜欢当面夸赞别人的人，也喜欢背后毁谤别人。你说为我造大城，聚民众，想用利益来引诱我，能长久吗？再大的城，也大不过天下……神农时代，人民只知道母亲，不知道父亲，和麋鹿一起生活，耕田而食，织布而衣，没有相互损害之心，是道德鼎盛的时代。然而黄帝没有这种道法境界，与蚩尤在涿鹿大战，血流百里。尧、舜做天子后，设立百官，商汤流放他的国君，周武王还杀死了殷纣。汤、武之后，都是叛逆作乱之徒。你研习文王和武王的治国之道，掌握天下言论，用来教育后代，你假言伪行，迷惑天下君主，以求取富贵。盗贼之中没有比你更大的了，天下人为什么不把你叫作盗丘呢……世人所推崇的，莫过于黄帝。黄帝却不能保持高尚的自然德性，尧不慈爱，舜不孝敬，禹半身不遂，汤流放了他的国君，武王讨伐商纣，文王关押在羑里。这六人是世人所推崇的，其实他们都因追逐功利而迷惑了真性，违反了自然情性，他们的行为是非常可耻的……孔丘我告诉你吧，人长寿的是百岁，中寿的是八十岁，短寿的是六十岁，除去疾病、死亡、忧患外，其开口而笑的时间，一月之中不过四五天罢了。天和地是无穷无尽的，人的死亡是有时限的，以有限的形体而寄托于无穷之境，速度就像白驹过隙一样。你讲的道理，都是失性损德、虚伪奸诈的东西。快走吧，不要再说了！”

孔子一再拜谢盗跖，急忙出门上车，马缰多次掉落到地上，眼睛茫然什么也看不见，面色犹如死灰，扶着车前的横木，低着头，不能喘气。见到柳下惠说：“我是没病引艾自灼，跑去撩拨虎头、梳理虎须，差点儿被老虎吃掉啊！”

庄子就是这样，把自古以来华夏史上最大的学术权威、道德典范孔子，请到他的笔下，用寓言、重言、卮言等写作方式，对礼法制度、仁义道德等进行批判。

文章写到这里，我特地多说几句，谈谈看法。我以为，庄子并非不尊重孔子以及华夏圣贤，也并非人身攻击，而是他倡导和推崇道学的写作需要，是理论上争鸣至极的一种表现手法。作为华夏子孙，我们在读华夏圣贤的著述时，要保持一种欣赏的定力，尽可能地去全面理解、领悟儒、墨、道、法、兵等各个学派的理论内涵，欣赏华夏圣贤的理论智慧，欣赏各种不同理论在创立发展过程中的智慧争鸣，切不可钻牛角尖，钻到某句话、某个论断去辨什么人身攻击。要知道，华夏祖宗特别是圣贤的自身修养，以及不断修养而积淀的高尚人格，是不屑于做蝇营狗苟之事的！就像庄子和惠子那样，两人信奉的理论尖锐对立，且常常不是你主动找我，就是我主动找你辩论，争得面红耳赤，争得互不相让。但他们是最要好的朋友，是一生的知心朋友！

庄子的道学理论博大精深，但表现在文字上，却艺术飘逸。在庄子的内心世界，已无物我之分，天地万物与其内心世界的交流毫无障碍，他用抽象的哲理，把宇宙间的任何事物都表达得灵动有趣，呈现出汪洋恣肆的浪漫情怀。在庄子的笔下，一方面是“大”的玄妙，一方面是“小”的灵异。如，北冥的鲲有几千里之大，化而为鹏，其翼如蔽天之云，不仅能击水三千里，而且能扶摇直上九万里。如，任公子垂钓，以五十头牛为鱼饵，蹲守在会稽山上，投竿东海，等鱼上钩等了一年，终于鱼上钩了，顿时白浪如山，声如鬼神，搅海千里，这条大鱼可令浙江以东、苍梧以北的人饱食。再如，在《则阳》一文中，庄子写蜗角之国，蜗牛那么一点点儿，可它的左触角里有一个国家叫触氏，右触角里有一个国家叫蛮氏。蜗角之国已经是小而又小了，小得连一粒小米都塞不进去，可就在这么小的地盘上，触、蛮两个国家却“时相为争地而战，伏尸数万，逐北旬有五日而后反”。

庄子哲学的玄机，就蕴含在大、小同“道”的轨迹之中。

庄子说：“天地有大美而不言。”这种“不言”的美，唯有站在执一、无我而构建起的精神高地，才可以深刻体悟到。庄子的这一思想，无疑是中国山水诗、田园诗、游记，乃至龙飞凤舞的书法、绘画的灵感之源。取天地之美而形成的中国山水之画、取浪漫情怀而产生行云流水的草书，无不蕴含着“天地有大美”的内核。

庄子还开创了“以丑为美”的美学先河，在多篇文章中，庄子不惜笔墨塑造了子舆、兀者王骀、申徒嘉、叔山无趾、瓮㼜大瘿等一批身残形丑之人，这些人不是缺胳膊缺腿，就是形貌丑陋变形，尤其是子舆，背偻腰曲、五脏脉管突起于脊背，脸缩于肚脐，肩高于头顶。如此扭曲变形的子舆，不仅不以为丑，反而“心闲无事”，晃晃悠悠走到井边，欣赏自己的样子。这些形体丑陋之人，不仅孔子对他们恭敬有加，而且老子与他们谈道论法。庄子本身很追求形体的俊美，如他描写的藐姑射山神人，“肌肤若冰雪，绰约如处子；不食五谷，吸风饮露；乘云气，御飞龙，而游于四海之外”，简直就是形体之美的极致样板。但庄子更追求精神的完美，在他看来，丑陋的形体之下，反而更能包含超越形体之外的精神之美，即“全德”。这种形丑心美的“全德”之人，在几千年的文学艺术作品中，深得华夏子孙喜欢和期盼！他们是得道高僧，是仙风道骨的过海八仙，是济公，是孙悟空，是……

华为是中国科技领军企业，它有一种科技利器叫“鸿蒙”。庄子在《在宥》篇中写到“鸿蒙”：云将到东方游玩，经过东海神木的枝头时，碰到“鸿蒙”正拍着大腿欢跳玩游。云将想调和六气的精华来养育万物，请教“鸿蒙”该怎么做。“鸿蒙”没给他答案。三年后，云将又碰到“鸿蒙”，再次向他请教。“鸿蒙”告诉他，要好好养心，自然无为，自生自化，与混混茫茫的自然元气混同为一体，回到本真无妄的道中，终生不离开大道。云将得到真传，说：“天降朕以德，示朕以默；躬身求之，乃今也得。”

盘古开天地之前，叫鸿蒙时代，那时宇宙是一团混沌的元气，这种元气就叫“鸿蒙”。

这难道不是庄子的一种预示吗？

第七章 秦国的血腥一统

春秋时期，中原国家蔑称秦国为西戎……

秦穆公登上西域霸主的高地，秦国仍不被中原国家从蛮夷行列除名……

秦孝公要求参加中原诸国的会盟，被拒……

被人鄙视和抗拒鄙视，是一种动力……

这动力能量超常，迸发出来时，就不只是血性，更是血腥……

智慧是血腥的，谋略是血腥的，治国理政是血腥的，战争攻伐更是血腥的……

刚刚从春秋脱胎出来的战国天下，不适应这种血腥，而当适应与不适应进行磨合时，血腥便是赢家，华夏一统便是必然……

“石牛便金”之诈

公元前316年，远在今成都、重庆的蜀、巴两国打起来了，两国都派出使节，到秦国来搬援兵。

蜀国位于今成都一带，是西南古国，自然资源丰富，文明程度也较高，三星堆出土的青铜器、金器、玉石等，就足以证明蜀国的文明程度。蜀国雄霸西南，被誉为“戎狄之长”。

巴国位于今重庆嘉陵江一带，自然资源丰富，人民勤劳朴实，军队勇猛强悍，是西南重要的蛮夷国家。

巴、蜀是在西南最有实力的两个国家，但谁也不服谁，常常为一点儿小事发起攻伐。这次又打起来的原因，是蜀王的弟弟苴侯，与巴国的国王交上朋友了。哥哥认为弟弟这是勾结外敌，于是发兵讨伐，追到巴国，两国打起来了，打得很激烈。打着打着便都派出使节，到秦国来搬援兵。

这给了秦国一个机会，但与这个机会同时来的，是韩国军队向秦国开来了。

司马光写道：秦惠文王立即召集张仪、司马错等人商议。

张仪不同意出兵巴、蜀，他给秦惠文王的建议是：秦国先与魏、楚结盟，而后发兵黄河、洛水、伊水，站在太行山顶上控制韩国。在此基础上，让魏国切断南阳的通道，让楚国发兵挟制郑国，秦国则发兵攻打新城和宜阳，趁机把仗打到周王室辖区，把存放在周王室的九鼎搬到秦国来。张仪特地强调：要追求名声，就到朝廷；要追求利益，就到市场。三川之地和周朝国都，犹如市场和朝廷，秦国的军队要往这个方向开，而不是开到穷乡僻壤的巴、蜀去。

张仪绘制的秦国称霸路线图，显系一厢情愿，不确定的因素太多。

司马错则建议发兵巴、蜀。他受儒家礼法思想的影响较深，不似张仪那般急功近利。他说："要想国家富强，一定要开疆拓土；要使军队强大，一定要使百姓富足；要想称霸天下，一定要广施仁德。周朝虽已衰微，但仍有一定的影响力，把九鼎从周朝搬到秦国来，犯了天大的忌讳，各国都会谴责秦国，且可能联手攻秦。如果是这样，九鼎得不到，还会背负天下骂名。"

秦惠文王采纳司马错的意见，下诏发兵巴、蜀。

其实，秦国早就对巴、蜀垂涎三尺。巴、蜀是秦国向外拓展的西南通道，巴、蜀之道一打通，犹如给楚国的后背插上一刀，楚国从此就不可能高枕无忧了。尤其是，巴、蜀是"天府之国"，是天下富庶的一个大粮仓，对秦国征伐中原各诸侯国的战争，无疑是最有力的支撑。从地理形势看，把巴、蜀囊括进来，秦国据西河、崤山之险，控长江上游，居高临下，进可攻，退可守，窥视天下的视野才更开阔，更宏大。

但是，发兵西南，谈何容易！唐朝大诗人李白的《蜀道难》，用"难于上青天""一夫当关，万夫莫开""尔来四万八千岁，不与秦塞通人烟"等诗句，把今天人们的想象带到公元前316年。似猿猴那般攀缘都难过蜀道，秦国大军连同战车如何过得？

其实，秦国早就使诈，打通了攻蜀之路。

这诈，便是"石牛便金"。

据传，秦国造了五头石牛，叫作"石便金"，说这些石牛每天都拉出黄金粪便。这种低级诈骗，中原国家无一例外都不相信，而蜀国国王信，还悄悄派人打探，并流露出想得到这些石牛的愿望。秦国则称，如蜀国与秦国交好，便把这五头“便金”牛送给蜀国。蜀王大喜过望，迅速派使节赶往秦国。蜀国使节看到秦国有百余人守护这五头石牛，这些石牛每天都“便金”，使节还得到金锭。蜀王于是一心与秦国交好，并向秦惠文王提出，迎请五头石牛。

但每头石牛都很重，人抬是抬不走的，得用马车拉。

蜀王下令，在蜀国的崇山峻岭，打通一条能过马车的道路。

目的达到，秦惠文王很痛快，把五头“便金”的石牛无偿送给了蜀国。蜀国则派人赶着马车，把石牛拉走了。

石牛到达蜀国以后，不再“便金”了。秦国给出的解释，是水土不服。

秦国大军剑指巴、蜀，走的就是这条拉石牛走的路，秦人把它叫作“金牛道”。

坦率地说，“金牛道”只是钻在崇山峻岭的山野小道。从今陕西的勉县向西南行，越过七盘岭，从四川入境，经朝天驿、剑门关，一路上处处是险隘，凭着“一夫当关，万夫莫开”的地形优势，蜀国稍有防备，派兵把守，秦军是难以过去的。而此时的蜀王，一心想的是与巴国开战，压根儿没想秦国会从背后插上一刀。当听说秦国大军已经抵达蜀国后，蜀王赶紧从巴国率军回撤，在葭萌一带构筑营垒接战。秦军将领是赫赫有名的司马错，他率领的军队装备精良，训练有素，秦军士兵个个如狼似虎。两军一交手，蜀军大败，蜀王也被杀了，蜀国尽入秦国版图，“戎狄之长”的蜀国就这样灭亡了。

灭了蜀国之后，秦军又扑向巴国，把巴国收入秦国版图。秦国于是分设蜀郡、巴郡，并动员关中上万户人家移民迁居巴、蜀。从此，巴、蜀的面貌大为改观，土地得到开发，人口密度增加，“天府之国”成了秦国的粮仓，也成了秦国攻伐六国、一统天下的后方保障基地。

接下来的历史演变，是值得称道的！

南方雨水多，“天府之国”的蜀国更是雨多少晴，且常因水而丰，因水而患，其中岷江水患最为突出。为根治岷江水患，公元前256年，秦昭襄王找到隐居的水利工程专家李冰，一纸诏书，任命他为蜀郡郡守。李冰“知天文，识地理”“识察水脉”，他上任后，带着儿子二郎，到岷江实地考察，本着“道法自然”“天人合一”的理念，开始了华夏历史上浩大的水利工程——都江堰建设。这一工程的核心设计是，将岷江水分出一条来，穿过玉垒山，将水引入成都平原灌溉农田。玉垒山在未发明火药之前的穿凿，是极其艰难的，李冰父子的办法是以火烧石，使岩石爆裂，用这种原始的土办法，愣是在玉垒山凿出一个宽20米、高40米、长80米的山口。因其形状酷似瓶口，故取名“宝瓶口”，把凿山分离出来的石堆，叫作“离堆”。“宝瓶口”打通后，因江东地势较高，水流进去的很少，为此，李冰父子又在岷江中修筑分水堰。分水堰的前端像一条鱼的头部，故称作“鱼嘴”。为保证分水堰分流至“宝瓶口”的水保持足够的流量，不因水充沛时涝，水少时旱，李冰父子又在鱼嘴分水堤的尾部，靠“宝瓶口”的一方，修建了分洪用的平水槽和“飞沙堰”，用于溢洪。溢洪道前修有弯道，江水形成环流，水超过堰顶时，洪水中夹带的泥石便流到江外，有效防止了淤塞内江和宝瓶口水道。

都江堰是中国古代水利工程建设的代表作。都江堰的建成，彻底改变了成都平原的面貌。《史记》写道：“蜀守冰凿离碓，辟沫水之害，穿二江成都之中。此渠皆可行舟，有余则用溉浸，百姓飨其利。至于所过，往往引其水益用溉田畴之渠，以万亿计，然莫足数也。”

是的，都江堰使得成都平原超过三万亩的农田得到灌溉。涝时，泄洪于外江，旱时，导水于内江，使巴蜀成为名副其实的“天府之国”。

今天，都江堰依然屹立在岷江。奔腾向前的江水，穿越两千多年的时光，证明都江堰仍然年轻力壮，它还将润泽天府，造福万民！

芈八子的秦国时代

芈姓，是楚国的国姓，王室成员姓芈。

秦惠文王称王时，楚怀王为表示祝贺，将芈八子嫁到秦国，给秦惠文王当妃子。芈八子异父同母的弟弟魏冉，和同父异母的弟弟芈戎等一干王族成员一并入秦。

秦国后宫嫔妃分八个等级：王后、夫人、美人、良人、八子、七子、长使、少使。可见芈八子初嫁至秦时，地位不高。但她为秦惠文王生了三个儿子，长子叫嬴稷，即在秦王位置上执政长达五十六年之久的秦昭襄王。

按照传统惯例，芈八子的儿子是不能继承王位的，但芈八子就能把这种“不能”变成“能”！

公元前318年，楚国牵头，联合魏、韩、赵等五国攻秦，秦、楚两国的友好关系因此逆转，芈八子在秦国的日子也不好过，加之秦惠文王的嫡妻担心芈八子的儿子抢夺王位，千方百计地对芈八子进行打压。秦惠文王一死，秦惠文后的儿子秦武王继位，立马将芈八子的长子嬴稷送到燕国当人质，把他从秦王朝的核心区域支走。

芈八子不敢提反对意见，甚至乐意叫嬴稷到燕国去当人质，认为这对锻炼并提高嬴稷的国际视野和应变才能，不能不说是件好事。再说呢，那个时候的芈八子只能蛰伏，用蛰伏来韬光养晦，培植自己的势力，等待翻身的时机。

司马光写道：秦武王是秦国历史上极有个性的君主，他身高体壮，浑身是力气，喜欢跟人比试，他的身边聚集了一群力大无比之人，有乌获、任鄙、孟说等，这些人都能赤手捶死老虎豹子。秦武王把他们招到身边，封高官，让他们享厚禄，经常与他们进行角力比试。公元前307年，秦武王与孟说进行举“龙文赤鼎”比赛，不幸折断胫骨，不久便气绝身亡。

巧的是，秦武王没有子嗣。

这便是芈八子韬光养晦等来的机遇！

围绕谁接任秦国国王，王室正统集团与外戚集团变成了死对头。王室正统方扛旗的，是秦惠文王的嫡妻惠文后，主要骨干是秦武王的王后和秦武王的弟弟公子壮；外戚方扛旗的，当然是芈八子，主要骨干是她的异父同母弟弟魏冉。

按常规看，王室正统集团占优势，芈八子的外戚集团斗不过。但芈八子极有心计，着手谋划也极早，她凭着秦惠文王对她的宠幸，早早地把魏冉推到了统兵打仗的位置，并多次取得战功，在秦国积累了极高的声望。不仅如此，芈八子还派人贿赂拉拢韩、赵两国国君，得到他们的幕后支持。

双方先是打嘴仗，王室正统集团力推公子壮，外戚集团力推嬴稷。嘴仗打了两年，打不出结果，就改为打武仗。

关键时刻，秦惠文王的异母弟，手握秦国兵权的樗里疾，突然选择了沉默，即王室正统方与外戚集团方，哪方也不帮。

这种谁也不帮的沉默，实际上是一种明确的站队，即站到了外戚集团方。

因为芈八子异父同母的弟弟魏冉，早就在秦国掌握了一定的兵权，且数度统兵打仗，打出了一定的声望。而在王室正统集团与外戚集团的这场君位之争中，取胜的唯一仰仗是樗里疾站出来，带领军队与芈八子和魏冉斗，且只要斗起来，必胜无疑。可就在这生死存亡的关键时刻，樗里疾谁也不帮，实际是对外戚集团获胜的助力。手里捏着军队的魏冉，与手里没有军队的王室集团一开战，魏冉便把胜利的旗帜举起来了。

没有任何史料记载樗里疾为什么突然保持沉默，这就给了人们极大的想象空间。比如，是不是外戚集团给了他巨大的贿赂？比如，是不是外戚集团许诺给了他事成之后的巨大利益？比如，是不是芈八子用女色把他拉下了水？芈八子在运作自己的美色上，手段是极其高超的，可以说是百试不爽，屡试屡成。传说她为了牢牢地把自己的异父同母弟弟魏冉控制住，就对他使过自己的美色。樗里疾用沉默表明的倒戈，说不定就是芈八子把美色这一招用上了。

外戚集团在秦国君位之争的胜利成果，即是把芈八子与秦惠文王生的儿子嬴稷扶上了君位，即秦国著名的秦昭襄王。

儿子嬴稷登上王位后，芈八子要求他做的第一件事，即是封自己为宣太后。她这个太后开启垂帘听政的先河长达三十六年。当然，跟随她出嫁到秦国的七亲八姑，个个封侯授爵，其中魏冉出任丞相，继续掌管秦国的兵权。

芈八子垂帘听政的头三年，是与秦国王室血统势力做斗争的三年。秦武王的母亲惠文后、秦武王的王后，以及源于秦武王血统的贵族势力，在已经立了嬴稷为秦昭襄王后，又把公子壮拥立为秦王，号称“季君”，继续与以芈八子为首的外戚势力做斗争。双方你来我往，打来打去，最后在垂帘听政的芈八子指挥下，他们被手握重兵、重权的魏冉悉数诛杀。

从此，秦国进入较长的稳定期，使得其可以从国内的事务中腾出手来，问鼎中原，与战国六雄争锋。

公元前318年，楚、赵、魏、韩、燕五国联合攻秦，而秦国的后院也起火。

点燃这把火的，是位于甘肃、陕西和宁夏一带的义渠国。

《后汉书·西羌传》载："及平王之末，周遂陵迟，戎逼诸夏，自陇山以东，及乎伊、洛，往往有戎。于是渭首有狄、豲、邽、冀之戎，泾北有义渠之戎，洛川有大荔之戎，渭南有骊戎，伊、洛间有杨拒、泉皋之戎。"说的是，秦国周边全是少数民族，这些少数民族虽生产力极其落后，但作战打仗极其凶猛。西周末年，周幽王被杀死在骊山脚下，就是犬戎干的，使得周平王不得不迁都洛邑。

秦国被中原国家视为西戎，但秦国插手中原的事务早，加之帮助周王朝剿灭戎、狄有功，周平王东迁洛邑时，封秦襄公为诸侯，与中原诸国平起平坐。但中原国家始终没有放下对秦国的歧视、偏见。

早在秦穆公时期，秦国就率军进攻过义渠国，史载：这次征伐，秦国"益国十二，开地千里"。秦国站上了西戎霸主的历史舞台。

秦国当然不甘心于做西戎霸主，它的目标是中原称霸。为稳定自己的后院，秦国早在公元前444年，发兵十万，向西至西海固草原、南至泾水、北控宁夏河套、占地达十万平方公里的义渠国，发起了猛攻。秦国大胜，义渠国称臣，但不过二十年，义渠国卷土重来，打到了秦国的渭南，掠去了秦国大片国土。一百多年后，秦国再次向义渠国发兵，再次把义渠国打得俯首称臣。满以为后院稳定了，不承想，在赵、韩、燕、楚、魏联合攻秦时，义渠国又变脸，向秦国背后插了一刀。秦国为解除腹背受敌之忧，特地以"锦绣千匹，美女百人"贿赂义渠王。而义渠王不买账，反而趁势进攻，一战斩获秦军数万。

在这种情况下，秦国只好缓和与东方诸国的关系，暂停了向中原攻伐的步伐，回过头来审视与自己较劲了数百年的义渠国。

审视得出的共识是，后方不稳，无法东征。公元前314年，秦国调集二十万大军，向义渠国发起全面进攻，一举攻克其二十多座城池，把义渠国基本上打残了。义渠国休养生息了十年，仍缓不过劲来，遂派出使节，与秦国修好。

此时义渠国打的还是老主意，借与秦国修好之机，进一步休养生息，积蓄能量，适时翻脸反扑。而秦国疲于应对东方六国的征伐，正需要与义渠国的修好，来稳定自己的后方。

但义渠王一脚踏进咸阳，见到垂帘听政的芈八子宣太后之后，两国的算盘都重打了，历史也因此重写了。

为人妇、为人母的宣太后虽一大把年纪，但仍美貌倾城，风流依旧。义渠王见到后，忘了自己来秦国是干什么的，立马拜倒在宣太后的裙下，不能自拔。宣太后本是楚国王室女子，生性敢爱敢恨，且不顾世人如何评价。在义渠王的百般追慕下，她坦然投怀送抱，一头扎进了与义渠王如胶似漆的欢愉之中。从此以后，宣太后还隔着帘子管管秦国的大事，给儿子秦昭襄王指指点点。而义渠王则完全沉浸在与宣太后的男欢女爱之中，娃娃生了一个又一个，把义渠国的国事完全抛在了脑后。

这一晃三十年过去了，秦国的后方稳定了三十年，使得秦国集中力量对中原六国攻伐了三十年。战国天下的局势完全掌控在秦国手里，崛起的战国七雄唯有赵国还残存了一点抗衡秦国的实力。

三十年之后，义渠王已经到了风烛残年，没有利用价值了，义渠国也被秦国剿灭了，宣太后的目的达到后，便毫不留情地把义渠王杀死在甘泉宫中。她与义渠王生的两个孩子，历史没有记载结局如何，从此杳无音信。

儿子嬴稷在秦王的座椅上坐了三十六年后，宣太后收起了听政的垂帘，把权力交给了他。算来宣太后也是风烛残年之人，但她仍不甘寂寞，仍寻求感情上的补充。

《战国策·秦策》载：人老珠黄的宣太后，在杀死义渠王之后，为填补后宫的空虚，喜欢上了一个名叫魏丑夫的男宠，病得快要告别人世时，还提出要魏丑夫为她殉葬。魏丑夫对她动的不是真感情，而是慑于她太后的淫威不得不从。但要他殉葬，魏丑夫极不情愿。于是，魏丑夫疏通关系，请大臣庸芮前去做宣太后的工作。

庸芮对躺在床上等死的宣太后说：“人死后，是否有知觉？”

宣太后保持了一份清醒，回答说：“照本宫看，或许这世界上根本就没有灵魂一说，人死如灯灭，尘归尘，土归土。”

庸芮于是说：“假若人死后没有知觉，太后您叫魏丑夫殉葬，不是白白牺牲了心上人的性命？假若人死后有知觉，那您想想，先王秦惠文王死后几十年，您先是与义渠王生子，后又与魏丑夫风流，如今还要魏丑夫殉葬，这不就惹出大麻烦了吗！”

宣太后临闭眼前说了一句：“你说的有道理。”

宣太后死了，她给战国、给后人留下了一段传奇。她桀骜不驯、信马由缰，不受世俗的约束，却在为儿子争夺君位的权谋争斗中，始终保持着政治上的敏锐和灵活；她把自己的色相在权谋争斗中运用到极致，俘获了秦惠文王的感情，与自己的弟弟厮混，为义渠王生娃，身边还有许多男宠，却没有坠入情海不浮出水面，而是把自己的色相当作手段，为政权、为秦国谋求千秋大业。正是在她由芈八子变身为宣太后的过程中，秦国的历史改写了，战国的历史改写了，泱泱华夏的历史也改写了。

基于此，我们不得不承认，从楚国王室一路走来的芈八子，是华夏历史上一位伟大的女性！

战神白起的血腥

白起，战国时期最著名的战将，也是战国时期最血腥的战将。

但凡名将，没有不沾染血腥的。那是因为，在刀光剑影的杀伐中，不是你死，就是我死，流血不可避免。但白起不完全是在你死我活的杀伐中做出选择，故他与其他战将不同，他选择的是血腥，是不该的选择！

是他，将战国之前的春秋、西周，乃至商、夏各朝各代战果记载的“斩”，改为“坑”。“斩”，显然是对战场不是你死、就是我死的选择记载，也是战争规律的体现。而“坑”，就完全改变了性质，它所表明的场景不是战斗进行中，而是战斗结束后，是战后将俘获的敌方军人，挖坑活埋。

这完全是不该有的选项，是背离人道精神的残忍！

但也得看到，这是在战国的世道下，秦国一统天下难以避免的血腥！

白起，芈姓，楚国王室白公胜的后裔，可能是在楚国王室女子嫁到秦国时，随同来到秦国的。但在秦国，白起没有享受楚国王室后裔的待遇，据司马迁《史记》载：“白起者，郿人也。善用兵，事秦昭襄王。”郿人，即今陕西眉县人。也就是说，在司马迁的刀笔之下，白起是个庶民，他作为战国时期的名将，是从基层升迁上来的。

秦国具有让普通民众向贵族攀升的政治构架，这一构架，是商鞅设置的。

商鞅变法的一个重要内容，是建军功赏爵。士兵只要斩获敌人甲士一个首级，就可以获得一级爵位、一顷田、一处宅、一个仆人。斩获的首级越多，所获爵位越高。

白起十六岁从军，十年后，也就是秦昭襄王十三年，就获得了"左庶长"的爵位。秦军爵位分二十级，左庶长是第十级。也就是说，二十六岁的白起，经过十年战火的熏陶，已经成为秦军领导层中最年轻的一个将领。

当然，二十级军功爵位，才到十级，白起是不满足的，他的雄心壮志是更高、更快。于是，白起在爵位达到十级后，便开始寻找政治上的靠山，并且很快被宣太后、魏冉纳入视野。

宣太后联手魏冉，虽然在君位之争中把儿子嬴稷扶上了秦王的位置，且用三年时间，将惠文后、武王后为首的嬴姓贵族势力击溃了，但毕竟根基不牢，党羽不众，急需培植自己的势力。白起，芈姓，出身楚国王室血统，又在秦国为将，自然是培植目标。

据说，宣太后最初对白起有些小视，原因是魏冉介绍白起时，说他冷血、果断、不懂政治、缺乏心机，使得宣太后觉得白起成不了大器。而掌握秦国军权的魏冉，恰恰认为白起正是他要培植的对象，并力排众议，给了白起一个千载难逢的机会。

这个机会，就是抢占新城。

司马光写道：韩国新城，即今河南的伊川，位于当时韩、楚两国的交界处，也是秦国东进的最佳通道。秦国控制新城，不仅可以切断韩、楚之间的联系，而且可以迫使韩国转而向秦国交好。而此时的楚国已是日暮西山，国力极其衰弱，韩、魏、赵三国联合秦国，打算一举把楚国瓜分掉。面对这种局势，楚国率先出手，派军队驻守新城，以阻止四国的联手进犯。

公元前294年，白起也出手了。出手之前，白起对局势做了个分析，看清了韩国对联合攻楚的摇摆，也看清了魏、赵两国的犹豫。于是白起做了三件事，一件是提升士气，许诺给作战勇敢的加官晋爵；一件是让人给新城的守军放风，说秦军的作战风格是割下敌人的头去领取军功；一件是向新城军民散播谣言，说秦军一到，魏、赵会掉转枪头，向韩军进行夹击。

真真假假的放风、谣言在新城传开后，军心涣散像大雾一样弥散开来。白起趁着这种弥漫，率不足一万兵力，以迅雷不及掩耳之势，直扑新城，一举拿下。

这一仗打下来，战国天下都知道秦国又出了一个令各国都发怵的战将。白起直升两级，被封为“左更”，与秦国大名鼎鼎的司马错大将平级。

转年，公元前293年，白起再次在战场上扬威。

秦国占领新城后，魏国的都城大梁直接暴露在秦军的刀锋之下。为解除这一威胁，魏国与韩国联合，发兵指向新城。

这一次，魏、韩是做足了准备的，下了必须把新城拿下的决心。魏国派出的统兵大将是公孙喜，韩国派出的大将是暴鸢。这是两个久经沙场的名将，都创造过名扬天下的光辉战例，且这两位将军多有合作，曾联手攻入楚国的方城，特别是在垂沙之战中，几乎让楚国的精锐损失殆尽。此外，韩国有号称“材士”的弓弩步兵，“超足而射，百发不暇止，远者达胸，近者掩心”；魏国还存有吴起训练“魏武卒”的遗风，士兵耐力超强，虽身披重甲，却能健步如飞。韩、魏两国总共出动了二十四万大军。

反观白起，秦国只给了他十万兵力，且不是秦国的主力，多是临时征发的。关键是，秦军官兵对这个年轻的统兵将领白起缺乏信任。

白起的战略谋划是一着险棋，即把战场从秦国占领区，转移到韩、魏占领区，实现中央突破，把韩、魏联军打开，而后各个击破。

实现这一战略意图的关键，是抢占韩、魏门户伊阙。伊阙作为韩、魏的门户，自然是重兵把守。伊阙的地势十分险要，两山对峙，伊水还流经其间。白起要抢占伊阙，难度非常之大。

但白起决心一定，便着手实施。

他先是给魏将公孙喜写了一封信，极尽卑辞奉承，希望魏军中立，让他率军与韩军作战，许诺获得的战利品与魏国平分。

这连普通士兵都看得出来，白起使的是反间计，何况久经沙场的战将公孙喜呢！公孙喜看后，哼了一声，嘴角露出轻蔑的微笑。

不仅公孙喜在笑，白起手下的官兵也在笑。

可没等人们的笑容收敛，白起将写给公孙喜的第二封信又送去了。信中不仅深表对魏军配合的感谢，而且泄露了秦军攻击韩军的具体时间，请求秦、韩两军打起来时，魏军不要插手，事后给魏军好处。

跟随白起作战的将领，对白起嗤之以鼻，认为这太小儿科了。倒是魏将公孙喜拿到信后心生疑虑，这白起要的是哪一招？想干什么呢？

白起想干什么，只有白起知道。因为打一开始，白起就不是离间老成沉稳的魏将公孙喜，而是离间脾气暴躁的韩将暴鸢。他给公孙喜写第一封信，暴鸢就已得到了风声；给公孙喜写的第二封信，很快到了暴鸢手里。

暴鸢非常愤怒，决心甩开魏军，自己单干。因为他信心满满，只要弓箭手在伊阙两山把弓拉满，白起的秦军就甭想踏进这里一步。

而白起呢，他的谋略并没有把暴鸢激怒而打住，而是在泄露给魏将公孙喜发起攻击韩军的时间点上，果然把军队开到伊阙。这样一来，暴鸢更证实了自己的愤怒，公孙喜也完全弄蒙了。

令这两位老将军没想到的是，秦军开到伊阙后，没有任何实际进攻的动作，只是摆开了阵势，不似箭在弦上，倒像搞演习。

谁也不知道，白起磨磨蹭蹭在等什么。

一看这阵势，魏军统帅公孙喜不等韩军统帅暴鸢招呼了，率军前去协助韩军。在公孙喜看来，这是个战机，正面有韩军顶着，他从侧面斜插过去，可以形成两线夹击，打秦军一个措手不及。

白起等的就是公孙喜率军前来。

半夜时分，公孙喜率领的魏军赶到了，白起发起的进攻也打响了，他不是打韩军，而是利用夜色，向魏军发起进攻。刚刚赶来尚未摆开阵势的魏军，一个个正气喘吁吁时，秦军排山倒海杀过来了。魏军猝不及防，阵脚大乱，公孙喜只好率军且战且退，向韩军驻守的营地退去。

此时的韩军统帅暴鸢，隔岸观火，谁也不帮，站到了秦军和魏军的中间。他要看看白起连续给公孙喜写信，到底是怎么一回事。

就在暴鸢糊里糊涂没看清个所以然时，魏军像潮水般溃败下来，涌进暴鸢统领的韩军营垒，韩军、魏军相互交叉，乱成一团，部署好的阵势也被冲得七零八落。

而在这时，白起放下魏军不打了，突然掉转枪头，杀向韩军，杀得韩军落花流水，形不成任何抵抗和对攻。

直到这时，公孙喜、暴鸢两员老将才看清自己上当了，只好收拾起剩下的十余万人马，向偃师方向退去。白起哪里肯放过，他下令军队脱掉笨重的铠甲，丢弃所有的粮草辎重，只持刀剑，拼命追击。前面是只顾逃命的魏、韩军队，后面是杀红了眼追来的秦军，追着追着，天降大雨，倾盆而下。秦军士兵脱去衣服，光着膀子在滂沱大雨中猛追，不少跑得慢的魏、韩士兵被秦军斩杀。暴鸢和公孙喜只好叫军队也脱去上衣，光着膀子在大雨中奔跑逃命。

天不帮韩、魏啊！大雨一直下个不停，待韩、魏逃兵跑到伊水时，河水暴涨，汹涌奔腾。没有退路了，逃命的韩、魏士兵被持刀挥剑的秦军逼进伊水，咆哮的河水翻卷着他们的尸体，瞬间冲卷得无影无踪。

这一仗，白起率军杀敌二十四万，还将五座城池收入秦国囊中。

跟随白起作战的官兵，没有人再怀疑他的军事谋略和指挥才能了。秦国在白起的手里，终于打通了数百年来也没有打通的入主中原的函谷关通道，也开辟了一统天下的道路。

这之后，白起作为秦国的最高军事统帅，用连战连捷，为自己贴上了战国天下第一名将的标签。

史载："昭王三十四年，白起攻魏，拔华阳，走芒卯，而虏三晋将，斩首十三万。与赵将贾偃战，沉其卒二万人于河中。昭王四十三年，白起攻韩陉城，拔五城，斩首五万。四十四年，白起攻南阳太行道，绝之。"其中，昭王三十四年攻魏，一口气吞并魏国大小城池六十一座。

秦国连续攻伐掠取，韩、魏被彻底打衰了，不仅主动与秦国签订屈辱条约，而且还奉献给秦国大片土地，韩国奉献出武遂一带的二百里土地，魏国奉献出河东一带的四百里土地。至此，河西之地尽归秦国。

此时放眼战国天下，东方六国中，只有齐国和赵国还有抗衡秦国的能力。而从军事力量看，赵国强于齐国。

那好，白起就拿赵国开刀。因为赵国有名扬天下的战将廉颇、赵奢，与这样的名将作战，才能凸显他白起的军事才华。

但秦昭襄王没有让白起去攻打赵国，而是叫他去攻打楚国。因为楚国占了大片的江南富庶之地，号称有百万兵甲。楚国人的蛮性，常常不按规矩出牌，你今天跟它结盟，它明天就可能毁约；你今年把它打痛了、打伤了，不用到明年，它的伤口就痊愈了，一夜之间又能征发数十万大军卷土重来。秦国若是攻打赵国，楚国一看有机可乘，必定会斜插一刀。因此，不把楚国摆平，不能对赵国动手。

秦昭襄王问白起："大败楚军，需要秦军多少精锐？"

白起答："七万。"

理由呢？

白起答："楚人之俗，轻剽颛急，战时勇于攻取而拙于守御，只需学昔日之伍子胥，选精取锐，长驱直入，数战则可破郢矣。"

白起于是带七万精兵，顺汉水而南下，直接深入楚国腹地。此役白起的七万大军，不带粮草辎重，一路进发，一路掠抢，还动员沿途的民众，为他的军队运送粮草。更绝的是，南方水多桥多，白起规定，只要秦军经过的桥梁，过后便拆桥毁船，自断归路。以此告诉他带领的官兵，只能以战胜敌人而求生还，否则，就有去无回！

就这样，深入楚地的七万秦军，且打且走，长驱直入，迅速攻占邓地及几座城池后，抵达楚国陪都鄢都城下。

鄢都离楚国郢都只有二百余里，是拱卫国都的北大门。鄢都一丢，国都不保。因此楚顷襄王下令汉水流域的守军全部回援鄢都，坚决把秦军顶住。楚顷襄王看清了，秦军没带辎重粮草，虽能从民间掠夺一些，但十天半月之后，就再也没有可掠了，这时秦国援兵不到，白起必亡无疑。

白起也认清了这一点，但一时也没想出应对之策。眼看一天一天过去了，白起还是想不出办法。秦军军心开始浮动，白起内心焦急，但表面上还是谈笑风生。情急之下，白起跳进汉江，在水里游起泳来。游着游着，白起的灵感上来了，他急忙上岸，把几个心腹干将召来，让他们速带几千人，到离鄢都西北数十里的蛮河武镇筑坝拦河，同时在汉江支流东西方向筑一条水渠。

坝筑成渠修好后，白起在夜里下令决口灌水。随着鄢都城西一声巨响，刹那间河水倾城而入。第二天天亮再看鄢都，一片汪洋，水面浮着一片尸体。

楚国的精锐之军，几乎被白起的这一水攻消灭殆尽。楚顷襄王一看大事不妙，带领臣僚和部分军队放弃郢都，把国都迁到楚国东北的陈国故地。

白起率军进入楚国郢都，这可是当时华夏手工业最发达的都城。在这里补充粮草辎重，就堆积如山了。于是，白起乘胜追击，兵分三路向楚国的腹地发起进攻，一路向南打到了洞庭湖，一路向西打到了夷陵，一路向东打到了竟陵。凡打过的地方，人仰马翻，尸横遍野。楚国辽阔富庶的土地，任由白起大军驰骋。

夷陵，位于湖北宜昌东南，这里是楚人的宗庙，埋葬着楚人的祖先。白起一脚踏进夷陵，没有想起自己的祖先也葬于此地，而是想的如何彻底断掉楚人的气数，叫楚人从此再不能东山再起。说白了，就是挖楚人的祖坟，毁掉楚人再次中兴的风水。

但在白起毁楚人宗庙之前，他想起一个人，这个人就是秦国的宣太后芈八子。她姓芈，楚王室的公主，她的祖先就安葬供奉在这里，毁她的祖宗，她同意吗？

历史在这里埋下了一个天大的伏笔，这伏笔是：

楚虽三户，亡秦必楚！

伏笔是需要日月运行、天地运转的！此时的白起，就连宣太后也预测不到日月将如何运行，天地将如何运转。于是，宣太后和白起，凭着自己所能预见的大局走势，点起一把火，把楚人的祖陵烧成断壁残垣，夷为平地。

在熊熊大火燃烧的光亮中，白起受封为“武安君”。

楚国被彻底打残之后，秦国便拿战国天下最后一个强敌赵国开刀了。

当时的战国天下，楚国被秦国打得毫无还手之力，魏国、韩国被打得割地求饶，齐国作为秦国的战略棋子，此时正与秦国交好，唯有赵国、燕国既不与秦国结盟，又没有发生大规模的正面战争。燕国人口少、兵力弱，在秦昭襄王眼里可以忽略不计。而赵国就不同了，它久居中原富庶之地，人口众多，兵强马壮，在秦国收拾其他国家时，赵国非常谨慎，不与他国结盟抗秦，因而也就避免了国力、军力的损失。

作为秦国的最高军事统帅，白起几乎与天下战将都交过手，且都打败了他们，唯独没有与赵国的战将，像廉颇、赵奢，包括讲军事理论一套一套的赵括交过手。赵括嘛，白起几乎不看在眼里，他那套纸上谈兵的嘴上功夫，在白起注重实际的战法中，是绝对占不了上风的。至于廉颇、赵奢，才是他白起最想在战场上见面的对手。

在和廉颇交手之前，秦军已经拿下了韩国的上党，打通了进攻赵国的门户。

公元前260年，历史上的秦、赵大战，在长平正式打响。

大战打响后的两个关键点，决定了战争的胜负。

第一个关键点：赵国撤廉颇，换赵括。白起率军面对廉颇，几乎没有找到任何机会。廉颇本身就是保守型战将，一上来几经交手之后，便深筑营垒，严防死守，不再出战，且任白起如何挑衅谩骂，就是不接招。面对这种战局，白起又玩起了离间计，他四处放风，说廉颇被打成缩头乌龟了，不敢再战了；还说秦军怕的不是廉颇，而是怕赵括。此时赵奢已经去世，赵孝成王听了信以为真，加之廉颇闭垒不战，没有给他传回胜利捷报，于是把廉颇换成了赵括。这一换，长平战场秦、赵两军的对峙胶着状态改变了，战局的走势步入白起的谋划圈套。

第二个关键点：秦昭襄王亲自到战场督战，赵孝成王连援兵都没有派来。秦、赵两军的大决战，各自精兵都派上了战场。比较看，秦军劳师远征，兵员补充和粮草供给更困难，赵军则要便利得多。关键时刻，明智的秦昭襄王把国内事务全交给丞相范雎，自己则跑到秦国新占领的上党南部招兵买马，十五岁以上的男子赐爵一级，全部带到长平战场。这些新征调的士兵没有作为主力投入战场，而是负责营造壁垒，参与大部队对赵军的包围，包括插入长平与邯郸之间，掠取赵军粮草，在关键时刻发挥了巨大的辅战作用。反观赵孝成王，他在王宫焦虑万分的，不是战场态势的变化，以及如何做好赵军的后援，而是盼着送来赵军的胜利捷报。秦、赵两国君王的不同作为，也决定了战争的最终胜负。

作为赵军统帅赵括，虽然被历史戴上了一顶“纸上谈兵”的帽子，但还原到历史，特别是还原长平战场，赵括还是令白起敬畏的。

赵括先是向白起的秦军发起进攻，没有占到优势后，便迅速退守丹河谷，重新筑垒，保存实力，寻找突围机会。就在这当口，在上党地区与秦军作战的赵军败下阵来，而秦昭襄王亲自征发的后援部队赶到了长平，赵军从长平至邯郸的粮草补给线被秦军切断，四十五万赵军，瞬间陷入孤立无援的境地。

这一极其严峻的战场态势，赵括看清了，但他没有惊慌，而是冷静分析判断，发现秦军南北防线有些薄弱，是唯一可以发起突破的方向。于是，在与秦军对峙几天以后，赵括在几乎弹尽粮绝的情况下，率军向秦军的南北防线，连续发起了四十六天的拼死突围。赵括突破秦军一个营垒，白起就后撤加修一个营垒；白起夺回一个营垒，赵括就进攻另一个营垒，战场的争夺进入白热化，到处是倒下的尸体，到处是断壁残垣。

要知道，赵括是在弹尽粮绝、活着的士兵吃死去士兵尸体的惨烈情况下，与白起进行战场对决的。四十六天下来，赵军有二十五万士兵倒在血泊中，秦军也有二十万士兵魂断黄泉。

仗打到这个份上，赵括也没有放下武器，率军投降，而是做最后的殊死搏斗。他将剩下的赵军分成四队，自率一队，置生死于度外，呼啦啦地向秦军冲去。面对如此顽强的赵军，不要说白起手下的将领，就连白起都深感胆寒。恰在这时，秦国又一拨从上党赶来增援的军队到了，一支利箭把赵括从战车上射得摔落在地，长平之战才停止相互搏杀。

然而，战场的搏杀停下来之后，另一场惨绝人寰的坑杀上演了。

长平、上党两个战场上，被秦军俘获的四十多万赵军，摆到了秦昭襄王和白起的面前。秦昭襄王虽杀伐果断，但他不愿背负杀四十多万俘虏的千古骂名。于是，他不跟白起打招呼，便驱车返回了秦国，把四十多万俘虏的处置难题留给了白起。

跟随白起作战的将军王龁、王翦，以及司马错的儿子司马梗，看到黑压压一片四十余万俘虏，也都心惊肉跳。而此时的白起反倒十分冷静，他双手沾满无数鲜血，似乎不在乎再杀多少人，也不在乎背负千古骂名。

白起下令，从俘虏中找出二百四十个不满十四岁的俘虏，其余的分成十个大营，由不同的军队分别看管，以接受秦军选拔为骗局，把他们骗到阳谷的一个山涧。当四十多万大军挤进山涧时，两边山上早就堆满的石头，如狂风暴雨般砸下，偶尔从滚石中爬上来的，又被扔了回去重砸。顷刻之间，赵国的四十多万俘虏，全部被砸成肉酱，葬身涧底。

这惨绝人寰的一幕，白起让二百四十个赵军娃娃兵看完后，再放他们回赵国。

据传，第二天阳谷山涧的上空，晴天霹雳，突然降下瓢泼大雨……

据传，从此之后，阳谷山涧只要夜幕降临，瘆人的哭泣和哀号便此起彼伏……

据传，从此之后，阳谷山涧方圆数百里之内，没有野兽，连凶狠的狼都见不到……

长平之战后，白起从军为将的辉煌，由此宣告结束……

白起，这个战国时期首屈一指的名将，就这样被钉在千夫所指的耻辱柱上，不仅被历史学家痛骂不绝，也被普通民众咒骂至今……

范雎的宽阔与狭隘

创立“远交近攻”大战略的，是范雎。

这一著名战略的核心要点是：秦国与远在东方的齐国交好，重创就近的韩、魏两国，再伺机攻打楚、赵；待韩、魏、赵、楚被打得对秦依附后，再以五国之力，集中攻齐；齐国被打得无还手之力后，再就近灭韩、灭魏，而后把赵、楚、齐、燕等被打得无招架之功的国家一并灭掉，秦国一统天下。

范雎对秦昭襄王说，实行“远交而近攻”，“得寸则王之寸，得尺亦王之尺也”。范雎要说的是，齐国离秦国很远，派军队去攻打，人少了，打不过齐国，人多了，打下齐国还占不住。如此就不如与齐国交好，拿身边的韩国、魏国开刀，打下一寸就得一寸，打下一尺就得一尺。

“远交近攻”的实质，是秦国分别拿六国开刀，打谁，谁就陷入孤立无援的境地；打到最后，才拿与之交好的齐国开刀。

范雎制定的“远交近攻”战略，为秦国踏平六国、一统天下做出了巨大的贡献！

“远交近攻”战略，胸怀天下，高屋建瓴，是秦国一统天下唯一正确的选择。由此足见，制定这一战略的范雎，其胸怀是多么开阔，其视野是多么宏大。

司马光写道：范雎，魏国人，想侍奉魏王，但因家贫拿不出钱来打通关系，就在魏国的中大夫须贾手下当差。须贾出使齐国，范雎随从出使。在齐国待了几个月后，齐王听说范雎很有口才，便着人赏赐他黄金，还有食物。须贾得知后大怒，以为是范雎出卖魏国的秘密换得的好处，下令范雎把黄金退还，只留点食物。回国后，须贾把这事报告给魏国丞相魏齐，魏齐非常愤怒，下令鞭打范雎，打断了他的肋骨，打落了他的牙齿。范雎被打得昏死过去，被人用草席裹着扔进厕所。魏齐还不放过，又叫宾客轮流往草席上撒尿。范雎被尿刺激，苏醒过来，希望看守把他放出去，以后一定好好报答。看守乘魏齐喝得大醉，向他报告，请求把范雎当死尸扔掉。由此范雎得以逃脱。

范雎逃回家后，妻子悉心照料，她与范雎同在一个屋檐下生活，深知他的才华，故一如既往地支持他继续攀登仕途。

与范雎交好的市民郑安平，帮助隐瞒范雎逃回家的消息，还叫范雎更名张禄，在生活上多有支助。

范雎看清了，战国天下，唯有去秦国才有发展的广阔空间。

恰巧秦国使节王稽来到魏国，范雎便与郑安平扮作奴仆，利用夜幕的掩护，溜到公馆拜见王稽。王稽热情地接待了他们，并令人端来酒菜，边吃边聊。范雎一张嘴，便将战国的形势分析得头头是道，还特地就秦国该如何发展，大谈了一番自己的看法。王稽虽不是大才大智之人，但范雎所讲的，他还是深受触动和启发。于是他决定，把范雎带回秦国，推荐给秦昭襄王。

当时的秦国，对天下有识之士有巨大的吸引力，无论是真有本事的，还是没本事混饭吃的，都往秦国赶。而实际掌控秦国的宣太后和丞相魏冉，不怎么看中这些所谓的谋士，他们看中的是自己的嫡系、党羽，担心真正的谋士被秦昭襄王重用以后，削弱自己的权力，因而他们对进入秦国的谋士多有防范。

对于这个问题，范雎在进入秦国的路上就感受到了。

一天，王稽等人行至秦国的湖县，远远望见前方尘土飞扬，一队车骑急驶而来。范雎马上意识到，来人派头很大。因为秦国的法律规定，地位低下的人，不可快马奔驰。于是范雎藏匿于车厢之中，想实际观察一下来者究竟是何人，是个什么做派。

疾驰而来的是秦国当朝丞相穰侯魏冉，王稽急忙下车拜迎。魏冉也下车，与王稽相互寒暄，并问王稽是否带来所谓的能人异士，王稽自是不敢说范雎就藏在车里，魏冉也没有上车盘查。

继续赶路时，范雎下车从小路行走，并约定前方见面地点。他料定，魏冉必派人来再查。没走多远，身后马蹄声响起，疾驰过来一队人马，奉丞相之命前来搜查，没发现可疑之人，也就离去。王稽则在前方，把范雎拉上车向咸阳驶去。

几乎与所有的能人异士一样，范雎虽然到了咸阳，但要面见秦昭襄王是非常困难的。王稽出使复命，见到了秦昭襄王，也向他推荐了张禄（范雎的化名），但秦昭襄王心不在焉，对张禄毫无兴趣，只是吩咐给张禄安排一个住处。

没辙，只好等。这一等，便是一年。这期间，范雎想过诸多面见秦昭襄王的办法，都未能奏效。比如，范雎求人向秦昭襄王举荐，说："魏国的张禄求见，他犹如潜龙下凡来到秦国，才华横溢，智谋出众，能辅佐秦国完成千秋大业，特来求见秦王。"话传进去以后，秦昭襄王仍不予召见。

范雎无奈，只好继续等。倒是在等的日子里，范雎对秦国的局势有了更深入的了解。秦国的大权没有掌握在秦昭襄王手里，而是掌握在他的母亲宣太后和他的舅舅魏冉手里。宣太后的几个亲戚，魏丞相、泾阳君、华阳君、高陵君，并称秦国的"四贵"，不仅掌握秦国的政权，而且控制秦国的财富。秦昭襄王戴着秦王的帽子三十多年，应该早就想把大权揽到手里，可能也是觉得斗不过宣太后和"四贵"，才忍气吞声把自己蛰伏起来。范雎分析，秦昭襄王绝不会甘心，只要抓住机遇，他定然要把大权从宣太后和“四贵”手里夺回来。

由此，范雎制定面见秦昭襄王的策略是：激将法！

恰在这时，咸阳大街贴出告示，说秦国即将攻击齐国的纲、寿两地。这一攻击方向，是与范雎谋划的“远交近攻”战略相悖的。齐国远在东边，中间隔着魏、赵两国，秦国跨魏、赵去攻齐，岂不是自找受多国夹击的麻烦吗？再细一打听，范雎才看清问题的本质。原来颁布的这一谕令，并非秦昭襄王的主意，而是丞相魏冉绕过秦王的自作主张。因为齐国的纲、寿两地与魏冉的陶山封邑相邻，攻打纲、寿，是魏冉为了扩大自己的封邑。

抓住这个机会，范雎还以化名张禄向秦昭襄王上书，火力全开，矛头直指“四贵”。他写道：秦昭襄王是大树的主干，宣太后和“四贵”则是枝叶，枝繁干弱则不能树起君王的统治地位；善于使自己殷富者，大多取之于国，善于使国家殷富者，大多取之于诸侯；有了英明的君主，诸侯就不会贪赃枉法，原因在于，明主善于分割诸侯的权力，而将所有的权力集中到自己的手中；良医可以预知病人的生死，明主可以预知国家的成败，利则行之，害则舍之，疑则少尝之。最后范雎特地强调，有些话信上不便说，希望秦王见他，让他一述衷肠。

当然，这是范雎故意卖关子，留了一些治国兴邦的悬念，以促使秦昭襄王尽快召见他。

秦昭襄王看了范雎的上书后，大为震撼，范雎所言，正是他的隐疾。于是，让王稽代为传命，召张禄火速入宫。

史载：“于是范雎乃得见于离宫，佯为不知永巷而入其中。王来而宦者怒，逐之，曰：‘王至！’范雎缪为曰：‘秦安得王？秦独有太后、穰侯耳。’欲以感怒昭王。”

史载的这个细节，足见范雎晋见秦昭襄王，是做好了充足准备的！已知是秦昭襄王召见，又看到在一群人的簇拥下，秦昭襄王从对面走来，范雎却故意走进永巷。宦官上前呵斥范雎，说："大王到了，你还不回避！"范雎则反唇相讥，说："秦国只听说有宣太后和魏冉，何曾听说还有个大王？"

当面激将，直戳秦昭襄王内心深处的隐疾。

在与秦昭襄王的交谈中，范雎故弄玄虚，欲言又止，在彻底获得秦昭襄王的信任后，才把自己分析战国天下形势、思谋秦国兴旺发达的谋略和盘托出。

范雎说："夫穰侯越韩、魏而攻齐纲、寿，非计也。少出师则不足以伤齐，多出师则害于秦。""王不如远交而近攻，得寸则王之寸也，得尺亦王之尺也。今释此而远攻，不亦缪乎！"

秦昭襄王问："如何近攻魏？"

范雎说："王卑词重币以事之；不可，则割地而赂之；不可，因举兵而伐之。"

史载，秦昭襄王听从范雎的建议，"使五大夫绾伐魏，拔怀。后二岁，拔邢丘。"

如何近攻韩呢？

范雎说："秦、韩之地形，相错如绣。秦之有韩也，譬如木之有蠹也，人之有心腹之病也。天下无变则已，天下有变，其为秦患者孰大于韩乎？王不如收韩。"

收买韩国，它听吗？

范雎说："韩安得无听乎？王下兵而攻荥阳，则巩、成皋之道不通；北断太行之道，则上党之师不下。王一兴兵而攻荥阳，则其国断而为三。夫韩见必亡，安得不听乎？若韩听，而霸事因可虑矣。"

范雎被秦昭襄王拜为客卿，谋兵事，言听计从。

客卿，绝非范雎的人生目标。秦王对范雎的言听计从，因受宣太后、魏丞相的掣肘也多有限制。因而范雎在客卿位置上重点谋划的，是扳倒宣太后和“四贵”，为自己登上丞相之位扫清障碍。

范雎对秦昭襄王如是说：“臣居山东时，闻齐之有田文，不闻其有王也；闻秦之有太后、穰侯、华阳、高陵、泾阳，不闻其有王也。夫擅国之谓王，能利害之谓王，制杀生之威之谓王。今太后擅行不顾，穰侯出使不报，华阳、泾阳等击断无讳，高陵进退不清。四贵备而国不危者，未之有也。”

范雎所言，从如何才是君王，以及宣太后专权擅行，“四贵”肆无忌惮的角度，直指秦昭襄王表面是秦王，其实不是秦王，不掌握实权。

《战国策》载，范雎在这次游说中，给秦昭襄王讲了一个故事。恒思那个地方有个强悍的少年，要求和具有强大神力的神丛打赌。这个少年说：“我抛下一个棋子，正面朝上你赢，反面朝上我赢。如我赢了，你把神力借我用三天；你赢了，我任由你处置。”结果这个少年赢了，神丛把神力借给了他。三天后，神丛要这个少年归还神力，少年不给。五天后，神丛开始枯萎，七天后，神丛便死了。范雎讲这个故事想说什么，秦昭襄王无疑听懂了。

范雎接着说：“臣闻善治国者，乃内固其威而外重其权。穰侯使者操王之重，决制于诸侯，剖符于天下，征敌伐国，莫敢不听。战胜攻取则利归于陶，国弊御于诸侯；战败则怨结于百姓，而祸归于社稷。”

范雎的这段话，则是集中攻击魏冉。毕竟宣太后是秦昭襄王的亲妈，此时算来已是一大把年纪了，故范雎的攻击避开了宣太后。

最后，范雎所说的则是这次谈话的要害、症结。他说：“夫三代所以亡国者，君专授政，纵酒驰骋弋猎，不听政事。其所授者，妒贤嫉能，御下蔽上，以成其私，不为主计，而主不觉悟，故失其国。

今自有秩以上至诸大吏，下及王左右，无非相国之人者。见王独立于朝，臣窃为王恐，万世之后，有秦国者非王子孙也。”

话说到这个份儿上，秦昭襄王不能不“大惧”了。于是使出霹雳手段，“废太后，逐穰侯、高陵、华阳、泾阳君于关外”，“拜范雎为相，收穰侯之印，使归陶”。

秦昭襄王这顶王冠，戴了四十一年后，在范雎的操弄下，终于实至名归。

范雎坐上秦国丞相交椅后，做的第一件事就是攻伐魏国。从“远交近攻”的角度分析，范雎的这一决策出于公心。因为秦国要东出函谷关，荡平六国，首当其冲的拦路虎就是魏国，魏国不拿下，东路出关受阻。但从范雎的内心分析，这一决策出于私心。他在魏国受到奇耻大辱，如今他是秦国丞相，他既要拿魏国开刀来一雪前耻，又要以此向秦昭襄王一表忠心。

魏国得知这一消息后，大为恐慌，但听说秦国新任丞相叫张禄，原是魏国人，又似乎看到希望。于是派大夫须贾前去秦国，打算用丰厚的贿赂，做通丞相张禄的工作，进而觐见秦王，两国重新修好。

范雎听说魏国派来的使节是须贾，内心感慨无限，沉寂下来之后，构思并上演了一场精彩大戏。

戏是这么演的：

范雎脱掉丞相服，换上一套破衣烂衫，从丞相府溜出来，来到须贾住的馆驿，没等通报，便走到须贾面前。

须贾见到范雎，大惊失色，以为范雎早死了，没想到他还活着。再看范雎的衣着，以为他不成大器。但在咸阳见到故人，须贾仍感到亲切，故而问范雎怎么活下来的，问范雎在秦国做什么活计，令人给范雎端上饭菜，看范雎衣着单薄，还特地把自己的缯袍给范雎披上。

范雎则将落魄的下人演得很逼真。他本不饿，但须贾把饭菜端上来，他狼吞虎咽，吃得直打饱嗝；须贾把缯袍披在范雎身上，范雎也不推辞；问他在咸阳靠什么为生，范雎说打工糊口……

须贾并不期望眼前这个落魄的范雎能帮他什么忙，但其掩饰不住内心的焦虑，还是把要见丞相张禄，当闲话给范雎说了。

范雎听说须贾想见丞相张禄，便主动应承下来，说自己和张禄有交情，能引导须贾去拜见。

面对衣着寒酸的范雎口出如此狂言，须贾内心是不信的。但身处咸阳，人生地不熟，眼下又找不到其他人帮忙，就好歹信他一回。

在约定时间，范雎赶着车来了，车是丞相专用车，范雎亲自驾车，拉着须贾去见张禄。

车在丞相府停下后，范雎叫须贾候着，自己走进丞相府去通报。

左等不来，右等不来，须贾便走到门卫打听。门卫告诉须贾，刚才进去的那个衣着褴褛的人，就是大秦丞相张禄。

须贾一听，如晴天霹雳，脑子顿时一片空白。稍微回过神来，想跑，但转念一想，在咸阳这块地界上，能跑到哪里去？只好脱袍解带，跪在丞相府外，并托门卫前去禀报："罪人须贾，跪拜求见。"

进到丞相府去，只见两边的刀斧手威风凛凛，范雎高坐于堂。须贾跪地磕头，嘴里连称有罪。

范雎历数了须贾三罪："雎之先人丘墓亦在魏，公前以雎为有外心于齐而恶雎于魏齐，公之罪一也。当魏齐辱我于厕中，公不止，罪二也。更醉而溺我，公其何忍乎？罪三矣。"范雎之所以没有处死须贾，则是"以绨袍恋恋，有故人之意"。

须贾免于一死，离开秦国前，向范雎告别。范雎则把各国使节都请来宴饮，把须贾安排在仆人席上，给客人上大鱼大肉，给须贾上了一盘马料，旁边站着两个人，用筷子夹着草料和黑豆往他嘴里塞。范雎叫须贾给魏王捎信："急持魏齐头来！不然者，我且屠大梁。"

至此，范雎一手导演并参与演出的这场精彩大戏，落下帷幕。

范雎算报了被辱的大仇，但这仇报得没有一点君子风度，更不可能把他与制定“远交近攻”战略的人联系起来，倒使人能把他与一些没文化的痞子、恶棍联系起来，没胸怀，很狭隘！

范雎的这种狭隘，还表现在阻挠白起攻取邯郸的建功上。

长平之战，白起坑杀四十余万赵军，彻底把赵国打残了。秦昭襄王采纳白起的建议，令他率军直取邯郸，吞并赵国。

赵国刚刚经历了长平惨败，又面临秦军前来围攻邯郸，朝野上下恐慌万分，人人都不知有今天还有没有明天。

在这种恐慌万分的气氛中，苏秦的弟弟苏代站出来。他也是个游说家，对秦国的君臣关系，特别是丞相范雎与战将白起的微妙关系，看得十分清楚。白起是个典型的军人，对秦国忠心耿耿，只知道为秦国打胜仗，夺土地。而范雎就不同了，他在帮助谋划秦国利益的同时，更想着自己的利益权势。因而苏代信心满满，带着赵国给他的大量珍宝，面见范雎。

苏代就是趁着秦国将相不和的间隙，前去做离间工作的。他把大把的珍宝往范雎跟前一推，开门见山就说：“长平一战，白起厥功至伟，如今趁势围攻邯郸，赵国一亡，秦国就可称帝，白起也就封为三公。而你范雎，就位处白起之下。”

核心的就这几句话，把范雎彻底说动了。于是，范雎摇动三寸不烂之舌，搬出一套又一套成立和不成立的理由，说服秦昭襄王，下令白起从邯郸撤兵。

撤兵的条件，是赵国割让六座城池，与秦国修好。

白起从邯郸撤回后，丞相范雎便想方设法阻止他继续在战场上建功。

一转脸，赵国就撕毁合约，六座城池不给秦国了，而是给了齐国，请齐国给予救援。秦国于是再次发兵，包围邯郸，统兵大将则把白起排除在外。

而此时的战国天下，各国都痛恨秦国，深知赵国一亡，就是“唇亡”，牙齿能不寒吗？于是，赵国的毛遂跟随平原君出使楚国，搬来了楚国的八万大军；魏国的信陵君窃符救赵，也出动了十万大军，很快突破了秦军设在邯郸外围的防线，秦国不断增派的四十万大军，竟然全线溃败。尤其是范雎举荐提拔的将军郑安平，率两万秦军被围，投降了赵国。

范雎看出了自己面临的危机，对秦昭襄王说：“不是秦军攻不下邯郸，而是不想攻下邯郸，这是秦军用这种方式，声援他们心中的战神白起。”

秦军这不是逼宫吗！秦昭襄王非常恼火，直下诏令，命白起为主将，前去邯郸战场指挥。

白起暗地里跟范雎较劲，他知道对自己的诸多诋毁、谗言，都出自范雎。秦昭襄王如果信任范雎，自己无论是打了胜仗还是败仗，都会被踢出秦国的核心层。因而他接到秦昭襄王的诏令后，自称有病，拒不受命。

秦昭襄王大怒，强求白起即使躺在担架上，也要受命赴邯。

而白起的态度是，宁愿脑袋被砍，也不做一个屈辱的将领。

秦昭襄王劝不动白起，拂袖而去，随即下了一个诏书：白起武安君的爵位废除，贬为士卒，流放到西北苦寒之地。

白起称病不走，他还在等着秦昭襄王回心转意。

秦昭襄王下令：抬也要把白起抬走。

此时的白起，已经深知秦昭襄王彻底抛弃了自己，只好收拾行装上路。

白起在前面走，从咸阳派出的人马从后面追，追上以后，送上一把秦昭襄王赐给他的宝剑，令他自尽。

其实，与其说是秦昭襄王赐予白起自尽的宝剑，倒不如说是范雎赐予。因为在白起离开咸阳之后，范雎便给秦昭襄王进言，说白起对他的处置不服，说白起生病是装的，说白起一定会投奔别的国家，成为秦国的心腹大患。秦昭襄王在范雎的劝谏下，赐白起死。

白起在把宝剑架到脖子上时，说了一段检视良心的话，他说："我固当死。长平之战，赵卒降者数十万人，我诈而尽坑之，是足以死。"

死前的白起，好歹对自己的良心，进行了一番检视。

而范雎呢？他具有几乎所有战国时期的人都不具有的战略视野，提出了"远交近攻"的战略方针，使得秦国征讨杀伐，屡打胜仗，日益强大。可以说，他是秦国荡平战国天下、一统六国的奠基者。可范雎的人性、良知，与他的大视野、大胸怀是分裂的，岁月磨不平他对恩怨的释怀，大局解不开他对功利的追逐，就因为苏代对未来预测的假设，说他的地位将在白起之下，便把自己的全部智慧用到了阻挠白起的建功上，进而用到了将白起置于死地上。

范雎，是人格分裂呢？还是目光的一时短路？

吕不韦对秦国的经营

古谚云："天下熙熙，皆为利来；天下攘攘，皆为利往。"

吕不韦，今河南濮阳人，经商，"往来贩贱卖贵"，家累千金。后在赵国国都邯郸做生意，结识秦国派驻赵国做人质的嬴异人。嬴异人是秦昭襄王二十多个孙子中的一个，夏姬所生，地位卑微，正是在白起率军对赵国进行攻击时，嬴异人在赵国做人质。秦国供给嬴异人的费用很少，没有金钱支撑他在赵国的交往，因而赵国的达官显贵，几乎没有人跟他交往。吕不韦结识他时，他穷困潦倒。

吕不韦对秦国的经营，就是从嬴异人开始。

结识嬴异人后，吕不韦向父亲请教了三个问题。

问："种地有几倍的利润？"

答："十倍。"

问："贩卖珠宝玉佩呢？"

答："那很高，起码一百倍。"

问："如果扶持一个人做国家的君主呢？"

父亲倒吸了一口凉气，答："千万倍，甚至难以估计。"

吕不韦的父亲肯定也是个商人，很懂经营行情，但对经营一个人做国君这样的大买卖，实在是不敢想，不由得倒吸一口凉气。

吕不韦则从向父亲的讨教中，坚定了信心。

他经营嬴异人的第一步，是让他成为太子的太子。

这一步经营得很遥远，吕不韦算是看清了。

公元前267年，秦昭襄王的太子嬴悼死了，两年后立第二个儿子安国君嬴柱为太子。安国君的正室是华阳夫人，她深受宠爱，却没有为安国君生出儿子来，所以安国君没有立太子，只能到时在后宫的二十多个儿子中，选定一个作为太子。嬴异人就是他这二十多个儿子中的一个，因为他的母亲夏姬不受安国君宠爱，所以他的地位很低，被派往赵国做人质。

让嬴异人成为安国君的太子，吕不韦瞄向了华阳夫人。

当然，选谁给华阳夫人做儿子，是有讲究的。华阳夫人有权把别人的儿子要过来，但和后宫地位高的要必有一争。你没有儿子，正好我的儿子可以补上太子的位置，我干吗要给你呢！地位低的不敢争，争也没用，还巴不得把儿子送给华阳夫人做儿子。嬴异人正是地位低的人选，他的母亲夏姬巴不得把儿子送给华阳夫人做儿子。

华阳夫人芈姓，楚国王室的公主，宣太后芈八子之弟芈戎的族女。芈八子就在秦国王室上演过几乎不可能而成为可能的精彩故事，且在秦昭襄王时期，利用打造的芈姓外戚势力，主政秦国数十年，使得秦国在战国七雄中，不断崛起，越战越强。历史演变到华阳夫人后，楚国王室的芈姓族人又在秦国演绎了一出精彩故事。

司马光写道：吕不韦先是拿出大把的金钱，为嬴异人装点门面，出门坐豪车，请客很奢华，出手很大方，赵国的达官显贵纷纷登门拜见，嬴异人的名声很快在赵国传开了，而且传到了其他国家，把他传成了一个贤人。

接着吕不韦带着大把的金钱珠宝到咸阳，贿赂华阳夫人的姐姐。吕不韦很识相，他怀里虽然揣着大把金钱珠宝，如直接去贿赂华阳夫人，可能连门都进不去。她可不缺金钱珠宝，缺的只是儿子。华阳夫人的姐姐就不同了，她虽然也不缺金钱珠宝，但再多也是不嫌多的。再说姐姐进妹妹的后宫大门，是想进就能进的。

吕不韦用金钱珠宝把华阳夫人姐姐的环节打通后，吕不韦要说的话，便通过华阳夫人姐姐的嘴出来了：靠自己的美貌得到宠爱，一旦美貌衰退，宠爱也就消失；夫人得到的宠爱已到极致，但可惜没有儿子，如果不从庶子中培养一位贤才，确定为嫡子，万一有那么一天，色衰爱弛，再去说就来不及了；庶子群中，嬴异人最有才干，他自知上有哥哥，下有弟弟，嫡子根本没有他的份儿；夫人如果特别垂爱他，使他本没有国家而忽然有了国家，夫人本没有儿子而忽然有了儿子，则夫人的宠爱将在秦国永存。

华阳夫人被说动了，吕不韦打发嬴异人与她见了一面。嬴异人是穿着楚人的服装去的，得到了从楚国王室出来的华阳夫人的第一眼好感，华阳夫人高兴地说："我是楚国人，你当然是我儿子。"嬴异人再遵照吕不韦的叮嘱，说了一通如何日夜思念华阳夫人的话，虽说得极其肉麻和言不由衷，但华阳夫人爱听。于是，华阳夫人流着泪对安国君说："我不幸未能为您生一个儿子，愿收嬴异人做我的儿子，有了儿子，我就可以托付终身了。"安国君也听到不少对嬴异人的赞誉，华阳夫人一哭，他不仅满口答应，而且当场剖开玉石，交给她作为信符。安国君还赏赐给嬴异人很多金银财宝，聘请吕不韦当他的老师，还将嬴异人更名为嬴子楚。

吕不韦经营秦国的第一步大获成功，使得嬴异人这个在二十多位王孙中地位卑微的庶王孙，陡地成了名正言顺的太子的太子，成了秦国的合法继承人。

吕不韦经营秦国的第二步，是叫嬴异人最喜欢的女人怀上自己的孩子。

嬴异人被立为太子后，非常感激吕不韦，许诺接替秦王后，"得分秦国与君共之"。这可是秦国的半壁江山啊！什么商人、做什么买卖能赚取一国的半壁江山呢！在巨大无比的利益许诺面前，吕不韦对秦国的经营，进入了更深层次的谋划。

吕不韦在邯郸做买卖时，娶了个邯郸美女，叫赵姬。吕不韦成了嬴异人的老师后，经常召嬴异人到府上喝酒。坊间的传说是，开始嬴异人到吕不韦府上喝酒，吕不韦不让赵姬露面，待赵姬怀孕了，才招呼赵姬出来斟酒。也许是赵姬实在是太漂亮了，也许是嬴异人本就是个淫色之辈，还也许是酒喝得半醉起了作用，嬴异人一见赵姬，顿时色眼放光，神魂颠倒，当即提出叫吕不韦赠给他。吕不韦则假装生气，教导嬴异人不能夺老师之爱。他们二人一个真要，一个假不给地闹腾一番后，吕不韦最终把赵姬赠给了嬴异人。

公元前258年，赵国国都邯郸被秦军包围。嬴异人成为秦国太子的太子后，也就成了赵国与秦国谈判的重要筹码，赵国不肯放他回国了。这可急坏了吕不韦，他经营秦国的步骤，如果不能把嬴异人营救出去，他的经营前功尽弃不说，后面的经营也就画上句号了。于是，他散尽家财，贿赂邯郸的守城将士。他说的是："我不是赵国人，全家来到邯郸做生意，却遇到秦、赵这么持久的战事，只好打道回府，生意不做了，钱也不要了。"

吕不韦说得合情合理，守城官兵收了吕不韦的钱，放他一家出城，家人中包括打扮成随从的嬴异人。出得城去，吕不韦领着"一家人"直奔秦军营垒，向秦军将领王龁说明情况后，乘着豪华马车，在军队的护送下，来到了秦国国都咸阳。赵姬暂住邯郸娘家，之后才来到咸阳。

一年后，赵姬生一子，叫嬴政，即中国历史上赫赫有名的秦始皇。

公元前251年，秦国执政近半个世纪的秦昭襄王去世，安国君嬴柱继位，称秦孝文王。

刚刚接替秦王的嬴柱会见完宾客，处理了一些事务，回到寝宫便一睡不醒，死了。

嬴异人顺理成章地接替君位，称秦庄襄王。拜吕不韦为丞相，封为文信侯。

三年后，秦庄襄王去世，年仅十三岁的嬴政继位，尊吕不韦为仲父，主持秦国国事。

吕不韦怎么也料不到，秦国的君位更替得这么快，且很快更替到他与赵姬所生的儿子头上。

这似乎是唯有上天，才能帮助吕不韦做到的事！

其实，吕不韦经营秦国的第二步，走得极具冒险性！他把赵姬的肚子搞大以后，献给嬴异人，他怎会知道赵姬肚里怀的是个男婴呢？若生下来是个女娃呢？他充其量只能在嬴异人作为秦王时，戴一顶丞相的帽子，之后对秦国的经营也就画上句号了。

但不得不说，即便如此，吕不韦作为商人，也是谋得了天大的利益！

吕不韦经营秦国的第三步，是在丞相的位置上，让秦国这架机器按照自己的意志运转。

吕不韦当丞相十三年，特别是秦王政年少不主政的十年间，秦国的国家机器完全由他掌控，治国理政、军事外交的大政方针，虽以秦王政的名义颁布，但都无一例外出自他的意志和操控。他延续了范雎“远交近攻”的战略构架，不断发起对六国的攻伐，进一步削弱了六国抗衡秦国的实力；他亲自率军消灭了东周，使得这个形式上的周天子不复存在，把“天子共主”的符号彻底抹去了；他延续商鞅的法治方略，同时大量招纳天下儒士，逐步把儒家的治国理念，提升到秦国的内政治理层面，极大地扩展了儒家思想和文化的传播。在经济上，吕不韦主张尚农的同时，鼓励工商。他说：“凡民自七尺以上者属诸三官，农攻粟，工攻器，贾攻货。”他本身是商人，对工商业情有独钟，因而在丞相的位置上推行力度很大，秦国的工商业“礼抗万乘，名显天下”，就是他大力推行工商政策的结果，为秦国最终兼并六国、一统天下，奠定了丰厚的经济基础。

可以说，这是吕不韦经营秦国最得意、最风光的一步。这一步后，他对权力的掌控和享受，达到了人生的最高点。

吕不韦经营秦国的第四步，是第三步的延续，其着落点，在于提出一统天下的秦帝国治国纲领。

中国人崇尚“人过留名，雁过留声”。“留名”，当然是留好名声。而“留名”的重要途径之一，就是将自己的思想、理论、文化、科技、艺术等，编成著作传世。可以说，吕不韦经商从河南濮阳走出来，至此什么人生目标都实现了，且他实现人生目标的高度，是他人所不可企及的！在这种情况下，他人生的更高追求，就只剩下“留名”了。

必须承认，吕不韦在他经营秦国的前三步中，高度重视了自身的修养和学识的积累，已经具备编写重大理论著述的目光和能力。

公元前239年，吕不韦召集天下名士，编纂了《吕氏春秋》。书成之后，将其“布咸阳市门，悬千金其上，延诸侯游士宾客有能增损一字者予千金”。吕不韦门下的食客数千人之多，其中不乏饱学之士，让这些人对“布咸阳市门”的《吕氏春秋》挑毛病，无疑能将其修改得更加完美。

可以毫不夸张地说，天下名士共同编纂的《吕氏春秋》，是先秦著作中结构体系最完备的著作，也是收纳华夏祖宗优秀传统文化最丰富的著作，还是文字最考究、引经据典最准确的著作，是当时天下学者名流共同学识、智慧的结晶。作为主编的吕不韦，厥功至伟。

《吕氏春秋》是中华民族先秦时期的百科全书，是集华夏祖先儒、墨、道、法、兵等诸子百家先进思想文化、天文、农业、科技于一体的知识宝库。

该书第一次完整地记载了九野及二十八星宿的名称，这可是天文学上的伟大创举。我们的祖先没有在记载星宿的名称上止步，而是把每月太阳、月亮、星星所在的位置和与之相应的节气、物候特征等对应起来，以此告诉人们，太阳、月亮、星星在什么位置，便处于什么节气，该耕种或收获什么作物。华夏祖先把彗星、天棓星、天竹星、天英星、有斗星、有宾星等九种星列为妖星，认为这些妖星在不同的季节、不同的位置出现时，人世间就会出现种种怪异，如牛马开口说话，猪狗相互交配，马长犄角等。该书警告君主，出现这样的怪异时，君主要检讨自己，爱民恤民，积德行善，只有这样，灾祸的惩罚才可避免。

该书第一次比较全面地记载了我国音乐旋律的起源，特别是乐律的六律、六吕以及计算的三分损益法，为华夏子孙研究古代音乐的起源和发展，提供了宝贵的资料。

该书第一次全面系统总结了我国先秦时期种植农作物的实践经验，并对耕种和供养做出了明确规定，即每个农夫种地产粮要供养九人，但种下等田的供养五个人，饲养的家畜包括在一个农夫的劳动之内，折合计算。该书就如何使用土地的问题，包括土质改造、灌溉、除草、耕作等十个方面的具体细节，提出了明确要求。该书还对稻、黍、麻、豆、麦等主要农作物什么季节种，怎么种，怎么施肥浇水，怎么除草杀虫等，讲得十分详尽。另外，庄稼种好了，吃到嘴里是什么味道，吃了对人体有什么好处，等等，都详尽做了介绍。

当然，治国理政的方略，是《吕氏春秋》的主旋律，民本思想是该书高举的旗帜，认为民众是国家存亡安危的关键，治理天下首先要得民心。“人主有能以民为务者，则天下归之矣。”“古之君民者，仁义以治之，爱利以安之，忠信以导之，务除其灾，思致其福。”在坚持民本思想的同时，《吕氏春秋》还倡导以德治国，其“劝学”篇鼓励人们加强学习，认识圣贤是“疾学”而成的，那些品德低下的人，是因为“生于不学”。至于儒家倡导的诚信和孝道，《吕氏春秋》更是不惜笔墨。它把诚信作为天道运行规律来看待，认为：“君臣不信，则百姓诽谤，社稷不宁；处官不信，则少不畏长，贵贱相轻；赏罚不信，则民易犯法，不可使令；交友不信，则离散郁怨，不能相亲；百工不信，则器械苦伪，丹漆染色不贞。”它认定讲诚信，就能与天意相通。该书把孝道作为治国之本，把孝说成“三皇五帝之本务，而万事之纪”，视孝为“民之本教”，执守孝道，能使“百善至，百邪去，天下从”。该书认为一个人的罪过，“刑三百，罪莫重于不孝”。总之，儒家思想的精华，以及墨家的兼爱、节用、尚法等理论，在《吕氏春秋》的治国方略中交相辉映。

《吕氏春秋》中的民本思想、治国理念，不仅在秦国统一六国后的秦帝国缔造中得到遵循，而且在此后的历朝历代的治国理政中多有遵循。这更说明，因为《吕氏春秋》是中华民族先秦时期的经典，吕不韦也因此扬名万世。

吕不韦经营秦国的第四步走完后，也快要走到他人生的终点了。

辩证法就是这样，任何人、任何事无一例外要受到历史规律的衡量和检测，而衡量和检测的标准，无一例外要回到人的品德上去。董仲舒“天人感应”“君权神授”的理论，就明确提出：人民的言行举止，可以上感天，下动地，决定君主的兴废存亡。君行道，民必归之，君行不义，民必叛之。那么道是什么呢？道就是天。天是什么呢？天就是治国理政、教化天下的儒学。“道者，所繇适于治之路也，仁、义、礼、乐，皆其具也。”

吕不韦经营秦国的轨迹，恰恰应验了道德的报应。

秦庄襄王嬴异人去世后，赵姬年纪轻轻成了太后。按照王室的规矩，再年轻的太后也不能再与其他男人谈婚论嫁。这一规矩本身就是道德的要求。但赵姬做不到，断不了与吕不韦厮混，这似乎可以理解。毕竟她曾与吕不韦是夫妻，感情难以割舍。还因为秦王政是个孩子，尚未掌控政权，也不懂男女之事，对他也还好隐瞒。但随着秦王政一天天长大，吕不韦害怕了，估计赵姬也不会不怕。于是，吕不韦找了一个叫嫪毐的男人，让他拔掉胡须，装成宦官，把他送到了赵姬的太后宫，自己则从太后宫拔出腿来。假若事情按吕不韦所谋划的那样，嫪毐在太后宫中与赵姬生活得到满足，不惹出什么事端来，这事就算摆平了，皆大欢喜。

可事情的发展，大大超出了吕不韦的谋划。

嫪毐在太后宫与赵姬一连生了两个儿子，这已经是大出其格了！更出格的是，嫪毐谋划待秦王政百年之后，让他的儿子接替秦王之位。为此，嫪毐自称“假父”，到处笼络培植党羽，他门下养的食客，竟然也达千人以上。秦王政在雍城蕲年宫前举行加冠之礼时，嫪毐打算先下手为强，盗取了秦王的玉玺，调动了数千县卒、宫卫士卒，发起对蕲年宫的进攻，企图杀死秦王政，直接抢班夺权。

嫪毐的这一阴谋，早就有人报告给了秦王政，因而当嫪毐向蕲年宫进攻的命令一下，秦王政平乱的军队就出现了。秦王政还亲自下令：参加此次平乱的军士，凡立下战功的均拜爵厚赏，即使是宦官，只要参战的也拜爵一级。结果是，嫪毐叛军很快被击溃，只剩嫪毐带几十个死党仓皇逃窜。秦王政一纸诏令，通告全国，生擒、杀死嫪毐者，重赏！不出数日，嫪毐及其死党全数被剿，嫪毐遭车裂，其三族被诛，连同他与赵太后生的两个儿子一并诛杀。

吕不韦是无论如何也脱离不了干系了，相位被免，贬谪到河南。一年后，秦王政给吕不韦写信，谴责他的同时，令他离开河南，前往蜀中。

贬到河南，又贬到蜀中，不用多想，下一步就不是贬了，而是诛。聪明的吕不韦选择了饮毒酒自杀。

“天下熙熙，皆为利来；天下攘攘，皆为利往。”吕不韦对秦国的经营，应验了这句中国人的古谚。所不同的是，他的手笔大，谋算深，步骤远，因而他能从经营起步，进而由商人变为政治家，在政治家掌权的最高平台上，继续经营国计民生的大利益，为自己谋求物质利益之外的更高利益，即千古留名的大利！

吕不韦的经商之道告诉我们：商人必须懂政治，巨商必须有政治家的谋略！

李斯的强秦之谏

李斯，今河南上蔡人，当时属楚国。年轻时，李斯做一名小吏。史载：李斯为郡小吏时，“见吏舍厕中鼠食不洁，近人犬，数惊恐之。斯入仓，观仓中鼠，食积粟，居大庑之下，不见人犬之忧。于是李斯乃叹曰：‘人之贤不肖譬如鼠矣，在所自处矣！’”所写的是李斯对两只老鼠的观察，一只蜗居于茅厕，吃的是肮脏恶臭的粪便，还时刻心惊胆战，害怕被上茅厕的人和犬发现；另一只则居住在粮仓之中，安逸舒适，天天饱食，还无人打扰。李斯认为，所谓贤智之人与不肖之人，就和老鼠一样，就看你处在什么地方了。可见李斯为小吏时，其思考和观察事物的能力，就有过人之处。

李斯不甘于做一名小吏打发一生，于是投奔到荀卿门下，学帝王之术。

荀卿是齐国稷下学宫中脱颖而出的大儒，他一改孔子儒学空谈政治理想的弊端，从时局出发，对传统的儒学进行改造，使之适应社会发展的需要。因而如何治国理政、平定天下的帝王之术，成了荀卿研究和教授的主要课题。

学成之后，李斯打算赴秦谋求发展。荀卿先前也去过秦国，他的主张秦国并不采纳，因而他问李斯：“为什么要去秦国？”李斯答：“斯闻得时无怠，今万乘方争时，游者主事。今秦王欲吞天下，称帝而治，此布衣驰骛之时而游说者之秋也。处卑贱之位而计不为者，此禽鹿视肉，人面而能强行者耳。”李斯说的是，游说之士很受秦国重视，这正是说客发挥作用的好机会。如果地位低下而不去争取，就像抓住了鹿却白白盯着它的肉一样，又有什么用呢！

说白了，李斯看清了秦国吞并天下的大势，他想去为自己出人头地争取机会。

李斯到达咸阳后，投奔在吕不韦的门下，因为才华与众不同，很受吕不韦欣赏，被任命为侍卫郎官。侍卫郎官便有了接近秦王的机会，李斯建议秦王政抓住六国衰弱的机会，抓紧对六国攻伐掠取，直到打得六国再也无力合纵了，秦国才能吞并天下称帝。

李斯这番话，秦王政中听，一张嘴给他戴了顶长史的官帽。

李斯于是进一步给秦王政出主意，建议秦王政暗地里派出谋士，实际是间谍，带上大把的黄金珠宝，到各国去游说。凡是能用金钱珠宝贿赂的重要权臣，就用金钱珠宝将其拿下；不接受贿赂的，随后派刺客去暗杀；挑拨君臣之间的关系，一旦把混乱制造出来了，接着便派精锐之师前去攻打。

李斯给秦王政出的这些招数，都是见不得光的阴招！秦王政采纳之后，大获成功。李斯于是又得到提升，拜为客卿，专门负责研究秦国消灭六国、一统天下的策略。

当秦国按照李斯的谋划，大踏步实施一统天下的具体行动时，有一个韩国人来到秦国，延缓并阻止了秦国的步伐。

这个人叫郑国，著名的水利科学家。

郑国是韩国派来的。

秦国统一天下的战略步骤是，首先拿韩国开刀，彻底打通横扫魏、赵两国的通道。韩国在一片惊恐气氛之中，想出一招，派水利科学家郑国，以术士身份入秦，以帮助秦国兴修水利事业为由，损耗秦国的财力，使得秦国无力东征。

郑国在当时享誉天下，一到秦国，便受到秦王政接见。郑国则直入主题，建议秦王政引泾水与渭水汇合，再往东修渠注北洛水，灌溉关中平原。这是一项巨大无比的水利工程，毫无疑问，这项工程完工后，关中平原便是陕西的江南了。

秦王政欣然采纳郑国的建议，并任命他为主持修渠的指挥官。

但全长三百余里的引水工程，将耗费秦国的巨大财力！

郑国是肩负韩国“疲秦”使命到秦国来搞“破坏”的。但水利科学家的良知，使得他又不能不对自己的作品负责。两难选择面前，郑国做了两面选择，一面选择损耗秦国的财力，一面选择把工程修好。

秦国派往韩国的间谍，迅速打探到这是韩国的阴谋。秦王政大怒之余，下了逐客令，即把在秦国谋得官职的外国人一律驱逐出秦国。

李斯来自楚国，虽贵为客卿，也在被逐之列。

于是，李斯向秦王政写了一封信，即著名的《谏逐客书》。

李斯写道：“臣闻吏议逐客，窃以为过矣。昔穆公求士，西取由余于戎，东得百里奚于宛，迎蹇叔于宋，来丕豹、公孙支于晋。此五子者，不产于秦，而穆公用之，并国二十，遂霸西戎。孝公用商鞅之法，移风易俗，民以殷盛，国以富强，百姓乐用，诸侯亲服，获楚、魏之师，举地千里，至今治强。惠王用张仪之计，拔三川之地，西并巴、蜀，北收上郡，南取汉中，包九夷，制鄢、郢，东据成皋之险，割膏腴之壤，遂散六国之从，使之西面事秦，功施到今。昭王得范雎，废穰侯，逐华阳，强公室，杜私门，蚕食诸侯，使秦成帝业。此四君者，皆以客之功。由此观之，客何负于秦哉！向使四君却客而不内，疏士而不用，是使国无富利之实而秦无强大之名也。”

李斯真不愧为思想大家、文字大师，短短文字，把秦国春秋时的穆公，战国时的孝公、惠王、昭王四代明君，招揽天下智者、贤士，参与治国理政、攻伐掠取，从而使得秦国一步步走向强大的历史情况，写得清清楚楚，给秦王政上了一堂实实在在的秦国发展壮大历史课。

李斯接着写道："今陛下致昆山之玉，有随、和之宝，垂明月之珠，服太阿之剑，乘纤离之马，建翠凤之旗，树灵鼍之鼓。此数宝者，秦不生一焉，而陛下说之，何也？"李斯写的是，秦王政身上佩戴的珠宝、把玩的夜明珠、随身佩的宝剑、出门乘的宝马等，无一例外都不产自秦国，而产自其他国家，不是很受用吗？接着写道，如果他国的东西都弃之不用，全都用秦国产的，那么美丽的夜光璧不能装饰朝廷，精巧的犀牛角、象牙制品只能丢弃，后宫中郑、魏的美女都得赶走，马棚就不能养駃騠宝马，江南的金锡就不能做秦国的器物，西蜀的丹青就得退还，艳丽的赵国女子就不能立在君王之侧，嵌着宛珠的簪子、配上珠玑的耳饰，王妃都应该丢掉。果真如此的话，秦国人心情会舒畅、生活会舒适吗？

在讲了上述一番很现实的道理后，李斯收笔，做出上书的结论："夫物不产于秦，可宝者多；士不产于秦，而愿忠者众。今逐客以资敌国，损民以益仇，内自虚而外树怨于诸侯，求国无危，不可得也。"

秦王政读了李斯的上书后，心胸大畅，深受启发，他当机立断，取消逐客令，并派人把走在半路的李斯接回来，从此更加注重招揽天下贤才，重用列国客卿。一时间，战国天下大批各怀绝技、饱读诗书、擅长谋略的人才，又一次纷纷前往秦国，汇聚在秦王政的旗帜之下。

李斯则凭这篇《谏逐客书》，受到秦王政重用，被提升为主管秦国刑法律令的廷尉。在这个平台上，李斯为秦帝国法律制度的制定、实施，乃至整个国家机器的构架、运转，做出了巨大贡献。

王翦灿烂的生命之花在田园开放

白起之后，王翦是战国天下第一战将。

秦国兼并天下，横扫八方的过程中，王氏、蒙氏两个家族起了重要的支撑作用。王氏王翦、王贲父子，蒙氏蒙骜、蒙恬、蒙武祖孙三代，个个厥功至伟，威名远扬。司马迁如此评价：“秦始皇二十六年，尽并天下，王氏、蒙氏功为多，名施于后世。”在与秦国抗衡的六个强国中，除韩国外，其余五国都是在王氏父子的帅旗下被相继攻灭的。

公元前228年，王翦挂帅，发起对赵国的最后进攻。赵王迁兵败投降，他的哥哥赵嘉逃向北方，在代郡集结十余万残军，并打出重新创立合纵联盟的旗号，共同抗秦。只是天下大势已去，几乎没有哪个国家响应。

司马光写道：历史走到公元前225年，与秦国对垒的只剩下两个国家，一个是楚国，一个是齐国。楚国是因为在秦国征伐中原的赵、魏、韩、燕时无暇顾及南方而得以休养生息，元气有所恢复。齐国则因为长期与秦国结盟，秦国出于战略考虑，需要用结盟暂时稳住齐国而避免战争的消耗。相比较而言，楚国是秦国一统天下最难啃的一块儿硬骨头，它地域广，人口多，土地丰腴，战争动员能力强，加之少数民族众多，山林水泽的作战能力很强。因此，秦国对楚国作战的胜算，充满着许多未知的不确定性，困难和挑战很多。

派谁为帅去攻打楚国，秦王政颇费了一番心思。王翦智勇兼备，身经百战，无疑是最佳人选。但他已经是功高震主了，再叫他立下灭楚大功，将来恐怕难以掌控。于是，秦王政在放弃王翦的同时，想到了年轻将领李信。李信也是在战争中迅速出人头地的一个优秀将领，他刚刚在襄平之战中创造了以少胜多的经典战例，在战国天下的资望飙升。因此，秦王政决定派李信为帅，去攻打楚国。

但在公布这一决定之前，秦王政分别召见王翦、李信，听他俩的看法，实际是对他俩进行比较。

秦王政问王翦："需要多少兵力才能攻灭楚国？"

王翦答："六十万。"

秦王政问李信："需要多少兵力才能攻灭楚国？"

李信答："二十万。"

秦王政观察发现，王翦的回答毫不犹豫，李信的回答信心十足，于是选择让李信统兵，攻打楚国。

王翦则告老还乡，回到老家频阳，过着田园生活。卸掉朝廷命官的包袱，他过着早上听着小鸟叫醒起床，洒扫庭除，太阳升起扛着锄头下地，傍晚赶着太阳下山回家的农民日子，是那样轻松、惬意。除了白天、傍晚对自己有所召唤，甚至有所约束外，身心抖落得轻轻松松，只要抬眼望去，在风中摇曳的小草、鲜花便收入眼帘。从硝烟中摸爬滚打出来的王翦，从来没有想过，在乡野田园，人的生命之花，竟然像小草、鲜花那样如此灿烂。

率军进入楚国的李信，采取惯常的分割包围战法，一路高歌猛进，迅速攻克了楚国设在原陈国的都城，而后采取阶梯式推进的方式，一波一波地向楚国纵深进攻。楚军则针对李信的进攻方式，分别隐藏在河网、丘陵之中，悄然尾随秦军，三天三夜后，抓住战机，突然向秦军发起猛攻，一举将秦军全线击溃，七名都尉被杀，李信狼狈逃回秦国。

秦王政则在李信败逃回来的同时，驱车来到了王翦的老家频阳，见面没有客套，单刀直入，请王翦出山，明示万万不可推辞。

王翦也不说不出山，只是说自己年纪大了，身体不好，脑子也不好使，手脚也不灵便了。继而又说，没有六十万大军，是不能攻灭楚国的。

秦王政满口答应，并说等战事结束后，搬过来和王翦住在一起。

王翦挂帅出征，秦王政亲临霸上，为王翦践行。喝完酒，祭拜完天地祖宗，王翦并不翻身上马，而是缠着秦王政要田宅。他说："为大王将，有功终不得封侯，故及大王之向臣，臣亦及时以请园池为子孙业耳。"

秦王政听了，哈哈大笑，满口答应。

王翦这才上得马去，率军进发。

司马光写道："王翦既至关，使使还请善田者五辈。"意思是，王翦率军出了函谷关，还一连派出五拨使节，给秦王政写信，提出要这要那。

跟随王翦的副将蒙武大惑不解，说："将军之乞贷，亦已甚矣。"意思是，您从秦王那里要的东西已经够多了，怎么没完没了呢?

王翦这才说出实情。秦王政把六十万大军交给他王翦，几乎把秦国的主力全交给了他。而他王翦又是当时天下首屈一指的名将，由此，他手握六十万大军，东出可以平天下，西进则可以灭秦国。秦王政心里不放心，曾说等战事结束后，搬过来和王翦住在一起，是为了笼络王翦而说的。这更说明秦王政对王翦统六十万秦军不放心。而出征前找秦王政要田宅，走在路上反复给秦王政写信，要这要那，便可消除秦王政的疑虑。事情明摆着，王翦表现得越贪，秦王政越放心，因为王翦要什么，秦王政都给得起，也舍得给，唯独秦国的江山、秦王政屁股下的龙椅，是万万不能给的！

王翦要来的封赏没有往家搬，而是分给了跟随他出征的将领。

公元前232年，王翦统领的六十万大军，浩浩荡荡地开到了楚国，他没有下令军队马上进攻，而是严令军队高筑营垒，护好粮草和粮道。秦军守垒不出，楚军则挑战、谩骂不止。司马光道："王翦日休士洗沐，而善饮食抚循之，亲与士卒同食。久之，王翦使人问军中戏乎？对曰：'方投石超距。'于是王翦曰：'士卒可用矣。'"

因为长时间坚守营垒不出，楚军误认为秦军主力已经转移，急忙向东撤离。王翦抓住这一战机，率军出击，打了一连串的歼灭战。"至蕲南，杀其将军项燕，荆兵遂败走。秦因乘胜略定荆地城邑。岁余，虏荆王负刍，竟平荆地为郡县。"

从春秋走到战国的楚国，在王翦手里消亡了。

王翦是攻打杀伐的名将，却懂得政治上的进退取舍。尤其是他告老还乡的那段日子，虽然时间不长，但家乡泥土的芬芳、小鸟的鸣叫、百花的怒放，使得他深深领悟了一个道理：灿烂的生命之花，其实是开在田园的！

把九鼎搬到咸阳

《史记·封禅书》载："禹收九牧之金，铸九鼎，皆尝亨鬺上帝鬼神。遭圣则兴，迁于夏商。周德衰，宋之社亡，鼎乃沦没，伏而不见。"说的是，夏禹在建立夏朝之后，用天下九牧所贡之金铸九鼎，象征九州。九州即：冀州、兖州、青州、徐州、豫州、雍州、扬州、梁州、荆州（史上也有称青州、梁州不在九州之列，而说幽州、营州的）。

九鼎是象征国家权力或天子权力的传国之宝，商代以此显示身份和贵贱，通常士用一鼎或三鼎，大夫用五鼎，天子用九鼎，祭祀天地祖先时，用九鼎大礼。

历史走到东周时，强大的诸侯国便对九鼎有欲望了。公元前606年，楚庄王在周天子的眼皮底下搞完军事演习后，就打听过九鼎的事。走到战国后，随着周王室的没落，各国特别是强国对九鼎的欲望开始膨胀，但囿于传统观念的约束，哪个国家露出要九鼎的心思，便会遭到天下各国的一致讨伐，因而象征天子权力的九鼎，一直存放在周王室的宫殿。

周王室虽然守着九鼎，但几乎没有任何号召力了。依附在周王室身边的各大宗族，名义上世代享有周天子授予的爵位，实际远比不上各国贵族富有，甚至连商人都比不了。至周赧王时，周王室只有三十多个城池，人口不足三万户，且分东西二周分而治之，东周公管一半，西周公管一半，周赧王被彻底架空了。

此时的战国天下，除秦国外，其余各国都彻底泯灭了获得九鼎的欲望。雄心勃勃的秦昭襄王，则对获得九鼎的欲望空前高涨，但他没有贸然行动，而是在等待时机。

公元前249年，机会来了。

在此之前，魏国的信陵君召集燕、赵、韩、楚联军，打败过秦军对魏国的进攻。这极大地激发了楚国春申君的斗志，他决定联合六国，再来一次合纵攻秦，彻底把秦国打垮。叫谁来牵头呢？春申君想起了周赧王，于是派出使节，为周赧王打气，说他是天下共主，只要他振臂一呼，天下各国莫不响应。

几乎已经被天下遗忘的周赧王，万万没想到竟然有人把他当天下“共主”看，激动万分，当即表示站出来扛旗，而且做东西二周公的工作，凑六千兵马，随联军参战。

这六千兵马如何保障、供给？周赧王拿不出钱来，但他盘算的是，六国参战，甭说兵马倾巢而出，就是出一半，秦国也必败无疑。打败了秦国，分赃还债富富有余。于是他向各宗族借钱，还向东西周二公立下字据，许以重利。

有钱了，六千人马也凑齐了，只等六国联军出兵了。此时的周赧王，已经找到东周先祖“天下共主”的感觉了。可他没有看清，此时的天下已今非昔比了。秦国虽偶尔打一两次败仗，但底气犹存，天下各国莫之能比。赵国、魏国元气大伤，齐国正与秦国称兄道弟，韩国正忙于面对秦军进攻而自保。这些国家出兵攻秦，叫得很响，动作很慢，只是表示一下，没有付诸实际行动。剩下赵、燕二国，一看这架势，也都把头缩回去了。最终加上周赧王的六千兵马，总共凑了不到五万人马。当秦国十万大军往函谷关一摆开，春申君第一个逃走了，燕国的军队跟着开溜，最后周赧王的六千人马也作鸟兽散去。

周赧王灰头土脸地一回去，便被各宗族的大佬包围了，他们手里拿着契约，找他要账，吓得周赧王躲在宫里不敢出来。人们把宫殿围起来，敲门砸墙，喊声骂声一浪比一浪高，又吓得周赧王爬上后宫的一个高台，由此写就了“债台高筑”的成语。

更令周赧王忧心的是，秦军已经攻克韩国的阳城，正旌旗猎猎地向周王朝开来了。没有任何路可走了，周赧王只好率三十六城池的三万户居民，集体向秦国投降。

当周赧王双腿跪地，向秦昭襄王磕头谢罪时，这个立国近九百年的王朝，便从中国史册上翻了过去。

秦昭襄王需要这个曾经不可一世的周赧王向他跪地谢罪，但他更需要的是象征天子王权的九鼎。乾坤运转，已经到了由他来掌控九鼎了。于是，秦昭襄王大手一挥：把九鼎搬到咸阳来！

司马光写道：九鼎搬到咸阳以后的历史，便是秦国攻灭六国、一统天下的历史。

公元前230年，韩国在韩王的带领下，率残部向秦国投降，韩国从此消亡。

公元前225年，秦军截黄河水淹魏国首都大梁，城垣崩塌，魏王率众投降，魏国从此消亡。

公元前223年，秦军生擒楚王芈负刍，楚国从此消亡。

公元前222年，秦军生擒燕王姬喜，燕国从此消亡。

公元前222年，秦军攻击赵国的代郡，生擒赵王赵嘉，赵国从此消亡。

公元前221年，秦军攻击齐国，齐国军民无一人抵抗，齐王率众投降，齐国从此消亡。

秦国书写这段历史的，是中国历史上赫赫有名的秦始皇。

“皇”和“帝”二字结合起来，第一次用在了始皇帝嬴政头上。华夏历史上三皇（伏羲天皇、神农地皇、燧人人皇）、五帝（黄帝姬轩辕、姬颛顼、帝喾姬夋、唐尧伊祁放勋、虞舜姚重华）的全部光辉，聚焦到了秦始皇一人头上。

第二卷

秦朝 楚汉争雄

重读《资治通鉴》

第二卷

傅剑仁 著

秦朝 楚汉争雄

河北出版传媒集团
河北教育出版社

目录

第一章 千古一帝秦始皇

秦始皇一统华夏，建立大秦王朝，是中国历史上开天辟地的伟大创举……

之前的周王朝，周天子被誉为“天下共主”，分封的各诸侯国仍是独立国家，“天下共主”只能打着“礼教”大旗，对他们指手画脚或进行讨伐，但很多诸侯国不予理睬……

大秦王朝构建的，是从上到下的政府管理机制，无论是政策还是法规，一经颁布，全国执行……

关键是，秦始皇的诸多创举延续至今，仍然受用……

秦王朝立国的天地密码

写这个问题，还得回到《史记》中去，请教司马迁。

史学泰斗司马迁信天命。

秦国从春秋战国一路走来的历史，落在司马迁的刀笔之下，不仅比较客观公正，而且从天命的角度给予了有力佐证。

司马迁写道："秦始小国僻远，诸夏宾之，比于戎翟，至献公之后常雄诸侯。论秦之德义不如鲁卫之暴戾者，量秦之兵不如三晋之强也。然卒并天下，非必险固便形势利也，盖若天所助焉。"司马迁说的是，秦国是个西域小国，被中原诸侯国当作戎翟排斥，可到了秦献公之后，强于诸侯国。要说秦国的德义，比鲁国、卫国的暴戾无道都不如（鲁、卫暴戾无道较少），要说秦国的兵力，也不如分晋的三国强大，但秦国最终吞并天下。这并不是因为秦国地理形势的险要，而似乎是上天的有意帮助。

为了证明自己的看法并非主观臆断，司马迁进而写道："或曰'东方物所始生，西方物之成熟'。夫作事者必于东南，收功实者常于西北。故禹兴于西羌，汤起于亳，周之王也以丰镐伐殷，秦之帝用雍州兴，汉之兴自蜀汉。"

因为人们特别是一些学者，对朝代更替的规律很感兴趣，故在这里做点解释。

司马迁说的是，有人说"东方象征物的刚刚出生，西方象征物的成熟"。因而开创大事业一定在东南方，收取成果一定是在西北方。

这就是说，起事、扛旗、造反，一定是在东南方，而建立新王朝、拥立新君王，一定是在西北方。

是不是这样？

再看司马迁的说道儿。他说，历史上大禹兴起于西羌，商汤兴起于亳地，周朝兴起于丰镐伐殷，秦王朝兴起于雍州，汉王朝兴起于蜀汉。这些历史上著名的王朝，兴起的地点都在东南方，收取成果、建立王朝都在西北方。

无独有偶，战国时期另一位思想理论大家邹衍，从金、木、水、火、土入手，把盘古开天地以来的天地运转情况，纳入五行相生相克的循环往复中进行研究，得出了战国天下有国家将在北方统一诸国的结论。为此，邹衍还特地在齐、燕两国做过一次扶植帝王的尝试，在齐国推行"五行相生"说，在燕国推行"五行相胜"说。只是当时的战国天下没人相信，邹衍的这套理论没有时兴起来。

但是，司马迁认为，邹衍的这一理论，是符合科学理论研究方向的，是可取的。因为邹衍的这一理论研究，先从细小的事物上得到验证后，再推而广之，引申到更广阔的事物上去印证，以致这一理论极其广大而繁杂。

司马光写道：秦始皇一登上帝位，原齐国的知识分子，就把邹衍创立的"五德相运"报给他，说"五德"中水属北方，北方属黑色，数字以"六"为单位。秦始皇深信不疑，下令改岁历，衣服、旌旗等图案，一律改为黑色。

信天命，且从天助出发为秦王朝一统天下背书，故司马迁笔下的秦始皇，虽不乏凶残暴戾，但很大气，他一眼看准并敲定的一些重大问题，穿越两千多年时光，让华夏子孙世世代代享用！

秦王政踏平六国，一统天下后，做的第一件事，是给自己定名号。他对丞相、御史等大臣说："寡人以眇眇之身，兴兵诛暴乱，赖宗庙之灵，六王咸伏其辜，天下大定。今名号不更，无以称成功，传后世。其议帝号。”

丞相王绾、御史大夫冯劫、廷尉李斯等人的一致意思是，古代有天皇、地皇、泰皇，其中泰皇最尊贵，因此建议称为泰皇。

泰皇，是王绾、李斯等人，召集满朝博士，从华夏祖宗的古制里找出的一个名号，已经很尊贵、很大气了。但秦王政不满意，认为没有创意，且是一种旧号沿袭，他秦王政要的，是盘古开天地以来所没有的名号，是超越祖宗所有尊贵名号的名号。于是他说：“去‘泰’，著‘皇’，采上古‘帝’位号，号曰‘皇帝’。”

华夏祖宗有三皇、五帝，秦王政则把这些最尊贵、最鲜亮的名号，汇聚成“皇帝”二字，加到了自己的头上。

古代字典《字汇》载：“帝，上帝，天之神也。”不得不承认，仅从名号上看，“皇帝”这个名号，是华夏祖宗各种尊贵名号的集大成者。

把战国天下诸多大国小国，用秦朝的名号统一起来，秦始皇还给自己安上“皇帝”这个名号，他的这一灵感，今天看也是值得称赞的！

秦始皇的伟大创举

秦始皇在皇帝的御椅上坐了十一年，他都干了些什么呢?

下面，我们把司马光《资治通鉴》的记载，原原本本地移植过来，看看秦始皇做了些什么。

公元前221年

秦始皇登上帝位当年，做了这么几件事：

全国分为三十六郡，设郡守、郡尉（民兵司令）、郡监（监察官）。

把天下的武器收集到咸阳（今陕西省西安市），熔化后铸成巨钟和钟架，同时铸十二个铜人，每个重千石，放置宫廷的院里。

全国统一度量衡。

强迫天下十二万户迁到咸阳。

征服的每个国家，仿照他们的宫殿，在咸阳以北原样建筑一座。

公元前220年

秦始皇出巡陇西（今甘肃省临洮县）、北地（今甘肃省宁县）、鸡头山（今山西省高平市），回到中宫（今宁夏回族自治区固原市原州区）。

兴建长信宫、甘泉宫，修筑甬道与咸阳相连。

从咸阳到各郡修筑驰道（御用大道），控制全国。御用大道四通八达，北到故燕国，南到南中国海，宽五十步，每隔三丈植一棵树。

公元前219年

秦始皇巡视东方郡县，登泰山封禅。

道家法师徐市等人上书，请求率童男童女到海上寻找蓬莱、方丈、瀛洲三座仙山。秦始皇即下令征集几千个童男童女，交徐市泛海出发。

途经彭城（今江苏省徐州市）时，派一千余人到泗水打捞周王朝的九鼎。传说九鼎运往秦国时，其中一鼎突然腾空飞越，坠入泗水。秦始皇打捞的就是这一鼎，无获。

从南郡（今湖北省荆州市）顺长江而下，到湘山（今湖南省湘潭县境）祭祀湘君，恰遇大风，秦始皇怒，派三千囚犯把湘山上的树木全部砍光。

返回咸阳。

公元前218年

秦始皇巡视东方，在阳武博浪沙（今河南省原阳县东南），遇张良雇请的刺客用铁锤袭击。

登芝罘山刻石立碑后，经琅邪（今山东省青岛市黄岛区）、上党（今山西省长子县）返回咸阳。

公元前217年

《资治通鉴》载：本年无记载。

公元前216年

《资治通鉴》载：秦政府下令全国人民自行呈报田亩数目。

公元前215年

秦始皇东游碣石（今河北省昌黎县境），令燕国人卢生求访古仙人羡门。

卢生抄来一段法术书上的话："亡秦者胡也。"奏报给秦始皇，秦始皇即派大将蒙恬，率三十万大军，向北攻击匈奴。

公元前214年

秦政府强征无业游民、赘婿（上门女婿，当时被社会鄙视）、商人（当时认为无商不奸）组成远征兵团，进攻南越、陆梁等地。南越指今广东、广西，陆梁指五岭山脉南北，因这里民风强悍，故叫"陆梁"。秦政府设置桂林郡（治今广西桂平市西南）、南海郡（治番禺，今广州）、象郡（治临尘，在今广西崇左市境）。从内地征调五十万人到五岭山脉，与南越土著杂居。

蒙恬率军攻击匈奴，收复河套以南广大区域，设置十四个县；占领黄河北岸诸山（阴山山脉）。同时修筑自临洮（今甘肃省岷县）到辽东（今辽宁省辽阳市）的长城，达一万余里。

公元前213年

秦政府整顿司法，凡枉法徇私、诬陷忠良、屈打成招，或故意有罪判无罪、大罪判小罪的司法官，一律充军到边疆修长城，或流放到五岭以南。

根据丞相李斯的建议，秦始皇批准——焚书。但留了两个口子，一是博士（咨询官）可收藏《诗经》《书经》及百家著作；二是医药、算卦、种树的书，不在焚烧之列。

公元前212年

秦政府征调七十万囚犯修建阿房宫和骊山秦始皇陵墓。

根据卢生的建议，秦始皇下令，都城咸阳二百里以内的二百七十座行宫殿阁，全部用双层道、高架桥连接，各殿住美女、乐队接待秦始皇。

卢生的欺骗手段败露，秦始皇下令——坑儒，四百六十余名儒生被坑杀。

公元前211年

陨石坠落东郡（今河南省濮阳县），有人在陨石上刻字："始皇死而地分。"因没有人承认刻字，便把陨石附近人家全部处死。

强征三万户移民到黄河河套以北、阴山以南。

公元前210年

秦始皇出游云梦（今湖北省安陆市），遥祭舜帝；乘船抵达钱塘，观看钱塘大潮；渡富春江祭祀禹帝；沿大海到芝罘（今山东省烟台市北），在海上看到大鱼，发箭射死；再西行到今河北省广宗县的沙丘宫染病。

七月二十，秦始皇逝世。

将《资治通鉴》的这段记载写下来，我感慨万千。千古一帝秦始皇，既伟大，又暴戾！

这两个词用到同一人身上，无疑是相互矛盾的。但在我看来，用到秦始皇身上，却是贴切的。

下面，把这两个词分开来写，先看秦始皇"伟大"的一面。当然还得回到《史记》中去请教司马迁，因为司马光的《资治通鉴》记载得比较简略。

废分封，设郡县

事情是这样的。丞相王绾奏议：燕、齐、楚等国故地，距都城咸阳很远，不好加以管控，因此建议分封秦始皇的儿子，到这些地方去做封国的国王，以强化秦王朝对全国的统治。

这其实是延续华夏祖宗的做法。周朝始祖文王、武王，就分封自己的儿子、亲人，到全国各地当王。《史记》载：“盖周封八百，幽、厉之后，见于《春秋》。”当然，文王、武王等没有这么多儿子，其中分封的多是部落酋长、地方首领。王族亲人到封国上任时，还得宣读誓词，即“使河如带，泰山若厉。国以永宁，爰及苗裔”。说的是，只要黄河像衣带一样没有断裂，泰山像磨刀石一样坚硬而挺立，国家就可以永享太平，于是就可传到子孙。

但如此分封的结果，历史做了无情的解读：“始未尝不欲固其根本，而枝叶稍陵夷衰微也。”无须多做解释，分封的出发点是巩固周朝这棵大树的万世基业，可分封到各地为王的枝叶一长起来，周朝便开始没落了。

这是司马迁笔下留情的说法，实际情况是“子孙骄溢，忘其先，淫嬖”。没出几代，这些子孙便放纵邪僻，为非作歹，甚至相互攻击掠夺，周天子也无法掌控，从而导致“春秋多战无义战”了。

秦始皇将丞相王绾的奏议，交满朝文武大臣讨论，廷尉李斯依据华夏祖宗的历史演变，明确反对王绾的建议。他在充分陈述分封的弊端后，提议“皆为郡县，诸子功臣以公赋税重赏赐之，甚足易制。天下无异意，则安宁之术也”。他说的是，沿袭秦国在攻伐六国中设置郡县的做法，秦始皇的儿子，包括国家的功臣，用国家的赋税重赏，以满足他们而控制天下。

秦始皇拍板，说：“天下永无休止的苦战缠斗，都是因为有王爵、侯爵的存在。感谢祖先在天之灵，使天下安定，不再有干戈。如再分封子弟，建立封国，又是培养另一场永无休止的苦战缠斗。然后再去扑灭动乱，岂不困难？司法部长（李斯）的意见正确！”

于是，秦始皇下诏，全国分为三十六郡，每郡设郡长（郡守）、民兵司令（郡尉）、监察官（郡监）。

这是一个划时代的政治架构，郡相当于今天的省，直接管县。如此一来，没有封国封爵，不分公侯伯子男等级，皇帝的儿子跟平民的儿子一样，没有土地，没有奴隶群。中央管省、省管县的社会组织管理体系，在公元前221年第一次出现。这是普天之下，人类历史上的首创！虽然之后的封建王朝仍然走回了分封子弟的老路，但秦始皇首创的郡县制，其合理性、先进性毋庸置疑！

开疆拓土，圈定中华民族原始版图

全国设置三十六个郡，无疑是圈定中华民族原始版图的重要举措！

公元前221年，秦王朝设置三十六郡的分布是：

今陕西省咸阳市设内史郡，榆林市设上郡，汉中市设汉中郡；河南省洛阳市设三川郡；南阳市设南阳郡，濮阳市设东郡，禹州市设颍川郡，商丘市设砀郡；山西省太原市设太原郡，夏县设河东郡，长子县设上党郡，右玉县设雁门郡；江苏省苏州市设会稽郡，沛县设泗水郡；山东省曲阜市设薛郡，青岛市黄岛区设琅邪郡，淄博市设齐郡；河北省邯郸市设邯郸郡，怀来县设上谷郡，蔚县设代郡，平乡县设巨鹿郡；辽宁省锦州市设辽西郡，辽阳市设辽东郡；内蒙古自治区包头市设九原郡，托克托县设云中郡，宁城县设右北平郡；甘肃省临洮县设陇西郡，宁县设北地郡；重庆市设巴郡；四川省成都市设蜀郡；湖南省长沙市设长沙郡，沅陵县设黔中郡；北京市密云区设渔阳郡；湖北省江陵县设南郡；安徽省寿县设九江郡；浙江省安吉县设鄣郡。郡以下设县，万户以上的县设县令，万户以下的县设县长。郡、县长官均由皇帝直接任命，不得世袭。

至公元前214年，秦王朝又增加五郡。

司马迁写道：秦王朝“南取百越之地，以为桂林、象郡，百越之君俯首系颈，委命下吏。乃使蒙恬北筑长城而守藩篱，却匈奴七百余里，胡人不敢南下而牧马，士不敢弯弓而报怨”。又写道：“地东至海暨朝鲜，西至临洮、羌中，南至北向户，北据河为塞，并阴山至辽东。”

展开说。

秦始皇登上帝位后，派五十万大军，分五路进攻东南与岭南，迅速征服瓯越、闽越等大片土地。但在征服岭南时，山高林密河多，后勤补给跟不上，加之“越人皆入丛薄中，与禽兽处，莫肯为秦虏”。他们潜伏在丛林水泽，利用暗夜向秦军发起进攻，杀得秦军伏尸血流。为解决征服百越的后勤保障问题，秦始皇派水利专家史禄，从长江支流湘水与珠江支流漓水交接处，开掘一条运河，叫灵渠。公元前214年，灵渠通航，秦始皇再派出大军，征服南越，分设桂林、南海、象郡，并从中原迁徙五十余万人定居岭南。此外，还增设了蕲郡、闽中郡。

至此，在秦王朝的版图中，又增设了五郡，全国共四十一郡。

公元前215年，秦始皇派蒙恬为将，率军北上伐匈，占领黄河北岸的阴山山脉后，一路向北扩展，将河套以南的大片土地，纳入秦王朝版图。蒙恬大军北上攻伐十余年，不仅给经常犯边骚扰的匈奴以重创，而且在秦王朝的版图上，又增设了四十四个县之多。

我之所以把秦王朝设置郡县的情况完整地记录下来，是想告诉读者朋友，公元前二百二十多年，中华民族的版图是个什么样子，它囊括什么范围，国土面积有多大。这可是中华民族历史上第一次圈定的原始版图，是华夏子孙赖以生存的家园，是华夏子孙扎根、立世、一路走来的根基！这一惠泽千秋万代的伟大基业，是千古一帝秦始皇创立的！虽然华夏版图在这之后的历史演变中，有扩展，有收缩，乃至今天，仍有一些国土尚未勘定，但我们必须看到，伴随历史老人走过来的步伐，伴随生产力的提高和科学技术的发展，承载华夏子孙繁衍生息的国土版图，无论是扩展，还是收缩，都是在秦始皇圈定的原始版图之上，或出发，或回归的！

中华历史文化数千载延续而不曾断代，源于这个原始版图！

中华民族数千载生生不息，蓬勃发展，源于这个原始版图！

中华民族数千载居于世界大国地位，源于这个原始版图！

今天，中华民族要实现伟大复兴，还是源于这个原始版图！

秦始皇的上述举措，无疑是伟大创举！

尤其是征服南越后，设置桂林、南海、象郡，从中原地区移民五十万人到岭南定居，更是不可估量的万世功业！

我们不妨把历史往前翻翻。战国时期，包括之前的“天下共主”周天子时期，几乎都是用相互攻伐的战火填充年复一年的岁月，战胜国占领他国土地后，不曾见“移民”到占领区的记载。这说明，秦始皇向岭南“移民”，没有历史先例，纯属他的创举！

秦始皇为什么要这么做？

分析看，在岭南设置桂林等郡后，秦朝政府要往这些郡县派遣官员，如郡守、郡尉、监察官等。显然，这些官员到达人生地不熟的岭南地区负责管理工作，没有军队的护卫，没有军队对当地人的镇抚，根本就立不住脚。而从中原派大批军队去护卫，水土不服不说，费用也负担不起，因而只能从当地去招募。可是，招募没有群众基础，只能招致抵制。秦王朝派五十万中原人，分散到岭南与当地人杂居，这本身就是个巨大的震慑。这些人安定下来后，郡县再去招募军人和护卫人员，情况就大不一样了，不仅能招募上来，而且还可能被当地人视作一种“福利”，主动要求被招募。关键是——五十万中原人与岭南当地人杂居，社会面的动态情况，尤其是处于萌芽状态的危险动态，郡县政府都可以及时掌握，迅速处置。

再分析看，向被征服的岭南“移民”，秦始皇的目光可能看得更长远、更深邃。中原无疑是岭南当地人眼中的发达地区，将五十万中原人“移民”到当时尚处于刀耕火种的岭南地区，对于促进岭南的经济、科技、文化等的发展，无疑将起到巨大作用。关键是——五十万中原人，从此在岭南繁衍生息、世世代代居住下去，他们所经历的岁月轮替，就是与当地人的文化融合、习俗融合、情感融合，久而久之，必然汇聚起中华民族的大融合！

我们今天抬头向南望去，广东、广西、福建、浙江等省市的蓬勃繁荣景象，是不是也能看出秦始皇目光的长远、深邃！

统一文字，凝聚中华各民族的文明传承

文字的统一，是中华文化得以延续发展的前提。反观秦王朝之后的两千多年，国家即便分裂，文化却没有割断。这之中，文字的统一功不可没！战国之前的千百个诸侯国，都是以文化地域为母体领土的小国，秦王朝设置郡县制的“县”，在战国之前，就是一个或几个以文化地域为母体的诸侯国。这些诸侯国，各有各的文字写法，各有各的文字念法，如越国创造了“鸟篆”，秦国创造了隶书等。在秦始皇

统一中国后，人们在祭祀活动、经济贸易、日常交往中，仍使用本国、本区域的语言、文字，或代表文字的各种符号，不仅给文化的普及、文明的传播带来巨大的困难，而且秦朝政府颁布的政策法令等，根本就传达贯彻不下去。正是在这种情况下，秦始皇诏令以秦国的文字为基础，制定小篆，统一文字，并令李斯、赵高、胡毋敬等人，分别书写《仓颉篇》《爰历篇》《博学篇》作为范本，下发全国推广。

文字是思想文化的载体，文字的统一，意味着汉字、汉文化对诸多小国的“同化”，也意味着以文化地域为母体的汉民族国家的统一，这对经济、政治、道德、文化的影响巨大。从此以后，各诸侯国的历史文化因秦王朝对文字的统一而用同一种文字进行记载，用同一种语言进行表述，用同一种声音传承下去，如此凝聚并凸显出来的，就是中华各民族大团结的象征，就是中华各民族文化繁荣的象征，就是中华文明影响范围不断扩大的象征。久而久之，便融汇成了华夏各民族祖宗同脉，文化同源，秉性同趋，血脉同流！

正是因为华夏各民族文字的统一，才使得中华民族灿烂的历史割不断，中华民族优秀的思想文化割不断，中华文明一代一代地接续传承，任何力量都阻挡不了！

统一货币、统一度量衡，激活全国经济一盘棋

战国之前，诸侯林立，各国都有自己的货币，五花八门，有用金做的，有用银做的，有用铜做的，有用锡做的，有用珠做的，有用玉做的，还有用龟贝做的，大小、重量各不相同，交易起来极其复杂，不便流通，不仅制约人们的经济交往，而且影响经济发展。秦王朝统一货币，保留黄金和铜两种，黄金为上币，铜为下币。铜币采用方孔

圆形，成为历朝历代的标准式样，使用了两千多年之久。

战国之前，各国的度量衡制也大不相同，大都以人的手握成拳头的数量，确定“丈”“尺”的长度单位。但甲国的“丈”与乙国的“丈”长度不一样，重量单位差异就更大了。如齐国以升、豆、区、釜、钟为单位，赵国以斗、升、分、益为单位；而同样的“斗”“升”，在不同国家的容量也是不同的。秦王朝统一度量衡，华夏天下一个标准，对于促进商品流通的意义，不可估量！

更为关键的是，秦王朝一统华夏，不是只把赵、魏、韩、齐、楚、燕六国统一起来，而是把数十个大小诸侯国统一起来。如果把历史再往前翻一翻，就能翻出周天子册封的成百上千个诸侯国来。因而可以说，秦始皇建立的秦国，是百国之和、千国之和的秦国。如此众多的货币、不同的度量衡，操着各自不同的语言口音，一起踏入秦王朝，货物如何拿到市场上去交易？不能交易，经济能发展吗？老百姓的日子能过吗？因此，可以毫不夸张地说，秦王朝统一货币、统一度量衡，打通了原先各诸侯国货物流通的阻点，激活了全国经济一盘棋。

还有一个问题，值得为秦始皇点赞。

在追尊他的父亲嬴异人为太上皇时，秦始皇表现出了大智慧。他说：“朕闻太古有号毋谥，中古有号，死而以行为谥。如此，则子议父、臣议君也，甚无谓，朕弗取焉。自今以来，除谥法。”

华夏祖宗早就搞出了一套烦琐的文字游戏，长辈死了，晚辈封号封谥，给他们戴一顶漂亮的高帽，以为如此，才是对长辈的尊重和孝敬。当然，这里说封谥的“长辈”，是君王和权臣的长辈，平民百姓没有这个待遇。殊不知，有些君王和权臣的长辈，生前为非作歹、无恶不作，死后却要给他戴一顶与他的作为并不完全相符的高帽。加之儒家强调“子为父隐”“臣为君隐”，却在追谥的问题上不隐了，公开朝议，子议父，臣议君。这种集矛盾、虚伪于一体的追谥，毫无实际意义！秦始皇大笔一挥，给予否决，体现了他的真知灼见，表明了他能看清事物本质的大智慧！

但是，司马光的《资治通鉴》读下来，秦王朝之后的历朝历代，不仅恢复了追赠谥号这套虚伪的政治游戏，而且愈演愈烈，甚至引发君臣之间、臣僚之间的拉帮内斗，也浪费了司马光不少笔墨。

……

以上写的是千古一帝秦始皇“伟大”的一面，相信读者朋友也能认可。

接下来要写的则是秦始皇一些做法的“两面”，即当时是“暴政”的一面，今天看则是“伟大”的一面。

比如修筑长城。司马光的记载简略一些，说蒙恬北上伐匈时，修筑了自临洮到辽东的长城，达一万余里。司马迁的记载详细一些，说蒙恬北上伐匈十余年，不仅给经常犯边骚扰的匈奴以重创，而且边打边建，修筑了数百公里秦长城，把西起甘肃临洮、中经阴山、东至辽阳的“赵国长城”“燕国长城”，连成一项令世人瞩目的伟大工程，全长两千四百余里。

长城是用于阻挡草原民族战马前来践踏的，大都修筑在崇山峻岭的要塞上，当时的生产力水平极其低下，把一块一块巨石、大砖运上山去，极其艰难。秦始皇征召修长城的人很多，秦政府又不能给予应有的保障，因而累死饿死在长城脚下的人极多。不少文人就说，长城是人民的白骨堆砌起来的。陈琳的《饮马长城窟行》，写的就是秦始皇时期的繁重徭役，给人民带来的巨大悲苦。文中的太原卒给妻子写信，劝她赶快改嫁，原因是“君独不见长城下，死人骸骨相撑柱”。还有的写信嘱咐妻子“生男莫慎举，生女哺用脯”，更是刻骨的辛酸！历来崇尚生男传宗接代的中国人，竟因为秦始皇修长城的暴政，嘱咐自己的妻子，男儿就不要生了，生了女儿要好生哺育。虽然任何人都不可能用一声号啕大哭而把长城哭倒，但对秦始皇暴政的痛恨，不以大哭一声便使长城轰然倾倒，难以解恨！

但今天，当人们登上万里长城时，又是什么感受呢？我登过长城，感觉非常自豪，这可是世界新七大奇迹之一，是华夏祖先留给我们宝贵的世界文化遗产！至于秦始皇在修筑长城过程中的暴政，说实话，站在长城上时，我压根就没想起来。

再比如修驰道。史学家说的是秦始皇为了自己出巡方便，也为了加强对全国的控制，从咸阳到各郡，修筑了宽五十步的御用大道。五十步宽，每隔三丈种一棵树，北到故燕国，南到南中国海，四通八达的驰道，犹如今天的高速公路。秦始皇在全国设置了四十一个郡，郡郡都通这样的驰道。亲爱的读者朋友，这时请闭上眼睛想象一下，这样的高速公路大网络，出现在公元前200年的中国大地上，那是一幅多么宏伟壮观的景象！诚然，当时生产力极其低下，修筑如此庞大的驰道网络，耗费的财力、物力、人力不可计数，无疑将加重对人民的残酷盘剥。但话说回来，修筑这样的驰道，是仅供秦始皇出巡吗？调动军队不用吗？老百姓出行不方便吗？对各地的经贸交易起不到积极作用吗？

再比如兵马俑、秦皇陵。两位史学泰斗司马迁、司马光记载的都是秦始皇征调七十万囚犯，修建阿房宫和秦始皇陵墓，但并没有说兵马俑是秦始皇死后的陪葬品。可以想象，七十万人之众，为秦始皇死后修陵墓，专门制作兵马俑用于陪葬，这是多么暴戾的事情！得耗费多少人民的捐税钱，又得有多少人死于修建陵墓等艰苦劳作之中。

但是今天，望着每天成千上万的中外游客，拥塞在兵马俑博物馆的检票口，特别是当你一脚踏进博物馆后，那数千件与活人一般高大的步兵俑以及乘战车组成的大型军阵，呼啦啦迎面给你撞来的那种威严百度的王者大军，那种率军征伐的硝烟气浪，那种无坚不摧的恢宏气势，那种运筹与文韬交汇的中华文化气息，瞬间撞得你热血沸腾，自豪和骄傲爆满！

还有秦皇陵，“穿三泉，下铜而致椁，宫观百官奇器珍怪徙臧满之。令匠作机弩矢，有所穿近者辄射之。以水银为百川江河大海，机相灌输，上具天文，下具地理。以人鱼膏为烛，度不灭者久之”。毫无疑问，秦皇陵是秦始皇留给华夏子孙的一个大宝库，一个集公元前华夏祖先的历史、文化、经济、科技等于一体的历史博物馆。它上承华夏祖先优秀科技、文化的地宫馆藏，下启华夏子孙对优秀科技、文化的延续传承。待有一天地宫羡门“咔嚓”打开之后，“奇器珍怪”的宝贝，一件一件排着队从地宫走出来，将华夏祖先的智慧与华夏后人的智慧对接，那将是一种什么盛况？我想，那不仅是几千年来华夏智慧的溯根溯祖、顺畅其流，而且必将形成华夏智慧的一次惊世大爆发！

下面将写的，就真的是秦始皇的暴政了！

第二章 秦始皇的暴政、暴戾

暴政、暴戾，是秦始皇为中华民族做出伟大创举的另一面……

滑稽的是，“上不闻过而日骄，下慑伏谩欺以取容”，是两个大骗子对秦始皇做出的评价……

更滑稽的是，两个受秦始皇百般宠信的大骗子，骗来骗去把自己骗怕了，只好逃走……

短命的秦王朝，有着从春秋战国一路走来的悠久历史积淀，倾覆起来哗啦啦为何如此之快呢？……

对此，楚南公有预言，史学家有分析，且看他们是如何破解这一谜题的吧……

“示强”出巡秦始皇

华夏祖宗崇尚留名，因为不留名，就进不了历史殿堂，就无法在华夏子孙的记忆中流传。

秦始皇不仅崇尚留名，而且痴迷留名，因而他在位做得更多的事情，就是巡视、立碑。

振长策而御宇内，吞二周而亡诸侯，履至尊而制六合，执棰拊以鞭笞天下——威震四海的大秦王朝，将春秋战国数百年来的诸侯攻伐、战火天下画上句号，让天下民众从经年累月的战火摧残中解脱出来，此功此德，善莫大焉！仅此而言，秦始皇巡视天下，到处立碑，歌功颂德，似乎也不为过。至少，他这么做，能给后世留下可供研究的历史碑文。

但要清楚，春秋战国推崇的帝王之道，是“先暴戾，后仁义”。因为“暴戾”是形势所迫，不采用攻伐掠取的“暴戾”行径，站不住脚，只能挨打，打来打去最后消亡。但打来打去打强大了，似秦国那样，“履至尊而制六合”，一统天下，登顶至尊了，就不能再行“暴戾”了，而应施“仁义”，以此抚平战争的创伤，让民众得以休养生息。反观秦始皇，他在“先暴戾”取得政权后，没有把“后仁义”捡拾起来，而是沿袭“暴戾”的惯性，给民众示强、施威，并以巡视立碑的方式表现出来。

对此，秦二世给予了佐证，他说：“朕年少，初即位，黔首未集附。先帝巡行郡县，以示强，威服海内。今晏然不巡行，即见弱，毋以臣畜天下。”

“巡行郡县，以示强，威服海内”，是秦始皇出巡的目的。他这一脚走出去，偏离了“仁义”的方向，走向了“德政”的反面！

从公元前220年开始，秦始皇几乎年年出巡，足迹遍布全国。历史没有在他的出巡记载中记录一次深入到庶民之中，问疾苦、慰长老、助困乏、断案讼，所记的全是把自己和民众屏蔽起来，带着庞大奢华的队伍，施威行吓，纵情扰民。

下面，完整记录了他的一次巡视。

公元前219年，秦始皇巡视东方，在今山东省邹县的峄山上树碑颂功，同时召集齐鲁故地七十余位儒者，讨论到泰山“封禅”事宜。“封”，即是祭祀天。为了离天近一些，在泰山顶上修建高台，举行祭祀仪式。“禅”，即是祭祀地。泰山有一个支峰叫梁父山，梁父山地层厚，地势低，在那里修建一个祭台，举行祭祀仪式。

封禅的这套仪式，是秦始皇最终敲定的。因为请来的七十余位儒生，说法不一，争议很大。有的提出，古代封禅所用的车子，是用轻柔的蒲草包裹轮子的，以防压伤了山上的草木土石，用扫帚扫一下地，而后铺上茅草祭祀。但泰山如此之高，如何上去？如何下来？秦始皇不听他们那一套，将他们遣送回去，同时，下令筑路，挖石砍树，从泰山南麓筑路至泰山顶峰，从泰山北侧筑路至梁父山祭台。祭奠仪式大体与秦国在庙堂的祭祀相同，但所有的祭祀文件都被秘密封存。

史载，在泰山顶上祭祀天时，秦始皇立了一块歌功颂德的碑。下山时，狂风大作，暴雨倾盆而下，秦始皇躲在一棵松树下避雨。“封”天不被感动，反而驱来暴雨淋他，为什么？秦始皇没有去想，而是张口将为他遮蔽风雨的松树封为“五大夫”。再到梁父山去“禅”地，又立了一块歌功颂德碑。

秦始皇巡视天下，共在七处立碑，《史记》记载了六处碑文。碑文都写些什么，这里特将立在梁父山的碑文录下：

“皇帝临位，作制明法，臣下修饬。二十有六年，初并天下，罔不宾服。亲巡远方黎民，登兹泰山，周览东极。从臣思迹，本原事业，祗诵功德。治道运行，诸产得宜，皆有法式。大义休明，垂于后世，顺承勿革。皇帝躬圣，既平天下，不懈于治。夙兴夜寐，建设长利，专隆教诲。训经宣达，远近毕理，咸承圣志。贵贱分明，男女礼顺，慎遵职事。昭隔内外，靡不清净，施于后嗣。化及无穷，遵奉遗诏，永承重戒。”

碑文倒还中规中矩，但吹嘘的意味很浓，诸如“治道运行，诸产得宜，皆有法式”“贵贱分明，男女礼顺，慎遵职事”之类，远没有达到，有的只是苛捐杂税，暴力驱民，民不聊生。

秦始皇从泰山继续东巡，在东海之滨祭祀八位神祇，即天神渊水、地神梁父峰、兵神蚩尤、阴神三山、阳神芝罘山、月神莱山、日神成山、时神琅邪山。在琅邪山，秦始皇下令抽调三万户人家，到琅邪山筑台。

返回咸阳途中，路过江苏徐州。秦始皇以不吃荤腥、不近女色的程序，做了一套所谓的斋戒祈祷，然后抽调一千多人，到泗水打捞周鼎。

传说存放在周朝的九鼎被运往秦国途中，其中一鼎突然飞腾起来，坠入泗水。秦始皇抽调的一千多人就是到泗水打捞此鼎，结果白折腾了一番。

再走，向西南进发，顺长江而下，到达湖南省湘潭县祭祀湘君。湘君是哪路神仙，为何祭拜，秦始皇一概不知。他只是见庙就进，见佛就拜，花大钱，烧高香，求神佑。结果在渡江时，狂风暴雨顿时席卷而至，差点把秦始皇掀落到水里。上岸后，秦始皇问湘君是个什么神，得知是尧帝的女儿、舜帝的妻子后，顿时火冒三丈，并急速调来三千囚犯，把湘君山上的树木全部砍光，砍得满山的石头都裸露出来了。

此一番巡视，费时之长、扰民之久、掠民之重、耗财之多，令人无语！

秦始皇笃信鬼神，但在“封”泰山下来时，上天用狂风暴雨给予他一次警告；在祭祀湘君时，上天再次用风急浪高给予他警告。可他自以为老子天下第一，华夏亘古以来无帝王能比，因而用示强施暴、我行我素，向着德政的反方向越走越远。

初登帝位，皇帝到各地去巡视，是应有之义。但下去不是给民众耍威风、行恐吓，而要访民情、抚民心，给民众带去福音，带去希望。秦始皇的巡视，背民心而去，聚民愤而返，这样的巡视，只能是自掘坟墓！

专制暴戾秦始皇

历史上，但凡有大建树的帝王，都摆脱不了两个魔咒，一个是追求长生不死，一个是暴戾专制。

秦始皇是千古一帝，因而这两个魔咒在他身上表现得淋漓尽致，至死不悔。

本文专写秦始皇的暴戾专制。

司马光写道：嫪毐叛变被平定后，尚是秦王政的秦始皇，在车裂嫪毐、诛其三族的同时，把跟随嫪毐的同党，包括二十余个朝中大臣全部诛杀，涉及该事件的四千余家，迁到蜀中，徒役三年。因为嫪毐是吕不韦推荐进太后宫的，于是秦王政罢了吕不韦的相位，把他发配到河南，不解恨，又令他离开河南，前往蜀中。吕不韦服毒自杀后，秦王政还不解恨，下令参加吕不韦葬礼的人，不是秦人的，统统逐出秦国；是秦人的，俸禄在六百石以上者削去官职，俸禄在五百石以下者迁出咸阳。同时规定，掌管国事的大臣，如不按规定办事，就似吕不韦、嫪毐那般，满门抄斩。

公元前228年，秦军彻底击溃赵国，秦王政特地赶到邯郸。这是他出生的地方，留下了儿时很多美好的回忆。他的姥爷、姥姥、舅舅、姨、表哥等源于母亲赵姬的亲戚，大都住在邯郸。秦王政赶到邯郸后，把赵国凡是与他母亲家有仇的人，全部搜罗出来，统统活埋。可以想象，生于斯长于斯的赵姬家人、亲朋，难免与左邻右舍因鸡毛蒜皮的事发生矛盾，产生纠葛。加之赵姬先为吕不韦的小妾，后投进嬴异人的怀抱，坊间的传说是，吕不韦把赵姬的肚子搞大以后献给嬴异人。这等事情，难免引起街坊邻居的议论。把此类街坊邻居当作仇人搜罗出来统统活埋，并不能达到为母亲家人挽回颜面的目的，而只能激发对秦王政，乃至对赵姬家人的万分仇恨。

披上黄袍后的秦始皇，于公元前220年下令，在渭河南岸修建长信宫，建成后改名为极庙宫。从极庙宫修路直通骊山，在那里兴建甘泉宫。该宫的前殿一完工，又下令修筑甬道，与咸阳连接。甬道，即在道路两旁筑墙，行人、马车通过时，外界看不见。接着又下令，以咸阳为起点，修筑北到燕国故地，南到南中国海，宽五十步，沿途每隔三丈植树一棵的御用大道，也叫驰道。不用解释，所谓的“御用大道”，初心就是供他秦始皇巡视天下的“专行大道”。

建了那么多宫殿，修了那么多的甬道、驰道，秦始皇还嫌不够。公元前212年，秦始皇下令在渭河南岸的皇家园林上林苑修建大型的宫殿群，在阿房山建前殿，即“阿房宫”。该宫东西五百步，南北五十丈，可同时容纳一万人，四周用木板搭起阁道，阁道从阿房山直达终南山，长达四十余里，在终南山修建阿房宫的宫门。再从阿房宫筑双层大道，渡过渭水，直达咸阳。修这个双层大道象征什么呢？象征从天上的北辰星穿过银河，到营星和室星，比拟地上从阿房宫渡渭水，至咸阳。

史载：“始皇初即位，穿治郦山，及并天下，天下徒送诣七十余万人。”为他建造死后的陵墓。因担心参与建筑的人员特别是工匠泄露陵墓的信息，陵墓修好后“尽闭工匠藏，无复出者”。

简单解释一下这段记载：秦始皇即位之初，就调集了七十余万囚徒奴隶，开始修建秦王陵，下挖三重之泉，铸铜放棺椁，墓里修了宫殿，安排了百官的位置，藏了大量的珍宝，设置了机关弓箭，灌水银做百川江河大海，上顶装饰天文，地面设置地貌，取人鱼的脂肪点灯。墓修好后，担心工匠把陵墓里的结构、宝藏说出去，便把工匠都关在里面闷死陪葬。我们不知道，用人鱼脂肪点着的灯，穿越两千多年时光，今天是否还亮着。

秦始皇的劳民伤财，在这里简单梳理一下。

修筑从咸阳北至燕国故地、南至南中国海的“御用大道”，不知苦役了多少劳工，花了多少钱。

在渭水一带，东函谷关、西散关、南武关、北萧关的关中修建三百余座行宫，函谷关以东修建四百余座行宫，不知苦役了多少劳工，花了多少钱。

虽上林苑宫殿群包括阿房宫未完工，但苦役的劳工数量极多，花钱巨大，可想而知。

骊山秦始皇陵的修建，有记载的是七十万囚徒和奴隶，花了多少钱不得而知。

派蒙恬大将攻击匈奴，十年野战，军队开销多少不得而知；修驰道至今朝鲜，花钱多少不得而知；修筑数百公里长城，把“赵国长城”“燕国长城”连接起来，苦役了多少劳工，花了多少钱，也不得而知。

在修建阿房宫至咸阳的双层大道和骊山秦始皇陵的记载中，所需石头取自距咸阳直线距离七百公里的阴山，所需木材取自湖北、湖南和四川成都。

此外，听了卢生的一套鬼话后，秦始皇还下令，把都城咸阳二百里内的二百七十余座行宫殿阁，统统用双层道、高架桥连接起来，以供他神秘出行，躲避鬼神。

在生产力极其落后的公元前二百余年，从秦始皇称帝到死的十余年时间里，如此大兴土木，兴建耗资巨大的诸多宫殿、驰道、甬道，钱从哪里来？

历史没有记载。可以想象，秦政府绝对拿不出这么多钱来，它只能靠暴政专制，直接从民众手里抢夺物资，如石头、木材等，直接驱使民众无偿服劳役！

怪不得民间有“孟姜女哭长城，哭倒长城八百里”之说。

真不明白，华夏子孙好不容易从春秋战国延绵不绝的战火烤炙中解脱出来，刚刚一统天下的秦王朝，为何不安民生息，而如此专制暴戾呢？

分析看，可能与在秦始皇脑子里扎下错误的治国理念有关。

这一错误理念，源于邹衍创立的“五德相运”之说。“五德”即金、木、水、火、土；“相运”，即土克水、水克火、火克金、金克木、木克土，也即为“五胜”。“五德相运说”是邹衍“五行终始说”的变种。邹衍搬出黄帝、禹帝、商汤、文王四个贤君的朝政更替历史，推算出的结论是兴盛的周朝是火德。而秦王朝一统天下，又排在周朝之后，要胜过周朝，就是水德。邹衍的这套理论，似乎是为秦王朝量身打造的。秦始皇深信这便是上天的安排，于是下令改变岁历，把十月作为每年的第一个月；水德属于北方，北方属黑色，因而将衣服、旌旗，包括所有的图案定为黑色；数目字以“六”作为单元。

要知道，邹衍的这套理论，扎进秦始皇灵魂深处的认识是：水属阴，主刑罚。

因而，秦始皇登上帝位后，骨子里种下的执政理念，便是专制暴戾。他以为，这是上天给他的昭示，是上天给他的安排，他是在替天行道。

曾经被秦始皇奉为上宾的尉缭，从另一个视角，对秦始皇的专制暴戾做了诠释。他说：“秦王为人，蜂准，长目，挚鸟膺，豺声，少恩而虎狼心，居约易出人下，得志亦轻食人。我布衣，然见我常身自下我。诚使秦王得志于天下，天下皆为虏矣。不可与久游。”

翻译成白话，即秦始皇的相貌，鼻如黄蜂，又狭又高，眼睛细长，胸同鸷鸟，声如豺狼，这种人刻薄寡恩，心似虎狼，穷困的时候很容易对人谦卑，得志的时候也会轻易地吞食人。我只是个平民，他见到我的时候，常常表现出谦卑的样子。如果真的让秦始皇得志于天下，天下人便都成了他的俘虏了。这种人不可与他长久共处。

无疑，尉缭是从人的相貌，对秦始皇的专制暴戾做的诠释。

秦始皇为什么如此专制暴戾，确需华夏后人从不同的视角进行深入的分析、研究！

痴迷长生秦始皇

再看秦始皇的另一个魔咒，即对长生不死的痴迷。

早在战国时期，在七雄为争霸天下打得不可开交，华夏子孙流离失所、为躲避战祸而逃亡奔命的情况下，燕国人宋毋忌、羡门子高等人，却在传播所谓“羽化登仙”的法术。他们宣称，在渤海中间，有蓬莱、方丈、瀛洲三座仙山，山上住着神仙，有着凡人吃了不会死去的药草。凡人吃了这种药草，老了以后身体会消失，但并不是死亡，而是变成神仙，升天而去。但这三座仙山非常神秘，凡人一接近它，便会飘逸而去。在宋毋忌等人的鼓动下，齐威王田因齐、齐宣王田辟疆、燕王姬平等先后派人到波浪翻滚的渤海寻找三座仙山，结果都无功而返。

公元前219年，秦始皇出巡到达琅邪山，一大群所谓的法师、术士纷纷上书，大谈所谓的三座仙山和不死药草，代表人物是原齐国的道教术士徐市。在徐市等人的鼓动下，秦始皇下诏征集几千个童男童女，由徐市带领，泛海出发，向渤海荡去，寻找三座仙山和不死药草。

结果可想而知。但已经把准秦始皇命脉的徐市，有的是应对办法，他空手而归后，对秦始皇做的解释是：已看到仙山，但它飘走了。

所谓看到仙山，就牵住了秦始皇的鼻子，也就有机会继续骗下去。

公元前215年，秦始皇东巡至碣石山，另一个大名鼎鼎的术士卢生贴上去，搬出羡门子高等所谓仙人，忽悠秦始皇。秦始皇上钩，命他求访古仙人羡门。卢生在海上转了一圈，抄来一段所谓法术上的预测，说“亡秦者胡也”。“胡”即匈奴。秦始皇相信了他的鬼话，诏令蒙恬将军，率三十万大军北上攻击匈奴。

左骗右骗，虽然从未应验，但因为秦始皇痴迷长生不死而不能解脱出来，所以徐市、卢生等骗子仍大有市场，进而继续行骗。

公元前212年，卢生向秦始皇进谏：“臣等求芝奇药仙者常弗遇，类物有害之者。方中，人主时为微行以辟恶鬼。恶鬼辟，真人至。人主所居而人臣知之，则害于神。真人者，入水不濡，入火不爇，陵云气，与天地久长。今上治天下，未能恬倓。愿上所居宫毋令人知，然后不死之药殆可得也。”

卢生说的是，之所以长生之药总找不到，是因为有东西作怪。而要改变这种状况，君王就必须改装而行，以驱除恶鬼，这样神仙就会出现。现在皇帝住的地方，臣僚都知道，神仙就不会来。神仙在水里不会浸湿，在火里不会烫着，寿命与天地一样长久。希望皇上住的宫殿，不要让人知道，这样神仙就会来，不死仙药也能找到。

作为千古一帝秦始皇，其智商足以把这等骗术揭穿。简单想吧，法力无边的神仙，还会怕个恶鬼吗？怕鬼的神仙，还叫神仙吗？

可秦始皇已经痴迷得不能自拔，对卢生的鬼话深信不疑。从此他不再自称为“朕”，而称“真人”。同时下诏，在都城咸阳二百里以内，建宫殿二百七十余座，全部建双层道，用帷帐遮挡连接处，各殿都安排美女、钟鼓。他办公的场所也不固定，高兴到哪里，就到哪里。谁泄露出去，便立即处死。

秦始皇曾住在陕西乾县的梁山宫，从山上看到丞相李斯的车马路过，烜赫铺张，非常威严，很不高兴。他身边有人把这个情况告诉了李斯，李斯于是减少警卫，收敛起来。秦始皇得知后，勃然大怒，下令追查却没有人承认，便把当时跟随他的宦官、随从全部处死。这以后，秦始皇白天在什么地方，晚上睡哪个宫殿，再也没有人知道了。臣僚有事奏报，只能在咸阳宫死等，因为他不是每天定时去咸阳宫，臣僚只好在那里一天一天候着。

如此痴迷，必然受到捉弄。

公元前211年，一颗陨石划破天际，掉落在东郡，有人便在陨石上刻了六个字："始皇死而地分。"这更激起了秦始皇的暴戾，他派御史前去调查处理，查不出个所以然，便下令把陨石附近的人全部处死，把陨石焚化。

当秦始皇的脚步走到公元前210年时，"死"在等着他了。

秦始皇继续出巡，从云梦到钱塘江兜了一大圈后，沿海岸向北，到达琅邪。以寻找仙山、不死药草为名，耗时多年，花了秦政府大把钱财的方士徐市，心里发虚，怕遭责罚，于是继续上书，对秦始皇行骗，他说："蓬莱仙岛的神药之所以拿不到，是因为海里的大鱼阻挠，使船无法到达。如果派善射的人把阻挠的大鱼射杀了，神药就能取到。"

徐市这么一说，秦始皇夜里做了个噩梦，梦中与形态像人的海神大战。梦醒后立即占卜。解梦的博士接着胡说八道，说海神的真面目是无法看到的，它常常以大鱼做替身，把大鱼射杀后，神仙才会露出真面目。

在长生不死魔咒中乞伏的秦始皇，于是下令备置捕鱼用具，自己亲挽大弓，准备射杀大鱼。从琅邪山北行到崂山、成山，再到芝罘，果然见到大鱼。秦始皇挽弓，射杀了一条，感觉达到目的，心中大喜，上得岸去，等待神仙的到来。

神仙没等来，病魔等来了。上岸后秦始皇便一病不起，他知道自己已经走到生命的尽头，但他不愿说出“死”字，跟随的臣僚更是讳莫如深，不敢问他死后谁接替帝位。但他写好了圣旨，并嘱御玺管理官赵高，召长子扶苏速到咸阳，跟丧车会合，然后安葬。这就是说，秦始皇已经做好了死后的安排，立扶苏接替帝位。

信神信鬼，求长生药，不想死，最终还是与常人无异，死了。

按说，帝王也好，平民也罢，求长生，不想死，没有什么可指责的。但秦始皇作为一国之君，沉溺于长生不死的魔咒之中，把一帮装神弄鬼、骗财骗官的人召在自己的身边，把朝廷上下弄得乌烟瘴气、阴森恐怖，就大失帝王的尺度了！尤其是从饥寒交迫的百姓身上搜刮大把的钱财，在咸阳二百里内建二百七十余座宫殿，修驰道、遮帷帐，自己躲在里面等待神仙的到来，更是荒唐至极！

天地之间果真有神仙的话，会见这等帝王吗？

焚书坑儒秦始皇

焚书坑儒，是历史上发生的两个重大事件。也可以说，是秦始皇一手制造的两个专制暴戾惨案！

先说焚书

从历史记载看，秦始皇并不排斥儒家学说，且在登上帝位之初，几乎全盘接收了被灭六国的礼仪。对此，《史记》是这么记载的："至秦有天下，悉内六国礼仪，采择其善，虽不合圣制，其尊君抑臣，朝廷济济，依古以来。"至刘邦建立汉朝，虽对秦朝流传下来的礼制"有所增益减损，大抵皆袭秦故"。这说明，从春秋战国一路走来所形成的儒家学说，并没有在秦始皇手里断代。

可他为什么要焚书呢？他焚的都是些什么书？

公元前213年，秦始皇在咸阳宫摆酒设宴，其中七十个博士参加。仆射周青第一个站出来，当面对秦始皇大加吹捧，捧得他龙颜大悦。七十个博士在这等场合不能不发声，于是淳于越博士站出来，他一张嘴全是学问。他说，周朝拥有天下一千多年，靠的是分封子弟和功臣，秦朝搞郡县制不合祖制，并得出结论："事不师古而能长久者，非所闻也。"

不搞分封，实行郡县制，早在公元前221年就定下来了，全国分为三十六个郡（后又增设五郡），各郡的郡守、郡尉、郡监也早已到位，八年过去了，怎么又提这个问题？秦始皇听了很不高兴。但为了不破坏宴请的气氛，提出叫大家讨论。

李斯于是站出来。设置郡县是他提出的，如今他又是当朝丞相，因而他反驳说：“五帝不相复，三代不相袭，各以治，非其相反，时变异也。今陛下创大业，建万世之功，固非愚儒所知。且越言乃三代之事，何足法也？异时诸侯并争，厚招游学。今天下已定，法令出一，百姓当家则力农工，士则学习法令辟禁。今诸生不师今而学古，以非当世，惑乱黔首。”

这一大段反驳，说的是五帝的制度不重复，三代的举措不因袭，是适应时代变迁所需；如今天下已定，百姓应努力农工，士者应学习政策法令，可一些儒者不学习当今的律令，却模仿古人，卖弄学识，批评当政，惑乱人民。

在做了这样的铺垫后，李斯接着说：“古者天下散乱，莫之能一，是以诸侯并作，语皆道古以害今，饰虚言以乱实，人善其所私学，以非上之所建立。今皇帝并有天下，别黑白而定一尊。私学而相与非法教，人闻令下，则各以其学议之，入则心非，出则巷议，夸主以为名，异取以为高，率群下以造谤。如此弗禁，则主势降乎上，党与成乎下。禁之便。”

在这里，李斯对儒者进行了三方面的指责。一是指责其以上古之事为依据，用矫饰虚诞的语言，标榜自己的学识，诽谤现行制度；二是指责其私自传授与当今律令相悖的东西，结党诽谤朝廷的法令教化，一听到朝廷的新政，就进行批判，导致里巷的人们也议论纷纷；三是指责其朝议时口是心非，一出门就乱发议论，炫耀自己在皇帝身边博取声誉，用标新立异表明自己的高明，带着一群人诽谤朝政。

可以想见，李斯所指责的这些问题，并非凭空捏造。

春秋战国延绵数百年的战乱刚刚结束，新政府如何治理国家、建设太平，是摆在秦王朝面前的大事。这个时候，政府在治国安民上出一些争议是不可避免的，颁布的法令政策人们一时难以适应，也是可以理解的。作为肚里装了些诗书经文的儒生，发表不同看法，甚至提出尖锐批评，都不为过。但口是心非，朝议一套，出了朝廷又一套，甚至搬出已亡六国的治国理政历史，对现行的举措进行诋毁，进而鼓动人们进行抵制，导致社会思想混乱，就大错特错了。

李斯正是抓住这些把柄，对儒生进行指责，进而建议焚书，即《诗经》《书经》及诸子百家的著述，特别是故六国的史书，全部上交官府烧毁，得到秦始皇诏准。

幸亏李斯也是个读书人，他在焚书的建议中，提出医药、卜筮、种树等书保留。同时给博士开了一个后门，即博士可收藏《诗经》《书经》及诸子百家的著述。他提出重点烧毁的，是秦国之外各国的史籍。

即便如此，我们也不得不说，李斯的这一提议，是中华文明史上的巨大浩劫！

要知道，已亡六国及其他小国的史籍，也是中华民族宝贵的祖产！在科技文化极其落后的春秋战国时期，平民百姓几乎都不识字，而记载下来的每一个文字，都是用刀刻在兽骨或竹简上的。多少诸侯国治理的方略，多少思想家闪光议政的对策，多少科技工作者提出的科技发明，多少风土人情的记载，都在李斯焚书的建议下，被熊熊大火烧成了灰烬。

接下来与焚书相关的举措，就全是暴政了。秦始皇下令：有敢聚众讨论《诗经》《书经》的，处死；推崇古代，诽谤当代的，诛杀全族；官吏有知道而不检举的，以同罪论处；诏令下达三十天，仍不把《诗经》《书经》交出来的，脸上刺字，发配边疆修长城，服劳役四年……

焚书已然是惨案，再加上这诸多暴政，无异于一场天灾！可它却不是天灾，而是人祸，祸首即是李斯！

对于焚书，司马迁用“惜哉，惜哉”表达了遗憾和痛心。但他又说：“然战国之权变亦有可颇采者，何必上古。秦取天下多暴，然世异变，成功大。传曰‘法后王’，何也？以其近己而俗变相类，议卑而易行也。学者牵于所闻，见秦在帝位日浅，不察其终始，因举而笑之，不敢道，此与以耳食无异。悲夫！”在这里，司马迁对一些学者不能“法后王”提出了批评，并比拟为用耳朵吃饭一样可悲。可见，一味效法上古，以此对现行政策法令进行诋毁，司马迁也是不赞成的。

再看坑儒

坑儒的祸首，是卢生、侯生等一帮围在秦始皇身边，帮他求神仙、找不死药的骗子。

从根本上说，是卢生、侯生等骗子把秦始皇引上痴迷长生不死歧途的。他们一骗不成，再骗；再骗不成，还骗。虽然再骗、还骗，变换了一下花样，但万骗不离其宗，骗子终究是骗子。秦始皇的痴迷，在于骗子们稍微改变一下花样，他仍不改痴迷，还得上当。但骗子心虚了，一骗再骗还骗，没有一件行骗能兑现，说不定秦始皇哪天发怒，骗子们便在劫难逃了。觉得再骗下去前路危险，卢生、侯生等骗子害怕，准备逃离。

最滑稽的一幕，发生在卢生、侯生逃跑前的一段谈话。

《史记》载：“侯生卢生相与谋曰：‘始皇为人，天性刚戾自用，起诸侯，并天下，意得欲从，以为自古莫及己。专任狱吏，狱吏得亲幸。博士虽七十人，特备员弗用。丞相诸大臣皆受成事，倚辨于上。上乐以刑杀为威，天下畏罪持禄，莫敢尽忠。上不闻过而日骄，下慑伏谩欺以取容。秦法，不得兼方，不验，辄死。然候星气者至三百人，皆良士，畏忌讳谀，不敢端言其过。天下之事无小大皆决于上，上至以衡石量书，日夜有呈，不中呈不得休息。贪于权势至如此，未可为求仙药。’”

真没想到，两个大骗子对秦始皇的认识如此深刻！

他俩认识到，秦始皇刚强暴戾，任意而为，自以为从古至今没有人超过自己；朝廷虽立了七十个博士，只是做样子，博士们的意见从来不听；专门候望星象的有三百多人，且个个都是高手，因畏惧秦始皇的忌讳，不敢说真话；设置的丞相大臣，无须主动作为，只需执行他的诏令；他眉毛胡子一把抓，大事小情全揽在手里，每天批阅的文书，多得要用秤来量。

最滑稽的是，“上不闻过而日骄，下慑伏谩欺以取容”的精辟评价，竟出自大骗子侯生、卢生之口！

这两句话，抓住了秦始皇政权必然倒塌的症结所在！

如此暴戾专横、自以为是、贪权至极的秦始皇，怎么可能听得进博士、星象专家、丞相臣僚的批评指责呢？谁又敢冒诛三族、夷九族的风险去对秦始皇批评指责呢？在这种政治氛围下，必然是满朝的阿谀奉承、满朝的歌功颂德、满朝的假话浮夸、满朝的谄媚求保。最可悲的是，满朝的臣僚、学者都看清了秦始皇政权岌岌可危，连侯生、卢生这等骗子都看清了，可只有秦始皇一个人还蒙在鼓里，一天到晚做会神仙、求长生的美梦！

满朝臣僚虽看清了，但不敢说；侯生、卢生看清了，就逃跑了。秦始皇于是龙颜震怒。

能不震怒吗？秦始皇自己就说，他下令召来众多文学方术之士，这些人以给他炼丹求奇药为名，耗费大把的钱，丹药没炼出来，人却跑得杳无音信了。徐市等人耗费庞大的资财，又是建船，又是带着金童玉女，到海上去找不死药草，数年过去了，什么都没找来；卢生鬼话连篇，仅会神仙一个鬼话，骗得秦始皇在咸阳二百里内建了二百七十余座宫殿。卢生每撒一次谎，就获得一次大的赏赐。如今这些人都跑了，跑了不说，还在儒生中百般诋毁他，他能不愤怒至极吗！

于是，秦始皇下令，对所有的儒生进行审问。为了保命，儒生彼此告发，相互间咬起来了。结果是，你咬我，我咬他，形成连环咬，咬出四百六十多人来。秦始皇则下令在咸阳城外挖个大坑，把四百六十多名儒生，全部扔到坑里活埋了。

该坑杀的侯生、卢生没坑杀，不该坑杀的四百六十多名儒生坑杀了，秦始皇就是这样，用暴戾制造了华夏史上的一大惨案！

楚公预言

楚公，即楚南公，楚国人。他的预言是：楚虽三户，亡秦必楚。

楚南公预言的背景是这样的：

公元前299年，秦国攻占楚国八个城池后，秦昭襄王给楚怀王写信，说："秦、楚两国，国土接壤，王族通婚，没有比我们更亲近的了。假若秦、楚两国不能亲善相处，就不可能号令天下。"因此提议与楚怀王在武关相会，再续友好盟约。

此前的楚国，被秦国又打又骗，早已乱了方寸。张仪一次游说，不仅使得楚国与邦交敦睦的齐国断交，而且骗走了楚国六百里土地。秦国出于战略考虑，提议用武关换取楚国的黔中，楚怀王为报被张仪欺骗耍弄之仇，提出奉送黔中，不要秦国的武关，而只要张仪。张仪来到楚国，被打进天牢，但没几天，却被楚怀王客客气气地请出来，尊为上宾，就这样楚国的黔中白送了……

在这种情况下，秦国伸出结盟的橄榄枝，楚国朝廷上下都看清楚了，这不是橄榄枝，而是一个陷阱。大夫屈原冒死进谏，不少臣僚跟进帮腔，但脑子进水的楚怀王，还是力排众议，前去武关会约。他一脚踏进武关，便被秦国扣押。在咸阳章台殿，高台就座的秦昭襄王以下令的口气对楚怀王说："把楚国的巫郡，连同之前到手的黔中郡，正式割让给秦国。"

这时的楚怀王清醒过来，他"蛮性"发作，把自己的生死置之度外，大发脾气，绝不从命，三年后死在秦国。

当载着楚怀王尸体的马车进入楚国时，楚南公做了“楚虽三户，亡秦必楚”的预言。

历史为楚南公的预言做了如下佐证：

在大泽乡振臂一呼，敲响秦王朝丧钟的，是楚人陈胜；

率江东子弟渡江北上，横扫秦军的，是楚人项羽；

混战中崛起，亡秦建汉的，是楚人刘邦。

陈胜、项羽、刘邦，都是楚人，但绝非被秦国剿灭得只剩“楚虽三户”。

楚国是春秋战国时期的大国，东边直面东海、黄海；西边在今湖南沅陵设黔中郡、今重庆巫山设巫郡，与巴国、秦国为邻；南边地辖今湖南九嶷山，与百越为邻；北边直至中原地区，与魏、宋、韩、齐等国为邻。它是一个多民族国家，主要由苗族、土家族、壮族、华夏族及诸多少数民族组成。楚国辖地山重水复，自然条件优越，民众生活习性各异，其共同的特点是“蛮性”，即敢想敢干，敢做敢当，敢为人先，耐苦耐劳的“霸蛮”精神。楚国的动员组织能力极强，只要楚政府一声令下，几乎一夜之间，在山上、田间、水里劳作的人们，便打着赤脚、穿着草鞋，汇聚起数十万甚至上百万兵勇来。因而与之相邻的诸多大国、小国及诸侯部落，断不了受到楚国的攻伐掠夺，楚国的国土面积越扩越大，周边称臣纳贡的诸侯部落也越来越多。

关键是，在西周以来长达八百余年的发展过程中，在中国广大的南部各地，逐渐形成了以巫文化与华夏文化相融合的楚文化。楚文化是儒、墨、道、法、兵、易等思想文化与图腾文化、巫文化、天象文化等融合的文化，其扎根的基础是变幻万千的山山水水，其传播的途径是世代生活在山水之间的民众的生存体验，因而它极具历史的张力，极具传续的活力。可以说，楚文化是一统华夏不可或缺的重要思想文化。

我以为，楚南公“楚虽三户，亡秦必楚”的预言，源于楚国的山水人文。

但也有人从历史的另一个角度，对秦王朝的灭亡做了挖掘、分析。

公元前281年，楚顷襄王联合齐、韩等国攻秦。秦昭襄王经过一番战略谋划后，派大将白起进攻楚国。在秦、楚两军对峙的过程中，白起派军队在鄢都西北的武镇筑坝拦河，从汉江支流东西方向秘密修了一条长渠，待鄢都军民熟睡的黎明时分，突然掘坝放水，瞬间把楚国鄢都灌成了水都，数十万生命在睡梦中远赴黄泉。从这一刻起，楚国失去儿女的父母、失去父母的儿女，都记住了白起这个“人屠”的名字，并把这个名字与秦国一起，视作一颗仇恨的种子，种出了“亡秦必楚”的万分仇恨。

楚国的郢都被白起攻陷后，白起兵分三路，向楚国各地征剿，其中一路向西打到了夷陵（今湖北宜昌东南）。夷陵，是楚人祖先的陵园，这里安葬着楚人一路走来的列祖列宗以及供奉的祖祠。白起一脚踏进夷陵，没有想起自己是楚王室白公胜的后裔，这里的祖宗也是他自己的祖宗，他想起的是毁掉楚人的陵地，也即是挖掉楚人的祖坟，切断楚人的祖脉，让楚国人从此再也不会死灰复燃。于是，他亲自下令，点燃一把火，把夷陵烧成断壁残垣。

杀人如麻的白起，用挖楚人祖坟的方式，为秦王朝一统天下卖命，触碰了楚人最敏感的神经，种下了楚人世代仇恨的种子。挖人家祖坟，至今仍是人们最痛恨的卑劣行径，何况是在公元前近三百年，人们对祖坟、祖祠最推崇的战国时期呢！楚人巫文化的一个重要方面，即是诅咒。“楚虽三户，亡秦必楚”，便是在白起用一江大水将楚国数十万人葬身水底，又用一把大火将楚国宗庙烧成灰烬的这一刻，全体楚人向天地呼吼的重咒！

我们再看史学巨匠司马迁，对秦王朝的灭亡是怎么看的。

司马迁认为，秦国一统华夏，是天意，是天命注定的。但他欣赏的治国理政方式，与秦王朝的做法完全不同。司马迁说："人道经纬万端，规矩无所不贯，诱进以仁义，束缚以刑罚，故德厚者位尊，禄重者宠荣，所以总一海内而整齐万民也。"司马迁说的是，人们的社会活动繁杂，而行为标准的礼无所不在，以仁义道德的原则诱导人们上进向善，用刑罚规矩约束人们的偏邪行为，由此可以使道德修养深厚的人地位尊崇、爵禄厚重的人蒙受恩宠。这些都是透过人的性情，用以统一治理天下、使万民安居乐业而不生乱的最好方法。司马迁没有直接分析秦王朝覆灭的原因，而是引用了洛阳才子贾谊的分析。

贾谊说："秦王怀贪鄙之心，行自奋之智，不信功臣，不亲士民，废王道，立私权，禁文书而酷刑法，先诈力而后仁义，以暴虐为天下始。夫并兼者高诈力，安定者贵顺权，此言取与守不同术也。秦离战国而王天下，其道不易，其政不改，是其所以取之守之者（无）异也。孤独而有之，故其亡可立而待。"翻译成白话即是，秦王怀着贪婪卑鄙的心，肆行自己的小聪明，不信任功臣，不亲近士民，废灭王道，树立私人权威，禁止文书，制定酷烈刑法，凡事先行欺诈和暴力，把仁义丢在后边，以暴虐作为治理天下的基础。要知道，兼并天下虽然崇尚武力，安定天下则贵在顺时权变，这是说取与守的方法不同。秦朝已经脱离了战国纷争的局面，步入全面统一时代，然而治道不变，政令不改，用以取天下和守天下的方法并没有什么不同。加之不分封弟子功臣，自己孤孤单单统治天下，所以它的灭亡可以站着等待了。

智者见智，仁者见仁。秦王朝在短短十五年后倾覆，确是一个值得研究的课题。因为太短命，所以其灭亡的症结所在，难以在一般规律中看得清楚。但楚南公、史学家，还是给后人提供了思索研究的方向。

第三章 秦二世的昏庸颠覆秦国大厦

秦始皇虽用专制暴戾把秦国糟蹋得不轻，但秦国不至于这么快就灭亡……

皇帝身边的宦官极其可怕！这种人内心巨大的阴毒一旦发泄，便是一个王朝的灾难……

宦官赵高，书写了一个人毁灭一个王朝的历史，在这个过程中，再有韬略的学者，都会变成帮凶，李斯就是这么变的……

当然，皇帝不昏庸至极，宦官不能得手…

篡改遗诏

赵高，书写了一个人毁灭一个王朝的历史。

书写这部历史的赵高，据说是原赵国王室的一个远房亲戚，也是秦始皇宠幸的一个宦官。也有记载说他不是被阉，而是天生无性功能。

史载："赵高昆弟数人，皆生隐宫，其母被刑僇，世世卑贱。"说的是，赵高有兄弟数人，都出身于宦者家庭，母亲曾受过刑，世世代代都是卑贱人家。秦始皇欣赏赵高，说他高大壮实，通晓法律，乃选他做中车府令。赵高为寻找靠山，便私下里接近秦始皇的小儿子嬴胡亥，给他传授法律知识，模拟决断讼案，胡亥很喜欢他。有了胡亥的喜欢，赵高的胆子便放量，以身试法，罪该当死。因为秦始皇的宠幸，赵高免死，仍做中车府令。

秦始皇对他的赦免，使得赵高尝到了被皇帝宠幸的甜头。从此他更加巴结胡亥，成了胡亥最满意的一条摇尾巴狗。

赵高书写的一个人毁灭一个王朝的历史，是从秦始皇死后开始的。

司马光写道：公元前210年，秦始皇出巡到河北广宗县的沙丘平台宫死了。死前，他留下遗诏，令长子扶苏把兵权交给蒙恬，立即赶回国都咸阳，主持安葬事宜，并叫主管行符玺事的赵高，把圣旨封妥，交给丞相李斯发布。

此时的扶苏，正在上郡负责蒙恬北方军团的监军工作。他是秦始皇的长子，虽未立为太子，但按皇子接替顺序，是秦始皇之后第一位合法继承人。赵高对扶苏的评价是：“刚毅而武勇，信人而奋士。”刚强果敢，威武勇敢，肯信任人，又善于鼓舞别人的扶苏，曾对父皇秦始皇焚书坑儒的做法很是担忧，并大胆劝谏，说：“知识分子都崇拜孔子，父皇用重法处理他们，担心引起天下不安。”秦始皇听了不高兴，便把他从身边支走，到上郡去做军队监军。但这并不是秦始皇要取消他接替帝位的资格，故在临死前，留下遗诏，令他主持安葬。

赵高的阴毒，便从篡改秦始皇留下的遗诏开始展现。

《资治通鉴》详细记载了这一过程。

丞相李斯出于稳定大局的考虑，没有立即把秦始皇去世的消息及留下的遗诏发布出去。他以为，皇帝在外巡视去世，朝中又未立太子，扶苏尚未赶回咸阳，一旦发布出去，诸多皇子的欲望会迅速膨胀，天下大局不好把控，难免生变。

赵高立马找到随秦始皇出巡的嬴胡亥，说：“皇帝去世，赐长子扶苏遗诏，扶苏一到，便会立为皇帝，而你却什么也没了，怎么办？”

此时的胡亥还保留了些许纯洁和道义。他说：“明君知臣，明父知子。父捐命，不封诸子，何可言者！”说的是，贤明的君王最了解他的臣属，聪睿的父亲最了解他的儿子。父皇当然知道哪个皇子应该嗣位，哪个儿子不应该受封。现父皇已然下令不封赐诸子，这还有什么可说的。

赵高说：“话可不能这么说，现在天下的大权，在你、我和丞相李斯手中，我们要谁存谁存，要谁亡谁亡，你何不多加谋划呢？而且让别人向自己称臣，和自己向别人称臣，以及控制别人，和被别人控制，是不能相提并论的！”

胡亥说：“废兄而立弟，是不义也；不奉父诏而畏死，是不孝也；能薄而材谫，强因人之功，是不能也：三者逆德，天下不服，身殆倾危，社稷不血食。”胡亥从义、孝、能三方面，拒绝了赵高阴谋篡位的意见，认为这三件事都是违背道德，为天下人所不齿的。他不愿这样做，弄得身败名裂不说，而且还可能弄得国亡宗灭，断了祖宗的祭祀。

赵高则搬出周武王灭商，受到天下拥护，卫出公杀父，受到孔老夫子赞扬等史实，劝导胡亥下决心。倒是在这番劝导中，赵高也讲出了一些值得称道的东西。他说：“夫大行不小谨，盛德不辞让，乡曲各有宜而百官不同功。故顾小而忘大，后必有害；狐疑犹豫，后必有悔。断而敢行，鬼神避之，后有成功。”说的是，做大事的人不可拘泥细节，隆盛的德行不必计较烦琐的礼节，乡间日常小事，与朝廷百官所担负的工作，性质大不相同，如百官办事套用乡里处理琐事的办法，必定导致失败。因而凡事只顾细节而遗忘大体，必生祸患；犹豫不决，必招灾祸。如能果敢而行，连鬼神都会畏惧逃避，结果必能成功。

胡亥还是犹豫。但黄袍加身的诱惑，实在是太大了，于是他长吁短叹，担心丞相李斯这关不好过。

胡亥的长吁短叹即是默许，也是赵高发泄阴毒的总开关。至于丞相李斯，赵高有的是阴招把他拿下。果然，李斯被赵高拿下，成了赵高一个人毁灭一个王朝的主要帮凶。

于是，赵高、李斯篡改秦始皇留下的遗诏，立嬴胡亥为太子，主持秦始皇的丧礼事宜，但秘而不宣。时值盛夏，秦始皇的尸体腐烂，发出奇臭，李斯即令每辆车上装一石鲍鱼，用鲍鱼的奇臭加以掩盖。到达咸阳后，秦始皇死亡的消息和留下的遗诏，才正式发布，嬴胡亥继承帝位。

赵高毁灭秦王朝的第一步，阴谋成功。

大开杀戒

接下来，赵高的阴毒发泄，即是杀人。

史载："初，赵高为郎中令，所杀及报私怨众多，恐大臣入朝奏事毁恶之。"还是中郎将时，赵高所杀的人和为了报私怨而陷害的人，就非常之多，也担心臣僚朝议时对他进行攻击。如今他成了二世皇帝最宠信的人，附着在最高权力的顶层，不仅不用担心了，而且他本能的阴毒发泄，更是抑制不住，尽情发泄，任意发泄，想杀谁，便借皇帝之手杀谁，想害谁，便凭手中的权力陷害谁。

赵高最恨的，是蒙恬兄弟，便首先拿他俩开刀。

蒙氏一脉，是秦国的大功臣。蒙恬的爷爷蒙骜，从齐国来到秦国，在秦昭襄王手下屡建功勋，官至上卿。他曾率军攻打韩国，夺得成皋和荥阳，置三川郡；攻打赵国，夺赵三十七城；再攻韩国，夺韩十三城；又攻魏国，夺魏二十城。秦国的版图，在蒙骜为将时迅速扩张。蒙骜的儿子蒙武，与王翦一起进攻楚国，取得大胜，并斩楚将项燕；后又率军攻楚，俘获楚王。蒙武有两个儿子，长子蒙恬，在秦国一统天下的征伐中，率军攻克齐国；秦始皇登上帝位后，派他率三十万大军，向北驱逐戎狄，收取黄河以南的大片土地；构筑秦长城，把"赵国长城"与"燕国长城"连接成了御匈屏障。蒙武的二儿子蒙毅，官至上卿，深得秦始皇信任，外出与秦始皇同乘一辆车子。蒙家兄弟二人，蒙恬负责军事，蒙毅常为内谋，被誉为"忠信"。

赵高首先拿蒙氏兄弟开刀，是他发泄阴毒的本性使然。秦始皇的长子扶苏，在蒙恬的三十万大军中担任监军。这二人不仅兵权在握，而且在秦国的人望很高，一旦真遗诏面世，他俩必联手反扑过来，赵高的阴谋就将彻底破灭。因此，首拿蒙恬开刀，连带把扶苏一并杀掉，是赵高发泄阴毒的关键之关键。于是，在拉着秦始皇的尸体往咸阳走的路上，赵高和李斯便伪造秦始皇的诏令，将扶苏和蒙恬赐死。

扶苏一看诏书，流泪准备自杀。蒙恬阻止他说："皇帝在外巡视，还未立太子，派我率三十万大军戍边，派你来监军，这是事关天下安危的大事。如今只一个使臣来传达圣旨，这是不是诡计呢？还是先请示一下，再死不迟。"扶苏忠厚仁弱，说："父叫儿死，还用请示什么呢？"于是自杀。蒙恬不肯就这么稀里糊涂死去，但也不能因手握重兵而做举兵反叛的事，被囚禁在阳周。

听到扶苏自杀的消息，二世胡亥高兴极了，打算释放蒙恬，但被赵高拦住了，他要对蒙氏兄弟斩草除根。

司马光写道：赵高曾犯罪，秦始皇派蒙毅依法处理。蒙毅依据律令及赵高所犯罪行，判处他死刑，是秦始皇赦免了他。因此，杀掉蒙毅，是赵高早就埋在心底的复仇种子。

此时的蒙毅，奉命祷告山川后返回咸阳。赵高对二世说："我听说先帝想册封您为太子，是蒙毅阻拦，在先帝面前说了很多诋毁您的话，这是为臣不忠啊！不如把他杀了。"二世糊涂，便把蒙毅囚于代郡。

蒙氏二兄弟都被囚禁了，二世便派御史前去宣读诏令，蒙毅的罪名是不忠，判决结果是灭族。蒙毅不解，他想知道实情，说："用道治者不杀无罪，而罚不加于无辜。"他相信自己是无辜的，所以要追问实情。显然，这是蒙毅的天真，赵高一手制造的"实情"，他是追问不到的。杀了蒙毅之后，御史又赶到阳周，宣读诛杀蒙恬的诏令。蒙恬的罪过是："君之过多矣，而卿弟毅有大罪，法及内史。"

罪过很多，而具体的罪行却没有，因为弟弟犯有大罪，因此要连累到哥哥。对于这样的判决，蒙恬十分不服，他说："自吾先人及至子孙，积功信于秦三世矣。今臣将兵三十余万，身虽囚系，其势足以倍畔（叛），（然）自知必死而守义者，不敢辱先人之教，以不忘先主也。"蒙恬说的是实情，他祖孙三代积功于秦，如今手握三十万大军，有能力反叛而不反叛，就是要证明自己的厚道和忠诚。前来宣读诏令的御史说得很直白："我来就是对你执行死刑，说别的没用！"

是啊！赵高还顾念你蒙氏三代积功于秦吗？还考虑你手握重兵而不反叛吗？他要的只是对你蒙氏斩草除根！

在赵高看来，赐死扶苏，诛杀蒙恬、蒙毅及其族人，那是远远不够的。因为秦始皇的诸多皇子，还有满朝大臣，都用良心做秤，称出了赵高的阴毒，称出了秦始皇遗诏的可疑。这可是潜在的巨大隐患，这个隐患不消除，他赵高的阴毒发泄，便会遭遇很大的麻烦。

恰在这时，二世胡亥向赵高问治国之道，提了一个荒唐至极的问题。因为二世与赵高的这段对话，既表明二世的昏庸至极，又揭示了赵高的阴险歹毒，故实录如下：

二世问："夫人生居世间也，譬犹骋六骥过决隙也。吾既已临天下矣，欲悉耳目之所好，穷心志之所乐，以安宗庙而乐万姓，长有天下，终吾年寿，其道可乎？"二世问的是，人生短暂，他已君临天下，想享尽一切声色娱乐，受用一切心里喜欢的东西，而社稷安定，能不能做到？

赵高答："此贤主之所能行而昏乱主之所禁也……夫沙丘之谋，诸公子及大臣皆疑焉，而诸公子尽帝兄，大臣又先帝之所置也。今陛下初立，此其属意怏怏皆不服，恐为变。"赵高则把皇子、大臣对秦始皇的遗诏的怀疑扯进话题，说在这种情况下，二世想享受淫乐做不到。

二世问：“为之奈何？”

赵高答：“严法而刻刑，令有罪者相坐诛，至收族，灭大臣而远骨肉；贫者富之，贱者贵之。尽除去先帝之故臣，更置陛下之所亲信者近之。此则阴德归陛下，害除而奸谋塞，群臣莫不被润泽，蒙厚德，陛下则高枕肆志宠乐矣。计莫出于此。”在这里，赵高的阴毒和盘托出。他说的是：让法律变得更苛酷严峻，让犯罪的人相互牵连受罪；同本皇族的人疏远，让贫贱没有地位的人得到尊宠；诛灭大臣，把先帝委任的大臣一律除去，任用你所亲近的人。这样，对你有伤害的人都被消灭，这些人的献计就不能得逞。朝中的百官没有一个不蒙受你的恩德，你就可以高枕无忧，为所欲为，纵情享受。

史载：“二世然高之言，乃更为法律。于是群臣诸公子有罪，辄下高，令鞠治之。”

接下来便是大开杀戒、杀人如麻了。不仅二世胡亥的十二个皇子哥哥，全部在咸阳街头砍了脑袋，而且秦始皇后宫生的十个公主，也被拉到街上进行车裂。这些皇子、公主宗族的财产，全部没收。

史载：“相连坐者不可胜数。”

文章写到这里，我不由得放下笔沉思。

赵高为何如此歹毒呢？本该接替皇位的长子扶苏杀了，负责军事的蒙恬、负责内谋的蒙毅杀了，赵高最害怕的隐患排除了，该收手了吧？为什么秦始皇生的十二个皇子和十个公主都要杀掉，连同杀掉一大批与皇子、公主有关系的人呢？

我想，可能与赵高无男性功能有关。作为人，赵高本就不完整。残缺的人性，使得他不能完整享受人生的快活。而他，却待在皇帝身边，皇帝身边众多的美女与皇帝的放纵淫乐，因为他的无性功能，也就不避讳他。这无疑对赵高是巨大的刺激！当这种刺激日复一日积累起来以后，内心便发生忌妒、羡慕、仇恨的裂变，裂变的结果，便是用最残忍的手段，对正常的人用杀戮来进行发泄。但话得说回来，如果赵高在宦官的位置上不得宠，也许他的内心将带着嫉妒、仇恨的种子，直至终了。而一旦攀上掌权的高位，尝尽了权力的甜头，他人性的缺憾带来的痛苦，就极其巨大，因而裂变出来的忌妒羡慕恨，也就格外阴毒。

是不是这样？供读者研究赵高，做个参考吧。

李斯帮凶

赵高要毁掉秦王朝，要过很难的一关。这一关，便是李斯。李斯是秦王朝的丞相，他这个丞相，可是在秦王政横扫六国时，一路辅佐过来的。他具有治国理政的才华，招纳天下贤才、实行郡县制、统一文字和度量衡等诸多创举，都是李斯提出来的，秦始皇对他非常器重。

公元前237年，秦王政驱逐从天下各国来秦国谋发展的政客、谋士，是李斯的《谏逐客书》，使得秦王政撤销逐客令，并进一步把天下各国的志士人才吸引到秦国来的。

秦王朝的郡县制构架，包括统一度量衡、统一文字等，也都是李斯在秦王政统一六国的过程中贡献出来的大智慧。虽然李斯建议焚书受到历史的诟病，但他对一统华夏的贡献，还是值得肯定的。

李斯政治抱负宏大，对儒家礼法思想的修养深厚，知识渊博，视野开阔。按说，如此一个政治家、思想家，是不可能被赵高这等宦官拉下水去干蝇营狗苟之事的。

为了深入了解李斯变节的详细过程，我们还是走进《史记》，去看司马迁的记载。《史记》也详细记载了李斯堕落为赵高帮凶的一段对话，下面我们来看看。

赵高：“上崩，赐长子书，与丧会咸阳而立为嗣。书未行，今上崩，未有知者也。所赐长子书及符玺皆在胡亥所，定太子在君侯与高之口耳。事将如何？”

李斯："安得亡国之言！此非人臣所当议也！"

赵高："君侯自料能孰与蒙恬？功高孰与蒙恬？谋远不失孰与蒙恬？无怨于天下孰与蒙恬？长子旧而信之孰与蒙恬？"

李斯："此五者皆不及蒙恬，而君责之何深也？"

赵高："高固内官之厮役也，幸得以刀笔之文进入秦宫，管事二十余年，未尝见秦免罢丞相功臣有封及二世者也，卒皆以诛亡。皇帝二十余子，皆君之所知。长子刚毅而武勇，信人而奋士，即位必用蒙恬为丞相，君侯终不怀通侯之印归于乡里，明矣。高受诏教习胡亥，使学以法事数年矣，未尝见过失。慈仁笃厚，轻财重士，辩于心而诎于口，尽礼敬士，秦之诸子未有及此者，可以为嗣。君计而定之。"

李斯："君其反位！斯奉主之诏，听天之命，何虑之可定也？"

赵高："安可危也，危可安也。安危不定，何以贵圣？"

李斯："斯，上蔡闾巷布衣也，上幸擢为丞相，封为通侯，子孙皆至尊位重禄者，故将以存亡安危属臣也。岂可负哉！夫忠臣不避死而庶几，孝子不勤劳而见危，人臣各守其职而已矣。君其勿复言，将令斯得罪。"

赵高："盖闻圣人迁徙无常，就变而从时，见末而知本，观指而睹归。物固有之，安得常法哉！方今天下之权命悬于胡亥，高能得志焉！且夫从外制中谓之惑，从下制上谓之贼。故秋霜降者草花落，水摇动者万物作，此必然之效也，君何见之晚？"

李斯："吾闻晋易太子，三世不安；齐桓兄弟争位，身死为戮；纣杀亲戚，不听谏者，国为丘墟，遂危社稷：三者逆天，宗庙不血食。斯其犹人哉，安足为谋！"

赵高："上下合同，可以长久；中外若一，事无表里。君听臣之计，即长有封侯，世世称孤，必有乔松之寿，孔、墨之智。今释此而不从，祸及子孙，足以为寒心。善者因祸为福，君何处焉？”

李斯仰天长叹，垂泪叹息，说：“嗟乎！独遭乱世，既以不能死，安托命哉！”

之所以把赵高与李斯这段长长的交谈记录下来，是想探究一下赵高说的什么最终把李斯说动了，反过来说，即是李斯因赵高说什么而被打动。实质上，是想探究赵高灵魂深处的阴毒，以及李斯变节的思想轨迹、症结所在。

事实上，他俩的这段对话，找不到企望探究的答案。

几乎全篇对话，都是李斯在抵制，在不从。赵高拿他与蒙恬做五个方面的比较，问他能否比过蒙恬。李斯坦率地承认，五个方面都比不过蒙恬，并明确表示，他一个布衣，是秦始皇提拔重用的，他不能辜负秦始皇对他的嘱托。赵高用“秋霜降者草花落，水摇动者万物作”劝他顺时而变，李斯则搬出晋献公换太子、齐桓公兄弟争君、商纣王残杀亲戚等历史上的逆天之事，导致“宗庙不血食”的历史悲剧，明确表示不参与这一阴谋。只是在赵高恐吓他，如果不从，将“祸及子孙，足以为寒心”后，李斯才仰天长叹，垂泪应承下来。

这其实是难以令人信服的。李斯的这个弯转得太快，一百八十度的急转弯，瞬间掉头，难道是仅凭赵高的一声恐吓？他可是当朝丞相，皇帝死了，接替的皇帝尚未到位，大权全在他手里掌控，怎么会怕一个中书令赵高的恐吓呢？

想来这之中另有隐因。或许是在此次谈话时，赵高与胡亥已经动手，派卫队把赵高与李斯交谈的地方包围、控制了；或许是胡亥在给李斯许下了巨大利益诱惑的同时，撂下了巨大的恐怖恫吓。如果不是这样，李斯的变节就是莫名其妙！

我们还是循着司马迁的刀笔往下看。

李斯和赵高，先是篡改秦始皇的诏书，接着又以秦始皇的口气，给扶苏和蒙恬写信，信中写道："扶苏与将军蒙恬将师数十万以屯边，十有余年矣。不能进而前，士卒多耗，无尺寸之功，乃反数上书直言诽谤我所为，以不得罢归为太子，日夜怨望。扶苏为人子不孝，其赐剑以自裁！将军恬与扶苏居外，不匡正，宜知其谋。为人臣不忠，其赐死。"

司马迁的这段记载，就是铁证，证明篡改遗诏、诬陷杀害扶苏和蒙恬这两件事，李斯直接参与了！

接下来大开杀戒，杀蒙恬兄弟、杀十二个皇子、车裂十个公主，"所杀及报私怨众多"，杀得"群臣人人自危"。在这个过程中，在司马迁的刀笔之下，虽没有见到李斯，但也没有见到他作为丞相，对二世胡亥、赵高如此滥杀无辜，提出任何反对意见，做过任何劝谏的影子。是司马迁的刀笔无意疏忽，还是有意留下悬念，让读者去想象李斯在这场大开杀戒的惨剧中，如何作为帮凶，站在一旁冷笑的！

再往下看！

此时的秦王朝天下，陈胜、吴广振臂一呼，天下群雄响应，"杰俊相立，自置为侯王，叛秦，兵至鸿门而却"。作为丞相的李斯害怕了，开始对二世胡亥进行劝谏。

而此时的二世胡亥，已经被赵高糊弄得只追求奢侈淫乐，而不过问国事了。二世对李斯说，做了享有天下的皇帝，他的尊贵，难道就是要像尧帝、夏禹那样身心交瘁，身体还要像旅客那样住在客栈，口里吃着像门卫吃的那种食物，手里干着像奴隶所干的那些活吗？这些辛苦的劳作，只是一般的百姓应当勉力去做的事，不是贤人所要做的。贤人享有天下，只求全天下都顺应他一个人的心意就够了，这才是他拥有天下的尊贵呀！最后二世问李斯："吾愿赐志广欲，长享天下而无害，为之奈何？"胡亥问的是："我打算随心所欲，放纵享乐，而又希望永久保有天下，不致有任何祸患，你说该怎么办呢？"

这是典型的混账话！随心所欲，放纵享乐，还想叫天下永久太平，这本就是一对不可调和的矛盾，连上帝都做不到！

面对二世胡亥的如此混账，丞相李斯又是如何应对的呢？

李斯说："夫贤主者，必且能全道而行督责之术者也。督责之，则臣不敢不竭能以徇其主矣。此臣主之分定，上下之义明，则天下贤不肖莫敢不尽力竭任以徇其君矣。是故主独制于天下而无所制也。能穷乐之极矣。"

李斯说的是，用严刑峻法来督察臣僚和百姓，实行君主专制独裁，这样便没有什么事可以让君主费心了，君主就可以穷奢极欲，享尽人世间最大的乐趣了。并说这才是真正贤明的君主。

李斯其实很清楚，二世胡亥实行严刑峻法，大开杀戒，杀得朝廷上下已经人人自危了。可李斯呢，仍鼓动胡亥朝暴君的道路上往前走，完全背离了他的学识修养，实属助纣为虐！

李斯接着说："故申子曰'有天下而不恣睢，命之曰以天下为桎梏'者，无他焉，不能督责，而顾以其身劳于天下之民，若尧、禹然，故谓之'桎梏'也……"

李斯接着搬出申不害的严刑峻法之说，劝谏二世胡亥，不要似尧、禹那样，拿自身来为天下奉献，把天下当作自身的桎梏，抛弃奢侈淫乐的享受。而应顺俗应变，用严刑峻法去督察别人，让天下人都顺从自己的心意。如不是这样，君主就不尊贵了。

接下来，李斯就离儒家礼法的理念越走越远了。他说：慈祥的母亲，会有败家的子弟；而严厉的家庭，却没有扞格的奴隶。原因是，是否实行严厉的惩处？贤明的君主长久处于尊位，没有别的办法，唯有专断独行，切实用严刑峻法来督察别人，且处罚务求深重，如此天下才没人敢触犯法律。

李斯甚至连这样的混账话都说出来了："且夫俭节仁义之人立于

朝，则荒肆之乐辍矣；谏说论理之臣间于侧，则流漫之志诎矣；烈士死节之行显于世，则淫康之虞废矣。故明主能外此三者，而独操主术以制听从之臣，而修其明法，故身尊而势重也。”用白话说即是：节俭仁义的人立于朝廷，荒诞放肆的乐趣就要中止了；劝谏的臣僚立在君王身边，流荡泛漫的心思就要穷屈了；烈士死节的行为彰显于世，淫逸康安的娱乐就要废弃了。所以，贤明的君主要远离节俭仁义、敢于直谏、烈士死节这三种人。

简单说，就是把好人都从皇帝身边赶走！

二世胡亥听了李斯的劝谏，从此实行更为苛酷的严刑峻法。一时间，路上行走的人，竟有一半是受过刑事处罚的人；杀死的人，每天成堆陈列在市面。二世胡亥高兴地说：“若此则可谓能督责矣。”

满肚子儒家学问的丞相李斯，竟对皇帝做如此劝谏，起到了败坏朝廷风气的带头作用，致使满朝文武大臣，几乎人人满嘴假话，阿谀奉承。

史载，陈胜揭竿而起的消息传到朝廷后，二世胡亥召集三十多个儒生商讨对策。有的儒生说：“为人臣子不可私下拥有民众，像陈胜这种人，就该赶紧派军队去消灭。”二世胡亥听后，气得脸都变色了。儒士孙叔通赶紧上前劝慰，说：“诸生言皆非也。夫天下合为一家，毁郡县城，铄其兵，示天下不复用。且明主在其上，法令具于下，使人人奉职，四方辐辏，安敢有反者！此特群盗鼠窃狗盗耳，何足置之齿牙间！郡守尉今捕论，何足忧！”历史上赫赫有名的儒学大家孙叔通，睁着眼睛说瞎话，把陈胜起义说成是“偷鸡摸狗”的宵小，劝皇帝不必为此担忧，令郡守派官吏前去捕捉便万事大吉了。二世胡亥听了大喜，于是又对这三十多个儒生逐个问了一遍，问到底是造反还是盗贼。儒生中木讷的，回答是造反；灵活的，回答是盗贼。二世胡亥于是诏令御史，对回答是盗贼的，朝廷留用；回答是造反的，依法治罪。因为孙叔通说了二世胡亥最想听的话，获得奖赏，提升为博士。

可见李斯的变节，给秦国朝廷带来的负面效应，是多么可怕！

文章写到这里，就不难看出李斯参与篡改诏书的变节，并非出于胡亥和赵高的恐吓，而是源于他灵魂深处的阴毒！他甚至劝二世胡亥，用独断专行毁灭仁义道德的传播，堵塞天下言路，废弃烈士死节的榜样影响，以淹没臣僚和百姓的智慧。这就充分证明，李斯已经抛弃了他以儒家礼法为主导的理想信念，彻底堕落为赵高毁灭秦王朝的主要帮凶！

但这二人的阴毒发泄，没过多久便斗起来了。

李斯被害

虽然李斯灵魂深处的阴毒，是被赵高激发出来的，但李斯毕竟是儒学大师荀子的学生，满腹的儒家学识，使得他的阴毒发泄时，能用一定的知识做包裹，因而表现出来不似赵高那么直接，那么赤裸裸。

但是，只要发泄阴毒，必然是一场生死对决。李斯与赵高的对决，犹如穿鞋的对光脚的。李斯很斯文，穿着鞋。赵高很流氓，光着脚。这二人同时用阴毒对攻时，李斯便已经败下阵来。赵高为报私怨而陷害杀人很多，他为了防止有人在二世胡亥那里弹劾自己，便使出了一个阴招。他对二世胡亥说："天子之所以尊贵，是因为群臣看不到天子的面，而只能听到天子的声音，这就是天子自称'朕'的原因。陛下年轻，未必什么事都懂，如坐朝听政的话，难免有处理不妥的事情，那就不能让天下认为您是最神圣、最明智的人了。怎么办呢？深居禁宫之中，让我们几个在您身边的人，把臣僚的奏请事由筛选后，再呈您御批。这样，就不会再有惑乱视听、混淆是非的事来惹得您不高兴了。"

二世胡亥本来就不想临朝听政，经赵高这么一鼓动，便深居禁宫不出来了，只顾与一群美女嬉闹淫乐。

满朝臣僚见不到皇帝了，所呈奏请事项，全由赵高筛选后呈报，丞相李斯也被挡在深宫之外。关键是，陈胜、项羽、刘邦等发起的推翻秦王朝的战事、危机，也被挡在深宫之外。

满朝臣僚心急如焚，议论纷纷，赵高于是又泄出一个阴招。他对李斯说："函谷关以东盗贼纷起，而皇帝却在深宫赏玩名狗骏马这类没用的东西，我想去谏止，但我的地位太低贱了。这可是您这个当丞相的事，您怎么不去进谏呢？"

李斯则说："我早就想见他，可是没有机会呀！"赵高则说由他来安排，只要一等皇帝有空，便立即通知。李斯并不知道这是赵高的阴谋。赵高通知李斯，皇帝有时间，可去晋见。李斯急忙赶去，急匆匆地去见皇帝。而皇帝胡亥正与后宫美女嬉闹淫乐，不与李斯相见。此后还有两次，李斯接到赵高通知，急忙赶去，都是皇帝胡亥正与后宫美女嬉闹淫乐，都被皇帝拒绝。李斯每每坏皇帝的好事，惹得皇帝胡亥大怒，说："吾常多闲日，丞相不来；吾方燕私，丞相辄来请事。丞相岂少我哉？且固我哉？"

赵高趁机施放阴毒，说："这样太危险了！丞相参与了沙丘之谋，您当上皇帝后，也没有给他什么奖赏，他已心怀不满了。我还听说，丞相的长子李由任三川郡守，与盗贼来往，有意放纵盗贼横行。现在丞相在外头的声威，还超过陛下呢！"

二世胡亥倒还保留了一分谨慎，没有立马下诏惩治李斯，而是叫赵高派人调查核实。

李斯没有退路了，唯有反击，矛头直指赵高。此时他已见不到皇帝了，便上书写道："臣疑其君，无不危国；妾疑其夫，无不危家。今有大臣于陛下擅利擅害，与陛下无异，此甚不便。"李斯搬出历史上大臣擅权弑君的事例，揭露赵高蒙骗皇帝、擅弄朝纲的行为，劝二世胡亥提高警惕，早做防备。

二世胡亥则把李斯的上书告诉赵高，赵高于是借皇帝之手，逮捕李斯，同时逮捕的还有一干大臣。

赵高亲自提审李斯，给他加上刑具打入大牢，严刑拷打，《史记》载："赵高治斯，榜掠千余。"说的是，拷打一千多次。

治罪的突破口，是李斯的长子李由私通盗贼。这纯粹是无中生有的罪名。李由任三川郡守，拼命与陈胜等起义军战斗，至李斯下狱时，已战死沙场了。

《史记》载：李斯被拷打得“不胜痛，自诬服”。受不了了，只好冤屈地承认儿子李由私通盗贼，自己有罪。但李斯不肯自杀，他还心存侥幸，认为自己为秦国做出的贡献很大，期望二世胡亥幡然醒悟，赦免自己的罪过。他在大牢里痛苦地煎熬，等着皇帝对他的开恩。久等不来，于是上书。

李斯在给二世胡亥的上书中，历数了自己的七大罪状。

第一条罪状是：“臣为丞相治民，三十余年矣。逮秦地之狭隘，先王之时秦地不过千里，兵数十万。臣尽薄才，谨奉法令，阴行谋臣，资之金玉，使游说诸侯；阴修甲兵，饰政教，官斗士，尊功臣，盛其爵禄。故终以胁韩弱魏，破燕、赵，夷齐、楚，卒兼六国，虏其王，立秦为天子。”说的是，秦国本来地狭兵弱，他为丞相三十余年，暗中派遣谋臣，带着金银珠宝游说诸侯，同时加强武备，任命敢死的人做官吏，同时尊重功臣。通过这些阴诈的手段，胁迫韩国，弄垮魏国，打败燕国、赵国，消灭齐国、楚国，使得秦国一统天下，秦王成为天子。

第二条罪状是：“地非不广，又北逐胡、貉，南定百越，以见秦之强。”说的是，秦国一统天下后，又北伐匈奴，南定百越，国土面积极大地扩展。

第三条罪状是：“尊大臣，盛其爵位，以固其亲。”说的是，尊重大臣，给他们很高的爵位，以此巩固君臣之间的亲密关系。

第四条罪状是：“立社稷，修宗庙，以明主之贤。”

第五条罪状是：“更克画，平斗斛度量文章，布之天下，以树秦之名。”说的是，更改器物上所刻的徽式花纹，统一度量衡，统一文字。

第六条罪状是："治驰道，兴游观，以见主之得意。"

第七条罪状是："缓刑罚，薄赋敛，以遂主得众之心，万民戴主，死而不忘。"

李斯幼稚，他正话反说，把七大功绩，说成是七大"罪状"，想以此打动二世胡亥，对自己手下留情。殊不知，你李斯是丞相，只是个出主意、提建议的人，拍板实施的是战国时的秦王和一统六国后的始皇帝。你把这么大的建树光环，全套在自己的头上，把秦王、始皇帝放在了什么位置？再说了，这七大功绩都是秦王、始皇帝头上的光环，你却把它说成是七大"罪状"，不是诋毁又是什么呢？

给二世胡亥的上书，先要经过赵高之手，赵高拿到后说："囚安得上书！"看都不看便扔了。赵高接下来的做法，就凸显他流氓、光脚的特性了。赵高料定二世胡亥还会关注李斯案的进展，于是派出自己十余个死党，假扮成御史、谒者、侍中等官员，轮流提审李斯。李斯一看来了新面孔，以为是二世胡亥派来的提审官员，便推翻自己承认有罪的口供，揭露赵高的为非作歹和阴谋。赵高于是在李斯推翻一次口供时，便更加严厉地拷打他一次，打得李斯只好又违心地做虚假供述。终于有一天，二世胡亥真的派官员提审李斯时，李斯还以为仍是赵高的打手，只好违心招供，并形成书面的认罪材料。目的达到后，赵高将判处李斯死刑的判决书，呈报二世胡亥核准。

李斯被判五刑，在咸阳市上腰斩。被斩的人还有李斯的父、兄、妻三族。拖着沉重的枷锁，走在咸阳大街上，李斯对他的二儿子说："吾欲与若复牵黄犬俱出上蔡东门逐狡兔，岂可得乎！"

是啊！老家在上蔡的李斯，此时最希望和儿子、家人，一同牵着黄狗，到东门外的野地去猎捕狡兔，那是一种多么温馨、多么快乐的享受呀！

司马迁说："斯知六艺之归，不务明政以补主上之缺，持爵禄之重，阿顺苟合，严威酷刑，听高邪说，废嫡立庶。诸侯已畔，斯乃欲谏争，不亦末乎！人皆以斯极忠而被五刑死，察其本，乃与俗议之异。"司马迁态度鲜明，不认同李斯为秦国竭尽忠诚的看法，也不认同李斯被赵高害死太冤的看法。但到底怎么看，司马迁没说。

李斯对于自己的如此结局，似乎早有预感。他的几个儿子都娶的是秦国皇室的公主，几个女儿也都嫁给秦国皇族的子弟。一次，大儿子三川郡守李由回咸阳休假，李斯在家设宴，文武百官前来给李斯敬酒。在如此光耀门庭的酒食宴上，李斯突然长叹，说："嗟乎！吾闻之荀卿曰'物禁大盛'。夫斯乃上蔡布衣，闾巷之黔首，上不知其驽下，遂擢至此。当今人臣之位无居臣上者，可谓富贵极矣。物极则衰，吾未知所税驾也。"

李斯只是从物极必反的规律上，对自己到手的尊贵、富有表达了担忧，而没有从自己的灵魂深处，检视自己的阴毒发泄所必将带来的恶果。

这说明，人性也是有规律的！

指鹿为马

李斯死后，赵高接任丞相。这可是夏、商、周以来，第一个宦官丞相。赵高满肚子阴毒，篡改诏书、诛杀大臣、陷害忠良这等恶贯满盈的勾当都使得出来，而要治国理政、抚民安邦，他就没招了。他既没这个心思，也没这等学识素养。而此时的天下，陈胜、项羽、刘邦的义军，已经攻城略地，把战火烧到咸阳四周了。面对这种局面，赵高继续释放阴毒。他深知，自己无力应对这种复杂局面；也深知，满朝臣僚及各级官吏，对他极不信任，也不抱任何希望。于是，他采取的招数是进一步封锁二世胡亥，让他成为自己的一个木偶，什么事也不让他知道，而什么事都打他的旗号。

为了让满朝臣僚知道秦王朝的大权在他赵高手里，二世胡亥只是个摆设，赵高在上朝时，叫人牵着一头鹿来了，说这是一匹马。二世胡亥不知这是赵高在对自己手中的权势进行测试，傻乎乎地说：“这哪是马呀？是鹿。”赵高不动声色。二世胡亥问左右臣僚：“这是鹿吗？”大多数臣僚说是马，只有少数臣僚说是鹿。

二世胡亥大为惊讶，这么多臣僚都说是马，而自己认为是鹿，莫不是自己精神错乱？于是叫太卜来给占卜，看到底是什么原因。

占卜结果出来后，太卜如是说：“陛下春秋郊祀，奉宗庙鬼神，斋戒不明，故至于此。可依盛德而明斋戒。”太卜说的是，这是由于陛下春秋两季祭祀上天，供奉宗庙鬼神的时候，斋戒不够彻底，才落得今天的地步。陛下可以遵照古代圣贤的规矩，严肃而彻底地执行斋戒的礼节。

显然，占卜的结果，是二世胡亥精神错乱。

显然，连宫廷的占卜官员，也全部投靠了赵高。

显然，那些坚称是鹿而不是马的，下场可想而知。

按照占卜的要求，二世胡亥搬到上林苑斋戒。他是那种一心享受声色犬马、美女佳肴的皇帝，到了上林苑之后，天天玩游射猎，还失手射死一个无辜路人。于是睡下后做梦，梦见一只白虎把他驾车的左骖马咬死了，吓得他够呛，于是赶紧叫人解梦。解梦的结果是，泾水的水神作怪。二世胡亥又斋戒沐浴，拜祭泾水之神，还把四匹白马作为祭品，沉到水里。

此时的秦王朝天下，被秦始皇剿灭的六国，都推出了各自的君王，纷纷扯起了立国的旗号；项羽大军在巨鹿附近击败秦军，并俘虏了秦将王离；秦国大将章邯，也被项羽打得一败再败，最后投降了项羽；刘邦率军攻克武关，并暗地里派人招降赵高。一统天下的秦王朝风雨飘摇，大厦将倾。

虽有满腹阴毒，构思陷阱的阴谋高超，但面对秦王朝大厦将倾的危局，赵高束手无措，一筹莫展。在这种情况下，赵高唯一能使作的，还是阴毒。

赵高先是拿二世胡亥在上林苑射杀一个路人说事，他对胡亥如是说："天子无故贼杀不辜人，此上帝之禁也，鬼神不享，天且降殃，当远避宫以禳之。"

真不可理喻啊！他赵高陷杀了那么多功臣，那么多无辜的人，怎就不知"上帝之禁""鬼神不享"呢？二世皇帝不是有意射杀路人，上帝竟会"天且降殃"，这是哪门子道理！

不仅如此，赵高还叫女婿阎乐，以咸阳令公事公办的方式，把被射杀的路人，抬到了上林苑，摆到二世皇帝面前。

二世胡亥不知这又是赵高的阴谋，只好按赵高的意图，搬出上林苑，搬进了望夷宫。赵高于是与女婿阎乐、弟弟赵成密谋，废掉二世胡亥，立扶苏的儿子子婴为帝。废掉，就是杀掉。赵高指使女婿阎乐执行。

赵高是个宦官，生不出儿女来，但凭着他的权势、财富，自然有人甘愿做他的儿子、女儿。阎乐作为女婿，便官至咸阳令。有儿有女，还都在朝廷做官，这对一个宦官来说，是多光彩的面子！但毕竟自己生不出来，贴附过来的儿女，不可能贴心贴肺。对此，赵高清楚，故在指使女婿阎乐进宫杀二世胡亥时，特地把他的母亲扣在手里当人质。

母亲在赵高手里的阎乐，没有退路。他率卒吏进入望夷宫，斩杀卫士，一路冲杀过去，直杀到二世胡亥的寝宫，并用箭射向帷幄。

胡亥大怒，令左右拿下叛贼，左右都站着不动。他一看大事不妙，急忙逃到内室，身边没人了，只有一个陪侍的小宦官。

胡亥问："落到这个地步，你为什么不早跟我说？"

陪侍答："我不敢说，才活到今天。如果我早说了，也就早死在您手里了。"

是啊！陈胜、吴广起义之后，势如破竹，迅速攻下陈丘。秦国派往东方的使臣，据实向二世胡亥报告，胡亥不愿听，大发雷霆，把使臣打入囚牢。从此以后，胡亥过问东方叛乱的事，臣僚都众口一词地说，早被肃清了。胡亥身边的大小宦官，都学乖了，用装聋作哑和说假话保命。

阎乐追过来，与二世胡亥，有一段对话，实录如下：

阎乐："你骄狂放肆，杀人不眨眼，无道至极，天下都背叛你了，你想想该怎么办呢？"

胡亥："我可以见丞相吗？"

阎乐："不可以！"

胡亥："我愿得到一个郡，降身做郡王，可以吗？"

阎乐："不可以！"

胡亥："我愿做个万户侯，可以吗？"

阎乐："不可以！"

胡亥："我希望和妻子、独生女做个平常百姓，待遇像诸公子一样，可以吗？"

阎乐："不可以！"

二世胡亥不知道，此时他提任何要求，都是"不可以"，唯有死，才可以。

昏庸至极的秦二世胡亥，下场即是被自己宠信至极的宦官赵高，逼得刎颈自杀。

子婴除害

文章写到这里，似乎可以住笔了。但是，一个人毁掉一个王朝的宦官赵高不得到应有的惩处，读来难以叫人解气！

那就写写赵高的下场。

阎乐迫使二世胡亥自杀后，赶紧给赵高复命，并把皇帝的玉玺交给了赵高。司马迁在这里记载了这样一个细节：赵高“引玺而佩之，左右百官莫从；上殿，殿欲坏者三。高自知天弗与，群臣弗许，乃召始皇弟，授之玺”。

这个细节说的是：赵高拿过皇帝的玉玺，佩戴在自己身上往大殿走去，左右百官没有一个人跟着他上殿的；赵高一连三次想走上殿去，但每一次都好像大殿要坍塌似的，只好停下来。赵高自知上天不同意他做皇帝，众臣僚也不同意他做皇帝，只好把始皇帝的孙子子婴找来，把玉玺交给他。

这个细节令人深思！

宦官赵高，在司马迁的刀笔之下一路走来，释放那么多的阴毒，篡改诏书，杀了扶苏杀功臣，杀了皇子杀皇姑，为报私怨杀的人不可数计，最后还污杀丞相李斯，还令阎乐进宫杀皇帝。他这么做图什么呢？

图权？赵高深得秦始皇的宠信，在二世胡亥手里升为中书令，朝廷的大事小情，全由他一人掌控，丞相被架空；李斯被腰斩后，赵高升任丞相，名正言顺地掌控秦国，处于一人之下、万人之上的地位；

加之二世胡亥昏庸至极，根本不理朝政，只是沉浸在声色犬马之中，皇帝的大权旁落在赵高手里。大权，不就这些吗？还有比这更大的权力吗？

图财？赵高结党营私，培植党羽，自没少捞钱财；在秦始皇身边得宠，逮个机会替人说话、圆事，自没少捞钱财；当了中书令，大权独揽，任命官吏，自没少捞钱财。可以肯定地说，赵高的财产，富可敌国，他还要多少钱财呢？

既然权大至鼎、富可敌国，还图什么呢？

司马迁写的那个细节说清了，赵高想当皇帝，君临天下。他佩戴皇帝玉玺，向金銮宝殿走去，第一次走了半截，感觉大殿摇曳，要坍塌下来，只好退了回去；不死心，第二次又向金銮宝殿走去，又感觉大殿要坍塌下来，只好在半截又退了回去；还不死心，第三次向金銮宝殿走去，在感觉大殿马上就要倾倒时，他意识到，这是上天不同意他做皇帝，才不得已把皇帝的玉玺交给子婴。

在把皇帝玉玺交给子婴的同时，赵高把子婴由皇帝降为秦王。他给出的理由是，现在被秦始皇剿灭的六国都已复国，秦国还戴一顶皇帝的帽子，是徒有虚名。

被赵高戴上秦王帽子的子婴，是扶苏的儿子，扶苏“刚毅而武勇，信人而奋士”“慈仁笃厚，轻财重士，辩于心而诎于口，尽礼敬士”的秉性特点，对子女的影响很大。子婴不仅很有教养，而且很有正义感，关键时刻敢于向前一步，站出来说话。

比如，当二世胡亥受赵高鼓动，逮捕蒙毅、蒙恬兄弟并打算诛杀时，子婴站出来，面见皇帝胡亥，说：“臣闻故赵王迁杀其良臣李牧而用颜聚，燕王喜阴用荆轲之谋而倍秦之约，齐王建杀其故世忠臣而用后胜之议。此三君者，皆各以变古者失其国而殃及其身。今蒙氏，秦之大臣谋士也，而主欲一旦弃去之，臣窃以为不可。臣闻轻虑者不可以治国，独智者不可以存君。诛杀忠臣而立无节行之人，是内使群臣不相信而外使斗士之意离也，臣窃以为不可。”

子婴不仅力主不能诛杀忠臣谋士，而且暗指不能用赵高这等“无节行之人”。要知道，此时的赵高，已经集万般宠信于一身了，整个朝廷笼罩在赵高一手炮制的恐怖气氛之下。

子婴戴上秦王的帽子，是要到祖庙去拜祭的，他担心赵高会在祖庙对他下手，于是把两个弟弟找来，商量先下手为强，把赵高干掉。

赵高反复派人催促子婴到祖庙去拜祭，见子婴迟迟不去，亲自登门去催，结果被砍掉了脑袋。

子婴的秦王帽子只戴了四十六天。这么短的时间，他不可能扭转乾坤，但他做了一件大快人心的事，诛杀赵高三族，将赵高拉到咸阳街头车裂！

诛杀赵高及其党羽，可谓为天下除害！

此前刘邦已经率军进驻灞上，并暗地里鼓动赵高反叛秦国。假若赵高真的被刘邦招降，那汉朝就又多了一个祸害，他的阴毒流泻出来，又不知有多少人头落地！

贾谊赞赏子婴，他写道：“至于子婴车裂赵高，未尝不健其决，怜其志。婴死生之义备矣。”说的是：子婴车裂赵高，没有人不嘉美他的决断，而哀怜他的心志。子婴可以说是恩报君父，生死大义都完备了。

看得出来，司马迁和司马光写到子婴车裂赵高时，也都长长地吁了一口久憋于胸的闷气。

第四章 陈胜、吴广向秦王朝打响第一枪

当天下苍生苦挣苦扎在秦王朝残暴专制的水深火热之中时，得有英雄站出来振臂而呼：推翻这个王朝……

陈胜、吴广就是这种英雄……

令人遗憾的是，陈胜英雄“气短”……

气，即是气度、气场、气势；短，即是胸襟狭隘、目光短浅、学识孤陋。英雄气短的结局是，英雄当初的大举措，最终成不了大事业……

当然，功成不必在英雄……

功成不必在英雄

陈胜，阳城人，字为涉。吴广，阳夏人，字为叔。这二人都是庶民出身，家里没有为官治学的背景。

陈胜受雇给人家耕田种地，面朝黄土背朝天，干活累了就跑到田埂上休息，与伙伴们闲谈时说："苟富贵，无相忘。"

没有靠山，又没有学识，何谈富贵？伙伴们觉得他说梦话，笑他说："若为佣耕，何富贵也？"是啊！你一个受雇为人耕田种地的人，怎么个富贵法呀？

陈胜不跟他们争论，叹口气说："燕雀安知鸿鹄之志哉！"

公元前209年，秦政府征召闾左兵役男子，前往今北京密云的渔阳服役。闾左是秦政府征召的第四梯队。第一梯队为罪官、赘婿、商人；第二梯队为曾经是赘婿和商人的人；第三梯队为祖父母、父母曾经是赘婿和商人的人；第四梯队为赘婿和商人家左边的邻居；第五梯队为赘婿和商人家右边的邻居。

陈胜、吴广就被征召在第四梯队之中。

与陈胜、吴广同行的九百余人，由几名都尉负责押解。当官的人手不够，陈胜、吴广被任命为屯长，也就是班、组长之类的小官。走到大泽乡时，天降大雨，无法前行。秦朝的法律规定，不能如期赶到目的地的，就是死罪。大雨使得道路阻绝不通，走不了，等雨停了再走，肯定误期。也就是说，这场大雨给这九百余名戍卒判了死刑。

陈胜于是找到吴广说："误期了，赶到渔阳是死，逃跑被抓回来还是死，与其死，不如反！”吴广赞成，二人便商量怎么个反法。显然，打陈胜、吴广的旗号不行，他俩都如芥如草，天下没有人知道。打谁的旗号呢？他俩想到了秦始皇的长子扶苏和楚国大将项燕。扶苏被二世胡亥杀害了，天下人都很同情他；项燕是战国后期楚国抗秦的一面旗帜，很受楚人的爱戴。陈胜、吴广认为，把这二人的旗号打出来，号令天下反秦，一定能得到很多人的响应。

行不行？陈胜、吴广决定占卜。

占卜的先生会察言观色，见陈胜、吴广二人神色异样，便猜到了他俩的心思，于是说：“足下事皆成，有功。然足下卜之鬼乎！”

占卜先生不仅说他们的事能成，能建功，关键是还暗示他们要向鬼神问问凶吉，即要借助鬼神的力量，为自己的起义造势。

陈胜、吴广听了非常高兴，装神弄鬼这套小把戏，他们会做。

于是，戍卒买鱼，切开鱼腹发现一块布帛，上面写着“陈胜王”三个字。

这个怪事很快在九百余名戍卒中传开了，大家议论纷纷，传得神乎其神。

于是，夜里大家刚要入睡时，出没于大泽乡一带的野狼，先是大声嚎叫，叫着叫着竟然开口说人话，说的是“大楚兴，陈胜王”。

狼开口说话，说的是“大楚兴，陈胜王”，这不是天意吗！九百余名戍卒瞬间把目光聚焦在陈胜身上。

接下来，就由吴广来上演苦肉计了。

吴广为人和善，他当个小屯长，注意维护戍卒的利益，很受戍卒的拥戴。一天，将尉喝酒，快要喝醉时，吴广便故意挑衅他，说实在是受不了了，打算逃跑。喝得半醉的将尉，把一碗酒灌到肚里后，操起鞭子就抽打吴广。吴广身上挨着鞭子抽打，嘴巴却更硬，继续用不逃跑到了渔阳也会被处死之类的话，激怒将尉。将尉更火了，拔出剑来，要杀吴广。

陈胜、吴广等的就是将尉拔剑。吴广乘机出手，夺过剑来，一剑把这个将尉刺死了。陈胜也乘机夺过一把剑，与吴广联手，又斩杀两个将尉。

围观的戍卒全看傻了，不知如何是好。

陈胜于是气宇轩昂地站在戍卒面前，大声说道："公等遇雨，皆已失期，失期当斩。藉第令毋斩，而戍死者固十六七。且壮士不死即已，死即举大名耳，王侯将相宁有种乎！"

"王侯将相宁有种乎！"何等气概，何等豪迈！陈胜喊出的是人生而平等、无高低贵贱之分的千古名言！

秦王朝专制暴戾，压榨百姓，掠夺民财，置天下民众于水深火热之中。以致在路上行走的人，有一半是受过刑罚的罪人；每天杀死的人，在咸阳街上堆积如山。如此屠掳民众，凭什么？难道这种暴政行径，是你嬴氏家族独有的特权吗！

陈胜的此番讲话，激起戍卒的共鸣，瞬间点燃所有人的激情，大家纷纷表示，"敬受命"。于是，陈胜、吴广设坛而盟，打着扶苏、项燕的旗帜，号为"张楚"，起义造反。陈胜为将军，吴广为都尉，从大泽乡出发，向秦王朝发起进攻。

陈胜、吴广率九百余名戍卒，首先进攻大泽乡，攻克后进攻蕲县，攻克后继续向东进攻，一连攻克今安徽省淮化市、今河南省永城市酂城镇、今河南省鹿邑县、今河南省柘城县、今安徽省亳州市等地，浩浩荡荡，所向披靡。《史记》载：陈胜的队伍"行收兵。比至陈，车六七百乘，骑千余，卒数万人"。说的是，一路打一路招兵买马，打到陈县时，战车已有六七百辆，骑兵一千多，步卒好几万人了。

关键是，陈胜、吴广在大泽乡点燃的星星之火，迅速在秦朝大地燃起熊熊大火。“当此时，诸郡县苦秦吏者，皆刑其长吏，杀之以应陈涉。”乃至楚地义兵，几千人聚在一起的，“不可胜数”了。

陈胜于是做出战略部署，兵分五路，全线出击。

第一路以吴广为假王（代理的意思），督导诸将西击荥阳；

第二路以陈县人武臣为将，原魏国人张耳、陈余辅助，进攻赵地；

第三路以汝阴人邓宗为将，进攻九江；

第四路以魏人周市为将，进攻魏地；

第五路以陈人周文为将，挺进关中，直捣秦朝老巢。

五路大军攻城略地，声威大震。尤其是周文这一拨大军，更是所向披靡。周文懂兵法，曾在楚国春申君手下做过事，涉世很深，积累了丰富的经验。他在率领义军攻城略地的同时，沿途收罗各地义军，在很短的时间里，军队人马滚雪球一般，增加到数十万人，号称“百万”大军，且迅速越过函谷关，抵达潼关。秦国首都咸阳炸了窝，各种消息满天飞，人心恐慌，纷纷准备逃亡。

在陈胜、吴广起义的影响下，华夏两位重量级人物站上了历史舞台，一个是项羽，一个是刘邦。

项羽，楚国下相人，名籍，字为羽。项氏世代在楚国为将，封在项城，因而姓项。在陈胜、吴广起义后，项羽跟着四叔项梁杀会稽郡守而起义。因为项氏是将军世家，指挥军队打仗非常在行，因而往反秦的历史舞台上一站，便不仅影响力更大，而且战果更辉煌，当之无愧地成了推翻秦王朝的生力军。

刘邦，楚国沛县丰邑阳里人，字为季。在陈胜、吴广起义后，刘邦率众杀沛县县令起义，先是与项羽并肩作战，打着打着翅膀打硬了，便与项羽争夺秦国政权。刘邦具有中国人特别是中国农民的聪明，而且狡诈、听劝、容人、度量大，很快便把天下的志士仁人、战将谋士汇聚在自己的麾下，成了推翻秦朝政权、争霸天下的主力军。

当历史走到项羽、刘邦出面以后，陈胜的英雄使命，就要完结了。他从起义、称王，到死，只有短短六个月时间。

但不可否认的是，是陈胜、吴广在大泽乡点燃了推翻秦王朝残暴统治的星星之火，这一伟大历史功绩，任何人都不可替代！

“气短”注定功不成

陈胜这个英雄，气短！

气，即气度、气场、气势；短，即胸襟狭隘、目光短浅、学识孤陋。英雄气短的结局，即是英雄的大举措，最终成不了大事业。

让我们循着司马迁的刀笔，看看陈胜起义后短短半年的一些作为吧。

陈胜率领起义军，从大泽乡一路攻来，攻下陈县后，他的部将和陈县的一些大佬，纷纷请求陈胜当楚王。陈胜怦然心动，征求张耳、陈余的意见。

张耳、陈余是魏国人，因为贤能，魏国灭亡后，秦王朝特地悬赏重金，捉拿他二人，他二人改名换姓，逃到陈县隐居。陈胜起义后，他俩汇聚到陈胜的麾下，很受陈胜敬重。当陈胜征求他俩的意见时，他们说：“夫秦为无道，破人国家，灭人社稷，绝人后世，罢百姓之力，尽百姓之财。将军瞋目张胆，出万死不顾一生之计，为天下除残也。今始至陈而王之，示天下私。愿将军毋王，急引兵而西，遣人立六国后，自为树党，为秦益敌也。敌多则力分，与众则兵强。如此野无交兵，县无守城，诛暴秦，据咸阳以令诸侯。诸侯亡而得立，以德服之，如此则帝业成矣。今独王陈，恐天下解也。”

张耳、陈余不赞成陈胜称王，而是建议立足长远，并为他规划了建立帝业的路线图，即先把被秦国剿灭的六国立起来，用以牵制分散秦王朝的力量，增强自己发展壮大的势力；而后据咸阳以令诸侯，成就帝业。

虽然张耳、陈余给出的这个称帝路线图未必能实现，但扶植众多的反秦势力，形成全面向秦朝的进攻态势，无疑是陈胜的义军，从小到大、从弱到强的正确路径。

但君王的帽子太诱人了，陈胜这个帮人耕田的雇农，无法抗拒这种诱惑，因而甭说是张耳、陈余了，就是孔子、孟子，说了也是没用的。陈胜急不可耐地把陈王的帽子戴上了。

问题的关键是，陈胜自己称王，却看不得别人称王。在他看来，第一个举起反抗秦王朝大旗的是他，第一个称王的是他，其他人就不能称王，而只能听从他的号令。

这便是狭隘，是看不清事体！

陈胜的义军攻下蕲县后，派符离人葛婴带兵攻打蕲县以东的地方，夺取了大片土地和大小城池。土地广了，城池多了，葛婴便立襄强为楚王，以强化对那一带的管控，不久听说陈胜已经自立为楚王，葛婴便把襄强杀了，并急忙赶到陈县向陈胜报告这一事件的经过，陈胜则毫不犹豫地把葛婴砍了。

葛婴可是来给陈胜表忠心的啊！

陈胜派出的第二路大军，是进攻原赵国，率军的武臣很有智谋，也听劝。范阳人蒯彻建议武臣，在各地纷纷反秦的形势下，不要用武力去攻城略地，也不要诛杀秦政府的官员，而是给各地的县长封侯封爵，让他们乘坐豪华车辆，奔走于燕赵故地，以此树立起一个个活生生的榜样，秦政府在燕赵故地的官员看到后，都会投降归顺。武臣听劝，结果燕赵故地的秦政府官员纷纷响应，一夜之间，有三十多个城池不战而降。

武臣大军抵达邯郸后，张耳、陈余建议武臣称王。陈胜听说后，大发雷霆，打算屠杀武臣家人。陈胜的国务官房臣赶紧劝谏，说：

"秦政府尚未推翻，你却杀武臣的家人，这一杀，便是又杀出一个秦政府。不如顺水推舟，向他祝贺，令他向西进攻秦政府。"陈胜倒是听劝了，但他在派出使臣向武臣表示祝贺的同时，把武臣的家人全部软禁起来；同时以天下第一王的架势，令赵王武臣向西进攻秦政府。

陈胜这么做的意图，武臣会看不出来吗？

张耳、陈余于是建议武臣，不向西进攻秦政府，而是向北夺取燕国故地。这样既可以避开与秦军主力正面交锋，又可以扩大赵国土地，即便将来楚国战胜了秦王朝，它也拿强大的赵国没辙。武臣听劝，派出两路人马，北上攻略燕国故地。

反观武臣，他派出的两路人马中，一路是韩广。韩广率军很快进入燕国腹地，得到燕国人的拥戴。于是，不少燕国的没落贵族和豪杰，纷纷劝韩广自立为王。韩广一开始不干，说他的母亲还在赵国，万万使不得。经大家反复劝说，韩广才自立为燕王。赵王武臣听说后，立马派人把韩广的母亲和家人，体体面面地送到了燕国。

陈胜派出的第四路大军，以周市为将进攻原魏国，一开始进攻顺利，夺了大片土地，但在进攻原齐国时，遭到反击，溃败后退回魏国。周市分析形势后，决定立原魏国宗室的宁陵君魏咎为魏王，而此时的魏咎在陈县。于是，周市派出使节，向陈胜请求，让魏咎回来做魏王。第一次派出使臣，被陈胜拒绝了；第二次派出使臣，又被陈胜拒绝了；第三次派出使臣，还是被陈胜拒绝了。于是，魏王室的遗臣和当地的名士，提议周市为魏王，周市不予接受，接着反复派使臣前去向陈胜请求，直到第五次，陈胜才勉强答应。

天下如此之大，局势如此之乱，陈胜真是看不清呀！

在司马迁的刀笔之下，陈胜不仅不愿看到别人称王，而且对率军的战将，不加爱护，只要打了败仗，便立马诛杀。陈胜还成立了所谓的监军，专事监督各路将领。而这些监军，又不给陈胜出好主意，成了陈胜滥杀无辜的一帮打手。司马迁写道："陈王以朱房为中正，胡武为司过，主司群臣。诸将徇地，至，令之不是者，系而罪之，以苛察为忠。其所不善者，弗下吏，辄自治之。陈王信用之。诸将以其故不亲附，此其所以败也。"说的是，陈胜任命朱房和胡武，负责督察群臣的过失。将领们奉命去攻城略地，每到一个地方，如命令下去稍不听从，就被朱房、胡武马上抓来治罪，以此表达自己对陈胜的忠心。这两个人对自己不喜欢的人，一旦犯了错，不是交给负责司法的官吏去审理，而是自己直接审问定罪。对这两个胡作非为的人，陈胜却很信任他们，导致将领们不再忠心服从陈胜了。司马迁还写道："诸将为陈王徇地，多以谗毁得罪诛。"说的是，很多为陈胜攻城略地的将领，虽立下了汗马功劳，也多被谗言所害，获罪受诛。

而此时的秦王朝，已经派出了战将章邯来迎战义军。章邯是秦二世时最得力的战将，他率领从监狱放出来的犯人，一路从函谷关杀出，所到之处战无不胜。陈胜派出的第五路大军，打到潼关时，号称"百万"大军，可与章邯率领的犯人大军一接战，便全线败退。

恰在这时，被陈胜派往郯城的邓说将军，率军阻止章邯大军的进攻，败下阵来，逃到陈县，同时被章邯击溃逃到陈县的，还有驻守在许地的伍徐将军。面对战败而归的两位将军，陈胜不由分说，一并诛杀。

陈胜派出的第一路大军，由吴广率领，进攻荥阳。荥阳郡守李由，其父是秦朝丞相李斯，他不可能似其他一些郡县长官那样，一看陈胜的义军杀来，便开城门投降，而是率军拼命抵抗，故而荥阳久攻不克。吴广手下的将军田臧，把荥阳久攻不克的原因归咎于吴广不懂指挥作战，他联络几个心腹假造陈胜的命令，直接把吴广杀害了。

当田臧提着吴广的脑袋献给陈胜时，陈胜没有震怒，没有斩杀田臧，而是把丞相的大印交给田臧，令他取代吴广指挥作战。

在大泽乡走投无路的关键时刻，是吴广与陈胜共举义旗，揭竿而起；在陈胜扩充势力范围的打拼中，是吴广率军在一线为陈胜卖命。对于这样的生死兄弟被手下杀害而不感到震怒，且不为之报仇，继而把丞相印信封赏给杀害生死兄弟的凶手，令他坐在吴广的指挥位置当上将军，这，无论如何也不能令人理解！

司马迁还写了一个细节，非常生动，但陈胜作为这个细节的主角，所作所为令人匪夷所思！

陈胜当王后，把陈县作为王都，陈胜的亲戚朋友，纷纷前来投靠。陈胜的岳父也来了，陈胜见到后，不是跪拜相迎，而是抬手作揖，态度十分冷淡。岳父非常生气，说："你倡导叛乱，冒称王号，而对长辈傲慢，绝不能长久！"说罢便气呼呼地走了。

陈胜从前受雇种田的一个伙伴，跑到陈县，拍打着陈胜王宫大门嚷道："我要见陈涉！"

宫门指挥官把这个庄稼汉绑起来治罪，他再三申辩，大讲他与陈胜一块儿受雇耕田的趣事，宫门指挥官认定他是陈胜的故友，便把他放了，但不肯帮他向陈胜通报。

但这个庄稼汉守在宫门外不走，等到陈胜乘坐辇车外出时，他拦路大喊陈胜的名字，陈胜听到后，停车召见，并把他拉上车回到王宫。

一到王宫，庄稼汉看到殿宇高大气派，帷帐层叠，宫中陈设非常豪华，禁不住大叫起来："哎呀呀！伙计，你这宫殿可真大、真豪华啊！"

庄稼汉在陈胜的王宫进进出出，越来越随便，并经常拉着宫里的守卫、卒吏交谈，谈的都是他与陈胜受雇耕田时的一些趣事。鸡毛蒜皮、偷鸡摸狗之类的笑话，与如今当了陈王的陈胜不匹配，有损陈胜的形象。

于是，陈胜身边的臣僚对陈胜说：“你这个客人愚昧无知，在宫里窜来窜去，乱说话，这样下去会破坏你的威严的。”

陈胜于是把这个庄稼汉杀了。

陈胜的故交纷纷离开，陈胜身边再也没有亲近的人了。

陈胜本身就来自这些没有文化、说话粗鲁、衣衫破旧的人群，他的根儿本就扎在他们之中，如今当王了，便嫌弃他们愚昧、粗野，进而对这样的哥们儿也开杀戒，天理不容啊！“苟富贵，勿相忘”这句经典名言，出自陈胜之口，而走向这句名言反面的，竟是陈胜本人。如此巨大的反差，完全是陈胜当王了、富贵了所致。富而忘本、富而忘根、富而绝情、富而蜕变，可以说是陈胜失败、短命的症结所在。陈胜身边的人，之所以不断给他出歪主意，完全是因为陈胜变质后的心理所需。一个曾受雇帮人种田的人，一朝当王便忘情忘本，对穷时的伙计狠下杀手，实乃千古之遗憾！

陈胜从大泽乡起义、称王，到被车夫庄贾杀死，只有六个月时间。

司马迁、贾谊、司马光等史学家、学者，虽对陈胜的义举非常赞赏，但对陈胜本人的评价不高。贾谊写道：秦始皇死后，他的余威还震慑远方蛮夷，可陈涉一个用破瓮做窗、用草绳当门闩的穷家子弟，一个替人打工种田的仆役，一个被发配去屯戍的小卒，他的才性智能还赶不上一个中等人，并没有孔子、墨子的贤明，也没有陶朱和猗顿的财富，地位也赶不上齐、楚、燕、赵、韩、魏、宋、卫、中山国等君主的尊贵，置身于戍卒行列，振臂一呼，带着几百名戍卒，砍下木头做兵器，举起竹竿做旗帜，天下竟像风起云聚一般响应，而秦国就被推翻了。

很显然，贾谊肯定了陈胜大泽乡起义的功绩，但也说到，陈胜的这个功绩淹没在时局变迁之中。

司马迁倒是认为，秦朝的灭亡，是陈胜首先起义促成的。

作为中国历史上第一个率众向统治王朝开战的农民领袖，在当时民不聊生的情况下，陈胜振臂一挥，确有其不可磨灭的历史功绩！

第五章

项羽争雄，恃力行暴

力拔山兮气盖世的项羽，恃力而霸，几乎战无不胜……

自矜功伐，举的是除暴大旗，行的是残暴作恶，走的是举旗的反方向，也就走上了败亡的不归路……

奋其私智，疑神疑鬼，使得项羽成了恃力而霸的孤家寡人……

项羽功成于自矜功伐……

项羽功败于奋其私智……

盖世英雄的恃力而霸

一个人自身有什么，便常会依恃什么。自身有学识的，依恃学识；自身有钱财的，依恃钱财；自身有背景的，依恃背景；自身力大无比的，依恃力量。这似乎是人们下意识中，普遍遵从的立世法则。

项羽名籍，身长八尺，力大无穷，可以双手举鼎，因而他一生恃力，至死不改，号称西楚霸王。

司马光的《资治通鉴》，特地写了项羽被围垓下时，面对死亡仍不忘恃力的细节，写得十分精彩。

刘邦率军把项羽围在垓下的沼泽之中，是夜四野漆黑，凉风阵阵袭来，威风八面的西楚霸王骨子里蹦出一个寒噤。他步出营帐，迎风站立，面对黑沉沉的茫野，任凭猎猎寒风挥舞着长鞭抽打，打得他的灵魂忍不住泣血呻吟。

在项羽灵魂的泣血呻吟之中，他听到了带着浓郁乡情乡调的楚歌。这迂回百转的楚歌，似从汨罗江卷起，越过湘鄂大地，裹着洞庭湖的千年沉积，挟着长江的万古倔强，如泣如诉，与他灵魂的呻吟形成共鸣。这共鸣阴森森地在垓下汇聚起来，把项羽连同他的兵卒团团围住。

不是刘邦率军包围的垓下吗？怎么是楚歌在垓下四周响起呢？

项羽仰天长叹，转身入帐，唤出自己心爱的美人虞姬，任由烛光摇曳，把酒对唱。

项羽唱道：“力拔山兮气盖世，时不利兮骓不逝，骓不逝兮可奈何，虞兮虞兮奈若何？”

虞姬和道：“汉兵已略地，四方楚歌声。大王意气尽，贱妾何聊生！”

月黑风急，英雄美女，面对穷途末路的唱和，苍天垂泪，大地悲怆！

但就是在这种情况下，项羽恃力而霸的英雄本色不改。他翻身上马，带领八百余名兵勇，冲出茫茫夜色，冲垮一层又一层的包围圈，带着一百余名兵勇，硬是从南面杀出一条血路，渡过淮水，到达阴陵了。

再往前走，就可以走出垓下的大沼泽。恰在这时，项羽迷路了，他向路边一个耕田的老者问路，老者抬手指向左边，把项羽指回了垓下的沼泽之地，指向了英雄末路。

刘邦的骑将灌婴率五千骑兵，尾随项羽的逃跑之路紧追不舍。

前面逃，后面追，鲜血一路，尸首一路。

项羽一行逃到沼泽之中喘息的，只剩下二十八骑了。逃跑已至尽头，前头只剩黄泉路了。

就是在这种情况下，项羽仍不放下他恃力而霸的英雄气概。

他如是说：“吾起兵至今八岁矣，身七十余战，所当者破，所击者服，未尝败北，遂霸有天下。然今卒困于此，此天之亡我，非战之罪也。今日固决死，愿为诸君快战，必三胜之，为诸君溃围，斩将，刈旗，令诸君知天亡我，非战之罪也。”

项羽说的是，我起兵以来，至今已八年了，身经七十多次战斗，谁抵挡我，我就击溃谁；我攻击谁，谁就被降服，从来没有失败过，因此我拥有天下而称霸。然而今天，被困在这里，这是上天要亡我，而不是我不会作战之过。眼下固然要死了，但我还是要在死之前，与汉军做一次决战。你们请看吧，下面我将连胜汉军三次，为你们突破重围，斩汉将，砍汉旗！我要以此向你们证明，是天要亡我，而不是我的作战之过！

简直令人难以置信！

面对死亡，西楚霸王项羽竟然如此坦然，如此无畏无惧！此时他想的不是身首分家的悲惨，而是不改的英雄本色！

是啊！他项羽拥兵反秦一路走来，是何等的英武盖世！推翻秦王朝后，主持分封天下，他自封西楚霸王。因为只有那响当当的一个“霸”字，才能囊括他力拔山兮的武勇，才能囊括他气盖世兮的威风，才能展示他转战千里的强悍，以及他那倒转乾坤的大写人生！

在项羽的灵魂深处，刻下了巨鹿之战的英勇。在上将军宋义滞兵数十天不肯出战的关键时刻，是他项羽拔剑斩杀宋义，率军抢渡漳河，沉船砸锅，自绝后路，把自己连同全军将士置于战之不胜则死的绝境，从而在巨鹿九战九胜秦军，把隔岸观战的各诸侯国国君看傻了。待他击败秦军，召见各诸侯国将领时，哪个敢不跪着进帐，哪个敢抬起头看他一眼……

在项羽的灵魂深处，刻下了率军远袭作战的辉煌。汉王刘邦攻克项羽的国都彭城后，自以为有数十万大军护卫，抢夺本属于他项羽的财宝美女，天天饮酒作乐。是他项羽只率三万精兵，长途奔袭，一路斩将夺隘，直下彭城，杀得刘邦的几十万大军无路逃命，纷纷跳入谷水和泗水，刘邦的几十万人马，只有几十个人爬上逃生的岸堤，汉王刘邦就混在那只顾逃命的几十人之中……

在项羽的灵魂深处，刻下了把神射手吓破胆的威风。在与汉军在鸿沟的对峙中，项羽派出将士向龟缩营垒的刘邦挑战，数次出击都被刘邦的神射手楼烦射得翻落下马。是他项羽亲自披甲叫阵，威逼汉营。楼烦刚要挽弓，看见他项羽那双喷火的眼睛，顿时身子像筛糠一样颤抖起来，怎么也拉不开弓了，只好丢下弓箭，逃回帐中，再也不敢露面……

项羽灵魂深处刻下的这些英雄壮举，使得他在临死之前，仍不肯放下他恃力而霸的英雄本色。面对汉军围困万千重，只有二十八个兵卒的项羽，把临死前的搏杀，演绎成连胜汉军三次，斩汉将、砍汉旗的战斗表演，让跟随他的兵卒看个过瘾！他大声喊道："看我为你们斩汉军一将。"说罢驱马飞驰而出，像射出的一支利箭，包围他的汉军，如风吹草偃，纷乱而倒，项羽如探囊取物一般，斩下一员汉将的脑袋。汉王兵卒在将军灌婴的带领下，四面围杀，紧追不舍。项羽看到一员汉将在他后面追得很快，突然勒马回首，怒目大吼一声。这个名叫杨喜的汉将，被项羽这一声怒目大吼，人马俱惊，不能自控，倒退了好几里才勉强停了下来。

项羽问他的兵勇："你们都看到了吧，怎么样？"

退到乌江西岸时，对面就是江东，是项羽的故乡。八年前，他就是从那片土地上，带领八千江东子弟，踏上反秦道路的。八年前从这里出发，八年后退回这里，用八年时间，给自己画了一个人生环路。这个人生环路的闭合处，只剩眼前这条乌江了。

乌江亭长带来一条船，要把项羽接过乌江，完成他人生的闭合。

项羽犹豫，不肯上船。

乌江亭长说："江东虽小，地方足有千里，民众数十万，您也足以为一方之王。"

项羽笑了，他对乌江亭长说："天之亡我，我何渡为！且籍与江东子弟八千人渡江而西，今无一人还，纵江东父兄怜而王我，我何面目见之？纵彼不言，籍独不愧于心乎？"

是啊！天要亡我，我渡过江去又有什么用！况且八年前我带的八千子弟，如今独我一人返乡，我如何面对父老乡亲？即便乡亲们不说什么，难道我不觉得愧对乡亲们吗！

关键是，天要亡我，我在江东为王，汉王刘邦必发重兵围剿，那不把父老乡亲又拖入战争的惨烈之中吗！

此时的项羽，心中只有愧疚，只是觉得对不起战死的八千江东子弟，对不起江东的父老乡亲。他回归天命为自己解脱，不肯再回江东。

项羽深情地抚摸坐骑骓马的面颊，这是他最亲密的战友，只要征战，他便骑在它的背上，日行千里，飞驰征战。五年了，这个从不开口说话的战友，从不懈怠，绝对忠诚。项羽已经决定面对天意，接受死亡，但他不忍心杀它。一番无言的深情告别后，项羽把骓马送给了乌江亭长。

项羽下马，持剑走向围追上来的汉兵。跟随他的兵卒全部战死了，他没有因团团被围而举手投降，他要在临死的最后时刻，写完他恃力而霸的英雄篇章。

他持剑独步，与汹涌而至、轮番而上的汉军搏杀，一个人，一把剑，站在重重包围之中，杀死汉军数百人。搏杀中，项羽突然回首，看到汉骑司马吕马童，项羽问道："你原来不是我的部下吗？"吕马童也是楚人，无颜面对项羽，转过头去，对将军王翳说："这就是项王！"

知道面前的将军是王翳，身上数十处剑伤、刀伤的项羽，也知道自己的人生之路已经走到尽头，于是给王翳送个大礼，他说："吾闻汉购我头千金，邑万户，吾为若德！"说罢，把剑架在脖子上，完成了英雄的圆满谢幕！

西楚霸王项羽，就这样似大山一般，轰然倒下！

司马迁和司马光都用满怀崇敬的刀笔，刻写了项羽被围垓下后，不改的恃力而霸的英雄本色。是啊！在秦汉对决的天下，有哪个英雄能与项羽恃力而比？又有哪个英雄能把恃力而霸的壮举连写八年，写到人生的尽头？项羽是华夏史上的特例，无人能及！

但是，最终改写华夏历史的，不是英雄恃力，而是英雄恃智，英雄恃德！

项梁将项羽带上恃力之道

项梁是楚国名将项燕的儿子。在攻灭六国的征伐中，秦始皇派刚刚把燕国灭亡的大将李信，率军灭楚，是项燕统军迎战，把李信大军打得落荒而逃的。可以说，这是秦始皇在攻灭六国的征伐中，唯一一次被彻底击败。所以项燕名满战国天下，在楚国更是被誉为救世英雄，以致陈胜、吴广在大泽乡起义时，还打着项燕的旗号。

项氏在楚国世代为将，封在项城，因而姓项氏。

项羽是项梁的侄子。史载，项羽年少时，读书不行，改学剑术，还是不行。叔父项梁火了，训斥他不成器，没出息。项羽则说：读书，不过用于记记姓名而已；练剑，不过打败一个人而已。这都不值得去学，值得学的，是用于打败万人的学问。项梁听了大喜，觉得他志向非凡，于是教他兵法。果然，项羽对学习兵法很感兴趣。但落在司马迁刀笔之下的记载则是“略知其意，又不肯竟学”。说的是，项羽虽然很喜欢学习打败万人的兵法，但浅尝辄止，深入钻研不进去。

叔父项梁因罪案牵连，被栎阳县逮捕，左托人右托人，托到蕲县的狱吏曹咎，曹咎又托栎阳县狱掾司马欣，项梁才得以脱罪。出狱不久，项梁又杀人，再托人也不管用了，就带着项羽逃到吴中。在吴中，项梁广交贤士才智，很受大家拥戴，当地的征役和丧葬事宜，都由他主持。项梁很有心计，他把所学的兵法，运用到办理这些事务的实际操作之中，同时用心观察、考察参与这些事的每个人的才能，预做谋大事的人才准备。

秦始皇巡游会稽郡（今江苏省苏州市）时，声势浩大，鸣锣开道，引来很多人观看。项梁和项羽也挤在围观人群之中，项羽看了心生羡慕，脱口即说："我可以取代他！"项梁一听吓坏了，赶紧捂着他的口说："不要胡说，这可是要灭族的啊！"但项梁对项羽进一步抱有期待，觉得他这个侄子有志向，将来能成大事。关中的子弟也都畏惧项羽，觉得他气度非凡，才气超人，加之能双手举起大鼎，纷纷归附于他。

陈胜在大泽乡举起义旗后，天下群起响应。会稽郡守殷通，也打算起兵响应，于是找到项梁，说出了自己的谋划，并打算任命项梁和桓楚为将。桓楚也是吴中一带声名显赫的人物，与项梁叔侄多有交往，而此时他没在，于是项梁对殷通说，只有项羽能找到桓楚。

既然只有项羽才能找到桓楚，那就叫项羽进来给殷通说说吧。项梁出去，唤项羽进来，耳提面命了一番。项羽进到郡守府，二话不说，拔出剑来砍下殷通的头，并把殷通身上的郡守印绶，戴到了自己身上。郡守府上的人全看傻了，纷纷拔出剑来，与项羽搏杀，项羽则亮出自己恃力的绝招，一口气斩杀了百余人，杀得来不及逃命的纷纷跪地求饶。

项梁于是把当地的官吏、豪强，以及才智之士召来，其中大部分是他在主持征役、丧葬事务中，运用兵法推演，在各个环节显露头角的人士。项梁跟大家讲了一番除暴安民的道理，举起了反秦抗暴的大旗，得到大家一致拥护。

在这里，司马迁特地写了一个细节，是这样的：

项梁"使人收下县，得精兵八千人。梁部署吴中豪杰为校尉、候、司马。有一人不得用，自言于梁。梁曰：'前时某丧使公主某事，不能办，以此不任用公。'众乃皆伏。于是梁为会稽守，籍为裨将，徇下县"。

这个细节说的是：项梁杀了郡守殷通后，自任会稽郡守，派人接收了吴郡所属各县，共得精兵八千。给部下封官行赏，不少人戴上了校尉、军候、司马等官帽。有一个人没有分得官帽，这个人便去找项梁要，项梁对他说："前些日子有一件丧事，委派你主持一项事务，你没有做好，所以不能任用你。"项梁这么做，大家都很服气。

这个细节说明，项梁逃到吴中以后，早就在做反叛秦王朝的准备。他广交当地豪强、才智之士，利用主持征兵服役和给人办丧事的机会，把排兵布阵的战法用上了，同时考察主持各环节事务人员的才智能力。这个没有得到封赏的人，是项梁经过考察，认为是不堪重用之人，所以没有给他官做。

这个细节还说明，吴中郡守殷通，反秦要被项梁所杀，不反秦也要被杀。因为起义反秦得有地盘，吴中这个地盘，是项梁早就瞄上的地盘；还因为，项梁起义仅有地盘是不够的，还得戴一顶义军首领的官帽，郡守殷通的脑袋不落地，项梁就坐不到郡守的位置。

司马迁真可谓文字高手，他用这样一个细节，巧妙地告诉读者，郡守殷通和项梁，同打一面反秦的旗帜，目标完全一致，但看似一致的目标背后，其所要谋取的利益是大不同的！

项梁就这样，将项羽带上了反秦的恃力之道。

巨鹿之战大显英雄本色

陈胜的振臂一呼，呼出了天下对秦王朝的群殴，关键时刻，秦王朝站出一员悍将，叫章邯，是他用连战连捷为风雨飘摇的秦王朝挽回了一线生机。

章邯是秦政府负责建筑施工的一个官员，带着数十万役工，在骊山修陵墓。在反秦大旗飘扬各地的情况下，章邯给秦二世胡亥提建议：赦免因判刑在骊山服劳役的役工，发给他们兵器，由他统领，开赴前线，平息暴乱。

司马光写道：章邯率领的这支杂牌军，一出山便把陈胜派出的第五路大军打得落花流水，领军大将周文一败再败，败得无力再战时，自刎而死。接下来，章邯打败了吴广统领的主力军，吴广被手下杀害；又打败坚守郯城的邓说大军，邓说被陈胜处死；又打败坚守许城的伍徐大军，伍徐战死；又攻下陈胜的国都陈县，上柱国房君战死；又转战陈县西面围剿张贺所率大军，陈胜亲自上阵督战，仍是全线溃败，张贺战死；陈胜在败逃的路上，被车夫庄贾杀害。至此，陈胜率领的各路起义大军，基本上都被章邯消灭。在陈胜这面旗帜下，纷纷占地称王的其他义军，没有人站出来反秦扛旗了。

项梁瞅准机会，悄悄站上了反秦扛旗的高地。

陈胜死后，凌县人秦嘉等人，立楚国的王族后裔景驹为楚王，把陈胜的残部收集起来，被章邯打得落花流水。项梁一看机会来了，率军攻打刚被章邯打败的景驹，景驹的大将秦嘉率军迎战，仅一天便战死了，景驹的军队全部被项梁收归。

军队壮大了，项梁对楚王这个名号有想法了。这时七十岁的老汉范增找上门来了，他对项梁说："陈胜起义，不立楚国后人而自立为王，结果很快亡了。你项家世代为楚将，你在江东一举义旗，楚国将士犹如群蜂飞起而响应。现在大家想的是，你不会自立为楚王，而会从楚王室的后人中，立一个楚王。这可是民心所向啊！"项梁一听，是这么个理儿，于是到处寻找楚怀王的后裔。楚怀王有个孙子叫芈心，此时正流落民间，给人放羊。项梁把芈心推到楚王的位置，实际是个摆设，官员的任命全出自项梁。

这之后的楚军，便不断壮大，越战越强了。项梁大军进攻亢父，救援东阿，击溃东阿的秦军之后，又攻下了城阳，把坚守濮阳的秦军击溃，又率军打到定陶，攻取秦地至雍丘，大破秦军，将秦国大将李由斩杀。

一连串的胜利，不仅使得楚军声威大震，而且使得项梁飘飘然起来，觉得章邯率领的秦军不过如此，不经打。

宋义看出来了，他对项梁说："战胜而将骄卒惰者败。今卒少惰矣，秦兵日益，臣为君畏之。"将军骄傲，士兵怠惰，骄兵必败嘛！

此时的项梁，已经听不进骄兵必败之类的劝谏了。

宋义告别项梁出使齐国，路上遇到齐国派往楚国的使节高陵君，他问高陵君去干什么，高陵君说去楚国见武信君项梁，宋义对他说："臣论武信君军必败。公徐行即免死，疾行则及祸。"说的是：依我的推断，武信君必然兵败。你高陵君如果慢点走，可以避免被杀；如果走得快，就一定有杀身之祸。

果真如宋义推断的那样，秦军大举反攻定陶，把项梁大军杀得惨败，项梁也战死了。

刚刚举起的楚军反秦大旗，经此一战，又偃旗息鼓了。

风水轮流转，这回轮到章邯了。他在一举击败项梁大军后，也骄傲起来，认为楚军不过如此，不经打。

章邯没有乘胜前进，把楚军残部一网打尽，而是引兵北渡黄河，攻打赵国。赵国倒是被他一打就溃，赵王赵歇带着丞相张耳、大将陈余退守巨鹿城。本该发起强攻，一举将赵国灭掉，可章邯却调整战略，派部将王离领兵围住巨鹿，自己则离开主战场，在巨鹿之南修路运粮草，致使巨鹿攻不下来，双方形成了对峙。

这时楚王芈心来到彭城，齐国使节高陵君也到了，高陵君是听了宋义的劝告，慢慢走才保住脑袋的。他对楚王说："我在路上碰到宋义，他推断项梁必败，没过几天，果然败了。双方尚未开战，宋义就推断出了交战的结果，这可真是懂得用兵的人啊！"

楚王一听，立马召见宋义，一张嘴把上将军安到了他的头上，同时任命项羽为鲁公，为次将，范增为末将，令他们发兵救赵。宋义号称卿子冠军，军队里的各级将官，全由他任命。

卿子冠军宋义，率楚军浩浩荡荡开赴赵国，走到安阳时，停下了，且这一停，便是四十六天。不知道宋义这究竟是个什么战役谋划，从将军到士兵都等得很焦急。

次将项羽等得不耐烦了，便找宋义，说："秦军围了巨鹿，我们应从外围发起进攻，赵军必然在巨鹿城响应，这样内外夹攻，就可以打败秦兵了！"

宋义一张嘴把项羽拒之千里，他说："不然。夫搏牛之虻不可以破虮虱。今秦攻赵，战胜则兵罢，我承其敝；不胜，则我引兵鼓行而西，必举秦矣。故不如先斗秦赵。夫被坚执锐，义不如公；坐而运策，公不如义。"

宋义上将军的派头十足，口气很大。他对项羽说的是：叮咬牛的牛虻是不会去消灭小虱子的，我志在大，不在小。现秦军合围赵国，如秦胜，秦一定疲惫不堪，我们即可趁此破秦；如秦兵不胜，我们就直引大兵，擂鼓长驱西向，必定击败秦兵。所以先让秦赵相斗，我们等着看就是了。宋义这套坐山观虎斗的战法理论，虽不乏道理，但时势各异，运用到巨鹿之战未必恰当。假设赵国眼看无人来救，率众投降呢，还有秦军疲惫不堪一说吗？你还有什么本钱擂鼓长驱西向？

尤其是最后那几句专门说给项羽听的话，更是居高临下，自恃高项羽一等。他说的是，要论披甲胄，执兵器，冲锋陷阵，我宋义不如你；但要论运筹帷幄，你项羽就不如我了。

不仅如此，待项羽从宋义那里出来后，宋义便颁布军令："猛如虎，很如羊，贪如狼，强不可使者，皆斩之。"显然，这条军令是单给项羽颁的。威猛如虎，执拗如羊，性贪如狼，倔强而不听指挥的人，统统斩首！这不就是专指他项羽吗？

项羽心里憋着的那股怒火，被宋义这番教导和军令，瞬间点爆了。如今的楚王都是他叔父项梁从穷乡僻壤找来扶上君位的，项家带出的八千子弟，拼战场，抢地盘，造声势，才有了楚国今天的局面。你一个从未披甲持剑上过战场的人，坐在上将军的位置上，在我项羽头上作威作福，拉屎拉尿，这样的窝囊气，叫人如何咽得下嘛！

此时的宋义派他的儿子宋襄去齐国为丞相，他脱离帅位，亲自把儿子送到无盐，并在那里大摆宴席，大宴宾客。

而次将项羽和楚军，被大雨淋得瑟瑟发抖，又饥又饿，啃芋头，吃蔬菜。在宋义回到安阳大营时，项羽则冒雨站到楚军面前，毫不客气地驳斥宋义坐山观虎斗那套理论，揭露宋义送儿子去齐国大宴宾客的奢侈，告诫将士们，国家安危，在此一举！

此一举，就是项羽进到宋义帐内，拔剑砍下宋义的脑袋，派人追到齐地杀了宋义的儿子宋襄。而后统领全部楚军北渡漳河，过河之后，把船砸毁沉入水中，把做饭的锅碗全部砸碎，把房屋全部放火烧掉，全军只保留三天的粮食。以此告诉楚军将士，没有退路，唯一的生路，就是拼死搏斗，打败秦军，在夺得胜利中寻求生路。

项羽率军一渡过漳河，齐国、韩国、燕国等起义国的兵马也都出发，前来救援赵国。但各国大军筑营观战，谁也没有拨出一兵一卒前去参战。

展现在观战大军面前的，是项羽率领的楚军，先是向王离所部发起猛攻，九次接战，楚军九捷，不仅把秦军打得四散溃逃，而且秦军的粮草通道，也被楚军掐断；接着进攻秦将苏角统领的秦军，秦军又被打得四散溃逃，统兵大将王离还被生擒。尤其令观战大军看傻眼的，是楚军士卒一往无前的搏杀斗志，他们无惧战马飞踏，无惧箭雨飞驰，哪里有秦军抵抗，他们就像饿狼一样扑向那里，冲杀此起彼伏，呼喊叱咤，声震天地，以一当十，杀得尸横遍野，血流成河。

巨鹿之战，以项羽统领的楚军完胜而宣告结束！

战后，项羽召见前来救赵的各起义国的王侯、将领，项羽高坐台上，目视前方，辕门洞开，接受召见的各国王侯、将领，一个个在门口就跪下，爬着进来，没有一个人敢抬头看一眼高高在上的项羽。

巨鹿之战，是秦王朝从此走向倾覆的关键一战，也是西楚霸王项羽恃力扬名的一战，在此后的秦王朝天下，无论分封还是平息反叛，就全看项羽的恃力而为了。

除暴却行暴的变异

项梁带项羽出来，反秦起义，所打的旗号是什么，是除暴。秦王朝不施仁政，专制暴戾，视民众为草芥，想杀就杀，想剐就剐，以致在骊山修墓的七十余万人，都是受刑罚的囚徒，咸阳大街上行走的人，十有六七是受过刑罚的人，每天被杀的人，在咸阳街头堆成小山。如此专制暴戾的秦王朝，民众没有别的生路可走，唯有起义造反。所以，陈胜在大泽乡振臂一呼，天下群起响应。

除暴，是民心所向！

各路义军，唯有将除暴这面大旗一打到底，才能最终取得胜利。

但是，项羽打的这面大旗，只是打旗最初时的一个口号，一种象征，甚至只是一种装饰，他所依恃的，还是自身这股子蛮力，在反秦的道路上抬腿一走，便走向了除暴的反面，变异为恃力而行暴。

让我们循着司马迁的《项羽本纪》，一点一点梳理，看看项羽是如何除暴却行暴的吧！

项羽在起义之前杀会稽郡守殷通，巨鹿之战杀上将军宋义，我们且不将其视作恃力而行暴的变异，因为当时的情况特殊，是出于全局考量的需要。我们要看的，只是司马迁刀笔之下项羽恃力而行暴的变异。

景驹立为楚王后，项梁心里不舒服，派兵攻打，打败景驹后，引兵入薛，派项羽去攻打襄城。司马迁写道：“项梁前使项羽别攻襄城，襄城坚守不下。已拔，皆坑之。”说的是，襄城久攻不克，攻克后，“皆坑之”。这“皆”字，说的就不只是抵抗项羽进攻的军人，被坑杀的还包括襄城无辜的全城百姓。把襄城百姓不分男女老幼全部挖坑活埋，这是作何道理？

再往下看。

项梁统兵进攻亢父，与齐国的田荣、司马龙且统领的齐军会合，在东阿一举击溃秦军，乘胜追击时，齐国不参与了，项梁数度派人催促，田荣就是不答应。在这种情况下，项梁调整部署，派刘邦、项羽统兵攻打阳城，攻下阳城后，“屠之”。这里的“屠之”，不知是将防守阳城的守军“屠之”，还是将守军和全城男女老幼全部“屠之”。但不管是哪种“屠之”，杀了不少人是铁定的，这又是作何道理呢？

再往下看。

巨鹿之战后，战场态势发生逆转，章邯率秦军驻守棘原，项羽率联军驻扎漳南，双方形成了战略对峙。但秦军士气低下，尚未开战便自行退却。恰在这时，秦二世胡亥接连派出使节，对章邯进行责备。章邯恐惧，派长史司马欣赴咸阳请求增派兵力，以期扭转战局。司马欣到达咸阳后，被丞相赵高挡在司马门，不让他晋见二世皇帝。在司马门等了三天后，司马欣害怕了，不辞而别，赶紧逃跑。他料定赵高不会放过他，没敢走原路返回，而是走了一条小道。果然，赵高在司马欣走后，火速派人追杀，未能得逞，司马欣逃回棘原，对章邯说：“赵高谄杀丞相李斯，自己当丞相了，他大权独揽，嫉贤妒能，我们如果作战取胜，他会嫉妒我们的功劳；不能取胜，免不了一死。”恰在这时，赵国的陈余也派人给章邯送信来了，他深刻分析了白起功高赐死、蒙恬戍边被杀的情况，深刻指出，赵高谄谀日久，在国事甚急的情况下，担心二世皇帝杀他，故用诛杀将军大臣，来避免皇帝对他的谴责。因此，你章邯统军在外作战，有功要被诛，无功也要被诛，不如转而反秦，还能谋个荣华富贵。章邯犹豫，但还是暗中派出使节，与项羽商量联手反秦事宜。项羽不理他那一套，连夜发兵进攻漳北，大破秦军于污水之上。在这种情况下，章邯降低身段，决定向项羽投降。

项羽把章邯投降过来的秦军全部纳入麾下，大手一挥，向西进发，攻打咸阳。这一走，走出大麻烦了。

在项羽统领的各起义国大军中，不少人起义前在秦中一带做过役卒，受过秦国吏卒的凌辱。面对章邯投降过来的秦卒，他们便以凌辱进行报复。秦军吏卒不堪忍受，私下里抱怨说："章邯骗我们了，我们这一走，如能攻下咸阳还好说，如攻不下咸阳，撤回关内，秦政府必对我们住在咸阳的父母妻儿痛下杀手，要那样可就惨了。"听到秦军吏卒的这些议论后，项羽想的是：如果到了关中，这些人不听我的命令，要坏大事。于是他下达命令：只让统领秦军的章邯、长史司马欣、都尉董翳随大军入秦，其余的全部坑杀。

于是，在新安城南挖坑，将章邯投降过来的二十余万吏卒，全部推进土坑活埋了。

二十余万活人呀！在他们的身后，哪个不是聚焦着父母、妻儿期盼团聚的目光呢？白起长平之战，坑杀赵国四十余万降卒，引起天下一片咒骂的事，项羽难道没听说过吗？为什么在除暴抗秦的半路上，却重蹈白起的覆辙，实行这种天怒地怨人恨的暴戾呢？如此往前走，不是又走出一个秦始皇、秦二世吗？处于水深火热之中的天下民众，期盼变天换帝，怎么会希望你项羽这样恃力而暴的人当皇帝呢！

项羽浑身蛮力，恃力而暴，杀人不眨眼，即便想收手都收不住。

再往下看。

司马迁载："项羽引兵西屠咸阳，杀秦降王子婴，烧秦宫室，火三月不灭。收其货宝妇女而东。"说的是，项羽引兵西进，屠杀咸阳军民，杀了已经投降的秦王子婴，烧了秦王朝的宫殿，大火烧了三个月不灭。收取了秦宫的财宝，掳走了秦宫的女人。项羽如何在咸阳作恶行暴的，司马迁没有详细记载，但给人的想象是，除了秦王宫的宫女被项羽掳走外，其余的兵卒、民众、男女老幼，全被项羽在“屠咸阳”中给屠了。不仅如此，项羽还抢走了秦王宫的财宝，烧毁了连同阿房宫在内的所有宫殿，熊熊大火连烧了三个月都不能熄灭。

再往下看。

项羽自封西楚霸王，主持天下分封，自己是王，却分封了十八个王，过足了君临天下的瘾。但力不服人，威也不服人，没过多久，被项羽戴上国王帽子的国王们，纷纷反了。公元前205年，项羽对反了的齐国发起进攻。司马迁载：“项羽遂北至城阳，田荣亦将兵会战，田荣不胜，走至平原，平原民杀之。遂北烧夷齐城郭室屋，皆坑田荣降卒，系虏其老弱妇女。徇齐至北海，多所残灭，齐人相聚而叛之。”说的是，项羽率军至城阳，打败了田荣，向北追击齐兵，烧毁齐国各城郭房屋，把田荣的降卒全部坑杀，虏获齐国的老弱妇女，并发兵攻至北海，所到之处残杀毁灭。激起齐人万分愤怒，相聚反楚。这个记载，延续了项羽的恃力而暴，把降卒全部挖坑活埋，所到之处烧杀抢掠，城郭夷为平地，无异于烧光、杀光、抢光的“三光”暴行。

再往下看。

公元前203年，项羽的心腹大将司马龙且战败被杀，山东巨野起义的彭越，率军攻下梁地，断绝了楚军的运粮通道。项羽令海春侯曹咎坚守成皋，自己统兵向西，攻打陈留、外黄。司马迁载：“外黄不下。数日，已降，项王怒，悉令男子年十五已上诣城东，欲坑之。”说的是，外黄坚守，数日攻打不下，最后守军不支而投降。项羽甚为愤怒，下令外黄十五岁以上的男子，全部到城东集合，他在那里挖了大坑，要将他们全部活埋。

幸亏外黄县一个只有十三岁的小男孩，关键时刻拜会项羽，对他说："彭越占领外黄，大家害怕才投降彭越，等着您的到来。您来了，却要坑杀外黄十五岁以上的男人。您这一坑杀，梁地十几个城池，都会全力抵抗，再没有不战而降的了。"这回项羽听劝，觉得有道理，才作罢。

十三岁的少年救了外黄男人的命。

战争是残酷的，攻防掠夺，死人伤人难免，这是战争认可的规律。但如果把杀人伤人的行为扩展到战场之外，则有违战争道义，是人们普遍反对的战争罪行。在司马迁的刀笔之下，西楚霸王项羽，总是在战争结束之后，在战场之外，用"屠""坑"，杀害成千上万已经放下武器的人，或没有参与战争的普通民众，这是为什么呢?

我们去看司马迁笔下的一个细节。

沛县人王陵，在陈胜振臂一呼后，聚集数千党羽，盘踞南阳，后归降刘邦。项羽到达南阳后，抓住王陵的母亲，囚入军营，以此迫使王陵来降。王陵得知后，赶快派使节与项羽交涉。使节到时，项羽叫人把王陵的母亲，安置在最尊贵的东面上位，并当着王母的面，与使节交谈。使节走时，向王母辞别，王母流着泪说："你代我传话给我儿，好好效忠刘邦。刘邦是一位忠厚长者，终有一天统一天下，切不可因老娘的缘故，三心二意。"说罢，王母拔剑自杀，以此叫王陵断了投奔项羽的念头。

项羽听说后疯了，架起烧滚的大锅，将王陵母亲的尸体煮烂。

项羽至死不明白，为什么像王母这样的老太太，不肯向他西楚霸王屈服呢?

王母一句话说清楚了，终将统一天下的，是忠厚长者刘邦。

忠厚，是一个人的秉性；忠厚，恃仁不恃力；忠厚，排斥暴力!

鸿门宴的历史拐点

在项羽发起巨鹿之战时，刘邦带着起义队伍向咸阳进发。

楚王芈心与诸将领约定，先攻入关中的，封王。

这个约定，是带有激励性的。因为当时秦军战斗力很强，特别是战将章邯，率军打出函谷关后，如入无人之境，几乎将遇到的所有对手，都打得溃不成军。所以，进攻咸阳，起义军中没有什么将领愿去。

然而项羽愿去，他的叔父项梁，就是被秦军打败后力战身死的，他想去报这个仇。

可楚王不同意，他认为项羽彪悍残暴，襄城一战，把全城的男女老少全部坑杀，几乎无一人幸免，把攻下的所有城池，全部毁灭。他担心派项羽这一路攻打过去，杀得一路城毁人亡，会受天下指责。于是决定派年高德劭的沛公刘邦，用仁义作号召，一路向西收揽人心，攻占咸阳。

项羽很不满意，只好跟上将军宋义去救援赵国。

刘邦是否满意，不得而知。他集结项梁、陈胜的溃兵，从砀邑出发，一直向西，攻打秦军，一路顺风顺水，至公元前206年冬天，便挺军灞上了。秦王子婴乘坐白马拉的丧车，脖子上套着绳索，拿着皇帝用的各种印信，包括“玺”“符”“节”，在咸阳西北的轵道亭，向刘邦投降。

项羽在巨鹿之战中击溃秦军后，率领各路大军，浩浩荡荡地也向咸阳开来了，一路未遇任何抵抗，很快就到了函谷关。项羽在大军开来的同时，封秦朝降将章邯为雍王。楚王不是约定，先攻入关中者为王吗？怎么不封刘邦而封章邯呢？此时重兵在手、声威正盛的项羽，压根儿就不理楚王的约定。

函谷关关门紧闭，并有刘邦的军队驻守，把项羽气爆了，他下令英布强攻，很快就拿下函谷关，并将大军移师戏水，准备拿先行入关的刘邦开刀。

刘邦率军十万扎营灞上，项羽率军四十万扎营骊邑鸿门坂，双方对峙，硝烟味极浓，大战一触即发。

恰在这时，刘邦的左司马曹无伤，秘密派人向项羽报告，说刘邦打算在关中称王，让投降的秦王子婴当丞相，金银财宝全部搜刮完了。

曹无伤的这一密报，虽然是作为他投靠项羽的筹码而编造的，但却极大地激发了项羽的斗志，他下令军队：第二天吃完早饭，就向刘邦发起强攻。

也恰在这时，范增来找项羽，他说："刘邦贪财好色，进了咸阳却对财宝不再夺取，对美女也视而不见。由此看来，他的志向很大。我叫人望气，发现刘邦的上空呈龙虎五彩的景象。这可是天子之气，千万不可怠慢，赶快发起攻击，将其消灭。"

历史在这里出现了一个拐点。

听到项羽第二天一早向刘邦发起进攻的消息后，项羽的叔父项伯，连夜骑马往灞上跑，他是去找张良的，他知道刘邦顶不住项羽的进攻，只要一开战，刘邦不仅必败无疑，甚至是灭顶之灾。因此他要通知张良，叫他连夜逃跑，不要随刘邦丧命。

项伯很讲交情，他曾杀人犯下死罪，是张良设法救的他。眼看张良也要丧命了，他连夜赶来相救。

张良也很讲交情，他是韩王派来送刘邦入关的，生死关头自顾逃命，丢下刘邦不管，觉得不够义气。于是，赶紧向刘邦报告。

刘邦吓坏了，不知如何是好。

张良问刘邦："你估计一下，我们的军队能不能抵挡项羽的进攻？"

刘邦说："当然抵挡不了！但事已如此，你说我们该如何办？"

张良说："这事只有你自己向项伯说明，强调你不敢背叛项羽。"

刘邦答应，并决定以兄长之礼接待项伯。

见到项伯后，刘邦"奉卮酒为寿，约为婚姻，曰：'吾入关，秋毫不敢有所近，籍吏民，封府库，而待将军。所以遣将守关者，备他盗之出入与非常也。日夜望将军至，岂敢反乎！愿伯具言臣之不敢倍德也。'"。说的是，刘邦端着酒杯敬项伯酒，并约为儿女亲家。说我入关以后，秋毫未犯，吏民都造册存籍，府库公产都加封，专为等待将军来接收。之所以派遣将士守住函谷关，是为了防备其他的盗贼窜入，害怕有意外的变故。我守在这里，日夜盼望将军到来，怎敢反叛呢？千万请项伯兄向将军进言，详细说明我刘邦之心，我刘邦不敢背德，绝无二心！

可以想见，此时的刘邦，从形态、做派到说话的口气，都十分诚恳、谦卑。

项伯被刘邦说得信服了，于是提醒刘邦：明天一大早，你就去向项羽解释清楚。而后告别刘邦、张良，连夜骑马赶回鸿门坂，做项羽的工作，说要不是刘邦率先攻破咸阳，我们就不可能长驱直入。刘邦破咸阳立了大功，我们却去攻击人家，这是不义的行为，我们应该善待他才是。

项羽应承。

这一应承，历史的拐点也就出现了。

第二天一大早，刘邦带随从百余骑，来到鸿门坂，向项羽谢罪，说："臣与将军勠力而攻秦，将军战河北，臣战河南，然不自意能先入关破秦，得复见将军于此。今者有小人之言，令将军与臣有郤。"说的是，与项羽合力攻秦，没想到能先入关破秦，却遭小人挑拨，使我们之间产生嫌隙。

当然，刘邦跟项伯说的那套"秋毫不敢有所近，籍吏民，封府库，而待将军"之类的话，刘邦不会不说，项伯夜见项羽时，肯定也说了，只是司马光的笔端没有重复记载。所以听了刘邦的这番说辞后，项羽放松警惕，告诉刘邦，是你的左司马曹无伤向我告密的。

项羽放松了警惕，也就放下了诛杀刘邦的心思，于是，请刘邦喝酒。

座席是这样安排的，项羽和项伯向东而坐，范增面南，刘邦面北，张良面西。刚一举杯，范增就向项羽使眼色，叫他杀了刘邦，项羽没搭理。范增于是举起所佩戴的玉玦，做杀状示意项羽，连做了三次，项羽还是不搭理。范增急了，于是离开座位，召来项伯的堂弟项庄，对他说："君王为人不忍。若入前为寿，寿毕，请以剑舞，因击沛公于坐，杀之。不者，若属皆且为所虏。"说的是，项羽心肠太软，你去向刘邦敬酒，敬完酒请为他舞剑，乘机把他杀了。要不然的话，我们都会成为他的俘虏。

项庄按范增的授意，向刘邦敬酒，并提出舞剑助兴，得到项羽同意后，项庄便舞起剑来。项伯看出了项庄的意图，也拔出剑来，与项庄共舞。每到项庄有意转到刘邦面前时，项伯便用身体拦着，使得项庄无从下手。

张良一看情形不对，急忙起身出帐，把在军门外等候的樊哙找来，叫他持剑进帐，保护刘邦。

司马迁写道："哙即带剑拥盾入军门。交戟之卫士欲止不内，樊哙侧其盾以撞，卫士仆地，哙遂入，披帷西向立，瞋目视项王，头发上指，目眦尽裂。"说的是，樊哙持剑进帐，卫士不让进，他把卫士冲倒在地。进去之后，面对项羽站立，直视项羽，头上的头发都竖起来了，眼角开裂，眼珠子像要蹦出来一样。

樊哙的这副模样，往项羽面前一站，项羽也大吃一惊，喝问来者何人。得知是刘邦的侍卫后，赐他一大碗酒，樊哙端起来一饮而尽。项羽又赐他一条猪腿，项羽的手下竟然给上了一条生猪腿。樊哙二话不说，拿剑把猪腿肉切下来，生的嚼不烂，便一块块生吞。

樊哙的这一吃法，把项羽惊呆了。他是那种力拔山兮气盖世的英雄，见到眼前的樊哙如此豪气，不禁赞叹：真是个壮士啊！于是问他还能不能喝酒，樊哙答道："我连死都不怕，还怕再喝一碗酒吗？"

借着这碗酒下肚，樊哙大声说道："夫秦王有虎狼之心，杀人如不能举，刑人如恐不胜，天下皆叛之。怀王与诸将约曰'先破秦入咸阳者王之'。今沛公先破秦入咸阳，毫毛不敢有所近，封闭宫室，还军霸上，以待大王来。故遣将守关者，备他盗出入与非常也。劳苦而功高如此，未有封侯之赏，而听细说，欲诛有功之人。此亡秦之续耳，窃为大王不取也。"

樊哙借着酒劲，壮着酒胆，当着项羽的诸多大将谋臣，说得项羽无言以对。

这酒再喝下去，还不知会喝出什么事来，刘邦于是以上厕所为由，招呼樊哙一同出帐。久去不回，项羽便使陈平去叫。刘邦还在帐外磨蹭，他想向项羽告辞后再走，陈平劝他："大行不顾细谨，大礼不辞小让。如今人方为刀俎，我为鱼肉，何辞为。"刘邦听劝，留下白璧一对，送给项羽，玉斗一双，送给范增，叫张良进帐跟项羽解释，自己则骑匹快马，樊哙、夏侯婴、靳强、纪信四人持剑跟随，往灞上逃去。刘邦心挺细，他嘱咐陈平："我从小路走，估计我快到军营了，你再去报告项羽。"

陈平估摸着时间，进到帐里，对项羽说："刘邦不胜酒力，喝多了，不能进帐来告辞，谨叫我代为辞谢，并将白璧和玉斗分别奉上。"

项羽收下白璧，范增则把玉斗扔到地上，拔剑将玉斗击碎，愤恨不平，叹息着说："唉！竖子不足与谋。夺项王天下者，必沛公也，吾属今为之虏矣。"

范增也是气坏了，当着陈平还有在场的将领谋士，说项羽这个竖子，不能与他共谋天下。在这里，司马光没有记载项羽听了这话的态度、表情，可以想见，西楚霸王不爱听！

刘邦回到灞上以后，气喘吁吁，便下令把告密的左司马曹无伤斩了。

鸿门宴，是历史的一个拐点。若从天意解释，那只能算作刘邦这个汉朝开国皇帝的一个插曲，但从当时的实际情况看，就不似天意的解释那般轻松了，而是万分危急，命悬一线！这个历史拐点的主角，不是项羽、刘邦，而是项伯、张良。

项伯是项羽的叔父，毫无疑问，在项羽和刘邦谁当皇帝的选择中，他会一屁股坐在项羽一边，绝不会向着刘邦。

张良在韩国为臣，只是在刘邦率军西进时，被韩王派来护送刘邦的。显然，他如果做天下谁当皇帝的选择，毫无疑问会选择刘邦。

在各为其主上，项伯和张良是尖锐对立的。可他俩因为友谊，因为义气，在鸿门宴的关键节点上，将历史的发展轨道，共同扳向了刘邦。

项羽的奋其私智

鸿门宴之后，项羽率各路大军进驻咸阳，屠军民、抢财宝、掳宫女、烧宫殿，延续他一贯的做法，杀人抢掠掳女屠城。

由此可以断定，项羽是一个胸无大志之人，其智慧是狭隘的，看不远，也悟不透。

这一点，在项羽分封天下时，得到了印证。

项羽在分封天下之前，向楚王请示，不让率先攻下咸阳的刘邦当汉王，楚王的态度是“如约”，即遵守承诺。这一来把项羽气坏了，他对将领们说：“芈心这家伙，是我们项家捧起来的，他并没什么功劳，却敢乱说话。”于是项羽把楚王推到“义帝”的虚位，并下令他迁到湖南郴县，一年后，干脆派人把他杀了。

最难分封的，当然是刘邦。按楚王当初的约定，刘邦应在关中封为汉王。但“关中阻山河四塞，地肥饶”，进，出函谷关可横扫天下；退，把函谷关大门一闭，千军万马都难以攻破。这么一个战略要地分封给刘邦，项羽舍不得。于是，项羽与范增密谋，以巴蜀也是汉中为由，把刘邦分封到巴蜀。四川、重庆山重水复，当时荒芜一片，进出要走栈道，大军根本就无法通行。把刘邦分封到巴蜀，无异于把他封锁在秦岭之南。项羽同时把章邯封为雍王，辖秦故都咸阳以西土地；把司马欣封为塞王，辖咸阳以东直到黄河的土地；封董翳为翟王，辖陕西省富县至绥德县土地。项羽做这样的“三秦”之分，目的很明确，即是防止刘邦再返汉中。

项羽的这一分封，肯定也经过一番推敲谋划，但这一谋划的智商水准，是直线式的，是小儿科的！

把刘邦封锁在巴蜀的崇山峻岭之中，极大地引发刘邦的不满，因而走出崇山峻岭是他一开始就打定的主意。而当刘邦养精蓄锐，有能力走出来的那一天，就是楚汉争霸天下的开始。退一步说，项羽分封天下时，刘邦的势力很弱，可以说，与项羽的势力相比，不堪一击。而这时的刘邦，给他戴一顶“汉王”或“秦王”的帽子，统辖关中地区，刘邦会心满意足，对项羽深怀谢意，绝不会从分封那天起，便开始与项羽作对。假若这样维持几年，项羽的霸主地位巩固几年，楚汉天下之争的可能性就很小，即便相争起来，胜算也不见得就在刘邦手里。项羽的智商，没有上升到这个层次，因而给自己培植了一个强劲的对手。

再看三秦之地的三王：章邯、司马欣、董翳，这三人都是秦朝的旧官吏。秦王朝被推翻之后，项羽用秦朝的旧官吏继续统治秦地民众，这本身就是一大忌讳。关键是，章邯等人率秦朝二十余万卒吏投降项羽后，项羽把他们全部坑杀了。这二十余万吏卒，来自二十余万个家庭，二十余万个家庭的父母，把孩子交给你章邯去作战，结果盼回的只有章邯你们三人，二十余万个家庭的孩子你们没带回来，全部挖坑活埋了。你们把二十余万个家庭的孩子害死了，回到三秦大地后，你们三人还做统治秦地民众的封国国王，秦地民众干吗？服吗？不怒火中烧、仇恨万分吗？甭说后来刘邦出巴蜀攻三秦，很快把三秦攻克，退一万步说，就是刘邦不来攻，秦地民众的满腔怒火，也会形成反抗浪潮。刘邦之所以很快荡平三秦大地，与秦地民众的真心配合是分不开的。可以说，项羽封章邯、司马欣、董翳为三秦之地的国王，是一大败笔！

还回到项羽对天下的分封来看。项羽这个西楚霸王，主持天下分封，一口气给十八人戴上封国国王的帽子。给别人戴国王的帽子，而且这帽子想给谁就给谁，看上去很过瘾。但细一想，你西楚霸王项羽，与分封的这些个国王，是个什么关系？分封的国王隶属于你项羽吗？你项羽对他们有生杀予夺之权吗？什么都没有嘛！西楚霸王与其他封国国王平起平坐，甭说是统一的国家，连“联邦”都不是，分封的各国都是独立王国，军事、政治、外交独立自主，谁也左右不了谁。这样的分封，无异于强盗分赃，抢来的财物，分给谁就是谁的，分完走人。但分赃没有分得人人满意，相互打起来是常有的事。项羽的这次分封，就留下了开打的巨大隐患！

关键是，项羽的这次分封，“不平。今尽王故王于丑地，而王其群臣诸将善地”。分得很不公平，贫瘠的土地，分给六国后人；肥美之地，都分给自己的爱臣爱将。这种有亲有疏的分封，必然引发很多封国的强烈不满。人心是天下的一杆公平秤，称出不公来，抵制和反抗也就会随之而来。

分封大戏尚未落幕，齐国便反了。

项羽把齐王田市，改为胶东王，把大将田都封为齐王，还封田安为济北王。齐国丞相田荣怒不可遏，他这个丞相没有得到分封，他手下的将领却被封王了，受不了这等不公，于是发兵攻打田都，田都败走，投奔项羽。田荣不准田市到即墨去当胶东王，留他在临淄继续当他的齐王。可田市害怕，悄悄溜走，跑到即墨当项羽封他的胶东王。田荣对田市这个懦夫很恼火，发兵攻打即墨，斩杀田市，自称齐王。登上齐王位置的田荣，任命彭越为将军，发兵攻打首府在博阳的济北王田安。

彭越是山东巨野人，常在水泽中捕鱼，也做杀人越货的强盗勾当。受陈胜、吴广起义的影响，彭越聚集当地的青壮年，攻城略地，造成了很大的影响。至项羽分封天下时，彭越手下聚集的一万多人无所归属，仍在巨野一带打劫抢夺。被田荣任命为将后，彭越发兵攻打博阳，把济北王田安斩杀。至此，“三齐”（齐王、胶东王、济北王）大地尽归田荣统领。

刘邦被分封到巴蜀后，他先是明烧栈道，以此告诉项羽，我刘邦不会回来攻打三秦（雍王、塞王、翟王）之地；接着暗度陈仓，杀将回来，把三秦大地纳入囊中。

接着，燕国反了，辽东国反了，常山国反了，没反的，内部为当王拜将而争斗诛杀，国与国之间也攻打杀伐……项羽分封的天下，很快便烽烟四起，战火不断，项羽根本就无力掌控了。

虽然天下战火一片，但有能力对打的，只有项羽、刘邦。相比较而言，项羽力量更强大，刘邦打不过项羽。可是，战场的斗力，是建立在斗智基础之上的。智高，能以小博大，以弱胜强，越打越强；智低，大不能制小，强不能胜弱，越打越衰。在战场背后的斗智上，项羽奋其私智，成了孤家寡人；刘邦广纳众智，成了筹谋高手。

公元前203年，是刘邦与项羽血战的第三年，项羽占尽优势，打得刘邦疲于奔命。尤其是项羽长途奔袭，把刘邦从彭城打跑以后，刘邦大军尽失，跟随他的人也纷纷离去。逃到荥阳的刘邦，不无感慨地对陈平说：“天下纷扰，什么时候是个头啊！”陈平于是深入分析了项羽的特点，以及他身边的重臣，认为项羽天性多疑，轻信谗言。他身边最忠心、最正直、最有谋略的谋臣，是亚父范增，最信得过的战将是钟离昧、龙且、周殷等人。针对这种情况，陈平认为，采用离间手段，离间项羽与这几个人的关系，项羽的优势就会很快丧失，击败他也就指日可待。

刘邦听了陈平的分析，拿出黄金四万，叫陈平去办。陈平则用重金雇用间谍，在项羽所在的西楚国发起谣言攻势。其中一则谣言是：以钟离昧为首的战将，厥功至伟却不给封王，因而心怀不满，打算与刘邦合作，推翻项羽，在西楚称王。这个谣言很快传到项羽的耳朵里，他虽然没有立即把钟离昧杀掉，但已经不再信任他了。

当年夏天，项羽大军包围荥阳，攻势猛烈，荥阳危在旦夕，刘邦急忙向项羽求和。范增提醒项羽，刘邦被打得很衰了，一鼓作气就能将其消灭，否则必将留下后患。项羽也不是不听，但还是派出使节，与刘邦谈条件。于是，陈平将他的离间计进行到底，待项羽的使节到来后，刘邦安排盛馔招待，在仆人捧着佳肴进来时，一见使节，便假装惊讶，说："我们还以为是亚父范增的使节呢，原来是项王的使节。"说罢把佳肴撤走，换上了一桌粗茶淡饭。使节回去向项羽一报告，项羽便心生怀疑，认为范增已经与刘邦有勾结，于是开始削弱范增的权势，对范增冷漠起来。范增感觉到了项羽对他的疏远，但不知是什么原因，在权柄被项羽剥夺得所剩无几后，终于忍不住了，对项羽说："天下大事已经初定，项王自己做主吧，我只希望你赐我骸骨归于故里。"项羽还记着范增在鸿门宴上骂他"竖子"的仇，又认为范增现在正与刘邦勾结，所以范增一提出辞归，他便立马同意。

可怜范增，一位七十多岁的老人，辞别项羽往家乡走去，尚未走到彭城，便病死在路上。

项羽身边唯一一位能给他拿大主意、出大计谋的人死了，大将钟离昧也失去了项羽的信任，项羽渐渐成了一个力拔山兮的孤家寡人。

力拔山兮的孤家寡人项羽，与广纳众智的汉王刘邦，从荥阳开始优势互换，到敖仓对峙时，项羽已经处于下风，且一路衰败得不可收拾了，最终在垓下，项羽做死前的英雄谢幕。

司马迁这样评价项羽："自矜功伐，奋其私智而不师古。谓霸王之业，欲以力征经营天下。五年卒亡其国，身死东城，尚不觉寤而不自责，过矣。乃引'天亡我，非用兵之罪也'，岂不谬哉！"

项羽的成功，是"自矜功伐"。因为他力拔山兮，是盖世英雄，故恃力而霸。

项羽的失败，是“奋其私智”。因为他心胸狭窄，不能容人，不能把众人的智慧聚集起来为我所用，故“私智”而亡。

这大概即是项羽由霸而亡的重要原因！

项羽为何不称帝

文章写到这里，一个令人疑惑不解的问题，即项羽为什么不当皇帝的问题，在我的笔下绕不过去。

项羽把十八顶王冠，分发给十八个王国的国王时，秦王朝已经灭亡了，连只戴着秦王帽子的嬴子婴也被他杀害了。此时的天下，一眼望去，已经没有人像他西楚霸王项羽那样，有能力把皇帝的御帽戴到头上了。

既如此，项羽为什么不戴呢？

司马迁和司马光写了这样一件小事，表达了他们的看法。

有位韩先生向项羽建议："关中阻山河四塞，地肥饶，可都以霸。"韩先生从称霸天下的战略高度，建议项羽建都咸阳。

项羽不听，说："富贵不归故乡，如衣绣夜行，谁知之者！"说的是，一个人富贵了而不回归故乡，就像身穿锦绣衣服夜间出行，谁知道他已经富贵了呢？

项羽的志向，是身穿锦绣回到故乡，让乡亲们看到他大富大贵了。

身经百战，拼死搏杀，在自己的战功后面，累积了成千上万白骨的项羽，图的只是身穿锦绣衣服回乡，这与强盗抢得官衙一笔财富，或占个山头为王，有什么区别呢？

于是，韩先生不无感慨地叹息道："人言楚人沐猴而冠耳，果然。"

韩先生说的是，人们说楚人就是穿着衣服、戴着帽子被要弄的猴子，果然如此。韩先生这话说的，打击面有点大，虽然说的是项羽，却把整个楚国人都得罪了。项羽一听火了，派人抓到韩先生后，把他煮了。

这件小事，确能看出项羽志向不高，胸襟不大。

我倒是认为，在项羽不称帝的问题上，除项羽的志向、格局不高之外，范增作为项羽的大智囊，与其谋略的格局高度不够是有关系的。

范增，阜陵人，“年七十，素居家，好奇计”。他在项梁举起反秦大旗后，自己跑去给项梁献的第一计，即尊楚王的后裔为王，把天下反秦的力量凝聚起来。因为楚怀王是秦昭襄王骗到秦国后，囚禁而死的；还因为秦国攻灭楚国时，是楚国大将项燕率军抵抗战死的。由项燕的儿子项梁高举反秦大旗，并推举楚怀王的孙子芈心为楚王，师出有名，能得到天下反秦势力的拥护。范增的这一计，是高明的，为楚军的不断壮大，发挥了巨大作用。

项梁战死后，范增给项羽在攻伐谋取上，虽然贡献了许多事关全局的大谋略，但谋略格局不高的问题，也很明显。

比如，刘邦率先攻入咸阳，项羽立马率各路大军陈兵灞上，范增的谋划是乘机把刘邦的军队消灭掉。这一谋划被项伯为救张良而破坏后，范增的接续谋划是在宴会上由“项庄舞剑”，把刘邦杀掉。从战略的高度看，这一谋划无疑是正确的。刘邦按照张良的主意，只带了一百余人前去会见项羽，根本无力做任何反抗。司马迁写道：“范增数目项王，举所佩玉玦以示之者三，项王默然不应。”说的是，宴席上，范增多次给项羽使眼色，还三次举起玉佩表示摔碎的意思，叫项羽下手杀了刘邦，项羽根本不予理睬，错失了除掉刘邦这个最大劲敌的机会……

比如，给率先攻入咸阳的刘邦，戴上一顶汉王帽子，把他打发到汉中，让秦岭的延绵高山把他困住，这就是一个高明的谋略。但把秦国的三个叛将，分封到三秦大地为王，就是一大败笔！假若分封项羽的爱将在三秦大地为王，同时进一步加强军备部署，即便刘邦率军翻越秦岭偷偷出来，项羽也能在第一时间将其击溃……

还比如，刘邦被项羽打得招架不住了，主动与项羽讲和，提出把荥阳以西割让给他，项羽打算接受。是范增又站出来阻止，他说："汉易与耳，今释弗去，后必悔之。"范增又从全局上做了一番分析，站位很高，鼓动项羽穷寇猛追，彻底把刘邦打残……

应当说，范增不愧为项羽的第一智囊，但与刘邦的智囊张良、陈平相比，其谋略的格局要矮一大截。

我这么说的原因，并非范增的诸多谋划都被张良、陈平一一化解，而比较出张良、陈平更高一筹，我想说的是，在项羽分封天下时，范增的谋划没有更上一个层次，即鼓动项羽把皇帝的御冠戴上。

因为项羽分封天下时，他所分封的十八个国王中，没有任何一个国王具备反抗他的能力。汉王刘邦虽被分到汉中而愤愤不平，但他那时的能量，也只限于愤愤不平而已，绝不可能从分封的会场站起来，对项羽进行反抗。

还因为项羽如果登上帝位，接管秦王朝的政府架构，那么，庞大的政府资源、社会资源、人力和财力资源等，就可以为他所用，诸如军队的扩充、军备的加强等，也就有了全国的财政赋税做保障。在这种情况下，分封到各地的王国，势力只会逐渐萎缩，抗衡政府的力量，只会日益衰减，而他们靠近、效忠皇帝的愿望，只会逐渐增强。我们虽不敢预判项羽这样建立的王朝，能存续多少年，会不会比刘邦后来建立的汉朝要好，但至少不会被刘邦那么短时间击溃，赶到垓下。

当然，我们也应看到，由于项羽胸中志向的格局不高，即便范增的谋划再高明，也是没有用的。

从司马迁、司马光的记载看，范增脾气火暴，在项羽面前有点倚老卖老。比如，刘邦从鸿门宴脱身之后，张良向项羽告辞，代表刘邦送给项羽白璧一双，项羽收下了。他送给范增玉斗一双，范增则把玉斗扔到地上，愤而拔剑敲碎。不解恨，还当着战将臣僚的面骂道："唉！竖子不足与谋。夺项王天下者，必沛公也，吾属今为之虏矣！""竖子"，就是"这小子"。在这种场合这么骂，项羽心里会不生气吗?

再比如，项羽对刘邦穷追猛打时，陈平使出离间计，使得项羽对范增不信任了，范增也不去跟项羽做个解释，消除误会，而是气冲冲走了，尚没走到家，便发病死在路上。

但不管怎么说，范增作为项羽的智囊，在楚汉争雄的攻打杀伐中，还是演绎了一段历史的精彩！

第六章

刘邦争雄，怀仁听劝

一个人心胸宽广与否，本质上取决于人性……

当王为君的，宅心仁厚，心里就能装着天下百姓……

刘邦出身庶民，他本性的根，扎在天下百姓之中，所接的地气，即是天下百姓提供的智慧给养……

“接地气”加“听劝”，使得刘邦的智慧给养源源不断，一大批天下英才，汇聚在他的旗帜下，不断向他贡献连接地气的智谋……

刘邦最终登上皇帝宝座，便是他“听劝”锁定的必然结局……

神化为刘邦称帝凑资格

在刘邦之前，几乎名号中有“帝”字的，都有尊贵的血统，即都具备做君为王的资格。在历山种过田，在雷山捕过鱼，在黄河边做过陶器，在寿丘做过手工艺，还在负夏做过小生意、赶过集的舜帝，其父是个瞎子，其母死后，其父续弦，生了一个狂傲骄纵的弟弟象，一家人都把舜当作苦力使唤，且常常想置他于死地。就这么一个寻常人家，就这么一个遍地都有的人，被尧帝指定为接班人，并非尧帝别出心裁扶持一个庶民来接替他，而是舜有特殊的尊贵血统，完全有资格接替君位。司马迁写道，虞舜名叫重华，其父叫瞽叟，瞽叟的父亲叫桥牛，桥牛的父亲叫句望，句望的父亲叫敬康，敬康的父亲叫穷蝉，穷蝉的父亲就是帝颛顼，颛顼的父亲叫昌意。看吧！往上追溯七代，舜的尊贵血统就挖出来了。帝颛顼的后代，难道不可以统领天下为帝吗！

但刘邦不具备这样的尊贵血统，他出身农民，且属于农民中的泼皮一类，喝酒赖账找女人，被诸多史学家当作痞子看待。当然，在我国古代的史学家中，有的为给刘邦加上可以称帝的血统资格，把历史上翻到远古，硬是把他与某个尊贵血统联系起来了。但这种牵强附会的联系，大多史学家不信，史学巨匠司马迁、司马光也不信，故而还是把他当作沛县贫苦农民的儿子对待。

贫苦农民的儿子，是不能当皇帝的。这不仅是史学家的共识，更是天下庶民的共识。但历史背着人们的共识走过来，刘邦不仅当上了皇帝，而且开创了大汉王朝。

怎么办？

史学家有办法，这办法就是神化。

所谓神化，就是把刘邦做皇帝与神灵的意志联系起来，以此说明，这个痞里痞气的庶民刘邦，虽然祖传血统里没有当皇帝的命，但神灵帮他，让他当上了汉朝开国皇帝。

司马迁就是这么写的。当然，司马迁这么写，是顺应民意。因为司马迁写《史记》的年代，是汉武帝刘彻为帝。刘邦是刘彻的太爷爷，甭说中间相隔一百多年，就是把这一百多年抹平，在汉武帝刘彻时期，识字的人也不多，用刀笔在兽骨上、竹简上刻字的人更少。庶民刘邦被神化的各种故事，不可能在一百多年前就刻在竹简上流传，而只能在人们的口头上流传。口头上流传，就是民意的流转。司马迁的记载，顺应了人们口口相传的民意。只是每个传播这些故事的人，都有自己的加工，都有自己的演绎，司马迁对此有取有舍而已。

让我们回到司马迁的刀笔之下，看他是怎么为刘邦神化的吧！

先看刘邦出生时，司马迁对他的神化

刘邦是江苏沛县丰乡阳里村人，父亲刘执嘉是个老实农民，母亲刘媪是个贤良妇女。刘邦有两个哥哥，出生时没有什么怪异，待刘媪第三次怀孕时，神化的怪异现象出现了。司马迁写道：有一天刘媪外出，路过大泽走累了，就在堤上坐下来小憩。似睡非睡时，刘媪见一金甲神人从天而降，立在她身旁，吓得她顿时晕过去了，躺在大堤上。刘执嘉见妻子久出不归，便去寻找。刚出门，本来艳阳高照的天空，瞬间昏暗下来，且天上电光闪闪，雷声隆隆。刘执嘉一看要下大雨了，返身回屋，拿上雨具，急匆匆赶到大泽，远远看到妻子躺在大堤上。令刘执嘉惊骇的是，虽大雨滂沱，但刘媪并不遭雨淋。只见她躺地的上空有一片祥云罩着，来回浮动。再细看，祥云里隐约露出鳞甲，似蛟龙在云里翻滚。过了一会儿，祥云飘散，天空复晴，刘执嘉赶忙走向前去询问究竟，刘媪如实禀告，说金甲神人与她如何翻云覆雨，直说得刘执嘉汗毛倒立。他俩在堤上坐了一会儿，待刘媪神态复原，才携手回家。

不承想，刘媪怀孕了，十个月后，生下刘邦。

司马迁的这番神化，使得没有资格接替君位的庶民刘邦，变成了“金甲神人”的儿子，即蛟龙之子。血统这么一变，当皇帝也就没有什么可挑剔的了。

再看刘邦尚在市井时，司马迁对他的神化

住在阳里村的刘邦，小时候好吃懒做，游手好闲，身长七尺八寸的壮汉，却不事劳作，专行浪游，且常常做那蜂蝶勾当，与村里的一些女人厮混。一个纯粹靠耕作营生的人家，有这么个好吃懒做的大小伙子，难免给家里惹出纠葛来。刘邦的大嫂就看不惯刘邦，常常话里话外地表达不满。刘邦的父亲为了息事宁人，叫两个已经成家的儿子分开过，刘邦小，随父母。刘邦大大咧咧，自家没有好吃的，便厚着脸皮到大嫂家去吃，且常常带一帮朋友去蹭吃蹭喝。大嫂本就厌恶刘邦，因而对刘邦连同他带来的朋友也没有好脸色，常常用刮锅敲勺，传递没有饭的信息。她的这个小把戏，曾被刘邦揭开锅盖证实锅里并非没有饭菜而揭穿。从此以后，刘邦便经常到村里的酒馆去买酒喝，虽说是买，但从不交钱。可这样一件令酒店亏本的买卖，因为与蛟龙之子刘邦有关，因而在司马迁的刀笔之下得到神化。司马迁写道：刘邦“每酤留饮，酒雠数倍”。说的是，刘邦每每到酒馆赊酒喝，酒

馆的生意就好得不得了，赢利比平时翻好几倍。既是这等好事，酒馆老板何不让刘邦来白吃白喝呢？因而只要刘邦来赊酒，老板无不应允，一定管够。刘邦贪杯，常常喝到很晚还不回家，醉了就趴在酒桌上大睡。酒馆要关门了，老板想叫醒他，谁知一看刘邦，头上显出金龙状，光怪闪耀，照得人睁不开眼。老板料定他今后必成大器，从此更加小心侍候，并且把刘邦在酒馆的历年赊账，干脆一笔勾销。

喝醉睡在酒馆的刘邦，头上显出光怪闪耀的金龙状，这就不是常人了，诚如酒馆老板所料定的，今后必成大器。

司马迁写道，秦始皇经常出游，他不止一次说："东南有天子气。"因而秦始皇巡游东方，企望镇服这"天子气"。刘邦是金甲神人与刘媪在野外怀上的，是蛟龙之子，刘邦小时候可能也听说过，所以在秦始皇巡视东方予以镇服时逃跑了，在芒砀之地的山泽岩洞躲藏起来。刘邦虽不能肯定这"天子气"是不是自己，但万一在自己的头上应验了怎么办？还是先躲起来再说吧。司马迁却写道：刘邦躲在山泽岩洞后，人们去寻找他时，总能迅速找到。他不解，妻子吕雉告诉他，他躲藏的上空，有一片祥云，依着云气去找，准能找到。

这一来更玄乎了，不仅在丰乡阳里村传开了，在沛县也传开了。因而不少人主动找上门来，与刘邦交往。

再看司马迁用相术对刘邦的神化

司马迁写道：刘邦当泗水亭长以后，假日才能回家，家里的庄稼活，全靠妻子吕雉带着儿子刘盈和女儿一起干。一天，吕雉带着两个孩子在地里干活，一个路过的老人站在田埂上盯着吕雉左看右看。因相距较远，老人看不真切，便以讨水喝为由，把吕雉叫到跟前。借喝水的机会，老人认真看了看吕雉，说她日后必当大贵。弯腰佝背顶着烈日在地里劳作的吕雉，当然希望贵拥天下，可眼下的情况叫她怎么也不敢相信这个老人说的能够得到应验。但这个老人的相面，还是给了吕雉极大的鼓励，她想，小小泗水亭长的丈夫如不能贵拥天下，会不会儿子刘盈有这个福分呢？带着这样一种期盼，吕雉赶忙把儿子刘盈和女儿领来，请老人相面。老人抚摸着刘盈的头，惊讶地对吕雉说："你的大富大贵，源于你的这个儿子、女儿。"做了这样一番美妙的预测后，老人走了。

恰巧这天刘邦回家，激动万分的吕雉，把这一情况告诉了刘邦。刘邦一听，拔腿就去追赶那个老人，没走多远，踯躅前行的老人便被追上了。老人见到气喘吁吁的刘邦后，更是惊骇万分，说："你的妻子、孩子的富贵，全都源于你，你才真是贵不可言呢！"刘邦高兴得连连鞠躬致谢，一抬头，这个老人不见了。刘邦十分诧异，四面张望，也不见老人的踪影。刘邦当皇帝后，特地派人四处找这个老人，但是没有找着。

毫无疑问，司马迁刀笔之下的这个相术老人，就是神灵派来的一个信使，任务完成了，也就用不着再露面了。

再看刘邦被项羽打得落荒而逃时，司马迁对他的神化

公元前205年，汉王刘邦，汇聚起五十多万大军，乘项羽在齐国作战之机，一举攻下楚国首府彭城，将项羽库藏的金银财宝连同宫廷美女全部接收，尽情享用。从昼到夜，刘邦被如花似玉的江南美女拥着、架着，泡在酒桌上狂喝，淫乱宫廷，把力拔山兮气盖世的西楚霸王项羽，连同他刘邦要图谋的黄袍加身，忘了个干干净净。

项羽当然容不得刘邦如此撒野，他留下大军在齐国继续作战，自己则亲率三万精兵，清晨从山东曲阜出发，到中午便打到彭城。

五十多万汉军，在项羽的三万楚军面前望风披靡，四下逃窜。刘邦不得不推开怀里的美女，扔掉酒杯，混进乱纷纷逃命的人流。项羽为报首府彭城陷落之仇，拼命追击，狂杀乱砍。汉军走投无路，纷纷跳进谷水和泗水，被砍杀和溺死的不计其数，挤进河里的尸体，把河水都挤得溢出岸堤。刘邦踏着满河的尸体，好不容易爬上岸，顾不得抖落满身的河水，撒丫子向南面的山里逃窜。项羽哪肯放过，率军穷追不舍，又把跟刘邦逃命的十余万残军，全部逼进安徽灵璧县的睢水，又把睢水河挤得水溢过岸堤。刘邦又一次踩着尸体爬，爬上了睢水河的岸堤。

爬上岸堤的刘邦，并未摆脱死亡的绝境。项羽率军里三层外三层，把被河水泡得两腿发软的刘邦残部，团团围在睢水河的岸堤上。眼看刘邦小命休矣，可历史莫名其妙地急转弯。落在司马迁刀笔之下的历史，犹如爷爷在高高的谷堆旁编排的神话故事——刹那间，西北风骤然而起，虽是中午时分，却昏暗如午夜。大风来得很猛，摧枯拉朽，飞沙走石，河堤上的大树被连根拔起，向着项羽的军队迎头甩去，打得楚军吼叫惨烈，零落逃散。追击者与被追击者在神灵的作用下，来了个角色大换位，追击者反而逃奔起来，被追者虽然只是带了数十名骑兵拼命逃命，却在司马迁的刀笔之下，演绎成了胜利大逃亡。

毫无疑问，司马迁刀笔之下的这个历史转换，不是人力所能达到的，唯有神灵，唯有蛟龙之子刘邦这样的人物，才可以瞬间发威，调动起风雨雷电才能做到。

贫苦农民的儿子刘邦，就这样被推上神坛。

推上神坛，就是给刘邦加持当皇帝的资格！

如此，普天之下，芸芸众生，对刘邦开创汉王朝，当上皇帝，也就没有什么可挑剔的了。

仁义让刘邦得民心

仁义，是一个人的立世之本。

君王的仁义，则是天下民众之福。

历史称刘邦是宽厚长者。他比秦始皇小几岁，起事时已是一把年纪了，且过来的这把年纪，不是生活在不食人间烟火的宫廷，而是生活在庶民百姓之中，双脚长期行走在大地之上。庶民和热土给他供足了质朴的营养，因而他从造反、拼杀一路走来，处处留下了仁义的美德。

刘邦到中年，才花钱谋了个泗水亭长的官位，虽是个芝麻大的官，但也得为官府当差。秦二世修建骊山秦始皇陵墓时，征召数十万囚徒服劳役，刘邦所在的沛县，也有一批囚徒要去骊山服劳役，由刘邦负责押送。走到半路，大多数囚徒都逃走了。刘邦盘算着，等到了骊山，估计全逃光了。按照秦朝的律令，甭说所押囚徒全部逃跑，就是逃跑一个，都要对押送者惩处。于是刘邦在丰西山泽停下来喝酒，喝到天黑了，对囚徒们说："公等皆去，吾亦从此逝矣！"叫囚徒们都逃跑？被押解的囚徒本就打算逃，这不是天大的好事吗！于是，被刘邦押解的囚徒，瞬间都逃得无影无踪了。但有十来个囚徒不逃，觉得刘邦挺仁义，都逃了，落下他一个人在黑漆漆的水泽泥沼之中不忍心，留下来陪伴。刘邦虽喝得醉醺醺的，但也得走出这片沼泽之地，于是叫一个人前去开路。不一会儿，这个人便跑回来，说前面有一条大蛇挡住了去路。刘邦则凭着酒胆，拔剑向前把那条大蛇砍成了两截。继续往前走，刘邦醉得不能支持了，便躺在地上呼呼大睡起来。

这之后便是对刘邦的神化了。一个老妇人哭，说刘邦杀了他的儿子："吾子，白帝子也，化为蛇，当道，今为赤帝子斩之，故哭。"刘邦砍断了一条蛇，怎么是砍了她的儿子呢？还乱说白帝子、赤帝子什么的。囚徒们认为这个老妇人说胡话，要打她，还没动手，这个老妇人突然就不见了。

司马迁刀笔之下的这段记载，白帝子、赤帝子之说，是神化刘邦之说，但刘邦在丰西山泽把囚徒全部放了，是真实的。

我们不妨做个对照。陈胜、吴广也是押送囚徒到骊山服劳役的，也是囚徒半路逃跑，担心到了骊山受到惩处，才揭竿而起的。刘邦的做法是把囚徒全部放跑；陈胜、吴广是要了个小计谋，斩杀吏卒后起事的，虽然杀人不多，但也是见血了。

再看项羽的反秦起义。会稽郡守殷通，召项梁商议反秦事宜。项梁则叫项羽砍下殷通的脑袋，连同杀了郡卒、官吏上百人，杀得鲜血四溅。

此外，众多领袖，如英布、彭越等人的起义，也都是见血的。唯有刘邦的起义，没有见血，只是神化中砍断了一条挡路的蛇。

刘邦放走囚徒，自己也无路可走了，只好举起义旗，投奔项梁，开始了征战杀伐。在司马迁的刀笔之下，屠城、坑降（活埋已经投降的兵将），比比皆是，尤其是恃力而霸的项羽，几乎攻下城池后便是屠城。记载刘邦屠城的，只有一两次，有一次还是跟项羽一起干的。司马迁是这么写的："项梁使沛公及项羽别攻城阳，屠之。"分析看，对城阳的"屠之"，难说不是项羽的主意。因为当时刘邦的势力很弱，只是给项羽当配角，屠城这等大主意得项羽拿。

剑指咸阳，是反秦起义的目的所在。所以楚王与诸将约定："先入定关中者王之。"但在派谁率军西进关中，楚王诸多将领的共识是："项羽为人僄悍猾贼。项羽尝攻襄城，襄城无遗类，皆坑之，诸所过无不残灭。且楚数进取，前陈王、项梁皆败。不如更遣长者扶义而西，告谕秦父兄。秦父兄苦其主久矣，今诚得长者往，毋侵暴，宜可下。今项羽僄悍，今不可遣。独沛公素宽大长者，可遣。"共识是拿项羽和刘邦做比较形成的，说项羽僄悍狠毒，攻下襄城后，全城坑杀，没留一个活口；项羽所过之地，没有不残杀毁灭的。不如派宽厚长者刘邦去，刘邦仁义爱民，不施加欺凌暴虐，也能攻下秦国国都咸阳。

刘邦率军西进，直指咸阳，遭遇秦军顽强抵抗，进展缓慢。张良于是对刘邦说，避开与秦军正面作战，绕道先攻宛城，以防腹背受敌。刘邦听计，利用夜暗，抄小道偷袭，把宛城围了个水泄不通。南阳郡守一看大势不好，拔剑准备自刎，被他府上一个名叫陈恢的舍人拦住。陈恢越城墙而出，面见刘邦，说："宛，大郡之都也，连城数十，人民众，积蓄多，吏人自以为降必死，故皆坚守乘城。今足下尽日止攻，士死伤者必多；引兵去宛，宛必随足下后。足下前则失咸阳之约，后又有强宛之患。为足下计，莫若约降，封其守，因使止守，引其甲卒与之西。诸城未下者，闻声争开门而待，足下通行无所累。"陈恢说的是，宛城是大郡的都城，连城数十个，人口多，积蓄丰。当地为官者，以为投降必死，所以拼命守城。如你刘邦大军绕过宛城西进，则前有秦军阻截，后有宛城大军追击，想攻下咸阳恐怕很难。但如果约定宛城守军投降，宛城及各级官员继续就地为官，你刘邦就可率领宛城的军队继续西进，沿途城邑也就会争着敞开城门，等着你的到来。如此，你便可入主关中了。

刘邦听了大喜，封南阳郡守为殷侯，封陈恢千户，其他官员就地留任。再率军西进时，所到之处都是城门大开，畅行无阻。就这样，刘邦几乎未动干戈，沿途大受民众欢迎，直接把军队开到了咸阳旁边。

秦王子婴，乘素车，驾白马，脖子上系着绳子，封好皇帝的玉玺符节，跪在轵道旁向刘邦投降。司马光写道，有人主张杀掉子婴，刘邦说："始怀王遣我，固以能宽容；且人已服降，又杀之，不祥。"刘邦以杀子婴不吉利为由，否决了这个建议。

刘邦屯兵灞上后，召集各县的乡老豪杰开会，他如是说："父老苦秦苛法久矣，诽谤者族，偶语者弃市。吾与诸侯约，先入关者王之，吾当王关中。与父老约，法三章耳：杀人者死，伤人及盗抵罪。余悉除去秦法。诸吏人皆案堵如故。凡吾所以来，为父老除害，非有所侵暴，无恐！"

这就是历史上著名的"约法三章"。

刘邦开头是这么说的：父老乡亲们，你们在秦朝的严刑苛政下生活很久了。秦法规定，诽谤朝廷的，就灭族；相聚谈话的，就杀死丢弃在街市上。我和诸侯有约，先入关者为王，我现在就是关中之王了，现在我要与父老乡亲们约法三章。

刘邦的这番讲话，酷似今天的竞选演讲，直奔民众最关心、最期盼的主题。换成今天的竞选演说即是：父老乡亲们，秦朝的暴政可把你们害苦了！不少家庭都戴上诽谤罪的帽子，全族人都被杀害了；不少民众被戴上非议罪的帽子，被杀死扔在大街上。我领兵入关，是为父老乡亲们除害而来，绝不会加暴于你们，请你们把心装进肚里！现在我是关中之王，我宣布，全部废除秦朝的严刑苛政，只约法三章，一是杀人偿命，二是伤人抵罪，三是偷盗抵罪，以求父老乡亲安居乐业！

约法三章，是个伟大的创举！

秦朝不仅有诛杀三族、九族的诽谤朝廷罪，有私下议论朝政的腰斩弃市罪，还有腹诽罪。所谓腹诽罪，简而言之即是，你不说话也能判你罪。大街上相遇，你不说话，看了我一眼，我不高兴了，就能指控你犯罪。犯什么罪呢？你虽然没有张嘴说话，但你肚子里说了，诽谤朝廷了，所以就判你罪，甚至在大街上相遇，你看到谁当作没看到，低头过去了，也能给你戴一顶腹诽罪的帽子。林林总总的严刑苛政，已经抑制了人们的呼吸，使得民众喘不过气来。在这种情况下，刘邦用三章约法，全部取代秦法，犹如憋得快要窒息的人，突然让他喘气，让他说话，让他欢笑。且这三章约法，源于社会道德共识，与人们的安居乐业息息相关，有文化的、没文化的全部认同。

不仅如此，率先入关的刘邦，在派人将约法三章告谕民众的同时，巡视各县各邑，让秦朝任命的各级官吏，原地继续任官，按三章约法保持政府的正常运转。司马迁写道："秦人大喜，争持牛羊酒食献飨军士。沛公又让不受，曰：'仓粟多，非乏，不欲费人。'人又益喜，唯恐沛公不为秦王。"

司马迁把这个细节描写得非常生动，其生动在于刘邦与民众的互动。刘邦推出约法三章后，秦地百姓非常欣喜，纷纷牵着牛赶着羊挑着酒慰问军队。刘邦不让接收百姓的礼品，说府库粮食充足，不要叫民众破费。老百姓听说后，更加喜悦，唯独担心刘邦不能留在关中做秦王。

类似情节，在司马迁和司马光的笔端反复出现。

司马光写道，刘邦当皇帝后，回沛县老家省亲。从小看着刘邦长大的父老乡亲，热情高涨，兴奋异常，拉着他聊这聊那，一起回忆刘邦小时候的调皮捣蛋和各种恶作剧。刘邦没有在父老乡亲面前端皇帝架子、要天子大牌，而是泡在乡亲们中间，附和着乡亲们，欢天喜地，并在半醉半醒之际，即兴作了一首诗："大风起兮云飞扬，威加海内兮归故乡，安得猛士兮守四方！"刘邦边吟唱边击筑，引导孩子们合唱。刘邦离开沛县时，全城空巷，父老乡亲留他多住几日，刘邦如是说："吾人众多，父兄不能给。"说的是，我带来的人很多，乡亲们难以供给这么多人的花费。沛县开天辟地出了这么一个皇帝，乡亲们再破费也心甘情愿。盛情难却，刘邦又住了三天，才与乡亲们依依惜别。

刘邦的宽厚仁义，在善待田横上，做了深刻阐释。

田氏，即春秋时陈国的王室，陈氏一脉来到齐国后，用大斗放租，用小斗收租，深得齐国民众拥戴。齐国在走向战国时，改齐姓为田姓，并跻身战国七雄之列。

公元前205年，刘邦率五十万大军，攻占彭城。此时项羽正率军攻打齐国，听到彭城陷落后，火速回撤，把刘邦的五十万大军打得望风而逃。项羽从齐国一撤，齐王族人田荣、田横兄弟，收募齐国散兵，收复齐国城邑。刘邦于是派郦食其游说齐国，联合攻击项羽，丞相田横同意，便解除了对汉兵的防备。韩信听从辩士蒯通的主意，在齐与汉已经媾和的情况下，突然发起对齐国的进攻。结果齐国以为郦食其来齐媾和是阴谋，便把他煮杀了。刘邦登上帝位后，总惦着田横，但田横害怕，带门下五百多人，逃到海上的一个孤岛。刘邦听说后，特派使节上岛诏请田横回朝廷为官。田横说："我曾经烹杀陛下的使节郦生，听说他的弟弟郦商在朝廷为将，我不敢奉诏，只求留在岛上做一个平常百姓。"刘邦听了使者的禀报后，特地对郦商下诏："齐王田横即至，人马从者敢动摇者致族夷！"说的是，齐王田横即将来到，谁敢动他的人马，可要招致灭族之罪！不仅如此，刘邦再次派出使节来到岛上，让田横亲眼看完刘邦给郦商的诏命后，宣诏说：田横奉诏而来，大者封王，小者封侯；如果不来，将派兵诛伐。看得出来，刘邦是真心诚意地请田横来朝做官，至于"举兵加诛"，无非是给田横一点压力。

田横只好应诏赴朝，身边只带了两名舍人，走到离洛阳三十里的地方停下来沐浴更衣。他对两名随从说：“当初我和刘邦都是南面称王的人，如今一个是天子，一个是俘虏，我感到耻辱。再说我烹杀过刘邦的说客，我心里感到惭愧。这里离洛阳三十里，砍下我的头，你们送去，还不会腐烂，能让刘邦看清我的样子。”说罢自刎，两个随从把田横的脑袋献给刘邦。

刘邦见到田横的脑袋，痛心流泪，赐两个随从为都尉，派兵两千，以王侯的礼节安葬田横。

齐鲁大地，是一块神奇的大地，生活在这片热土的人民，天有多高，义气就有多高，地有多厚，情谊就有多厚！

还是让我们用历史来佐证吧！

田横被安葬后，两个被赐为都尉的随从，在田横的墓旁挖了个洞，自杀在洞中，他俩要守在田横身边，在阴曹地府继续做田横的随从。

刘邦大为震惊，他立即想到随田横逃到孤岛的五百余人，应当给予妥善安置，于是下诏，派出使节，火速赶到岛上，召他们离岛上岸，并承诺终生免除他们的赋税。

令刘邦万万没有想到，也令所有人万万没有想到的是，田横带到岛上的五百名家人、随从，听到田横已死的消息后，全部自杀追随田横而去！

刘邦如此器重田横，自有其值得器重的理由。司马迁写道：“田横之高节，宾客慕义而从横死，岂非至贤！”司马迁认为田横是“至贤”，他有高尚的节操，对他人有强大的人格吸引力，因而都心甘情愿地追随他，至死不悔！贤德、高节，是华夏子孙普遍认同的价值观，它虽属于人的本性、人的修养范畴，但在百姓的期盼中，分出了层级。贤德更多的是对君王、官吏的期盼，因为这些人不贤明、德性差、严刑苛政，可就苦了百姓了。至于这些人有没有高尚的节操，做人做事有没有操守，老百姓的容忍度是很宽泛的。人们看得最重的，还是贤德。因为没有贤德，就没有慈悲，就没有仁义，就没有爱民。刘邦器重田横，器重的正是他的“至贤”。

这说明，刘邦崇尚“至贤”“高节”，这种崇尚，既是他的本性使然，也可能是他的修养使然。所以刘邦从仗剑斩蛇一路走来，始终得到民众的拥戴。

刘邦的“听劝”是本性使然

封建史上一些君主帝王，自命不凡，自作聪明，常常视武断为果断，视专横为魄力，视作恶为天意，结果好端端的江山，被他们糟蹋毁掉。这些君王共性的一个最大毛病，即刚愎自用，听不得臣僚的意见，且常常施展君王才有的暴戾，把好心相劝的人杀掉。一部封建社会历史，写的就是，其兴也君王纳谏，其衰也君王拒谏。

刘邦大不同，他随时听劝，什么人的劝都听，劝错了也不追究，再劝还听。

《史记》读下来，“高祖本纪”“项羽本纪”“吕太后本纪”，以及韩信、英布、魏豹等列传中，我粗略数了数，司马迁写刘邦在一些大事上听劝达四十多处。张良、陈平是刘邦的谋臣，听他俩的劝自不多说，听其他人包括庶民、舍人的劝也比比皆是。

下面我们从众多的劝谏人中，选一个庶民，即没有地位、很穷，但读过书、有见地的人，看刘邦是如何“听劝”的。

这个人叫郦食其。

郦食其是穷人，给街坊邻居看门。他有没有读书，有没有学识，司马迁没有记载。

公元前207年，刘邦率军西进，路过高阳，即今河南省杞县，杞县人郦食其，想见刘邦，便找到同街坊的一个人，这个人是刘邦的骑兵，跟刘邦能搭上话。郦食其对他说：“我看到不同的将领经过这里有几十人了，跟他们谈话无异于对牛弹琴，你讲的道理他们听不懂不说，还摆出一套烦琐礼节，自以为有了这些礼节就高人一等，其实内心空虚，心胸狭窄，不具备观察世事的宽广视野，注定也就成不了大器。”郦食其接着说：“听说刘邦虽然很傲慢，一张嘴就骂骂咧咧，但待人很亲近，而且追求大谋略，我愿追随刘邦，你能不能做个介绍？”郦食其特地强调：“你见到刘邦，就这么说，街坊郦某年纪六十有余，身长八尺，人们都说他是疯子，他自己却说不是疯子。”

这无疑是史书中的高人、隐士，求见君王的老套路，用超越常规的特殊说辞，引起君王的注意，从而得以召见。

这个骑兵在刘邦手下混了些日子，知道刘邦的脾气秉性，也知道郦食其虽是个看门人，身上却散发出知识分子的酸腐味，刘邦不喜欢这样的人。骑兵便打算阻止他去见刘邦，不便明说，便给他讲了个故事：一次，有个人求见刘邦，为了表明自己是个学者，特地戴了一顶儒家学士戴的帽子。刘邦本来很有兴致，一见他戴顶儒士帽子，瞬即变脸，上去一把抓下他的帽子，当着他的面，往帽子里撒了一泡尿。尿完把帽子一甩，开骂。骑兵讲这个故事，无非是提醒郦食其，像你这种酸溜溜的人，最好不要去见刘邦。郦食其则坚持要见，骑兵推辞不过，只好逮住一个机会，把郦食其教他说的话，说给了刘邦。

刘邦问骑兵：“你看他像个什么样的人？”

骑兵答：“像儒者。”

刘邦不见。

郦食其火了，对骑兵说：“你告诉刘邦，我是高阳酒徒，不是儒者。”

听说是个酒徒，刘邦感兴趣，立即召见。

郦食其进到刘邦寓所，见刘邦坐在床上，两边各一个美女帮他洗脚。郦食其站到他跟前，他既不赐座，也不让茶，就像没看到一般。

郦食其也不客气，作个揖，而不跪拜。见刘邦还不搭理他，便采取激将法，逼刘邦说话。

下面这个细节很生动，实录如下：

郦食其："足下欲助秦攻诸侯乎？且欲率诸侯破秦也？"

刘邦："竖儒！夫天下同苦秦久矣，故诸侯相率而攻秦，何谓助秦攻诸侯乎？"

郦食其："必聚徒合义兵诛无道秦，不宜倨见长者。"

郦食其的激将法是，明明知道刘邦起义是进攻秦朝，却问他是不是想帮助秦朝诛剿起义。刘邦一听就火了，开骂：你这个小子，读了点书，连这点道理都不懂吗，怎么会助秦攻诸侯呢！郦食其见刘邦开口说话，便说，既如此，你就不能以这样的方式接见长者。

刘邦一听，赶紧"辍洗，起摄衣，延郦生上坐，谢之"。

接下来刘邦就是听劝了，郦食其说："你现在收集乌合之众，加起来也不到一万人，要想打到咸阳去，无异于羊送虎口。而陈留这个地方，四通八达，是天下交通要道。陈留城内囤积了不少粮食，我能跟陈留县令说上话，由我去帮你劝降。如县令不听，你再派兵攻打，由我来做内应，这样陈留便可攻下。"

刘邦听了大喜，立即派郦食其做使节，到陈留劝说县令投降，刘邦则派兵跟进做攻城准备。陈留县令一看这架势，只好投降。刚刚从起义道路上走出来的刘邦，在向咸阳进攻的半路上，因为听劝，不仅获得了大量的粮草，而且扩大了军队，张扬起了在各起义队伍中的势力和影响。

再往下看。

公元前204年，是刘邦最困难的年头，项羽不断发起进攻，切断了刘邦从黄河渡口到荥阳的运粮通道，刘邦的军队遇到断粮的威胁。刘邦一看大势不好，主动向郦食其问计。

郦食其则大讲了一番商汤伐桀，把他的后裔封到杞国，武王伐纣，把他的后裔封到商丘的历史，说秦始皇品德败坏，仁义沦丧，吞并天下，断绝各国的祭祀，使各国的后裔连一块立足之地都没有，导致人心思变。在讲了这么一番追溯历史的大道理后，郦食其建议刘邦，封六国王室的后裔为王。郦食其说：“如此，天下就会感激你的恩德，敬慕你的道义，男人都愿意做你的部属，女人都愿意做你的奴婢。你刘邦不仅能成为霸主，而且西楚霸王项羽也一定向你臣服。”刘邦一听，拍着大腿说好，并着人赶紧刻制玉玺符节，好让郦食其带着去封六国的后裔。

恰在这时，张良外出回来，正赶上刘邦吃饭。刘邦招呼张良一起吃饭，并不无兴奋地对张良说：“有人给我出了一个打败项羽的好主意。”张良洗耳恭听，听完急了，说：“谁给你出的这馊主意？按这个主意办，你必定完蛋！”

刘邦不解，请教张良。

张良很着急，用筷子画了一个天下态势图，而后连问了刘邦八个问题。

第一，商汤、武王封桀、纣的后裔，是自信可以控制他们，现在你能绝对控制项羽吗？

第二，武王攻入朝歌，表彰贤德的商容，释放被囚的箕子，加高比干的坟墓，你现在能做到吗？

第三，推翻商纣后，周朝把巨桥的粮仓打开，赈济天下穷人，把鹿台的金银财宝，分发给困苦平民，你现在能做到吗？

第四，周朝取代商朝，把战车改成贵族用的安车，同时向天下宣告，从此不再有战争，你现在能做到吗？

第五，把战马改为耕马，放养到华山之南，表示不再用于作战，你现在能做到吗？

第六，把牛全部赶到桃林的北部放养，用于表明从此不再用它们运输军粮，你现在能做到吗?

第七，天下英雄豪杰追随你刘邦，唯一的希望是建功立业，分封一块土地。如果你分封六国后裔为王，让今天跟随你的英雄豪杰，回去效忠他所属王国的新王，这些人都离你而去，你还能与项羽争天下吗?

第八，西楚霸王项羽衰弱了，你扶起的六国不会搭理他，一旦项羽仍然很强大，你扶起来的六国，难道不会去依附他吗，你能做到叫他们依附你吗?

张良的分析，立足于当下。当下的形势是，项羽兵强马壮，屡战屡胜，想灭谁就能灭谁，唯独把刘邦当作强大对手，暂时没有灭了。在这种情况下，刘邦封六国后裔为王，以为能壮大自己的势力，形成对项羽的包围进攻态势，其实根本不是那么回事。陈胜封了六国后裔为王，各自圈地施政，在推翻秦朝的进攻中，没有形成多大的合力；秦王朝被推翻后，项羽主持天下分封，一张口封了一群王，一转脸，这些戴上君王帽子的新王，一个跟着一个反叛项羽，刘邦便是其中之一。所以，张良连提了八个问题，问刘邦能不能做到。

刘邦听懂了，他正吃饭，吐出口里的食物，骂道：郦生这个蠢货，差点坏了老子的大事！说罢下令，把刻制好的玉玺符节全部毁掉。

刘邦的“听劝”在于，虽然郦食其给他出了坏主意，气得他大骂郦食其“蠢货”，但事情过去了也就没事了，郦食其再给他提建议，他还听，好的建议还照着去做。

就在骂郦食其“蠢货”后不久，刘邦在项羽的反复围攻下，难以支撑，打算放弃对成皋的进攻，撤退到巩县、洛阳一带，跟项羽大军保持一个适当的距离，好让自己匀速地喘几口气。这时，郦食其又来了，他对刘邦说：“臣闻知天之天者，王事可成；不知天之天者，王事不可成。王者以民人为天，而民人以食为天。夫敖仓，天下转输久矣。臣闻其下乃有藏粟甚多。楚人拔荥阳，不坚守敖仓，乃引而东，令适卒分守成皋，此乃天所以资汉也。方今楚易取而汉反却，自夺其便，臣窃以为过矣。且两雄不俱立，楚汉久相持不决，百姓骚动，海内摇荡，农夫释耒，工女下机，天下之心未有所定也。愿足下急复进兵，收取荥阳，据敖仓之粟，塞成皋之险，杜大行之道，距蜚狐之口，守白马之津，以示诸侯效实形制之势，则天下知所归矣。"

郦食其说的是，天之上，还有天，知道这个道理的，王事霸业可成。君王的天是人民，人民的天是粮食。敖仓的仓窖，藏有大量粮食，项羽攻下荥阳，却不派重兵保护敖仓，这正是上天要帮助你刘邦。在项羽已成劣势的情况下，你刘邦反而要撤退，这是严重的错误。因而建议，立即反攻，夺取荥阳，一面取得敖仓粮食，一面扼守成皋要塞，一面堵塞太行要道，一面断绝飞狐险口，一面在白马渡口屯重兵，以显示地利之势，则天下归矣。

郦食其献出的这一招，是立足全面的高招！

刘邦听计，派兵夺取敖仓，获得了巨大的粮草给养，争取到了战略主动。

刘邦听郦食其的劝谏，是刘邦"听劝"的一个缩影。

刘邦不是满腹经纶的诗书学人，他不喜欢知识分子，是不喜欢知识分子那套之乎者也的说话方式；他不重礼仪，是不喜欢礼仪那套烦琐的客套；他说话没个正经，开口闭口骂骂咧咧，其实是他嘻嘻哈哈的一种随和。他的大智慧，就隐藏在嘻嘻哈哈的随和之中，表现出来即是"听劝"，且达到了劝哭就哭、劝笑就笑的程度。

公元前205年，刘邦率军到达洛阳新城，被三老董公拦住，劝他将项羽的大逆不道昭告天下，并为被项羽杀害的义帝发丧。刘邦听劝，率军举哀三天，自己则穿着孝衣裸露左臂，真的在祭坛上痛哭流涕起来。

“听劝”能达到劝哭就哭、劝笑就笑的程度，说明“听劝”是真心实意的，是真心“听劝”！

真心“听劝”，是大智慧！

因为一个人即便浑身是铁，也打不出几颗钉子；即便智慧深邃超群，也不可能把天下大事都看透料准。而“听劝”，便能集众人的智慧为自己所用，将众人的不同智慧，汇聚成自己的丰富智慧，将众人的小智慧，汇聚成自己的大智慧，将众人的小聪明，转化成自己的大聪明！

而且，“听劝”的内在价值定位，在于尊重他人，信任他人，能对同样具有不同智慧和才能的人，产生强大的人格吸引力！

可以说，刘邦的“听劝”了得，是他的本性使然，更是他从沛县丰邑一路走来，走到汉朝皇宫的一把成功的金钥匙！

刘邦“听劝”聚英才

跟随刘邦一起打天下的战将谋士，除萧何、曹参等刘邦的同乡外，其余的像张良、陈平、韩信、英布等，全都是从项羽手下过来的。他们不跟项羽而跟定刘邦的主要原因，在我看来，就是刘邦“听劝”。

本篇选择两个人，一个韩信，一个英布。这可是能决定楚汉争霸最终结局的两个关键人物，看刘邦是如何“听劝”聚英才的。

先说韩信。这可是统兵多多益善，战必胜，攻必克的楚汉天下第一战将。也可以说，韩信跟定项羽，项羽得天下；韩信跟定刘邦，刘邦得天下；韩信谁也不跟，自立为王，那就是项羽、刘邦、韩信三分天下。

如此分量的韩信，为什么会跟定刘邦呢？让我们看司马迁是怎么说的？

韩信，江苏淮阴人，家穷。韩信年轻时既不能在地方做个小官，又不会做买卖，常在邻居家混饭吃。他曾投奔到南昌亭长家，混吃混喝好几个月，惹得亭长的妻子十分头痛，只好凌晨起床做好饭，端到卧室吃，等韩信过去吃早饭时，人家早吃完了，气得韩信断绝了与亭长的关系。穷得没饭吃，韩信便到淮水钓鱼。那里是漂洗衣服的地方，一位漂洗老母看到韩信饿得可怜，就给他饭吃，这位老母连续漂洗了数十天，使得韩信数十天没饿肚子。韩信虽穷，但身上总佩带一把剑，淮阴的恶少就在大街上侮辱他，说：“信能死，刺我；不能死，出我胯下。”说的是，韩信，你要不怕死，就用剑来刺我；你怕死不敢，就得从我的裤裆下钻过去。钻裤裆是很丢人的事。韩信盯着这个恶少看了半天，而后从他的裤裆下钻过去。满大街的人都讥笑韩信，骂他没种，胆小鬼。

但司马迁记载韩信的另一件事，则更有嚼头。韩信虽穷，但在他母亲去世后，连丧事都办不起的韩信，却东奔西走，求爷爷告奶奶，向人家借钱，给母亲修了一个又高又大的坟墓。墓地宽大排场，墓地周围足以安置上万户人家。

陈胜、吴广举起反秦大旗后，韩信先是投奔项梁，项梁死后投奔项羽，做了个卫队的队员。为了出人头地，韩信多次给项羽献计，不被采纳，转而投奔刘邦，当了个粮仓管理员。犯法了，要被砍头，涉及十三人，前十二人的脑袋被砍下后，轮到韩信。韩信则大声喊道：“上不欲就天下乎？何为斩壮士！”监斩的是夏侯婴，听韩信这么一喊，觉得好奇，就没斩他，并与他进行了简短的交谈。这一谈，夏侯婴觉得韩信肚里有货，便向刘邦推荐，刘邦则张口给他封了个治粟都尉，即管理粮饷的军需官。虽官不大，但有了见更大官员的机会。萧何主管汉军的后勤保障，因为工作关系，与韩信几次交谈后，觉得他很有文韬武略，非常欣赏，表示要向刘邦推荐。当时刘邦被项羽戴了顶汉王的帽子，正率军向巴蜀走去。刘邦的军队，大部分是江苏人，大家都不愿钻西部山区，半路跑了不少军官。韩信没跑，他等着萧何的回信，左等不来，右等不来，自度刘邦不会重用他，于是加入逃跑的行列，跑了。

下面的细节，就更精彩了！

萧何听说韩信跑了，放下手头的事务，拔腿便追。

萧何这一跑，有人就赶紧向刘邦报告，说丞相萧何跑了。

刘邦一听，“大怒，如失左右手”。

两天后，萧何回来了。刘邦是既生气又高兴，骂萧何：“你为什么逃？”

萧何：“臣不敢亡也，臣追亡者。”

刘邦：“若所追者谁何？”

萧何：“韩信也。”

刘邦：“诸将亡者以十数，公无所追；追信，诈也。”

萧何：“诸将易得耳。至如信者，国士无双。王必欲长王汉中，无所事信；必欲争天下，非信无所与计事者。顾王策安所决耳。”

刘邦：“吾亦欲东耳，安能郁郁久居此乎？”

萧何：“王计必欲东，能用信，信即留；不能用，信终亡耳。”

以上这段对话，核心说的是，刘邦如甘心做个汉王，就不要留韩信，如要争天下，就必留韩信；而争天下不重用韩信，他还是会逃跑的。

刘邦的“听劝”真是了得！还没见过韩信，只是听夏侯婴、萧何说过韩信有本事，在没有经过任何事务论证的情况下，给韩信戴了一顶将领的帽子。

萧何认为，将领的帽子，不能使韩信留下。

刘邦于是改口说，那就给他做上将军吧！

就这样，萧何还提醒刘邦：“你一向对人随和，不讲礼貌，对韩信不能像对待小孩一样，给顶上将军帽子就完了。你要选个吉日良辰，沐浴斋戒，在广场上筑个高台，隆重地拜他为将才行。”

刘邦又满口答应。

到了拜上将军的那天，广场上人山人海，各路将领都来了，大家喜笑颜开，都盘算着这顶上将军的帽子，可能戴到自己的头上。看到所拜上将军是韩信后，立即炸了窝，人人觉得不可思议！

拜将仪式结束后，刘邦与韩信交谈，他要亲自测一测，被萧何追来拜为上将军的韩信，到底有几斤几两。

韩信也不客气，如此对刘邦说："兵力的勇敢、凶狠、精良、强盛，你刘邦比不上项羽。项羽英武盖世，他一声怒吼，千万人都吓得胆战腿软。项羽虽血气豪迈，却是妇人之仁，他表面上恭敬慈爱，说话柔和温顺，当部下生了病，他很心痛，甚至流泪，常常送食物慰问。一旦部下建立功勋该封赏时，项羽把刻好的印信，在手中摩弄得把印信的角都磨圆了，还舍不得给。因此，项羽的这种妇人之仁，成不了大器。"韩信告诉刘邦，项羽名义上是天下领袖，实际上已经名存实亡，如果他一改项羽的做法，"任天下武勇，何所不诛！以天下城邑封功臣，何所不服！以义兵从思东归之士，何所不散！"同时建议刘邦，不要再往西走了，打回三秦去！

刘邦大喜，后悔得韩信太晚。

被萧何追回的韩信，为刘邦创建汉室帝业做出了巨大贡献。他献计一策，使刘邦夺得三秦之地；率军远征，将赵国百姓变为刘邦的臣民；修书一封，又使得燕国君主俯首称臣；策马黄河，逼得齐国国君逃之夭夭。韩信的巨大能量，源于他战必胜，攻必克。

在楚、汉相争的艰难岁月，项羽看到了韩信的能量，于是派盱眙人武涉，去游说韩信。武涉对韩信的游说，不是叫他背汉降楚，而是叫他自立门户。项羽的用意很明白，只要韩信从刘邦那里分离出来，刘邦的势力就极大地衰弱，就不可能与他形成互为鼎立之势，他也就有彻底击垮刘邦的机会。

韩信拒绝了武涉，他说："臣事项王，官不过郎中，位不过执戟，言不听，画不用，故倍楚而归汉。汉王授我上将军印，予我数万众，解衣衣我，推食食我，言听计用，故吾得以至于此。夫人深亲信我，我倍之不祥，虽死不易。"

韩信说的是心里话，在刘邦对他并不了解的情况下，听萧何的劝，授予他上将军。这意味着什么？按韩信的话说，即是“深亲信我”！韩信当上将军，可能也是他自己所始料不及的，官级从一个管理粮饷的军需官，一步登上统领三军的上将军，无异于天上掉下个金娃娃砸在头上。刘邦对韩信如此信任，韩信能不被感动吗？

这说明，刘邦的“听劝”，不只是“听劝”，更是一种对人的尊重，对人的信任！

武涉走后，齐国人蒯通又找上来了，他也是来鼓动韩信自立门户的。蒯通知道武涉游说韩信碰壁后，反复谋划，做足了功课，并选择相人术作为游说的突破口。

见到韩信后，蒯通为韩信相面，在对韩信左看右看一番后，先讲了一番相人术的大理论。他说：“贵贱在于骨法，忧喜在于容色，成败在于决断，以此参之，万不失一。”

对于相人术的理论，韩信不感兴趣，他只想知道相出自己的结论。

蒯通于是进入主题，他说：“从你的面相看，将来最高不过封侯，而且还会遭到危险；从你的脊背看，将来贵不可言。”

接下来蒯通的解释，就与相术无关了，他说：“楚汉相争已经三年了，双方打来斗去，谁也没有取胜的绝对把握。现在刘邦、项羽的命运，就掌握在你的手里，你帮助刘邦，刘邦胜；你帮助项羽，项羽胜。我要给你最好的建议是，刘、项谁也不帮，你独立门户，这样天下就三分了。”

还是武涉游说的那一套，韩信领教过了，于是拒绝。

蒯通不放弃，他说韩信顾念与刘邦的友情，是完全错误的，他搬出张耳、陈余、陈泽、张黡、文种、范蠡等近的远的历史人物，讲他们如何从最深的友谊到反目为仇，讲他们如何功高盖主却遭杀害，并以“野兽已尽而猎狗亨（烹）”告诫韩信：独立门户，扯旗为王。

韩信还是拒绝了蒯通，说：“先生且休矣，吾将念之。”

这“念之”，即是考虑考虑。

蒯通正是因为韩信的“念之”，过了几天又去了。他对韩信说：“猛虎之犹豫，不若蜂虿之致螫；骐骥之局躅，不如驽马之安步；孟贲之狐疑，不如庸夫之必至也；虽有舜禹之智，吟而不言，不如喑聋之指麾也。”蒯通提醒韩信不要迟疑，赶快行动。韩信确有些犹豫，但又不忍心背叛刘邦，思虑再三，还是拒绝了蒯通。

蒯通于是装疯卖傻，冒充巫者逃跑了。

韩信不背叛刘邦，最终成就了刘邦的帝业。

再看另一员战将英布，是如何被刘邦“听劝”得到的。

英布是安徽六安人，庶民，判刑后到骊山服囚役，因脸上刺字，故也叫黥布。英布很机敏，他在服囚役时，与数十万囚役中的英雄豪杰交往，经过一番谋划，似集体越狱般逃了，逃到江泽中做起了强盗营生。

陈胜起兵后，英布投奔项梁，项梁战死后，跟随项羽，成了项羽手下最得力的干将。项羽在巨鹿之战中，斩杀宋义，渡漳河后沉船，与秦军决战，打前锋的就是英布；章邯率二十余万秦军投降项羽后，项羽下令把这二十余万秦军全部活埋，执行活埋任务的就是英布；之后项羽杀义帝，也是派英布去实施的。因而在项羽分封天下时，封英布为九江王，后改封为淮南王。

项羽和英布就像一条绳子上拴的两个蚂蚱，谁也舍不下谁。因此，要离间他俩，并把英布从项羽阵营拉走，简直就是不可能的事。但这种看似不可能的事情，因为刘邦的“听劝”，仍然办到了。

刘邦被项羽赶出彭城的那段时间，日子非常难过，原先信誓旦旦跟随他的一些将领，纷纷倒戈，又投靠了项羽。刘邦势单力薄，心情很不好，经常发牢骚，骂骂咧咧，说他手下这些人不值当与他们共谋天下。跟在刘邦身边的随何，不同意刘邦的看法，断不了劝慰刘邦。左劝右劝把刘邦劝烦了，便张口骂人，说你们是一帮庸才，谁能出使淮南，叫英布背叛楚国啊！随何则接话茬，说：“我去。”刘邦就坡下驴，说：“好！你去吧，给你二十个人，去吧！”

其实这是刘邦听了张良的主意后，故意表演的激将法。

随何便带着这二十人到了淮南，等了三天，也没见上英布的面。三天后，英布出面了。随何则单刀直入，说：“我就纳了闷儿了，你怎么就那么亲近项羽呢？”

英布应付随何，说：“我们是君臣关系。”

接下来随何就戳英布的痛点了，说：“项羽攻击齐国时，叫你带兵前去增援，你却以有病为由，只叫手下的将领，带几千人到那里应付了一下；刘邦攻击彭城，项羽令你率军前去阻击，你又托病按兵不动，袖手作壁上观。你这是在观战，看楚汉到底谁能胜出。现在的形势，正朝有利于汉的方向发展，你现在不归附万无一失的汉，却自托于岌岌可危的楚，我都为你担忧。如果你现在背楚归汉，项羽拿你没办法，如此坚持数月，刘邦便可万无一失地获取天下。到那时，你还会是个区区淮南之地的君王吗？”

英布被随何说动了，答应背楚归汉，但不肯把这个消息泄露出去。

恰在这时，项羽派出的使节来到淮南，催促英布发兵救楚。在这种情况下，随何急中生智，设计上演了精彩的一幕。

随何与英布一同来到楚国使节的馆舍，英布尚未开口，随何便对使节说：“英布已归属汉王，怎么能叫他发兵救楚呢？”

英布一听，傻了。说好了先不泄露出去，怎么能当着楚国的使节说呢！

随何于是劝英布，背楚归汉的事既然已经谈妥了，就不要遮遮掩掩了，干脆杀了使节，尽快与汉联手。

事已至此，只好这么办了。英布杀了使节，起兵攻楚。

英布归汉，极大地削弱了项羽的力量，使得楚强汉弱的局势，瞬间发生逆转。项羽不得不从围攻下邑的军队中，分出一大部分来，让项声、龙且率领，向淮南发起进攻。围攻下邑的军力减少了，被围的刘邦终于舒出一口长气。

英布见刘邦，又很有意思。

英布见刘邦时，刘邦正坐在床上洗脚，左一个美女又一个美女侍候，见英布既不赐座，又不让茶，就像没见到一样。

英布气坏了，他听说过刘邦不注重礼节，万万没想到他会无礼到如此地步，真是后悔不已。

可当英布来到刘邦为他准备的馆舍后，心里鼓鼓的气瞬间全消了，心底还涌上一股感动的暖流。帐幔、器皿、饮食，包括官员随从，跟汉王刘邦的居所一模一样。英布于是派人去九江，接自己的家人。而项羽则在英布投靠刘邦后，派人赶到九江，杀尽了英布的妻儿。英布的使节，找到他的旧部下，率几千人投奔了刘邦。刘邦则拨出一部分军队，由英布统领，与楚军作战，并封其为淮南王。

刘邦就是这样，用“听劝”将天下的英雄豪杰，都招揽在自己旗下，其中就包括原先在项羽旗下的诸多能统兵打仗、善运筹帷幄的旷世英才！

刘邦“听劝”汇大智

刘邦极其聪明，且决断力很强。但在楚汉争霸的征伐天下，一个人再聪明，再果敢，也不可能在瞬息万变的复杂情况下，迅速做出最切合实际的决断。况且刘邦的对手项羽，实在是太强大了，即便刘邦有了很好的部署，项羽的强大也会很快突破，扭转战局的发展方向。在这种情况下，奋其私智必败，汇聚众智才能取胜。

刘邦的做法，即是用“听劝”汇聚众智。

纵观刘邦，在与项羽争霸的过程中，几乎全处于下风。但在四个关键点上，刘邦汇聚众智，扭转大局，走上了俯视天下的称霸道路。

第一个关键点，是烧栈道

公元前206年，项羽分封天下，给刘邦戴了顶汉王的帽子。范增给项羽出主意，说巴蜀山重水复，道路艰险，是秦政府放逐罪犯的地方。楚王芈心有约，先入关中的封为汉王，刘邦率先进入咸阳，就把巴蜀封给他，这也是关中的土地，兑现了楚王之约，天下也没有什么可说的。项羽听计，把刘邦封为汉王。汉王刘邦的封地很大，包括今重庆市、成都市和汉中市南郑区，这些在当时都是未开发的蛮荒之地，史称汉中。

为了防止刘邦从南郑出来，项羽把秦朝的三个旧将，全部分封在关中之地。其中章邯被封为雍王，辖陕西兴平及咸阳以西领土；司马欣被封为塞王，辖陕西临潼及咸阳以东至黄河的领土；董翳被封为翟王，辖陕西富县、绥德县领土。三秦大地做如此分封，明摆着不让汉王刘邦从巴蜀出来。

刘邦极其愤怒，气得暴跳，下令备战，打算向项羽发起进攻。

跟随刘邦从沛县出来的周勃、灌婴、樊哙等战将，跟着刘邦暴跳，纷纷请战出击。

唯有萧何很冷静，他说："不去汉中，就得跟项羽开战，你不想打都不行。而我们的军队，数量少，战斗力又不强，跟项羽作战，肯定是百战百败，除了死，还有其他活路吗？"萧何还说："屈服在一人之下，却能伸展志气于万民之上，只有商汤、周武王这种贤君才能做到。你先去汉中，坐上汉王的交椅，在这个位置上招揽贤士战将，用巴蜀的财富，养精蓄锐，待力量强大了，再挥军平定三秦。这样的话，争天下才有机会。"

萧何的劝谏很有道理。西楚霸王项羽，当时势头正盛，又主持分封天下，虽然分得不公平，但正是因为不公平，才使得项羽增强了他作为西楚霸王的底气。那些不该封王的封王了，这些人得到项羽这么大的恩惠，能不听项羽的吗？能不为项羽卖命吗？再说，刘邦虽也是从战火中一路拼杀过来的，手下也汇聚了一帮战将谋臣，但毕竟军队数量少，能调动天下的资源也不多，真要与项羽开战，必败无疑。

刘邦听了萧何的劝谏，率军西去。

张良于是给刘邦献计，叫他在大部队过去后，把所经过的栈道全部烧毁。张良明说了，用这种方法，一来可以阻止项羽和三秦的偷袭，二来可以给项羽一种你汉王刘邦不再东返的假象，让他放松对你的警戒，为养精蓄锐、暗度陈仓做准备。

事实上，项羽仍未放弃对刘邦的警戒。当刘邦向汉中走时，派人到沛县去接父亲刘执嘉、妻子吕雉及子女，被项羽阻止。

刘邦在汉中经营的时间虽然不长，但已经得到上将军韩信了。韩信给刘邦提了个建议，他说："项王诈坑秦降卒二十余万，唯独邯、欣、翳得脱，秦父兄怨此三人，痛入骨髓。今楚强以威王此三人，秦民莫爱也。大王之入武关，秋毫无所害，除秦苛法，与秦民约，法三章耳，秦民无不欲得大王王秦者。于诸侯之约，大王当王关中，关中民咸知之。大王失职入汉中，秦民无不恨者。今大王举而东，三秦可传檄而定也。"

韩信的这个分析很有见地。是啊！项羽封章邯、司马欣、董翳为三秦之王，殊不知，这三人带领的秦地二十余万子弟，全被坑杀了，只有他三人活着回来，秦地百姓正恨这三人，项羽却叫这三人在三秦为王。而刘邦进入咸阳后，秋毫未犯，废秦苛法，约法三章，得到秦地百姓真心拥护。在这种情况下，项羽想叫三秦之王阻止刘邦的进犯，是无论如何也不可能做到的。因此，韩信建议刘邦发兵东进，收复三秦。

刘邦听计，率军东出，几乎没费什么周折，在秦地百姓的配合下，一战陈仓，章邯大败，二战好畤，章邯又大败，退到废丘，被刘邦大军包围。塞王司马欣，翟王董翳一看这来势，放下武器，先后投降。三秦大地转眼间成了汉王刘邦的辖地。

站到三秦大地，刘邦就站到了争霸天下的舞台中央，在这个平台往前走，汉王刘邦就俯视天下了！

第二个关键点，是抢成皋

刘邦夺得三秦之地后，声威大震，乘胜东进，攻城略地，占得荥阳及周边大片土地。尤其是刘邦派去攻略燕赵的韩信、张耳大军，攻城略地，捷报频传。此时项羽大军陷在齐国，不能分身，只好眼巴巴地看着刘邦一天天坐大。公元前205年，刘邦率军南渡黄河，在洛阳新城听从当地三老的劝谏，设祭台祭祀被项羽杀害的义帝芈心，然后率领黄河以南、黄河以东、黄河以北的“三河”壮士，发兵剑指彭城。正在齐国征战的项羽，亲率三万精兵，拂晓从山东曲阜出发，穿越山东鱼台、安徽萧县，中午便打到彭城，把刘邦的五十万大军打得七零八落，绝大多数葬身谷水、濉水，刘邦只带数十人逃出。这之后的刘邦，进入楚汉相争的艰难岁月，被项羽追着打，只能拼命逃，逃到荥阳才稍稍喘了口气。

在荥阳落脚后，刘邦修筑了一条从荥阳直通黄河渡口的甬道，以便从敖仓运输粮食。敖仓离荥阳七公里，属成皋辖地，秦政府在敖山建有粮库，史称敖仓。这时的刘邦，虽然有饭吃，但危机并未解除。公元前204年，项羽发兵前来，猛攻荥阳，攻下荥阳后，又围住成皋。刘邦自度成皋守不住，便带夏侯婴同乘一辆小车，悄悄溜出北门，一路向北，渡过黄河，到达河南修武县，投宿一家客栈。第二天凌晨，刘邦自称汉王使节，进入韩信、张耳大军的指挥部。此时韩信、张耳尚在睡梦之中，刘邦直接闯入他们的卧室，把统兵印信拿走。印信是君王、将领的凭证，印信在手，便可发号施令。刘邦拿到印信后，召开紧急军事会议，对到会的将军调整职务，安排分工。韩信、张耳起床后，见刘邦拿着印信在开军事会议，顿时大惊失色，魂飞魄散。

手里已经没有军队可用的刘邦，一夜之间把韩信、张耳的军队夺到手了。他同时下令张耳巡行赵国，张口给韩信戴了顶丞相的帽子，令他率赵国军队，向齐国进攻。

在极其艰难的情况下，刘邦这次夺军，且身边只有夏侯婴一人，可不是听了谁的劝谏而为，而是他的大智在关键时刻的瞬间迸发！回头看去，刘邦的所有重大决策，几乎都来自臣僚包括三老、门人、庶民的建议，他似乎没有什么主见。应当说，这是刘邦的表象，其实他对各种人提的建议，内心都有过判断。尤其难能可贵的是，刘邦在发现自己的判断错误时，能马上认错，迅速纠正。从根本上说，这是刘邦在用“听劝”积淀自己的大智慧！在眼看无路可走的情况下，刘邦只带一人，突袭夺军，便是刘邦大智的一个缩影。

手里有了军队，再次声威大震的刘邦，仍然保持“听劝”的一贯作风。他打算率军与项羽大战，被手下一个叫郑忠的郎中劝谏，劝他只做堵截，似打游击战一样伏击、偷袭，不与项羽大军正面交锋。郑忠的劝谏是对的，项羽大军战斗力极强，刘邦即便采取游击战的打法，也没占到什么便宜。如果大军对大军打起来，刘邦也许就被打垮了。

刘邦打算放弃对成皋的进攻，撤到巩县、洛阳一带，继续与项羽周旋。刘邦的这一计划，被郦食其叫停。虽然敖仓的大部分粮食运走了，但敖仓有地窖，地下藏有大量粮食。而项羽驻守成皋的曹咎，手下是一批杂牌军，战斗力很弱。从战略上分析看，攻占成皋，刘邦的军队就占有大量的粮食供给，就有保持军队战斗力的支撑，而项羽的军队就面临断粮的危险。手中无粮，心里发慌。战国时的白起，长平一战坑杀赵国四十余万士兵，根本原因即是秦昭襄王带来一大批娃娃兵前来助战，切断了赵军的供粮通道。饥肠辘辘的赵兵，饿得扒尸体为食，站都站不起来，何谈持戈拼斗？所以赵括发起的一次次反击，都以失败告终。

刘邦听从郦食其的建议，派军队先行夺占了敖仓。转年，又开始向成皋发起进攻。

其实项羽也看到了成皋在全局中的重要性，因而他反复叮嘱曹咎，任由刘邦如何挑战，都不要理睬，要死守成皋，不去应战，等着他回来。

刘邦则派出官兵，每天到成皋城外叫骂，什么话难听挑什么话骂，骂得曹咎浑身发抖，不再忍了，大开东门，渡汜水出虎牢关，向汉军发起进攻。刘邦早有准备，当楚军渡汜水时，立即发起猛攻，大获全胜，把项羽存在成皋的金银财宝和地下府库的粮草，全数收入囊中。

曹咎这时才想起了项羽要他坚守不出的叮嘱，一看全军覆没，便拔剑自刎了。

成皋虎牢关一战，是一个重大转折，从此，楚强汉弱的局面彻底扭转。成皋一失，敖仓的粮食就全部姓刘了，项羽的西楚大军，陷入粮荒，争霸形势出现大逆转。

而此时的刘邦，也不想再打下去了，于是派遣特使前去进见项羽，请求交还父亲刘执嘉。已经开始断粮断草的项羽，则借机与刘邦约定，双方以古运河鸿沟为界，鸿沟以西，全归刘邦，鸿沟以东，全归项羽，楚汉缔结盟约，从此友好，永不侵犯。

以鸿沟为界订立盟约，看似楚汉双方扯平了，其实这是楚汉大势倾斜的显著标志。恃力而霸的西楚霸王项羽，但凡还有一点能量爆发的支撑点，是绝不会以鸿沟为界二分天下的！也即是说，项羽同意二分天下，其实质是他那一半天下难以支撑了，刘邦占据了主动地位，从此他不再被项羽追着逃，而要追着项羽打了。

第三个关键点，是攻项羽

鸿沟为界的盟约划定后，项羽破天荒举行盛大典礼，把刘邦的父亲刘执嘉、妻子吕雉，隆重地送还刘邦，而后率军撤退。

刘邦感到极大的满足，父亲回来了，妻子回来了，被项羽追得到处逃的日子结束了，他也打算收拾行装，回到关中。

在这个关键时刻，张良、陈平的劝谏跟上了。

他俩对刘邦说：现在汉国拥有天下一半多的土地，各地的首领都已归附，而西楚的兵力已经疲惫，粮草也已消耗殆尽，这是上天要灭亡项羽的时候。如果今天不乘胜追击，那可就像是在家里圈养老虎一样，自留后患！

刘邦猛然醒悟过来，立即调动各路大军，向正撤退中的项羽发起攻击，直把项羽打到垓下，打得四面楚歌，打出了以刘邦为第一任皇帝的大汉王朝。

第四个关键点，是定首都

定都，是建国的头等大事！

古人定国都，是有很多讲究的，要看风水，要观星象，以期在冥冥之中，寻找天地密码。这密码的核心，是能不能坐得住，能不能坐得久。

刘邦开始立国都于洛阳，反映的是跟随刘邦打天下的众多将领的意愿。在他们看来，洛阳是周朝古都，是国之中心，国都就应该立在国之中心位置。关键是，这些将领大都来自江苏沛县一带，离洛阳不算很远，很多生活习惯能接续起来。

齐国一位名叫娄敬的年轻人，被征调到临洮去当兵，路过洛阳时，挣脱绳索，穿着羊皮袄，找到一名在刘邦手下为将的齐国同乡，要求见汉皇刘邦。同乡将军看他穿得太寒酸，叫他换身衣服再说。娄敬猴急，衣服也不愿换，只想早点儿见到刘邦。同乡将军跟刘邦报告后，刘邦立即召见。

娄敬一上来便问：“陛下建都洛阳，是不是想跟周王朝比，看谁立国最久？”

刘邦答：“是的。”

娄敬说：“周朝的祖先，积德积善十代有余，又经过亶父、季历、姬昌、姬发数代经营，才使各封国归附，四海之内一片祥和，所以周朝定都洛阳，可以用仁德征服天下。而陛下崛起丰沛，席卷蜀汉，平定三秦，跟项羽在荥阳、成皋一带缠斗，大战七十余次，小战无数，天下民众内脏和脑浆涂满大地。现在民众的哭泣尚未停止，伤病的士卒尚未起床，各地的反抗尚未平息，定都洛阳就非常危险。而秦国故地，左有高山做屏障，右有黄河做天堑，四境全是要塞，万一发生动乱，立即可征百万大军去平定。故建议定都关中。”

刘邦没有立即拍板，而是征求高级官员的意见。这些人大都来自崤山以东，不愿到关中那黄土高坡去，大家争着发言，一致意见是建都洛阳。

唯有张良支持娄敬的意见。张良认为，定都关中，东有崤山、函谷关，西有陇山跟蜀郡一部分，南有巴蜀的财富，北跟蛮族接壤，有畜牧便利。从地理位置看，关中的北西南都没有被攻击的危险，重兵摆在东面就足够了。黄河、渭水是水上交通要道，万一封国生乱，朝廷军队可顺流而下，迅速平定。这正是“全城千里”连“天府之国”。所以应听取娄敬的建议，定都关中。

刘邦就这样，用“听劝”汇聚大智，定都关中。

刘邦"听劝"度苦厄

艰苦奋斗，玉汝于成。

任何人想做成大事，不经历九九八十一难的苦厄，是做不成的。

刘邦从沛县起事，最终走上汉王朝的第一任皇帝宝座，也是经历过无数苦厄的。所不同的是，刘邦用"听劝"，都把这些苦厄化解了。

下面让我们来看刘邦是如何"听劝"度苦厄的。

刘邦遭遇的第一个苦厄，是项羽给他摆的鸿门宴

按照楚王芈心的安排和约定，刘邦西进攻打咸阳，一路顺风顺水，很快占据了秦王朝的国都咸阳。

可以想见，秦国一路杀伐掠取，攻灭六国，一统天下，咸阳的大小宫殿，堆积了数不清的稀世珍宝。刘邦第一个进入咸阳，当然是他第一个去掠取了。

但是，当时的刘邦，不具备掠取的实力。

虽然项羽被楚王芈心戴的鲁王帽子，与刘邦戴的汉王帽子，没有大小高低之分，但项羽在巨鹿之战中，杀宋义、攻秦军，打得名声威震天下，无论是军事实力还是声望，都已经站在俯视群雄的高地，可以任意而为了。

秦国咸阳各宫殿的金银财宝，谁不眼红？项羽能眼巴巴看着你刘

邦独吞吗？

对于这种态势，刘邦没有完全看清。他一个沛县丰邑的农民，哪里见过如此堆积如山的金银财宝？哪里见过如此众多美若天仙的美女？因此一进咸阳恨不能立即扑进宫去，抢财宝，抱美女。刘邦手下的将领，更是像强盗一样，一窝蜂闯进秦政府府库，大秤分金，小秤分银，追得宫女尖叫着乱窜。

吕雉的妹夫樊哙，保持了一份清醒，他问刘邦：“你的志向是夺取天下，还是当个富翁？要夺取天下，就请立即回到灞上，不可久留。”

刘邦哪里肯听，他可舍不下这些已经到手的财宝和美女。

张良接着再劝，说：“正因为秦国荒淫残暴，你才能够来到这里。你一到咸阳，便被财宝、美女弄得眼花缭乱，这不与秦国的荒淫一样吗？要图大事，就赶快离开这里！”

张良的劝谏，点到了要害。刘邦“听劝”，率军回到灞上。

刘邦撤出咸阳宫，也就撤离了灭顶之灾！

项羽在巨鹿之战大获全胜后，马不停蹄往咸阳赶来。咸阳已经被刘邦攻下了，你项羽火急火燎赶来干什么？还不是惦着咸阳宫的金银财宝和众多美女吗！项羽赶到函谷关后，以刘邦的左司马曹无伤给他打了小报告为由，打算驱大军把刘邦灭了。其实项羽急匆匆赶来，就是来灭刘邦的，与曹无伤打小报告没有关系。只是听说刘邦没有动秦国府库的财宝，没有动秦国宫殿的美女，才最终饶了刘邦一命。

这之中项伯给张良传信，叫他赶快逃命，张良则给刘邦出主意，躲过项庄舞剑一劫，都只是鸿门宴这出大戏中的插曲，大戏的主体部分，还是刘邦没动秦国府库的财宝和宫室的美女。如果动了，刘邦就只剩最后一条路，逃，逃出去了就能活，逃不出去就得死。

刘邦遭遇的第二个苦厄，是在荥阳、成皋被项羽追着打

公元前205年，刘邦被项羽从彭城打出来之后，进入他起兵后的低潮，跟随他攻打彭城的数十万大军，打得只剩几十名骑兵跟他逃了出来，所有封国国王，全部背叛，重又归附项羽，就连在三秦大地向刘邦投降的塞王司马欣、翟王董翳，也投降了项羽。转年，刘邦坚守的荥阳，又陷落在即，连撤退出逃的道路都被项羽全部封锁。危急之中，刘邦手下一个名叫纪信的将军，冒着生命危险，坐着汉王乘坐的黄绫为盖的辇车，左边插着国王威仪的国旗，一出荥阳东门，便高喊汉王投降，以此把楚军的注意力吸引过去。刘邦趁机率数十骑兵，从西门逃了出来。纪信落在项羽手里，被活活烧死。

刘邦逃到成皋，项羽大军又围过来，刘邦不得不再次逃跑。这次逃跑，刘邦只带了夏侯婴一人，同乘一辆小车，悄悄跑了。

在这段时间，恃力而霸的项羽之所以把刘邦打得如丧家之犬，到处逃命，是因为项羽身边有个谋士，这个谋士叫范增。

范增就是“项庄舞剑，意在沛公”的主谋，他早就认定，刘邦是有能力争霸天下之人，因而在荥阳、成皋的缠斗中，他不断给项羽出谋划策，对刘邦往死里打，打得刘邦四处逃窜。

可以说，范增就是刘邦躲避不了的苦厄。化解这一苦厄，刘邦用的招数，还是“听劝”。这回劝他的人，叫陈平。

陈平，河南阳武人，庶民出身。陈平年轻时喜欢读书，因而知书达礼，颇受乡邻看好。陈平的哥哥支持他读书，但嫂子不满意，对邻居说他的坏话，哥哥一怒之下，把嫂子给休了。那时乡村经常搞祭祀活动，宰杀牲口，祭祀完后分肉吃。陈平便被推举出来分肉，他一碗水端平，分肉均匀。老人们说，陈平这小子，可以担任宰割祭肉的角色。陈平则说，如果让我宰割天下，我也会像分祭肉一样，宰割

公平。

陈胜举起义旗后，陈平先是投靠魏国，在魏王咎手下负责交通工作。这期间，陈平多次向魏王咎提建议，未被采纳，气得陈平背地里发牢骚。有人便把陈平发牢骚、讲怪话的事报告了魏王咎，陈平一看情形不对，便悄悄溜走，转而投奔项羽。项羽给他戴了顶卿的帽子，就是有事可参与议政，也可派出做事。殷王司马卬叛变，项羽命陈平率兵讨伐，陈平则采用计谋，多方施压，迫使司马卬悔过。陈平未动干戈，获得成功，得到项羽奖励的四百八十两黄金，还被提拔为都尉。刘邦率军攻陷朝歌后，司马卬又叛变，投降刘邦。项羽非常恼怒，要诛杀陈平等将领。陈平只好又逃，但在逃跑之前，把项羽奖给他的黄金连同官印，派人送还给项羽。从项羽那里跑出来，陈平去投靠刘邦。过黄河时，船夫那双贼眼总在他身上搜索。陈平明白他打的什么主意，便脱下衣服，裸露全身，帮船夫撑船。船夫看到他身上并未藏有金银财宝，便放弃了杀他的念头。

陈平求见，刘邦与他一起共进午餐，餐后送陈平回寓所休息，陈平不走，说："我是给你提建议来的，我要说的话，不可过了今天。"刘邦只好坐下来，与他交谈，谈得十分投机。刘邦高兴了，问陈平在项羽手下做什么官，陈平说都尉，刘邦当即任命陈平为都尉，同时任命他做参乘，即刘邦的亲信侍卫。将领们一听炸了窝了，说汉王得到一个西楚的逃犯，尚未弄清他的来历背景，便叫他当参乘，真是不可思议！刘邦听到这些议论后，不仅没有将陈平从身边调走，反而又给他加了个军法监察官的官衔，即对所有将领进行监督的官衔。

跟随刘邦一路从沛县打过来的周勃、灌婴等更是气愤不过，联名向刘邦提抗议，核心是两个问题：一个是，陈平在老家时，跟嫂子通奸，道德败坏；另一个是，陈平当上军法监察官后，接受将领们的贿赂，给钱多的给添好话，给钱少的就不说好话，办事不公。刘邦是那种有话不藏在心里的人，他直接找陈平质问。

陈平跟嫂子通奸这种事，估计是编的，刘邦也不问，他只问是不是收受将领们的贿赂。陈平很坦率，他说："我赤条条一个光棍，如果不接收赠与，简直就活不下去。问题在于，如果我的建议有价值，就请你用我，如果没有价值，我收的金银都在，就请没收，让我带着一把老骨头回家。"

刘邦真有意思，他在听了陈平的辩解后，立马向他道歉，给他厚赏，觉得还不够，又下令提升他为护军都尉，即军政总监察官，不仅监督将领，而且监督全体官兵。这一来，没有人再打陈平的小报告了，周勃等将领也不再说什么了。

公元前204年，刘邦被项羽追打得有些丧失信心了，他对陈平说："唉，天下如此纷扰，什么时候是个头啊。"陈平则对项羽内部的情况进行了一番分析，并提出建议。他说："项羽这个人天性多疑，容易相信谗言。他身边最忠心、最耿直、从不阿谀奉承的，是范增、钟离眜、龙且、周殷，如果离间项羽跟这几个人的感情，使他们君臣上下猜忌，甚至内部先行诛杀，我们才有机会击破他。"陈平建议，拿几万黄金，用于对西楚的离间活动。

刘邦听计，拿出四万斤黄金交给陈平。司马迁写道：这四万斤黄金，任由陈平使用，刘邦不问他用到什么地方。

陈平花重金雇佣间谍，潜入西楚，发动谣言攻势。

谣言攻势聚焦于项羽的狭隘和立有重大战功的战将的不满。如钟离眜，他是项羽最倚重的战将之一，厥功至伟，可在项羽分封天下时，没给他封王。谣言攻势便聚焦钟离眜，说钟离眜心怀不满，打算投靠刘邦，助力刘邦打败项羽后，到楚国为王。项羽天性多疑，本就对手下战将存有戒心，听到类似谣言后，加倍警觉起来，一些重要的战事也不跟他们商量了，对他们手中的权力也多有限制。

天性多疑，加谣言攻势，使得楚汉争霸的大格局，在项羽的智谋里，降格为“奋其私智”了。

陈平导演的离间大戏，后人认为最精彩的，当数前面写到的，把接待项羽使节的大餐，换成粗茶淡饭的那一出了。其实，陈平的这出戏设计得并不周密。范增智谋过人，他从辅佐项梁到辅佐项羽，一直忠心不改，他拿的谋略，都是谋全局的大谋略，拿的主意，都是置刘邦于死地的大主意。对此，项羽在鸿门宴上就应当看清了。可项羽的多疑、狭隘，特别是他“奋其私智”的小格局，使得这种本来一眼便能看穿的小把戏，他却看不透，还让这种小把戏牵着自己的鼻子走，最终把范增逼走了。

范增离开项羽，刘邦的这一苦厄也就度过了。

范增离开后，虽然项羽发起了对荥阳的猛攻，打得刘邦丢下荥阳仓皇逃窜，但范增走了，忠心耿耿且直言劝谏的谋臣离开了，加之项羽对钟离眛等战将的戒备之心日增，项羽强大的内部，从此滑向衰败、瓦解之路，且越滑越快，短短两年，便滑到了四面楚歌的垓下。

刘邦遭遇的第三个苦厄，当数被项羽一箭射中

公元前203年，刘邦和项羽隔着广武涧打嘴仗。刘邦一口气历数了项羽十大罪状，项羽气得要死，亲自挽弓，把满腔的愤怒聚焦在箭上，狠狠地向刘邦射去。

从力拔山兮的项羽手里射出的这一箭，是致命的。

这一箭射中了刘邦的前胸，刘邦栽下马来。但就在这生死未知的瞬间，刘邦即兴上演了一个精彩的插曲，他不是捂着疼痛难忍的前胸，而是双手抱脚，骂道：“这小子射中我的脚了！”

要知道，在刘邦身后，齐刷刷站着对西楚霸王项羽全都发怵的

官兵。要是刘邦前胸被项羽射中的消息传了出去，官兵中想着如何逃命的，包括想着如何向项羽投降的，会像传染病毒一样，迅速覆盖汉军，楚汉争霸也就画上句号了。

这一箭差一点儿要了刘邦的命，他疼痛得厉害，卧床不起。尽管刘邦挨了项羽一箭后，瞬间做了掩饰，但站在刘邦身后不是一两个人，而是千军万马。有人看到刘邦从马上栽下，是被射中了前胸，加之好几天不露面，便私下议论开了。

私下议论很快在汉军中传开了，传得人心惶惶，军心浮动。更可怕的是，这个消息若传到项羽那里，他会毫不停顿地向汉军发起猛攻。汉军军心浮动，再加上楚军猛攻，刘邦就陷入灭顶之灾了！

这无疑是刘邦遭遇的一个极其危险的苦厄！它不仅攸关刘邦的性命，更攸关刘邦苦心经营多年、好不容易带出来的这支队伍的存亡！

张良于是探望卧床的刘邦，劝他无论如何要起来，到营区巡视，让官兵看到还活着的汉王刘邦。

刘邦确是起不来了，但还是“听劝”，强打精神，勉强起来，巡视军营，安抚官兵。官兵们见到刘邦还活着，且精神抖擞，笑逐颜开，私下议论戛然而止，军心瞬间聚焦，向项羽发起强攻！

刘邦带着难以忍受的疼痛“听劝”，终于度过了这一苦厄。

刘邦“听劝”接地气

刘邦这个皇帝，受百姓喜欢，而不少史学家不喜欢。不喜欢的原因，一顶“痞子皇帝”的帽子全说清了。

问题是，老百姓喜欢“痞子皇帝”吗？答案是不喜欢。既然不喜欢，为什么被一些史学家称之为“痞子皇帝”的刘邦，老百姓喜欢呢？是老百姓对，还是一些史学家对呢？

分开来说。

史学家大都出身书香门第，有的还是官宦世家，他们从小受的教育、规范，都是礼制型的，非礼勿视、非礼勿听、非礼勿动的礼制规范，使得他们的刀笔“非礼勿写”。即便写，也是把“非礼”作为反面教材来写，绝不会写下半点溢美之词。史学家刀笔之下的历史，主角是皇帝，其他全部围绕皇帝展开，从皇帝做太子开始，请的老师，所教的、所规范的，全是礼制那一套，与庶民百姓、人间烟火完全切割。因为都是用礼制的模子套出来的，因而史学家衡量皇帝的标准，是之乎者也，是文质彬彬，是中规中矩，类似翻墙爬树掏鸟窝、撒尿和泥巴等百姓家娃干的事，皇帝甭说做，连听都没听说过。而司马迁和司马光笔下的刘邦，一张嘴便是骂骂咧咧，还拿儒士的帽子撒尿，把村里一个女人肚子搞大了。这些与史学家衡量皇帝的标准做法，实在是天壤之别。刘邦的这些作为，在史学家看来，不是痞子又是什么？

老百姓不这么看，老百姓日出而作，日落而歇，听不懂多少之乎者也。老百姓知礼，却不搞繁文缛节；守规矩，却不生搬硬套，禁锢生命的活力。因而老百姓说话办事有老百姓的方式。刘邦的一些做法，老百姓习以为常，很亲切，看得惯，能容忍。原因是什么呢？简单说，即是接地气。

但凡接地气的皇帝，大都“听劝”。

这一点，老百姓又很喜欢。“听人劝，吃饱饭”，老百姓常把这句话挂在嘴上。这“听人劝，吃饱饭”，可是天下百姓的大道理，是历经数千年总结出来的宝贵生活经验，大多史学家不懂其中的道理。

公道地说，史学泰斗司马迁，还是蛮喜欢刘邦的，他对于刘邦一些被称作“痞子”的做法，是带有赞许、带有感情的。

年轻时的刘邦，与农村许多半大不小的孩子一样，读书读不起，当官没门子，家里不养闲人，指着他们干农活养家糊口，他们却又都不愿干，因而，年纪相仿的一帮小哥们儿常聚在一起，勾肩搭背，东逛逛，西窜窜，今天偷左邻的瓜，明天偷右邻的果；今天到东家蹭饭，明天到西家蹭酒，甚至还不时搞一些恶作剧。这些在寻常百姓看来，不稀罕，很习惯。也骂他们，但这种骂，是平淡生活中的一种佐料，是饭后茶余的一种消遣，是发自心底的一种宽容。刘邦就经常到小伙伴家蹭饭，也带着小伙伴到家里来吃，弄得大嫂很不高兴。刘邦的父亲为防止家里闹出纠纷，就让两个大儿子分开去过，刘邦跟父母过。可刘邦呢，常常到饭点了，领着一帮小伙伴跑到大哥家来了，大嫂甩脸子，他不看；大嫂用勺子刮锅，传递没饭的信号，他不听。不仅如此，刘邦还特地揭开锅盖，看到底是有饭还是没饭。

在写到刘邦诸多不务正业的小事中，司马迁特地写了刘邦这样一件小事。魏国大梁人张耳，年轻时做过战国四公子之一的信陵君魏无忌的门客。张耳犯事逃到外黄，外黄有个富翁，女儿很漂亮，却嫁给一个愚蠢庸碌的人，过不下去，跑回了娘家。富翁觉得张耳气度不凡，就把女儿嫁给了张耳。张耳有钱了，便结交天下朋友，名声传播很远。刘邦很欣赏张耳的为人处世，便断不了往张耳家跑，常常一去就住好几个月。

司马迁写的这件小事，要告诉读者的，绝不是刘邦到张耳家蹭饭吃。他要告诉读者的，是刘邦的一种心智，是刘邦反复去揣摩声名远播的张耳。

司马迁是这么描述刘邦的："隆准而龙颜，美须髯，左股有七十二黑子。仁而爱人，喜施，意豁如也。常有大度，不事家人生产作业。"说的是，刘邦高鼻梁，而貌有龙相，胡须很美，左大腿有七十二颗黑痣。喜欢施舍，意志豁达，一向大度宽容，不肯从事生产劳动。司马迁笔下的刘邦，除不肯出力气干活外，从长相到脾气性格，样样都好。

到了中年，刘邦尝试做官，据说是父亲刘执嘉花钱为他捐了个泗水亭长。官虽不大，但能与官交往了；拿不出钱来经常喝酒，但可以赊账了。

一次沛县县令家里来了客人，摆酒请客，当上泗水亭长的刘邦有资格参加这样的宴请了。当然这酒不是白喝的，要上份子钱。沛县的主吏萧何，负责收贺礼。因来的豪绅官吏很多，萧何便宣布，来客凡是赠送礼金不满一千的，请坐堂下。刘邦到后，送上礼帖，上面写着贺礼一万，大模大样地坐在了堂上。萧何知道刘邦的特性，虽一分钱未送，仍把礼帖交给了沛县县令。

县令请的客人叫吕公，一看礼帖上贺钱一万，急忙上前迎接。一见刘邦，惊呆了。吕公会相术，刘邦那"隆准而龙颜，美须髯"的相貌，使得他立即认定，这可是大福大贵之人。酒食散后，吕公独留下刘邦，提出把女儿许配给他。吕公的女儿便是吕雉，是刘邦当上皇帝以后的皇后。

司马迁笔下的这个细节，一些史学家难以理解。一分钱不交，骗人家上了贺钱一万，混饭吃，不诚信嘛！在这里我们不妨一问：一生跟定刘邦，为刘邦建立汉朝做出过巨大贡献的萧何，当时可是负责收贺礼的，他为什么不当众揭穿刘邦？答案是：萧何接地气。他知道刘邦的脾气秉性，他更知道，但凡这种喜庆之事，必须维护喜庆的氛围，闹出不愉快来，这次客就白请了。至于刘邦没交份子钱，事后跟县令打个哈哈也就过去了。

假设一下，如果萧何当众揭露刘邦，这个大戏将如何演下去呢？我想，凭刘邦的性格，可能更精彩，揭示的接地气道理更深刻，最后的结局，还是会相术的吕公自己做媒，把女儿许配给刘邦。

刘邦从泗水亭长起步，一路朝汉朝皇帝的宝座走去，越走越强，越走越顺，是与他接地气的生长环境分不开的，包括他的“听劝”，也是他接地气的生长环境滋养出来的优秀品质。

接地气，加上“听劝”，使得刘邦的许多做法，受百姓拥护、认同。

比如，率军西进，在攻打咸阳的半途中，南阳郡守的舍人陈恢，劝刘邦修书一封，约定各守军投降，秦政府任命的官员继续留任做官，结果沿途城邑争相敞开大门，等着刘邦的到来。陈恢的劝谏，把刘邦的仁义本质，与老百姓不愿遭受战火烤炙的心愿，对接起来了。这便是接地气！

比如，刘邦攻下咸阳后，约法三章，把秦政府的严苛刑法全部废除。切莫小看这简单得不能再简单的三章约法，他契合的是老百姓的道法认同，契合的是老百姓安居乐业的期盼。这便是接地气！

比如，刘邦攻占三秦后，下令开放皇家园林，让百姓耕种放牧。皇家园林很大，占的都是青山绿水之地，皇帝包括皇室成员，每年难得去一两趟，而护卫园林的人很多，花费很大。把肥沃的大片土地闲置在那里，看着它野草疯长，老百姓心痛，种上庄稼，放牧牛羊，得养活多少人啊！刘邦开放皇家园林的心思，与百姓的心思相通。这便是接地气！

比如，公元前203年秋天，尚戴着汉王帽子的刘邦下令，士兵不幸作战死亡的，由政府准备丧服棺材，转送其家人。参与作战死亡的人太多了，有哪个君王和战将，能想到给死亡的士兵准备丧服棺材呢？或者能舍得花这笔钱呢？厚待死者是华夏民族的传统。刘邦这么做，得到百姓极大的拥护。这便是接地气！

比如，项羽命丧乌江岸边后，西楚国全部投降，只有鲁城（今山东省曲阜市）拒不投降，且继续抵抗。因为项羽早先被楚王芈心封为鲁公，定都鲁城。鲁城民众效忠项羽，不肯投降。而刚刚打了大胜仗的刘邦，被胜利冲得头脑发胀，内心的张狂，哪容得下一个小小的鲁城来抵抗，于是下令攻城，全城杀光。大军抵达城下，刚要发起进攻，城内美妙的音乐和琅琅的读书声传来。刘邦心头一震，立马下令停止攻城，令人把项羽的人头送进城去。鲁城的父老看到项羽的人头后，才开门投降。当着鲁城父老乡亲的面，刘邦用安葬公爵（鲁公）的仪式，把项羽埋葬在谷城（今山东省东阿县）。刘邦亲自主持葬礼，放声大哭，泪流满面，并当即下令，保护好项羽的亲属，封项伯等四人侯爵，被掳在西楚国的各地民众，一律由政府遣送返乡。

司马迁记载的这一事件，所揭示的道理是多方面的。刘邦和众多的庶民百姓一样，没读什么书，也识不得多少字，但内心对知识、文化的崇尚是强烈的。攻打鲁城，刘邦当然知道，这是孔老夫子的故乡，因而当音乐和读书吟诵的声音从城内传来时，刘邦顿时感动，下令停止进攻。大敌当前，眼看覆灭在即的鲁城父老乡亲，用丝竹演奏的音乐，伴随琅琅的读书吟诵，标明一种心智，标明一种传承，标明一种超然于生命之上的泰然淡定。刘邦听懂了，他用厚葬项羽、保护其亲属、遣送被掳在各地的西楚国民众，把从鲁城用音乐和读书声传递过来的意蕴接续起来，把城内百姓的呼唤，变成了与城外刘邦的共鸣。这便是接地气！

刘邦披上黄袍后，颁布的第一个诏书，即历史上著名的“五月诏书”。诏书有十个方面内容，其核心内容是回应民生需求。如，督促逃亡山泽者返回原籍，他们的房产、田地要如数返还给他们，地方官吏不得梗阻刁难。秦末以来，百姓不堪忍受秦朝暴政，逃到深山老林、水泽芦丛中的人很多；楚汉争霸以来，百姓为躲避战火，逃到这些地方的人也不少。为了生存，不少人落草为寇，占山为王，也是迫不得已。天下平定后，这些人思归心切，但房屋田地被没收了，回乡后居无所，耕无田，生活无着落，因此害怕回去；一些干过打劫勾当的人，还害怕回去受到惩罚。但这些人不回去，生活极其艰难不说，还是社会的一大隐患。刘邦考虑得很全面，不仅诏令把房屋田地还给他们，而且原先是秦政府官吏的，恢复官职，享受俸禄。这便是接地气！

再如，楚汉争霸期间，因饥饿而卖身为奴的人很多。加上公元前205年，关中地区闹饥荒，一大批庶民百姓为求得一口饭吃，卖身为奴。刘邦在“五月诏书”中，将这些奴隶身份的人，一律改为普通百姓，不再依附于富绅人家。“五月诏书”的重点之一，是“兵皆罢归家”。落在诏书中的虽是简简单单五个字，但是实行起来非常复杂。跟随刘邦打天下的，不仅有沛县的子弟，有关中的子弟，还有燕赵齐楚等诸侯国的子弟。在这些子弟中，有愿回原籍的，有不愿回原籍的；有在军队立过战功的，有没立过战功的；有授过爵位的，有没授过爵位的；有爵位高的，有爵位低的；有负伤致残的，有负伤未致残的，等等。要让这些人安心归家，不给予妥善安置，是做不到的。而汉政府不在政治上、经济上给予巨大倾斜，也是做不到的。为此，

“五月诏书”明令：“有不如吾诏也，以重论之。”说的是，凡不认真执行此诏令的地方长官，将加重论处。关注民生，回应天下百姓的最大关切，这便是最本质的接地气！

诚然，在司马迁的刀笔之下，刘邦“犯浑”的事也不少。

比如，刘邦生气了，不出宫，不上朝，也不见人，把自己关在屋里。诸多大臣轮番前来劝谏，刘邦就是不开口说话。该下台阶了，吕雉的妹夫樊哙前去好一番劝说，刘邦才嘻嘻哈哈像啥事都没发生一样走出宫来……

再比如，刘邦很喜欢戚夫人，她生下儿子刘如意后，刘邦更是对她爱上加宠，打算废除长子刘盈的太子之位，立刘如意为太子。臣僚们一致反对，认为废长立幼，废嫡立庶，不合祖训。刘邦于是召集臣僚商议，御史大夫周昌与他当众大争。周昌口吃，平时说话都连贯不起来，在朝廷上一争，更是语不成句。他结结巴巴地说：“臣虽口……口不能言，但臣期……期知道不能这么做，陛下要……要……要是换换太子，臣期……期不能奉命！”刘邦虽怒发冲冠，但听周昌这么结结巴巴一说，忍不住大笑，换太子的事也就暂时搁下了。

还比如，刘邦喜欢美女，对臣僚也不避讳，常常朝议时，让自己宠爱的女人坐在怀里。一次，刘邦正搂着戚夫人嬉闹，恰好汾阴侯周昌进去禀告事务，一看刘邦正搂着戚夫人，掉头便走。刘邦则推开怀里的戚夫人，迅速追过去，一把把周昌扑倒在地。刘邦顺势压住他问：“你说我像个什么样的君王？”被压在下面的周昌，翻起脑袋说：“你像桀纣一样的君王！”刘邦一听，哈哈大笑，翻转身来，头枕着周昌，君臣二人，一个在下趴着，一个在上躺着，聊开家常了。

刘邦的这些做法，好些史学家看不惯，觉得这哪像个皇帝，纯粹是一个地痞流氓！

司马迁学富五车，肯定也是看不惯的。但司马迁和司马光也是接地气的，他们深知老百姓对刘邦这些事的态度是包容的。刘邦虽贵为皇帝，但本质上仍是个凡人，凡人便有凡人的恶作剧，便有凡人的淘气，便有凡人的调皮捣蛋。刘邦当皇帝时也已一把年纪了，老小孩嘛！

“听劝”于张良，刘邦运筹天下

刘邦开创汉王朝基业的三杰之一，是张良。刘邦对他的评价是：“运筹策帷帐之中，决胜于千里之外。”

张良，韩国人，出身贵族，祖父、父亲都是韩国的丞相。秦始皇征伐六国时，张良变卖家产，花重金雇请一个大力士，在秦始皇巡视阳武博浪沙时，用一百二十斤的大铁锤，向秦始皇发起袭击。结果砸了一辆备用车，秦始皇逃过一劫。从此，张良改名换姓，逃到了下邳。

传说张良在逃亡时，路过一座桥，一位穿粗布短衣的老翁，故意从桥上掉下一只鞋，并毫不客气地叫张良下去捡上来。张良把鞋捡上来后，老翁伸出脚来，似吩咐仆人般地叫张良帮他把鞋穿上，张良又照做了。老翁于是认为张良可以调教，嘱咐他五天后天亮时，到桥上来与老翁会面。第五天一大早，张良便赶去赴约，不料老翁先到了，张良挨了一顿训斥。又是五天后，刚刚五更鸡鸣，张良便赶到桥头，可是老翁还是先到了。第三个五天时，张良没过半夜便在桥上等着，老翁来了，送给他一本竹简编的书，即《太公兵法》。传说中的这个老翁，叫赤松子，担任过神农氏时的水利部长，可以造雨。张良在躲避秦政府的追缉中，常把这本书带在身上，反复研读，从中吸取运筹天下的智慧。

张良在刘邦创建汉王朝一统江山中，不是率军冲锋的战将，但他运筹帷幄，常常为刘邦谋的是长远，谋的是大势，谋的是全局。

张良作为韩国的丞相随刘邦入关，是楚王芈心的派遣。项羽对张良也很器重，他分封天下之后，张良打算回韩国就职，可项羽却不让韩王回国，把他连同张良带到彭城，不久又把韩王贬为穰侯，又不久把韩王处死。张良不得不逃了，不逃，性命难保。于是张良抄小路，投奔刘邦，从此便在刘邦身边，给刘邦贡献大局之谋。

张良决定终生追随刘邦的原因是，他多次给刘邦讲《太公兵法》，没有什么文化的刘邦，不仅能听懂，而且有自己的领悟。而张良给其他将领讲，却像对牛弹琴一般，没有人能听得懂。于是张良认为刘邦是天纵奇才，决定终生追随。

我们不妨翻开历史，选择几个历史节点，看张良是如何为刘邦做大局之谋的。

张良的第一个大局之谋，是“明烧栈道”。

“明烧栈道”是项羽给刘邦戴上汉王帽子，刘邦被分封到汉中当王的事。

“明烧栈道”，是战略上迷惑项羽之策，是给项羽一种假象，表明刘邦对项羽服服帖帖，心甘情愿到巴蜀为王，不打算出来了，以此松懈项羽的戒备。

“明烧栈道”，是战略上为刘邦积蓄力量之策，因为当时刘邦与项羽的力量对比极其悬殊，刘邦没有能力与项羽抗争，尚需时日积蓄力量。

“明烧栈道”，还给刘邦建立了一个后方保障基地，巴蜀丰富的物产资源，在楚汉争霸的打斗中，为刘邦提供了源源不断的保障支撑。

张良的第二个大局之谋，是策反英布。

英布虽然在项羽的手下作战非常勇猛，但他有地盘、有军队。但凡有地盘、有军队的将领，通常会给自己留一手，以便在危急时刻有后路可走。

英布自留的这一手，张良看清了。而刘邦沿袭他一贯的骂骂咧咧，用激将法激怒随何，主动要求赴九江游说英布，使英布叛楚归汉——这本就是张良出主意策反英布的前戏。

张良的第三个大局之谋，是对项羽穷追猛打。

楚汉以鸿沟为界，二分天下，各自撤兵。在这个关键时刻，张良、陈平建议刘邦乘机向撤退中的项羽大军穷追猛打。刘邦听计，立即排兵布阵，调集各路大军，参加围歼项羽的大决战。决战拉开序幕之后，可征调的韩信、彭越两支大军，便率军前去会战。结果，被刘邦背信弃义激怒的项羽，把刘邦打得大败，打得他只好龟缩营垒，不敢应战了。刘邦气得够呛，问张良怎么办。

张良便立足大局，帮刘邦进行了谋划。

张良说："眼看西楚覆亡在即，韩信、彭越看得很清楚，他俩想的是，歼灭了西楚，他俩得什么好处。韩信这个齐王，是他自己要去的，并非出于你的本意，这一点韩信心里有数。彭越夺得魏国土地，本该当魏王，你却任命他当丞相。如今魏王死了，彭越等着接任，你又不给任命。如果你把陈丘以东，直到大海，都划给韩信，韩信是楚国人，把现有齐国的土地，扩大至楚国境内，他当然十分高兴，立马就会率军前来；你如果再封彭越为魏王，彭越也会迅速赶到。"

刘邦听计，依照张良的建议，划地，封王。韩信、彭越立马率领大军，浩浩荡荡赶来了。有了这样两支大军参加会战，项羽在垓下的结局便可想而知了。

张良就是这样，在楚汉争霸的关键点上贡献出来的主意，都是关乎全局的大主意，都是改局变势的大谋略。

张良的谋略，确实高人一筹。

刘邦当上皇帝后，打算废掉太子刘盈，立受宠的戚夫人生的儿子刘如意为太子。臣僚争相劝谏，刘邦就是不松口。皇后吕雉非常焦虑，派人请张良去劝谏刘邦。此时，张良已不再过问朝廷事务，幽居在家，不愿参与。吕雉反复派人相逼，张良只好出手。但他不是去劝谏刘邦，而是对吕雉说："此难以口舌争也。顾上有不能致者，天下有四人。四人者年老矣，皆以为上慢侮人，故逃匿山中，义不为汉臣。然上高此四人。今公诚能无爱金玉璧帛，令太子为书，卑辞安车，因使辩士固请，宜来。来，以为客，时时从入朝，令上见之，则必异而问之，问之，上知此四人贤，则一助也。"说的是，皇帝有四位罗致不到的人，他们是东园公、角里先生、绮里奇、夏黄公。这四人年纪很大，都因皇帝"慢侮人，故逃匿山中，义不为汉臣"。如果把这四人请出来做太子刘盈的师傅，让他们常随太子上朝，故意让皇帝刘邦看到，刘盈的太子地位便保住了。

吕雉听计，太子刘盈亲自执笔，给这四人写信，言辞谦恭有礼。又派能说善辩的人，带着丰厚的礼物，进山一个一个去请，把这四人都请来了，跟随在太子身边。刘邦设宴，太子刘盈坐在刘邦身边，四位眉毛胡子都白了的老人站在太子身后。刘邦大为惊讶，说："我找了诸位好多年，你们都躲着我，怎么现在都跟着我儿子呢？"

四位老人说："陛下轻士善骂，臣等义不受辱，故恐而亡匿。窃闻太子为人仁孝，恭敬爱士，天下莫不延颈欲为太子死者，故臣等来耳。"

刘邦于是指着这四位长者对戚夫人说："我欲易之，彼四人辅之，羽翼已成，难动矣。"

史载，张良随刘邦从洛阳迁都长安之后，不再参与刘邦的国事议政，而是沉迷在玄虚的巫术里，在家幽居，每天静坐，不再吃饭，而吃一种据说可以延年益寿的药物。他说，他十分满足，唯一的愿望，就是离开这个烦扰的世界，追随赤松子先生，遨游天地。

有谁能说，这不是张良对自己的大局之谋呢！

“听劝”于萧何，刘邦构架天下

刘邦开创汉室江山的功臣之一，是萧何。

穿上黄袍后，刘邦在洛阳南宫置酒，宴请跟随他打天下的战将谋臣。宴会上，他盛赞了张良、萧何、韩信，对萧何的赞誉是：“镇国家，抚百姓，给馈饷，不绝粮道，吾不如萧何。”

虽然刘邦盛赞的是萧何在楚汉相争时做出的贡献，但“镇国家，抚百姓”这种天下架构的大事，萧何早就着手做了。

公元前206年，刘邦率军第一个进入关中，占领咸阳，司马迁是这么记载的：“沛公至咸阳，诸将皆争走金帛财物之府分之，何独先入收秦丞相御史律令图书藏之。”“汉王所以具知天下厄塞，户口多少，强弱之处，民所疾苦者，以何具得秦图书也。”说的是，刘邦占领咸阳后，所有的将领都争先恐后跑到秦朝收藏金银财宝的府库争抢，唯有萧何不进这些府库，而是到丞相府、御史府，收集法律、命令、图画、资料。刘邦尚戴着汉王帽子的时候，就完全知道天下各地的要塞、户口、民众的疾苦、形势的强弱等民生、民情、民意和山河险隘，是因为萧何获得了秦朝的地图、书籍资料。

所以说，萧何早早地就在为刘邦创建汉王朝，做架构天下的准备。

萧何，沛县丰邑人，通晓法令，担任沛县的文书。刘邦在村里混饭吃、混酒喝时，萧何就已是秦朝官吏，官虽不大，但口碑很好，办事认真，历次考核都是第一名。吃衙门饭的萧何，对吃混饭的刘邦非常友好，多有照顾。比如，刘邦当上泗水亭长后，一次去咸阳办事。出远门，同事好友是要送礼凑盘缠的。其他同僚送三百钱，萧何送五百钱。再比如，县令设宴招待贵客，众多官吏富豪参加，萧何负责登记礼金，刘邦一分钱没出，却说大话送贺礼一万。萧何不揭穿他，而是把他请到堂上就座。是不是萧何有独到的目光，看出刘邦能当皇帝，这个史无记载，但他与刘邦年轻时就交好，且友谊很深厚，则无疑。

因为友谊深厚，所以萧何对刘邦的劝谏，就非常直白，不拐弯，不客套，直截了当，一语中的。

例如，刘邦被项羽分封到陕西的南郑，统辖巴蜀穷乡僻壤之后，气得够呛，下令攻打项羽。在周勃、灌婴、樊哙等将领跟着刘邦的愤怒而愤怒时，萧何说了一句极不搭调的话。

萧何说的是："虽然是到汉中当王，总比死好吧！"

这话很噎人，理虽不糙，但话很糙！

我想，除了萧何，刘邦身边的任何人，都不可能这么跟他说话。由此可以断定，萧何对刘邦的劝谏是家常便饭，都是这么直截了当，而刘邦也都听，只不过司马迁的刀笔没有一一记载下来。

楚汉争霸时，项羽的老巢是彭城，刘邦的老巢是南郑。萧何没有随刘邦到前线打仗，而是镇守南郑，为刘邦做后勤保障工作。

司马迁写道："汉王引兵东定三秦，何以丞相留守巴蜀，填抚谕告，使给军食。汉二年，汉王与诸侯击楚，何守关中，侍太子，治栎阳。为法令约束，立宗庙社稷宫室县邑，辄奏上，可，许以从事；即不及奏上，辄以便宜施行，上来以闻。关中事计户口转漕给军，汉王数失军遁去，何常兴关中卒，辄补缺。上以此专属任何关中事。"

这段记载内容庞杂，得根据《资治通鉴》的记载，分两个层面来说。

一个层面是，刘邦率军平定三秦时，丞相萧何留守南郑。当时巴蜀百姓不习惯刘邦为王的统治，因而反抗、抵制时有发生，不纳税，不交粮，更不要说叫子弟到前线帮刘邦打仗了。萧何则采用镇压、安抚、晓谕、布告等多种方法，使巴蜀民众服从汉政府的领导；萧何按户籍向百姓征集粮饷，由水路辗转运往前线，前线兵员缺了，补充兵员，打仗需要粮草，供给粮草，使巴蜀成为支撑刘邦一线作战的后方保障基地。刘邦带领的军队，经常战败后大批逃亡，都是萧何组织征兵，补充到前线。如公元前205年，攻陷项羽老巢彭城的刘邦，因追逐美色而瓦解斗志，反被项羽一路追杀，逃过谷水、泗水，又逃过睢水，只带几十名骑兵逃到安徽砀山的下邑。正处于束手待毙之际，是萧何领着大队的“老弱未傅者”赶来了。虽然来的都是些不满二十岁或超过五六十岁的老弱人员，但毕竟人人手里拿着大刀长矛，毕竟黑压压一片站在刘邦面前，刘邦一招呼，屁股后面就排起长长的队伍。这是一个层面。

另一个层面，即是设置政府架构。萧何留守关中，一方面服侍引导太子，一方面治理栎阳。萧何是如何治理栎阳的呢？他制定颁布法律，完全按王室甚至是皇帝的规格，为刘邦建造宗庙、社稷、宫室。不仅如此，萧何还按照政府管理的层级架构，划定了县邑，设置了地方官员。这些事来得及请示的，请示刘邦；来不及请示的，事后报告。而刘邦呢，没有不同意的。

反观项羽，他手下战将如云，但没有像萧何这样的后方保障人才，因而在楚汉对峙的艰苦岁月里，项羽大军因经常缺粮断秣而极大地削弱了战斗力。而刘邦因为有萧何给他镇守后方，补充前线的兵员和粮秣源源不断，不仅有力地支撑了刘邦与项羽的艰苦对峙，而且从根本上支撑了刘邦把项羽赶到垓下。

萧何真可谓功高震主，以致刘邦也对他多有防备，但总体上看，刘邦是敬重萧何的，是依仗萧何的。

刘邦穿上黄袍后，论功封赏，大家都争，互不相让。刘邦力排众议，封萧何为鄼侯，食邑最多，功绩第一。

汉朝初创，百废待兴，作为丞相日理万机是肯定的。但架构天下，有几件重中之重的大事，如制定礼仪、创作乐曲、颁布法律，丞相必须亲力亲为，紧紧抓在手上，督导相关部门组织操办。

把制定礼仪规矩，视作架构天下的一件要事，这在今天的人们看来，是难以理解的，但放在当时的历史环境中去看，却是必不可少的。

华夏祖宗认为，礼，是厘定社会秩序的总规矩。“人道经纬万端，规矩无所不贯，诱进以仁义，束缚以刑罚，故德厚者位尊，禄重者宠荣，所以总一海内而整齐万民也。”说的是，人们的社会活动非常繁杂，作为人们行为标准的礼，却无所不贯、无所不包，用仁义道德引导民众上进向善，用刑法约束人的偏邪行为，使道德修养深厚的人地位崇高，爵禄厚重的人蒙受恩宠，是透过仁道治理天下，使万民安居乐业的最好方法。“故礼，上事天，下事地，尊先祖而隆君师。”

说白了，礼，就是要厘清并恪守尊卑贵贱的等级规矩，使上按层级管理教化天下，使下不越矩、不犯上作乱。

刘邦登上帝位之初，尝到了没有礼仪规矩的苦头。

公元前201年，刘邦下令撤销秦政府所有苛刻、繁杂的法令规章，一切删繁就简。他本就不喜欢儒士，所以儒家那套礼仪，一并撤销。这符合刘邦的性格，也契合战将们的愿望。跟随刘邦出生入死的这批战将，大都没文化，受不了礼乐这套繁杂仪式的约束。

但这一撤，让刘邦尝到了苦头。

刘邦常在金銮宝殿举办御宴，战将臣僚全部参加。因为没有礼仪规矩，所以宴会现场从开始乱到结束。能喝的不能喝的，都抢起大碗喝；喝高了就大喊大叫，说谁谁的功劳没自己多，受封却超过自己，进而骂丞相，骂皇帝，口无遮拦，想骂谁就骂谁；有的借酒撒气，拔出佩剑，砍殿柱，砍饭桌，闹得乌烟瘴气。关键是，这种场面没有人能制止，包括身穿龙袍在场的刘邦，也制止不住。

刘邦很烦，简直无法忍受。

想想也是啊！堂堂汉朝开国皇帝，置身这种根本就制止不了的混乱之中，尊严何在？颜面何在？

在这里，司马迁的刀笔没有刻写刘邦对丞相、御史的斥责，也没有刻写丞相、御史的建议，但汉王朝制定礼仪的事，从这里出发了。

出发的方向，是曲阜；走去的人，是儒学巨子孙叔通。

孙叔通对五帝、三王的礼仪制度有深入的研究，他侍奉过秦始皇、二世、陈胜、项梁、芈心、项羽、刘邦等。孙叔通到达曲阜后，就地挑选儒学专家三十余人，从五帝、三王与秦朝的礼仪中，各挑选一套，再结合汉朝的社会体制、观念、民情等，综合制定了一套礼仪。带着这套礼仪，孙叔通返回长安，邀请刘邦身边的近臣，及孙叔通的学生，共一百多人，在郊外搭建帐篷，进行演练。演练成型后，还特地邀请刘邦加入其中，进行合练。刘邦在这套礼仪中找回了尊严，诏令全国推广，要求各级政府官员接受训练。

史载："至于高祖，光有四海，叔孙通颇有所增益减损，大抵皆袭秦故。自天子称号下至佐僚及宫室官名，少所变改。"虽然基本沿袭的是秦朝的礼制，但毕竟有礼制了，有规矩了，名分端正了，类似过去御宴时，臣僚大喊大叫，从开始乱到结束的情况，从此被礼制束缚起来了。

制作音乐，引导教化民众，是历朝历代不可或缺的一项重点工作。华夏祖宗认为："治定功成，礼乐乃兴。""乐者，天地之和也；礼者，天地之序也。”“凡音者，生于人心者也；乐者通于伦理者也。”“唯君子为能知乐。是故审声以知音，审音以知乐，审乐以知政，而治道备矣。”说的是，天下安定了，必须用礼乐来教化、协调；德行是人性的根本，音乐是德性外观的光华；当人们尽心致意于音乐以修身养性时，则和睦、正直、慈爱、诚信的心意便油然而生；从音乐之中，能听出人们的教养程度，能听出社会的治理水平，能听出政策法令是否符合社情民意。

刘邦登上帝位后，也非常重视音乐的教化，他不仅回到老家沛县，亲自演唱大风歌，而且令朝廷制作了四时歌，春天《青阳》、夏天《朱明》、秋天《西皞》、冬天《玄冥》，在社会上广泛传唱，以对民众进行引导教化。

在这个方面，司马迁的刀笔也没有刻写丞相萧何的作为、劝谏，但做这些事，应是丞相职责的题中应有之义。

我们不妨再看汉朝初创的法律典章，司马迁的刀笔虽也没有刻写丞相萧何是如何制定法律典章的，但中华史典中能找到依据，说萧何依据《秦律》，制定了《汉律》。

这一点，司马迁和司马光写从萧何去世后，曹参接替丞相的情况看，萧何对汉朝政府管理层级及法律典章的架构，也就很清楚了。

曹参，沛县人，萧何当沛县文书时，曹参是狱掾，他俩跟随刘邦起事，萧何留守关中，做后方镇守和保障工作，曹参始终在刘邦身边，冲锋陷阵，打仗杀伐，战功卓著，身上留下的创伤就达七十多处。在刘邦封赏功臣时，战将们一致认为，曹参是当之无愧的第一名。

刘邦没有打天下之前，萧何和曹参的关系非常融洽，打下天下之后，萧何当了丞相，萧、曹的关系疏远了，几乎不再来往。

公元前193年，丞相萧何去世，听到这个消息，曹参叫随从赶快收拾行装，说这就要去做汉朝的丞相了。诚如曹参所言，萧何临死之前，皇帝叫他推荐丞相人选，萧何只推荐了一人，即曹参。

从史料记载看，曹参在丞相的位置上，只做了一件事，即选派郡县和各封国官员时，选派了一批不善言辞、忠厚老实、品行端正的人，而对那些言行不一、为人苛刻、专图虚名、善于投机钻营的官员，则大刀阔斧地革职、斥退，弃而不用。做完这件事后，曹参就专事喝酒取乐，一天到晚喝得醉醺醺的。朝中一些与曹参交情不错的官员，看到他这个样子，登门劝谏。曹参知道他们的来意，一见面就先喝酒，喝到半截人家要开口说话，曹参就灌人家，直到把人家灌得说不了正事为止。曹参相府的后花园，紧挨着朝中官吏的宿舍，那帮当差的小官，看到丞相一天到晚喝酒，自然也就效仿，天天喝酒，喝多了就唱歌、喧闹。跟随曹参左右的官员，本就对曹参成天喝酒看不惯，看到隔壁的小官也似曹参那般穷喝，更是气不过。于是设了个小计谋，在那帮小官喝酒玩闹时，故意把曹参领到后花园游玩，以为曹参会对他们加以惩治。不承想，曹参不仅不加以惩治，反而叫人把酒拿到后花园，喝将起来，与围栏那边的一帮小官摽着喝，摽着闹，还杯来盏去，隔栏呼应，弄得曹参的随从哭笑不得。

这时刘邦已去世，他的儿子刘盈继位。刘盈对丞相不理朝政、专事喝酒非常恼火，但碍于他是父皇刘邦的重臣，不好当面训斥，就找到曹参的儿子曹窋，叫他这个做儿子的回家去劝劝父亲。刘盈的话说得很重，说曹参不理朝政、成天喝酒，是对他这个年轻皇帝的轻蔑。在朝廷当中级国务官的曹窋，听皇帝这么一说，十分害怕，赶紧回家对父亲说："高帝刚去世不久，现皇帝年纪又轻，你这个当丞相的，天天只是喝酒，怎么去谋划天下的安危呢？"曹参一听，勃然大怒，下令门客把儿子拉下去鞭笞二百下。再上朝时，皇帝刘盈对曹参说："你儿子曹窋说的那些话，是我教他说的，你怎么好鞭笞他呢？"

曹参一听，赶紧摘帽谢罪。

这里有个细节，实录如下：

曹参："陛下自察圣武孰与高帝？"

刘盈："朕乃安敢望先帝乎！"

曹参："陛下观臣能孰与萧何贤？"

刘盈："君似不及也。"

曹参："陛下言之是也。且高帝与萧何定天下，法令既明，令陛下垂拱，参等守职，遵而勿失，不亦可乎？"

刘盈："善。君休矣！"

君臣二人的这段对话，曹参先拿刘邦与刘盈比，再拿萧何与自己比，使皇帝刘盈看清一个事实：刘盈比不上刘邦，曹参比不上萧何。刘邦和萧何制定的法律、政策足够用了，何必要去搞新花样呢！

接下来，司马光记述了老百姓赞颂曹参的一首歌谣："萧何为法，顜若画一；曹参代之，守而勿失。载其清净，民以宁一。"翻译成白话即是：萧何制定的法律，严明齐全；曹参接任，谨慎遵循。无为而治，庶民安宁。

司马迁和司马光不仅是史学泰斗，而且是文学泰斗，在他们的刀笔之下，几乎没有刻写萧何是如何劝谏刘邦，如何制定法律典章、礼乐仪式、政策规划等架构天下的所作所为，但曹参与刘盈的这段对话，特别是老百姓嘴里传颂的歌谣，就全都说清了！

“听劝”于韩信，刘邦横扫天下

“连百万之军，战必胜，攻必取”，是刘邦对韩信的赞誉。

韩信被降为淮阴侯后，刘邦与韩信有过一次交谈。

刘邦：“如我能将几何？”

韩信：“陛下不过能将十万。”

刘邦：“于君何如？”

韩信：“臣多多而益善耳。”

刘邦笑了：“多多益善，何为为我禽？”

韩信：“陛下不能将兵，而善将将，此乃信之所以为陛下禽也。且陛下所谓天授，非人力也。”

韩信说刘邦，带兵最多不过十万，而自己带兵则“多多益善”；说刘邦擅长于掌控大将，这种才能是天生的，不是人力可以做到的。

刘邦擅长“将将”的根本原因，是“听劝”。

萧何把韩信追回来之前，刘邦不认识韩信。听劝于萧何，刘邦任韩信为上将军，并特地筑坛拜将，拜将完后，刘邦与韩信进行了交谈。在司马迁的刀笔之下，写韩信对刘邦劝谏的，仅此一次，最后记载的是“汉王大喜，自以为得信晚。遂听信计，部署诸将所击”。

韩信对刘邦献的计，是征伐掠取、横扫天下之计。

刘邦听计，返军三秦，坚守荥阳，同时拨出一部分人马，让韩信统领，向北拓展。从此以后，秦汉时期最杰出的战将韩信，开始为刘邦横扫天下。

刘邦被项羽从彭城打出来以后，树倒猢狲散，已经投降刘邦的塞王司马欣、翟王董翳，立即向项羽投降；跟随刘邦一起攻打彭城的齐王、赵王，也都背叛刘邦，与项羽讲和；接着，一直跟随刘邦从彭城逃出来的魏王豹，向刘邦请假回家，他前脚走，后脚便给了刘邦一个绊子，不仅封锁了黄河西岸的临晋关，而且切断了汉军的退路，以此作为向项羽投降的见面礼。就在汉王刘邦众叛亲离之际，战将韩信站出来，先拿断绝汉军后路的魏王豹祭刀。

魏国的重兵部署在蒲坂一带，堵绝了临晋关的通道。韩信采取的战法是，在临晋关的黄河对岸，调集船只，排兵布阵，摆出一副强渡黄河的态势，把魏国的军队主力吸引过来。而在夏阳附近，韩信则用木桶、瓮、罐捆绑成木筏，将大部队利用夜暗转移到那里，一拨一拨渡过黄河，突然向魏国首都安邑发起强攻。正在临晋关督战的魏王豹，怎么也没想到刘邦的军队会出现在国都，立马率军前来救援，钻进韩信的伏击圈，不仅军队全部覆没，而且魏王豹成了阶下囚。

打下魏国后，韩信统兵向东，剑指赵国。

从魏国转战赵国，必经太行山的井陉关。

井陉位于太行山的中段。巍峨苍劲的太行山，共有八陉，井陉是第五陉。所谓井，即山凹如井；所谓陉，即山脉中段两山紧夹处。陉，是军事天险，井陉，更是险中之最。赵国大将陈余统领的号称二十万赵军，就扼守在井陉要塞。

韩信率军赶到井陉关外所做的第一件事，是派出多路间谍，打探陈余的军事部署和战法。间谍打探到的消息是，随赵国大军扼守井陉的广武君李左车，所提的战法，被陈余否决了。李左车认为，韩信号称数万大军，其实不足万人，离开本土作战，粮秣转运千里之遥，必定供给不足，因而只能以进求生，越进越势不可当。但屯军井陉一线，路狭山险，不能同时通过两辆车或两匹马，大军即便能往前走，粮秣也跟不上。因此，李左车提出，拨给他三万人，翻山走小道，切断韩信大军的补给。赵军则坚守要塞，拒与交战，叫韩信大军进不能战，撤不能退，如此不出十天，韩信的脑袋就可以放在赵军的战旗之下。李左车这一取胜之策，被陈余一口拒绝。原因是，陈余一向自称他的军队是仁义之师，从不用阴谋诡计取胜。陈余认为，韩信率几万人长途转战，军队已十分疲惫。已扼守军事天险的二十万赵军，如不光明正大地给予韩信军队以迎头痛击，会招致天下笑话。

韩信在探得陈余的战法后，使出了两招。

第一招，率军进入井陉险道，用军队把井陉三十里的狭道全部塞满。仗一打响，韩信即竖起统帅大旗，擂响统帅在营的战鼓，直奔井陉口，向赵军扼守的要塞发起进攻。陈余一看韩信如此布阵，忍不住仰天大笑。你韩信远离本土作战，远途劳顿，且只有数万人马，却在车不能同时过两辆的井陉狭道，扯开帅旗向我进攻，把你的指挥位置暴露在我面前，这岂不是天赐我陈余灭你韩信吗！于是，陈余在笑声未停之际，便下令敞开营门，倾巢出击。

这恰恰是韩信使出第一招所期望达到的目的。

韩信使出的第二招，即派一万人渡过桃水，背水列阵。

兵法云：背水布兵，即绝地废军，前有强敌，后无退路，必死无疑。韩信如此布兵，虽犯了军法上的大忌，但深刻地揭示了韩信对所带军队的认识，以及将这种认识运用到作战上的过人之处。战后，对韩信如此布阵由不理解到佩服得五体投地的将领们，请韩信揭开这个谜底时，韩信说："我们的军队并非训练有素、军心坚定、效忠不贰的劲旅，而是由一群市井小民组成的乌合之众。对于这样的军队，只有把他们置于死地，他们才肯为求得一条生路而拼死作战。如果战场广阔，进有路，退有途，恐怕早就一哄而散，还能指望他们打胜仗吗？"是啊！韩信率军从关中一路转战到赵国的井陉，在打败代地守军后，刘邦突然闯进帅府，拿着信符把韩信的大部队调走了，剩下一万多人，且都是临时拼凑起来的，没经过严格训练，也没有打过大仗，面对号称二十万大军且扼守井陉要塞的赵军，一个不容争辩的事实是，以少对多、以弱对强，如果不在战役谋划上，把这支由市井小民组成的乌合之众，逼到拼死求生的路上来，再好的战役部署，再绝的战场布阵，也不可能把仗打赢。兵法上的“知己知彼”，韩信在井陉之战的运作中，达到了顶峰！

井陉之战中，韩信使出的第一招，即把赵军扼守井陉要塞的军队，全部吸引出来了，这为他派出的两千个到赵军营垒插汉军小旗的官兵，打开了城门。韩信使出的第二招，背水列阵，逼着自己的军队与赵军死战，坚决顶住了赵军企图把汉军歼灭在桃水的攻势。赵军被没有退路的汉军死死顶住后，一回头，看见“城头已换大王旗”，立即军心崩溃，无心再战，四散逃命。霎时间，赵军由强势变成弱势，由战场上的僵持变成一边倒，最终号称率二十万大军扼守井陉天险的陈余，敌不过万余军队且犯兵法大忌的韩信。

在一片杀声震天的喊叫声中，韩信下令：李左车，要活的！

李左车被绑来了，韩信亲自给他松绑，尊为上宾。韩信向他请教，如向北攻打燕国，向东攻打齐国，该采取怎样的战法？

李左车分析道：“你韩信用木筏渡黄河，俘虏了魏王；在阏氏攻代地，活捉了夏说；在井陉用半天打败了二十万赵军，名震天下，令敌人闻风丧胆。这是你的优势，而你的劣势是，官兵长途转战，十分疲乏，如果你领着这群疲惫的队伍继续转战，即便到了燕国的城下，也没有能力攻城了，双方僵持下来，燕国看清了，齐国也准备好对你的反击了。在这种情况下，你韩信要扬长避短，下令军队解下盔甲兵器，在赵国安顿下来，安抚百姓，存恤遗孤，这样每天都有酒肉送来犒劳你的将士。过一段时间后，移师向北，驻扎在通往燕国的路上，而后派一名辩士，前去燕国招降。燕国不敢与你交战，必定投降。燕国投降后，再派人去齐国游说，齐国也不敢与你交战，也会投降。这叫虚张声势，先声夺人，是军战的首策。”

韩信听计，修书一封，燕国果然投降。正要对齐国如法炮制时，刘邦身边的辩士郦食其，已经游说齐国投降了。受范阳辩士蒯通鼓动，韩信为了抢功，对已经投降的齐国发起进攻，结果郦食其被齐王烹杀，齐国反过来投靠西楚，项羽于是以龙且为将，派出二十万大军救齐。

本无须开打的战斗，韩信、龙且在齐国打响了。

龙且是项羽手下最得力的战将之一，骁勇善战，为项羽攻城略地，屡建战功。龙且听说过韩信其人，也知道他在井陉大败赵国二十万大军，但他凭着自己几十战的辉煌战果，根本就不把韩信放在眼里。他一脚踏进齐国，想的不是如何把韩信打败，而是想收复齐国后，自己得一半土地的封赏。

轻敌、贪婪，使得龙且踏上不归路。

韩信正是瞄准龙且的这个死穴，把他送上路的。

龙且与韩信，一个在淮水之东，一个在淮水之西，率军摆下战阵。龙且的战法是，一鼓作气，打过河去，消灭韩信。韩信的战法是，利用夜暗，将一万多个袋子装满沙子，把淮水上游堵住。龙且尚未擂响战鼓，韩信的军队已打过河去。一交战，韩信的军队败下阵来，迅速撤到淮水西岸。龙且一看大喜，下令军队抢渡淮水，穷追猛打。当一大半军队渡过淮水时，大水突然从天而降，把龙且正在渡河的部队拦腰斩成两段。登上淮水西岸的龙且部队，想退，被大水堵住了后路；想进，韩信的军队黑压压一大片，呼天喊地杀将过来了，不一会儿工夫，西岸的龙且大军全部被杀，龙且也在混战中丢了性命。留在东岸的龙且部队，一看这架势，丢下武器，四处逃命。韩信率军猛追，不仅把逃散的楚军全部俘虏，而且把齐王田广也活捉了。

龙且战败被杀，项羽踏上不归路。

刘邦率领大军，拼命把项羽往不归路上赶。

可是，已经踏上不归路的项羽，猛一回头，又把刘邦打得败下阵来。仅凭刘邦的力量，仍无法将项羽赶到不归路的尽头。

此时，又是韩信出手，他亲率大军从齐国迅速赶来，联手彭越的军队，在刘邦的大旗下，再次把项羽逼上不归路，且一直逼到四面楚歌的垓下。

燕、赵、齐、魏等国，在楚汉相争时战火烤炙着的一大半土地，被韩信攻占。韩信就这样，为刘邦创建大汉王朝，横扫天下！

刘邦的大智慧

上面写了刘邦“听劝”“接地气”，难免让人产生这样的感觉：刘邦没什么本事，只是性格随和，好说话。

其实“听劝”，就是大智慧！

别人智慧高超，谋略深远，跟你说出来，你听不懂，分不清是好是坏，你会听吗？“听劝”的前提是，人家给你的谋略，你听懂了，觉得很好，你才会听。如此是否可以看到这样一个问题：他人的智慧，与“听劝”人的智慧，同频共振，才能一拍即合。因此，“听劝”本就有大智慧。

“接地气”，也是大智慧！

所谓“接地气”，本质上说，是君王的“所作”，与人民群众的“所盼”，同频共振。人民是历史的主人，任何一个有所作为的君王，都得用“接地气”去满足人民群众的“所盼”。君王心中不装着人民，不想着为人民谋利益，其所谓的智慧不“接地气”，就不是智慧，充其量不过权谋而已。

《史记》《资治通鉴》读下来，我的感觉是，刘邦是个大智大慧之人。

下面，我们挑几件事来看。

公元前203年，刘邦夺得成皋，把项羽存在成皋府库的金银珠宝和粮草，全部抢到手之后，楚汉争霸的天平开始倾斜，刘邦占据了主动。

项羽焦虑万分，思前想后，使出一个怪招。

项羽命人做了一个很大的用于切肉的砧板，把扣押在手的刘邦的父亲刘执嘉扔到砧板上，两边站着刀斧手，举着明晃晃的砍刀，砧板旁边架了一口大锅，熊熊大火把锅烧得滚烫。项羽对刘邦说："你再不投降，我就把你父亲剁了煮汤。"

刘邦则不急不恼，对项羽说："在义帝面前，你我曾盟誓结为兄弟，因而我的父亲就是你的父亲。如果你一定要煮杀你的父亲，那就请你给我分一碗汤喝。"刘邦的回答非常机智，分明是那种造诣极深的政治家才有的出奇，不仅滑稽幽默，而且沉稳雍达，足见其大智大慧！

如果你认为这是刘邦在村里厮混出来的狡黠的话，那请你往下看。

项羽气坏了，提出与刘邦面对面决斗。刘邦则嬉皮笑脸地回话："我只斗智，不斗力。"

于是，刘、项二人在广武涧打嘴仗。

项羽讲着讲着，就按捺不住，提出与刘邦单独决斗。刘邦则嘻嘻哈哈，尽说些家常话。项羽逼得急了，刘邦也突然爆发，一口气历数了项羽十大罪状："违背义帝芈心的约定，把我贬到巴蜀，这是罪之一；犯上作乱，斩杀卿子冠军，夺得兵权，这是罪之二；救援赵国后，裹挟各国将领，进攻关中，这是罪之三；焚烧秦国皇宫，挖掘帝王坟墓，把陪葬的金银财宝，全部装进个人腰包，这是罪之四；诛杀降王嬴婴，这是罪之五；坑杀秦降军二十余万，这是罪之六；把自己亲近的将领封到富庶的地方为王，而把原来的君王赶到边陲，这是罪之七；把义帝芈心逐出彭城，把彭城作为西楚的首都，又吞并韩、魏等国，这是罪之八；追杀义帝芈心，这是罪之九；政治设置不公平，政府官员没有信用，这是罪之十。"刘邦最后说："你项羽大逆不道，罪恶累累，已是天地不容，让那些受过你害的人收拾你就足够了，哪里用得着我来与你单打独斗呢！”

刘邦真是了得！这可没人提前给他写好稿子照着念，是他现场临机发挥出来的，不仅条条戳中项羽的痛点，而且得到几乎所有史学家对他智慧的认可。

再看刘邦大智暴发的另一件事。

公元前203年，刘邦率大军猛追穷寇，把项羽赶到垓下，为打了四年的楚汉争雄，画上了句号，也为大汉王朝的建立，拉开了序幕。

就在这样的关键点上，刘邦的大智突然暴发，做了一件令所有史学家都拍案叫绝的大事。

凯旋路过山东定陶，刘邦突然闯进韩信大营，夺了韩信的印信，立即把韩信统领的大军，收归自己统领。

刘邦可没忘记，当他率军对项羽进行毁灭性进攻时，征调韩信、彭越两支大军，前去参加决战，可这二人都不听调遣，按兵不动。是张良给刘邦出主意，把齐王韩信管辖的土地，扩大到楚国之后，给彭越戴上魏王冠之后，韩信、彭越才迅速率军赶来的。

这也许是擅长运筹帷幄的张良都没想到的。是啊！项羽灭了，天下尽归刘邦了，这时的军队不掌握在刘邦手里，那后患、危险就落在刘邦手里了。掌握军队的将领，想当皇帝了，可以拿军队说话；嫌封邑小了，可以拿军队说话；甚至不高兴了，也可以拿军队说话。把军权掌控在自己手里，军队如何调动、向谁开战，全由自己做主，这样屁股下的交椅就稳住了。

尚未当上皇帝的刘邦，明白这些道理。

如此，谁能说没多少文化的刘邦，不是大智大慧之人呢！

公元前202年二月初五，汉王刘邦登上帝位，定都洛阳。大秦王朝被大汉王朝所取代。

附文

前面写到，千古一帝秦始皇有“两面”，一面“伟大”，一面“暴政”……

秦始皇推出的有些创举，当时看是“暴政”，今天看是“伟大”……

附文《兵马俑的诉说》《天地皇陵待涅槃》，能加深对秦始皇“两面”的认识……

兵马俑的诉说

小时候听奶奶讲，秦始皇用铁链拴着人的脚修长城，累死的人就扔到下面打地基，长城脚下垫的全是白花花的人骨。奶奶当然没有忘记用情悲意怨表明对秦始皇的愤恨，只是讲到“孟姜女哭长城，哭倒长城八百里”时，脸上的皱纹才舒展开来，我也跟着舒出了一口长气。

对秦始皇不好的印象就这样从奶奶的口中种下了。

后来“批林批孔”，又从相关的报告中听说了秦始皇“焚书坑儒”的暴举。于是，秦始皇是暴君的印象就深深地烙进了脑子里。

随着年龄的增长，从历史书籍中对秦始皇有了比奶奶口中更多的了解。但印象不好是小时候种下的，扭转起来很难。这次到西安参观秦始皇兵马俑博物馆，我是多少带了些小时候种下的印象去的。

可一踏进博物馆，即便是从娘肚子里带来的印象，也由不得你不抛到一边。那数千件与活人一般高大的步兵俑，与乘战车组成的大型军阵，呼啦啦迎面驶来，顿时给你撞起一种威严百度的王者大军气派，一种率军征伐的硝烟气浪，一种无坚不摧的恢宏气势，一种运筹与文韬交汇的文化气息，还有一种只有中国人才有的骄傲情怀……撞得你百感交集，撞得你热血沸腾！

这完全出乎我的预料！

面前站着的这支灰蒙蒙的队伍，可是秦始皇十三岁当上秦王后，历经三十多年，为自己死后所创建的一支守陵卫队，一支终生以守卫一个亡灵为职责的阴曹卫队，一支一守就是两千多年且还要无止境地守下去的忠诚卫队！

我沸腾的心倏然平静下来，陡地生出一种蔑视。在博物馆参观的甬道上，我避开成堆的人群，信步由思，俯视由打井农民从土里翻出来的两个实战军阵和一个指挥部，俯视这支庞大守陵卫队，从久远的时空翻转过来的那股傲气！我企图以对秦始皇奢侈、暴政的蔑视而小视他们，但这无论如何都做不到，主观意识上给蔑视腾出的空间，还未坚挺起来便崩溃了。

我分明看见：那个腆着肚子的将军俑，他那指挥卫队时才有的威严，竟然一保持就是两千多年，裹在他身上的披甲那么沉重，可一点儿也看不出他有丝毫疲倦，看得出的，是他那威严中透出的一股刚毅！

那个被将军遣去传达号令的信使俑，手持军令，步履匆匆，如此一封信送了两千多年，从地下送到了地面，他仍旧用甩得呼呼生风的双手，表明他这封未送达的信还将送下去！

那个驾车的驭手，握着缰绳的手两千多年没有丝毫放松，那专注的眼神，穿透过多少岁月，穿透过多少星辰！

那个牵马的骑兵俑，垂手站立像是等待哪位将军上马，也像是等待将军发布出击号令！

还有那些射手俑，站立的，弓拉满，箭上弦；跪着的，箭在弦上，目视前方，只等一个“放”字。站着的，站出了两千多年的警觉；跪着的，跪出了强烈的军威……

从栩栩如生的数千名兵马俑身上，从他们那保持了两千多年而没有任何改变的动作和表情上，我突然领悟了他们何以要如此恪尽职守的原因，悟出了他们两千多年来执着无悔的真谛！

我知道，他们在用恪尽职守表明他们对秦始皇深深的钦佩！数千名为秦始皇守陵的兵俑，也许他们来自五湖四海，也许他们来自不同的民族，但使他们在华夏统一的太阳下接受金灿灿照耀的，使他们享受各民族团结统一而带来实惠的，是中国历史上第一个皇帝——秦始皇！他们在诸侯争雄的连年战乱中，饱尝了硝烟兵戈的痛苦，目睹了战火纷飞的惨烈。秦始皇兼并诸雄，统一全国，让统一的旗帜照亮海南，照亮内蒙古，照亮辽东，照亮华夏子孙世代引以为傲的祖国广袤领土时，是他们最先尝到了这其中的甘甜，最先领悟了这其中的意义，因而他们分外钦佩第一个使祖国统一起来的皇帝。正是有了这种深切的感悟，才使得他们始终如一地用恪尽职守来表达他们千古不变的钦佩！

我还知道，他们在用一丝不苟表明他们对一统政权的珍惜！战国七雄延续数百年的征战杀伐，死的是兵勇，苦的是百姓，耽搁的是中华民族向前迈进的步伐。秦始皇统一中国后，取消分封，设郡县统治，统一文字、货币和度量衡，兴修了纵横南北的宽阔道路，构建了社会发展的筋脉，为中华民族从此往后的生产力发展奠定了原始的基础。这一切，守陵卫队的数千名兵俑始终睁大双眼，从两千多年前的那一刻，一眼看到两千多年后的今天，看得清清楚楚，看得明明白白！于是将军俑严肃认真，信使俑步履匆匆，骑兵俑整装待发，射箭俑挽弓上弦……数千名兵俑，都用千年无异的一丝不苟，向后人作他们珍惜一统政权下改革发展的佐证！

秦始皇处罚徇私枉法的各级官吏，清除朝政腐败的事，后人已经记不得了，记得的是他奢侈无度、徭役繁重的暴行。也许秦始皇预料到自己将遭后人唾骂而屡屡出巡刻石颂功，以校正后人对他的不公待遇是一种徒劳。但深藏黄土中的数千名兵俑一站出来，就用千古不变的感情，无声却强烈地表明了对秦始皇的尊崇。

他们出来得可真是时候！秦始皇那丰富博深的历史创举，被后人抖落得只剩下横征暴敛和“焚书坑儒”后，只有他们有资格站出来校正。于是，将军俑断然发令，指挥着两个大型实战军阵，浩浩荡荡从历史深处走来……

从秦始皇兵马俑博物馆出来以后，我的脑子里尽是那些缄口不言却能表达丰富思想感情的兵马俑，尽是他们千年无悔的无声诉说，尽是他们千古不变的有力佐证。我真想对已经作古的奶奶说：孟姜女真不该去哭长城，她那一声哀号，哭倒长城八百里，多可惜啊！

1994年9月

天地皇陵待涅槃

秦始皇陵我去过多次，因为心中有许多疑惑不解，所以去了还惦记着再去。2014年11月19日，在西安朋友的陪同下，我又围着秦陵转了一圈。

真不敢相信，偌大一个秦陵，在地宫羡门“嘭”地关上的那一刻起，秦王朝有多少秘密尘封在黄土深处，这些秘密使得多少历史学家、考古学家魂牵梦绕。

这显然不只是历史学家、考古学家的学术探究，而是整个华夏子孙的寻祖期冀，血脉寻源。

秦始皇有大智慧，他一改华夏祖先“古之葬者，厚衣之以薪，葬之中野，不封不树”的古训，用三十六年的时间，大张旗鼓地在骊山北麓、渭河之滨，修建了一座“坟高五十余丈”的陵墓，留下一串公元前的历史谜底，让向前走去的岁月和他的后人揣测。

司马迁是第一个揣测这个谜底的大史学家，他给历史和后人留下了巨大而又丰富的想象空间，他的《史记·秦始皇本纪》载：秦始皇陵“穿三泉，下铜而致椁，宫观百官奇器珍怪徙臧满之。令匠作机弩矢，有所穿近者辄射之。以水银为百川江河大海，机相灌输，上具天文，下具地理。以人鱼膏为烛，度不灭者久之”。

之后的考古探测证实，司马迁的揣测，其大方向是对的。秦始皇陵东西长二百六十米，南北宽一百六十米，是一个呈长方形的巨大地宫，面积达四万多平方米。“以水银为百川江河大海”的揣测，已被地质学家的探测得到证实。证据即是，秦陵封土的汞含量明显高于其他地方。“令匠作机弩矢，有所穿近者辄射之”的揣测，也被考古发掘得到佐证。在兵马俑的发掘中，已经发现了弩机、箭镞。至于“上具天文，下具地理”“宫观百官奇器珍怪徙臧满之”，以及“以人鱼膏为烛，度不灭者久之”等记载，也许是司马迁从秦王朝的历史资料中查到的记载，也许是他的推测。回望秦陵地宫留下的谜底，历史一步一步走过两千多年的今天，仍是除司马迁极其概略、简单的破译外，再也无人做有价值的任何诠释，有的只是猜测。那个深埋地底的天大谜底，仍在时间的深处闪闪发光。

我们怪不得司马迁刀笔的吝啬，他出生于公元前145年，那年，离秦始皇去世六十五年了，离秦陵动土修建上百年了。一百多年后，司马迁的刀笔仍能比较准确地记载秦陵地宫的大体情况，给中华民族的历史，特别是中华文明史，留下一笔宝贵的参考资料，这本身就是巨大贡献了。

我猜想，司马迁对秦陵地宫的记载，绝非凭空想象，其资料来源有三，一是皇室的历史记载，二是百姓的口口相传，三是盗墓贼的掘墓实证。显然，前两个来源早已断绝了，只能看第三个来源了。

历史告诉我们，陈胜、吴广起义后，其部下周文率兵打到临潼，盗掘秦陵的企图被章邯率军挡住了。第一个盗掘秦陵的，是项羽。公元前203年，刘邦、项羽两军对峙，刘邦切断了项羽的运粮通道，项羽急了，与刘邦隔空对骂，刘邦一口气数落了项羽十条罪状，其中第四条就是派军队“掘始皇帝冢，私收其财物”。其证据链条是，一个牧童的羊掉进一个凿开的洞口，牧童举着火把寻羊，结果失火把秦始皇的棺椁烧着了。西汉末年的刘向也证明：“项籍焚其宫室营宇，或往咸见发掘，其后牧儿亡羊，羊入其凿，牧者持火照其羊，失火烧其臧椁。”北魏地理学家郦道元也证明：“项羽入关发之，以三十万人，三十日运物不能穷，关中盗贼销椁取铜。牧人寻羊烧之，火延九十日不能灭。”

在诸多证据面前，项羽盗掘秦陵的罪行成立。

历史走到唐朝末年，黄巢等农民起义领袖，也反复盗掘秦陵。

这之后，大规模盗掘秦陵的记载很少，但零星的、团团伙伙的，甚至是单个的盗掘一直没有停止。

值得大书一笔的是，中国共产党领导的抗日战争，对秦始皇陵起到了巨大的保护作用。日本侵略者在中华大地疯狂掠夺，早就垂涎秦陵地宫的宝贝。尤其是，1938年开封沦陷，郑州危在旦夕，进一步膨胀了日本侵略者的野心，其战略重点的指向是大踏步西进。原因是，西边的延安，是坚决主张抗日的中国共产党指挥中心。加之张学良、杨虎城发动西安事变，迫使国民党与共产党达成抗日民族统一战线。日本的西进战略，就是企图从最要害处打开缺口，实现其全面占领中国的战略野心。恰在这个当口，世代平躺在中华大地的黄河站出来了，它从府谷向南到韩城禹门口，一直奔腾在陕西、山西之间的峡谷之中，从天而降，吼声震天，一泻千里。在禹门口出峡谷之后，一展数十里之宽，泥潭沼泽遍布，河水深浅莫测。据我军俘获的日本司号兵山田供述，他们尝试渡河，船到河心，每一个浪就像一座大山，吓得脸色煞白，全身发软。黄河就这样，以其独特的气势、险峻，阻滞了日本侵略者西进的步伐。

当然，阻止日本侵略者西进的中坚力量，是中国共产党领导的八路军和敌后抗日武装力量，在华北大平原等敌后开辟的抗日第二战场，地雷战、地道战，以及广泛活跃在太行山、铁路沿线、沼泽湖泊抗击日军的武工队、平原游击队、雁翎队等，有效地拖住了日军扩张的步伐，迫使日军最终放弃西进战略。

也值得写一笔的是，1938年6月9日，国民党在花园口掘开黄河，凶猛的黄河水顷刻淹没了豫、皖、苏的大片土地，四十多个县被淹，八十多万同胞命丧激流，数百万人流离失所，苦上加灾。可以肯定的是，防止秦始皇陵被日军盗掘，这不是国民党掘黄河的目的，它的战略意图，只是想迟滞日本侵略者南下、西进的步伐。但掘黄河放水，客观上也迟滞了日本侵略者西进的步伐。

秦始皇陵就这样躲过了日本侵略者的浩劫。真不敢想象，一旦日本侵略者踏进陕西，踏入咸阳，秦始皇陵将面临怎样的浩劫。

20世纪的考古调查发现，秦始皇陵有两个盗洞，一个在东北，一个在西侧，洞口直径约为一米，深不到九米。这两个盗洞都远离地宫。这无疑是个好消息！我们权且认定，一个是项羽所掘，另一个是黄巢所掘吧，好在离地宫都很远啊！

好！我们还回到秦陵，去探寻秦始皇的大智慧。

在我看来，秦陵是秦始皇给华夏子孙留下的一个大宝库，一个集公元前华夏祖先的历史、文化、经济、科技等于一体的历史博物馆。在这个“穿三泉”而下的四万多平方米的博物馆里，陈设“上具天文，下具地理”的江河大海百川，装满了“宫观、百官、奇器珍怪”，设置了对付盗墓贼的“机弩矢”。

秦始皇为什么要大张旗鼓地建造这么一个地宫，他要告诉华夏子孙什么呢？

我们不妨联系秦始皇祖先的创业历史，以及秦始皇一统天下，圈定中华民族原始版图的巨大功绩，也做一次大胆的揣测。

秦始皇祖先的历史，更多地隐藏在黄土之下，史书记载的也只是只言片语。三千多年前的周王朝时代，秦始皇的祖先屈栖西域，游牧在黄土高原的边陲，虽属于一个部落，但只能算作各部落中的小媳妇，连说话都不敢大声，整天盯着邻近部落君主的眼色度日，用小心谨慎求得自保。直到战国初期，各诸侯国会盟时，秦国还被当作未开化的夷族排除在外。秦国的历史传承到秦穆公手里之后，他就为改写秦国历史大书了两笔，一笔是招募天下贤人达士，一笔是国家实行法治。就这两笔的实施和传承，秦国迅速走上了强国之路。从此，他们告别黄土边陲，一路东进，挺进关中，从数百个诸侯国中杀出来，跻身战国七强，且越战越强，灭掉六国，一统天下。我猜想，秦国从弱到强的历史，一定会在秦陵地宫的山川河流中陈设出来。因为秦始皇的智慧要告诉华夏后人，不要把秦国走过的足迹，看作是秦人的，它属于华夏子孙，华夏子孙要在今后的岁月里步子踏稳、走健，有华夏祖先走过的步子可做参考。

在秦陵地宫，我猜想，可能设置了秦始皇在位时出巡的路线图。他在位的大部分时间，都走在出巡的路上，仅东巡就多次，其中一次东巡走了一万多里，耗时近一年。他屡屡东巡的原因，是东方缺少他这个皇帝的“天子气”，被他征服的原六国遗民，不大服他这个始皇帝。他带着庞大的队伍出巡，就是要张扬君威，使潜在的反抗势力慑服。公元前219年那次东巡，途经云梦到南郡，渡江时，突然晴大起风，越刮越烈，把秦始皇的御船掀得左摇右摆，差点儿被掀翻。好不容易上岸后，秦始皇问此地有何方神圣，李斯答：尧女舜妻娥皇就葬在此山，且设湘山祠。秦始皇一听，勃然大怒，下令调集三千囚徒，砍光山上所有的树木草蒿，让赭色的石头全部裸露，给尧女舜妻娥皇剃了个光头，穿上囚徒的赭衣。我秦始皇东巡是对原六国遗民扬威来的，你一个女人家借尧舜之威给我颜色看，尧舜算什么，我始皇帝才有资格坐上华夏的第一把交椅！秦始皇的这种霸气，以及对先贤的蛮横态度，是一定要在地宫里展示出来的，他要以此告诫华夏后人，没有什么神仙神圣，自己才是自己的主人！因为任何人都替自己走不了半步，路在脚下，要靠自己迈腿！

当然，秦始皇派蒙恬率军出击匈奴，震慑边陲，修建西起临洮即甘肃岷县，东至辽东的万里长城，不会不在地宫里展示出来。他可不管长城脚下堆积了多少白骨，也不管孟姜女哭长城的哀号穿透华夏多少岁月，他要以此告诉华夏后人的是：长城是世界奇迹，是中华民族的骄傲，尚未登过长城的华夏子孙，登上长城，体会一把华夏子孙才有的骄傲和自豪吧！

我还猜想，在秦陵地宫，主体设置是一统华夏的宏大展示。盘古开天地以后，起源于黄河、长江两岸的华夏祖先，从黄河、长江走出去，走向广阔且蛮荒的山川河流，刀耕火种，繁衍生息，生育子孙。他们用双脚丈量着华夏的原始版图，走到哪里，哪里就是华夏的版图。年复一年的大自然造化，使得走向各地的华夏祖先，在一定的区域形成了人类进化才有的民族特色、文化特色，并以相应的文字、语言、习俗，将华夏子孙的不同民族风格彰显于世。西周初期，中华大地有三千多个部落，一个部落就是一个小国。到春秋末期，仍有八百多个部落。战国时期各国的厮杀风起云涌，在刀戟剑戈、滚木礌石中，一大批小国灭亡了。待秦始皇披上秦王战袍时，剩下七国厮杀，今天围魏救赵，明天远交近攻，最后秦国胜出，灭六国而一统天下。

战火的炙烤和剑戟碰撞迸出的火花，使得披上龙袍的秦始皇意识到，国家没有统一，天下便没有太平，天下没有太平，国家便没有强大。于是，他集李斯等幕僚的各种建议，一改周天子分封天下而埋下战乱祸根的做法，实行中央集权的郡县制，推行土地私有制，统一文字，统一度量衡，统一货币，统一法度。对于那些常常搬出原六国古制对秦始皇施政说三道四的儒生，他下令把他们沿用的史书全部烧掉，下令把闹得最欢、煽动最大的四百六十余名儒生，在咸阳城外挖个坑，把他们全扔进去活埋了。秦始皇的大器，常常表现出暴戾。但也正是他的暴戾，使得他在一统天下之初，百废待兴、阻碍重重的情况下，顺利地推行并实施了一统大国所需的制度、机制。他设置了桂林、象郡、南海等四十多个郡，圈定的华夏原始版图，东至海暨朝鲜，西至临洮羌中，南至北向户，北据河为塞，并阴山至辽东，总面积达三百五十多万平方公里。秦始皇的大智慧告诉华夏后人，有了这个原始版图，华夏子孙再迈开双脚走出去，再用脚去丈量国土，才有条件，才有支撑！

我深知，面对秦始皇，任何揣测都是挂一漏万的，都是微不足道的。

至于塞满秦陵地宫的“奇器珍怪”，不会似有些人想象的那样，供秦始皇自己享用。他死了，享用不了，当初塞进去多少，现在还是多少。这些个“奇器珍怪”塞进地宫，自有秦始皇要告诉华夏后人的大道理。今天陪葬坑出土的文物，就传导了秦始皇大智慧的不少信息。

比如，已经发掘的八千多件兵马俑，件件不同，没有一模一样的。这说明，每个兵马俑都是单独制作的。问题的关键是，兵马俑是整体烧制的，泥胎烧制时的收缩裂缝如何解决？兵马俑泥胎厚薄不匀，如何把握烧制火候？这些在今天仍未完全解决好的问题，两千多年前秦始皇的科技人员已经解决了。还有反映兵马俑年龄的额头皱纹，代表兵马俑语言的不同表情，无一不是旷世之作，无一不是珍贵的历史资料！

再比如，陪葬坑出土的兵马俑铜车，是由三千多个零部件组合起来的，它的车盖达两平方米，厚度为二至四毫米，用铜锡合金浇铸而成。这种浇铸的工艺要求极高，铜和锡的比例不恰当不行，温度过高或过低不行，否则，不是留下砂眼，就是留下气孔。而兵马俑铜车，既无砂眼，也无气孔。

还比如，出土的十九把青铜剑，剑身都有八个棱面，每个棱面的误差竟然比一根头发丝还小。这些深埋黄土之下两千多年的宝剑，被挖出来时依然寒光闪射，剑锋锐利。其中一把青铜剑被一尊重达一百五十多公斤的陶俑压弯在地，剑的弯曲度超过四十五度。可在把陶俑轻轻移开后，这把青铜剑竟然恢复平直，依然寒光逼人，手握剑柄一抖，嗡嗡作响，久久不息。这种今天才知道的“形状记忆合金”工艺，秦始皇的科学家是怎么做到的？更令世界震惊的是，每把剑的表面有一层十微米厚的“铬盐化合物”。“铬盐化合物”的金属处理工艺，德国科学家1937年才发明出来，美国科学家1950年才发明出来，并作为重大发明获得专利奖励。而我们仅陪葬出土的部分文物，已经使得华夏后人，包括全世界的科学家惊异不已，如果把秦陵地宫的“奇器珍怪”都拿出来，全世界的反响就可想而知了，人类文明史难道无须改写吗？

秦始皇陵，是华夏子孙的一个宝库，一座博物馆。它承上启下，上承公元前华夏祖先优秀科技、文化，用地宫馆藏的方式为后人保存起来；下启华夏子孙对优秀科技、文化的延续传承。待有一天地宫羡门“咔嚓”打开之后，“奇器珍怪”一件一件排着队从地宫走出来，将华夏祖先的智慧与华夏后人的智慧对接时，那将是一种什么盛况？我想那不仅是几千年来华夏智慧的溯根溯祖、顺畅其流，而且必将形成华夏智慧的一次惊世爆发！

这就涉及地宫羡门打开的严肃话题了。

陪我来秦始皇陵的西安朋友，特别是《美文》执行主编穆涛，认为秦陵不该发掘，理由是：“秦陵是华夏子孙的一座祖坟，后人是不能挖祖坟的。”但我以为，打开地宫羡门与“挖祖坟”不是一回事。挖祖坟，是毁祖毁源，天不答应，地不答应。而打开地宫羡门，将是华夏子孙的盛世之举，这得等到中华民族伟大复兴的那个光辉时刻！

也许，秦始皇陵地宫羡门开启不开启，何时开启，不是人类的智慧和能力所能决定的。它是天地皇陵，得由天来决定。

《三辅故事》载，项羽派军队挖掘秦始皇陵时，一只金雁从墓中飞起，一直朝南飞去。几百年后的三国宝鼎元年，有人给远在云南边陲的日南郡太守张善送去一只金雁，张善一看金雁上的文字，断定是秦始皇陵的宝物。

金雁从秦陵飞起，昭示着什么呢?

这使我想起凤凰涅槃。

佛经《天龙八部》载，一种叫伽楼罗的大鸟，即人们认为的凤凰，知晓天地大义，致力于消除人世间的罪恶和烦恼，被人们誉为“幸福使者”。相传凤凰以人世间的毒蛇毒兽为食，叫声似天籁之音，悦耳动听，羽毛艳丽无比，漂亮整齐。为了使人类免遭劫难，凤凰心甘情愿地背负起人世间所有罪恶，每五百年带着这些罪恶自焚一次，而后获得重生，一次重生比一次美丽，一次重生比一次强大。

凤凰浴火重生，是经过百般磨砺、锻造后，自身更加强壮的轮回，是荡涤自身积垢后，以更矫健的雄姿，向更大目标迈进的迸发，她五百年一次涅槃，一次比一次强大，一次比一次飞得更高，飞得更远。

我们有理由相信，凤凰正在华夏子孙的心灵深处翱翔，她在降福降瑞于中华大地的同时，正在积聚皇天后土的巨大能量，待中华民族伟大复兴的那一天，她会再次扑进大火，用涅槃彪炳中华民族矗立于世界强国的重生。

那个时刻，金雁还将从秦始皇陵扑腾腾飞起，穿越数千年时光，搭建起华夏祖先智慧与华夏子孙智慧的对接桥梁，携中华五千年文明，浩浩荡荡从这座桥梁走来，走过昨天，走进今天，走向明天!

2014年12月

第三卷

汉朝（上）

重读《资治通鉴》

傅剑仁 著

第三卷

汉朝（上）

河北出版传媒集团
河北教育出版社

目录

第五章　刘彻罢黜百家，开疆拓土/163

第一章 刘邦大智求安，无为而治

初创的汉朝，面临三大危机……

跟随刘邦出生入死打天下的战将谋臣，强烈要求分食刘邦的蛋糕，不给，战火立马燃起……

鞭长莫及的南越，立国称王，已从华夏版图划走一块；新兴强悍的匈奴，马蹄声隆，已踢破长城……

分封的异姓王，君臣失信，有的扯开反旗了……

大大咧咧、张口骂人的皇帝刘邦，连连出招，有的招是沿袭古制，有的招是伟大创举，有的招是血腥诛杀……

舍得，化解分封危机

刘邦登上帝位后，一改秦始皇废分封、设郡县的做法，恢复了华夏祖宗传下来的分封制。因而，刘邦面对的第一大危机，即对战将、臣僚的分封。

所谓分封，即是按功劳大小，分别授予爵位、官帽，分给土地做食邑，土地上民众生产经营应缴纳的赋税，交由受封官员享用。

按说刘邦创建汉朝，披上黄袍，整个天下都姓刘，天下这块大蛋糕，他想怎么吃就怎么吃，想怎么分就怎么分，别人奈何不了他。但是，跟随他出生入死转战的、帮他出谋划策运筹的、为他打天下抢地盘的，还有给他守后方保供给的战将谋臣，虽然都认可天下这块大蛋糕姓刘，但都觉得自己是功臣，理所当然应分得一块。毕竟天下这块大蛋糕，不是你刘邦一个人打下的，而是诸多战将谋臣出生入死、拼着老命抢来的。到了分享的时候，你刘邦独吞，不给他们分享，不仅从道义上说不过去，而且将引发大的动乱。

刘邦不想分封而不得不分封的，当然是那些不姓刘的异姓王。这些异姓王，有的原就是统辖一方的领袖，如长沙王吴芮，他本就是衡山一带的部落酋长，称为衡山王；有的是被项羽分封为王的，如英布，被项羽封为九江王，归顺刘邦后，刘邦仍封他为九江王；有的是在楚汉相争中，因担当重任而不可或缺，被刘邦封王的，如韩信，被刘邦封为齐王。尽管刘邦登上帝位后，不想让这些非刘姓的人戴着王帽，占据大片地盘，但出于稳定大局的需要，还是封了七个异姓王，只不过把有些人的王帽改了名称，对其统辖的地盘做了调整。

接下来，便是刘邦给跟随他出生入死的战将谋臣中厥功至伟的人封侯授爵了。这批人不是很多，只有不到二十人。据说这个名单是皇后吕雉操纵出台的，她的女婿张敖功绩并不突出，但也在其中，萧何排在这份名单的第一位。

名单一公布，炸了窝了。

战将谋臣大都跟着刘邦在一线作战，很少见到在后方做保障工作的萧何，结果萧何排第一位，大家很不服气，纷纷说我们参加作战数十次，攻城略地，死里逃生，身上多处负伤，没得到多么高的封赏，萧何靠舞文弄墨，却封在我们头上，这是什么道理？

刘邦为萧何力争，问道："诸君知猎乎？"

这些骑马征伐的战将谋臣，都爱好打猎，谁会不知呢？

刘邦："夫猎，追杀兽兔者狗也，而发踪指示兽处者人也。今诸君徒能得走兽耳，功狗也。至如萧何，发踪指示，功人也。"

刘邦说的是，打猎的时候，追赶捕杀野兽兔子的是狗，而发现踪迹并指出野兽所在之处的是人，你们的功劳就像打猎时猎狗获得野兽的功劳一样。至于萧何，就是那个发现踪迹并指出野兽所在之处的人。

把战将谋臣比作猎狗，把萧何比作猎人，并没有把大家说服。刘邦打算让步，给萧何很多封地，但在论功排位上，把攻城略地立功最多的曹参排第一位。

违心分封，刘邦心里很不舒服。

关内侯鄂千秋看出了刘邦的心思，登门游说。他对刘邦说："群臣议皆误。夫曹参虽有野战略地之功，此特一时之事。夫上与楚相距五岁，常失军亡众，逃身遁者数矣。然萧何常从关中遣军补其处，非上所诏令召，而数万众会上之乏绝者数矣。夫汉与楚相守荥阳数年，军无见粮，萧何转漕关中，给食不乏。陛下虽数亡山东，萧何常全关中以待陛下，此万世之功也。”

鄂千秋所说，说出了萧何三个方面的丰功伟绩：楚汉拉锯五年，刘邦常“失军亡众”，是萧何多次从关中送来兵员补充，每次数万人之众，而萧何这么做，并非接到刘邦的诏令；这期间，汉军眼看要断粮草了，又是萧何在关中征收民间粮草，利用水路转送至前线；刘邦打不过项羽，多次丢失崤山之东，是萧何保全关中，等着刘邦归来。鄂千秋认为，萧何建的是万世之功，而曹参等战将建的是一时之功。建一时之功的人，刘邦手下以百计，而建万世之功的，唯有萧何，故萧何应排所封侯爵中的第一名。

鄂千秋的游说，坚定了刘邦封萧何为第一功臣的决心，特赐他穿鞋佩剑上朝，而不似其他臣僚那样，上殿时解下佩剑，脱了鞋，踩着碎步，装成急不可待的样子。

封二十个侯爵是不够的，还得一级一级往下封，但越往下封，人数越多，越往下封，每个人的功绩越不好厘清，因而分封的名单一时拿不出来。而此时，等着分封的将领们吵成一锅粥了。有功无功自己最清楚，该封不该封也是自己最清楚。几乎所有等着分封的将领，都觉得自己的功绩比别人大，没等朝廷的名单出台，自己给自己封上了。这一来又炸了窝了。先是相互摆功相互比，接着便是相互攻击相互掐，甲揭乙的过，乙揭甲的短，踮着脚尖吵，扯着嗓子骂。昔日共同战斗、相互保护、相互支援的战友，面对分食天下这块大蛋糕时，变成了互不相让的仇敌。

司马光写道：一天刘邦和张良在洛阳南宫的甬道散步，远远看到洛水沙滩上，一堆一堆的人在聚会。刘邦问这些人在干什么，张良告诉他，这些人正在酝酿反叛。刘邦大惑不解，不打仗了，天下太平了，好好的日子不过，谋什么反呢？

张良说："陛下原来不过一介平民，靠这些将领的拼命战斗，才取得天下。而今您当了皇帝，封的全是您的亲属、老友和功劳最大的少数臣僚，再往下封，朝廷的官员犯难了，这么多人等着封赏，即便把全国的土地都拿来分封，也满足不了他们的愿望。这些将领担心您舍不得再拿出土地来封赏了，还担心分封给他们以后，您找个碴儿把他们杀了，又把分封的土地拿回来，所以他们聚在一起，密谋反叛。"

张良的这次劝谏，显然是放大了说的，目的是劝告刘邦，舍得拿出土地和爵位，分封给这些期盼得到分封的将领，使初创的汉朝尽快稳定下来。

刘邦听懂了，请教张良，如何化解这一危机。

张良问："陛下平生最憎恨、最厌恶，而大家又都知道的，是谁？"

刘邦不假思索，张口就说："雍齿。"刘邦说："他跟我有旧怨，多次侮辱我，我早就想把他杀掉，只因为他立过不少功劳，我于心不忍。"

是的！刘邦最恨的人是雍齿。

雍齿，沛县人，跟随刘邦起义，但一向看不起刘邦。公元前209年，刘邦在萧何、曹参等人的拥戴下，扯起义旗，攻克丰邑（今江苏省丰县），建立了第一个根据地。转年，泗水郡政府军围攻丰邑，刘邦率丰邑军民迎战，一举将郡政府军击溃。之后刘邦率军北上，命雍齿留守丰邑。刘邦走后不久，陈胜手下的大将周市率军前来攻打，并向留守丰邑的雍齿招降。雍齿则毫不犹豫，连城带人全部投归周市。刘邦的根据地丢了，十分恼火，率军回攻，雍齿则站在周市的大旗下迎战，把刘邦从丰邑打跑了。刘邦怎么也不理解，同是丰邑老乡，一同起义造反，你雍齿怎么能掉转枪头，对着我刘邦呢！虽然后来雍齿又归降刘邦，且作战勇敢，立功很多，但刘邦始终记恨雍齿。

既然刘邦最恨的人是雍齿，张良就建议他立即给雍齿授封。

刘邦又听懂了，摆下筵席，封雍齿为什邡侯。就在这个筵席上，刘邦诏令丞相、御史，迅速评议各将领的功劳，拿出分封的名单，尽快分封到位。

这顿饭，吃得将相臣僚皆大欢喜，弹冠相庆。大家相互敬酒时说："雍齿都封侯了，我们还有什么说的！"

汉朝初创的分封危机，就这样化解了。

化解这一危机的前提，是刘邦"舍得"！

汉朝天下这块大蛋糕，姓刘，但姓刘的不能独吞，独吞了，就会消化不良！

怀柔，化解南越危机

公元前214年，秦始皇派大军征服南越，分设桂林、南海、象郡。为使南越融入中华民族这个大家庭，秦始皇特地从中原迁徙五十余万人，定居在岭南一带。五十余万人中，有一批人是秦政府特地挑选出来的，他们有文化、有才华、有胆识，分别在各郡县任行政、军事长官，负责领导、管理和教化民众的工作。

今河北正定人赵佗，就在这批人之中，他被派到南海郡龙川县做县令。

从经济文化较发达的中原，到地处偏远且汉人与少数民族杂居的龙川县做县令，赵佗以其开阔的视野和出众的才华，在龙川县令这把交椅上，向南海乃至整个南越辐射了巨大的影响，成了南海最高军事长官任嚣的座上宾。

陈胜、吴广揭竿而起后，项羽、刘邦等群雄并起、兵戈相伐，争霸天下的硝烟飘过黄河长江，给南越带去了可以背秦而自立的信息。南越郡县的长官，密切关注中原的战事发展，有内心焦虑的，也有内心窃喜的。

赵佗则登上岭南高高的山峰，面北伫立，凝视远方。

南海军事长官任嚣病重，他自度时日不多，在临终之际把赵佗召去，凭着他几十年风风雨雨磨砺出的特有目光，语重心长地对赵佗说："我们南海郡偏僻而遥远，现在中原诸侯争霸，我担心那些作乱的军队趁机攻击我们。我本想率军去断绝我们与秦朝的通道，以观事态发展，不承想重病在身，无力完成这个任务了。”

老军事长官大喘了几口粗气接着说：“我们番禺（今广州）这个地方，后有险固的山寨可以依靠，前有南海横阻作为屏障，从东到西，有数千里之广，又有不少汉人杂居辅助，地广人杰，满可以建立一个国家……”老军事长官说到这里时，盯着赵佗，眼睛里流露出的全是信任。他不无遗憾、又不无欣慰地接着说：“因为郡中没有杰出的人才值得我和他商量，所以把你召来，把我临死前的心思告诉你，让你接替我，做南海郡的尉（司令）”。

赵佗对老军事长官的如此信任非常感激，加之他对时局的分析，也深深认识到，天降大任于斯人的时机到了，于是欣然领命，跪地拜谢，双手接过老军事长官任命他接任南海郡尉的印信文告。

就在楚汉相争似拉锯般打过来打过去，打得不可开交之际，已经接任南海军事长官的赵佗，下令烧毁了横浦关、阳山关、湟溪关的桥梁，封锁了秦始皇开凿的五岭山径，断绝了与中原相连的通道，着手做另立王号的建国准备了。

显然，与赵佗一同被派往南越的诸多中原官员，不愿就这样断绝与中原的联系，也不愿脱离秦朝而在遥远的南越边陲做官，因而对赵佗的一些做法多有抵制。

而赵佗决心已定，不容抵制，他利用其军事长官的权势，以维护当地人习俗为由，找碴儿把秦朝派去的官员杀掉，换上了自己的亲信党羽。就在秦王子婴跪在咸阳西北的轵道向刘邦投降时，赵佗已经率军兼并了桂林郡、象郡，自立为南越武王了。

中原的楚汉相争尚未争出个什么结果，华夏的南边，赵佗已经圈走一大片国土了。

对此，项羽视而不见，刘邦则非常关注。

公元前202年二月，刘邦初登帝位，颁布的第一个诏书，就是封吴芮为长沙王。诏令说：故衡山王吴芮，率领百越军队，帮助推翻秦政府，建有大功，各诸侯国尊奉他当王，而项羽却把他改为“番君”，我很不满意，现在封吴芮为长沙王。

请注意！吴芮不是统领南越军队的领袖人物，却把他封在长沙为王，意味着什么呢？公元前二百多年的汉朝，通往南越的道路既远又险，加之又没有快速的通信设备，华夏南面的大片国土，如何掌控？而长沙往南走几步，便是广东的韶关。封百越领袖吴芮镇守长沙，刘邦真正打的大主意，还是南越！

同时封王的，还有闽越王姒无诸。刘邦的诏令说：故越国姒无诸，世世祭祀越国王室祖先，而秦国却断绝了他的祭祀。攻击秦国时，姒无诸率闽中军队出征，项羽却不予理会。现在，封姒无诸为闽越王，统辖闽中。

姒无诸是勾践的后裔，在闽越一带具有很大的感召力。

要知道，这是刘邦做皇帝后的第一次分封。由此可以看出，尚在与项羽争霸打伐的过程中，刘邦对远在南面的广东、福建，就格外关注。

刘邦平定天下后，出于对战争的厌倦，更是出于对百姓连年遭受战争之苦的怜恤，力排众议，放弃了对自立为王的赵佗的征讨。但刘邦绝非等闲之辈，他深知祖先留下的最大产业是国土，他刘邦不能在这个问题上愧对祖先，因而他虽不发兵讨伐赵佗，但也不能容忍在华夏一统的国度里，有一个自立为王的赵佗，把国土挖走一块。经过反复谋划，刘邦拿出政治家高明的一招——怀柔。用一张南越王的诏命，承认这个既成事实，把赵佗企图从华夏版图分裂出去的念头，用一纸诏命给予打消，把汉朝与南越已经露出的对立端倪，用一纸诏命予以化解。

任命赵佗为南越王的诏书起草后，刘邦特地派大夫陆贾带着印信符节，前去把自立为南越武王的赵佗所控制的国土收归一统。

陆贾，楚人，满腹诗书经纶，口才极佳，以幕僚的身份跟随刘邦平定天下，常被刘邦作为使节出使。

陆贾逮个机会便给刘邦讲《诗》《书》，刘邦骂他说："老子是骑马打天下的，何必要《诗》《书》呢？"陆贾习惯刘邦的怒骂，你骂你的，我当说还说。他对刘邦说："居马上得之，宁可以马上治之乎？且汤、武逆取而以顺守之，文武并用，长久之术也。昔者吴王夫差、智伯，极武而亡；秦任刑法不变，卒灭赵氏。乡使秦已并天下，行仁义，法先贤，陛下安得而有之？"陆贾说的是，从战马上夺取天下，但能从战马上治理天下吗？汤、武兴干戈，叛上而取天下，却以顺民心的怀柔政策守天下，文事武功并用，才是国家长治久安的方法。陆贾还用吴王夫差一味穷兵黩武而导致亡国，秦朝一味以严刑苛政治国，导致覆灭的历史教训，提醒刘邦，以顺民心的怀柔之策治理天下。为此，陆贾根据秦朝覆灭的教训、存亡的征兆，写了十二篇文章，每写一篇送刘邦看一篇，刘邦没有不说好的，称这十二篇文章为"新语"。

公元前196年，陆贾出使南越，抵达番禺，见到了南越武王赵佗。他俩的见面非常生动、有趣。

赵佗完全一副当地头领的装束，头发束成一撮，扎得紧紧的，竖在头顶，见陆贾时，既不起立，也不让座，而是叉开两腿，坐在蒲席上，活像扔在地上的一个簸箕。他用这种装束和傲慢，表明对汉王朝的不在乎。

陆贾虽身处异域他乡，且随时都可能遇上不测，但他腹有诗书，胸有祖国统一的正义壮胆，身后有强大的汉朝做靠山，一上来就嘴不饶人。他指着歪坐在地上像簸箕一般的赵佗说："你本是汉人，你的祖坟、亲人也都在故乡，可你不念祖宗，装扮成当地头领的样子，企图以弱小的南越与大汉王朝对抗，我看你的灾祸就要临头了！”

陆贾从赵佗背叛祖宗礼法的角度严厉指责一番后，又从汉皇帝刘邦如何承奉天意，汉王朝如何强大，皇帝刘邦如何关心赵佗等诸多方面，阐明了他此行的目的。他对赵佗说：“丞相和将军们准备派出大军，向你问罪，只是天子怜悯百姓饱尝战争之苦，才没有应允。如果你再不迷途知返，我回去向朝廷一报告，朝廷就会做出强烈反应，首先挖掘、焚烧你的祖坟，屠杀你的族人，而后随便点一位将军，带上十万兵马，就能把你南越踏平！”

直到这时，赵佗才腾地跳起来，规规矩矩地坐下，道歉说：“请大人原谅，我在当地部落鬼混得太久了，忘记了汉人的礼仪。”他话虽是这么说，但骨子里还是不服气，问陆贾：“凭我赵佗的能力，比萧何、韩信如何？”

陆贾也是给他面子，迎合他答道：“你的贤明和能力，跟他们相似。”

赵佗的本意是想拿自己跟刘邦比，只不过先搬出萧何、韩信兜个圈子，听陆贾说他与萧、韩相似，觉得不过瘾，故而直入主题问道：“我比皇帝刘邦如何？”

借这个话题，陆贾在大大夸赞刘邦的同时，对赵佗连同南越大大踩了一番。陆贾说：“刘邦继承三皇五帝的伟大基业，统治的人口以千万为单位计算，统辖的土地方圆超过万里，物产丰富，号令统一。汉王朝统辖数十个郡，而你区区南越，只不过相当于汉王朝的一个郡而已，怎么能跟皇帝刘邦比呢！”

赵佗也是嘴硬，大笑着说：“可惜我不在中原，如果在，岂知我会不如刘邦呢？”

陆贾这次出使南越，不仅使赵佗放弃了自封南越武王的称号，接受了汉王朝南越王的封爵，而且在给汉王朝带回大量进贡的同时，带回了赵佗“愿奉明诏，永为藩臣”的承诺。

南越，回归华夏一统的大家庭！

刘邦没有给赵佗戴一顶南越王的帽子了事，而是派人整修赵佗在正定老家的祖坟，封赵佗的亲人做官，同时诏令给南越供给铜、铁，用以制造农具用品，提高生产水平；供给健壮的公马，用以与南越的母马交配，育良种马匹，等等。

大大咧咧、张嘴便骂人的刘邦，并非没文化的粗人，尤其在事关全局、事关国事的大是大非问题上，头脑清醒，思虑长远，可以说，是华夏历史上难得的一位大明大智之帝！

和亲，化解匈奴危机

陈胜揭竿而起，中原战火纷飞，就在项羽、刘邦为争霸天下打得不可开交之际，我国北方的匈奴汗国，以其兵强马壮而不断犯边了。

值得大书一笔的，是匈奴首领冒顿单于。

冒顿的父亲是头曼单于，冒顿很小就被立为太子，占据了父亲百年之后接替单于的有利地位。但不久，冒顿的地位动摇了。父亲头曼所宠爱的阏氏生下一个儿子，不知是头曼对这个儿子格外宠爱，还是阏氏在头曼怀里的撒娇挑唆，头曼单于打算废掉太子冒顿。不便明着干，头曼便设计了一个毒招，把冒顿派到月氏去当人质。冒顿一到月氏，头曼单于便发兵攻打月氏。本来太子在月氏当人质，父亲头曼应极力与月氏修好，结果却发兵猛攻月氏。月氏火了，打算杀掉冒顿，以报头曼单于发兵攻打之仇。就在冒顿的头颅即将落地之际，冒顿设法盗得一匹良马，披星戴月逃回了匈奴。

儿子从父亲设计的死亡陷阱中逃回来了，父亲也不好说什么，便把他安置在一个骑兵部队，令他率万骑训练。冒顿经历了这样一场政治陷害之后，变得聪明狡诈起来了。他亲自发明了一种响箭，箭发带响，由他率先拉弓指示目标。他对部下严令：凡是我的响箭所发射的目标，而弓箭手不跟着尽力射杀的，一律砍头！

冒顿号令既出，坚决照办。

冒顿领着弓箭手射杀鸟兽，有人不跟着射击响箭所指示的目标，冒顿就当场把这些人的头砍下来。

冒顿用响箭射杀自己骑的良马，弓箭手中有的不敢跟着射击，冒顿便立即下令将这些人的头砍下来。

冒顿用响箭射向自己宠爱的妻子，弓箭手都大为恐惧，有的不敢拉弓上弦，于是，冒顿又下令将这些人的头砍下来。

冒顿用响箭射向父亲头曼的良马，弓箭手们个个把弓拉满，齐齐向头曼的良马射去。

在做了这许多训练后，冒顿的手下一个个变得凶狠残忍、服服帖帖了。冒顿于是进行一个更大的也是最终的谋划。

冒顿跟父亲头曼打猎，突然间，冒顿把响箭向自己的父亲射去，顿时成千上万支弓箭一起射向他所指示的目标。父亲在乱箭中毙命之后，父亲的阏氏、弟弟以及企图反抗的臣僚，也都成了冒顿的响箭所指示的目标。

冒顿未做任何政治演说，但他用这种迫使手下忠于自己的训练，登上了单于的宝座。

用残酷的手段杀死父亲，自立为单于，是被人瞧不起的。冒顿在单于的宝座上屁股尚未坐热，当时实力强大的东胡王便派使节来发难了，没有任何交换条件，也没有任何理由，提出要头曼单于生前的一匹千里马。冒顿不露声色，召集臣僚商议。臣僚们坚决反对，说千里马是匈奴的宝马，坚决不能给了东胡。冒顿却若无其事地说：“我们与东胡毗邻，人家要一匹马，怎么能不给呢！”于是下令，把头曼单于的一匹千里马给东胡送去。

要千里马就给，东胡王得寸进尺，又派使节来了，提出要冒顿的一个心爱的阏氏。冒顿登上单于的宝座后，后宫的阏氏很多，送一两个不是问题。但东胡王这种蹬鼻子上脸的做法，激起满朝臣僚的愤怒，出兵攻打东胡的喊叫声充满朝廷上下。冒顿却轻描淡写地说：“我们与东胡毗邻，怎么能爱惜一个女子呢！”那口气，显得十二万分的无所谓。

要马给马，要嫔妃给嫔妃，东胡王更是觉得冒顿可欺，于是变本加厉，提出了领土要求。东胡与匈奴交界处，有一千多里的空地，双方在各自的边界修建了防守的堡垒。东胡提出占有那块空地，匈奴人不得到那里去放牧。冒顿再次召集臣僚商议，这次臣僚们没有愤怒无比了，有的只是不屑一顾，说那是一片荒地，无人居住，给他们算了，更是显得十二万分的无所谓。

冒顿则不然，他一反前两次的无所谓态度，陡然变得非常愤怒，说："地者，国之本也，奈何予之！"是啊！土地是一个国家的根本，是人民的生存之基，怎么能给别人呢！冒顿在用激愤的情绪大大陈述了一遍土地一寸也不能奉送的道理后，下令将那些提议把土地给东胡的臣僚统统斩首，并立即披挂上马，发布命令，国中有谁后退，不跟着去攻打东胡的，一律斩首！

冒顿单于率军打的这一仗，斩杀东胡王，全部俘虏了东胡的人民和牲畜财产。接着，他统兵向西赶跑了月氏，向南吞并了楼烦和白羊两族，向北降伏了浑庾、屈射、丁零、鬲昆、薪犁等部落，不仅将秦王朝蒙恬将军收复的土地全部夺去，而且统兵向南，不断在汉朝的燕、代两地发起进攻。

强大的匈奴，已经在汉王朝的北面为患了。

对此，刘邦在皇位上极其忧虑，深感不安。

公元前200年，刘邦派战将韩王信驻守代国，建都马邑，以防备匈奴的进犯。当年秋天，冒顿来了，率军将马邑重重包围。韩王信在得不到汉朝大军救援的情况下，数度派使节出使匈奴，以谋求和解。刘邦对韩王信私下与匈奴求和非常不满，派朝廷官员打探韩王信的举动，并予以指责。韩王信深感恐惧，思虑再三，率军举城投降了匈奴。

冒顿不动兵戈而得马邑，军威大振，乘势统兵向南，越过句注山，进攻太原，前锋抵达晋阳。

刘邦再也坐不住了，他亲自挂帅，率军与韩王信在山西沁县决战，大胜而归。刘邦尚未走出山西，当地人曼丘臣、王黄等人，拥立故赵国王室后裔赵利为赵王，收罗韩王信的残兵败将，与匈奴联盟，再次向汉王朝发起进攻。

这一次，冒顿在战术上做了大的调整，制订了一个历史上堪称杰作的作战方案。他先派右贤王率一万余名骑兵，与王黄、赵利的军队在代县至太原一带布阵，汉军发起攻击，匈奴的骑兵就溃退，汉军不追了，匈奴又集结起来布阵。汉军且攻且追，匈奴且溃且集。时值隆冬，天寒地冻，汉军士卒冻掉手指的占十分之二三。

这时，身居皇宫的刘邦，打听到冒顿率军驻屯在大同市以东代谷的消息，决定发动一场大规模的进攻，一劳永逸地解决北方的边患问题。于是，他接二连三地派出探子前去侦察。冒顿则把精锐部队和肥壮牛马藏匿起来，只留部分老弱残兵和衰老的牛马摆在那里，给汉朝侦探提供虚假事实。刘邦也是不放心，接连十多次派出探子，十多次都得到可以大胜匈奴的报告。刘邦毕竟是沙场高手，他怀疑探子打探不实，特派刘敬前去做最后的侦察。

刘敬即是劝刘邦建都长安的娄敬，刘邦赐他姓刘。

可尚未等到刘敬打探回来，刘邦鬼使神差，突然觉得心机有动，认为这是上天给他预兆，认为攻打匈奴的良机来了，机不可失。于是迫不及待地匆匆统军三十二万，浩浩荡荡向北推进，摆开了与匈奴决战的态势。

刘邦率决战大军进入山西大同时，刘敬回来了，他凭着自己去伪存真的观察和分析，得出了与前十几批探子不同的结论，认为这完全是匈奴诱敌深入之计，万万不可贸然进攻，否则将陷入匈奴设下的陷阱。

刘敬把自己的见解向刘邦据实禀报后，刘邦顿时怒火万丈，大骂刘敬散布失败思想，涣散军心，下令给他戴上脚镣手铐，打入代县的死牢囚禁起来。

刘邦这火发得着实霸道。一方面，他相信自己的灵感，以为这灵感是上天对他这个真龙天子的预兆，不会有错。另一方面，刘敬禀报的消息，无疑使他对自己灵感的可信度产生了动摇。刘邦之所以数度派人打探匈奴的布兵情况，在十多次得到同一口径的消息后，还派刘敬去做最后的印证，是因为他对发起进攻便可大胜的消息感到怀疑。当刘敬的打探证实自己的怀疑后，刘邦难免心急发怒。这已经不是他刘邦坐在皇宫听探子的禀报了，数十万大军浩浩荡荡从长安开到了大同，这个时候罢兵而返，不是大失脸面吗？于是刘邦大骂刘敬涣散军心，用皇帝才有的霸道，死撑着自己已经错了但还要错下去的面子。

刘邦率军挺进，带部分将领和军队，在大同市东面的白登山察看地形，没想到，冒顿率四十万精锐骑兵，似神兵天降，突然将白登山团团围住。刘邦定睛一看，心惊肉跳。东边全是骑青马的，南边全是骑赤马的，西边全是骑白马的，北边全是骑乌骊马的，布阵井然有序，四面合围，水泄不通。

刘邦的大部队被冒顿的铁骑分割开了，内外消息不通，彼此情况不明，刘邦只好率军突围，左冲右突，就是撕不开口子。七天七夜过去了，求救的消息又传不出去，气得刘邦七窍冒烟。眼看覆灭在即，陈平献上一个密计，刘邦只好照办。于是，一个身负特殊使命的秘密使节，悄悄来到冒顿的王帐，晋见阏氏，毕恭毕敬地献上贵重的礼物……于是，阏氏劝冒顿把被围的刘邦放了……于是，冒顿精心设计的这个杰出的战役方案，被阏氏几句不轻不重的话瓦解了……于是，就有了一个由冒顿下令放开的口子，让刘邦从铁壁铜墙般的重围中逃将出来……

司马迁载，陈平共给刘邦贡献了六个重大计谋，前五个都有记载，这第六计秘而不宣。所记载的，只是阏氏对冒顿如是说："两主不相困。今得汉地，而单于终非能居之也。且汉王亦有神灵，单于察之。"说的是，两国的君王不应围困对方，你占了这里的土地，也不能久居，况且汉王有神灵保佑，请单于仔细考虑。

显然，这点记载，是揭不开陈平这一计的谜底的。

倒是有史学家这样揭示过谜底：陈平叫使节给冒顿的阏氏送去一幅画，画中是一个美女，阏氏看一眼便惊艳得晕过去了。送画的使节说："汉朝后宫这样的美女多的是，冒顿要是入主汉宫，可有得享用。"这显然是使节给阏氏上眼药，意思是说，刘邦一旦被灭，冒顿入主汉宫，你这个阏氏便靠边站了。于是阏氏赶紧找冒顿，从有神灵保佑刘邦的角度，劝冒顿给刘邦开个口子逃出来。

刘邦逃出来以后，没有忘记被他打入代县囚牢的刘敬，派人赦免了他，并给他加官封爵。在刘敬之前十几批打探不实的探子，都被刘邦下令处死。吃了这次苦头以后，刘邦打消了用武力征服匈奴的念头。

但是冒顿并没有因为在白登之役放刘邦一条生路，而放弃对汉王朝边境的骚扰和侵犯，北方边境烽火连年，告急的使役络绎不绝。刘邦深感忧虑，请教刘敬，谋求长久之策。

刘敬给刘邦贡献了一个大谋略——和亲。

刘敬叫刘邦将自己的女儿嫁给匈奴单于做老婆，并带上一份丰富豪华的嫁妆。因为女儿是汉王朝皇帝的女儿，有一个大富大贵的娘家，实力雄厚，靠山强大，匈奴单于就一定会立她为阏氏。阏氏生的儿子，就是当然的太子，每逢过年过节，阏氏娘家打发一些能言善道的人带上礼物，特地向匈奴单于馈赠问安，并趁其高兴的时候，给他教导或暗示一些关于女婿对岳父大人的礼节。这样，匈奴单于活着的时候，他是女婿，一旦死了，他的儿子也就是皇帝的外孙继任单于。长此以往，匈奴单于的统治地位就由皇帝的外孙、曾外孙世世代代把持，战争也就可以避免了。

刘敬给刘邦画的这张和亲图，理想色彩浓厚，几乎排除了匈奴内部争权打斗的一切可能性。但不得不说，和亲，客观上促进了民族间友好关系和经济文化交流。

刘邦是大智之人，对于和亲这种史无先例的做法，能从根本上看清其重大效应。华夏祖宗崇尚和谐、和睦、和为贵，在“和”的大理念下，再加一个皇族之“亲”，岂不是汉民族与各少数民族融洽血脉、融洽情感的大构建吗！于是刘邦欣然答应。

刘敬告诫刘邦，要嫁就必须嫁嫡长公主，如果胡乱找一个普通的皇族女子，或从皇宫挑一个漂亮的宫女冒充，关系隔着一层，效果就不会太好。

刘邦就一个女儿，叫鲁元公主，且早已嫁给赵国国王张敖。但出于对国家利益的考虑，刘邦还是下令鲁元公主远嫁冒顿，与匈奴和亲修好。但皇后吕雉舍不得，她就这么一个宝贝女儿，把她嫁给匈奴冒顿，放心不下。于是吕雉日夜啼哭，肝肠欲断，刘邦无奈，只好选一个皇族女子，嫁给冒顿和亲。

果不其然，冒顿得到一位汉王朝皇族女子做阏氏后，虽史无记载他如何识别这个皇族女子并非汉皇帝的嫡长公主而怒火万丈，也没有记载他如何行女婿对泰山大人之礼，但记载了匈奴对边境的骚扰和侵犯大为减少，从边关到长安的狼烟也很少升起，边境军民在偃旗息鼓中得以生息。

刘邦开创的和亲先例，被刘邦之后的历朝历代帝王沿用。唐王朝几乎全用和亲之策，羁縻边疆少数民族。清王朝把大批皇女嫁给当时的蒙古王子，这些皇女生下的儿子，从小就跟母亲住在外祖父的皇宫，跟外祖父（当时的皇帝）、舅舅（下届皇帝或亲王）、表哥表弟（再下届皇帝或亲王）读书在一起，玩耍在一起，感情笃深，成年后回蒙古继位，就似清王朝派出的人选继位一样，关系十分密切。虽然皇帝的女儿或皇族女子作为和亲大礼送出去以后，边关的烽火并没有熄灭，但和亲这一伟大创举，极大地缓解了边境的烽火蔓延，极大地促进了边境军民的和谐安定，极大地融洽了汉族与各少数民族的感情。以和谐与感情为纽带，体现在民族与民族之间的效能，不是用金钱和财富所能衡量的，它融化在人民的血脉之中，附着在人民的灵魂之上，世世代代，繁衍不绝！

诛杀，化解皇权危机

任何一个封建王朝的诞生，都不可避免地面临一大危机：反叛。

更多的反叛种子，播种在争夺天下的打斗之中。打斗，不只是两派，而是多派。打着打着，派系开始合并，当然也有合了分、分了合的反复，但最终是剩下两派。

多派打斗时，各派系的首领平起平坐，你称王我也称王，不存在隶属关系。

合并时，是派系的利益趋同。此时，各派系的首领虽仍称王，但平起平坐的砝码倾斜了，实力最强、威望最高的派系首领，凌驾于其他派系首领之上。

到只剩两派打斗时，离新王朝诞生不远了，美好的前景引领各派系重新整合，朝着一个目标奋斗。

这之后，新王朝的龙椅上，坐着一个新皇帝，由他给一路打斗过来的各派系首领分封行赏。此时的天下，全部属于这个新皇帝，把任何一块土地分封出去，就像从他身上割肉一样痛。但这肉不得不割，不割，初生的皇权就稳不住，战火瞬间就会爆发。如何割？皇帝得反复权衡。土地肥沃的富饶之地不能割，地理位置重要的战略之地不能割，人口稠密的纳税之地不能割，商贾云集的市贸之地不能割，还有自己老家的出生之地不能割，等等。如此权衡下来，能割的不是边塞，就是人烟稀少的蛮荒之地了。

这大概是不可更改的分封法则。但这样分封，在天下争夺时播种的反叛种子，便开始发芽了。

昔日彼此为王，合并时派系首领是带着根据地、带着军队、带着民众来的。如今打下天下了，却把他们分封到边塞或蛮荒之地，心里能痛快吗？尤其是那些战功赫赫、对战争胜负起过决定性作用的首领，绝不甘心屈居一域为王，因而反叛，几乎是没有任何理由的后续动作。

于是，漫长的封建社会，形成了这样的历史定律：

平息反叛，化解皇权危机，是任何一个封建王朝创建之初都无法避免的，诛杀功臣，是平息反叛的头等大事。

刘邦未能跳出这样的历史定律，他登上帝位后，首先给七个异姓王分封，且将战功最大的齐王韩信分封到楚国为王。他要用这样的分封，把政局稳住。刚一分封完毕，燕王臧荼便反了，刘邦不得不亲率大军前去平叛。刘邦大军尚未返营，项羽的旧将利几，被刘邦封为颍川侯，又举起了反叛大旗，刘邦不得不又率军前去征剿。这么一开头，平叛、诛杀便没完没了了。

应当说，刘邦心地善良，念旧情，对跟随他打天下的战将谋臣，多有呵护，舍不得痛下杀手。但附着在皇权上的刘家利益集团，他们的心里只有刘家江山，他们的灵魂深处不积攒任何情感，因而欺骗刘邦、背着刘邦谋杀功臣的惨案，便以各种各样的理由和方式反复上演。虽然大多诛杀功臣的惨案，刘邦不是主谋，但刘家利益集团把功臣诛杀后向他禀报，他也只是顿生顾念之情。这种瞬间之情的背后，并非事已至此的无可奈何，而是事已至此的认可！

韩信被诛于“刘邦怵他”

在全部被封的异姓王中，刘邦最怵韩信。

这是有根据的。

在与项羽争霸天下时，刘邦就深深领教过韩信“战必胜，攻必克”的统军才华。项羽在垓下战死后，刘邦尚未披上龙袍，天下治理的诸多大事一件没做，但他不忘做一件事，即是把韩信统领的大军，收归自己的统领。原因是，他对韩信的军事才华发怵。

韩信被封为楚王，他一上任，便在大批武装护卫下巡视淮阴。那里有他年轻时抹不去的记忆，有他忘不了的乡愁。昔日他蹲守河边钓鱼时，舍给他饭吃的漂母，他要表达感激，送给了她大把的黄金；昔日叫他从裤裆下爬过的无赖，他也要召见。召见这个无赖，不是报复整治他，而是任命他为中尉，相当于今天一个地级市的军分区司令。韩信说这个无赖是条汉子。这么说的原因，可能是当时他蹲在河边钓鱼时，听人谈起过这个人，人不坏，讲义气，只是爱顽皮而已。

韩信在刘邦手下为将时，与项羽手下的大将钟离昧惺惺相惜，战场上打归打，但私下里比较友善。同是战将，虽互为敌手，但谋划作战的军事才华，使得他俩相互钦佩，相互欣赏。这是才华处于同等档次的人，才有的认同反应。项羽被杀后，钟离昧投奔韩信，韩信高待他，不仅供给他锦衣佳肴，而且出入都有护卫。

这么做是犯忌的！如果皇帝刘邦与钟离昧没有瓜葛，也就没事，恰恰刘邦深恨钟离昧。在楚汉争霸的岁月里，刘邦被打得东奔西逃，更多的就是钟离眜率军干的。这笔账还没算呢，你韩信把他收留了，还如此高待他，已经披上黄袍的刘邦，能睁只眼闭只眼算了吗？因而刘邦下诏，严令韩信逮捕钟离眜。

刘邦的诏令一下，打韩信的小报告就上来了。有人直接上告刘邦，告发韩信反叛。

刘邦立即召开御前大会，听取各战将谋臣的意见。刚刚打败项羽的战将们，还处在胜利的冲动之中，大家慷慨激昂，提议发兵攻打。在战将们众口一词的喊打声中，刘邦突然沉默下来，不说话了。

刘邦向陈平求计。

陈平问："陛下手里的精兵，比韩信的如何？"

刘邦答："比不上。"

陈平问："陛下的将领中，指挥大军作战的能力有没有超过韩信的？"

刘邦答："没有。"

士兵没有韩信的精，将领没有韩信能，这仗还怎么打？于是，陈平献计，叫刘邦前往今湖北安陆市的云梦巡游，在今河南淮阳的陈丘接见王侯。陈丘属楚国管辖，在那里接见王侯，韩信不会产生过多的怀疑，待韩信来了，把他逮捕。刘邦听计，给各封国下诏，到陈丘相聚。

以上证明，刘邦怵韩信。

韩信接到诏书后，也怵。因为在此之前，刘邦已给他下过逮捕钟离眜的诏令，他没有立即执行。刘邦这次游云梦，会陈丘，是不是为此事而来呢？韩信心里没底，于是找钟离眜商量，提出将他的脑袋献给刘邦，以求自保。

钟离眜说："汉所以不击取楚，以眜在公所。若欲捕我以自媚于汉，吾今日死，公亦随手亡矣。"说的是，刘邦之所以不来进攻你韩信，是因为我在你这里，如把我杀了去讨好刘邦，我今天死，你明天跟着丧命。见韩信杀他的决心已定，钟离眛大骂韩信是一个不讲仁义道德的小人。

韩信提着钟离眛的脑袋，到陈丘拜见刘邦，他自以为如此就能得到刘邦的宽恕，不承想，一到陈丘，就被抓起来，戴上手铐脚镣，关进了囚车。

隔着囚车的栏杆，韩信与刘邦有一段对话。

韩信说的是："果若人言'狡兔死，良狗烹；高鸟尽，良弓藏；敌国破，谋臣亡'。天下已定，我固当烹！"

刘邦说的是："你不要抱怨了，有人告你谋反！"

君臣的这段对话，透露出来的一个信息是：韩信后悔没听蒯彻的话。

公元前203年，项羽的战将龙且战死后，项羽第一次感到恐惧，于是派江苏盱眙的游说家武涉，前去游说韩信。武涉劝韩信扯起旗帜当王，与刘、项三分天下。当时韩信顾念刘邦对他的亲信，拒绝了武涉的建议。

武涉走后，另一个游说家蒯彻以相面为由，游说韩信。说的还是武涉说的那一套，搬出"勇略震主者身危""功盖天下者不赏"等老祖宗的古语，三番五次劝导韩信，并说出了"狡兔死，良狗烹；高鸟尽，良弓藏；敌国破，谋臣亡"的历史警句。

如果说，武涉的游说没有使韩信动心的话，蒯彻的游说还是打动了韩信。韩信谢绝蒯彻时所说的"先生且休矣，吾将念之"，这"念之"，即是让我考虑考虑，透露了韩信当时动摇、现在后悔的信息。当时考虑来考虑去，决定跟随刘邦打天下，而当刘邦把他关进囚车后，韩信后悔没听蒯彻的话。要是听了蒯彻的话，三分天下，鼎足而立，谁知道笑到最后的，是刘邦，是项羽，还是他韩信呢！

君臣的这段对话，透露出来的另一个信息是：刘邦怵韩信，所以一直忍着。

刘邦对韩信一直忍着，有三件事。

一件是，郦食其被杀。

公元前204年，郦食其给刘邦献计，游说齐国归汉，共同对抗项羽。郦食其是刘邦的谋臣，他既给刘邦出过坏主意，又给刘邦出过好主意，这次游说齐国归汉的主意，无疑是个好主意。齐王田广在郦食其的游说下，派出使节进见刘邦，要求归附。事情办妥后，大家都非常高兴，田广和齐国的高级将领，每天陪着郦食其喝酒，军队的布防也松懈下来。恰在这时，已经在井陉消灭陈余二十万大军的韩信，乘胜率军向齐国开来。他听说郦食其已经说服齐国归汉，也打算停止对齐国的进攻。蒯彻于是鼓动韩信：郦食其一人，凭三寸不烂之舌，收复齐国七十余城；而你韩信率数万大军，不过夺取赵国五十余城，你这个统军大将，不是比不上一个舌辩之士吗！韩信听懂了，他迅速率军横渡黄河，发起对齐国的猛攻，大破齐军，直打到齐国的国都临淄。那时的通信极其原始，刘邦根本就无法叫韩信停止进攻，结果齐王田广认为郦食其是个大骗子，下令把他扔到锅里煮了。

已经被郦食其说服的齐国，无须大动干戈了，可韩信为了抢功，大军开去，杀得尸横遍野，血流成河，还害死了刘邦的一个谋臣。这笔账，刘邦能不记着吗！没跟你韩信翻脸，是刘邦当时不能奈你何！

另一件是，韩信伸手要当齐王。

韩信大军攻克齐国时，正是楚汉争霸进入最艰苦的日子，刘邦和项羽在广武涧对话，刘邦一口气数落了项羽十大罪状，项羽大怒，拔箭射中刘邦的前胸，把刘邦射落马下。恰在这时，韩信派人向刘邦请示，让自己代理齐国的国王。刘邦顿时气得大骂："我被困在这里，日夜等着你来解救，你不来则罢，还要自己称王！"旁边的陈平用脚碰了碰刘邦，咬耳朵对刘邦说："我们被困在这里，有什么办法阻止韩信当王呢？最好的策略是顺水推舟，让他当齐王，使他保持中立，不然的话，形势将发生逆转。"刘邦恍然大悟，当着韩信派来的使节的面，继续骂道，韩信平定了齐国，当然就是国王，还代理什么呢！并于公元前203年二月，派张良带着国王印信，前往临淄，封韩信为齐王。

在刘邦最困难的时候，自恃战功赫赫的韩信手握重兵，伸手要当王。这笔账，刘邦能不记着吗？违心给你韩信封王，仍是刘邦当时不能奈你何！

还有一件是，围攻项羽，韩信不来。

公元前202年，刘邦撕毁与项羽商定的鸿沟划界盟约，向项羽发起最后的进攻。他下令韩信率军前来参加决战，韩信却按兵不动。刘邦撕毁盟约的不讲信义，激怒了项羽，也激怒了项羽率领的楚军，他们义愤填膺，奋力反击刘邦的进攻，打得刘邦节节败退，固守营寨，不敢迎战。张良对时局看得很透彻，认为韩信不来，是在要价，不满足他，便不会来参加围攻项羽的决战。于是建议刘邦，把河南淮阳的陈丘往东直到大海，全划给齐王韩信。刘邦的诏命一到，韩信立马拔寨起营，率大军浩浩荡荡赶来了。正是韩信还有彭越大军的参战，才最终把项羽打败。

当胜利在向刘邦招手的关键时刻，你韩信拥兵自重，向刘邦要价。这笔账，刘邦不记着吗？违心把陈丘往东直到大海的大片土地封赏给你韩信，还是刘邦当时不能奈你何！

一个人心胸再宽广，有这么多不情愿、被要挟的事情装在心里，不可能在事后一抖弄，便全部抖弄干净！刘邦的心里，就始终装着韩信的这几笔账，在接到韩信谋反的举报后，立即把这几笔账翻出来了。

刘邦没有砍韩信的脑袋，而是把他贬为淮阴侯。毕竟刘邦的江山，主要是韩信帮着打下来的。过去刘邦怵他，是因为他统大兵团作战的才华太出众了，不让着他，就是给自己添大麻烦，要坏大事的。如今不再怵他了，一个淮阴侯，手中无兵权，何怵之有嘛！

被贬为淮阴侯的韩信，心里憋屈极了，常常以生病为由，不参加朝见，也不跟随刘邦出行，蜗居在家，闷闷不乐。一次，韩信拜访将军樊哙，樊哙表现得卑躬屈膝，不仅恭迎恭送，还说像您这样的大人物，肯到寒舍来，真是臣的荣幸。韩信心里很不是滋味，他说："我这一辈子，竟然混得与樊哙这种人处于同一地位，不甘心啊！"

不甘心，本就是一种理念，沿着这个理念思索下去的结果，就难以预测了，什么样的事情都可能发生！

公元前197年，刘邦令阳夏侯陈豨监管赵国、代国跟匈奴接壤的边防军。陈豨出发前，向韩信辞行。韩信则屏退左右随从，与陈豨在院子散步。大概是韩信清楚自己在陈豨心中的分量，便对陈豨说："你驻防的地方，集积了天下最精锐的军队，而你又是皇帝最信任的将领。如果有人连续向皇帝打你的小报告，皇帝就会率大军征讨。到那时，我在朝廷为你策应，天下就在你我的掌握之中了。"

司马光没有记载这个刘邦最信任的陈豨，为什么就听从韩信的主意，只是写了一句"陈豨素知其能也"。也就是说，陈豨素来钦佩韩信的才能。因为钦佩便合伙反叛朝廷，难以令人信服。

陈豨果然反了，自称代王，并夺取代国、赵国大片土地。皇帝刘邦亲率大军前去镇压，韩信则称病不予参加。刘邦大军前脚去，韩信后脚派人通知陈豨："弟举兵，吾从此助公。"说的是，你尽管发兵去打，我会从这里帮助你。

刘邦率军到达邯郸后，看到市民并不恐慌，秩序井然，大为高兴，说："陈豨不占领邯郸，却去防备漳水，我知道他是无能之辈了。”当时的赵国常山郡，共有二十五个县，被陈豨占领了二十个县。赵国国相周昌，建议刘邦诛杀常山郡守和民兵司令，刘邦不予采纳，他认为这些官员不是跟着陈豨反叛，而是力量不够，怪不得他们。刘邦下令周昌选择赵国的壮士，并召见其中四人，骂道：“你们这几个瘪三，想当将军吗？”这四人一听，赶紧下跪谢恩。刘邦当场封这四人各一千户食邑，任命他们为将军，去与陈豨作战。刘邦还打听到，陈豨手下的将领都是商人出身，于是拿出重金，派人去贿赂。结果是，拿到重金贿赂的很多将领，背叛陈豨，投降刘邦。

如此，陈豨反叛朝廷的结局，就可想而知了。

称病留在长安的韩信，与他的侍卫官商定，趁夜间假传圣旨，大赦做劳工的囚犯，以及充当政府奴隶的囚犯，把他们集结起来，打开武库，给他们分发武器，进攻皇后吕雉和太子刘盈。一切谋划妥当，只等陈豨的回音。

恰在这时，韩信这边出岔子了。他的一个随从得罪了他，韩信把他囚禁起来，打算杀了。这个随从的弟弟，跑去向吕雉告发韩信谋反。吕雉一听慌了，一时不知如何是好。她知道此时召见韩信，韩信肯定不来。他只好找丞相萧何商量。萧何政治上老辣，韩信又是他追来推荐给刘邦的。于是萧何找到韩信，说陈豨已经死了，留守朝廷的高级官员都到金銮殿庆贺。萧何还特地提醒韩信：“你虽然有病，也应勉强去一下。”

韩信一脚踏进金銮殿，便被埋伏的刀斧手捆起来了。

成也萧何，败也萧何啊！

吕雉动作很快，立即将韩信斩首，并下令屠灭韩信三族。

刘邦剿灭陈豨回来，听说韩信被杀后，司马迁是这么记载的：“且喜且怜之。”问韩信死前说什么没有，吕雉说，韩信说后悔当初没听蒯彻的劝告。

又是蒯彻！刘邦的谋臣郦食其，就是蒯彻鼓动韩信进攻齐国而害死的。刘邦下令，在全国范围搜捕蒯彻，他要见见这个蒯彻，到底是何方神圣。

蒯彻被抓来了，刘邦要煮了他。蒯彻说："秦王朝法度败坏，众豪杰起义，都在争夺皇位，那时候我只知道韩信有能力，并不知道你刘邦。这么多人争夺皇位，而且你当上皇帝了，难道能把那些争皇位的都煮了吗？"

刘邦觉得不无道理，便把蒯彻放了。

楚汉争霸的天下，士者，唯利是图，都与蒯彻一样，没有例外。

韩信被诛，很多史学家几乎都用蒯彻"狡兔死，良狗烹"的警句，表达对刘邦的愤怒。在他们的笔下，韩信发动囚犯进攻皇后和太子，就不叫反叛，即便叫反叛，也是刘邦逼的。

倒是史学泰斗司马迁，认定韩信是反叛。他写道："假令韩信学道谦让，不伐己功，不矜其能，则庶几哉，于汉家勋可以比周、召、太公之徒，后世血食矣。不务出此，而天下已集，乃谋畔逆，夷灭宗族，不亦宜乎！"说的是，假如韩信学一些道家的谦让，不夸耀自己的功劳，不骄傲自己的才能，那他对汉王朝的功勋，就可以比上周公、召公、姜太公对周朝的贡献，子子孙孙可以享受殊荣，获得祭祀。不朝这方面努力，而在天下大局已定后阴谋反叛，结果被灭了三族，这不也是罪有应得吗！

司马迁不只是史学家，他还是儒学大师，很懂政治！

汉王朝刚刚创立，天下百姓都盼着过和平稳定的日子，这时任何反叛、任何挑起战火的纷争，受苦受难的都是百姓。

这就是最当务之急的政治！

彭越被诛于“诬以谋反”

在刘邦诛杀的诸多将领中，最不该杀的，是彭越。

司马迁的刀笔是这么刻写的：“沛公之从砀北击昌邑，彭越助之。”汉元年秋，刘邦“使人赐彭越将军印，使下济阴以击楚。楚命萧公角将兵击越，越大破楚军”；汉二年春，“彭越将其兵三万余人归汉于外黄”；汉三年，“彭越往常来为汉游兵，击楚，绝其后粮于梁地”；汉四年冬，“项王与汉王相距荥阳，彭越攻下睢阳、外黄十七城”；汉五年秋，“项王之南走阳夏，彭越复下昌邑旁二十余城，得谷十余万斛，以给汉王食”。

这段记载说明，从公元前206年至202年的五年时间里，彭越始终站在刘邦与项羽争霸的刘邦这边。项羽分封天下时，把拥有一万多军队的彭越晾在一边，不予理睬。在刘邦被项羽打得四处逃窜的岁月里，是彭越来回穿梭打游击，不断攻击楚军，并切断了楚军的运粮通道；还攻下项羽在昌邑旁的二十几个城邑，得谷十几万斛，全部供给刘邦做军粮。

可以说，没有彭越作战的密切配合，刘邦在与项羽争霸的艰难岁月里，挺不下来。

刘邦对彭越唯一有点恼火的地方，是他撕毁鸿沟盟约、发兵追击项羽时，召彭越率军前去参加会战，彭越没有及时应召。彭越给出的理由是：“魏地初定，尚畏楚，未可去。”张良的分析是，彭越不来是要价。刘邦听计于张良，封彭越为梁王，彭越便率领大军，迅速赶到垓下参与围攻项羽的决战。

分析看，张良的分析更全面，也更深刻；彭越给出的理由，也并非毫无道理。

公元前196年，刘邦率军征剿陈豨叛乱时，诏令彭越的军队前去参战，彭越当时生病，自己没去，只是派一位将军率军前去。对此，刘邦非常生气，派人前去责备彭越。彭越很是恐惧，打算亲自去长安，当面向刘邦解释。彭越的臣僚劝他不要去，认为只要一去，就会被诛杀，进而鼓动彭越，干脆反了。

彭越不干。本就没有反叛之心，为何要反呢？于是，他病好了，继续装病。

诬告陷害就从彭越的装病开始了。

梁国的太仆（交通部长）犯罪，为逃避打击，逃到长安，检举彭越谋反。刘邦迅速派人赶到梁国，逮捕彭越，押解到洛阳囚禁。经审讯，彭越承认，他手下一个叫扈辄的将领，在他打算亲赴长安向皇帝解释时，劝他不要去，去了就会被杀，故而建议他干脆反了，但他不肯反。这份审讯报告递到刘邦手里后，刘邦看清是怎么回事了，特地开恩，赦免彭越，撤销爵位，贬作平民，流放到今四川的雅安一带。

彭越被押解西行，心情糟糕透了。一夜之间，从封国国王变成平民，这从天上掉到地下的变化，并非自己有罪，而是一个罪犯为逃避打击对自己的诬陷。结果是，有罪的因诬陷变为功臣了，无罪的因诬陷被抹去了为汉王朝建立的卓越功勋，变成了一个一无所有的庶民。彭越想不通啊！越想心越痛！

令彭越万万没有想到的是，他在押解的路上遇到皇后吕雉，他把自己的满腹委屈，向吕雉流泪诉说。此时的彭越，没有请吕雉还他清白、恢复爵位的奢望，只是要求流放地改为自己的老家——今山东金乡。

吕雉满口答应。她本是从洛阳去长安的，答应彭越后，带着彭越折返洛阳。

在往洛阳走的路上，彭越的心已经放飞到了故乡。

历史常常摧毁人们正常的认识路径。吕雉的做法，就是证明。

吕雉对刘邦是这么说的："彭越，英雄人物，安置在蜀地，恐怕后患无穷，为什么不把他杀掉呢？我把他带回来了。"

吕雉这么说，刘邦是什么态度呢？历史在这里沉寂了。

吕雉说彭越是个英雄，刘邦肯定也认为彭越是个英雄。应当说，刘邦已经清楚彭越并无反叛之意，授封给他的爵位已经废除了，分封给他的土地已经收回了，彭越已经是个平民了，在这种情况下，为什么还要杀掉呢？

历史的沉寂，给吕雉的狠毒留下了空间。她找到彭越的随从，授意他检举告发彭越贬为平民后仍要谋反。接下来负责调查、审讯彭越谋反的司法部长王恬开，奏请对彭越执行"族刑"，不用说，也是吕雉的授意了。令人万分遗憾的是，刘邦竟然批准。

翻遍《史记》和《资治通鉴》，也没有看到彭越"仍要谋反"的任何事实记载，他收兵了？买马了？还是与朝中大臣密谋了？统统没有！于是我们有理由想象，刘邦与吕雉就是诬杀英雄彭越的刽子手！

不仅如此，刘邦还在彭越身上做了一件伤天害理、惨绝人寰之事。他下令斩彭越、屠三族的同时，下令胆敢收敛彭越尸首的，一律逮捕。不仅如此，他还把彭越的尸体剁成肉酱，分送到各封国，用以警示。

刘邦啊刘邦！你怎么能如此对待英雄彭越呢！

有人站出来为彭越鸣不平，他就是梁国的大夫栾布！

栾布出使齐国，路过洛阳，跪拜在彭越的人头之下，先禀报出使齐国的情况，然后焚香祭拜，放声大哭。他被抓住，刘邦要把他煮了。栾布已把生死置之度外，不怕煮，就是要为彭越鸣不平，讨公道。

栾布历数彭越的卓越功勋，并且证明，彭越之所以没有应召去平息陈豨叛乱，当时确实卧病在床，而绝非谋反！你刘邦竟然屠他三族，天下英雄不心寒吗！

栾布，顶天立地的汉子！他不仅敢于冒死为彭越鸣不平，而且充分揭露了刘邦诛杀异己、谋害功臣的歹毒嘴脸！

贯高被诛于“主子受辱”

公元前200年，刘邦趁着大雾，摸到被匈奴军队围困的白登城的一角，从栾提冒顿放开的一个小口子溜出来，气喘吁吁地往长安赶，路过赵国时，被女婿张敖迎进了邯郸。

张敖是张耳的儿子，刘邦的女婿，鲁元公主的丈夫。刘邦分封天下时，把张耳封为赵王。张耳是魏国人，是战国四公子之一信陵君魏无忌的宾客，名气很大。刘邦年轻时常去张耳的府上，且一去便住几个月。刘邦念这份感情，加之女儿鲁元公主嫁给了张敖，所以张耳受到刘邦分封的厚待。张耳去世后，张敖继任赵王。

可以说，如果刘邦的女儿鲁元公主不是张耳的儿媳妇，凭张耳的战功，是不可能分封到赵国为王的，也不可能在张耳死后，让他的儿子张敖继任为赵王。

正是因为这个原因，赵王张敖对老丈人刘邦分外恭敬。尤其是知道刘邦在白登被围七天七夜，吃没吃的，喝没喝的，整天提心吊胆过日子，吃尽了苦头，因而张敖对刘邦的接待，不仅规格超高，而且十分周到。可刘邦呢，白登之围的惊悸尚未抖落干净，便摆起了皇帝爷的架子，一进赵王府，便像簸箕一样坐在那里，岔开双腿，根本就不把张敖放在眼里，且常常当着赵国臣僚，对张敖破口大骂，骂得不堪入耳。

张敖则任由刘邦如何谩骂，既不还嘴，也不解释，一味地点头哈腰，连连称是。知道刘邦喜欢玩女人的特性，还特地选了个邯郸美女陪刘邦睡觉。

主子受辱，奴才受不了！

赵国的国相贯高，既看不惯刘邦那般羞辱自己的国王，也看不惯自己的国王在刘邦面前那般卑躬屈膝的样子，于是他与大臣赵午等人气愤地对张敖说："把刘邦干掉！"

张敖一听，顿时如五雷轰顶，他赶紧制止，并咬破手指，指着流淌的鲜血，千叮咛万嘱咐，叫他们千万别这么想，也万万不可这么做。看到张敖如此忠于刘邦，贯高、赵午等人商量，找机会把刘邦干掉，但这事不能让张敖知道。如果成功了，福分由张敖享用；如果失败了，灾祸自己承担，不把张敖牵连进去。一切商议妥当后，贯高等人开始寻找机会。

公元前199年冬天，刘邦亲率大军在河北正定一带攻击叛军，返回途中，在柏人县住宿。贯高等人派刺客埋伏在刘邦下榻的洗手间夹缝之中，打算在刘邦上厕所时，突然袭击，把他干掉。刘邦也是吉人天相，晚上他突然觉得不对劲，问随从当地叫什么县，随从告诉他是柏人县后，刘邦嘴里念叨开了："柏人，柏人，迫人也。"念罢突然起驾，不宿而去。

一年后，贯高等人打算谋杀刘邦的事被人告发。刘邦下令将赵王张敖，连同贯高、赵午等一干人马全部逮捕。消息传到赵国后，参与谋杀刘邦的赵午等人，纷纷手握佩剑，准备自杀。贯高火了，骂他们说："谁叫你们自杀？赵王没有参与我们的阴谋，可他也要被逮捕，咱们都死了，谁还能证明他的清白！"

张敖、贯高等人被押解到长安后，除张敖之外，其余的人都受到严刑拷打。因为主谋是贯高，故而严刑拷打的重点是贯高。主审官为了叫贯高承认张敖是主谋，先是叫人用鞭子、木棍打，数千次地打过之后，贯高不招，改为铁锥乱扎，直扎得贯高全身稀烂，再也找不到一块完好的肌肤下锥子了。贯高则任凭如何鞭打、锥扎，始终不改口：这事儿是我们瞒着赵王干的，赵王确实不知道。

从根本上说，刘邦等的是贯高承认是张敖主谋的口供。因为他在白登之围后听从刘敬的建议，打算把女儿鲁元公主嫁给匈奴首领冒顿做妻子，只是皇后吕雉哭得肝肠欲断才作罢。要是张敖是主谋，不正好把他杀了，把女儿送出去与匈奴和亲嘛！但对贯高审讯的口供三番五次报上去，都是“赵王确实不知道”。刘邦不禁赞道：好一条汉子！谁认识他，去拜访一下，动以私情，套出实话。

中大夫泄公是贯高的同乡，私交很深，刘邦即派他去找贯高动私情，套实话。泄公见到贯高后，似老朋友般与贯高把臂言欢，话题扯得很远，且多是儿时顽皮、两家相好的友好回忆，是叫贯高尽忠君之道的动情劝说，是老朋友关切他性命之忧的深情流露。在做了这样一番好朋友式的交谈后，泄公打探贯高一个最核心的问题，即赵王张敖到底参与了没有。贯高在大牢之中受尽了严刑拷打，吃尽了皮肉之苦，在浑身上下疼痛难忍之时，能与老朋友做这样一番友情交谈，很受感动。他对泄公说：“人之常情，谁不爱自己的父母妻子？如今我的父族、母族、妻族三族人全被处死了，我即使再爱赵王，也超不过我的亲属吧？但是，谋杀皇帝的事全是我们背地里干的，赵王确实没参与。”

泄公把与贯高交谈的情况报告刘邦后，刘邦信了，下令释放张敖，撤销王爵，贬为宣平侯，同时下令特赦贯高。

当泄公再次跑到监牢，将张敖释放，同时将特赦他的消息告诉贯高后，贯高非常高兴，他对泄公说：“我全身脓血而不肯死去，只是为了证明赵王无罪。如今赵王已经释放，我已尽了责任，死而无憾了！”说罢用力后仰，颈骨折断而死。

主子受辱，手下人看不惯，很气愤，是正常的。贯高、赵午等人因赵王受辱而要把凌辱赵王的皇帝刘邦杀掉，就很不合时宜了。因为凌辱赵王的人不是一般人，而是当朝皇帝，且是赵王的老丈人。如果不是皇帝，而是另一个封国的国王凌辱赵王，大家平起平坐，你从自己的封国跑到赵国来凌辱我们的国王，凭什么？那就对不起了，采取山大王那般做法，杀了你就杀了，大不了两国开战打一仗。皇帝刘邦就不同了，赵王这顶帽子是他给戴的，你的小命就捏在他的手里，他高兴了就让你戴着这顶王帽，不高兴了就可以摘了你的王帽。他这么做的背后，站着强大的朝廷军队和如狼似虎的各路将领谋臣，你一个封国国王奈何他不得。贯高、赵午等人没有看清这种情况，背着赵王，干谋杀皇帝刘邦的勾当，还说什么如果成功了，福分由赵王享用。退一万步说，即便成功了，皇帝刘邦被杀了，有什么福分能拿出来让赵王享用？皇帝能让你赵王当吗？你这个赵王连同赵国还能安然无恙吗？附着在刘邦这个皇帝身边的利益集团，就会似饿虎一般扑过来，瞬间把赵国踏平。

倒是贯高被抓住后的所作所为，义气千秋，令人钦佩！

在受尽严刑拷打、活着比死去更难以忍受的情况下，贯高以不死来证明赵王张敖没有参与谋杀的做法，彰显了人性中最为宝贵的一种精神。这种精神，并非臣忠于君的愚忠，而是坚持实事求是、坚持公道的精神。古往今来，多少有头有脸的所谓君子，为了升官发财，为了苟且偷生，出卖良心，歪曲事实，诬陷他人，充当打手。贯高有一句大实话：我即便再爱赵王，也超不过我的父母亲人！但在坚持实事求是，亲人就要生灵涂炭，歪曲事实、陷害他人，亲人就能得以保全甚至享受荣华富贵的两难选择面前，贯高选择的是实事求是！

这是以不死来坚持实事求是的高尚人格！

英布被诛于“心生恐惧”

《史记》载：“楚兵常胜，功冠诸侯。诸侯兵皆以服属楚者，以布数以少败众也。”这段记载说的是，反秦序幕拉开后，项羽举旗的楚军四处告捷，功盖诸侯。而很多诸侯所统领的军队都能逐渐归属楚的原因，全在于英布屡次以少数军队攻克大军而起到的震慑作用。《史记》还记载：章邯投降项羽后，他手下二十多万秦兵，是项羽下令英布等人坑杀的。

英布被刘邦成功策反，源于他对项羽“心生恐惧”。

英布归属刘邦，楚汉相争的天平瞬间倾斜，不久项羽便在垓下丧命。

刘邦登上帝位分封时，封英布为淮南王，都六安，统辖九江、庐山、衡山、豫章等地。

“心生恐惧”，是英布在项羽手下形成的心理障碍。在刘邦手下为淮南王，英布的这种障碍不仅没有消除，而是不断加重。淮阴侯韩信被诛，英布便联想到自己；梁王彭越被诛，英布就不只是联想了，而是大为恐慌。彭越被剁成肉酱送到淮南时，英布正在打猎，他一看到彭越的肉酱，立即聚集军队，四境警戒，随时准备应对不测。

事情也是凑巧。英布有个非常宠爱的姬妾生病了，便送去就医。而医生家正与中大夫贲赫对门。英布的宠姬常去医生家看病，贲赫便常去医生家侍候，不仅送给宠姬大把财物，还与宠姬在医生家饮酒。得到贲赫的侍候，还得了贲赫的大把财宝，宠姬回家后，忍不住对贲赫赞扬有加，说贲赫是一个忠厚长者。英布不爱听，怀疑自己的宠姬与贲赫不只是喝酒对饮这点事，可能还淫乱了，故而对宠姬大光其火。没有不透风的墙，也许是旁人多嘴说出去的，也许是他的宠姬跟贲赫说的，贲赫从此闭门不出，在家养起病来。如此一来，英布更坚信了自己的怀疑，你贲赫没有与我的宠姬淫乱，你怕什么？为什么要装病躲起来呢？愤怒之下，英布打算拘捕贲赫。消息走漏了，贲赫赶紧逃命。英布派人追杀，没有逮住。贲赫则一口气跑到长安，向皇帝刘邦告发英布谋反。

司马光写道：刘邦对贲赫的告发不是很信，便与丞相萧何商量。萧何也不是很信，他对刘邦说："布不宜有此，恐仇怨妄诬之。请系赫，使人微验淮南王。"说的是，英布应该不会谋反，恐怕是仇家的诬告。因此建议，先把贲赫抓起来，再派人暗中到淮南国去调查。

朝廷派人一查，本就有恐惧心理障碍的英布，便毫不犹豫地反了。

刘邦不得不率军前去平叛。但刘邦知道英布是赫赫有名的战将，而自己手下的统兵将领，没有一个是英布的对手，于是请教薛公。薛公是前楚国令尹府上的宾客，此人深谋远虑，料事很准。

薛公对刘邦说："假若英布使出上计，那么朝廷就岌岌可危；假若英布使出中计，孰胜孰败也很难预料；假若英布使出下计，那么陛下就可以高枕无忧了。"

刘邦问："上计是什么？"

薛公答："上计即是向东攻取吴地，向西攻占楚地，同时兼并齐地，攻取鲁地，再联络燕、赵两地，坚守抗衡汉朝廷。"薛公说得很明白了，英布为淮南王，本就统辖今安徽、江西、湖南等大块地盘，再把吴地、楚地、齐地、鲁地等大块地盘抢到手，你皇帝刘邦，也就只剩半壁江山了。

刘邦问："中计是什么？"

薛公答："向东攻取吴地，向西攻取楚地，同时兼并韩地，攻取魏地，占领敖仓的粮库，堵塞成皋的关口。"薛公说明白了，如果是这样的话，你刘邦与他的作战局面，也就很难预料了。

刘邦问："下计是什么？"

薛公答："向东攻取吴，向西攻取蔡，把主要军队放在越，英布自己跑到长沙。"薛公说明白了，如果是这样的话，你刘邦就可以高枕无忧了。

刘邦继续问："英布将出使哪一计？"

薛公答："下计。"

不幸言中，英布使出的是下计，他只怵韩信和彭越，如今这二人已死，刘邦手下的其他将领，英布全不放在眼里。因而他率军东击荆，把荆王刘贾打得落荒而逃；再渡淮水击楚，又彻底击溃楚国的军队；转而率军向西，与刘邦大军会战于会甀。

刘邦一看英布军队的列阵，与先前项羽的军队如出一辙，不禁发怵。他只好到庸城筑垒，寻求破敌良机。因为英布使出的是下计，也即是薛公所说的必败之计，加之刘邦率朝廷大军倾巢而出，兵强马壮，武器精良，几次交锋之后，英布败下阵来。长沙王假装跟英布一道逃亡，英布一脚踏进番阳，便踏进了死亡陷阱，被长沙王早就布置好的陷阱，送上了西天。

薛公分析英布必出下计的理由是："布故丽山之徒也，自致万乘之主，此皆为身，不顾后为百姓万世虑者也，故曰出下计。"说的是，英布出身于丽山的奴隶，他奋力向上得做万乘之主，他的所作所为，只是为一己富贵而已，并不是为百姓和后代谋福祉，所以这样的人只想得出下计来。

薛公的分析有一定道理。但英布的谋反，完全是被逼出来的。

他本就有恐惧心理，看到韩信被杀，尤其看到朝廷送来彭越被杀做成的肉酱后，立即聚集军队，四境警戒，以应付不测。即便在这种情况下，也不能说英布就有反叛之心。他这么做，完全是被吓的、逼的。作为皇帝刘邦，他也不相信英布会谋反，故而找萧何商量。应当说，萧何拿的主意是正道的，把告发英布的人先抓起来，再派人私下去了解英布是否谋反，如果是诬陷，那就把告发的人杀掉，如果确有其事，再去平叛。

但是，封建的皇权政治，是容不下正道的！

我们不妨做个假设。

假设皇帝刘邦压根儿就不想杀英布，他还能拿出比萧何给出的办法更好的办法吗？接到英布谋反的举报，悄悄派人去做个了解是应该的吧。但没有不透风的墙。那个时候的官吏，政治敏锐性极高，但凡听到一点儿风声，英布马上就会知道，知道了就恐惧，恐惧了就会反。这个办法不行，那就换个办法，把英布召到朝廷去，由皇帝刘邦亲自安抚。患有恐惧症的英布敢去吗？再说呢，即便刘邦不想杀英布，附着在刘邦身边的利益集团，就会放手吗？

可以说，接到英布谋反的举报，皇帝刘邦再怎么不信，英布都会反的，都是会被谋杀的——这，就是封建的皇权政治，容不下正道！

维护刘家天下的刘邦心计

皇权政治，就是高度集权，强暴专制。

诛杀功臣，诛杀异姓王，是封建皇权政治无法破解的定律。因此说，韩信、彭越、英布等功臣的被杀，是必然的，不可能避免的。

刘邦登上帝位后，分封了八个异姓王，可在他为帝的七年中，先后收拾了六个。楚王韩信被诛三族，梁王彭越被剁成肉酱，淮南王英布被刘邦追杀，燕王臧荼被刘邦统兵腰斩，韩王信被刘邦逼得远投匈奴，赵王张敖被贬王为侯，就连南越王赵佗，要不是顺从刘邦的诏命，也难免遭到收拾，只有老实巴交的长沙王吴芮的王冠戴到终老。

但具体到诛杀功臣的历史事件之中，我们不难看到，皇后吕雉没起好作用，甚至可以说，吕雉就是诛杀韩信、彭越的罪魁祸首！

韩信，是吕雉没有禀报皇帝刘邦，亲自下令斩杀的；彭越，是吕雉在路上碰到后，用花言巧语把彭越稳住，带回朝廷斩杀的。

说吕雉是诛杀功臣的罪魁祸首，可能司马迁也是赞同的。他写道："吕后为人刚毅，佐高祖定天下，所诛大臣多吕后力。"说的是，吕后为人刚强坚毅，辅佐汉高祖平定天下，后来诛杀大臣也多出自吕后。

不妨问：吕雉如果不那么快斩杀韩信，待刘邦回来后，会饶了韩信吗？

回答是：不会！

因为刘邦是皇帝，吕雉是皇后，天下全是他们家的。

虽然大多史学家称刘邦是忠厚长者，且在刘邦征伐天下的战争中，留下了许多关于刘邦有仁有义的记载，有些记载很感人，得到世人的普遍赞许。但不得不说，这只是刘邦人性的本能表露，一旦把这种仁义的人性，放到皇权政治之中，仁义立马被湮灭，甚至被扭曲，取而代之的，是维护皇族自身利益的集权、专制和残酷！在这种情况下，不用说一般臣僚、官吏、庶民，就连为建立新王朝做过巨大贡献的功臣，只要触动皇帝的利益，都要遭到毫不留情的诛杀、夷族。因而怵谁杀谁、怀疑谁杀谁、诬陷谁杀谁等五花八门的诛杀大戏，在皇权政治下反复上演。

就说萧何吧，他可是与刘邦从年轻时一路走过来的最好的朋友，萧何对刘邦忠心耿耿，刘邦对萧何十分器重。刘邦还是村里的混混时，萧何就是县政府的秘书，刘邦跟着萧何混的时候，萧何对他多有关照。在楚汉相争的艰苦岁月，萧何作为留守关中的主帅，为刘邦与项羽的一线对决，起到了巨大的支撑作用。而刘邦呢，越是在接近胜利的时候，越是对忠心耿耿、兢兢业业的萧何不放心。

公元前203年，刘邦与项羽以鸿沟为界，二分天下。此时的刘邦，虽然仍率军在前线打项羽的主意，但也时刻提防着后方留守的萧何。前线战事那么繁忙，刘邦却隔不了几天便派使节到后方慰问萧何。刘邦的这点心思，被一位姓鲍的先生看透了，他对萧何点拨，说这是刘邦对他萧何不放心了。经鲍先生一点拨，萧何立即把萧家能扛得动刀枪的男丁全数组织起来，一个不落地送到刘邦亲自统领的前线部队，以此给刘邦这样的表白：汉王刘邦你放心，我萧何把萧氏族人还能扛得动刀枪的男人，全部送到你的眼皮底下了，我萧何在后方组织不起来反叛你的萧家队伍了。刘邦果然非常高兴，褒奖一番萧何后，再也不派使节去后方慰问了。

刘邦论功行赏时，萧何排名第一，特许他“剑履上殿，入朝不趋”。但刘邦在赏给萧何这项殊荣时，也加了许多小心。刘邦特地拨给护卫萧何的官兵五百人，还特地配了一名都尉，日夜跟随在萧何的左右，名曰保卫他的安全，实则监视他的活动。那段时间，刘邦为化解皇权危机，东奔西跑，策马征伐。韩王信、陈豨、韩信、彭越、英布等，这些在刘邦与项羽争夺天下的战斗中，为刘邦建立过巨大功勋的战将，因为一些小的过失和恐惧，而被刘邦一个个收拾了，在收拾这些功勋将领的过程中，刘邦进一步增加了对臣僚的怀疑。萧何不仅是怀疑的对象之一，而且首当其冲。

刘邦在率军攻击英布时，就多次派出使节回朝廷打探萧何的所作所为，看他有没有什么异常举动。刘邦之所以这么做，是萧何兢兢业业、忠于职守的工作太出色了，深得百姓拥戴。对此，萧何没有参透，他以为自己拼命工作，尽职尽责，把一切事务料理妥当，把老百姓对朝廷的心气理顺，就是对皇帝的忠诚，就是对国家的贡献，就是他做丞相的尽职。不承想，皇帝刘邦害怕他这么做，害怕一个丞相的威信比他这个皇帝高。经人点拨后，萧何不得不违背自己的德行，以挑动百姓对自己的怨恨，来换取皇帝刘邦对自己的放心。于是他故意跟老百姓捣乱，利用自己的丞相权势，以最低的价格从老百姓手里赊购土地，强买强赊，没过多久，便弄得民怨沸腾，怨声载道。待刘邦消灭英布班师回朝时，不少群众等在路边，纷纷把告萧何的状子递到刘邦手里。刘邦于是放心了，把老百姓的告状信交给萧何自己看，还取笑他一个堂堂丞相，竟夺取老百姓的田宅。

萧何是那种心地纯洁正派之人，他看自毁形象的目的达到，皇帝刘邦高兴，竟又忘了高人对他的点拨，对刘邦提出建议，开放皇家园林，把那些常年荒废的土地给老百姓耕种，让老百姓多增加点收益。

这下刘邦火了，你萧何大量收购老百姓的田宅，牟取私利，却叫我当皇帝的开放皇家园林，企图挖我的墙脚，你这是打的什么主意？

于是下令扒掉萧何的丞相服，把他打入囚牢。

萧何的确没有反叛朝廷的半点儿打算，加之萧何辅佐刘邦打天下、治天下的能力和政绩是公认的，因而萧何一入狱，很多臣僚包括皇后吕雉都找刘邦替萧何开脱，萧何才得以从囚牢出来。

《资治通鉴》载：萧何死后，在清理他的遗物和财产时发现，堂堂汉王朝丞相，除一些偏僻的田宅，且田地贫瘠、宅院都没有围墙外，他的家里空空如也，与普通百姓无异！

萧何没有任何过错，就是兢兢业业为汉王朝服务、奉献，却差点儿被刘邦砍掉脑袋。这个问题所揭示的是什么呢？是皇权政治的残酷！要说与刘邦的友谊之深厚，没有超过萧何的；要说与刘邦交情之长久，没有超过萧何的；要说为汉王朝贡献之巨大，也没有超过萧何的。可萧何不姓刘，不属于刘家皇权势力范围的利益集团，故而萧何越是忠心耿耿地为朝廷服务，为民众谋福祉，皇帝刘邦就越害怕，担心民众对萧何的拥戴超过自己，危及自己的皇权利益。

至于皇后吕雉，她是个妇道人家，看问题没有皇帝刘邦那么深刻，所以当萧何被打入囚牢后，吕雉为萧何说好话，多方营救他。

其实皇后吕雉至死也不明白，虽然皇帝刘邦与她同属一个利益集团，但因为吕雉的身后跟着一群姓吕的七亲八姑，刘邦也在防着她。

我们不妨看刘邦临死前对后事的交代。

刘邦去世前，身患重病，吕雉请来最好的医生，说能治好他的病。

刘邦骂道：我一介布衣，提三尺宝剑取得天下，这难道不是天命吗？我的命是天注定的，即便扁鹊来治，也是治不好的。

拒绝治疗，等着死去，吕雉于是问刘邦后事安排。

吕雉："陛下百年之后，丞相萧何再死了，谁能接替丞相？"——皇帝有儿子刘盈接着，吕雉当然最关心谁接任丞相。

刘邦："曹参。"——这也是刘邦年轻时最要好的朋友之一，刘邦对他放心。

吕雉："曹参之后呢？"——曹参什么时候死，吕雉知道吗？为什么问得这么远，这之中是不是有玄机呢？

刘邦："王陵。但王陵年轻憨直，陈平可以辅佐他。但陈平智慧有余，却难以担当重任。"——王陵当丞相，刘邦又安排陈平当丞相，即左右丞相。这之中是不是也有玄机呢？

刘邦还说："周勃没有多少学问，但为人沉稳宽厚，能安定我刘家天下的，必定是周勃，可以让他做太尉。"——安排了左右丞相，还加一个武装部队总司令，可以说是上了三道保险。如此安排的用意是什么呢？

吕雉接着问："这之后呢？"

刘邦："这以后，你也就不知道了。"

刘邦与吕雉以上这段对话，十分耐人寻味，意蕴极其深刻！

很多人读了这段记载，认为是刘邦的神算。没错！刘邦死后的丞相安排，完全兑现了刘邦死前的预测。但这背后更深刻的指向，不是刘邦的神算，而是对封建皇权政治更深层次的揭示。

刘邦所说的，主题即是刘家天下的安定。曹参是他的同乡好友，对他放心；王陵也是同乡，对他的忠诚放心，但对他的能力不放心，所以加个很有智慧的谋臣陈平，二人共同担当丞相之职；觉得不保险，加上同乡好友周勃，他虽是个粗人，但忠心耿耿，让他掌管全国武装部队。

这么安排，防谁呢？

从根本上说，是防皇后吕雉。

皇帝刘邦、皇后吕雉不是一家人吗？怎么会防吕雉这个自家人呢？

原因很简单，那就是皇后吕雉的心机、狠毒，刘邦早就看清了。吕雉家的七姑八姨在刘邦分封时，都已占据重要位置，获得重要资源。韩信、彭越、英布等异姓王被清除后，刘邦最放心不下的，唯有吕雉和她家的阿猫阿狗了，因为只有他们，才有改变刘家天下颜色的条件。

历史对刘邦防着吕雉的后事安排做了佐证！

第二章

吕雉独揽大权，尽泄狠毒

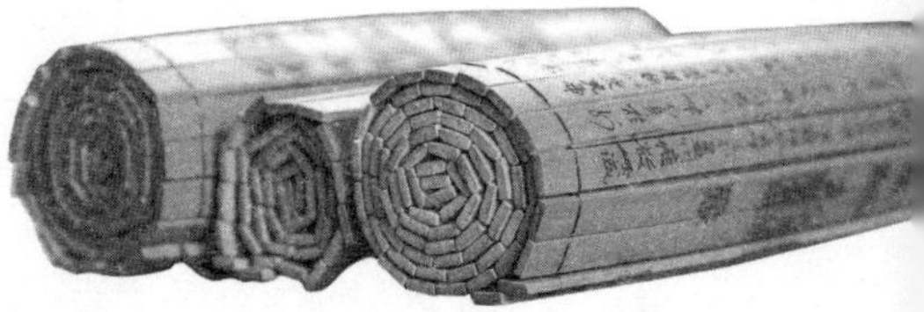

吕雉是中国封建王朝第一个“注册”皇后……

跟着刘邦打天下的吕雉，吃过苦，受过罪……

刘邦去世后，吕雉大权独揽，狠毒尽情发泄……

吕雉的狠毒发泄，聚焦于为吕氏族人夺权……

吕雉是当上皇后变坏的

吕雉是中国封建王朝第一个有记载的皇后，我在这里叫作“注册”皇后。皇后是一个政治符号，她并不代表皇帝的利益。刘邦死后，吕雉的所作所为，就是这个政治符号为谋取私利的能量释放。

吕雉是单父县人，其父吕公小有名气，家道也还殷实。后因与当地人积怨，吕公携家小来到沛县。在沛县县令为吕公举行的欢迎宴会上，吕公把自己的女儿吕雉许配给刘邦。吕雉的母亲不同意，吕雉本人也不情愿，但拗不过吕公，只好择良辰吉日，牵手完婚。

吕雉跟着刘邦吃了不少苦头。尤其是楚汉相争的那几年，项羽扣押刘邦的父亲刘执嘉和吕雉，虽未对他们加刑无礼，但毕竟只能享受人质的待遇，且常常刘邦在哪里与项羽摆开战场，刘执嘉和吕雉就被带到哪里对刘邦进行要挟。公元前203年，饱受戎马征伐之苦的项羽和刘邦，以鸿沟为界，二分天下，刘执嘉和吕雉才被放回刘邦身边。

刘邦属好色之徒，尚未发迹之前，与村里一曹姓妇女厮混，还生了一个儿子。在以后的戎马征伐之中，刘邦只要还有一口气，就得找美女享用。公元前205年，被项羽率兵从彭城打出来以后，只带几十名骑兵逃跑的刘邦，惊恐疲惫地借宿一戚姓人家，当晚便与这家的一个女子解衣入衾，且又生下一个儿子。在率先攻陷咸阳后，刘邦被阿房宫的声色犬马迷得迈不动腿，不想出宫，把气势汹汹率大队人马赶来的项羽忘了个干干净净。要不是张良和樊哙死谏，刘邦的小命就要搁在阿房宫了。公元前199年，刘邦平息韩王信叛乱返回时，在赵国邯郸住宿，又把一个邯郸美女的肚子搞大。对于刘邦的这个德行，吕雉气不过，恨不过，还管不了。吕雉在众多后宫美女的反衬之下，当然是人老珠黄。但她是皇后，是烈性女子，怎耐得住刘邦一年四季都对她不屑一顾呢？可是按照我国的传统习惯，皇帝可以三宫六院妻妾成群，想要谁就要谁，想怎么玩就怎么玩，而皇后不行，且不管皇帝是连续一年不“召幸”还是连续多年不“召幸”，她都得忍着受着，而不得自己找人填补欲望的空白，否则她的皇后位置便会顷刻丧失。吕雉懂得这条不成文的老规矩，但她的欲望、她的淫心，决定了她做不到老老实实、规规矩矩。于是，舍人审食其成了她发泄欲火的对象，成了她床上的常客。公元前195年，高帝刘邦在长乐宫逝世。吕雉即任命审食其当左丞相，但不理朝政，只监管宫中之事，也就是只负责她吕雉的吃饭睡觉等事务。

吕雉之所以胆敢如此放肆，是因为她已经掌管朝政大权，成了大汉王朝的政治羁绊。

吕雉政治上的老辣、狠毒是连贯性的。

公元前196年，高帝刘邦御驾亲征，率军攻击陈豨叛军。留守朝中的吕雉，在没有征得刘邦御准的情况下，设计斩杀了战功赫赫的战将韩信。

还是公元前196年，吕雉在返回长安的半路上，遇到贬逐的彭越，她把彭越带回长安杀害，最终将彭越推上了断头台。

汉高祖刘邦去世以后，吕雉首先拿刘邦生前的宠妃美女撒气，下令凡被刘邦宠幸过的，“皆幽之，不得出宫”。她要一个一个慢慢收拾。

刘邦生前最宠爱的是戚夫人，只要在长安，几乎成天与这个知书达理、能歌能诗且美丽温顺的戚夫人厮混，常常当着大臣的面把戚夫人抱在怀里嬉闹，征战出巡也不忘带上戚夫人。戚夫人深知自己的美貌在刘邦心中的分量，因而常常在撩拨得刘邦神魂颠倒的时候，且哭且闹缠着刘邦，要他废掉皇后吕雉生的儿子刘盈的太子地位，立她生的儿子刘如意为太子。刘邦在与戚夫人的缠缠绵绵中不止一次答应过戚夫人的要求，并在满朝文武大臣朝议时实实在在操作过，但最终过不了大臣这一关，过不了吕雉这一关。吕雉在刘邦活着的时候就最恨戚夫人，只是碍于刘邦的宠爱不敢下手。如今刘邦死了，吕雉会放过戚夫人吗？戚夫人作为吕雉讨伐的头号情敌，先是被赶到作坊舂米。“子为王，母为虏！终日舂薄暮，常与死相伍！相距三千里，谁当使告汝”的千古绝唱，就是戚夫人在舂米作坊的创作。吕雉当然容不得在小作坊舂米的戚夫人发出如此呼喊，她派人把戚夫人从小作坊牵出来，把她的四脚砍掉、双眼挖掉、头发拔掉、嗓子熏哑，扔到厕所旁的猪圈里，当作供人参观的“人彘”。以致已经登上皇位的刘盈，被母亲吕雉叫去参观“人彘”，并得知这就是父亲生前最宠爱的戚夫人之后，当场呕吐昏死过去。

吕雉没有在收拾一遍刘邦生前宠爱的后宫美女后而住手，她的经历、她的地位，以及她的心气，她为了吕氏家人怎么也填不满的欲望，决定了她的所作所为，必然连贯地狠毒下去。

刘邦登上帝位后分封到各国的刘氏子弟，几乎被吕雉收拾了一个遍。刘邦当泗水亭长时与村里一曹姓妇女厮混，生下的那个儿子叫刘肥。刘邦打败项羽，穿上龙袍后分封天下，没有忘记给曹氏所生的儿子一顶封国国王的帽子，于是封刘肥到齐国为王。公元前193年，齐王刘肥入朝觐见。已经登上皇位的惠帝刘盈见到刘肥后自是格外亲密，加之刘肥比刘盈年长，刘盈哥长哥短地叫得很亲切，并在陪吕雉喝酒时，刘盈依家人礼节叫哥哥刘肥坐上座。吕雉本就对刘肥在刘盈叫他哥哥时不谦让而有气，宴会上见到刘盈叫刘肥坐上座他也敢坐，顿时火了，密令手下端来两杯毒酒，放到刘肥面前，以刘肥必须举杯向她祝寿为由，喝掉毒酒。刘盈大概是从母亲吕雉的表情上看到情况不妙，在刘肥端起毒酒向吕雉祝寿时，自己也站起来，端起另一杯毒酒向母亲请安。这一来把吕雉吓坏了，她急忙跑过去，迅速打掉刘盈手里的酒杯。事情至此，刘肥也就清楚了，他以喝醉了为由，急忙告辞。已经从毒酒中侥幸逃将出来的齐王刘肥，知道吕雉不会就此善罢甘休，急得手足无措，不知如何是好。齐国随行来朝的内史给刘肥出主意，叫他把齐国比较富庶的城阳郡（今山东省莒县）献给鲁元公主，并尊公主为齐太后。内史对吕雉的德行爱好有所了解，清楚她与刘邦只生一儿一女，儿子刘盈已经当皇帝了，天下都属于他，什么也不缺，女儿被尊为鲁元公主，与当皇帝的儿子相比，所得当然要少得多。如果刘肥把封国最富庶的城阳郡送给鲁元公主，并把自己降一辈，尊称同父异母所生的妹妹鲁元公主为齐太后，吕雉一定会很高兴，小命也就保住了。齐王刘肥照内史说的做，献出城阳郡做鲁元公主的汤沐邑，并尊称她为母后，得到吕雉嘉许，才保住了小命。

至于刘肥的其他同父异母兄弟，结果就没有刘肥好了。吕雉也许是盯上了比较富庶的赵国，连续在赵王的位置上害死了刘邦与嫔妃所生的三个儿子。

第一个被害的是刘邦与戚夫人所生的儿子刘如意。刘如意被封为赵王后，为防备吕雉对他的加害，高帝刘邦特地选了周昌随行加以保护。因周昌在刘邦提出废刘盈立刘如意为太子的朝议中，直言相谏，据理力争，为保住刘盈的太子地位做出了贡献，对此，吕雉非常感激周昌。刘邦也正是看中了这一点，才派周昌到赵王刘如意的身边加以保护。戚夫人的“舂米歌”传到吕雉的耳朵后，吕雉立即派人到赵国召刘如意入朝。派出去召刘如意的一批批使臣，被周昌以赵王身体有病为由，一一挡了回去。吕雉怎肯罢休？于是心生一计，先召周昌入朝述职，待周昌到达长安后，扣住他不让外出，继而再召刘如意入朝。好在厚道仁慈的惠帝刘盈知道母亲欲加害刘如意的心计，在刘如意奉召入长安时，特地乘辇车出来迎接，与他同乘一车，直接接到自己居住的宫中，饮食起居全由刘盈负责照料，使得吕雉一时无从下手。刘盈有外出打猎的爱好，一天清晨，刘盈外出打猎，不忍心把睡得正香的弟弟刘如意叫醒，待他返回时，刘如意已经被吕雉用毒酒杀害了。

第二个被害的是淮阳王刘友。赵王刘如意被杀害后，吕雉改封淮阳王刘友到赵国为王，并从她家的吕姓女子中，选一女子作为刘友的王后，以便日夜对刘友加以监视。这个吕姓王后，仗着吕雉这个大后台，颐指气使，不可一世。刘友娶妻本为相亲相爱，相互照顾，结果吕雉给他指派了一名打着王后招牌的监视者。赵王刘友在王后身上得不到关爱，于是在一个姬妾身上寻找安慰和寄托。这一来更糟了，这个王后直接向吕雉报告，不说刘友不爱她，也不说自己像个泼妇一样折磨他，而是编造谎言，说刘友大骂吕雉和吕雉的七姑八姨，发誓要在吕雉死后进行报复。吕雉哪里容得下一个小小的赵王如此放肆，下令召刘友入朝，把他囚禁在官邸，不给吃，不给喝，也不说为什么，活活把他饿死。

第三个被害的是梁王刘恢。整死刘友后，吕雉把刘邦的另一个儿子梁王刘恢改封为赵王，并将自己侄子吕产的女儿指派为刘恢的王后，同时派去的还有一大帮吕姓随从，明摆出一副监视刘恢的架势。有前任赵王刘友的下场为镜子，刘恢自度前景不妙，加之一举一动受王后及其随从严密监控，因而一头扎进后宫，与自己的一个爱妾相怜度日。吕产的女儿虽自己未对刘恢尽妻子之职，却也看不得别的女人与刘恢相好，于是派人将刘恢的这个爱妾毒死。赵王刘恢唯一的红颜知己、唯一的精神寄托没有了，便作歌四章，叫乐人演唱。他从乐人的演唱中寄托了对爱妾的哀思，还从乐人的演唱中表达了自己的悲愤。赵王刘恢在那种境遇下，所能做的只是写歌词叫乐人演唱罢了，在表达自己的哀思和悲愤后，用自杀对自己做了最终的了断。

赵王刘恢自杀后，吕雉瞄上的下一个目标是代王刘恒。公元前181年，在将赵王刘恢整死之后，吕雉派人告诉刘恒，说打算派他到赵国为王。刘恒虽年纪不大，但“当赵王就是进坟墓”的民间传说，使得他对吕雉的这一试探格外警觉，并当即婉言谢绝。也许是吕雉以为刘恒不足以构成对自己的任何威胁，也许是屡遭匈奴侵扰的代国暂时找不到合适的接替人选，吕雉用默许同意了刘恒的婉言谢绝，也因此使得刘恒躲过了吕雉并非精心设计的一个谋杀阴谋。

可是燕王刘建的儿子就不如刘恒幸运了。燕王刘建也是刘邦的庶子，无疑也是吕雉瞄上的下一个整治目标。就在吕雉准备下手时，刘建撒手人寰了。按照高帝刘邦立下的规矩，刘建的儿子应该继承燕国王位。也是巧了，燕王刘建那美女如云的后宫，不多不少只为他生出一个接替王位的儿子。这对刘建来说是个万幸，可对刘建的儿子来说，就是万万不幸了。已经掌管朝政大权的吕雉，不愿看到刘邦的子子孙孙长期占据各封国国王的位置，于是干脆来个一不做二不休，派人把燕王刘建唯一的儿子杀死，并以刘建无后为由，把刘建的封国撤除。

看到了吧，吕雉从当上皇后那天起，就开始变坏，待到刘邦去世后，便坏透了！

吕雉变坏的动因是为吕家夺权

吕雉之所以对高帝刘邦的儿子、孙子大开杀戒，是因为她要把朝廷的要职和各封国的国王，由姓刘改为姓吕。在她一手操纵下，她的弟弟、侄子、侄孙等，全都成了大汉王朝的将相王侯。她还一改刘邦“非刘氏不王”的规矩，先是封吕产为梁王，吕禄为赵王，吕通为燕王，吕台为吕王，吕产和吕禄还披挂上将军印信，统领南北军队。吕家的一帮七姑八姨，诸如吕媭、吕更始等，全部封侯。总之，只要是她吕雉家的七亲八姑，都在她吕雉执掌朝政时封侯封王封将军，而不管这些人有没有可以封侯封王的功绩，是不是为将为王的材料。刘家的天下，在吕雉手里渐渐改变了颜色，变成了吕家的天下。

刘邦死后，儿子刘盈继承皇位，吕雉即把自己的外孙女硬塞给自己的儿子做皇后，企图以这种亲上加亲的联姻，强化女儿鲁元公主和外孙女张氏的权贵。只是这一来把皇帝刘盈与鲁元公主的姐弟关系搞乱套了，刘盈当叫姐姐鲁元公主什么呢？叫姐姐，还是叫丈母娘？

对于这样的结合，母仪天下的张氏是否满意不得而知，君临天下的惠帝刘盈肯定是极不情愿的。刘盈仁义忠厚，从不要什么阴谋手段。尤其是吕雉使作出谋害刘如意、刘友、刘恢等同父异母弟弟，将刘邦生前宠爱的戚夫人做成“人彘”等一系列非人手段后，惠帝刘盈彻底失望了。他本来就不爱外甥女张氏，在对母亲吕雉的所作所为彻底失望后，不再顾及她的心思而装作与张氏亲热了，干脆不予理睬，一头扎进后宫的美女堆里，用荒淫无度打发时日。可怜的张氏披戴上皇后的凤冠后，并未享受皇后才能享有的快乐和愉悦，被当皇帝的舅舅刘盈长期冷落后宫。她想生出一个皇子接替皇位，以期在皇太后的位置上得到一些弥补，可皇帝刘盈没有满足她这一期望。于是凶残狠毒但并不聪明的外婆兼婆婆吕雉出面，一手创造了一出帮她生儿子的闹剧。吕雉叫她把一团棉花塞到肚子上，而后满朝放出她已怀孕的风来，待十月怀胎一朝分娩时，把后宫美女所生的一个儿子抱来，把生下儿子的美女杀掉，然后在张氏的正宫里，以张皇后喜得贵子为由，热热闹闹张罗了一番。假的就是假的，抱来的这个小皇子尚在流鼻涕的年龄，便知道了自己的身世，并口无遮拦地放出话来，说长大以后要为母亲报仇，吓得吕雉急急忙忙把他幽禁起来杀害了。

公元前188年八月，惠帝刘盈抑郁而死。

公元前180年，是重大历史转折的一年。落在史学家笔下的这一年，既无天灾地祸，又无神怪变异。这年的三月，吕雉在陕西蓝田的灞水之滨主持祈福驱灾大祭，回宫经过今西安市北的轵道时，忽见一只似青毛狗似的动物，像流星般直扑她的腋下。吕雉即命巫师占卜，巫师不知是出于对吕雉制造“人彘”的仇恨，还是真有这般功道，占卜出的结果是，那个被她用毒酒灌杀的刘如意的鬼魂来找她报仇，吓得吕雉毛骨悚然，顿觉腋下疼痛，且与日俱增。同年的七月三十，吕雉疼痛而死。

吕雉死前，特任命侄子吕禄为统领长安警备区的总司令，任命侄孙吕产为统率皇城警卫军的总司令，并在临终之际，把两位掌管军队大权的总司令叫到床前，叮嘱又叮嘱，叫他们在她死后不要给她送葬，不要离开各自的指挥位置，以免发生变故。吕禄、吕产谨守吕雉的密嘱，踡居宫中，吕产率皇城警卫军在内护丧，吕禄率长安警备军在外巡行，一步也不离开，防备非常严密。

司马光写道：吕雉留下遗诏，任命吕产当相国，吕禄的女儿当皇后，审食其当皇帝师傅。

吕氏宗室的这一重大秘密，被吕氏女子刘章之妻告诉了刘章。刘章是齐王刘肥的儿子、刘邦的孙子、吕雉的侄孙女婿，他得到消息后，立即派自己的亲信出城，向哥哥刘襄报告，叫他火速发兵向西，直指长安，他和三弟刘兴居在长安接应，里应外合诛除吕氏。刘章并言明，若成功，奉兄为帝。

刘襄早就对皇帝的宝座垂涎三尺，得到这一比万金还贵的消息后，欣喜若狂。他立即把舅舅驷钧、齐国禁卫官司令祝午、警备区司令魏勃召来，策划于密室。齐国国相召平也在刘襄密谋篡位的臣僚之中。可这个兵权在握的书呆子，拒绝与刘襄为伍后，发兵包围了齐王宫邸，刘襄急了，派人刺杀召平。一介儒生召平，在这种政治斗争的风口浪尖上，在这种性命攸关的关键时刻，却经不起骗子一席耳语，自动放弃兵权，最终无奈自杀。刘襄自度一国反吕势力不够，速派祝午到山东诸城的琅邪国联络琅邪王刘泽，以便聚兵造势，联合反吕。

刘泽是刘邦的堂弟，昔日跟随刘邦策马征伐，功至大将军。吕雉当政时，大封吕氏王侯，为堵刘氏宗亲的嘴，加之刘泽娶了吕雉妹妹吕媭的女儿为妻，便从山东诸城附近拨出十余县，作为琅邪国，封刘泽为王。刘泽偏居琅邪小国为王，虽对吕雉弄权心怀不满，但自己有个国王的宝座坐着，也就不管那么多了。

且说刘襄派祝午联络刘泽，约他起事反吕。祝午晋见刘泽后，屏退左右，凑到刘泽的耳朵上，说了一番令刘泽听了非常舒服且极具诱惑力的话。祝午说："近来吕氏宗亲作乱，我家大王准备发兵讨伐，但他知道自己太年轻，又没有带兵打仗的经验，因而想把齐国托付给您来指挥。"祝午见刘泽已有所动心，拣着那最有诱惑力的话，直往刘泽心里说："您跟随高帝刘邦骑马打天下的时候，就是将军，身经百战，德高望重，您只要站出来振臂一呼，天下都会响应。到那时，诛灭吕氏宗亲，黄袍加身龙飞九五的，舍您其谁也！”

刘泽被祝午的一席话，说得胡子都翘起来了，他二话不说，跟着祝午就走，真以为他老人家一到齐国，齐国的指挥大权就属于他了。

刘泽一到齐国首府临淄，就后悔也来不及了。刘襄早在那里翻脸等候，一见他这位德高望重的叔爷，二话不说便把他软禁起来了。接着刘襄再派祝午到琅邪国，假传刘泽的命令，尽发琅邪兵马，向长安进发。刘襄为了表明自己师出有理，颁发诛吕檄文，列出吕雉的万般罪行，说明出师讨伐的万般正义，遍告各国以期支持。

好在长安方面也有准备，大将军灌婴率军十万，抵达河南荥阳，摆开了不许刘襄军队过去的架势。灌婴并派使节告诉刘襄，眼下军队不要再动，一旦吕氏家族作乱，再发兵不迟。刘襄无奈，只好驻军。

被软禁在山东临淄的刘泽，抓住这一机会，放下叔爷的架子，装作好心好意，也是拣最具诱惑力的话，直往刘襄心里说——你是高帝刘邦的嫡长孙，按皇位继承的规矩，这皇帝的宝座，非你莫属。如今朝廷的大臣们正在商议皇帝接替人选，一时还没定下来。我在刘姓皇族中辈分最高，我想，他们可能要等我回去说说意见。因此，你留我在这里没用，弄不好还会误了你当皇帝的大事，不如叫我去长安，帮你说说话。刘襄大喜，立即派出庞大车队，护送刘泽赶赴长安。

开始是侄孙诱骗叔爷，最后是叔爷诱骗侄孙，虽然手段如出一辙，但利益使然，手段再不高明，也能使老少上当。

前来抢夺皇位的刘襄，面对的是刘邦的智囊陈平、大将周勃、灌婴等，包括盘踞宫中的吕禄、吕产等也十分清楚，自己可不是这些战将谋臣的对手。周勃进入北军，振臂一呼：“效忠吕家的露出右臂，效忠刘家的露出左臂。”北军官兵齐刷刷地露出左臂，站到了诛杀诸吕的同一战线。

诛灭诸吕后，周勃、陈平等三朝元老密议拥立新帝事宜，恰巧琅邪王刘泽摆脱齐王刘襄的软禁来到长安，众臣僚便邀他参议。刘泽也不客气，从容入座，开始一言不发，当有人举荐刘襄继位时，他站起来发话了：吕氏宗亲操纵朝政，张毒焰，害勋亲，危社稷，这个苦头你们还没吃够吗！今齐王刘襄的舅舅驷钧，在齐国横行霸道，像戴着帽子的猛虎，无恶不作，如果刘襄得立，驷钧必在更大的范围作恶，这真所谓除一吕氏，又来一吕氏了，此议如何行得！刘泽仗着自己的辈分，更凭借自己特有的体验，非常坚决地把这一提议否决了。当然，至于他自己应刘襄之约，准备发兵攻打长安，也有过登上皇位的想法一事，他只字未提。又有人举荐代王刘恒，并说出两点理由：一是高帝尚存刘恒、刘长二子，刘恒为兄，性善仁孝，具备做皇帝的品行；二是刘恒母亲薄氏，忠厚有名，在刘恒为代王期间，从不插手政事，将来刘恒为帝，不用担心他的母亲家人作恶。众臣僚权衡再三，确定拥立刘恒为帝，迎他入宫。

公元前180年闰九月二十九，刘恒正式登上皇帝宝座，号文帝。

刘恒为帝，带领大汉王朝走向了“文景之治”的盛世辉煌！

第三章 刘恒宅心仁厚，心系民众

汉文帝刘恒之“文”，本质上是文化之意。这应是大概念上的文化，包括见识、品德、善良、宽容，特别是一国之君对庶民百姓的责任感。这种意义上的文化，是大众文化，属于庶民百姓……

公元前179年，刘恒下诏：在春季要到来的时节，连草木和各种生物都有它自己的快乐，而我们的百姓中鳏寡孤独、贫穷困窘的人，有的已经面临死亡，而为人民父母者不体察他们的忧愁，还干什么呢？要研究出一个赈济的办法来……

公元前167年，刘恒下诏免除所有的田赋租税……

历史反复证明：任何一次善行义举，都是一种文化……

人生不幸之大幸

公元前205年三月，汉王刘邦率军从陕西大荔东渡黄河，直逼魏国首府山西临汾。魏国国王魏豹抵挡不住，率军投降。刘邦当然忘不了在搜刮金银财宝的同时，把魏王宫室的美女一并掳走。

于是，历史在被刘邦掳走的一群美女里，打下了一个深深的情结。

在掳掠的魏王宫女中，有一个姓薄的女子，其父是苏州人，曾在魏王府谋事，与魏王宗室女子魏媪私通，生下了薄氏。历史遗忘了薄氏的名字，但却没有遗忘她的美色而引起汉王刘邦的垂爱。

薄氏被送到刘邦的后宫，同时送到后宫的有薄氏的两个好友，一个叫管夫人，一个叫赵子儿。美貌出众的管夫人和赵子儿，在与薄氏的朝夕相处中结下了友谊，她们凭着年轻时才有的天真，在诉说情感而真的受了感动以后，遵循“苟富贵，勿相忘”的祖训，在嘻嘻哈哈中立过誓约——谁先显贵了，别忘了好友——就是这句誓约，给了薄氏一个机会。

在战事稍有好转后，刘邦在今河南省巩义市的成皋台与管夫人和赵子儿寻欢作乐。就在被这种幸福浸泡得浑身发炸的时候，管夫人与赵子儿同时想起了薄氏，想起了她们三姐妹曾经有过的誓约。她俩没有因为还有一个曾经心爱的姐妹独守空房而伤感，只是当作年轻时有过的一个能令如今发笑的戏语而咯咯发笑。刘邦喜欢身边的美女发出这般笑声，当然会像个孩子似的缠着她俩寻根问由。她俩用响铃般的嬉笑把曾与薄氏的誓约讲出来以后，刘邦反倒“心惨然，怜薄姬”，生出些许伤感来。他撇下管夫人和赵子儿，立即把薄氏召来“幸之”。

可怜的薄氏在被刘邦肥胖的身子压住以后，无比激动地说：“我昨天夜里梦见一条苍龙盘在我的肚子上。”薄氏这句话足以撩拨得流氓气十足的刘邦雄性大发，他对薄氏说：“这是要尊贵的兆头，我来帮你成全这桩事吧！”

一番云雨之后，刘邦推开尚处于亢奋之中的薄氏，拖着疲倦的身躯走了。

就这一次，薄氏为汉室江山生下了一个创造辉煌的伟人——文帝刘恒。

二十三年后，刘恒登上了汉室皇帝的宝座。

可这二十三年之中，刘邦几乎把这个儿子忘了。

尤其是刘邦死后，实际操纵朝廷的皇太后吕雉，首先做的事，就是讨伐刘邦三宫六院的美貌女子，凡曾被刘邦“宠幸”过的“皆幽之，不得出宫”，她要一个一个收拾。历史上骇人听闻的“人彘”，就是曾最得宠于刘邦的戚夫人，被吕雉砍掉四肢、挖掉双眼、拔光头发、熏哑嗓子、扔到厕所的一大独创。就连戚夫人的儿子刘如意，也未能逃脱吕雉用毒酒的灌杀……

刘恒母子之所以无恙，得益于刘邦生前对他娘儿俩的“无宠而疏远”。薄氏虽被刘邦“幸”过，并一“幸”而留下了刘邦的血脉，但刘邦对薄氏早就毫无兴趣了。

历史所遵循的唯物辩证法，就这样在薄氏母子身上做了极其鲜明的注释——刘邦对薄氏的不“幸”，却成了薄氏的大幸——老四刘恒因为母亲失宠于父皇，因而在要乖撒娇的年龄也没有在父皇面前要乖撒娇的机会，更不用说像三哥刘如意那样经常挂在父皇的嘴上，形成对二哥刘盈的皇位威胁。薄氏精心守护着一天天长大的儿子，生活在被刘邦遗忘的角落，日子虽不贫乏，但门庭极其冷清。母子俩谁也不能得罪，成天谨慎小心，生怕什么事惹怒皇后吕雉招来横祸。但薄氏毕竟被高帝刘邦“幸”过，刘恒毕竟是刘邦的血脉，满朝文武大臣虽用不着为谋求私利而巴结他们母子，但他们母子的特殊背景还是在文武大臣的心目中有些分量的。加之皇后吕雉的阴狠毒辣与薄氏母子的忠厚敦良形成了鲜明的反差，因而文武大臣在不得不巴结讨好皇后吕雉的同时，以心作秤，称出了薄氏母子的“贤智温良”。

高帝刘邦死后，大权在握的皇太后吕雉，当然不害怕薄氏母子的“贤智温良”，故而在清洗刘邦生前的红颜宠妃时，饶了薄氏，让她出宫到了当代王的儿子刘恒的身边。

吕雉饶了薄氏，事实上也饶了刘恒。吕雉饶刘恒，不是没有理由的。

刘恒七岁那年，也就是公元前196年，刘邦做出了一个“非刘氏不王”的重大决定，并通告朝廷上下，企图把历史框定在刘氏世袭为皇为王的轨迹上。刘邦哥哥的孩子、叔叔的孩子都封王了，当然不能不封自己的儿子。虽然刘邦因为不喜欢刘恒的母亲而连带不喜欢自己的儿子刘恒，但在封王时还是给了刘恒一席之地。至于封他到什么地方为王，刘邦是费了一番琢磨的。现今的河北蔚县和太原市以北一大片地方，当时是匈奴侵扰的重点，刘邦想把这一带变成汉王朝的北方屏障，因而打算将河北蔚县至山西的晋阳县连起来，成立一个代国，选派一个刘氏子弟到代国为王，在那里繁衍生息，世代作汉朝的屏障。在确定代王人选时，刘邦想到了刘恒，萧何等数十名大臣也想到了刘恒。于是，年仅七岁的刘恒，告别母亲薄氏，在一帮文武朝臣的簇拥下，到代国就职了。

七岁的代王刘恒，虽只是一个乳臭未干的娃娃，但自小从母亲那里学会的谦逊恭勤，特别是从母亲嘴里听到的吕雉的阴狠毒辣，使得他小小年纪就对宫廷政治有了一种特有的敏感性。父皇刘邦在他到代国上任的第二年死了，掌管朝政大权的吕雉没有通知他回去奔丧，他虽然伤心欲绝，也没敢离开代国半步。好在母亲薄氏在刘邦死后得到皇后吕雉的宽恕，来到了刘恒的身边。刘恒在偏远贫瘠的代国为王，谨慎从事，日子倒也过得安稳。事实上，此时的皇太后吕雉在独揽朝政大权以后，并不是没有想起刘恒这个刘邦的庶子来。她在公元前181年，派使者告诉刘恒，说打算派他到赵国为王，刘恒当即婉言谢绝了。民间早就有“当赵王就是进坟墓”的传说，如今吕雉要刘恒离开贫穷落后而又时常受匈奴侵扰的代国，到经济发达的赵国为王，这不是试探又是什么呢？一旦应承下来，他刘恒连同母亲薄氏，还能逃脱吕雉的魔掌吗？

刘恒的婉言谢绝，躲过了吕雉并非精心设计的一个政治阴谋，使得他不仅能在偏远贫瘠的代国把代王这把交椅稳稳地坐住，而且能在保持恰当距离的位置上，对与自己密切相关的宫廷斗争作超然的冷眼旁观。这为他后来在皇帝的宝座上施展政治才华，做了厚重的积累。

尤其值得一提的是，刘恒把母亲薄氏接到代国以后，不知是水土不服还是别的原因，薄氏病倒了，而且一病就是三年。这三年，留下了中华民族二十四孝图的一幅经典。史载，这三年间，刘恒不眠不休，既不闭上眼睛，也从不脱下衣服，长年累月地在母亲身边服侍，凡给母亲喝的汤药，必先经他亲口尝试，然后才由他一勺一勺地吹凉给母亲喂……历史就是这样有意无意地告诉我们，刘恒特殊的出身背景，特别是刘恒和他母亲薄氏被高帝刘邦的遗忘，是刘恒独特的一笔政治积累。身为皇帝的血脉，却被皇帝遗忘，本是人生的一大不幸。而正是这遗忘，不仅使刘恒母子在险恶的宫廷政治斗争中求得了一份平安与平淡，而且求得了一份通常皇帝的血脉所领悟不到的平凡。

因为刘恒母子有过对吕雉加害的长期躲避，因而他们获得了为人为官所必须具备的自律和谨慎；因为刘恒母子享受不到达官贵人的尊崇，因而他们不得不把自己的心态调整得与庶民较为接近。刘恒母子在众人眼里的“贤智温良”印象，从人性的本质上说，绝不仅仅是在躲避吕雉的加害中获得的，它原本就是一种秉性、一种人格，是为人的一种大德。这种大德，离开与面呈菜色的庶民相处，离开自己动手的劳作，是无论如何不可能获得的！

皇帝的民本情怀

刘恒坐上皇帝这把交椅后，首先做的，当然是分封行赏。他这个皇帝不似他的父皇刘邦率军征伐“马上得之”，而是在吕雉家族作恶、致使政局混乱不堪的情况下，侥幸被推举出来的。可以说，是各种政治势力均衡的结果。如今他当皇帝了，不能不用分封行赏的方式，对把他扶上皇帝宝座的有功之臣给予嘉奖，以维护各种政治势力的一种暂时平衡，确保他屁股下这把交椅的稳定。

封官行赏的事一做完，就到来年初春了。文帝刘恒知道，这是个生命处于萧条的季节，去年收获的果实一个冬天过来所剩无几了，庶民百姓只能靠挖野菜剥树皮来完成生命的延续。于是文帝刘恒下达了令人肃然起敬的一道诏书：

“在春季要到来的时候，连草木和各种生物都有它们自己的快乐，而我们的百姓中鳏寡孤独、贫穷困窘的人，有的已经面临死亡，而为人民当父母的不体察他们的忧愁，还干什么呢？要研究出一个赈济的办法来！”

一个月后，文帝刘恒再次下诏：

“年老的人，没有布帛就穿不暖，没有肉就吃不饱。如今正当岁首，不按时派人慰问年老的长者，就没有布帛酒肉的赐予，将用什么帮助天下的儿孙赡养他们的老人？现在听说官吏给贫饿老人发放饭食，有的用陈谷子，难道这符合赡养老人的本意吗？要搞个法令出来！”

虽然遍翻史书，也找不到文帝刘恒在第一个诏书下达后，他自己或派人下去督察落实的记载。但文帝刘恒的第二个诏书，却揭示了他密切关注第一个诏书下达后各地的执行情况，掌握了一些官吏并未认真执行的事实。因为他在第二道诏书中，严厉批评了有些官吏把陈谷子作为救济粮下发的问题，从孝道的角度，深化了对那些把陈谷子作为救济粮下发的官吏的批评，表明了他作为皇帝期望天下子孙赡养老人的良苦用心。

文帝刘恒这两道著名的诏书在社会上产生的强烈反响，历史曾有意无意地做过这样的描述：崤山以东地方官员传布文帝的诏令时，残弱疾病的人，都拄着手杖赶去聆听，“但愿迟一会儿再死”……

百姓听皇帝诏书的心情，到了但愿听完再死的程度，这是何等感人的场景！历朝历代，哪个皇帝下达诏书能达到令群众如此期盼的程度！如果不是生命的期盼达到至高的境地，如果不是情感的交融达到水乳的程度，怎么可能生出统治者与被统治者如此高度的统一协调呢？

也许文帝刘恒听说过这么动人的情景，也许他并不知晓，但他在第一道诏书下达后一个月又下一道诏书的史实，鲜明而具体地表明了他企望帮助天下百姓度过春荒的强烈责任心。文帝刘恒在第二道诏书下达后，接着下达如下法令：

“年八十以上的，由政府每月赐米一石，肉二十斤，酒五斗；年九十以上的，每人另加帛两匹，絮三斤。所赐物品由县令过目。赐给九十岁以上老人的物品，由县丞或县尉致送；不满九十岁的，由乡长或县政府官员致送。各郡太守派专司检查职责的督吏巡行各县，对不合规定的，予以督责……”

两道诏书加一道如此具体的法令，奠定了刘恒为帝的政治框架。细读史书不难发现，文帝刘恒在位二十三年，他所企图构架的大国政治意识，他所经手处理的周边关系，他所施展的削弱封国权力的举措，乃至他个人及皇宫嫔妃的日常小事，都受制于他企图使天下百姓生活幸福这一最基本的政治框架，也可以说是受制于他作为一国之主的强烈责任心。

历史就是这样为文帝刘恒佐证的。

公元前179年四月，齐、楚两国发生大地震，史载二十九座大山同时崩塌，大水从地下汹涌而出……文帝刘恒在动员全国赈济灾民的过程中，突出强调一个问题，就是为赈济灾民、恢复生产而减收赋税。地震的伤痕并没有在短时间内治愈，于是他再次给文武百官下诏：各尽职责，减少赋税劳役，使人民得到休养。为推动这一诏令的执行，文帝刘恒率先垂范，撤销了专门用于保卫他的首都卫戍部队，以减轻百姓为他的排场而加重的赋税负担。文帝刘恒如是说：

“边防军势不能撤除，但我何必拥兵自卫！用于交通的马匹够用就行了，多余的马匹和经费，拨给各驿站……”

文帝刘恒就在撤销卫戍部队的当年春季，又下令开放皇家庄园，他亲率文武大臣和皇宫嫔妃到庄园耕作，为天下作“自己动手养活自己”的榜样。到秋天收获的时候，文帝刘恒没有忘记他春天的播种，用减免百姓赋税来强化“自己动手养活自己”的思想，并下诏：“特别免除农家一半赋税。”

十二年后的公元前167年，文帝刘恒在鼓励农耕、优待农民上有个令人难以置信的大手笔，他下诏：

“农耕，是天下的根本，重要性无与伦比。而鼓励人民从事农耕，却征收田赋租税，跟商人有什么分别？这不符合鼓励农耕的要求。现在规定：免除所有的田赋租税。”

在工业处于原始状态的公元前167年，全国免除所有田赋租税，庞大的政府和各级官吏靠什么供养？各级官府修建楼堂馆所从哪儿开支？军队靠什么来支撑？朝廷仅靠盐铁收入能应付如此庞大的支出吗？真是令人不可思议！

大史学家司马光在他编著的《资治通鉴》中，对文帝刘恒及他的执政作这样的评价：

文帝自身谦逊自守，而将相大臣都是开国功臣，轻视文采，崇尚质朴。君臣以导致秦灭亡的弊政为鉴戒，议论国政讲究以宽厚为本，耻于议论别人的过失。这种风气影响到全国，改变了那种互相检举、攻讦的坏风俗。官吏尽职尽责，百姓安居乐业，库府储蓄每年都有增加，人口越来越多。风俗归于笃实厚道，禁制法网宽松，以致刑罚大量减少，一年之内全国只审判四百起案件，全社会大有刑错之风。

法律的开明诠释

一人犯法，九族株连，几乎是所有的帝王视作必须沿袭的治国宝典。因为一人犯法屠灭九族，对于帝王来说是最简单的处置办法，省去了许多时日和麻烦；还因为这种法典能以最恐怖的震慑力把人吓住，省去了帝王教化百姓所要花费的许多精力。但正因为其最简单，标明了帝王最愚蠢；正因为其最恐怖，揭示了帝王最暴戾。

刘恒登上皇帝的宝座后，便下诏废除这个法令。他的这一举措不只是表明他与愚蠢和暴戾告别，而更像是向世世代代沿袭下来的统治术宣战。国家的法律由皇帝签署颁布，可皇帝又是金口玉言，所说的任何一句话甚至任何一个梦呓，都具有甚至超越法律的效力。封建帝王的特权与法律的权威所构成的特殊矛盾，在皇帝身上聚焦。

我们的祖先虽然因为历史的局限性而制定了一些在今天看来荒唐的法律，但法律的荒唐并不能抹杀古人执行法律的认真。这之中积极的意义，当然不在于一种认真的精神，而在于对法律意义的理解。应当说，文帝刘恒对法律意义的理解是准确的、开明的。

张释之当司法部长不久，接手了一桩与文帝刘恒有关的案子，案情非常简单。文帝刘恒出巡到长安城北的中渭桥时，突然有一个人从桥下跑出来，把拉文帝刘恒辇车的马惊吓了，吓得马飞奔起来，差点儿把他从辇车里摔出来。护卫的骑兵追上去，把那人逮住，交给张释之治罪。张释之不敢怠慢，立即升堂审理。

惊吓文帝御驾的人是长安的一位平民，他走到中渭桥时，听说天子出巡清道，禁止路人通行，便躲到桥下，想等到天子的车队过去后再出来。左等右等过了好久，这人以为天子的车队已经过去了，便小心翼翼地从桥下伸出脑袋来，恰巧碰上天子的辇车，把拉辇车的马惊得暴跳起来。这人也是吓蒙了，不是把脑袋缩回去，而是没命似的跳起来逃跑，被侍卫骑兵像抓小鸡一样抓到了司法部来审判。

张释之听了这人的陈述后，对照朝廷颁布的有关法律，判他违反清道禁令，处以罚金便把人放了。

文帝刘恒得知这个判决结果后，亲自找上门去，质问张释之："这个人惊吓了我的马，幸亏我的马驯服，要是换了别的马，岂不会把我摔伤吗？"最后还强调说："这个人犯了那么大的事，你这个司法部长竟然只判他罚金？"

这最后一句的言外之意，就是你这个司法部长能不能分清轻重，你这个司法部长会不会判案，你这个司法部长是想干还是不想干了？

张释之并非等闲之辈，文帝刘恒怒气冲冲发出的质问，其言外之意于他的不利，甚至于他的危险性，他不会听不出来。但张释之不愧为文帝刘恒这种明君所挑选的司法部长，面对文帝刘恒的质问，面对文帝刘恒的怒气冲冲，他没有曲意逢迎，也没有拿法律当儿戏，而是把耿直忠良之心当旗帜高高举起，据理与文帝力争。

张释之说："法律，是天下人人都得遵守的准绳。法律规定违反清道禁令的处以罚金，就得处以罚金。如果不这么判，凭个人的意志任意加重处罚，那么天下谁还会信任法律？退一步说，如果陛下您当时就把他杀了，也就罢了。现在您既然交给司法部，司法部就一定要依法行事，坚持公平。如果不这样，看着当权者的喜怒去判罪，想轻就轻，想重就重，百姓岂不是手足无措了吗？"张释之在作了这样一番据理力争后，客气了一句："请陛下明察。"

司马光写道：文帝刘恒在听了张释之这番话后，思索了很久，说："你的判决是对的！"

文帝刘恒"思索了很久"的这个描述，对于史学家来说，也许意义不大，但对于文学家乃至读书人来说，留下的想象空间是非常广阔的。

至少我们可以作这样的一种想象：文帝刘恒很矛盾，一方面，一个小小百姓竟敢惊吓他的御驾，害得他差点从马上摔下来，着实使他吓了一跳，弄得他恼羞成怒，恨不得把这个小小百姓宰了。另一方面，自己签署颁布的法律，就是这么规定的，只能处以罚金，杀他不得。当然，凭他的皇帝权威，张嘴把他杀了，张释之不能不执行，法律也奈何他不得。但文帝刘恒在个人情绪与法律规定的矛盾面前，非常理智地选择了法律的裁决。他在受到张释之顶撞之后的"思索了很久"，就是理智战胜情绪的过程。

司马光还记述了与文帝刘恒的父皇有关的一件事。

有一个人偷高帝刘邦祭庙门上的玉环，被当场抓获了。这小偷也是没脑子，偷到先帝刘邦头上，给自己偷去了一个死罪。

古时的皇帝是很虚伪的，不管这个皇帝的位置是父皇传给自己的，还是自己推翻父皇夺来的，只要自己坐上皇帝这把交椅，哪怕对生前的父皇恨之入骨，也要假模假式地做出一副对先人恭敬的样子，以表明自己的孝顺。

文帝刘恒也一样，他无法摆脱传统势力对他的影响，加之他是刘邦的庶子，虽被刘邦封为代王，但他无法不顾忌皇后吕雉看他的目光，因而虽为王，却不得不小心谨慎过日子。这种小心谨慎的岁月，更加重了他孝顺的品格特色。故而坐上皇帝这把交椅后，刘恒固有的品德加之传统势力的强大惯性，使得他必须在恭敬已经作古的先帝刘邦上，表现出顽固的虔诚。当把偷盗刘邦祭庙大门玉环的小毛贼捉拿以后，他感到震怒，立即交司法部审理。

审理这个小毛贼的任务，又落到了张释之的头上。

张释之就是张释之，他没有被文帝刘恒的震怒左右，而是一头扎到法律里找条款，按“偷盗皇帝祭庙律”，把那个小偷判了个法场斩首。

这个结果向文帝刘恒一报告，他立即火了，又一次找到张释之，怒火冲天地说：“这个小毛贼胆大包天，敢偷先帝祭庙的东西！我把他交给你司法部，是要你判处诛杀他的全家。可你却拿法律来顶我，判他个法场斩首，这不符合我恭敬祖先的本意！”

面对怒火万丈的文帝刘恒，张释之虽然叩头请罪，但必须坚持的法律原则，却半点也不让步。他说：“法律这样规定，我就这样判决。对于犯罪，应该看触犯法律的轻重大小，作为惩罚的根据。”张释之为了证明自己判决的正确，也为说服文帝刘恒，作了一个大胆的假设，他说：“如果因为偷高帝祭庙门上的一个玉环就诛杀其全家，万一哪个愚民掘了长陵一抔土，陛下将做什么更重的惩处？”

我之所以说张释之这个假设是大胆的，是因为古人在一些关键环节上的话都说得十分隐晦，用现在的语言翻译张释之说的“掘了长陵一抔土”，就是挖你家祖坟。为一个偷庙门玉环的小毛贼辩护，而作挖文帝刘恒祖坟的假设，且文帝刘恒尚处于怒火万丈的情绪之下，真可谓胆大包天。仅凭这样一句亵渎高帝的话，就足可以砍下张释之的脑袋。

文帝刘恒没有这么做，而是报告薄太后，批准原判决。

文帝刘恒报告薄太后，我们可以作这样的认定，文帝刘恒虽遇到了张释之拿法律顶他，但他最终还是被张释之说服了。报告薄太后，是因为薄太后曾做过刘邦的妾，又是他的亲娘，请示一下老娘，既是示以尊重，也是给自己一个台阶下。

文帝刘恒虽贵为天子，但同样有血有肉。平民百姓惊吓了他，他气得想把人家的头砍掉；小毛贼偷了他父皇祭庙门上的玉环，他又恨不能诛杀小毛贼的全家。文帝刘恒这种情感的偏颇宣泄，是常人的，也是可以理解的。退一步说，假设历史记载的就是文帝刘恒在盛怒之下砍了小百姓的头，诛杀了小毛贼的全家，在后人看来也是无足轻重的，甚至仅凭这两件事，影响不了历史也影响不了后人把他视作明君的赞誉。但司马光用史笔记下文帝刘恒尊重法律的区区小事，似乎还有其更深刻的含义——一个暴君，能听司法部长这么多的“解释”吗？

宝马·露台·秘祝的联想

宝马、露台、秘祝，本质上没有任何联系。

可是，因为这三件事都发生在文帝刘恒身上，因而它们之间不仅有本质的联系，而且联系得一以贯之。

宝马

公元前179年夏天，也就是刘恒登上皇帝宝座不足半年后的一天，有人不知是出于爱戴还是出于投机，给文帝刘恒献了一匹日行千里、夜行八百的宝马。皇宫大臣自是喜不自禁，可文帝刘恒把马还给当事人，并发给他路费打发回家。之后，文帝刘恒多少有些调侃似的对臣僚说："我每次出巡，天子的銮旗在前，卫士的车队在后，有急事时，每天走五十里，统帅军队的时候，每天走三十里，我一个人骑千里马，叫我跑到哪里去？"文帝刘恒在作了这样一番调侃后毅然下诏，告谕天下："我不接受呈献，通令四方，不要搜寻奇珍异宝来献！"

封建社会的帝王将相，几乎没有不接受奇珍异宝贡献的，有的为夺得珍宝，不惜大动干戈；有的不惜调动全部的智慧，设计一连串夺得珍宝的阴谋诡计。从某种意义上说，奇珍异宝是为帝为王的象征，手里不捏着一把珍宝，即不称其为帝王。可文帝刘恒不，他有资格得到天下几乎所有的珍宝而放弃这种资格，他有权势得到天下所有人的进贡而拒绝这种进贡，从根本上说，还是与他那不敢懈怠的救世主责任感一致的。用无私来形容文帝刘恒，这种文字的表述似乎太现代，难以叫人认同，但从文帝刘恒拒收奇珍异宝的作为中，确能生动而又具体地看到一种令人肃然起敬的品格。

如果我们的思维延伸一点，就可以想象出，一些不体恤民众疾苦而贪得无厌的官吏，在看到皇帝接受千里马的贡奉后，必然把本来就收不住的手伸得更长，把本来还有点儿犯怵的胆子无所顾忌地放量。如此蔓延开来，最终受害的不是百姓又会是谁呢？

我们不妨再把思维延伸一点，如果皇帝喜欢搜集奇珍异宝，那么，必有一批投机政客会因为进贡讨得皇帝的欢心而得到重用，让这等人掌握朝政要职，于朝政，更于人民群众，不是灾祸又会是什么呢？史学家评价文帝刘恒执政时社会风气归于笃实厚道，我想，这不会和文帝刘恒拒收奇珍异宝无关！

露台

文帝刘恒曾打算修建一个露台，供自己休闲和享受之用。他叫工程人员造预算，大约需要黄金两千四百两。文帝刘恒听了大吃一惊，说："这个数目是十户中等人家的财产。我继承先帝的宫殿，常常觉得不配，还要露台干什么？"

寥寥数语，一片赤诚。十户中等人家的财产，对于一个皇帝来说不过是九牛一毛，可文帝刘恒却恰恰因为要花费十户中等人家的财产而坚决放弃。在文帝刘恒为人为政的全部心思中，黎民百姓是他唯一的参照系，他正是比照这一参照系，放弃了修露台的打算；他也正是比照这一参照系，给后人留下了为帝的人格崇敬！

秘祝

从秦始皇开始，后经刘邦乃至刘盈等若干皇帝，朝廷都设一种祭祀官员，专事一种高度秘密的诅咒，称为秘祝。平常日子，祭祀官员用祷告为皇帝祈福祈祷，每遇灾祸，祭祀官员就躲到一个极隐秘的地方，祷告上苍，把造成灾祸的责任推到臣僚和百姓身上，让上苍惩处臣僚和百姓，而使皇帝得到开脱，以永享上天垂恩，长生不老。

文帝刘恒作为血肉之躯，既非不想长生不老，也非不怕上天惩罚。每遇天灾，他常常先从自己的身上检讨过失，祈求得到上天的宽恕。但文帝刘恒与他之前和之后的所有皇帝不同，他害怕上天惩处，企望长生不老，但他绝不把责任往臣僚和百姓头上推，也绝不能容忍秘祝这种企图把上天的惩处推到臣僚和百姓头上的做法。于是下诏：

“天道循环，灾祸之来，由于怨恨。幸福之来，由于恩德，文武百官犯了错误，是由于我这个当皇帝的领导不当。而负责祭祀的官员，却把过失转移到居于下位的人身上，这正显示我的道德有亏。我不愿这样做，应行废除！”

秘祝被文帝刘恒废除了，但祈求上苍降福于他的香火并未断绝，散落在全国各地大大小小的寺庙道观里，香烟缭绕之中，各级祭祀官员祈求文帝刘恒万寿无疆的祷告声，几乎飘散在全国的每一个角落。于是文帝刘恒再次下诏：

“祭祀官员在祈求上苍赐福时，都要求把幸福降临到我身上，却忘记了百姓，使我惭愧。以我品德的欠缺而独占福分，百姓不能分享，是使我的品德欠缺更多。以后祭礼官员向天致敬时，不要为我作任何祈求。”

祈祷祭祀本就是愚昧，其结果也只能是子虚乌有。可文帝刘恒却把这种子虚乌有的东西当真，从品德的角度检讨自己。正是从这种不收珍宝供奉、不修行宫、不让天下人为自己祈祷等小事上，文帝刘恒完善了自己的人格；也正是源于这种高尚的人格，文帝刘恒创造了历史的辉煌！

两个太阳照大地

天上只能有一个太阳。当上古的天空同时悬挂着十个太阳，把大地苍生烤炙得难以生存的时候，后羿站出来，挽弓向天，射杀九个太阳，留下一个照耀人间。

一个国家只能有一个皇帝。一个皇帝不只是代表一个国家，而且代表一片国土。一国同时站起来若干个皇帝，即意味着这个国家的土地同时被几个皇帝分割。久而久之，国土这个概念，不仅将从一国的版图中分离出去，而且将从一个民族的血统中分离出去。

公元前179年，就在文帝刘恒坐着黄绫盖着的御车，前面銮旗开道，后面军队护卫，浩浩荡荡从长安出巡的时候，在中国南方的广州市，一个名叫赵佗的人，扯起“南越武皇帝”的旗帜，也用黄绫盖车，前树銮旗，后拥卫队，浩浩荡荡从广州出巡了。

一个中国两个皇帝，一南一北两个太阳，照得人心一片惶然。

问题的症结不在于一国之内有几个皇帝，而在于一个皇帝就意味着一个拥有主权而不受制约的国家。

当“南越武皇帝”从广州出巡的消息传到长安后，朝廷上下一片哗然，文武百官抓住这个表达忠心的机会，集中表达了“一国不能有二君”的愤怒。那态度极其鲜明：天下只能有一个汉文帝，多出一个“南越武皇帝”，他们绝对不能容忍！因而兴兵讨伐的调子越喊越高。

文帝刘恒在朝廷上下一片兴兵讨伐的叫嚷声中，首先想到的是公元前169年，父皇刘邦在处理与南越关系上所采取的怀柔政策。于是，他极其冷静地下达了两道与满朝大臣的情绪截然相反的诏令，一道是：整修赵佗父母的坟墓，设立特别官员，负责洒扫祭祀。一道是：征召赵佗的兄弟及亲属，任命他们当官，重重地给予赏赐。

文帝刘恒没有向他的臣僚作下达这两道诏令的任何解释，诏令一下，他便没事儿似的召见洛阳郡守吴公向他鼎力推荐的洛阳才子贾谊，与这个二十岁刚出头，但博学多闻、文辞优雅的年轻后生彻夜交谈……

文帝刘恒虽然没对他的臣僚做任何解释，但他下达的诏令本身，就是最鲜明也是最深刻的解释。

父皇刘邦处理赵佗自立为王的那一年，文帝刘恒七岁，被父皇刘邦封为代王，前往代国就职。陆贾大夫出使南越的事，他从母亲薄氏的口中听说过，但陆贾出使的细节，以及收归南越的重大意义，他一个孩子家是弄不明白的。

但吕雉掌权时期，在处理与“南越王”赵佗关系上的一些做法，刘恒已经开始用自己的政治目光进行审视，并从中得出了是吕雉逼赵佗自称“南越武皇帝”的结论。吕雉当政时，不知是听了谁的鬼主意，下令“不得给蛮夷南越金铁、农具、牛、马、羊，就是给牲畜，也只能给雄性的，不给雌性的”。

赵佗本来就不甘为臣，吕雉这么一逼，他便毫不犹豫地借故脱离与汉王朝的关系，扯起了“南越武皇帝”的旗帜。为了扩大势力，也为他当皇帝积蓄资本，赵佗把吕雉对他进行制裁的原因，推到一直与汉王朝保持良好关系的长沙王身上，说是长沙王挑拨了他与汉王朝的关系，因而率军攻打长沙国的边邑。

老实巴交的长沙王，自度不是赵佗的对手，烽火一起，便火速向吕雉求援告急。吕雉做得更绝，下令削去南越国的封号，并发兵讨伐。公元前181年，吕雉派隆虑侯周灶率军攻打南越，由于南方天气潮湿，北方将士水土不服，军队尚未开出长沙国的范围，便流行大规模瘟疫，无法前进了，只好驻扎下来。不到一年，吕雉去世，周灶随即率军撤回。赵佗戴“南越武皇帝”这顶帽子时就有些犯嘀咕，听说汉王朝派大军来攻，更是有些害怕，他急急忙忙率军踏平长沙国边邑的几个县后，速速撤军离去，并修书给周灶，陈述攻打长沙国的理由，请求汉王朝罢免长沙国的两名将军，也请求修复他老家父母的坟墓。那意思很明确，只要他提的要求得到应允，他赵佗继续为汉朝作臣。

也是事不凑巧，周灶接到赵佗的信时，恰逢吕雉去世，还没来得及禀报，便率军拔寨撤了。赵佗一看，顿时胆气十足，乘机以武力威胁与南越毗邻的小国，用财物拉拢闽越、西瓯等国的王侯，采取诱迫兼施的两手，叫他们乖乖地归顺了南越。赵佗所控制的领土，从东到西达万余里之大，他觉得原先那套“南越王”的礼仪与他所控制的领土已经不相称了，于是依照汉朝皇帝的做派，出入乘坐天子的黄盖车，一切礼仪规格与汉王朝相同，摆出了一副与汉朝皇帝平起平坐的架势。

文帝刘恒无疑对赵佗与他平起平坐感到不舒服，他的血脉以及他的教养，使得他不能容忍父皇策马打下的一统江山，让赵佗那顶“南越武皇帝”的帽子割出一部分去。但他也不想动用武力去制服赵佗，因为赵佗称帝毕竟是吕雉所逼，还因为一旦发动战争，最终受难的将是百姓。于是他反众僚的力谏而行之，下达了两道诏令。但他在下达两道诏令后与贾谊交谈的过程中，并没有放下如何处理与南越关系的思谋。贾谊从建立大国政治的角度所发表的宏论，鼓舞了他用怀柔政策处理南越问题的信心。刘恒找足智多谋的开国老臣陈平，请他推举赴南越的人选。陈平当然首推陆贾，一张嘴便是陆贾出使南越的一串故事，还没等陈平把陆贾出使南越的故事讲完，文帝刘恒便御笔一点，把陆贾作为履行出使南越使命的人选圈定了。

陆贾这次见赵佗的情形与上次大不相同，赵佗用周到的礼节表明了自己的心虚。陆贾一看，心里有数了，一上来便以大国使臣的口气责问赵佗："你为什么自立为帝也不派人到汉王朝来报告？"

面对陆贾那大国使者的主宰气势，赵佗赶紧谢罪，说："本王所辖地势卑下，气候潮湿。在我周围，东边的闽越（主要分布于今福建北部、浙江南部的部分地区）君称王，西边的瓯骆（以古贵州即今广西贵县地为中心，分布在今广东、广西、贵州及越南北部）君也称王，我妄自窃称帝号，只是为了自我娱乐，怎么敢报告天子呢？"

赵佗一个劲儿为自己开脱，陆贾心里更有了底数，于是取出文帝刘恒写给赵佗的信，朗声念了起来。

文帝刘恒，真不愧为大国帝王，他信中那委婉恳切的外交辞令，尤其是他那封建帝王所少有的宽厚仁义，不仅坚持了丝毫也不该让步的原则，而且深深地打动了赵佗。

赵佗毕竟是从中原过去的人，他虽然在南越生活了四十九年之久，且几十年在一方霸主的位置上发号施令，但他深明国家统一的民族大义。尤其是文帝刘恒那平等的态度，坦诚的品格和他那宽厚的仁者爱人之心，使赵佗深受感动。树高千丈也要叶落归根。赵佗也是年近八十的人了，他虽然在"南越武皇帝"的位置上要尽了威风，但他的血脉使得他怎么也挥之不去恋祖恋根。因而在他读了文帝刘恒那深明大义的信后，紧紧握着陆贾的手说："汉天子真是长者，我愿奉明诏，永为藩臣。"他不仅这么说，而且立即付诸行动，下令国中："我听说两雄不并立，两贤不并世。当今皇帝，是一位圣明的天子。从今以后，我要去掉帝制黄屋左纛，仍为汉臣。"

陆贾这次出访，为文帝刘恒带回了"君以仁德待臣，臣以仁德报国"的丰硕收获，带回了汉王朝江山的完整与统一。

于是，天上又只有一个太阳。

饲养员与周勃

饲养员在《史记》和《资治通鉴》中无名无姓，周勃则是汉朝开国功臣，这二人并没有直接接触，可能还互不相识。但因为与文帝刘恒有关的一件小事，特别是事件本身的思想底蕴，把两人联系起来了。

先说周勃。周勃和刘邦是同乡，吹得一口好箫，刘邦起兵前，周勃经常加入办丧事的行列，帮人家吹箫管奏挽歌，赚口酒吃。刘邦在沛县起兵，周勃就跟着，作战非常英勇。在司马迁著述的“绛侯周勃世家”中，数度用“第一个登上城墙”和“功劳最高”“建功最多”“功勋最大”的字句描绘他身经百战的功勋。在推翻吕雉政权的斗争中，周勃持符节收归北军，为刘恒登上帝位做出了巨大贡献。但周勃为人老实厚道，且不喜欢舞文弄墨，虽箫吹得挺溜却说话口拙舌笨，每次召见儒生，他总是背对着人家，并催促说有事快讲，不必引经据典。文帝刘恒执政后，他任右丞相，奏对时常常笨嘴拙舌，并没有给文帝刘恒留下什么好印象。

再说饲养员。一次，文帝刘恒漫游上林苑，参观虎圈时，一时兴起，问陪同他的林苑管理处长，都有些什么禽兽、各有多少、平时怎么喂养，一连问了十几个问题，这位管理处长都没有回答上来。就在这位管理处长左顾右盼急得头上冒汗的时候，旁边站着的虎圈饲养员搭腔了，这伙计伶牙俐齿，文帝刘恒问什么答什么，张口就来。见他这么利索，文帝刘恒便想考察他的能力，提的问题越来越细、越来越深。这伙计还是张口就来，对答如流，活脱脱一个“问不倒”。离开时文帝刘恒对跟随他的礼宾官张释之说：“这个管理处长是个混饭吃的，把他换了，提升那个饲养员当处长。”

张释之也是胆大，文帝刘恒叫他换管理处长，他答应了，但没有立即办。过了些日子，张释之问文帝刘恒：“你说周勃这个人怎么样？”文帝刘恒脱口而出：“忠厚长者。”借着这个话题，张释之联系上林苑事件给文帝刘恒讲了一番道理。他说：“周勃口吃迟钝，有道理也讲不出来，但他忠心耿耿，朝廷用这样的人可靠踏实。上林苑那个饲养员，伶牙俐齿，能言善辩，给人感觉靠不住。”

接着，张释之立足建立大国政治的高度，循着秦王朝覆灭的轨迹，给文帝刘恒大谈了一通该提倡什么反对什么的道理。秦王朝大批起用了成天耍嘴皮而不干实事的人，结果搞得朝廷上下徒具虚文，社会上卖嘴雕文的风气淹没了扎扎实实的苦干，人们把劲儿都使在嘴巴和笔头上，严重损蚀了实干兴邦的基石。张释之说：“如果陛下为饲养员能言善辩就给予越级提升，我担心天下因而效仿，竞相在嘴巴上下功夫，而不注意实际工作。”最后张释之特别提醒说：“下级受上级的影响，比影子来得都快。因此，在这种社会风尚的导向上，不能不慎重。”

文帝刘恒听了张释之这席话，深有所悟，连连夸赞，并取消了对那个“问不倒”的饲养员的擢升。

对于这件事，后人看法各异，有人认为那个一问三不知的管理处长是脓包，而那个事先并不知道文帝刘恒会向他百般盘问的饲养员有敬业精神。这种见解虽然非常独到，但有这样两个问题我们不能不思考。

其一，大史学家司马迁、司马光在文帝刘恒执政的二十三年中，将上林苑事件写进历史，不能不说是大量历史事件中经过选择的。司马迁和司马光才高八斗，不会是个木讷寡言的呆子，他们之所以选择这个事件，说明这两位满腹经纶的大学者，欣赏文帝刘恒改变主意后的裁处，欣赏文帝刘恒在位时那种民风质朴、务求宽厚、人民不愿抨击别人的良好社会风尚。这很值得我们后人深思。

其二，从古至今，有哪一个人能在自己所钻研的领域做到百问不倒呢？可那个上林苑虎圈的饲养员做到了，他“随问随答，十分敏捷，无有穷尽”。读到这段文字描写时，使人想起那种信口胡编应付上级领导的下级官员来，这样的人靠随口编数字、编成绩而骗取上级的欣赏，骗取升官发财。谁能肯定那个饲养员不是这样的人呢？再说文帝刘恒并不是因为上林苑的各种动物没有饲养好而要撤管理处长的职，而是因为提的问题管理处长答不上来，所以要撤他的职。既然动物饲养得挺好，仅仅因为一些老虎吃什么、一天吃多少，蛇吃什么、一天吃几斤等类似科学喂养方面的配方、数据等问题答不上来就撤人家的职，也确实没有道理。问题的症结还在于，负责全盘工作的管理处长答不出文帝刘恒所提的各类问题，一个仅仅负责虎圈饲养的人，怎么可能弄清虎圈之外的各类问题呢？又怎么能不叫人怀疑这个饲养员在糊弄文帝刘恒呢？如此看来，张释之与文帝刘恒的一席谈话，兴许埋没了中国历史上一个伟大的动物饲养专家，但倡导了一种不尚空谈、务求实际的时尚和民风。

不造阴间天堂

古时的帝王，几乎无一例外在追求长生不死的同时，在生前就作自己死后的阴间谋划。人造一座大山且内部结构严谨、精密得令今天的科学家都不敢挖掘的秦始皇陵，可以说是封建帝王在阳世作阴世谋划的典型缩影。

文帝刘恒也曾步入这个传统惯性。公元前165年，赵国人新垣平号称有望气之术，晋见文帝刘恒，胡扯了一通长安西北有五色神气的鬼话。文帝刘恒被新垣平一通鬼话迷住了，下令在渭水北岸建立五帝庙祀奉，并擢升新垣平当高级国务官。公元前164年九月，新垣平为骗取更大的利益又玩弄一招，他事先叫人拿着一个玉杯在皇宫外等待，自己跑去跟文帝刘恒报告，说皇宫外有一股宝玉之气，唆使文帝刘恒领着满朝大臣到皇宫门外去看，果然见一人贡献玉杯，杯上还刻着“人主延寿”四字，喜得文帝刘恒下令全国民众大酒大肉地欢宴一场。新垣平一看自己的骗术得逞，接着又来一通胡诌，说他向北遥望，今山西省万荣县上空有金宝之气。听新垣平这么一说，文帝刘恒立即想到周朝的九鼎。传说秦朝灭六国之后把九鼎迁往咸阳，途中一鼎突然起飞，掉进泗水之中。秦始皇曾派人打捞，结果一无所获。如今，能望见宝玉之气并得到证实的新垣平又望见金宝之气，文帝刘恒岂能不信，于是下令在汾河之滨兴建庙宇，准备祭祀行将出现的周王宝鼎，结果庙宇尚未建成，有人用铁的事实揭穿了新垣平的骗术。文帝刘恒在莫大的羞辱中幡然醒悟，下令诛杀新垣平。自此之后，文帝刘恒对鬼神之事不再感兴趣了，渭水北岸的五帝庙也不再祭祀。

如果说文帝刘恒在做这种迷信鬼神、追求长寿的努力时猛然刹车，是被铁的事实粉碎梦幻后不得已而为之的话，那么在这之前放弃选棺椁的打算，则是自觉的。

公元前177年，文帝刘恒来到长安西南的灞陵，为自己死后选择埋葬的地方。他登上灞陵的北侧，向远眺望，指着临潼东侧的那条大路对身边的宠妃慎夫人说："这就是通往你家乡邯郸的路。"一语出口，两人都顿生凄然。于是慎夫人鼓瑟，文帝刘恒和瑟而歌。瑟调与歌声相互交融，其瑟其歌凄凄切切。歌罢，文帝刘恒喟然长叹，说如果用北山的石头做成棺椁，再捆上拌漆的麻，这样的棺椁就没有人能打得开了。

跟随的官员听文帝刘恒这么一说，立即附和称赞。

礼宾官张释之则说："如果坟墓中有人们渴望得到的珍宝，就是用整个华山以及秦岭山脉作棺，都能找到打开的缝隙来。如果坟墓中没有人们渴望得到的东西，即使不用石头作棺，也没有人来动它。"那意思很明确，你文帝刘恒死后不要带去任何奇珍异宝，随便挖个坑埋掉，这样就没有人盗你的墓，你的墓也最安全。

在此时此地皇帝大人这样一种情绪下，张释之的这番话既刺耳又不合时宜。司马光没有描绘在场的一些臣僚是怎样流露出对张释之担忧的表情，只是轻描淡写地写了一句，文帝刘恒称赞他说得好。

紧接着，张释之被提升为司法部长。可见文帝刘恒在灞陵称赞张释之是真心的！

在皇帝亲自为自己谋划死后的安葬问题时，提醒皇帝在棺材里不要放任何珍宝，无异于劝阻皇帝不要把阳世间的荣华富贵带到阴间去享受——这无疑需要一种不怕掉脑袋的勇气！皇帝听从臣僚的提醒和劝阻，并加以真心诚意的称赞——这就不仅仅是一种勇气了，超越勇气的，当是一种坦荡光明的人生态度！

中国从汉文帝刘恒去世至今的历史，已经翻了两千多年。在那漫长的两千多年中，究竟有多少皇帝和王公大臣的陵墓被掘，已经无法统计了。但汉文帝刘恒的陵墓，因为墓中没有人们所渴望得到的珍宝，据说至今完好无损。盗墓贼面对汉文帝刘恒的亡灵，不由得生出敬畏！

老侍郎冯唐

侍郎，在文帝刘恒的皇宫官吏等级中，可以说是最低级的官。侍郎前面再加一个“老”字，给人的感觉就不只是这个人是个小官，而且是个很长时间都没出息的小官。

可对老侍郎冯唐，不能这么看。

公元前166年，匈奴老上单于率领十四万大军，一路斩关夺隘，直入甘肃彭城，其前锋抵达陕西陇县的回中宫，距长安不过三百里。于是满朝大骇，上下堪忧。

文帝刘恒也深为匈奴的侵扰焦虑，但他还是保持着自己的作风，每次入朝途中，见有人上书言事，总叫辇车停下来接收。一天，文帝刘恒从郎官署门前经过，见一白发老人仍为郎官，便下车问他是哪里人，怎么这么大年纪还在这里为郎官。

这位白发老人就是冯唐，赵国人，因孝顺出名，被推荐到西汉王朝禁卫官司令部下设的一个部门当侍郎。文帝刘恒对冯唐说：“我在代国为王的时候，我的厨师长经常向我提起赵国将领李齐，尤其是他在巨鹿大败秦兵的战绩，给我留下了非常深刻的印象，以至到今天每次吃饭时还念念不忘。”他很尊敬地问冯唐：“老人家，您知道李齐吗？”

事情也是巧了，这位冯老头不仅知道李齐，而且知道大名鼎鼎的赵将李牧。因为他的爷爷在赵国时，曾当过管理士卒的官，和李牧交情很好；他的父亲曾做过赵国的代相，和李齐的关系很好。他在听了文帝刘恒钦佩李齐的话后说："李齐虽然贤能，但比不上廉颇和李牧。"

冯唐这么一说，文帝刘恒当然要盘根究底问个明白。于是冯唐滔滔不绝地讲起了李牧率军戍边的故事，听得文帝刘恒拍着大腿叫好。钦佩之余，文帝刘恒说："我怎么就得不到像李牧这样的将军呢？如果有李牧这样的人为将，就不会担心匈奴为患了。"

冯唐则说："恕我直言，您即使得到李牧这样的将才，也不懂得任用！"

文帝刘恒一听，站起来怒冲冲地走了。过了一会儿，文帝刘恒召见冯唐，责怪说："您就不能私下跟我说吗？为什么要当众羞辱我呢？"在文帝刘恒的责怪中，流露出了对冯唐当众顶撞他的不满，他把冯唐的顶撞说成羞辱，不无道理！

一个皇帝，得到能征善谋的将领而不能使他的本事发挥出来，这不是将才的无能，而是皇帝的昏庸。冯唐说文帝刘恒即使得到像李牧这样的将领也不能任用，这之中所包含的浅层意蕴，像文帝刘恒这样的人不会听不出来，故而他非常生气。但文帝刘恒明智豁达的过人之处，在于他没有任由恼怒的情绪控制自己的理智，而是在恼怒之中保持了一份清醒。于是，只过了一会儿，他便把冯唐请进宫去请教。

冯唐也是有满肚子的不吐不快之言，进宫以后毫不嘴软，拿被文帝刘恒判处徒刑的戍边将领魏尚为例，再次强化了他对文帝刘恒即使得到像李牧这样的将领，也不能很好任用的批评。

魏尚统兵驻防的地方，恰是李牧曾经统兵驻守的防线。李牧为将时，防线以内的居民该上交给朝廷的租税，都由他用来作为军需费用，所有赏赐惩处全由李牧决定，朝廷一概不管。所以他能审时度势，得心应手地指挥军队屡打胜仗。而魏尚作为戍边将领，不仅赏赐惩处他说了不算，而且一举一动都受到朝廷的严格制约。魏尚倒也不愧为名将，他在朝廷严格制约把他的手脚捆得死死的情况下，继承李牧遗风，拿出自己的钱，经常买些牛羊犒劳手下的军官和士兵，使得军心大振，一有战事，将士个个争先，打得扰边匈奴远远逃遁，不敢靠近关塞。但朝廷的法令非常严苛，每次作战，按官阶大小规定了砍杀敌人脑袋的数量，若达不到规定的数量，不分青红皂白，统统送官府治罪。魏尚在一次率军作战中，因为少交了六个敌人的脑袋，而被罢官治罪。正是因为这个原因，冯唐说文帝刘恒即使得到李牧这样的将才，也不懂得使用。文帝刘恒在把冯唐请进宫后再次受到冯唐的同一种批评后，非常高兴，立即令冯唐拿着符节去赦免魏尚，同时恢复他的官爵，叫他速回边塞统军。

魏尚从监牢出来再度回边塞统军，朝廷对边防军颁布的按杀敌首级论赏定罪的法令，必然随之取消或加以改进。可以想见，边防军民在朝廷的政令改变以后，必然在实事求是的法律制约下，获得符合实际的发展与安宁。

身为一国之君的文帝刘恒，悉心倾听方方面面的劝谏，并在听取劝谏遭到顶撞甚至羞辱时，能舍羞辱而取劝谏，确实难能可贵！

"劝谏"一词本身，就是一种价值定势，就是一种地位定势，它的价值指向，是地位低下的人向地位高贵的人提建议时的大胆甚至放肆。而高贵者常常自认为最聪明，通常摆出一种姿态，听几句不疼不痒的批评是勉强能够做到的，但绝对容不得下等人的大胆和放肆，容不得下等人对他"最聪明"的轻蔑和超越。"劝谏"一词的这种价值定势和地位定势，被文帝刘恒的所作所为赋予了一种新的内涵。其核心，就是尊重智者的平等人格，而不是地位的高低差别。因而我们有理由这样说，文帝刘恒在用所作所为赋予"劝谏"一词新的内涵的同时，为自己的人格和素质作了一种非同凡响的超越！

民谣亦有谬误

民谣、歌谣、顺口溜，是时代的产物。民谣、歌谣、顺口溜等通常能揭示出一些事物的本质，以其独特的方式反映一种深刻，表达一种民意。

但，民谣也好，顺口溜也好，有其不可避免的局限性。发生在公元前173年的一则民谣，“一尺布，尚可缝；一斗粟，尚可舂；兄弟二人不相容”，则并非反映事物的本质，并非表达民意，就有其明显的局限性。

事情还得从刘邦说起。

公元前199年冬天，刘邦率军讨伐投降匈奴的韩王信，班师返回时留宿邯郸。赵王张敖是刘邦的女婿，他知道岳父大人是个好色之徒，为讨得他的欢心，特地从自己王宫里挑出一个美女，献给刘邦享用。

那次赵国的国相贯高、大臣赵午因对刘邦的傲慢不满，打算谋杀刘邦，他们精心设计的谋杀方案，因为刘邦的一时念起而没有得逞。

一年后的公元前198年十月，贯高的仇家告发了这个事件，刘邦下令逮捕赵王张敖、国相贯高和大臣赵午等一大批人，还有刘邦住宿“幸”过的那个美女。这个美女因为被刘邦“幸”过而怀上龙种，此时正面临分娩，她哀求狱吏向刘邦报告，说自己确实没有参与对刘邦的谋杀，还说自己已经怀上刘邦的孩子快要生产了，请求得到刘邦的赦免。狱吏倒是向刘邦报告了，但刘邦因为自己女婿封国的大臣设计谋杀自己而非常生气，对狱吏报告的这一情况没放在心上。

这位美女生下儿子后便自杀了，狱吏不敢怠慢，恭恭敬敬地把这个孩子捧给刘邦。刘邦见到这个孩子后才有些后悔，起名刘长，下令后宫好生抚养。

刘长长大以后，弄清了自己的身世，特别是弄清了审食其不为他的母亲说情后，便把那股恶气全发作在了审食其身上。

刘恒登上皇位后，作为同父异母的兄弟，只剩下赵国美女所生的淮南王刘长。刘长又比刘恒年龄小，因而刘恒便处处迁就他。

刘长自以为与刘恒最亲近，因而骄横放纵，为所欲为。公元前177年，刘长到长安朝觐，陪文帝刘恒打猎，二人同车，刘长不分尊卑，张口大哥闭口大哥。同行的臣僚觉得刘长太放肆，而文帝刘恒并不在意。可刘长甚是得意，心想文帝刘恒待他甚厚，他即使把审食其杀了，文帝刘恒也不会追究。于是他怀揣铁锥，带着随从，拜访审食其，把他锥杀了。

擅杀朝廷命官，罪该当斩。刘长心里有数，还没等下官禀报，他便驰向皇宫，脱衣裸背，自首请罪，并从为国除害的高度陈述了锥杀审食其的理由。文帝刘恒念他思念母亲的一片孝心，没有治他的罪。

刘长这一举动，给朝廷以极大的震动，上至皇太后薄氏，下到政府重臣，对刘长都心怀恐惧。中郎将袁盎进谏文帝刘恒："俗话说，尾大不掉，必滋后患。刘长擅杀朝廷命官，陛下必须给予制裁，大则取消他的封国，小则削弱他的封地，这样才能给予制约，否则后果不堪设想。"文帝刘恒不予采纳。

刘长杀人而不予治罪，回到封国以后更加骄横，每次出门，都用皇帝才可以用的警卫仪式，乘坐黄盖辇车，出入比拟天子。不仅如此，他在封国擅自颁布法令，明令汉朝政府的法令在他的封国废弃；他收罗其他封国逃逸的罪犯，赏赐他们财物、田宅和爵禄，为他们安家娶妻，有的罪犯竟封至关内侯，享受两千石的俸禄。一时间，其他封国的地痞、恶棍作奸犯科以后，纷纷逃到刘长的封国得到庇护……

刘长的种种不端行为传到文帝刘恒耳朵里以后，他还是以长兄的身份进行规劝。刘长生病了，文帝刘恒特地派人送去慰问品，刘长竟不见使者；庐江地区的庶民作乱，当地官吏平定了动乱，文帝刘恒为救济该地的平民，遣使送去了五千匹布给予赏赐，刘长则以没有穷苦的人为由不予接受；刘长还对打算入朝觐见文帝刘恒的人说道："你想背叛我而归附于汉吗？"面对刘长的种种逆行，文帝刘恒仁至义尽，特地写信对他进行劝导。刘长不仅不听，而且以强硬的态度复信，并以弃国为民对文帝刘恒进行要挟。忠厚仁慈的刘恒还是不愿伤了兄弟之间的和气，又遣舅舅薄昭致书劝导。薄昭委婉地指出刘长的问题，联系历史上周文王诛管叔放蔡叔以安国，秦始皇杀两弟迁其母以安秦，济北王刘兴居反叛朝廷，文帝刘恒诛之以安汉等事件，情真意切地劝道："王若不改，汉系大王邸，论相以下，为之奈何？夫堕父大业，退为布衣所哀，幸臣皆伏法而诛，为天下笑，以羞先帝之德，甚为大王不取也。宜急改操易行，上书谢罪……大王昆弟欢欣于上，群臣皆得延寿于下；上下得宜，海内常安，愿孰计而疾行之。行之有疑，祸如发矢，不可追已。"

刘长收到薄昭的信后多少有些后怕，但他已经在歧途上拔不出腿了，思虑再三，还是打算举兵反叛，来个先发制人。

主意一定，刘长立即派遣大夫但等七十人，潜入关中，买通棘蒲侯柴武的儿子柴奇，共同谋反，约定用四十辆大车运兵器到长安以北的谷口，依险起事。柴武还派遣罪犯开章作为刘长的特使，南联闽越，北通匈奴，乞师大举，反叛朝廷。

正在刘长紧锣密鼓地谋反时，罪犯开章写给柴武的一封密信被人搜出，阴谋败露。于是丞相张苍等冒死上书，劝文帝刘恒立即缉拿刘长归案。可是，文帝刘恒还是顾念兄弟之情，不忍捉拿刘长，而是下令捉拿开章。

捉拿开章的朝廷命官到达淮南以后，刘长将开章藏在自己的宫邸，后见朝廷紧追不放，便将开章诱杀，悄悄用棺材装起来，埋在肥陵，伪设坟墓，还特地在坟地周围种上树，加以掩饰。

朝廷官吏已经掌握了刘长的这些罪行，特地奏报文帝刘恒。直到这时，文帝刘恒才下令将刘长召回长安。丞相张苍、御史大夫冯敬提审刘长，证实了刘长的谋反罪，上奏文帝刘恒将刘长斩首弃市。文帝刘恒不忍心诛杀刘长，下令叫臣僚讨论，臣僚们知道他的心思，因而建议废除刘长的王位，迁至四川严道县安置。文帝刘恒准奏，同时下令每天供给刘长五斤肉、二斗酒，准许他最心爱的美人、才子十人随同。

刘长在押解途中，不禁感叹："谁说我是勇者，我哪来的勇？我因骄纵而不知自己的过错，以至落得如此下场！"他忍受不了这个打击，绝食而死。

文帝刘恒听说后，为之痛哭。他原打算用这种办法让刘长吃点苦，使他知道悔过后，再召他回来，恢复封国。不承想秉性刚烈的刘长竟绝食而死，刘恒因此悲伤不止。

照常理说，作为文帝刘恒，对这个同父异母的弟弟刘长已经做到了仁至义尽。且看得出来，文帝刘恒因为仁慈而把手足之情凌驾于法律之上，表现出一种只有帝王才能享受的特权。历史特别是文帝刘恒时的人民，应当花费些心思为文帝刘恒，更为后人总结一下他养虎遗患的沉痛教训。可是，落在历史典籍上的，竟是当时的群众广为流传的一首歌谣："一尺布，尚可缝；一斗粟，尚可舂；兄弟二人不相容。"

是谁不能容谁？很显然歌谣说的是文帝刘恒不能容刘长。

是文帝刘恒不容吗？显然这不是事实。文帝刘恒在刘长的问题上，不仅表现出了弃国法而不顾的固执，而且表现出了弃国家利益而不顾的私情。正是因为文帝刘恒顾念兄弟之情，才使得刘长骄横放纵，不仅在自己的封国滥杀无辜，而且在长安锥杀朝廷命官；正是因为文帝刘恒对刘长的宽容放纵，才使得刘长敢于自颁法律与朝廷抗衡，阴谋勾结匈奴等反叛朝廷。刘长本该腰斩弃市，可文帝刘恒出于私情而对其放逐，是刘长无法忍受这种带着美女侍从，享受朝廷供奉的“流放”，才绝食身亡。究竟是谁最终不放过刘长呢？既不是文帝刘恒，也不是文武大臣，而是历史和人民！历史把握的是“多行不义必自毙”的永恒定律，刘长无论如何都逃脱不了这一定律的惩罚！

只是这歌谣出自群众之口并广为流传，实在令人无语！

照常理说，对刘长这样一个自恃皇亲国戚而无法无天、无恶不作的人，人民群众应该加以抨击，抑或用歌谣的方式表达对刘长这种恶人的憎恨，表达对文帝刘恒迁就刘长的批评。可歌谣所表达的恰恰相反，不是在倡导正义，不是在颂扬美德，而是在倡导一种并非儒学真谛的腐臭。

文帝刘恒听到这歌谣后不禁喟然长叹。我们听得出来，他长叹出来的余音余韵，不只是他如此庇护同宗血脉而并未落得孝悌仁慈美名的感叹，而且是他这个封建帝王在处理治国的各种关系上的困惑与彷徨。也许就是歌谣给文帝刘恒带来的苦恼，也许就是这首歌谣的原因，文帝刘恒下令给刘长的几个儿子袭爵封国，让他们像享受父辈功德般地享受荣华富贵。

历史告诉我们，因文帝刘恒对皇亲血脉凌驾于法律之上的袒护和放纵，不仅使得他自设了创造历史更大辉煌的梗阻，而且使他意想不到地为子孙埋下了祸根。

苦果，是自己种下的。

可是，品味苦果的，则不只是种苦果的人，还有子子孙孙……

应梦贤臣梦难圆

文帝刘恒曾做过一梦，梦见自己突然飘飘欲仙，腾空而起，直入九霄。可就在登上天庭的那一刹那，一步之遥却怎么也上不去，来来回回折腾了好几次，就差那拨千斤的四两之力。恰在这时，一个头戴黄巾的黄头郎出现在文帝刘恒的足下，用力一推，使他登上了天庭。文帝刘恒非常高兴，回头看这个黄头郎，没有看清他的面目，只看清他穿的衣服下方已经破损，露出一个小孔。恰在这时，雄鸡打鸣把文帝刘恒的美梦惊醒。从此以后，文帝刘恒经常回思梦境，留心寻找那个在梦中并未看清面目的黄头郎。也是巧了，未央宫西侧有个沧池，常有御船停泊，在船上工作并专门用于侍候皇帝的人有几百名，他们统统头戴黄帽，号称黄头郎。文帝刘恒惦着梦中那个黄头郎，特地到沧池巡视，并把黄头郎悉数召来，一个一个过目。其中一个衣服下方已经破损，露出一个小孔的黄头郎，被文帝刘恒叫住，并把他带走留在身边侍候。这个黄头郎名叫邓通，衣服下方露出的那个小孔，与文帝刘恒梦中所见吻合。加之“邓”字繁体左边是“登”字，文帝刘恒以为，助他登天踏上成仙之路当是此人，于是把邓通作为应梦贤臣，平白提升，官至中大夫。

邓通被召至身边后，文帝刘恒发现他庸碌无为，没有什么特异功能，也给不了他登天成仙的任何帮助。但邓通在文帝刘恒身边，像乖顺的小猫小狗一般，会看主子的眼色，会讨主子的欢心，当说不当说，当笑不当笑，分寸拿捏得恰到好处。日理万机的文帝刘恒，从邓通身上排解了许多烦恼，因而对邓通非常宠爱。可能是被邓通逗得高兴了的缘故，公元前160年前后，文帝刘恒特地把当时一个极有名的相术大师请进宫来，叫他为邓通相面。相术大师将邓通上下打量，左看右看，最后得出的结论是：邓通是个饿死鬼相，日后将饥饿而死。文帝刘恒一听不高兴了，说邓通要富贵，有什么困难，只要我一句话，管叫他富贵终生，何至于饿死呢？说罢将相术大师斥退。

文帝刘恒几乎就在相术大师离开皇宫的同时，下了一道诏命，将蜀郡（今四川省成都市）的严道铜山，赏赐给邓通。大概是为了跟相术大师赌气，文帝刘恒在把一座铜山赏赐给邓通后，还特许邓通自行铸钱，作为政府认可的一种货币在社会上流通。

无疑，文帝刘恒这道诏命，给予邓通的富贵是无与伦比的。一座含量极其丰富的铜山，归邓通个人所有，仅此，邓通就可以富得流油了。文帝刘恒又特许邓通自行铸钱，这在今天看来，无异于国家银行将印钞票的权力交给邓通，而且是印了钞票归自己，想印多少就印多少。有一座属于自己的铜山，又享有自行铸钱在市场上流通的特权，黄头郎邓通一夜暴富，令天下所有人钦羡不已，也令很多达官显贵妒忌眼红。

本属于国家的铜山，凭皇帝一纸诏命归了个人；本属于政府铸造并发行钱币的权力，凭皇帝一赌气给了个人。这一做法本身所深刻揭示的，不只是皇帝的权力有多大，而且深刻揭示了掌握巨大权力的皇帝有多么愚蠢！这一做法本身，从根本上破坏了政府正常的管理运行机制，破坏了政府正常的管理秩序，损毁了人民群众好不容易构筑起来的尊重政府、服从政府、维护政府管理权威的思想和法律规矩。

于是史学巨匠司马光站出来，通过写文帝刘恒赏赐给邓通铜山，和特许他自行铸钱一事，作了认知规律的另类诠释。

在司马光的笔下，先是丞相申屠嘉出面惩治邓通。申屠嘉为人耿直，他对从不干任何实事、又没什么本事、专会在文帝刘恒面前耍乖卖俏的邓通，早就瞧着不顺眼，一直在找机会修理他。机会来了，一次申屠嘉向文帝刘恒奏报有关事项，站在一旁的邓通一副懒懒散散的样子，怠慢失仪，没个站相。申屠嘉奏报完毕，当着文帝刘恒的面弹劾邓通，被文帝刘恒袒护过去。申屠嘉没有就此罢休，回到丞相府后即召邓通议事，以便找个茬口对邓通来个先斩后奏。邓通一接到丞相议事的通知，顿时吓得魂飞魄散，他知道，此一番前去必是凶多吉少。情急中，邓通先跑到文帝刘恒那里求情，得到文帝刘恒给予解救的允诺后，才战战兢兢地向丞相府走去。只见丞相申屠嘉整衣肃冠，高堂正坐，满脸杀气，正等着他呢。邓通刚要开口求情为自己解脱，申屠嘉开口便是一个“斩”字，吓得邓通扑通一声跪地，叩头乞饶。申屠嘉厉声叱道：“朝廷是高皇帝的朝廷，一切朝仪，所有人都得遵守。你一个小臣，竟敢在大殿上怠慢懒散，今以大不敬罪斩你首级。”恰在邓通磕头似捣蒜一般、自度小命休矣的关键时刻，文帝刘恒遣使持节前来，替邓通说情解脱，得以保住一条小命。

申屠嘉之后出面惩治邓通的，是太子刘启。

有一段时间，文帝刘恒身上长疖子化脓，疼得他昼夜难忍。终日守在文帝刘恒身边的邓通，就用嘴帮他吸吮溃烂的脓血，使得文帝刘恒大为感动。他问邓通：“我拥有天下，谁最爱我？”邓通体会不到文帝刘恒的感念，凭着寻常百姓的情理答道：“至亲莫过于父子，从情理看，最疼爱你的，当是太子。”第二天，太子刘启入宫看望父皇，正值文帝刘恒的疖子发作，便问刘启：“你能不能帮我吮去脓血？”刘启不敢说不，因为提这要求的不仅是他的父亲，还是金口玉言的皇帝。但他从小就生活在皇宫的蜜罐里，叫他吸吮脓血，确实勉为其难。君为臣纲，父为子纲，君叫臣死，臣不得不死，父叫子亡，子不得不亡。万般无奈的刘启屏住呼吸，皱着眉头，趴到文帝刘恒的身上用嘴去吸那化脓鼓起的疖子。刚吸吮了一口，他便觉得恶心难忍，抑制不住要吐。文帝刘恒长叹一声，只好叫他作罢，仍叫邓通为他吸吮。只见邓通像没事一般，一口一口吸吮，吐出后，接着吸，直到把脓血吸尽才漱口。

由此，太子刘启与邓通结下嫌隙。

公元前157年，文帝刘恒去世，太子刘启继位。刘启一穿上龙袍，便下诏把邓通那顶中大夫官帽给摘了，但严道铜山尚未收回。被摘掉官帽闲待在家的邓通，大概是觉得光有钱还不够，还得披一身官服才过瘾，于是活动复出。在他看来，他那顶中大夫的官帽之所以被摘，是因为丞相申屠嘉瞧他不顺眼，如今申屠嘉也死了，是不是可以从景帝刘启手里把那顶官帽要回来呢？鬼迷心窍的邓通有的是钱，到处散发，在朝廷找人运作官帽，并通过他人把奏章递到了景帝刘启手里。景帝刘启正愁找不到收回严道铜山的茬口，这一来有了，一道诏令，把邓通拘系狱中，罪名就是盗出徼外铸钱。邓通当然要为自己辩解，但狱卒的严刑拷打不容他辩解，只容他招供。邓通经不起皮肉之苦，狱卒问什么他就招什么。审讯报告递上去后，景帝刘启又下一诏，收回严道铜山，同时收缴邓通瞒交的官税。

属于邓通的铜山收回朝廷了，邓通自行铸钱的巨大收入，以瞒交官税的名义被全部没收了，他那被钱币堆积起来的家也被抄得干干净净。景帝刘启在做完这一切以后，把他从狱中放了出来。因为文帝刘恒的宠爱而官运亨通、富满天下的邓通，告别牢狱之后，赤条条成了一文不名的光杆，居无室，食无炊。景帝刘启的姐姐馆陶公主刘嫖，念他对文帝刘恒的照料，给邓通送去钱物接济。可东西尚未送到邓通手里，便被一帮下级官吏尽数掳走。刘嫖得知后，秘密派人给予邓通衣食，才使他苟延残喘地活了两年。后来刘嫖自己的麻烦很多，无暇顾及邓通，断了供给的邓通只好乞讨寄食，最终饿死街头。

相术大师对邓通所作的“饥饿而死”的预测，最终应验了。如果仅把相术大师的预测与邓通的饿死连起来看，省去中间这许多环节，相术大师所作的预测竟似计算机精确演算那么准确。但如果按照司马光所记叙的过程来看，我们就不难看清，邓通最终穷困潦倒的根本原因是，邓通因受宠于文帝刘恒而获得铜山铸钱的赏赐，破坏了朝纲，因而他必然要付出代价，受到惩罚。景帝刘启给邓通安上的那顶“瞒交官税”的罪名，按当时的法律当斩首，没有砍他的脑袋，已经是便宜他了。

周勃其人

周勃是刘邦策马打天下的一员战将，深得刘邦器重。吕雉在刘邦弥留之际讨教安邦之策时，刘邦在迷迷糊糊的时候也没忘记周勃，说安定刘氏天下的，必是周勃。虽然这位手握全国兵权的总司令在吕雉掌权时无所作为，但在推翻吕氏政权的时候，还是因为到北军振臂一挥，起到了总司令应起的作用。尤其在推举刘恒接替皇帝这件大事上，周勃也起了很重要的作用。

因为周勃是个粗人，还因为他无论是在刘邦当皇帝还是刘恒当皇帝的问题上，起的作用重大，因而他有些放荡自己的心迹，在政治上显得不够老辣。

刘恒上任走马渭河时，群臣迎接，跪拜称臣，刘恒即下车答礼跟群臣相见。这时周勃就做得极不恰当，他走到刘恒面前，请求“单独接见”，弄得刘恒一时不知该怎么处理为好。与刘恒同行的宋昌出面解围，对周勃说：“如果你说的是公事，请当众奏报。如果说的是私事，天子无私。”周勃立即跪下，呈上皇帝的印信玉玺。他这一举动又弄得刘恒为难。他刘恒尚未登基，怎么好先接玉玺呢？只好推辞。

刘恒登上帝位后，分封行赏，陈平为权重一等的右丞相，周勃为权重二等的左丞相。没过几天，陈平就上奏，说在推翻吕雉政权的斗争中，自己的功劳不如周勃，提出将右丞相一职让给周勃，自己当左丞相。陈平可不似周勃，他满肚子文韬武略，为什么一定要让出权重的右丞相一职，两位司马先生都没留下任何文字解释。

周勃当上右丞相以后，文帝刘恒对他是既尊敬又畏惧。早朝结束，周勃告退，神色极其得意，坐在金銮殿上的刘恒一直目不转睛地看着他出朝。

禁卫官袁盎对文帝刘恒说：“周勃有骄傲之色，而陛下却那么谦让。臣失臣礼，君失君礼，我认为不恰当。”

袁盎该对周勃说而不该对文帝刘恒说的这番话，对文帝刘恒是个提醒。从此，文帝刘恒再上朝时，就变得非常严厉。一次早朝，文帝刘恒当庭问右丞相周勃：“政府一年判多少案件？”周勃答不上来；刘恒又问：“政府每年收支多少？”周勃还是答不上来。直问得周勃惶恐惭愧，挥汗如雨。

有了这番当朝出丑以后，周勃变得谨慎起来了。他自感文帝刘恒对他不是很信任，加之有人劝他隐退，他思考再三，托病辞职，得到批准。从此文帝刘恒取消左右丞相的设置，只设丞相一个，由陈平担任。

公元前178年，丞相陈平去世，周勃再任丞相。

一年后，文帝刘恒下诏：“去年曾下令侯爵一律回国，这些人并没有遵守命令。丞相是我最倚重的官员，请做榜样，率先领导。”于是周勃被再次免职，回到自己的食邑地绛县。看得出来，文帝刘恒的这一诏令，主要是针对周勃的。

绛侯周勃回到自己的食邑地以后，心虚胆怯，常常盔甲披身，怕遭人暗算。尤其在郡长和都尉巡视绛县时，他都以为是朝廷派来诛杀他的，因而不仅盔甲紧裹，而且叫家丁全副武装护卫。

因为周勃神经质，使得有人检举他企图谋反，文帝刘恒下诏司法部调查审理。周勃本来就是一介武夫，被逮起来一审，张口结舌说不出什么道道来。史载，审讯他的狱卒见当过大汉丞相的周勃如此笨嘴拙舌，有些瞧不起他，慢慢地由审讯变成了严刑拷打。周勃家人无奈，拿钱贿赂狱卒。狱卒于是给周勃出主意，叫周勃的儿媳妇出面做证。

周勃的儿媳妇是文帝刘恒的女儿——当朝公主，虽然她与周勃儿子周胜之感情不好，但周勃是不是在做谋反的准备，公主还是清楚的。于是她悄悄找到舅爷薄昭，请他面呈皇太后，为周勃说句公道话。

薄昭是文帝刘恒的舅舅，无论是在文帝刘恒面前还是在皇太后面前，说话都有一定的影响。但薄昭有些贪，他在答应公主的请求后，并不急于说情，在收下周勃家人的金钱后还不说情，只是在案件快要审结、周勃吃够了苦头的时候，才把这事告诉薄太后。

史载，薄太后得知这一消息后，摘下头巾朝文帝刘恒摔去，说：“周勃除掉吕姓家族，身怀皇帝玉玺印信，控制北军重兵，不在那时谋反，而今住在一个小小县城，却去谋反，天下有这种怪事？”文帝刘恒已经看过司法部呈上的周勃口供，原本就不打算杀周勃，只是想灭灭他的威风，在薄太后发火时，他赶紧说：“我没有说他谋反呀，已经调查清楚，马上就释放他。”于是派人持符节赦免了周勃，恢复他的爵位和食邑。

周勃出狱后长发了一声感叹：“我曾经统领百万大军，怎知道狱卒有那么大的权威？”

狱卒的权威，当然不是源于狱卒的职责权重。他周勃是先帝刘邦打天下的功臣，又是把刘恒扶上皇帝宝座的功臣，是文帝刘恒女儿的公公，是文帝刘恒的亲家。无论从哪方面讲，小小的狱卒也没有对他进行严刑拷打的胆量。狱卒之所以敢对周勃下手，是因为文帝刘恒想灭灭周勃的威风。当朝资格最老、功劳最大的周勃，因为怠慢皇帝都逃脱不了惩罚，何况其他王侯臣僚呢？但令文帝刘恒没有想到的是，因为灭周勃的威风，而大长了狱卒等一帮喽啰的腐败之风，使得他们不仅敢对开国元勋进行严刑拷打，而且敢于徇私舞弊，从中牟取私利。

贾谊的建树

公元前179年，文帝刘恒颁诏天下，以考试的方法为国家和政府选拔官吏，他亲自出题在全国统考。秦朝丞相李斯的学生吴公，时任河南洛阳郡长，参加刘恒组织的全国统考，成绩第一。加之吴公任洛阳郡长期间，勤政爱民，政绩卓著，被文帝刘恒破格调任司法部长。吴公穿上司法部长的朝服后，以年轻有为和精通诸子百家为由，向刘恒推荐了自己非常欣赏和器重的后生贾谊。

贾谊是河南洛阳人，生于公元前200年，他的老师是张苍，而张苍的老师是春秋时的大学问家荀子，贾谊便是荀子的再传弟子。贾谊聪慧过人，志向宏大，小小年纪就以精通诸子百家而在洛阳一带享有盛名。文帝刘恒亲自接见并与之交谈后，二十二岁的贾谊被立为博士。

贾谊虽在众多博士中年纪最小，但才华出众，事事应答如流，颇得文帝刘恒欣赏，一年之中，被破格提升为高级国务官。贾谊雄心万丈，提出了许多政治改革建议，对文帝刘恒统领朝政产生了积极的影响。尤其是在强化政府的权威上，贾谊更是做出了巨大的思想建树。

强化政府对全国的统治，以维护祖国的完整和统一，是秦始皇统一中国以后的历朝历代所面临的一个重大政治问题。虽然这个问题通常以维护帝王屁股下这把交椅的方式表现出来，但从当时的历史背景和文帝刘恒的所作所为看，最终产生的效果，是与维护祖国的完整统一相吻合的。刘邦当上皇帝以后，分封了一批刘姓血脉和八个有战功的异姓王统领各封国，结果没过几年，八个异姓王中有五个举旗叛乱。虽然举叛的原因大都归结于刘邦的猜疑、吕雉的狠毒，但封国过于强大，有资本与政府抗衡，不能不说也是异姓王举叛的一个重要原因。刘邦铲除异姓王之后，分封刘氏子弟为王，并做出了“非刘姓为王，天下共诛之”的规定。刘邦以为刘氏一家的阿狗阿猫分布到全国各地掌握地方政权，刘家的江山就能稳住。后来吕雉操纵朝政，封了一批吕姓王。吕雉家族被推翻后，文帝刘恒恪守刘邦的戒律，各封国的王位全部由刘姓把持，他也以为，这样汉室江山就能世世代代姓刘。

维护国家统一，不因封国举叛而使国家的领土切割得七零八落，无疑是绝对正确的。但问题的关键在于，刘姓皇族占领全国各封国，就不存在国家领土被分割的危险吗？

对于这个问题，精通诸子百家且具有深邃政治目光的贾谊，从当时的情况中看清楚了。文帝刘恒采取与民休戚以图恢复经济发展的政策，已经受到各种贵族势力的限制和梗阻。

文帝刘恒的异母兄刘肥的三个儿子刘襄、刘章、刘兴居，在推翻吕氏政权中立了大功，但他们的最初出发点，是想让刘襄以刘邦长孙的名分接替皇位。刘恒接替皇位后，分封刘襄三兄弟为王，没有满足他们到地广富庶的封国为王的欲望，因而他们心怀不满，不仅对刘恒所统领的政府多有抵触，而且伺机谋反。结果在公元前177年，趁匈奴入侵、文帝刘恒率军御驾亲征之机，刘兴居起兵反叛……

文帝刘恒的异母弟刘长，被封为淮南王。刘长无视朝廷，擅杀朝廷命官，在封国内自行制定法令，公然摆出一副与政府抗衡的架势，后南联闽越，北通匈奴，乞师举叛……

其他亲王统领的封国，虽然尚未公开扯起反叛朝廷的旗帜，但国力日益强大而诱发的反叛意识，却是一个潜在的巨大政治威胁。这一点，贾谊也看得入木三分。

统治浙江东阳郡、江西豫章郡、江苏吴郡五十三县的吴王刘濞，是刘邦亲哥哥刘仲的儿子，刘邦分封天下时，没有忘记这个多少有些窝囊的哥哥刘仲，封他为代王。公元前200年，匈奴攻代，刘仲弃城而逃，被刘邦贬为郃阳侯。公元前196年，淮南王英布举兵造反，刘邦率军平叛，刘仲的儿子刘濞以骑将身份随从。刘濞年方二十，勇猛英武，在剿灭英布的平叛中立了战功。当时驻守东阳、吴郡一带的荆王刘贾被英布杀死，没有后嗣。派谁去接替荆王，刘邦犯难了，派自己的儿子去镇守吧，又都年轻，担心镇不住，思来想去，就封刘濞在江苏沛县为吴王，统治东阳郡、豫章郡、吴郡的五十三个县。史载，刘邦在册封授印后，特地叫刘濞到咸阳当面交代，一见面，刘邦就后悔了。原因是刘邦从刘濞的面相中，看出了他有反叛特征。刘邦摸了摸刘濞的后背，摸出了他的反骨。但已经册封授印了，反悔也不妥。于是刘邦抚摸着侄子刘濞的后背说："我料定汉朝五十年以后，东南方将会发生反叛，会不会是你呢？"刘邦似乎是自言自语说了这样一番话后，语重心长地对刘濞说："天下刘姓是一家人，希望你谨慎从事，千万不要反叛！"

刘邦死后，吕雉操纵朝政，吴王刘濞远在江苏沛县一带，不参与吕氏家族的任何纠葛，也就少了许多政治上的麻烦。在图得这样一份清静以后，刘濞没有用更多的精力去关注吕氏家族抢班夺权的热热闹闹，而是悄悄招募天下的逃犯和亡命之徒，偷偷铸钱、煮盐，逃避国家的税收，使吴国的财政收入大增，强于天下。

文帝刘恒继位以后，吴王刘濞派太子入京，陪皇太子刘启喝酒下棋。一次，吴王刘濞的儿子与刘启下棋，刘启走错一步，要悔棋重走，吴王濞的儿子则坚持不让，双方发生争执。本来小孩子玩耍争亦无是，打也无非，争完打完又会和好如初。可吴太子和皇太子后面各站着几个陪伴的老师，老师见两个孩子争起来了本该上前好言相劝，不料吴太子的老师和随从轻佻骄矜，不仅不劝，反而帮着吴太子争，说一些不该说的话。这一来两个孩子越争越起劲，情急之中，皇太子刘启操起棋盘朝吴太子打去。这一下打出事来了。吴太子也是薄命当绝，皇太子也是打的不是地方，一棋盘过去，吴太子被当场打死了。事已至此，皇太子受责，吴太子也只好被送回吴国安葬。吴王刘濞咽不下这口气，说："孩子在长安死，就应该葬在长安，何必送回吴国安葬呢？"又把孩子送回了长安，给你文帝刘恒一点颜色瞧瞧。从此，吴王刘濞不再尽藩臣对天子应尽的礼节，明明身体棒棒的，却称有病，不再进京朝见。文帝刘恒倒不计较，但朝廷的臣僚气不过，把吴国来朝的使者全部扣留。刘濞到底只是统领汉朝的一个封国，几批使者被扣，他心里发毛，担心朝廷治罪，便悄悄地做起反叛的准备来。还是文帝刘恒宽宏大度，下令释放吴国的使者，并赐吴王濞几案与手杖，告诉他至老至死都可以不上朝。文帝刘恒的宽厚，虽化解了一个封国的叛乱，但并没有彻底消除叛乱的隐患。吴国因私自铸钱、煮盐，老百姓不用纳税，封国财政雄厚，士兵采用雇佣制，拿薪水。而其他封国的逃犯，知道吴王刘濞有意收容他们，纷纷逃往吴国，为吴王卖命。有了不必上交国库的大宗收入，加之手下有一大批效忠吴王的逃犯充当亡命打手，吴王刘濞对吴国的统治可以称得上是针插不进、水泼不进的一块铁板。

贾谊虽没有刘邦能看相、能料定五十年以后事件的神算，但从一系列露出端倪的事件中，已经看到了一些封国对文帝刘恒所颁布政策的梗阻，看清了封国强大对政府所构成的威胁。他在著名的《治安策》中，提出了"众建诸侯而少其力"的政治主张。

贾谊才华横溢，文采飞扬，他用"应该痛哭"的陈述方式，论述削弱诸侯国势力的政治需要，并指出："封国过于强大，跟皇帝之间一定发生猜疑。上疑下，必然要用刑动兵，下面就会受到灾祸；下疑上，必然对抗，上面就会经常忧虑他会不会叛变。这实在不是上下互相保全之道。”针对当时天下能暂时安宁的原因，贾谊指出各封国的亲王大都年龄小，政府派去的太傅、丞相仍掌握实权。几年之后，待这些亲王羽翼丰满了，情况就不是这样了，国家也就难以安定了。贾谊从这个分析中得出结论：封国强大的一定先造反。因而他建议，分割大的封国，一直分到不能再分为止。封国地广人多而亲王子孙太少怎么办？贾谊建议先预建封国，叫王位空着，政府派丞相暂时把持，待子孙多时，再叫他们去接任。贾谊极而言之，认为当今天下的形势，就像得了浮肿病一样，手指像腿一样粗，腿像腰一般大，一根手指抽筋，全身都跟着痛。如果今天不抓紧治疗，成了痛疾之后，即令扁鹊再生，也无能为力……

贾谊提出的“众建诸侯而少其力”的政治主张，有的放矢，切中时弊，是文帝刘恒建立大国政治的重要理论支柱。开始，文帝刘恒对贾谊的这一政治理论并不怎么在乎，随着形势的发展变化，文帝刘恒不仅逐渐重视起来，而且着力付诸实践了。公元前169年，文帝刘恒改封淮阳王刘武为梁王，改封城阳王刘喜为淮南王；公元前165年，齐王刘则、河间王刘福先后去世，没有儿子，文帝刘恒下令撤除封国，原封国的土地和人民直属政府接管；公元前164年夏季，文帝刘恒把淮南王刘喜调回复任城阳王，为下一步瓜分淮南国铺路；同年夏季，文帝刘恒下令将齐国分成六国；同年秋季，文帝刘恒又下令将淮南国分成三国……

文帝刘恒采纳贾谊“众建诸侯而少其力”的政治主张，分割大封国的势力，强化政府对全国的统一领导和控制，强化政府的权威，为维护国家领土的完整统一，抑制各封国亲王对皇位的觊觎，奠定了中央集权的政治和经济基础，也奠定了文帝刘恒之后的景帝刘启、武帝刘彻统治中国近百年的政治和经济基础。

树起思想旗帜

古老的中国在创造辉煌历史的同时，创造了恢宏而又精深莫测的思想文化。神秘而又极具哲学色彩的黄老学说，主张天人合一而推崇君臣、父子、夫妻尊卑等级的儒学，注重现实、提倡奋斗、推行吏治的法学，等等，在不同的历史舞台纷纷登台，各领风骚。在文帝刘恒登上国家最高统治地位后，历史留给他的究竟是以什么思想作为统治阶级的思想体系，这是有些混乱的。

一方面，父皇刘邦由一个好酒色的小小泗水亭长，没用几个春秋，便神奇地接管了秦始皇统一六国后的江山，成为汉朝的开国鼻祖。这在文帝刘恒乃至当时天下所有人看来，是凡人所不能为的，而纯属上天的刻意安排。作为刘邦的妾生子刘恒，一直不被父皇宠爱和重视，吕雉执掌朝政大权以后，远在代国为王的他，成天盯着吕雉的眼色过日子，生怕什么时候吕雉哼一声而把他的王位哼掉。可在吕雉家族被推翻以后，刘恒做梦也没想到，在推翻吕氏政权的斗争中没建任何功勋，且对继承皇位不抱任何幻想的他，却被神奇地抬到了皇帝的宝座上。这在刘恒看来，也纯粹是上天的安排。从刘邦到刘盈，从刘盈到吕雉，从吕雉到刘恒并非漫长的历史跨度，几经跌宕的皇位变更，使得刘恒对黄老学说的宿命论产生了本能的推崇。因而顺从上天的安排，遵从上天的本意，顺其自然就像蒲公英那样，随风飘荡，飘到哪儿就扎根在哪儿的黄老学说，便成了文帝刘恒乃至政府的统治思想主体。

另一方面，文帝刘恒从父辈手里接过来的江山，大到封国郡县的划分、各级官吏的设置、礼仪法律的实施，小到马路的宽窄、钱币的重量、商品交换的规矩等，又大都承袭的是秦朝法制的模式，连父皇刘邦都几乎没作什么变更。法家学说不仅作为思想体系渗入人民生活的各个方面，而且作为政治体系厘定了社会的发展框架，成了整个朝政乃至全国人民普遍认知并付诸实践的现实。

文帝刘恒实际推行法制的社会现实，与他所推崇的一切服从上天安排的黄老学说，是格格不入的。他人性的宽厚慈善，决定了他不愿承袭法家那严酷、残忍的思想体系。而他登上皇位以后所派生出来的救世主的强烈责任意识，又使得他对承袭黄老学说那套顺其自然、无为而治的思想体系感到很不甘心。在这一主观意识相互排斥的碰撞之中，文帝刘恒走招纳天下贤良方正、直言无隐的人来辅佐他的路子，以寻找解开矛盾的良策，寻找一种划时代的突破。

年轻有为的大学者贾谊，应召而上，慷慨陈词，极力向文帝刘恒推荐儒家学说。儒学信奉天人合一，以礼乐为核心，厘定规矩，推行教化。创始人是华夏圣贤，春秋时期著名的思想家、教育家孔丘。

贾谊为了说服文帝刘恒，紧密联系当时的社会现实，列举了许多“毁弃礼义廉耻”的具体表现。诸如儿媳妇给孩子喂奶，旁若无人地把衣服撩起来，而且竟然毫无顾忌地和公公并肩坐在一条板凳上；诸如儿子长大了，就跟父母分家，分得一部分财产，另立门户，不孝敬父母；诸如分家以后，如果母亲不打招呼便从儿子家拿一把扫帚用用，儿子就会去责问母亲；诸如儿媳妇不把婆婆当回事，受了婆婆的责备，便恶言回报，骂得很难听；诸如有的儿子分家以后，只顾自己享受，不管父母的温饱；等等。贾谊尤其感到气愤的是，一些庶民百姓也住楼堂大厦，所有的戏子和妓女老鸨佩戴珠宝首饰。文帝刘恒规定皇后只允许穿领口上缝一条花边的衣服，可一些平民的老婆，不仅穿的衣服领口上缝好几条花边，而且把花边缝到鞋子上。贾谊分析认为，社会风气之所以败坏到这种程度，根本原因是君臣、父子、夫妻的贵贱等级没有法定的差别。倡导儒家的礼治，目的在于教化民众在不知不觉中改恶向善，形成一种君为臣纲、父为子纲、夫为妻纲的社会秩序。贾谊形象地比喻说：政权是天下的巨大宝物，就看皇帝把它放到哪里，把它放到“仁，义、礼、乐”上，政权就安全，国家就发展，皇帝屁股下这把交椅就能安稳，就能把皇位延绵不绝地传给子子孙孙；而把它放到“法令、刑罚”上，政权就危险，国家就动乱，皇位就稳不住，也就不可能传给子孙。

贾谊沿着这一思路，进而论述了用儒学教育太子、教化大臣的极其重要性。在做这方面的论述时，博学多才的贾谊，当然想得起来周文王时期君臣之间的那些隐晦得令人难以置信的规矩：查出哪个大臣犯有贪污罪，不说他贪污，而说他“锅碗不干净”；查出犯有强奸淫乱罪的，不说他强奸淫乱，而说他“帷薄不修”；对于昏庸无能的，不说其昏庸无能，而说他“不称职”。即使所犯罪过被查实了，也不指名道姓斥责，而是转许多圈子委婉地点一下，听懂了所点的问题且罪行较轻的，不用司法人员前来宣判，更用不着绳索捆绑，自己将自己的衣帽毁坏，走到放逐自己的地方去伏法。当然也有听不懂所点问题的人，于是天子会出面谴责诘问，一旦天子自己或派人谴责诘问，犯了罪的大臣便头戴白帽，白帽上悬挂表示罪当死刑的毛缨，双手捧着一盆表示公正的水，盆上放一把表示一旦判罪即用于自杀的剑，自往受理监控的“请室”接受审判。判处当斩的，判官不宣判斩首，而是告诉他“你已经犯罪，但我仍然保持你的尊严”，听到这样的“宣判”，犯了罪的大臣便自杀谢罪……

在贾谊看来，这是最能体现尊卑贵贱等级的法定规矩。他用“投鼠忌器”的妙论，说明皇帝用这样的礼义廉耻对待臣僚，免得平民百姓因臣僚犯罪而对君王生出不敬的极端重要性。贾谊说："鞋子虽然全新，不放在枕头上。帽子虽破，不用来垫鞋底。对于皇帝身边的大臣，如果加以敬重，官吏平民才能对大臣俯伏在地，敬畏有加，推行朝廷的政策法令，才会畅通无阻。如果皇帝不用礼义廉耻对待臣僚，像法家所奉行的那样，把犯了罪的大臣捆起来交下级法官小吏审讯拷打，官吏和平民百姓就会因为对犯罪大臣的鄙视而生出对皇帝的不恭。"贾谊当然听说过汉朝的开国功臣周勃，从狱中出来时发出的"我曾经统领百万大军，怎知道狱卒有那么大的权威"的无尽感叹。虽然他贾谊被破格提升为高级国务官之后的再度提升，被周勃等一批老臣所阻止，但他从周勃入狱后遭受的严刑拷打，以及他不得不拿出家里的积蓄去贿赂狱卒的事实中，看清了文帝刘恒用不恰当的做法，处理并无罪过的周勃所造成的不良社会影响。因而他大力倡导儒家那套尊卑贵贱分明的法定等级，企望以礼乐的形式将高低贵贱之分固定下来，形成治国治民的法定规矩和意识形态。

贾谊所推荐倡导的儒学，深得文帝刘恒的认同和欣赏。刘恒虽贵为皇帝，但他人性宽厚，心地善良，他那慈善爱民的仁义品质，决定了他必然对儒学产生强烈的兴趣，也决定了他企望把儒学推崇为国家意识形态的政治向往。

文帝刘恒采纳贾谊的建议，着力培养臣僚的节操，从此以后，大臣犯罪，不予审讯，由大臣根据自己所犯罪行的轻重，自择处置。文帝刘恒的亲舅舅薄昭，一向被人称为忠厚长者，但他有些贪，特别是他掌管兵权以后，骄横不可一世，以致发展为擅杀政府使节。薄昭罪该当斩，文帝刘恒采用劝说的方法，派高级官员前去陪薄昭饮诀别酒，希望他能自裁。薄昭自恃是当今皇帝的舅舅，不肯自裁。于是文帝刘恒又派群臣前往薄昭居住的宫殿痛哭吊丧。活生生的一个人，被一群当朝臣僚当作已经死了的人而悼哭，使得薄昭无可奈何，只好自杀。

思想是行动的旗帜，每个人都有自己的思想旗帜。但就某个人来说，受不同社会地位、经济条件、生活层次，乃至世界观、人生态度的影响，所树的思想旗帜是五花八门的。而作为一个国家的统治思想，应该是统领的、主流的、一致的。在经济发展非常落后的公元前近二百年，要把人民群众不同的思想认识，在国家主流思想的旗帜下统一起来，并使国家的主流思想替代人们的个体思想，不是皇帝的一纸诏书，抑或是大学者的一篇宏论所能解决的。它是一项事关全国人民的巨大思想文化工程，是需要数代人，甚至数十代人接力延续的巨大工程。文帝刘恒，在他做皇帝的二十三年中，启动了在他之后的我国世世代代都在不懈努力的这一工程，率先树起了建立一统大国的思想旗帜。

拯救《尚书》

我国很早就有记载历史的史官，并建立了保存档案的制度。王室和各诸侯国的史官除了记载当朝的大事外，还负责保管已有的历史档案。为了使用方便，史官们把同一时代和涉及该时代的档案编辑在一起，于是便产生了《夏书》《商书》《周书》。春秋时期，史官们又编辑了《尚书》，并产生了一批专门讲授《尚书》的学者。

秦始皇统一全国后，为了加强思想统治，下令焚书坑儒，《尚书》当然也在被焚之列，但允许秦朝的博士保存。秦始皇焚书之后不久，天下诸侯群起，国家和人民处于战乱之中，加之楚汉之争异常激烈，全国为数不多的博士连身家性命都顾不过来，哪里还顾得上什么《周书》《尚书》，因而使得本来就为数不多且刚刚定本的《尚书》，几乎遗失殆尽。家居山东济南的秦朝博士伏生有一部《尚书》。楚汉战争期间，伏生为躲避战乱而避居他乡，临逃前没有忘记把《尚书》塞到家里的夹壁墙缝之中。待刘邦建立汉朝天下局势稳定之后，伏生返回家乡，从家中夹壁墙缝中抠出了那部《尚书》。但由于经年累月，家里的房屋又多被刘邦、项羽的兵卒轮番抢住，《尚书》已散失了一些，只剩下二十八篇。时年九十岁高龄的伏生，在世态平稳的日子里，又操起了传授《尚书》的老行当。但由于记忆力衰退，加之兵荒马乱的多年荒于复读，那些遗失之篇已经想不起来了，只好以残存的二十八篇为本，广招门徒传授。

文帝刘恒继位以后，整个皇家文库已经找不到《尚书》了，也没有能传授《尚书》的人，只是在贾谊等一批学者臣僚的上书言事中，偶尔见到他们所引用《尚书》中的只言片语。出于一种历史责任，文帝刘恒下令全国寻找《尚书》和能传授《尚书》的人，经多方打听，找到了伏生。年高九十岁的伏生背驼眼花，已经不能进朝廷传授了。于是，文帝刘恒选派兼管朝廷文教事务且在多次上书中显示出渊博学识的晁错，登门上伏生家求教，由伏生口授，晁错笔录，带回朝廷。从此，在文帝刘恒的皇家文库中，增加了一部由朝廷定本的《尚书》，并由晁错等一批学者研习讲授。齐鲁一带的民间学者，根据伏生的传授也开始招徒讲学。《尚书》在文帝刘恒的亲自关注和操作下得以复生，得以重见天日。

《尚书》是记载我国上古时期历史的一部专著，“上断于尧，下讫于秦”，记载了尧、舜和夏、商、周至秦穆公的重要历史事实。如尧舜禅让、夏禹治水、商汤伐桀、盘庚迁殷、武王伐纣、周公东征和统治东方各国，等等。这些不同历史阶段的天文、地理、哲学思想、治国理论、教育、刑法、典章制度等，有许多真实的记录和反映，是我国最早的历史文献和珍贵史料。相传《尚书》原本有几千篇，后经孔丘择其历史精华删编为百篇，并按时代顺序加以编排。

文帝刘恒从历史文献的废墟中，把濒临灭绝的《尚书》挖掘出来，这一举动本身就非常耐人寻味。文帝刘恒之所以发掘《尚书》，是因为他所执掌的朝廷建立大国政治理论的需要。残存的二十八篇《尚书》，也许对文帝刘恒建立大国政治理论起到了历史的借鉴作用，也许什么作用也没有起，但这一举动本身，反映了他在谋划建立大国政治理论时的一种胸怀、一种目光和一种超越。上天赋予文帝刘恒的生命是有限的，他在有限的生命中不可能把这样一项前无古人的伟大事业完全料理停当，但他毕竟启动了，为华夏的现代文明启动了古老的沉重步伐，启动了为子子孙孙、为世世代代延续享用的思想宝库和光明前景。

由文帝刘恒的遗诏想到的

公元前157年六月初一，文帝刘恒在未央宫逝世，留遗诏颁布天下："朕以为天下万物只要有生命，没有不死的。死，是天地之间的常理，是万物消长的自然规则，没有什么可悲的！当今之世，人们都乐于生而厌恶死亡，为了追求厚葬而不惜倾家荡产，为了强调服丧尽孝而损害身体健康，朕很不赞成这种做法。何况朕本人既没有什么德行，又没有给百姓带来什么好处，而今死了，如果再让臣民长期为朕服丧哭祭，遭受寒冬酷暑的磨难，使天下悲哀伤心，使老人流涕伤感，守丧期间再限制饮食，停止对鬼神的祭祀，这正是加重朕的失德，让朕怎么对得起天下的人呢?

"朕有幸获得拱卫先帝宗庙的祭祀，以渺小的身子称尊于天下诸侯王之上，已有二十余年了。感谢上苍神灵保佑，国家有福，境内一片升平，没有战争。朕并不聪明，时常担心自己做了错事，玷污先帝盛大的恩德。惧怕寿命太长，自己因失德而不能善终。现在万幸的是我得以享尽天年，将追随先帝的在天之灵，还有什么值得哀念?

"朕诏告天下官员百姓：从遗诏颁布之日起，悼吊三日，便都换下丧服。不可禁止百姓娶妻、嫁女、祭祀、饮酒、吃肉。从办理丧事、参加祭奠的亲属和官员开始，都不要打赤脚。头系的麻巾、脚扎的麻绳，宽度都不要超过三寸，不要在车辆和兵器上套戴丧服的标志，不要组织百姓到宫中来哭灵吊丧。宫中应当哭祭的亲属和官员，都要在早晚规定的时间来，致祭时才哭，祭罢，即行停止。非早晚哭祭时间，严禁任何人擅自到祭坛哭泣。

“安葬之后，应穿九个月丧服的，改穿十五日；应穿五个月丧服的，改穿十四日；应穿三个月丧服的，改穿七日，期满即行脱下。其他没有在本诏中明确规定的问题，都要参照本诏的用意办理。遗诏要向天下臣民公布，使百姓都知道朕的心意。

“灞陵周围的山脉河流，都保持原貌，不许更改。后宫的嫔妃从“夫人”到“少使”，都送她们回家。……”

文帝刘恒死前留下的遗诏，字里行间透着一种王者气派、一种只有皇帝万岁爷才有的霸气。用今天人们的目光看，文帝刘恒的遗诏是可笑的，是与文明、民主、平等、法制的要求不相吻合的。但在当时，乃至在我国整个封建社会，文帝刘恒的遗诏都是开明的、进步的、独一无二的。

所有的皇帝都对自己生命的永恒抱有幻想，抱有奢望。文帝刘恒也不例外，他曾作过祈求不死的种种努力。但当长生不死的幻想被现实一一粉碎之后，特别是当死神攥着他的手向阳世告别之际，他保留了一份清醒。他认为，天下万物只要有生命，没有不死的，生生死死是天地间的常理，是一种自然法则。因而当死神降临的时候，他明确表明了坦然磊落的人生态度。正是这种敢于正视生命的终结，敢于承认万物都遵循自然法则的人生态度，才使得他在皇帝的位置上，释放了一种尊重自然规律、尊重民众意志的开明。

早在公元前177年，文帝刘恒便似他的先辈那样，到灞陵为自己选择死后埋葬的地方，并企望以石头作棺椁，捆上拌漆的麻，建造一座叫后人怎么也打不开的地下天堂。他的这一意愿，当时就放弃了。他放弃的是死后安葬的一座坚固坟墓，但彪炳的却是一种坦然的人生态度。

服丧，可以说是儒家思想体现在民间习俗上的集大成。不要说是皇帝万岁爷死后的服丧，就连穷得连裤子都穿不起的穷人的服丧，清规戒律都极其繁杂。文帝刘恒的遗诏，虽未完全从儒家的清规戒律中解脱出来，但他以诏书的方式进行了革命式的简化。他明确规定，他死后的服丧期，不可禁止百姓娶妻、嫁女、祭祀、饮酒、吃肉。他企图用皇帝的诏书，把他死后让庶民百姓跟着受罪的枷锁打碎，还黎民百姓以自在、以正常。这一点，的确是革命式的，也的确是令人钦佩的！

我们不妨把儒家最重视的、最精密繁杂的，且也是最流派纷呈的服丧礼仪规范，摘录如下：

服丧依血缘的亲疏远近分为五等，称“五服”，即服丧人穿五种不同的服装：

第一等服“斩衰”，子为父，臣为君，妻为夫，封国国君为天子皇上，穿生麻布孝衣，不缝边，不食肉饮酒，不行房事，不嬉闹玩笑，守丧三年；

第二等服“齐衰”，孙为祖父祖母，夫为妻，已嫁女为父母，穿熟麻布孝衣，缝边，不食肉饮酒，不行房事，不嬉闹玩笑，守丧三年；

第三等服“大功”，为堂兄堂弟、堂姐堂妹，已嫁女为伯父叔父兄弟，穿普通粗布白布孝衣，不食肉饮酒，不行房事，不嬉闹玩笑，守丧九个月；

第四等服“小功”，为曾祖父祖母，叔祖父祖母，穿普通细白布孝衣，不食肉饮酒，不行房事，不嬉闹玩笑，守丧五个月；

第五等服“缌麻”，为高祖父祖母，为表兄弟，穿细质白布衣，不食肉饮酒，不行房事，不嬉闹玩笑，守丧三个月。

如此等等……

第四章

刘启平叛七国，宽刑轻罚

汉景帝刘启之“景”，有景泰之意，“文景之治”的盛世，是他与父皇刘恒接续创作的……

平息七国叛乱，刘启先自乱阵脚，好在稳过神来，才渡过一劫……

刘启的轻罚情结，是他本性忠厚善良的体现……

七国叛乱的历史昭示

文帝刘恒逝世后，太子刘启接替帝位，号景帝。

公元前154年，也就是景帝刘启登上帝位的第三年，刘邦的一群孙子、曾孙子在各自的封国对源于刘邦而享受的荣华富贵不满足了，在吴王刘濞的号召下，七国同时叛乱，向尚未站稳脚跟的皇帝刘启发起攻击。

刘濞，这个七国叛乱的旗手，在文帝刘恒时期，就以其儿子与刘恒的儿子刘启争执时被失手打死而与朝廷产生芥蒂，他因此不再上朝，也不再搭理朝廷。待刘启即位后，一方面，刘濞仗着自己的辈分比刘启高，更不把朝廷当回事儿；另一方面，儿子被当今皇帝打死这口气，怎么也咽不下去。于是他在拼命铸钱煮盐富强封国的同时，已经开始做向皇位发起进攻的准备。

跟着刘濞反叛的另六个封国的国王中，有四个是刘肥的儿子。刘肥是刘邦没有发迹之前，与村里一个姓曹的妇女所生的，刘邦当上皇帝以后，把他封为齐王。刘肥在各皇子中是老大，也生有一群儿子，长子刘襄在吕雉死后举兵发难，企图抢夺帝位，被灌婴等率军挡住了。次子刘兴居在文帝刘恒时举兵造反，被朝廷军队杀死了。刘肥还有七个儿子，被文帝刘恒全部封王，只是版图不大而已。刘濞扯起反叛的旗帜后，刘肥有四个儿子聚集在他的旗帜下，一个是胶西王刘卬，一个是胶东王刘雄渠，一个是淄川王刘贤，一个是济南王刘辟光。这四人之所以跟着刘濞造反，是因为他们在各封国一把手的位置上，都做过营私舞弊、违反政府政令的事，且有些事做得很出格，有把柄在皇帝手里捏着，害怕受到惩治。当然，受刘濞用语言给他们勾画的理想蓝图诱惑，也是重要原因之一。但这之中最根本的，还是皇帝的子子孙孙占据各封国的弊端，已经到了历史发展过程中瘀结爆发的阶段。

另外两个跟在刘濞屁股后面造反的，一个是刘邦的弟弟刘交的孙子刘戊，一个是刘邦的孙子刘遂。

刘遂有必要多说几句。刘遂的父亲刘友，被吕雉派到赵国为王，同时钦定一个吕姓女子做王后。这个王后跑到吕雉那里打小报告，说刘友对姓吕的封王很不满意，说等吕雉死后把吕姓封王全部干掉。这是对于吕雉来说最敏感的问题，于是召刘友到朝廷朝觐，派兵把刘友的住所包围起来，断绝了他的饮食供给，活活把他饿死了。刘友的子孙因为刘友的如此下场，而丧失了封王授爵的资格。只是到了刘恒当皇帝后，才恢复刘友的子孙这个资格，并封刘遂为赵王。按说因为刘友的这段经历，刘友的后代如果讲良心的话，如果还知道感恩的话，就不应该跟在刘濞的屁股后面反叛朝廷。可刘遂还是反了。

对此，司马光用写七国叛乱花絮的方法，看似不经意地作了深刻揭示。

在写到刘交的孙子刘戊疯了似的参加七国叛乱时，司马先生追述了一下刘戊的家史。刘戊的爷爷刘交是刘邦家的文化人，幼年时与鲁国的申先生、穆先生、白先生拜在浮丘伯的门下学习《诗经》。刘邦当皇帝后，封弟弟刘交为楚王，刘交则把三位同窗好友请到楚国任高级国务官，经常研讨诗书，商议国事。穆先生不饮酒，每次参加宴请时，刘交都在他的面前放一杯甜酒以示敬重。刘交死后，他的儿子刘郢客继位，仍似父亲那般，对父亲的三位同窗好友敬重有加。刘郢客死后，他的儿子刘戊继位，开始刘戊还能记得家里的规矩，尊重三位先生，不久便忘了。穆先生于是提出要走，并对申、白二位先生说，如果不走，刘戊会把他们锁到街头去示众。申、白二位先生死活不信刘戊会这么对待他们，坚持留下不走。刘濞站出来谋反后，刘戊立即跟上。申、白二位先生进言劝阻，刘戊下令用绳子拴着他俩的脖子，让他俩穿上囚衣，被人牵到街上捣米示众。刘戊的叔叔刘富派人好言相劝，刘戊则警告说，如果我起兵叔叔不参加的话，我先杀叔叔，吓得刘富带着母亲赶快逃掉。刘戊手下的两位大臣进言叫他不要谋反，被他惨无人道地活活烧死。

司马光在记载七国叛乱时，特地写了这么一节，确实耐人寻味！笔者以为，这不是司马先生在写枯燥的历史时玩弄花絮，而是看似不经意、实则颇具匠心的一笔，其用意极其深刻。

皇帝的子子孙孙、表兄堂弟全数被分封为王，分割天下，这一做法本身就有违历史的发展。应当说，这是制度上的弊端，是上层建筑的弊端，极大地限制了社会的发展进步。而这帮占据各地为王的皇子皇孙，不满足于在本封国的土地上骄奢淫逸，必然要把欲望扩展到君临天下的皇位上去，因而举兵谋反，直指帝位是必然的。司马先生以刘邦家族中最有文化的刘交为例，说明王位传到孙子手里，没出三代就开始谋反的历史必然性。试想，这么一个自幼学习《诗经》、知书达理的人家，尚且不出三代就发生蜕变，不读诗书、没有文化的那帮皇子皇孙们该会怎样呢？司马先生真不愧为史学巨匠，用楚王刘戊慢待父辈好友这样一个历史花絮，揭示了必须解决历史瘀结弊端的深刻道理。

面对大难的人性把脉

七国同时叛乱，无疑是景帝刘启面对的大难。

大难，不只是对君王智慧、才华、魄力的检验，也是对文武百官的一次人性把脉。

晁错与袁盎同朝为臣，两人素来积怨，结果在协助景帝刘启处置七国叛乱的过程中，把积怨变成了斗争，使得他们二人的人性、智慧大打折扣。

先看晁错

晁错很有学问，主要学的是刑名法学，又很有文学水平，故能说能写，非常尖刻。文帝刘恒时期，晁错为朝廷的太常掌故，曾被派到对《尚书》颇有研究的济南伏生门下，帮助朝廷整理《尚书》。晁错在这趟差事中展露了才华，被文帝刘恒任命为太子家令。晁错当然不甘心在太子家令的职位上窝着，屡次上书，企图用上书的方式来显示自己的才华而得到提携重用。文帝刘恒虽欣赏他的文采、见解，但在他的提携重用上比较谨慎，只升迁他为中大夫。景帝刘启即位后，晁错立即被重用，先是当长安市长，不久又提升为最高监察官。职务上的越级提拔，尤其是他常常在上朝时请求皇帝单独召见并得到应允，使得晁错在政府的地位显赫，也使得他更加目空一切，峻刻傲人。朝廷上下对晁错这种小人得志的样子都看不惯，但又拿他没辙。当时的丞相申屠嘉，虽位居晁错之上，但所提建议都不被皇帝采用，心怀嫉恨，于是找了一个茬口，准备治他的罪。这个茬口是：晁错时任长安市长，从他家到市政府要绕道而行，晁错为图捷径，便在他家宅院的南墙开了个门，而这个门外边就是高帝刘邦父亲刘执嘉庙旁边的护墙。晁错在太上皇庙的护墙上开口子，犯的是死罪。申屠嘉一看机会来了，急忙向皇帝报告。可在这之前，走漏了风声，晁错先行一步向皇帝检讨了。因为皇帝极其宠信晁错，犯了死罪也是可以赦免的，所以待申屠嘉奏报上来并搬出律令陈述晁错罪该当诛时，景帝刘启以一句“是我同意他开的门”为由，把晁错的死罪轻描淡写地抹过去了。申屠嘉没辙，自个儿生气，后悔没来个先斩后奏，气得口吐鲜血，不久毙命。

晁错犯了当诛的罪行都被皇帝化解，从此更是无所顾忌，放开手脚，鼓动景帝刘启大刀阔斧地削弱各封国的势力，解决历史长期瘀结的这个脓包。

但脓包捅破以后，面对全国纷纷举起的反叛旗帜，面对朝廷上下的惶恐纷乱，面对国家自己的生死存亡，晁错没有把持住自己，乱了阵脚。其中最致命的是两个问题：一是景帝刘启与他磋商军事方案时，晁错竟建议刘启御驾亲征，安排自己留守长安，坐镇指挥；二是建议把吴楚叛军尚未攻下的徐城（今安徽省泗县东南）、僮城（今泗县东北）划归吴国，以此讨好吴国，请求罢兵。景帝刘启听到晁错这两个建议后，惊骇得不敢相信自己的耳朵。

晁错的这一步棋着实走傻了！

大敌当前，晁错叫皇帝上前线去拼杀，而安排自己坐镇长安指挥，究竟想干什么？这样一个严肃得令人窒息的重大问题，不仅景帝刘启要思索，而且能引发所有读史者的思索。读史者的思索当然无关紧要，但皇帝对这个问题的思索，就是致命的了！

晁错的另一个建议，叫皇帝划拨两个尚未被吴楚叛军攻下的城市，给叛军首领吴王刘濞，以叫吴王罢兵休战。这个建议是极其幼稚的。反叛的旗帜已经打出来了，战火正在愈燃愈烈，这个时候再划两个城市叫叛军罢兵罢战，怎么可能呢？射出去的箭是收不回来的。

应当说，穿上龙袍时间不长的皇帝刘启，在国家危亡的关键时刻，还是用“大为惊骇”表现出了他政治上的清醒。

另一个不但清醒而且有先见之明的，是晁错的父亲。这老汉身居社会的底层，不仅对晁错更改推行的政令是否得到百姓拥护有最实际的感受，而且对削弱各封国将给晁家带来什么样的灾祸有强烈的预感。为此，在晁错鼓动景帝刘启大刀阔斧削弱各封国势力的时候，老汉特地从河南禹州赶到长安，劝儿子赶紧住手，再也不要做削弱封国的事了。手持朝廷重权的晁错，已经听不进父亲的劝告了，他从维护中央集权的角度，给父亲大谈其削弱封国势力的重大意义。老父亲见劝不回来儿子，不无感慨地说：“你这样做，姓刘的平安了，姓晁的可要倒霉了。”说罢回家，服毒自杀，以表示不愿看到灾祸加害到自己头上。老汉死后十余日，七国同时叛乱，晁错也因此作为朝廷讨好叛军的牺牲品，被送上了七国叛乱的祭坛。

再看袁盎

袁盎的口碑比晁错好得多，落在司马光笔下的袁盎，其形象是伸张大义的，是以仁心为本的。虽然袁盎因其父与强盗为伍的出身，不被史学家看好，但记述袁盎的一些事还是值得称道的。例如，文帝刘恒时期，袁盎被其哥袁哙保举，在朝廷做郎中。周勃因扶持刘恒当皇帝有功，又位居丞相要职，因而傲视群臣，在皇帝刘恒面前都表现出没有分寸。对此，时任禁卫官的袁盎，在文帝刘恒那里告他的状，使得刘恒在上朝时大杀周勃的威风。但在周勃被人告发谋反，并被文帝刘恒打入囚牢时，袁盎却勇敢地站出来，极力为周勃作无罪辩护。再如，宦官赵同深得文帝刘恒宠幸，在朝廷不可一世。袁盎不搭理他，屡次在上朝时当着文武百官贬斥赵同。文帝刘恒出巡，赵同钻进文帝刘恒的辇车陪同，袁盎则跪伏在辇车前，以天子不能与残疾人同车为由，逼着赵同从辇车上下来。文帝刘恒最宠爱的慎夫人，常常不分尊卑与文帝刘恒同席而坐，袁盎则把慎夫人叫起来，叫她坐到她应该坐的位置上去。袁盎的这些做法，使得他在文武百官的口碑上高高地站立起来了。

口碑上高高站起来的人，其实是很危险的。

不久，袁盎就被派遣离开长安，先是外调到陇西前线当司令，叫他去领兵戍边，后又派他到齐国当丞相，没几天，又把他打发到吴国去当丞相。吴国就是刘濞的封国，刘濞还在文帝刘恒时就不再朝觐，派袁盎到这样一个封国去当丞相，无疑是把袁盎往火坑里推。吴国如对朝廷甘愿称臣不反叛，你这个丞相当得再好也是应该的；如果吴国出乱子，吴王受罚，你这个丞相也跑不掉。袁盎也是个聪明人，这个利害关系看得清，他在吴国做了一段时间的丞相后，主动告辞回家。

晁错看不得袁盎在人们的口碑上高高站起，当上最高监察官后，先拿袁盎开刀，派人查袁盎在吴国为丞相时收受吴王贿赂的问题，查实以后奏报皇帝，一纸诏书把袁盎贬为庶民。

按常理说，袁盎被贬为庶民之后，晁错该住手了，可晁错不，非要把他往死里整不可。七国叛乱以后，晁错放出风来，说袁盎受吴王的贿赂，知道吴王谋反的计谋，可他没有奏报朝廷，因而要治他的罪。这个信息传到袁盎的耳朵以后，袁盎吓坏了。情急之中，通过朝廷的老朋友通融，以帮皇帝出平叛吴楚叛军主意为由，面见刘启。见到景帝刘启后，袁盎献出的一条毒计，就是杀掉晁错，以向叛军谢罪。袁盎的理由是：吴楚等七国叛乱是朝廷削弱封国引起的，出这个主意的人是晁错，杀了晁错，向七国谢罪，七国自然会退兵。袁盎这个建议与晁错那个割两个城市给吴国的建议是一回事，都是把射出去的箭收回来的建议。这个时候的皇帝刘启，没有“大为惊骇”，而是觉得言之有理，结果真的把晁错腰斩弃市，连同晁错家的三族老小一个也没有幸免。

推行削弱封国政策的晁错被杀了，罪也谢了，但反叛的七国并未因此而罢兵休战，吴国国王刘濞已经在反叛的旗帜下登上了“东帝”的辇车，怎么肯轻易下来呢？到这时，景帝刘启才后悔，才想起来射出去的箭是真的收不回来的。

周亚夫，宫廷政治的殉葬品

周亚夫是周勃的儿子，在军队供职，辅佐过文帝刘恒，在景帝刘启当政时期，为平定七国叛乱力挽狂澜，立了大功。从某种意义上说，没有周亚夫，就没有景帝刘启的江山。

就是这样一位为救国难而做出巨大贡献的功勋，最后还是让景帝刘启给整死了。

司马迁在作“绛侯周勃世家”时写到周亚夫，上来就写卜卦大师许负为他看相，说当时担任河内郡守的周亚夫，三年后封侯，十一年后任朝廷将相，二十年后被饿死。卜卦大师做如此结论的玄机是，周亚夫的嘴边有一条直竖的纹理进入口中，这是饿死的面相。从周亚夫以后的经历看，与许负所预测的结果完全吻合，丝毫不差。因为太精确了，精确得无懈可击，所以我们有理由认为，这不是许负的相面预测，而是司马迁为景帝刘启残害忠臣的政治阴谋辩护。

周亚夫是一位军事天才。文帝刘恒在弥留之际对儿子刘启说：“国家如果发生巨变，可任命周亚夫当元帅。”刘恒临死前给儿子做这样的交代，不是没有原因的。

公元前158年冬季的一天，从长安到边关的烽火连成一片。文帝刘恒亲自率军布阵，指挥六路大军摆开了与匈奴决战的架势。为了鼓舞部队的士气，文帝刘恒亲自驱车劳军，他先到蓝田，再折棘门，最后到达细柳。在蓝田和棘门，指挥官一听天子驾到，立即辕门洞开，率领官兵列队恭迎。文帝刘恒及皇家卫队一行，浩浩荡荡，穿过军营，如入无人之境。

但在咸阳的细柳营垒，文帝刘恒受阻。

周亚夫统领的细柳营垒，辕门紧闭，戒备森严，军官都身披盔甲，士兵都全副武装，所有官兵弓上弦，刀出鞘，整个营垒鸦雀无声，似有千万种杀机潜伏。文帝刘恒的先遣队来到细柳，被哨兵阻于辕门。先遣队长传令“天子即将驾到”，值日官则回答：“将军有令，军中只听从将军命令，不服从天子诏书。”回答得嘎嘣脆，一点儿商量的余地也没有。不一会儿，文帝刘恒率皇家卫队赶到，也被阻于辕门。文帝刘恒于是派人“持节”向周亚夫传旨，周亚夫才下令打开辕门，但附加一条不容更改的规矩：“军营之中，任何人都不可骑马奔驰！”文帝刘恒于是下令勒紧缰绳，徐徐行进。在将军居住的虎帐旁边，周亚夫手持兵器，伸直手臂，上下举动，以军中礼节向文帝刘恒作了一揖，说：“身穿铠甲的武士，不便下跪，请允许我用军礼参见。”文帝刘恒出了细柳营垒后，情不自禁地赞叹：“老天，这才是真正的将军。像蓝田、棘门的军队，简直是儿戏，发动奇袭的话，那些将领都会被生擒活捉。至于周亚夫，谁敢碰他。”

周亚夫的军事天才，在平息以吴王刘濞为首的七国叛乱中也有过出色的展现。

面对七国同时叛乱，景帝刘启想起了父皇刘恒临死前的交代，任命周亚夫为全国武装部队总司令，率三十六位将军，攻击吴楚联军。临出发之前，周亚夫把自己的军事计划向景帝刘启禀报，打算先让梁国顶住吴楚联军的进攻，朝廷军队暂不去救梁国，而去断绝吴楚联军的粮道，从根本上瓦解其攻击力量。这一被事实证明是十分正确的军事部署，得到景帝刘启应允。但在吴楚联军向梁国发起猛烈攻击，梁国国王反复派出使节向周亚夫求救，周亚夫不予理睬的情况下，景帝刘启却下令周亚夫率军驰援梁国。尤为难能可贵的是，周亚夫拒不执行皇帝的诏书，而是按既定的战略部署，不是派军队去增援梁国，而是去切断吴楚联军的补给线。这样一来，吴楚联军慌了，放弃对梁国的进攻，转而挥师向北，与周亚夫兵团决战。这时的周亚夫已经切断了叛军的补给线，不急于和叛军交锋，坚守营垒，拒不出战，用拖的办法消耗时日，用时日去损耗叛军的斗志和战斗力。粮食补给不上的叛军，被周亚夫坚守营垒不与交锋这么一拖，拖得斗志低迷，拖得精疲力竭，攻又攻不下，吃又没吃的，很多士兵饿死，不死的开始逃亡，吴楚叛军整个儿乱了方寸，全线崩溃。这时周亚夫发出进攻的命令，率军穷追猛打，一战将吴楚叛军全部歼灭。叛军旗手吴王刘濞，在周亚夫兵团的攻击面前，自顾逃命，只带了少数卫士远远地逃往东海王国。来势汹汹的七国叛乱，由于总司令周亚夫指挥有方，三个月便得以彻底平息。

尤其值得一书的，是周亚夫处理“夜惊”的镇定自若。在周亚夫率兵坚守营垒的那段日子里，吴楚联军不断发起强攻，虽然没有攻下周亚夫兵团的坚固防线，但士兵的心理防线受到了极大的冲击，逐渐变得脆弱起来了。一天午夜，肃杀寂静的周亚夫兵团营垒，突然一声号叫划破夜空，叫得人毛骨悚然。精神极度紧张的官兵们听到这一声号叫，一跃而起，梦游般地冲出营帐，盲目地操起兵器，鬼使神差地与他人殴斗、厮杀起来。一时间，周亚夫兵团的营垒似火并般相互攻打起来，不少官兵因此被杀死、杀伤。相互残杀的官兵转而在周亚夫的虎帐前面大打出手。此时的周亚夫是醒着的，但他装作熟睡的样子，侍卫惊恐地向他报告，他装作没听见，摇晃他快起床，他翻一下身继续睡。不一会儿，夜惊便开始平息。

“夜惊”，是冷兵器时代军队的一种并不常见的怪诞现象，如果处置失当，后果不堪设想。周亚夫处置“夜惊”的方式，足见其大将风度，和他在军队中的威信和影响力。

就是这样一位救国难于战场的军事天才，最终被整死了。

周亚夫被整死，源于他的正直。

正直是要得罪人的，得罪人是要付出代价的。

周亚夫首先得罪的是皇帝刘启。刘启登上帝位后的公元前153年，立庶长子刘荣为太子，后因后宫的残酷斗争，景帝刘启下令罢黜太子刘荣，改封为临江王，立刘彻为太子。当时已经穿上丞相服的周亚夫，坚决反对刘启这样做，故而得罪了景帝刘启。我们不妨做这样的推测，即便景帝刘启不整他，被周亚夫反对而最终登上皇帝宝座的刘彻，也决不会饶过他。还有，在反对罢黜太子的问题上得罪皇帝刘启，同时也就得罪了即将即位的皇后。试想，如果没有老太子的罢黜，怎么会有新太子的继位，又怎么会有新皇后的即位？你周亚夫反对罢黜老太子，不就是反对新太子和新皇后即位吗？你这一反对意见，不叫你付出沉痛代价甚至牺牲生命，能平息新太子、新皇后的心头之恨吗？

周亚夫其次得罪的是景帝刘启的母亲窦太后。得罪这个老太太，是与周亚夫救国难于战场相联系的。面对吴楚叛军的疯狂进攻，周亚夫奏请景帝刘启批准，先放弃对梁国的增援，而去切断吴楚联军的补给。实践证明这一战略部署是完全正确的。但这样做得罪了窦太后，因为梁国的国王刘武，是窦太后的小儿子，是当今皇帝的亲弟弟。应当说，梁国在平息七国叛乱中付出了沉痛的代价，做出了巨大的贡献，没有梁国对吴楚联军的顽强抵抗，没有梁国对吴楚联军的有力牵制，周亚夫兵团不可能顺利切断吴楚联军的补给线，也很难说朝廷军队就能三个月战胜七国联军。梁国所做出的牺牲是全局的需要，是值得的。但梁王刘武不这么看，窦太后不这么看，他们母子不看大局，不看国家是否危亡，而只看梁王刘武曾多次派人向周亚夫求救而周亚夫置之不理，故而对周亚夫衔恨至深，总想找机会整治他。

公元前147年，周亚夫因反对景帝刘启给投降于汉朝的六个匈奴酋长封侯授爵，而被免职回家。这之后不久，周亚夫的儿子为准备老父死后的殉葬品，向营造署购买了五百件作废的盔甲盾牌。他的儿子也是个浑球，找人搬运这些殉葬品却不付工钱，惹得搬运工向朝廷告发，说周亚夫准备谋反。景帝刘启迅速下令逮捕周氏父子并进行审判。周亚夫没有看清这个问题的严重性，还以寻常的目光看待这一事件，故而对逮捕和审讯他们父子非常愤怒，拒不回答狱吏的提问。景帝刘启听说后破口大骂，下令廷尉亲自审讯。

司马光特地记下了如下这段审讯问答：

廷尉问："你为什么要谋反朝廷？"

周亚夫反问："我所买的全是坟墓里用的葬器，怎么叫谋反？"

廷尉说："你纵然活着不在地上谋反，死后也会在地下谋反！"

直到这时，周亚夫才明白这是个陷阱，一个无法辩白的政治陷阱。于是，这位在军事上响当当的将军，在人格上响当当的汉子，绝食五天，大口吐血，死于囚牢。

司马先生详细记下廷尉与周亚夫的这段对话，是耐人寻味的！

景帝刘启的法制情结

帝位传到刘启手里以后，他所沿袭的仍是父皇刘恒的那套做派，严于律己，宽以待民。景帝刘启所追求的社会目标是：让天下每一个人都耕田养蚕，以使平素有积蓄，灾时有防备；希望全社会中强的不欺压弱的，人多的不欺负人少的，衰老的能安享晚年，幼小的能健康成长。但他与文帝刘恒所不同的，是在强调教化的同时，强化法制对各级政府官吏的制约，并在法制建设上有独到的建树。

秦始皇创作的株连罪，在吕雉执政时被废除了，但只是诏书上的废除，并没有落到实处。在文帝刘恒时期，一人犯法全家被逮捕的“收律”和“相坐法”，从文帝刘恒的法典里删除了。可在以望气之巫欺世的新垣平欺骗到文帝刘恒头上并被揭穿后，新垣平的三族都遭到了夷灭。这说明，株连罪在文帝刘恒手里并没有真正废除。景帝刘启在废除株连罪上，比他的父皇刘恒来得彻底。

公元前154年，襄平侯纪嘉的儿子纪恢说谋反朝廷，纪恢说的三族人丁全被逮捕。这样做正中纪恢说的阴谋。原因是纪恢说不孝，经常胡作非为，多次受到父亲纪嘉的严厉制裁。纪恢说为报复父亲，经过一番密谋，以谋反朝廷而使得自己连同父母兄弟一同被逮，企图假借朝廷之手，摘掉父亲襄平侯的官帽，在自己被处死的同时，把父亲纪嘉连同兄弟一并杀掉。景帝刘启不搞株连，是谁的罪就治谁的罪，不放过坏人，也不冤枉好人。他在查清事件真相后，下诏赦免纪嘉，仍为襄平侯，纪嘉的妻子和除纪恢说以外的儿子，全部免于处罚，有爵位的还恢复爵位，只是将纪恢说和参与这一阴谋的人依法严厉处置。

发生在公元前154年的这一案件，特别是皇帝对这一案件的公断，在今天看来是极寻常的，但在两千多年前，却是具有划时代意义的。功过是非的人间公道，在这一案件的处置上得到体现。在法制尚没有成为治理国家的主旋律的时代，景帝刘启在公断纪恢说的案件上，用皇权支撑法律，用法律主持公道，是难能可贵的。

我国很早就有五听、八议、三刺、三宥、三赦的法令，只是流传了若干朝、若干代，也没有真正实施过。传到景帝刘启手里以后，他重视起来了，并认真对待。

我们不妨对这些早期法令作一简单介绍。五听，一是辞听，即观察分析当事人的言语；二是色听，即观察分析当事人的面部表情；三是气听，即观察分析当事人的气息；四是耳听，即观察分析当事人的听觉反应；五是目听，即观察分析当事人的眼睛表情。八议，指享受特别审议而可以减免刑罚的八种人：一是议亲，指皇帝的亲族；二是议故，指皇帝的故旧；三是议贤，指有德行有威望的人；四是议能，指有学问有技能的人；五是议功，指对国家有功劳的人；六是议贵，指爵位高的人；七是议勤，指享受六百石以下俸禄而勤于公事的人；八是议宾，指前朝国君的后裔被尊为国宾的使节。三刺，即审理诉讼经三讯而判决：一是讯群臣，征求大臣们的意见；二是讯群吏，征求基层有关官吏的意见；三是讯万民，征求庶民百姓的意见。三宥，即犯人可以得到从宽处理的三种情况：一是弗识，指不识字、不懂法而犯罪；二是过失，指因疏忽大意而犯罪；三是遗忘，指忘记法律的规定而犯罪。三赦，即三种可以赦免的人：一是幼弱，指未满七岁，刑罚上无行为能力的幼年；二是老眊，指八十岁以上年老昏眊的人；三是愚蠢，指生下来就是痴呆或弱智。早在两千多年前的这些法令，虽然带有浓厚的封建色彩、权贵色彩，但也充分体现了我国祖先的智慧，以及对于法律精神的正确把握。祖先的这些智慧沉寂了若干年以后，景帝刘启又把它衔接起来了。

公元前145年，景帝刘启下诏：

“凡疑难案件，可轻可重，法官采取重的判决……人心不服的，应重新平反。”

为什么要平反？因为法律规定可轻可重，既如此，法官为什么要往重里判？为什么不能判得轻一点？景帝刘启这一诏书，不是寓意着深深的轻罚情结吗？

公元前143年，景帝刘启再次下诏：

“审判案件，事关重大。人有愚智之别，官有上下之分，疑难案件，应呈报主管官员，主管官员不能决定，应呈报大理。如上级指出原判决不当，原判决人不算过失。执行法律的人，处理诉讼，务必从宽。”

在这道诏书中，景帝刘启把自己轻罚的情结和盘托出。他明令司法人员从宽处理诉讼案件的基点，是建立在人有愚智之别、官有上下之分的基础之上。因此，办案人员不要就案办案，而要把人的因素加进去，把案办活，办出人性和情理来。

此外，景帝刘启颁发的两道与法律有关的诏书，也足以说明他对法律精神的深入把握。

一个诏书曰：

“饥寒交加，而不去为非作歹，这样的人太少。”

另一个诏书曰：

“农作物歉收，人民缺少粮食，是什么原因？谁的责任？可能是官员们作奸犯科，接受贿赂，向人民掠夺，谋取利益。诸如县政府的县丞、长吏之类，钻法律的漏洞，其行为如同强盗，使人痛恨。”

把这两道诏书连起来看，不难看出，景帝刘启对社会上发生的犯罪问题，有清醒的、深刻的认识。一方面，他对饥寒交加的人寄予极大的同情，这些人处在社会的底层，吃不饱，穿不暖，为了活命，干一些为非作歹的事也是迫不得已。另一方面，庶民百姓为什么会饥寒交加？景帝刘启也看清楚了，主要是一些官吏，特别是离老百姓近的一些官吏，似强盗般地作奸犯科，向人民掠夺。如果各级官吏不向人民掠夺，不作奸犯科，认真履行职责，人民就不会饥寒交加。在有了这样的清醒认识后，景帝刘启对丞相下令：

“凡两千石以上官员，浮猾昏庸而导致下级官吏不能尽忠职守，甚至掠杀人民的，向我报告，我要定他们的罪。”

以上不难看出，景帝刘启所把握的法律基本精神，是对庶民百姓要求比较宽松，而对职位较高的官吏要求比较严格。换句话说即是，对广大人民群众，他更多的是寄希望于教化，而对于各级官吏，他更多的是寄希望于依靠法律制约和规范。景帝刘启的这一法制情结，在变成诏书、法令颁布以后，虽不大可能完全达到他这一法制情结的理想效果，但对广大庶民百姓肯定是有益的。

死硬也是一种活法

死硬，是一种活法，也是一种精神。

在封建社会的官场做官，死硬是一种忌讳。

但是，官场的软骨头太多了，老百姓不喜欢，喜欢的倒是那些为数不多的硬骨头。死硬，在老百姓的嘴里也是有褒有贬的。褒者，通常是褒其敢于坚持真理，敢于坚持正义，敢于同邪恶势力作斗争。贬者，通常是贬其不识时务，贬其不讲策略，缺乏灵活性，把事情办砸锅。

汉朝的郅都，就是这样一个因死硬而集褒贬于一身的人物。

郅都在文帝刘恒的手下干过，在景帝刘启手下也干过，先为侍官，后至中尉。他的最大特点就是骨头死硬。周勃是刘邦的战将，因为剿灭诸吕拥立刘恒当皇帝立了大功，官至丞相。这么一个从无数次征战中打出来的丞相，威严了得，架子自然端得很足。朝廷的文武百官见到周勃都下跪，以示敬畏和尊敬。郅都不，他见到周勃从不下跪，至多抱拳作个揖而已。郅都不惧周勃，自有他不惧的资本，他为官公正廉洁，从不接受别人的捐赠，不接受别人的请托说情。他自己就说："我背离双亲出来做官，本就该奉公守法，为国家效死节，忠于职守，不能看顾家小了。"为国家效死节而不看顾家小，就是郅都的人生信条。

文帝刘恒时期，民风淳朴，大家都奉公守法，曾创造过全国一年只发生四百起案子的记录。这种状况，主要是文帝刘恒推行休养生息、教化民众的结果。但极个别为害一方的恶势力，还是在司马光的《资治通鉴》中有过记录。当时的济南国有一个瞯氏家族，全族三百余家，势力很大，经常为非作歹，无恶不作，吓得当地食邑两千石的朝廷命官都把脖子缩回去不敢管。郅都不信这个邪，到任后从瞯氏族人入手，将为害一方的瞯氏家族的恶首连同其家人全部斩首，吓得其余那些平素跟着恶首狐假虎威的瞯氏族人恐惧颤抖，惶惶不可终日。这一杀，把邪气杀下去了，济南国的社会治安状况迅速好转，一年后，竟达到路不拾遗的程度。

一年时间竟使一个社会治安混乱得连朝廷命官都不敢管的地方，变成路不拾遗的人间天堂，这之中时间的作用是微乎其微的，教化的作用是微乎其微的，主要起作用的是郅都这个人，是郅都那把死硬死硬的骨头，连同他使出的严刑酷法。由此可见，乱世重典是可取的！

但是，郅都的死硬并没有完全被历史认可，现代人也不完全认可。

公元前148年，临江王刘荣在扩建宫殿时，侵占了文帝刘恒祭庙墙外的空地护墙。这在今天说来不是什么大事，但在当时可就是大罪了。加之刘荣本是太子，因后宫之争被罢黜，贬为临江王。景帝刘启因后宫嫔妃弄得乱哄哄那口气还没出完，见刘荣又在太岁头上动土，不是火上浇油吗？他于是下诏，令刘荣到长安中尉府接受审讯。刘荣一到，就被囚禁起来。眼看后果难以预测，刘荣求狱吏借一副刀笔，给父皇刘启写封信，陈述原委，检讨错误，以求宽恕。可是，已经当上中尉的郅都，下令狱吏不准借刀笔给刘荣。窦婴听说后，派人把刀笔送进囚牢。刘荣一看这来势，自度前途渺茫，写完信后便自杀在狱中。窦太后听说孙子死于囚牢，还得知孙儿要给他父皇写封信都被郅都制止，非常愤怒，寻机给郅都编造罪名，把他革职回家。郅都被革职回家后，景帝刘启派人持符节封他为雁门关太守，同时令他即刻到任，不必到京师谢恩。

郅都的死硬不仅在汉朝上下名气很大，而且传到了匈奴汗国。郅都一到雁门关就任，匈奴立马率军撤走。匈奴为了给将士壮胆也想了一招，照着郅都的形体相貌，用木头刻了个郅都，令匈奴将士用箭射他。可剽悍的匈奴将士，一个个在木头郅都面前全都手软，竟没有一个人能射中他。

匈奴怕郅都，皇太后可不怕他，还是找个碴儿把他杀了。

泱泱汉朝，饱受匈奴侵扰之苦，似郅都那般令匈奴人闻风丧胆的人没有几个，把郅都杀掉，实在可惜。

现代人读史，读到郅都时，也都褒贬参半。贬他，主要是认为他太残酷。一次，景帝刘启带宫女游玩，郅都负责安全保卫工作。跟随的宠妃贾姬上厕所，跟着冲进去一头凶猛的野猪。郅都看到了不去救，景帝刘启操起家伙要去救，郅都还不让，他说："天下美女多的是，死一个再换一个，何必在乎一个贾姬呢？"贾姬虽然是皇帝的一个花瓶，但她毕竟也是一个活生生的人呀！见危不救、见死不救，非大丈夫所为！郅都在这件事上没有显示出大丈夫的本色，与他那用严刑酷法惩治瞯氏恶首的做法，形成了鲜明的落差。从人性上讲，也不是连贯的。因而现代人有理由对他进行挑剔。

后宫，溅血的黑旋涡

后宫，历来很乱。

不仅乱，而且是宫廷政治斗争中一个鲜血飞溅的旋涡。

历史发展到公元前157年刘启当皇帝的时候，后宫这个政治旋涡，旋出来的不仅是荒唐，而且是飞溅的鲜血和肮脏的政治阴谋。

刘启还是太子的时候，就娶了奶奶家族的一个薄氏女子为妻，奶奶是爷爷刘邦的姬妾，是父皇刘恒的生母，奶奶叫孙子娶一个薄氏女子为妻，甭说刘启不敢不从，就连文帝刘恒也不敢违命。就这样，那个没有留下姓名的小薄氏，那个扎着两个小辫的小薄氏，作为巩固薄氏外戚势力的政治代表，蹦蹦跳跳地进宫当了皇太子妃。

刘启接替皇位后，立了这个扎着小辫进宫的薄氏为皇后。薄氏虽贵为皇后，但不得景帝刘启的宠爱，因而她在尽情享受后宫奢侈生活的日子里，并未享受一个正当青春焕发的女人所能享受的夫妻生活，也未能生出一个巩固自己皇后地位的儿子来。这对于薄氏来说，是极其痛苦的。眼看着皇帝今夜宠幸这个妃子，明晚宠幸那个姬妾，独守空房的薄皇后，只好把泪咽进肚里。但薄皇后心里非常清楚，她作为薄家外戚势力的政治代表，无论身心多么痛苦，也必须在皇后的位置上死撑着。

薄皇后撑了六年，太皇太后薄氏死了，靠山塌了，顷刻间，薄氏家族的政治势力随着靠山的崩塌而瓦解。太皇太后的尸骨未寒之际，可怜的薄皇后因没能生下一个儿子向皇帝讨价还价而被废黜，像一件穿脏了的破衣衫一样被皇帝扔在后宫，成了宫廷斗争的遗弃物。又过了四年，忧愤成疾的薄氏病死后宫。

还在薄氏占据皇后位置的时候，后宫一个姓栗的佳丽，凭着自己的美貌，运用漂亮女人才能使出来的手腕，几乎全部占据了景帝刘启的欲望和激情，并幸运地生下一个儿子，取名刘荣。公元前153年，刘荣被景帝刘启立为太子。

太子，是法定的皇帝接班人。太子的母亲，是法定的皇后。但不知道什么原因，景帝刘启在册封刘荣为太子时，并没有同时册封栗姬为皇后。

尽管如此，栗姬还是因为儿子被册封为太子而备受皇宫大臣特别是后宫嫔妃的巴结。景帝刘启的姐姐馆陶公主刘嫖，也在巴结的人群之列，且表演得大出其格。

刘嫖作为文帝刘恒的女儿，在女大当婚时嫁给了堂邑侯陈午。刘嫖虽为人妻，但妻子的事情做得不多，全部精力几乎都用在后宫，用在了为弟弟刘启选美上，把个后宫搞得乌七八糟。那个扎着小辫进宫的皇后薄氏，消弭不了对刘嫖热衷于后宫选美，而使得她这个皇后日益被皇帝冷落的妒恨；那个美妙绝伦的栗姬，虽然几乎全部占据皇帝刘启的欲望和激情，但因为刘嫖一手操纵后宫的选美事宜，招来一批批年轻美女在后宫形成了威胁，因此也同样消弭不了对她的万分妒恨。栗姬早就想找碴儿收拾这个皇姑，只是苦于没有机会。如今儿子刘荣被册封为太子了，自己被册封为皇后的日子也指日可待，收拾这个大姑子的日子也就不会太远了。

恰在这时，刘嫖找上门来，找到正想找碴儿收拾她的栗姬，提出把自己的女儿陈娇献给刘荣为妻，企图让女儿先占领太子妃的位置，尔后再顺理成章地登上皇后的高位。

对于这种亲上加亲的政治交易，栗姬并非一味反对，但她早就对刘嫖怀恨在心。如今你刘嫖来到我的栗姬宫，把你的女儿许配给我的儿子，企图让你的女儿占领未来的皇后位置，好让你继续一手操纵后宫，哼！你想得太美了，没门儿！因而栗姬不容分说，一口拒之千里。

这一来，后宫的政治斗争变得更复杂了。

刘嫖在栗姬那里碰壁以后，返身出宫找到了另一个妃子王娡。

王娡连同她的母亲臧儿，可称得上是西汉后宫政治斗争中的出奇女人，也是在后宫政治斗争中的主要获益者，有必要多说几句。

秦汉时期群雄并立，其中一位赫赫有名的人物叫臧荼。秦王朝覆亡后，项羽主持天下分封，因臧荼功勋卓著而封为燕王。后来楚汉相争，臧荼倒戈向汉，为刘邦把项羽赶到垓下立过大功。刘邦在分封行赏时，保留了臧荼的封国和头衔，让他继续为王。公元前202年，臧荼率军反叛汉朝，刘邦于是亲率大军剿灭，不到两个月就生擒臧荼，平息叛乱。历史在刘邦的子子孙孙手里延续了五十来年后，臧荼的后裔与刘邦的后裔又在后宫搅和到一起了。

臧荼的反叛被刘邦剿灭后，臧氏家族的王室尊位也被一并剿灭了。臧荼的孙女臧儿，以一介平民身份嫁给今陕西省兴平市一个名叫王仲的男子，生下一男两女，男儿叫王信，女儿叫王娡、王兒姁。王仲不久染病，一命呜呼。臧儿于是改嫁咸阳市的田家，生下田蚡、田胜两个儿子。女儿王娡嫁给金王孙，并为金家生下一女，取名金俗。

如果源于臧荼的这些晚辈女人就此作罢，也就没有什么奇怪的了。问题在于臧氏的这些女人并不安分，她们不肯作为平民平平淡淡地过一生，而是做出了许多怪异的事，搅乱了景帝刘启的后宫。

一天，臧儿找人为女儿卜卦，卜卦大师对她说，她的两个女儿都贵不可言。得到卜卦大师这句吉言后，臧儿盘算开了，盘算来盘算去，得出的结论是：除非攀上皇家，否则就不可能贵不可言。她知道她的爷爷臧荼，一方诸侯，但皇帝刘邦说杀就杀，想灭就灭，不是贵不可言的份儿。只有攀上皇家，在皇帝身边得宠，才是贵不可言的份儿。想到此，臧儿做出了一个离奇的决定，叫女儿王娡与金王孙离婚。金王孙大惑不解，夫妻俩小日子过得好好的，哪有丈母娘来叫女儿离婚的？对于丈母娘的这种荒唐之举，金王孙感到惊骇羞怒，于是一口拒绝，坚决不离。

人家臧儿可是主意已定，不管你金王孙同意不同意，把女儿王娡拉上就走，直接送到皇帝刘启的后宫。

后宫可不是什么人想进就进的，况且王娡这种已为人妻，并生过孩子的女人，想进后宫并非易事。虽然司马光没有记述臧儿送女儿王娡进宫的详细经过，但可以想象，她如果不打通一手操纵后宫选美的刘嫖这一关，绝对不成。

王娡可能也是长得漂亮，加上她是生过一个孩子的少妇，与后宫那些年纪尚小，长得漂亮，但从没有接触过男人的宫女相比，别有一番风韵，因而被景帝刘启看中，颇受宠爱。

从分析看，王娡之所以放下好好的小日子不过，之所以任由母亲臧儿摆布，是因为母亲跟她说过卜卦大师的吉言，给了她对“贵不可言”的憧憬。正是这个原因，当刘启与王娡在一起时，她借用我国自古以来就有的传统谎言，说梦见太阳投到她的怀里。这与景帝刘启的奶奶薄氏在被爷爷刘邦肥胖的身子压住以后，无比激动地说梦见一条苍龙盘在肚子上如出一辙，并非新的花招。

王娡这句“太阳投怀”的话，为她以后在后宫政治斗争中最终获胜，投下了一个分量极重的政治筹码。

王娡为刘启生下一个儿子，叫刘彻，即西汉赫赫有名的武帝。

刘荣被封册为太子时，刘彻被封为胶东王。

皇姑刘嫖把自己的女儿推销给栗姬的儿子遭到拒绝后，转身来找王娡，把女儿推销给王娡的儿子刘彻。史载，还没等刘嫖把话说完，王娡便迫不及待地一口应允。这“一口应允”，奠定了后宫一系列政治阴谋的出笼。

刘嫖推销女儿的目的，在于叫女儿占领未来皇后的位置，而不是甘心于叫女儿做个胶东王的王后。而王娡“一口应允”的根本原因，在于企图借皇姑刘嫖的势力，把儿子刘彻从胶东王的位置推到太子的位置上去，连同使自己由姬妾的位置攀上皇后的高位。因为相同的政治图谋，使得刘嫖与王娡联手，发起了帮助女儿由王后向皇后、帮助刘彻由胶东王向皇太子迈进的猛烈冲击，且冲击的矛头直指栗姬。

先是刘嫖出击，在弟弟景帝刘启面前诋毁栗姬。刘嫖利用自己是皇帝姐姐的身份，利用自己一手操纵后宫的便利，逮个机会就在景帝刘启面前告栗姬的状。在一大堆告栗姬的不是中，最使景帝刘启受震动的是那个惨无人道的“人彘”故事。出自刘嫖之口的“人彘”故事，自然是把栗姬比作吕雉，而把刘启正宠爱有加的王娡比作戚夫人。一想到自己心爱的王娡将被栗姬剃光头发、砍掉四肢、挖掉双眼、熏哑嗓子，扔到厕所旁的猪圈里，供人们当“人彘”参观，景帝刘启不禁打了一个寒战。

应该说，景帝刘启是个厚道人，他在皇帝的位置上，更多的还是承袭父皇文帝刘恒的做派特色。他登上帝位以后，不仅减轻刑罚，而且继承了文帝刘恒艰苦、勤勉的优良传统。春天的时候亲率皇室宫妃到御苑耕作，秋天的时候又领着她们去采摘收获。劳作和俭朴强化了他善良的人格，因而他在姐姐刘嫖诋毁栗姬、动摇他更换太子的问题上，还是十分谨慎的。但刘嫖对他发出的“人彘”警告，使得他心里直犯嘀咕，于是他常常在后宫的御榻上劝告栗姬，叫她与人为善，并以吕雉创作的“人彘”故事，作为劝告的史料。

但栗姬听不进去，没有表现出服服帖帖遵从的愿望。刘启一提到王娡，栗姬立即板起面孔，一句好听的话也没有，常常气得刘启跺脚而去。尤其糟糕的是，有一次刘启前脚还未踏出宫门，后面传来了栗姬骂他“老狗”的恶语。刘启听到后停了一下，但还是走了。离开栗姬宫的景帝刘启，肚里窝的火鼓鼓的。

在这种情况下，王娡开始反击。王娡这个先为人妻、生过孩子，后为姬妾、生过皇子的女人，心地显然比刘嫖更毒辣。她为皇帝刘启生下了儿子，但她对儿子戴着胶东王这顶帽子并不满足，她心里时刻装着卜卦大师那句“贵不可言”的憧憬，因而她必然要寻找把儿子那顶国王帽子换成太子帽子的机会。她同意皇帝姐姐的女儿与自己的儿子联姻，是做这一切努力所迈出的第一步，仅有这一步是不够的，她还要走下去，直至“贵不可言”。

这以后的步子怎么走呢？

王娡的毒辣进一步显现出来了。她知道景帝刘启劝导栗姬不成，心里正窝着一团火，于是想出一个毒招，把这团火点起来。王娡秘密召见朝廷的藩属事务部长，叫他上奏皇帝，奏请立栗姬为皇后。刘启本来心里窝着的那股火没有得到释放，这封奏疏一递上去，把火点着了。刘启指着藩属事务部长的鼻子骂道：“这是你该管的事吗？”骂了还不解气，下令把他杀了。

王娡这一招采用的是激将法，瞬间把景帝刘启的火点着了。刘启在怒杀藩属事务部长的同时，下诏罢黜太子刘荣，改封临江王；立刘彻为太子，王娡为皇后。

那个曾经在薄氏女子为皇后时，几乎全部占据景帝刘启的欲望和激情的漂亮栗姬，在儿子刘荣被罢黜太子后不久，便饮恨离开了人间。

被贬为临江王的刘荣，在临江王的位置上屁股还没坐热，就因扩建宫殿侵占了文帝刘恒祭庙墙外的空地护墙，而被父皇刘启下令囚禁审讯，自度前途渺茫而自缢狱中。

一场以漂亮女人为主角的后宫政治斗争，虽然画上了一个血淋淋的分号，但永远没有句号。

皇后·太后·太皇太后

皇后、太后、太皇太后，是封建社会母仪天下三个重量级地位标志。皇后是皇帝的大老婆，通常情况下，太后是皇帝的母亲，太皇太后是皇帝的奶奶。从皇后到太皇太后，是一个过程，是一个女人变得越来越专权、越来越霸道的过程。

文帝刘恒的大老婆窦氏，就诠释了这样一个过程。

窦氏是今河北省武邑县一带人，刘邦选美时，窦氏被选进后宫但未得到刘邦“御幸”。公元前195年，刘邦死了，皇后吕雉操纵朝政，将未被刘邦“御幸”过的后宫美女，分赐给各封国的国王，也就是刘邦的儿子、侄子们，并规定每王分赐五名，窦氏被分到了代国。

对于从父皇刘邦后宫送来的五个美女，代王刘恒对窦氏情有独钟。没过几年，窦氏便以为登上帝位的刘恒生过长子的特殊资格，在儿子刘启被立为太子后，顺理成章地登上了皇后的高位。窦氏在皇后的位置上，为刘恒又生了一个儿子，取名刘武，窦皇后十分喜欢这个小儿子。又过了几年，窦皇后生了一场大病，病愈后双目失明。年长色衰，加上眼睛又瞎，还加上后宫有一大群年轻美丽的宫女在那里比着，窦皇后在文帝刘恒那里已经黯然失色了。她虽然心里有说不尽的苦涩，但还是无可奈何地忍了。令窦皇后欣慰的是，她最宠爱的小儿子刘武，在她的全力斡旋下，由代王改为淮阳王，又由淮阳王改为梁王。梁国在今河南开封一带，所辖山东曹县、嘉祥以南和安徽砀山、亳州一带，土地肥沃，经济发达，民风淳朴，且拥有四十多个城市，是各封国中最富庶的大国。

文帝刘恒在世的时候，窦皇后恪守妇道，不过问朝政，是个很不错的老太太。刘恒死后，儿子刘启继承皇位，窦皇后成了窦太后，这以后她就不似当皇后时那么谨慎了。一方面，她由媳妇熬成了婆婆，有对儿子、儿媳妇指手画脚的资格了；另一方面，儿子刘启非常孝顺，生怕有什么事惹得老娘不高兴，因而事事谨慎，事事由她，唯命是从。这两方面因素加到一起，使得窦太后开始颐指气使，无所顾忌地干预起朝政来。

我国在历经春秋战国、楚汉争霸几乎延续数百年的战乱之后，人们用战乱的体验换来的企盼是休养生息，天下太平。以“无为而治”为主导思想的黄老学说，适应人们这一企盼，因而能够获得上至王公大臣，下至庶民百姓的普遍认同。但是，随着时代的发展，尤其是在人们所崇尚的道德民风，随着社会物质文明的进步而发生裂变后，整个社会仅有“无为而治”的黄老思想，就显得单调了，不够了。文帝刘恒已经感受到了单一的黄老思想的缺憾，就把儒家思想作为国家的统治思想，进行过大胆的探索。景帝刘启也崇尚儒家思想，在他的实际支持下，儒家思想得到一定程度的恢复和发展。虽然儒家思想尚没有完全登上朝廷的大雅之堂，但已经开始与黄老思想抗争，已经开始与黄老思想争夺学术上、政治上的支配地位了。

皇太后窦氏于是站出来，旗帜鲜明地维护黄老思想的统治地位，毫不留情地打压儒学连同倡导儒学的人，把学术思想上的斗争变成了流血的政治。

司马光写道：有个儒学博士叫辕固生，他不惧窦太后的淫威，当窦太后问他《老子》这本书怎么样时，他以极其轻蔑的口气说：“《老子》所讲的，都是些娘儿们的话。”窦太后一听，顿时怒火万丈，下令把这个倔老头扔到放养野猪的圈里，叫他去与野猪搏斗。试想，一个成天把头埋在诗书的学者，手无缚鸡之力，赤手空拳怎么去和凶猛的野猪搏斗，这不就是窦太后想置他于死地吗？景帝刘启仁慈，偷偷送给他一把利剑，刺死野猪，方使他幸免于难。

到了武帝刘彻时期，这个窦老太太还活着，她的亲侄子窦婴为丞相。窦婴崇尚儒学，把当时以传授《诗经》而闻名的大学士申公的两个得意门生赵绾、王臧，荐举为御史大夫、郎中令。窦婴打算在首都长安建一所“明堂”，专门培养儒学高级人才，并确定由申公来主持“明堂”。这事得到武帝刘彻的全力支持，他特地派人把申公接到了长安。这事让窦老太太知道了，她立即杀将出马，在把武帝刘彻训斥一番的同时，下令废除“明堂”的设计，罢免窦婴连同其他一些支持儒学的臣僚。她觉得还不解恨，又迫令赵绾、王臧自杀。

在袒护纵容小儿子刘武上，窦老太太表现得大出其格。

景帝刘启即位的第四年，梁王刘武入朝，刘启摆出很大的场面，设宴款待他的弟弟刘武。当时景帝刘启还没有立太子，喝酒喝到高兴的时候，刘启对母亲窦太后说：“朕千秋万岁之后，把帝位传给皇弟。”喝了点酒，脑子有点迷糊，又想在酒席桌上讨好母亲，刘启这么说说，本该大家笑笑就过去。可窦太后当真，万分高兴，恨不得立马把这事定下来。但皇位的传承，是有规矩的。景帝刘启如果没有子嗣，传位给弟弟未尝不可。眼下景帝刘启儿子成群，皇位如果不传给儿子，就有违老祖宗的规矩了。于是，参与这次宴请的窦婴，在给景帝刘启敬酒时直言相谏：“天下，是高祖的天下。父子相传，是汉室的制度，皇上怎么能传位给梁王呢？”窦婴这么一说，把窦太后气得差点儿晕过去。但人家窦婴言之有理，在酒宴上把他骂一顿又有失体统，窦太后于是把这口气暂且咽下。酒宴一散，窦太后就把自己的亲侄子窦婴，从皇籍的名册上一笔抹去，贬为平民。

平息七国叛乱中，全国武装部队总司令周亚夫，以其杰出的军事天才，制定了让梁国全力顶住吴楚叛军的正面进攻，自己率朝廷军队绕道切断吴楚叛军后路的军事部署，实践证明是完全正确的。只三个月时间，就将七国叛乱彻底平息。

梁国在七国叛乱中正面抗敌，立了大功，梁王刘武更是骄横不可一世。他一心想接替哥哥刘启的皇位，在这一目标没有实现之前，他不甘在梁王这顶帽子下窝着，而是按照皇帝的标准，把自己的排场搞得与皇帝一样，出入宫殿都用一千辆战车、一万名扈从，并要清道禁止行人，言“警”称“跸”，摆出一副与皇帝平起平坐的架势。他还大兴土木，建造了一个方圆三百多里的东苑，修建空中通道，从宫殿到平台长达三十多里。除此之外，刘武还招揽四方豪杰，豢养打手，庇护从他国逃往梁国的罪犯，赐给他们金钱、官位。据史书记载，梁国铸造的兵器有数十万件，府库的金钱近万亿，珠玉、宝器比京师还多。

面对梁王刘武这样一个来头，朝廷的公卿大臣无不焦虑。恰在这种情况下，窦太后再次提出把梁王刘武立为太子。公卿大臣于是纷纷站出来，以古制、祖训为由，坚决予以反对。景帝刘启本不愿把皇位传给刘武，在酒桌上说的传位给皇弟的话，也是多喝了几杯的酒话，见朝廷诸多大臣坚决反对，便以此为台阶，急匆匆立了栗姬所生的儿子刘荣为太子，用实际行动收回了那句传位给皇弟的酒话。

刘荣的太子地位，不到一年便被宫廷斗争给更改了。

窦太后于是立即出马，为小儿子刘武当太子做最后的努力。在一次酒席宴上，窦太后撕下老脸皮，当着文武百官对景帝刘启说：“你百岁之后，可以传位给弟弟。”景帝刘启慌忙跪地应允。在场的文武百官虽然大都反对窦太后这个提议，但都没有作声，因为他们知道当面顶撞窦太后是个什么下场。当时在家养病的袁盎，力谏景帝刘启遵循《春秋》的主张，以大义为举，传皇位给儿子。袁盎的这一劝谏，不仅给梁王刘武增添了一笔新仇，而且勾起了他对袁盎的一笔旧恨。

梁王刘武曾上书景帝刘启，请求准许修一条专供他使用的通道，以便他随时可以朝见太后。这条通道从今河南商丘他的梁王府，直达长安窦太后住的长乐宫。商丘至长安，全程数百公里且有多处大山、大河阻隔，由此修一条通道，专供他看望母亲用，甭说当时政府的财力承受不起，即便承受得起，也不至于如此劳民伤财呀！对于梁王刘武的这一无理要求，还没等景帝刘启御批，袁盎等十余位大臣便联名上书，力陈利害，坚决反对，使得梁王刘武的这一请求搁浅。

新仇旧恨，使得梁王刘武对袁盎等大臣恨之入骨。为报此仇，刘武经过一番密谋，派刺客刺杀袁盎等阻止他接替皇位的大臣。不长时间，与袁盎一同阻止梁王刘武接替皇位的十多位大臣相继被害。

十多位朝廷大臣同时被害，举国震惊。景帝刘启更是龙颜震怒，下令缉捕凶手。可一批一批朝廷大臣派出去，一批一批空手而返。景帝刘启心里清楚，这起谋杀案肯定与梁王刘武有关，于是直接下令到梁国调查缉捕凶手。这一查，梁王刘武的阴谋败露了。碍于皇太后窦氏的面子，景帝刘启不便直接找梁王刘武问罪，只好采取迂回的战术，拿参与这一阴谋的羊胜、公孙诡问罪，下令将这二人缉捕归案。梁王刘武很清楚，一旦这两个参与他谋杀朝廷大臣的帮凶被朝廷抓走，他自己离被抓的日子也就不远了。故而他悄悄把这二人藏到王宫，缉捕人员不好硬闯梁王宫，梁王刘武又不肯交出他俩来。

缉捕凶手的行动僵住了以后，景帝刘启决心不改，穷追不舍。他不直接找梁王刘武要人，而是一道又一道诏书，一批又一批钦差大臣派往梁国，严厉谴责梁国部长级官员，以捉不到凶手摘掉他们官帽为要挟，通过他们去逼梁王刘武交出凶手。这一手果然奏效，梁国的部长级官员害怕朝廷摘掉自己的官帽，纷纷前去劝说梁王刘武，叫他把羊胜、公孙诡交出来。刘武一看这来头，知道不交出羊胜、公孙诡，这一关过不去，只好下令他俩自杀，以他俩的自杀，求个自保。

谋杀朝廷大臣的案破了，参与谋划这一阴谋的两个干将也自杀了，但真正的主谋梁王刘武尚未得到应有的法律制裁。景帝刘启似乎还不肯罢休。这时窦太后又从台后走到台前，她担心景帝刘启继续追查下去，查出刘武来，便拿出她惯用的那一手，日夜啼哭，不进饮食，大有你皇帝不肯就此罢休，我老娘就给你哭死算了的劲头。景帝刘启很矛盾，也很烦闷。一方面，他不愿放弃对刘武的追究。刘武一直觊觎皇位，仗着有老娘支持，骄横跋扈，破坏朝廷的政令纲纪，给他这个做皇帝的哥哥无端捣乱。这回又谋杀朝廷阻止他接替皇位的十多位大臣，不严厉处置他难解心头之恨。但另一方面，母亲窦太后不吃不喝，日夜啼哭，一副如果不放过刘武就去死的架势，使得景帝刘启心里也很难受。他景帝刘启可是个孝道仁慈之人，硬是坚持制裁刘武而把老娘气个好歹，他刘启不情愿，且会遭到天下人耻笑。

不久，钦差大臣田叔等调查这一事件的人回来了。这伙政治上老谋深算的臣僚，在进入长安之前，将在梁国取到的口供笔录全部烧毁，空着两手来给景帝刘启禀报，把责任全部推到羊胜、公孙诡的头上。

窦太后听田叔等人这么一说，既不哭了，也不啼了，立即起床、进食。

公元前144年，梁王刘武病死。窦太后闻讯，又是不吃不喝，日夜啼哭，并骂道："皇上果然杀了吾儿！"景帝刘启不得不把梁国一分为五，刘武的五个儿子全数封王，五个女儿都赐给汤沐邑。刘启把这个安排报告窦太后以后，她这才既不哭了，也不啼了，立即起床、进食。

梁王刘武被分封为王的五个儿子，无一人具备延续香火的德行和能力。其中最小的两个儿子，是因为没有子嗣而被撤销封国的。其余三个儿子，大儿子刘买在位七年去世，王位传给儿子刘襄。结果因为刘买的老婆李太后与多名下人私通败露，刘襄的老婆任太后私自将刘武传下的宝物罍樽送人，违反朝廷的律令，而被朝廷削去封国八城，剩下十城由他的孙子继为梁国。刘武的二儿子刘明，因擅杀朝廷命官，被贬为平民，撤销封国。刘武的三儿子刘彭离，像个地痞似的经常与下人夜晚出宫打劫杀人，掠夺财富，死在刘彭离刀下的无辜平民竟达一百多人。因其作恶多端，被贬为平民，封国也被撤销。

这真是报应啊！毫无疑问，这个报应与窦太后有关！

公元前141年，汉景帝刘启去世，太子刘彻继位，中国历史上的汉武大帝开始描绘新的伟大篇章！

第五章 刘彻罢黜百家，开疆拓土

汉武帝刘彻之“武”，是开疆拓土建盖世武功之“武”，他开拓的疆土，南至交趾、九真、日南（均在越南境内），东至真番、林屯、玄菟（均在朝鲜半岛）……

开拓的，还有中国西域的广阔天地……

“罢黜百家，独尊儒术”，不是焚书百家、禁言百家……

“儒术”，营造了汉王朝的政治生态……

刘彻实行的严刑酷法，颇像法家……

掣肘武帝的皇亲国戚

公元前140年，十七岁的皇太子刘彻，从父皇景帝刘启手里接过皇位，号武帝。刘彻的一帮兄弟姐妹和叔伯舅爷，也就是文帝刘恒和景帝刘启的三宫六院美女姬妾所生的皇子和皇亲国戚，在年轻的汉武帝刘彻执掌皇权之前，就已经形成了一股掣肘他的强大政治势力，且这帮源于父辈血统的皇亲国戚，各自以最荒诞、最龌龊的方式，表明他们附着在皇权上的毒瘤特性。

下面我们来看看。

燕王刘定国接替王位后，与父亲的妃子私通，并生下儿子。这还不算，他又强行霸占弟弟的老婆，后来发展到与自己亲生的三个女儿淫乱……

江都易王刘建，是武帝刘彻的侄子，他就是一个十足的败类。刘建还是王太子时，邯郸有人给他父亲易王刘非献一美女，刘建一看这个美女漂亮，便留下来自己享用。父亲刘非去世时，刘建在服丧期间，把十个美女召到他的守丧庐舍，叫她们全部脱得一丝不挂，与她们群宿。刘建的亲妹妹前来为父亲吊丧，已经和十个美女群宿的刘建，见到妹妹有几分姿色，便以接任国王的身份逼着妹妹与他成奸。刘建携一帮文武臣僚游览素台宫，为了寻求刺激，他叫跟随他的四个宫女挤在一条小船上，从小船的晃晃悠悠和四个宫女的尖叫声中，求得自己的满足。他还觉得不过瘾，又故意把小船弄翻，看着四个不会游泳的宫女在水中挣扎沉浮而放声大笑，击掌称快。在刘建的宫女中，如果谁有一点过失，他便令她脱得一丝不挂，或去击鼓，或爬到树上不让下来。有的宫女竟长达三十多天不让穿衣服，干活吃饭睡觉包括接待客人，全都裸露全身。对活没干好的宫女，刘建常常放出狗来将她们活活咬死，他自己则站在一旁观看，在凶残的狗咬住宫女脖子或撕扯宫女肢体时，刘建抑制不住地狂笑……

胶西王刘端，这个患有阳痿病的暴君，不能享受女人却夜夜要更换女人。他掌管的财物不让登记，府库因损坏漏雨而使得物资全部霉烂，损失以万万计。刘端还不时赶走所有侍从和警卫，封闭宫门，自己换上粗布衣衫，常常在深夜悄悄溜出宫去，似流氓痞子一般寻衅滋事。政府派往胶西国食禄二千石的官员，刘端都要设法将他们治罪，治不了罪的，他就亲自下手，用毒药将他们毒死……

赵王刘彭祖，每当政府派来的国相到任，他便装扮成奴仆，到客栈去迎接，设置许多巧诈的问题引诱对方，并详细记下他们的谈话，以作为将来对其进行要挟的把柄。如果到任的国相履行职责，依法行政，刘彭祖就拿出谈话记录进行威胁；如果国相不理睬他的威胁，刘彭祖便上疏朝廷，捏造许多无中生有的事情，对其诬告。弄得到赵国为相的朝廷命官，要么很快就被朝廷惩治，要么睁一只眼闭一只眼，任由刘彭祖胡作非为。刘彭祖还有一个毛病，他常常夜里溜出去，悄悄摸到客栈，对住店的商人进行敲诈，干一些见不得人的勾当，吓得商家都不敢在邯郸留宿……

上梁不正下梁歪，刘彭祖的儿子刘丹跟同胞妹妹发生奸情还不算，还逼迫自己的女儿与其发生奸情……

齐王刘次昌，跟自己的亲姐姐乱伦……

还有梁王……

尤其值得多说几句的是中山靖王刘胜，他是刘彭祖的弟弟。刘胜道貌岸然，满嘴仁义孝悌，且常以儒学大家的面目出现，其实他是个酒鬼，也是个色鬼，他的后宫共生出了一百二十多个儿女。他身为中山靖王，不去治理政事，而是“每日听音乐享受美色”，脑子里盘算着如何取代皇帝。刘胜的墓在河北满城出土后，名声大噪，一时间人们以为他是西汉时期的圣贤，殊不知在司马迁的刀笔之下，他只是个酒棍加色棍而已。

就在武帝刘彻登上帝位的一段时间里，可能是看着刘彻年轻，也可能是因为太皇太后、皇太后对刘彻的权力多有限制，因而刘氏血脉这帮皇亲国戚，似撒了缰的野马，任意胡作非为，偷汉子，掳美女，搜刮民脂民膏，违抗朝廷命令，甚至擅杀朝廷命官，一切无恶不作的“创举”，几乎全部源于与武帝刘彻有这样那样血缘关系的皇亲国戚。就连当朝皇帝的大姑妈刘嫖，这个算起来已是一大把年纪的馆陶公主，在贪腐掠取、偷养汉子上也不逊色。

……

以上从史籍中截下来的这一小段，是皇亲国戚所作所为的一个缩影，他们的特殊身份加上他们毫无节制的胡作非为，决定了他们必然成为政府的羁绊，成为朝纲和朝廷管理体制的反动。就是这帮因为血缘关系而分割天下资源、掠夺庶民百姓、过着醉生梦死日子的皇亲国戚，永不满足特殊地位、特殊待遇、特殊享受和特殊权力，已经形成了掣肘武帝刘彻的强大政治势力。

汉武大帝刘彻的才智、魄力，首先就是在突破皇亲国戚的掣肘上大显身手！

击碎“藏娇”的“金屋”

用金子砌一座房子，把自己最心爱的娇美人儿放到屋里去。这是一种多么强烈的爱慕驱使，才能创造出的美妙构想啊！

“金屋藏娇”，就是这样一个美丽的童话。

创造这个童话的是汉王朝赫赫有名的武帝刘彻。

娃娃时的刘彻，在后宫肯定是众星捧月似的受人娇宠。景帝刘启的姐姐馆陶公主刘嫖，肯定是后宫表现为最宠爱刘彻的角色。

刘嫖是景帝刘启后宫的大拿，是个地地道道的多事婆。她嫁给堂邑侯陈午，生了个女儿陈娇，算起来比刘彻要大点儿。刘嫖虽为人妻，但主要精力用在弟弟刘启的后宫。一次，她带着陈娇与刘彻玩耍，见两个孩子玩得正高兴，就逗刘彻说，把陈娇嫁给他。刘彻当即表示，要用金子砌一个屋子，把陈娇藏到里面。这就是“金屋藏娇”的典故出处。

从分析看，刘嫖说把女儿嫁给刘彻，并非完全无意。刘彻生下来就是皇子，就被封为胶东王，即便刘彻那顶胶东王的帽子戴到死，那也是食邑千里、享不尽荣华富贵的一方诸侯。再说胶东王这顶帽子在刘彻头上不似孙悟空头上的紧箍儿，取不下来，运作得好的话，胶东王的帽子换成太子的帽子，并非没有可能。

还从分析看，刘彻说砌个金屋子的话纯属娃娃戏语，绝不会像姑妈刘嫖那般联想得如此复杂。他一个尚处于尿尿玩泥巴年龄的娃娃，懂得什么男欢女爱，又哪里会产生如此美妙的情感联想呢？充其量，是刘彻比较聪明，能说出一些逗人喜欢的话来而已。

就是这句戏语，真的变成了后宫的一个童话。

皇姑刘嫖，一开始并没有把刘彻的“金屋藏娇”太当一回事，毕竟皇帝已经立了刘荣为太子，毕竟刘彻当时戴的是胶东王的帽子，要把他们哥儿俩的帽子掉个个儿，也不是一件容易的事。因而刘嫖在把“金屋藏娇”这句话藏到心底的同时，向当时的太子刘荣推销女儿陈娇。刘嫖找到刘荣的母亲栗姬，还没等把话说完，这位早就恨透了刘嫖的栗姬便一口回绝，让刘嫖撞了个大歪脖。刘嫖咽不下这口气，转身找到王娡，把女儿推销给她的儿子刘彻。还没等刘嫖说完，王娡便满口应允。

也许是受刘彻“金屋藏娇”的鼓励，也许是为报栗姬一口回绝之仇，这之后的刘嫖与王娡联手，连连使出毒招，愣是把刘荣从太子的位置上拉下来，愣是把刘彻推上了太子的位置。刘彻为太子，陈娇顺理成章地成了太子妃。

至此，刘彻戏言为陈娇砌的那个“金屋”已经砌成了。

刘彻被立为太子，是皇帝理所当然的接班人；陈娇被封为太子妃，是皇后理所当然的接班人。刘彻小时候说的“金屋藏娇”，在刘嫖的一手操纵下，终于将童话变成了现实。

童话一旦变成现实，就可怕了。

刘嫖，这个武帝刘彻的姑妈，在景帝刘启时就不可一世，搅得刘启的后宫乱七八糟。如今刘彻当皇帝了，自己的女儿陈娇当皇后了，且刘彻能坐在皇帝的交椅上，有她出笼一系列阴谋的功劳。也可以说，如果没有她刘嫖使出一招又一招的毒计，刘彻只能戴着胶东王的帽子而不可能穿上龙袍。正是因为这个原因，刘嫖在朝廷上下横行霸道，事事插手，贪求夺取，没有止境，把武帝刘彻的头都搞大了。而皇后陈娇更是骄横得不行，她看不得后宫嫔妃成群，看不得刘彻对某个嫔妃宠爱有加，可她自己又引不起武帝刘彻的兴趣。尤其使她痛苦万分的是，年纪轻轻的就是不能为刘彻生出一个儿子来。因而在骄横的同时，陈娇到处求医求神，企求上苍赐给她一个儿子，以巩固其皇后的地位，以延伸她由皇后到皇太后的尊位。史载，皇后陈娇为求子嗣，一次赏给为她看病的医生九千万钱。可上苍不长眼，陈娇怎么折腾，也还是生不出个儿子来。

武帝刘彻对姑妈兼丈母娘的刘嫖，以及小时候戏言“金屋藏娇”的表姐兼皇后的陈娇腻味透了，也受够了，不时表现出对她们娘儿俩的不满、厌恶，甚至愤怒。皇太后王娡知道这两个人的厉害，于是提醒他，叫他小心处事，不妨说几句违心的漂亮话稳住她们。

至此，武帝刘彻为皇后陈娇砌的那个“金屋”，已经开始裂缝了。

武帝刘彻虽然遵从母亲王娡的叮嘱，对姑妈刘嫖和皇后陈娇的态度有所缓和，但他的骨子里还是不喜欢陈娇的。公元前139年，武帝刘彻前往灞上举行除恶消灾祭祀，回宫途中，顺道到姐姐平阳公主家看看。侍候姐姐的一个歌妓卫子夫，伴着乐曲飘然而出，翩翩起舞，其美貌、其气质、其柔韧优美的身段，使武帝刘彻眼前一亮，顿时倾倒。平阳公主见武帝刘彻如此钟爱这个歌妓，随即做了个顺水人情，把卫子夫送到武帝刘彻的后宫。

这个卫子夫，有必要多说几句。

卫子夫的母亲卫媪，是平阳公主的食邑地山西临汾西南的平阳侯府家的奴仆，同在平阳公主家供职的还有该县一名小吏，叫郑季。这个郑季也是能耐，他在平阳公主家与卫媪私通，一连生下三男三女六个私生子。因是偷奸所生，故六个子女都不敢姓父亲的“郑”，全部跟母亲姓“卫”，其中幼子卫青，后来成了西汉王朝征伐匈奴而立下赫赫大功的战将；幼女卫子夫被武帝刘彻看中，一步步登上了皇后的宝座。卫子夫没有被武帝刘彻看中之前，平阳公主看中，并把她带到长安的公主府，教她歌舞，让她成了公主府的一名歌妓。

卫子夫被送到皇帝的后宫以后，一年多时间里，被武帝刘彻忘掉了。后宫美貌绝伦的美女成群，加一个美女也显不出来。卫子夫感到无聊，适逢后宫遣散无用的宫女，卫子夫便申请遣送出宫。直到这时，武帝刘彻才想起她来，召她在身边，并日益得宠。

皇后陈娇受不了武帝刘彻对她的冷落，更看不得卫子夫的得宠，哭哭闹闹满宫廷折腾，几次自杀被救过来，把武帝刘彻的后宫折腾得乱七八糟。

刘嫖当然不会袖手旁观，她在指使女儿大闹后宫的同时，派人到平阳侯府，准备拿卫子夫家人开刀，结果逮住了当时还是马童的卫青。卫青在当地结识了一批好友，好友们听说卫青被抓，一合计发动奇袭，把卫青救了出来。

这事传到武帝刘彻耳朵以后，他的反应极其迅速，立即下诏，召卫青进京，把他由平阳公主家的马童，提拔为建章宫总管兼皇帝随从；没过几天，封卫子夫为夫人，并再次提拔卫青为中级国务官。

至此，武帝刘彻为皇后陈娇砌的那个“金屋”，已经名存实亡了。

姑妈兼丈母娘的刘嫖不肯善罢甘休，表姐兼皇后的陈娇更是不肯由此作罢，经过一番密谋策划，娘儿俩推出了非常愚蠢的两招：

蠢招之一：请来一群女巫，由女巫头子楚服领着，专教皇后陈娇祭祀鬼神时，用咒语诅咒卫子夫。世上本无鬼神，再烧香叩头也枉然。面对本来就子虚乌有的鬼神，嘴里念念有词，把最仇恨、最彻骨的语言骂给它听，把最恶毒的阴谋托付它去完成，更是荒唐至极。刘嫖和陈娇没有弄明白的一个问题是，果真有鬼神的话，它会听你的派遣吗？通常人们心中的鬼神，是帮助善人的，是劝导人们行善的。

你们娘儿俩如此不善，鬼神怎么会帮你们呢？恰恰当时的皇帝刘彻，迷信鬼神达到如痴如醉的程度，你们娘儿俩竟动员鬼神来诅咒他的爱妃，叫她快快死去，岂不是犯了天条吗？

蠢招之二：请来一些不正经的女人，教陈娇女人媚术，说白了，就是教她怎么勾引男人，使什么招数叫男人围着她的裙子转，以便叫武帝刘彻恢复对她的宠爱。刘嫖和陈娇在这个问题上的愚蠢，集中表现在看不清事体上。皇帝是天下的主宰，具有无上权力。陈娇并非天下最美丽的女子，即便年轻的时候是，事隔若干年后人老珠黄，也已经不是了。一茬又一茬年轻美貌的女子，可供皇帝任意使用。人老珠黄的陈娇，即便学得世界上最绝的勾引男人的媚术，也不是年轻美女的竞争对手，因而其结果是可想而知的。

陈娇的阴谋暴露后，武帝刘彻龙颜震怒，大发雷霆。他决心抓住这个机会，彻底摆脱姑妈刘嫖和表姐陈娇的纠缠。于是他下令穷追，把和这两件事有牵连的三百余人打进监牢，将教唆陈娇诅咒卫子夫的巫婆首领楚服在街市上斩首。不仅如此，武帝刘彻还下诏收缴陈娇的皇后印信，罢黜皇后，囚禁长门宫。

至此，武帝刘彻为皇后陈娇砌的那个“金屋”，彻底粉碎了。

长期仗着自己是文帝刘恒的长女、景帝刘启的姐姐、武帝刘彻的姑妈，且在朝廷上下横行霸道、贪得无厌的馆陶公主刘嫖，在一连串的阴谋被揭穿以后，彻底输了，她不得不长跪在侄儿刘彻面前叩头请罪，请求宽恕。

曾经创造“金屋藏娇”童话的武帝刘彻，没有被姑妈的长跪叩头而打动。

因为在他的后宫，那个不仅年轻美貌，而且能歌善舞的歌妓卫子夫，已经占据了那个世人眼中的“金屋”。

武帝刘彻的肃贪除暴

刘氏皇权的延续，不仅延续的是一个太阳照耀中国，而且延续了皇权弊端的瘀结。早在文帝刘恒、景帝刘启时代，汉王朝就有一个太阳照耀下的国中之国，甚至还有不是皇帝的皇帝。那些凭借皇族血统封侯授爵逞威一方的诸侯势力，以自己控制的大片土地为资本，明里暗里与政府抗衡，使得皇帝颁布的政令常常在这些封国形成梗阻。武帝刘彻的雄心勃勃容不得在他这个皇帝之外，还有不是皇帝的皇帝，于是，他下手了。

公元前127年，武帝刘彻颁布“推恩令”，以瓦解分封制。所谓“推恩令”，即是把皇帝的恩德扩而广之，使普天之下都享受皇恩浩大。其核心则是：各诸侯王除由长子继承王位外，还要“推恩”将其余的诸王子，在由原长子控制的封地内，切割一块食邑地封侯。说白了，就是一块蛋糕，原来是由诸侯王的长子一个人独吞，现在则由诸侯王的所有王子来分割。这种做法，虽然在武帝刘彻的爷爷刘恒、父皇刘启为帝的时候就实行过，洛阳才子贾谊还特地为这一做法，创造了“众建诸侯少其力”的理论，但由于这种做法触及的是皇亲国戚的利益，触及的是历史发展弊端的瘀结，因而遇到了顽强的抵制。有的诸侯国地盘虽然被皇帝的一纸诏书切割开了，但其兄弟之间的政治联盟，并没有被皇帝的诏书所瓦解，新封的侯国国王仍受长兄的管辖，皇权在这些新封的侯国里仍然是针插不进，水泼不进。而一发生变故，或者长兄举起反叛朝廷的旗帜，兄弟几个便迅速结成统一的政治联盟。七国同时叛乱，就是一个典型。“推恩令”所不同的是，从一块蛋糕切割出来分封的侯国，不再受封国国王的管辖，也就是不再受长兄的制约，而直接由各郡县管理。这样一来，不仅极大地缩小了各诸侯王的地盘，而且极大地削弱了各诸侯国的政治和军事势力，使他们难以形成与朝廷抗衡的能力。“推恩令”实行以后，“大国不过十余城，小侯国不过数十里”。一些小侯国的国王，只能享受“衣食租税”，不仅再也奢侈不起来了，而且政治上的特权也被一并剥夺。武帝刘彻的叔叔淮南王刘安，就是因为武帝刘彻实行“推恩令”而密谋反叛朝廷的。而武帝刘彻的坚决镇压，使得本来很可能在皇亲国戚中形成梗阻的“推恩令”，很快在全国各地得以顺利实施。

在把各诸侯国的皇亲国戚收拾妥帖以后，武帝刘彻反过手来收拾各地的土豪劣绅。

在武帝刘彻登基时已经发育成熟的土豪劣绅，是社会发展弊端的另一个瘀结。这个瘀结，经历了一个过程。

文帝刘恒和景帝刘启，人性敦厚，心地宽容，他们虽然在建立国家管理机制方面，做过很多努力和探索，但他们更注重的是教化，是自己的人格影响力。应该说，他们取得了成功，在他们的统治下民风淳朴，法网疏松，社会禁忌很少，人民群众得到充分的休养生息。但随之而来的一个严重社会问题，即是各诸侯国在大肆掠夺、扩充实力的同时，一批下级官吏和在当地有些能耐的人，包括一些地痞流氓滚刀肉，也跟着膨胀起来。像司马相如的岳父卓王孙，并非皇族血统，但在武帝刘彻登基时，已是家财万贯的富裕大户了，仅他家使唤的家仆就达八百人之多。这些在刘恒、刘启时期发展起来的地方豪强势力，其发展的一个共同特点，就是跟各地的官府，特别是诸侯王相互勾结，狼狈为奸。是他们充当诸侯王巧取豪夺的打手，反过来，又是各诸侯王怂恿这些打手巧取豪夺。形成这种恶性循环后，不仅各诸侯王作奸犯科无所顾忌，而且各地的豪强势力掠夺人民更加疯狂。有些地方豪强目无法纪政纲，蔑视朝廷，为所欲为，以强凌弱，以众暴寡，巧取豪夺，称霸一方，给社会管理造成了极大的混乱，也给朝廷的政令造成了极大的梗阻。

对此，武帝刘彻采取了非常果断、强硬的两手：

一手是，“内实京师，外销奸猾”。武帝刘彻下诏，把全国各地的土豪劣绅、富裕大户全部迁徙到关中，把他们置于朝廷和皇帝的眼皮底下，叫朝廷盯着他们，稍有不轨行为，立即给予惩罚。这些人不是平民百姓，有的是财富，迁徙也迁徙得起，迁徙到一个新的地方以后，生存也生存得起。在对豪强势力“不诛而害除”的同时，对其中罪恶昭彰的劣绅依法给予严厉制裁。“大者至族，小者乃死”，家财全部没收，上交朝廷。武帝刘彻采取的这手，剔除了一些阻碍社会统一管理的毒瘤，整治了社会治安秩序，强化了对社会的控制和管理。这对于庶民百姓来说，无疑是一种福音。

另一手是，严厉整顿吏治。武帝刘彻把全国划分为十三个州（也叫部），每州派刺史一人，经常到各地巡视督查。刺史不处理行政事务，而是专门查寻、暗访各地官吏的为官履职情况。经考察认为优秀的，可以推荐提升使用，有的甚至一步提升为三公九卿；经考察证实品行恶劣、作奸犯科的，轻者奏请罢免，重者奏请严惩。派出去巡查的刺史，虽然官职不高，但权力很大，是皇帝监督地方官员的代表。他们或身着朝服公开巡视，或身着便装进行暗访，或通知下去例行检查，或不打招呼突然袭击。如此这般，使得各地官员整天提心吊胆，不知刺史什么时候出现，不知刺史会查出什么问题，因而都变得谨慎起来，勤政起来。过去不曾过问的事，如今要去过问，过去不曾走到的地方，如今都得去走走，过去叫别人管的事，如今自己要去管，促进了政府各项政策法令的贯彻落实。与此同时，武帝刘彻颁布了一系列制约官吏的法律条文，任用了一批酷吏执行法律、严惩作奸犯科的官吏。

御史大夫张汤，就是一个酷吏的典型代表。

张汤小的时候，父亲在长安为官。一天，父亲外出办公，叫张汤看家，父亲回家后，发现家里的肉被老鼠偷走了。父亲认为张汤没有把家看好，用鞭子抽打了他一顿。张汤被打以后，把这股怨气发泄到老鼠身上。他找来柴草，用烟熏老鼠洞，把老鼠抓住了。于是，小小年纪的张汤，自己设置审判堂，自任判官，把老鼠押上来过堂。老鼠不能回答张汤的讯问，张汤便写成文书代替。如此这般一来二去，穷尽拷问，最后老鼠“认罪服法”，被判处车裂之刑。父亲回来看到张汤审判老鼠的文书后，非常吃惊，于是派他去学习法律。后来张汤在法学上学有所成，被皇帝任命为御史大夫。张汤掌管朝廷的法律，其最大特点就是严酷，不管什么人犯法，只要落到他的手里，必遭严刑重罚。武帝刘彻非常器重他，委以重任，令他制定了一系列制约各级官员的法律条文，以便对违法乱纪的官员进行严惩而有法可依。

公元前120年，武帝刘彻下诏开挖昆明池，从全国各地征召受过惩罚、被贬官位的人从事挖掘劳动。一时间，竟征召“谪吏”十万人之多，实属历史之罕见。这说明，朝廷的法令严苛，尤其是经过张汤等酷吏之手，扩大了法律的打击面，使一些本来经过教育便可得到挽救的人，受到不该受到的惩处。但同时也说明，在全国各地的官吏中，作奸犯科的实在太多，几乎遍地皆是。能征召来昆明池从事强体力劳动的“谪吏”达十万人之多，而那些身体有病或年老体弱不能来的“谪吏”又有多少呢？如此众多的“谪吏”，加上如此众多占据各封国的皇亲国戚和他们的“鸡犬”，加上各地横行乡里的土豪劣绅，还加上武帝刘彻父系血统、母系血统的势力对皇权的掣肘等历史发展弊端所形成的瘀结，几乎完全捆住武帝刘彻的手脚，遏制他的思维连同智慧，窒息他的生命和灵魂。试想，一国之君尚且受到数不清的掣肘，广大庶民百姓的生存又将会是如何呢？真不敢想象！

武帝刘彻，不愧为一代杰出的帝王，他硬是冲破种种藩篱，打破种种桎梏，击溃各种频频发起进攻的政治势力，杀出一条又一条血路，使汉王朝走上了在他的意志轨迹上发展的道路。

罢黜百家，独尊儒术

公元前140年，年仅十七岁的武帝刘彻下诏在全国征召人才，并以“古今治国之道”为题，亲自主持考试。

全国各地以悬梁刺股之残酷，而从“六经”中寻找升迁之道的百余名儒生，汇集在武帝刘彻招贤纳才的旗帜下，之乎者也地、吭吭哧哧地讲述并非自己创立的治国之道之皮毛。

几乎一辈子专攻《春秋》的儒学代表人物董仲舒，就站在百余名儒生之中。

考试轮到董仲舒了。武帝刘彻一张嘴，向他提了三个问题：大道之要、帝王之道、天人之应。

董仲舒没有对武帝刘彻的提问逐一作答。他对儒学的研究非常深入，能把儒学对天下治理的诸多论述，自如地运用到自己的作答之中。

董仲舒的作答，从“天”入手，把“天”说成是天地万物的主宰，至高无上，“天不变，道亦不变”，任何力量都丝毫撼动不了“天”的绝对权威。

接着董仲舒话锋一转，大讲“君权神授”，说皇帝就是天之子，是上天派来主宰天下的，负有主宰天下的绝对权威，任何力量也撼动不了天子的绝对权威。

这么一通说下来，正对武帝刘彻的心思，听得他心花怒放。

接下来，董仲舒又话锋一转，大谈天人之应。他说：“天之生民，非为王也；而天立王，以为民也。故其德足以安乐民者，天予之；其恶足以贼害民者，天夺之。”用白话说即是，天之子为民造福，就成其为天子，贼害民众，上天就会夺去其天子之位。

为阐述这一理论，董仲舒说：天人之应即是，人民的言谈举止，可以上感天、下动地，决定君主的兴废存亡。君行道，民必归之，君行不义，民必叛之。“道者，所由适于治之路也。仁义礼乐皆其具也。”

至此，董仲舒王道政治的最终意图和盘托出，他说：“一百家学派就有一百种治国的方法，结论各异。以致在上位的，不能坚持一个方向，法令制度屡屡变迁，在下位的苦于不知道如何遵循。我很愚鲁，但我认为应该这样：凡不在‘六经’之内的其他各家学派的学说，以及跟孔丘相违背的学说，都应根绝，不准他们跟儒家学派同时并存。那些邪恶荒唐的知识消灭之后，道统和纲纪才可以统一，法令才可以明白，人民才知道遵从‘正道’。”

有对儒术之外的学术的严厉抨击，有对王道治国的美妙描述，还有“大一统”治国之道的举措，董仲舒的考试过关，以一本《春秋》搭桥，一步踏上了江都国国相的坦途。当时有些政治嗅觉的丞相卫绾，从董仲舒的殿试及董仲舒的重用上嗅出了武帝刘彻的政治意图，呈上一封奏疏，提议“凡是研究申不害、韩非、苏秦、张仪言论的，都是乱政之辈，请一律罢黜”，武帝刘彻准奏。

分析看，武帝刘彻拍板“罢黜百家，独尊儒术”时，只有十七岁，他虽然非常聪明、智慧，但他的岁月积累，尤其是学识积累，不足以使得他的心智完全定型。在确定用什么思想理论作为指导思想上，他的思考、谋划也不可能深思熟虑。因而他的“罢黜百家，独尊儒术”，与秦始皇的“焚书”有本质的不同，他没有把儒家之外的百家著作一把火烧毁，没有诏令对百家书籍禁止收藏、禁止阅读、禁止传诵，而只是规定在文武百官参加的朝议时，只能引述儒家论述，不能引述其他学派的论述。

即便如此，“罢黜百家，独尊儒术”也是蛮横的、荒唐的！

从此，百花齐放、百家争鸣的生动活泼的局面画上了一个惨痛的句号，思想火花自由翱翔的翅膀被封杀，学术理论被“儒术独尊”框定为僵死的统一。

“儒术”营造的政治生态

儒学“统一”所形成的政治生态形形色色，一批儒术的“酸儿”也就产生了，靠卖弄儒学而图谋升官发财的表演戏码，一出一出上演。

儒术“酸儿”的典范，当数石奋。

石奋没有受过什么教育，文化水准很低，但他遵从儒术的作为堪称古今一绝。

石奋在景帝刘启时食禄两千石，是个不小的官。武帝刘彻时，石奋也老了，加之又没有什么文化，因而只能赋闲在家，抱着他那曾经食禄过两千石的官衔而自我做作。石奋的子孙因为石奋食禄两千石的原因，也都攀上了仕途。石奋遵从儒术的做作，集中体现在三个“从来不改”上。一是子孙们偶尔回家来看望他，石奋“从来不改”的是，一定要穿着上朝时的官服接见他们，并且儿子不叫儿子，孙子不叫孙子，只叫他们的官名。二是儿孙们如果有了一点过失，石奋“从来不改”的做法是，不吭不哈，不责备，不训诫，坐在一旁，吃到嘴里的饭、喝到嘴里的水不肯下咽，也就是装出一种怎么也咽不下去的样子，装出一副极其难过的样子。直到儿孙们深深自责，深挖思想根源，才由其他长辈脱去他们的上衣，露出肩膀，向石奋请罪，承诺改过，石奋认为符合儒术规定了，才点点头。否则的话，石奋喝到嘴里的水、吃到嘴里的饭，绝不会咽下去。石奋第三个“从来不改”的做法是，孙子十四五岁戴上成人的帽子加冠后，只要与他见面，哪怕是天天见面，石奋也要戴着他曾经上朝时的那顶官帽，与孙子见面……

因为石奋做作得出奇，还因为“独尊儒术”的思想一统需要树立这样的典型，因而武帝刘彻任命石奋的长子石建任宫廷警卫官司令，幼子石庆为长安市长。石奋的两个儿子尝到了父亲遵从儒术的做作而带给他们的甜头，当然也得有所遵循。

石建采取的做法是当面不说，背后才说。每当朝议或商议事情，只要有皇帝之外的任何一个人在场，石建就缄口不语，绝不说一句话，像哑巴一般傻陪着；而只有皇帝一人时，石建才滔滔不绝，说个没完没了。一次石建写的奏章皇帝批回来了，石建重读奏章时，惊讶得喊起来：“啊！写错了！罪过罪过。‘马’字四点为足，加上下曲的一笔马尾，应为五笔，我只写了四笔，少了一笔，我犯死罪了！”

石庆采取的做法更绝，他担任交通部长时，亲自给皇帝驾车，装出一副使命神圣、极其严肃的样子，全力以赴驾车，一句话不说。武帝刘彻可能是觉得太无聊了，就问石庆几匹马拉车。刘彻不会不知道几匹马拉车，只是因为无聊，随口这么一问。石庆则怪怪地用鞭杆在每匹马身上点一下，点一下数一下，尔后举手禀报：“六匹。”给皇帝驾车，小心一点是应该的，甚至觉得使命神圣一点，也无可厚非。但一共六匹马还要一匹一匹用鞭杆点到去数，这个认真劲儿就离谱了。因为只有小时候得了小儿麻痹并伤及大脑的人，才会对自己驱赶的六匹马要一匹一匹点到去数。

可悲可怕的如此典型，不禁使人想到这样一个问题：皇帝身边的臣僚乃至各级官吏都变成这个样子，这个社会还有阳气吗？这个社会还会有生机吗？

公孙弘的“为儒”之道

公孙弘穷人出身，年轻时做过几天薛县的狱卒，因犯法被免职在家。因为家穷，做个小狱卒又免职了，他只好在家乡的海边放猪。成天赶着一群猪到海边放养，与猪为伴，望着浩渺无垠的大海发呆，无聊之极，穷困之极，公孙弘很不甘心。年过四十岁之后，公孙弘抱起一本《春秋》，从中寻找做官的道路。

武帝刘彻登基那年，下令招募全国贤良之士，已经年满六十岁的公孙弘应征赶考，把读了二十年的《春秋》搬出来应对，一考过关，被朝廷任命为博士。博士不光享受朝廷食禄，也还是要做点事的。一次，武帝刘彻派公孙弘出使匈奴，结果肚里装满了《春秋》学说的公孙弘，把事情办得一塌糊涂，回来后便被免官回家。

公元前130年，朝廷再次组织全国招募人才的统一考试，又赋闲在家了几年的公孙弘，不甘心自己的仕途画上永远的句号，再次应诏参考。结果一百多人参加考试，公孙弘考了个最末一名。也是公孙弘时来运转，考试的结果送到武帝刘彻手里以后，刘彻莫名其妙地御笔一勾，把最末一名勾到第一名，他再次被朝廷录为博士。

两度为博士，第一次傻乎乎地做不成事被免官回家，这次的机会无论如何不能错过了。于是，公孙弘谨小慎微地遵从“为儒”之道。

公孙弘的这股酸劲儿，既体现在虚伪上，又体现在阴险上，是虚伪和阴险的杂合物。

例如，每次朝议，公孙弘不说则已，要说就是提出问题，摆事实，而后到此打住，至于怎么解决，拿什么对策，他一句不说，完全让给其他臣僚。人家说对了，皇帝龙颜大悦，问题是他公孙弘提出来的，功劳占先；说错了，皇帝龙颜震怒，他公孙弘只是提出问题，并没有拿什么对策，板子打不到他的屁股。

事情还远不止如此。公孙弘在朝议时说与不说，完全看皇帝的眼色行事。好些次，公孙弘与汲黯等公卿商议好了的事情，到了朝议时，因为武帝刘彻不赞成，公孙弘便立即见风使舵，一屁股坐在皇帝主张的板凳上。对此，公正无畏的汲黯曾当面指责他，说："公孙弘最初跟我们商议，主张如此，现在却忽然反对。这种人不忠。"武帝刘彻于是问公孙弘，公孙弘狡辩说："了解我的人认为我忠，不了解我的人认为我不忠。"公孙弘这个回答，使的是偷梁换柱的把戏，把自己的见风使舵、拍马迎合，说成是汲黯对他不了解。

再例如，公孙弘官至最高监察官以后，每顿饭吃一个荤菜，仍旧盖着盖了很长时间的旧被子。如果公孙弘不是那么虚伪、阴险，盖一床旧被子、每顿饭吃一个荤菜，艰苦奋斗，保持本色，无可厚非。但正是因为公孙弘的品质并不与勤俭的美德相匹配，所以他这样做隐藏着更加令人发怵的阴险。对此，汲黯在朝议时当面揭露："公孙弘位居三公，薪俸够多的了，却每顿饭只吃一个荤菜，仍旧盖着旧被子，这正说明他心怀狡诈。"

汲黯的揭露引起了武帝刘彻的警觉，转而问公孙弘是不是这样。公孙弘赶忙道歉说："汲黯说的是。公卿中跟我友情最好的，没有人超过汲黯，他今天在御前指责我的话，正说中我的私心。身为三公仍盖旧被，跟一个低级职员毫无差别，诚如汲黯所说，我确有沽名钓誉之心。不过，要不是汲黯这么忠心，陛下又怎么能够知道？"

面对如此难堪的当众揭露，公孙弘的态度如此谦恭、平和，简直令人难以置信。这之中不难看出公孙弘的虚伪和高明。他首先把汲黯对他的指责用充分肯定来定位，而定位的前提是，在满朝文武大臣中，跟他友情最好的是汲黯。也就是说，如果汲黯不是公孙弘最好的朋友，汲黯才不会这样帮公孙弘的。这么一来，汲黯对公孙弘的“揭露”，变成了好友的善意提醒。因为是善意提醒，所以言语重一点，也就没有什么可计较的了，也就是他公孙弘必须诚恳接受的了。试想，如果公孙弘面对汲黯的揭露而怒发冲冠，跳将起来，一个劲儿为自己辩解的话，那么皇帝会想，这小子没什么修养，干不成大事，不能再重用了；其他大臣会想，你要是没有这么做，你怕什么？你这么叫唤，正说明你心里有鬼！

但是，不管公孙弘怎么为自己狡辩，还是露出了破绽。上次汲黯说他不忠，他狡辩说，不了解他的人认为他不忠，这次却说满朝臣僚中，汲黯与他的交情最好。与他交情最好的却对他不了解，这个逻辑当怎么解释？

应当承认，公孙弘的“为儒”之道，使得他赢了，从此以后公孙弘官运亨通，登上了汉朝丞相的高位。

我们不妨作个假设，假设公孙弘就此打住，抱着儒家的四书五经做丞相到死，后人也没有什么可指责的。但公孙弘的所作所为，恰恰给后人留下了可供指责的一串把柄。

公元前127年，武帝刘彻下诏，各郡和封国凡家产在三百万以上的土豪乡绅，全部迁移到茂陵。河南济源的郭解，也在迁移之列。郭解是著名相术大师许负的外甥，年轻时性情暴戾，常常为朋友、讲义气而杀人。但这家伙运气好，杀人以后总遇上皇帝大赦，也就没有受到追究。年纪大了以后，郭解收敛自己，以德报怨，帮了别人也不声张。郭解姐姐的儿子，仗着自己有一个很有名气的舅舅，与人喝酒时常常强迫人家，不喝他就硬灌。一次又灌人家，把人家灌火了，对方拔出刀来把他杀了。郭解的姐姐很张狂，说：“以我弟弟的名气，把我儿子杀了，还捉不到凶手？”于是凶手把儿子的尸首放在路旁，故意给郭解难堪。郭解打听到了凶手的下落，凶手也知道想躲也躲不过去，就主动找到郭解，把经过向郭解说了。郭解觉得错不在对方，而在自己外甥，就把凶手放了，自己动手把外甥的尸体埋掉。不仅如此，郭解还充当豪侠之间的调停人，化解了许多已经凸显的争端。迁移到茂陵的郭解，因为名气很大，颇受达官显贵敬重。一次，朝廷的查案委员到河南济源办案，酒食桌上，查案委员称赞郭解的侠义行为，而参与陪吃的一位儒生，把郭解大骂了一顿。酒食散后，儒生被人杀死，舌头也被割了。县政府官员责成郭解交出凶手，郭解的确不知道是谁所为，县政府只好依法宣告郭解无罪。这时公孙弘站出来了，他说：“郭解虽然不知道是谁行凶杀人，但比他自己亲手杀人的罪行还重。”故上奏皇帝，把郭解全族都杀了。

公孙弘被誉为儒学大家，他这是讲的什么儒学道理！

杀一个郭解连同他的全族，还不能完全显示公孙弘的毒辣，这之后，他还完全扭转武帝刘彻的主意，将罪不当诛的高级国务官主父偃杀了（虽然贪得无厌的主父偃该死，但不该这么死）。公孙弘还数度用软刀子杀人，例如他曾以汲黯拥有重望为由，把他从皇帝身边调走，等等。

尤其值得一提的是，力主“罢黜百家，独尊儒术”的儒学泰斗董仲舒，因当面指责过公孙弘“专门拍马屁”，而受到公孙弘用软刀子谋杀。可以说，没有董仲舒的“独尊儒术”，就没有公孙弘的高官厚禄。公孙弘因为董仲舒的“独尊儒术”一步步爬上了高官，享受着荣华富贵，因而他在这个过程中，十分尊敬董仲舒，任何时候、任何场合都装出一副与董仲舒“亲密得如同生死之交”的样子。但他的骨子里就刻下了董仲舒骂他“专门拍马屁”的仇恨，任何时候、任何场合都没有放弃对董仲舒的报复。公元前124年，公孙弘向武帝刘彻举荐董仲舒，叫他去任胶西国的国相。前面写到，胶西国王刘端骄横放纵、滥杀无辜，屡屡触犯国法，朝廷派往胶西国的国相，被刘端杀死的就有好几个。公孙弘举荐董仲舒去胶西国任国相，无异于叫董仲舒去送死。董钟舒十分清楚这一点，以患病为由辞官回家。

使百家得到“罢黜”，使儒术得到“独尊”的大功臣董仲舒，万万没有想到，他不得不以患病为由辞官回家的根本原因，源于他极力推举“独尊”的儒术，以及遵从“为儒”之道的一帮儒学高手。

"等不及了"说

谒者主父偃是个贪官，且有一套"贪理"。他如是说："我自从束发游学以来四十余年，一直不得志，以致父母不把我当儿子，兄弟不收容我，朋友也遗弃我，我穷困的日子已太久了。一个男人活着的时候如不能做大夫备五鼎、烹佳肴，死的时候也要备五鼎、烹佳肴来祭祀。我现在就好像路途遥远而太阳已经下了山一样，等不及了，所以我要倒行逆施，急暴从事。"

主父偃的"贪理"赤裸裸——年纪大了，能贪的时间也有限了，再不贪就来不及了，因此要高效率、高强度地利用手中的权力，为自己敛财暴富。

主父偃"贪理"的核心是"等不及了"。他年轻的时候耽误时间太长了，游荡了四十余年，始终不得志，弄得自己人不像人，鬼不像鬼。因为主父偃没出息，不能给家里挣来钱，挣来荣誉，因而父母不把他当儿子看，兄弟不收容他，朋友也嫌弃他，他积攒了四十余年的怨恨，就等着有朝一日暴发。结果他还真的把这一天等来了。

公元前128年，游荡了四十余年而未找到晋升门槛的主父偃，西入函谷关，到皇宫上书。主父偃毕竟游荡了四十余年，毕竟在苦心钻营的四十余年中长了一些见识，因而在上书言事中能讲出一些道道。如他在谏伐匈奴的奏章中说道："国家虽然广大，好战一定灭亡；天下虽然太平，忘战一定危险。"虽然这话是从《司马法》上搬来的，但他毕竟能搬来，且能用得恰到好处。因而主父偃一连上书九件，八件得到武帝刘彻认可。这下主父偃终于找到升官发财的机会了，一年之内连升了四次官，由一个游荡无着的儒生升至谒者，主管朝廷的礼宾事宜。

登上谒者宝座的主父偃，这时年纪一大把了。算他十八岁开始游荡，游荡四十余年，也近六十岁了。这么一大把年纪，着实令他头痛。年轻的时候浑身有的是劲，却没金钱去使，如今，老了老了有金钱去使，但又使不了几天。于是乎，主父偃在谒者的宝座上浓缩人生，利用有限的时间去做无限的贪婪，大肆敛财，毫无顾忌。由此他生出了对亲戚朋友的怨恨，找到他们，一人发五百钱，恶狠狠地说："当初我穷的时候你们不许我进门，如今我跟你们绝交，不许你们进我的门。"

主父偃这个贪婪的家伙，为了实现更大的贪欲，企图以女儿作筹码，做更大更长远的捞取。当时齐国有个宦官叫徐甲，入宫侍候太皇太后，太皇太后有个外甥女叫娥，很受宠爱。出于对外甥女长远富贵的考虑，太皇太后一天到晚想给她找个诸侯婆家，于是派徐甲做说客，到齐国游说齐王刘次昌，叫齐王娶娥为妻。主父偃打探到这个消息后，做徐甲的工作，叫徐甲把他的女儿也搭上，给齐王做个嫔妃。齐王本有王后，也怵太皇太后宠爱的娥，他为了拒绝这门亲事，摆出一副正人君子的样子，大闹起来。结果，闹得朝廷上下议论纷纷，太皇太后也只好打消这个念头。主父偃一看事情败露，怕牵连到自己，赶紧到武帝刘彻那里进谗言，说齐王对朝廷不忠，有意疏远皇上；说齐王与他的姐姐乱伦，在朝廷上下造成极坏的影响，等等。武帝刘彻也是经不起主父偃的花言巧语，派主父偃到齐国任丞相，专门调查齐王的问题。主父偃到任后，一头扎进齐王的后宫，审问嫔妃，命令他们必须把犯罪的供词、证据都牵连齐王。齐王刘次昌一看主父偃这个来头，只好自杀。世上没有不透风的墙，主父偃因女儿做不成齐王的嫔妃而陷害齐王的做法，被人告发后，武帝刘彻下令把主父偃处死。

也许刽子手把他的脑袋砍下来时，主父偃的眼睛还不肯闭上。因为他不理解，上天为什么不容他再多贪婪几天呢？

时间对于每个人都是公平的，但对于贪官则是致命的。

在我看来，“有权不用，过期作废”，源于“等不及了”说。封建王朝做官的并不是一辈子做官，有权的并不是一辈子有权。即使做官掌权，也有个是否受宠于主子的问题，不受宠的，通常保乌纱的心思更重，不敢轻易出手去捞；受宠的，受宠的时间也不会是连贯性的，也是有限的，都有个“等不及了”的问题。因而抓住做官的有限时间，高效率动用手中的权力，去做权钱交易、权色交易、权名交易等，也就是顺理成章的了。

但做官有做官的规矩，利用官权搜刮民脂民膏，盘剥百姓，道法不容，天理不容！因而或早或晚都有个“来不及贪”的问题。

追求正义终无悔

公元前135年，雄心勃勃的武帝刘彻把儒家学术搬上了思想统治的主殿堂，他自己则常常在朝议国家大事的时候，摆出一副满腹儒学经纶的样子，以儒学大家的口气谈政论道。虽然“独尊儒术”并没有获得朝廷上下的一致认同，但参加朝议的文武大臣，还是在刘彻侃侃而谈的时候，以十分赞赏的样子频频点头。

但有一个人不予苟同，他就是长安警察总监汲黯。

一次朝议，武帝刘彻又以儒学领袖的口气谈东论西，正在满朝文武大臣频频点头的时候，汲黯说话了，他对正在兴致头上的刘彻说：“你内心充满了私欲，表面上却假装仁义，怎么能效法尧舜的伟大业绩呢！”汲黯这话一说，满朝文武大臣吓了一跳，武帝刘彻也愣住了。沉默了好一会儿，刘彻愤然退朝，把参加朝议的臣僚晾在那里。

刘彻一走，臣僚们把矛头对准了汲黯，有的批评他，有的劝导他，有的则当面骂他“太过分了”“简直是个傻瓜”。面对臣僚的围攻谩骂，汲黯反击：“天子设三公九卿，是要大家做正直的辅佐之臣。难道是要你们察言观色、阿谀奉承，陷主上于不义的吗？”

武帝刘彻虽然气得够呛，但最终还是没有整治汲黯。刘彻不治汲黯，自有不治的道理。

汲黯为人刚直，绝不屈服，从不阿谀奉承，拍马迎合，加之他不苟言笑，倨傲少礼，因而还在他做小官小吏的时候，官场上的人就都怕他。汲黯的这种做人风格，体现在工作中也极有个性。景帝刘启时，汲黯做谒者，专管奉诏出使的事情。一次，河内郡（今河南省武陟县）失火，皇帝派他前去视察。汲黯到那里一看，原来是一个意外事件，汲黯与当地官员料理了一番便返回了。在路过河南郡（今河南省洛阳市）的时候，看到那里因连年遭受水灾、旱灾，百姓穷困潦倒，有的人家不得不把孩子杀了煮着吃。并不负有视察河南郡使命的汲黯，到那里视察一番后，自作主张，打开河南郡的粮库，救济灾民。小小一个谒者，在没有报经皇帝诏准的情况下，擅自做主，开仓济民，其胆魄是何其之大，其爱民之心是何其之深！对此，景帝刘启没有降罪于他，反而对他嘉勉一番。

但是汲黯当众顶撞皇帝的做法，使得皇帝极其难堪。景帝刘启受不了汲黯的顶撞，把他从身边调走，调到离长安很远的荥阳任职；武帝刘彻受不了汲黯的顶撞，把他调到离长安更远的东海郡（今山东省郯城县）任职。东海郡地广人稀，盗贼横行，社会秩序混乱，庶民百姓苦不堪言。汲黯体弱多病，上任后实行无为而治，只注重大的重要事情，一般小事从不过问，他的大部分时间是躺在家里养病。也是怪了，一年以后，东海郡被治理得井井有条，远近闻名。武帝刘彻听说后十分欣赏，把他调回朝廷，主管人事工作。

当时主管朝廷司法工作的张汤，专门看皇帝的眼色行事，且用法苛刻，行刑严酷。张汤执法有一个特点，即完全不以事实为依据，而只以皇帝对人的好恶为依据，皇帝看谁不顺眼，没犯法也会得到张汤惩治。因为这个原因，武帝刘彻很宠信他，朝廷上下的官吏纷纷巴结他。已经回到皇帝身边的汲黯，无视张汤在皇帝面前的得宠，不惧张汤的权势，常常针锋相对，揭露张汤借皇帝之威而胡作非为。在一次朝议时，汲黯当着皇帝，当着满朝文武大臣，指着张汤的鼻子骂道："你是堂堂的国家大臣，对上，你不能发扬光大先帝的伟大事业功德；对下，你又不能遏制消除滋生的歪心邪念。如今你既未能扬上抑下，又未能安国富民，却严酷苛刻，任意胡来，只图成就你个人的事功，你何忍拿高皇帝的法令来乱改乱行，你这样做将会断子绝孙的！”还有一次，汲黯在朝议时如此大骂张汤：“人说见识短浅、不识大体的小文书不能作为国家定大疑、决大难，独当一面的大臣，这话真不错。今天让张汤这种人来担当大任，天下人怕误蹈法网，只好啥事也不做，立正站好。”

汲黯如此桀骜不驯，张汤等佞臣怕他，就连武帝刘彻都有几分怕他。史载，大将军卫青去见武帝刘彻，他常坐在床边接见；丞相公孙弘去见武帝刘彻，他常常连帽子都不戴；而汲黯去见武帝刘彻，他则要穿好黄袍，正正规规地接见。一次汲黯求见，武帝刘彻因没戴帽子，赶忙躲到帐子后面，让别人替他接下奏疏。

惹得皇帝害怕，不是好事。

不久，张汤、公孙弘等佞臣给武帝刘彻出主意说，长安界内住的都是些皇亲国戚和达官显贵，最难管理，如果不是威望很高的朝臣去当长安警察总监，恐怕管理不好，故而建议叫汲黯去任职。武帝刘彻也巴不得把这个经常当朝数落自己的老倔头从身边调走，张汤等一提出，刘彻便立即准奏。

也是怪了，信奉无为而治并在长安警察总监的位置上，继续推行无为而治的汲黯，被张汤等人推进火坑后，竟然一点儿也没被大火烧着，反而把长安治理得很好。过去经常作奸犯科的皇亲国戚、达官显贵们，给足了警察总监汲黯的面子，变得奉公守法起来了。史载，长安“百政并举”。

公元前121年，匈奴汗国浑邪王带领四万余人投降汉朝，朝廷则派出两万辆车前去迎接。因武帝刘彻连年发动战争，国库亏空，无力迅速组织起这样一个庞大的迎接车队，于是武帝刘彻下诏，向百姓赊租马匹。诏令一下，很多百姓便把马匹藏匿起来，不肯献出。武帝刘彻火了，杀鸡给猴看，下令砍掉离朝廷最近的长安令的脑袋。诏令一下，汲黯便站出来了，他对武帝刘彻如是说："长安令无罪，不可杀，要杀就杀我汲黯好了。"汲黯陈述不能杀长安令的理由是：匈奴背叛他的主子来投降我大汉，我朝却通知各县出车出马，依次迎接，你何至于骚动天下、劳苦百姓而奉承胡人呢？武帝刘彻被气得够呛。浑邪王所带的几万人马到达长安后，长安的商人一拥而上，用汉朝精美的手工制品、丝织品换取匈奴人囊中的金钱、珍宝，违反了汉朝"妄出财货"的律令。张汤等佞臣便向武帝刘彻进言，诛杀这些商人，并得到诏准。听到这个消息后，汲黯一再请求面见皇帝，在高门殿，他对武帝刘彻反复作不能因为迎接匈奴人，而再给庶民百姓增添苦难，尤其不能滥杀平民的长篇陈述，他说："无知的平民怎么知道出卖长安市场上的东西给来降的人是犯法的呢？法官又怎么能如此轻率地来治他们的罪呢？陛下你不能得到匈奴的财物来酬谢天下，却受法官蒙骗要杀无知百姓五百人。这样做，是顾树叶而伤枝干，万万不可！"

武帝刘彻听不进汲黯的劝谏，以汲黯"胡言乱语，大放厥词"而加以拒绝。

公元前120年，有人在甘肃省瓜州县境内捉到一匹野马，随即编出一套鬼话，说这马是从水里冒出来的，把它当作宝贝贡献给武帝刘彻。武帝刘彻一高兴，命名为神马，并叫一批知识分子作词作赋，配以乐曲演唱。汲黯又一次站出来抗议，说："圣明君王制作乐章，对上要尊敬祖先，对下要教化人民。而今陛下得了一匹马，却去作词作歌，在祭庙中演奏，先帝跟人民能知道唱的是什么呀！"又一次把武帝刘彻气得够呛。

不仅如此，汲黯还公开抨击过武帝刘彻滥杀人才的做法，汲黯说："陛下征求贤才，不遗余力。可还没等到人才完全施展才干，便因为一点过失而把人才杀了。天下高级知识分子的数量有限，如像你这样无限地诛杀，我担心高级知识分子要被你杀绝，谁还帮助你治理国家！”史载，汲黯越说越激动，越说越愤怒，怒形于色。武帝刘彻看到他这个样子，不禁大笑，笑过之后，骂他愚笨。

公元前119年，汲黯犯了点小法，免罪罢官，隐居田园。当时因朝廷进行币制改革，民间纷纷盗铸，河南淮阳等地尤其严重。为了遏制这种盗铸现象，也为了治理淮阳郡（今河南省淮阳县），武帝刘彻再次诏请汲黯出山，赴淮阳郡任太守。诏书送到汲黯家时，汲黯躲起来不接，武帝刘彻一再强迫，汲黯才不得不把诏书接下。汲黯对武帝刘彻说：“我患有疾病，无力处理郡政府的繁重工作，如果陛下一定要我干点事的话，我愿意做一名禁卫官，希望能留在陛下身边，以进言补救陛下的过失，或对陛下作点提醒。”武帝刘彻则对汲黯说：“淮阳郡的官吏不称职，才借重你的威望，你到那里去做太守，不一定要办公，躺在床上治理就行。”

汲黯不得不前去赴任，但他在启程之前，特地找到藩国事务部长李息，郑重其事地对他说：“我是个地方官，不能参与政府的高级会议了。最高监察官张汤，其智谋足以拒绝规劝，其狡诈足以颠倒是非，专门迎合主子，陷害忠良，不肯为天下正义说一句话。你位居九卿，一定要当面揭发，否则你的灾祸也就难免。”

不幸言中，公元前115年，张汤玩弄法律、权术，妄杀对自己有意见的副监察官，事情败露，张汤无法为自己洗刷清白，自杀身亡。李息则因明哲保身，不肯当面揭露张汤的阴谋，受到牵连，被免去职务。

很少过问郡政府事务、因身体多病常躺在床上治理的淮阳郡守汲黯，不久便把淮阳郡治理得井井有条，百业兴达。

在淮阳郡太守的位置上干了十年的汲黯，最终在他经常躺着的病床上告别了人间。汲黯，在一生为官的道路上跌宕起伏，起起落落。作为他本人，不无在皇帝身边做臣僚的追求，他甚至在武帝刘彻任命他为淮阳郡守而食禄两千石的时候，就提出留在皇帝身边，做个食禄六百石的禁卫官。他之所以提这样的要求，既不是为了自己的面子，也不是为了在皇帝身边仗势，而是为了劝谏皇帝别上那些奸臣的当，劝谏皇帝不要做侵害和伤害庶民百姓的事。他的方式方法和他那正直的品格是一致的，敢于当面直陈，敢于驳皇帝面子，敢于当众数落皇帝以阻止皇帝的错误决策。仅凭这一点，就值得后世为官做吏的人景仰。

跌宕起伏的做官生涯，汲黯不可能看不清顶撞皇帝的严重后果，但他置之度外，一如既往，终生追求正义，终生恪守正直！

追求正义终无悔，这就是汲黯。

风流才子司马相如

司马相如成都人，小名犬子，字长卿，好读书，天赋极高。因崇拜赵国丞相蔺相如的博大胸襟，将原名改为司马相如。

景帝刘启时期，司马相如的父亲向朝廷奉献家财而使司马相如谋得郎官职位。司马相如原想以自己出众的文学天赋，博得景帝刘启的欣赏，不承想，他的这一想法因为景帝刘启不太喜欢文学而化为泡影。司马相如因此日渐消沉起来，他在与齐地的邹阳、淮阴的枚乘、吴地的严忌夫结识后，便以有病为由，辞去郎官，直奔梁国，做起了无拘无束的游客，成天与一帮文学闲雅之士谈天说地，作诗写辞，使得司马相如的文学天赋被进一步发掘。就是在这段日子里，司马相如写出了令武帝刘彻赞叹不已的《子虚赋》，也写出了他在文学史上的地位，写出了他在当时社会上的名气。

梁王刘武暗杀朝廷命官，企图谋反朝廷的阴谋败露后，司马相如不能在梁国游荡下去了，只好回到老家。此时家徒四壁，没有足够的财富支撑他不从事劳作，而只写诗作赋的悠闲了。没有办法，他只好应临邛县令王吉之邀，到王吉安排的临邛一个都亭住下。但是，县令王吉的虚假恭维，使得满肚子文才的司马相如非常反感，王吉每天登门问候，司马相如竟托病不与相见。

临邛县富裕人家很多，家仆多达八百余人的卓王孙，可能也是为了巴结县令王吉，以宴请县令的贵客为由，摆下盛大宴席，请司马相如和王吉做客。那天中午，卓王孙请的好几百名当地有头有脸的客人都到了，县令王吉也到了，偏偏故事的主角司马相如以有病为由不到。县令王吉不好下台，只好亲自上门去请。这回司马相如给了县令王吉面子，勉勉强强地来了。也可能是因为司马相如谱大，非县令亲自去请不肯出来的原因，司马相如一到宴会大厅，满座宾客顿时对雍容闲雅、极具名士风度的司马相如倾慕起来。席间，县令王吉为了向宾客显示自己交结朋友的不同凡响，特地献琴请司马相如演奏一曲，司马相如不好给王吉难堪，就应付着弹了两个引曲。

就这应付着一弹，引出了历史上一段流传千古的佳话。

卓王孙有个女儿叫卓文君，人长得十分出众不说，还特别爱好音乐。司马相如到卓王孙家赴宴前不久，卓文君的夫君死了。她一个女儿家不能出席父亲为司马相如摆下的盛大宴会，但司马相如席间演奏的两个优美的引曲，从宴会大厅传出去以后，便深深地打动了她。加之见过司马相如的人议论他如何雍容闲雅，如何具有名士风度，还因为司马相如的诗词歌赋早就为他张扬了名气，因而死了丈夫的卓文君，恨不能马上见到司马相如。

而司马相如呢，虽然去卓王孙家赴宴并非出于情愿，但在酒席宴上，听人谈到卓王孙那漂亮且喜爱音乐的女儿刚刚死了夫君之后，禁不住怦然心动。从此以后，不用卓王孙邀请，司马相如不请自去，天天去拜会卓王孙，且每次去都主动要求弹琴，以琴声寄托自己对卓文君的爱慕之情。

卓文君则每当司马相如弹琴时，便从窗户里偷偷观看。当她反复用眼睛证实了司马相如的雍容闲雅，以及他那多才多艺的名士风度之后，更是对司马相如爱慕不已。唯独令卓文君焦心的是，这么个可人的如意郎君，如何才能相见并相抱相拥呢？

也是心有灵犀，司马相如在反复出入卓府，并用心灵证实自己的风度，对躲在窗户后面偷看的卓文君有极大的吸引力后，用金钱收买卓文君身边的侍从，通过侍从向卓文君表达了自己迫不及待的心愿。

卓文君也是了得女子，在得到司马相如发出的求爱信号后，义无反顾，当天夜里就悄悄跑出卓府，跑到司马相如住的都亭，紧紧拉着司马相如的手，连夜跑出临邛，跑到了成都。

成都可没有供司马相如和卓文君享受美好爱情的生活条件，两人孤身私奔，家财空空，靠浪漫的爱情支撑着艰苦的日子。但是，没有必备的物质基础，爱情的浪漫是无论如何也难以保持经久不衰的。一段时间后，司马相如与卓文君又勇敢地回到临邛，他们卖掉所有值钱的东西，买了一个酒店，在离卓府不远的地方干起了经营酒店的生意。卓文君负责卖酒，司马相如则扎着围裙洗碗打杂。

卓王孙对女儿与司马相如私奔恼羞成怒，断绝了给女儿的一切供给。待女儿和女婿就在自己的眼皮底下干起酒店的生意后，卓王孙更是感到羞辱难当，从此他闭门谢客，把自己圈在屋子里生闷气。但毕竟是骨肉之亲，在亲朋好友的反复劝说下，卓王孙只好认同这门亲事，并拿出一部分钱财，在成都买地置房，叫他俩过着与卓家的富庶相匹配的日子。

这之后，武帝刘彻在上林苑读到了《子虚赋》，特地把司马相如请到了上林苑。应武帝刘彻之邀，也是为了显示自己的文学天赋，司马相如以原写的《子虚赋》品位不高为由，仍以《子虚赋》为题，重写了一篇诸侯与天子游猎的《子虚赋》。

在重写的《子虚赋》中，司马相如虚构了三个人，一个叫子虚，一个叫乌有先生，一个叫亡是公。子虚作为楚国使者到齐国，对乌有先生、亡是公夸耀楚国山河的秀丽，以及楚国诸侯会猎的宏大场景。而乌有先生作为齐国的辩护人，用反诘来贬低楚国，以说明齐国的山河比楚国更秀丽，齐国诸侯游猎的场景比楚国更宏大奢侈。说白了，就是两个人比着吹牛。亡是公作为这二人吹牛的仲裁者，左一板子打子虚，右一板子打乌有先生，打完之后接着吹。他不是吹诸侯游猎，而是吹天子游猎，自然吹的水平、吹的高度，比子虚和乌有先生吹的要更玄乎、更宏大、更奢侈。但亡是公比他们二人聪明，他没有在吹天子游猎的奢侈宏大场景上打住，而是从做天子的理义上，挖掘了一个更深的层次。

亡是公说：天子与臣僚、嫔妃在山清水秀的丛林里饮酒，酒喝得兴起、歌舞正盛的时候，天子怅然有所思悟，感叹着说："哎，这样做太奢侈了，在我临朝听政处理公务的业余时间里，没有事干而虚度光阴。我顺应天意在秋天外出游猎，时常在上林苑中休息，担心给后人起不好的作用，担心后人也学我这样追求奢华，在崇尚奢靡的路途上越走越远而不知回归正道。我这样做是不能继承王业来传给后代的。"于是，天子下令撤掉酒宴，停止游猎；诏令把游猎的地方开垦成农田，给周围农民耕种；派人推倒游猎场的围墙，填平场中的沟壑，在池塘中放鱼养蟹，等等。这以后的天子，游猎在《诗》《书》《礼》《乐》《易》《春秋》的园囿中，奔驰在仁义的道路上，借鉴《春秋》的礼义观念，学习虞舜的仁乐思想。这样游猎，获得的是天下百姓称心如意，获得的是社会振兴归于正道，人们的道德水准大大提高，社会上没有犯罪，政府里没有贪官……

风流才子司马相如，用文学虚构的故事，把天子奢侈的游猎场景推向极致之后，仍往前推进，最终把天子的游猎推到了勤政节俭、释心爱民的境界——显示了司马相如的极其智慧，以及他心中根深蒂固的平民情结。

武帝刘彻读了司马相如重写的《子虚赋》后，更是赞叹不已。看得出来，司马相如给予武帝刘彻的影响，不只是文学的，还有思想的、政治的……

卜式，中国人的典范

华夏人当该何样？笔者以为卜式是典范。

卜式是河南人，以耕田放牧为生，没有多少文化，但在他的身上，集中体现了中华民族的传统美德，和儒家思想约束的自我造化。卜式父母双亡，有一个小弟弟，是卜式既当爹又当妈一手拉扯大的。弟弟长大成人后，卜式要进山放牧，便把田地、房产和部分牲畜留给弟弟，自己则赶着百十头羊进山了。十多年后，卜式放牧的羊群发展到一千多头，自己又置了田地、房子。而弟弟呢，牲畜、家产连同房子全部折腾光了。卜式又把房子、家产、牲畜分出一半给弟弟。因为这个原因，卜式在当地的名声很好。

武帝刘彻开始大规模反击匈奴时，羊倌卜式上书，愿意拿出一半家产支援边疆战事。这在当时是件稀罕事。在一般人包括皇帝看来，这个羊倌之所以贡献出这么多家产，一定是另有所图，比如谋个一官半职什么的。于是，武帝刘彻特地派使者当面询问卜式。

使者：“你贡献这么多财产，是不是想做官呀？”

卜式：“我从小牧羊，不知官怎么当，我不愿做官。”

使者：“你家里是不是有冤屈？”

卜式：“我一生没有与人发生争执，乡亲中家里困难的，我就借钱给他们，有的人行为不端，我就教育他们，大家相处融洽，我从未被人冤屈过。”

使者：“那你捐出这么多家产，图什么呢？”

卜式：“皇上讨伐匈奴，在这种情况下，贤德的人应该为节而死，有财产的人应该输送财产，这样，就可以打败匈奴。”

没有半点个人私欲，就是为了替国家分忧。使者在将与卜式对话得出的这个结论报告武帝刘彻后，丞相公孙弘认为“这不是人之常情”，阻拦了武帝刘彻嘉奖卜式的打算，仍叫卜式上山放牧。

公元前121年，匈奴浑邪王率部投降，朝廷耗巨资欢迎安置，一度造成政府财政空虚。为安置浑邪王及其随行人员，政府迁徙大批平民，腾出来让浑邪王及随行人员居住。被迁徙的平民得不到政府的救助，引起民怨沸腾。在这种情况下，朝廷号召各地富裕人家给政府捐助。卜式又一次拿出二十万元交给河南太守。河南太守把当地出资救助的名单和款项报给朝廷后，武帝刘彻一眼看到了卜式的名字，说：“这是从前输送他家一半财产支援边疆战事的人。”于是下诏，除免除卜式的徭役之外，还免除与卜式邻居四百人的赋税。卜式一激动，干脆把全部家产捐给政府，自己则打算再次进山去放牧。武帝刘彻很受感动，下诏嘉奖卜式，号召全国人民向卜式学习，同时授予卜式中郎官职，赐给他左庶长爵位。

而卜式呢，他原本就不是图当官而捐家产的，因而当皇帝授予他中郎官职后，他不愿接受，提出还是要去放他的羊。武帝刘彻于是对他说：“我有羊在上林苑，就派你去那里放牧吧。”中郎官卜式没有穿官服，还是穿着布衣草鞋，到上林苑放牧。上林苑草木丰饶，加之卜式本来就是牧羊的行家里手，一年后，羊被养得膘肥体壮，且生出一群小羊，壮大了羊群队伍。一次，武帝刘彻路过上林苑，看到卜式放牧的羊，夸奖他羊放得好。卜式则对皇帝说：“不是唯独牧羊如此，治理百姓也是这样，按时劳作休息，邪恶的除掉，不使它败坏群体。”武帝刘彻觉得这个羊倌讲得有道理，一纸诏书把他提升为缑氏（今河南省洛阳市偃师区）县令。没想到，卜式真的把缑氏县治理得很好。武帝刘彻又一纸诏书，把卜式调任成皋（今河南省荥阳市）县令，并兼任漕运统领。卜式在这个位置上又干得很出色，后来竟被武帝刘彻提升为朝廷的代理御史大夫。

但卜式毕竟是放牧出身的，他凭着中国人素有的勤劳、纯朴、正直的本色，响应朝廷号召，积极为国出力。他这么做，没有私心，没有己利，完全是一种受优良品质驱使的自觉行动。因为卜式的所作所为符合中华民族的传统美德，因而武帝刘彻必然把他作为一个典范，给予褒奖。可是，卜式有丰富的牧羊经验，不等于有丰富的政治经验。他作为县令，虽然文化水平很低，但他以自己的模范行动，以自己的勤劳本色，以自己与庶民百姓一样的思想感情，以自己的人格力量，在所管辖的一个县的范围里，是能够把他这些良好品质变成领导能力辐射出去的。也就是说，他个人良好的人格吸引力，是可以通过勤劳、勤政、廉洁、爱民等身体力行的途径，释放到一个县的范围的。但叫他做国家的代理御史大夫，就难以胜任了，也就是有些难为他了。没多长时间，卜式就被免官，改为太子太傅，并在这个位置上寿终正寝。

寿终正寝，是一种善终。

可不是什么人都能获得这个结果的。

黄河，流淌着对贪官的恨

公元前132年，是中国历史上的灾年。

这年的春季，肆虐的黄河在河南省清丰县的顿丘决口，裹着大量泥沙的河水向东南方向奔泻，所到之处生灵涂炭……

夏季，黄河流经的河南濮阳瓠子决口，裹着大量泥沙的黄泥汤，同时裹着数不清的砖瓦人畜，直扑泗水、淮水……

一泻千里的黄河水，淹没了山东南部、江苏和安徽北部，以及河南东部的十六个郡，其面积之大相当于如今的海南岛。

不仅如此，因水灾带来的瘟疫，比泛滥的黄河水更凶残地吞噬着人民的健康和生命……

正当连武帝刘彻也为此焦虑不安的时候，汉朝廷丞相田蚡向刘彻上奏说：“无论是长江还是黄河，决口与不决口，都是上天的安排，因而不应用人力勉强把它堵住。如果堵住，就有违天意了。”

史载，一些以望气相术为职业的法术师，也屡屡上书，说黄河决口乃属天意。

因为丞相呈奏的理由是上天不让堵口子，还因为一群望气法术师望出来黄河决口乃属天意，因而颇信迷信的武帝刘彻，便做出了暂缓堵塞黄河决口的决定，任由凶猛的洪水日夜不休地流泻了二十三年。

到底是上天不让堵口子，还是田蚡不让堵口子？

司马光作了如此记载：“是时，田蚡奉邑食鄃；鄃居河北，河决而南，则鄃无水灾，邑收多。”翻译成白话即是：田蚡的食邑鄃县，在黄河以北，而黄河在南岸决口，鄃县正好避免水灾，农田收获比以往增多。

从司马光的这段记载中，我们有理由做出这样的推论，田蚡提出的上天不让堵口子，其实是田蚡因食邑之利而不让堵口子；一些所谓的望气法术师，望出的“黄河决口乃属天意”的说法，无非是位居丞相重位的田蚡，收买他们或威逼他们胡说八道而已！

堂堂一国丞相的田蚡，为了个人的食邑之利，竟然不顾成千上万人的死活，编造谎言，蒙骗皇帝，任由洪水肆虐二十余年，他怎么忍心？他为什么要这么做？

那就让我们从历史的散页中，来翻翻田蚡是个什么东西吧？

翻田蚡，得从当朝皇太后王娡翻起。

王娡的母亲叫臧儿，先是嫁给陕西兴平一个名叫王仲的男人，生下一男两女，男的叫王信，女的叫王娡、王皃姁。王仲死后，臧儿改嫁到咸阳的田家，生下田蚡、田胜两个儿子。王娡后来被选送进宫，得宠于景帝刘启，生下刘彻，攀上了皇后的高位。王娡家族的“鸡犬”随之跟着升天，田蚡也在那群“鸡犬”之中。

田蚡在由一般官吏爬上丞相高位的过程中，历史的散页没有记述他由好人变为坏蛋的逐步演变，而是一开始就记述他心术不正、纯属坏蛋。

武帝刘彻登基那年，封田蚡为武安侯。次年，田蚡的恶劣品质就像狐狸的尾巴夹不住了。武帝刘彻的叔叔淮南王刘安每次入朝，田蚡都要到灞上去迎接，而且私下里讨好刘安说：“皇上还没有儿子，大王是高皇帝的孙子，又以仁义闻名于世，皇上一旦驾崩，除了你，谁还有资格继承？”这样的话刘安当然非常爱听，因而把田蚡视作知己，把成堆成箱的金银财宝送给田蚡。

田蚡明明知道这是无论如何也不可能的事，可他为什么要对刘安这么说呢？

这里有一段历史渊源。刘安的父亲刘长，仗着自己是刘邦的儿子，在哥哥刘恒为帝时，擅杀朝廷命官，网罗囚犯党羽，密谋反叛朝廷，事情败露后绝食而亡。文帝刘恒将刘长的儿子全数授封，其中三子封王，刘安封淮南王。景帝刘启时期，七国同时叛乱，淮南王刘安打算响应，刘安的国相急中生智，骗得兵权，拒不发兵，救了他一回。但刘安反叛朝廷之心不死，表面上装作仁义孝悌，实际上从未放弃谋反的打算。作为武安侯田蚡，他虽然不完全清楚淮南王刘安是否在做谋反的准备，但他清楚刘安比武帝刘彻辈分高，武帝刘彻对刘安很尊敬，加之武帝刘彻当时尚无儿子，因而用这种他自己也清楚根本不可能实现的“甜话”讨好刘安，以达到刘安给他送大把金银财宝的目的。后来刘安真的反叛朝廷，武帝刘彻得知田蚡的这些做法后，恨不得把已经死了的田蚡从棺材里挖出来鞭打一番。田蚡这种骗取钱财的做法，从一个侧面暴露了他人性品质的恶劣。

还不止如此，田蚡利用自己是皇帝舅舅的身份，大肆敛财。史载，田蚡修建的住宅极其华丽壮伟，超过所有贵族的府第；他的田地庄园都非常肥沃，他派到各郡县去收买名贵器物的人，在道路上络绎不绝；他住宅的前堂摆上钟鼓，树立曲旃，后院的美女多至数百，臣僚奉送给他的珍宝、犬马及古玩陈设等，数都数不清。身居丞相要职，却几乎将全部心思用来追逐个人敛财聚富，其道德品质是无论如何也高尚不起来的。

田蚡在置窦婴于死地的做法上，也充分显示了他品质的低劣和人性的狠毒。窦婴是文帝刘恒的窦皇后的侄子，为人正直，不似田蚡那般贪婪。史载，皇帝赐给窦婴的金银财宝，他从不往自家的府库搬，而是放在走廊的穿堂屋中，每逢属下或军吏来谒见，他就叫他们酌量取去花用。窦婴在平定七国之乱时任大将军，为稳固汉室江山立过大功，被封为魏其侯。那时的田蚡还是个郎官，田蚡当然清楚窦婴这个当朝皇太后家的窦姓将军的权势和分量，因而经常往他家跑，陪窦婴喝酒，做出一副摇头摆尾的样子，见面告辞都跪拜起立，表现出的对窦婴之尊重，与窦婴关系之亲密，无以复加。

窦皇太后死后，窦婴的权势随之消退。

王娡登上皇太后的位置后，田蚡的权势迅速膨胀起来。

曾经似窦婴家仆般的田蚡，再也不去窦婴家了。不仅如此，田蚡看中了窦婴的一块田宅，叫人去做窦婴的工作，因遭拒绝而对窦婴衔恨至深，找碴儿将窦婴往死里整。

机会来了，身居丞相之高位的田蚡，还嫌自家后院数百名美女太少，又把燕王的女儿娶来充实后院。皇太后王娡下令：朝廷各列侯及皇室宗亲都要前去田府道贺。实际上，是皇太后下令，叫各列侯宗亲前去给她这个同母异父的弟弟送礼。窦婴邀好友灌夫同去，以缓和灌夫与田蚡已经积怨很深的矛盾。酒席桌上，灌夫给田蚡敬酒，田蚡连屁股都不抬，惹得这位曾经单枪匹马杀人反叛营垒、全身负伤几十处仍不下战场的战将怒火中烧。他在强压着怒火给其他宾客敬酒时，田蚡的同党竟也似田蚡一般，连屁股都不抬。灌夫再也压抑不住了，不管什么结婚宴会不宴会的，当场把田蚡及他的同党骂将起来，把个结婚宴变成了一场斗嘴。田蚡哪能容得下灌夫这般撒野，立即以丞相的身份下令将灌夫关押起来。窦婴于是奋不顾身，拼死营救。他对夫人如是说："我这个侯爵是我自己挣来的，现在由我把它丢掉，根本没有什么遗憾的。况且我总不能看着灌夫去死，而我继续活着吧？"窦婴出面营救灌夫，正中田蚡下怀。抓个灌夫远不解他田蚡的心头之恨，他最想抓的还是窦婴。于是他亲自网罗党羽，一并搜罗窦婴和灌夫的罪行，奏报皇帝刘彻批准，将他们二人在大街上斩首示众。

田蚡谋杀窦婴的阴谋变成官样程式得到武帝刘彻批准时，已是公元前131年冬末了。按照当时的规定，执行死刑只能是冬季，转年到了春季，朝廷通常要搞大赦，且允许死囚犯拿出一定的赎金而免予死刑。武帝刘彻批准斩杀窦婴的时间已是冬末，再过几天就不能杀了。心狠毒辣的田蚡，唯恐窦婴挨过这几天，急急忙忙下令赶在冬季的最后一天，把窦婴和灌夫的脑袋砍了下来。

没过多久，田蚡得到报应，得了一种莫名其妙的病，病状是不停地大喊大叫，并在喊叫中承认自己有罪，在喊叫中谢罪不止。史载，田蚡得了这个怪病以后，请了号称能看见鬼的巫师来诊视他的病，巫师号称看见窦婴和灌夫的鬼魂守在田蚡的身旁，要把他杀掉，最终他死了。史学家编出这样一段故事来表达自己对田蚡的憎恨，是完全可以理解的！

在河南顿丘和瓠子决口的黄河水，因为田蚡的食邑之利，裹着泥沙，裹着成千上万庶民百姓的灵魂，裹着人民群众的无比愤怒，无休止地日夜流淌……

流淌的，是对贪官的恨！

西南的分久必合

在我国西南的广大土地上，居住着许多语言风格、文化习俗各异的少数民族，在历史上统称“西南夷”。其中生活在今贵州遵义、桐梓一带的夜郎部落，在汉朝时期就已经建立了国家。成语“夜郎自大”，指的就是汉朝政府派使节到夜郎国说服其臣服时，夜郎王问汉朝使节，夜郎与汉朝谁大的典故。在今云南，当时生活着几十个少数民族部落，东部以滇部落最为发达；北部连同今四川的凉山一带，以西昌附近的邛都最为发达；再往西即今大理一带，有比较发达的昆明部落。今四川汉源、茂县、汶川一带，有比较发达的冉駹部落。据史书记载，各部落的开化程度和国力有很大的差别，比较发达的称为国家，部落首领即为国王。这些丰富多彩的少数民族部落，早在春秋战国时期，就与中原各国有着广泛交往，其中楚国派往黔中地区和昆明一带征略的大将庄蹻，在秦国攻占楚国的巴、黔地区后，庄蹻率军回国的道路被秦国军队阻隔，便就地在滇称王。

秦始皇统一六国后，派军队向“西南夷”进行过征略，并修建了通往这些地区的五尺道，还在一些主要地区建立了秦政府管辖的行政机构，从内地选派一些官员主持政务。如在文帝刘恒时期戴上“南越武皇帝”帽子的赵佗，就是秦朝政府选派到南越任县令的今河北正定人。

汉朝建立之初，因自身治理的需要，关闭了通往“西南夷”的部分关卡，尤其是吕雉当政时期，几乎关闭了与西南各少数民族交往的大门，她不想通过交往而使得西南各少数民族发展壮大。吕雉的这一做法，引起西南各少数民族极大的愤慨，有的因此以武力侵扰的方式，对汉朝政府的这一做法进行过报复。文帝刘恒打破了吕雉制造的这种僵局，开放了与西南各少数民族的经济、文化交往。尤其是他那情真意切的一纸诏书，摘掉赵佗“南越武皇帝”帽子的做法，可称为汉族与少数民族永结兄弟之好的历史杰作。

但是，因为山重水阔、道路遥远且路途险峻，还因为秦朝政府、汉朝政府的控制能力受历史的局限，西南各少数民族与秦朝和汉朝政府始终没有建立起真正稳固的臣属关系，今天称臣、明天反目的现象，在历史上频频发生，且常常以战争的方式表现出来。

公元前135年，地处今福建的闽越王国，派出大批军队，攻击地处今广州的南越王国。早就与汉朝政府建立臣属关系的南越国国王赵胡，紧急上书汉朝廷，请求派兵救援。武帝刘彻不顾一帮儒生的反对，命藩属事务部长王恢率军从今南昌出发，命农业部长韩安国率军从今苏州出发，合击闽越王国。闽越国王骆郢得到情报后，派兵把守与福建、浙江、江西交界的仙霞岭，企图把汉朝军队阻拦于国门之外。一看这阵势，骆郢的弟弟骆余善，紧急召集丞相及王族大臣商议。骆余善认为，汉朝军队多且强，闽越军队无论如何是阻拦不住的，闽越王国灭亡在即。而这一严峻的局面，是国王骆郢擅自出兵南越引起的，因而骆余善提议，杀掉国王骆郢，从南越撤兵，向汉朝求和，以保存闽越王国。得到王族大臣一致赞同后，骆余善亲自执刀，杀死哥哥骆郢，把他的人头献给汉朝远征军司令王恢，以表达闽越王国甘愿对大汉王朝臣服的愿望。

远征的目的既已达到，汉朝军队便停止进攻。但远征军司令王恢随即做出的一个决策欠妥，他上书朝廷，提请骆郢的孙子骆丑继位闽越国王。骆余善之所以提议杀掉国王骆郢，摆到桌面上的理由，是因为汉朝军队大兵压境，不杀掉骆郢就不能救闽越王国，但根本目的还是为了自己登上国王的宝座。如今王恢提议骆丑继位，而把骆余善当王的企图用一纸奏请破灭，骆余善心中自是愤愤不平。于是，他凭着自己杀死国王老兄的余威，欺负骆丑无能控制局势，频频向各部落施加压力，使得各部落首领纷纷向他靠拢，刚刚平息的一场战争风波，眼看又要因为选择国王不慎而再次爆发。武帝刘彻于是果断下诏，骆丑为越王的任命不变，同时任命骆余善为东越王，让他们俩同在国王的位置上君临闵越。一国二王，这虽是治国大忌，但暂时化解了闽越国一触即发的战争。且二王同国执政，不排先后位置，不论大小，也是个相互牵制，对于汉朝政府来说，并非无益。

闽越王国的问题平息之后，武帝刘彻没有忘记叫南越王国表示对汉朝政府的感激。公元前135年，武帝刘彻派庄助“慰问”南越，叫国王赵胡跪拜叩头致谢，大表一番对大汉王朝甘愿为臣之心。同时派番阳县令唐蒙作为朝廷命官，坐镇南越，参与南越王国的治理。唐蒙在频频出入各级官吏的招待宴会上，吃到一种胡椒科的植物叫蒟酱，吃得多了，蒟酱的来路也就吃清楚了。

蒟酱产于蜀郡（今四川成都），但只在夜郎国（主要在今贵州西部、北部，以及云南东北、四川南部与广西北部部分地区）的集市上交易。五年后，唐蒙回朝复命，上书武帝刘彻，以蒟酱如何好吃为由头，大谈了一番征服夜郎国的伟大战略意义。

唐蒙的奏请，正合武帝刘彻之意。于是，擢升唐蒙为宫廷禁卫官副司令，令他率一千余人的军队，带一万余人的补给，从巴郡（今重庆）进入，深入蛮荒之地，翻山越岭，抵达夜郎国，给夜郎国国王多同献上厚重的礼物，换来了多同的礼遇。唐蒙到达夜郎国后，几乎利用所有场合和机会，给这个自以为老子天下第一的夜郎国的官吏们，宣传大汉王朝地域的广阔及兵力的强大，毫不掩饰地要求夜郎国接受汉朝政府派遣的官员，并答应给国王多同的儿子一个县令做做。结果，不仅使得国王多同表示臣服，而且使得当地的土著首领纷纷效仿，表示甘愿臣服于大汉王朝。唐蒙于是上书并经武帝刘彻诏准，在夜郎国设犍为郡。武帝刘彻同时命唐蒙征发巴蜀两郡民夫，修筑从夜郎国至牂牁江的交通要道。

牂牁江发源于贵州，上游称北盘江，汇合南盘江后称赤水河，再下来依次称黔江、浔江、西江，与北江、东江汇合后称珠江，在广州注入南中国海。修通自夜郎国至牂牁江的道路，其目的在于制约南越王国。单就修这条路而言，在今天看来都是一项巨大而艰难的工程，在公元前130年，其艰难更是可想而知。唐蒙征发巴蜀两地劳工数万名，采用军事管制的方式，强制他们到崇山峻岭中修路。在唐蒙的高压和强制下，不少劳工中暑累死，大批劳工逃亡。唐蒙下令诛杀了一些挑头闹事的劳工领袖，使得庞大的劳工队伍惊恐畏惧，也使得巴蜀两郡人心动荡。

武帝刘彻迅速做出反应，派司马相如前去斥责唐蒙，同时在巴蜀两郡广泛宣称，强迫劳工修路并非皇帝的旨意，而是唐蒙个人所为，故皇帝特派司马相如前来纠正，以此安抚已经人心浮动的当地群众。

司马相如是成都人，对邛都、莋都一带的情况比较熟悉。秦朝统一六国后，曾在邛都、冉駹等地设立郡县，汉朝建立后才撤销。司马相如既了解这一带的地形和风土人情，又了解武帝刘彻开疆拓土的宏大抱负。因而他在受命安抚巴蜀劳工、稳定局势返回朝廷后，向武帝刘彻建议，把邛都、莋都等地再次收归西汉王朝版图，在这些地方设立郡县，以进一步成就武帝刘彻的宏大抱负。史载，还没等司马相如说完，武帝刘彻便欣然应允，并张口给了司马相如一个中郎将的高官，命他速速持诏前往邛都等地，授权他就地动用巴蜀两郡财产，作为鼓励各部落酋长归顺西汉王朝的奖赏。

司马相如不辱使命，他不仅借皇帝之口进一步安抚了巴蜀两郡的劳工，而且扬汉朝之威收归了邛都、莋都、冉駹，以及远达今云南大理的斯榆，使汉朝的疆界向西扩展到青衣江、雅砻江，向南扩展到今贵州的黄平。风流才子司马相如不只是文章写得漂亮，事也办得漂亮，他在奉命收归邛都等地后，动员并组织巴蜀两郡的民工，开凿灵关山，在孙水架桥，修通了从牂牁江至四川西昌的道路，使蜀郡管辖的范围在原有的基础上扩大了十几个县。接着，武帝刘彻下诏，派一名都尉率军到蜀郡镇守，并从内地选派若干官吏，到蜀郡所属县政府任职，使得汉朝政府对西南各少数民族的统治，变得生动而又扎实起来了。

南越的恩怨情仇

南越国是正定人赵佗的后裔赵胡掌管的王国，是南面的一个大国，也是一个强国。但它与汉朝若即若离，反复无常。公元前135年，武帝刘彻命庄助以朝廷慰问的方式暗示南越王赵胡：你赵胡只有甘愿称臣，才能保住你的国王位置，否则那严重的后果将随时降临到你的头上。赵胡听懂了朝廷的“慰问”，当即叩头拜谢，并决定先派太子赵婴齐，到长安当皇帝的侍卫官。实际是派自己的儿子去当人质，以表示自己甘愿称臣的一种诚意。

因为儿子赵婴齐在长安做侍卫官，赵胡虽不去长安朝觐，但也不敢放肆。这以后，他对汉朝保持了一份尊重，也保持了一份谨慎，因而双方倒也相安无事。

但是，儿子赵婴齐在长安的一段风流姻缘，把本已维持的相安无事搞得有些麻烦了。正当青春年华的赵婴齐，到达繁华的长安后，大开眼界，故而决定找一个当地美女成家。邯郸一姓樛的美女被赵婴齐看上，二人结为夫妻，生下一个儿子，取名赵兴。赵胡在南越王的位置上去世后，赵婴齐携妻小返回南越，继承王位。在长安做侍卫寄人篱下，与在南越做国王的感觉，实在是天壤之别。赵婴齐在南越王的位置上体会到这巨大反差后，把爷爷赵佗曾刻制的“南越武皇帝”的玉玺找出来，反复端详品咂后，上书朝廷，请求封樛氏为皇后。本来赵婴齐戴的是南越王的帽子，却请求封王后为皇后，这一性质的改变，武帝刘彻能不引起警觉吗？于是下诏命赵婴齐速到长安朝觐。

这时的赵婴齐，已不是在长安做侍卫官的赵婴齐了，他把武帝刘彻的诏书扔到一边，用一句“身体不适”便把皇帝的诏命打发了。至于朝廷封还是不封樛氏为皇后，已经不重要了。在南越王国，他赵婴齐是一国之君，在他的头上已经戴上了“南越武皇帝”的帽子，樛氏的头上能不戴上皇后的帽子吗?

但是，赵婴齐这顶皇帝帽子戴的时间很短。公元前131年，赵婴齐去世，太子赵兴继位，子承父业，仍然戴着“南越武皇帝”这顶由父亲交下来的帽子，尊母亲樛氏为皇太后。

武帝刘彻再也不能容忍了，立马派出灞陵的安国少季前去南越做说客，同时派口才敏捷的终军做帮手，派武士魏臣等随同。还觉得不够，又派皇城警卫司令率大军推进到广东连州驻扎。武帝刘彻的用意很明确，派安国少季和能说会道的终军做说客，是企图说服赵兴，使其对大汉王朝俯首称臣；派魏臣等武士随同，是叫他们见机行事，必要时叫武士就地下手，解决问题；派大军驻扎到广东连州，则是向南越扬威，迫使赵兴就范。

但是，派出的这个安国少季，不是合适人选。

赵婴齐在长安娶的那个邯郸美女樛氏，在做赵婴齐的妻子之前，与安国少季有过一段恋情。派安国少季前去南越做说客，也许是武帝刘彻觉得好说话。但武帝刘彻这一招失算了，他万万没有想到，这对老情人一见面就旧情复发，难以控制。虽然史书没有记载他俩如何毫不顾忌地风流，但史书记述了南越很多官员都知道他俩偷情，在当地造成不良影响。本来武帝刘彻是想利用他俩的这种特殊关系把事办好，不承想弄巧成拙，把本来就麻烦的局面搞得更麻烦了。樛氏一看局面更难控制了，便趁朝廷使节返回之机，上书朝廷，提出取消帝位，将南越王国比照朝廷的其他封国，每三年国王到朝廷朝觐一次。

武帝刘彻接受樛氏的请求，将南越王国的“王”字去掉，改为南越国，依照封国惯例，给南越国的国王、丞相、内史、中尉和太傅发朝廷印信，诏令南越国废除黥刑，改用汉朝法律。朝廷派去的使节就留在那里，作为朝廷对南越安抚镇守的力量。

公元前112年，南越国王赵兴、王太后樛氏等准备礼物，打算前往长安朝觐，但遇到丞相吕嘉的极力阻拦。

吕嘉历任三代国王的丞相，在南越享有很高的威望。他三朝为相，提拔吕姓族人做高官的竟达七十多人，几乎在南越国的各个重要岗位，都有他吕嘉的族人把持。因为这个原因，吕姓家族的男人都娶王室的公主为妻，女人都嫁给王公贵族子弟。吕嘉不仅协助赵胡扯起了“南越武皇帝”的旗帜，而且屡屡阻止赵兴请求归附的上书。吕嘉很牛，自恃在南越势力强大，常以身体不适为由，把汉朝廷使节的求见拒之门外。

樛氏虽是女流之辈，但她对南越国的局势还是看清楚了，经过一番策划，赵兴摆下一个盛大的宴会，宴请汉朝廷使节，王宫的高级官员全部出席，丞相吕嘉当然也不例外，作为宴请的主陪高官到场。吕嘉老谋深算，政治经验远在赵兴和樛氏之上，甭说搞阴谋诡计，就论明枪明刀对打，赵兴母子也绝非对手。吕嘉在应邀出席这次盛大宴会时，命他的弟弟率军在宴会大厅外待命。

对于吕嘉的这个部署，国王赵兴和王太后樛氏都被蒙在鼓里。酒席宴上，樛太后当着文武大臣和朝廷使节说：“南越归附汉朝，是我们南越的大幸，可丞相你总是阻挠，为什么？”樛太后的用意非常明确，就是把南越归附受阻的主要人物搬出来，让朝廷使节在酒席宴上下手，支持她和国王就地铲除吕嘉这个障碍。

可在场的朝廷使节，一个个都是脓包，当樛太后把问题这么明确地提出来以后，使节们却傻了，你看看我，我看看你，端着酒杯不知如何是好。吕嘉倒是在朝廷使节的傻乎乎中找到了机会，他急忙扔掉酒杯，快步退场。樛太后急了，夺过卫士手中的铁矛，要投刺吕嘉，被儿子赵兴拦住了。

这一来，南越的形势变得更复杂了。丞相吕嘉从此不再回家，留宿军营，并不再觐见国王赵兴了。而樛氏与赵兴也是惶惶不可终日，不知道手握南越重权特别是军队指挥权的丞相吕嘉，什么时候把他们母子从王宫赶出来，或把他们的脑袋割下来。如此僵持了数月，形势扑朔迷离，不可预料。

武帝刘彻对南越这一僵持局面背后的严峻形势，看得过于乐观，他打算派两千军队前往南越，平息那里一触即发的暴乱。开始他把这个任务交给庄参，庄参认为派兵太少，不予受命。曾担任过济北国国相的韩千秋主动请缨，认为小小南越有国王、太后可以利用，仅一个丞相吕嘉捣乱，用不着两千人，有三百人就足以把他吕嘉的脑袋取回来。武帝刘彻没有被韩千秋的盲目自信而左右，还是派两千人马随韩千秋同赴南越。

吕嘉一看这来头，不再忍了，立即发动政变，把国王赵兴、太后樛氏以及朝廷派去的使节，全部斩杀，拥立赵婴齐的另一个儿子赵建德继承王位。本来就盲目轻敌的韩千秋率军急进，一脚踏进吕嘉布下的埋伏，全军覆没，两千人无一生还。

武帝刘彻这才感到南越局势的严峻，下诏对南越发动全面进攻，并亲自调动军队，亲自部署进攻路线。公元前111年冬季，两路大军会师番禺城下，只一夜工夫，番禺就被攻克。刚刚戴上王冠的南越王赵建德、丞相吕嘉等人，看到大势已去，利用暗夜，弃城向南海逃亡，被全部生擒。

武帝刘彻大喜，诏令取消“南越国”，在南越故地设直属西汉政府管辖的南海、苍梧等九个郡，郡守全部由政府派官员担任。同时诏令从当地挑选一些在围剿南越中立下功劳的人担任县令。

这次出征南越，不仅彻底解决了南越国与汉朝政府若即若离的问题，而且把西南百越，乃至闽越等地的若即若离问题，一并纳入了武帝刘彻的解决视野。

东边的是是非非

早在春秋战国时期，燕国曾发兵占领真番、朝鲜，并将两地并入燕国版图，在那里设置官吏，修筑城堡。秦始皇统一六国后，把燕国的全部领土连同真番、朝鲜一并收归版图。刘邦登上帝位后，重新修整了那里的边塞城堡，并将清川江以西划归燕国。公元前195年，燕王卢绾反叛朝廷，被刘邦率军打败，卢绾逃往匈奴。另一个燕国人卫满，在卢绾被打败后，聚集卫氏亲族一千余人，东奔出塞，渡过清川江，居住于燕国当年在真番、朝鲜一带修筑的城堡中。逃到那里的卫满，带去了汉族的先进文化，带去了汉朝先进的兵器，加之他的族人凭着宗族势力抱团成势，很快在那片城堡中站住了脚，并时常掳掠真番、朝鲜部族，以及从原燕、齐两国逃亡到那里的百姓。卫满羽翼丰满后，自己称王，建都王险城（今朝鲜平壤）。由于历史的渊源形成了惯性，因而真番、朝鲜等地的土著首领，忘不了要到大汉王朝进贡朝觐。史载，公元前128年，远在朝鲜半岛北部的濊貊部落酋长南闾，率全族二十八万人归附汉朝。武帝刘彻下诏，设苍海郡。这以后，大汉王朝耗巨资修通了到达濊貊的交通道路……

但是，已经称霸王险城的卫满，是被刘邦率军赶过去的，自不会到大汉王朝来朝觐。而对于当地土著首领的朝觐，卫满也是横加阻拦，要么不让过，要么把进贡汉王朝的礼品扣下放行。吕雉当权时期，辽东郡（今辽宁省辽阳市）郡守奏请朝廷诏准，与卫满达成约定：卫满作为汉王朝的藩臣，不得阻拦各蛮夷部族的首领到长安朝拜天子，同时要负责阻止各蛮夷部族对汉王朝边境的侵扰。卫满应允这个约定后，汉朝政府供给了他一批武器。从此以后，汉王朝管理真番、朝鲜各部族的权力，落在了卫满手里。卫满利用汉政府的授权，同时扩大这一授权，降服当地各少数民族部落，成了纵横数千里的实际领袖。卫满死后，他的儿子、孙子继位效法，进一步封锁了真番、朝鲜等部族与汉王朝的联系。

已经平定南方各部族的武帝刘彻，其开疆拓土的雄心壮志，是容不得任何人阻拦的。公元前109年，武帝刘彻派涉何前往朝鲜，谴责已经执掌王位的卫右渠。卫右渠是卫满的孙子，他从父辈身上尝够了称王称霸的甜头，因而根本就不吃汉朝使者这一套，使得涉何无功而返。

这个涉何，实在是不怎么地道。他因为出使朝鲜无功而返，胡闹了一把，并因此把自己打扮成了“英雄”。

涉何从朝鲜返回时，卫右渠出于礼节，派了手下一个小王护送，到达西汉王朝边境时，涉何拔出刀来，把这个小王杀了。见到武帝刘彻后，涉何胡吹乱侃，说卫右渠如何不肯归附，说他在逃离卫右渠的追击中如何机智勇敢，斩杀卫右渠手下一员名将，才逃出虎口，得以生还。涉何也是贼大胆，知道自己所做的事无人知晓，竟口无遮拦地把自己吹成了一个在无数敌人的追击中斩将而返的大英雄，并因此在朝廷上下赢得不少钦佩和赞扬。武帝刘彻一高兴，任命涉何为辽东郡都尉，统领辽东郡的军队。

涉何走马上任没几天，卫右渠便派人把他的脑袋割下提走了。

武帝刘彻不知是出于气愤，还是出于对涉何的重新认识，下诏招募已判决死刑的囚犯从军，由楼船将军杨仆率领他们从辽东半岛出发，从海上对朝鲜发起进攻。命左将军荀彘率军从辽阳出发，从陆上对朝鲜发起进攻，形成陆海夹击之势。

公元前108年，杨仆从海上进发的七千余人，率先抵达王险城。因为荀彘兵团尚未到达，卫右渠一看汉王朝军队不多，因而抢先发起进攻，把杨仆率领的七千余人打得四处逃散。受到这当头一棒的杨仆，费了好大的劲儿才把溃散的兵卒集中起来，但已经丧失了战斗力，无力与卫右渠的军队抗争了。荀彘兵团抵达清川江时，也遭重创，损兵折将，丧失了发起攻击的能力。

面对军队进攻的失利，武帝刘彻不肯放下大国君主的架子，诏令卫山出使朝鲜，以居高临下的姿态斥责卫右渠，晓以利害，施加压力。面对汉朝使者的咄咄逼人，已经打了胜仗的卫右渠端不起胜利者的架子，只好行礼道歉，表示愿意臣服，恪守君臣之道。为了表示诚意，卫右渠派太子前去长安朝觐皇帝，同时派出一万军队护送卫山和太子。走在万人护送行列的卫山，没有见过如此盛大的欢送场面，心里不仅没有生出荣耀和得意，而是生出一阵一阵的惧怕，且越走越怕，如芒刺背。卫右渠的太子大概是想起了涉何杀小王的事，也是越走越怕。他倒不怕护送大军，而是害怕一脚踏进汉朝的土地，卫山即把刀搁在他的脖子上。因而到达清川江时，怎么也不肯上船，随护送大军返回了。

武帝刘彻于是下令对朝鲜王国发起全面进攻。荀彘兵团大破朝鲜军队，强渡清川江，抵达王险城下，从西北两面对王险城形成了包围。杨仆兵团反扑过去，从南面对王险城形成了包围。卫右渠率军死战，双方形成了僵局。本来这个僵局是完全可以打破的，问题就出在楼船将军杨仆身上。荀彘兵团连续发起强攻，而杨仆兵团却按兵不动，使得荀彘兵团战而无获。不仅如此，杨仆还悄悄派出使者，溜进王险城，与卫右渠商讨停战事宜。卫右渠深感战场压力太大，惧怕汉朝军队源源不断地前来增援，也秘密派出使节与杨仆磋商投降条件。围攻王险城西北面的荀彘，多次与杨仆约定发起总攻的时日，杨仆每次都答应得很痛快，可到了约定发起总攻的日子，荀彘兵团在西北打响了，杨仆兵团却在南面按兵不动，致使总攻一次次流产。在这种情况下，荀彘只好派使者到王险城对卫右渠招降。

卫右渠已经看出杨仆与荀彘的矛盾，就加以利用，明确表示愿意投降杨仆，而不愿投降荀彘。荀彘因此认为，杨仆之所以在约定的日子不发起进攻，可能与卫右渠勾搭好了，准备背叛朝廷。于是，荀彘把进攻的节奏放慢，自留一手，准备应对。

武帝刘彻对他俩在战场的表现也已经掌握，诏令济南郡郡守公孙遂火速赶往战场，调查处理。武帝刘彻给公孙遂授权，遇有紧急情况可以独断处置。公孙遂赶到战场后，先见的是荀彘，进一步了解情况后，用皇帝符节征召杨仆开会，趁机把杨仆扣押，同时宣布杨仆兵团与荀彘兵团合并，向王险城发起猛攻。在汉朝军队强大的进攻面前，王险城再也支撑不住了。朝鲜王国的一些王族大臣出于自保，秘密商议后，杀死国王卫右渠，举城投降。

于是，汉朝政府在朝鲜王国故地，设乐浪郡、临屯郡、玄菟郡、真番郡。

史载，四郡从此治理得很好，被史学家誉为“风俗之美，史不绝书”之地。班固赞曰：四郡制定的法律只有八条，其主要内容是：杀人，现行犯当场偿命；伤人，罚缴粮食；偷窃强夺，男人被罚到失主家当奴隶，女人被罚到失主家做婢女。故当地居民终生不偷不盗，夜不闭户，女子没有淫乱行为。乡下饮食时，都用竹子、木头装食物，城里人才偶尔使用杯盘碗筷……

武帝刘彻的明察

公元前135年，武帝刘彻着手解决闽越问题，在闽越国同时封了骆丑、骆余善两个国王。公元前111年，汉朝政府发兵进攻南越时，闽越王国的东越王骆余善上书，请求率八千军队助战。得到诏准后，骆余善率军抵达广东揭阳便停住了。停住的原因是“海上风大”，实际是骆余善压根就不打算往前走了。他以为朝廷这次对南越的进攻，对于闽越王国，尤其是对于他骆余善来说，是一个机会。于是，停在揭阳的骆余善，秘密派出使节，前往南越观战。不承想骆余善这一手，被楼船将军杨仆参透。杨仆于是上书武帝刘彻，请求趁踏平南越的余威，挥师闽越，给骆余善一点颜色瞧瞧。此时的骆余善已经羽翼丰满了，得到这一消息后，率先下手，派兵切断汉地通往闽越的通道，同时对朝廷已经控制的江西鄱阳、余干一带发起强攻。而驻守在这一带的屯军首领张成，贪生怕死，不敢迎战，使得骆余善不战而胜，白沙、武林、梅岭等地相继陷落。在一连串的胜利面前，骆余善头脑发昏，把闽越王国改为帝国，自称武帝，摆开了与居住在长安未央宫的武帝刘彻平起平坐的架势。

当时另一个被胜利冲昏头脑的，是在攻击南越中立下头功的楼船将军杨仆。杨仆虽然参透了骆余善的诡计，也向朝廷提过挥师闽越的建议，但他在这个问题上像个军师，而不像个战将。当骆余善率军进攻白沙、武林等地时，杨仆完全有能力给予阻止，甚至是痛击，可他却按兵不动，眼巴巴地看着骆余善把这些本属汉朝政府的辖地掠去。

杨仆的这一行为，被身居未央宫的武帝刘彻参透了，他在诏令杨仆率军攻打骆余善的同时，历数了他的五大过失和罪状，对杨仆施加压力。

武帝刘彻诏书曰：

“你杨仆的功劳，不过是先到达番禺，攻下石门、寻陋而已，并没有斩将夺旗，有什么值得骄傲的？攻陷番禺后，你把投降过来的人当作俘虏，把死人从坟墓里挖出来当作战果充数。这是你的第一个过失。你没有完全切断交通要道，致使赵建德、吕嘉得到闽越王国的外援。这是你的第二个过失。你所率领的军队，官兵连年暴露在蛮荒之地，你不念及他们的辛苦，竟假借名义，自顾回家，带着金印银印，还故意把印信绣带露在外面，好让人看到，夸耀自己。这是你的第三个过失。政府限定你归营的日期，你眷恋家庭，迟迟不归，逾期后还找种种借口为自己掩饰。这是你的第四个过失。我问蜀郡的刀价，你竟然假装不知道，用欺诈的手段冒犯君王。这是你的第五个过失……”

武帝刘彻这顿数落，着实令人佩服。南越战场与长安的未央宫，远隔千山万水，且又处于交通和通信的古代，战场的情况连同战将的细微之处，诸如把投降的当作俘虏，诸如挖出坟墓里的死人作为战场斩杀的战果，诸如故意露出印信绣带炫耀自己等细节，上了武帝刘彻的诏书，且并非冤枉杨仆，真是令人不可思议！武帝刘彻在一连揪出杨仆的五条辫子后，又一连发出三个质问。这三个质问，既是对五条辫子的补充，又是斥责杨仆的全部用意所在。我们实录如下：

大部队出发时，你不到南池宫接受诏书，过后又不解释，假若你的部下，你问他他不理，你下的命令他不执行，他该定什么罪？

我若是把你这五个过失公之于世，世人会如何看你？

骆余善已经抢占了不少领土，你还有没有能力率领部队将功补过？

五条罪状、三个质问，把杨仆吓得魂飞魄散。

其实，武帝刘彻不打算杀他，要杀他就不会诏令他去与骆余善作战了。武帝刘彻之所以在诏令他进攻闽越时，历数他的罪状，目的在于激励杨仆戴罪立功，拿下闽越。因为骆余善抢占的白沙、武林一带，连同闽越的地形情况，杨仆比较熟悉，也有在这些崇山峻岭作战的实际指挥经验，收复这些失地，连同拿下闽越的最佳指挥人选，非他杨仆莫属。

杨仆当然听懂了武帝刘彻的“斥责”。按当时的法律，皇帝手里捏着他的每一个过失，都够他掉一回脑袋的。皇帝之所以不杀他，关键在于他“还有没有能力率领部队将功补过”。因而杨仆在聆听诏书时一个劲儿地叩头，一个劲儿地表达必胜的信心。因为此时若不表达必胜的信心，就将被摘掉率军的印信；还因为如果不表明率军前去戴罪立功的态度，就不仅将被摘掉率军印信，而且将被摘掉脑袋。

杨仆已经断绝后路，但他信心十足。

公元前110年，在杨仆大军的凌厉攻击下，戴着“武帝”帽子的骆余善，脑袋连同帽子同时落地……

两年后，在攻打王险城的战斗中，杨仆的老毛病又犯了，一次次对围攻王险城的荀彘爽约，致使总攻一次次流产的情况，武帝刘彻也“明察”到了。于是，他诏令济南郡郡守公孙遂，火速赶往战场，用皇帝的符节征召并扣押杨仆，迅速取得了拿下王险城的胜利……

对付杨仆这号人，武帝刘彻是对的。

伐匈战神卫青

从汉高祖刘邦以来，汉王朝与匈奴汗国的关系，就一直处于打打停停的状态。打，即是匈奴汗国主动出拳；停，则是匈奴汗国不想打了，要求汉王朝送给他们美女、丝绸、财物等，以换取匈奴汗国同意以后才能换取的“和亲”。可以说，这种关系的主动权，始终掌握在匈奴单于手里。处于停战状态时，双方虽有摩擦，但能控制在“和亲”所允许的范畴。而开打就不同了，几乎无一例外都是匈奴打破“和亲”局面，攻击汉王朝的边境，屠杀和掳掠边境军民、财物。虽然汉王朝为巩固边防，抗击匈奴军队的入侵，煞费苦心，想了不少办法，耗费巨大财力，但结果几乎无一例外都是匈奴汗国得胜而返。

武帝刘彻起用卫青以后，汉王朝与匈奴汗国作战的胜败记录，才开始改写。

卫青率军攻击匈奴七次，七次全胜！公元前129年，武帝刘彻下诏对匈奴军队进行反击。这是刘彻登上帝位后，对匈奴的第一次反击。按照武帝刘彻的部署，车骑将军卫青从上谷出击，合骑将军公孙敖从代郡出击，轻骑将军公孙贺从云中出击，骠骑将军李广从雁门出击。各路将军各率上万人马，对匈奴军队发起攻击。结果，公孙贺兵团一无所获；公孙敖兵团被匈奴军队一举击溃，损兵折将达七千人之多；李广兵团也被打得落花流水，李广还在战斗中被俘，后侥幸逃脱。唯独卫青兵团抵达龙城，即今柴达木湖附近，击溃匈奴骑兵，斩杀并俘获匈奴官兵七百多人，为武帝刘彻挽回了一点儿面子。

两年后的公元前127年，汉王朝发起对匈奴军队的第二次反击。这一役，卫青率军在上千公里的边界线上，攻击位于河套一带匈奴汗国的臣属部落楼烦王和白羊王，斩杀俘获数千人，缴获牛羊百万头。楼烦王和白羊王率部向北逃遁，从此河套地区并入汉朝版图。

公元前124年，汉朝发起对匈奴军队的第三次反击。这一役，卫青一改自汉朝建立以来不敢进军沙漠的作战部署，率军向浩瀚的沙漠挺进七百余里，直逼匈奴主力。凭经验率军布阵的右贤王，以为广阔的沙漠就是他防御攻击的天然屏障，毫无戒备，尽情享受美女美酒。不承想，卫青兵团似神兵天降，把右贤王所部团团围住。从美梦中惊醒的右贤王，把被美酒浸泡成的酩酊大醉，瞬间变成一身冷汗。他一把推开躺在怀里的美女，跳将起来，率数百人拼死搏斗，杀出重围，落荒而逃。被右贤王丢下的官兵和百姓一万五千余人，连同右贤王手下挂着各种头衔的十多个小王，以及近百万头牛马羊，全部成了卫青兵团的战利品。这是自秦始皇一统六国以来，历经高帝刘邦、文帝刘恒、景帝刘启百余年来，与匈奴汗国作战所取得的最大胜利。

这个巨大胜利，不仅给匈奴军队以重创，而且使得卫青披上了汉王朝“大将军”的战袍。

公元前124年，卫青在汉王朝第三次反击匈奴的作战中立下赫赫战功，武帝刘彻为了嘉奖他，任命他为军队的最高统帅，增加卫青的食邑八千七百户，同时对他三个尚未成年的儿子卫伉、卫不疑、卫登，全数封侯。对于这种封侯授爵、惠及子孙的大好事，卫青看得比较淡，他诚恳地对武帝刘彻说：“我有幸待罪军中，全仰仗陛下的神灵，得以获得胜利。其实这都是我的将领们奋战的结果。对于我，陛下已经增加了我的食邑，可我的儿子还在奶妈的怀里吃奶，毫无功劳，陛下却分割土地，封他们为侯。我以为，这不利于鼓励官兵，激励部队。”从司马光的记载看，卫青这番话并非虚情假意，他是在

"坚决推辞"的情况下说这番话的。他这么做，是要为跟随自己出生入死的官兵，争取朝廷对他们的奖赏。武帝刘彻听明白了卫青这番话的意思，下诏封跟随卫青出战的公孙敖为合骑侯，公孙贺为南窌侯，跟随卫青作战的有功将领，在卫青得到赏赐的同时，也一并得到赏赐。

尤其值得一书的，还是卫青关照公孙敖而引出的一连串历史故事。公元前119年，卫青率军反击匈奴，一心想寻找匈奴主力作战的李广，被调为右翼护军。这一仗，李广所部因迷失道路而丧失了合围匈奴主力的良机，李广因此自杀。李广的小儿子李敢，对此事耿耿于怀，把父亲李广的死归结于卫青，因而总找机会报复。李敢是霍去病手下的一个郎中令，跟随霍去病攻击匈奴左贤王时，奋勇搏杀，夺得左贤王的战鼓战旗，立下大功。但他对大将军卫青的怨恨一直未消，终于有一次寻机把卫青揍了一顿。身为全军最高统帅的卫青，对被手下一个郎中令打伤之事一直缄口不言。他卫青可是当时红得发紫的全军最高统帅，没有任何理由惧怕自己手下的一个郎中令，这事只要声张出去，李敢的小命就难保了，不用卫青动手，皇帝都可能出面收拾他。可卫青不这么做，他在挨了李敢一顿揍后，没有声张，也没有寻机报复。这说明，卫青不愧为汉王朝赫赫有名的大将军，他心胸非常开阔，待人非常宽厚，对于这种平民式解决恩怨的做法，他能以平民的态度去接受。想想也是啊！毕竟是他卫青把李广从前锋的指挥位置上调换下来的，如果不换他，李广也就不会陷入窘境而自杀，说不定还会立下战功呢。如今李广死了，虽然不是他卫青害的，但毕竟和他更换前锋将领有很大的关系。在这种情况下，挨李广的儿子一顿揍，与已经作古的李广相比，又算得了什么呢？

卫青在处理这样一些小事上的宽容，强化了他作为大汉王朝军队最高统帅的人格力量，使得他这个古代军事奇才，在中国战争史上的形象永远鲜亮。

伐匈战神霍去病

大汉王朝的另一位战神，是霍去病。他六次率军攻击匈奴，六次大获全胜！

霍去病的母亲叫卫少儿，是当朝皇后卫子夫的亲姐姐。卫少儿与一个名叫霍仲孺的私通，生下霍去病。姨妈是当朝皇后，舅舅是当朝大将军，霍去病从小就被耀眼的光环照耀着，生活富裕自不待说，仕途也是一帆风顺。霍去病十八岁就做侍中，两次跟舅舅卫青出征。卫青当然对他格外关照，每次都特地挑选一些能征善战的官兵，交霍去病指挥，因而每次出击，霍去病所率的部队，大大小小总有收获，而部队的伤亡损失很小。

从小生活优裕，且十八岁就做侍中的霍去病，出征打仗也不忘奢侈取乐。他每次出征，武帝刘彻都派几十辆拉厨具和各种食品的车，满载着美酒佳肴和美女随军保障。不管战争多么艰苦残酷，只要宿营，霍去病不管官兵是否露宿荒野、有吃没吃，他都得叫官兵为他掘地筑房，修踢毽子的体育场，供他享受作乐。史载，霍去病每次作战回来，保障他的好米好菜剩下很多被丢弃……

李广的小儿子李敢揍了卫青一顿后，卫青把这事瞒了下来，不对外声张，可霍去病听说后不干，在一次陪武帝刘彻到甘泉宫游猎时，霍去病寻找机会，亲自挽弓，故意把李敢射死。

即便如此，我们也不得不承认，霍去病是大汉王朝在反击匈奴的战争中，高高站立起来的一位军事天才，是一位古代军事战争的幸运儿。战争对霍去病格外垂青，在反击匈奴军队的屡次战斗中，霍去病屡次都打大胜仗，连与对手打成平手的仗都未曾有过。

公元前123年，霍去病随卫青初次出征，他仗着有舅舅卫青的大部队殿后，率八百多骑兵，远离大部队数百里，深入匈奴汗国腹地，寻找匈奴主力作战。结果，八百多人的骑兵，斩杀、俘虏匈奴官兵两千余人，还生擒匈奴的相国、当户，击斩与第五任匈奴单于祖父的同辈兄弟挛鞮产，活捉单于的叔叔挛鞮罗姑比。一仗下来，霍去病就被武帝刘彻封为冠军侯。

公元前121年，已经被任命为骠骑将军的霍去病，率一万余骑兵，从陇西出塞，穿过臣属于匈奴的五个小国，越过焉支山一千余里，寻找匈奴主力作战。霍去病这次出击又是大获全胜：斩杀匈奴汗国的折兰王、卢侯王，俘虏浑邪王的王子、相国、都尉，夺得休屠王用来祭祀上天的金人神像，共斩杀俘获匈奴八千九百余人。

同年夏季，霍去病与各路将领率军从不同方向出塞。这次出击，其他各路将领均无战果，有的兵团还遭匈奴重创，唯独霍去病兵团深入匈奴汗国两千余里，孤军在浩瀚的沙漠中挺进，越过居延海，穿过小月氏部落，在祁连山脚下与匈奴的主力部队决战。在兵戈血刃的搏杀中，霍去病兵团共斩杀、俘虏匈奴三万多人，生擒匈奴汗国的单桓王、酋涂王、相国、都尉及副王、小王达七十多人，给匈奴汗国以致命的打击。

同年秋，匈奴汗国浑邪王率四万多人，向大汉王朝投降。

浑邪王的率部投降，是卫青、霍去病率军在与匈奴军队作战中屡屡获胜的必然结果。

浑邪王率部投降汉王朝，对匈奴汗国是致命的打击，河西走廊十五万平方公里的狭长地带，从此成为汉王朝向西域扩张的前进基地。匈奴人哀歌：

亡我祁连山
使我牲畜不蕃息
失我焉支山
使我妇女无颜色

最终打得匈奴汗国从此再无还手之力的那一仗，要数公元前119年，卫青与霍去病联手上演的那幕战争史话。卫青率军向北挺进一千余里，穿过大片沙漠后，发现匈奴单于挛鞮伊稚斜亲率匈奴主力，正严阵以待在这种始料未及的情况下，身经百战的战将卫青不慌不忙，下令将铁甲车环绕成一个坚固阵地，随即派出五千骑兵向严阵以待的匈奴军队发起攻击。匈奴则出动一万骑兵迎战。正当双方杀得天昏地暗时，卫青指挥留守铁甲阵地的大军分左右两路展开，用大迂回的战术攻击匈奴兵团的后卫，很快将匈奴主力全部包围起来。挛鞮伊稚斜万万没有料到卫青会使出这么一手，觉得大事不妙，自顾跨上健骡，在数万名精锐骑兵的护卫下，突破包围，向西北逃命。始终盯着挛鞮伊稚斜的大将军卫青，留下大部队继续作战，自率部分骑兵尾随追击，直追到真颜山才返回。被挛鞮伊稚斜丢下的匈奴官兵，发现单于已经逃跑，军心大乱，霎时瓦解，四散逃命。卫青兵团斩杀、俘获匈奴一万九千余人，大胜而返。

同是这一仗，霍去病率军从河北蔚县出塞，越过瀚海沙漠，向北挺进两千余里，与匈奴东部兵团相遇。面对突然遭遇的匈奴东部兵团，霍去病兵团虽经长途奔袭，但还是以多变灵活的战术和凌厉的攻势，打得匈奴东部兵团溃不成军。这一仗，霍去病兵团俘获匈奴三位亲王，以及达官显贵八十三人，斩杀、俘获匈奴官兵及群众达七万余人。

大获全胜的骠骑将军霍去病，回顾瀚海沙漠，面对巨大的战果，豪情万丈，特地在狼居胥山祭祀天神，在姑衍山祭祀地神，用战争的神奇史话，添注了历史上“封狼居胥山，禅姑衍”的光彩一笔。

至此，匈奴远遁。

至此，匈奴汗国的三部（中部由单于直接统领，东部由左贤王统领，西部由右贤王统领）全部被击溃。

至此，瀚海以南的广阔土地上，再无匈奴的立足之地。

至此，汉王朝的屯垦官员、小吏，以及士兵群众五六万人，在瀚海以南的广阔土地上屯垦放牧，建立家园。

在汉武大帝刘彻开疆拓土的战旗下，之后陈汤宣告天下的——犯我中华者，虽远必诛——就已经实现！

李广，一座耸立的战将高峰

司马迁在“李将军列传”的结尾段，做出这样的结论：“其身正，不令而行，其身不正，虽令不从。”

李广，这位汉朝的名将，以自己精湛的骑射箭术、高超的军事谋略、简洁的带兵艺术，为后人尤其是在他之后的所有军人，树起了无可挑剔的楷模。

李广一生从军，文帝刘恒时期，李广做皇帝的武骑常侍，常常以冲锋陷阵、勇猛无比而博得刘恒的赞许。景帝刘启时期，李广跟随周亚夫平定吴楚七国之乱，在昌邑城下勇夺叛军军旗，威名大振。武帝刘彻时期，李广因与匈奴作战屡建奇功，而转任陇西、北地、雁门、代郡、云中郡的边郡太守。史载，李广在哪里镇守，匈奴就不敢在哪里进攻。

大史学家司马迁，对李广怀着深深的敬意，特地为李广单独作传。司马先生是这样描述李广的：他身材高大，手臂像猿猴那样又长又灵活；他口才迟钝，平常很少说话，和人闲居时，就在地上画军阵；他一生酷爱射箭，一直到死都是这样……在司马迁的巨典《史记》中，立传的都是王侯将相，都是后宫佳丽和皇母王婆，都是手握重权或天赋美貌的重量级人物。像李广这等没有封侯授爵的人物，按重量级别是登不上《史记》这个殿堂的。司马迁之所以为李广单独作传，完全是出于对李广的敬重，以及对他一生奋斗而没有封侯授爵的同情和遗憾。

其实不该对李广似对一个弱者那样同情，更不该为李广遗憾。因为李广的一生，是战斗的一生，是传奇的一生，是值得自豪的一生，而不是令人遗憾和同情的一生。

公元前144年，匈奴军队攻下雁门关，其前锋直指上郡（今陕西绥德），当时驻守上郡的就是李广。朝廷在此之前派了一个宦官，跟李广学如何训练军队。一天，这个宦官带几十名骑兵出塞探巡，碰到三个匈奴射雕手，打起来了，结果几十个骑马的没打过三个步行的，宦官带出去的几十个骑兵几乎被全部射死，宦官也身负重伤，逃回军营。李广即带百余名骑兵前去追赶，出塞几十里后追上了那三个射雕手。于是李广亲自挽弓，射杀了其中两人，活捉一人。恰在这时，数千名匈奴骑兵奔驰过来，在山上山下摆开阵势。一看这来头，李广的骑兵吓坏了，有的想跑，有的吓得连跑都想不起来。李广则十分镇定，他对大家说："我们已经离开军营几十里路了，如果往回走，匈奴追上来用箭射我们，那我们一个也跑不掉，现在大家听我指挥，继续迎着匈奴的布阵前进。"士兵们把心都提到嗓子眼儿，硬着头皮往前走，在匈奴布好的阵地不远处，李广下令停止前进，全部下马，且下令把马鞍都卸下来。士兵们不理解，生怕匈奴追过来，迟迟不肯动手卸马鞍。李广对他们说："匈奴原以为我们会撤退，现在我们卸下马鞍，表示不走，他们就会以为我们是诱敌的骑兵，反而匈奴要害怕了。"士兵听令，卸下马鞍。这时，匈奴一个骑白马的将领，出列巡视，李广则追过去放箭，将那个骑白马的将领射得掉下马去。返回后，李广又卸下马鞍，百十号人若无其事地在草地上躺下了。这一来匈奴更是疑心骤增，戒备骤增，以为汉军的大部队埋伏在不远处，随时都可能包抄过来，于是趁黑夜迅速撤离，远远逃遁。李广带着他的百余名骑兵一觉醒来，已是第二天天亮了，这才大摇大摆地返回营地。

李广何以有这么大的威力稳住士兵？又何以有这么大的威力震慑敌人呢？

简单说，就是李广多年率兵驻防，以其作战之骁勇、战术之高超而威名大振，被匈奴誉为“汉朝飞将军”，不仅汉朝官兵敬重他，而且匈奴官兵也敬重他。

李广统兵，从不用严苛的戒律约束军队，驻扎宿营也不构筑阵地，夜里不设岗哨，不击刁斗，文书工作极其简单，但派出去侦察敌情的人员却“侦骑遥远”。当时与李广齐名的另一位将领程不识这样评价李广：“李广兵团，一切简单明了。然而，敌人如果发动突击，就很难应战。但他的战士却安逸快乐，都愿意为李广而死。”程不识不得不承认，李广带的兵都不怕死。

史学泰斗司马迁对李广统兵的做法，从另一个角度进行了赞扬：以李广这样的英雄人才，他那样做可以，然而不足效法。司马迁先生把李广定位为一个特殊的英雄人才，并特地说明李广做得到的事，其他将领包括后人都做不到。

为什么？

因为，李广带领的军队，走到水源缺乏、粮食断绝的地方，找到水了，如果士兵不全喝到，李广就滴水不沾；找到粮食了，如果士兵不全吃过，李广就一口不尝。李广不是一两次偶尔如此，而是一生如此……

还因为，李广统兵为将，极其清廉，凡得到朝廷的赏赐，都全部分赏给跟他拼命作战的官兵。李广不是一两次偶尔如此，而是一生如此……

仅这两点，与李广同时期的将军做不到，司马迁则大胆断言，李广之后的将军也都做不到。李广以其高尚的人格而构建起的令人折服的军事指挥权威，已经达到了后人难以攀上的高峰。

作为李广本人，也许并没有意识到这一点。他一生从军的不懈追求，使得他把用爱心带兵、率先垂范变成了习惯，变成了秉性。

公元前129年，李广与卫青、公孙敖、公孙贺各统一万人马，择路出击匈奴，结果四路人马都没有给武帝刘彻带回欣喜。除卫青率军斩杀和俘虏匈奴七百余人外，公孙贺一无所获，公孙敖被匈奴击败，损失人马七千，李广率部遇匈奴主力，因兵力对比悬殊，损失惨重。战斗中，李广负伤，匈奴单于命令部队："一定要活捉李广。"他要亲眼看一看这位被自己的部下誉为"汉朝飞将军"的李广，到底是一个什么样的人物。李广负伤被俘，匈奴将他放在两匹马中间架设的网上，往单于的虎帐送。恰好一个匈奴少年骑着一匹好马路过，李广于是突然跃起，把那个少年推下马去，自己骑着这匹快马，收拢残部回到了长安。按当时的法律，朝廷判处李广斩首，李广用钱赎了死罪，被贬为平民，回乡隐居，常在蓝田南山中打猎。黑夜中，把箭射进一块酷似老虎的巨石中拔不出来，就是李广这个时期的力作。

公元前128年，李广奉诏复出，任右北平郡郡守。史载，李广驻防右北平，匈奴军队远远躲避，数年之间，不攻击右北平境界。

十六岁从军、为将四十八年、跟匈奴大小七十余战的李广，终生追求的是与匈奴主力决战，与匈奴首领单于在战场的兵戈刀刃中见面。几十年、几十战的经验告诉这位杰出的将军，匈奴的首领单于才是他所要与之交锋的对手，也只有与单于交手，才不枉他从军为将一生。

公元前119年，机会终于来了。

那年，武帝刘彻在一次军事会议上再次拍板，向匈奴汗国发起攻击。此时已年逾六十的李广，多次向武帝刘彻请缨，多次被武帝刘彻以他老了为由而不予批准。李广口钝，不善表达，但认准的事决不放弃。终于感动武帝，武帝刘彻批准他受全国最高统帅卫青指挥，担任整个伐匈队伍的前锋。正在李广踌躇满志决心与匈奴单于正面交锋的兴奋劲儿还没有过去的时候，总指挥卫青给他泼了一盆凉水，把李广率领的部队由前锋调为右翼护卫，也就是把李广与匈奴主力的正面交锋调为侧翼迂回。

这一重大军事部署的调整，按史料记载，是出发前武帝刘彻的交代。武帝刘彻说李广年纪已老，运气又不好，不要让李广面对单于，怕劳而无功，使单于逃遁，达不到擒获的目的。武帝刘彻颇为迷信，做这样的交代也未可知。但卫青是否出于私心，也很难确定。

卫青调开李广，换上公孙敖做前锋，就是一个值得怀疑的问题。

公孙敖是卫青在平阳侯府当马童时的好友，馆陶公主刘嫖因为卫青的姐姐卫子夫深得武帝刘彻宠爱，而冷落了自己的女儿陈娇，派人到平阳侯府去杀卫青的家人，结果逮住了卫青。关键时刻，是公孙敖率一帮朋友把卫青救出来的。公元前129年，也就是李广、卫青、公孙敖、公孙贺四路大军讨伐匈奴那次，因损兵折将，李广被判死罪交赎金免死，公孙敖与李广的命运一样，也是交赎金免死的。卫青倒也义气，总忘不了公孙敖曾救自己之恩，千方百计创造条件让公孙敖在战场上立功封侯，所以把最有可能立功的机会给了孙敖而不是李广。

李广死争不下，只好服从。

李广率军前进，没有向导，在沙漠中迷失道路，既定时日已过，只好班师返回。已经大胜而返的卫青，派人诘问李广失期的原因，并下令李广的幕僚全部到指挥部听候审讯。李广说："我的部下没罪，是我自己迷失了道路，我亲自到指挥部去接受审讯。"

李广没有去指挥部接受审讯。他的秉性，决定了他无法面对那些舞文弄墨的军法官之类小吏的呵斥，因而他用自己的军刀，给自己的军旅生涯、给自己的性命和一生的品评，作了军人式的最终了断。

史载，李广的死讯传出，全军痛哭，庶民百姓也都垂泪流涕。

司马迁是知识分子，他写道：李广的忠诚和信誉，活在知识分子心中。

还是在司马迁作“李将军列传”的结尾段，司马迁写道：李广诚恳谨厚，就像个乡下人，嘴巴不善于说话。可他死的那天，天下无论认识和不认识他的，都为他哀悼。这正所谓“桃李不言，下自成蹊”。

是啊！桃树、李树不会说话，更不会自我吹嘘，可是因为它的花朵好看、果实好吃，人们自然会来的，日子久了，树下就被人踩出路来。

血染的丝绸之路

北方匈奴的侵扰，一直是汉朝政府的心头之患。虽然战神卫青和霍去病率军痛击了匈奴主力，打得匈奴已经无力在汉朝边境滋生事端了，但并没有彻底解决边患问题，匈奴军队喘口气再来，因此这始终是武帝刘彻放不下的一块心病。为了彻底解决边患问题，武帝刘彻决心趁击溃匈奴主力之威，发兵逼迫西北各国出手，向已经远远逃逸的匈奴发起最后的打击。

担当这一任务的军事指挥官，武帝刘彻选择的是贰师将军李广利。

这个李广利，有必要多说几句。

当时后宫一位姓李的美女，被武帝刘彻宠爱到了极点。可是，这位美女貌美命薄，年纪轻轻的一病不起，告别人世。就在她生命垂危之际，拥有整个美女如云的后宫的武帝刘彻，还亲自前去探望，并强烈要求再见她一面。可见她的美貌对武帝刘彻有多么大的吸引力。就在这位李夫人的美貌勾引得武帝刘彻神魂颠倒时，武帝刘彻想对她的家人封侯授爵，以博得李夫人的欢心。因为封授侯爵的条件是对国家有重大贡献的人，而李夫人的家人又没有什么贡献，所以武帝刘彻就任命她的哥哥李广利为将军，令他统兵作战，以立下战功而封侯。

因为听说大宛王国的贰师城有汗血马，李广利便被任命为贰师将军。这个李广利本就不是统兵作战的料，第一次率数万人马出击大宛王国，结果攻城攻不下，作战无战果，所带的部队战死、饿死的达数万人之多。史载，贰师兵团撤回汉境时，出境时的数万人马，只剩下几百名残兵败将。

这样的结果是武帝刘彻无法接受的。恰在这时，李广利请求班师回京，他陈述的理由是：道路太远，供给太少，大宛王国的军队太厉害，而不是自己指挥无方。武帝刘彻不容分说，下令“敢进来一步者，斩！”吓得李广利魂飞魄散，从此再不提回京的事，小心谨慎地带着几百名官兵留屯敦煌。

李广利损兵折将的公元前103年，是汉王朝，更是武帝刘彻在军事斗争上走背字的一年。匈奴东部兵团投降汉朝的事情败露，汉朝因此损失了两万人马。

事情是这样的。

匈奴单于挛鞮乌师卢性情十分暴戾，动不动就下令杀人，杀得全国震恐，也杀得匈奴汗国的一些高级官员私下寻求自保。匈奴东部兵团总司令派密使到汉王朝，说打算杀掉单于，率军来降，请汉朝政府派大军在边界接应。对于这么一个可能从此彻底改写匈奴汗国历史的重大契机，史书记载的汉王朝，包括武帝刘彻，没有引起足够的重视，或者说，谋划得不够周密。武帝刘彻采取的做法是：在当时居延海的蒙古境内修筑“受降城”，派大军进驻，以备接应。虽然当时的通信十分原始，但在匈奴经常出没的居延海修筑“受降城”这样的大事，不可能不传到匈奴境内。再说，东部兵团司令能否杀掉单于，是八字尚没有一撇的事，大张旗鼓地搞个“受降城”干什么？可武帝刘彻不这么看问题，他不仅认为必须这么做，而且认为“受降城”距匈奴汗国单于的王廷太远，于是派浚稽将军赵破奴，率两万余骑兵，前出朔方西北两千余里，打算到浚稽山与匈奴东部兵团会合后一并班师。不料事情败露，东部兵团总司令被杀，挺进到浚稽山的赵破奴兵团被匈奴军队包围。赵破奴率军杀出一条血路，向南且战且退，在距

“受降城”约四百里处，匈奴紧急调动八万大军，把赵破奴兵团围了个水泄不通。

连续苦战，损兵折将，加之本来就匮乏的供给保障又在激战中丢弃了，官兵们又饥又渴，严重丧失战斗力。为解决吃的问题，赵破奴利用夜暗，亲自出营，寻找水源。也是巧了，赵破奴刚一出营，碰上匈奴派出的侦察部队，逃之不及，赵破奴束手被擒。接着，匈奴军队发起强攻。在严重丧失战斗力之后又丧失主帅的赵破奴兵团，在匈奴军队的强大进攻面前，没有人再拼死苦斗了，赵破奴兵团出塞时的两万人马，除战死、饿死的外，活着的全部投降。

面对这一连串的重挫，武帝刘彻头脑冷静起来，他力排众议，坚持对大宛王国发起进攻。

应当说，武帝刘彻这个决心是对的。虽然汉王朝的军队遭到匈奴重挫，但比较来看，匈奴早已大伤元气，不可能对汉王朝构成大的威胁。如果派出大批军队深入匈奴腹地追击，一方面，政府将耗费巨大的财力，而战果还不一定理想。另一方面，匈奴在连遭汉朝军队重创后，开始转向对西北的新疆一带少数民族进行攻击。在这种情况下，暂时放弃对匈奴的追击，直接把大兵团投向大西北，把可能被匈奴降服的西北各国率先降服，从战略的谋划上看，虽不是与匈奴直接作战，但却是切断匈奴从西北各国获得支持的间接作战。这对于匈奴汗国来说，是釜底抽薪之打击，比直接交战的打击更难受。

按照武帝刘彻的决心，在公元前102年，展开了在中国古代史上开通丝绸之路的伟大进军。

军队总指挥，还是贰师将军李广利。

为了保证兵力上的绝对优势，武帝刘彻除下诏征调边塞骑兵部队外，下诏赦免监狱中的囚犯，征调各封国有劣迹而又不够法律制裁的人员，以及全国敢于冒险犯难的志愿从军者，统统到敦煌贰师兵团报到。史载，一年时间，前往敦煌报到的各路人马达六万多人，而自带粮食、自愿从军的还不包括在内。敦煌周围除汇集数万人之外，还汇集牛十万头、马三万匹、驴和骆驼数万头，粮秣、武器、军需补给十分充足。武帝刘彻还嫌人马不够，又下诏征召全国犯过罪的小吏、逃亡的罪犯、当上门女婿的、做买卖的商人，全部充军。还嫌人马不够，又下诏征召曾经做过上门女婿或商人，而今不做了的人充军。还嫌人马不够，武帝刘彻再次下诏，将父亲、祖父曾做过上门女婿的，以及商人的子孙，一律强迫入营，并规定他们自带粮食，编入李广利兵团。这一次武帝刘彻的准备工作比较充分，他听说大宛王国的首都贵山城没有水井，人畜吃喝用水全靠城外的一条河引进去，于是下诏加派水利工程师随军行动，打算在大部队攻打贵山城时，先把城外的河流改道，断其水源。此外，听说大宛王国的血汗马藏在贰师城，武帝刘彻特地派两名驯马专家，分别任命为捕马指挥官和护马指挥官，以备在夺得血汗马后，平安运回……

一切准备停当，贰师将军李广利率军出发。

一路上，沿途西域各小国十分恐慌，谁也不敢扯出抗击的旗帜，统统大开城门，远道欢迎，并倾其全国之力供应汉军饮食，有什么给什么，毫无保留。

但也有例外，位于新疆的轮台国紧闭城门，进行抵抗。李广利不能因一个小小的轮台，而失自己这个数万大军总指挥的面子，部署军队，发起急攻，攻陷后血洗轮台。血洗轮台的消息一传开，西域各小国更为恐慌，贰师兵团向大宛王国挺进的道路也就更加一帆风顺，很快便抵达大宛王国的郁成城。郁成城是大宛王国抗御外来侵略的一线重城，多年按战备的要求修建，城墙很坚固，军队配置的武器装备在大宛国也是最好的。贰师兵团攻了两个回合攻不下来，于是改变策略，采取跳蛙战术，暂时放弃攻打不下的郁成城，把全部兵力调到贵山城，把大宛王国的首都围了个水泄不通。

随军进发的水利工程师，带人把流入贵山城的河水截住改道。之后，贰师兵团发起总攻，将大宛王国的城防司令抓获。眼看贵山城陷落在即，大宛王族紧急商议对策，一致的意见是，面对灭国之灾，唯一的办法是献出国王毋寡的人头，交出汗血马。贰师将军李广利虽军事指挥不大成器，但处理大宛王国的投降问题还是恰当的。他接受大宛王族投降的条件，没有派兵进城屠杀掠夺，在指定大宛王国一位亲近汉朝的贵族继任大宛国王，并签订和平盟约后，挑选数十匹汗血马，以及三千余匹良马，率军回撤。大宛王国的重城郁成城，随着国王毋寡的人头落地而陷落，誓死抵抗的郁成王逃往康居国后，被康居国作为讨好汉王朝的礼物，送回了贰师兵团。

就在贰师兵团西征途中，匈奴汗国派使节联络楼兰国，商定袭击西征兵团的殿后部队和汉朝使节团。楼兰是一个小国，地处汉朝与匈奴汗国之间，它左不敢冒犯汉王朝，右不敢得罪匈奴，为求自保，长期处于一种左右逢迎的状态。这次匈奴汗国邀它袭击汉朝西征的殿后部队，它不敢不从，只好听命。武帝刘彻得知这一情报后，以极其快速的反应，诏令西征兵团逮捕楼兰国王。楼兰国王见到武帝刘彻后，如实陈述自己的苦楚。武帝刘彻认为他说的是实情，没有对他处罚，而是把他送回楼兰国，继续让他坐着国王的交椅。但交给了他一个任务，即负责帮助汉朝政府监视并报告匈奴的动向。一贯对楼兰国深信不疑的匈奴汗国，只好取消这次袭击行动，从此对楼兰国也不再信任了。

这次西征，彻底打通了连接欧亚的丝绸之路。从此，西域各国无论是出于真心实意还是迫不得已，不再对汉朝使节团进行抵制和刁难了。为了便利和保护汉朝使节和应时而生的商旅，武帝刘彻下诏，从敦煌到罗布泊漫长的西域途中，设立汉政府的驿站。而靠北面的新疆轮台和渠犁，则设置武装屯垦部队，既作为汉朝使节和商贾在丝绸之路上通行的驻足之所，又作为汉王朝派出的震慑力量，对使节和商人给予保护，对西北各国进行监视。

千古赞颂的丝绸之路，从此商贾往返络绎不绝，清脆悦耳的驼铃声，从长安一直叮叮当当地传到欧洲。

在这条千古赞颂的丝绸之路上，有一个人像丝绸之路那样值得千古赞颂，他便是张骞。

张骞出塞

张骞是今陕西城固人，官至郎官。刘彻登上帝位后，多方打探匈奴汗国的情况，以及匈奴汗国与周边各少数民族的关系。当得知远在西北的大月氏王国，原居住在河西走廊一带，是被匈奴汗国打跑的以后，武帝刘彻即萌生了一个大的战略构思：派使节与月氏王国联络，从北面夹击匈奴。公元前138年，武帝刘彻下诏，从全国征召自愿出使西域的人，作为朝廷的使节，出使月氏王国。

极具冒险精神及冒险素质的郎官张骞，报名加入了出使的行列。

张骞这次出使，架起了西汉王朝与西域各国直接交往的友好桥梁。

与张骞同时踏上西域之路的共一百余人，他们从长安出发，从陇西郡（今甘肃省临洮县）边塞进入匈奴汗国领土。没走多远，连同张骞在内的一百余人全部成了匈奴汗国的俘虏。就这顶俘虏的帽子，让张骞一戴就是十三年。

被扣在匈奴汗国的张骞，虽然戴的是俘虏的帽子，但他很快便进入友好使节的角色，获得匈奴人的欣赏。张骞身材高大，相貌堂堂，为人很豪气，也很豁达。他虽被扣在匈奴汗国的俘虏营里，但不急不躁，不卑不亢，不改一身正气和傲骨，平时该吃吃该喝喝，该说的话从不藏着掖着，并常常抓住允许他说话的机会，宣扬汉民族的先进科学文化、汉民族与各少数民族和睦相处的优良传统，以及汉民族各地不同的风土人情，因而颇得匈奴人欣赏。为了留住这么一个人才，匈奴单于特地挑选一名匈奴女子嫁给张骞，并允许他在不逃避监视的情况下居家过日子。张骞与这个匈奴女子成家后，过得很好，生了一群孩子。

随着时间的推移，匈奴对张骞的监视逐渐松懈。看似已经安下心来居家过日子的张骞，始终不忘大汉王朝赋予他的使命。经过周密而持久的准备，张骞抓住机会，逃将出来。但他没有逃回祖国，而是继续迈开双腿，向西域前进。因为他的使命尚未完成，他的使命就是向前进。这次张骞带着一同逃出的匈奴人堂邑父，硬是用双腿在浩瀚的戈壁和沙漠走了几十天，缺吃断顿是经常事，全靠堂邑父挽弓射杀禽兽充饥，夜里常常蜷缩在戈壁或沙丘上露宿。张骞与堂邑父，凭着自己惊人的毅力和顽强的意志，用双腿穿过戈壁，迈过沙海，先到达大宛王国，又到达康居国，最终按照朝廷确定的目标，到达大月氏王国。他俩到底走了多远的路，遇到多少麻烦和险情，克服多少困难，已无法考证了，但他们二人这次行走要经过九个不同语言的地域，才能到达大月氏王国，这是不争的史实。

当时的大月氏王国位于阿富汗北部地区，那里土地肥沃，田园丰泽，几乎不受任何外部威胁，人民生活安定富足。已经生活无忧的大月氏族人，早已忘掉了匈奴把他们从河西走廊赶走的历史往事，也早已忘掉了匈奴单于用他们月氏国王的头盖骨盛酒喝的事了。因而，无论张骞如何游说，月氏王也不为所动，他告知张骞的理由是，月氏离汉朝太远了，与汉朝南北夹击匈奴因为距离遥远而难以联起手来。张骞苦口婆心地在大月氏王国游说了一年多，没有任何结果，只好打道回国。这回他不想再到别的地方去了，一心想回到阔别多年的祖国。为了躲避匈奴的缉捕，也为了实地探索汉朝通往西域的其他道路，他与堂邑父没有从原路返回，而是绕道南行，翻越终年积雪的葱岭，顺着昆仑山北麓向东，打算穿过青海的羌中地区返回。不料途中又被匈奴俘获，又被送回俘虏营。好在这次被俘，得以与家人团聚。在俘虏营又待了一年多以后，匈奴汗国因为单于死后的继位问题引起内乱，张骞与堂邑父才得以趁乱逃脱。

史载，公元前138年，汉王朝出使西域的一百余人，十三年后回国复命的，只有张骞和堂邑父二人。

张骞返回祖国后，以其亲身经历以及他的所见所闻，向武帝刘彻，向祖国母亲，详细报告了地处西域的大宛王国、大月氏王国、大夏及康居等国的政治倾向、军队构成、农田耕作、城郭家居、风土人情等，并欣喜若狂地报告了他在大夏市场见到的四川邛崃生产的竹杖、成都生产的布匹等商品，被当地居民抢购的情况。

公元前119年，汉王朝与匈奴汗国漠北大决战后，河西走廊纳入大汉版图，通往西域的道路被战争打通。这一年，张骞再次主动请缨，率三百人、上万只牛羊和数以万计的财物，又一次踏上了通往西域之路。到达乌孙国后，正赶上乌孙国王的子孙，因抢夺王位，而把乌孙国一分为三。汉王朝打算联合乌孙国夹击匈奴的计划，因为乌孙国发生的王位之争而落空。但张骞并没有因此罢休，他把随行的副将分成若干组，由每个副将带一组人员，分别派往大宛王国、康居国、大月氏王国，以及大夏、安息、身毒（今印度）、于阗（今新疆和田）等国，代表大汉王朝与这些国家加强联系，沟通情况，建立友谊。乌孙国特地派数十人护送张骞回国，并当面向汉政府致谢。

一年后，张骞在长安与世长辞。

又一年后，张骞在乌孙国派往西域各国的副将，先后返回长安。

从此以后，大汉王朝与大西北各国开始建立友好往来……

从此以后，各国使节带着各自的商品，带着各自的先进技术和独具特色的思想文化，来往于丝绸之路……

从此以后，大汉王朝派往大西北各国的使节，无一例外都打着博望侯张骞的旗帜……

因为，张骞这面旗帜，是友好的旗帜，是交流的旗帜，是开放的旗帜，更是值得信赖的旗帜！

苏武牧羊

苏武从军，官至中郎将。公元前101年，武帝刘彻乘战胜大宛王国的余威，向匈奴汗国发动心理战，表明高帝刘邦被匈奴马邑之围之仇，高太后吕雉被单于冒顿来信侮辱之仇，在他武帝刘彻手里，统统都要报。那时，匈奴第九任单于挛鞮且鞮侯刚刚继位，政局不稳，担心汉王朝突然发兵攻击，就致信武帝刘彻说："我是儿子辈，怎敢冒犯天子。汉朝皇帝是我的家长呀。"为了表示诚意，匈奴汗国释放被囚禁的汉朝使节，并派使节到汉王朝致送礼物。

武帝刘彻被匈奴的作为所打动，也下令释放被囚禁的匈奴使节，并派中郎将苏武为使节团团长，携带厚重礼物，答谢匈奴汗国的善意。与苏武同行的副团长是中郎将张胜，秘书长是常惠。

苏武等一行到达匈奴汗国王庭后，才发觉挛鞮且鞮侯写给武帝刘彻的信，全是骗人的话。挛鞮且鞮侯以极其傲慢的态度对待汉朝使节，对汉朝使节带来的厚重礼物，似接受进贡一样接受。恰在这时，曾随浑邪王投降汉朝，后又归附匈奴的缑王、虞常等匈奴将领，打算劫持挛鞮且鞮侯的母亲，再次归附汉朝。虞常悄悄找到张胜，把他们的打算跟张胜说了，张胜当即表示支持。一个月后，乘挛鞮且鞮侯外出打猎之机，虞常等七十多人开始下手。不承想，消息走漏，挛鞮且鞮侯火速赶回，将缑王等全部斩杀，生擒虞常，进行审判。张胜害怕了，担心虞常把他供出来，就找苏武商量。苏武虽未参与这次谋划，但他是使节团团长，副团长张胜参与了，匈奴能不追究他这个团长吗？他于是准备自杀，但被张胜、常惠等阻止。

事情正如苏武所料，虞常供出张胜，牵连到整个使节团。于是，挛鞮且鞮侯召开高官会议，决定叫汉朝使节团全部投降，以此羞辱汉王朝。

苏武绝不投降，他认为：使皇帝的符节受到屈辱，即令活着又有什么脸面回到祖国。于是他拔出佩剑，自杀了断。一剑抹脖，苏武流了很多的血，但没有毙命，过了半天又醒过来了。

挛鞮且鞮侯敬佩苏武的忠烈，早晚派人侍候。待苏武痊愈后，挛鞮且鞮侯派卫津专做苏武的劝降工作。卫津见工作无效，当着苏武的面，拔剑直指张胜的咽喉，张胜害怕，跪地投降。接着，卫津用对付张胜这一手对付苏武，苏武面不改色，也不躲避。挛鞮且鞮侯于是更加敬重苏武，打算施加压力，迫使他归附。他们把苏武扔进一个大地窖里，不给食物和水，企图让难耐的饥渴迫使他举起双手。时值寒冬，飞雪漫天，冰封千里，被扔在地窖中的苏武，饥饿难熬时吞食皮衣上的羊毛，焦渴难挨时吞吃冰雪。挛鞮且鞮侯以为苏武这回该对他跪地称臣了，不承想尚未饿死的苏武，忠烈依然。这一来苏武的名气大振，匈奴人认为在天寒地冻的地窖里几天不死，必有神灵相助。于是乎，不仅单于挛鞮且鞮侯，而且连普通的匈奴百姓，都对苏武敬重起来。

挛鞮且鞮侯仍不肯放过，把苏武放逐到渺无人烟的北海，即西伯利亚贝加尔湖，同时赶去一群公羊让他放牧，告诉他："等到公羊生出小羊那天，你才可以回去。"

浩大的北海，除了苏武之外，就是一群公羊。苏武怀揣出使时带来的皇帝签发的符节，放牧着一群找不到配偶的公羊，经受着渺无人烟的煎熬。饿了，掘地鼠充饥，渴了，捧积水消渴，困了，躺在羊群中睡觉，日复一日，年复一年，硬是苦熬了六个春秋。在匈奴汗国想回国而不敢回的李陵够意思，两次去看他，给他送去羊和日用品，并用发泄自己苦恼的方式，倾诉内心的苦衷，作为对苏武的陪伴。李陵给他捎信，说武帝刘彻驾崩了，苏武于是手握符节，面南号哭，哭得苍天垂泪，哭得贝加尔湖翻腾，哭得他自己吐了一夜的血。

公元前81年，匈奴与汉朝和亲，汉朝要求归还苏武，匈奴谎称苏武已死。汉朝使节于是对匈奴单于说："汉朝皇帝在上林苑打猎，射下一只飞雁，雁脚上绑着一份苏武在绸缎上写的求救信，说他仍活着，在北海。"匈奴看瞒不过去了，便把苏武放回。

苏武被匈奴汗国羁留十九年，出使时他青春鼎盛，归来时他头发全白，已成老翁。这十九年中，苏武的母亲去世了，妻子改嫁了，他的两个兄弟被朝廷指控有罪，先后自杀。苏武通过李陵得知家里的这些情况后，他没有因此而动摇；匈奴用巨大的利禄引诱他，许诺他做高官，享荣华，他没有因此而动心；匈奴把他扔到天寒地冻的地窖，连续数天不给吃喝，他没有因此而举手投降；匈奴把他放逐到渺无人烟的北海，让他放牧一群公羊，想以此叫他妥协，他没有因此而感到后悔。苏武之所以忠烈如初，誓死不改，是因为——他始终没有忘记他是汉朝派出的使节。

史载，被羁留在匈奴汗国十九个春秋的苏武，一直保存着那个临出发时武帝刘彻签发的符节，随身不离，坐卧都带着，以致符节上的毛缨全部脱落……

晚了的感叹

武帝刘彻抱负宏大，在开疆拓土上取得了巨大的成功，因而追求长生不死、延续更大的成功，便成了他不懈的追求。

其实一个人生命的里程到底有无尽头，到底能不能脱掉凡胎换成仙骨而永远不死，武帝刘彻应该清楚。他的曾祖父刘邦、祖父刘恒、父亲刘启都是历史上杰出的帝王，如果他们真是上帝派下来主宰天下苍生的，上帝又何不让他们长生不死、永为天下苍生的主宰呢？对于这样浅显的道理，武帝刘彻不是不懂，可在他获得巨大的成功后，使得他就是舍不下自己生命的终结，而孜孜不倦地作生命永恒的追求。

公元前133年，一个以侍奉灶王庙而混饭吃的李少君，对人们供奉灶王爷那点香火钱，作为他的收入而感到不满足了，到处投机钻营，寻找发财之道。当他揣摩到武帝刘彻企望长生不老的心思后，粉墨登场，号称自己拥有长生不老的法术。一次，李少君参加武安侯田蚡的宴会，在座的有一位九十多岁的老翁，李少君见到这个老翁后，张口就说，某年某月某日，他与这位老翁的祖父在某地打猎，见过这位那时还是娃娃的老翁。听李少君这么一说，老翁不禁大为惊骇。因为那年那月那日，他确是跟他的祖父在那个地方打猎。老翁这么一惊不要紧，整个参加宴会的男女老幼无不惊骇。李少君的这一手，完全达到了他所企望达到的目的。他号称拥有长生不老之术，怎么来证明？这位老翁印证某年某月某日跟祖父在某地打猎的事，就是活生生的证明。老翁时年九十多岁，他尚是娃娃时跟祖父打猎，他祖父当时少说也五十来岁。而李少君与他祖父一同打猎，即便与他祖父同岁，李少君至今也是一百三四十岁的人了。而眼前这个一百三四十岁的人，却像个小伙子似的，这要不是拥有长生不老之术，又怎么可能呢？

由此，武帝刘彻信了。

其实，武帝刘彻完全可以不信。李少君是已故深泽侯赵修的随从，赵修在公元前150年犯法，被撤销侯爵。时隔二十三年，李少君这个昔日赵修随从的出生、身世、经历等，完全可以搞得清楚。可武帝刘彻不去搞清楚，他愿意相信李少君拥有长生不老之术，愿意听李少君胡侃那套祭祀灶王爷可以得到丹砂，丹砂可以烧成黄金食用，吃了能增加年寿以及到蓬莱见到安期生，吃像西瓜那么大的红枣等鬼话。

号称拥有长生不老之术，并因此把武帝刘彻骗得五迷三道的李少君，不久便死了。面对这一铁的事实，武帝刘彻仍执迷不悟，认为李少君不是死了，而是"化去"成仙了。

皇帝喜欢什么，社会上就兴什么；皇帝追求什么，社会上就有什么。

因为武帝刘彻痴迷于对长生不老之术的追求，因而全国各地特别是河北、山东的沿海地区，几乎一夜之间冒出一批道行极高的方士，他们纷纷涌向长安，谈鬼神，论不死，神秘兮兮，弄得长安城一派乌烟瘴气。

公元前119年粉墨登场的少翁，着实把武帝刘彻愚弄了一番。少翁的骗术是招死人的亡魂再现，他玩的这一套，与我国南方一些偏远山区玩"斗鸡"类似，由一个巫婆或神汉主持，口里念念有词，指挥两个壮汉抓住一个树丫子乱舞，舞到高潮处，两个汉子用树丫子在一个事先预备的沙盘里写字，写的是什么，几乎没有人能看清，全由巫婆或神汉“解释”。这“解释”的内容，就是已故亡魂要说的话，以此骗人家钱财。武帝刘彻对少翁这套把戏深信不疑，但只一年多点儿时间，少翁的马脚便露出来了。他先是在一块绸缎上写上字，当然是预测皇帝能长生不老之类的鬼话，尔后拌到饲料中，让牛吃进肚里。这一切准备停当之后，少翁装神弄鬼地对武帝刘彻说，这牛肚子里有奇怪的东西。把牛杀掉，从牛肚子里把那块写着字的绸缎取出来以后，武帝刘彻一看这绸缎上的字，与少翁写的字一模一样，便全明白了。武帝刘彻亲自审问少翁，少翁抵赖不过，只好老实招供。少翁这次行骗败露的结果，是被砍掉脑袋。

虽然武帝刘彻被一些骗子反复欺骗、愚弄，但他求长生不老之心仍然不死。公元前118年，武帝刘彻在鼎湖宫病倒，他不相信御医，而只相信巫师。可把在整个长安城混得有些名气的巫师请了一个遍，病情仍不见好转。后经人推荐，从陕西绥德请来一个巫师。这个巫师的经历，与今天一些仍在社会上行骗的巫婆、神汉等“高人”的经历、手法完全一样。史载，巫师在生了一场大病以后，号称神灵附体，嘴里念念有词，你家祖坟在什么地方，祖坟旁边有一棵或几棵树，你家宅子在什么地方，是坐北朝南还是坐西朝东等，他号称能打发小鬼去实地弄清楚再给他报告。当然仅仅弄清这些是不够的，他还得打发小鬼帮你化险消灾，祈求上帝给你延年增寿。在帮你做了这一整套化险消灾、延年增寿等你所祈盼的事以后，你当面给他钱或礼品，他不收，他说他是替鬼神做事，若是收了，以后就不灵验了。但是，在他做“好事”的旁边，专设了一间存放钱物的小房，你要是把钱或礼品放到这间小屋里，他也不制止。武帝刘彻请来这么一个巫师后，先是摆下他所带来的一套行头，再进行他设计的一套仪式，尔后把鬼神招来附到他的体上，由鬼神把武帝刘彻想听的话，通过他的嘴说出来。武帝刘彻病愈后，特地在延寿宫宴请这个巫师，同时请来很多文武官员作陪。席间，这个巫师又进行了一番装神弄鬼的表演。史载，参加这次酒宴的文武官员，谁也没有见到神灵是个什么样子，倒是听到有人说话，但说的与常人所说无异，毫无特别之处。这段历史记载说明，当时参加酒宴的人除武帝刘彻外，没有人相信巫师这套鬼把戏。

公元前113年，一个自称与少翁同出一个师门的栾大，又把武帝刘彻骗得不轻。栾大显然是做了一番准备以后登场的，他从少翁被砍掉脑袋的悲惨结局上谋划自己的后路，一开始便对武帝刘彻说，自己并非没有长生不老之术，而是怕别人不理解，产生误会，使自己步少翁的后尘，被砍掉脑袋。在为自己铺垫好后路后，栾大吓唬武帝刘彻说："少翁被处死后，天下的方士都把嘴掩住了，不敢再谈什么长生秘方了。"武帝刘彻求长生之术已经到了痴迷的程度，他虽然反复被所谓的方士骗得丢人现眼，但骨子里还是相信人世间有长生不老之术的。因而当栾大这么一吓唬，他果真害怕，在栾大表演了几招类似魔术的把戏后，当即任命栾大为五利将军。为了让栾大解除后顾之忧，武帝刘彻还特地把长女卫长公主嫁给他。仅几个月时间，栾大就由一个骗子，当上了朝廷的五利将军，成了皇帝的乘龙快婿。

但是，骗子就是骗子，骗得了今天，骗不了明天。公元前112年，五利将军栾大因为拿不出令人信服的招数，自感在长安难以再骗人了，便以为皇帝寻求长生不老之术为由，宣称去东海找他的神仙老师请教。几个月后，当栾大兴高采烈地回到长安，向武帝刘彻报告他的巨大成果时，刘彻没有听他从神仙那里讨教的长生不老之术，而是下令把他关起来审讯。

骗子栾大这次彻底失算了，他万万没有想到，他从长安出来，偷偷跑到泰山而没有去东海的行踪，被武帝刘彻派人盯梢了。栾大的骗术败露，他没有似少翁那般被悄悄砍掉脑袋，而是被处闹市腰斩。连同当初推荐栾大的乐成侯丁义，也被绑到街市砍掉了脑袋。

公开对栾大的处理，而不是封锁消息，这本身就是一种勇气。受骗了又被骗，同一种错误在武帝刘彻这个英武盖世的大帝身上反复出现，使得他像个傻瓜一样在世人面前丢尽了脸面。在付出沉痛的代价之后，武帝刘彻彻底清醒过来，他下诏遣散所有的法术师、方士、巫婆、神汉，以及分布在各名山古寺等候神仙降临的全部使节，并常常反省般地叹息："从前我像个傻瓜一样，被法术师欺骗。天下哪有神仙？都是胡说八道。节制饮食、服用药品，顶多病痛少一点而已。"

这是彻骨的感悟啊！只是这个感悟对于武帝刘彻来说，来得有些晚。

江充挑起的皇室血拼

公元前128年，武帝刘彻与皇后卫子夫喜得贵子，取名刘据。刘据生性仁慈敦厚，温顺谨慎，很受刘彻宠爱。虽然随着岁月的流逝，原先花容月貌如今人老珠黄的皇后卫子夫，已引不起武帝刘彻多少兴趣了，但他并没有因此而生出更换皇后、更换太子的念头。公元前94年，武帝刘彻的另一个新欢赵夫人，为刘彻生下一个儿子，取名刘弗陵。赵夫人住钩弋宫，怀孕十四个月才生下儿子刘弗陵。武帝刘彻也是高兴，说："伊祁放勋（尧帝），也是怀孕十四个月才生下来的。"为了卖弄他的学识，也是老来得子比较高兴，武帝刘彻把赵夫人住的钩弋宫，命名为"尧母门"。即便如此，武帝刘彻还是没有更换太子的打算。但是，处于太子地位的刘据，以及刘据的母亲卫子夫，却因为"尧母门"，因为武帝刘彻没有跟他娘儿俩交底，而惊恐得惶惶不可终日。

武帝刘彻看出了卫子夫和刘据的恐慌，他对卫子夫的弟弟大将军卫青说："汉王朝建立政府，一切都是草创。加上四面外族侵略不已，如果我们不改变传统制度，后世便没有准则。如果不出动部队反击，国家就不能获得平安。为了这些原因，不得不耗费国力，使天下人民受苦受穷。但是，假定我之后的皇帝也像我这么做，那可要走上秦王朝亡国的老路。太子刘据稳重安详，必然能使天下安定，不教我忧虑。如果要找一个守成的人主，有谁能比刘据更贤明？听说他们母子心情不安，认为我不再爱他们了，其实哪有这回事？你把我的意思转告他们母子。”

武帝刘彻说的这番话，是真心诚意的。史载，刘据每次劝父皇刘彻不要发兵征讨四方外族，刘彻就笑着说：“由我来承担艰苦，由你来享福，难道不好吗？”武帝刘彻每次出游，总把身后的事托付给太子刘据，把宫廷的事托付给皇后卫子夫。每次出游回来，刘据和卫子夫都要把重要的事情向他禀报，武帝刘彻对他娘儿俩的禀报从未提过不同意见，有些已经过卫子夫或刘据裁决的重要奏请，武帝刘彻连看都不看，好坏全按他们母子的裁决执行……

但是，因为“尧母门”，还因为武帝刘彻不更换太子的本意没有在适当的场合公布，而被一帮小人、一帮政治投机分子人为地制造事端，无根无由地挑起了武帝刘彻与太子刘据之间的一场生死血拼。

挑起这场血拼并在这场血拼中演主角的，叫江充。

江充当初在赵王刘彭祖的王府当门客，因冒犯赵国太子刘丹而逃到长安，向武帝刘彻告发刘丹的隐私，使刘丹的太子帽子被摘。对于这么一个靠打小报告营生的卑鄙小人，武帝刘彻对他的人性、品德缺乏应有的挑剔和权衡，而对他外表的长相和嘴巴的能说会道又盲目欣赏，任命他当绣衣直指，专门负责督察皇亲国戚与亲近臣僚的言谈举止。

得到武帝刘彻宠信的江充，本来就有搜寻他人隐私的爱好，并从告发他人隐私中尝过甜头，获得过巨大私利。穿上绣衣直指这身官服以后，他更是无所顾忌，任意胡来，吓得皇亲国戚和达官显贵们成天盯着江充过日子。

公元前94年，太子刘据派往皇宫的信差，违反在御用大道上不得纵马奔驰的法令，被江充抓起来审判。刘据赶忙派人向江充道歉，说他并不是包庇他的部下，而是不想让皇上知道这事，认为他平素对部下管教不严，因此请江先生从宽处理。江充则为了显示自己谁都不怕，毫不客气地拒绝了刘据的求情。这事在朝廷上下引起强烈震动，进一步强化了江充督察皇亲国戚的特殊权威。

但江充清楚，从此他与太子刘据和卫氏家族结下了怨恨。太子是皇帝的法定接班人，已经近七十岁且成天疑神疑鬼、身体总有病的武帝刘彻，一旦两腿一蹬，太子刘据就得坐上武帝刘彻现在坐的这把交椅，而只要刘据一屁股坐上去，第一个倒霉的就是他江充。怎么办？经过一番谋划，江充着手借用“巫蛊”事件的查处来完成他的阴谋。

所谓“巫”，即用祭祀或咒语驱使鬼神降临的女巫；“蛊”，即一种神秘的毒虫，这种毒虫看不见，摸不着，无声无色无形。“巫蛊”，即女巫用祭祀或咒语，驱使鬼神将一种神秘的毒虫降临于某个人，使其百药无效，痛苦而死。比起刻个木偶，往木偶上扎针，并用咒语诅咒某人心绞痛而死来，“巫蛊”虽同出一辙，但更令人毛骨悚然。

江充采取的第一个步骤，是制造恐怖气氛，吓唬武帝刘彻。他对武帝刘彻说：“陛下的病，恐怕仍是‘巫蛊’作祟。”武帝刘彻最怕巫蛊，听江充这么一说，立即派江充当钦差大臣，负责处理“巫蛊”。江充领到这个圣旨后，召集一帮女巫，由她们先到一些人家把木偶悄悄埋下，并洒上家禽的血。江充当然是看谁不对眼，便给谁家庭院埋木偶。尔后把埋木偶的女巫派出去，教这些号称能见到鬼魂的女巫，神秘兮兮地去寻找木偶。结果一找一个准，女巫们装神弄鬼地表演一番后，便把自已埋的木偶挖出来。江充则随后跟上，从谁家庭院挖出木偶，就把谁家男女老幼全抓起来，用烧红的铁钳，或钳肉，或烫灼皮肤，愣是用严刑拷打，把根本不知情的人统统折磨得“如实交代”。史载，恶棍江充阴谋出台的这一手，谋杀都城长安到各封国所谓“放蛊”谋害皇帝的人，达数万之多。

杀的人越多，武帝刘彻越信。

制造恐怖气氛的第一个步骤完成后，江充开始实施其阴谋核心的第二个步骤。他看准了，武帝刘彻虽嘴上没说，心里却总疑心他的左右亲近用“巫蛊”诅咒他；而被江充以“放蛊”之名杀害的人，虽然全是被冤枉的，但没有一个人敢向武帝刘彻陈述。看准这两点后，江充于是教女巫们放风，说皇宫中有“蛊”的妖气，如不铲除，皇帝的身体不可能康复。这个消息传到武帝刘彻的耳朵后，他立即诏准江充入宫去查找。

江充奉旨进入皇宫，拆墙掘地，连武帝刘彻的御座也不放过。江充没有见过后宫这么多、这么美的女人，他虽然一表人才，也享受不到这么多美女中的任何一个。于是，出于一种卑琐的心态，他亲率捕“蛊”队从后宫最漂亮的女人所居住的房间搜起，他要从这些漂亮女人睡觉的房间，寻找他的好奇，寻找他的遗憾，用得不到她们才折腾她们的方式，填补他内心的卑琐。当然，如果仅此而已，江充在后宫美女睡觉的房间折腾一番就打住，刘彻父子那场生死之斗也许可以幸免。可他江充的目的不是为了折腾后宫的美女，而是要扳倒刘据的太子地位。正是因为这个原因，江充才不肯住手，而是按照既定的阴谋，亲率捕“蛊”大军在太子刘据、皇后卫子夫的宫殿全面挖掘，一寸土、一根草也不放过。是不是真的在太子、皇后的宫殿挖出小木偶，史无记载。史有记载的是，江充宣称，在太子刘据的宫殿挖到木偶一堆，每个木偶都裹着绸缎，绸缎上还写着字。

江充的这一宣称，使得太子刘据在劫难逃了。

危急关头，太子刘据想到他的老师石德。于是，他急忙到老师那里请教对策。

于是，石德也在劫难逃了。

石德非常清楚，太子一旦犯事，当老师的必定被诛。面对这突然摆到面前且一定会把自己牵扯进去的重大问题，石德思谋一番后给太子刘据出主意：假传圣旨，逮捕江充并囚禁，追究其阴谋。

应当说，石德这个建议是个上策。

但太子刘据老实厚道，他不敢做假传圣旨这种事，打算前去甘泉宫，觐见父皇刘彻，陈述原委，企望侥幸脱难。可是，当刘据正要动身前往甘泉宫时，江充抢先一步，快马加鞭赶赴甘泉宫，向武帝刘彻报告完了。

已经没有退路了，太子刘据只好采纳石德的建议。

公元前91年七月初七，太子刘据派人伪装成皇帝的使节，逮捕江充等一伙恶棍。愤怒至极的刘据亲自执刀，按住江充的脑袋说："你这个赵国流氓，害赵国父子难道还不够，还要来害我们父子？"说罢手起刀落，把江充这个恶棍的脑袋砍了下来。接着，太子刘据下令将那些跟着江充为非作歹、装神弄鬼的女巫，统统拖到御花园活活烧死。

从史料看，太子刘据如果就此打住，并亲自去甘泉宫向父皇刘彻陈述，也许事情还有挽回的可能。而这时的刘据，已经无法保持这份冷静与清醒了，他下令征发皇家骑士和长乐宫警备部队，打开军械库，给大家分发武器，并对文武官员说："皇上病卧甘泉宫，病情可能变化，奸臣将乘机作乱。"那言外之意即是：皇上可能不行了，大家要跟着我刘据，以防奸臣贼子乘机作乱。

最初武帝刘彻听说太子刘据诛杀江充后，认为是江充那么一折腾，搞得太子害怕，一时被激怒才这么干的，便派使节到长安召唤刘据。可使节到长安一看，刘据已经分发武器，叫大家准备战斗了。使节不敢进城，而是跑回去向武帝刘彻报告。直到这时，武帝刘彻才勃然大怒，并迅速返回长安，亲自指挥平暴。

太子刘据不是父皇刘彻的对手，无论是指挥调遣军队的能力，还是对朝廷文武百官的号召力，太子刘据都无法与武帝刘彻相提并论。

只十天工夫，太子刘据的军队便全线瓦解。刘据逃到今河南省灵宝市一个偏僻的农庄，被当地官员发现后，自缢而死。皇后卫子夫在武帝刘彻派人收缴其皇后印信时自杀……

一场源于武帝刘彻的巨大疑心，被奸佞小人钻空子而挑起的一场父与子的生死之斗，在一片腥风血雨中，沉重地落下了帷幕……

……

公元前87年二月十四，汉武大帝刘彻逝世，八岁太子刘弗陵继位，号昭帝。

武帝刘彻去世后，大汉王朝随即衰落。

第六章 司马迁的史家之绝唱

司马迁是中华民族最伟大的史学巨匠……

是他，拜舜庙、探禹穴、访曲阜，从历史的遗迹、浩瀚的典籍中，还从庶民百姓的口口相传中，探寻中华民族的根脉……

是他，沿着历史主脉的大事件下笔，用华夏传统美德的花絮着色，书写中华民族的苦难辉煌……

是他，始终紧攥公平正义之笔，书写天之道、地之道、人之道……

司马迁对中华文明的伟大贡献

司马迁，今陕西韩城人，公元前145年生，公元前108年任汉朝太史令。他以“究天人之际，通古今之变，成一家之言”的史识，接续其父司马谈，首创了中国第一部纪传体通史——《史记》，记载了从上古传说到汉武帝元狩元年，中华民族长达三千多年的历史，被鲁迅誉为“史家之绝唱，无韵之离骚”。

公元前110年冬，汉武帝刘彻以南越王国、东海王国“冒犯中国，应予惩罚”为由，遣军讨伐，大胜而返。奉命参与这次讨伐并建功而返的司马迁，在路过洛阳时，特地去看望主管皇宫史典工作的父亲司马谈。面对风尘仆仆、因建马上之功而抑制不住兴奋的儿子，父亲却抑制不住老泪纵横。老太史之所以伤心落泪，是当朝皇帝去泰山举行封禅大典，在那帮由文武百官、侍从警卫组成的庞大队伍中，没有他这位掌管皇宫史典的御内笔吏。在司马谈看来，跟随皇帝威风八面地去参加封禅大典，那是一种身份、一种名望，也是最能显示司马家族荣誉的一种象征。可这份荣耀被洛阳那初春的寒风驱散了，留在老太史心头的只是一份遗弃、一份痛苦，和只能用老泪来表述的一份失落。

但老太史毕竟是集历史、文学、天文、地理、占卜、祭礼等诸多学识于一身的当朝大家，他没有在失落中沉沦，而是扶起跪拜在地的儿子司马迁，哭着说：“我们祖先是周朝的太史，远在唐尧、虞舜年代还官至南北正，主管天官事务，功名显赫。后家族衰微，到我这一代，将有断送祖业的危险。”老太史越说越伤感，泪眼巴巴地望着儿子司马迁说：“你若能重做太史，就可以上承祖业家学了。现在皇帝承接千年以来的大统，封祭泰山，我未能从行，这是命运啊！是命运啊！我死后，你一定要做太史，切莫忘了我所要完成的事业啊！”

父亲司马谈特地嘱咐司马迁：“自周之王道、礼乐废弃，孔子《春秋》止于鲁哀公十四年‘获麟’，此后近四百年诸侯纷争，史官的记录未能得以整理。捕获麒麟乃不祥之兆。如今天下统一的时代，趁各种记录尚未遗失，希望你也当上太史，完成我的遗愿。”

遵照父亲的嘱托，司马迁按世袭的规矩，在汉武帝刘彻时做史官，父亲司马谈去世三年后，他成为太史令。为了印证笔下的真实，他从长安出发，先去长江，溯湘水去九嶷山拜访了舜庙，又顺长江而下去会稽山拜访了禹陵，之后去齐都临淄和鲁国曲阜感受孔子遗风，最后经梁、楚返回长安。

在华夏祖先看来，五百年是一个重大的时代界定，故有“五百年必有王者出”一说。令后人景仰的周公逝世后，经五百年出了一个大圣人孔丘。孔丘逝世后的五百多年，是个翻天覆地、英雄辈出的时代。春秋战国、诸侯争霸、诸子百家、秦皇汉武、儒学道教等纷纷登场，轮番争雄布道。记载这段历史，发掘《周易》，上接《春秋》，推考《诗》《书》《礼》《乐》的精义等，都是史学家应尽的责任。于是，司马迁从孔子逝世后入手，接续创作《史记》。但一下笔便走远了，走到了华夏民族的上古时期，走到了历史的起点。那是历史的神圣殿堂，是任何一位史学巨匠都领悟不透、拨弄不清的历史发祥地。可司马迁往前走了，他在父亲司马谈整理的皇家史典的基础上，紧紧攥着残缺不全的《尚书》，按照历史的线索，遵从上天的意志、人民的意志，书写中华民族数千年的“史家之绝唱”。

书写华夏祖先的精彩，彰显中华文明的辉煌

司马迁一下笔，便是寻祖寻宗。盘古开天地时，整个天地一片混沌，形如一个巨型鸡蛋。在这个巨蛋中长大的盘古，用斧头把巨蛋劈开，头顶上为天，脚踩下为地，顶了很多很多年后，盘古轰然倒下，他身体的各个部位变成了日月山川、江河湖泊，世界就此诞生。司马迁也就由此下笔，书写史前时期的华夏祖宗。下笔之前，他还是迈开双脚，向西走到了崆峒，向东走到了海边，向北走到了涿鹿，向南泛舟于长江、淮河。所到之处，他不仅看而且听，听当地的长老讲天皇（伏羲）、地皇（燧人）、人皇（神农）及炎帝、黄帝、尧帝、舜帝、禹帝的故事，以及这些先帝统领下的社会教化情况。黄帝和炎帝打过仗，黄帝大胜；黄帝和蚩尤打过仗，黄帝又胜。黄帝协和万国，祭祀山川鬼神，推算历法，顺应四时纲纪，种植百谷草木。帝位往下传续，传到仁德如天、智慧如神的尧帝手里后，炎黄华夏的诸多古老信息，便在这种传续中闪闪发光。

比如，尧帝命羲氏、和氏主管天官，考察日月星辰的运行，推算出一年的历法，把时令、节气传授给天下百姓，让百姓知道：一年中日夜长度均等，傍晚鸟星在正南方出现的这一天，是春分，是播种耕作的日子；一年中白天最长，傍晚火星在正南方出现的这一天，是夏至，是庄稼需要全力助耕的日子；一年中日夜长度均等，傍晚虚星在正南方出现的这一天，是秋分，这个时节庄稼成熟了，该收割了；一年中白天最短，傍晚昴星出现在正南方的这一天，是冬至，到了这个时节，就要将收获的果实储藏起来。同时根据日月星辰的运行，确定一年为三百六十六天，又用置闰的方法，算出哪一年闰哪个月，以调整春夏秋冬四季的误差。

再比如，三皇五帝时代留下的神秘图案，叫“河图洛书”。“河

图”中的“河”，意指星河、银河、宇宙，寓意极广，玄妙无穷。“洛书”意指天地空间变化的脉络。也有专家认为，“河”即黄河，“洛”即洛水，“河图洛书”是各种蚊虫天然编织而成的，其中隐含星象排布、运转方向和季节的辨别系统，以及天地生成数、天地变化数。华夏祖先认为，万物有气即有形，有形即有质，有质即有数，有数即有象，“气”“形”“质”“数”“象”用河洛八卦图式模拟表达，它们之间巧妙组合，融为一体，以此构建一个宇宙时空合一、万物生成演化的运动模式。“河图洛书”被誉为“宇宙魔方”，蕴含深奥的宇宙星象之理，是中华文明、阴阳五行术数之源。据说流传至今的太极、八卦、周易、六甲、九星、风水等，也都源于“河图洛书”。

还比如，我们今天引以为自豪的有历史上的四大发明，即造纸术、活字印刷、指南针、火药。殊不知，华夏祖先早就发明创造了许多与我们今天生活息息相关的东西。这里简单作个介绍：大桡创造了六十甲子记年，黔如创造了虏首计算法，容成创造了历法，羲和创造了计算日子的方法，尚仪创造了计算月份的方法，后益创造了计算年份的方法，胡曹创造了衣服，夷羿创造了弓，祝融创造了市肆，仪狄创造了酒，高元创造了房屋，虞姁创造了船，伯益创造了井，赤冀创造了臼，乘雅创造了用马驾车，寒哀创造了驾车的技术，王亥创造了驾牛的方法，史皇创造了绘画，巫彭创造了医术，巫咸创造了占卜术……看看吧，华夏祖先的这些创造，我们谁不感到骄傲和自豪呢！

还比如，我们今天一讲发现培养人才，就讲战国时期郭隗与千里马的故事。故事中并没有把千里马找来，只是花重金买了一堆千里马的骨头回来。殊不知，先秦之前，我国有十位享誉天下的相马大师，经他们相中的马都是日行千里、夜行八百的马中极品。其中相马大师麻朝，是观察马的面颊；相马大师子女厉，是观察马的眼睛；相马大师管青，是观察马的嘴唇；等等。在我们一般人看来，整体观察马的骨架、腿、口齿，是相马的要点，可我国古代的相马大师，却能从马的面颊、眼睛、嘴唇等部位，像计算机从一个点切入一样，全面准确地把马的骨架、腰腿、肌肉的张力和耐性等分析出来，且得出是不是千里马的结论……

还有神农氏尝百草尝出的中草药，以及音乐的六律、六吕与三分损益法，等等。在天文、地理等方面，华夏祖先都有过深入的探索、创造与实践。是伟大的史学家司马迁，用刀笔记录下来，告诉华夏子孙：华夏文明在人类文明发祥的原始起点，便开始酝酿、发育、发展，一路走来花开百度千度，光芒千丈万丈！

循着历史的千回百转，弘扬各民族的融合统一

国家的强大统一，必须建立在各民族高度融合的基础之上，这是历史发展的定律！所谓天下“合久必分，分久必合”，无非是在国家进一步统一的过程中各民族的深度融合！

周天子分封天下，一张嘴就把成百上千的部落首领、酋长封为国王，他则被这些国王奉为“天下共主”。周天子这个“天下共主”统领的，就是百国之和、千国之和的中华民族大家庭！

司马迁书写历史巨典《史记》的站立点，便是中华各民族融合团结的大平台。

当然，司马迁的笔端不能离开中原，因为以黄河为代表的中原，是中华民族的发祥地，也是中华文明的起始地。因而，司马迁的刀笔着力点，必须从中原开始。

“三家分晋”之后，中华文明进入“百花齐放，百家争鸣”的战国时代。春秋时期的各诸侯国，几乎没有受到“三家分晋”的任何影

响，齐刷刷地一起迈进了战国。但在战国天下的打斗厮杀中，很多小诸侯国被打没了，剩下的是战国七雄。

于是，司马迁从“七雄”入手，解码战国天下的活力。

在这一解码的过程中，我们不仅看到了历史的千回百转，而且看到四个中原人口中常用的蔑称：东夷、南蛮、西戎、北狄。蔑称的对象，都是中原周围的少数民族；蔑称的原因，是这些民族很落后，不发达，如“披发文身”“衣羽毛穴居”“不食火者”“不粒食者”等。

对此，司马迁是个什么态度呢？

就说“南蛮子”吧！司马迁写道：“南蛮子”的祖先是三皇五帝中的颛顼，颛顼的第五代孙吴回是先古时期的火神，被赐为祝融氏，其部落就在今河南省新郑市附近，是正宗的中原人。当他们迈开双脚，丈量中华民族的原始版图，并走到长江流域后，看到长江流域茂密的丛林深处，居住着比他们更早到来的当地人，他们文身，他们吃生食，他们长发披肩……祝融氏族人没有把这些当地人看成野人，而是主动与他们示好交往，与他们通婚。在和睦相处中，祝融氏族人努力适应当地人的生活习惯，同时积极传播从中原带去的先进文化。久而久之，祝融氏族人与当地人分不清彼此了，原汁原味的中原特色褪去了，原汁原味的当地人特色也褪去了。在这个过程水乳交融，他们相互取长补短，相互借鉴取舍，形成了“南蛮子”独有的民族特色。

再说说“东夷”吧。司马迁写得很清楚，“东夷”就是“弃在海滨，不与姬通”的吴国和越国。

吴国是周文王两位伯父的封地，当时经济文化十分落后，吴人“断发文身，裸以为饰”。春秋历史演绎到公元前770年，吴国才第一次在历史的舞台上露面。越国是夏朝少康帝的庶子无余的封地，越人“断发文身”“徒跣不履”。虽然越国在中华文明的道路上，步子走得比吴国还慢，但他们的血脉源于三皇五帝，属于炎黄华夏这个大家庭，当是不争的历史事实！

作为史学巨匠的司马迁，他的伟大在于他的笔端，始终循着历史的千回百转，弘扬华夏各民族的融合团结。

虽然秦始皇是历史上的暴君，可司马迁的刀笔没有忘记刻写他在拓疆扩土、民族融合上的重大贡献。“南取百越之地，以为桂林、象郡”；“使蒙恬北筑长城而守藩篱”；“地东至海暨朝鲜，西至临洮、羌中，南至北向户，北据河为塞，并阴山及辽东”。秦始皇一统六国后，派军队向“西南夷”进行过征伐，并修通了通往这些地区的五尺道，还贯通了横浦关、阳山关、湟溪关的五岭山径。秦王朝还在这些地区建立了秦政府管辖的行政机构，从内地选派一些官员主持政务，还将五十万中原人迁徙到五岭以南，与当地人杂居生活。所谓“西南夷”，即指我国西南的广大土地上，居住着的许多语言风格、文化习俗各异的少数民族。成语“夜郎自大”，就是生活在今贵州遵义、桐梓一带的夜郎国，不知天下有多大，只知夜郎国最大。征服无疑是手段，而统一管理才是目的。管理的过程，无疑是各民族融合团结的过程。

在各民族的团结融合上，司马迁对汉高祖刘邦、汉文帝刘恒这父子俩着墨很多。

刘邦创立汉朝之初，被秦始皇派往南海郡龙川县做县令的赵佗，接任南海军事长官，率兵兼并了桂林郡、象郡，自立为“南越武王”。刘邦出于对战争的厌倦，也是出于对百姓连年遭受战争之苦的同情，放弃了对自立为王的赵佗的征讨，用一张“南越王”的诏命，把赵佗企图从华夏版图分裂出去的念头，用一纸诏命予以化解。同时派大夫陆贾带着印信符节，给赵佗授封，带回了赵佗“愿奉明诏，永为藩臣”的承诺。

刘邦的儿子汉文帝刘恒即位后，赵佗扔掉“南越王”的帽子，戴上了“南越武皇帝”帽子。汉王朝群臣激愤，朝堂出现一片出兵攻打的喊叫声。

汉文帝刘恒没有受群臣激愤的影响，他的心里装着百姓，不愿用征伐让百姓吃战争之苦。他一面派人整修赵佗的祖坟，提拔赵佗的亲属做官，一面给赵佗写信，并再次派出大夫陆贾出使南越，又一次把分裂出去的南越，拉回了祖国的怀抱。

再看刘邦、刘恒父子处理与北方匈奴关系的故事。

司马迁写道：“匈奴，其先祖夏后氏之苗裔也，曰淳维。唐虞以上有山戎、猃狁、荤粥，居于北蛮，随畜牧而转移。”司马迁说的是，在华夏版图上生活的匈奴，以及从匈奴分支出去的各少数民族，与中华民族同祖同宗，血脉同源。

高帝刘邦为谋求与匈奴的长久和平，选皇室女子送给匈奴单于和亲，首开了中华各民族血脉相连的创举。

公元前177年，匈奴大军向今陕西绥德一带发起进攻，已经接替皇位的汉文帝刘恒亲自率军反击，并修书给匈奴单于冒顿，谴责其入侵行径，倡导和亲修好的安境之策。

这之后，文帝刘恒与冒顿单于有过既极其机智，又顾全大局的书信往来，把两位政治家处理汉族与少数民族关系的做法，推向了历史的极致水平。冒顿表明了维护匈奴汗国与汉王朝友谊的强烈愿望，刘恒表明了汉王朝维护各民族团结统一的不变立场和灵活方法，为以后的历朝历代构建了处理类似矛盾的大框架！

记录鲜活的世人高尚，书写中华民族的苦难辉煌

《史记》是中华民族传统美德的百科全书，从华夏祖先大大小

小的人物和事件中折射出的优良品德，像珍珠一样散落在不同的章节中，闪烁着人性的光芒、善良的光芒、正气的光芒，大写着中华民族的苦难辉煌！

司马迁的《史记》，是从盘古开天地下笔的，一直写到了他逝世前的汉武帝刘彻后期，历史的跨度之大、重大的历史事件之繁、明君暴君之多，加之英雄豪杰、思想理论大家、明臣奸佞、贤士美女等需要进入历史殿堂的事件、人物多如牛毛。如何取舍，就不只是史学家的格局和智慧了，更是史学家的良知和公允！

因为，人民是历史的主人！

司马迁编纂《史记》的刀笔，始终把持人民创造历史的大方向！

因而在司马迁的刀笔之下，不仅有明君暴君、明臣奸臣、英雄豪杰、思想大家、贤士美女、不时显露头角的科学家，而且有士者说客、低级官吏、侠客好汉、邻里乡佬、山野村妇，等等。如此构建起的庞大历史画卷，处处凸显着中华民族历史的苦难辉煌！

如本书中写到的侠客豫让、郭解、“贵于天下之士”的说客鲁仲连、羊倌仆式，还有向残暴的秦王朝打响第一枪的陈胜、吴广，以及世世代代修炼家风传承的名门世家等，无疑都是创造中华民族苦难辉煌的重要组成部分！

下面，让我们再走进《史记》，再看看司马迁笔下的官吏，特别是低级官吏人性和品格的高贵、光鲜！

比如宫廷禁卫官直不疑，同室的一位禁卫官钱丢了，就质问他。直不疑拿出钱给他，还向他道歉。不久，同室的另一位禁卫官探亲回来，这伙计一踏进宿舍就打哈哈，说由于自己粗心，走时把那位禁卫官的钱拿走了。他这么一说，便把自己的一时粗心连同另一位禁卫官的无端怀疑全解释清了。那位禁卫官赶紧把钱还给直不疑，直不疑笑笑收下了。后来，直不疑被皇帝一纸诏书任命为高级国务官，诋毁他的绯闻跟着诏书流传起来，说直不疑跟他的嫂子私通，并传到了皇帝的耳中。直不疑从不解释，同事问起，他也只是笑笑。因为直不疑没有哥哥，哪里会有嫂子呢？直不疑在这样一件件小事上，把优秀品质的光芒闪烁开来。

再比如韩安国，做梁国使者时犯法判罪，被押解到蒙县监狱服刑。因为他在朝廷上下有些名气，待他入狱后，狱吏田甲看他成了阶下囚，便拿他开心，经常羞辱他。韩安国对田甲说："难道熄灭了的火灰就不能再燃烧起来吗？"那意思是警告田甲，你不要在人家落难的时候横加羞辱，一旦人家东山再起，会有你的好果子吃吗？田甲则回答说："要是再烧起来，我就用尿来浇熄它。"那意思就不只是不相信韩安国会东山再起了，而且是带有一种泼皮无赖般的耍闹。不久韩安国被任命为梁国内史，从囚徒一步踏上食邑两千石的高官。田甲吓坏了，弃官而逃。刚刚穿上内史朝服的韩安国，放言给田甲：你如果不回来就任，我就灭你三族！这话可真不是吹的，他韩安国已经手握这么大的权力了。田甲为了全族人的性命，硬着头皮，袒露上身到韩府谢罪。韩安国则笑着说："你现在可以撒尿了。"史载，韩安国善待田甲，让他继续做狱吏……

还比如，梁王刘武想接替帝位，被袁盎等十多位大臣联名阻止了，刘武便派出杀手，对他们一个一个进行谋杀。袁盎在朝廷上下口碑很好，杀手找到袁盎后，不仅没有杀他，而且告诉他说："在我之后，还会有杀手来杀你，你一定要严加防范……"

类似这样的小事，包括很多小人物小故事，没有在司马迁编撰《史记》的刀笔之下遗漏，而且在所有大的事件中，几乎都穿插着这样一些弘扬中华传统美德的花絮。

看得出来，司马迁看似不经意地写些花絮，其实是刻意的。司马迁是史学泰斗，他在编撰《史记》这部巨著时，沿着历史主脉的大事件下笔，用中华传统美德的花絮着色，给他以后的史学家昭示了历史研究的方向，也给读他《史记》的人，留下了品味、鉴赏的精神粮仓。

紧攥公平正义之笔，昂立于历史的正义舞台

公平正义，是中华文明的重要组成部分，也是世世代代中华子孙的企盼和追求！

司马迁书写《史记》的笔，是公正之笔，是正义之笔！

公元前99年，司马迁被戴上一顶“诬蔑主上”的帽子，极其残忍地被处以腐刑。

司马迁为何会受到如此残忍的酷刑？

原因很简单，是因为他坚持为李陵说公道话。

李广的孙子李陵，继承了祖辈的血统，骑马射箭，无不精通。他还有一个与爷爷李广一样的品质，就是厚爱部属，他所带领的官兵无不乐意为他而死。李陵不愧为名将之后，血管里奔涌着在战场上展示人生志向的强烈欲望，奔涌着在兵戈刀刃的大战中展示军事才华的忠勇。正是因为这个原因，武帝刘彻派他率五千名楚地官兵，驻守在今酒泉、张掖一带抗拒匈奴入侵。恰逢贰师将军李广利出击匈奴，李陵请战，率不足五千名空手可以掐死老虎、射箭百发百中的楚地勇士，徒步进发，孤军挺进浚稽山，配合作战。

李陵率他的步兵，从今甘肃省居延县出发，向北挺进，三十日后到达蒙古肯特山，遇到了匈奴主力，展开了一场堪称中外战争史上绝无仅有的以寡敌众的殊死战斗，谱写了一曲悲惨壮伟的战歌。

匈奴九任单于挛鞮且鞮侯，亲自调动东部、西部兵团共八万余人，与李陵兵团接战近十次，每次被徒步的李陵兵团斩杀的匈奴官兵

达数千人。毕竟兵力悬殊，李陵兵团死伤惨重，但他下令：“士兵负伤三次的可以坐车，负伤两次的充当驾驶，负伤一次的继续战斗！”战到无力再战了，李陵对他的官兵说：“苍天啊苍天！再赐我数十支箭，我们就可以突围。如今我们没有武器，没有箭，天明以后，敌人进攻，我们势必全军覆没。”于是他下令解散部队，各自逃命。他对大家说：“如果有人脱险逃回去，就把情况奏报天子。”

当天夜里，李陵率十多位勇士向南突围，匈奴数千名骑兵追击，马蹄扬起的沙尘蔽天遮月，跟随他的战友全部战死，他也被俘。解散后的李陵兵团有四百余名官兵，侥幸逃回了边塞。

李陵兵团深入匈奴腹地，朝廷上下和武帝刘彻都知道；被匈奴大部队包围，单于挛鞮且鞮侯亲自率军督战，朝廷上下和武帝刘彻都知道；李陵兵团拼死苦斗，今天击杀匈奴数千，明天又击杀匈奴数千，朝廷上下和武帝刘彻也都知道，且捷报传回后，朝野欢庆，上下赞颂。但是，唯有不足五千名徒步的步兵，与匈奴八九万铁骑殊死苦战的兵力对比极其悬殊，需要派兵增援这一点，满朝文武大臣和武帝刘彻怎么会不知道。武帝刘彻的真实想法是，期望李陵战死。当他听说李陵被俘后，龙颜震怒，大发雷霆。就在这种情况下，一帮张嘴仁义孝悌、闭口效忠朝廷的文武臣僚，跟着武帝刘彻的震怒而震怒，异口同声地谴责起李陵来。

也站在文武臣僚中的史官兼天文台长司马迁，看到这种情形后非常痛心，他不明白这些稳坐高堂、拥妻抱子、享受荣华富贵的高官，为什么要对为祖国拼命战斗的李陵将军落井下石，栽赃构陷。

武帝刘彻大概看出了司马迁的情绪与众不同，就点名叫他发表意见。司马迁不假思索地陈述：“李陵对父母至为孝顺，对士兵更有恩信。常常奋不顾身，赴国家急难。这都是他平日的志愿，有国士的风范。如今不幸失败，我们在后方的臣僚，不思量战场的艰苦，反而落井下石，捏造构陷，实在使人痛心！”他接着说，李陵率不足五千人的步兵，深入匈奴汗国心脏，面对数万强敌，致使敌人死伤不断，不得不动员全国武装部队，大举围攻。李陵兵团转战千里，箭尽路绝，战士们赤手空拳，冒着刀锋，仍苦苦搏斗，李陵的部下如此忠勇，即令古代名将也不能超过。现在，虽李陵身陷敌中，然而他给敌人的创伤仍足以激励天下。司马迁特地强调，李陵之所以不死，并不是真的投降，而是等待适当时机，报效国家。

司马迁这样一番入情入理、有据有证的陈述，让武帝刘彻感到震怒，于是下令对司马迁处以腐刑。

按照当时的法律规定，司马迁只要交出一笔赎金，就可以免刑。但是，司马迁倾全部积蓄也凑不起这样一笔赎金，只能以自己的血肉之躯去任人宰割……

司马迁无法接受这样一个残酷的现实，他从巨大的羞辱和无比的痛苦中醒来以后，对自己、对人生做了这样一番思考：最高贵的品格是不使祖先受辱，其次依次是不屈辱自己，不伤害自尊，不讲卑躬屈膝的话，不下跪受辱，不穿上囚服受辱，不被酷刑拷打受辱，不剃光头发、不脚戴镣、手戴铐受辱，不毁坏肌肤、砍断肢体受辱。而最为羞耻的，则是腐刑。人生到此，羞辱已到尽头。

学识有多深，痛苦就有多深。司马迁这位编著中国古代史的巨匠，他的学识、他对历史特别是对朝代更替的深切认识，决定了他在面对腐刑这种人生最大羞辱的痛苦时，比常人要大得多。他为此写道：“猛虎在深山之中，百兽震恐，但它一旦落入牢笼，不得不摇尾乞怜，向人求食。为什么？因为在受到强制的压力之后，威严逐渐消失。所以，地上画个圆圈，当作监狱，有品德的人都不愿进去。削一块木头，当作审判官，有品德的人也不肯面对。宁愿在没有受到刑罚前，自杀一死。”

但是，司马迁不能死，因为他的“罪过”只是坚持讲公道话。公道是天之道、地之道、人之道，眼下被扭曲的公道，终有一天会得到澄清，世间不得澄清的公道古来没有！还因为，他正在编著中华民族的历史宝典——《史记》。正如他所言：书稿未完成，就在这个时候遭受惨祸，惋惜白白浪费这番心血，这才使我面对酷刑，而坚持下来……

这之后，司马迁撰写《史记》的坚持，是忍受巨大悲痛和屈辱的坚持。他有理由怨恨武帝刘彻，有理由怨恨对他落井下石的同僚，但他把怨恨像蜘蛛网一样轻轻抹去，把怨恨和愤怒排除在刀笔之外，一如既往地从大量的历史资料中，选择进入《史记》的历史真实，他刀笔之下刻写的每一个字，都源于真实的历史，源于人民的情感。司马迁就这样，始终保持着史学家的良知驾驭的编撰史学方向！

是的，是天之道、地之道、人之道决定了他司马迁承受这份痛苦。也正是这份痛苦，决定了他的历史宝典《史记》，通篇贯穿着天地之道、人性之道的主题。诸如赞美、鞭挞、讥讽、鄙视、期盼等，都在他的《史记》中活灵活现，都在他的《史记》中接受检阅、洗礼和审判！

司马迁就是这样，被武帝刘彻，被同朝臣僚，被历史，更被他自己，推上历史的正义舞台！

第四卷

汉朝（下）三国 魏晋

重读《资治通鉴》

第四卷

傅剑仁 著

汉朝（下）三国 魏晋

河北出版传媒集团
河北教育出版社

目录

目录

第一章 西汉王朝的落日余晖

史学家把汉光武帝刘秀当皇帝之后的汉王朝称作东汉王朝，之前则称西汉王朝……

西汉王朝后期，也演绎了许多精彩的历史故事，在这些故事中，站起了一批彪炳史册的战将、名臣……

“犯我中华者，虽远必诛！”就是名将陈汤向天下的宣告……

但西汉王朝还是向着夕阳走去……

刘彻杀钩弋夫人之谜

公元前88年的一天，汉武帝刘彻突然对他最宠爱的钩弋夫人大发雷霆，其凶悍的样子，顿时把钩弋夫人吓傻了。她万万没有想到，一向对自己百般恩宠的丈夫，怎么会这样对待自己呢？她急忙跪地，请求宽恕。令钩弋夫人没有想到的是，面对自己的跪地求恕，武帝刘彻没有丝毫怜悯，而是怒吼一声："拉出去，关进宫廷监狱！"侍卫把跪地的钩弋夫人拉到门口，她扳着门框，回过头去，无限深情地望着曾经百般宠爱自己的丈夫，用无限深情向他做最后的哀求。

武帝刘彻看到了钩弋夫人的眼神，看到了从这副眼神中流露出来的不理解和哀求，他的心也颤抖起来了，但他还是用坚毅的理智把持住自己，对手扳门框回过头来的钩弋夫人说："快走，你不能活！"

武帝刘彻说的这话，就像飞出的刀子，直刺钩弋夫人的心窝。

很快，钩弋夫人就在监狱被处死。

这个被武帝刘彻下令处死的钩弋夫人，降生便是一个传奇。

武帝刘彻出巡，路过今河北省河间时，从事望气术的大臣望出河间上空的祥云有天子气，于是四下寻找，打听到一户赵姓人家，生了一个女孩儿，生下来就双手紧握成拳，她自己伸不开，别人也扳不开。武帝刘彻急忙前去探看，握着她的手轻轻一扳，她的手便张开了。更令人惊奇的是，她的小手里握有一块玉钩。武帝刘彻大为惊诧，令人把她带回后宫，尊为"拳夫人"，史称"钩弋夫人"。钩弋夫人成年后，先生下一女，后在公元前95年，再次怀孕，十四个月才分娩，生下一个男孩儿，取名刘弗陵。武帝刘彻此时已是六十多岁的人了，老来得子，自是喜欢，加之刘弗陵在娘肚里待了十四个月才出来，也是有些蹊跷。一高兴，武帝刘彻卖弄自己的学识，将“拳夫人”居住的钩弋宫，命名为“尧母门”。因为传说古时的尧帝，也是怀胎十四个月才出生的。

“尧母门”让一帮小人嗅到了挑起皇室血拼的机会。

直指绣衣使者江充，是这帮小人的主角。他带着一群巫婆神汉，肆无忌惮地冲到皇后卫子夫的皇后宫，冲到太子刘据的太子宫，装神弄鬼、故弄玄虚，挖出他们事先埋下的木头小人儿，逼得皇后卫子夫自杀，太子刘据被杀，与卫子夫、刘据相关的皇亲国戚、门客舍人、下级官吏等数万人被杀，杀得朝廷上下阴风哀吼，血流成河。

太子刘据被杀，已经年逾七十的武帝刘彻必须尽快确定太子，他把三宫六院的嫔妃所生的儿子逐一进行了反复比较、分析，最后选定钩弋夫人所生的儿子刘弗陵。

可刘弗陵只有八岁。

八岁男童，根本就不可能召集满朝文武百官进行朝议，也决定不了任何国家大事。经过反反复复的权衡、比较、思考，武帝刘彻着人画了一张“周公负成王朝诸侯图”（成王是武王之后周朝第三代君王，因为年幼，由周公主政辅佐，每次都由周公背着成王接受各诸侯的朝觐），赏赐给霍光。

武帝刘彻是那种一刀一块、雷厉风行的帝王，一旦思虑成熟，便立马实施。

公元前88年，在把“周公负成王朝诸侯图”赏赐给霍光后，立马下令处死钩弋夫人。

公元前87年二月十三，武帝刘彻任命霍光为全国武装部队最高指挥官兼全国最高统帅。

同年二月十四，武帝刘彻与世长辞。

同年二月十五，太子刘弗陵继任皇位，年仅八岁。

确定刘弗陵接替帝位之前，武帝刘彻为什么要把刘弗陵的母亲钩弋夫人处死呢？

这是武帝刘彻给华夏后人留下的一个未解之谜！

这之后的诸多史学家在历史研究中，读到武帝刘彻下令诛杀娇妻钩弋夫人时，都会掩卷沉思，但思索的结果，大都相信武帝刘彻的解释。

武帝刘彻是这样解释的：自古以来，国家之所以混乱，都由于君王年纪太小，而母亲却青春正盛。年轻的女主人一旦大权在握，会骄傲不驯，做出淫乱的事，没有人可以制止她。你们没有看到吕雉的“榜样”？所以不得不先下手把她除掉。

武帝刘彻也许揭示出了整个封建社会皇位传承的一个最大弊端，但他拿吕雉举例，似乎有些不准确。

吕雉是武帝刘彻的太奶奶，是刘邦称帝后封的皇后。刘邦死后，吕雉实际掌握朝政权柄，大肆封赏她娘家吕姓的亲戚为王为侯，违反了刘邦“非刘姓封王，天下共击之”的规矩。但吕雉并非青春正盛之人，人老珠黄得刘邦早就对她毫无兴趣了，以致吕雉只能把舍人审食其招到床上填补欲望的空缺，除此之外并未做过其他淫乱之事呀！所以说，拿年老色衰的吕雉做对比，以此推测钩弋夫人因为年轻可能做出淫乱的事，没有可比性。

倒是武帝刘彻所要表达的君王年纪太小，年轻的君王母亲掌握朝政大权，包括君王的奶奶、姥姥甚至君王的姐姐掌握朝政大权，都是天下之大灾。武帝刘彻的这一担忧，不久便被历史证实了。

刘弗陵当上皇帝后，他的姐姐鄂邑公主搬进皇宫，与刘弗陵同住，监管一些照料事务。毕竟她比刘弗陵大几岁，又是一奶同胞，生活起居也方便。此时的鄂邑公主已嫁盖侯王充，也称盖长公主。

武帝刘彻赏霍光“周公负成王朝诸侯图”时，还选了两个人作为刘弗陵的辅佐大臣，一个是金日磾，一个是上官桀，这两人跟随武帝刘彻二十多年，是武帝刘彻用二十多年的观察、考察后选定的。不久金日磾去世了，剩下霍光和上官桀两位辅佐大臣。这二人感情至笃，霍光每逢休假，上官桀就代替他裁决国家大事。霍光的女儿还嫁给上官桀的儿子上官安，生了一个女儿。女儿五岁时，上官安找老丈人霍光商量，希望由他做主，把女儿嫁给皇帝刘弗陵为皇后，霍光以外孙女还小为由，加以拒绝。

上官安不肯罢休，便把目光瞄向了鄂邑公主。

上官安早就知道鄂邑公主与宾客丁外人私通。这个丁外人是鄂邑公主儿子的一个门客，一来二往两人好上了，且偷偷摸摸来往甚密。为巴结鄂邑公主，上官安常和丁外人搭讪、送礼、喝酒，打下了友情基础。上官安对丁外人挑明了说：“我想叫女儿嫁给皇帝做皇后，这事得靠你跟鄂邑公主去说，成与不成，全看你说与不说。”

丁外人当然愿意说，他跟上官安是好友，好友的女儿当了皇后，自己还能少沾光吗？于是他找鄂邑公主把这个主意说了。鄂邑公主也认为可行，于是在她的操作下，封上官安的女儿为皇帝刘弗陵的婕妤（嫔妃第一级）。

转年，上官安的女儿六岁，当上了皇后。

此时的皇帝刘弗陵，才十二岁。

上官安成了皇帝刘弗陵的老丈人，被封桑乐侯。

一夜之间，鸡犬升天，上官安如何把持得了自己，行为越发张狂、放荡，常常从皇宫参加宴会出来后，满嘴跑火车，说跟皇帝女婿喝酒，女婿如何向他敬酒，他如何摆老丈人的谱。后来，上官安的儿子病死了，他仰天大骂。骂什么呢？骂上天瞎了眼，怎么能叫他上官安的儿子病死呢?

上官桀也因为孙女成了皇后，开始从武帝刘彻二十多年的认可中蜕变。

于是，上官桀和儿子上官安，联手在朝廷作妖。

上官父子先是提议封丁外人侯爵，遭霍光拒绝；又提议封丁外人当光禄大夫，因为这个官才有被皇帝召见的资格，又遭霍光拒绝。

霍光拒绝上官父子，得罪的是鄂邑公主。

于是，鄂邑公主对霍光衔恨至深。

恰在这时，上官父子所宠信的太医监，私自闯皇宫寝殿，犯下死罪，霍光上书皇帝诏准，将其逮捕下狱，准备行刑。此时正是冬季，汉朝法律规定，到了冬季便停止行刑。上官父子急得像热锅上的蚂蚁，不得不又去找鄂邑公主。鄂邑公主本就对霍光恨之入骨，为了与霍光作对，更为显示自己的权势，立即拿出财产为这个院长赎罪，把他从监狱里捞了出来。

死刑犯能大摇大摆地从监狱出来，让一帮奸人看清了一个现实的政治问题：全国最高统帅霍光，权力没有皇帝姐姐鄂邑公主大，要扳倒霍光，必须借靠鄂邑公主的权势。于是，以鄂邑公主为核心，上官桀、上官安父子，还有想当皇帝想疯了的燕王刘旦（刘弗陵的异母兄），还有因设立盐铁专卖而有功于朝廷、因而伸手为儿子要官被霍光拒绝的最高监察官桑弘羊等，秘密结成了一个反霍光的阵营。燕国刘旦有的是钱，先后派出十几批密使，携带大量金银财宝，给鄂邑公主、上官父子、桑弘羊等行贿。

他们的阴谋是这样的：第一步，以燕王刘旦的名义，由上官桀执笔，罗列霍光的罪行，而后另找一个可靠的人，在他们设计的时间节点，去给皇帝刘弗陵送奏章；第二步，等到霍光休假时，也就是这个时间节点，把给皇帝的奏章交给上官桀，由上官桀呈送给皇帝刘弗陵；第三步，只要皇帝刘弗陵诏示查办，便由上官桀、桑弘羊立即逮捕霍光，迅速处决。

给霍光罗列的罪行，一是到首都郊外检阅禁卫官、羽林官时，像皇帝的排场一样，一路清道戒严，还用皇家膳食；二是苏武出使匈奴二十多年才回国，霍光对他打压，只给他安了个移民总监的官职；三是霍光做好了篡夺皇位的准备，已经把各路指挥官调到了最高统帅部……

时间节点到了，霍光休假，上官桀迅速将奏章送给皇帝刘弗陵。

奏章一送到皇帝手里，上官父子、桑弘羊等便磨刀霍霍，做好了随时逮捕、诛杀霍光的一切准备。

等啊等，等来的是皇帝刘弗陵把奏章压在了案头。

霍光休完假上朝，听到告他的消息，停在等待皇帝召见的画室，不敢走进金銮殿。

皇帝刘弗陵问："最高统帅在什么地方？"

上官桀答："因为燕王控告他，他不敢进殿。"

皇帝刘弗陵召霍光进殿后，当着上官桀等臣僚对霍光说："告你的这份奏章是假的！你霍光去检阅禁卫官，是这几天的事；你征调各路指挥官，也没超过十天，燕王刘旦怎么能知道？再说，你如果要发动政变，根本就不需要什么指挥官嘛！"

此时年仅十四岁的皇帝刘弗陵，当着霍光和满朝臣僚所说的这番话，真是高明至极！他先说霍光检阅禁卫官是近几天的事，征调各路指挥官也没超过十天，什么意思？

因为奏章是燕王刘旦接到他人对霍光的控告而上报皇帝的，燕国首府北京距长安一千多里，还有太行山和黄河，在公元前八十多年那样的交通条件下，是绝不可能在几天、十天时间，把霍光检阅、调遣将军的事从长安传到燕国的。这种做不到的事却发生了，不是明摆着有人要陷害霍光吗！

刘弗陵接着问了一句："燕王怎么能够知道？"

这一问便更直接了，这不是明摆着朝中有人与燕王勾结，联手陷害霍光吗？

刘弗陵最后说："霍光如果要发动政变，根本就不需要调下面的将领来当什么指挥官。"接下来皇帝刘弗陵在金銮殿开骂："你们这帮搞阴谋的，不长脑子，全是傻瓜！他霍光是何许人也，他是武帝刘彻临终时特地任命的全国武装部队最高指挥官兼全国最高统帅，军队全在他的掌控之中，他要是真的发动政变，还需要调指挥官吗？他本身就是全国武装部队的最高指挥官！"

上官父子等人也许听懂了皇帝刘弗陵开骂的真实意蕴，也许根本就没有听懂。但无论是听懂了还是没听懂，他们都不会回头，因为他们踏上的是一条阴谋反叛的不归路。

于是，一连串的阴谋再次出笼，但因为利益取向各异，因而阴谋中隐藏着更大的阴谋，一个比一个阴险毒辣。

一个阴谋是：由鄂邑公主宴请霍光，在帐下伏兵，在餐桌上把霍光杀掉，而后罢黜皇帝刘弗陵，迎立燕王刘旦接替皇位。

不可思议吧！鄂邑公主是刘弗陵的亲姐姐，就因为自己的情夫没有当上高级国务官，便要把弟弟刘弗陵从皇帝的御椅上踢开。

对于这个阴谋，燕王刘旦当然高兴，但上官父子不高兴。不高兴又不能当场表示反对，因而只能在刘旦高兴的这个阴谋中，设计一个更大的阴谋。

这个更大的阴谋，是上官父子设计的，打算待燕王刘旦进京之后，立即把他杀掉，接着罢黜刘弗陵，上官桀接替皇位。

问题出来了，罢黜皇帝刘弗陵，皇后怎么办？她可是上官安的女儿、上官桀的孙女，总不能对自己的亲骨肉下毒手吧？

利令智昏的上官安最后拍板说：“追逐鹿的猎狗，还能顾及兔呀！”上官父子追求的是皇帝大位，哪里还顾得上自己女儿、孙女的生死安危呢？

举头三尺有神明啊！

鄂邑公主、上官父子、刘旦、桑弘羊等策划的这一惊天阴谋，被鄂邑公主家一个随从的父亲燕仓打听到了。这个老人是个收田租的职员，听到这个消息后，立即向朝廷的农业部长报告。农业部长杨敞一听吓傻了，声称有病，迅速搬家到外地调养。燕仓认为事关重大，不敢怠慢，又迅速向咨询官杜延年报告。杜延年没有含糊，通过霍光呈报给了皇帝刘弗陵。

上官桀、上官安父子，桑弘羊，丁外人等被逮捕后全部如实供述，他们连同族人的脑袋全部被砍。

皇帝刘弗陵的姐姐鄂邑公主，是这一阴谋的主角，万死不赦，只好自杀。

燕王刘旦跟王妃、姬妾喝完诀别酒后，绞死自尽。

一场阴谋篡权的大戏，用一大堆人头画上了句号。

回过头来看，武帝刘彻在临终之前，杀年轻美貌的钩弋夫人之谜，谜底就看得比较清楚了。

谜底之一：皇帝年幼，想取而代之的人很多，围绕皇权的各种阴谋，必然轮番上演，最终用鲜血谢幕，是必然的结局。在上述反霍光阵营中，想取代刘弗陵当皇帝的是两个人，一个是燕王刘旦，他是武帝刘彻诸多儿子中的长子，太子刘据被杀后，按顺序接替太子的当是刘旦。可刘旦被武帝刘彻否决了，选了个最小的儿子刘弗陵当太子并接替皇位，刘旦因此愤恨不平。武帝刘彻去世后，燕王刘旦就显露了企图抢夺皇位的诸多阴谋诡计，被霍光等人一一化解。但刘旦并未死心，仍在寻找取代刘弗陵当皇帝的机会。另一个想当皇帝的是上官桀，他没有接替皇位的血统资格，但在眼看刘旦就要坐到金銮宝殿的关键当口，他眼红了，打算杀掉刘旦，自己坐到金銮宝殿上去。此外还有没有人想坐到金銮宝殿上去，虽史书没有记载，但不用怀疑，肯定还有，只是司马光没有记载，或这些人尚没有跳出来，只是在私底下做各种准备而已。但不管围绕皇权争夺的大戏如何上演，最终的结局都是以鲜血谢幕！

谜底之二：皇帝年幼，哪怕是只有六岁的皇后，她背后站着的族亲，都会毫不含糊地插手皇权事务，搞乱朝政朝纲，是必然的。在反霍光阵营中，主角是皇帝刘弗陵同父同母的亲姐姐。按说她有势无权，主要职责是照料年幼皇帝刘弗陵的日常起居，可她从搬到皇宫的第一天起，便把手伸到了皇权事务甚至朝廷的决策之中，且一伸手便得手。围绕与丁外人的淫荡勾当，鄂邑公主上演了一系列出格的表演，让上官父子、燕王刘旦等人看到了机会，膨胀了欲望。鄂邑公主只是皇帝刘弗陵的亲姐姐，假若换成刘弗陵的亲娘钩弋夫人，她年轻漂亮，刘弗陵一当皇帝，她便是皇太后，她会退到皇太后的东宫颐养天年、不过问儿子这个皇帝的事务吗？答案是否定的，她会毫不含糊地坐在用珠帘遮挡的金銮宝殿上，大权独揽，垂帘听政。这样的话，想想吧，汉高祖刘邦的皇后吕雉，在刘邦去世后，大权独揽，封赏她娘家吕姓亲族的事，钩弋皇太后会不干吗？吕雉把朝廷搞乱后，是周勃、陈平等刘邦的旧臣用军队平息的，国家和人民付出过惨痛代价。钩弋夫人一旦把局面搞乱后，结局又会如何呢？

真不敢想象啊！

汉武大帝刘彻，在选择幼子刘弗陵当皇帝上，体现出了常人不可企及的大智慧！

霍光毁于“妻不贤”

“妻贤夫祸少”，真是千古人生真谛！

霍光的妻子，从反面做了诠释。

霍光，是西汉名将霍去病的异母弟，在武帝刘彻选八岁的小儿子刘弗陵为太子时，同时选定霍光作为刘弗陵的辅佐大臣，实际是选霍光主持朝政，大政方针都由他定，他的命令就等于皇帝的命令。这是武帝刘彻经过二十多年对霍光的反复观察、考察后选定的。史载，霍光入宫二十多年，出宫则陪同武帝刘彻同车，入宫则侍奉武帝刘彻左右，他做事沉稳、有分寸，守规矩，明大理。用现代话说，就是有本事，能干事，很忠诚，履职而不失职，担当而不越位。宫廷禁卫官长期在宫殿守护，发现霍光出入皇宫，每天上下台阶的时候，步子几乎不差分毫。在武帝刘彻任命霍光为全国武装部队最高指挥官兼全国最高统帅的同时，任命金日磾为车骑将军、上官桀为左将军，三人同时接受遗诏，共同辅佐刘弗陵。

下面我们来翻司马光的《资治通鉴》，翻几件霍光辅佐幼帝刘弗陵的事看看。

一件事，是平息燕王刘旦反叛。

武帝刘彻去世后，皇帝刘弗陵即向各封国发布告哀诏书。燕王刘旦是刘弗陵同父异母的哥哥，他收到诏书后，派出一批又一批宠臣，假借请示举哀事宜，打探宫中消息，寻找举叛借口。

没过几天，昭帝刘弗陵赏赐刘旦钱三十万、增封一万三千户的诏书，就快马加鞭送到了燕国。

这无疑是全国最高统帅霍光的主意。

这一举措，明确告知燕王刘旦：

你反复派宠臣打探宫中消息的真实意图，皇帝刘弗陵全盘掌握；赐你金钱、增加封户，是告诉你皇帝顾念兄弟情谊，父皇刘彻刚去世，大家相安无事为好。

是啊！这个关节点上，国家可乱不得啊！

如此高明的告知，八岁皇帝刘弗陵肯定想不出来。

但遗憾的是，武帝刘彻的儿子刘旦却不管天下乱不乱，他一门心思想的是皇位。刘旦在收到刘弗陵的诏书后说："我本就该当皇帝，用不着谁对我赏赐。"刘旦身边的宠臣不嫌事大，鼓动他采取行动，直接去抢皇位。刘旦大受激励，就秘密与中山王刘长、齐王刘泽等皇族中对刘弗陵当皇帝不满的人串联，商定由刘泽撰写文告，指控刘弗陵不是武帝刘彻的儿子，是被少数臣僚硬推上位的，鼓动各封国、各郡共同起兵讨伐。

被黄袍弄昏了头的刘旦，在燕国大肆招募天下作奸犯科的地痞流氓，发给他们武器，组织他们进行各种攻防演练，就等着黄袍加身的那天到来。燕国王宫禁卫官韩义等人，对刘旦进行规劝，刘旦一连诛杀韩义等十多人，杀得燕国上下人心惶恐。

尚没有穿上黄袍的刘旦，令齐王刘泽击杀青州刺史隽不疑，搬掉这个可能阻止刘泽在齐国举兵、响应他反叛的绊脚石。不料走漏消息，隽不疑直接将齐王刘泽逮捕，并火速报告朝廷，将燕王刘旦等一大帮反叛分子全部缉拿归案。

处理的结果是包容性质的，除齐王刘泽等反叛骨干处以死刑外，大部分跟随者留下了性命，包括刘旦也没有追究，让他继续坐在燕王的座椅上。

做这样的处理，无疑是霍光的手笔。

按照汉朝的法律，反叛朝廷，是诛杀三族的大罪，皇亲国戚也不能例外。但武帝刘彻在公元前87年去世，燕王刘旦抢夺皇位发生在公元前86年，武帝刘彻尚未安葬，接替的皇帝刘弗陵不满十岁，在这种情况下，全国最高统帅霍光最看重的是什么？是天下的安定！天下混乱，尸骨未寒的武帝刘彻，黄泉路上能走好吗？诛杀燕王刘旦，虽然有法律依据和铁证，但他是皇帝刘弗陵同父异母的哥哥，这一刀下去，皇亲国戚心里会是什么滋味？不会让人猜测霍光有什么图谋吗？不会杀出恐慌来吗？剥夺刘旦的燕国国王之位，虽然有法律依据和铁证，但这么做能体现出皇帝刘弗陵的慈善、大度、包容吗？刘弗陵不满十岁，他需要积累这种作为皇帝的资本和影响力。

另一件事，是挫败上官父子阴谋。

上文写了燕王刘旦、上官桀、上官安父子、鄂邑公主等抢夺皇位的阴谋，毫无疑问，在挫败上官父子的这一阴谋反叛中，霍光是主角，其辅佐昭帝刘弗陵的所作所为，令人称道！

还有一件事，是霍光废帝。

公元前74年，昭帝刘弗陵逝世。刘弗陵八岁继承皇位，二十一岁去世，在位十三年。史载，刘弗陵是个好皇帝，他宅心仁厚，关心民众，对皇族比较宽容，史官的刀笔几乎没有记载他的恶劣之行。

比如，昭帝刘弗陵诏曰："数年以来，农民的灾害特多，今年的养蚕和春麦收割也都受到伤害。中央发给农民的种子和贷款，都不要偿还，并且不要征收今年的农民田赋。"

再比如，汉王朝初年，七至十四岁的人每年要向朝廷缴纳人头税二十钱。武帝刘彻时，因反击匈奴，致使国库空虚，人头税更增加为二十三钱。昭帝刘弗陵则下诏，人头税减收百分之三十，为每人每年十六钱，深受民众欢迎。

毫无疑问，昭帝刘弗陵做得好，源于霍光辅佐得好。

昭帝刘弗陵英年早逝，给霍光也给汉朝廷出了一个天大的难题。

这难题便是：昭帝刘弗陵无子，接替他皇位的人只能从武帝刘彻现存的儿孙中去找。而刘彻在选择他死后皇位接替人选时，对源于他血脉的儿子和孙子，比较了又比较，选择了又选择，才最终选定刘弗陵。如今刘弗陵去世了，再从刘彻的儿子、孙子中选皇位继承人，只能从武帝刘彻选刘弗陵时放弃的人中去选。也就是说，选谁，都并非武帝刘彻中意的人。

选武帝刘彻儿孙之外的人不合祖训，使不得，只能从矮子里拔将军。

这一重大的历史责任，无疑搁在了霍光的肩上。

按皇位传承顺序，广陵王刘胥是武帝刘彻现存儿子中的长子，有人因此提议刘胥接替皇位。

霍光认为不合适，因为他知道，武帝刘彻生前最不喜欢的就是刘胥。刘胥虽然力大如牛，能徒手举鼎，但不学无术，淫荡闲逛，经常做出一些皇子不该做的出格之事。一次他空手斗熊，被熊爪把胸膛都撕开了，差一点儿丧命。霍光老到，他虽不愿皇位让刘胥来继承，但嘴上不能说，一说便会掀起没完没了的朝议风波。

接着便有人上书，搬出周朝始祖古公亶父、周文王姬昌不选长子而选次子当继承人的历史典故，提出放弃刘胥而选比刘胥更合适的人。

这正合霍光的心意，也很难说不是霍光的授意。

霍光迅速召集宰相杨敞等高官商议，并由上官皇后签发诏书，把昌邑王刘贺接来皇宫。

这个刘贺，是武帝刘彻的孙子，他的奶奶便是西汉大名鼎鼎的美女李夫人。刘彻在李夫人生病以后，想见她最后一面，硬是被李夫人拒绝了。为了巴结李夫人，刘彻把她的弟弟李广利提拔为贰师将军，让他率大批官兵出击西域，以便建功封侯。武帝刘彻在挑选自己死后的皇帝人选时，也没有忘记刘贺。但这个刘贺是个浪荡公子，不爱读书识字，就爱和仆人、厨师等挤在一起大吃大喝、胡作非为、搞恶作剧取乐，因而把他放弃了。

在迎接刘贺来长安的过程中，司马光用一种极其高明的写作手法，即怪异警告，表达了对刘贺当皇帝的不认同。

怪异一，刘贺忽然看到一只白色的大狗，狗头戴着舞台上演员戴的方山冠，而脖子以下却是人身。刘贺吓了一跳，一眨眼狗却不见了。刘贺的老师解释道：这是上天的警告，显示你的左右亲信都是戴着人帽的狗。赶走他们，你才能保全自己，否则一定灭亡。刘贺听了不以为然，他离不开这些戴着人帽的狗。

怪异二，刘贺与一帮侍从警卫在王宫闲聊，突然听到有人说“熊”，接着他真切地看见一头熊走来。又是一眨眼工夫，熊不见了。刘贺问侍从听没听到有人说“熊”，侍从都没听到；又问看没看到一头熊走来，侍从都没看到。刘贺的老师解释道：这是上天的警告，熊是山林的野兽，竟然闯进王宫，说明王宫恐将变成空屋，危在旦夕。这回刘贺有点儿恐慌了，但他只是仰天长叹：“这不祥的兆头，怎么没完没了呢？”说罢继续与宠臣胡闹。

怪异三，刘贺的王座上，突然出现一摊污血。刘贺的老师解释道：已经到了危急关头！血，象征黑暗中的风险，再不痛改前非，就完了。刘贺听了也有点儿紧张，但如何痛改前非，却抛到了一边。

怪异四，刘贺率王公大臣、后宫嫔妃浩浩荡荡向长安进发，第一天连续奔驰达一百三十五里，结果在今山东定陶歇息时，所有侍从骑的马无一例外都死了。

这回他的老师不说话了。昌邑国中尉王吉给刘贺上书，说："武丁守丧期间，三年不说话。如今你的叔父（刘弗陵）去世了，你接受征召，应日夜啼哭，深表悲哀，切不可嬉戏玩闹！"

刘贺不予理睬，一路走一路玩，到济阳了，下令地方政府呈献当地特产，即终日啼鸣的长鸣鸡，还下令购买积木杖；到弘农了，命奴仆总管给他偷偷弄来民间美女，走时还把美女藏到行李车里；到湖县了，政府迎驾使节从行李车里发现了美女……

刘贺终于走到了长安，于公元前74年六月登基继位。

司马光写了这么多发生在刘贺身上的怪异警告，以及刘贺自己的胡作非为，无非是表达一种预示，即预示刘贺不适合当皇帝，即便披上黄袍，也很快就会被扒掉。

刘贺当了皇帝之后，比当亲王时更加淫乱荒唐。他把昌邑国陪着他玩闹的官员、小吏三百多人，全部征调到长安，成天陪着他喝酒取乐，在御花园斗虎斗豹，闹得皇宫乌烟瘴气。不仅如此，刘贺还把昭帝刘弗陵的宫女，召来奸淫。在皇帝的御椅上坐了二十七天，刘贺向官署征求调拨的文件，竟达一千一百二十七件之多……

霍光惊愕失望，忧虑甚重，他悄悄询问大司农田延年当如何处理。田延年给他找出诸多历史上废帝的例证，建议他废帝，更立贤能。霍光受到鼓舞，派田延年报告宰相杨敞。杨敞一听，顿时傻了，张大嘴巴合不拢，瞬间浑身上下大汗淋漓。还是他的夫人在东厢听到他们的谈话，出来叫杨敞表态，一切听从霍光的安排，杨敞才缓过神来。

一听说废帝，不光宰相杨敞听傻了，当霍光召开高级官员会议，提出废帝后，监察官、将军、侯爵、国务官、咨询官等，全部像晴天霹雳击中头顶，黑压压一片高官顿时变成了一群不能动弹的木偶。幸好田延年站出来，他手按剑柄，大声喊道："今天的会议，必须立刻得出结论，谁最后响应，当场格杀！”大概怕当即掉脑袋，众臣僚才如梦醒来，纷纷表态，支持废除皇帝刘贺。

废了皇帝，就得重新拥立皇帝。没有皇帝的封建王朝，犹如天上没有太阳一样。

拥立新皇帝的任务，又搁到了霍光肩上。

这对霍光来说，无疑又是一次大考。

霍光倾注心血，千挑万选比较，终于为汉王朝选出了一个好皇帝，叫刘病已，他后来自己改名叫刘询，号宣帝（本文称刘询）。

这个刘询，历经千辛万难！

在武帝刘彻的太子刘据的姬妾群中，有一位鲁国美女史氏，被封为良娣（姬妾分两级：一级良娣，二级孺子），刘据与史良娣生一子叫刘进，刘进娶美女王翁须，生一子叫刘询，是武帝刘彻的曾孙。

公元前91年，江充用巫蛊挑起皇家血灾事件时，刘询生下来才几个月。在祸从天降的巫蛊事件中，太子刘据和他的三个儿子、一个女儿以及所有姬妾，全被诛杀。只有几个月的婴儿皇曾孙刘询，虽未被杀，却被收押在藩属事务部监狱。当时担任监狱总管的丙吉，知道太子刘据冤枉，哀怜刘询身世的悲惨，特地选了两个忠厚的女犯，一个叫胡组，一个叫郭征卿，命她们哺育喂奶，还特地把刘询从低矮潮湿的囚房调到了地势较高且干燥的囚房。史载，丙吉担心她们照顾不好刘询，几乎隔一天便去监狱看望一次。

巫蛊的血灾，血流若干年，刘询在监狱里也长了好几岁。后来武帝刘彻患病，常到长扬、五柞两宫疗养，有方士对刘彻说：“长安监狱冒出天子气。”刘彻十分震恐，下令长安所有监狱里的囚犯，无论定案与否，无论罪轻罪重，一律诛杀。宦官礼宾长郭穰，奉诏于深夜赶到藩属事务部监狱来执行诏令。

丙吉拒绝开门。

僵持起来了，一个说这是皇帝诏令，一个说没定死罪的人不能杀，何况监狱里还有皇帝的亲曾孙。

僵持到天亮，丙吉就是不开门。

郭穰气炸了，回宫奏报武帝刘彻，以“阻格诏书”之罪，提议处死丙吉。

武帝刘彻听了郭穰的禀报，顿时醒悟过来，说这是天意，并随即下诏，大赦天下。虽是大赦，但也仅有藩属事务部监狱幸免，其他监狱的囚犯，因未能等到武帝刘彻的大赦诏令，而伏尸遍野了。

这里，就违诏保护武帝刘彻曾孙的丙吉，多写几笔。

武帝刘彻的大赦令后，丙吉立即将刘询连同哺育刘询的女犯胡组，移交给长安市政府。长安不肯接受，胡组只好把刘询抱回监狱。不久，胡组刑满释放出狱，因年幼的刘询离不开胡组，丙吉就出钱雇佣胡组，继续在监狱看护刘询。宫廷财政断了刘询的伙食供养，丙吉就自掏腰包供养。刘询多次患病，丙吉又是求医又是买药治疗。打听到刘询的祖母史良娣的母亲和哥哥还在人间，丙吉便雇了一辆车，把刘询从监狱接出来，送到他外曾祖母家抚养。

关键是，刘询当皇帝后，丙吉对在监狱保护刘询的事只字不提，后来，一个宫廷事务管理署的官婢抢功，以自己抚养幼时皇帝有功为由，上书说丙吉可以为她作证。刘询诏令核查，丙吉才说了胡组照料刘询的情况；找胡组核实，胡组又说了丙吉掏腰包供刘询伙食、为刘询治病等情况。皇帝刘询深感震撼，对丙吉心怀钦敬。

刘询回到曾祖母家后，回归于正常生活状态，但也是社会的底层状态。他与左邻右舍的年轻朋友厮混，斗鸡逗狗、摸鱼捞虾、喝酒打闹。在同不同阶层特别是庶民朋友的交往中，刘询对社会的黑暗面、各级官吏的好坏有了自己深切的体验和感悟。但刘询聪慧过人，好学不倦，但凡与他有过交往的人，都对他大加赞赏。经人撮合，十八岁的刘询与宫廷监狱管理员许广汉的女儿成家，日子过得平淡而安闲。

刘贺被罢黜后，汉王朝出现了二十七天的皇位空缺。这期间，丙吉便给霍光上书，推荐了刘询。霍光找其他臣僚打听，打听到谁，谁都赞赏刘询。经过一番操作后，刘询坐上了皇帝的宝座。

司马光对霍光如何帮助刘询登上帝位的记载不多，但霍光门面上、私下里做的事一定不少。

废一个皇帝，再立一个皇帝，在短短不到一个月的时间里，犹如引爆两颗威力无比的炸药包，如果没有心怀大忠，没有自己对眼前和长远私利的舍弃，没有关键时刻的铁肩担当，是无论如何也不敢去做的。

霍光做了，且做得很好！至此，我们不得不钦佩武帝刘彻选择霍光辅佐朝政的目光，也不得不钦佩霍光不负武帝刘彻重托的忠诚和担当！

昭帝刘弗陵、宣帝刘询，是武帝刘彻之后的汉王朝为数不多的两个好皇帝。他们在继承汉文帝刘恒轻赋爱民、汉景帝刘启宽刑减罚、汉武帝刘彻开疆拓土优良传统的同时，拓展了各自的帝业辉煌。在刘弗陵任内，中国有史以来第一次关于财经政策的大辩论而整理成书的《盐铁论》，比亚当·斯密的《国富论》，要早一千八百多年。而在刘询当皇帝后，他身边招揽了一大批公正、廉洁、明智的贤士。前面写到的丙吉，还有治理地方政绩突出的龚逐，明察秋毫的长安市长尹翁归，上书《圣主得贤臣颂》的谏官王褒，上书批评刘询对母族、妻族放纵奢侈的谏官王吉，“将在外君命有所不受”的老将赵充国，等等，一大批贤士达人给刘询为皇帝的大汉王朝，增添了一笔又一笔的光彩。以致史书多次记载：凤凰降临鲁国，成群的鸟追随；凤凰飞集泰山、陈留，甘露又降在未央宫；凤凰飞集彭城。这些天降祥瑞，被史学家誉为“中兴”时代。

这一切，都离不开霍光的辅佐和贡献！

但，霍光还是毁了。

从本质上说，霍光毁于“妻不贤”。

史书记载霍光的妻子叫“显”，什么姓氏无从知晓，这里且叫她“霍显”。

刘询当皇帝后，他在落难时成家的妻子许平君，自然成了皇后，搬进皇宫不久，许皇后怀孕了。此时皇帝刘询尚未确立太子。皇后怀孕是皇宫的一件大事，得抽调好些人去服侍。一个名叫淳于衍的女医师，曾经服侍过许皇后，被召入后宫。淳于衍的丈夫是宫廷看门的，他对妻子说：“你进后宫之前，去跟霍显禀报，求她帮忙，给我提个小官儿做做。”

淳于衍遵照丈夫的吩咐，进宫时先去见霍显，提了关照她丈夫的请托。霍显听说她去后宫服侍怀孕的许皇后，怦然心动，立即屏退左右，对淳于衍说：“你求我的事，我一定办，我也想求你一件事，不知你是否答应。”手握朝政权柄的是霍光，他的夫人求一个服侍皇后的下人，能不答应吗？

于是霍显对她说：“霍光最喜爱的小女儿霍成君的大富大贵，只有你才能成全。”

淳于衍不解，瞪大眼睛问：“我怎么成全得了？”

霍显说：“女人生孩子是过鬼门关，九死一生。眼下许皇后要分娩，如果趁势下毒，真是神不知鬼不觉。许皇后死了，我女儿霍成君便能当皇后。你想想，你还有你丈夫的荣华富贵，将会是个什么光景。”

淳于衍瞪大眼睛合不拢了，半天才缓过神来，说：“皇后生孩子、生病得由很多医生会诊，汤药都要由宫女先喝，我怎么能做得到。”

霍显说："怎么办靠你自己想法子，问题就在于你愿不愿意帮忙了。"

淳于衍沉吟半天，说愿尽全力。

毫无疑问，淳于衍已经落入陷阱。她一定想得到，给生孩子的皇后下毒，是灭三族、屠九族的大罪，一旦事发，一片人头落地。但她也一定想得到，如果拒绝霍显，她连同她丈夫、家人的脑袋，很快将莫名其妙地纷纷落地。经过反复权衡，侥幸和求富的心理战胜理智和本分，许皇后被淳于衍毒死。

满朝震撼，皇帝刘询下诏将御医全部逮捕下狱，一个一个过筛子严查。

直到这时，霍显才大为惊恐，只好把实情告诉了丈夫霍光，哀求霍光追查不要扯上淳于衍。

霍光一听，顿时像头上挨了一记闷棍。

司马光写道：霍光第一时间想的是，亲自立即检举妻子霍显。

接下来，霍光便犹豫了。他想的是，霍显是自己的妻子，她这么做，目的是为女儿的前程谋划。

再接下来，霍光便是犹豫了再犹豫。

正在霍光尚处于犹豫、再犹豫之时，司法的结案报告经皇帝刘询审核后，递到了霍光手上。奏报中没有涉及淳于衍。

霍光不再犹豫了，只是吁出一口长长的气。

霍显的阴谋得逞，她的女儿霍成君于公元前70年，登上皇后宝座。

史载：霍成君三月十一搬进皇后宫，四月二十九，汉朝的天下发生大地震，四十九个郡和封国的城郭被摧毁，房屋倒塌，死亡六千多人……

两年后的公元前68年，霍光因病逝世。

霍光死了，霍显还活着，她满肚子的阴毒还得释出。

公元前67年，皇帝刘询封儿子刘奭为太子。对此，霍显气得大口吐血。她谋害许皇后，不就是为了让自己的女儿霍成君当皇后、生太子吗？虽然霍皇后尚未生子，她得把这个太子空位占着呀。于是霍显对霍皇后面授机宜，教她召唤太子刘奭到皇后宫，引诱他吃下了毒的糖果。刘奭的乳娘和保姆非常机警，霍皇后叫太子吃什么，她们都先尝尝，使得霍皇后多次都不能得手。

没有不透风的墙。虽霍显、霍皇后的阴谋未得逞，但各种小道消息已经在后宫传开了。皇帝刘询警觉起来，逐步削弱霍光儿子、侄子的权力，把他们贬出京师。在这种情况下，霍显只好向家人交底，把她害死许皇后、又想毒死太子刘奭的事和盘托出，告诉了儿子、侄子等人。

已经没有退路了，霍显做最后一搏。当时的皇太后是上官太后，她是霍光、霍显的外孙女，霍显打算由上官太后出面，宴请宰相魏相、平恩侯许广汉等人，在酒食桌上宣读上官太后的诏命，将魏相、许广汉等人当场斩首，同时罢黜皇帝刘询，由霍光的儿子霍禹接替帝位。

这是个小儿科级的谋杀、篡权阴谋，皇帝刘询几乎不费吹灰之力，便将其彻底粉碎。结果是，霍显、霍禹、霍云、霍山及霍家的儿女、兄弟，全数被绑赴街头斩首。

霍光、霍显的女儿霍成君，被罢黜皇后，囚禁在上林苑的昭台宫。

为汉武帝刘彻、汉昭帝刘弗陵、汉宣帝刘询三朝建立赫赫功勋的霍去病家族，在霍显手里彻底被毁了，霍光也彻底被毁了。

毫无疑问，霍光毁于“妻不贤”。

虽然，霍家毁灭的源头在于霍显谋杀许皇后阴谋得逞，但正是在这个关键点上，霍光不敢站出来检举霍显的犯罪行为，才使得这个源头由涓涓细流变成了汹涌波涛，霍家最终被族诛。

受命为汉武帝刘彻托孤的霍光，死前也许想过这样的结果，但他注定无法从这样的结果中走出来！

犯我中华者，虽远必诛

“犯强汉者，虽远必诛”，是汉朝名将陈汤向天下宣告的。

我在这里把“犯强汉者”，改为“犯我中华者”，意思是一样的。因为“犯我中华者，虽远必诛”，读起来更提气！

陈汤的这一宣告，是在向宣帝刘询奏报“将义兵，行天诛，赖陛下神灵，阴阳并应，天气精明，陷阵克敌”，“斩阏氏、太子、名王以下千五百一十八级”，取得攻伐匈奴重大战果后说出来的。

从此以后，“犯强汉者，虽远必诛”成了中国对世界的庄严宣告！

公元前51年，匈奴汗国第十四任单于孪鞮稽侯狦，率臣僚抵达长安，朝觐汉朝皇帝。

这是汉朝历史上的一个标志性事件！

在此之前，中原最大的边患是匈奴入侵、骚扰、掠夺。匈奴汗国崛起于公元前3世纪，与中原苦苦缠斗二百余年，秦始皇派蒙恬将军率军北上攻伐十余年，主要任务之一就是北伐匈奴。修筑秦长城，把西起甘肃临洮，中经阴山，东至辽阳的“赵国长城”“燕国长城”，连接成两千四百余里的长城屏障，就是为了防范匈奴的进犯。汉高祖刘邦与匈奴和亲，选派皇室女子到匈奴单于后宫当阏氏，就是为了安抚匈奴，不要到中原边境来骚扰。只是到了汉武帝刘彻时期，他不惜倾全国财力、人力，发起对匈奴的强力攻击，连续七次诏令大军深入匈奴汗国腹地，寻找匈奴主力决战，在战争中高高站起来的战神卫青、霍去病，歼灭匈奴大批主力部队，打得匈奴人哀歌：“失我祁连山，使我六畜不蕃息；失我焉支山，使我嫁妇无颜色。”瀚海以南的广阔土地上，再无匈奴立足之地。汉王朝的屯垦官员、小吏以及士兵群众五六万人，在这片土地上屯垦放牧，建立家园。著名的“丝绸之路”被彻底打通，西域三十六国的国君先后到汉王朝来朝贡。

强悍的匈奴被打残了，但瘦死的骆驼比马大，它在西域仍是老大，振臂一呼，诸多小国便举着旗跟在它后面架秧子起哄；走在丝绸之路上的汉王朝商旅，不时受到匈奴的抢劫攻击；西域一些小国今天亲汉明天反汉，大多出于匈奴背后的挑唆。虽然匈奴的这些小动作掀不起什么大浪了，但汉王朝在那里设置的郡县政府和派驻的官员，以及驻守的边防军、屯垦战士，还有大批迁移过去的百姓，他们却仍然笼罩在被匈奴侵扰、抢劫、诛杀的阴影之下。

至公元前57年，匈奴汗国内部自乱，加速了瓦解消亡。这一年，匈奴汗国的单于兄弟中出了五个单于。正宗的单于是十四任挛鞮稽侯狦，但他那几个尽享王权富贵的兄弟，争权夺地、相互诛杀，杀得不好收场了，便一不做二不休，干脆自称为单于，各自为政，以单于的身份率军继续厮杀。在这一过程中，有的单于被击败后自杀，有的单于被击败后远遁。正宗单于挛鞮稽侯狦，被哥哥郅支单于击败后，率领军队和人民向南转移，接近中原边塞后，把儿子右贤王挛鞮铢娄渠堂，派到汉王朝充当人质。郅支单于得到消息后，也立即派自己的儿子、西部军区司令挛鞮驹于利爱，到汉王朝充当人质。

分析看，挛鞮稽侯狦单于与汉王朝媾和是真心的，他看到了自己的国土一天天削减，人口一天天减少，附和汉王朝则安全有保障，否则随时都有覆亡的危险，因而真心与汉王朝媾和。而郅支单于势头正盛，他一次派出的作战部队就达六万人，又从挛鞮稽侯狦手里抢夺了大片土地和人民，他不愿附和汉王朝，只是在挛鞮稽侯狦派出儿子当人质后，也派儿子当人质做个样子。

公元前51年，匈奴汗国挛鞮稽侯狦单于，率朝廷官员浩浩荡荡来到长安，朝觐汉王朝皇帝。他很低调，自称藩臣。朝会典礼之后，汉宣帝刘询与挛鞮稽侯狦登上陕西泾阳的长平阪，又举行了一次前所未有的盛大典礼。匈奴的大臣，西域一些小国的君王、使节，外族部落酋长以及汉王朝的亲王、侯爵及当地群众，共万人之多，会聚在渭汉大桥两边夹道欢迎。刘询与挛鞮稽侯狦走上渭汉大桥时，“万岁”之声此起彼伏，响彻云霄……

这是一个标志性时刻，中原与匈奴缠斗二百余年后，第十四任匈奴汗国的单于，第一次到长安来朝觐，标志着和匈奴开启了和睦的序幕！

史载：朝觐盛典结束后，凤凰飞集汉南新蔡。

而此时，远在西域的郅支单于，对挛鞮稽侯狦单于主动到汉王朝媾和作冷眼旁观。在他看来，这是羊入虎口，汉王朝一定会把挛鞮稽侯狦扣留作为人质。于是，郅支单于做出一个大胆策划，趁机对挛鞮稽侯狦单于的王廷发起进攻，企图把他的地盘和人民抢夺过去。郅支单于发兵五万，火速向西挺进，走到半路，得到汉王朝大力援助挛鞮稽侯狦单于的消息，不仅给挛鞮稽侯狦的王廷运送了大批粮秣，而且还派军队予以协防。郅支单于沮丧极了，下令军队就地驻防，顺手对乌孙王国发起攻击，在击败乌孙王国的同时，将新疆承化一带的坚昆王国、贝加尔湖一带的丁零王国，还有乌揭王国等，全部击败吞并，并把坚昆王国首都改作他的首都。

羽翼比较丰满的郅支单于，居住在新疆天山西北，距汉王朝数千里之遥，觉得路途遥远，汉王朝对他鞭长莫及，于是提出把在汉王朝当人质的儿子给他送回去。

出于礼节，更出于郅支单于与汉王朝和好的考虑，汉朝廷将郅支单于的儿子送回，并派大臣谷吉护送。万万没有想到的是，谷吉千里迢迢把郅支单于的儿子送到后，郅支单于大怒，下令把谷吉连同随行人员全部杀了。

这一杀，不仅杀出了大汉王朝的集体愤怒，更杀出了郅支单于的极度恐慌，于是郅支单于打算向离汉朝更远的西方迁移。恰在这时，康居王国的使节到了，使节带给郅支一个喜讯，请求郅支单于发兵攻打乌孙王国，并提出，消灭乌孙王国后，康居王国就归郅支单于。这一天大的喜讯，使得郅支单于的恐慌瞬间消失，他在举行一连串的大型招待宴会后，带领匈康联军发起了对乌孙王国的进攻，攻陷了乌孙王国首都赤谷城（今新疆维吾尔自治区伊宁市），屠杀及掳掠了乌孙国大批人民、财产、牲畜。

使节谷吉被杀后，汉王朝先后三次派出使节，严厉追查谷吉的生死下落，郅支单于都以巧诈应对周旋。郅支单于在傲视汉王朝的同时，把他统领下的小国欺负了一遍，尤其是引狼入室的康居王国。国王把女儿送给了郅支单于，他却在不高兴时把她杀了，觉得还不过瘾，又把康居王国派到郅支单于王廷的高级国务官、贵族及随从数百人杀了，把他们的脑袋、四肢砍下后扔到赖水河喂鱼。郅支单于还派出使节，威胁咸海之北的奄蔡王国、浩瀚的大宛王国等，教这些小国服从他的统领，定期向他进贡。

公元前36年，汉王朝决定对郅支单于的北匈奴发起攻击，西域总督、骑兵司令甘延寿任总指挥，陈汤在历史舞台上站出来了，任副总指挥。

陈汤，今山东金乡县人，家无官宦背景，但他聪明好学，思虑深远，满脑子都是谋略。初入仕途当了个郎官，因多次要求出使，便被派到西域总督府为将。他向甘延寿提议，征调屯田的武装部队，联合被郅支单于不断攻击的乌孙国的国防军，迅速挺进到郅支单于在康居新筑的城堡之下，发起强攻，一举破敌。

总指挥甘延寿赞成陈汤的意见，但提出先向皇帝奏报，待批复下来再行动。

陈汤不同意，他对甘延寿说：“朝廷那帮‘之乎者也’的臣僚，空谈儒学一套一套的理论，拿不出实际的招数来。再说，那帮臣僚争来辩去，很长时间也不会有结果，战机可是不等人啊！”

甘延寿仍然觉得陈汤讲得有道理，但他不敢违抗诏命、擅自行动，犹豫来犹豫去，犹豫出病来了，卧床起不来了。

陈汤于是单独行动，他做得最大胆也是最冒险的一件事，即是假传圣旨，征调西域总督管辖的十五个小国武装部队，以及在车师屯田的官兵，向郅支匈奴发起进攻。

有人把这一情况报告了甘延寿，甘延寿“腾”地从病床上蹦起来，被人架着找到陈汤，严厉加以阻止。

陈汤怒发冲冠，手按剑柄，厉声对甘延寿说：“大众已集合，竖子欲沮众邪！”

翻译一下，陈汤说的是：“大军已准备出发，你小子是不是打算破坏大计？”言外之意甘延寿听得出来，即你要阻拦，我先斩了你！

面对脑袋瞬间可能落地的局面，甘延寿只好顺从。反正假传圣旨不是他总指挥甘延寿干的，将来朝廷一旦追究，掉脑袋的是他这个副总指挥陈汤。

陈汤于是率四万余人出发，同时上奏朝廷，自己弹劾自己假传圣旨之罪，并陈述自己这么做的理由。

这一上奏，陈汤把甘延寿的罪过摘干净了。

陈汤兵分六路，三路由各自的指挥官率领，沿南道越过葱岭，穿过大宛王国浩罕；另三路由总指挥甘延寿率领，从温宿国出发，由北道经乌孙王国首都，横穿乌孙王国，挺进到巴尔喀什湖西岸。陈汤给甘延寿戴了顶“总指挥”的帽子，具体的军事行动全部掌控在自己手中。

进入康居王国后，陈汤下令：各部队要严守纪律，严禁烧杀抢掠。他还派人悄悄接来一位康居王国的贵族，摆下筵席，大碗喝酒，共同盟誓，并通过这个贵族，找到了一个熟悉郅支匈奴内部驻防情况的向导。陈汤率大军开进，在离郅支单于新筑的城堡六十里处，安营扎寨，构筑工事阵地；而后又向前挺进，在三十里处扎营；又推进，在三里处构筑阵地。

总攻打响，郅支单于的部队无法抵挡，郅支单于只好逃亡，出城了，又返回。他本想投奔康居王国，但他诛杀康居王国的大臣、贵族太多了，知道投奔过去，也没有好结果。关键是，他自以为是，认为这次汉王朝军队劳师远征，粮秣难以供给，因而他坚守城堡，就能把汉王朝军队拖垮。郅支单于返回城堡后垂死挣扎，他全身披甲，在城楼指挥，他的皇后、夫人数十人也都登上城墙，用弓箭向汉王朝军队射杀。对射过程中，一支箭射中了郅支单于的鼻子，血流满身。夜幕降临后，郅支单于组织反扑，被击退。天将拂晓时，陈汤下令攻击，战鼓雷动，杀声震天，士卒举盾堆土，攀土登城。郅支单于只好退入皇宫，待将士冲进去时，已气绝而亡。

在打扫战场时，陈汤宣布：凡抢掠的金银财宝，归抢掠者所有，其他财产，包括生擒或投降的匈奴人，分配给参加远征作战的十五个小国国王。

全歼郅支匈奴后，甘延寿、陈汤给皇帝上书，建议将郅支单于和他手下名王的脑袋，悬挂在首都长安外国宾客居住的藁街，以此告示天下：

犯我中华者，虽远必诛！

对于陈汤假传圣旨的问题，朝廷还是有人建议治罪。但面对取得的重大胜利，更多的臣僚力挺陈汤，陈汤因此被授予关内侯，以示褒奖。

郅支单于的北匈奴被歼后，新疆及中亚细亚东部共五十国都归汉王朝西域总都管辖，五十国从翻译官到将军、宰相、侯爵、国王全部接受汉王朝封赏，仅佩带汉王朝颁发印信的就达三百七十六人。远在波斯湾之北的乌弋王国、安息王国等，还不定期到汉王朝来进贡。

至此，延续二百余年的中国北方匈奴之患，画上了一个完美的句号！

这个句号带来的另一个惊喜，即昭君出塞！

北匈奴被歼灭后，匈奴汗国挛鞮稽侯狦单于，迅速赶到汉王朝，请求当女婿，以使自己统领的匈奴汗国更有倚靠，并提议汉王朝的边防军撤回，由匈奴汗国的军队代替汉王朝边防军，当汉王朝的警卫。

汉王朝拒绝撤回边防军，但答应选派一位皇室美女，送给挛鞮稽侯狦做阏氏。

选的这个美女就是王昭君。

王昭君，今湖北秭归县人，因为长得极其漂亮，被选入皇帝后宫。据说王昭君对自己的美貌非常自信，认为自己只要一入宫，便会博得皇帝的万般宠爱。此时宣帝刘询已经去世，太子刘奭接替帝位。王昭君进入皇宫后，她的自信遭受沉重打击。天下美女几乎全部聚集在这里，王昭君进宫几年，连皇帝刘奭的面都没见过，她懊恼极了，无聊地打发煎熬的时光。恰在这时，皇帝决定从后宫挑选五位美女当作礼物，赏赐给匈奴汗国挛鞮稽侯狦单于。在其他宫女躲躲闪闪、拿不定主意时，王昭君主动申请，愿前往匈奴汗国。在致赠礼物的宴会上，五位美女盛装亮相，王昭君则“光照汉宫，顾影徘徊，竦动左右”。挛鞮稽侯狦单于看得惊呆了，皇帝刘奭也看傻了。刘奭怎么也没想到，自己的后宫竟有如此艳丽的美女，想叫她留下来，但觉得已经把她许给亭韪稽侯狦单于了，不好意思反悔，只好万般不舍地目送她投入亭韪稽侯狦的怀抱。亭韪稽侯狦欣喜若狂，他万万没有想到，汉王朝竟然将这么一位绝世美女送给自己，因而在感激涕零一番后，反复向汉王朝表忠心，誓言当好汉王朝的女婿。

中国古代四大美女之一的王昭君，就这样，站上了中华民族团结融合的历史舞台！

不战而屈人之兵的真谛

兵法云：上兵伐谋。

上兵伐谋，谋什么？

谋的是：不战而屈人之兵。

这是军事斗争的至高境界。理解这个境界的军事家很多，而把这个境界在军事斗争中落地的却很少。

汉朝将军赵充国，在汉宣帝刘询手下为将，就站到这个至高境界，做了“不战而屈人之兵”的精彩诠释。

武帝刘彻开疆拓土功勋卓著，在他手里，打通了河西走廊，设置了酒泉、张掖、敦煌、武威四郡，隔绝了北方匈奴汗国与西羌民族诸部落的交通，并把诸羌部落逐出湟水（今青海省东北部的一条重要河流，发源于青海湖西北，入甘肃省注黄河。这一带约四万平方公里的肥沃土地，是西羌诸部落的居住地）流域，使得青海湖至黄河间四万平方公里的土地，统揽在汉王朝的管辖之下。

至公元前62年，诸羌部落中的先零部落，对汉王朝派去巡视诸羌的高级国务官义渠安国请求，允许他们到湟水以北水草丰茂的地方放牧牛羊，义渠安国当即同意。这之后，诸羌部落大批人马涌入汉王朝领土。

对于这一事件，后将军赵充国敏锐地认识到，这不是一个单纯的事件，很可能与匈奴企图联络诸羌部落对汉王朝发起攻击有关，因而必须高度戒备。汉朝廷于是再派义渠安国赴诸羌巡查。

自作聪明的义渠安国，在羌中（诸羌部落所在地）宴请先零部落三十多个酋长。酒席桌上，他下令当场斩杀几个酋长，随即发起突击，击杀先零部落一千余人。

这一杀，杀出大麻烦了！

已经没落的匈奴，正在紧锣密鼓地策动诸羌部落反抗大汉王朝，不少部落酋长正处于犹豫状态。义渠安国这一杀，诸羌部落不再犹豫了，迅速抱团，攻城夺邑，杀戮汉朝廷官员。义渠安国急调军队迎战，却被打得溃不成军，丢下武器辎重，慌不择路而逃。

朝廷震撼。宣帝刘询派御史大夫丙吉去找赵充国，请他推荐出征西域的将领。

赵充国张口即说："我呀！没有人比我更合适了。"

此时的赵充国，已经过了七十岁生日。

丙吉奏报后，宣帝刘询一惊，随即又叫丙吉去问赵充国两个问题：一个是，当派多少军队？一个是，多长时间能平息下来？

赵充国的回答是："我得先赶往金城郡（今甘肃省兰州市），实地绘制地图，拟订作战计划。"但赵充国回答皇帝所问的两个问题，也说清了，即军队不用太多，时间也用不了多久。

公元前61年，西征总司令赵充国，率一万骑兵走马上任。

西征指挥部设在青海省湟源县，赵充国一到，便把扣押的一个部落重要人物放了。

这个重要人物叫雕库，也是个酋长，同时是罕部落、幵部落酋长靡当儿的弟弟。在匈奴策动诸羌部落反击汉朝时，靡当儿派雕库向汉朝派驻的金城郡防卫司令报告，叫他防备。雕库一去，金城郡的守将却把雕库抓起来了。

赵充国下令立即释放雕库酋长，并派兵护送他回家。赵充国对雕库说："请你转告诸羌部落，汉朝大军只杀罪犯，如在此之前因攻击汉朝军队而犯罪的人，能配合我们捕杀现在仍在犯罪的人，不仅赦免他之前的罪过，而且赏赐金银，被杀罪犯的妻子、财产全部归他。”

这无疑是攻心之术，属“不战而屈人之兵”的范畴。

恰在这时，宣帝刘询在后方征集了六万大军，准备向西域进发。刘询如此卖力地征集军队，主要是听了酒泉郡守将辛武贤的意见。辛武贤建议，趁着现在是七月上旬，派大军分别从张掖、酒泉出发，携带三十日粮秣，掠夺诸羌部落的财产、牲畜、人口后，冬季之前即行撤退，这样虽然不能把诸羌部落全诛，但能使他们感到震恐。

显然，这就偏离了“不战而屈人之兵”！

六万大军出发之前，宣帝刘询把辛武贤的奏章转交给赵充国，听他的意见。

赵充国立马上奏，提了两点建议。

第一点是，否决辛武贤的建议。赵充国说：“一匹马负载自己三十天吃的粮秣，需要米二斛八斗、麦八斗，还要载负军队的衣服、装备和武器，这么沉重的负载，只能缓行，不可能对敌发起猛烈攻击。而敌人一听到汉朝大军来了，早就退入山林，据守险要。一旦形成这种对峙局面，冬天的飞雪封锁了道路，我们如果得不到粮秣补给，面临的是全军覆没的后果。”

第二点是，应对办法。赵充国先分析了诸羌部落之间的各种矛盾，以及由这些矛盾带来的相互不信任，提出的应对之策是：把率先向汉政府军发起攻击的罕部落、幵部落晾到一边，也不提他们先前的过错，而是集中优势兵力，对风头正猛的先零部落发起进攻，把他们打残以后，再去做罕部落等的安抚和解工作。这样，打先零部落时，罕部落、幵部落出于自保，不会对先零部落增援，把先零部落打残了，再去安抚和解，也就具备条件。

宣帝刘询把赵充国的奏章交朝廷高官讨论，反对之声成了朝议的共识。刘询也觉得辛武贤的建议有道理，于是在嘉奖辛武贤的同时，派人斥责赵充国。刘询打的算盘是速战速决，为此他下诏征集了六万人马，打算在冬天到来之前，把诸羌部落荡平回撤。为了实现这一战略目的，刘询特地任命辛武贤为破羌兵团司令，同时明令赵充国率军配合辛武贤作战，不得以任何借口拒绝。

宣帝刘询的诏令极其严厉，不仅不容赵充国抗争，而且把他降格为辛武贤的手下，明令他绝对服从辛武贤的指挥。

此时的赵充国，已经是“将在外”了，具备“君命有所不受”的条件。他不同意宣帝刘询的诏令，上书陈述理由：

——前不久释放的雕库酋长，已经回到他的部落，使罕、幵两个部落感受到了汉王朝皇帝的恩德。目前的态势是先零部落已经坚守山林，做与我们开战的准备，而罕、幵部落没有任何行动。面对这种情况，我们把先零部落放下不打，而先行对罕、幵部落发起攻击，这就等于对有罪的人撒手不管，而对无罪的人进行诛杀，一次行动造成两重伤害，这不符合陛下的本意！

——先零部队企图攻击汉王朝，打算先与罕、幵部落结盟。我们不先打先零部队，而打正对结盟犹豫不定的罕、幵部落，只会促使罕、幵部落抛弃犹豫，迅速加盟到先零部落，与汉王朝对抗。关键是，西域广阔土地上的其他小部落，就会像滚雪球一样，跟着先零部落越滚越大，用不了多久，便会滚出一个强敌来。到那时，汉王朝就得派出比现在多数倍的兵力来征剿，没有十年难以平定。

——如果我们现在击破先零部落，那么罕、幵部落用不着一兵一卒，自会臣服；如果罕、幵部落不肯臣服，那就等到春季再攻击，一个一个收拾。

宣帝刘询觉得赵充国的分析在理，诏准。

宣帝刘询之所以诏准赵充国的意见，是因为他清楚，身在千里之外的赵充国，双脚就站在西域诸羌部落的土地上，喝的是哪里的水，呼吸的是哪里的空气，他所提建议接上了哪里的地气。而自己身边的臣僚，所提建议都是书本上的知识和以往的经历认知。两相比较，他采纳赵充国的意见。

赵充国得到皇帝诏准后，采取了两招：

一招是，率军压迫先零部落。他没有采取火速进攻的策略，而是采取大军整体推进、缓缓进逼的策略。因为先零部落战斗力强，不怕死，敢拼命，分散进剿，不可能处处得胜，也形不成强大的威慑效应。实践证明，赵充国的策略是完全正确的，先零部落一看汉王朝大军推进，纷纷逃亡，仅挤在湟水被淹死的就达数百人，马牛羊十余万头、车数千辆，成了赵充国的战利品。

一招是，率军西进，到达罕、开部落所在的青海湖畔。先零部落被打跑了，罕、开部落被吓得惶恐不安。赵充国下令：禁止焚烧房屋、粮秣，禁止拘杀罕、开部落的人。罕、开部落欢欣鼓舞。靡忘酋长进见赵充国，赵充国设宴招待，并当即宣布，被俘的罕、开部落月氏人，全部由靡忘酋长带走。但赵充国同时宣布了一条，之前你靡忘酋长率军对抗过汉王朝大军，之后要戴罪立功。靡忘酋长满口答应。

就这样，赵充国未诛杀，便使罕、开部落得以平息。

宣帝刘询一高兴，诏令已经集结的六万兵马，前往青海湖畔，与赵充国西征兵团会师，打算于当年十二月，向正在逃亡的先零部落发起强攻，狠揍穷寇。

皇帝的这一战略谋划在征询赵充国意见时，赵充国迟迟没有答复。

赵充国想的是，当时投降的羌人达一万多人，先零部落的头面人物带着部分军队、百姓跑在逃亡的路上，在这种情况下，无须派大军追击进攻，而只需将中国的骑兵撤回，留下步兵开荒屯垦，先零部落不敢也组织不起反扑，便会自行凋零。国家不用劳师兴兵，节省了大批军费开支，边境也和平稳定，这才是长久之策。

没等到赵充国的答复，宣帝刘询不等了，合击先零部落的诏令签发了。

赵充国的儿子赵印害怕了。他在朝廷任宫廷禁卫官副司令，父亲一次次违抗皇帝的诏命，他一次次被吓得惶惶不可终日。这次宣帝刘询不等父亲的答复，直接颁发合击的诏命，如果父亲继续抗诏，后果不堪设想！赵印知道，他是无论如何都劝不动父亲的，只好找到一位父亲的好友，是皇帝身边的幕僚，请他代劳，劝劝父亲。

听了这位幕僚的劝导，赵充国深深叹了一口气。

赵充国回顾了处理西域诸羌部落造反的过程，认为此前丧失了两个好机会。一个是义渠安国把事先戒备变成了事先屠杀，把事态搞得不可收拾；另一个是他曾建议朝廷储备三百万斛粮食，结果只储备了四十万斛，使得汉王朝在西域的军队支撑不了对诸羌反叛的处置。如今的西域诸羌部落根本就不值得如此大动干戈，却要派大军来进剿，不是明智之策啊！

越回顾，越使赵充国坚定信心。他对这位幕僚说："请转告陛下，我将誓死坚持我的意见！"

违抗诏命，还将誓死坚持自己的意见——这就是赵充国！

赵充国上书，请求"屯田"：

——我所率领的军队，牛马粮食草料等，需求至为庞大，难以长久维持，如果从人民头上去征收，不是安定国家的良策；

——羌人顽强，容易用谋略分化瓦解，难以用军事击垮，只要开战，便旷日持久，国家消耗不起；

——我已调查，从羌部落东界的青海湟源到青海乐都，属于羌部落的耕田及无主的荒田，多达两千顷以上。其间的驿站邮亭多数颓坏，我已派部队入山，砍伐林木六万余株，存在湟水之滨，待春天河流解冻，便可顺流而下，用于修建驿站邮亭、桥梁、房屋。建议骑兵撤回，留下一万零二百八十一名步兵，分别屯驻险要之处，开荒屯垦，每人分田三十亩，四月以后，草木茂盛，便征调郡政府和移民区外籍骑兵前来放牧，同时承担警戒任务。收获的粮食，运到金城郡仓储。

在这份奏请的最后，赵充国附上了屯垦区的划分图，以及所需农具清单。

面对打定主意誓死坚持自己意见的赵充国，面对赵充国如此详细的分析，面对赵充国已经着手做的各项准备工作，宣帝刘询知道，他面对的是一个九头牛也拉不回的老将，且这位老将的戍边安国谋略，幼时在监狱度过、少年和青年时期生活在社会最底层的皇帝刘询，是认同的。于是他下诏问："如果依照你的谋划，叛逆什么时候可以诛灭？战争什么时候可以结束？"

赵充国立足于"不战而屈人之兵"的谋略高地，回答说："百战百胜并非高手中的高手，不受损失而获得胜利才是高手中的高手。逃亡的诸羌部落中，已有一万七百余人投降，去诸羌部落做劝降工作的近百人，已经深入诸羌部落，我判断，和平即在数月实现。"

宣帝刘询有些焦急，用诏书问赵充国："数月者，是指今年冬季，还是别的时间？"他还问道："我们的骑兵撤后，诸羌部落骚扰屯垦战士和各地守军，格杀掳掠我人民，你用什么方法解决？"

赵充国又是结合实际情况，有理有据给予解答：

——先零部落现在不过七八千人，逃亡到了荒野山林，挨饿受冻，内部四分五裂，逃亡回来的人络绎不绝。因此我判断，数月者，再久不会拖过明年春季。

——我北边要塞，从敦煌到辽东，一万一千五百余里，不少重点地段，也只有守军数千人。过去羌人发起大规模攻击，都不能取胜，如今他兵败如山倒，还有能力跟我一万多的屯田官兵抗衡吗？至于小股羌族盗匪偶尔袭击边民、抢夺杀人，无法禁绝，我们出动大军围剿，也不可能禁绝。既然攻击和不攻击的结果相同，我们又何必劳师兴军，造成大的消耗呢？

——留兵屯垦，有十二项利益：一万多步兵，自有粮食；羌人无法回到肥沃的土地耕种，生存困难，更加速其内部瓦解；西域居民从事耕作，能过上丰衣足食的日子；一个骑兵一个月的粮秣，相当于供应一个步兵一年的粮秣，撤回骑兵能节省国家开支；春天组织战士顺湟水运粮秣到青海湟源，能向羌人展示强大的镇压和谈判资本；农闲砍木材、修驿站邮亭，物资可运抵兰州；留兵屯垦，把反叛的羌人堵在酷寒贫瘠的荒野，我们可坐等胜利；不用攻打便取得胜利，可大树我汉王朝威望；不交战，可免除我军攻营拔寨、长途追击造成的伤害和损失；没有流血交战，也不会刺激黄河南岸罕、幵部落，从而不会引发不稳定；兴建湟中各峡谷的桥梁至青海湖，不仅方便交通，而且军队调动非常便捷；大量的费用得以节省，人民的差役和税捐就可以减少甚至免除。最后，赵充国谈了一个更大也是更现实的问题——一旦取消留兵屯垦，而西域湟中地区不可能让它变成真空地带，必然征发民间差役和捐税，这将极大地增加民众的负担、国家的负担，再想把士兵派来屯垦，就几乎成为不可能了！

史载，赵充国拒绝宣帝刘询诏命的过程，刘询也不隐瞒，每次都交朝廷高官进行商议，最初是朝议达成反对赵充国意见的共识，慢慢地，赞成赵充国意见的，达到十分之二三、十分之五六、十分之八。刘询一高兴，问那些原先坚持反对的臣僚，现在怎么看赵充国的意见，反对者的回答都是：心服口服！

是啊！在我国西域发生危机时，赵充国站出来，主动请缨。此时的赵充国已七十余岁了，可为了国家利益，为了边境的安宁，为了边境汉族与各少数民族的团结融合，他置个人的年老体衰于不顾，置个人的安危于不顾，甚至置个人的生死于不顾，站在“不战而屈人之兵”的谋略高地，与皇帝反复抗争，同时也与满朝文武大臣抗争，并喊出“我将誓死坚持我的意见”，这是何等的勇气，何等的担当！着实令人钦佩之至！

毋庸置疑，赵充国平定西域的战略谋划，是长久安邦之大谋划！他用反复抗旨的实际行动，诠释了“不战而屈人之兵”的真谛！

汉王朝君臣之道面面观

贯穿司马光《资治通鉴》的一条主线，是君与臣的关系。毫无疑问，君是主导，臣是附属，这是君与臣关系的总基准。可司马光的《资治通鉴》反复告诉我们，几乎所有的君臣关系，有善始而无善终。为什么？本文围绕汉宣帝刘询、汉元帝刘奭做点儿分析，这两个皇帝在处理君与臣的关系上，具有一定的代表性。

公元前51年，汉宣帝刘询在未央宫麒麟阁上，绘制了十一位功勋卓著的大臣肖像，以表示尊敬和感激。他们包括张安世、韩增、赵充国、魏相、丙吉、杜延年、刘德、梁丘贺、萧望之、苏武。排在第一位的，没有写他的姓名，写的是"全国武装部队最高指挥官、最高统帅、博望侯霍先生"。所有人都能一眼看出，是霍光。在我看来，这是霍光应得的荣誉，同时说明，宣帝刘询是个心中有数、分得清轻重的皇帝。司马光引用史学家班固的评价，说："刘询治理国家，有功必赏，有罪必罚，详拟计划，追查实施成果。无论主持政务的官员，或儒家经典知识分子以及法学专家，都是一时精英，工作效率至高……官员尽忠职守，人民安居乐业……伟大功勋的光芒照耀祖先，盛大的事业永垂后嗣，确可称为'中兴'。"

不可否认，宣帝刘询身边，会聚了不少儒家、法家精英，是他们贡献智慧、才华，使得大汉王朝在刘询手里再度"中兴"。

但是，宣帝刘询与臣僚的关系，有他作为皇帝而越不过的鸿沟。有一首诗与刘询有关，似乎能印证这一点。

诗的大意是这样的：南山那里的田地，一片荒芜，没有人照料，播种一顷豆子，最后豆茎下垂，都成乱草。人生应该及时行乐/何必盼望高官厚禄？

诗是宫廷禁卫司令、平通侯杨恽写的。杨恽廉洁无私，官当得很正道，但他有一个毛病，喜爱显示自己的才华，揭发他人的隐私，因而很多人不喜欢他。交通部长戴长乐被人控告有罪，便认为是杨恽陷害他，立即反击，控告杨恽，说杨恽曾亲口对他说："正月之后，天气久阴不雨，这正是《春秋》有过的记载，夏侯胜有过言论的现象。"夏侯胜是高级国务官，他在劝谏荒淫无度的八任帝刘贺时，依据《洪范传》的记载说："君王行为不端，上招天罚，地招阴霾，在下位的人将谋杀君王。"戴长乐根据夏侯胜所说，认为杨恽的诗是诅咒皇帝刘询将死在臣属之手。

这一来，杨恽犯的是"大逆不道"之罪，被宣帝刘询贬为平民。

在家赋闲的杨恽，前三年规规矩矩待在家里，三年后购置产业，交接宾客，享受声色犬马。他的朋友写信提醒他：贬谪之后，要闭门不出，做出悲哀可怜的样子，可不能大兴土木，交接宾客。杨恽给朋友回信说：我闭门惶恐已过三年，现在我在田间劳作，历经冬夏寒暑，时常宰羊喝酒，慰劳自己。喝得微醉时，他仰天鼓盆，纵声高歌。他所高歌的，就是他即兴创作的那首诗。

在常人看来，杨恽高歌的那首诗，连真正的诗都算不上，顺口溜也算不上，就是酒后的情绪发泄。从"人生应该及时行乐，何必盼望高官厚禄？"两句里，能看出他对丢了高官厚禄的不满，心情很是郁闷，仅此而已。

但有一个人对杨恽的诗做了另一番诠释："南山"很高，象征皇帝；"一片荒芜，没有人照料"，是攻击朝政混乱、皇帝荒乱；"一顷"是一百亩，比喻文武百官；"豆子"本是很硬的，代表忠贞，应该放在仓库，却沦落旷野，这是杨恽自喻；“豆茎下垂”，暗指皇帝身边的臣僚，都是谄媚之徒。

这么一诠释，就不是杨恽对丢了官的不满了，而是对皇帝、对朝政、对文武百官的恶毒攻击了。

按说，凭宣帝刘询的明智，一眼便能看出这种诠释，是文化刽子手的落井下石，可他作为皇帝的猜忌、防范心理，使得他越不过君臣心灵交融的那道鸿沟，选择相信文化刽子手的诠释。

恰在这时，杨恽的马夫又落井下石，控告杨恽骄傲奢侈、不知悔过，宣帝刘询立马交付司法部查办。在杨恽家，什么有罪的证据都没搜出来，只是搜出了他给朋友回信的草稿，草稿上有那首所谓的诗。就凭这个“罪证”，判处杨恽腰斩，他的妻儿被流放，与杨恽交情好的一批官员全部被免职。

诬杀杨恽这件事，让我们增加了认识宣帝刘询的另一个角度，这不是常人的角度、常识的角度，而是隐藏在帝王内心深处极其阴暗的角落。这个角落储存的猜忌、嫉妒、凶狠、歹毒、绝情、自负等人性品质元素，也是封建帝王“智慧”的组成部分。循着这种“智慧”的方向看过去，才能真正看懂封建王朝君与臣的关系。

……

下面，让我们再请出一个人来做点儿分析。

韩延寿，颍川郡（今河南省禹州市）郡长，他在颍川面对的现实是：民告官成风、民告民成风，官与民之间、民与民之间怨仇不解。韩延寿采取的做法是：把颍川郡的长辈、绅士请出来，共同商议嫁娶、丧葬、祭祀等礼仪，按今天的话说，就是制定乡规民约，在基层广泛推行；凡是平民百姓反映的问题，都请当地的贤良人士反复讨论，形成解决问题的办法后，再去广泛施行；大力表彰孝敬父母、友爱兄弟、品德良好的人，严禁收留奸邪的人；事先宣告田赋租税的征收标准和日期，让平民百姓心里明白，不到最后期限，政府绝不征收。没过多长时间，官吏没有追捕盗贼的烦恼，人民也没有被抓去苦刑拷打的痛苦，大家乐于新政。司马光写道：韩延寿对他的部属，即使职位很低，也都待以厚重的恩德，但约束严明。部属欺骗、辜负他的，韩延寿都会检讨自己，常说的话是“难道我有什么对不起他，为什么会这样呢？”因为韩延寿的政绩斐然，升任东长安市长。

在东长安市长的任上，韩延寿到高陵县巡视，有兄弟二人为争田产向他控诉。这哥儿俩闹纠纷不是一天两天，找过高陵县的县长、主任秘书、民政官、教育官、社会官，这些官吏苦口婆心没少做撮合工作，但都没有收到应有的效果。韩延寿听了这哥俩的控诉后，深深自责没有当好全市的表率，给高陵县的各级官吏添了麻烦。回到县政府宾馆后，韩延寿卧床不起，谁也不见，自我反省。高陵县的各级官吏不知如何是好，都从自身寻找原因，最后纷纷自投监狱，等着韩延寿定罪。这事传开后，当地的乡绅人士纷纷上门做这哥俩的工作，少不了劝说批评，使得这哥俩深感后悔。他俩把头剃光（表示髡刑）、脱下衣袖（表示接受鞭打），向韩延寿请罪，并表示到死不再争了。司马光写道：到处传播这件事，人们互相勉励，从此再没有发生告状的事。韩延寿以至诚待人，恩德声誉传遍周围二十四县，官吏人民都不忍心欺骗他。

这无疑是儒学大家司马光最有兴趣的事，是地地道道儒学治天下的范例。虽然这事因缺少法治要素，而让人觉得难以置信，但始终坚持认为“儒家不切实际，崇拜古人故事，总认为今不如昔”“儒家不可用”的宣帝刘询，对韩延寿采用儒学治理人民的做法，也还是认可的。

但是，刘询对韩延寿的认可，很快被他内心深处阴暗角落的“智慧”否决了。

韩延寿的前任，是萧望之，已经被提升为最高监察官。有史学家认为，韩延寿在东长安市长的任上，享有贤能盛名，萧望之深为嫉妒，因而打算用法律手段陷害他。史载，萧望之得到举报，反映韩延寿在东郡（今河南省濮阳县西南）任内，动用库存款千余万钱，于是立即派监察官（御史）进行调查。韩延寿听说后，也派人调查萧望之在东长安市长任内，动用粮食和畜牧公款数百万的内幕。

萧望之与韩延寿的相互调查，立即在朝廷传开了，于是萧望之向皇帝刘询奏报，说是韩延寿对他进行报复。

是不是报复？按照宣帝刘询的智商，立马能分辨出来。

可刘询的智商在面对这件事时卡顿了，他头脑中冒上来的是：对韩延寿的印象遂转为恶劣，下令追查。萧望之是最高监察官，追查的人员得他派，调查的结果就可想而知了。

追查韩延寿的全部“罪行”如下：在组织考试骑射的日子，奢侈豪华；用库存的黄铜，铸造刀枪剑戟；用公款雇佣人员，供自己差遣；用公款三百万以上，加装自己车辆的防箭设备。经宣帝刘询诏准，判处韩延寿绑赴街市斩首。

处斩韩延寿的罪名是“狡猾不道”。“狡猾不道”的韩延寿可是一分钱也没往兜里塞呀！

对于这个判决结果，司马光特地写了这样一段文字：在行刑之前，官吏跟人民数千，送到渭城法场，扶老携幼，攀住囚车车轴不放，争相进奉酒肉。韩延寿不忍拒绝，凡敬他酒的，都一饮而尽，共计喝下一石有余。韩延寿命他的旧部向送他的人民致谢，说“辛苦各位远程相送，我死而无恨！”人民无不悲恸流涕。

司马光写的这段文字，不是更深刻地在说明什么吗？

类似这样被宣帝刘询诬杀的臣僚，不是一个两个，以致司马光忍不住评论说，被杀的若干臣僚，都不能使人民心服，这是刘询美好声誉上最大的污点!

让我们再看看刘奭这个皇帝的君臣关系。

公元前49年十二月，汉宣帝刘询逝世，太子刘奭继位，号元帝。

刘奭登上帝位后，下的第一诏是："把三辅（首都长安市、西长安市、北长安市）、祭祀部、各郡、各封国与皇家林苑的节余经费跟物产，赈济贫民，帮助创业。家产不满一千钱的，供给或借给他们种子或粮食。"接着下诏不再修缮皇家宫殿、减少御用马匹、减少供皇帝观赏或用于打猎的野兽、将多余的皇宫美女遣散回家，等等。类似节俭、民生等诏令，刘奭下达过多次。

史学家评价刘奭，很聪明，心不坏，写得一手好隶书，会弹琴鼓瑟，会吹演洞箫，但没主见，优柔寡断，是个典型的昏君。

是不是这样？我们循着司马光的笔端往下看。

刘奭登上帝位后，立即面临相互对立的两大派系。一派以萧望之为首，他是著名的大儒，当过刘奭的师傅，刘奭对他非常信任。萧望之便与刘奭的另一位师傅周堪、研究儒学"五经"的谏议官刘向、宫廷随从金敞，结成了一个儒学派同盟，引导皇帝刘奭走儒学治国之路。史载："刘奭几乎言听计从。"另一派以宦官石显为首，此人外表和颜悦色，心里却阴险毒辣；最会利用时机，中伤别人；任何一点儿细小的怨恨，都难逃他用法律报复。皇帝刘奭对石显也非常信任，把大权交给他，政府大小事务，都通过石显转呈，再由皇帝裁决。很短时间，石显的权势就倾盖朝野。石显的同盟是皇亲国戚的许姓家族（刘询妻族）和史姓家族（刘询祖母族），其中就有车骑将军史高，他是刘询祖母史良娣兄弟的儿子，还有主动靠上去的诸多打手。

两大派系争宠于皇帝刘奭，是争权，但从根本上说，是争利。因为萧望之的儒学派，对皇亲国戚许姓家族、史姓家族的奢侈放纵、干扰朝政、安插官员等行为非常厌恶，并为此推出多种措施，给予限制和打压。

坦率说，对于这种情况，皇帝该如何面对、如何调解、如何处置，有一定难度。但分清是与非，按照“是”的方向去面对、调解、处置，是难度不大的。说刘奭是个昏君，他“昏”就“昏”在分不清是非，找不到方向。

石显率先出击，向刘奭奏报，说萧望之挑拨皇帝与皇亲许、史两大家族的感情，刘奭不管是否属实，立即下诏查办。石显又奏报，说萧望之与周堪、刘向结成私党，意图控制政府，专制朝纲，并提议把全案移送司法，刘奭又不管是否属实，立即诏准。

石显立马落实，把周堪、刘向投进了监狱。

关键是，皇帝刘奭不知道“移送司法”是什么意思，直到他召周堪、刘向议事，才知道他们已被逮捕收押。刘奭责备石显，说：“快请他们出来办公。”石显怕周堪、刘向走出监狱，官复原职，对自己进行打击报复，于是对刘奭说：“陛下继位不久，就让自己的师傅下狱，如果现在把他们放出来，陛下的形象将受到伤害，不如把他们免职，表明陛下没有做错。”

这点儿事当该如何处置，刘奭当分得清吧？可他的做法是分不清，随即下诏，免去萧望之的职务，把周堪、刘向贬作平民。没过多久，萧望之因儿子为他鸣冤，石显又奏请刘奭把萧望之投进监狱，刘奭又准奏。萧望之素来刚烈高节，不接受下狱的屈辱，自杀身亡。

真是个昏君！奏请没看懂，便诏准。诏准来诏准去，完全落入奸臣的圈套。

再从不同的角度，看看元帝刘奭重用的臣僚。

汉武帝刘彻将南越王国（今广东省）并入汉王朝版图后，在海南岛设置了珠崖（今海南省海口市琼山区）、儋耳（今海南省儋州市）两郡，从内地派去了官员、小吏及军队。随着汉王朝国势的逐步衰弱，加之派去的官员对岛内居民的凶狠压制，激起原住民的持续反抗。元帝刘奭召集文武百官商议处置办法。候补官贾捐之，他是汉王朝大名鼎鼎的大学者贾谊的曾孙，认为骆越（海南岛）人民没有礼仪，父子同时挤在河里洗澡，习惯上都用鼻子饮酒，跟禽兽无异，本来就没有资格设立郡县。贾捐之在说了这样一番鬼话后，提议放弃海南岛。分不清轻重是非的汉元帝刘奭，便真的把海南岛放弃了。

就是这个贾捐之，为了升官，先投靠萧望之，极力攻击石显。萧望之不待见他，他转而投靠石显，厚颜无耻地为石显大唱赞歌。石显看透了贾捐之的投机心理，给他安上一个罪名，在街头斩了。

我们再来看向天下宣示“犯我中华者，虽远必诛”的陈汤，元帝刘奭是如何对待的。

甘延寿是陈汤的顶头上司，他虽然一开始畏首畏尾，但在陈汤的逼迫下，才站在总指挥的位置上，发挥了不可替代的作用。石显想把自己的姐姐嫁给甘延寿，甘延寿拒绝。这一来坏了，对于在甘延寿的指挥下，击溃匈奴、砍下匈奴郅支单于人头的巨大功绩不提了，对假传圣旨的陈汤开始追责了。经元帝刘奭诏准，令全国政府通知甘延寿、陈汤率军凯旋经过的沿途地方政府，逮捕陈汤手下的将领，查办审问。

追查什么呢？追查陈汤从外国带回的金银财宝。

陈汤紧急上书，陈述自己万里征战的千辛万苦，凯旋时自己的部下被大批逮捕囚禁的委屈。元帝刘奭于是下令，释放被捕的官员。

评功论奖时，石显和宰相匡衡坐在同一条板凳上，认为陈汤假传圣旨，不予诛杀，已是宽大，还给他们封爵鼓励，万万不可。

元帝刘奭的态度又变了，给甘延寿、陈汤封爵的事，不仅放下了，而且把他们囚禁起来。

这时，曾被元帝刘奭贬为平民的刘向站出来上书，他说：“甘延寿、陈汤统帅西北少数民族君主，集结各城邦军队，九死一生，深入遥远荒凉的绝域，最后击破康居王国，攻陷郅支单于的三重巨城（木墙两层、土墙一层），夺取元帅大旗，砍下郅支单于人头，悬挂在万里之外的汉王朝首都长安，使国家声威震动昆仑山之西。洗刷掉谷吉被杀的羞辱，建立了与日月争辉的功勋，所有外族莫不慑服恐惧！”刘向还说：“想不到震动天下的功勋还没有受到褒扬，而微小的罪恶却不断传播，人人皆知。我深感痛惜，建议陛下立即解除对甘延寿、陈汤的惩处，恢复他们的自由之身，不再寻求他们的过失，赐给他们爵位，用以奖励功业！”

收到刘向的上书后，元帝刘奭又变了，下诏赦免甘延寿、陈汤，命朝廷高官讨论给这二人封爵。

正面一个诏，反面一个诏，摇过来，摆过去，元帝刘奭才回到正确对待甘延寿和陈汤的正道上。

陈汤在建立绝世功业后所宣示的“犯我中华者，虽远必诛”，两千多年后的今天，仍令人热血澎湃，中国不可侵犯的尊严感，顿时直冲霄汉！对于这样的英雄，任何人都必须无条件礼敬！

宣帝刘询、元帝刘奭的所作所为告诉我们，封建王朝的君臣关系，好坏不定地摇来摆去，是必然的！有善始而无善终，是必然的！

赵飞燕姐妹演绎的宫闱之祸

公元前33年，元帝刘奭去世，成帝刘骜继位，皇后姓许。

刘骜是刘奭与皇后王政君生的儿子，被封为太子，刘奭死后，刘骜继位，符合儒家倡导的传续规矩。儒家死认的这个规矩，无疑将更胜任皇位的其他皇子排除在外，也就是把能更好治理朝政的人，排除在外了。

刘骜是个软蛋，他这个皇帝大权旁落，五个姓王的舅舅全数封侯，把持着朝政的方方面面。而刘骜又是一个深陷两个女人的衣裙不肯钻出来的皇帝，他在两个女人的衣裙中，干了许多骇人听闻、伤天害理的事。

公元前18年的一天，成帝刘骜私自出宫，寻找属于他的刺激。路过一公主家时，看到她家的舞女赵飞燕美艳惊世，便召到后宫，大加宠爱。赵飞燕还有个妹妹赵合德，也长得美艳惊世，便也召到后宫。据载，刘骜的后宫美女成群，赵飞燕姐妹出现在后宫之后，被其他宫女评价为“浑身上下，没有一点儿瑕疵”。正在宫女们啧啧称赞时，宣帝刘询时的宫廷女官淖方成，站在刘骜身后唱了一声反调，她说：“她们是祸水，要趁早把火扑灭！”

淖方成看得真准！

赵飞燕姐妹入宫的首要目的，是夺取皇后宝座。

为此，她们姐妹使出的第一个阴招，便是诬陷许皇后和班婕妤，说这二人用妖术诅咒、诟骂皇帝刘骜。

这是个很古老的招数。汉武大帝刘彻就是因为相信这个招数，才撤换太子刘据，诛杀了与太子刘据有关联的大批皇亲国戚和大臣。但刘彻后来看清了这一招数的虚无和阴险，且后悔不已。成帝刘骜应该也知道这一惨痛的历史悲剧，但他为了讨好赵飞燕姐妹，罢黜许皇后，将她囚禁在昭台宫，同时把许皇后的亲人全部诛杀。

赵飞燕姐妹指控的班婕妤，是个有素养的嫔妃，她也受刘骜宠爱。一次刘骜在宫中乘车游逛，特请班婕妤与他上车同坐。班婕妤拒绝，她说："古代贤圣君王，身边都是声誉良好的官员，夏商周末代君王，身边才是宠爱的妃子。你今天要我跟你一同乘车，岂不是有点儿相似。"这事在宫廷传开后，大家一致赞赏班婕妤，太后王政君对她欣赏有加。

因为赵飞燕姐妹的诬陷，班婕妤也被抓起来了，宫廷官员审讯她的时候，她讲了一个社会和人生的至理名言。

班婕妤说的是："我素来听说，生死有命，富贵在天。修行正道，还不见得能蒙受福气，从事邪恶，又岂能得到？假若鬼神有知，不会接受犯上作乱的指控，假若鬼神无知，指控又有何用？所以我不做这种事！"

班婕妤躲过了诛杀，赵飞燕姐妹也达成目的，赵飞燕当上了皇后。

对于舞女当皇后，朝廷反对声一片。有的大臣引用民谚说道："朽烂的木头，不可以当梁柱。卑贱的婢女，不可以当主人。"说这种上天和人民同时拒绝的人，只会带来祸害！

当了皇后的赵飞燕，第二个目的便是生个儿子，封为太子，待皇帝刘骜死后，顺理成章地接替皇位。也许是赵飞燕深知刘骜淫色成性，没有把情感专注在她身上；也许是赵飞燕担心宫里的其他美女，比自己早生出皇子来，自己所生的儿子封不上太子。于是，赵飞燕这个皇后移住别宫，留下妹妹赵合德缠住刘骜。赵飞燕移居别宫后，不断召宫廷禁卫官和奴仆私通，目的就是早点儿怀孕。一时间，当朝皇后赵飞燕，成了刘骜皇宫的“召郎淫女”。

没有不透风的墙，但赵飞燕姐妹对“透风”也早有预防。缠着刘骜的赵合德，在把刘骜挑逗得雄性勃发时，流着泪对他说：“我姐姐性情刚烈，肯定得罪不少人，如果有人诬陷她，我们赵家便都得被诛杀。”面对赵合德百般娇柔、如诉如泣的哭求，刘骜非常感动，因而对举报赵飞燕淫乱的人，刘骜一律诛杀。从此，再没人敢说赵飞燕一句坏话了。

上天不帮赵飞燕，她睡了那么多男人，可就是怀不上孕。赵合德虽然守在皇帝身边，百般妩媚、百般挑逗，也还是怀不上孕。

公元前7年，成帝刘骜死了，无后。

朝廷上下都知道，成帝刘骜正当壮年，身体健硕，但他淫色成性，封赵飞燕为皇后，却和赵飞燕的妹妹赵合德淫行不断。虽然他对赵合德百般宠爱，但并不专一。后宫遍地是美女，他今天钻这个美女的被窝，明天上那个美女的床闱，甚至连已经罢黜的许皇后也不放过。刘骜为了满足自己的淫行，靠吃春药支撑，最终死于春药中毒。对于刘骜的如此淫性，诸多大臣认为，刘骜一定有儿子，只是不知他的儿子为什么都见不着，因而提议调查。

调查结果骇人听闻！

公元前12年，后宫女史官曹宫，生了成帝刘骜的一个儿子。儿子一出生，刘骜手写的便条便由侍从宦官田客交到了宫廷监狱主任秘书籍武手里，命他逮捕曹宫。田客告诉籍武：“不准问曹宫生的是男孩儿女孩儿！”曹宫则对前来逮捕自己的籍武说：“请好好照顾这个孩子，你知道这个孩子是谁的。”仅仅三天后，刘骜写的便条又被田客拿来了，问那个男孩儿死了没有？得知还没死后，田客说：“皇上和昭仪（赵合德）非常愤怒，你怎么还不下手？”籍武大哭，说不杀这个男孩儿，是违抗诏命，难逃一死；杀了这个男孩儿，是谋害皇子储君，也难逃一死。哭罢写“亲启密奏”，劝皇帝不能杀自己的儿子，由田客转呈刘骜。很快，田客又来了，又带来一张成帝刘骜手写的便条，令籍武把这个男孩儿交给另一位宦官王舜，王舜则把这个男孩儿交给一个名叫张弃的宫廷女犯，并特地嘱咐她好生喂养，千万不可走漏消息。又是三天后，田客又拿着刘骜手写的便条，还有毒药，在监狱里找到曹宫，曹宫一看便大哭。便条写的是：“信能（曹宫别名）努力饮此药，不可复入宫。汝自知之。”曹宫越哭越伤心，说：“这是赵飞燕姐妹要独霸天下，我生的是一个男孩儿，额头的头发长得与他祖父（刘奭）一模一样。”哭罢在监狱自尽。而张弃喂养的那个男孩儿，十一天后，便被宫女总管拿着刘骜的诏书抱走了，从此没了下落……

无语啊！

成帝刘骜，后宫美女无数，却没有生出一个儿子来。眼看着刘骜变老，站在他身后的父系族人、母系族人，一个个圆瞪双眼，盼星星盼月亮，盼着他早日生出一个皇子来。可如今曹宫给他生了一个儿子，他却为了让赵飞燕或赵合德先给他生出一个儿子来，亲自下手，把这个儿子杀了。

虎毒不食子啊！成帝刘骜，他还是个人吗？

再看，公元前11年，被罢黜的许皇后生下一个男孩儿，这个男孩儿也是成帝刘骜的儿子。昭仪赵合德听说后跟刘骜闹事，说：“你总骗我，说是去皇后赵飞燕处，却总是从许美人的宫里出来，如今这个孩子生出来了，难道你还要扶持许家吗？”赵合德边说边哭，用头撞墙，还故意从床上掉下来。赵合德的这一通折腾，又促使成帝刘骜下定了决心，下令宦官靳严，以要看看这个孩子为由，从许美人那里把孩子抱出来，装在箩筐里送到了赵合德的宫舍。刘骜命侍从于客子把这个男孩儿抱进去，解开襁褓后，叫所有侍从退出，他自己关上房门和窗户。屋里只剩下成帝刘骜、赵合德，还有那个嗷嗷待哺的婴儿。真不敢想象，当这两个禽兽的魔爪伸向这个婴儿的脖子时，是一幅多么可怕的惨象！不大一会儿，房门打开，刘骜叫于客子进去，把已经死了的这个男孩儿重新包进襁褓，装进箩筐，交给宫廷监狱主任秘书籍武，同时带给籍武一个他写的便条，便条写的是：箩筐中有男孩儿尸体，应埋在隐秘处，不可叫外人知道……

不止这些，还查出没有留下姓名的无数宫女，她们怀孕后，都是刘骜强迫她们自尽，或强迫她们堕胎的……

成帝刘骜后宫灭绝人性的惨剧，自从赵飞燕、赵合德加入后，几乎沿用同一个版本，反复上演。

赵合德临死前愤恨地说："我把刘骜当成一个婴儿，玩弄于股掌之上。"

毫无疑问，赵飞燕、赵合德姐妹，是刘骜后宫最大的祸水，但祸主是皇帝刘骜！

第二章 王莽复古把儒学砸得粉碎

王莽，是一个地地道道的儒学大师……

儒学，称作圣学，是中华文明的重要组成部分……

儒家修身、齐家、治国、平天下的家国情怀，在数千年时光的穿越中，始终熠熠生辉……

用儒学治国，是一代代儒家学者追求的伟大梦想……

王莽做了一次全方位的儒学复古试验，他把儒学砸得粉碎……

王莽用儒学修炼虚伪和野心

元帝刘奭的皇后叫王政君，她有兄弟八人，三弟王曼早逝，但生有三个儿子，大儿子早逝，二儿子王莽，家境虽不贫寒，但门庭和富贵不可跟他活着的兄弟相比。王莽态度谦恭，节俭朴实，好读书求学，五经（《诗经》《尚书》《礼记》《周易》《春秋》）反复研读，加之他天资聪颖，读成了一个儒学大师。儒学大师是受人追捧的，因而主动与王莽交往的人很多，像长乐宫供应处长戴崇、宫廷随从金涉、宫廷禁卫官陈汤等名士，就与王莽的交往甚密。

王莽做事，一概遵循儒学规矩。母亲和大嫂都是寡妇，王莽每天请安、侍奉十分周到。王莽的大伯王凤当过朝廷的最高统帅，患病后，王莽床前侍候，日夜不离，凡药都先尝，数月时间，王莽都在王凤身边辛勤侍候。关键是，蓬头垢面、不换衣服、没有一点儿欢快的神色、一天到晚忧愁布面，是儒学尽孝的标配，王莽全做到了，且一丝一毫不走样。王凤深为感动，临死前特地请求姐姐皇太后王政君，给王莽提个官儿做。这之后，皇太后王政君做主，戴崇、陈汤等帮腔，王莽官运亨通，从宫廷的黄门郎，一步步提到骑兵司令、高级国务官、宫廷随从，并封新都侯。

而王莽呢，不管官怎么升，谦恭的态度不变。他家里没有积蓄，为数不多的车马轿舆跟衣裳皮裘，都送给手下贫穷的官吏。他还用钱财与宰相、将领、国务官交往，博得很大的赞誉。

有一件小事，本对王莽不利，经他简单一操作，便变不利为有利。

是这样的：王莽看上一个长得漂亮的婢女，悄悄买回家。这是瞒不住的事，不久便传开了。王莽便把这个婢女送给后将军朱博，并说："后将军朱博没有儿子，我请人看了这个女子，是个多子的身形。"他把自己买这个婢女，说成是特地为无子的朱博将军准备的。这一来，人们对王莽的负面议论，一边倒地变成了赞誉。

公元前8年，对自己职务迟迟没有再提升而感到焦虑的王莽，为扳倒比自己官大的淳于长（皇太后王政君姐姐的儿子），捕捉到了一个可供自己操作利用的机会。淳于长淫行发作，调戏被罢黜的许皇后，并许诺自己有办法让许皇后复出，封为左皇后。王莽即把这个消息禀告皇太后王政君，王政君气得浑身发抖，令他速报成帝刘骜。于是淳于长被斩，许皇后自杀，受牵连的一干人被杀或被贬。

王莽揭发有功，被提升为全国武装部队最高指挥官，年仅三十八岁。

官越做越大，王莽的身段越放越低。他把自己封国的赋税，全部分赠给朝廷上下口碑好的人；家里的摆设一切照旧；母亲患病，朝廷高官的夫人前去问候，王莽的妻子亲自开门、亲自倒茶招待，贵夫人们看到王莽的妻子衣着朴素，外套遮不住膝盖，以为她是家里的奴婢，得知是王莽的夫人后，无不大吃一惊。

这一惊，使人们对王莽的赞誉不胫而走、迅速扩大。

王莽尝到了做儒家卫道士的诸多甜头，因而哪怕被罢免、丢官，也不肯收手。

成帝刘骜无子，将侄子刘欣封为太子，刘骜去世后，太子刘欣继位，号哀帝。刘欣是定陶王刘康的儿子，母亲姓丁，祖母姓傅。这位姓傅的祖母，性格刚强凶暴，工于心计，爱要弄权术，外界口碑很糟，朝廷上下都知道。但刘欣出生以后，由祖母傅太后亲自抚养，直到长大成人。按照儒家的规矩，皇帝无子，指定他人的儿子为太子，那皇帝就是亲爹，皇后就是亲娘，而生养自己的亲爹亲娘，就相当于叔伯婶母，可以享受特殊待遇和谥号，但尊贵程度不能超过无子的皇帝、皇后乃至往上追溯的那一脉人。这是封建王朝最无聊的事之一，在多个朝代中引发争端、倾轧。刘欣跟祖母感情深，自然要为祖母争取特权。他穿上黄袍后，在未央宫设宴，臣僚及皇亲国戚参加。时任最高指挥官的王莽，在做宴会前的检查时，发现傅太后的座位就摆在太皇太后王政君的旁边，与太皇太后平起平坐，违背了儒家规矩，便下令把她的座位搬到下面。傅太后气得浑身发抖，拒绝参加宴会。刘欣刚披上黄袍，对王莽拿出儒家古制的这一手，也不好发作。王莽深知自己被傅太后恨死了，只好呈请辞职。

王莽走出的这招险棋，达到了两个目的：一是巩固了他姑妈王政君太皇太后的地位和权势；二是赢得朝廷高官的一致赞扬，认为这是王莽捍卫儒学之道的壮举。

工莽回到封国后，闭门谢客，潜心钻进“五经”之中，研究儒家的古制古训。王莽的次子王获杀死家奴，他严厉追究，命王获自杀赎罪。在封国三年时间里，官吏、民众数百人向朝廷上书，盛赞王莽，为他鸣冤。而在朝廷组织的考试中，不少考生用考卷为王莽大唱赞歌。

公元前1年，哀帝刘欣逝世。刘欣是个昏君，还是个同性恋者，他与宫廷随从董贤同性相恋，两人同睡一床，董贤的头压住了刘欣的袖子，刘欣起床，不忍心把董贤叫醒，便用宝剑把袖子割断，再悄悄离开，由此便有了“断袖之癖”。董贤还把自己的妹妹召来，与皇帝刘欣三人常常在一起鬼混。刘欣因为淫行过密，二十六岁便死了，且没有儿子。

刘欣一死，太皇太后王政君立马召王莽赴朝，重新穿上最高指挥官战袍，处理后事。

王莽在对刘欣的后事处理中，搭上了皇太后赵飞燕和她妹妹赵合德，搭上了刘欣这个皇帝的祖母傅太后，搭上了傅姓家族、丁姓家族的大小官员，当然还搭上了董贤家族成员，杀的杀，免的免，流放的流放，傅太后的“皇太后”头衔、丁太后的“帝太后”头衔一并被撤销，董贤家四十三亿之多的巨额财富全部被收缴。王莽的这些雷霆手段，天下无不拍手称快。

在做完这一切以后，王莽迎接九岁的中山王刘箕子继位，号平帝。

王莽用儒学掩饰兜售私欲

王莽在回到朝廷政治中心之前所做的一切，虽然仍能从一些事情中进行挑剔，但总体看还是遵循了儒学道义，因而获得了大批儒士、贤士和官吏、民众的高度赞誉。但王莽并不满足，接下来所做的，虽仍举的是儒学大旗，但在这面旗帜下兜售的是他更大的私欲。

王莽对自己新都侯的封赏不满足，瞄准的目标是公爵。于是他要了一个阴谋，暗中命益州郡（今云南省昆明市晋宁区），发动边境外的越裳部落（今越南国境内）向中国呈献了一只白野鸡、两只黑野鸡。这是王莽从史籍中搬来的复古之作。《大传》载：周公旦为周成王的宰相时，越南南方的越裳部落经过九次翻山越岭，给中国进贡了白野鸡。周成王问周公旦如何处置，周公旦说："恩德没有加到他们身上，就不应接受他们的进贡。"越裳部落使节说："我们国王刚即位，全国就没有狂风暴雨了，可能是中国出了圣人所致。"周成王这才接受白野鸡，并转献皇家祭庙。王莽复古仿效的正是这一史典。野鸡一到，王莽便当天大的事向太皇太后王政君禀报。越裳部落与中国语言不通，经过几次翻译才能听懂。这么遥远的境外部落向中国呈献野鸡，不正说明中国威震天下吗？朝廷官员把这一功德加到王莽头上，大唱赞歌，并上书九岁的皇帝刘箕子，擢升王莽为公爵，称安汉公。刘箕子后面坐着太皇太后王政君，皇帝的御玺在她手里，她盖章，皇帝的诏命就生效。

再看这时的王莽，他要阴谋想要封公爵，真给他封时却坚决拒绝，不但再三拒绝，而且再四再五拒绝。拒绝不了，他就装病，躺在床上不起来。

王莽的这一手，再次激发了文武百官要求封赏王莽的狂热，奏章像雪片般飞到太皇太后王政君手里。王政君只好下诏，不仅要王莽接受公爵、安汉公封号，而且任命他为太傅，位居太师、太保之上，采邑二万八千户。

司马光写道：王莽因害怕再次拒绝而再次擢升，只好拖着病体，勉强复行视事。但他只接受太傅和安汉公封号，不接受采邑。他如是说："云愿须百姓家给，然后加赏。"

王莽说的是："我愿等到全国人民，每家都过上丰衣足食的生活之后，再接受封赏。"

看到了吧，不是不要采邑，而是还要等。等什么呢？全国人民每家都过上丰衣足食的日子不是他要等的，要等的是他自己要达到的目的。

王莽下一步的更大目的，即把朝廷的人事任免权弄到手。现在这项大权在七十一岁的太皇太后王政君手里，得从她手里弄出来。于是，王莽又暗地里找他提议擢升的高级官员，上奏建议说："官员的升迁，要特别慎重，在这些人被任命之前，应由安汉公接见考察，太皇太后春秋已高，玉体重要，不应再处理这类琐碎事务。"王政君也许是真的身体支撑不了，也许是看清了拦也拦不住，只好把朝廷的人事任免大权交给王莽。

全国武装部队最高指挥官、公爵、安汉公王莽，又把人事任免大权揽到手了，该满足了吧？不！王莽不满足。他是儒学大师，是用捍卫儒学之道的疯狂举措，换来的权势和荣耀，因而必然还要用儒学卫道士的手腕，争取全天下对他的赞誉和崇拜，把自己这个儒学卫道士，推向儒家顶礼膜拜的神坛。

为此，王莽网罗天下儒学知识分子，从儒学典籍中，给他找依据、唱赞歌；他派出多路官员，带上大量金银财宝，北向匈奴，东达大海，南至黄支王国（位于南中国海），西到西羌部落，用丰厚的贿赂引诱他们进贡本地的珍宝，以表示咸服王莽的德威。得到大量金银财宝的周边邻国，回报给汉王朝的，也即是王莽收获的，是安汉公王莽大仁大义，四海太平，五谷丰登，稻谷长得长达一丈有余，麦秆上结出三个麦穗，不播种也能大丰收，蚕不吐丝自织成茧等凡人都不敢想象的神话，以及一些儒家知识分子编的赞颂王莽的童谣。其中匈奴汗国把王昭君的长女须卜居次云，送来专门侍奉王政君，也是王莽花大钱换来的回报。

舆论的力量是巨大的，王莽便是掌控舆论的高手。

在王莽的操控下，全国近五十万人上书，请求对王莽加赐“九锡”。“九锡”即九赐，这是一项极其古老且荣誉最高的奖赏，由天子颁发给功勋最大的大臣。“九锡”是：彩色蔽膝、龙袍龙帽、家常便服、佩刀柄装饰白金、配刀鞘装饰玉璧、尖端上翘的御鞋、绣有鸾凤的车辆、四匹骏马、有九个尾梢的龙旗。

从春秋到战国，从战国到秦汉，从汉朝立国以来的二百多年，没有一个人享受过这么高的荣誉。

至此，王莽打着复古儒学的旗帜，达成了他预设的全部目的。

还没完，王莽在达到这些目的的背后，还有更大的目的。

王莽用儒学复古窃取帝位

公元2年，平帝刘箕子改名刘衎。

王莽打算把女儿推到皇后宝座，以使自己的权势更加巩固，便上奏为刘衎选皇后，并搬出《春秋公羊传》的记载，即天子娶十二女、封国国君娶九女、大夫娶三女、士娶二女，按照这个古制，物色平帝刘衎的正妻即皇后，及夫人嫔妃。

主管单位把物色的名单送到王莽手里后，王莽又变卦了。因为他发现，虽然王莽的女儿在其中，但王姓家族的女儿，几乎全部被列进去了，如此一来，他的女儿很可能被挤掉。发现这种危险性后，王莽再次发挥舆论的威力，他找托词说，自己的女儿不成才，不应跟其他贤惠的女子同时列入名单。王莽这么一说，背后给他造势、造神的儒学知识分子，齐聚未央宫大门请愿，坚决要求王莽的女儿当选皇后。王莽假惺惺地派人前去劝阻，不劝还好，一劝请愿书像雪片般飞到皇宫。这一来，所有列在皇后遴选名单上的女子一概拿掉，只剩王莽女儿一人。

两年后，十四岁的平帝刘衎，册封王莽十三岁的女儿为皇后。

不知王莽是怎么想的，因为他之后的阴谋策划，似乎背离了把女儿推到皇后宝座的初衷。

又两年后的腊月大祭，王莽向平帝刘衎呈献椒酒。椒酒是往酒里加上胡椒，据说可以驱逐邪鬼，当时的富贵人家都喝椒酒，是喝不死人的。

可是，刘衎喝下王莽呈献的椒酒后，趴在床上疼痛难忍，辗转呼号，不多一会儿，便死了。

人好好的，喝了王莽呈献的椒酒，便死了。这还用猜吗，还用查吗？这不明摆着，就是王莽在酒里下毒，把刘衎毒死的吗？

面对这种情况，王莽当做何解释？这一关，他过得去吗？

王莽早策划好了，他套用周公旦写《金縢》的做法，为自己留了一条纯儒式后路（本文后面要写）。

没有皇帝了，就得再选皇帝。恰在这个节骨眼上，陕西武功县县长孟通，挖浚水井时，挖出一块白石头，上圆下方，上面有朱红色字样，写的是“告安汉公王莽当皇帝”。

这是中国封建社会惯用的骗局，连太皇太后王政君都不信，她说：“这是欺骗天下的手段，怎么可以相信！”

王政君说的这话，无疑是对王莽当皇帝的否决。但朝廷的大批臣僚，围着王政君上奏，说宣帝刘询的玄孙二十三人都还是婴儿，不适合当皇帝；说挖井挖出的白石红字的含义，是要王莽当“代理皇帝”等。王政君不听他们胡说八道，仍不予诏准。于是朝廷文武官员联名奏报，一致要求王莽在朝廷称“假皇帝”，在民间称“摄皇帝”，发号施令不用诏书，而用“制书”，王莽参加的各种礼仪，仍按亲王侯爵对待。

太皇太后王政君拗不过满朝文武大臣，只好诏准同意。

“代理皇帝”王莽，也必须有太子，于是册封宣帝刘询的玄孙刘婴当王莽的皇太子，只有两岁。王莽向王政君报告，说这是占卜的结果。占卜的结果，就是上天的意志，王政君能不同意吗？

虽“代理皇帝”也是至高无上的，但王莽并不满足。于是他钻进儒学典籍，寻找为自己去掉“代理”二字的历史依据。

附着在王莽这个大儒身边的，是一群灵魂向权贵下跪的儒学知识分子，他们不只是用儒学那一套在王莽身边“嗡嗡”，而且能找出历史古籍的记载，来为王莽佐证。

去掉“代理”二字的历史依据，还真找着了，依据便是古籍中记载的“涉三七之节纪”说。说的是，三七相乘是二十一，这个二十一，是指二百一十年。“节纪”指二百一十年是个劫数，必定改朝换代。

那汉朝从一任帝刘邦公元前202年建国，到公元8年，恰是二百一十年，恰好是“节纪”预测的朝廷更换时间节点。

这不正是王莽要将刘家江山，改为王家江山的依据吗？

王莽激动得蹦跳起来，不等了，直接当皇帝。公元8年十一月二十五，王莽头戴天王冠，登上皇帝宝座向天下发布文告，改变历法，恢复秦王朝制度，以每年的十二月初一作为元旦，衣服用淡黄色，祭祀供品一律用白色，等等。

文章写到这里，我们就不得不替王莽忧虑了，他的女儿是平帝刘衎的皇后，这时王莽与她是父女关系；刘衎死后，必须确立新的皇帝，这个新皇帝无论是谁，王莽的女儿就是皇太后了，这时皇帝与她就是母子关系了。王莽当皇帝了，他和她女儿的关系，当该怎么摆布呢？

王莽可就不管它了。

王莽一路走来，复古、卫道举的是儒学大旗，但走在这面旗子下用脚踏过的，都是人头和鲜血。可以说，是人头落地和鲜血横流，为他铺就的登帝之路。

比如，哀帝刘欣死后，王莽用雷霆手段，把傅太后、丁太后两大家族，连同倚靠这两家的大臣、官吏，杀的杀，贬的贬，全部清洗了一遍……

比如，平帝刘箕子继位后，母亲娘家姓卫，王莽就为不让他母亲搬到皇宫来，找碴儿大开杀戒，除刘箕子的母亲卫姬外，卫姓族人全部被诛杀，连同被杀的还有与卫家有亲情、友情的人士数百人……

还比如，王莽掌握朝廷的人事任命大权后，对擢升的官员逐一见面谈话，但凡给他唱赞歌的、吹捧的，短时间便得到再次擢升；而所提建议尖锐甚至对朝政提出批评的，王莽一个也不放过，绝大多数都是挑出一点儿过失，便被腰斩……

因为王莽是儒学大师，他大批杀人的理论依据，用的还是儒学的道义和规矩。

王莽疯狂复古搞乱朝政朝纲

王莽这个儒学大师，既然尝到了复古卫道的甜头，因而在他尚未穿上黄袍但手握重权之后，必然用政治的力量，推动崇儒复古的政治改革和社会革命。

王莽最卖力做的一件事，是制度复古。他登上政治舞台后，主要精力用于复古改制，恢复儒家所特有的繁文缛节。

公元前1年，王莽设立“四辅”。《礼记》载：古代天子有四位年高德重的辅政大臣，称为“四辅”。“四辅”的称谓很古怪，一前疑，二后丞，三左辅，四右弼。春秋战国至公元前1年，近千年过去了，“四辅”早已消失得没人知道是什么了，可王莽从古籍中翻出来，让它复活在他操控的朝廷之中……

公元1年，王莽又从古籍中翻出“羲和”。“羲和”太古老了，他是公元前24世纪黄帝王朝六任帝伊祁放勋、七任帝姚重华时代的首席大臣，相当于宰相或内政部长。后来有些朝代把大司农改为“羲和”。与王莽同朝的儒家知识分子，几乎都不知“羲和”是个什么官职，王莽却把它复活，设立为朝廷的一个重要官职……

周王朝走到战国时，被秦国灭了，九鼎也搬走了，“天下共主”周天子，早已被天下遗忘了。可王莽还记得，公元1年，他特地封鲁国最后一任国君姬雠的八世孙姬宽为“褒鲁侯”。姬雠在公元前249年就被剥夺国君了，时隔八代之后，王莽把他的八世孙翻出来，复活了对“天下共主”周天子的祭祀……

在周王朝初叶之前，人名除姓氏外，都是一个字，如姬发、姬旦、晏婴、孔丘等人这样。中叶之后，两个字的名字逐渐出现。对此，儒家学士痛心疾首，认为这是对古文化的一种反动。但儒家再竭力反对也没用，随着时间的推移，人名用两个字的几乎遍地开花，只是儒家学士仍沿用单名。公元2年，王莽以两个字的名字不符合礼制为由，掀起了“单名运动”……

类似的复古卫道，王莽站上皇帝这个平台后，一如既往，没有停止。

王莽在复古卫道旗帜下，推行的一些社会改革，特别是经济改革，我们也来说道说道。比如，他推行的土地国有、计划经济、实行专卖制度、建立贷款制度、征收所得税等，无疑是划时代的创新举措。但大大超前了，完全超出了生产力所能承载的范畴。王莽所处的时代，根本就不具备推动这些改革的技术支撑、意识支撑和人才支撑。如贷款利息和所得税，规定其为纯利的十分之一。就拿一个小作坊来说，算成本之外的纯利十分之一，是个简单的问题。但全社会经济活动的方方面面，都按纯利十分之一去算，就得从中央到地方，层层设立具备会计学、统计学知识的大批专业人才，这在当时文化水平并不普及、活字印刷尚未发明出来的公元9年，是无论如何都做不到的。而王莽不管不顾，强制推行，结果善政变成了暴政，逼得民众奋起反抗。再比如，土地收归国有后的重新分配，把占地多的地主的土地分给无地的贫民，这无疑是一项很好的政策。但坚持复古、卫道的王莽，却要求恢复井田制。井田制最早出现于商朝，即把一块土地，按“井”字划分，中间一块留作公田，四周的土地由民众耕种。后因铁制农具和耕牛的普及，促进了生产力的发展，井田制逐渐被废弃。至王莽当皇帝时，地主占有土地的实际情况与井田制的要求，已经形成了天壤之别，在这种情况下推行井田制，根本就推不动。

尤其是王莽推行的币制改革，更是不接地气的盲动，不仅使得全社会的经济活动陷入停滞，而且把全社会推向了混乱的深渊。公元7年，王莽废弃汉王朝通行的五铢钱，改为“错刀钱”“契刀钱”“大钱”。“错刀钱”是用黄金铸成刀的形状，上写“一刀值五千”；“契刀钱”是用铜铸成刀的形状，上写“一刀值五百”；“大钱”是用铁铸成刀的形状，上写“一刀值五十”。在推行这些钱币的同时，王莽下令收缴全国官民手中的黄金（按市价收购，但几乎得不到回款）。这一来，官民纷纷进行抵制，仍用五铢钱在市场交易，“刀钱”流通不起来。到了公元10年，王莽变招，发行“宝币”六种，即金币、银币、龟币、贝币、钱币、布币。其中金币只有一种，用一斤黄金铸造，值钱一万；银币分两种，用八两白银铸造，值一千五百八十钱。此外，龟币分四种，贝币分五种，钱币分六种，布币分十种，总共加起来二十八种货币。细分一下布币来看看：布币是铜做的，依次为大布币、次布币、弟布币、壮布币、中布币、差布币、厚布币、幼布币、玄布币、小布币。从大布币到小布币，每一等短一分、轻一铢，币值少一百钱。如此繁杂，叫人看都看不懂，更甭说拿到市场去交易了。结果是，人们私下仍用五铢钱交易。王莽于是下诏：凡携带五铢钱的，放逐到四方蛮荒。这一来，大批官员、民众被定罪放逐，农村大量荒芜、商场大批倒闭、全国经济崩溃，民变、暴乱频发。

面对大厦将倾的危难局势，王莽仍不忘复古卫道。他自编自导，说自己是黄帝姬轩辕和舜帝姚重华的后裔，而且仿效《尚书》中姬旦东征管蔡时作《大诰》的历史记载，也作一篇《大诰》发布全国。他以为天下会群起响应，各路英雄豪杰和贤士达人会聚集在他的《大诰》宣示中来，结果呢？王莽的《大诰》发布后，像纸片打水漂一样，扔出去无声无息。

王莽矮化邻国引发天下大乱

王莽的复古卫道，波及了周边各少数民族邻国。他为了营造他执掌朝政大权后四海咸服的虚假局面，不断派出使臣，携带大量金银财宝，贿赂邻国君主，教他们给朝廷上书、进贡。一时间，各邻国乐此不疲，用漂亮话给朝廷上书，牵几头牛、几匹马给朝廷进贡。而被王莽网罗到身边的儒学知识分子，跟进大唱赞歌，使得王莽在朝廷上下大受追捧。

如果仅是这样，坏不了大事，朝廷无非是损失些钱财，换来些虚假的赞美。可他王莽推行的是复古卫道，因而必然在与邻国交往中制造出严重的危害来。

公元10年，皇帝王莽派“五威将”王骏、陈饶等人出使匈奴，通报他取代汉王朝的情况，并提出要他们更换单于印信。汉王朝颁发给匈奴的是“匈奴单于玺”，王莽带去的是“新匈奴单于章”，打算用“章”把“玺”换回来。第十八任单于挛鞮知举行盛大的招待宴会，在杯盏交错的酒宴上，“章”“玺”互换了，但挛鞮知单于并未对新的印信细看。喝得迷迷糊糊回到宫舍后，王骏等人觉得不对劲，担心挛鞮知单于酒醒后来要带“玺”字的印信，便把“匈奴单于玺”用巨斧劈坏了。果然，第二天挛鞮知单于派人来要带“玺”的印信，王骏等人只好耍赖，说带“玺”的印信放在这里，没人动它，它却自己毁坏了。

匈奴人不是傻子，斧劈的痕迹他们看不出来吗？再说，汉王朝带

“玺”字的印信，是用匈奴文字写的，只发给单于；而带“章”的印信，是用汉字写的，发给王爵以下官员。你王莽把带“章”的印信发给单于，不是矮化匈奴吗?

这便是王莽复古卫道的鬼把戏，他把中原周边邻国看作未开化的民族，认为其君王不能与中原皇帝平起平坐，因而用给他们发“章”的印信故意加以矮化，以凸显他王莽这个皇帝咸服四海的威风。

王莽要的这一招，打开了中原周边邻国脱离中原管辖、与中原没完没了开战的“魔盒”。

匈奴挛鞮知单于派出一万骑兵，赶到今内蒙古自治区乌拉特前旗朔方郡，构筑工事、堡垒……

匈奴的这一举动，是个风向标，西域其他小国跟着动起来了……

位于新疆奇台的车师后国国王须置离，国王也不要了，打算投靠匈奴；国王的老兄辅国侯狐兰支，则亲率部属三千余人投靠匈奴……

中原设在西域的指挥官任商，袭杀指挥长刁户和他的儿子、兄弟，裹挟指挥部的全体文武官员及眷属二千余人投奔匈奴……

王莽坐不住了，打算拿匈奴开刀，以展示军威。王莽下诏将“匈奴单于”改称“降奴单于”；征召囚犯、士兵三十万，由立国将军孙建，率十二路将领，分十二路大军，向匈奴进发；征调边防军在内蒙古河套一带，屯军种粮，以供给讨匈大军；派宫廷禁卫官副司令蔺包率一万人，携带大量金银财宝，进驻今内蒙古自治区托克托边塞云中郡，用单于宝座引诱十四任匈奴单于的儿子，企图以此分化瓦解匈奴。十八任单于挛鞮知立马兵分三路，对云中郡发起猛攻，大肆屠杀中原官吏和人民……

至此，中原与匈奴的关系完全破裂!

四川西部、南部及云南的西南夷小国、部落，纷纷举旗反叛……

东边的高句丽拒绝出击匈奴，向北出逃。王莽大怒，将“高句丽”改名“下句丽”，激起濊貊人的强烈反弹，向中原边境发起猛烈进攻……

至此，周边邻国几乎脱离中原而去……

至公元13年，被张骞在丝绸之路上蹚开的西域大门，历经汉王朝一百四十余年的艰辛经营，新疆及中亚细亚东部的数十个大小国家，全部脱离中原的管辖，毗邻中原西域边境的战火连绵不绝。

反观中原境内，民变、暴乱此起彼伏，山东琅邪的吕母振臂一呼，身后站出了上万名向王莽宣战的战士；湖北的王匡、张霸振臂一呼，身后站出了数万名向王莽宣战的战士；山东郯城人徐宣振臂一呼，身后站出了数万名向王莽宣战的战士；青州、徐州数十万人加入了向王莽宣战的行列；用朱砂涂抹双眉的“赤眉”，也站到了向王莽宣战的行列……

王莽的政权风雨飘摇，但就在这个时候，死抱着复古卫道不放的王莽，诏令天文台推算出三万六千年的日历，下令全国每六年改换一次年号，以契合天地运转的好运。为镇压各地汹涌的民变、暴动，王莽诏令全国动员，征召所有适龄丁壮、将要处死的囚犯、被囚在监狱的官员和富裕人家的奴仆，组成“猪突部队”“猪勇兵团”，奔赴全国平乱。

无须多说平乱的战果了，仅“猪突”“猪勇”两个兵团的名称就已经充分说明：王莽是个“猪脑子”，他身边的谋臣都是“猪队友”，所谓的平乱战斗是“人猪”大战，结果便不言而喻了！

公元23年，王莽在宣室殿，被冲进去的民变士兵乱刀砍死。

死到临头，一生抱定复古卫道的儒学大师王莽，还上演了一出仿效儒家圣贤扶持君主的大戏，即前面写到的周公旦写《金縢》的做法。

平帝刘衎被王莽毒死，朝廷上下几乎没有人不信，但王莽也没有做任何解释。不做解释的原因，是他留了一出由他表演的复古卫道大戏。

这出大戏的原版是这样的：周武王姬发患病，周公旦写了一篇祷文，藏到用金线织成的书柜之中，同时写了《金縢》一文，叙述他写祷文并藏于书柜的经过。周武王康复后，不少臣僚挑拨，说周公旦曾在他患病时企图篡夺君位，周武王因此疏远周公旦，周公旦也不做任何解释。后来周武王从书柜中发现了这些文件，祷文写的是向上天祈祷，愿代他姬发去死，《金縢》写的是对这一事件的记录，周武王因此打消了对周公旦的误会。儒家特别是孔老夫子将此事捧为儒学经典，之后所有的儒学大师对此都津津乐道。

儒学大师王莽，当然也知道这个儒学经典，因而在他毒死平帝刘衎时，留下了钢铁般的第一手原始证据。

就在王莽被乱刀砍死之前，在未央宫王路堂，当着满朝文武百官的面，王莽打开金柜，取出在平帝刘衎病危时，他向上天为刘衎请命的祷文，流着泪念给文武百官听。

这是王莽全部人生的最后一次复古卫道表演！

虽然王莽这一次复古儒学的表演，与周公旦写《金縢》的形式是一样的，但性质完全不同。周公旦是向上天祈祷生病的周武王早日康复，并将祷文藏于金柜。王莽是把平帝刘衎毒死后，也写了一篇向上天为刘衎请命的祷文，藏于金柜。人是被你王莽毒杀的，还假惺惺地写祈祷文，向上天为被毒杀的人请命，骗谁呢？

……

王莽复古卫道的一系列表演，犹如给大汉王朝敲响一记又一记的连续丧钟。丧钟敲一记，是敲不败一个王朝的，只有像王莽那样一记一记不停地敲，且敲得一记比一记凄厉，这个王朝才会在最后一敲中倾覆。

王莽熟读“五经”，搬出来的儒学规矩几乎都是原汁原味的，丝毫没有走样，为什么运用到他掌控的政府构架、政策构架乃至经济和外交的构架之中，却收不到好的效果呢？

是儒学用于治国不行？

还是王莽复古卫道不行？

令人深思啊！

第三章 东汉王朝的跌跌宕宕

东汉王朝第一任皇帝刘秀，被史学家普遍赞誉的，是他尊重知识分子、包容知识分子的人格瑕疵……

但凡尊重知识分子的皇帝，必是有所作为的……

刘秀之后的皇帝，逐渐陷入宦官的重围……

在宦官的重围中，东汉皇帝热衷于做的，是明码标价卖官帽……

刘秀接续了大汉王朝

公元23年，王莽新政权轰然倒塌，全国顿时陷入民变、暴动的混战之中，铜马民变、赤眉民变等数十个民变兵团，每个兵团都聚集了数十万人，甚至上百万人。十多个皇帝从这些兵团中陆陆续续站出来，其中多数是顺应“人心思汉”的刘姓皇帝。皇帝们抢夺城邑地盘，征发民力民财，一夜之间，整个中国大地陷入战火炙烤之中……

这无疑是王莽政权崩塌后的必然结局！

公元25年，刘秀在混战中站出来称帝。

刘秀源于汉景帝刘启一脉，是刘启的六世孙，是血统正宗的“人心思汉”皇帝。从王莽篡权到王莽垮台以来的二十四年，汉王朝旁落的刘姓皇权，因为刘秀称帝而承接起来了。史学家因此称刘秀之前的汉朝为西汉王朝，称刘秀之后的汉朝为东汉王朝，西汉王朝建都长安，东汉王朝建都洛阳。

在战火纷飞、天下大乱、人民深陷水深火热之中的关键时刻，历史选择了刘秀。

刘秀和他的大哥刘縯，跟随被赤眉等兵团拥戴的皇帝刘玄转战，因为刘縯、刘秀的威望直逼皇帝刘玄，刘玄便找碴儿将在他玄汉政府任宰相的刘縯斩了。皇帝刘玄对如何抢夺地盘、如何治理天下一概不管，而是不分昼夜在后宫欢宴，成天喝得醉醺醺的，不能应事，便叫宫廷随从坐在帷帐里代他回答臣僚的奏请。司马光写道：刘玄陪宠姬韩夫人喝酒，大臣前来奏事，韩夫人嫌破坏了她喝酒的气氛，跳起来把奏章撕得粉碎。刘玄朝会时常挂在嘴上的话是："这回抢了多少东西？"拥戴刘玄当皇帝的民变兵团特别是赤眉军，对刘玄很不满意，因而用抽签的方法，拥戴十五岁的刘盆子当皇帝，把刘玄给废了。刘盆子当了一年皇帝，看到的都是赤眉军等民变兵团滥杀无辜、抢夺民财、强奸民女，与强盗土匪无异，于是交出皇帝玉玺，跪着向将领们谢罪，提出不要这个皇帝宝座了，把身子还给他自己，否则宁可去死。赤眉等民变兵团的将领，对刘盆子的这一做法很感动，表示一定严厉约束部下，并强行把玉玺挂到刘盆子身上。但没过几天，民变官兵故态复萌，三辅大地的百姓哀号震天。

其余的皇帝们，其部属对民众的杀戮抢夺，比刘玄、刘盆子的部属毫不逊色，走到哪儿，抢到哪儿，可苦了天下百姓！

刘秀则与其他皇帝大不相同。

刘秀下令：不得屠城，不得滥杀无辜，不得掠夺民众财富。虽然他的部属中也有屠城、掠夺的，但在刘秀指挥的战斗中，只要刘秀在，就没有屠城、掠夺的事情发生，因而刘秀在民众特别是知识分子中，树起了良好的口碑。刘秀对他的一员大将冯异说："征伐的意义，并不是非夺取土地、屠灭城池不可，主要的目的在于瓦解与安抚。"对于部属屠城，刘秀总是严厉斥责。比如，盘踞在成都的成家皇帝公孙述，刘秀派大将吴汉率军攻击，在吃了几次败仗激起满腔怒火后，吴汉按照刘秀的部署，终于攻克成都。吴汉的怒火不能平息，下令屠杀公孙家族，长幼不留，同时纵兵奸淫掠夺，烧毁公孙述的宫殿。刘秀对吴汉的暴行大为震怒，斥责吴汉说："成都已经投降，官吏人民全部顺服，这里仅婴儿和母亲就达一万余人，你却纵兵杀人放火，怎么忍心做出这种惨事？仰观苍天，俯视后土，你这么做没有仁心，违背斩敌杀将、拯救人民的本意！"

刘秀率军清剿铜马兵团，从河北清河一直追杀到馆陶，铜马兵团在溃逃中与高湖、重连两个兵团结合，掉头向北逃窜，刘秀大军将他们包围在河北正定，三个兵团数十万人全部投降。因为投降的人太多，刘秀的将领们不敢相信降兵的诚意，而降兵们也觉得自己不可能得到信任，一股围绕“诚意”和“信任”的暗流涌动，灾祸随时都可能爆发。刘秀看出来了，令降将回到各自部队，做备战准备，他只带几名卫士前去视察。投降的官兵看懂了刘秀对他们的信任，一下子把心放进肚子里，纷纷向刘秀表忠心。消息传开后，“青犊”“上江”“大彤”“五幡”等地，数十万民变兵团向刘秀投靠。

刘秀率军围攻邯郸的战役打得很艰苦，今天打一场胜仗，明天便迎来一场大败，打得一些意志不坚定的将领包括地方要员骑到墙上，观望战局的走向。据守邯郸的王郎（刘子舆），号称是汉成帝刘骜的嫡亲骨肉，跟刘秀一样，是“人心思汉”所拥戴的刘姓皇帝。邯郸被攻克后，刘秀在王郎政府的档案里，发现数千封向王郎表忠心的信，这些信都是自己的部属写的，他们在向王郎表忠心的同时，充分表达了对刘秀的侮辱、诋毁和抨击。刘秀于是把将领和地方要员全部集合起来，当着他们的面，把信件全部烧毁。这一烧，使得骑在墙上的人全部从墙上下来，死心塌地跟着刘秀拼命。

刘秀还厚待率部投降的将领，这些将领曾跟刘秀作过战，用战场的胜利羞辱过刘秀。他们向刘秀投降后，刘秀继续让他们当将领，他们带过来的兵继续让他们统领。就连杀害他哥哥刘縯的汉帝刘玄，走投无路前来投降，刘秀都不杀他，还给他封侯封邑；接替刘玄的刘盆子皇帝向他投降，刘秀也给予厚待。

刘盆子带来的十多万赤眉军，他本人包括他的将领臣僚，心里对刘秀多少有些不服，刘秀看出来了。于是，刘秀把他们带到洛水，让他们看自己手下官兵的演练情况，并挑明了说：“你们如果后悔，我马上送你们回去，你们准备好了，咱再打，绝不让你们觉得投降我而委屈！”

刘秀被历代知识分子特别是史学家大加赞许的，是他尊重知识分子的独立人格。

应当说，封建王朝历来重视知识分子，无论是像秦始皇那样的暴君，还是像汉文帝刘恒那样的明君，都非常重视招揽以知识分子为主体的天下人才。但几乎所有的皇帝，在尊重知识分子的独立人格上，都用强制、诛杀做过他们自己对待知识分子的诠释，唯有东汉光武帝刘秀所做的诠释，深受知识分子和史学家赞扬。

让我们看看刘秀的做法。

刘秀当皇帝的天下，是战火纷飞的天下；刘秀当皇帝的过程，是征战讨伐的过程；刘秀当皇帝的三十二年，是战火没有停歇的三十二年。可以说，刘秀这个皇帝的御椅，始终被架在战火的烤炙之上。可就是在这种情况下，刘秀始终没有停止招揽以知识分子为主体的人才。

公元29年，刘秀下诏征召社会上的隐居学者，我们挑三个人来看看征召情况。

一个周党，山西太原人；一个严庄，江苏吴县人；一个王良，山东郯城人。这三人学识渊博，行为规范，家教很严，深受乡邻敬重。王莽征召天下儒士时，这三人没有前去应诏；王莽政权垮台后，他们不受众多皇帝的利诱，继续在家隐居；刘秀发出征召令后，先后三次派出使节登门，诚恳地请他们到东汉王朝任职谋事。

先说周党。三次登门征召后，他来到了东汉王朝，面见汉光武帝刘秀。当着满朝文武大臣的面，周党走过去，见到刘秀，只是俯了一下身子，没有跪下叩头；开口说话，没有自报家门，只是向刘秀请求，准许他回乡继续隐居。满朝文武大臣义愤填膺，说周党这个知识分子连礼节都不懂，说周党傲视群臣。还有大臣提议，自己愿同周党登台辩论，如果自己辩输了，甘愿接受处罚；如果周党辩输了，则应以“大不敬”之罪诛杀。刘秀则说：“周党不接受我的任用，有他的志向，不可勉强。”同时特别赏赐布帛四十匹，送周党回家。

再说严庄。他与刘秀幼时同窗念书，感情笃深，刘秀打小就知道严庄的学识和修为。刘秀当皇帝后，特地派人察访，在山东发现严庄后，多次派人前去征召。严庄不来，刘秀便自己去请，与严庄同床共卧，畅叙离情，诚恳地请他到朝廷来为官。出于礼节，严庄来到东汉朝廷，刘秀大喜过望，当即任命他为谏议大夫，享受两千石俸禄。而严庄呢，他只是来还礼，并不是来应召的，因而当刘秀任命他当高官后，他就是不肯接受。辞别刘秀后，他回到老家富春山，终老家园。

再说王良。他在“三请”后应召来了。刘秀先是任命他为沛郡郡长，郡长当得很好，深得百姓拥戴；于是刘秀提拔他为副宰相，他又干得很好。史载，王良在副宰相的任上，谦恭克俭，兢兢业业。他是享受两千石俸禄的高官，家里用的是粗布棉被和瓦制器具，没有绫罗绸缎和金银器皿。关键是，他在朝廷任官，他的妻子儿女从未踏进过他办公室一步。后来王良患病，辞官回家休养，病愈后皇帝刘秀召他赴朝复职。王良在赴任途中，拜访了一位朋友，这位朋友也是一位人格高尚的知识分子，他直言不讳地说王良：“你取得高位，既没有忠言，又没有奇谋，辞了又去，来来回回，不嫌烦呀？”王良听了朋友一席话，羞愧难当。告别朋友后，他没有往朝廷走去，而是返回了家乡。皇帝刘秀于是再次下诏征召，一次被拒，二次被拒，接连数次被拒，只好依了他。

司马光的《资治通鉴》告诉我们，并不是所有的知识分子，都像周党，严庄、王良那样有尊严、有品位。在东汉处于改朝换代的混战情况下，一些知识分子的品德在战火中泯灭了，有的只当了几个月的县长便收金纳银，成了富甲一方的大富豪。对此，汉光武帝刘秀一定心知肚明，还有贪图官职爵位、给刘秀歌功颂德的人之中，站着一排排知识分子，刘秀也一定心知肚明！

这是社会的大悲哀呀！

救苍生于水火之中，靠谁来砥砺一种不向强势、权贵屈膝的高贵气质？

唯有靠知识分子！

如果知识分子全部堕落了，一个民族、一个国家还有兴旺发达的支撑吗？还有砥砺前行的道德勇气吗？还有思想文化的动力驱使吗？

也许汉光武帝刘秀没有站到这个高度去认识问题，但他包容知识分子、尊重知识分子独立人格的所作所为，甚至容忍一些知识分子的品德缺失，却从另一个视角深刻诠释了知识分子对立国、兴国、强国的重大意义！

汉光武帝刘秀被知识分子和史学家赞许的另一个问题，是不杀功臣。前面讲到在成都屠城的吴汉，刘秀大为震怒，当面严厉斥责，但斥责过了也就过去了，官照当，兵照带。随着战事趋缓，刘秀开始削弱一些战将的兵权，且不任命他们在朝廷当官。分析看，刘秀这么做，一方面可能是担心他们拥兵自重，另一方面可能是担心他们延续战场上的火暴脾气，出台对民众打压的政策。像为刘秀的东汉王朝建立赫赫战功的邓禹、李通、贾复等战将，都封以侯爵身份，回到家乡养老，只是在朝廷讨论谈重大国事时，召他们参加讨论，贡献自己的治国智慧。

……

刘秀当皇帝，留下了许多历史佳话。

比如，刘秀姐姐湖阳公主刘黄的家奴，仗着皇家权势，白天当众杀人后，躲到了刘黄家。当朝公主家是不能随便进去抓人的。洛阳县长董宣，便派人从早到晚盯着，看到公主刘黄出门，那个杀人的家奴陪同乘车，就在洛阳城西北的万寿亭等着，拦住公主刘黄的车队，喝令那个家奴下车。当朝公主刘黄哪里会把一个小小的县令放在眼里，不让那个家奴下车。董宣“嗖”地拔出佩剑，用剑头“嗤嗤”地划地，那意思是：没有商量的余地，佩剑不答应！公主刘黄没辙，只好叫那个家奴下车。董宣数落完那个家奴违法杀人的罪行后，手起刀落，当着公主刘黄的面将他诛杀。刘黄哪受过这等气，调转车头，直奔皇宫，一通哭诉，惹得皇帝刘秀大怒，立即传唤董宣，准备当着姐姐刘黄的面，用乱棍将董宣打死。

董宣说：“请准许我说一句话再死。”

刘秀问：“你要说什么？”

董宣说：“陛下以圣明的恩德，完成中兴大业，却放纵家奴，在光天化日之下杀人，这怎么能治理天下？”

董宣接着说：“我说完了，不需要乱棍来打，我就此自杀！”说罢用头猛向房柱撞去，撞得血流满面。但没有当场撞死，董宣便掉头往外走。

刘秀叫侍从拦住董宣，令他向公主刘黄叩完头、道完歉再走。

董宣不从。

刘秀命侍从强按着董宣的脖子，董宣双手撑地，誓不叩头。

始终在一旁看这出戏的公主刘黄，对刘秀喊叫起来：“你还是一介小民时，藏匿逃犯，追捕的官员连你家大门都不敢进，如今当了天子，怎么连一个县长都管不住？”

刘秀听了大笑：“这就是天子跟小民不一样的地方。”

刘秀笑罢下令：“强项令出！”

刘秀说的是：硬脖子的洛阳县令出去！他没有罢董宣的官职，还赏赐给他三十万钱。

这便是汉光武帝刘秀创作的“强项令”佳话！

还是这个湖阳公主刘黄，丈夫死后，找当皇帝的弟弟刘秀商量，她坦言，看上了中级国务官宋弘，认为宋弘一表人才、相貌堂堂，大臣中没有人可和他相比。

汉光武帝刘秀于是又导演了一出戏。

刘秀叫姐姐刘黄躲在屏风后面，然后召宋弘进宫谈话。扯了一通闲篇后，刘秀说：“民间有句俗话，地位尊贵以后，就要另外交结一批新朋友；有了财富之后，就要更换妻子。”他问宋弘：“这是不是人之常情？”

宋弘的回答是：“民间还有一句俗话，贫贱时的朋友，永不可忘；贫贱时的妻子，永不分离。”

刘秀听后，故意转过头去，大声说：“好事恐怕难成了！”

刘秀是当朝皇帝，他有诏令宋弘当他姐夫的权力，宋弘拒绝也不行。但是，刘秀没有这么做，他尊重宋弘对爱的选择，绝不用皇权去强迫人家。

再比如，战功赫赫且从未打过败仗的贾复，对部下束缚不严，他手下一名将军在颍川随意杀人，被颍川郡长寇恂逮捕下狱，经审讯后，绑到街上斩首。当时天下大乱，东汉王朝也处于征伐平乱之中，因而从上到下都认为，军人杀人抢劫不算什么，也没人过问。寇恂却把滥杀无辜的将军斩了，而这个将军还是贾复大将军的部下。贾复认为这是他的奇耻大辱，因而在大军班师路过颍川时，准备把寇恂杀了。寇恂知道贾复凶暴，不打算跟他见面，并对劝他防着点儿贾复的人说：“从前蔺相如不畏惧秦王，却向廉颇屈服，不过是为了国家。”寇恂下令郡政府大摆宴会，犒劳凯旋官兵。当贾复的前锋入境时，寇恂带人在道旁欢迎，然后声称有病走了。贾复到达后，下令追寻寇恂，而将领们都被酒灌醉了，站都站不稳，还怎么去抓寇恂？贾复也没辙，只好气冲冲地走了。

汉光武帝刘秀为撮合贾复和寇恂，于是又导演了一出戏。

贾复进宫向刘秀禀报战况，刘秀则把寇恂召去议事。一听寇恂来了，贾复便起身要走。刘秀拦住说："天下还在打仗，你们两只老虎，怎么可以自己先斗起来呢？今天我来给你们调解。"在刘秀的调解下，贾复打消了报复寇恂的念头，二人同乘一辆车出宫，互相结为好友。

但刘秀也有他作为封建帝王越不过的鸿沟。

刘秀颇信神秘预言书，他在率军打天下时，就有多人建议他当皇帝，刘秀总是拒绝。直到公元25年，儒家学士强华，抱着一本叫《赤伏符》的神秘预言书，从关中千里迢迢赶来见刘秀，刘秀才决定登基称帝。《赤伏符》上有"刘秀发兵捕不道，四夷云集龙斗野，四七之际火为主"的文字，隐含着朝代更替的"四七说"。四乘七等于二十八，自刘邦兴起到刘秀兴起，共二百八十年，正是"四七"的应验；而西汉王朝以"火"作为象征，所以说"火为主"；"捕不道""龙斗野"，应验刘秀打天下、当皇帝的打斗过程。刘秀认为这是天意，并把自己的名字由刘歆改为刘秀，登上帝位。

从此以后，刘秀只要遇到疑难和困惑，都从神秘预言书中寻找答案。宫廷服务官桓谭，对刘秀进行规劝，说："神秘预言有时虽应验，不过像卜卦偶尔算对了一样，不应特别重视。陛下应英明决断，主动摒弃那些不是正道的东西，而只遵循儒家的五经。"刘秀听了大不高兴，开始找机会修理桓谭。在讨论天文台设置位置的御前会议上，刘秀故意对桓谭发问："我想用图谶中的话来决定，你看怎么样？"桓谭则说："我从来不看图谶。"刘秀问为什么？桓谭说图谶不是儒学经典。刘秀是有目的发问，于是咆哮起来，说桓谭诽谤圣人，扰乱国法，拉出去砍了。桓谭赶紧跪地叩头，直叩得血流满面，刘秀才饶他不死，把他贬斥流放。桓谭在赴任途中死了。

下面还要写到，在对待“马革裹尸”的马援上，刘秀的做法也特别离谱！

……

公元57年二月，汉光武帝刘秀逝世，终年六十二岁，在位三十二年。

汉王朝立国二百一十年时，王莽篡权，汉王朝死了，但死而不僵，被汉光武帝刘秀唤醒。公元220年，曹丕称帝，立国一百九十五年的东汉王朝灭亡，大汉王朝才彻底灭亡。

我在这里，不只是告诉读者朋友东汉王朝延续了近二百年，还想与读者朋友一起，思考历史发展的规律性问题。通常立国一二百年的封建王朝，大都在这个王朝的创始点上，站立一个明君，在这个明君之后，还会延续站出几个也还不错的皇帝，就像刘邦这个汉朝开国皇帝之后，又站出汉文帝刘恒、汉景帝刘启、汉武帝刘彻一样，使得这个王朝兴盛近二百年。汉光武帝刘秀接续创立东汉王朝之后，接替他的汉明帝刘庄、汉章帝刘炟等，也是史学家笔下值得称道的皇帝，东汉王朝又延续了近二百年。这是不是能作为历史发展的规律性看待，进而作为历史发展的周期率看待呢？的确令人深思。

下面，我们拿汉光武帝爷孙三人做点儿分析，看看东汉王朝的发展运势。

汉光武帝刘秀逝世后，太子刘庄接替帝位，号明帝。刘庄这个皇帝，虽然不是那种大有作为的皇帝，但很明智，也很关注民生。

比如，有人在安徽王洛山挖出宝鼎，呈献给汉明帝刘庄。刘庄下诏曰：“祥瑞之降，以应有德；方今政化多僻，何以致兹！”“先帝诏书，禁人上事言‘圣’，而间者章奏颇多浮词；自今若有过称虚誉，尚书皆宜抑而不省，示不为谄子蚩也。”

刘庄的“诏曰”，表明他非常明智、清醒！

下面，我们翻成白话文，解释一下。

刘庄说：“祥瑞降临，是高贵品德发扬后的反应。而今天，政治仍有很多乖张，怎么可能有祥瑞？”

是啊！刘秀交给他的天下，困难很多，矛盾重重，诸多重大问题都没有理顺。挖出个宝鼎，便大唱赞歌，何来的祥瑞嘛！

刘庄说：“先帝有诏，禁止上书歌颂圣明，最近奏章上却有很多虚浮的措辞。从现在开始，如再发现过度的赞誉，宫廷秘书处（尚书）应拒绝受理，表示我不愿被谄媚者在背后嗤笑！”

是啊！但凡谄媚，有谁不是违心说假话？但凡谄媚，有谁不在背后骂你傻瓜？

不愿被谄媚者在背后嗤笑，这是何等的清醒！

再比如，宫门管理处有“反支日”不接受奏章和百姓投诉的规定。所谓“反支日”，是古时用天干地支记日算出来的，初一有“戌”“亥”，初一是“反支日”；初一有“申”“酉”，初二是“反支日”；初一有“午”“未”，初三是“反支日”；初一有“辰”“巳”，初四是“反支日”；初一有“寅”“卯”，初五是“反支日”；初一有“子”“丑”，初六是“反支日”。看看吧，“反支日”几乎连起来了，都当作禁忌日，不受理奏章和百姓投诉的案件，政府还运不运作、民怨还排不排遣？刘庄下令取消这一规定，他说：“百姓荒废田里的耕作，千里迢迢前来宫门投诉，却用这种禁忌阻拦他们，这符合政府的本意吗？”

明帝刘庄做了个梦，梦见一个金人，头冒白光。第二天朝会时，刘庄叫文武百官解梦。有人说这个金人，是天竺（印度）佛的神祇。刘庄便派初级禁卫官蔡愔等人，前去天竺寻访。蔡愔等人画下佛像，得到佛经，还请摄摩腾、竺法兰等高僧，一同返回中国。佛教认为慈悲是一项最尊贵的品质，因而反对杀戮；认为人死之后，灵魂不灭，可以投胎转世；认为善有善报，恶有恶报，所做的善事或恶事都会得到报应。故而佛教传入中国后，先是在王爵、三公及皇亲国戚中流传，不久便在民间传播开来，信奉的人越来越多。

明帝刘庄下诏勉励文武百官，用最直率的态度，批评政府，不必有任何忌讳。司马光写道：官员们都呈递“亲启密奏”，指责政府的过失。刘庄看到后，深自责备，并再下诏：“各位官员所批评的，都是我的错误。人民冤狱不能申雪，官吏贪污不能禁止，反而轻率地征调差役，去修建宫殿。无论征税和开支，都没有节制，喜怒无常，不能中肯。回顾古人的鉴戒，不禁恐惧。更可怕的是，我品德不够，日久生怠。”

皇帝如此深刻自省，难能可贵！

史载，刘庄当皇帝时，天下太平，没有差役，连年丰收，人民都拥有相当的财富，谷米每斛仅三十钱，牛羊遍野。

但也要看到明帝刘庄虽然明智，但并非十全十美。我们用“楚狱”一事，来做点儿分析。

公元70年冬，刘庄的同父异母弟楚王刘英，一天到晚做皇帝梦，便跟法术师一起制造金龟、玉鹤，刻上显示自己将要当皇帝的祥瑞文字，被人检举查实。刘庄下诏撤销刘英的王爵，贬到泾县（今安徽省泾县）。又有人举报宰相虞延，事先知道刘英谋反的事。这一来刘庄火了，下令彻查“楚狱”，被牵连的人很多，皇亲国戚、侯爵、各州郡乡绅豪杰，一千多人被诛、被流放，而扣下在监狱等待处理的还有数千人。恰在这时，又翻出刘英的一本小册子，上面记的是当时天下名人，还有吴郡（今江苏省苏州市）郡长尹兴的名字。刘庄诏令逮捕尹兴和郡政府官员五百余人，仅严刑拷打，就死了一半以上。刘庄气得失去理智，任何人的劝谏都不听了，他说抓谁就抓谁，即便完全是被冤枉的，也没有人敢说一句话。后来执法监察官寒朗冒死苦谏，刘庄亲自到监狱提审押犯，才发现绝大多数押犯的“认罪”，都是被严刑拷打出来的。直到这时，刘庄才幡然醒悟，释放押犯，停止追杀。

公元75年八月，刘庄逝世，太子刘炟继位，号章帝。

刘炟处事宽厚，史学家对他的评价也比较正面。

比如刘炟南下巡视，明令沿途郡县不准有任何招待，如果有人接送欢迎，直接追究郡县首长的连带责任。他说：“我所经过的地方，不应造成损害。车辆可以绕道的，绕道；边马可以解除的，解除。”

这里解释一下“边马”。皇帝的御车，由四马并驾，当中的两马称“服马”，外侧的两马称“骈马”，也叫“边马”。这么一解释，读者朋友肯定明白了。路窄，只能过两匹马，两侧的“边马”过不去，如果四匹马并驾齐驱，会踩坏路两边的庄稼。

刘炟可是东汉王朝的皇帝，皇帝出门是要提前清道、鸣锣开道、清水泼道的，还得有大批臣僚、妃子、侍从陪同，前后都有大队人马警卫。我曾在一篇文章里写道，皇帝出巡，就像蝗灾，皇帝走过哪里，哪里就像蝗虫掠过一样，人民群众包括当地政府都苦不堪言！而汉章帝刘炟，他出巡严禁接送欢迎，为防止损害百姓的庄稼，该绕道就绕道，该卸马就卸马。仅此，他就是个难得的好皇帝！

公元79年十一月，章帝刘炟召集著名的儒学大家丁鸿、楼望、成封、桓郁、班固、贾逵以及对儒学颇有修养的皇亲，在北宫白虎观，讨论儒学“五经”中的同异问题。因为之前的历朝历代儒家学者，对“五经”都做过不同的注释，有的注释不仅各不相同，而且相互对立，后人再读“五经”时，不知以谁的注释为准。章帝刘炟把儒学大家组织起来，找出各种不同的注释，进行比较分析，研究拿出意见交刘炟裁决，最后编撰成《白虎议奏》，也称《白虎通义》，给中华子孙留下了一本儒学经典。

在取缔为祖父刘秀、父亲刘庄坟地设置县城一事上，也显出刘炟的明智。

《礼记》载："古者，墓而不坟。""墓"指下棺木的墓穴，"坟"指墓穴上的土堆。秦始皇首创了生前就修建死后巨大坟墓，并在坟墓所在地设置县城的做法，之前汉王朝的皇帝都照搬。章帝刘炟也想照搬，遭到了臣僚的抵制。刘炟的叔父、东平王刘苍上书说："建立城市，兴筑城垣，对上违背先帝的圣心，对下劳民伤财、浪费国帑、伤害人民，不是培养和睦、祈求丰年的方法。"刘炟遂命停止。

值得在这里写一笔的，是章帝刘炟的马太后。马太后不是刘炟的亲娘，但刘炟是她从小带大的，刘炟对她感情很深。刘炟登上帝位后，要封他的三个舅舅侯爵，马太后立即下诏拒绝，她说："那些建议封皇亲国戚的官员，不过是向我谄媚，希望得到回报罢了。"刘炟坚持，马太后的拒绝更加坚决，她说："如今不断发生天灾变异，粮食价格高涨，我忧愁恐惧，坐卧不安。在这个时候，你却打算封舅父的爵位，而违背母亲诚恳的意愿。我性情刚强迫急，有胃痛之病，你不应该不让我顺心。"刘章拗不过马太后，只好放弃为舅舅封爵。

马太后是茂陵（今陕西省兴平市）人，马姓家族在那里势力很大。马太后特地给三辅（大长安）下诏，诏曰："马家以及马家的亲戚，如果有事请托郡县政府，干扰郡县政府行政的，依法处罚！"马太后说到做到，她家一些衣服、车马特别豪华的，不遵守国家法令规章的亲戚，马太后强迫他们返回故乡，并从皇亲国戚名册中除名。

马太后，是"马革裹尸"名将马援的女儿。

公元88年，汉章帝刘炟三十一岁去世了，史学家对他多有赞许。

刘炟之后的皇帝，我将在历史发展的大事件中去写。这里特地写一笔，东汉王朝没有“杀废”之事，无论是立太子、废太子、换太子，都不杀太子，即便当了皇帝之后被罢黜，也没有被诛杀。刘秀的子孙崇尚儒学，子孙们孝顺父母、爱护兄弟，非常难能可贵！

震撼千古的绝唱——马革裹尸

公元44年，南征交趾（今越南河内市）的伏波将军马援，全部平定五岭山脉的岭南地区，恢复中国与南越王国各土著的约定后，胜利班师，被友人孟冀迎接慰劳。此时的马援已是年逾六十的老人了，孟冀劝他该含饴弄孙、颐养天年了，马援则说：“方今匈奴、乌桓尚扰北边，欲自请击之。男儿要当死于边野，以马革裹尸还葬耳，何能卧床上在儿女子手中邪！”

马援说的是：今匈奴、乌桓在北方不断侵犯边塞，我打算请求带兵讨伐。大丈夫当战死边疆，用马革裹尸下葬，哪能躺在病床上，死在哭泣的女人和儿女们之中。

“男儿要当死于边野，以马革裹尸还葬耳！”——震撼千古的绝唱！

在这一绝唱中，凸显的是中国人视祖国利益高于一切的崇高情怀！

马援，扶风郡茂陵（今陕西省兴平市）人，家境贫寒，年轻时到甘肃环县垦荒放牧，牛羊累积到数千头，粮食累积到数万斛，成了名副其实的大富豪。富甲一方，不是马援的志向，他的志向是为祖国尽自己一份职责，做自己应有的贡献。于是，他把全部家产分赠给亲友故旧，头也不回地走了。

天下战火纷飞，王莽倒台后，一夜之间站出十来个皇帝。投奔谁去呢？经过观察比较，马援先是投奔到礼贤下士的朔宁王隗嚣麾下；

再经过比较，马援投奔到汉光武帝刘秀麾下，成了刘秀的得力干将，为刘秀的东汉王朝建立了赫赫功勋。

马援投奔到隗嚣麾下后，深得隗嚣信任，两人经常同榻而卧，探讨天下形势，对戴着皇帝帽子的十多个皇帝，逐一进行比较品评。当时已经登上帝位的成家皇帝公孙述，与马援同乡，两人从小就一块儿玩耍，感情很深。于是隗嚣派马援前去成都拜见公孙述，探探成家皇帝的底数。马援去了，他自认为公孙述见到他以后，会非常高兴，会把手言欢，会无拘无束地谈笑风生，结果大出马援意料。公孙述坐在高高的金銮宝殿之上，武士林立，戒备森严，参见交拜完全是成套的宫廷礼节。见面之后，公孙述叫马援穿上贫民服装，在皇家祭庙等候宴请。这一切准备停当后，公孙述乘御驾从皇宫出发，沿途戒严、清道，文武百官全在祭庙等候。

马援目睹并体验了公孙述所摆的这一套皇帝威风后，心里很看不起他，因而公孙述封马援侯爵，给他戴一顶成家朝廷最高军事指挥官的官帽，也没让马援动心，而是毫不犹豫地走了。他对隗嚣说："公孙述，一只井底之蛙而已。"

隗嚣再派马援去见汉光武帝刘秀，探东汉王朝的底数。

在洛阳的东汉王朝皇宫，马援见到的刘秀，用粗布包头，没有高坐在金銮宝殿的御椅之上，而是在宣德殿的走廊等着他。

马援见到刘秀后说的第一句话是："当今天下大乱，不但是皇帝选择部下，而且是部下选择皇帝。"

刘秀则笑着说："你是看我穿戴寒酸了吧？"

马援说："我远道而来，你怎么知道我不是刺客，毫不设警戒？"

刘秀说："你不是刺客，你是说客。"

马援走了，刘秀没有给他封侯，也没有给他官帽。

马援回去对隗嚣说：“刘秀才智极高，心胸坦荡，满肚子学问，无人能与他相比。”

这是马援对比了两个皇帝，甚至是对比了当时东汉天下穿着黄袍的十来个皇帝之后，得出的认识。有了这番比较之后，马援告别隗嚣，投奔刘秀。

马援被刘秀任命为陇西郡（今甘肃省临洮县）郡长，面对的是先零部落和羌部落的反抗，他率军深入蛮荒，大破羌军之后，把归降的羌人分别安置在天水、陇西、扶风三郡。朝廷有人给刘秀出主意，叫他放弃被羌人占领的金城郡（今甘肃省兰州市）、破羌县等地，原因是离中原太远，羌人不好治理。马援坚决反对，得到刘秀支持。于是马援率军进发，将被羌人控制的金城郡收复，安置官吏、修建城池、鼓励民众耕种放牧，不长时间便“一郡安居乐业”。马援这个郡长当得很悠闲，经常到处走，与牧民、农民闲聊天，了解农时地利，了解当地的风土人情和治安情况。马援作风干练，敢做敢当，严守承诺，管理的主要事务是严惩欺负民众的土豪劣绅，严惩贪赃枉法的官员。一次，狄道县发生群体性流血事件，民间传着传着，传成了羌人暴乱。与狄道县毗邻的临洮县县长急忙进见马援，请求关闭城门，派军镇压。马援正与宾客喝酒，他放下酒杯大笑说：“你去告诉狄道县县长，叫他回家睡觉。实在害怕的话，就躲到床底下。”不久狄道县恢复秩序，郡县官员惊讶好奇，不知马援怎么知道不是羌人叛乱，一时间把马援传神了。

公元40年，地处九真郡（今越南义安省）、日南郡（今越南广治省）、合浦郡（今广西壮族自治区合浦县）等六十五县的民众，在徵侧、徵贰姐妹的鼓动下，纷纷反抗东汉王朝。徵侧自称国王，与东汉王朝分庭抗礼。汉光武帝刘秀诏命马援为“伏波将军”，率大军南下，讨伐徵侧姐妹。

马援临出发前，特地与妻儿永诀，他做好了此一别即永别的准备。

马援率领的伏波兵团，逢山开道，遇水架桥，快速向南推进，在越南北境的浪泊，与徵侧率领的民变兵团大战。马援是军事名将，在瘴气瘟疫流行的地方作战，马援审时度势，巧妙调遣军队，发起超人预料的进攻，一战大胜，击斩徵侧、徵贰姐妹，一举将民变兵团击溃，迅速恢复了九真郡、日南郡、合浦郡等地的统治。

自此以后，南越当地一直奉行马援给他们定的规矩。

公元44年，一生奔波于战场、年逾六十的马援，发出“马革裹尸”的绝唱，率军北击匈奴。汉光武帝刘秀深受感动，率文武百官为马援送行。

马援不负众望，抵达边境后，兴筑碉堡城寨，经常率军同来犯的先零军、羌军作战。在反击先零军的进犯时，马援冲在最前面，被流箭射穿小腿，鲜血把马肚子都染红了，他却不肯下马，仍策马指挥作战。战事平息后，马援先派官员在不同的区域当郡长、县长，在广阔而人烟稀少的土地上，架构起东汉王朝的管理体系。马援还大量招收移民，不仅使得西域逐渐恢复了往日的生机，而且吸引了分布在西域的诸多小国，纷纷向东汉王朝靠拢。公元45年，车师王国（今新疆维吾尔自治区吐鲁番市）、鄯善王国（罗布泊）、焉耆王国（今新疆维吾尔自治区焉耆县）等十八国，同时派出太子，到东汉王朝充当人质，进贡金银财宝。十八个王子俯伏在地，顿首哭泣，请求东汉王朝再派西域总督，恢复对西域小国的保护。

汉光武帝刘秀不予答应。因为中原境内的民变此起彼伏，东汉政府的财力，已经支撑不起应对境内民变所需了。

公元48年，湖南常德的民变爆发，东汉政府派军讨伐，未能平息。

马援站出来，又一次主动请缨，请求率军出征。

汉光武帝刘秀不予批准。因为马援常年戍边出征，已经六十多岁的人了，哪能再派他出征？

马援力争，说："我还能身穿盔甲，骑马作战。"

刘秀逗他，说："你骑给我看看。"

马援翻身上马，据鞍四顾，精神抖擞，引得刘秀大笑说："矍铄哉是翁！"

马援再次率军，出征武陵郡的五溪（雄溪、樠溪、酉溪、溓溪、辰溪）。一看这五溪的地名，就知道是山高林密的蛮荒之地。

马援临行前对朋友杜愔做了如下交代：

"吾受厚恩，年迫日索，常恐不得死国事；今获所愿，甘心瞑目，但畏长者家儿或在左右，或与从事，殊难得调，介介独恶是耳。"

马援说的是：我受到过厚的恩宠，而年纪日老，常怕一病而终，不能为国战死。今得以率军作战，正符合我的愿望，心甘情愿，死也瞑目。不过，有很多权贵子弟在军队中任职，有的当助手，有的当参谋官，这些人难以调遣，使得我耿耿于怀。

马援出征前说的这席话，使人产生两个猜测。

一个猜测是，马援有一种预感，自己年纪老了，这次出征，也许就是最后一次。看得出来，马援对自己的这一预感，是非常高兴的。他怕的是老了病死，而不是在沙场战死。率军作战，契合了他终生不变的愿望，能战死在沙场，马革裹尸，死而瞑目！

另一个猜测是，马援还有一种预感，这个预感即是：他死后可能遭到诋毁，把他"马革裹尸"的形象给毁了。因为军中，包括在他率领的军队中，权贵子弟太多，他们要么当助手，要么当参谋，调遣他们很难，要求他们落实自己的作战部署很难。更难的是，他们虽成不了事，但能坏你的事，他们有渠道直接到皇帝那里，给你捏造将你置于死地的“把柄”。对于军队中的这一痼疾，马援十分忧虑，耿耿于怀。

是不是这样？我们往下看。

马援率军抵达湖南沅陵，就深入民变兵团的中心位置作战，与他的副将耿舒产生了分歧。耿舒主张从充县进入，这一路好走，但路途遥远，补给困难；马援主张从壶头进入，这样路程短，补给跟得上，但山高林密，军队行进比较困难。两种意见同时报给皇帝刘秀，刘秀本身懂军事，很能打仗，他在比较两种作战方案后，御笔一勾，批准了马援的作战方案。

马援率军从壶头进发，他走出的这一步，走进了他命运的归宿。

虽然马援的南征兵团抵达武陵后，大破民变兵团，斩杀两千余人，但山高林密、阴暗潮湿、蚊虫瘴气，成了马援继续率军前进的巨大麻烦。加之民变兵团是由长期居住山林的苗族、侗族、土家族等人员组成的，他们习惯于山林生活，更适应山林作战。进山的险要关隘，全被民变兵团把守。当时正值酷暑，瘟疫暴发，很多士兵染病死亡。马援也染上瘟疫，只好在溪岸的山上凿个石窟，在里面休养。而民变兵团不断发起进攻，在山顶上擂鼓呐喊，马援强撑着身子，让人扶着到洞口观察敌情。但部队调动不了，攻击组织不起来了。

恰在这时，副将耿舒搬起一块石头，砸向了陷于困境中的马援。

耿舒给在东汉王朝被封为好畤侯的老兄耿弇写信，在为自己提出的进攻路线大唱赞歌的同时，充分“揭露”了马援贻误战机、导致受挫的罪行。耿舒知道，老兄耿弇收到他的信后，定会立即报给皇帝刘秀。

果然，刘秀迅速派梁松乘坐政府驿站的马车，前去追查马援的责任，并任命梁松为监军官。

汉光武帝刘秀派出的这个梁松，就是他的女婿，在朝廷任虎贲中郎将。

派梁松去加害马援，也许不是皇帝刘秀的本意，但派梁松去责查马援，却契合了梁松报复、加害马援的愿望。

马援跟梁松的父亲梁统是老朋友，梁松是马援看着长大的，梁松在马援手下时，马援对他多有关照。但马援写给侄儿的一封信，七拐八扯地得罪了梁松。

马援的侄儿马严、马敦，行侠仗义，喜爱抨击、讽刺别人。马援看出了这两个侄儿的毛病，曾在交趾（今越南河内市）班师时，有点儿闲暇时间，便给他俩写了一封信。信是这么写的：

我盼望你们听到别人的过失，就像听到父母的名字一样，耳朵可以听，口中不能说（解释一下，这是我们祖先避讳的法则，父就叫父，母就叫母，绝不可以说出父母的名字。皇帝就叫皇帝，如说出或写出皇帝的名字，便会遭诛杀）。喜爱议论别人长短、随意批评政治，是我最厌恶的事。我宁愿死，也不愿子孙有这种行径……

为了便于两个侄儿理解他的忠告，马援特地拿出两个人进行分析。这两人都是陕西老乡，也是马援的好友。

一个是山都县长龙述。马援评价龙述敦厚谨慎，谦恭节俭，廉洁而有威信，不会说出一句不恰当的话。希望两个侄儿像龙述那样做人做事。

一个是越骑司马杜保。马援评价杜保义贯天地，一代豪杰，把别人的忧愁当作自己的忧愁，把别人的快乐当作自己的快乐。马援说敬爱他、尊重他，但你们不能效仿他。因为你们如果没有杜保那种气质，将堕落为轻浮子弟，也就是俗话说的“画虎不成反类犬”（这一成语也是马援创作的）。

可以说，马援这封信写得一点儿毛病也没有，他充分肯定了龙述、杜保的优长，教育两个侄儿向龙述学习，而不要向杜保学习，因为杜保豪气冲天，但他有很好的气质，两个侄子并没有杜保那种气质，如果向杜保学习，便会“画虎不成反类犬”，堕落为轻浮子弟。

马援写的这封信，只字没提梁松，却七拐八扯地和梁松扯上了。

杜保的仇人上书中央，指控杜保和梁松等人打得火热，行为轻浮，到处煽风点火，妖言惑众。马援在万里之外写信给侄儿，提醒他们不要跟杜保来往，不要效仿杜保，并没有说梁松跟杜保打得火热，会有什么不良后果。

皇帝刘秀于是把马援写给两个侄儿的信要来，连同他人对梁松等人的指控上书，一并交给梁松等人看，并对他们进行了严厉的斥责。梁松等人跪地叩头，直叩得满面流血，才算勉强过关。

分析看，皇帝刘秀把马援的信叫女婿梁松等人看，没有恶意，无非是提醒梁松等人，你们没有杜保那样的气质，如果学杜保那样的侠气，便会“画虎不成反类犬”。

可梁松不这么看，从此对马援恨之入骨。前去责查马援贻误战机、指挥失误的梁松，觉得抓住了报复、加害马援的机会。

可在梁松尚未到达武陵郡，马援便在山洞中病逝了。

可以肯定，在山洞中仍指挥作战的马援，死时一定是“马革裹尸”！

面对“马革裹尸”的马援，梁松仍不肯住手，而是撒开大网搜罗、编造马援的“罪行”，皇帝刘秀看了梁松的奏报后，火冒三丈，下诏撤除了马援的侯爵。

从史料看，能够激起刘秀愤怒的，只有一件事，且是与事实不符的。

这件事是这样的：有人落井下石，揭发马援南征交趾班师时，珍珠和有纹彩的犀牛角装了满满一车，拉回家了。

实际情况是，在征剿徵侧姐妹的民变暴乱时，为预防瘟疫，马援和参战官兵，常吃薏苡，即薏米。当地人常吃，并将薏米当作预防瘟疫的特效药，能有效阻止瘴气侵蚀。马援班师时，用车拉了一车薏米。

是薏米还是珠宝，派人去看一眼、问问赶车的车夫，不就清楚了吗？可皇帝刘秀认定的就是珍宝，因而非常愤怒。刘秀的这一愤怒，使得马援的棺柩被运回时，没有人迎接，在马家祖坟安葬，也没有人前来吊丧。与马援被害相关的，则是马家在朝廷任职的一干人马，全部被免职。

史学家特别是知识分子，几乎一致认为刘秀是个明君，可在对待马援上，刘秀怎么会如此糊涂、如此不明事理呢？

这无疑是个历史大谜！

但，不管这个谜有多大，谜底究竟是什么，中华子孙世世代代都景仰马援，景仰他“马革裹尸”的高尚！

因为马援的高尚——

在于，视祖国利益高于一切！

在于，为了祖国的安全，敢于战死疆场，牺牲一切！

在于，甘愿为祖国奉献终生，直至奉献到死！

第五伦的“私心论”

第五伦是个没有官宦背景的小人物，虽家境贫寒，但从小就喜爱读书，与儿时伙伴玩耍时，第五伦总是搬出书里的典故，与伙伴们说事，常常受到讥笑。但他却不在乎，坚持读书，与伙伴玩耍时，还是讲他那套书里读来的“大道理”。因为读书多，明事理，他被乡里推举为“孝廉”。“孝廉”是地方上有品德的知识分子，政府的一些低级官吏便从“孝廉”中选拔。后来，第五伦被提拔了，当了淮阳王刘延王府的医疗长。

医疗长也就是个芝麻大的官儿，但淮阳王刘延对他的为人、学识很欣赏，因而总把第五伦带到身边。公元56年，刘延到洛阳朝觐汉光武帝刘秀，就带着第五伦。

可能是第五伦多少有些名气，刘秀见到他后，便问他一些古时圣君治理天下的事，第五伦有问必答，很对刘秀心思。第二天刘秀再召第五伦，刘秀问，第五伦答，一问一答折腾了一天。分手之前，刘秀笑着问了第五伦一个问题：

“听说你当了官以后，因为一件小事，拷打过你岳父；还有你当了官以后，经过你堂兄家，堂兄留你吃饭，你不吃，有没有这事呀？”

皇帝刘秀问的这两个问题，涉及第五伦的人品，是个在儒家看来深层次的问题。

可不是嘛！有的人当了官以后，立马把官架子端起来，甭说儿时的朋友不认，就连父母也不尊重了，一张嘴便是打官腔。

第五伦是这么回答的：

——我结过三次婚，三任妻子的父亲我结婚前都去世了，我都没见过面；

——我是在饥荒战乱的年代长大的，乡邻父老没有一家不挨饿的，我从不敢到别人家进食。

第五伦说清楚了，皇帝刘秀也听明白了，是有人看到第五伦这个穷小子发迹了，便给他造谣。

刘秀听了哈哈大笑，之后不久便下诏，任命第五伦为扶夷（今湖南省武冈市）县长。尚未到位，诏令又来了，任命他为会稽郡（今浙江省绍兴市）郡长。

第五伦在郡长的位置上干得很出色，他性格耿介，公平正直，清廉宽厚，深受民众爱戴。后在章帝刘炟时，第五伦任东汉王朝最高监察官因年长患病，主动辞退。

第五伦在官场一路走来，闻名于世的就是“廉洁清白”。

这“廉洁清白”，可是古往今来所有大小官员都要面对的人生大考。这个大考，就像是一座高耸险峻的大山，官场的各种诱惑，如利益诱惑、名誉诱惑、美色诱惑、升官诱惑乃至今天的国籍诱惑等等，就像是人生大考这座大山的茂密丛林、怪石嶙峋、断壁悬崖、枯树横斜、蚊虫瘴气一样，如不能坚守“廉洁清白”的底线，就会在攀爬这座大山时陷入困境，甚至掉落悬崖。君不见，从小一起长大、一起读书、一样聪明、一起步入官场的人，走着走着，同行的有些人登上山顶了，而有些人走到半截便掉落悬崖了。掉下去的，多是过不了“廉洁清白”这道人生大考的！

这就有个问题了，坚守廉洁清白的人，难道就没有私心吗？

听第五伦是怎么说的：

——昔人有与吾千里马者，吾虽不受，每三公有所选举，心不能忘，亦终不用也。若是者，其可谓无私乎？

第五伦说的是：以前，有人给我送来一匹千里马，我虽没有接受，但每逢三公举荐人才的时候，我总是想起他，但我最终没有举荐他。像这样，能说没有私心吗？

第五伦说了大实话，他在做官的过程中，特别是官做大了以后，也时常会有“私心”从脑子里冒出来。

第五伦是东汉王朝的最高监察官，是朝廷中最有权势的三公之一，皇帝在对一些重要岗位人选的挑选之前，要请三公讨论，拿出意见。第五伦可能喜欢马，就像今天的人们喜欢小汽车一样，有人给他送来了千里马，他经过一番激烈的思想斗争，最终没有接受。但是，每逢三公举荐重要岗位的人选时，第五伦总是想起给他送千里马的人。只是又经过一番激烈的思想斗争，才最终放弃。

请注意！我在这里写了两次“激烈的思想斗争”。我以为，这是坚守“廉洁清白”底线的两个关键环节，是包括今天的所有大小官员，也必然经历的两个关键环节。

第一个关键环节，就是人家送来的千里马自己喜欢、想要。就像有人送来金钱珠宝、名人字画、美女豪车一样，喜欢、想要，经过“激烈的思想斗争”，最终放弃了。

第二个关键环节，是第一个关键环节的延伸。虽然拒绝了人家送来的千里马，但记住了人家对自己的“好”。因而在一些重要岗位推荐人选时，这个“好”印象发挥作用了，想起曾给自己送千里马的人来，想举荐他到某个重要岗位去任职。当然，第五伦是公心战胜了私心，放弃了举荐，在“廉洁清白”的人生大考中顺利通过。

第五伦的“私心论”告诉我们，私心人皆有之，守住私心的底线，就得用坚强的意志顶住诱惑！尤其是第一个关键环节，人家送来再好的东西、自己再想要的东西，必须坚决拒绝。这一步顶不住，官场这道人生大考便结束了，必定在攀登“廉洁清白”这座大山掉落下去。至于拒绝以后，总想起曾经送礼人的“好”，想想放下就好了。因为他的“好”，目的不纯，是想通过你获取自己的私利。

关键是，你拒绝他了，他便立即把你放下了，丝毫不会念你的“好”。

有感而发，写了这篇小文。

班超与西域

班超家族显赫，其哥哥是大名鼎鼎的《汉书》作者班固，其妹妹班昭，因其丈夫姓曹，史称曹大家（“家”念“姑”），班固没有写完的《汉书》是班昭写完的。班超走的不是从文的路子，而是从武的路子。班超的一生，几乎都是在西域度过的，三十余年的西域生涯使得他与西域结下了不解之缘。

讲西域，就离不开河西走廊，这是在中国史书中出现最多的地区之一。河西，指黄河以西，包括甘肃兰州以西，至新疆及中亚细亚东部的大片土地。从汉武帝刘彻开始，中原与匈奴的斗争，几乎都是在这个区域展开的。公元前121年，匈奴浑邪王归降中原后，匈奴分南北两支，南匈奴即是浑邪王归降的这支，北匈奴则向西北逃遁，但羽翼稍有丰满，便回过头来对河西走廊进行侵扰。中国在河西走廊设置了武威、张掖、酒泉、敦煌四个郡，对西域数十个小国、部落进行管辖，一批又一批的中原移民，在这片土地上屯垦放牧。到了东汉初期，围绕推翻王莽政权后的各方面平衡，特别是面对按下葫芦浮起瓢的民变，使得东汉王朝无暇也无力对西域进行有效管辖，北匈奴于是卷土重来，裹挟恐吓西域小国跟着它与东汉王朝作对。因而围绕要不要西域、要西域当如何要法，东汉王朝分成了两派，一派是“放弃派”，一派是“坚守派”，两派争争吵吵一直没有停止。

班超始终站在“放弃派”的对立面，坚决主张对西域的管辖。与“坚守派”不同的是，“放弃派”一干高官，没有去过西域，他们所讲的放弃理由，全是纸上谈兵，不切实际。而班超早就深入西域腹地，与一些西域小国君臣斗智斗勇，积累了丰富的斗争经验，掌握了大量第一手资料。

公元73年，副军政官班超，跟随参谋官郭恂出使西域。鄯善国王刚见面时，对东汉使节非常尊敬，可一转脸便礼遇降格。班超从这一细微的变化中，猜测北匈奴使节已经来到鄯善国了。于是，他把鄯善国负责接待的官员叫来，劈头盖脸地问道："匈奴使节来了好几天了，他们现在住在哪里？"这突如其来的一问，问出了实情。班超权衡了一下，东汉使节团只有三十六人，而匈奴使节团共一百三十四人，且都是凶狠的武士。叫鄯善国派兵去围剿匈奴使节团，根本就不可能；而自己率三十六人进攻匈奴使节团，根本就打不过；且这三十六人中，面对兵力如此悬殊的匈奴使节团，很多人不会跟着去打。经过一番谋划，班超摆下宴席，使劲灌大家喝酒，待都喝得微醉时，班超把东汉使节团面临的严峻现实，摆到大家面前，告诉大家说，如果不把匈奴使节团杀掉，东汉使节团就要被杀掉。在用酒激起大家的胆量，又用生死存亡激发大家的斗志后，班超带领使节团，利用夜暗赶到匈奴使节营帐，顺风点火，擂动战鼓，杀声四起。匈奴使节从睡梦中惊起，惶恐不已，一百三十四人迷迷瞪瞪全被杀死、烧死。

这之后，司马光写了这样一个细节：东汉使节团的领队是郭恂，此人胆小怕事，班超领着大家喝酒，就没有叫他参加，攻击匈奴使节团的事，也都瞒着他。事后班超向他汇报，吓得他魂飞魄散。一看郭恂这架势，班超赶紧举手发誓："主要功劳是你的。"郭恂这才回过神来，喜上眉梢。

班超于是召鄯善国王前来，叫他看匈奴使节人头，警告他不能再跟匈奴背地里来往。

这件事一传开，班超的名声便在西域传开了，东汉王朝便命班超出使位于今新疆和田的于阗王国，带的还是老班底，三十六人。于阗国王对东汉使节态度冷漠，原因是北匈奴早就派人对于阗国严密监控。于阗国人很迷信，他们的大巫师声称，东汉使节已经激怒神灵，必须把使节团中一匹黄身黑嘴的骏马送给他才能消灾。于阗国王派宰相前来禀告，班超满口答应。待大巫师前来取马，班超立即将他和同来的宰相一并诛杀，并把两颗人头送给于阗国王。这可把于阗国王吓坏了，他急忙下令诛杀北匈奴使节，表示归降东汉，并派出王子到东汉王朝充当人质。西域其他小国也纷纷派出王子到东汉王朝充当人质。于是，西域跟中原隔绝六十来年的关系，得以恢复。

在西域立住脚以后，班超便开始打位于今新疆库车的龟兹国的主意。龟兹国的国王是北匈奴所立，仗着背后站着北匈奴撑腰，龟兹国出兵击斩了位于今新疆疏勒的疏勒国王，使得西域大沙漠之北的诸多小国，不敢向中原靠拢。班超带队向疏勒国进发，抵达疏勒国都后，被北匈奴扶植的疏勒国王，根本就不把班超的三十六人看在眼里。看这态势，班超当机立断，当场把疏勒国王抓起来，并立即召集疏勒国的文武官员开会，当场宣布被龟兹国斩杀的疏勒前国王的儿子接替王位。这一来，班超又把龟兹、疏勒等大沙漠之北的诸多小国，统揽在东汉王朝的管辖之下。

班超打开这个局面之后，东汉王朝便开始大举向西域进发，将位于今新疆吐鲁番一带的前、后车师王国，统统纳入东汉的管辖。北匈奴发起疯狂反扑，西域各小国本来就骑在墙上，一看北匈奴来势凶猛，一些小国便又倒向北匈奴。恰在这时，东汉明帝刘庄去世，章帝刘炟继位，刘炟下诏撤销西域总督，令班超回国。

君命难违，班超只好往回走。但班超驻扎的疏勒王国，全国震动，力劝班超留下。班超不能不走，走到于阗王国时，国王带领侯爵拦住班超，国王抱着班超的马腿，号哭着说："我们依赖你们，犹如儿女依赖父母，你们可千万不能走啊！"班超深受触动，立马决定，违背君命，不走了，再回疏勒。

班超就像是定海神针，他不走，西域各小国便能稳定下来。班超于是给章帝刘炟上书，陈述不能放弃西域的理由。刘炟经过权衡，派出由犯人、志愿从军的壮士组成的一千余人，前往西域，听从班超指挥，同时任命班超为全权参谋长。

司马光记载了班超在全权参谋长位置上处理的一件小事，足见其智慧、高尚。

章帝刘炟派卫侯李邑，护送位于今新疆伊宁的乌孙王国使者回国。李邑一路走去，看到的都是战火纷飞，因而越走越害怕，便上书刘炟，说西域绝不可能归附东汉，同时攻击班超拥娇妻，抱爱子，贪图外国享乐，不再思念国家。皇帝刘炟信任班超的忠诚担当，诏令李邑进见班超，就留在班超手下当差。

这一来，李邑吓得浑身冒冷汗。

班超一看李邑这副德性，不留他了，命他护送乌孙王国派来当人质的王子，返回首都洛阳。

副将徐幹劝阻，问班超知不知道李邑上书陷害他。

班超当然知道。

徐幹说："那你还派他回朝廷，让他对你继续陷害？"

班超说："正因为他陷害我，我才派他回去。只要我的所作所为无愧于心，不在乎别人陷害！"

明明知道李邑陷害自己，而皇帝又给了自己好好"修理"李邑的机会，班超却毫不犹豫地放弃了！

因为，狗咬人一口，人不能也咬狗一口！

这是人与狗的区别！

更是高尚与卑劣的区别！

……

写西域，就不能不写“燕然勒石”。

“燕然勒石”是指在塞外三四千里的燕然山上（今蒙古国杭爱山），刻石立碑，记载东汉军队击溃北匈奴的一次大捷。碑文是军事保安官班固起草的，主要是赞颂车骑将军窦宪，率军渡过荒凉瀚海沙漠，越过古尔班察汗山，跨过安侯水，抵达燕然山，以雷霆万钧之力，扫荡万里，把匈奴单于的祖庭宫院全部踏平的辉煌战绩。班固是儒学大家、史学大家，当然也是文字大家，他写的《燕然山铭》流传千古！

可以说，公元89年窦宪率领的这次攻击北匈奴的战役，是中国古代对外战史上最伟大的战役之一，斩杀北匈奴名王以下一万三千多人，俘获人口无法计数，家畜百万头之多，沿途酋长之类的小王，投降的达八十一个部落，二十余万人。

窦宪功不可没！可窦宪是为赎死罪而出征的。

事情是这样的：

窦宪是窦皇太后的亲哥，这个窦皇太后凶狠毒辣，为窦家族亲封官授爵毫不手软，窦家的一干人等在朝廷上下横行霸道。就说窦宪吧，礼宾官韩纡曾主审过窦宪父亲窦勋的案子，若干年后，窦家跟着窦皇太后得势，窦宪便叫手下把韩纡儿子的头砍下来，用人头祭祀自己的父亲窦勋。章帝刘炟去世后，刘姓皇族子孙前来洛阳参加葬礼，都乡侯刘畅也来了，他是汉光武帝刘秀哥哥刘縯的曾孙。刘畅文质彬彬，言谈举止高雅，窦皇太后见后很是喜欢，连续召他进宫面谈。窦宪受不了，担心刘畅受到的宠爱超过自己，便派刺客把刘畅暗杀了，并把杀死刘畅的罪名加到他的弟弟刘刚头上。朝廷上下没有人相信刘刚会杀哥哥刘畅，于是朝廷“三公”都主动派人参加对刘刚的审讯，这一审，审清了窦宪刺杀刘畅的全部犯罪事实。

暗杀皇亲国戚，是死罪。窦宪被囚禁后，请求出击匈奴，赎回死罪。

换作任何一个人，这种死罪是赎不回的。但窦宪是窦皇太后的亲哥，窦皇太后正独揽朝政大权（接替刘炟的皇帝刘肇仅十岁），她把窦宪从监狱放出来，任命为车骑将军，讨伐北匈奴汗国。同时下诏征调五营兵团、黎阳大营、雍县大营等边远十二个郡的民兵，以及投靠东汉王朝的羌人、南匈奴人，组成了浩浩荡荡的一支大军。窦皇太后想的不是将北匈奴彻底击溃，她只想让亲哥窦宪率军出击，建立军功，赎回死罪。

窦宪确实很争气，攻击北匈奴的胜利捷报，像雪片般飞回东汉王朝。班固也很给力，撰写的《燕然山铭》大气磅礴，气势如虹！

班超没有在这一大战中缺席，而且在窦宪讨伐北匈奴的战斗中，立了大功。就在窦宪大军进攻北匈奴时，曾经被匈奴冒顿单于赶跑的邻居月氏王国，为支援北匈奴横插了一杠，派出七万余军队，向班超居住的疏勒王国发起攻击，从侧翼呼应北匈奴对东汉军队的反击。班超手下可组织不起七万军队与之抗衡，但他知道，月氏的军队跋涉千里，还要翻过葱岭，后勤补给跟不上。在这种情况下，坚壁清野，据守城堡，月氏的军队就会陷入饥饿，迅速瓦解。果然，月氏军队进入班超的防地后，攻城攻不破，抢粮抢不到，就打算到龟兹王国去购买粮食。月氏走的这一招棋，班超又算准了，他派人埋伏在半路，把前去购粮的月氏官兵一举围歼，缴获了大量金银财宝。接着，班超派人把购粮官兵的脑袋砍下，送到月氏兵团的总指挥帐下。总指挥一看，立马道歉请罪，并请求放他们一条生路。

史载，月氏王国从此每年给东汉进贡。

班超斩断月氏王国与北匈奴的联手后，窦宪大军没有后顾之忧，对北匈奴的进攻连连报捷，打得北匈奴汗国在漠北无法立足，开始向西迁徙。怎么迁徙的，没有留下文字记载，千难万险、殊死战斗可想而知。倒是台湾史学家柏杨先生，提供了一个极其重要的历史线索。他写道：“三百年后，复苏而又重新强大的北匈奴汗国，终于迁徙四千公里之遥，抵达黑海北岸，引起推骨牌式的民族大迁移。原住黑海北岸的西哥特部落，受不了北匈奴的压力，向西侵入多瑙河上游。原住多瑙河上游的汪达尔部落，受不了西哥特的压力，向西侵入罗马帝国。古罗马终于亡在这排山倒海而来的野蛮民族手中。”

与中原打斗了近两个世纪的匈奴汗国，其中的北匈奴从此在中国历史上消失了，南匈奴融入中华民族的大家庭，最后一任南匈奴单于在邺城拜见东汉宰相曹操后，南匈奴汗国也消失了。当然，毕竟匈奴长期生活在西域，匈奴族人在中原内乱时，经常举旗拉队伍，对中原进行侵扰，因而在司马光的《资治通鉴》中，仍不时出现匈奴的身影。

西域不只有匈奴，还有数十个小国和数不清的酋长，他们在窦宪率军彻底击溃北匈奴后，全部归属中原。班超任西域总督，徐幹任他的副职，班超驻屯龟兹王国它乾城，徐幹驻屯疏勒，形成了正副指挥的联动布局。关键是，南匈奴为争夺单于之位内斗不止，残存在西域的北匈奴也屡屡插手，加上诸羌、鲜卑、柔然、突厥、契丹、女真、蒙古等诸多少数民族国家、部落，为争夺王位、争夺地盘，经常大打出手，今天甲乙结盟，明天甲乙反目，使得西域和中国的北方，始终处于一种动荡之中。好在班超在西域生活了三十多年，他非常接地气，不仅熟悉这些民族的习性，而且知道如何与这些民族打交道、交朋友。班超满脑子都是策略谋划，处理突发事件和复杂问题的能力很强，因而他虽然身处动荡不安的西域腹地，却能全盘掌控西域、驾驭西域，西域五十多个国家，在班超的掌控下，全部归附中国。

公元97年，西域总督班超，派他的秘书甘英，出使大秦（罗马帝国）、条支（古西域国）。甘英抵达安息王国（今伊朗）后，又抵达地中海，因不知道大海会把自己漂向何方，才返回西域，错过了一次与罗马帝国进行文明交流的良机。

西域总督班超，让东汉王朝省了大心，东汉王朝却把他忘记了，不仅忘记了他为东汉建立的伟大功勋，而且忘记了他已经是个老人，忘记了他要落叶归根。班超曾在给皇帝的上书中这样写道："臣不敢望到酒泉郡，但愿生入玉门关。谨遣子勇随安息献物入塞，及臣生在，令勇目见中土。"

班超写的是：我不敢盼望进到酒泉郡，只盼望生前进入玉门关。现派遣我的儿子班勇，随安息王国的使节团一同入塞，在我仍在人世时，教儿子班勇亲眼看到祖国的风土。

读班超这段上书时，我泪流满面，只好顿笔！

抹了一把脸，我又回到桌前，心绪仍未平复，不知该写点儿什么了……

班超的妹妹班昭，读到哥哥班超的上书后，四处请托，并上书皇帝，请求让班超死后埋到祖坟。

班超回来了，回来便逝世了。

接替班超的任尚，请教班超该如何治理西域，班超对他说："西域各国，人心不一，跟一群飞禽走兽一样，很难把他们团结在一起，可是却容易一哄而散。要知道，水至清则无鱼，明察秋毫的管理办法，一定会失去人心。最好是放宽尺度，力求简单，不过问小节，也不使用小动作。宽恕他们的过失，总揽大纲就可以了。"

如此经验之谈，任尚是怎么对待的呢？他说："我以班君当有奇策，今所言，平平耳。”

无语啊！

史载：“尚后竟失边和。”

无须解释了，班超之后的西域，烽烟再起！

儒家出了个“接地气”的人

儒学，向善持诚，尚礼崇修，是中华文明的瑰宝！

但儒家，不怎么“接地气”的人很多。孔老夫子终生呐喊的是“克己复礼”，儒学大家登上政治舞台的几乎无一不在做儒学的卫道士，他们搬出儒家先圣的话、做过的事、定下的规矩，对现行政策措施横挑鼻子竖挑眼，甚至进行抨击和诋毁。经儒学大家王莽疯狂复古、卫道，把儒学砸得粉碎之后，儒家似乎仍不肯接受教训。可以说，读中国史书，始终贯穿封建社会的一条脉络，就是儒家复古、卫道。

当然也有例外，东汉安帝刘祜时的虞诩，就是一个鲜亮的例子。

虞诩，河南陈留人，家庭无官宦背景，也是靠苦读“四书五经”，从儒学人才中选拔出来的，并进入朝廷郎中序列。

写虞诩，还是和西域有关。

班超在西域经营三十多年后，因年龄大了，朝廷令他回国，换任尚接替。别忘了，班超离开时，西域五十六国全部依附东汉王朝。班超对接任他的任尚，毫无保留地介绍了他在西域如何“接地气”的宝贵经验。而这个任尚呢，对班超积攒几十年的经验不屑一顾，他在西域总督的任上，胡作非为，不做汉族与各少数民族和谐交融的工作，也不做各少数民族间的促和交睦工作，而是一味打压，一味歧视、侮辱，结果西域田荒人逃，叛乱此起彼伏，任尚也由西域总督蜕变为破坏中原和西域各国睦邻友好的罪人。至公元107年，经班超等官员苦心经营几十年才拢在一起的西域各国，包括早已投靠东汉的南匈奴，全部脱缰而去，成了这之后若干朝代的最大隐患。

这一隐患延续了数百年之久！

面对西域反目、南匈奴对中原的进犯，东汉王朝大将军邓骘，召集三公及部长级会议，专题研究应对之策。在这种矛盾重重、局势混乱的情况下，文武臣僚都不知如何是好，大将军邓骘于是拍板，放弃凉州，集中力量对付南匈奴。邓骘给出的解释是：面对两件破烂的衣服，牺牲一件去补另一件，至少还能补出一件好的来，不然的话，两件就都是破烂的。

凉州该不该放弃？

凉州是今甘肃省武威市的古名，处于河西走廊的东端，是“天下要冲，国家藩卫”的战略要地，也是河西走廊的中心地带。早在汉武帝刘彻时期，骠骑将军霍去病两度出征西域，将匈奴彻底赶出河西后，西汉就将凉州揽入怀中，成了中原通往西域的战略支撑点。

放弃凉州，就等于放弃中国西北的前沿阵地！

可参与朝议的文武高官，一致赞成邓骘放弃凉州的建议。

没有资格参加这次朝议的郎中虞诩听说后，急忙找到朝廷三公之一的太尉张禹，一张嘴便是坚决反对邓骘的意见，并陈述了自己反对的理由。其中第二条，讲得很严峻，也很“接地气”。虞诩说：“放弃凉州，原是腹地的三辅（大长安）地区，便成了边塞，西域小国和南匈奴，一抬脚便进入内地。一旦如此的话，恐惧就会像潮水一样漫过来，瞬间击垮中原人的斗志，东汉王朝便会轰然倒塌。”虞诩讲的第三条，不仅“接地气”，而且与历史紧密连接起来了。他说：“历史上便有‘关西出将，关东出相’之说（指函谷关东西），勇敢的士兵和将领，多出自凉州。凉州人崇尚战斗，不怕牺牲，父亲阵亡，儿子踏着父亲的血迹前进，绝不退却。原因是，他们是中国人，有政府为他们撑腰。如果把他们抛弃，他们再忠心也不能无恨。一旦怨恨起来，他们驱使羌人作为前锋，向中原发动进攻，东汉王朝也会轰然倒下。”

听了虞诩这番话，太尉张禹惊出一身冷汗。

张禹问虞诩：“不放弃凉州，当如何办呢？”

虞诩拿出了方案：招揽凉州的英雄豪杰，任命他们当郡长，由他们再去选择任用下级官员。虞诩方案的核心，是由亲中原的凉州头面人物，组成分层级的管理架构，使凉州成为中原防范西域国家进犯的第一道屏障。

张禹听懂了，他立马建议朝廷召开高级官员会议，讨论虞诩的意见。满朝要员听了虞诩所做的分析，也都惊出一身冷汗，纷纷表态不能放弃凉州。

虞诩官为郎中，邓骘则是三公之一的大将军。关键是，邓骘的妹妹是当朝正临朝听政的皇太后邓绥。一个大将军的意见，被一个不起眼的郎中否决，邓骘心里很不舒服，于是找机会打击虞诩。

因官职悬殊，机会多得是。

当时位于河南淇县的朝歌，民变闹了好几年，郡县都平息不下来。邓骘便派虞诩去当朝歌县长。你不是反对放弃凉州吗？道理讲起来一套一套，去朝歌当县长吧，称一称你到底是多少斤两。虞诩的好朋友看清了这是邓骘给他挖的一个陷阱，劝他不要去上任；统辖朝歌的河内郡长马棱，听说后见了虞诩，也替他这个儒士发愁。

是啊！儒士多了去了，他们引经据典、口若悬河，说起来一套一套的，但都“不接地气”，不过是语言上的巨人，行动上的矮子而已！

虞诩与众不同，他早就分析过朝歌民变的情况。朝歌位于战国时期的韩国和魏国交界处，背靠太行山，面对黄河，离敖仓不过百里。

虞诩看清了，民间闹了好几年了，民变首领不知道到敖仓去抢政府的粮食，也不知道去抢军械库的武器而据守敖仓，说明他们是一群没头脑的人，比较好对付。

虞诩到任朝歌后，下令县政府官员，每个人都必须推荐保举“勇士”。“勇士”的标准分三等：杀人放火抢劫过的，为上等；打架伤人偷窃过的，为中等；不从事生产劳动且总惹是生非的无业游民，为下等。几天后，县政府官员保举了一百余人，虞诩设宴招待，当场宣布赦免他们的罪行。交给他们的任务是，加入民变兵团，引诱他们去抢劫，而后秘密报告县政府，县政府则派兵埋伏等候。虞诩的这一招大获成功，这些潜入民变兵团带头抢劫的“勇士”，带着一群一群的民变兵卒抢劫时，被埋伏的县政府官兵杀得片甲不留，很短时间便斩杀民变兵团数百人。

还没完，虞诩又使出第二招。他挑选一些会缝制衣服的人，投靠民变兵团，在为他们缝制衣服时，把特定的彩线缝到衣服上，待穿着这种标识衣服的民变兵卒到城乡窥探，或到市场采购食品时，一个个都被县政府逮住了。这一招产生的巨大效应是，民变兵团搞不清他们是怎么被发现的，以为是神灵跟他们作对，因而恐惧慌张，四散逃走。朝歌于是很快得到平息，恢复正常秩序。

虞诩这个儒士学者，所采取的招数，都是“接地气”的野路子！

虞诩没有掉进邓骘给他设计的陷阱，皇太后邓绥听说后大加赞赏，任命他为武都郡郡长。武都郡位于甘肃省成县，进入西域前线了。

西域各国都知道，中原是听了虞诩的意见才不放弃凉州的，因而对虞诩非常痛恨。听说虞诩要来武都当郡长，羌军派出数千人马，打算在他赴任的路上，把他干掉。走到大散关的峭谷口时，虞诩下令停下来，并放出风去，说已经派人回朝廷搬援军了，待援军来了再走。

羌军得到这个消息后，顾不得进攻虞诩了，觉得他反正在等援军，一时间跑不了，便一哄而散到各地抢劫。虞诩于是拔腿就走，昼夜兼程，第一天便走出一百余里，并命宿营的士兵每人各做两个炉灶；第二天宿营时，又命士兵每人各做四个炉灶；以后炉灶倍增，越做越多。抢劫一番再聚集起来的羌军，发现虞诩跑了，率军追击，看到地上的炉灶越来越多，因而越追越怕，以为朝廷的援军到了，便撤军走了。

到达武都郡的虞诩，实际是进入了羌军的包围圈。武都郡的军队全部加起来，还不到三千人。而围攻武都郡旗下赤亭的羌军，就达数万人。兵力对比如此悬殊，硬碰硬肯定不行。虞诩来到被围攻数十天的赤亭，视察敌情后，下令坚守城垣的官兵，不许使用强弓，而只使用小弓。羌军认为守城官兵的弓箭已经射尽，便集结城下，强行攻击。虞诩于是命令每二十张强弓组成一个射击组，看准一个中枢指挥目标，集中发射，给羌军造成重大打击。

夜幕降临后，虞诩无法入眠，自己的三千士卒不断战斗减员，而数万羌军丝毫没有撤走的迹象，这仗当怎么打呢？彻夜苦思作战良策后的第二天，虞诩命部队全部出城，从东门出，从北门入，让羌军看个明白。而官兵转过来进入北门后，立即更换衣服，继续从东门出。羌军看傻了，不知道城里有多少军队，只知道虞诩的军队转个没完没了，人很多很多。看着看着，羌军看得恐惧感急速上升，于是准备撤退。虞诩算准了羌军的撤退路线，连夜派出五百名精兵，埋伏在羌军必经的一处险要河段，待羌军一进入伏击点，便杀过去。本就心生恐惧的羌军，面对突如其来的军队，四散逃命，被杀死、俘虏无数。

从此，羌军及其他小国军队，不敢染指武都郡。

为了构筑武都郡的坚固防线，使之真正成为西域的坚强屏障，虞诩迈开双腿，全郡到处考察，根据各地不同的地势险要，修筑碉堡城寨一百八十余座，派军队分别把守；招揽流亡在外的难民回乡，分给他们土地、农具，发展生产，安居乐业；虞诩亲率将士，勘察河流水源，砍大树，烧巨石，硬是从沮渠到下辨，修筑了一条数十里的人工河，河里可以通船，运送各种物资，激活了商品流通。

史载，虞诩任郡长三年，全郡家家富足，和谐平安。

东汉出了个“跋扈将军”

“跋扈将军”叫梁冀。

将军前面加上“跋扈”二字，肯定是贬义词，有横行霸道之意，还有作恶多端之意。

公元146年，在皇宫的金銮宝殿朝会时，九岁的皇帝刘缵看到最高统帅梁冀，当着满朝文武大臣说：“这可是跋扈将军？”

这话说的，既像娃娃话，又像大人话。说它像娃娃话是因为，当着满朝文武大臣，说全国最高统帅是“跋扈将军”，不知轻重，似娃娃打妄语；说它像大人话是因为，如果皇权牢牢掌握在皇帝手里，当着满朝文武大臣，说全国最高统帅是“跋扈将军”，这就是一种敲打，叫你收敛点儿，否则你这个全国最高统帅的帅位不保，弄不好脑袋还得搬家。

显然，九岁皇帝刘缵是个娃娃，他说这话是有感而发，不是打妄语。但正因为是有感而发，所以这话说出来，便是自己的脑袋搬家。

梁冀从金銮宝殿一出来，便命人把毒药放进汤饼，送给刘缵吃下后，刘缵立马毙命。

接下来便是换皇帝。刘姓皇家血脉中，符合接替皇位的人很多，朝廷的三公、宰相、太尉、司空等大佬商议接替人选时，绝大多数人同意推举章帝刘炟的重孙刘蒜，他形象好、口碑好、聪明、果断。唯有最高统帅梁冀不同意。他不同意的真正原因是，刘蒜要当了皇帝，梁冀驾驭不了他，国家的人事任免、重大决策，梁冀插不进手去。关键是，梁冀作恶多端，因为九岁皇帝刘缵说了一句他是“跋扈将军”，他便把刘缵毒死。这种谋杀皇帝的大罪，刘蒜当皇帝后一定会严厉追究，梁冀的脑袋也一定得搬家。因此，尽管朝廷高官一致推荐刘蒜，梁冀却一概不理，他找皇太后梁妠一嘀咕，直接“持节”把十五岁的刘志扶上了皇帝宝座。

皇太后梁妠，是梁冀的亲妹妹，此时的东汉王朝由她当家。

这便是东汉天下当时的政治生态，选皇帝这种天大的事，满朝文武大臣说了不算，唯有皇太后一人说了算，因为她是上任皇帝的皇后，现任皇帝的母亲，现任皇帝年纪尚小，由她这个皇太后主持朝政。

当然，皇太后至高无上的权威，得有娘家的族亲都到皇宫来当大官儿，把持朝廷的各个要害部门。比如全国最高统帅，娘家人把持住了这个帅位，再加上选皇帝都选一些几岁的，甚至几个月的，朝政大权便集中到了皇太后手里。皇帝的诏书全由皇太后签发，任命谁当官儿，由她说了算；想排挤谁，由她作主；想灭谁，她便能火谁。

是不是这样？我们往上翻几任东汉王朝的皇帝继位情况来看看。

公元144年，顺帝刘保逝世，皇后梁妠主持朝政，选了个刘炳继位，号冲帝，他只有两岁。

公元145年，冲帝刘炳逝世，皇太后梁妠主持朝政，选了个刘缵继位，号质帝，他只有八岁。

公元146年，质帝刘缵因说了最高统帅梁冀是“跋扈将军”，被梁冀毒杀，选了个刘志继位，号桓帝，他只有十五岁。皇太后梁妠继续主持朝政。

看清了吧，皇太后梁妠几乎不出后宫，最高统帅梁冀可不敲门就去面见，梁冀叫梁妠发什么诏书，她便签发什么诏书。她就是个木偶，牵动木偶的线就捏在梁冀手里。

在这种情况下，梁冀不变成“跋扈将军”，怎么可能呢？

看看梁冀是如何横行霸道、作恶多端的吧！

梁冀毒杀质帝刘缵后，太尉李固弹劾御医救治不力，提议追究。真要追究起来，梁冀不是罪责难逃吗？于是，梁冀直接去找妹妹梁妠要皇帝的诏命，把李固免职。还没完，梁冀知道，李固活着就可能引爆“地雷”，不杀了他，自己无法安下心来。结果，梁冀找了个碴儿，从妹妹梁妠那里又要来皇帝的诏命，把李固囚死在狱中……

藩属事务部长杜乔，清廉正派，在朝政如此败坏的情况下，一度成了朝野的希望和寄托。在质帝刘缵被毒死后，杜乔是力主迎立刘蒜继位的大臣之一，引起梁冀怨恨。梁冀扶上十五岁的桓帝刘志后，便想把自己的妹妹（也是皇太后梁妠的妹妹）梁女莹做桓帝的皇后，又遭遇了杜乔的坚决反对。杜乔是学者，他搬出来反对的理由，全是汉王朝以来皇帝迎娶皇后的传统惯例，堵得梁冀哑口无言。梁冀气坏了，派人对杜乔说：“你如果自行了断，我可以饶你妻儿不死。”说了这话的第二天，梁冀特地派人到杜家，听杜乔死后家人的哭丧声。没有听到，他便又去找妹妹梁妠要来皇帝的诏命，逮捕杜乔，在狱中处死。

公元150年，已经升级为太皇太后的梁妠死了。梁冀没有因为自己的后台倒了，而有所恐惧或收敛。因为他的另一个妹妹梁女莹，已经登上了皇后的高位。

于是梁冀的胆子放量增大，恶行放量施展。

梁冀的妻子孙寿，是历史上“愁眉”“啼妆”“堕马髻”“折腰步”“龋齿笑”等装束的首创者，深得梁冀宠爱。司马光写道：梁冀夫妻二人在街道两侧各兴建了一个巨宅，大门相对，主要用于收藏受贿的金银财宝。他俩还时不时地分别出行，主要是到各地调查有哪些富裕人家，看准了，便找一个罪名，在狱中严刑拷打。受不过刑打的，只好拿财产赎罪，装进梁冀和孙寿的大院。钱财到手后，梁冀则把这些人放逐蛮荒，或秘密处决。比如，陕西扶风人士孙奋，富有而吝啬。梁冀给士孙奋送一匹马，提出借贷五千万钱。士孙奋只给了三千万，梁冀怒了，指控士孙奋的母亲，原是他梁家库房的婢女，偷了他家白珍珠十斛、紫金一千斤。结果是，士孙奋及兄弟等全数被逮捕诛杀，士孙奋家一亿七千多的钱财全被没收，装进了梁冀和孙寿的大院。

还比如，梁冀在河南南阳的党羽、恶棍很多，江苏宿迁人吴树去上任县长时，梁冀拜托他照顾他的党羽。吴树很正直，他上任不久，便把梁冀在宿迁的党羽中罪大恶极的几十人，逮捕审讯处斩。因为吴树不是搞的背后小动作，而是公开依法处理，得到宿迁百姓的极大拥护。梁冀不便对他直接下手，便请吴树喝酒，在酒里下毒。喝完酒吴树乘车一走，便在车里死了……

还比如，十九岁的宫廷禁卫官袁著，实在是对梁冀的所作所为气愤不过，斗胆在宫门向皇帝上书，点名道姓指责梁冀，提醒皇帝，剥夺梁冀手里的权力。梁冀听说后，秘密派人抓捕袁著。袁著家人为逃过梁冀的诛杀，叫袁著装死，并用蒲草扎成尸体，装到棺材里下葬，而袁著本人则改名换姓，连夜逃跑。梁冀便派人挖掘袁著的坟墓，挖出一个草人后，派人四处搜查，终于抓到袁著，当场用鞭子抽死。鞭死袁著后，梁冀突然想起来，袁著跟太原人郝絜、胡武关系密切，这三人曾联名向三府（宰相府、最高监察府、太尉府）推荐天下知名人士时，没有推荐他梁冀，于是下令通缉郝絜、胡武，结果是，胡武及家人六十多口全被诛杀，郝絜自知无法逃脱，自带棺木，向梁冀请罪后服毒自杀。

还有太尉李固、藩属事务部长杜乔等人，都旗帜鲜明地揭露过梁冀，结果却是谁揭露梁冀，谁不久便会获罪掉脑袋，且祸及家人。

……

罄竹难书啊！

读史书，读到东汉中后期的历史时，读书就没有快乐和愉悦了，而是悲怆和愤怒。我不得不反复告诫自己，一定要淡然地去读史书，尽可能地平复心态，从这些历史中去领悟中国的苦难辉煌。

公元159年，桓帝刘志联手宦官，把“跋扈将军”梁冀给收拾了。

杀梁冀不是一件容易的事，梁家一门，先后出了七个侯爵、三个皇后、六个贵人、两个最高统帅，称夫人、封爵的七人，娶公主的三人，担任郡长、将领、市长、指挥官的五十七人。梁家的阿狗阿猫占据了朝廷上下很多重要岗位，编织成了梁家利益集团的一张大网。桓帝刘志也是胆大，他利用宦官的狠毒，许诺给宦官巨大的利益，最终宦官把“跋扈将军”梁冀杀了。

在梁冀“跋扈”的年月里，学富五车的学者大体分成了这样几个阵营：一个是“自保”阵营，因为“自保”而拒绝出仕，继而隐藏起来不为社会发声；一个是“沦落”阵营，他们的灵魂向恶势力下跪，成为梁冀的帮凶。如当时的大学者马融，在东汉朝廷任参谋主任，主要从事文字工作，深得梁冀信任。司马光写道：梁冀无中生有、恶意诬陷他人的指控，都是马融代笔的。一个是“事不关己”阵营，对“跋扈将军”梁冀的恶行既不谴责，也不附和。如用树皮、麻头、破布、旧渔网为原料，发明纸张的蔡伦，也在东汉王朝做官，因为他是宦官，便被安排在长乐宫任交通处长，负责皇后、嫔妃的交通出行事宜，他就不对梁冀的“跋扈”发表任何意见。后因陷入窦皇后和宋贵人的宫闱斗争，捅了马蜂窝，皇帝令他到司法部报到。蔡伦知道他这一去是什么结果，便服毒自杀了。

此外，还有一个阵营，下面重点说说。

坦率地说，对于这个阵营，我无法对其准确定义。原因是它是一个正直群体组成的阵营，清一色的知识分子，几乎都从内心反对

“跋扈将军”梁冀的恶行。但有人发出反对声音而受到梁冀打压后，或改口，或不作声，或逃亡了，缺乏那种“灵魂至死不下跪”的浩然正气和“宁可掉脑袋也不抛弃信仰”的大丈夫壮举，成了“半截子”正义人士。当然，这个阵营中的人也有例外，中国历史上发明浑天仪的大科学家张衡，在东汉朝廷任天文台长，他便是“全身心”正义的典型代表。张衡是南阳人，精通儒家六经（《诗经》《尚书》《礼记》《周易》《乐经》《春秋》），通晓机械原理，对天文、历法、阴阳、算数等研究颇有心得，并发明了研究天象的精密仪器浑天仪。张衡才华盖世，性情恬淡，不追求世俗的官爵财富，虽只是个天文台长，但深受人们敬重。张衡所在的东汉朝廷，特别相信图谶神秘预言，有些虚妄的知识分子推出所谓的图谶，引导皇帝按神秘预言去治理国家。张衡便毫不犹豫地站出来，上书进行反驳，他说：“儒家知识分子，竟相研究神秘预言，是一种病态！”

张衡还说：“律历、卦侯、九宫、风角，数有徵效，世莫肯学，而竞称不占之书，譬如画工恶图犬马而好作鬼魅，诚以实事难形而虚伪不穷也！宜收藏图谶，一禁绝之，则朱紫无所眩，典籍无瑕玷矣！”

张衡说的是，历法、八卦、九宫（星象）、风角（用五音测定风位）所作的预测，曾不断应验，世人不肯用心学习，却争相称赞毫无根据，且绝对不会应验的神秘预言。这就好比画家不去画狗画马，却去画鬼怪，因为谁都没见过鬼怪，画家便可以信笔涂鸦。对神秘预言书，政府应一律收缴查禁，使朱色和紫色不能混淆，圣人经典不致受到玷污！

在东汉那种混乱的情况下，大概只有像张衡这样的科学大家，才能站到科学的高地，彪炳自己格局的高尚！

宦官是悲怆、阴毒的历史符号

宦官，是东汉王朝历史的一个重要组成部分，也是东汉王朝走上腐朽没落的鲜明标志。

我用“悲怆”“阴毒”形容宦官，是截取了宦官人生的两个层面。

先说第一个层面：悲怆。

宦官，是农业社会多妻制度下的产物，起源于公元前12世纪，也就是周王朝灭掉商王朝之后，周文王、周武王、周公旦等“天子”“圣人”统御天下的时期。据载，当时的天子娶妻十二女，封国国君娶妻九女，大夫娶妻三女，士娶妻二女。在后宫服侍天子、封国国君的嫔妃还有很多。俗话说“三个女人一台戏”，后宫美女成群，经常上演的就不只是争风吃醋了，而是上演各种阴险手段的明争暗斗。后宫美女多了，就得有人来管理这群美女，派正常男人来管，肯定不行，如果天子、国君天天轮流跟美女寻欢作乐，身边站着一个同样雄性勃发的男子汉，不雅观，甚至很危险。再说天子、国君也不是一天到晚在后宫寻欢作乐，少不了出巡天下，虽然要带一批美女巡游作陪，但留在后宫的美女还很多。这留下来的美女，由一些正常的男人来管，天子、国君也不放心。正是在这种情况下，周王朝想出一种极其残忍的办法，把一些男娃娃的生殖器阉割以后，召到后宫来差遣。这样的男人，叫宦官。

宦官都是穷苦人家的男娃娃。唐朝诗人顾况的《囝一章》写道：

团生闽方，闽吏得之，乃绝其阳。为臧为获，致金满屋。为髡为钳，如视草木。天道无知，我罹其毒。神道无知，彼受其福……

译成白话即是：孩子啊，你生在穷乡；官员抓住你，残忍地切除了你的阳具；为了把你进贡给皇帝，为了使家人获得金银满屋；他们心狠手毒，把你戴上刑具，当作草木；上天啊，你慈悲何在，使孩子遭此毒手？神明啊，你公正何在，使官员享此福乐？

译得未必准确，但大体意思差不多。该诗告诉我们，天子、国君家里需要有人去管理后宫嫔妃，就派官员到一些贫穷的乡村，到一些穷困人家，选一些模样喜相的小男孩儿，许给这些人家一些钱财，把孩子带走，由皇宫的专门机构和专业人员对孩子进行阉割，之后还得对他们进行一些宫廷礼节、规矩、禁忌等培训，符合进宫基本要求了，才能派到后宫去。因而选派到后宫的宦官，永远都躬身低头、点头哈腰，在皇宫被人呵斥辱骂、重罚挨打，永远都唯唯诺诺、自承其错，成了宦官悲怆的符号。

毫无疑问，阳性是一个男人的天性，它不仅决定着人类的繁衍生息，而且支撑着人性的刚强健硕。同是男人，在上天眼里生而平等，可因为生的不是好地方，生的不是好人家，却被阉割男人的天性，去后宫服侍那些女人，这不是天大的侮辱吗？不是天大的悲怆吗？

再说宦官的第二个层面：阴毒。

阴毒，是悲怆的必然结果。悲怆是因，阴毒是果。

一个男人，对自己被阉割成宦官，绝对没有不愤恨的！

愤恨的结果，便是抛弃人性底线、道德底线，尽情地施放阴毒，发泄报复。

因为宦官出身贫苦家庭，从小就几乎没有接受过文化教育，因而要求他们具有高瞻远瞩的战略目光，具有先天下之忧而忧、后天下之乐而乐的抱负情怀，是绝不可能的。

还因为，宦官穿梭于皇后、皇太后、太皇太后、嫔妃、宫女之间，看到的、听到的都是争权夺势、尔虞我诈的事情。后宫的这般言传身教，对宦官的阴毒，无疑是一种激发！

但从根本上说，宦官的阴毒发泄，是与皇帝的昏庸、卑劣紧密捆绑的。

历史进入东汉王朝章帝刘炟之后，坐在金銮宝殿御椅上的皇帝，几乎都是按照宦官的意志被扶上帝位的。宦官挑选皇帝，不会选那些明智、明断，一心为天下苍生谋福分的，只会选不妨碍自己谋取私利的。加之宦官挺会侍候人，他们满天下给皇帝选美女，创作常人根本就想不到的各种花式让皇帝享受，目的是让皇帝沉迷于后宫，不干涉他们在外面作恶。正是在这样的情况下，宦官的为非作歹，达到历史的巅峰。

下面我们循着司马光的笔端，来看个究竟。

公元159年，桓帝刘志与宦官联手，把“跋扈将军”梁冀给收拾了，给诛杀梁冀有功的五个宦官封侯。宦官单超封新丰侯，徐璜封武原侯，具瑗封东武阳侯，左悺封上蔡侯，唐衡封汝阳侯。而在此之前，竭力巴结讨好梁冀、帮梁冀陷害他人、帮梁冀传播谣言、帮梁冀谋取私利的，正是这几个宦官。比如，梁冀想谋害藩属事务部长杜乔，宦官唐衡、左悺便在皇帝刘志那里拱火，说杜乔反对刘志接替君位，说杜乔认为刘志没有能力祀奉汉王朝皇家祭庙，激起刘志万丈怒火，很快便把杜乔处死了。可以说，没有这些宦官的从中作妖，梁冀成不了“跋扈将军”。当然，梁冀也对这些宦官以巨大回报，任命他们的兄弟侄子、宾客亲友，担任州郡政府的重要职务。

桓帝刘志给宦官封侯，必然遭遇朝廷上下特别是知识分子臣僚的强烈抵制，而宦官集团必然进行强烈反制。面对这种情况，刘志一屁股坐在宦官集团一边，下诏剥夺知识分子官员的政治权利，史称"废锢"，即革除官职，终身不再录用。如此一来，"废锢"的官员被视作正义的典范，更受天下知识分子尊崇。

这些"废锢"官员也不客气，自己给自己加上赞美名号，有号称一代宗师的三个人，叫"三君"；有号称一代精英的八个人，叫"八俊"；有号称一代德行表率的八个人，叫"八顾"；有号称一代导师的八个人，叫"八极"；还有号称一代侠士的八个人，叫"八厨"。"三君""八俊""八顾""八极""八厨"，在社会上影响非常大，这便更增添了宦官集团对他们的仇恨，给他们起了个"奸党"的绰号。史学家称宦官嘴里的"奸党"为"党人"，把"党人"与宦官的斗争，称"党争"。党争的结果是桓帝刘志大肆诛杀奸党，并诏令实行"党禁"。"党禁"七年后，永昌郡（今云南省保山市）郡长曹鸾，上书请求解除"党禁"，让知识分子参与国家治理。刘志勃然大怒，在诏令逮捕囚禁曹鸾的同时，更扩大打击面，下令各州郡调查党人的学生、门徒以及旧部父子兄弟当官的，全部免职，剥夺政治权利，处分延伸到五服之内的亲人。也就是说，从高祖往下有血缘关系的五代人，都列入桓帝刘志打击"党人"的范围。

桓帝刘志，就这样由宦官集团的后台老板，变成了前台打手。

下面，我们循着司马光的笔端走向，用事实说话。

比如，冀州督导官朱穆，清廉正直，敢于为民众维护权益。宦官赵忠是冀州安平人，他的父亲、兄弟、侄子仗着赵忠在朝廷的权势，在乡里为非作歹，强取强夺，惹得民怨沸腾。朱穆到任后，对赵忠家作奸犯科的一帮邪恶之辈，全部依法严惩。赵忠的父亲死后，被运回老家安平下葬，葬礼用玉匣，违反朝廷法令。朱穆下令掘墓相验，依法惩处。宦官们对朱穆恨之入骨，他们在皇帝面前对朱穆诽谤陷害，日夜不停地进行攻击。皇帝刘志便下令朱穆到司法部报到，判处到苦工营做苦工。

宦官是不讲情义、不讲原则的。虽然他们帮梁冀为非作歹，但在皇帝刘志拉他们收拾梁冀时，他们立马掉转枪口，扑过去，对准梁冀。梁冀及其党羽被屠灭后，东汉王朝的大权旁落到宦官之手，他们所形成的贪污风暴，震动朝野。民间歌谣如此唱道："左回天，具独坐，徐卧虎，唐两堕。"唱的是，宦官左悺有回天之力，可以扭转皇帝所作的决定；宦官具瑗唯我独尊，坐在那里，骄横无比；宦官徐璜行事如同卧虎，凶猛残暴；宦官唐衡的势力遍布天下，任性横暴，居心莫测。

宦官侯览在山东长清一带有庞大田产，他的奴仆还经常在那一带劫掠行旅，杀人越货。侯览的弟弟侯参，在侯览的斡旋下，到益州（今四川省成都市）当督导官。历史对侯参的记载是："残暴凶恶，贪赃以亿计。"全国武装部队总司令检查侯参的车队，其中三百余辆车，装得满满的全是金钱和绸缎。

宦官的倒行逆施，激起天下巨大民愤，一些正义感强的官员，勇敢地站出来，与宦官作斗争；而一些灵魂向宦官下跪的人，则攀附宦官作恶。比如，河南南阳一个富商叫张泛，他用金钱巴结上朝中的宦官后，自认后台很硬，便在南阳一带横行霸道，无恶不作，引发巨大民怨。郡长成瑨忍无可忍，下令逮捕张泛及其党羽。恰在此时，朝廷的大赦令下来了，张泛等恶棍杀不成了。成瑨也是气不过，不管朝廷大赦不大赦，下令将张泛及其党羽二百余人全部处死……

宦官徐璜的侄子徐宣，靠徐璜的扶植当下邳县长，徐宣看上了汝南郡长李暠的女儿，遭拒绝后，徐宣竟率警卫部队冲到李暠家，愣是把他女儿抢到自己家，把她扔到院子里，令弓箭手射杀。东海国宰相黄浮是徐宣的上级领导，他听说后，把徐宣及其家人、党羽全数逮捕，一律苦刑拷打。他手下的官员相劝，说："徐宣的靠山是当朝走红的宦官徐璜，你就不怕他收拾你吗？"黄浮则说："像徐宣这样的人渣，我今天杀了他，明天抵命，死也瞑目。"……

但成瑨、黄浮这么做的后果是，宦官围着皇帝诬告、栽赃、陷害，成瑨、黄浮等官员都被皇帝诏令到司法部报到，接受惩处。

……

早在公元135年，汉顺帝刘保就出台过前无古人的一条诏命：宦官养子可以继承宦官养父的爵位。在此之前，皇宫传出诏命，宦官可以封爵；再往前，皇宫又传出诏命，宦官可以养子；而现在，皇宫又传出宦官养子可以继承爵位的诏命。至此，宦官所需要的所有特权，全以皇帝诏命配套齐全了。

宦官膝下本无儿无女，有了皇帝的诏命后，儿子有了，女儿有了，儿子可以派出去做高官，女儿嫁的都是高官和大户人家，再加上朝廷给宦官的封爵儿子可以世袭，宦官便成了东汉王朝令人羡慕的一个特权阶层，一个无法无天、无恶不作，而又没人敢管的阶层。

比如，为修建宫殿，朝廷下令各州郡代皇家采购木头。就这一点儿事，宦官大做手脚，从中牟利。各州郡买的木头运到首都洛阳后，负责验收的禁宫宦官百般挑剔，明明合格的，他们一句话就不合格。木材都运来了，拉回去又是一大笔费用，没法子，只好求宦官压价，压到原价的十分之一。而宦官从朝廷支取的费用，却是原价，十分之九装进了他们的腰包。不仅如此，有些州郡因皇家所需的木材短缺，满世界找。宦官便把按十分之一价格已经买下的木头，按原价卖给所需州郡。州郡买下后再往首都洛阳送，宦官收木头时再压价。如此这般循环，连续多年木头都收不够，宫殿也建不成，很多卖了买、买了卖的木头，原先好好的，到最后都腐烂了。宫殿没有建成，朝廷花出去的大把钱财，几乎全装进了宦官的腰包。

再比如，寝殿侍奉宦官王甫的养子王吉，当沛国宰相。王吉不仅贪腐成性，而且杀人成性，经常找碴儿抓人诛杀，且每次把人杀死后大卸八块，装到囚车上，车上张贴他的“罪状”，拉到所属各县巡展。夏天气候炎热，装在囚车的尸体高度腐烂，肌肉都烂掉了，王吉便命人把烂掉肉的骨头绑住，周游完了以后，才准许家属收葬。据载，王吉在沛国当宰相五年，诛杀一万余人，平均每月杀二百人以上。

无语啊！

这个刽子手王吉，虽不是宦官，但他如果不认宦官王甫为爹，便当不了沛国宰相；即便能当沛国宰相，他身后不站着一个宦官爹，也没有胆量去如此贪腐凶残。

因此说，王吉贪腐凶残的根子是宦官！

还因此说，王吉在沛国宰相位置上的贪腐凶残，是宦官阴毒发泄的必然反应！

曹操算是把宦官为非作歹的根本症结说清楚了，他说：“宦官这种东西，古今都有，问题只在于君王不可太宠信他们，更不可赋给他们大权。”是啊！君王如果不宠信“宦官这种东西”，不赋给他们大权，他们不是只能在后宫服侍别人吗？能坏朝政什么大事呢？

公元189年，中军指挥官袁绍，率军攻入北宫，目标就是杀宦官。袁绍假传圣旨，紧闭宫门，把北宫中两千余名宦官，不论老幼全部诛杀。宫中一些并非宦官、但没有留胡子的官员，也全部诛杀。

宦官为非作歹、作恶多端，诛杀他们，听起来过瘾、解恨。但静思下来，对他们如此大范围诛杀，不也是一种惨烈的暴行吗？

第四章 分久必合的三国

一本罗贯中的《三国演义》，把三国的历史故事“演义”得精彩纷呈……

还原到历史的三国故事中，我们分明能感觉到，历史的三国比“演义”的三国更精彩……

站到三国历史舞台的真正英雄，具有中国人所崇尚的质感……

历史如此拉开三国大幕

历史一路走来，走到公元150年的东汉王朝时，彻底乱套了，已然看不出历史的走向了，能看到的，便是在一片混战和暴虐中，拉开了三国鼎立的大幕。

拉开大幕的主角，当然是东汉王朝。

东汉王朝的开幕，实质是为摇摇欲坠的东汉王朝掘墓。我们不妨截取这期间的东汉皇帝来做点儿分析。

公元167年，桓帝刘志去世。刘志留下的遗产是宦官，是他同时为五个宦官封侯，也是他特许宦官可以由养子继承爵位。在刘志的后宫，在编的宫女达五六千人，不在编的，也就是掠夺良家妇女为“驱役”的，还有乐意献身为“从使”的，是在编宫女的两倍以上。近两万人的后宫美女围着桓帝刘志，为之服务的宦官又得多少呢？如此不难看出，宦官在刘志手里必然得到重用提携，而得到重用的宦官，必然搅乱朝政朝纲，也必然危害天下。

接替刘志的是刘宏，十二岁，号灵帝。十二岁的皇帝，必然是皇权旁落，旁落到谁的手里呢？旁落到了争斗之中，即以皇太后为代表的外戚集团，与宦官集团的争斗之中。外戚集团的目标指向，是杀宦官；而宦官集团的目标指向，是换皇帝。公元168年，这两个集团大打出手，结果是宦官集团完胜，但没有立即把皇帝换掉。原因是，这小皇帝刘宏做不了什么主，大权还在宦官集团的掌控之中。

而此时的东汉天下，民变此起彼伏，博陵张牛角、常山褚飞燕以及黄巾军的张角，还有黄龙、左校、于氐根、张白骑、杨凤、于毒等数十个民变集团，遍布大江南北，人数多的数万人，少的也数千人，且人数像滚雪球一样越滚越多。就说中原西部的羌族吧，千百个大小部落，散布在黄河与渭水上游，他们本属东汉政府统辖，但派去的官员贪腐暴虐，极尽侮辱异族之能事，激起了羌族等少数民族的愤怒和抗暴。他们不断把小的冲突扩大成大的战争，且向中原蔓延，直至逼到了东汉首都洛阳近郊。结果是，凉州延绵一百二十年之久的长期民变，使西部举目千里，荒凉成片，见不到煮饭的炊烟，见到的是遍地白骨。

就是在这种情况下，东汉政府、皇帝都在做什么呢？外戚集团一如既往地与宦官集团为私利、权力苦斗，皇帝刘宏则大肆捞钱。公元178年，灵帝刘宏在御花园设“西园宫邸”，公开设衙出卖官爵。标价是：食邑两千石的郡长卖两千万钱，食邑四百石的中下级官员卖四百万钱。为了多腾出一些官位卖钱，把按规定应当升迁的官位，只升迁录用一半或三分之一，其余一半或三分之二全部用于卖钱。还规定，富县与穷县的县长，价格不同；还规定，买官可一次把钱付清，付不清的可赊欠，待到任后贪赃枉法弄到钱了，再按原价的两倍补交；还规定，朝廷的三公和部长级官职也公开出售，三公定价千万钱，部长定价五百万钱。不久，灵帝刘宏觉得卖便宜了，说这样的官可以多卖五百万钱。再后来，连关内侯都卖，五百万卖一顶关内侯爵官帽。

不仅如此，灵帝刘宏在后宫修建一条商街，命宫女在各商店经营，他则改穿商人服装，混在宦官、宫女群中，进店讨价还价、饮酒欢宴。刘宏还有一个特殊爱好，攒私房钱、收珍宝。每当各郡、各封国进贡，刘宏就命他们直接送进皇宫，称作“导行费”，由他接收保管。他还在御花园建了个万金堂，把国库的金银、绸缎都搬进万金堂；觉得不够保险，便把私房钱放到自己贴心的宦官家里；觉得还不够保险，便在河北献县购买田地，兴建家宅，用于收藏金银财宝……

东汉的刘姓皇帝，就这样用帝王之手，尽毁刘姓的东汉王朝，拉开三国鼎立的大幕！

这个大幕一拉，袁绍、董卓、吕布、曹操、孙坚、刘备等一帮枭雄登上历史舞台。他们虽然是拉开三国大幕的配角，但无疑也是拉开大幕的干将，是他们，用战争把摇摇欲坠的东汉王朝，撕扯得七零八落，把暴虐遍布天下。

下面，先把袁绍、董卓、吕布等军阀对东汉王朝的撕扯，做个大致介绍，曹操、刘备、孙权等三国天下的英雄，在下篇文章中重点来写。

先看袁绍

袁绍出身东汉王朝“汝南袁氏”的官宦世家，他的爷爷袁汤，当过东汉王朝全国武装部队总司令，袁汤的儿孙都在朝廷为官，也都声名显赫。比如，在三国天下大名鼎鼎的袁术，就是袁绍的堂弟。再比如，袁绍的堂侄袁闳，拒绝当官，过半耕半读的生活，袁家当官的给予他馈赠，他一概谢绝。袁闳在看清了东汉王朝的溃烂后，在家建了个土屋，只有窗而没有门，饮食都从窗口递进。他的母亲想见他时，也只能打开窗户相见。袁闳自我关闭十八年后，死在屋里。就这事，也在当时被传为美谈。

袁绍体格健壮，仪容雄伟，结交天下贤士，声名远播。袁绍对宦官的为非作歹非常痛恨，得到鄙视宦官的“党人”认可。黄巾军起义爆发后，东汉王朝的主要精力是平息黄巾军叛乱，而恰在这时，也即是公元184年年底发生的一件事，激起了朝廷上下对宦官的痛恨。

事情是这样的：豫州督导官王允，击破黄巾军之后，在黄巾军的司令部，搜出东汉王朝寝殿侍奉宦官（中常侍）张让写给黄巾军的密信，信的内容是，宦官准备给黄巾军当内应，配合黄巾军进攻。这个张让，就是灵帝刘宏认的“爹”，刘宏在斥责了“爹”一番后，不予追究。张让便疯狂地打击陷害王允，一个月之内找碴儿逮捕了王允两次，激起朝廷上下无比愤慨。

想想也是啊！东汉王朝当时的主要敌人是黄巾军，而宦官却跟黄巾军里应外合，进行利益交易，这能不叫人愤慨吗！于是，一大批战将臣僚，站到了宦官的对立面，准备拿宦官开刀。袁绍、董卓、曹操、孙坚等人，在首都洛阳的西苑官邸，成立了“八指挥军”，袁绍任中军指挥官，曹操任典军指挥官，还有六人任其他指挥官。因为袁绍声名远播，影响更大，便成了“八指挥军”的实际盟主。

公元189年四月，灵帝刘宏去世，十四岁的皇子刘辩继位。就在这个当口，袁绍提议诛杀宦官。全国最高统帅何进有拍板的权力，但很滑头，对诛杀皇帝宠爱的宦官这种天大的事，不敢拍板，而是任命袁绍为京畿卫戍区总司令，让他“持节”，即有权独断专行，把杀不杀宦官的决定权，交给了袁绍。袁绍是同陷所谓“奸党”一类的知识分子，早就对宦官恨之入骨，被授予“持节”大权后，立即假传圣旨，下令将北宫两千余名宦官全部诛杀。

公元189年年底，因实际掌控朝政大权的董卓，露出了诛杀袁绍等各路诸侯的凶机，袁绍、袁术、曹操等都迅速逃跑了。袁绍回到冀州，戴着京畿卫戍区总司令的官帽，开始抢地盘、扩势力，向着自己预期的“皇位”推进。袁绍想当皇帝，不把势力强大的军阀一个一个干掉，皇帝是当不成的。当时刘备、孙权包括曹操，都尚未形成气候，袁绍也不把他们当回事，而能当回事的，是势力强大的公孙瓒，于是袁绍一连数年发起对公孙瓒的攻击。

公孙瓒，河北省迁安市人，出身贵族，他以强硬的态度对抗北方游牧民族，作战勇敢，威震边疆。在各路大军讨伐黄巾军的作战中，公孙瓒率两万人马，击溃黄巾军三十万大军，更是声威大震。曹操、刘备都曾当过他的部属。尤其是刘备，就是从公孙瓒的手下起家的。公元193年，公孙瓒袭杀幽州（今河北省北部）州长刘虞，完全控制幽州。但作为幽州的霸主，他不体恤民众，肆意妄为。尤其令人诧异的是，公孙瓒像个黑社会老大似的，喜欢贩夫走卒之类的伧俗之辈，与摆摊算卦的刘纬台、绸缎小贩李移子、商店店主何乐当等人结为生死兄弟，放纵他们在幽州地界为非作歹、杀人掠夺。袁绍连续率军攻击公孙瓒，一开始互有胜负，但打到公元199年时，公孙瓒彻底溃败了。袁绍大军把公孙瓒的老巢易京（今河北省雄县），围了个水泄不通。袁绍的军队把地道挖到公孙瓒住的城楼底下，公孙瓒一看无路可逃了，把妻儿姐妹统统绞死后，自己纵火自焚。

消灭公孙瓒之后，袁绍的声威更是震撼天下。袁绍的堂弟袁术，在公元197年就戴了一顶“仲家皇帝”的皇冠，一看堂兄袁绍势头如此强劲，便提出把皇冠让给他。袁绍不接，他已经看不上“仲家皇帝”那顶帽子了，他想的是东汉王朝的那把皇帝御椅。而此时的曹操，势力不断壮大，成了袁绍坐上东汉王朝皇帝御椅的唯一制衡力量。于是，袁绍把打败曹操，摆上了他战略谋划的首要议程。公元200年，袁绍大军向曹操发起进攻，打响了官渡之战。

官渡之战，袁绍军力占优。但曹操的战法残忍出奇，他把俘获援军一千余人的鼻子割掉，又把一群牛马的嘴唇或舌头割掉，然后全部驱回袁绍大营，以此造成袁军恐慌动摇。曹操又听从智囊许攸的建议，偷袭袁绍的保障部队，烧毁袁军辎重车上万辆以及大量粮草，一举扭转战局，将袁绍大军彻底击溃。

官渡之战，是袁绍由兴到衰的转折点，被曹军彻底击溃后，袁绍退出了争霸天下的历史舞台，于公元202年去世。

再看董卓

董卓是甘肃省岷县人，从小在羌族、胡族杂居的凉州长大，打打杀杀的，在河陇（黄河及陇山）一带素有威名，深得羌族、胡人信任。黄巾军起义后，西羌在凉州一带跟着叛乱，东汉王朝任命董卓为破虏将军，前去征讨平息。袁绍等各路大军进京诛杀宦官时，董卓率三千羌族、胡人组成的志愿军也开过去了。东汉朝廷臣僚都心知肚明，董卓粗蛮凶狠，他带的三千志愿军，大都是不怕死的亡命之徒，根本就不受任何约束，杀人不眨眼，这些人一旦进入洛阳，无疑是洛阳的灾难。于是，臣僚纷纷出招，给董卓戴了顶冀州州长的官帽，引诱他不来洛阳，同时剥夺他的军权。董卓不傻，他直接把军队开到了洛阳。

司马光写了董卓进洛阳的一个细节。董卓率军抵达洛阳城西时，皇帝刘辩命文武百官迎接，并向董卓宣读了刘辩的诏令："军队向后撤退。"董卓则说："你们都是国家的栋梁，不能辅导皇家，以致君王流浪，还有脸叫我的军队撤退？"董卓坚持要见皇帝刘辩，刘辩吓坏了，见到董卓后，刘辩结结巴巴语无伦次，什么事都说不清。董卓转过脸去，问皇帝刘辩的弟弟刘协，刘协对答如流，条理清晰。董卓大为喜欢，顿时生出更换皇帝的念头。

董卓于是找袁绍商量，提议把皇帝换掉，袁绍不同意。董卓立马火了，叱喝袁绍："你是什么东西！天下尽在我的掌握之中，我想干什么就干什么，谁敢反抗？难道你以为我董卓的刀不够锋利！"袁绍吓坏了，他知道董卓的凶暴残忍，既然说出这种话，再不走要丢脑袋。于是袁绍把皇帝颁发的京畿卫戍总司令的符节，往洛阳东边的城门一挂，往冀州走了。同在洛阳的骑兵指挥官曹操、后将军袁术等人，也都害怕董卓的凶暴残忍，纷纷改名换姓，抄乡间小路逃亡。

董卓不含糊，立即逼迫皇太后废除少帝刘辩，立刘协当皇帝，号献帝。董卓当相国，享受“赞拜不名，入朝不趋，剑履上殿”的特殊礼遇。董卓因此说：“我的相貌，最尊贵，再没有上级！”董卓放纵他的部队在洛阳抢劫，包括皇亲国戚的宅院，财物照抢、妇女照奸。霎时间，首都洛阳成了一座恐怖之城。

于是，天下英雄豪杰，纷纷举旗，讨伐董卓。

于是，暴虐也就成了三国鼎立的开场戏。

董卓挂在嘴边的话是：“人民算什么东西？如果反抗，我动用大军驱逐，把他们统统赶到大海里淹死。”他是这么说的，也是这么做的。公元190年，董卓派大军前往阳城（今河南省登封市东南告城附近），正赶上乡民举行盛大的庙会。董卓派大军将乡民包围，男的全部被杀光，女的全部被掠走，然后大军前呼后拥，高唱凯歌走了……

司马光写道：面对各路讨伐大军向洛阳开来，董卓于是把洛阳的富豪全部集中起来集体处死，财产全部没收，然后派军队把洛阳民众驱赶去长安，沿途堆满了尸体……

董卓在离开洛阳之前，下令纵火焚烧皇宫、政府官舍、民宅，把洛阳烧成了一片焦土。洛阳周围二百里之内，房屋全毁，鸡犬不留……

董卓还将俘获的士兵，用涂满猪油的布裹到他们身上，然后从脚下点火，全部活活烧死……

献帝刘协被裹挟到长安后，董卓想了个抢夺民众财富的漂亮借口，即命京畿卫戍总司令刘嚣，调查官员和平民中，凡儿女不孝敬父母的、臣属不忠于长官的、弟妹冒犯兄长的，还有官吏贪赃枉法的，一律处死，财产没收。于是，长安又成了恐怖世界……

公元192年四月，作恶多端的董卓，被他的义子吕布杀死了，东汉王朝乃至整个天下，陷入更惨烈的混战之中。

再看吕布

吕布是内蒙古自治区包头市九原区人，以武闻名，精于骑射，武艺超群，勇力尤其过人，有“人中吕布，马中赤兔”之赞誉。吕布是董卓利诱过来的，董卓知道吕布经不起利益诱惑，更知道吕布是个薄情寡恩、目光短浅之人，当然也知道吕布武勇盖世，请他来当自己的打手，是最佳人选。

司马光写道：吕布性情残忍，喜爱杀人。有时部属言语稍有差错，就当场立即被诛杀，人人震恐。董卓看中吕布的正是这一点。吕布投靠董卓之前，投靠在并州（今山西省太原市）刺史丁原手下为将，董卓给他抛出的利益引诱巨大，吕布便杀死丁原，投靠董卓。从洛阳到长安，董卓杀人如麻，杀得自己也害怕了，担心遭人报复，于是用利禄把吕布召来，无论到什么地方，都由吕布当贴身护卫，对他爱护亲信，誓言情同父子。当然，董卓还派吕布抵抗各路诸侯对他的征讨；还派吕布挖掘东汉王朝历代皇帝、三公、部长以及所有高级官员的坟墓，盗取墓中珍宝。至于率军打仗，在司马光的笔下，没有看到吕布有关羽那般“万军之中取敌酋首级”的英雄风采，也比不上曹操手下的战将典韦。

吕布被召到董卓麾下后，跟董卓的一个美丽侍女私通。于是，《三国演义》虚构的故事，把这个美女叫作貂蝉，因被董卓霸占，激起了吕布的仇恨，把董卓杀死了。这与真实的历史基本吻合。这个叫作貂蝉的美女，是宰相王允的养女，诛杀董卓，也是王允策划的。吕布跟董卓宠爱的美女私通后，心里是非常惧怕的，生怕被董卓察觉而掉了脑袋。也正是在这种情况下，宰相王允找吕布做工作，吕布就按照王允的策划行事。

献帝刘协在未央宫接见文武百官，吕布率人冒充卫士，在宫门内埋伏。董卓一脚踏进宫门，一个卫士举戟直刺董卓前胸。董卓内穿铁甲，戟刺穿不透，只是伤到董卓手臂。董卓大喊："吕布在哪里？"这时吕布出现了，说："我奉皇帝诏命，处决逆贼！"说罢刺出铁矛，董卓毙命。

但吕布在长安立不住脚，董卓征召的凉州羌人、胡人将领，找吕布算账，吕布的部属纷纷叛离，吕布只好带数百名士卒逃亡。他先逃到南阳（今属河南），后将军袁术接待了他。但吕布放纵手下的士卒抢夺劫掠，袁术不能忍受，吕布就只好再逃，投奔河内郡（今河南省武陟县西南）的郡长张扬。河内郡悬赏捉拿吕布的朝廷布告，贴得满街都是，吕布害怕，又逃，投靠了冀州州长袁绍。袁绍也不能容忍吕布放纵士卒胡作非为，打算将其诛杀。吕布得到消息，继续逃亡，最后逃到曹操的叛将陈宫手下，向曹操发起进攻。

在这里，吕布遇到了三国天下一个真正的勇将——典韦。

吕布对曹操的进攻打得难解难分时，曹操招募敢死队对吕布发起攻击。司马光是这么记述的：吕布军万箭俱发，箭如雨下。曹操的军政官典韦当敢死队队长，他对敢死队员说："敌人距十步时告诉我！"敢死队员向他报告："已经十步了。"典韦说："五步时告诉我！"说话间，敌人已冲到跟前了。典韦于是手拿铁戟，似猛虎一般腾地跃起，大喊着冲入敌阵。只见典韦所过之处，敌人倒地一路。吕布军被吓得魂飞魄散，纷纷自顾逃命。

被打败的吕布，收拾残军，转而投奔徐州督导官刘备。见到刘备后，吕布问了刘备这样一个问题："我刺杀董卓后，来到关东，关东的将领没有一个接纳我，反而要杀我，这是为什么？"刘备没做回答，吕布则用行动做了自答。

下面请看吕布的自答。

右将军袁术攻击徐州的刘备，仗打到僵持时，袁术拉拢吕布，提出给他的军队供应粮食，要他袭击刘备的下邳（今江苏省睢宁县北）。吕布大喜，整军出发，水陆并进，把刘备的妻子儿女以及将领、官员的眷属全部俘虏。刘备在这种情况下，转而向吕布投降。可是，袁术说好的给吕布大军供给粮食，结果一粒粮食也不给，气得吕布又跟刘备和好，联手攻击袁术。

还没完。公元196年，袁术出于战役需要，加之对吕布心怀戒备，代儿子向吕布的女儿求婚，缔结了婚约。这之后，袁术派三万兵马进攻驻屯小沛（今江苏省沛县）的刘备。这时吕布率骑兵混合部队也进驻小沛，阻止了袁术的进攻。但看到刘备手下有一万余人的队伍后，吕布动心了，亲自率军对刘备进行突袭。刘备抵挡不过，投靠曹操。

一生跑路、一生算计、一生投靠、一生背叛的吕布，在公元198年被曹操打败后处死。

再看李傕、郭汜等人

李傕、郭汜等人，是董卓在东汉朝廷杀人如麻时找来的帮手。

宁夏的李傕、甘肃张掖的郭汜、甘肃武威的张济，是在羌人、胡人反抗中原管辖中显露头角的头面人物，跟随他们打打杀杀的有数万人，号称凉州兵团。在董卓毒死少帝刘辩、扶上献帝刘协的公元190年，冀州州长袁绍被推举为讨伐董卓的盟主，率各路军阀向董卓打来了。董卓无法不予面对，在决定从洛阳迁都长安的同时，征召李傕、郭汜、张济率凉州兵团，反击袁绍盟军的征讨。司马光写道：凉州兵团经过陈留（今河南省开封市祥符区东南）、颍川（今河南省禹州市）两郡所属各县，奸淫烧杀，劫掠裹胁，人民几乎死尽。

毫无疑问，董卓在洛阳、长安杀人如麻，凉州兵团是主要杀手。

公元192年，董卓被吕布刺杀后，被董卓引狼入室的凉州兵团，将其凶狠残忍瞬间放大，一夜之间诛杀交通部长、京城防卫司令等四个部长级高官，屠杀民众一万多人。羌人、胡人士卒还时不时地跑到献帝刘协的皇宫，拍着大门喊："把宫女放出来，给我们享用！"但没折腾多长时间，凉州兵团就开始内乱。李傕阴谋劫持献帝刘协到他的军营，郭汜得到消息，率先下手，把刘协抢到了自己的军营。郭汜没有抢到皇帝，便把朝中的三公、部长级高级官员全部扣留在自己的军营当人质。

劫持皇帝的李傕与劫持高官的郭汜，大打出手，弓箭还射穿了皇帝刘协居住的帷帘。刘协反复派人做李傕和郭汜的和解工作，这二人一连打了好几个月，双方都伤亡惨重，遂接受刘协的调解，并同意刘协东返洛阳。

公元195年七月，李傕部众数百人，全副武装，手执铁戟，为皇帝刘协东返开路。郭汜部众数百人，手执铁戟，在刘协路过的一座桥上阻拦。经随行臣僚好说歹说，郭汜才放刘协前行。刘协一走，李傕、郭汜同时发现自己做了一件蠢事，于是又集结部众追赶，跟随刘协逃亡的宰相、部长级高官，不是被杀，就是被俘，献帝刘协身边能拿起武器战斗的，不足一百人。同年十二月下旬，刘协狼狈不堪地在黄河登船，一同登船的只有皇后伏寿和少数臣僚，刘协宫中的宫女全留在黄河岸边，任由凉州兵团糟蹋。

追到黄河岸边的李傕，望着大浪翻滚的黄河水，深切自责愚蠢至极。

抓在手里的皇帝放跑了，李傕、郭汜等凉州军阀，也就似历史的过客，被历史淘汰了。

摇摇欲坠的东汉王朝，就这样被各路军阀敲打着、撕扯着，拉开了三国大幕！

以上所写的几个军阀，敲打着、撕扯着摇摇欲坠的东汉王朝，把暴虐施加到民众头上，而那些令人钦佩、敬仰的英雄人物，如曹操、刘备、孙权等，做得怎样呢？

司马光的《资治通鉴》告诉我们，不只是凉州兵团烧杀掳掠、杀人如麻、无恶不作，而使得长安三辅地区人民死亡罄尽，在抢夺地盘、扩充势力的战争中站起来的三国英雄，几乎人人都是屠夫，都是屠杀人民的刽子手！

我们先看曹操。在司马光的笔下，曹操气度宏大，胸怀宽广，容人纳谏，有勇有谋，是乱世中典型的英雄人物。但他并非没有把屠刀挥向人民。比如，曹操的父亲曹崇，曾任全国武装部队总司令，贪占了大量财富。曹崇在琅邪避难，仅运载金银财物的车子，就达一百余辆，路过徐州时，被眼红的民变官兵抢劫，曹崇及其幼子曹德被杀。曹操为报父仇，于公元193年攻下袁绍占领的徐州后，把男女老幼数十万人全部赶进泗水淹死，尸体山积，泗水不流。

再看孙权。孙家也算是江南的大户人家，口碑良好。孙坚任长沙郡长，孙坚死后，他的长子孙策继位，孙策死后，他的弟弟孙权继位。孙家父子总体仁义，体恤民众，但也并非没有实施过屠城之类的恶行。如公元200年，被孙策任命的庐江郡长李术，背叛孙权，收拢孙权部下的叛军，与孙权作对。孙权率军攻下李术盘踞的皖城后，下令屠城。屠城，即是将该城的人全部诛杀，而不分男女老幼。试想一下，哪怕皖城只有两万人，杀死的尸体也是堆积如山啊！

还有全国各地此起彼伏的数十起人数众多的民变大军，扯起的任何一面大旗，席卷的都是烧杀掳掠，都是大批的人头落地、血流成河。

在那个天下混战的年代，不杀人，出不了头，成不了军阀，当不了英雄。

据《后汉书·郡国志》载，三国中的蜀国灭亡时，有28万户、94万人；吴国灭亡时，有52.3万户、230万人；魏国灭亡时，有66万户、443万人。三国加起来的总人口是767万人。而东汉末期的人口是多少呢？是5648万人。当然，三国时期有大量的流民，或逃往边境他国，或隐居山林草泽，这些人很可能没有被统计进去，但其数量，绝不比三国灭亡时剩下的767万人多。也就是说，从东汉末期到三国灭亡，全国有约4000万人死于战火涂炭和天灾！

这个数字告诉我们：用暴虐拉开的三国大幕，导致无辜民众血流成河。三国演义的英雄故事，是鲜血横流的人间惨剧！

这个数字还告诉我们：

和平，是天下之大幸、人民之大幸！

为人民解放，为天下和平而献出鲜血和生命的人，是真正的英雄！

崇拜、敬仰这样的英雄，理当成为和平天下每一个人的血脉基因！

苦难岁月闪烁的辉煌之光

写了上篇文章后，我得写写中华民族的苦难辉煌了。

这是我读《资治通鉴》写点儿文字的一个习惯。因为司马光的《资治通鉴》，从战国时代写到了大宋王朝的创立之初，总共1362年，历经16个封建王朝。在这漫长的1362年中，有朝代兴盛的历史辉煌，也有朝代没落的历史黑暗。兴盛的自不多说，即便历史的黑暗时期，大史学家司马光也没有遗忘记载中华民族历史的苦难辉煌。诸如不同时期科学家的伟大发明创造、思想家的伟大理论创立、文学艺术家的伟大佳作，还有中下层官吏和广大庶民百姓的家国情怀、民族大义、报国精神以及他们对中华优秀思想文化的坚守和传承等中华民族苦难辉煌的重要元素，司马光都不惜笔墨记载下来。我想，司马光之所以如此著述中华民族的历史，是因为他深刻领悟了这样一个问题：中华民族的历史，不是只有若干朝代兴盛的光鲜，还有若干时期没落的黑暗，这是中国历史抹不掉的组成部分。但这之中的一个关键是，即便在衰败没落的黑暗时期，中国的思想家、政治家、军事家、科学家、文学家、艺术家、史学家等，特别是一些中下层官吏和广大庶民百姓，仍然一如既往地用坚守、传承、创造、发明，支撑着中华民族的苦难辉煌！

我在读《资治通鉴》时，常常为司马光的类似记载深感自豪、深受感动，因而我在写作本书时，也都把科学家的发明创造、思想家的理论创新、文学艺术家的耀世佳作，包括中下层官吏和广大庶民百姓对中华民族优秀思想、文化的坚守和传承，根据司马光提供的线索，写到不同的章节。我以为，这是中华民族历史的重要组成部分，更是中华文明特有的内涵！

下面介绍几个在开启三国大幕的艰难岁月中，续写中华民族苦难辉煌的历史人物。这几个人前面没有写到，我觉得不能遗忘他们。

蔡邕

蔡邕是东汉朝廷的左翼指挥官，被封为高阳侯，是才女蔡文姬之父。蔡邕博学多才，通经史、善辞赋、精书法，尤以隶书造诣最深，创作了“飞白”书体，对后世影响很深。因为蔡邕是个才子，被董卓征召到朝廷任官。公元192年董卓被杀，蔡邕听说后，发出一声惊叹，也就是“啊”了一声。就这一声惊叹，被宰相王允定性为“叛徒”，囚禁司法部监狱。

蔡邕还是史学大家，尤其对汉王朝的历史了解最多，他在为官工作之余，续写《汉书》。蔡邕被囚之后，请求说：“请免一死，我愿脸上刺字，双脚剁下，允许我完成正撰写的《汉书》。”但宰相王允不许，甚至拿司马迁写《史记》作对照，认定蔡邕与司马迁一样，都是为了活下来写“谤书”，坚持将蔡邕处死。

被誉为“史家之绝唱，无韵之离骚”的《史记》，是中华民族的历史宝典，王允拿蔡邕撰写的《汉书》，比作与《史记》一样的“谤书”，并将撰写“谤书”的蔡邕处死，不仅在当时是作恶，而且于中华子孙来说，是犯罪！

好在蔡邕早就着手写《汉书》，仍为中华子孙留下了宝贵的历史典籍。

刘虞

前面写公孙瓒时写到，刘虞是幽州州长，在不用暴行涂炭人民，就不可能成为军阀的东汉末年，刘虞的所作所为，是个罕见的例外。幽州的北面，居住着鲜卑、乌桓等少数民族部落，为抵御这些部落的进犯，东汉朝廷每年补助幽州两亿钱。三国天下的军阀混战打起来后，朝廷的补助停了，州长刘虞便身穿破衣，脚穿草鞋，饮食只不过一盘肉；州内行政宽厚，督促农家耕田种桑，在上谷郡（今河北省怀来县）开辟对外通商市场，跟少数民族贸易；又开发渔阳郡（今北京市密云区）的盐产和铁矿。人民欢悦，全年丰收，谷米每石仅三十钱。青州、徐州的知识分子和贫民，纷纷逃奔幽州，多达一百余万人。刘虞全部收容安抚，让他们得以安家立业。流亡客心有所属，都忘了他们是在流亡。

公孙瓒率军打到蓟县后，刘虞多次请公孙瓒当面会商，想以此阻止战斗的发生，公孙瓒拒绝。在这种情况下，刘虞只好组织部队反击，他告诫部队爱护人民家宅，不准纵火；不要多杀，只杀公孙瓒一人。公孙瓒则诬陷刘虞与袁绍通谋，打进幽州城后，将刘虞斩首。

好官斗不过恶官，这就是东汉末年的真实写照！

管宁

“管宁割席”这个成语，说的是管宁与华歆是至交，他俩常常同坐在一块席子上读书，发现华歆贪鄙后，管宁把这块席子割开，以表示跟华歆划清界限。

司马光在《资治通鉴》中也写到管宁，说管宁是北海（今山东省昌乐县）人，与华歆是挚友，他俩曾一同锄地，挖出一锭黄金，管宁看都不看，只管锄地，而华歆把它捡起来，看了看才扔掉。因为这件事，人们判断管宁的人格高尚、品德良好。

管宁所处的东汉末年，兵荒马乱，人们四处逃亡。平川（今辽宁省）州长公孙度广受天下称颂，管宁、邴原、王烈等有才学、不做官、口碑好的人士，纷纷投奔公孙度。司马光写道：逃奔到平川的人士，都住在郡城（今辽宁省辽阳市），只有管宁单独住在郡城的北方，那里荒无人烟，无人居住。管宁在那里读书、耕作一个来月后，很多人都跟着去北方居住，那里便成了村庄。司马光这么写，无非是要说明，管宁人格高尚，超凡入俗，对人有极大的吸引力。

王烈

与管宁同时投奔公孙度的王烈，心胸开阔，以高贵廉洁的节操，闻名于世。司马光写道：有人偷了一头牛，被牛的主人抓住，偷牛贼请求说："随便你是杀是剐，就是千万别让王烈知道。"那时王烈尚在家乡，听说后，派人给偷牛贼送去六丈布。有人问他为什么送布，王烈说："他害怕我听到他的过失，说明他仍有羞耻之心。只要有羞耻之心，便可能生出善心。我送给他布，是鼓励他去恶从善。"

接下来的故事是：有个老汉把佩剑遗失在路上，一个路过的人看到后，便守在一旁不走。黄昏时，老汉回来找剑，那个路人就让老汉取走了。老汉大为惊奇，把这事告诉了王烈。王烈着人去找这个人，竟然是从前那个偷牛贼。

司马光写道：民间发生争执的，请王烈说和，有的人走到半路便回去了，有的人已经走到王烈家门口，也不再往前走了。发生争执的双方，认为对方是对的，不希望王烈知道他们有过争执。

……

以上这些感人的小事，却发生在东汉末期。对照各路军阀对天下的涂炭，再看蔡邕、刘虞、管宁、王烈等人的所作所为，是不是感觉在那么一个混乱污浊的时代，仍有一股清风迎面吹来，让人神清气爽、畅快欣慰！

这，就是中华民族历史的苦难辉煌！

第五章 历史的与演义的三国英雄

有英雄，就有演义；有演义，就有精彩……

但演义的精彩，虽源于历史，却与历史的精彩比起来，要逊色许多……

即使如此，我们也应感谢罗贯中，是他的《三国演义》，给华夏子孙提供了另一个领悟三国的视角……

历史的与演义的三国

从公元前202年刘邦建立汉朝，到公元190年董卓把刘协扶上帝位，汉王朝已经名存实亡了。但它作为一个王朝的正统符号，存续在整个三国时期。罗贯中所著《三国演义》中的英雄人物，在真实的历史中，几乎都是东汉王朝任命的官员。所不同的是，很多官员的任用，无须皇帝颁发诏命，各路诸侯“表”一下即可。所谓“表”，就是州长、郡长给朝廷发个函，说我任命谁谁当什么官了，也就是告知一声，便算作朝廷的任命了。这虽然表明东汉王朝已经名存实亡了，但也从一个侧面说明，汉王朝作为全社会的正统符号，从官员到民众都是认可的。从袁绍控制皇帝、董卓控制皇帝、李傕等人控制皇帝，到曹操“挟天子以令诸侯”，他们完全有能力一脚把皇帝踢开，自己穿上龙袍，坐上御椅。可为什么他们不这么做呢？害怕天下诸侯群起讨伐，无疑是一个重要原因。但更重要的原因，还是觉得自己当皇帝缺乏正统性。

就说曹丕吧，他由魏王改穿黄袍，也是做足了正统功课的。公元220年，东汉献帝刘协把皇帝的御玺、龙袍、诏书等送给曹丕，曹丕则不肯接受，刘协连送了三次，曹丕才“不得已”接受，正式称帝。这一套你给我不要的反复表演，所要向天下宣示的是：东汉王朝最后一任皇帝，是心甘情愿地把帝位“禅让”给曹丕的，而不是曹丕抢夺的，以此说明，曹丕这个魏皇帝是正统皇帝。似乎仅此还不够，还得从祖宗八辈的“根”上挖掘曹丕称帝的正统性。于是便有官员上书，说曹魏继承的是舜帝和禹帝正统，上应天时，下顺万民。瞧瞧吧，他曹丕这个魏皇帝，老祖宗是舜帝、禹帝，是有帝王正统传承的。

以上所说，便是三国真实的历史正统之说。

再看演义的三国正统之说。

《三国演义》的架构是，蜀汉为正统，曹魏为叛逆，东吴为配角，类似于主角、反派、配角的文学架构。这一架构，决定了它挺蜀汉——刘备，贬曹魏——曹操，穿插东吴——孙权，以此作为历史的和演义的文学故事情节切换。

历史的三国与演义的三国，是两个不同版本的三国。我们不禁赞叹，罗贯中是个伟大的文学艺术大师，他创作的《三国演义》，源于历史三国的真实版本，以正统与否作为三国的分野，用诸多生动、夸张、形象的虚构故事，把真实的三国历史、三国人物、三国事件，按照演义的时空错位需要，文学化地串联起来，以致不读《三国志》《后汉书》《资治通鉴》等历史原著的人，大都把演义的三国当作历史的三国，把被演义拔高、矮化、丑化的历史人物的所作所为，当作历史三国的真实人物的所作所为，从而引发后人对文学化了的英雄人物的崇敬，对历史上真正的英雄人物的丑化、矮化和厌恶。

毫无疑问，罗贯中在《三国演义》中所力挺的蜀国刘备正统，必然对历史的三国进行误导！但话得说回来，这不能看作是罗贯中恶搞！真实的历史那么枯燥，罗贯中用文学化的创作，循着历史的真实脉络，把各种历史人物“演义”出来，奉献给大众，让读者享受“演义”的有趣、生动、精彩，本就是一个伟大的贡献！

我写此文，并非拨“误”反正，而是给读者提供多一点儿领悟三国的视角。

历史的与演义的曹操

曹操，安徽省亳州市人，其父叫曹崇，是宦官曹腾的养子。曹腾是汉灵帝刘宏时的寝殿侍奉宦官。刘宏这个昏君，认宦官为爹，纵容宦官操弄朝纲、为非作歹，激起天下愤慨。刘宏死后，宦官集团扶上了质帝刘缵。刘缵被“跋扈将军”梁冀毒杀后，推荐桓帝刘志接任帝位的，便是曹腾。刘志是促使东汉王朝加速衰亡的恶首，就是他一口气给五个宦官封侯，使得宦官为害天下，达到登峰造极的程度。人们厌恶宦官、鄙视宦官，曹操作为宦官曹腾的孙子，是无论如何都叫人喜欢不起来的。罗贯中是皇权正统性的坚定捍卫者，顺应“人心思汉”的大势，用《三国演义》的文学虚构，对宦官之孙曹操进行抹黑、丑化，是顺理成章的。

其实，历史的曹操与演义的曹操，是大不同的。

历史的曹操，二十岁时被推举为“孝廉”，踏上为官之道。当时社会上流行看相，从一个人的容貌推测其能力、性格和人生运势。曹操进入官场后，与其打过交道的人，都认为他有大才，能成大事。曹操不知自己是否能成大事，于是找当时名气最大的许劭看相。许劭和他的堂兄许靖，搞了个“汝南月旦评”，即每月的第一天确定一个主题，对天下名士和各种社会传闻，包括一些被提拔重用的人物进行品评，在社会上造成了很大影响。可许劭不愿给曹操看相，在反复要求下，许劭扫了曹操一眼，说曹操是“治世之能臣，乱世之奸雄”。

看相很有名气的许劭，也许是没有认真给曹操看，也许是真的看不出来，所以不好不坏地说了曹操一句“治世之能臣，乱世之奸雄”的话。可能正是许劭的这句话，给了罗贯中创作《三国演义》的灵感，把曹操当作“乱世之奸雄”来描写。

从“孝廉”出发踏上为官之道的曹操，找到东汉王朝主管官吏事务的宫廷秘书处主任梁鹄，提出想去当洛阳县长。梁鹄一口拒绝，任命曹操当洛阳县北部尉，相当于该县的警察局长。董卓“挟天子以令诸侯”后，梁鹄跑了，跑到了荆州州长刘表的麾下。公元208年，荆州落入曹操之手，梁鹄被吓得魂飞魄散，只好自缚双手，前去向曹操投降、请罪。曹操笑着解开梁鹄的绳索，命他管理皇家图书。

早在公元170年左右，河北平乡人张角创立“太平教”，用法术咒语教授门徒，在给人看病时，叫病人跪着，说出并反省自己的过失，然后喝下张角念过咒的符水，据说很灵验，传播范围很广，十多年间，信徒超过数十万人。五斗米是作为治病的报酬，病治好了，就送五斗米给张角。到了公元184年，汉灵帝刘宏下令诛杀太平教徒，教主张角随即发起暴动。张角自称天公将军，他的两个弟弟张宝、张梁自称地公将军，以“苍天已死，黄天当立，岁在甲子，天下大吉”为口号，鼓动数十万信徒头裹黄巾，号称“黄巾军”，在各地攻打官府，烧杀抢掠。东汉朝廷不得不派出多路大军征剿。

于是，在罗贯中的笔下，《三国演义》的主角曹操、刘备、孙坚等悉数登场。

历史的曹操，是在征剿黄巾军中显露头角的。他最先是援助左中郎将皇甫崇，向被围在河南长葛的黄巾军发起攻击，大获全胜，被东汉朝廷提拔为骑兵指挥官。在董卓废少帝、当宰相，露出凶残杀机后，同在朝廷为官的曹操改名换姓，抄乡间小路逃跑了，跑到了河南延津。这时的曹操兵员很少，势单力薄，只能跟在讨伐董卓的盟主袁绍屁股后面跑。可能也是急于建功、扩充势力，在讨董大军都不敢率先发起攻击时，曹操单独率军西上，没走多远，便与董卓派出的凉州兵团发生遭遇战，曹操战败，被流箭射伤，只好退回延津。箭伤稍有好转后，曹操便前往扬州募兵，招了一千余人，回到河南武陟驻屯。此时的东汉天下，虽推举出了袁绍当讨伐董卓的盟主，但各路诸侯各有私利盘算，打着讨董的旗号，大肆抢夺地盘。曹操也是如此，他在济北国（今山东省济南市长清区）宰相鲍信的操作下，当上了东郡郡长，后又当上了兖州刺史，兖州的部队就归曹操统领了。兖州兵少，战斗力不强，曹操便强化训练，严格赏罚，终于在与黄巾军的会战中大获全胜。可推举他当郡长、刺史的鲍信，却在混战中死了，曹操于是悬赏寻找鲍信的尸体，没有找到，便雕刻一个鲍信的木像安葬。入土的那天，曹操亲自主持祭奠，放声大哭。

公元192年，是曹操的转折之年。这一年，曹操率军追击黄巾军，追到山东长清后，三十余万黄巾军全部投降。曹操从中遴选精锐，组建了一支兵员来自山东半岛的青州兵团。兵强马壮的曹操，从此站到了历史舞台，与刘备、孙权争夺天下，展示了军事、政治、文学等诸多方面的智慧和才华。

下面，按照司马光的笔端走向，记载一些在我看来能体现曹操智慧、大度、容人、听劝、惜才的故事，这些都是司马光笔下真实的历史，让读者朋友去认识一下历史的曹操。

公元196年，曹操派他的堂弟、扬武禁卫指挥官曹洪率军西上，把汉献帝刘协迎到洛阳，后安置在许昌建都，开始“挟天子以令诸侯”。曹操任大将军，冀州州长袁绍任太尉。袁绍不干，他是天下讨伐董卓的盟主，过去就比曹操官职高，现在却屈居在曹操之下，觉得面子上不好看。曹操则把大将军让给袁绍，自己任司空，代理车骑将军。分析看，此时的曹操羽翼尚不丰满，不愿与实际控制山东半岛、山西和河北北部的袁绍闹翻……

因天下长时间战乱，人民颠沛流离，苦不堪言，大批农田荒芜。驻屯在冀州的袁绍大军，征不到粮食，也没处去抢，军队只好采桑葚充饥；驻屯在长江、淮河间的袁术大军，不得不靠挖田螺充饥。老百姓就更苦了，相互残杀煮食。曹操也遇到粮食极度匮乏的问题，他想出的办法是，派军队在首都许县周边屯耕，招募流民，把无主和荒废的土地分给他们耕种，还向他们提供耕牛、农具和种子。史载，第一年就收获粮食一百万斛。曹操于是推广这一做法，之后很多州郡仓库全满，为曹操四处征战提供了可靠的粮食供应保障。关键是，不用征用或抢夺民众的粮食了，民众对曹操的做法很是欢迎……

孔子的第二十代孙孔融，任北海郡长（今山东省昌乐县）。孔融极其聪明，小时候去拜会一位名叫李膺的名士，一见面便说："我和你可是世交。"李膺不知怎么回事，孔融说："我家祖先孔子和你家祖先老子（姓李），从前是师兄弟关系。"李膺赞叹不已，逢人便夸赞孔融。但在司马光的笔下，孔融自负才高名重，高谈阔论，谈吐优雅，但志大才疏，只会大言不惭，却又漏洞百出，自己说的自己都做不到。黄巾军进攻北海郡，孔融率军迎敌，战败后撤到昌邑，兵弱粮乏，孤立在一个角落。青州刺史袁谭进攻孔融，战斗从春天打到夏天，打得孔融只剩几百人了，形势非常严峻，流箭四飞。可孔融仍伏在桌案前读书，有说有笑，像啥事都没有一样。最后昌邑城攻破，孔融的妻儿被袁谭俘获，孔融仓皇逃跑，跑到了昌邑的山里。曹操知道孔融是孔老夫子的后裔，特地把他征召到东汉朝廷，担任工程总监……

山东平原人祢衡，自幼才华出众，能言善辩，但非常自负，盛气凌人。工程总监孔融欣赏祢衡，把他推荐给曹操。祢衡第一次面见曹操，没有一句客套话，而是对曹操破口辱骂，气得曹操当时就想把他杀了。是啊！此时的曹操，可以傲视天下了，杀死与自己前世无怨、今世无仇，第一次见面就辱骂自己，连起码的礼节都没有的祢衡，真的就像捏死一只小麻雀一样。但曹操没有杀他，而是叫孔融把祢衡送给了荆州州长刘表。曹操知道，刘表喜欢这种又酸又硬的儒士……

公元197年，曹操率军讨伐建忠将军张绣，大军推进到河南南阳时，张绣全军投降。曹操与张绣叔叔的遗孀私通，张绣不能忍受，奋起反击，不仅曹操大败，被流箭射伤，而且曹操的长子曹昂被张绣诛杀。两年后，走投无路的张绣再降曹操。两年前的这段往事，张绣在向曹操投降时会忘了吗？曹操会忘了吗？可以肯定的是，张绣不会这么健忘，曹操一见张绣便会想起自己被杀的儿子来。这在常人看来，张绣向曹操投降，是送上门去找死，曹操将毫不犹豫地把他杀掉。可司马光的记述告诉我们，曹操不仅没有杀张绣，而且还厚待张绣，并委以重用……

司马光还写道，就是在张绣把曹操打得溃不成军的反击中，曹操的部队争先恐后，自顾逃命，相互阻塞踩踏，死伤很多，唯有平虏指挥官于禁的军队有条不紊地撤退。曹操手下的青州兵团官兵，边逃跑边抢劫，于禁严厉制止，并诛杀带头抢劫的官兵。退到营地后，于禁立即构筑营垒，而不是去晋见曹操。有人提醒于禁，说他杀青州兵而不报告，将遭曹操报复。结果是，曹操没有对于禁进行报复，而是表扬于禁做得很对，并对于禁给予提携……

公元197年，右将军袁术在寿春登基，自称“仲家皇帝”。曹操率军东征袁术，奏报献帝刘协诏准，逮捕与袁术有姻亲关系的前任太尉杨彪。孔融来不及穿官服，立马去见曹操，劝曹操不能把袁术的罪强加到杨彪头上。曹操觉得有道理，特命与杨彪早有交情的许县县长满宠审理杨彪。孔融和尚书令荀彧告诫满宠：“只问口供，不可苦刑拷打。”满宠也想帮杨彪，可他帮的做法是，毫不手软地对杨彪苦刑拷打，打完后报告曹操：“怎么拷打，杨彪都不改口供。”曹操当即下令释放杨彪。其实，命与杨彪早就建立交情的满宠去审，曹操不杀杨彪的意图，也就表明了……

吕布刺杀义父董卓后，两度投靠袁术。公元198年，曹操决定进攻吕布，遭所有部将一致反对。曹操的大军一动，泰安的民变首领臧霸、孙观等多路人马全都归附吕布。曹操的智囊陈宫也投靠吕布，并劝他对曹军迎头痛击，吕布不听，说是要等曹操送上门来，再将其赶到泗水全部淹死。可吕布亲自策马迎战曹操的第一战，即大败而归，只好退守城堡，不再出战。曹操于是给吕布写信，劝他投降，智囊陈宫反对吕布投降，并提议吕布率步骑大军驻屯城外，由他驻守城内坚守。吕布对陈宫驻守城内不放心，便向袁术求救。袁术提出的条件是：吕布必须先把女儿给他送去为妾。吕布于是用锦缎把女儿包裹起来，绑到马上送出城，但被围城的曹军阻止。河内（今河南省武陟县）郡长张扬，与吕布交情很深，率军支援吕布，被部下杨丑杀了，以响应曹操。张扬的另一部下眭固，却把杨丑杀了，投降袁绍。这时曹操把吕布围得水泄不通，援军等不来，吕布只好投降。吕布、陈宫、高顺等人被曹操下令诛杀。

陈宫是曹操的老部下，也是好朋友，还是智囊，曹操当兖州刺史，便是陈宫找人做工作、说好话当上的。曹操与陈宫曾常睡在一张床上，彻夜谈天说地。但在曹操率军对徐州州长陶谦发起进攻时，陈宫背叛曹操，秘密迎接吕布任兖州州长，并率军与吕布一起对曹军坚守的东阿（今山东省阳谷县）发起进攻，把曹操打得大败而逃。吕布手下一个骑兵军官，抓住逃跑的曹操，问："曹操在哪里？"曹操说："骑黄马逃走的那个人，就是曹操。"曹操因此逃过一劫，可他的大本营兖州因为好友陈宫的背叛而丢掉了。

曹操在杀陈宫之前，问他对老母如何安排，又问他对妻子儿女如何安排。陈宫回答说："母亲生死存亡，在你不在我。""妻子儿女生死存亡，在你不在我。”史载，陈宫被杀后，曹操找到陈宫的母亲，奉养终生，并送陈宫的女儿出嫁，照顾陈宫的家人。

协助吕布攻击曹操的民变首领臧霸，失败后也逃了。曹操悬赏将其捉拿后，没有杀他，而是命他将逃亡的其他民变首领找来，归附曹操。曹操在兖州当州长时手下的两个将领，一个叫徐翕，一个叫毛晖，陈宫背叛时，徐、毛二人跟着背叛。兖州平定后，徐、毛二人被臧霸保护起来。曹操知道后，令臧霸交出这二人的人头。臧霸很讲义气，不杀患难中的朋友，并托人给曹操传话，曹操认可臧霸的做法，不仅没有追究，而且还在后来任命徐翕、毛晖当郡长……

曹操当兖州刺史时，推举一个叫魏种的人当“孝廉”。陈宫等人发起兖州背叛时，曹操说，只有魏种不会背叛他。没想到，魏种连招呼都没打，早早逃亡了。曹操非常生气，恨恨地说：“魏种除非跑到南越、北胡，否则我饶不了他！”结果在攻陷射犬（今河南省沁阳市）后，魏种被活捉了。押解他见曹操时，曹操亲自给他解开绳索，后任命魏种为河内郡长，负责黄河以北事务管理……

在“挟天子以令诸侯”的大局谋划上，曹操高人一筹。公元195年，实际控制朝政的凉州兵团首领李傕、郭汜等人，只顾争权内斗，放跑了献帝刘协。当他们想起来该把当朝皇帝抓到手上时，刘协渡黄河走了。有人建议冀州州长袁绍，把皇帝抓到手里“令诸侯”，袁绍觉得皇帝在身边碍事，对自己多有制约而拒绝。兖州州长曹操则迅速派堂弟曹洪率军西上，把皇帝刘协迎回，定都许昌。虽然天下诸侯都不把皇帝当回事了，但毕竟刘姓皇帝是人们心目中的正统符号，把自己的想法、要求通过皇帝的诏令发布，既是一条正规渠道，又比较容易达到目的。魏、蜀、吴三国争霸天下，曹魏笑到最后，“挟天子以令诸侯”是最主要的成功要诀！

公元200年，历史上著名的官渡之战打响。曹操打败刘备兵团，攻陷下邳（今江苏省睢宁县北），俘获关羽，刘备溃败后投靠袁绍。袁绍即派大将颜良，攻击曹操东郡的白马（今河南省滑县），曹操急忙北上救援，直扑白马。距白马十余里，曹军与颜良军队决战。曹操俘获关羽后，对他推心置腹，格外礼敬。曹操打的主意是，叫关羽留在自己手下为将，因而不对关羽施加任何限制，在率军救援白马时，带上了关羽。关羽本就是响当当的英雄，他也有意在曹操面前展示英雄风采，因而当他看到颜良的元帅大旗后，策马冲锋，长驱直入，在万军之中刺死颜良，砍下人头，拍马回阵。关羽大展英雄本色，独自上演了一场万军之中取敌酋首级的英雄大戏。曹操知道关羽特别重义，终会回到刘备身边，尤其在关羽斩杀颜良后，曹操知道关羽很快就会走了，便加重赏赐。关羽把曹操的封赏全部封存，留下拜别信就走了。曹操的左右提议追杀，曹操说："人，各为其主，不要追他。"

许攸是袁绍的智囊，因家人犯法被捕而投奔曹操，为曹操在官渡之战中大获全胜贡献了重要智谋。

听说许攸驾到，曹操来不及穿鞋，光着脚跑出来迎接，并进行了下面这段对话。

许攸："袁绍军力强大，你有什么办法？而今，你还有多少存粮？"

曹操："还可支持一年。"

许攸："胡说八道，再说一次！"

曹操："还可支持半年。"

许攸："你不想击败袁绍了，怎么总是撒谎？"

曹操："刚才是开玩笑，老实说，存粮勉强可支持一个月，怎么办？"

许攸："你一支孤军困守此地，外无援兵，内无粮草，正是危难之时。袁绍的辎重车队万余辆，屯在故市、乌巢，戒备并不严密，如用轻装精兵发动突袭，放火烧粮，不出三日，袁绍军队就会崩溃。”

曹操听计，大胜。

曹操打败袁绍后，在袁绍大营的档案里，发现东汉朝廷的若干官员、他手下的若干将领写给袁绍的效忠信。可以想见，信中不乏对“挟天子以令诸侯”的曹操的丑化、辱骂和揭露，曹操下令将这些效忠信，当着这些官员和将领的面全部烧毁。他说：“面对袁绍的强大，连我自己都不敢相信可以保全，何况他人呢？”

此战之后，曹操最强大的对手袁绍，退出了三国天下的历史舞台。

下面，再看赤壁之战。

真实的历史是这样的：公元208年，荆州州长刘表逝世。刘表有两个儿子，长子刘琦，次子刘琮，刘表把州长之位传给次子刘琮继承，引起长子刘琦不满，率军向刘琮发起进攻。恰逢曹操大军南下，准备进攻荆州，刘琮便投降曹操。曹操不战而得荆州，军威大振，于是打算趁机讨伐孙权的东吴。借住在刘表手下的刘备，得知刘琮投降曹操后，率军南逃，曹军紧追，慌乱中刘备抛弃妻儿，在诸葛亮、张飞、赵云的护卫下，随数十名骑兵逃亡。张飞率二十余名骑兵为后卫，在沮河（今湖北省当阳市北）拆毁桥梁，对追上来的曹军大吼：“我是张飞，有胆的上来，决一死战！”吓得曹军没有人敢向前一步。赵云则在乱战中救出刘备的儿子刘禅归来。刘备率残军与关羽的船队会合，抵达夏口（今湖北省武汉市），打算投奔苍梧（今广西壮族自治区梧州市）的老友吴巨。恰在这时，东吴的智囊鲁肃找到刘备，劝他与孙权联手抗曹。于是，刘备、诸葛亮、孙权、鲁肃、周瑜等人站在长江的南岸，与站在长江北岸的曹操，上演了赤壁大战的历史大戏。

曹操率领的官兵大都是北方人，到了潮湿的南方很不适应，军中还发生了瘟疫。曹军官兵不习水战，一上船就发晕，曹操便把准备渡江作战的舰船用铁链相连，首尾相接。周瑜的部将黄盖，建议火攻，并诈降于曹操。黄盖率舰船十艘，满载干芦草和木柴，用篷布包裹，举着降旗向曹营开去（舰船后面有小快艇推着）。恰逢老天帮忙，东南风正急，舰船行驶很快。曹军官兵看到后，拥到甲板上看热闹，指指点点，欢声一片。黄盖的舰船与曹军舰船将要接近时，同时点火，风助火势，十艘舰船同时冲入曹军连片的舰船。刹那间，曹军的舰船一片火海，并燃烧到岸上曹军的营寨，曹军一片哀号，烧死、坠江淹死的不计其数。曹操率残兵从华容（在今湖北省监利市）向西逃走。

以上讲的是赤壁之战的真实历史。演义的历史，基本遵循了这一史实，但罗贯中妙笔生花，创作的故事情节精彩、灵动。

因为《三国演义》很多人耳熟能详，故对演义的情节不展开说了，只点到为止。

罗贯中围绕赤壁之战，创作了许多精彩的故事，如黄盖诈降甘受“苦肉计”的故事，是改编的；庞统诱骗曹操锁舰船巧设“连环计”的故事，是创作的；诸葛亮南屏山筑台祭东南风的故事，是创作的；曹操败走华容、关羽放走曹操的故事，是改编和创作的；等等。罗贯中还用创作把周瑜与诸葛亮明里暗里的斗智故事穿插其中，使得罗贯中笔下的这些故事，跌宕起伏、引人入胜。

公元211年，曹操平定关中，演义里也编了一段十分精彩的情节。写的是，曹操在潼关大败而逃，后面紧追不舍的马超大喊：“穿红袍的是曹操！”曹操立即脱下红袍；马超又大喊：“长髯者是曹操！”曹操急忙用刀把胡子割掉；马超还大喊：“短髯者是曹操！”曹操赶紧扯下旗角包着头逃跑。历史的真相是，曹操在平定关中的战役中，连战连捷，打得马超先是投降张鲁，后又投降刘备。

在我看来，在曹操收复关中的战斗中，司马光的记载比罗贯中虚构的故事更精彩！

下面我们来看看。

甘肃凉州一带有十多个地方军阀，如马超、韩遂、张横等，其中五斗米教第三代天师张鲁，割据汉中二十多年。公元211年，曹操决定攻取汉中。这在常人看来，无疑是一着险棋，将迫使汉中一带的军阀，团结起来对抗曹军。因为这个原因，朝中很多战将臣僚劝阻反对，曹操不听。同年七月，曹操亲率大军攻击关中军力最强大的马超，双方军队隔着关隘扎营。曹操在不断派军对马超施加压力的同时，派四千人马渡过黄河，在西岸建立营地。同年闰八月，曹操率大军横渡黄河，他先让官兵乘船渡过，自己留一百余名卫士断后。马超抓住这一机会，率一万多官兵发起猛攻。司马光的记述是：箭如雨下，而曹操仍坐在小凳上一动不动。许褚扶曹操上船，水手被流箭射死。许褚左手拿着马鞍护着曹操，右手执蒿刺岸，使船驶入中流。曹操渡过黄河之后，立马又渡黄河返回，并沿黄河两边修筑夹道，率军向南推进。这一来把马超搞晕了，他弄不清曹操的意图，待他发现自己腹背受敌后，只好放弃潼关，撤到渭水之南。马超也是三国天下的名将，他在反复权衡之后，决定与曹操和解。

曹操拒绝，他有事关全局的更大谋划。

曹操的这一谋划，在攻取汉中后说清了。司马光写道：曹操率军前来攻取汉中之初，看到关中叛军各个部队将领率军抵达，曹操便露出掩饰不住的喜悦。

各路军阀前来围攻曹军，曹操为什么高兴呢？曹操说："关中土地辽阔，道路遥远，叛乱者如果各自留在他们的根据地，我们必须一一击破，没有一两年时间不可能平定。而今集中在一起，人数虽多，却谁也不服谁，大军没有权威统帅，一战就可破敌。从来没有一场战役这么容易取得胜利，所以心里高兴。”

而曹操拒绝与马超的和解，这又是为什么呢？

因为马超打的和解主意，是那种仍然占据一大片土地、搞军阀独立王国的和解，不符合曹操攻取汉中的战略意图。

拒绝马超后，曹操继续对马超进行军事施压，马超顶不住了，提出献出土地，并送儿子到东汉朝廷充当人质，这时曹操才假装同意。

曹操假装又是为什么呢？

因为另一个军阀韩遂，尚没有拿定主意，与马超联手攻击曹操的可能性很大，曹操必须切断他们的联手。

司马光写道：听说马超向曹操投降后，另一个实力强大的军阀韩遂，主动请求与曹操见面。曹操与韩遂的父亲是同一年被推举为孝廉的，他俩早就认识，是老朋友。曹操和韩遂骑马来到两军对峙的阵前，没有护卫，没有随从，一见面便在马背上抱拳问候，一句不说两军对峙的军事问题，谈的都是家长里短以及当年在洛阳的旧相识、老朋友。谈了很久，谈到高兴处，他们还击掌大笑。看到双方的统帅相谈甚欢，双方对峙的汉人和胡族士兵围了上来。曹操意气风发，威风凛凛，气势如虹，他笑着对大家说：“你们要看曹操是不是？我就是你们要看的这个人，没有四只眼睛两张嘴，只不过智谋多一点儿。”会见完后，曹操与韩遂各自返回军营。

有一个人在密切关注着曹操与韩遂的会见，这个人就是马超。韩遂一回到军营，马超就到了，问谈些什么。韩遂实话实说，说没谈什么。马超信吗？你俩谈了那么久，谈得击掌大笑，能没谈什么吗？正在马超疑虑不定之际，曹操写给韩遂的信落入马超之手。信上涂抹圈点很多，在马超看来，这是韩遂故意改的。如此一来，马超对韩遂的疑心进一步加重，二人互不信任，也就不存在配合作战的可能了。这时曹操发出命令，向马超和韩遂的军队同时发起进攻，而马超和韩遂互不信任，各自与曹军单打独斗。

结果是，凉州各路军阀全被击溃，马超、韩遂逃回凉州，关中全部收复。

历史的曹操与演义的曹操，在历史事件的交际点上是吻合的，所不同的是，罗贯中借由历史事件的交际，舍弃历史的时间节点限制，切换并创作了许多精彩的故事情节，对曹操进行丑化、抹黑。

其实，历史是丑化、抹黑不了的。

下面，让我们读读司马光在《资治通鉴》中记载的曹操文告，即《让县自明本志令》：

> 我最初被保荐当孝廉，自知不是身藏深山的名士，也害怕世人把我当成凡夫俗子。为推广教化，争取名声荣誉，所以在济南国时，铲除贪官、清除污秽，公平正直地选拔人才，因而受到豪门强族的愤恨。深恐招来杀身毁家之祸，故声称有病，辞官回乡。那时年纪还轻，就在谯县东五十里，兴建书房别墅，打算秋夏两季读书，冬春两季打猎，预期二十年，等到天下太平再出来做官。然而却不能如愿，又受到朝廷征召，担任典军指挥官，一心为国家讨伐盗贼，建立功勋，只盼望死后墓碑上，刻上“汉王朝故征西将军曹操之墓”。生平大志，不过如此。想不到不久又发生董卓之难，我遂兴起义军，后兼任兖州刺史，击破黄巾军三十万人，接着讨伐袁术，迫使袁术走投无路而死；讨伐袁绍，砍下他两个儿子的人头；再平定刘表，全国统一。
>
> 我身为宰相，作为人臣，尊贵已到顶点，远超过昔日的愿望。假设国家没有我，不知几人称帝，几人称王。也许有些人看到我力量日渐强盛，而我又素不相信天命，因之随意

猜测，认为我可能有篡夺汉王朝政权之意，每当想到这点，我便耿耿于怀。所以今天特别向各位说明本意，全是肺腑之言。然而，如果打算要求我放弃军队，回到我的采邑武平侯国，则绝不可能。为什么？是因为我担心一旦离开军队，就会被人谋害。一方面为子孙打算，一方面也考虑到，我如果失败，国家会立即陷于险境。所以，我绝不会为了一个虚名，而去接受实祸。

不过，我的侯爵采邑面积有四个县之多，达三万户人家，我岂有品德消受！天下仍不平静，官位不可辞让，至于采邑封土则可以拒绝。现在，我向朝廷交回夏阳、柘县、苦县三县，及两万户人家，只保留武平一万户人家，以减轻对我的诽谤议论，减轻我所承受的压力。

无须再说什么了，读者朋友们自己领悟吧！

历史的与演义的刘备

曹魏、蜀汉、东吴三国争鼎，《三国演义》力挺的皇帝正统蜀汉刘备，是汉景帝刘启的后裔，契合“人心思汉”的社会思潮，因而罗贯中在《三国演义》中创作的最精彩、最生动的故事，大都与蜀国有关。

司马光写道：刘备是中山靖王刘胜的后裔，刘胜是汉景帝刘启之子，刘启是史称“文景之治”的著名皇帝之一。倒是本人有点儿疑惑，中山靖王刘胜后宫嫔妃成群，给他生了一百二十多个孩子。从公元前1世纪算下来，到刘备登上三国舞台时，刘胜这一百二十多个孩子的子子孙孙，当有四五万人了。可刘备在与曹操、孙权及袁绍等人争夺天下的过程中，却显得格外孤单。也就是说，在司马光的《资治通鉴》中，除了写到荆州州长刘表、益州州长刘璋等少数几个与刘备同是汉室后裔外，几乎没有见到刘备同姓血脉中的兄弟、堂兄弟，甚至表兄弟出面助他一臂之力，缺少这方面的同盟军，对刘备这个汉室后裔的真假，也感到疑惑。

司马光笔下的刘备，幼年丧父，家境贫苦，跟母亲靠贩卖草鞋糊口；身高七尺五寸，双手下垂时能超过膝盖；耳朵很大，连自己都可以看得见；从小就有大志，不多说话，喜怒不形于色。而《三国志》《典略》等著作中的刘备，则是天性厌恶学习，热衷斗犬、赛马，喜爱音乐，喜好穿着打扮，是个花花公子。但史籍都一致认为，刘备重义气，有人望，手下常跟着一帮年轻人。在这帮年轻人中，有山西夏县的关羽、河北涿州的张飞，刘备跟这二人感情笃深，常常同榻而睡。刘备走到哪里，关羽、张飞跟到哪里，站到刘备两边。依据这些历史线索，罗贯中创作了刘、关、张桃园三结义的故事，把三人义薄云天、志同道合的英雄气概刻画得栩栩如生、生动感人。

史载，刘备是在幽州参加镇压民变叛乱，才在历史上露面的，战斗中，刘备负伤，靠装死逃过一劫。司马光写道：刘备跟公孙瓒是好友，两人同是卢植的学生，公孙瓒在征伐黄巾军的战斗中，率两万人击溃黄巾军三十余万人，因而威名大振。刘备先是在高唐县做县令，黄巾军攻打高唐县，刘备兵败出逃，逃到了公孙瓒手下，做平原国（今山东省平原县）国相。徐州州长陶谦受曹操重创，刘备率军救援，投靠了陶谦。陶谦向东汉政府推荐，也就是“表”一下，任命刘备当豫州（今豫东、皖北一带）督导官。陶谦去世后，刘备当上了徐州州长。这是刘备一生中的重大转折点，他从此披上了像样的官服，但仍走在四处流落的路上。

我们浓缩一下来看刘备。刘备先是被吕布打败，转而投靠曹操；后与曹操反目，转而投靠袁绍；眼看袁绍要败给曹操，转而投靠荆州刘表；荆州军情告急，转而投靠孙权；赤壁大战后刘备暂据荆州，因孙权不愿荆州落在刘备手里，刘备自度打不过孙权，只好往西走，从刘璋手里夺取了成都。至此，刘备的流亡之路才停歇下来。

罗贯中的《三国演义》，力挺的是汉室正统刘备，因而绝不能按照真实的历史，把他放在流亡之路上东投西靠。那时的刘备尚无名气，袁绍、曹操、袁术等风云人物都不认识他刘备，更不要说关羽、张飞了。在袁绍率十八路大军讨伐董卓的大戏中，罗贯中的《三国演义》让刘备、关羽、张飞闪亮登场。

大戏的开场是，关羽斩华雄。华东猛虎孙坚挑战董卓大军，被吕布手下战将华雄打败；袁术手下的骁将俞涉再战，三个回合便被华雄砍了脑袋；太守韩馥手下的猛将潘凤再战，不多时又被华雄斩了。就在袁绍忧虑无将可用时，“身长九尺，髯长二尺，丹凤眼，卧蚕眉，面如重枣，声如洪钟”的关羽站出来请战。当袁绍得知他是刘备手下的马弓手后，觉得派个马弓手出战丢人，袁术还令人将关羽打出议事厅，经曹操做工作后，袁绍才勉强同意让关羽去试试。正当大家不抱希望而等待时，关羽提着华雄的头回来了。

大戏的中场是，吕布显威风。吕布“头戴三叉束发紫金冠，体挂四川红锦百花袍，身披兽面吞头连环铠，腰系勒甲玲珑狮蛮带，弓箭随身，手持画戟，坐下嘶风赤兔马”。第一战，吕布把河内名将方悦一戟刺于马下；第二战，吕布把上党名将穆顺一戟刺于马下；第三战，吕布把北海太守孔融的爱将武安国一戟砍断手腕；第四战，吕布把名将公孙瓒打得快马逃跑，吕布的画戟向公孙瓒的后心刺去时，被人大喝一声拦住了。

大戏的结束是，“三英战吕布”。阻止吕布杀公孙瓒的是张飞，他与吕布大战五十余回合不分胜负；关羽提着八十二斤的青龙偃月刀，拍马杀入，与张飞合力，又与吕布战了三十余回合，仍未分出胜负；刘备挥舞双剑杀入，“三英战吕布”，吕布招架不住，荡开阵脚，倒拖画戟，飞马逃出。

罗贯中的《三国演义》，就这样让刘备、关羽、张飞，高高地站立在三国天下的英雄舞台。

我们还是回到司马光的《资治通鉴》，截取刘备流亡的几个关键点，看看历史的刘备吧！

公元196年，曹操开始“挟天子以令诸侯”。右将军袁术为防备徐州州长吕布，提议儿子娶吕布的女儿，双方结为儿女亲家，吕布同意。婚约缔结后，袁术派大将军纪灵，率三万人马攻击驻屯在江苏沛县的刘备，刘备便急忙向吕布求救，吕布派一千余人往沛县一住，纪灵便停止攻击。吕布于是出面做刘备和纪灵的调解工作，他对纪灵说：“刘备是我的老弟，受你们进攻，我不得不出手。我天性不喜欢战斗，只喜欢解斗。”说罢命人把铁戟竖在营门，拉满了弓对纪灵和刘备说：“我如果射中戟头旁支，你们就和解，如果没射中，则任由你们厮杀。”戟有两个枪尖，主枪尖一侧还有一个小一点儿的枪尖。只听吕布“嗖”地一箭射去，正中戟头旁支，把在场的所有人都看呆了，他们只好和解撤兵。

帮了刘备大忙的吕布看到刘备手下有一万多人，动心了。公元198年，吕布亲自率军攻打刘备，把刘备打得落荒而逃，逃到许县后投降曹操。曹操欣赏刘备，任命他当豫州州长，并拨给他一部分军队，命他前往江苏沛县一带，对抗吕布。刘备不是吕布的对手，不仅沛县丢了，而且妻子儿女全被吕布掳走。曹操于是反击吕布，把沛县围了个水泄不通，吕布只好向曹操投降。

吕布见到曹操，说：“从今以后，天下可以平定了。阁下所苦恼的，只不过我吕布一人，而今我已归顺，再由我率领骑兵，你率领步兵，天下谁能为敌？”

吕布又对站立一旁的刘备说：“玄德（刘备别名），你是座上宾，我是阶下囚。绳索捆绑得太紧，你为什么不说句话给我松绑？”

曹操命人给吕布松绑。

刘备阻止说：“不可，你没有看见他侍奉丁原和董卓的结局吗？”

刘备提醒曹操的是，吕布曾在并州刺史丁原手下为将，杀了丁原；在董卓操控朝政大权后，吕布认董卓为义父，后受人指使，又杀了董卓。

吕布气得大骂刘备：“你这个大耳朵的家伙，最没有信用！”

听了刘备的提醒，曹操下令诛杀吕布。

刘备投靠曹操后，车骑将军董承号称接到献帝刘协的密诏，与刘备密谋刺杀曹操。一天，曹操与刘备一起吃饭，曹操说："而今天下英雄，只有阁下与我曹操，袁绍之辈根本不足道。"刘备一听，大为惊恐，以为阴谋已经泄露，筷子都掉到了地上。恰在这时，天上响起一个炸雷，刘备掩饰说："圣人说，急雷暴风使人改容，一点儿也不错。"露了这一马脚，刘备又准备逃跑了。正好曹操派他向北追击逃亡的袁术，刘备便借此脱身。

曹操得知刘备密谋刺杀自己后，于公元200年率军攻击刘备，刘备认为曹操正跟袁绍对抗，因而不会率大军来对付自己。可侦察兵报告，曹操大军到了，刘备大吃一惊，但仍有些不信，亲率数十名骑兵出城观察，看到曹操的军旗，便抛弃军队逃亡，妻子被俘，关羽也被俘，刘备走投无路，便投降了袁绍。在袁绍手下的刘备，心里盘算的还是如何脱离袁绍，另谋出头之路。恰好曹操大军来攻，刘备趁机投靠荆州州长刘表。

在洛阳任首都警备军参谋长的刘表，公元190年被派到荆州当督导官。当时的荆州遍地都是盗贼，道路阻断。刘表走马上任，单枪匹马进入宜城（今属湖北省），采纳当地知名人士的建议，引诱荆州各宗派的民变首领归降，待五十五个民变首领齐聚后，刘表把他们全部诛杀，将他们的部众全部吞并。兵强马壮的刘表，披上州长的官袍，把州政府迁到襄阳。在州长的位置上，刘表镇压叛乱，安抚民变，发展经济，加强军备，很快平定长江以南地区，南阳郡、南郡、江夏郡、零陵郡、桂阳郡、武陵郡、长沙郡、章陵郡的广大区域，囊括在刘表的掌控之中。

刘表跟刘备同是汉室后裔，因而刘表对前来投靠的刘备非常欢迎，给他拨了一部分军队，让他驻屯荆州北部的新野。这一驻屯便是数年。一天，刘表宴请宾客，刘备也在场，吃着吃着刘备去上厕所，禁不住泪流满面。刘表问何故，刘备说："过去我常骑马作战，髀肉（腿上脂肪）全消，而今不再骑马，髀肉复生。日月如同流水，老年将至，而功业毫无建树，不觉悲怆！"这便是成语"髀肉之叹"的由来。

刘备驻屯新野时，与曹操手下的大将夏侯惇和于禁打过一仗，刘备用伏兵之计大败曹军。

罗贯中的《三国演义》，对刘备打的这一仗进行了生动的创作，编了一串凸显刘备是军事大家的故事，且把"博望烧屯"的战绩，写成是刘备听了诸葛亮的计谋，但此时刘备并不认识诸葛亮。

我们再回到真实的历史中去看。刘备在荆州四处寻访贤士，直到公元207年，才有人告诉他，襄阳地区有"卧龙""凤雏"（潜伏的龙、待飞的凤凰）。河南新野人徐庶告诉他，"卧龙"是诸葛亮，住在襄阳隆中，此人谱儿大，必须亲自去请。刘备先后去了三次，诸葛亮才肯相见。《三国演义》中的刘备三顾茅庐，便是根据这个史实创作的。三国史上著名的"隆中对"，就是诸葛亮为刘备献上的重大战略谋划。其核心是，容忍曹操对北方的统治、孙权对南方的统治，刘备则驻守荆州、发展益州，以维持魏、蜀、吴的战略平衡。直到这时，刘备与曹操、孙权三分天下，才有了真正的高参、智囊，才有了具体的战略发展方向。

公元208年曹操不战而得荆州，赤壁大战打响，孙权联手刘备把曹操打败，孙权占领荆州。考虑到赤壁大战刘备也是帮了大忙的，孙权把荆州所属的武陵、长沙、桂阳、零陵四郡借给了刘备。孙权为了拉拢刘备，还把自己的妹妹嫁给刘备为妻。

孙权的妹妹性格火辣，属于女中豪杰，她嫁给刘备，带去一百多名官兵作为随从，刘备每次去孙夫人那里都忐忑不安，谨慎小心。关键是，孙夫人带去的武装随从，经常惹是生非，刘备想管却不敢管。

荆州四郡借给刘备，孙权是不放心的，对此刘备心里有数。经诸葛亮的一番战略谋划后，刘备于公元211年留关羽镇守荆州，自己率军逆长江而上，进军益州（今四川省成都市）。孙夫人不可能跟着刘备走，便打算劫持刘备的太子刘禅返回东吴，以作为要挟刘备的人质，被赵云和张飞阻止。

益州州长刘璋也是刘姓皇族，经营益州近三十年，人民生活富足，但武备非常欠缺。面对刘备的进攻，虽然刘璋具备获胜的防御态势，但手下将领休闲养生惯了，勇力不足，军队士气不足，在连失绵阳、重庆等地后，主动投降。从此刘备有了根据地，最终在这块土地上成立蜀国，穿上了龙袍。

应当说，历史的刘备是个厚道人，他讲义气，讲情义，讲仁义，在他的身上，确实有可歌可泣的英雄壮举。

下面，我们还是循着司马光的笔端走向，深入到《资治通鉴》中去看看。

——公元208年，荆州州长刘表的次子刘琮投降曹操后，寄居新野的刘备必须走了，他派关羽率舰船走水路前往江陵，自己率大队人马走陆路前去会合。刘备率领的队伍大约有十万余人，官兵不多，绝大多数是新野和荆州的百姓。刘备在新野多年，他亲民、爱民、讲义气的行事风格，深得百姓爱戴。听说曹操要来接管荆州，很多人心生恐惧，都愿意跟着刘备离开。分析看，愿意跟着刘备走的，大多是有文化的士人和富裕人家，因而仅辎重车就上千辆。上千辆辎重车加上大几万老老少少的百姓，行走非常迟缓，一天走下来也就十来里。而曹操大军急速追来，日益逼近。因此有人提醒刘备，撇下荆州的百姓，率军队赶快逃离。刘备说：“人民是根本，他们追随我，我怎能忍心舍弃！”

——曹操亲率精锐骑兵五千人，马不停人不歇，一天一夜奔驰三百余里，很快在今湖北省当阳市的长坂追上刘备，打得刘备只带数十骑逃命，大批的军队和百姓被曹军俘获，刘备的智囊徐庶的母亲也在俘虏之中。徐庶于是对刘备说："我母亲被俘了，我方寸已乱，请允许我从此别过。""从此别过"，就是去投靠曹操。刘备没有发怒，也没有把徐庶拉出去斩了，而是亲自把徐庶送走。

——益州州长刘璋决定投降刘备后，特命沿途地方政府，随时供应刘备远征军的军需物资，赠送财物多达一亿钱。刘备率军到达涪县（今四川省绵阳市东涪江东岸），刘璋亲率三万人，装饰车辆，浩浩荡荡前去与刘备会面。刘备的智囊庞统建议，利用这次会面的机会，把刘璋捉住。刘备仁慈，他不仅不扣押刘璋，而且叫刘璋代理镇西大将军，兼益州州长，他自己则率军北上，攻击占据汉中的凉州军阀。

——当然，刘备的战略目标是占据益州为根据地，他不会让刘璋一直戴着益州州长的官帽。但刘备在占据益州的过程中，成都"无血开城"，没有大砍大杀，尤其没有滥杀无辜，仍保持了他的仁慈本性。

……

公元223年，已经穿上龙袍的刘备，在去世前对诸葛亮说："你的能力，超过曹丕十倍，必可安邦定国，完成复兴大业。如果刘禅可以辅佐，就请辅佐他；如果他没有这份才干，你可以自己坐上宝座。"

纵观刘备在三国天下的表现，特别是他的人性、品格，我们完全有理由相信，他对诸葛亮所说的是真心话！

历史的与演义的孙权

孙权虽站在三分天下的一国之君位上，但因不是《三国演义》正统之争的主角，因而在罗贯中创作的故事中，基本上遵循了历史的真实，只是在类似“赤壁之战”的故事中，为凸显刘备这个正统性主角，对孙权、鲁肃、周瑜等进行了矮化。

写孙权，必须写孙家；写孙家，得从孙坚写起。

孙坚出生于吴郡富春，即今天浙江省杭州市富阳区。富春位于吴郡最南边，当时属于偏远不发达地区。《资治通鉴》未提到孙坚父亲的名字，但在民间传说中，有一则事关孙坚父亲的故事。故事写道：孙坚的父亲孙仲在家种瓜，一天，一个路人讨瓜吃，孙仲很大方，也很热情。没想到这个讨瓜人是神仙，出了两个选项让孙仲选，一个是让孙家的子孙代代做诸侯，一个是让孙家的子孙只做几代皇帝。孙仲选择了第二个选项。从历史的发展轨迹看，第二个选项符合孙仲子孙的历史发展脉络。我写这个故事想说的是，孙坚不是富裕人家出身，与朝廷的各种势力都扯不上关系。

孙坚是在平息黄巾之乱后站上历史舞台的，他从湖南长沙打到河南洛阳，与袁术会合。因为孙坚脑子好使，很能打仗，袁术便向朝廷推荐孙坚任破虏将军兼豫州刺史，也就是“表”了一下。孙坚很有大将风度，公元190年，董卓的凉州兵团数万人向孙坚突袭，当时孙坚正在鲁阳举行宴会，听到打仗不怕死的凉州兵团来袭，顿时人心震恐。孙坚则坐在椅子上，一面谈笑敬酒，一面调遣布阵，直到军队集结好了，才从座椅上站起来，领着大家出城迎战，一举击溃了凉州兵团的袭击。公元191年，孙坚率军与董卓大军打过一仗，结果是，董卓大败，逃离洛阳。吕布作为董卓的殿后大将，也与孙坚打过一仗，吕布也是大败而逃。同年，袁术命孙坚进攻荆州，州长刘表的部将黄祖率军迎战，孙坚连战连捷，打得黄祖逃入岘山。孙坚不肯放过，连夜追击，黄祖的士兵躲在丛林中发箭，把孙坚射死。

孙坚死后，孙策站上历史舞台。

孙坚生有四个儿子和一个女儿，四个儿子分别是孙策、孙权、孙翊、孙匡。孙坚战死时，长子孙策才十七岁，他安葬好父亲后，把母亲和弟妹安顿好，只身前往寿春晋见袁术。孙策此番前去，是想统领父亲孙坚手下的军队。袁术不同意，只同意他在丹阳招兵买马。募兵不成功，袁术便从原孙坚的旧部中，拔出一千多人给了孙策。孙策就从这一千多人起家，把长江以南的东部地区，包括吴郡、会稽郡、丹阳郡、豫章郡的大片区域，纳入了自己的势力范围，奠定了东吴建国的基础。

公元195年，孙策率一千余人由寿春南下，他的好友周瑜在丹阳率军相迎，而后渡长江南下，军锋所指，无不取胜。孙策年轻英俊，父老乡亲称他“孙郎”，一听“孙郎”兵到，地方政府的官员纷纷逃离，而庶民百姓则夹道欢迎。司马光写道：孙策军纪严明，大军所到之处，奉有命令，绝不掳掠人民财物，连一条狗、一只鸡，甚至一棵青菜，都不冒犯，民心欢悦，互相竞争用牛肉和美酒劳军。这是司马光在三国天下罕见的记载。司马光还写道：孙策英姿焕发，言谈幽默，性情豁达，很能接受意见，而又知人善任。所以，无论知识分子或普通平民，只要见到他，都愿为他尽力，誓死效忠。这也是司马光在描写三国英雄人物时，唯一的、最高的评价。

遗憾的是，公元200年，年仅二十六岁的孙策，在一次游猎中，被人射杀。

于是，孙策的弟弟孙权，站上三国天下的历史舞台。

孙权特别爱惜人才，他接替孙策后，对原孙策的旧部张昭、周瑜、程普等人高度信任，言听计从。周瑜又向孙权举荐了鲁肃。鲁肃是三国天下杰出的战略家，他是临淮郡东城（今安徽省定远县）人，家庭富足，常在经济上资助周瑜。为逃避袁术追杀，鲁肃侨居江苏丹阳。

鲁肃对孙权说："汉王朝不可能复兴，曹操不可能排除。"

在这两个"不可能"的情况下，东吴怎么办？

鲁肃给出的答案是：保住江东（今安徽省芜湖市之东），坐观天下变化。

想奠定帝业怎么办？

鲁肃给出的方案是：趁曹操在北方用兵、无暇南顾之际，首先拿下江夏（今湖北省武汉市），站稳脚跟后，再拿下荆州（今湖北省荆州市），即可奠定称帝的基础。

鲁肃的这一战略谋划，比诸葛亮的"隆中对"早七年。

曹操对孙氏家族非常忌惮，这个家族人才辈出，且极其团结，想从其内部瓦解，几乎找不到破绽。看到孙权身边会聚了大批人才，曹操于是在公元202年，依照东汉朝廷的"任子"惯例，通知孙权送儿子到朝廷为官。这要放在和平时期，"任子"是一种特权，但在三国争霸的天下，"任子"便是人质。对此，孙权召集高级官员商议，周瑜明确表示反对，他说："我们现在拥有六郡兵力（会稽、吴、丹阳、豫章、庐陵、庐江），军队精良、粮秣积山、将士听命，山上有铜可以铸钱，海里有水可蒸盐贩卖，在这种情况下，无须派儿子去当人质。人质一送，就得听命于曹操，被曹操控制，封个侯爵，配十几个仆役，有几辆车、几匹马，怎么能跟面向南方，称孤道寡相比。"

周瑜的意见与鲁肃不谋而合，都是鼓励孙权扩大势力称帝。

按照鲁肃的战略谋划，公元208年，孙权率军进攻江夏。孙权的父亲孙坚，正是死于江夏郡郡长黄祖之手。进攻江夏，既是战略需要，也是为了报仇。战斗是在长江打响的，黄祖派两艘战舰封锁沔口（今湖北省武汉市），用绳索将巨石沉江，把战舰固定横亘江心，派上千名官兵在舰上轮流发箭，以阻止孙权舰队的进攻。孙权则成立两支身穿两副铠甲的敢死队，冒着箭雨冲锋，突破水上阻击后，快速攻入城内。黄祖溃败，撇下数万军民逃之夭夭，最终被孙权击败。

接下来的赤壁大战，孙权无疑是主角。面对士气正盛的曹操八十万大军，孙权手下的很多高官吓破了胆，主张投降的声音一浪高过一浪。关键时刻，孙权听取鲁肃的建议，联合刘备，共同抗曹。公元208年，周瑜率军抵达赤壁，拉开了大战序幕。战斗中，周瑜的部将黄盖，诈降火攻，大败曹军。这一战，孙权不仅巩固了新近夺取的江夏，而且进一步扩大了长江以南东部的势力范围，并在丹阳、安徽黟县、歙县等地设置新都郡，新增六个县。

这之后，孙权把大量的人力物力投入镇抚山越的艰巨事业之中。所谓“山越”，是指云南、福建、贵州等边境地区及东南亚一带的少数民族。这些地方比较原始落后，各少数民族与杂居的汉人，或倚山而居，或倚水而歇。东吴的后方腹地，便是山越居住之地。受中原文化的影响，不断开化的山越首领、酋长，政治主张越来越多，时常挑起民变和叛乱。镇抚山越，稳定大后方，是东吴在三国天下争霸的战略需要。正是出于这一战略考量，孙权下大力在福建山区到江西南部，连续数年对山越进行镇抚，不仅把岭南广大区域纳入自己的统管之下，而且极大地强固了大后方基础。

公元213年，曹操率四十万大军进攻濡须口（今安徽省含山县）。与长江相连的濡须水一带，自寿春至合肥、巢湖等地，一直是吴、魏相争的主战场。孙权的长江西岸大营被攻破，孙权亲率七万大军，在长江东岸防御抵抗，形成对峙僵持局面。为打破僵局，孙权事先准备了一艘大船，亲自登船到曹操营前侦察军情。曹军立马向船上射箭，顿时箭如雨下，大船开始倾斜。孙权命大船调转船头，箭雨连续发射，船的两边扎满了箭，船又恢复了平衡。这时孙权才命大船返回。在罗贯中笔下创作的“诸葛亮草船借箭”，其原型是孙权版的大船借箭，和诸葛亮没有半毛钱关系。

孙权爱惜人才，也重用人才。他手下的谋士诸葛瑾，是诸葛亮的亲哥，诸葛瑾所提的建议，孙权都悉心听取采纳，从不怀疑他会与诸葛亮勾搭合谋。吕蒙，就是那个“士别三日，当刮目相待”的文武双全战将，是从普通士兵一步一步被提拔起来的。公元217年，孙权命平虏将军周泰驻守濡须，统领朱然、徐盛两员大将。周泰出身贫寒，被朱然、徐盛看不起。孙权于是设宴，请所有将领参加，举杯喝酒之前，孙权叫周泰解开衣裳，露出满身的伤疤。孙权抚摸着周泰的伤疤，逐一询问受伤经过，问罢扶着周泰的双臂，流泪说：“幼平（周泰之字），你为了我们兄弟，在战场上猛如虎熊，不惜身伤，不惜性命，几十次身负重伤，全身肌肉都被刀刻剑割，我怎么能忍心不把你看成骨肉兄弟，委以重任呢！”看到周泰满身的伤疤，尤其听了孙权满怀深情的含泪诉说，将领们对周泰肃然起敬。

孙权说的是实情。在讨伐山越的作战中，孙权因疏于戒备，遭山越突袭，刚跨上马背，山越便将他蜂拥而围。关键时刻，周泰杀到孙权身边，用身休阻挡山越刺过来的刀剑，用身上被砍十二处的英勇战斗，掩护孙权逃脱。在后来攻击黄祖、赤壁拒曹、南郡战曹仁、濡须抗曹军等诸多战斗中，周泰都英勇作战，立有战功。孙权，包括孙坚、孙策等，都人性忠厚，知好歹、懂感恩，不仅厚爱跟随自己冲锋陷阵的战友，而且对原先与自己为敌，后投降过来的将领，也不计前嫌，委以重任。

孙家无论是孙坚、孙策当家，还是孙权当家，君臣关系都非常融洽，喝酒时称兄道弟，作诗吟对；朝议时知无不言，言者无罪，即便有所冒犯，也不会受到追究。

孙权是性情中人，虽然很听劝，但有时也由着自己的性情胡来。公元233年，东吴朝会，皇帝孙权为了拉拢远在辽东的公孙渊一起抗曹，提议派上万人的舰队，满载金银财宝，从东海北上，赏赐给辽东郡长公孙渊，并封他为燕王。孙权的这一提议，几乎遭到东吴朝臣的一致反对，张昭直批孙权的这个提议将被天下耻笑。

张昭是东吴“内事不决问张昭”的大智囊。孙权为了说服张昭，想了不少办法，而孙权越说张昭反对越坚决。孙权真的火了，手按剑柄，恶狠狠地对张昭说：“国中上上下下，进皇宫参拜我，出皇宫参拜你，我尊敬你已到极限，可你总在大庭广众之中，毫无忌惮地对我顶撞，我真怕会做出我不愿做的事来！”张昭也是头犟驴，声称有病，回家走了，大门一关，不再上朝。孙权更火，下令用泥巴把张昭家的大门糊上。张昭跟孙权硬扛，在大门里面再砌一道墙，表示誓死不出。

君臣二人似孩子般斗气，结果是张昭赢了。东吴上万的军队、装满金银财宝的舰船，在皇帝孙权的大手一挥下，从东海出发驶上辽东。一上岸，军队被围歼了，金银财宝全被吞了，使节被斩了，公孙渊还把使节的脑袋送到了曹魏的首都洛阳……

张昭家大门糊着的泥巴，孙权派人铲了，反复派人请张昭上朝，张昭就是不出来。孙权又要上了，放火烧张昭家的大门，也没把张昭给熏出来。皇帝孙权不想与张昭斗下去了，叫人把火扑灭，他站在门外等，等了很久，张昭才让儿子搀扶着走出来，登上孙权的辇车，一起向朝廷走去。

文章写到这里，使我想起一个与孙权家的家教有关的故事。会稽郡人事官魏腾，有一次发飙，冒犯了孙策，使得孙策难堪得下不了台。孙策怒火中烧，下令处死魏腾，孙策手下的官员怎么劝都没用。孙策的母亲吴夫人，走到一口深井旁，身倚栏杆，对孙策说："你刚刚平定江南，事情还都没有头绪，正是礼贤下士、不念过失、只念功劳的时候。魏腾出于对你的爱护，冒犯了你，你今天杀了他，明天大家都会背叛你。我不忍心看到大祸来临，先行投井自尽。"吓得孙策赶紧上去抱住母亲，承认错误，并立即释放魏腾。这个小故事，从侧面说明，孙家是有教养的人家，明大事大理，父母对子孙的教育很正面。

公元229年，孙权登基称帝。他是在曹丕、刘禅分别称帝后，最后一个称帝的。从严格意义上说，真正的三国此时才是开端。公元263年，蜀国灭亡；公元280年，吴国灭亡。蜀国灭亡后，吴国与曹魏对峙了十七年。

因为在罗贯中的《三国演义》中，东吴是配角，因而他写的《三国演义》大体遵循了历史的脉络，除了把孙权、鲁肃、周瑜的谋略、战绩，添加到诸葛亮等人头上，拔高诸葛亮，矮化鲁肃、周瑜外，基本上还原了历史的客观、真实。

历史的与演义的诸葛亮
——中国的智者偶像

诸葛亮，山东胶南人，因叔父诸葛玄任豫章太守，诸葛亮移居在湖北襄阳隆中。到了公元207年，诸葛亮在三国天下露面。罗贯中用刘备“三顾茅庐”的故事，为诸葛亮的闪亮登场营造了足够的氛围。

诸葛亮足智多谋，胸中装有全局，处事镇定淡然，道德品质高尚的形象和风度，是很受人推崇的。也就是说，在中国人的心目中，需要一个似诸葛亮这样的智者形象作为历史的储存记忆，让中华子孙当作偶像崇拜。罗贯中满足了中国人的这一心理需求，用诸多虚构的故事，对诸葛亮进行美化，甚至神化。

刘备“三顾茅庐”是真实的历史，诸葛亮的“隆中对”也是真实的历史。“隆中对”的大体意思是：曹操拥有百万大军，挟持皇帝，号令天下，没有人可以打败他；孙权盘踞江东已三代，地势险要，人民依附，我们只能把他当朋友，不能当作敌人；而刘备现在所在的荆州，北方以汉水、沔水为屏障，南方直达南海，东方连接吴郡、会稽，西方连通巴郡、蜀郡，战略地位极高，可谓是上天赐给刘备的资本。而益州四境，关隘险固，土地肥沃，是“天府之国”，可州长刘璋昏庸无能，刘备如果掌控荆州、益州，与孙权敦睦邦交，对内修明政治，对外掌握变局，则霸主大业可以完成。

这是一个立足全局的大谋划，切实可行！

我们往前翻七年，即公元200年，看看孙权的谋士鲁肃是怎么说的。鲁肃对孙权说："汉王朝不可能复兴，曹操不可能排除。为将军设计，只有一条路，那就是保住江东，坐观天下变化。最好利用曹操在北方用兵、无暇南顾的机会，消灭江夏郡长黄祖，攻击荆州州长刘表，把长江流域置于控制之下，这是君王的局面。"

看到了吧，鲁肃与诸葛亮说的基本相同，只是鲁肃说的比诸葛亮说的早七年。那一年，曹操与袁绍正开打官渡大战，刘备投奔在袁绍手下，帮袁绍在汝水、颍川一带打游击。鲁肃谈天下大战略时，刘备还没有成为被人关注的头面人物，而东吴也没有面临曹操八十万大军的进攻，因而鲁肃谈荆州的战略地位，根本不可能谈到刘备。

当然，我们不能说诸葛亮的"隆中对"，抄袭了鲁肃的战略论述，只能说是英雄所见略同。

司马光记述诸葛亮在三国天下露面后做的第一件事，是被刘琦逼到房顶上出主意。

荆州州长刘表有两个儿子，刘表不把州长之位传给长子刘琦，而是传给次子刘琮，引起刘琦的极大愤慨。刘琦想叫诸葛亮帮他出个主意，看怎么化解兄弟间的怨恨。诸葛亮不愿卷入刘表家的继位之争，始终不开口。一天，刘琦请诸葛亮登楼观景，一上去，下面的人便把楼梯抽掉了。刘琦对诸葛亮说："现在上不到天，下不到地，话从你口中说出，进入我一人耳中，请给我指出一条逃生之路。"诸葛亮没有退路了，不得不说，但仍说得很隐晦，他问刘琦："你难道不记得，姬申生在内被杀害，姬重耳在外获得平安？"刘琦听懂了，叫人把梯子架好，请诸葛亮下楼。

诸葛亮问的是：公元前7世纪，晋国十九任国君宠爱骊姬，骊姬为让自己生的儿子当太子，诬陷太子姬申生，迫使姬申生自杀，他的弟弟姬重耳出奔逃亡，二十一年后返国继位，这段历史你难道不懂吗？

刘琦没有逃亡，而是假借给父亲刘表奔丧之名，对弟弟刘琮发起攻击，企图从他手里把州长之位抢过来。

但有一个情节，诸葛亮没有运用到他的智谋中去。

刘表死后，刘琮继任州长，知道哥哥刘琦很生气，便提出把父亲的爵位让哥哥刘琦继承，并把侯爵印信送给了刘琦。只是刘琦怒不可遏，不肯接受。

这一来刘琮犯难了，经过一番纠结，率军向曹操投降。

曹操不战而得荆州，在荆州寄居的刘备待不下去了，率军南逃，诸葛亮也在刘备南逃的队伍之中。被曹操打得刘备只带数十骑逃跑时，诸葛亮也在这数十骑之中。

不知此时的诸葛亮，有没有想过，他之前给刘琦出的那个主意是否妥当。刘琮已经提出把父亲的爵位让给哥哥刘琦了，只是刘琦对父亲没有在第一时间把爵位由自己继承这口气还没有消除，假以时日，刘琦的气消了，州长也当上了，问题也就解决了。在这个关键点上，诸葛亮如果出个叫刘琦与刘琮兄弟和睦相处的主意，他再从中调和，叫他哥俩联手经营好包括湖北、湖南广大地域的荆州，也许历史就得改写了！

这可是真实的历史啊！

历史的诸葛亮，还得请出鲁肃来说说。

曹操不战而得荆州，便决定乘胜讨伐东吴。寄居在荆州新野的刘备，带数十骑逃到了湖北省当阳市。而孙权呢，面对曹操的八十万大军，当然也非常紧张。于是鲁肃对孙权说：“我准备立即去荆州，说服刘备，请他安抚刘表的部众，共同抵抗曹操。”在当阳的长坂，鲁肃跟刘备见面，鲁肃问他准备去哪里，刘备说准备投靠苍梧（今广西壮族自治区梧州市）郡长吴巨。鲁肃分析了刘备投靠吴巨的利害关系，建议刘备与孙权联手，共同渡过难关。鲁肃又找诸葛亮，对他说："我和你哥哥诸葛瑾是好朋友。"并邀诸葛亮与他一起去见孙权。鲁肃还跟诸葛亮分析了曹操的劣势、刘备及荆州的优势，因而积极鼓动刘备与孙权联手，共同抗曹。诸葛亮与鲁肃同是三国天下的大智囊，他非常认可鲁肃的大局分析。

正准备逃往苍梧的刘备，被鲁肃说得心花怒放，立马答应与孙权联手，共同抗曹。

恰在此时，曹操写给孙权的信到了，巧妙地表达了向东吴进军的意思。孙权召集部属臣僚商议，把大家吓坏了，向曹操投降的声浪顿时弥漫开来。正当孙权被投降的意见弄得心烦意乱时，鲁肃提醒孙权，召周瑜来一起商议。

周瑜力主迎战，他分析道："北方边疆，尚未平定；西方的马超、韩遂两大军阀，仍驻屯函谷关之西，这都是曹操的后患。而曹操舍弃擅长的陆战，跑到江东来打水战，加之正值严冬，曹操官兵一定水土不服，发生瘟疫。曹操号称八十万大军，而他所统领的直属部队不过十五六万，加上刚接收刘表荆州的部队七八万。曹操的直属部队长途征战，早已疲惫不堪；接收的荆州部队，军心不稳，士气低落。对付这样的部队，给我五万人，就一定破敌！"

孙权终于把决心定下来，迅速征召三万部队，舰船、武器都准备齐备，令周瑜、程普率军西上，与刘备会合迎战曹操。这时的刘备心急如焚，每天都派人守在江边，看孙权大军到了没有。见到周瑜大军后，刘备登上鲁肃的舰船，一同抵达赤壁。

接下来便是"赤壁大战"了。诚如周瑜所分析的那样，曹操大军发生瘟疫；北方官兵不习水战，一上船便头晕，曹操不得不用铁链把舰船首尾连锁起来。周瑜的部将黄盖建议火攻，并诈降于曹操，被周瑜采纳。结果是，曹操大军在长江上被火烧，周瑜率大军在曹操的陆上营地大肆砍伐，一战歼灭曹军十二万人以上，打得曹操率残军向华容狭径逃亡。

以上是司马光在《资治通鉴》中记述的“赤壁大战”。谋划这一战的主角，是鲁肃，周瑜给予鲁肃以坚定支持。

再看演义的“赤壁大战”。

面对几乎一致主张“降曹”的东吴臣僚，罗贯中创作了一场“诸葛亮舌战群儒”的精彩大戏，凸显了诸葛亮这位三国天下大谋士的高人一筹。先是孙权手下的大谋士张昭发问，被诸葛亮怼得无言以对；接着是虞翻抗声发问，步骘发问，薛综发问，陆绩发问，严峻发问，程德枢、张温、骆统等人发问，几乎东吴的谋士都坐在“降曹”的同一条板凳上，直指诸葛亮“强词夺理，均非正论”。诸葛亮全局在胸，谈古论今，把东吴的谋士、高参一个个驳斥得无言以对，羞愧难当。斗败东吴群儒后，诸葛亮才对孙权说：“今将军诚能命猛将统兵数万，与豫州协规同力，破操军必矣。操军破，必北还；如此，则荆、吴之势强，鼎足之形成矣。成败之机，在于今日！”孙权听诸葛亮这么一说，才茅塞顿开，更无他疑。罗贯中用这场大戏，把孙权抗曹的决心，写成是诸葛亮促成的。

罗贯中的《三国演义》还写了一场戏。为了激将周瑜抗曹，诸葛亮说：“曹操攻吴不是来抢地盘，而是听说孙策的夫人大乔、周瑜的夫人小乔姐儿俩很漂亮，他是来抢二乔的。”并当场背诵曹植的《铜雀台赋》，其中有“揽二乔兮东南，乐朝夕兮与共”二句，以证明曹操就是来抢二乔的。《三国演义》写道：周瑜听了大怒，遂决心联蜀抗曹。

其实在曹植的《铜雀台赋》中，没有“揽二乔兮东南，乐朝夕兮与共”二句，倒是唐代杜牧的《赤壁》诗中，有“东风不与周郎便，铜雀春深锁二乔”的诗句。也许是罗贯中从中受到启发，把杜牧的这两句诗，做了一番修改后，硬安到曹植的《铜雀台赋》中，并通过诸葛亮的嘴说出来。这种移花接木还带高明创作的乾坤大挪移，也许只有罗贯中这样的文学大师，才可以巧妙地创作出来。

不仅如此，罗贯中还用神来之笔，虚构了草船借箭、南屏祭风、三气周瑜等故事，把诸葛亮的大智大慧、神道神通写得神秘莫测、栩栩如生，毫不含糊地把诸葛亮写成了“赤壁大战”获胜的第一功臣。

而真正的战略大家，连诸葛亮都是他请去商议联合抗曹的鲁肃，被矮化成了在一旁看热闹的一个笑话，周瑜更是被矮化成了心眼小的心胸狭窄之人，以致被诸葛亮气得吐血而亡。

但不管怎么说，我们还是要感谢罗贯中创作《三国演义》的神来之笔！中国自古就是盛产思想大家的国度，孔子、老子、孟子、庄子、孙子等一代代、一批批思想大家，为中华子孙提供了博大精深、丰富多彩的精神食粮，再创作一个似诸葛亮那般胸怀天下、目光深邃、知识渊博、智慧超群、纶巾羽扇、镇定淡然、品德高尚的智者偶像，储存在中华民族的历史记忆之中，也是非常必要的！

再看《三国演义》中写到的诸葛亮“坐在城头观山景”的空城计。

真实的历史是这样的：公元219年，刘备与曹操为争夺汉中打起来了，刘备手下的老将黄忠，带队袭击曹军的运粮部队，在约定的时间没有回来，翊军将军赵云便带数十个斥候出营察看，恰巧曹操大军出动，双方猝然相遇，赵云立即下令攻击，一边打一边撤退。曹军被冲散后，立即集结追赶，一直追到了赵云的大营。赵云则大开营门，拔掉旗帜，停止击鼓，营中呈现一片死寂。曹操认为赵云已设埋伏，下令撤退。这时赵云营中战鼓雷鸣，接着便是箭如雨下，曹军死伤无数，自相践踏、坠入汉水溺死很多。

这是战将赵云在敌众我寡的情况下，上演的类似空城计。

罗贯中的《三国演义》之笔，把赵云打的这一仗，写成了诸葛亮对司马懿上演的空城计。诸葛亮坐在城头观山景，品茶抚琴，身边只有两个侍从，还招呼司马懿上去一起品茶。诸葛亮在大军压境时的淡定、沉着、优雅，着实令人钦佩之至！

但历史的诸葛亮，罗贯中对他神化、拔高，也不是没有道理，就拿《出师表》来说吧。

《前出师表》写于公元227年，是诸葛亮率大军进驻汉中前，给蜀汉皇帝刘禅的上书。主要写了三层意思，一是履行刘备复兴汉室的遗志；二是交代朝中大事由哪些臣僚去处理；三是提醒刘禅要远离奸佞，亲近贤才。诸葛亮看清了，刘禅心无大志，是扶不起来的阿斗，他追求声色犬马，宠信宦官。诸葛亮如果坐镇朝廷，刘禅多少还有些忌惮，如今诸葛亮率军外出，刘禅很可能更加荒淫无度。因此诸葛亮提醒刘禅："也应不断检讨，垂询什么是正道，采纳忠良们的正当建议，深刻思念先帝的遗诏。"

《后出师表》写于公元228年，是诸葛亮听说曹魏大军东下，关中空虚，打算率军北伐之前，给蜀汉皇帝刘禅的上书。因为此时的蜀汉朝廷弥漫着苟安心理，大家只图眼前的享受。加之年初诸葛亮失了街亭，打了败仗，到年底又去北伐，大家觉得信心不足，反对的声音比较普遍。因而诸葛亮的《后出师表》，联系历史，结合现实，深刻分析了六个方面必须北伐的原因。在《后出师表》中，诸葛亮用"鞠躬尽瘁，死而后已"，表明了自己的赤胆忠心和高尚情操！

"鞠躬尽瘁，死而后已"，千古名言！

在蜀国的经营中，诸葛亮"六出祁山""七擒七纵孟获"，都有真实的历史依据。

诸葛亮是谋划全局的智者。当时的蜀国南方，包括今四川南部、云南、贵州，这些地方山重水阔，居住着大量习俗各异的少数民族。如何加强对各少数民族的统治，如何加强与各少数民族的融合，如何扩大中华民族的势力范围，如何扩大中华文化的影响和教化，始终是诸葛亮在经营蜀国中谋划的重点课题。

可以说，诸葛亮对孟获的“七擒七纵”，是对这一课题最生动的诠释！

司马光的《资治通鉴》载：公元234年，诸葛亮上书皇帝刘禅，说：“我在成都有桑树八百棵，耕田十五顷，供给子弟饮食衣服，绰绰有余，我没有别的收入，所以财产不会增加。我死的那天，绝不会让家里有多余的布匹，外面有多余的钱财，辜负陛下。”诸葛亮逝世后，果然如此。

这可以说是“鞠躬尽瘁，死而后已”的更深刻诠释！

历史的与演义的关羽
——中国的义士偶像

关羽，是罗贯中在《三国演义》中，用神来之笔塑造的一位大英雄。如果说诸葛亮是罗贯中塑造并储存在中华民族历史记忆中的智者偶像，那么关羽便是罗贯中塑造并储存在中华民族历史记忆中的义士偶像。

在我看来，义士与侠客大不相同。

侠客的讲义气，大多是临时起意，一人所为，受人之托，替人报仇，或替人消灾，且是要收取钱财的。“得人钱财，替人消灾”，赴汤蹈火，在所不辞，是侠客的一大特征；路见不平，拔刀相助，骨子里有一股“侠气”，当属侠客一类。

义士也讲义气，义士的讲义气，是以志同道合、意气相投为前提的，是以有福同享、有难同当、忠心耿耿、永不背叛为规范的，且要以年长的为大哥，兄弟以年龄排出次序，都听大哥的。关羽就是这种义士。

罗贯中为树关羽的义士形象，特地设计了三个步骤。

第一步，义士结拜。

历史的关羽，山西夏县人，因杀人遭通缉而逃到幽州，与刘备、张飞交好，感情笃深。刘、关、张经常在一起喝酒，且同榻而睡，刘备到哪里，他二人都跟着，大庭广众之下站在刘备身边做侍卫。

演义的关羽，则用“桃园三结义”进行了艺术创作。

罗贯中写道：幽州太守刘焉，出榜招募义兵，以平张角之乱。刘备、张飞、关羽在榜下相识，都有从军破贼安民之志，便到涿州郡张飞家的桃园，备乌牛白马祭礼等项，结拜为兄弟。结拜的誓词是：“念刘备、关羽、张飞，虽然异姓，既结为兄弟，则同心协力，救困扶危；上报国家，下安黎民；不求同年同月同日生，但愿同年同月同日死。皇天后土，实鉴此心，背义忘恩，天人共戮！”誓毕，拜刘备为兄，关羽次之，张飞为弟。

在这里，罗贯中创作了中国历史上异姓兄弟结拜的完整仪式。歃血为盟——让天地鬼神见证；志向相同——“同心协力，救困扶危，上报国家，下安黎民”；义气相约——“不求同年同月同日生，但愿同年同月同日死”；违约罚则——“背义忘恩，天人共戮”；排序位次——拜刘备为兄，关羽次之，张飞为弟。

这个结拜仪式，自14世纪罗贯中的《三国演义》问世之后，便成了流传至今的异姓兄弟结拜范本，只有按这个范本走完程序，才算得上是真正的兄弟结拜。

有了这样的兄弟结拜，关羽、张飞全力辅佐刘备，便顺理成章了。

第二步，永不背叛。

这是义士最鲜明的特征！

现实世界中，引诱人们放弃承诺、投降背叛的诱惑太多，而做到忠诚如山、永不背叛的人并不是很多。但真正的义士，便能在抵御各种诱惑、要挟中，显出英雄本色！

关羽就显示出了这样的英雄本色！

曹操也是三国天下的英雄，他特别惜才，俘获关羽后给他送了很多金银财宝，企望他能留下来。但曹操心里清楚，关羽特别重义气，留得了他人，留不住他心，因而心里做好了关羽离他而去的准备。

关羽义薄云天，心心念念的只有刘备，他把曹操送给他的金银财宝全部封好，留下拜别信，到袁绍大营找刘备去了。

曹操的手下打算追杀关羽，曹操不允。

《三国演义》还原了这一真实的历史情节，并为后来关羽放走打了败仗逃亡的曹操，留下了戏剧舞台“捉放曹”的创作空间。

在罗贯中树关羽这个义士形象的这一步骤中，用神来之笔极大地丰富了义士的另一面，即知恩图报。关羽被曹操俘获，不杀他，即是大恩！曹操的手下要追杀独自一人离开的关羽，曹操不允，即是大恩叠加！如果说，对于曹操的如此大恩，关羽走了就完了，而不思回报，关羽的义士形象、英雄形象，是无论如何树不起来的。关羽没有让用笔和故事塑造中华民族义士偶像的罗贯中失望，在曹操败走华容的时候，早就埋伏在华容且把曹操逃跑之路完全封死的关羽，不杀曹操，把他放了。

如此，关羽的义士形象、英雄形象，就更加丰满了！

罗贯中丰富义士形象的这一面，刘备也好，张飞也好，三国天下其他英雄人物也好，都是认可的、欣赏的。因为，它符合中华文明知恩图报的思想，符合中华子孙的心理愿望！

第三步，英雄壮举。

如果一个人义薄云天、道法高尚、学识渊博，却肩不能扛，手不能提，是不能作为义士、英雄树起来的。义士英雄，必须是猛士、战将，武艺高超，天下无敌。

历史的关羽，本身就具备这样的禀赋，是三国天下数一数二的猛将。例如，关羽被俘获后，曹操带他在白马（今河南省滑县）与袁绍大战。关羽表演的那场骑着赤兔马，手持青龙偃月刀，单人单骑，踏破敌军万千重，取敌酋首级的英雄壮举，足以让他在历史的英雄舞台上高高站立起来。

罗贯中也许是觉得还不够，又在演义中用“千里走单骑”“过五关斩六将”等故事，对关羽在战场上的英雄形象进行了加码。

为了“拔高”关羽“过五关斩六将”的英雄形象，罗贯中不管时空是否吻合，把关羽从许昌到河北的袁绍处找刘备的路线，写成了相反的方向，即绕道洛阳、荥阳的方向，离刘备越走越远。罗贯中只要关羽“过五关斩六将”就行，方向错不错就不管了。

罗贯中为进一步加码关羽的英雄形象，又用“刮骨疗伤”的故事，对关羽在战场外的英雄气概进行了提升。

罗贯中写道：关羽右臂被毒箭射伤，箭头的毒已入骨，华佗赶来给他疗伤，说：“当于静处立一标柱，上钉大环，请君侯将臂穿于环中，以绳系之，然后以被蒙其首。吾用尖刀割开皮肉，直至于骨，刮去骨上的箭毒，用药敷之，以线缝其口，方可无事。”关羽笑着说不用，令人把酒端上来，一面与马良对弈，一面伸臂令华佗割之刮之。华佗乃下刀，割开皮肉，骨上已青；华佗用刀刮骨，窸窸有声。关羽饮酒食肉，谈笑弈棋，全无痛苦之色。

切皮割肉直至骨头，用刀在骨头上刮得“窸窸有声”，在场看的人都“痛”得掩面失色，而关羽却谈笑弈棋——这震撼人心的一幕，真找不到合适的文字来形容了！

这种战场上、战场外的联动创作，把关羽打造成了无可挑剔的完美英雄！

其实，历史的关羽，并非完美的英雄。

不少史学家认为，诸葛亮“隆中对”为刘备制定的大政略、大战略，因关羽的刚愎自用、不断向孙权发起挑战而全盘破坏。

是不是这样，我们来看历史。

司马光的《资治通鉴》载：刘备率军进攻益州时，命关羽留驻荆州的江陵，孙权命鲁肃驻防陆口，二人防地交界。关羽则经常向鲁肃挑衅，制造紧张气氛，鲁肃则一忍再忍。鲁肃对孙权说：“曹操雄踞北方，实力强大，南侵东吴的战略不会改变。因此，我们不能与刘备闹僵，尽可能安抚接纳关羽，保持同盟关系，以牵制曹操，维持三国争霸的平衡。”孙权采纳鲁肃的建议，并向关羽提出，自己的儿子娶关羽的女儿，缔结秦晋之好。而关羽一听便火了，不仅一口拒绝，而且诟骂孙权，气得孙权怒不可遏。于是，孙权要求刘备，把借他的荆州还回来。按照诸葛亮“隆中对”的战略谋划，荆州战略地位十分重要，刘备想要在益州安营扎寨、向外扩张、复兴帝业，必须牢牢占据荆州这个战略要地。荆州一失，刘备复兴帝业的战略空间十分狭窄，争霸天下的打斗弹性大量萎缩。因而在刘备去攻击汉中时，特地留下关羽这员大将留守荆州。至于孙权要把荆州收回，刘备不好耍赖，说是等他平定汉中后，一定归还荆州。其实，刘备压根儿就没有退还荆州的打算。

孙权知道刘备不可能退还荆州，于是把借给刘备的长沙、零陵、桂阳三郡的郡长及官员全部更换，迅速任命到位。关羽则不与孙权做任何协商沟通，直接派军队把孙权任命的官员全部驱离。孙权则派吕蒙率二万大军，对关羽进行反击，长沙、桂阳两郡立马归降，零陵郡不降，就派吕蒙率军攻打。刘备坐不住了，火速从益州赶到湖北公安，指挥关羽反击孙权的进攻。孙权也不含糊，亲自进驻湖北嘉鱼的陆口，指挥鲁肃率一万人进驻益阳，同时急令吕蒙放弃零陵，回军与鲁肃会合，向关羽发起全面进攻。

吕蒙也是三国天下罕见的文武双全将领，他虽然接到孙权令他撤至益阳的紧急军令，但并不马上执行，而是劝降零陵郡长，把零陵郡纳入孙权的麾下后，才率军赶赴益阳。

这之后，便是历史的“单刀赴会”了。

鲁肃邀请关羽会晤，约定双方兵马停留在百步开外，将领只携带随身佩刀会面。见面后，鲁肃义正词严，指出刘备忘恩负义，曾龟缩在长坂，像一只丧家之犬打算南逃，是孙权哀怜刘备没有栖身之地，借给他荆州。如今，刘备已占据益州，却还想吞并荆州，这种辜负大恩、撕毁盟约的行为，令世人所不齿！

史载，关羽无言以对。

罗贯中《三国演义》的“单刀赴会”，把历史的“单刀赴会”来了个大颠倒，鲁肃被大义凛然的关羽训斥得无言以对。

还回到历史。正当刘备、孙权为荆州即将大打出手之际，曹操率军攻击汉中。刘备没有能力同时与曹操和孙权两路开战，便放低身段，主动向孙权讲和。这时又是鲁肃为孙权进行战略谋划，他对孙权说，刘备的汉中顶不住，益州便危在旦夕，而曹操一旦拿下益州，下一个攻击目标便是荆州，因而鲁肃建议孙权与刘备和好，继续维持三国的平衡。出于这一形势所迫，孙权与刘备重订友好盟约，以湘水为界，中分荆州，湘水之东的长沙、江夏、桂阳三郡属孙权，湘水之西的南郡、零陵、武陵三郡属刘备。

从此，孙权成了刘备争夺天下的一大隐患。同时，表面存在的孙权、刘备结盟，给了曹操进一步做大做强的可乘之机。

历史的发展，最终证明了这一点。

公元219年，关羽率大军进攻樊城，接连取胜，军威大振。时值八月，连天降雨，孤守樊城的曹仁大军泡在水里，被关羽率水军舰船团团包围。也就在这个关键时刻，不仅曹操，而且还有孙权，都在打歼灭关羽大军的主意。

吕蒙给孙权献上了关键一计：关羽讨伐樊城，留在后方的军队很多，主要是防备孙权突袭。率军在陆口（今湖北省嘉鱼县）防范关羽突袭的吕蒙，身体时常生病，天下皆知，即以吕蒙养病为由，回建业（今江苏省南京市）养病。这一来，关羽则必定抽调后方军队增援樊城，这时东吴出动大军，逆江而上，突袭关羽空虚的大本营。吕蒙这一计还让当时名气不大但文武兼备的陆逊，接替吕蒙，驻防陆口，以松懈关羽的警戒；吕蒙的这一计还教陆逊以谦卑的姿态，给关羽写信，颂扬他的功业和美德，并表示愿意向关羽效忠。

孙权完全按吕蒙的计划实施，关羽掉进吕蒙的陷阱，调后方军队增援樊城，并下令抢劫孙权所属湘水关卡的粮食。孙权判定时机已到，任命吕蒙为总司令，率大军向关羽发起毁灭性进攻。

曹操也看清了，孙权不愿看到关羽的成功，此时如果向孙权抛出橄榄枝，许诺把长江以南地区让给孙权，孙权则会卖力地去抄关羽的后路。

历史的发展，就这样决定了关羽的宿命。

孙权给曹操写信，请求讨伐关羽，并要求曹操保密。曹操答应了，但为了让孙权和关羽先打起来，以便他瞅准时机再捞得好处，便把孙权写给他的信，分别用箭射入被围的樊城和关羽的大营。樊城被围的曹军立即群情激奋，斗志倍增；关羽大营则人心惶惶，斗志消减。关键是，关羽低估了孙权的战略谋划，认为孙权不会突袭他的后方基地；更关键的是，关羽低估了樊城被困守军被孙权的信激发出来的强大战斗力，转眼之间，关羽围攻樊城的四个指挥部全被击溃。

关羽不得不解除对樊城的包围，从汉水乘船撤退。

吕蒙则把精兵埋伏在船舱，由平民水手摇橹划桨，昼夜不停，逆流而上，迅速抵达江陵。

在这种情况下，如果留守江陵和公安的郡守、将领，与关羽同心协力，坚决抵抗吕蒙大军的进攻，关羽还不至于败得丢掉性命。

可历史没有“如果”！

司马光的《资治通鉴》告诉我们，关羽是三国天下的猛将，他厚爱士兵，而对地方官员和手下将领极其轻视，他常说的话是：“等我回来，用军法制裁！”地方官员和手下将领与他离心离德。吕蒙一边派人堵截关羽，一边策反江陵和公安的官员和将领。吕蒙进入江陵后，下令全军：“不准侵犯民家，不准拿民家一针一线。”有人拿了民家一个斗笠，吕蒙含泪将其处斩；吕蒙还早晚慰问当地的长老，帮他们解决实际困难，没过多久，江陵的将领和官员全部归降。

江陵回不去了，关羽只好向西撤退，抵达麦城（今湖北省当阳市麦城村）。

面对这种形势，老奸巨猾的曹操下令曹军，不得追击关羽！此时他打的还是自己的主意，想让关羽活着，将来继续制衡孙权。

关羽走到麦城，与儿子关平被双双斩首。

关羽被杀的当年，吕蒙因病去世。第二年，即公元220年，曹操也因病去世。

罗贯中大概是不愿看到历史的关羽就这么死去，他在《三国演义》中创作最成功的、最出彩、最高大的英雄，非关羽莫属，因而在关羽死后，他的创作转入对关羽的神化，把吕蒙和曹操的相继死去，写成是关羽的冤魂报仇，而使吕蒙和曹操遭到报应。

在罗贯中的心目中，虽然关羽的肉体死了，但他的灵魂已上升为神灵。因而他继续写道：关羽的灵魂飘游到玉泉山，与得道高僧普净会面，接受普净的指点而开悟。开悟后的关羽，便不理三国的争斗了，而是与神仙逍遥。

从此，关羽在人间的寺庙、祠堂，享受着延绵不绝的香火祭祀。

从此，罗贯中用《三国演义》，为中华民族树起了义士的偶像！

第六章 战火三国的别样雅致

中国历史的苦难辉煌，几乎都是在战火炙烤华夏大地中，用中华民族的内生活力、强大韧性续写的……

中国优秀的历史文化，几乎都是华夏子孙生活在水深火热中，用传承、升华、融合而“文而化之”的……

中国之为大国，几乎都是在民族大融合中，汇百和、千和之国而壮大的……

丰富多彩的三国天下

东汉后期的三国天下，因为争霸而引燃的战火，几乎炙烤着广袤中华的每一寸土地，人民奔波流离，生活在水深火热之中。但是，中华民族的内生活力、强大韧性，特别是在逆境中爆发的顽强意志，回馈给历史和世界的，却是惊艳全球的科技、文化、外交等精彩纷呈，呈现出中华民族历史的苦难辉煌！

科技

三国的主旋律是战争，围绕武器开发的科技含量非常高。如诸葛亮发明了一次连发十支铁箭的连弩，射得很远，威力巨大，还发明了木牛流马等；曹操发明了“霹雳车”；东吴也发明了很多用于作战的刀和五折刚铠等武器。武器的开发，是冶炼、铸造等制造业的开发，也是最基础的工业开发。在这方面，三国可以傲视全球。

再看科技含量更高的历法。蜀国因打的是“民心思汉”大旗，故沿用汉朝的“四分历”，即一年为三百六十五又四分之一天的算法。“四分历”是个粗略算法，误差较大。东吴采用后汉刘洪制定的“乾象历”，一年为三百六十五又五百八十九分之一百四十五天，不但比“四分历”准确，而且可以计算月亮运行的快慢。之后的曹魏，对“乾象历”进行修订，一年为三百六十五又一千八百四十三分之四百五十五天。这种计算法后来叫“景初历”，相较于“乾象历”更细致精密。不是学天文历法的人，很可能觉得以上这些文字很枯燥，但世界上的天文历法专家一致认为，这是中国天文史上划时代的历法。天文学与数学是密不可分的，后汉初的《九章算术》，已经出现了连立方程式的解法与负数、分数的概念，能把圆分成一百九十二边形，计算出3.1416的圆周率。

以上文字确实比较枯燥，我们还是回到我们比较熟悉的领域来说。

《三国演义》写到的名医华佗，不是虚构的，他与曹操是同乡，早就给曹操看过病，熬过汤药。《三国演义》写华佗给关羽刮骨疗伤，是虚构的，为的是突出关羽战场外的英雄形象，但给曹操治病是真实的。官渡之战前夕，袁绍命陈琳写“讨曹檄文”，曹操有头疼的老毛病，躺着读陈琳写的檄文，读着读着突然坐起来，大笑着说：“读了陈琳的檄文，头不疼了。”后来曹操还是头疼，请华佗来治，华佗建议做开颅手术，但要用一种麻沸散的麻醉药，曹操怀疑华佗要害他，便把他关进了大牢。公元3世纪初年，世界上其他国家有没有开颅手术，我没有查到这方面的资料，但中国有，华佗能做，是肯定无疑的。华佗研制的麻沸散，便是至今仍非常著名的麻沸汤，开了世界医学麻醉领域的先河。此外，比华佗小几岁的张仲景详细记录治疗伤寒的《伤寒杂病论》、魏太医王叔和所著的《脉经》等，无疑是中国医学的宝典。

据《三国志》记载，孙权给曹操写的信、周鲂给曹休写的诈降书等，都是写在纸上的。用来书写的纸，是东汉王朝的蔡伦发明的，之前纸是用于包装的。用来书写的纸一出现，行书、楷书也就诞生了。陈寿的《三国志》，就是写在纸上的。

用纸书写，无疑带来了全天下信息革命的大爆发！

在此之前，文字都是刻在兽骨、竹简或写在布帛上，刻写一本书，就得用一车甚至数车的兽骨或竹简。秦始皇很勤奋，每天夜里批复的奏疏竹简，就是一两石。兽骨、竹简很笨重，不便携带传递，布帛很昂贵，一般人用不起。关键是，刻字和写字都是极其奢侈的事，只有皇室、朝廷和贵族才用得起，庶民百姓是沾不上边的。更关键的是，买不起兽骨、竹简、刻刀和买不起布帛和笔墨的广大民众，读书识文便被挡在了奢侈的门外，从而使得文字的发展和普及受到了极大的限制。纸的造价低，用竹子、麻丝、草梗等便可以造出来，甭说皇室、朝廷、贵族用得起，就连一般的富裕人家也都用得起。用得起的纸如此一扩展，就不只是文字、文化的扩展了，而是全国各地、各方面信息的流传和扩展，必然在政治、经济、军事、科技、文化、传统、道法等方方面面产生巨大的连锁反应。从这个意义上说，人类社会的第三次信息技术革命，产生于中国的三国时期！

文化

纸张用于书写的信息革命，极大地促进了三国天下文化的蓬勃发展，与文化相关的诗歌、文艺沙龙、早期小说、工艺美术、儒道佛经书、军歌以及用于外事交往的辞令等，在三国天下精彩纷呈。

就说诗歌吧。汉代的五言乐府诗，在三国时期变得丰富、生动了。如《古诗十九首》的第一首："行行重行行，与君生别离。相去万余里，各在天一涯。"这种离别之情的内心苦痛，使五言诗的境界和内涵极大地提升了。曹操是文化大家，他在书法、音乐、围棋等方面颇有修养，诗歌更是一流水平，他的《蒿里行》写了一个重大历史事件，写的是袁术私刻玉玺，觊觎帝位，引起各路诸侯讨伐。而参与讨伐的各路诸侯，各怀鬼胎，刚扯起联合的旗帜，便开始内讧，为争夺利益而"自相戕"，结果失败。参与这一重大事件的曹操，用诗歌表达了内心的无奈，以及对民众饱受战争之苦的“生民百遗一，念之断人肠”的深切同情。与曹操同期的文学大家很多，有用诗歌表现“建安风骨”的“建安七子”（孔融、陈琳、王粲、徐幹、阮瑀、应玚、刘桢），还有之后隐居在竹林超凡脱俗的“竹林七贤”（阮籍、嵇康、山涛、王戎、向秀、刘伶、阮咸）。我之所以把“七子”“七贤”的名字写上，是因为读者一看这些人的名字，便知道他们是文学大家。这么多大家同处一个时代，足见这个时代的文学之盛。曹操及他的两个儿子曹丕、曹植，都是文学大家。曹植的《七步诗》也许是后人虚构的，但他比曹操更具才艺，是肯定无疑的。史载，一个名叫邯郸淳的文士拜访曹植，曹植先是光膀子给他跳了一段西域舞蹈，接着给他表演舞剑杂耍，然后给他朗诵俳优小说。更衣整容后，与邯郸淳从盘古开天地讲起，讲历史，讲人物，讲故事，讲兵法，还评说古今文章、时政是非，把邯郸淳佩服得五体投地。曹丕也一样，不仅文学造诣很高，而且还写作出版了多部著作，如《列异传》《典论》等。

因为三国的主旋律是战争，因而军歌、檄文也蓬勃兴起。

前面讲到的“建安七子”之一的陈琳，他的檄文就是传世之作。如他在《为袁绍檄豫州文》中，一下笔便是“有非常之人，然后有非常之事；有非常之事，然后立非常之功”，成了后世脍炙人口的名句。当然，檄文中的谩骂比比皆是，骂得也很有文学造诣。

军歌，在魏、蜀、吴三国都非常盛行。鼓舞士气的军歌，我国自古就有。到了三国时期，军歌的演唱以大鼓和竹笛伴奏，史称“鼓吹曲”，气势更加宏大，娱乐的特点也更加鲜明。

下面，我们来欣赏曹魏的一首军歌：

战荥阳，汴水陂。戎士愤怒，贯甲驰。

阵未成，退徐荣。二万骑，堑垒平。

戎马伤，六军惊。势不集，众几倾。

白日没，时晦冥。顾中牟，心屏营。

同盟疑，计无成。赖我武皇，万国宁。

这首军歌，唱的是讨伐董卓的联军与董卓开打的荥阳之战，曹操加入的是联军。这次战斗，胜者不是联军，而是董卓，曹操战败且被流箭射伤，是他堂弟曹洪前来增援，才逃过一劫的。军歌把曹操战败的责任，推到同盟的联军身上，是“同盟疑”，才使得“计无成”。军歌虽然承认了曹操的失败，但更多的是对曹操的歌颂。这也能理解，类似军歌让唱不让唱，得曹操说了算。

再看另一首军歌《获吕布》：

获吕布，戮陈宫。

芟夷鲸鲵。驱骋群雄。

囊括天下，运掌中。

生动、简练、气势如虹。想想看，成千上万的士兵一起高唱这首军歌，伴以大鼓和竹笛演奏，这阵仗，岂不排山倒海、气势如虹！

由纸张带来的文化普及、信息革命，渗透到社会生活的方方面面，极大地发掘了人的智慧潜能，提升了人的生活品质，特别是人的愉悦度。聊天、喝茶、喝酒的谈资广阔、话题众多，尤其是时兴的对答游戏，能瞬间把人的储存学识激发出来。

比如，我们今天也作为喝茶聊天的一个话题，在三国时期就出现过：君主和父亲同患重病，而救命的药只有一丸，所以只能救一个人，到底是该救君主呢，还是该救父亲呢？太子曹丕在一次宴会上，就给大家出过这道题。当时的答案虽五花八门，有说救君主的，有说救父亲的，但最后形成的一致意见是救父亲。因为当时人们更重视对父母的孝行，并在社会上形成了广泛共识。今天喝茶聊天的同样话题是妻子和孩子同时落水，水流湍急，丈夫只能救起一个人来，是该救妻子呢，还是该救孩子呢？这个答案虽五花八门，但形不成一致意见，或许妻子、孩子谁都不救，可能也是一种意见。

三国时期的问答游戏，不仅在宫廷、官吏和大户人家上演，在广大庶民百姓家里也普遍上演，形成了中国至今仍有一定热度的一种文化娱乐现象。

外交

魏、蜀、吴三国，包括其他诸侯国之间的外事活动，在三国天下发生的频率极高，各国派出的使节都饱读诗书，才华出众。比如，赤壁大战前夕，益州州长刘璋听到曹操取得荆州的消息后，立马派部下张松作为使节去见曹操，观察曹操的下步动向，以决定益州的下步打算。张松个子矮小，其貌不扬，没有引起曹操重视，受到冷落。张松转而去拜访刘备，受到热情款待。张松于是给刘备详细介绍蜀地实情，并献上蜀地地图，暗地里做迎接刘备入主益州的准备。张松一肚子学问，博闻强记，绝顶聪明。据说曹操的部下杨修，在张松面前炫耀曹操写的兵书，张松只看了一遍，便能把书中的内容背诵下来。曹操冷落使节张松，犯了一个外交上的重大错误，导致刘备抢得吞并益州的机会。

外交辞令，在三国时期达到了极高的水准。比如，公元208年，曹操不战而得荆州后，准备向东吴发起进攻，便给孙权写了封信。信是这么写的："近来，我奉天子之命，讨伐叛徒，军旗南指，刘琮降服。现在我亲率长江舰队八十万人，希望跟将军在吴国故地狩猎。”明明是八十万大军压境，要向东吴发起进攻，却用外交辞令，说成是与孙权在东吴的土地上“狩猎”。如此轻松美妙的措辞，把东吴的臣僚吓坏了，有的甚至被吓哭了。

公元213年春季，曹操大举进攻东吴的濡须口，孙权率军抵御，双方僵持一个多月后，孙权写信给曹操说：“春水方至，公宜速去。”说的是春季到了，江河水势将上涨，阁下应迅速撤走。春天开河，江水上涨，孙权不说自己将率舰船进攻，却劝说曹操迅速撤退，为什么？因为在此之前，曹操在赤壁大战中败给了孙权。关键是，孙权在给曹操的信里夹了张纸条，写着“足下不死，孤不得安”八个字。曹操看到这个小纸条后，立即下令撤军，说：“孙权不会欺骗我。”

至今还流传的一则故事，也发生在三国时期的使节交往中。故事是这样的：蜀国使节出使吴国时，当着孙权的面，拿吴国一个语迟的大臣当笑料。吴国在场的一个大臣便帮忙反击，拿蜀当笑料，说：“有犬则为独，无犬则为蜀，横木苟身，虫入腹。”蜀国使节反问，吴又怎样呢？这个大臣张口说道：“无口为天，有口为吴，君临万邦，天子之都。”类似这种摆弄文字取笑对方的机敏、诙谐，在三国的外交中比比皆是，它所折射的，还是纸张带来的文化普及和繁盛。

此外，三国时期也是中华文明的势力不断扩大的时期。在很长时间里，中华文明的中心在中原，即黄河流域一带。虽然秦始皇、汉武帝开疆拓土，把中华文明传播得很远，但边远地区对中华文明的消化还是极其缓慢的。上面提到的“蜀”字，里面有虫，说明蜀地还是蚊虫很多的蛮荒之地；“吴”字上面有“口”，表示江南地区人们说话声音大，也有蛮夷之地的意思。三国虽然相互争夺得非常厉害，但对待边境的少数民族，都采取的是讨伐和怀柔两手政策。

就说诸葛亮的南征吧，他把蜀南地区原有的四个郡增至六个郡，挑选上万名不同民族的青年加入蜀军，号称“飞校”。对孟获“七擒七纵”，目的就是收揽少数民族的人心。孟获后来随诸葛亮北伐，官至御史中丞。简单想想就知道，似孟获这样的蛮族首领在蜀国任高官，他所统领的民众能不服从蜀国的管理吗？如此，中华文明能不扩展到这些蛮荒之地去吗？

再说孙权的平山越，吴国的扬州、荆州、交州，本就是少数民族居住地，荆州南部有五溪蛮、武陵蛮，交州南部就是越南的北部，而扬州的山岳地带，包括安徽和江苏的南部、浙江、福建、广东这些地方，大都居住着山越人。孙权平山越，一方面是要稳定大后方，另一方面是要把大批汉族民众移民过去，促使山越刀耕火种的生活方式逐渐发生改变，山越与汉民的抗争逐渐走向共生，乃至同化通融。据史料记载，编入吴军的山越士兵达十六万之多，可见各少数民族与汉族的同化通融，达到何等程度。

再看曹操。东汉末期，西方的氐族、羌族等少数民族，与东北的乌丸、鲜卑等少数民族逐渐取代匈奴，在三国天下活跃起来。特别是在凉州、陇右一带的氐族、羌族，已经加入三国争霸的打斗之中。曹操主要采取的是怀柔和同化政策，积极推进少数民族向内地迁移，曹军中的“义从”“勇力”，就是少数民族组成的军队。据说关中的人口中，有将近一半是少数民族。

今天，我们往历史的远方望去，南北朝之前的“五胡十六国”动乱，无疑始于三国时期的少数民族大迁移。而把这个时期的动乱，放到中华民族的历史长河中来看，隋唐的国运大兴，不正是中华民族把这种动乱平息、调整、统驭的最佳结果嘛！不正是中华民族历史的苦难辉煌嘛！

历史，就这么无声无息地不以人的意志转移着！

第七章 三国的历史宿命

魏、蜀、吴三国，是东汉王朝没落的历史选择……

在战火烘托的残酷选择中，站起了一批彪炳史册的战将、谋臣……

但战将也好，谋臣也好，英雄也罢，都无法挽救三国向历史走去的宿命……

蜀国毁于“扶不起来的阿斗”

扶不起来的阿斗，是刘禅。

公元223年，刘备去世，十七岁的太子刘禅继位，诸葛亮掌控蜀国朝政。

诸葛亮是政治家、战略家、军事家、文学家，他对蜀国忠心耿耿，对刘备托付给他的重任铭记于心，不敢丝毫松懈。因而在刘备去世后，蜀国的内政外交在他的掌控下一如既往，国内安定有序。

出于大的战略考虑，诸葛亮在刘备去世后不久，便派宫廷秘书邓芝出使东吴，恢复自关羽失荆州后的两国邦交关系。邓芝非常坦率，深得孙权赞赏。孙权故意说：“天下太平的话，东吴、蜀汉分别治理自己的国家，岂不是一件乐事。”邓芝则回答说：“天上没有两个太阳，地上没有两个君王，如果消灭曹魏，两国君王广布恩德，群臣各尽忠心，恐怕将擂起战鼓，战争不过刚刚开始。”孙权听了大笑，赞扬邓芝真诚实。

时下三国鼎立，天下三分，一旦两国结盟，其共同面对的敌人就只有一国了。

正是在这种形势下，诸葛亮在蜀国大力推广农业生产，积蓄粮秣，关闭边境所有关隘，使人民得以休养生息。

面对益州郡（今云南省昆明市晋宁区）民间首领雍闿斩杀郡长，裹胁同郡人孟获，煽动各少数民族反叛蜀国的动乱，军事参议官马谡给出的建议是安抚。马谡说：“军事行动，攻心是上等谋略，攻城属于下策；心理作战是上等谋略，沙场作战是下策。”因而要采取使蛮族心服的攻心之策。诸葛亮采纳马谡的建议，七擒七纵孟获，使得蜀国西南的益州、永昌（今云南省保山市隆阳区金鸡村）、牂牁（在今贵州省黄平、贵定二县间，一说在今贵州省凯里市西北）、越嶲（今四川省西昌市）四郡全部平定，人民生活安定祥和。

四川本就是天府之国，给点儿阳光就灿烂，人民在休养生息中基本满足温饱后，便步入休闲的慢生活。皇帝、皇后、臣僚也都在这种慢生活中休闲漫步，唯有诸葛亮日理万机、夜以继日地批阅公文、查验账目、谋划国事。宫廷主任秘书杨颙劝诸葛亮不要这么事无巨细，并以一个家庭为例，打了个比方：家中主人教仆人耕田，教婢女做饭，教公鸡早啼，教狗吠盗贼，教牛去载重，教马去长途驮运，主人坐在高堂，喝茶饮酒就够了，而这些事全由主人来做，累死也做不好。诸葛亮听后笑笑，他不是不懂“坐在那里探讨国家大事，是三公；站起来执行三公的决策，是士大夫”的道理，而是强烈的责任感，使得他不敢丝毫懈怠。

分析看，魏、蜀、吴三国鼎立，蜀国是天府之国，诸葛亮如果把全部精力用于蜀国的治理上，同时给皇帝刘禅肩上压些担子，引导他读书明理，远离奸佞小人，挖掘重用贤才，加强军备训练等，蜀国的步子或许走得更稳、更远。可是诸葛亮的责任感太强烈了，他几乎把朝政事务一个人统揽起来。而皇帝刘禅正处于青春年华，有诸葛亮在前面撑着，他乐得逍遥自在，因而成天与一帮能使他快活的人厮混，尤其是对身边那些宦官，更是十分宠爱。宠爱也是有定数的，把万般宠爱给了宦官，所留给的对贤才的欣赏和爱惜，也就寥寥无几了。从某种意义上说，皇帝刘禅这个“扶不起来的阿斗”，是诸葛亮惯出来的。

诸葛亮北上伐魏，也是他强烈责任感的表现。在他的《后出师表》中看得出来，蜀汉朝廷上下，对他率军攻魏，几乎是一致反对的。但诸葛亮在一一驳斥这些反对论调后，还是率军出发了。

《三国志》作者陈寿这样评价诸葛亮：“长于治理军事，短于奇谋诡计，政治能力优于作战能力，所以连年劳师动众，不能克敌制胜。”

陈寿的这个评价，在诸葛亮否决魏延的建议上得到印证。

让我们走进司马光的《资治通鉴》，看看是怎么一回事。

公元228年，蜀汉发起对曹魏的进攻，丞相府军政官魏延不同意诸葛亮走平坦大道、直取陇右的作战方案，主张派五千人从褒中出发，沿秦岭南路东行，在子午谷北进的作战方案，被诸葛亮否决。战斗的失利，也许证明此举是错误的。

还有，诸葛亮对越嶲郡长马谡的任用，也证明了这一点。马谡才干器宇，喜爱谈论军事，深得诸葛亮器重。刘备生前提醒诸葛亮：“马谡言过其实，不可大用，你要注意。”马谡是个智囊型谋略人才，而不是率军冲锋陷阵的勇将。诸葛亮不用魏延等军事战将，而命马谡统御各军进入街亭。马谡放弃水源和城垒，竟然在山上筑营，结果曹军切断水源，蜀军立即陷入混乱，街亭也丢失了。

公元234年，诸葛亮率军北伐，向曹魏发起第五次进攻，在陕西省眉县西北的五丈原，与司马懿大军僵持一百余日，始终不能取胜，不幸在五丈原去世。

诸葛亮一死，军队便自乱阵脚，蜀汉唯一的军事谋略家魏延，在蜀军回撤的路上被诛杀。从此，蜀国便像山坡上的滚石一样，倾泻而下。

皇帝刘禅不理朝政，到处游玩，不断扩大声色犬马的享乐，再也没有人敢劝谏了……

宦官黄皓深得刘禅宠信，朝廷高官大多数人都巴结黄皓，唯黄皓之命是从……

黄皓酷信巫师鬼神，只要他不同意干的事，哪怕是敌军压境、火烧眉毛，他都搬出巫师鬼神来阻止，皇帝刘禅马上按黄皓的意见下达诏令……

诸葛亮去世后，蒋琬接任最高指挥官，是诸葛亮推荐的。蒋琬很有学识，品德高尚，但才智平平，他说话，皇帝刘禅不听……

蒋琬之后，费祎接任最高指挥官，他几乎与蒋琬是一个模子刻出来的，说话皇帝刘禅也不听……

接替费祎的姜维，是从曹魏投降蜀汉的。姜维是历史上受争议最多的人物之一，有的认为姜维清廉、朴素、好学不倦，自是一代表率。有的认为姜维背叛君主，不可谓“忠”；抛弃父母祖宗，不可谓“孝”；反过来攻击自己的祖国，不可谓“义”；战败不死，不可谓“节”；是既无智又无勇的一个庸人。有的认为姜维穷兵黩武，没有远见，而又缺乏判断力，等等。史学大家司马光没有插嘴发表评论，他只是用笔记载姜维连续发起对魏国的进攻，而他的军事谋略、兵力部署、战场处置等，几乎无一例外被曹魏将领参透，因而发起一次进攻，军队就战败溃逃一次，姜维没有给蜀国打出捷报，打出信心……

公元263年，魏国向蜀国发起毁灭性进攻，蜀国向盟友吴国求援，吴国却在一旁做冷眼旁观，派出少量军队造了一下势，便回撤了。一看这架势，蜀汉皇帝刘禅向魏国投降，立国四十三年的蜀国灭亡。

魏国封刘禅为安乐公，晋王司马昭设宴款待刘禅，伴以巴蜀歌舞助兴。刘禅听不出其中的讥讽之意，谈笑风生，频频举杯。司马昭问刘禅是不是想念巴蜀，刘禅的回答是：“此间乐，不思蜀也！”

司马昭不禁感叹：“一个人没有灵性，竟到如此地步，即令诸葛亮仍在，也无法辅佐他长久不坠，何况姜维？”

“乐不思蜀”的皇帝刘禅，从他穿上龙袍开始，便是寻找各种刺激的快乐、享受的快乐、荒淫的快乐，最终在他自己的“快乐”中，把偌大一个蜀国葬送掉了！

暴君孙皓把东吴送进坟墓

孙权活了七十一岁。有史学家认为，孙权活的时间太长了。意思是说，孙权一世英名，累积功勋，智谋高超且很听劝。但晚年的孙权，成功的包袱背得太重了，以致非常任性，干了不少于东吴不利的事情。如果孙权去世早一些，让一个好一点儿的皇帝接班，也许东吴不至于那么快毁灭。

孙权的任性，聚焦在立太子上。

公元241年，太子孙登去世，立孙和为太子。孙权对孙和与他的亲弟弟孙霸特别宠爱，把他哥俩安排在同一宫殿居住，待遇完全相同。

这一来，迅速引发了孙和与孙霸的明争暗斗。

从孙和的角度看，立为太子，就确立了下一任皇帝的接替地位。可父皇孙权却把他的弟弟孙霸，与自己安排同住一个宫殿，待遇完全相同，他能不担心吗？什么意思？是不是父皇孙权没有最终下定决心，还要对让我孙和接班或孙霸接班进行观察、选择？

从孙霸的角度看，他从父皇孙权的这种安排中，看到了一线皇位向他招手的希望，他能不抓住这一线希望而向皇位走去吗？

于是，孙和、孙霸一系列的明争暗斗迅速展开，且达到白热化的程度。

整个东吴，从皇宫侍婢到孙和、孙霸的宾客，以及孙氏家族的族亲、朝廷的高级官员，分成了两大阵营，相互攻击、诬陷、诋毁。皇帝孙权陷入两大阵营争斗的旋涡，今天帮孙和说话的进殿对他劝谏，明天帮孙霸说话的进殿对他劝谏，气得孙权常常暴躁发狂，下令贬斥甚至诛杀前来劝谏的大臣。

公元250年，孙权罢黜太子孙和，贬作平民，下令孙霸自杀，连同孙霸笼络的一干亲信党羽全部诛杀，同时立九岁的儿子孙亮为太子。两年后，孙权去世，孙亮接替孙权，成为东吴第二任皇帝。

十一岁的皇帝，皇权必然旁落；围绕皇权的争夺，也必然白热化。

就这样，东吴的皇位，似走马灯一样走到第四步，便走到了暴君孙皓手里。

孙皓是孙和的儿子，司马光是这么记述孙皓的：孙皓刚登基时，发布宽大的诏书，抚恤人民，打开仓库，赈济穷苦，把大批宫女遣送出宫，让她们婚配成家，御花园中豢养的禽兽都放归山野。全国上下，一致庆幸遇到了明主。想不到孙皓在掌握权柄后不久，立刻换了一副面孔，不仅兽性发作、骄傲粗暴、不可一世，而且自卑感太重，所以忌讳也特别多，加之好饮酒、好女色，全国上下十分失望。

极短时间内，东吴皇帝孙皓，从天上掉到地上。

我们分分类，看司马光是如何记述孙皓十恶不赦的。

先看孙皓在酒桌上的表现：

——孙皓召集文武百官欢宴，散骑侍从官王蕃不胜酒力，喝多了跌倒在地，被人抬出去了。孙皓怀疑王蕃是装的，便把王蕃召回。王蕃是那种特别注重外表形象的人，他呕吐、清洗完后，强打着精神返回酒场。孙皓见他腰板挺得直直的，走路也不摇摇晃晃，便喝令侍卫将其处斩，而后率群臣出宫，登上樊山，命人扮成虎狼，将王蕃的人头抛来抛去，争抢啃食……

——孙皓设宴，命会喝酒的、不会喝酒的文武百官，都必须喝至少七升，待大家喝得东倒西歪后，孙皓叫他的亲信逐一揭露官员的隐私。如此时有人借着酒劲儿解释，立即被诛杀。有的官员觉得在满朝文武百官面前丢了丑，回家后自尽……

——孙皓每次设宴都要文武百官全体喝醉。他特地指派十个宦官担任宴会的执法官，将每个官员在宴会上的表现记录下来，包括抬头看了谁一眼，或跟谁交谈，或说过什么醉话，都一一记录，宴会后报给孙皓。孙皓认为情节重大的立即诛杀，情节轻微的记录在案，而后找个碴儿，或活剥脸皮，或挖珠凿眼。孙皓这么做，就是玩喝酒杀人取乐的游戏。他把文武百官的生杀大权，交给十个宴会执法的宦官，他们记录什么，没有人审核是否属实，想杀谁，就在“记录”上写一笔即可……

再看孙皓的荒淫无度：

——东吴迁都武昌，规定扬州负责供应武昌的物资食品等，逆江而上，耗费大量人力财力。而孙皓却不管不顾，只顾自己荒淫无度。当时流行这样的童谣：“宁饮建业水，不食武昌鱼。宁回建业死，不留武昌居。”

——孙皓派人走遍各州各郡，挑选民家美女。他下诏规定，郡长级以上官员的女儿，每年都要把名字呈报给他，年满十五岁了，由他先行挑选入宫，落选的才准出嫁……

——孙皓御驾亲征，对晋国发起进攻，携数千美女同行。恰逢天降大雪，道路泥泞损毁，车辆难以通行。他下令每辆拉美女的车，派一百名官兵推拉，仅拉美女所坐的车的官兵，就达四万多人……

——孙皓一个宠妃的下人，上街公开抢劫，被商业区保安司令陈声依法处理。孙皓大怒，下令逮捕陈声，用烧红的铁锯，锯下陈声的脑袋，扔到四望山之下……

——湘东郡长张咏，拒绝收百姓的苛捐杂税，孙皓派人将他在郡政府斩首，并把他的人头送到所属各县巡回展示；会稽郡长车浚，公正清廉，政绩优秀，因大旱田野枯焦，人民饥饿悲苦，请求救济，孙皓认为他收买人心，将其在郡政府斩首；宫廷秘书熊睦，对孙皓说了几句规劝的话，孙皓亲自用刀柄将其捣死，捣得熊睦全身没有一块完整的皮肉……

不忍再写下去了，如此暴虐的君王，中国数千年历史上独一无二！

偌大一个东吴，眼看着皇帝孙皓用十恶不赦糟践着孙坚、孙策、孙权用大智大勇积攒的祖业，眼看着皇帝孙皓用无恶不作给东吴掘墓，就没有人站出来予以劝谏阻止吗？

司马光说：有！

右丞相万彧、左将军留平等人，对皇帝孙皓如此为非作歹心急如焚，他们私下商议，准备对孙皓进行规劝。还没来得及劝，孙皓得到消息，便开始打击。在孙皓主持的文武百官宴会上，孙皓命人把毒酒传给万彧。因下毒的人对万彧很敬重，毒量减少，万彧得以不死。孙皓同时命人把毒酒传给留平，留平一喝，感觉不对劲，赶紧服下解药，暂时保住了小命。有人把皇帝孙皓下毒的事，告诉了万彧和留平，万彧知道，躲得了今天，躲不过明天，只好自杀；留平气得一病不起，不久丧命。

万彧可是在皇帝孙休死后，着力推荐孙皓接替的人！

中书令兼太子太傅贺邵，德高望重，对皇帝孙皓的胡作非为心急如焚，曾恳切上书规劝，气得孙皓发狂，便心心念念寻找机会收拾贺邵。公元275年，贺邵中风瘫痪，辞职回家养病。孙皓认为是个机会，便以贺邵装病为由，将其收押到藏酒的地窖，对他实施酷刑，一次就抽打上千鞭。因贺邵瘫痪损坏了语言机能，说不了话，审讯记录报上去是空白的，孙皓认为这是被贺邵蔑视，怒火万丈，下令用铁锯锯他的脖子，用火烧他的头，活生生把他折腾死了，还觉得不解气，又把贺邵的家属全部放逐到浙江临海。

……

皇帝孙皓是这么个臭德行，朝廷一些奸佞小人，便像苍蝇追逐臭蛋一样，成天围在他身边嗡嗡，帮着孙皓为东吴掘墓。

比如，会稽人张俶，打小报告诬陷他人的水平极高，深得皇帝孙皓宠信，被提升为国家安全禁卫官，并封侯爵。张俶的父亲知道儿子是个什么德性的人，上书孙皓，请求如果儿子犯罪，不要让他受连坐追究。张俶奏准设置特务侦查官（弹曲）二十人，专门负责秘密调查、指控官员的不法行为。这二十人是张俶亲自挑选的与自己德性相同的人，他们根据自己的喜好、官员送礼的轻重以及皇帝孙皓的眼色，无节制地诬告陷害朝廷官员。史载：一时间监狱爆满。

公元279年十一月，晋国对东吴发起灭国性总攻，至来年三月，东吴首都建业（今江苏省南京市）陷落，皇帝孙皓光着上身，双手绑在身后，抬着棺材，向晋军投降。立国五十九年的东吴灭亡。

在晋国文武百官参与的受降仪式上，孙皓登殿叩头后坐下。晋国皇帝司马炎和大都督贾充，与孙皓进行了这样一段对话，实录如下：

司马炎：“我设这个座位，等你很久！”

孙皓：“我在南方也设有座位，等待陛下。”

贾充：“听说你在南方，挖人眼珠，剥人面皮，这算什么刑法？”

孙皓：“做人的臣属，谋杀他的君王，奸邪不忠的，就用这个刑法对付他。”

这段对话告诉我们，孙皓从给东吴掘墓，到把东吴送进坟墓，也没有真正弄清什么样的人，是“奸邪不忠”的小人！

而他更没有弄清的是，坐在皇帝御椅上的他，其实就是“奸邪”小人！

魏国为何如此短命

曹操“挟天子以令诸侯”长达二十五年，被他挟持的所谓皇帝，不过是他手里的一张牌。这张牌什么时候打，怎么打，全凭他需要或不需要。虽如此，天下姓刘，不姓曹，不仅普天之下的民众这么看，就连曹操也这么看。

公元220年，曹操去世，他的儿子曹丕穿上龙袍，登上了魏国第一任皇帝之位。这时候的天下，虽有蜀国的刘备穿着龙袍，东吴的孙权正准备换装龙袍，但用历史的视角一眼望去，天下改姓曹了。

但魏国只存续了四十六年。在这四十六年中，曹家真正掌控朝政只有十九年，其余二十七年，也就是从八岁的皇帝曹芳开始，皇权旁落，皇帝实际处于曹家各种势力和司马懿的“挟持”之下，成了国家的一个符号，发挥不了什么作用。

英武盖世的曹操，为曹家打下的江山，为何如此短命呢？

史学家做了各种探讨、分析。

有史学家认为，魏国的短命，是曹丕不守孝道造成的。曹操在公元220年一月二十三去世，二月二十一安葬，曹操刚一入土，曹丕就脱下丧服，在故乡亳县举行盛大的宴会，宴请家乡父老，赏赐六军，设置了杂耍、乐队和各种助兴节目，昼夜欢娱，严重败坏了孝道的古制。古制规定，送葬后十天至十五天之内，孝子要到祭庙进行一次“反哭”，也就是返回祭庙，有泪无泪地哀号一次，这之后还要守孝三年。史学家认为曹丕不守孝道，所以政权不能长久。

史学家找的这个原因，显然不切实际！

曹丕急于要穿的是龙袍，他穿着魏王的王服守孝三年，这龙袍还穿得上吗？三年且不知能否穿上龙袍，何来政权长久？

还有史学家认为，魏国的短命，是曹丕违背礼制造成的。曹丕接受禅让，登上帝位后，娶汉献帝刘协的两个女儿为妻。曹丕是比照舜帝这么做的，因为舜帝娶了尧帝的两个女儿为妻。曹丕号称其先祖是舜帝，舜帝娶尧帝两个女儿为妻，这是先例，他曹丕能不照着学吗？但曹丕也许忘了，其父曹操是把女儿嫁给献帝，才使曹家被纳入皇帝外戚的，曹丕是东汉皇后的哥哥，现在却娶妹妹的女儿为妻，虽然献帝的这两个女儿不是妹妹所生，但从辈分上算下来，这不有悖儒教伦理吗？如此背离伦理的皇帝，能使王朝兴旺发达吗？

显然，史学家找的这个原因，也很牵强。

倒是司马光在《资治通鉴》中所记载的一些事，可以窥视到魏国短命的端倪。

司马光写道，曹丕把曹操安葬后做的第一件事，就是把临淄侯曹植贬为安乡侯，并赶出朝廷。曹操的儿子很多，其中正室卞夫人所生四子，是曹丕、曹彰、曹植、曹熊，除曹熊早年夭折外，其余三子都聪明过人。曹彰很能打仗，曹丕、曹植都是文坛上响当当的人物。曹操尤其喜欢天赋很高的曹植，也有过立他为太子的念头。可曹植想的是，立长子是儒家的规矩，因而拥护大哥曹丕接替父亲的爵位。为此，曹植常常做出一些出格的事来，以打消父亲想立他为太子的念头。例如，关羽围攻樊城时，曹操想让曹植为将领兵，以让他接替太子积攒功勋。而曹植呢，听到这个消息后，招呼自己的好友丁仪、丁廙等人喝酒，待曹操给他传令带兵时，他酩酊大醉无法受命。而曹丕呢，对曹植的戒备和嫉恨却怎么也放不下，因而当上皇帝后，第一件事，就是贬曹植，同时下令把丁仪、丁廙家的男丁全部诛杀。不仅如此，曹操的儿子（庶子）很多，曹丕把曹姓各封国亲王，全部安置在千里之外，每人配百余名老弱残兵充当警卫，供给保障也相当匮乏。曹丕规定，亲王不得到京师朝见，亲王之间不得交往，并专门设立防辅、监国谒者，对各个亲王进行严密监视。因而反映各亲王“违法罪行”的报告，不断被递到曹丕的龙案。

曹丕心胸狭隘，记仇。他还是太子的时候，曾提出向堂叔曹洪借绸缎一百匹。曹洪家庭富有，但很吝啬，虽借了一些给他，但不到曹丕想借的一百匹，因而曹丕始终怀恨在心。曹丕当上皇帝后，终于抓住一个机会，实施打击报复。曹洪的一个门客犯法，曹丕下令逮捕曹洪下狱，判处死刑。只是因为母亲卞太后大怒，曹丕才放了曹洪一马，但仍不忘免除他的官职，剥夺他的爵位、食邑。门客犯法，依法处置门客就好了，何至于把堂叔曹洪诛杀呢？皇帝曹丕的这个报复，实在太离谱了！

曹丕这个皇帝，防自己的亲兄弟就像防贼一样，生怕一觉醒来，黄袍披在别的兄弟身上，因而魏国的大权虽捏在他的手上，但重大决策出台前的朝议、论证——这个事关王朝兴衰的关键环节，却旁落到不知哪里去了。

司马光还写道，曹丕当上皇帝后的当年，问高级咨询官苏则：“你攻下酒泉、张掖后，西域曾派使节前来敦煌，呈献直径有一寸的大珍珠，是不是再买得到？”刚刚登上帝位的曹丕，心里装的是什么呢？百废待兴的烂摊子如何收拾，难道一丁点儿也不装进心里吗？一个皇帝问大臣哪儿能买到大珍珠，这不就是告诉大臣给我把大珍珠送来吗？

司马光还写道，曹丕登上帝位的当年，给征南将军夏侯尚下过这样一道诏书：“你是皇家的心腹、重要将领，赋给你特别权利，随你作威作福，杀人饶人。”《书经·洪范》写道：臣属不可以作威作福，如“作威作福，其害于家人，凶于而国”。号称饱读儒家诗书的曹丕，下达如此荒诞的诏书，不是天大的笑话吗？

司马光笔下记载曹丕的这些事，足以说明，曹丕不是明君，曹家的执政如此荒腔走板，魏国的寿命长不了！

当然，如此写来，并非要说曹丕一无是处，他推行的“九品官人法”，表明的是从基层百姓中选拔人才的良好初衷。战乱天下，人才选拔是没有正常渠道的，曹丕推出“九品官人法”，可以说是一大创举。该法的核心是，根据乡里百姓的舆论，按才能和德行选拔人才，分成九等对应官品职位。如此，生活在农村广大区域的优秀人士，有了一条凭德才入仕当官的渠道，这对庶民百姓、对国家社会，确是一件大好事！

公元226年，曹丕死了，曹叡继位。曹叡是曹丕的长子，因他的亲娘发泄不满而被杀，一直没有立为太子，直到曹丕去世前，才指定他接替皇位。

曹叡长得很帅气，站立时长发可垂到地面。曹叡虽说话口吃，但爱读书，文学天赋很高，爷爷曹操很喜欢他，经常带在身边，与他一起讨论诗文。司马光记载了曹叡一件小事：一天，曹丕带曹叡打猎，遇到一头母鹿带着一头小鹿，曹丕一箭把母鹿射杀后，命曹叡射杀那头小鹿。曹叡流着泪说：“陛下已经杀了它的妈妈，我不忍心再杀它的儿子。”

这个故事很感人，读来让人感觉曹叡这个皇帝有慈悲之心，有良善之心，他的这种心态体现在执政上，当是善政。

是不是这样，我们还是请司马光来说话。

司马光说：曹丕规定的不准亲王们留在京师，曹叡继承下来了，只是稍稍做了点儿调整，诏令所有亲王跟皇族的公爵、侯爵，各派嫡子一人前来京师参加元旦朝会，朝会结束便离开京师。这就是说，朝廷重大决策出台前的朝议、论证——这个事关王朝兴衰的关键环节，在曹叡手里仍旁落到不知哪里去了。

司马光说：曹叡有一种建筑宫殿的狂热，他于公元226年登基，公元227年便着手大肆兴建宫殿，之后就没停过，先后兴建了许昌宫、洛阳宫。一个宫就是一个庞大的建筑群，如洛阳宫就有昭阳殿、太极殿、总章殿等，殿高都超过十丈。为此，曹叡专门组建了一个庞大的工程施工监督班子，在规定时限内不能完工的，曹叡把监督官召来亲自查问，常常未等监督官把话说完，监督官的人头便落地了。建宫殿就得征调民夫，许昌、洛阳周边数百里民间种桑耕田，几乎停顿……

司马光还说：曹叡沉迷在美女阵中。请注意，司马光在这里用的是“美女阵”一说。美女成阵，想想吧，这阵仗该是多少美女呢？对于这阵仗中的美女，曹叡都比照政府文武百官，给予官位和俸禄。第一级贵嫔、第二级夫人，位爵极尊，朝中就没有对应的官职可比；第三级淑妃，位比相国，爵比亲王；第四级淑媛，位比最高监察官，爵比公爵；第五级昭仪，比照一级侯爵（县侯）；第六级昭华，比照二级侯爵（乡侯）；第七级修容，比照三级侯爵（亭侯）；第八级修仪，比照准侯爵（关内侯）；第九级婕妤，比照中二千石；第十级容华，比照真二千石；第十一级美人，比照二千石；第十二级良人，比照一千石；等等。也就是说，在曹叡的后宫美女中，官位、爵位有比相国高的贵嫔、夫人两个阶层，而后比照相国、政府部长、郡、县、乡、亭的官职待遇，分出十个层级，相当于在政府的架构之外，搞出了一个与政府架构相同的后宫美女架构，由朝廷发给俸禄，专供他曹叡一个人寻欢作乐。史载，仅负责后宫洒扫的宫女，就达数千人之多！

无语了！

文字写到这里，曹叡不射杀幼鹿的慈悲之心、良善之心，看得出来吗？他可能推行的善政，看得出来吗？

说实话，本人没有看出来，只看得出来魏国推出这样的皇帝，注定短命！

是的！魏国是个短命王朝！

曹叡之后，接替皇位的是曹芳，只有八岁，与他所面对的司马懿，根本就不在一个等量级；曹芳之后，接替皇位的叫曹髦，十四岁，召他进宫时，他并不知道召他去干什么，直到把黄袍给他穿上后，才知道叫他去当皇帝；曹髦之后，接替皇位的是曹璜，十五岁，改名叫曹奂，至公元265年，曹奂把皇位禅让给晋王司马炎，魏国便改为晋王朝了。

魏国在皇帝曹芳之后，苦苦支撑、苦苦挣扎，维系了二十七年。这二十七年中，曹家皇帝过的是什么日子，是个什么心境，皇帝曹髦所写的《潜龙》诗可见一斑。

公元259年，在宁陵（今河南省睢县）的一口水井里发现两条黄龙，文武臣僚认为这是一种吉祥的预兆，向皇帝曹髦庆贺，曹髦怎么也高兴不起来，便写了一首《潜龙》诗：

伤哉龙受困，不能跃深渊。
上不飞天汉，下不见于田。
蟠居于井底，鳅鳝舞其前。
藏牙伏抓甲，嗟我亦同然。

第八章 晋王朝一抬腿走出一个『乱』字

司马懿是晋王朝的祭奠者，他真正的形象，不是戏剧舞台上的“白脸”……

晋王朝一抬腿就乱，且一乱再乱，连续“八王之乱”……

乱到最后的结局，便是与“五胡十六国”一道，摸索着向历史的纵深走去……

历史上真实的司马懿

司马懿是晋王朝的奠基者。照常理推，司马懿为司马家族的晋王朝奠基，那他便是对曹氏家族的魏国掘墓，把“奠基”和“掘墓”放在一起看，无须用脑子去想，便能想出，是姓司马的窃取了姓曹的政权。如此一来，甭说对姓司马的生出恶感吧，至少印象就不好了。

尤其是，明帝曹叡临终前特召司马懿进宫，握着他的手说：“我把后事托付给你，由你跟曹爽辅佐幼儿。死怎能忍？但我强忍不死，就是等你！能够相见，没有余恨。”接着他把两个幼儿曹芳、曹询叫到床前，指着曹芳对司马懿说：“就是他了，你看清楚，不要看错。”说罢还叫曹芳紧抱司马懿的脖子，在场的人无不感动落泪……

这可以说是中国历史上感人的托孤场景！

这场景透视出来的，是皇帝曹叡对司马懿的高度信任，是司马懿该当至死不改对魏国忠心耿耿的责任担当！

可是，短短二十七年后，司马氏的晋王朝，便把曹氏的魏国取代了。

这之后，世人对司马懿就不是印象不好了，而是抱定唾弃的态度，深恶痛绝。不少学者包括一些史学家，开始挖司马懿的祖坟，说司马懿不是司马家族的人，是他母亲跟一个姓牛的勾搭成奸所生，他本姓牛；说他在曹操手下就心怀不轨，早就开始做窃取曹魏政权的准备；等等。

在《三国演义》里，罗贯中是把司马懿当作奸臣写的。

司马懿是不是奸臣？我们循着司马光的笔端，到《资治通鉴》中去看个究竟。

司马懿，今河南焦作人，自称是与刘邦同期活跃于历史舞台的殷王司马印之后，也是东汉时期的名门望族。司马懿是曹操“挟天子以令诸侯”时，被提拔为东汉王朝文学掾的，颇得曹操赏识。“得陇望蜀”这个成语，就是司马懿给曹操提的一个建议。公元219年，关羽率大军围攻樊城，为解樊城之围，司马懿建议曹操与东吴结盟，承诺把长江以南地区封给孙权。作为回报，让孙权派兵去抄关羽在江陵的后路。曹操采纳司马懿的建议，把孙权同意讨伐关羽的信，用箭分别射入樊城跟关羽的大营，结果樊城官兵斗志倍增，关羽的官兵人心惶惶，最终关羽败走麦城。

司马懿和诸葛亮同是三国天下伟大的军事家，这两人必然在战场上见面。公元234年，诸葛亮统蜀国十万大军，向魏国发起大规模进攻，曹魏的最高统帅司马懿率军迎战，两位军事大家的高超谋略，在战局对峙中碰撞出绚丽的光芒。

诸葛亮大军在渭水南岸扎营布阵，司马懿大军渡过渭水，背靠渭水构筑营垒。两人同时想到的战役要地是五丈原，便同时在五丈原构筑工事营垒。双方僵持三个多月，诸葛亮不断挑战，司马懿则闭营不理。诸葛亮派人给司马懿送去妇女的首饰和衣物，用以羞辱他龟缩不出。司马懿勃然大怒，上书皇帝曹叡，坚决要求出击，曹叡则火速派人送去诏命制止。

司马懿从不应战到坚决要求出击的一百八十度大反转，曹魏大军中和蜀国大军中，没有人悟透个中原委，唯有诸葛亮心知肚明。诸葛亮十分清楚，两军僵持不战，对蜀军极其不利，再拖延下去，蜀军粮秣供应不济，必然回撤。而司马懿等的就是这一刻，他将在蜀军回撤途中，进行围追堵截，这对蜀军是灭顶之灾。司马懿这个战役谋划，其手下将领都未悟透，大家议论纷纷，发牢骚，骂大街。司马懿不能给将领们解释，只好抓住受到诸葛亮羞辱一事，做出坚决出击的样子来进行平息。因为司马懿率军出征之前，已经将自己的战役谋划，向皇帝曹叡报告了，他知道自己要求出击的上书，曹叡会如何处置。最后皇帝不准出击的诏命来了，大家能埋怨他司马懿什么呢?

看清了吧，司马懿压根儿就不准备出击，他只是在等待战局转换的时机。

这，便是两位军事大家，高超智慧谋略的心灵对决!

一方怎么谋划，另一方会说，你这一套我知道如何应对!

且，谋划和应对，双方都心知肚明!

在曹丕、曹叡两个皇帝手下，司马懿忠心耿耿，南北转战，不仅有效阻止了诸葛亮的北伐，而且成功击退东吴的进犯。至此，司马懿的形象是正面的，世人包括史学家都没有对他进行挑剔。司马懿的形象由正转负，是曹叡对他托孤之后。

曹叡的托孤，不只是托给司马懿一人，还有一个曹爽，他曹爽是曹操的族孙。一开始，曹爽很尊重司马懿，大事都跟他商量，但时间不长便变了，明升暗降了司马懿的地位和权力。

大权在握后，曹爽立即提拔自己的心腹亲信，这帮心腹亲信建议调司马懿当皇家太傅，曹爽照办，把司马懿的最高咨询官、曹魏各大军区总司令免了。

司马懿接受皇家太傅这个虚职的任命，一句牢骚都没发。

公元244年，曹爽为积攒威名，发起对蜀汉的讨伐，这时司马懿站出来阻止。司马懿是军事大家，指挥打过很多大仗，深知哪些仗能打，哪些仗不能打。他阻止曹爽伐蜀，不是为了阻止曹爽积攒威名，而是看清了这仗打不赢。曹爽根本不听，率十万大军直指汉中，走到今陕西省洋县便走不动了，粮草供应不上，牛马死亡很多，官兵士气低落。而蜀汉大军在大将军费祎的统领下，迅速赶到了汉中前线。这时司马懿又站出来，给西征将军夏侯玄写信，告诉他陕西省洋县地形至为凶险，蜀汉大军已经抢占有利据点，如进攻，蜀军肯定不应战，如后撤，蜀军肯定切断归路，因而要有序指挥后撤，否则将全军覆灭。夏侯玄也感觉到覆灭的逼近，报告曹爽后慌忙撤退。结果是，撤退的路步步苦战，撤退变成了逃亡，部众伤亡惨重。

夏侯玄是曹爽姑妈的儿子，就是他为树曹爽威名，鼓动曹爽去伐蜀的。而司马懿第一次阻止不成后，在曹魏十万大军面临覆灭的关键时刻，再次站出来出主意。凭司马懿的大智大慧，他不清楚曹爽给他戴一顶皇家太傅的高帽，是剥夺他手中的实权吗？曹爽已经对他不仁不义了，他这个军权、谏权都被剥夺的皇家太傅，看到曹爽伐蜀走在败亡的路上，不去落井下石，就难能可贵了，世人和史学家能指责他什么呢？可他却在关键时刻站出来，给曹爽出主意，避免了十万大军的全部覆灭，这还不能见证他对魏国的一片忠诚吗？

曹爽可不感恩司马懿，继续我行我素，并凭借自己手中的权力，切断了司马懿与皇帝曹芳和郭太后的联系渠道，使司马懿陷于孤立。

司马懿无奈，只好声称有病，不再参与魏国的任何事务，以求自保。但曹爽丝毫也不放松对司马懿的监控，随时准备抓住司马懿的小辫而痛下杀手。

公元248年，首都洛阳市长李胜，出任荆州督导官，临行前向司马懿辞行。李胜的辞行，就是曹爽派去的当面打探，看司马懿是真的病了，还是装病欺骗朝廷，在家做蛰伏准备。

司马光的《资治通鉴》，对曹爽的打探与司马懿的反打探，描写得出神入化。

李胜到司马懿家，向他辞行。

司马懿由两个侍女搀扶着出来见客。

李胜眼中的司马懿，老态龙钟，步履蹒跚，病容满面，婢女拿一件衣服给他，司马懿双手颤抖，接都接不住，竟滑落到地上；他说话已含糊不清，指着嘴巴说口渴，侍女端来稀饭，司马懿不接粥碗，却用嘴伸过去吃，稀饭沾到他花白的胡须上，流到胸前全是。

李胜说："大家都知道先生风湿复发，想不到会这样。"

司马懿呻吟着，上气不接下气，发出微弱的声音说："年老病重，随时会死。你这一趟去并州，那里跟胡人接壤，要好好戒备。我们恐怕不能再见面，把我儿子司马师、司马昭托付给你，求你照顾。"

李胜说："我是被派到荆州，不是并州。"

司马懿说："你已去过并州了？"

李胜说："我要去的是荆州。"

司马懿说："我年纪太大，注意力不能集中，听不懂你的话。你去本家乡的州（李胜是南阳郡人，南阳郡属荆州），以你的名望能力，一定会建立大功的。"

李胜告辞后，向曹爽汇报说："司马懿的病，百药罔效，使人悲怆！"

打探与反打探的结果是，曹爽的心放下来，解除了对司马懿的监控，司马懿躲过生死一劫。

司马懿清楚，即便曹爽放弃了对他的诛杀，也必须进行反击，因为先帝曹叡托孤于他，命他扶持小皇帝曹芳。如今的情况是，曹爽培植自己的党羽，对内自比皇帝，对外专制独裁，再不反击阻断，皇帝就会由曹芳换成曹爽了，先帝托孤于他的使命，也就落空了。

此时的司马懿，不负先帝遗命的使命感没有改变！

大约一个来月后，曹爽陪皇帝曹芳到洛阳南面的高平陵拜谒，司马懿便立即采取雷霆行动，关闭首都洛阳所有城门，打开军械库把武器分发给军队，并临时指定代理军队大将军、中领军等人员。这一切安排妥当后，上书皇帝曹芳，弹劾曹爽。司马懿把充分揭露曹爽罪行的上书，直接送到曹爽手里，并派人指洛水发誓：不取曹爽的性命，只免除他的官职。

从当时的情况看，曹爽具备反击的条件和能力，皇帝在他手里，有些军火库在他手里，洛阳周边有不少军队可以调集，农林部长在他身边也可随时征调粮草。但曹爽就是一个贪恋权势的庸人，他在这种突发情况下，脑子里一团糨糊，自己什么主意都拿不出来，别人的建议又一概听不进去，最后只能乖乖地按照司马懿给他的安排，免去军队最高统帅的官职，回到自己的家宅，任凭司马懿派人包围监控。

曹爽被围在家宅，吃香的喝辣的不愁，愁的是夜夜换美女换不成了。禁宫侍从张当，知道曹爽好这口，私自挑选宫中美女，悄悄送进曹爽家宅，被人告发，逮捕审讯。张当交代：曹爽跟朝廷秘书（尚书）何晏、邓飏、丁谧，京畿卫戍总司令（司隶校尉）毕轨，以及荆州督导官（刺史）李胜等人，曾经商议阴谋篡权，准备在三月中旬正式发动。于是，这一干人马以“大逆不道”之罪同时处斩，并屠杀三族。

有史学家对此质疑，认为这是司马懿设计的阴谋。

是不是阴谋，我们不妨再看与司马懿有关的另一件事。

公元251年，全国武装部队总司令王凌，以东吴准备利用涂水淹没南下通道为借口，实施他拥立楚王曹彪、另立朝廷的计划。于是，王凌下令调集军队，上书皇帝，提出南下攻吴。王凌把这一计划告诉兖州督导官黄华，请他予以配合，黄华则把这一消息报告了皇帝太傅司马懿。

司马懿反应极其迅速，在亲率大军南下的同时，以皇帝的名义给王凌下诏，赦免他一时糊涂另立朝廷的罪名，同时还给王凌写了一封信，对其进行安慰解释。待王凌收到诏书和司马懿的私信时，司马懿大军已经开到百尺（今河南省周口市淮阳区）了。王凌没想到司马懿大军会来得这么快，吓一大跳。一看这来头，王凌自知无法抵抗，便乘一小艇亲自去迎接，并缴还自己的印信、符节，以表示认罪。王凌认为，皇帝已有恩赦诏令，自己跟司马懿也是多年好友，他还给自己写了安慰的私信，自己另立朝廷的问题已经得到化解，因而命小艇向司马懿的旗舰驶去。司马懿不让王凌的小艇靠近，让他在相隔十来丈的地方停下来。这时王凌才感觉大事不妙，站到船头向司马懿喊话。

王凌：“你写几个字叫我来，我敢不来吗？你怎么还带军队呢？”

司马懿：“因为你不是我写几个字就能叫来的人。”

王凌：“你欺骗我！”

司马懿：“我宁可欺骗你，也不能欺骗国家！”

王凌被捕后，试探司马懿，请求发给他几个钉棺材的钉子，司马懿命人发给他，王凌知道结果了，服毒自杀。

在平息王凌企图另立朝廷事件后的同年八月，司马懿病逝了。

有史书记载，司马懿之死，是王凌阴魂索命而死的，说王凌走到项县，看到贾逵庙，王凌大喊：“贾先生，我，王凌，此心忠于国家，只有神灵知道。”据说王凌喊完以后司马懿就患病，梦见王凌、贾逵来向他复仇，司马懿便死了。

毫无疑问，这是对司马懿怀有深仇大恨的人杜撰出来的，企图借鬼魂的力量，加重对司马懿的深恶痛绝。

但我们如果摸一摸自己的胸膛，心还在蹦跳，心就会告诉你，先帝曹叡找司马懿托孤，是找对人了。司马懿对魏国忠心耿耿，司马光的刀笔记载得清清楚楚。他剥夺曹爽的权力，是因为曹爽已经把魏国带上了覆灭之道；他写私信欺骗多年好友王凌，是因为王凌企图另立朝廷，挑起曹氏族人的天下混战；司马懿用欺骗手段逮捕王凌，是他“不能欺骗国家”的一个谋略。可以说，这是最为经济的一个谋略！

司马懿之后的司马师，司马师之后的司马昭，是不是有篡夺曹魏天下之心，应当说，与司马懿没有关系，那是他们的事，司马光也写清楚了。

晋王朝衰败于“八王之乱”

司马懿死了，但他司马家族的势力并未随之而衰减，而是更加凸显。他的长子司马师披上了全国最高军事长官的战袍，次子司马昭担任军事总监。为了给自己积攒功勋，司马师在公元252年东吴皇帝孙权去世后，打算向东吴发起进攻，臣僚提出三种作战方案，被司马师大手一挥否决了，结果按照司马师的作战部署吃了大败仗。对此，朝廷打算对各路大军的将领做贬黜处分，司马师站出来，承认自己的错误，把责任揽在自己身上。

司马师在打了败仗后揽责这一手，极大地收揽了人心，也极大地增加了反击各种势力对司马家族围攻的能量。

公元254年，司马昭率军迎战蜀国的姜维，皇帝曹芳亲到洛阳城西检阅军队，其左右建议曹芳，趁司马昭前来拜见，将其诛杀，而后统领司马昭的大军，攻击司马师，曹芳采纳。不料消息走漏，司马昭率军回城，司马师则召集文武百官，逼迫郭太后下诏，收缴曹芳的皇帝印信，回封国当齐王。根据郭太后的提议，曹丕的长孙高贵乡公曹髦接替曹芳。曹髦十四岁，接到皇太后的征召后，竟不知道要做什么。

皇帝一换，镇东将军毌丘俭、扬州督导官文钦便在寿春（今安徽省寿县）起兵，通告天下，讨伐司马师。当时的司马师，因眼睛患病刚做完手术，痛得在床上打滚。听到这一消息后，他立马从床上跳下来，说：“我躺到车子上去指挥。”并安排老弟司马昭留守首都洛阳，自己征召东、西、南各州郡驻军，率军前去征剿。在遇到毌丘俭大军的强力阻击后，司马师急得要命，刚动过手术的眼睛崩裂，眼珠暴出。司马师担心自己的狼狈形象影响军队士气，用布包着眼睛，用牙咬着被子，继续指挥作战。

平息毌丘俭、文钦的叛乱后，司马师在班师途中逝世。

这之后，司马昭披上了全国最高军事长官的战袍，开始做篡夺皇位的准备。他派心腹贾充，晋见率大军驻守在对吴作战重镇寿春的诸葛诞。

贾充试探着问："洛阳诸贤都希望魏向晋禅让，不知您是怎么想的？"

诸葛诞厉声答道："君乃贾逵之子，枉你世受魏恩！怎能想把社稷送给他人？倘若洛阳有变，我将以命相护！"

打探到诸葛诞的底牌后，司马昭便打着皇帝和皇太后的旗号，派遣二十余万大军，对"反叛"朝廷的诸葛诞进行讨伐，诸葛诞连同全族被诛。在斩杀诸葛诞的数百名亲兵时，司马光特地记了这么一笔：

诸葛诞的亲兵，相邻两人交叉着排列，刽子手每斩杀一人，便劝说另一人投降，然而数百名亲兵全部被杀，竟无一人投降。

在平定诸葛诞的"反叛"后，司马昭被皇帝曹髦诏封为晋公，六个月后，又诏封为晋王。

毫无疑问，诏封司马昭为晋王，皇帝曹髦根本就不情愿，却又不得不忍了。忍到公元260年五月，二十岁的曹髦忍不了了，他对近臣王沈、王经、王业说："司马昭之心，路人皆知，我不能在这里坐等被他废黜的羞辱，今天，跟你们共同行动，我要亲自讨伐！"还说："我的主意已定，即令身死，有什么可怕？何况不一定死！"

王沈、王业吓坏了，迅速向司马昭报信。

结果是，曹髦率皇家卫队攻击司马昭时，被刺死了。司马昭听说后，震惊得从床上滚到地下。因为司马昭并不想杀曹髦，杀他是篡位，让他把皇位让出来，是“禅让”。

皇帝曹髦死于非命，也使得司马昭放慢了篡夺皇位的打算，他在对朝廷的舆论做了一番评估后，决定拿蜀汉开刀，以进一步积攒自己让皇帝主动“禅让”的功勋。公元263年，在司马昭的策动下，曹魏大军灭掉了蜀汉。

两年后，司马昭去世，魏国最后一任皇帝曹奂，主动把皇位“禅让”给司马昭的儿子司马炎，开启了晋王朝的历史大幕。

就是这个晋王朝的第一任皇帝司马炎，种下了晋王朝“八王之乱”的祸根。

司马懿有九个儿子，原配张春华生二子，大儿子司马师，二儿子司马昭。司马师无子，司马昭的原配王元姬生两个儿子，大儿子司马炎，二儿子司马攸。这两个儿子都很聪明，口碑也不错。司马攸性情善良，孝顺友爱，多才多艺，平和稳健，声望高过哥哥司马炎。按照中国传统规矩，司马炎是司马昭的长子，继承父亲的爵位没有问题。但司马昭的两个儿子，在接替父辈爵位的问题上拐了个弯儿。

这个弯儿是这么拐的：司马师无子，司马昭便把二儿子司马攸过继给了司马师。如此一来，继承顺序出现问题了，最有资格继承司马懿爵位的，是长子司马师，接续继承的，是长孙司马攸。司马昭生前曾多次说过：“我们今天的天下，是老兄司马师打出来的，我虽然居于相国之位，但我死后，位置应该交给司马攸。”但当司马昭打算把爵位交给司马攸时，很多臣僚则不把司马攸看作司马师的儿子，而是仍看作司马昭的儿子，并搬出传位给长子的老规矩，对司马昭进行劝谏，理由是“排除长子，提升幼子，违背礼法，是不祥之兆”。司马炎结交了很多看相的、在朝廷很有名望的臣僚，他们纷纷跑到司马昭那里为司马炎说好话，把司马昭说动了，最终传位给了司马炎。

司马炎这个皇帝，一开始是当得很不错的，他任命的朝廷重臣，大多是学识与名望并重的知名人士，并恢复因三国混乱而一度中断的“民爵赐予”。所谓“民爵赐予”，是指汉代对乡村老人，按年龄大小赐予爵位，由这些老人主持乡村的祭礼，朝廷赐予酒肉和爵位待遇。司马炎在恢复“民爵赐予”的同时，一律提升五级……

司马炎还一反曹魏宗室人员一概不得任官的做法，一次就分封司马氏宗室二十七人为郡王，允许他们担任政府官员，在首都居住……

司马炎拜谒父亲司马昭的陵墓，他自己穿着孝服，下诏文武百官不要穿孝服……

公元267年，司马炎封司马衷为太子，征召犍为（今四川省宜宾市）人李密，任太子宫图书管理官。李密呈递《陈情表》，主要是说明自己为抚养高龄祖母，而不能应诏出来做官。李密如此写道：我生下来六个月父亲去世，四岁时舅舅逼母亲改嫁，从此自己由祖母抚养，家里穷得唯有身体和影子。如今九十六岁的祖母日薄西山，奄奄一息，我没有祖母，不能有今天；祖母没有我，不能安心地度完她的余年。我先后把实际处境报告官府，请求辞职，然而郡县官员前来逼迫，州官员还到我家亲自察看，斥责我故意逃避，无奈倾诉无门，只好向皇帝哀哀禀告。皇帝司马炎读了李密的《陈情表》，深受感动……

司马炎下诏，禁止研究神秘预言书……

司马炎还召集文武百官，亲自讲解法令规章，并诏令把新订法律中有关死刑的条款，抄下来全国张贴……

在政策方面，司马炎推出了两大举措，一项是，将州郡所属的士兵解散归农，叫“军备撤废”，“军备撤废”的做法，留下了巨大隐患；另一项是，占田、课田的土地制度和税收制度，从官员到普通民众，都可以向政府申领土地耕种。这不仅限制了大户人家的圈地，调动了广大农民种地的积极性，而且实行以户为单位的课税，增加了政府的财政收入……

公元279年，司马炎下令对东吴发起灭国性总攻，立国五十九年的东吴灭亡……

几乎在东吴灭亡的同时，司马炎便彻底堕落了。他下令挑选东吴皇宫美女五千人，全部送到他司马炎的后宫……

从此，司马炎的全部精力，都用在了后宫美女身上。他的后宫藏着上万名美女，为寻求刺激，司马炎每天坐着山羊拉的小车，要去哪里，全凭山羊高兴，停在哪家门口，他就下车由这家的美女陪宿。美女们为了争宠，纷纷把竹叶插到门口，把盐水洒到地上，引诱山羊上门……

皇帝如此堕落，皇权顷刻旁落，没有落到司马氏族的亲王手里，也没有落到才华横溢且忠心耿耿的臣僚手里，而是落到了外戚（皇太后、皇后）族人的手里。一帮奸佞小人似苍蝇一般嗡嗡乱飞，成天围在皇帝、外戚族人身边，诬陷司马氏族的亲王，陷害忠良大臣，给皇帝出更荒淫的主意。

眼看晋王朝要在司马炎手里毁掉了，朝廷上下一些正直的官员，便把目光瞄向了挽救晋王朝的皇帝人选，司马攸便聚焦了人们的目光。而皇帝司马炎投向司马攸的目光，是深恐戒备。他下令司马攸离开首都，返回封国；他对前来劝谏的臣僚降职贬黜，甚至杀掉；司马攸生病了，请求留住京都，司马炎不准；直到司马攸病死了，司马炎才长长地舒了一口气。

公元290年，司马炎死了，太子司马衷登基继位。

司马光写道，司马衷昏庸愚蠢。当他听说天下饥荒、很多人饿死的消息后，问的是："他们怎么不吃肉呢？"司马光还写道，一次司马衷在华林园游玩，听到青蛙叫，不知道这些乱叫的东西是青蛙，还问随从："是公家要它叫，还是它自己高兴叫？"如此愚蠢的人当皇帝，朝政会好吗？天下会好吗？

当时有民谚说："生个儿子是白痴，可以一辈子不吃官司。"

可皇帝如果是白痴，民谚该怎么说呢？

民谚没说，司马光用他的笔说清楚了！

司马衷的皇后叫贾南风，大司马贾充的女儿。贾南风还是太子妃的时候，就表现出了罕见的凶残，她看不得后宫美女被太子司马衷宠爱，并亲自动手杀过几个美女，其中一个美女怀孕了，贾南风先用铁戟投掷，接着用刀挑开美女隆起的肚皮，看着腹中的婴儿随着鲜血滚落地上。她当上皇后之后，做的第一件事，就是诛杀多次制止她干涉朝政的皇家太傅杨骏。杨骏可不是简单人物，而是皇太后杨芷的父亲，是前任皇帝司马炎的岳父。

极度凶残之人，是不管不顾的，恨谁就杀谁，是不会有任何顾忌的！

贾南风背后站立的是愚蠢的皇帝，她的凶残完全可以用皇帝的诏书表达出来。

皇帝司马衷深夜下达诏书，宣布首都洛阳全城戒备，撤销杨骏的一切职务，只保留侯爵。保留侯爵，就是保住一条小命。诏书虽然是这么写的，但贾南风既然能叫皇帝下达这样的诏书，就能叫皇帝改变诏书，即便皇帝不改诏书，她同样能下达与诏书一样的指令。结果是，皇家太傅杨骏被杀，皇太后杨芷被罢黜，杨家族亲及亲信数千人的人头落地。

贾南风发动这次政变的结果，不只是把皇太后一家扳倒，更重要的是，她贾家的一干人马鸡犬升天，占据朝廷各个重要位置。

但天下是司马家的，皇帝司马衷还是任命司马亮为太宰，与太保卫瓘主管政府机要，掌权辅政。司马亮是司马炎的叔父、司马懿的儿子。卫瓘早就看出司马衷不是当皇帝的料，他曾抚摸着司马炎的御床，叹息说：“这个座位可惜了！”问题是，由司马亮和卫瓘执掌朝政大权，贾南风的仇恨和凶残能按捺得住吗?

于是，贾南风在一年之内发起第二次政变，她教唆皇帝司马衷亲手写下诏书，直接下达给楚王司马玮，令他免去司马亮和卫瓘的官职。司马玮野心勃勃，以为是个机会，立即假传圣旨，征召洛阳周边三十六军，自任全国各军区总司令，宣布司马亮、卫瓘阴谋叛逆的罪行。结果是，司马亮连同他儿子司马矩的人头双双落地，卫瓘也未能幸免。

“八王之乱”的第一乱，落下帷幕。

虽然诛杀司马亮和卫瓘，是贾南风发起的，完全契合贾南风的心愿，但她从司马玮伪造诏书的大胆妄为中，看到了司马玮的危险性。司马玮是司马炎的儿子，此人刚愎横暴，喜爱诛杀，胆大妄为，什么事都干得出来。让这么一个人在诛杀司马亮的混乱中大出风头，埋下对外戚不利的祸害更大。于是，贾南风诛杀司马玮的阴谋出笼。

在贾南风的操作下，殿宫将军王宫手举“驺虞幡”，出宫向司马玮的部队宣布：司马玮假传圣旨，制造朝廷混乱，皇帝下诏严惩！

晋王朝皇帝有两种符节，任何人见到这两种符节，犹如见到皇帝，必须无条件听命。一种符节是“白虎幡”，在一种长条形的旗帜上绣着白虎，主要用来督战；一种符节是“驺虞幡”，在长条旗帜上绣着民间传说中的奇异野兽驺虞，样子像老虎，尾巴很长，身上有黑色条纹，不吞吃有生命的东西，不践踏草木，主要用于化解以及阻止战争。司马玮的军队一见“驺虞幡”，全部放下武器，一哄而散，就连司马玮身边的侍卫，都逃得一个不剩。

孤身一人的司马玮，被捆绑起来送到司法部斩首，连同被斩的还有司马玮的一干亲信。

“八王之乱”的第二乱，落下帷幕。

“八王之乱”的第三乱，还与贾南风有关。

贾南风大权独揽，淫荡暴虐更加肆无忌惮。她年轻，那个白痴皇帝司马衷早就不入她的眼了，于是跟御医署长程据等多人淫乱私通，还是觉得不过瘾，于是派人上街寻觅，见到年轻帅气的小伙子，便蒙头装进竹篓，运到皇宫供贾南风取乐，贾南风玩腻了便杀掉，再换一个。一时间，洛阳城里一个接一个帅气的年轻小伙子失踪，似被风刮走了一样，无影无踪。

但是，人在做，天在看呀！

洛阳南区警察局有个帅小伙，失踪十几天，人们都以为他可能回不来了，可他却突然出现在警察局，而且像换了一个人一样，衣着华丽，举止阔绰，令人刮目相看。而恰在这时，贾南风的一个远房亲戚家，一大批金银财宝被盗。人们立即把这个失踪十几天并暴富的小伙，与这桩盗窃案联系起来了，把他抓起来一审，便把洛阳连续发生的帅小伙失踪案给破了。

在此之前，贾南风是玩一个杀一个，而对这个警察小伙，多少生出来一些爱意，没有杀他不说，还给了他大把金钱，把他放了。

这一放，贾南风淫荡残忍的罪恶行径泄露出来了。

司马懿的儿子赵王司马伦怎么会放过这样的机会呢？他早就开始打当皇帝的主意，皇后贾南风发生这么丢人的淫乱事件，他会袖手旁观、熟视无睹吗？他的野心就决定了看到黄袍曙光的他，哪怕只是一根稻草，也绝不会撒手。

于是，司马伦勾连司马族的亲王和亲信，开始伪造皇帝诏书。因为皇帝是个白痴，这一手好使。为了迷惑众人，司马伦命巫师装神弄鬼，派人登上嵩山，身穿飞鸟羽毛编成的衣服，宣称他司马伦得到神仙姬乔写的书笺。姬乔是周王朝姬泄心的儿子，传说他笙吹得很好，能吹出凤凰的鸣叫。后姬乔游伊水、洛水时，被得道高人浮丘公接到嵩山。三十年后，姬乔乘着白鹤，从天上飞来，向家人挥手。司马伦煞费苦心搬出的这一历史典故，无非是掩饰他对皇帝诏书的伪造。

司马伦成功了，白痴皇帝司马衷被废，他穿上了黄袍。

这是篡权！司马伦尚未把皇帝的御椅坐热，齐王司马冏、成都王司马颖、河间王司马颙等起兵讨伐，司马伦及其儿子全部被斩首，司马伦用皇帝诏书任命的文武百官，全被免职。当然，贾南风的下场，肯定是血腥的。

“八王之乱”的第三乱，落下帷幕。

接下来还有“五王之乱”，这里就不一一写了。简单说就是，乱的版本几乎一模一样，只是乱的主角换了，不是换成司马懿的儿子、孙子，就是换成司马懿的侄子。轮换的方式都是用血腥屠杀上位，又被血腥屠杀下位。“八王之乱”一乱便是十六年，在三国废墟上建立的晋王朝，治国安民的建树几乎什么都没有，全部精力都用在了司马皇亲的血腥内斗上，使得刚刚诞生的晋王朝，一抬脚便踏上了自掘坟墓之路。

司马光写道：朝政大权，掌握在群臣手中，每个人都可以发号施令；每遇疑难案件，各人有各人的意见，各人有各人的论断，刑法不能统一，官司纠缠，层出不穷；权势豪门，相互推荐拜托，跟菜市场做生意买卖一样；贿赂贪污，完全公开。

下面，我们选择司马光笔下皇亲国戚和高官比奢侈、比浪费的描写，从中看看当时的政治生态。

司马炎的舅父王恺、宰相的儿子石崇，都非常富有，他们经常比富，怎么比呢？比谁更奢侈、更浪费。王恺用米浆洗锅，石崇则用蜡烛代替木柴烧火；王恺用紫色丝绸夹道做屏障四十里，石崇则用亮光锦缎夹道做屏障五十里；石崇用花椒粉涂刷墙壁（当时花椒非常昂贵），王恺则用胭脂涂刷墙壁。皇帝司马炎曾送给舅父王恺一棵珊瑚树，高约二尺。再比时，王恺把珊瑚树搬去炫耀，石崇二话不说，操起铁如意，把它砸得粉碎。王恺急了，石崇安慰他说：“你别急，我赔你。”说罢命侍从把家里的珊瑚全部搬来。王恺一看傻眼了，高三四尺的，有六七棵，似王恺被砸那样的，还有很多……

比谁更奢侈，比谁更浪费，从根本上说，就是比谁更贪腐，比谁更会掠夺！

当时一位名叫鲁褒的先生，写了一篇《钱神论》，讥讽当时的政治黑暗，大意如下：

钱的模样，有天地阴阳两面，人们爱它，把它当作老兄，所以称它‘孔方兄’（古代钱币中间有孔，或方或圆，便于绳索串起）。它没有丝毫德行，但地位尊贵；它没有一点儿权势，但碰到它却浑身温暖；它的力量可以直闯宫门，抵达内庭；危险的，它可以使之平安；死亡的，它可以使之复生；尊贵的，它可以使之卑贱；该活的，它可以使之丧命。所以，官司诉讼，有理还不行，非钱不能取胜；埋没在下层，有才干还不行，非钱不能擢升；深仇大恨，靠法律还不行，非钱不能申雪；声名荣誉，靠品德还不行，非钱不能树立。洛阳高官贵爵、当权人士，亲我爱我，把我当作家兄，索求没有止境。握住我的手，拥到怀抱之中，始终不变。当今之世，只要有钱，什么都可买动。

被鲁褒先生誉为“钱神”的“孔方兄”，在晋王朝就这么神通！

……

下面，我们再看看当时的社会风尚。

当时晋王朝信奉老庄思想的人比较多，信奉的“虚无”理论是：“天地万物，全来自‘虚无’；‘虚无’产生天地万物，没有一个地方不存在‘虚无’。阴和阳靠‘虚无’调和生命，贤能的人用‘虚无’肯定自我。‘虚无’发展到巅峰时，即使没有官爵，也照样尊贵。”这一“虚无”理论，大受人们推崇。因为能得到官爵而显尊贵的人，只有极少数，广大民众是得不到官爵的。人生一世，草木一秋，如何才能得到尊贵呢？那就只有走“虚无”之路了，朝着“虚无”的巅峰做精神上的攀登。

显然，做这种攀登最卖力的，是知识分子，尤其是人在官场、拿着俸禄，或家族富有的知识分子，他们吃穿不愁，需花钱吃喝、要弄搞怪，他们也玩得起。于是，放荡任性、狂醉酗酒、新衣服撕破了穿、在大街上赤身裸体等搞怪行为层出不穷。

司马光还写了这么一件事：有个叫毕卓的人，半夜爬进邻居家的酒窖，喝了个半死，被看管酒窖的人捉住，捆了个结结实实，第二天查问，才知道他是吏部郎。这事被当作美谈，很多人大加欣赏。

与这种社会风尚相配套的，是“清谈之风”。所谓“清谈之风”，即是知识分子经常扎堆，喝酒聊天，夸夸其谈，各抒己见，所谈的不接地气，于社会、于民生不搭界，一点儿实际作用也没有。“清谈”与酗酒、放荡配套，被社会上一些人誉为豁达潇洒。大诗人阮籍、阮咸以及阮脩、胡母辅之等人，便是“清谈”派的典型代表。

司马光的《资治通鉴》告诉我们，就在“八王之乱”的帷幕尚未落下，“五胡十六国”的历史大幕已经开启，匈奴、羯、鲜卑、氐、羌等中原周边的“五胡”，已经开始用侵占、掠夺等手段，把战火燃烧到中原境内了。中国历史的脚步，已经踏入大分裂时代。

而就在“八王之乱”最后一乱帷幕落下的公元311年，晋王朝皇帝司马炽被“五胡”之一的匈奴生擒！

在北方洛阳建都的晋王朝，一路溃败逃亡，于公元317年逃到建康（今江苏省南京市），建立东晋。

就这样，堂堂晋王朝一路溃败到建康之后，与“五胡十六国”一起迈步，向历史的纵深摸索着走去！

第五卷

『五胡十六国』南北朝

重读《资治通鉴》

傅剑仁 著

第五卷

『五胡十六国』南北朝

河北出版传媒集团
河北教育出版社

目录

第一章 『五胡十六国』之乱

黄河，是中华民族的母亲河……

黄河流域的中原王朝，历来都是政治、经济、文化中心……

中原四周的夷、戎、蛮、狄等源于中华祖先血脉的少数民族，从未停下入主中原的步伐……

中原王朝一乱，他们便会快速赶来……

“五胡十六国”就是在晋王朝乱了，他们赶来“添乱”的……

“五胡”中的诸多君王堪称明君……

大分裂天下国家林立

先讲一个故事，是《资治通鉴》记载的。

公元403年，南燕帝国泰山郡（今山东省泰安市）王始，利用自己的影响力集结数万人，自称太平皇帝。有皇帝，就得有一定的领土管辖区域，就得设立三公、部长级文武官员等，这样才算一个国家。可王始几乎什么都没有，便自己宣布为皇帝了。结果南燕帝国派兵征伐，生擒皇帝王始。

司马光记载了王始在被绑赴刑场斩首时的一段对话：

行刑人问：“你父亲和兄弟在什么地方？”

王始答：“太上皇蒙尘流亡在外，东征将军、西征将军被叛军谋害。”

王始妻听了大怒，骂道：“你就因为这张嘴巴才落得如此下场，为什么要这样胡说？”

王始说：“皇后有所不知，自古以来岂有不亡之国？朕可以驾崩，正统不可更改。”

王始说的太上皇指其父，东征将军指其兄，西征将军指其弟。

大分裂天下“成则为王，败则为寇”，聚集民众，扯起旗帜，就可以宣布建立国家，自称皇帝。至于所建立的国家，一天就灭亡，一年就灭亡，或数年数十年才灭亡，是没人深究的。

大分裂天下国家林立，王始的建国，具有“五胡十六国”时期完整的代表性。

……

在这里，我必须老老实实地承认，在此之前，听说过“五胡”，但究竟是哪“五胡”，跟朋友闲聊时，我一次跟一次说的都不一样；“十六国”我怎么也凑不全。这次读司马光的《资治通鉴》，我是下决心把“五胡十六国”搞清楚的。对此，我反反复复把大分裂这段历史读了又读，“五胡”弄清楚了，但“十六国”还是糊里糊涂。为此，我又买了一批历史书籍对照着读，让我读到了以下两方面知识：

——大分裂的时间段，大体是指公元304年，氐族李雄建立成汉帝国，至公元439年，北魏统一北方，共一百三十五年。

——“五胡十六国”之说，源于北魏史学家崔鸿所著的《十六国春秋》，“五胡”是匈奴、羯、鲜卑、羌、氐五个少数民族；“十六国”按崔鸿的说法是：五凉、四燕、三秦、二赵、一夏、一成，即前凉、后凉、南凉、北凉、西凉，前燕、后燕、南燕、北燕，前秦、后秦、西秦，前赵、后赵，夏和成汉。

虽然读出了以上两个方面的认知，但也读出了我的不同看法。

我以为，“五胡”当加一个朝鲜族，应是“六胡”。理由是，公元407年，慕容云建立了“北燕帝国”。慕容云是朝鲜族人，原名高云，被后燕帝国皇帝慕容宝收为养子，遂改姓慕容。慕容云的“北燕帝国”，在大分裂时期存续了二十九年，至公元436年，才被北魏帝国所灭。

虽然北燕帝国势单力薄，在历史上没有留下什么大的影响，但它立国时间不短，理当加到大分裂时期的历史中去。

我还以为，“十六国”当加上拓跋族的代国，即后来的北魏帝国。拓跋族是鲜卑的一个分支，很早就在今山西大同、代县一带扎根生活，并成立了代国，在大分裂的天下，上演过一出又一出的精彩大戏，且在大戏行将闭幕时，建国北魏，统一北方。如此重要的一个“五胡”主角，竟然在北魏史学家崔鸿的著作中没有列进“十六国”，什么原因？

主要原因可能是，崔鸿是北魏的史学家，北魏最辉煌的历史，是统一大分裂天下的北方，与南方的若干汉族政权形成了南北对峙，史称“南北朝”。崔鸿沉醉在北魏历史的辉煌之中，对拓跋族在大分裂时期的打拼历史，是不可能在记忆中忽略掉的，但他可能觉得北魏是一统北方天下的霸主，不屑于与“五胡十六国”混为一谈，而没有将北魏写到“五胡十六国”中去。

再说，崔鸿所列的“十六国”中，前凉、西凉两国，并非“五胡”中的少数民族国家，而是汉族人建立的国家。而大分裂时期汉族人建立的国家又不止这两个，至少还有冉闵建立的冉魏、段业建立的北凉（二任改由匈奴）、谯纵建立的西蜀等国。至于民变首领当皇帝建国，甚至佛教大师当皇帝建国等这种短命国家就更多了，甭说崔鸿，就是今天专门研究这段历史的史学家，都难以掰扯得清楚。

“五胡”实际建国的情况是：匈奴建立了三国，分别是刘渊建立前赵帝国、沮渠蒙逊建立北凉王国、赫连勃勃建立夏帝国；羯建立一国，即石勒建立后赵帝国；氐建立了三国，分别是李雄建立成汉帝国、苻健建立前秦帝国、吕光建立后凉王国；羌建立一国，即姚苌建立的后秦帝国；鲜卑建立了六国，分别是慕容皝建立前燕帝国、慕容垂建立后燕帝国、慕容泓建立西燕帝国、乞伏国人建立西秦王国、秃发乌孤建立南凉王国、慕容德建立南燕帝国。

这里简述一下谯纵建立的西蜀王国。谯纵是汉族，今四川省阆中人，在益州任军事参议官。谯纵性情和蔼谨慎，很受大家敬重。在反击东晋帝国的进攻中，益州官兵因不愿赴江陵远征，密谋发动兵变，推举谯纵当盟主。谯纵吓坏了，拔腿便跑，兵变士卒就追，眼看逃不掉了，谯纵跳到江里，打算淹死算了。追兵也跳到江里，把谯纵拖上岸，把刀架到他的脖子上，命他上轿。谯纵"扑通"跪地向大家叩头，请求饶了他，大家不干，愣是用绳子把他捆起来，抬到轿上。谯纵就这样建立西蜀王国，当上了成都王。八年后，谯纵被东晋大军杀死，西蜀王国灭亡。

说实话，对于纷繁复杂、眼花缭乱的"五胡十六国"历史，我也只理出一个大概，能够明确给读者说清楚的是，"五胡"指哪"五胡"，"十六国"中哪些国家是"五胡"建立的。循着这个写作方向，我把各"胡"都建立了几个国家，按立国的先后顺序，集中在一篇文章里写。这样写难免形成历史年代的跳跃，没有完全与东晋帝国作历史交际的时间对应，但各"胡"立国的演变脉络还算清楚。

因为是写"五胡十六国"的历史，诸多汉族人建立的国家，因为都是偏隅一处的小国，存活的时间不长，也就舍弃了。

下面，让我们走进"五胡十六国"。

匈奴——大分裂时期建了三个国家

自秦汉以来，中国北方最大的边患是匈奴。秦始皇统一中国后，派大军对匈奴征讨过，并修筑长城进行防范。汉武帝刘彻几乎倾全国之力讨伐匈奴，打出了一大批彪炳史册的战将，如卫青、霍去病、李广等，打得北匈奴远远逃遁，打得南匈奴投降了中原，以致东汉王朝战将陈汤向天下宣告：犯我中华者，虽远必诛！

公元216年，曹操引诱匈奴第四十二任单于挛鞮呼厨泉到邺城来晋见，被曹操扣押在邺城，并随即把匈奴汗国分成五部：左部一万余顶篷帐，驻太原；右部六千余顶篷帐，驻祁县；南部三千余顶篷帐，驻蒲子（今山西省隰县）；北部四千余顶篷帐，驻新兴（今山西省忻州市）；中部六千余顶篷帐，驻大陵（今山西省文水县）；并指派右贤王挛鞮去卑负责对五部的监管。每部由声望高的匈奴贵族担任统帅，并遴选汉人作为军政官进行监督。这些迁往内地的匈奴，在岁月的流逝中不断汉化，他们办学校，建宗庙，采用儒学礼制。匈奴的上层贵族，熟读儒家经典和诸子百家的著作，很多人善于书法、绘画，工于诗赋，与汉人中的学者无异。

大分裂时代，在五个少数民族建立的十多个国家中，匈奴建了三国，即刘渊建立的前赵帝国、沮渠蒙逊建立的北凉王国、赫连勃勃建立的夏帝国。

刘渊——前赵帝国

一看这个标题，可能有读者朋友不解，匈奴不是姓“挛鞮”吗？怎么写成姓刘了？

是的，匈奴被汉化以后改姓刘了。

公元270年，被曹操分成五部的匈奴统帅宣称：他们的祖先是汉王朝皇族的外孙，身上有刘姓皇族的血脉，遂取消“挛鞮”姓，改姓刘。这没有错啊！从汉高祖刘邦开始，遴选皇族女子嫁给匈奴单于和亲，他们生下的王子、王孙等后辈，可不就有汉王朝刘姓皇族的血脉传承吗！

公元289年，晋帝国皇帝司马炎诏命匈奴左部统帅刘渊为匈奴北部司令。

刘渊不仅熟读儒家经典著作，还通晓《孙子兵法》。他慷慨好义，豪气大方，与人交往诚恳厚道，他虽是匈奴左部统帅，在其他四部中的威望也很高，晋帝国特别是幽州、冀州的很多官员和知识分子与刘渊交往后，都跑到刘渊的左部任职做事。刘渊当上北部司令不久，皇帝司马炎一纸诏命，刘渊成了晋王朝的建威将军，兼匈奴五部总司令。

站上这个平台的刘渊，实际站上了晋王朝的政治舞台，从此，他便开始用汉化了的匈奴人目光，审视天下万事万物，寻觅自己的历史定位。

晋帝国停不下来的“八王之乱”，使刘渊看到了机会。

公元304年，“八王之乱”第六乱，成都王司马颖掌控朝政，为反击大司空司马越的讨伐，任命刘渊为冠军将军兼匈奴五部军区司令，封为“北单于”，率军驻防邺城。此时的刘渊，给自己定的目标是恢复第十四任单于挛鞮稽侯狦当年的勋业，还没想过当皇帝的事，因而他诚心诚意地给司马颖出主意，提建议。而当他所提的建议被司马颖一口否决，尤其是看到司马颖裹挟皇帝从邺城仓皇逃跑的狼狈样子后，刘渊改主意了，他说：“汉王朝维系的时间最久，对人民有深厚的恩德。而我是汉王朝的外孙，情同兄弟，老兄死了，老弟继承，难道不可以？”于是，刘渊回到匈奴左部大本营，正式宣布建国，称汉帝国（为使读者把大分裂时代的国别分清楚，笔者在本书中按史学家的习惯称谓，将刘渊建立的汉帝国称作“前赵帝国”，因为刘渊的侄子刘曜当皇帝后，把汉帝国改成了赵国。而从汉帝国分离出去的石勒，建国后也称赵国，故称之为“后赵帝国”），但自己暂不称皇帝，称汉王。史载，周边的少数民族，包括大批汉人，纷纷向刘渊投靠。

前赵帝国刘渊开始扩张领地，派侄儿刘曜、将军乔晞，分别向太原、长子、平遥、介休等地发起进攻。乔晞进攻介休时，县长贾浑拒绝投降，乔晞斩贾浑；贾浑的妻子宗氏拒绝做乔晞的老婆，乔晞又斩宗氏。刘渊得到报告后大怒，说：“假使上苍有知，乔晞难道会有后裔吗？”他召回乔晞，贬降四级，并收敛贾浑夫妇的尸体安葬。

公元307年，羯人石勒投靠刘渊。石勒是大分裂时代难得的优秀人才，他加入刘渊阵营，也就加速了晋帝国的灭亡。

公元308年，前赵帝国刘渊发起了对邺城的全面进攻，石勒率军攻克邺城，将邺城郡长王粹在“三台”斩首。“三台”是曹操于公元210年兴建的，中台称“铜雀台”，南台称“金凤台”，北台称“冰井台”。攻克邺城，是一个重大的历史时间节点，表明大分裂时代的序幕开启。刘渊于是脱掉汉王王服，换上了皇帝龙袍。

转年，前赵皇帝刘渊诏令，发起对晋帝国首都洛阳的全面进攻。刘渊的大将军刘景进攻得很顺利，先是攻下河南浚县，接着攻占河南延津县，但他在拿下延津县后，将男女老幼三万人全部投入黄河淹死，黄河两岸的哀号惊天动地。皇帝刘渊大怒，说：“天理不容啊！我要铲除的只是司马家族，不是平民啊！”

攻下洛阳后，刘渊又分多路大军向晋帝国的辖地连续发起征伐，在攻城略地、捷报频传的关键时刻，前赵帝国的创立者刘渊病逝。

刘渊去世后，前赵帝国的皇宫里上演了一场争夺皇位的大屠杀，太子刘和及一大批皇亲倒在血泊之中，刘渊的庶子刘聪穿上龙袍。

刘聪骁勇超强，可以拉开三百斤的巨弓。十二岁时，刘聪被派到首都洛阳学习，对经典史籍阅读广泛，精于写作诗文。在洛阳，刘聪交结了一批知名人士。

穿上龙袍的刘聪，接续刘渊制定的大战略，向摇摇欲坠的晋帝国发起进攻。而眼看覆灭在即的晋帝国，仍在上演“八王之乱”尚未演完的乱戏。

晋帝国并州督导官刘琨，与拓跋族酋长拓跋猗卢结拜为异姓兄弟，搬来拓跋族的两万精兵驰援。但皇家太傅司马越，疑神疑鬼，他担心一起参与反击前赵帝国的晋国将军背后给他捅刀，便加以拒绝，错过一次把司马家族团结起来挽救晋帝国的机会。

皇家太傅司马越为把皇权集中在自己手里，率大军离开洛阳，要求在许昌成立“行台”，也就是另行组建一个政府。晋帝国皇帝司马炽看透了司马越的野心，下密诏给青州督导官苟晞，令他率军攻击司马越，司马越抵挡不住，气得患病，不久便病死。晋帝国在行将灭亡之际，仍把主要精力、全部心思用于亲王间的夺权内斗，给了前赵帝国将其一举摧毁的极佳机遇。前赵皇帝刘聪派镇东大将军石勒向晋帝国发起进攻，一次就将晋王朝十万大军全部歼灭，连一个人都没有逃脱出去，晋帝国的全国武装部队总司令、部长及四十八个司马家的亲王，全被生擒。前赵皇帝刘聪亲率二万七千人向洛阳发起进攻，十二战十二胜，晋帝国皇帝司马炽成了刘聪的俘虏。

前赵皇帝刘聪，问了被俘的晋帝国皇帝司马炽一个问题：“你们司马家为什么骨肉相互残杀到这种地步？”

司马炽回答说：“伟大的汉王朝（指前赵）将顺应人心，接受天命。我们唯恐陛下辛劳，所以替陛下下手，自己先把自己铲除，这大概是上天的旨意，跟人事无关。假若我们司马家九族和睦团结，陛下怎么能坐上宝座呢？”

这纯粹是鬼话！晋帝国司马皇亲相互残杀，是为匈奴刘渊当皇帝铲平道路，谁信？可刘聪听了心花怒放，他真的以为自己坐上皇帝这把交椅，完全是接受天命，是上天的旨意。天命不可违啊！既然上天早就给自己安排妥当了，自己就不用做什么了，做了也是没用的。于是，刘聪除了荒淫无道，什么也不做了。

刘聪是刘渊的庶子，他知道依照宗法顺序，他不该继承帝位。如今他坐上了皇帝的御椅，可他的旁边还站着一个刘渊的嫡子刘恭，刘恭如果始终喘着气站着，他在这个御椅上能坐得安心吗？于是，他趁刘恭睡觉时，派人凿开墙壁，把刘恭刺死在床上……

刘聪当皇帝后，他的嫡母地位提升，成了皇太后。皇太后年轻漂亮，刘聪不放过她，以皇帝的身份跟他私通，消息走漏后，皇太后羞愧而死……

刘聪选了大批美女入宫，完全沉迷于后宫美女之中，很少出宫，朝廷事务都通过禁宫宦官传达裁决……

刘聪因宫廷食用的鱼蟹供应不及时，斩了东部河川管理官刘摅；兴筑温明殿、徽光殿，因未如期完工，斩了工程总监靳陵；刘聪外出玩耍，夜半不归，中军大将军王彰劝谏，刘聪大怒若狂，下令斩王彰……

刘聪同时立了三个皇后，分别为上皇后、左皇后、右皇后，不久又封一个中皇后，又同时封七个美女，佩戴皇后印信，享受皇后待遇。想想便知，十多个皇后的后面，得站着多么庞大的一支宦官和服务保障队伍……

公元318年，前赵帝国的第二任皇帝刘聪死了，皇太子刘粲继位。但刘粲黄袍尚未穿热，刘聪的岳父、大司空靳准，便组织了一场惨绝人寰的大屠杀，杀得“鬼大哭，声闻百里”。刘粲连同刘姓皇族的大批男男女女人头落地，就连死了的刘聪也未能幸免，被挖出来砍掉了脑袋……

刘渊的侄子刘曜，踏着遍地血迹，登上皇帝宝座。

这之后，前赵帝国踏上了衰败灭亡的不归路。虽然摇摇欲坠的前赵帝国，偶尔露出一丝回光返照，但其光鲜不再的大趋势，决定了它退出历史舞台的宿命！

公元328年，前赵帝国皇帝刘曜，被石勒生擒，立国二十六年的前赵帝国灭亡。

沮渠蒙逊——北凉王国

大分裂时代，匈奴成立的第二个国家叫北凉，国王叫沮渠蒙逊。

居住在甘肃武威及永昌县的匈奴人，称“卢水胡”，原是匈奴汗国沮渠王的后裔，后分散到安定郡、张掖郡定居，张掖郡长由沮渠罗仇担任。甘肃武威一带的后凉王国凉王吕光，任命沮渠罗仇为尚书，于公元397年对西秦王国发起进攻，失败后吕光听信小人的挑拨离间，诛杀沮渠罗仇和他的三弟，即三河（西宁东南）郡长沮渠麴粥。

沮渠罗仇的侄儿沮渠蒙逊，护送沮渠罗仇和沮渠麴粥的灵柩，返回故乡张掖。沮渠家族在当地影响很大，与各部落的关系很好，前来参加葬礼的达一万多人。沮渠蒙逊雄才大略，阅读过很多儒家经典和史书，对时局变化有深刻的洞察。一看这架势，沮渠蒙逊在葬礼上流着泪对大家说："吕光愚昧糊涂，荒淫无道，诛杀清白无辜之人，我的祖先，威震河西走廊，我打算为两位叔父报仇雪恨，恢复祖先大业，诸位意下如何？"现场民众情绪激动，高呼万岁，纷纷表示赞成，遂缔结同盟，聚众起兵。

沮渠蒙逊的堂兄沮渠男成，立即率数千人响应，在进攻建康郡（今甘肃省高台县）的同时，派人游说郡长段业一同起事，遭到拒绝。段业是汉人，不愿帮匈奴人造反。但在被沮渠蒙逊把他围了二十多天后，援军左等不来右等不来，便改主意了，同意加盟沮渠蒙逊的造反大军。因为段业是现成的郡长，所以被推荐为凉州州长、总司令。公元399年，北凉王国正式成立，段业称凉王。

北凉王国的镇西将军沮渠蒙逊，率军攻击后凉王国的西郡（今甘肃省永昌县），俘虏郡长吕纯。吕纯是凉王吕光的侄儿，这一来，晋昌郡、敦煌郡、赵郡等吕光的辖地，纷纷不战而降。

沮渠蒙逊的功劳越大，凉王段业就越害怕。他是个儒家学派的忠厚长者，没有什么谋略，又不会耍弄权术，顶着个凉王的头衔，而政令不能推行，部下各行其是，他毫无办法，只能靠算卦、占卜、巫术，使自己求得心理安慰。

公元401年，沮渠蒙逊开始打凉王的主意，对堂兄沮渠男成说：除掉段业，推举他为凉王。沮渠男成不同意，说段业是沮渠家扶上王位的，现在反过来谋害他，不是吉利的事。于是，沮渠蒙逊打算陷害沮渠男成。他邀请沮渠男成祭祀兰门山，暗中派人向段业告密，说沮渠男成打算在休假日发动政变，如果他忽然请假祭祀兰门山，说明这事就应验了。几天后，沮渠男成果然去向段业请假祭祀兰门山，段业立即将其逮捕。

这是个并不高明的阴谋，沮渠男成一眼便看透了，他对段业说："你不妨假装宣布我已被处决，公开我的罪状，届时沮渠蒙逊一定叛变，尔后我率大军前去平定。”这无疑是个检验谁叛变谁不叛变的高明主意，可段业根本不听，把沮渠男成斩了。

沮渠男成一被斩，沮渠蒙逊立即起兵，北凉王国的凉王，便由段业换成了沮渠蒙逊。

但由沮渠蒙逊戴着凉王帽的北凉王国，在大分裂时代既没有走出去多远，也没有走出令世人瞩目的步伐来。沮渠蒙逊基本处在各大小国之间寻找生存机遇的状态，说白了，就是找机会、钻空子的状态。空子钻成了，就获得一点儿利益，空子钻不成，损失也不大。凉王沮渠蒙逊的智慧，也仅限于或抓住机遇，或抓不住机遇上摇摆，在摇摇摆摆中走到公元460年，被北魏帝国灭亡。

赫连勃勃——夏帝国

赫连勃勃原本姓刘，叫刘勃勃，是匈奴朔方（河套）部落酋长刘卫辰的小儿子。公元391年，北魏发起对刘卫辰的毁灭性攻击，全族五千多人被杀，唯有刘勃勃逃到后秦帝国。在这个过程中，后秦帝国高平公爵没奕干，历尽千辛万苦，眼睛被箭射瞎一只，愣是在北魏大军的马蹄之下把刘勃勃救了出来，并把自己的宝贝女儿许配给他。

没奕干为什么这么舍命救刘勃勃呢？可能是从刘勃勃的长相上，看出了他命中显贵的迹象。司马光写道：刘勃勃身材魁梧，仪容高贵，聪明善辩，反应迅速。后秦帝国文桓帝姚兴见到他，大为惊异，叹为天下奇才，一见面就拨给他军队，对他委以重任。但也有人从他的相貌上，看出了他的残忍、凶狠。

公元407年，游牧于阴山一带的柔然汗国，向后秦帝国进贡八千匹马，刘勃勃赶过去，在内蒙古杭锦旗的大城，把马匹全部劫走，尔后集结部众三万人，率先袭击老丈人没奕干的分封地高平（今宁夏固原市原州区），将没弈干斩首，带着没弈干的部众走了。刘勃勃这么做的理由是，他对后秦帝国与北魏帝国和解大为愤怒，而他的老丈人没弈干力主和解，所以要干掉他。

从后秦帝国反叛出去，刘勃勃便以自己是夏禹的后裔自诩，打出大夏国号，自称大夏天王，不久还改称武烈帝。刘勃勃采取的战法是打游击，骑马驰骋，来去如风，抓住机遇，快速袭击，能抢多少抢多少，能捞多大捞多大，抢不到就跑，捞不着就溜。刘勃勃的这一打法，打得岭北大小城邑，白天都紧闭城门，很多国家、部落不适应这一打法，让刘勃勃占了很多局部战场上的便宜。

公元413年，刘勃勃在朔方水之北、黑水之南的陕西靖边县建筑首都，他说："我正要统一天下，君临万邦，这个新兴的城市应名'统万'。"刘勃勃对"统万"城的建筑要求极高，凡建好的城墙，如果铁锥能插进去一寸，便把兴筑那一段的泥工全部诛杀；对制造铠甲、弓箭的要求也极高，凡用箭射击铠甲，射不进去则斩制造弓箭的人，射进去了则斩制造铠甲的人。"统万"城的兴建，累积了成千上万工匠的鲜血和白骨。

都城有了，黄袍也穿上了，接下来就是给自己改姓了。刘勃勃认为，他的祖先姓母亲的刘姓，不合礼制，但他又不愿改成父辈的挛鞮姓，于是以古人姓什么并无常规为由，从匈奴语的发音中选择"赫连"为姓，意思是，帝王是天之子，他的伟大赫然跟天相连。从此，刘勃勃便改为赫连勃勃了。而他这个皇帝改姓"赫连"，非皇家直系亲族的其他疏远贵族不能姓"赫连"，他给定了个姓，叫"铁伐"，意思是，刚强锐利，像钢铁一样处处可以攻击别人。

从此以后，赫连勃勃便像一个毒刺，到处为非作歹。

——攻克后秦帝国杏城（今陕西省黄陵县）后，活埋士卒两万人。

——攻克长安后，令人把尸体的头砍下来，堆成“京观”，即骷髅台，用以恐吓反抗的人们。

——赫连勃勃常常登上城楼，身边放着弓箭，他看不惯谁，便用箭把谁射杀；随行官员凡侧眼看他的，挖掉眼珠；凡随便发笑的，用刀豁开嘴唇；凡给他进言劝谏的，先割下舌头，再砍下人头。

公元425年，赫连勃勃死了，他的儿子赫连昌继位。

两年后，北魏帝国发起对夏帝国的进攻，在赫连勃勃兴建的“统万”城，俘虏夏帝国的亲王、公爵、高级文官、将领、指挥官以及皇后、嫔妃、公主、宫女达数万人之多。

北魏皇帝拓跋焘漫步“统万”城，看到城高七十尺，基础厚三十步、宽十步，宫墙高三十五尺，亭台楼阁雄伟壮丽，锦绣装饰、精致豪华的“统万”城后，感慨万分，说：“巴掌大的小国，竟把人们奴役到这种程度，要想不亡，怎么可能！”尤其当拓跋焘看到歌颂赫连勃勃的《统万碑文》后，更是怒不可遏，恨不得把写这篇谄媚文章的文人找出来斩了。

我们不妨摘录《统万碑文》中的几段“欣赏”一下。

……我皇上（赫连勃勃）祖先姒文命，以最高圣贤的资格，掌握天下万机……最后一任君王姒履癸（桀），败坏国家法纪，竟被漏网之鱼的商王朝所灭。遂使万丈金光，在天际绝迹；神圣车辆，在世上无影无踪。然而，纯正的英灵并没有泯灭，洪福隐藏在万世之后；真龙在沙漠之南飞升，金凤在朔方之北崛起。长疆驭马，西到昆仑之外；密网捕鱼，东到沧海之涯……

……脚踏寒霜，冠冕越发荣耀；身蒙浓雾，光辉越发四射！于是上天赐下祥瑞，大道指出目标，我皇上（赫连勃勃）隆重诞生之日，也正是天纵英明之时。上体天心，下从民望。真龙在北京（统万）出现，大义风范，覆盖九州；凤凰在天庭翱翔，声威所及，震动八方……

……恩德遥远地传到九千里之外的蛮荒，在讨伐叛逆上向世人显示威严。文化教育跟武功勋业相互辉映；礼仪音乐跟刀枪剑戟一齐运转。仅五年时间，天下大治。等到七年期满，圣王的治理，更使帝国一片升平和谐。

……神明开创，京师落成；天下制度，归于统一；法令规章，重新开始；祭祀百神，征服万国。人民的耳目一新，世界都庆幸得到拯救……

……

《统万碑文》文字很优美。

就赫连勃勃这种视人民为草芥、薄情寡恩、凶狠残忍的人来说，他要求甚至逼迫文人给他写这种纯属捏造的赞美文字，一点儿也不会令人意外！

倒是笔下文采飞扬的碑文撰人，也许是被逼迫，也许是灵魂跪在赫连勃勃面前写的！

羯——石勒，大分裂时期的后赵帝国明君

石勒，大分裂时期伟大的少数民族英雄！

石勒是羯族人。羯族是匈奴的一个分支，随南匈奴一起迁徙，分布在山西一带，习俗与匈奴相同。公元305年，山西闹饥荒，并州东嬴马腾，动用军队抓捕少数民族，押运到太行山之东，当作奴隶贩卖以换取粮食。石勒也就在这些被贩卖的奴隶之中，卖给了茌平（今山东省聊城市茌平区）一个叫师欢的人家。师欢发现石勒容貌奇异不凡，没有把他当奴隶使唤，而是把他放在邻近的一个牧马场。牧马场的首领汲桑，一眼便看中了石勒，带着他与一群年轻人，以牧马场为据点四处抢劫打舍，干起了强盗勾当。晋帝国成都王司马颖被罢黜后，他的旧部公师藩聚众起兵，汲桑领着石勒等几百人追随响应。直到这时，汲桑才给他起了个姓名，叫石勒。公师藩战死后，汲桑带着石勒逃回茌平的牧马场，又聚集了一批人马，自称大将军，任命石勒为讨虏将军，劫掠附近郡县，并一度攻入邺城，抢劫了新蔡王司马腾的大量财富。后汲桑被晋军击溃，逃回了牧马场，而石勒投靠到刘渊的前赵帝国，被任命为辅汉将军。

前赵帝国皇帝刘渊，对石勒很欣赏、很信任，大仗交给他去打，难啃的骨头交给他去啃，石勒则从未辜负刘渊对他的信任，屡屡为前赵帝国打胜仗、报大捷。

历史证明，刘渊和石勒，都具备君王的高尚美德，这美德便是，战场上两军可以对打对杀，而战场内外的民众绝对不能滥杀！刘渊常

挂在嘴上的是，杀民众“天理难容”“断子绝孙”！石勒没这么说过，但他在刘渊手下率军作战时，便安排人员清理繁杂的法律，保留法律精华，让民众易于执行，以维护法律的公正和平；从法律上严禁胡人欺凌侮辱汉人知识分子；成立专门机构，负责胡人的诉讼，以防止胡人欺凌汉人的事件发生。因而石勒在每次打完仗之后，战区的百姓都纷纷追随，石勒都给予妥善迁徙安置。

在那么一个战乱频仍的大分裂时代，对如草如芥的平民百姓不予滥杀，还给予迁徙安置，彰显的便是天地齐颂的最高美德。

前赵皇帝刘渊去世后，刘家为争夺皇位展开了一场血腥屠杀，石勒不参与，他带领大军在怀县（今河南省武陟县）与晋帝国的征虏将军宋抽，以及河内郡长裴整的两支大军激战。刘聪踏着鲜血穿上黄袍后，石勒又率军转战渑池（今河南省渑池县）、包围陈留（今河南省开封市）等地，用一连串凌厉的攻击，生擒了晋帝国的全国武装部队总司令，以及司马皇族的四十八个亲王。

石勒功勋大了，皇帝刘聪害怕，刘姓皇亲害怕，就连同朝为将的一些将领也害怕。前赵帝国的最高统帅王弥，不知出于什么心态，密谋陷害石勒，派出智囊刘暾去征召安东将军曹嶷，同时邀石勒向青州推进，以便两军同时进击，把石勒除掉。

老天帮石勒！刘暾半路被石勒的骑兵擒获，搜出王弥写给曹嶷的密信。阴谋泄漏，王弥还蒙在鼓里，石勒于是将计就计，诱王弥上钩，将其斩首。接着石勒给皇帝刘聪上书，指控王弥叛逆有据。刘聪内心是巴不得王弥除掉石勒的，眼看整个事态反转，只好对石勒忍了。

公元318年，皇帝刘聪在临终之前，征调石勒任最高统帅，与丞相刘曜接受遗诏辅政。石勒对刘家皇族即将爆发的又一次皇位之争看透了，他不愿裹胁到这个漩涡中去，坚决拒绝。果不其然，皇太子刘粲一登基，刘聪的岳父靳准，便开始打黄袍加身的主意，编造一番他肚里才有的阴谋和谣言，鼓动皇帝刘粲对刘姓皇亲大开杀戒。在刘粲把刘姓皇亲杀得差不多了之后，靳准则把刚刚登上帝位的刘粲杀了，连同刘姓皇亲的男女老少，全部绑赴东城街市斩首，还掘开刘渊、刘聪两个皇帝的坟墓，砍下刘聪的人头，焚烧刘姓皇家的祭庙。

石勒也在靳准的这次诛杀之列，但他早有防备，躲过一劫。

另一个早就觊觎皇位的丞相刘曜，听到政变消息之后，迅速从长安率军赴难，石勒也率军向靳准盘踞的首都平阳（今山西省临汾市）进军。靳准抵挡不住，反复权衡之后，派人把皇帝的御用车轿、御用衣服等送给石勒。他以为，石勒一看这套皇帝行头，会给他靳准一线生机。石勒则直接把靳准送来的御用车轿、御用衣服等，送给了刘曜。刘曜收到这套皇帝行头后，直接打进首都平阳，把靳准及其族人全部杀光，将黄袍穿到了自己身上。

石勒长期率军在外作战，冷眼旁观地把刘渊之后的皇亲内斗看清了，他瞧不起刘家皇亲乱哄哄的班底，他要自起炉灶，撑起带有他石勒特色的帝国天地。

公元319年，石勒正式登基，国号为后赵。

石勒登基后，同时推行了两件事：

一件是，把他十余年来边打仗边采集整理的法律规章，作为正式法律颁发。在他的后赵帝国，汉人、羯人以及各少数民族，统称“国人”，在法律上平等。

另一件是，鼓励农民耕种，并派出官员、使节到各郡县考察、督促。

这在大分裂时期的“五胡十六国”中是独一无二的！

此外，石勒延续了他尊重并保护知识分子的基本国策，并再次以诏令重申：“自今以后，在战争中俘获的知识分子、在职官员和退职士绅，不可随便诛杀，一定要保全其性命！”

石勒一以贯之地推行保护知识分子的基本国策，是他在过去的成功中尝过甜头的。

公元309年，石勒率军攻击晋国的钜鹿（今河北省平乡县）、常山（今河北省正定县），大获全胜，十多万人追随石勒，其中有大批汉、胡等各民族的知识分子和士大夫。石勒为此设立了一个庞大的招待所，并命名为“君子营”，由智囊张宾统管，安排“君子营”的生活，讨论下一步的战略战术。

在此之前，山东城池人张宾，经过长时间的观察比较，只身来到石勒大营，大声喊着要见石勒。石勒接见了张宾，一开始觉得他也没有什么与众不同，但在后来的辗转作战中，唯有张宾贡献的计谋使他总打胜仗，总能转危为安，处于有利的战局态势，因而石勒视张宾为自己的智囊，大事小情都征求他的意见。

例如，公元312年，石勒率军在葛陂（今河南省新蔡县）建立营寨，建造船舶，打算进攻晋国的首都建邺（南京），结果连天降雨，三个月不停，石勒大军粮草不济，加上瘟疫流行，军中饿死、病死的人很多。面对这种情况，石勒召开高级将领会议，讨论对策。

——有人主张向晋国投降，以后看情况再作打算。

石勒听了脸色大变，痛苦地长长叹息。

——有人主张把军营转移到山岗上，躲避水患。

石勒听了说：“你怎么这么胆小！”

——有人主张，派出三十余位将领，各自带领部队分道并进，乘夜袭击寿春（今安徽省寿县），斩敌人将领，据敌人城池，吃敌人粮食，一年之内攻克丹阳，定都江南。

石勒听了大笑，说：“你真是个勇将！”

回过头来，石勒问张宾：“你的意见如何？”

张宾说的是："而今数百里之内，大雨不停，这是上天警告你，不应在此久留。我们应以邺城（今河北省临漳县）作为根据地，经营黄河以北。现在先组织粮秣辎重向北进发，你石勒要亲率大军，摆出一副进攻寿春的姿态，待粮秣辎重走远了，你再有序撤退！"

这便是智囊张宾"葛陂对策"的主要内容，历史上媲美韩信的"汉中对策"、诸葛亮的"隆中对策"。

石勒听了袖子一捋，拍板定案。

按计划，石勒率军向北，但沿途坚壁清野，抢不到粮食，军队饥饿严重。好不容易抵达黄河岸边的东燕（今河南省延津县），石勒却不敢渡河，担心当地的民众首领向冰率军阻击。张宾了解到向冰的船舰停在河中后，献计突袭，夺取船舰，运送大军过河。此计成功，不仅抢到船舰，还抢了向冰的大量粮秣。

石勒大军渡过黄河后，直扑邺城。这是张宾"葛陂对策"中提出的主张，即建立邺城根据地。但快到邺城时，张宾改主意了。原因是，邺城易守难攻，而晋国的幽州督导官王浚、并州督导官刘琨，两支大军正准备随时增援邺城，石勒大军将面临腹背受敌的局面，胜算没有把握，因而建议选择襄国（今河北省邢台市）作为根据地。

石勒当即拍板同意。张宾接着又贡献了一个谋略：派大军收割襄城周边成熟的庄稼，囤积起来作为储备，一边大量存粮，一边修筑城池，作根据地抗击进攻的准备。

果不其然，襄国的城墙和护城河尚未完工，粮秣囤积也不是很多，幽州督导官王浚，派五万大军向襄国开来了。这五万大军，大部分是从鲜卑部落搬来的。石勒召开军事会议，讨论应对之策，绝大多数将领主张闭门不出，待敌人精疲力尽时再行攻击。张宾和另一位大将孔苌不同意，他们给石勒献了一计。

对襄国的进攻打响之后，石勒登上城墙观战，看到王浚大军中不少攻城的将士躺在那里睡觉，印证了张宾的分析。张宾认为，王浚搬来的鲜卑族中段家的部队，从遥远的辽西南下，一路战斗不停，走到襄国时已经疲惫。而石勒的守城官兵不予应战，显示出畏惧，攻城部队就会松懈下来，放下武器睡觉。石勒随即下令大军出击，出击也是张宾事先谋划的，选择在出击的城墙下开凿二十余个洞口，伪装封闭，待石勒出击的命令一下，洞口推开，官兵突然发起进攻，段家军完全丧失警惕，无法组织起战斗，不少人在睡梦中丢了性命。辽西公爵段疾陆眷的堂弟段末柸成了石勒的俘虏，五千余匹战马和辎重，成了石勒的战利品。

石勒派使节晋见段疾陆眷，请求和解。段疾陆眷同意，派人送来护甲战马和金银财物，还派段末柸的三弟作为人质来交换段末柸。石勒的部将都劝石勒杀掉段末柸，理由是，段家军是鲜卑部落中最能打的，而段末柸尤其凶悍，段家的精锐部队都集中在段末柸手里。石勒采纳张宾等人的意见，不仅不杀段末柸，还请他欢宴，派专人把他送回辽西。段末柸深受感动，在返回辽西的途中，每天向南方遥拜石勒三次。从此，段家部落与石勒交好。

再看司马光笔下记载的石勒这个君王的一些小事。

——石勒出生在匈奴羯族的底层社会，家庭无法给他提供读书识字的条件，他不识字，但爱“听书”。无论是行军打仗，还是处理朝政，只要有空，便把知识分子召到一起给他念书，他在“听书”之后，还要谈自己的理解。史载，石勒谈的常常比一些知识分子所谈的更深刻、更独到。

——登上后赵帝国君位的石勒，更加重视、重用知识人才。比如张宾，让他享受其他官员都不可相比的待遇，每次早朝，因为张宾参加，石勒都要整肃自己的仪容，缩减自己的讲话，生怕在张宾面前露怯。

——石勒特地把他老家武乡（今山西省榆社县）的父老旧友，全部请到首都襄国，摆下盛大筵席，一起欢乐饮酒。而他的邻居李阳，心怀恐惧，不敢前来。原因是，小时候李阳与石勒为争夺池塘，相互殴打过。石勒坚持请李阳前来，见到李阳后，抱住李阳的手臂笑着说："我从前曾饱你以老拳，今天你就报仇吧，把我揍个够。"

——汉人口中的"胡"，无疑是对少数民族的贬称，石勒非常忌讳，严令任何人都不能说"胡人"，而只能说"国人"。后赵帝国的皇宫落成后，守卫非常严格，一个喝醉了酒的胡人骑马闯进了止车门，石勒非常生气，斥责宫门执法官冯翥。冯翥非常紧张，忘了石勒的规定，说"一个喝醉了酒的胡人骑马闯进来，我拼命吆喝阻挡，可怎么说也跟他说不清楚。"石勒一听笑了，说："胡人本来就很难跟他说清楚。"事后并没有处罚冯翥。

——石勒见章武（今河北省沧县）郡长樊坦穿的衣服很破旧，问他怎么回事，樊坦没多想，张口就说："最近被羯人抢劫，家产全被抢光了。"石勒一听又笑了，说："羯人强盗竟这么不讲理，我赔偿你。"石勒这么一说，樊坦才想起自己失言了，赶紧叩头，请求恕罪。石勒没有对樊坦治罪，而是给他送去了车马、衣服和钱。

——石勒改穿便服，夜间外出私访，检查城门守卫情况，一看门卫不认识自己，就故意用金钱和绸缎贿赂守门卫兵，请求放他出去。门卫王假不仅拒绝接受贿赂，还要逮捕石勒。随行人员赶忙过去解释，王假才放行。第二天，石勒召见王假，提升他为振忠都尉。

——石勒命机要参议官整理儒家等各学派学说，制订出台了"秀才""孝廉"考试录用制度，使得在晋帝国停顿三十余年的遴选考试制度，在后赵帝国得以恢复。

……

司马光记载石勒这些不起眼的小事，是想引导我们这些读历史的人去认识石勒这个羯族君王，是一位接中华民族地气的明君！

不用讳言，从前赵帝国分离出来的后赵帝国，石勒与他的刘姓老东家必然有一场生死大战。这可不属于恩将仇报的范畴，他石勒为刘渊建立前赵帝国作出了巨大贡献，在刘渊之后的刘聪抢班夺权、靳准抢班夺权、刘曜抢班夺权的三次内斗厮杀中，他石勒完全有能力趁机把皇位夺到手，可他并没有这么做，而是率大军将那些企图对前赵帝国趁火打劫的他国军队，挡在国门之外并给予迎头痛击。至于前赵帝国与后赵帝国的生死大战，是大分裂时代不可避免的历史定律，从根本上说，是推行良政的国家，对推行暴政的国家的历史性淘汰，是优胜劣汰法则在历史上的必然反应——石勒是不是这么认识的，司马光没有记载，但历史就是这样佐证的！

公元328年，大战打响。先是前赵帝国掌控胜局，后赵帝国中山公爵石虎率领的四万大军溃败，被杀官兵的尸体连绵相接二百余里，后赵帝国皇帝石勒打算率军前去收拾残局。此时，智囊张宾已经去世，后赵帝国朝廷弥漫着强烈的失败情绪，几乎所有将领、智囊都劝阻石勒，不要前去救援。气得石勒下令全国戒严，并明令："胆敢再劝阻的，斩首！"石勒是那种视野宽广、全局在胸的军事战将，经过一番对战场态势的缜密研判和排兵布阵后，毅然决然地对前赵帝国发起了歼灭性攻击。

前赵帝国皇帝刘曜是那种酒色之徒，他每每出征打仗，都要带大批美女随行，且在每次打仗之前都要狂饮乱喝，把自己喝个半醉。在击败石虎之后，他更是一天到晚泡在美女和美酒之中。当听说石勒身穿铠甲，指挥大军打到洛阳西阳门了，已经喝得半醉的刘曜，还要再喝酒一斗，骑上马之后任由其奔跑，结果马腿被石缝夹住，刘曜从马上掉下，被一拥而上的石勒官兵用刀枪乱捅一阵后生擒。

石勒则立即下令："我要捉拿的只是一个人，现在已经捉拿到手，传令各将领停止追杀，给残兵败将一条逃回去的生路。”

转年，立国二十六年，历经五任君王的前赵帝国灭亡。

公元333年，大分裂时代的一代明君石勒逝世。

石勒一死，他在后赵帝国推行的良政善治，戛然画上了句号，取而代之的是石虎的暴政。

这不仅是石勒的遗憾，更是石勒的失策！

石勒在前赵帝国当了将军后，他的母亲带着他的侄儿石虎前来投靠，当时石虎十七岁，石勒把石虎安排在军中当军官。不长时间，石勒便发现这个侄儿残忍而无节制，狡猾无赖，成了军中的祸害。石勒很担心，想把他排除掉，并跟母亲商量。他母亲则说：“跑得快的牛，小时候就能拉破车，先忍忍再说。”石虎逐渐长大后，精于骑马射箭，勇猛冠于三军，打起仗来常常身先士卒。那时候，石勒成年累月带兵打仗，有这么个侄儿作为骨干，觉得也不错，便任命他为征虏将军。但石勒同时发现，虽然自己经常下达严禁滥杀无辜的指令，可石虎仍我行我素，每次屠城，男女老幼都全部诛杀，很少留下活口。对此，石勒有意削弱石虎的权利，石虎想封的大单于，石勒也不给他。对此，石虎非常记恨，他对儿子说：“等主上过世之后，我教他一个种都不留！”

石虎的残忍是说到做到的，在石勒逝世后，他废黜石勒指定的太子石弘的帝位，把石弘、太后以及石姓皇亲全部囚禁诛杀，自己把黄袍穿到了身上。

石虎下达征集令：“每五人捐一辆战车、两头牛、十五斛米、十匹绸缎，拒不缴纳的，斩首！”很多人缴纳不起，只好卖儿卖女，仍凑不齐这个数的只好在路旁的树上吊死。史载：“尸体悬挂，沿途相望。”

石虎大肆掠夺民女，多达三万多人，分为三个等级，分配到皇宫、东宫。皇太子石宣也学石虎，掠夺民女上万人。石虎皇宫的女官，增加到二十四等，太子宫的女官，增加到十二等。

石虎征调首都邺城周边各郡汉族男女十六万人，车十万辆，命他们把本地的泥土运到邺城兴建华林园，并在邺城之北兴筑围墙，仅华林园的围墙就达数十里。民众哀怨载道，纷纷逃亡。

石虎一死，他的儿子几乎同时站到争抢黄袍的第一线，向皇位发起了一轮接一轮的冲击，有的未登上御椅便掉了脑袋，有的冲到半截掉了脑袋，连同脑袋落地的是跟在各皇子后面的一批皇亲国戚和帮凶打手。一时间，后赵帝国杀得一片鬼哭狼嚎，鲜血横流，把石勒这个明君千辛万苦缔造的强大帝国，瞬间送上了哗啦啦倾覆的灭亡轨道。公元351年，立国三十三年的后赵帝国灭亡。

氐——大分裂时期建了三个国家

从春秋到秦汉，氐族生活在西起陇右，东至略阳，南达岷山之北，与今甘肃东南、陕西西南、四川西北交界的广阔地域，与汉族、羌族等民族交往密切，也很推崇儒家文化，他们的许多生活习性与汉族无异。

大分裂时代，天下、君王的定律被战争彻底改写，民众颠沛流离，逃亡来逃亡去，都是在寻找安身立命之所，因而谁的拳头硬，谁的实力大，民众就跟着谁跑，谁就能在自己所占领的地域宣布建立国家。氐族人，就是在这种情况下建立了三个国家，即李雄建立的成汉帝国、苻坚建立的前秦帝国、吕光建立的后凉王国。

李雄——成汉帝国

李氏家族，是氐部落中人才济济的大户人家。

李家原住四川阆中一带，曹操收复汉中后，李氏族长率五百余户归附，曹操委任族长当将军，迁居到略阳（今甘肃省静宁县一带）。因为族长家的儿子李特、李庠、李流等人精于骑马射箭，豪侠仗义，又都有智慧谋略，因而迁居略阳后，四周各族民众纷纷归附。公元298年，关中大旱成灾，瘟疫流行，略阳、天水等六郡饥民大量逃亡，仅进入汉川（今陕西省南部）的就达数万家。在络绎不绝的逃亡大军中，患病的、乞讨的、衣不遮体的人们都用悲凉的人生遭遇，大写着饥民讨生的人间凄惨。李家是富裕人家，他们拿出家里的钱财、粮食，接济、帮助饥民，是饥民在逃亡路上获得的唯一温暖。到达汉中（今陕西省汉中市南郑区）后，李氏族长代表饥民向朝廷上书，要求前往巴蜀讨生。朝廷不准，随即派执法监督官李苾持节前去安抚饥民，以阻止饥民进入剑阁（今四川省剑阁县）。浩浩荡荡十余万饥民，不仅汉中容纳不了，而且饥民南行逃难的步伐，也不是朝廷的一纸诏令能阻止得了的。于是，李苾上书朝廷，建议允许饥民南下讨生，朝廷出于无奈，只好同意。从此，这些饥民散居在梁州（今四川北部与今陕西南部）、益州（今四川南部与今贵州）各地，停下了逃难的脚步。

公元300年，晋帝国皇帝一纸诏命，调益州督导官赵廞钢次到朝廷任职。赵廞是皇后贾南风的亲戚，他在益州当了几年郡长，尝到了甜头。四川人杰地灵，物产富饶，他当个郡长，天高皇帝远，不仅在四川唯我独尊，一手遮天，而且能享受似皇帝一般的奢侈保障。加之他在益州的这些年，远远地看清了晋帝国加速衰败的大趋势，因而打算留在益州，谋划当王称帝的大事业。为此，他一方面打开粮仓，赈济难民，收买人心；另一方面，把目光瞄向了氐族的李家，特别高待流民领袖李特。李特则仗着有郡长撑腰，聚集族众，四处抢劫，惹得当地居民怨声载道。

东晋派去接替赵廞的郡长耿滕，一看当地居民怨气很大，紧急上书朝廷，建议把迁入四川、贵州等地的饥民全部迁回原驻地汉中。赵廞得知耿滕上书后，便把诛杀目标指向了耿滕；耿滕被杀后，又把诛杀目标指向了西夷保安司令陈总；陈总被杀后，赵廞立即宣布自己为总司令、最高统帅、益州州长，设立官府，任命郡县长，摆出一副与晋帝国平起平坐的姿态。氐族李家的李庠，被赵廞任命为威寇将军，派他率军布防四川北部，断绝南下的道路。

李庠是李特的弟弟，他智勇兼备，骁勇善战，深受部众爱戴，但同时也深受赵廞戒备。恰在这时，李庠建议赵廞称帝。这本是赵廞心里早有的盘算，但为了除掉李庠，赵廞便以“大逆不道”为借口，将李庠斩首。为防止率军驻屯在成都城外的李特、李流立即与自己为敌，赵廞假惺惺地对他们封官许愿。李庠的哥哥李特、弟弟李流，是早就汉化了的氐人，对汉人官僚这套虚假把戏领教很深，因而头也不回地率军回到了自己的老家绵竹。

赵廞立即派大军到绵竹阻击，李特则半途率军折返，进攻赵廞的大本营成都。赵廞刚刚拉起的文武官员班底纷纷逃离，扔下赵廞带着妻子儿女乘船逃跑，被他的部下全部斩杀。

晋帝国把这一事件定性为赵廞叛乱，任命梁州督导官罗尚为将军兼益州督导官，前去收拾残局。朝廷交给罗尚的一个重要任务，便是让流亡巴蜀的流民必须重新返回汉中。

已经在巴蜀定居安生下来的流民不愿折腾，李特便代表流民向晋帝国上书，反复陈述理由。流民很感激，把全部希望寄托在李特身上。晋帝国对李特的反复上书置若罔闻，明令流民必须在公元301年七月动身返迁。李特于是找罗尚，请求待流民把当年的庄稼收割后再走。罗尚不同意，并下令梓潼（今四川省梓潼县）郡长，在流民返回的所有关口设立检查站，把流民携带的金钱财物全部搜缴。

官逼民反啊！

没有退路了，只能用生命和鲜血来反抗了。诚如李特的部将阎式所言：“天下最软弱，但是也最不可轻视的，就是人民！”

李特把流民按战斗序列分开，建立两个营地，赶制盔甲，打造武器，操练战法，等待即将展开的大战。

大战的序幕一拉开便是闭幕，罗尚进攻流民的政府大军损兵折将，一败再败。在胜利的欢呼声中，秦州（今甘肃省东部）六郡流民，共同推举李特为镇北大将军，代表皇帝任官封爵。李特则打开粮仓赈济困难群众，发掘被埋没和压制的贤能人才，大力倡导儒家礼制。史载：无论军队风纪和行政措施，都十分严谨，人民一片欢悦。

东晋帝国不能容忍，迅速派大军南下讨伐李特。战争像拉锯一样反反复复，胜负像变戏法一样瞬间转换。公元302年，李特等几个兄弟战死，李特的部下反水投降政府军，氐族的李家阵营被投降、失败的气氛所笼罩。

这时，氐族的李家站出来一位英雄——李雄。

李雄是李特的儿子，勇猛强悍却谦卑虚心，果敢刚毅却平易近人。他读过很多儒家的著作和历史典籍，胸怀宽广，爱惜人才，做事果断简约。为了打消李家上下的失败、投降情绪，他率军打的第一仗就是进攻成都，切断了罗尚大军的补给供应，俘获犍为郡郡长龚恢。公元304年，李雄完全占领成都，宣布建国，登上成都王宝座。两年后李雄改称皇帝，国号成汉。

李雄登上帝位后，让流民休养生息，无论刑罚和政令，都简单宽厚，监狱中没有久押的囚犯；兴建学校，让流民子弟学习文化知识；田赋捐税很低，每家缴粮不超过三斛，棉花不超过数两，对新归附的流民全部免除捐税。司马光载：在大分裂时代，天下大乱，只有成汉帝国平安无事，而又年年丰收，境内治安良好，甚至夜不闭户，路不拾遗。四川雅安、云南昭通、云南曲靖等地的夷族部落酋长，纷纷率众前去归附。

这之后，在李雄的带领下，成汉帝国抢夺过东晋帝国的一些地盘，也打过一些规模不大的胜仗。但成汉帝国体量不大，难以在豪强纷争的大分裂天下有大的作为。皇帝李雄费心更多的还是民众的休养生息，老百姓过了一段安稳富庶的日子。

李雄与皇后没有生下嫡子，他的嫔妃倒为他生了十多个庶子，李雄没有在庶子中指定太子，而是封老兄李荡的儿子李班为太子。皇家太傅、宰相等大臣提出异议，李雄不听。李雄是那种有情有义且崇尚儒学礼制的皇帝，他认为成汉帝国的第一任皇帝应当是他的哥哥李荡，李荡是长子，为成汉帝国建功最大，因为战死了才轮上自己当皇帝，因而在他之后的皇帝，还应当归还给李荡的儿子。

有这种想法的皇帝，在当时的大分裂时期几乎没有！

因为这种想法，是不入大分裂时期潮流的！

读《资治通鉴》读到司马光对一个王朝或一个帝国的君王作这种记述时，就说明这个王朝或这个帝国的气数快尽了，在历史的舞台上走不了几步就衰亡了。

是的，公元334年李雄去世，成汉帝国立即上演一轮又一轮争抢皇位的大战，在用李家皇亲和文武大臣的鲜血，续写成汉帝国的历史十三年后，于公元347年灭亡。

苻坚——前秦帝国的明君

前秦帝国是苻健创立的，而我在这里用“苻坚——前秦帝国的明君”来写前秦帝国，是因为苻坚是“五胡十六国”中最明智的一个帝王，是他把前秦帝国推至鼎盛。

公元329年，后赵帝国灭前赵帝国，强迁氐、羌十五万顶篷帐到司州（今河南省中部）、冀州（今河北省中南部）定居；公元333年，又强迁秦州、雍州氐、羌及汉人十余万户到函谷关之东定居。公元349年，后赵帝国为争夺皇位爆发内乱，移居过来的氐人、羌人及汉人趁乱举大旗，拉部众返回故里。氐族部落首领蒲洪，凭着他的感召力拉出了十多万部众，被大家公推为领袖。刚刚用鲜血铺路登上后赵帝国皇位的石鉴，对强大的蒲洪部众深怀恐惧，因而打算给他戴一顶雍州州长的高帽，将其远远地支走。蒲洪不听，他心里想的是，你羯人可以穿黄袍，我氐人就不能穿吗？于是蒲洪联合羌民族部落首领姚弋仲，加入后赵帝国石氏皇亲的打斗之中，在打斗中寻找机会，壮大实力。

历史在这个节点证实，因石氏皇亲内斗而引发的种族灭绝大屠杀，因为石闵登基而达到令人恐怖的高度。

石闵，汉人，不姓石，姓冉。公元311年，后赵帝国皇帝石勒，击破并州难民集团，俘获流民首领冉瞻，命石虎把冉瞻的儿子当养子，改姓石，叫石闵。石闵骁勇善战，精于运筹，深受石虎宠爱。在石虎死后的皇位血拼中，石闵抓住机遇，假皇帝之诏命，从邺城的凤阳门到琨华殿，一路大肆杀伐，杀得尸横累道，血流成河。在这一路的屠杀中，石闵发现一个问题，即胡人跟他这个汉人并不是一心，绝不可能拥戴他当皇帝，于是他通令全国："汉人砍下一个胡人头，送到凤阳门，查验属实的，文官升三等，武官全升为营门官。"一场种族灭绝的大屠杀，按照石闵的这一通令疯狂上演，石闵亲自督战，只要是匈奴、羯、氐、羌等所谓的胡人，不管贵贱，不分男女老幼，全部斩首。二十余万人瞬间人头落地，杀得整个邺城阴风翻滚，冤魂哭号。不仅如此，一大批戍边的匈奴人、羯人、氐人等将士，根据石闵的通令就近处死，连同很多汉人将士，因为鼻梁高、胡须多也被滥杀。

石闵，这个历史上最残暴的刽子手，当遭百遍千遍天打五雷轰！

顺便说一句，石闵登上帝位后，不姓石，改姓冉，国号"大魏"，史称"冉魏"，不属于"五胡十六国"之列。没几天，冉魏帝国就灭亡了。

就在石闵进行种族大屠杀时，率军在函谷关一带的蒲洪，与羌族首领姚弋仲，为争夺地盘也打起来了。蒲洪在打了大胜仗后，自称三秦王、大单于，并将"蒲"姓改为"苻"姓。原因是，有人从神秘预言书上搬来一句“草付应王”的谶语，鼓动他把“苻”姓作为自己的姓氏，以便称王称帝。

不久，苻洪去世，儿子苻健接任，并于公元351年登基，自称天王，定都长安，国号“大秦”，史称“前秦”。转年，苻健称帝。苻健勤奋地处理政务，凡对人民不利的暴政，一律撤销，减轻人民沉重的赋税，废除对民生没有裨益的法令，政府宽厚、简政、节俭，深得民众拥戴。但苻健胸襟狭窄，对中书令贾玄硕一开始提议他当秦王，而不是提议当皇帝，记恨在心，且怎么也放不下，最终唆使他人告发贾玄硕与东晋私通，将他连同他所有的儿子全部诛杀。

苻健的太子因战伤去世，立庶子苻生为太子。苻生生下来就一只眼睛失明，他的爷爷苻洪曾跟他开玩笑，说：“听说瞎孩子哭的时候，只一只眼流泪，是不是这样？”苻生大怒，抽出佩刀猛刺自己的肌肉，鲜血直流，说：“这是另一只眼流泪！”苻洪对这个孙子的凶暴反应十分吃惊，提议儿子苻健尽早处理掉苻生。但苻健是盲目相信神秘预言书的人，他便是依据“草付应王”的谶语当上皇帝的。神秘预言书上还有“三羊五眼”的谶语，这不是兆示有个瞎一只眼的儿子，将来要成大事吗？于是在苻健去世后，让苻生登上了前秦帝国的皇位。

苻生也是大分裂时代少有的暴君，他一披上黄袍，就因所谓的天象变化，斩皇后和大臣五百多人。宴请文武百官时，令最高政务长官（尚书令）辛牢当“酒令官”，因为没有人醉酒趴下，苻生大怒说：“怎么不灌他们酒？竟然仍有人清醒地坐着，没有躺下？”说罢，一箭将辛牢射死。于是，参加宴会的没有人敢不把自己灌醉。望着横七竖八躺满一地的臣僚，以及滚得到处都是的官帽，苻生大为愉悦。一段时间，潼关至长安之间出现大量豺狼虎豹，不吃牲口，专门吃人，七百多人丧命。有人请求苻生祭祀神灵，化解灾祸。苻生说：“野兽肚子饿了，当然吃人，吃饱了就不会再吃，有什么可祭祀化解的。”苻生因为自己只有一只眼，因而特别忌讳“残”“缺”“偏”“只”“少”“无”等字和话，而这些字是人们书写和口中的常用字，因而一大批犯过这些忌讳的臣僚当场被砍。苻生还时不时地问左右官员，民间对他这个皇帝有什么评论，给他拍马屁的，他当场诛杀，原因是“谄媚”他；对他说实话的，也当场诛杀，原因是“诽谤”他。苻生夜里枣吃多了，第二天上火生病，太医诊断说：“没大问题，就是昨夜枣吃多了。”苻生说：“你又不是圣人，怎么知道我枣吃多了？推出去斩首……”

公元357年，恶贯满盈的苻生被杀，氐族中的民族英雄——苻坚，在大分裂时代高高站起！

苻坚，是“五胡十六国”中最杰出的君王！

苻坚是苻雄之子，从小在邺城长大。取名苻坚，也是因为神秘预言书中，有“草付臣又土王咸阳”的谶语。“草付”是“苻”，“臣又土”是繁体的“坚”，“王咸阳”就是在咸阳称王立国。苻坚自幼聪明，八岁时向爷爷苻洪提了一个要求：为他请个家庭教师。苻洪非常惊讶，说：“我们从来只知道喝酒吃肉，而你却想求学，这太好了！”苻坚学习非常刻苦，潜心研究了许多经史典籍，因而史学家评价他是“容颜瑰玮，雅量瑰资”。

先说说苻坚在前秦帝国皇位上创造的业绩吧！

公元370年，前秦帝国灭了前燕帝国；

公元371年，前秦帝国灭了仇池国；

公元376年，前秦帝国灭了前凉王国；

公元376年，前秦帝国平定代国。

至此，前秦一统中国的北方，其版图东起朝鲜，西抵葱岭，南并川蜀，北逾阴山，辖二十二州、一百三十五郡、七百三十四县。

不仅如此，公元383年，前秦帝国攻伐西域，击败西域诸国七十余万联军，西域三十余国归附前秦，遣使纳贡。自东汉中期丢失的西域，再次纳入中原政权版图。

还有东方的夷族，以及西域（今新疆及中亚细亚东部）六十二国，向前秦帝国进贡。

出现在《资治通鉴》中的仇池国，这里也作个简介。

在甘肃成县西北，有一个庞大而又高耸的平台，叫仇池。史料载：“仇池百顷，周围九千零四十步，天然地成四方形，突出地面，高达七千尺，关隘凶险，敌人却步。东西二门，鸟道盘旋，由下而上，长达七里。上面丘陵起伏，泉水清澈，沟渠纵横，用来灌溉；煮当地泥土，蒸发之后，便结晶成盐。”所谓“鸟道盘旋”，就是只有羊肠小道，盘旋三十六圈，才能到达山顶。仇池最早是氐族杨驹的领地，杨驹的孙子杨千万，被曹魏帝国封为“百顷王”。后仇池势力壮大，便走下山来，移居略阳。“五胡十六国”时期，杨驹的后人为躲避战乱，又返回仇池，关中很多逃难人士跟随。仇池国是大分裂时期一个独特的地方政权，因体量太小，不得不经常向强大的邻居屈膝称臣；因地势险峻而又荒凉，故一直保持着半独立或全独立的政权状态。苻坚的前秦帝国，就征服过仇池国。至公元506年，左右逢源的仇池国，才从此后的历史上彻底被抹去。

苻坚统一北方后，看看他执政的一些做法吧！

轻赋简罚，休养生息

苻坚上台，没有拿大批苻氏皇亲的鲜血祭刀，而只是果决地处斩了帮助苻生作恶的董荣、赵韶等二十余个佞臣，同时提拔了一批精明廉洁的汉族贤士参与朝政。他建学校，办教育，恢复了朝廷的太学，招聘满腹经纶的儒家学者执教，并强制公卿以下的子孙都要入校读书。作为皇帝，苻坚每月到太学一次，现场考问学生，品评优劣，把品学兼优的学生充实到政府机构任职。并规定：俸禄百石以上的官吏，必须“学通一经，才成一艺”，如一经不通，一艺不具，一律罢官为民，苻姓的皇亲子弟也不例外。

苻坚登基后，每隔五天到“听讼观”听一次老百姓的诉讼，每次听讼前，都令有冤情的百姓在城外烧起狼烟。狼烟一起，便派司法人员前去调查案情，重新审理，他亲自参加旁听。

当然，发展经济是苻坚特别关注的一个重大问题，包括开发山上的矿产林木、解除限制河流湖泊的禁令、降低官员俸禄、免征赋税等举措，在苻坚登上帝位后陆续出台。开发泾水渠，是苻坚的又一重大举措。

为解决关中地区少雨易旱的问题，苻坚下令征调三万余名富豪童仆，从泾水上游疏通着手，凿山筑堤，开掘沟渠，灌溉梯田和盐碱地，使荒芜的田地重新长出了五谷，老百姓深受其利。史载，苻坚执政的头十年，除公元358年讨伐张平叛乱、365年讨伐刘卫辰叛乱外，没有发动军事行动，使人民群众在和平的天下获得休养生息，史称“关陇清晏，百姓丰乐”。

尊重人才，纳谏自省

招揽各方人才，特别是汉族人才，是苻坚获得重大成功的英明举措。在苻坚的早期执政中，站在文武臣僚中的汉人，就有一大群。如王猛、崔逞、崔宏、房默、房旷、阳陟、郝略等朝廷重臣，都是在关东乃至在天下享有盛名的汉人贤士。

我们以王猛为例，看苻坚尊崇人才的具体情况。

王猛，山东昌乐县人，穷苦出身，但从小喜爱读书，情性坦荡洒脱，志向远大，不计较琐碎事务，人们轻视他，他毫不在意，隐居华山，自得其乐。公元354年，东晋帝国征西大将军桓温，率大军进入函谷关，王猛便前去晋谒。司马光的记述是：王猛“手扪虱子，侃侃而谈，讨论天下大势，旁若无人”。一句“手扪虱子”，足见王猛的寒酸，更凸显王猛的洒脱。桓温跟王猛一谈，大为惊讶，当即任命王猛为参谋主任，不久又提升为高级大营指挥官，邀王猛一起南下，但遭王猛拒绝。后经人推荐，王猛晋谒苻坚，一番交谈，苻坚便把王猛留在了身边，一年之内官升五级。

前秦帝国的皇亲国戚，对王猛的直线上升妒恨交加。特进、姑臧侯樊世是氐部落中的豪门，辅佐一任帝苻健打下关中，建了大功。樊世就第一个站出来给王猛找碴儿，说：“我们耕田，你来吃米，是不是？”王猛反击说：“不但教你耕田，还要教你烧火做饭！”樊世大怒，说：“看我把你的人头挂到长安城门上！做不到这一点，我就不活在世上！”王猛望着他冷笑了一声。不久，樊世进宫，与皇帝苻坚议事，与王猛争起来了，樊世跳将起来要杀王猛，苻坚大怒，斩樊世。

但斩一个氐部落豪门樊世，并没有斩断氐姓皇亲的为非作歹。特进兼高级国务官强德，是一任帝苻健的太后的亲弟弟，他仗着自己的强大靠山，经常酗酒闹事，肆无忌惮地抢夺他人的财产和子女，成了首都长安的一大祸害。分析看，皇帝苻坚可能想管又觉得不好管，于是任命王猛兼任长安市长。王猛一到任，便逮捕强德，上奏控告他的罪行，还没有等到皇帝的批复，便将强德在闹市上斩首示众。这一斩，上至皇亲国戚、朝廷高官，下至地痞流氓、街头混混，全都变得奉公守法起来，社会秩序迅速好转，治安良好，路不拾遗。皇帝苻坚感叹：“今天我才知道法治的重要！”

苻坚如此支持甚至袒护王猛，不是没有原因的，在他谋划的重大决策中，王猛总是立足于全局性统筹分析，拿出最有利于前秦帝国的建议，且常常被实践证明是完全正确的。历经一而再、再而三的实践检验，使得皇帝苻坚对王猛十分信任，包括王猛给他推荐的汉族贤士，都被苻坚提拔到朝廷的各个重要岗位，发挥了举足轻重的作用。

尤其是在前秦帝国统一北方的伟大事业中，王猛更是功高至伟。司马光是这样评价王猛的：王猛任宰相，苻坚高踞宝座，无所事事；王猛主持政务，文武百官全体听命，无论国内国外、军事政治，没有一件事不由王猛决定；王猛刚烈英明，正直果断，清廉严肃，对善恶是非分辨得十分清楚，免除无能的官员，擢拔没有人事关系而被埋没的底层人才；督促人民耕田播种，种桑养蚕，加强武装部队训练，每个官员对他所担任的职务都能胜任愉快；每项刑罚，一定都有犯罪证据。因此国家富裕，武力强大，战无不胜，攻无不克，前秦帝国大治。公元375年，王猛逝世，苻坚悲恸欲绝，一夜之间，三十多岁的苻坚，头发白了一半。

混一六合，以济苍生

苻坚所处的大分裂时代，战争是主旋律，所谓的“五胡十六国”，没有一个国家不是在战火中打出来的，生灵涂炭、血流成河、千里沃野不见炊烟，是战争留下的真实写照。氐族的兴起、建国，也是循着战争和流血的轨迹走过来的。置身其中的苻坚，心怀“混一六合，以济苍生”之志，登上前秦帝国的皇位后，抱定“混六合为一家，视夷狄为赤子”的决心，誓言消除各民族间的仇恨，让普天之下的汉人、胡人都过上和睦相处的太平日子。

前秦帝国皇帝苻坚用行动对“混一六合，以济苍生”进行了深刻诠释。

——前秦帝国是成功统一北方的帝国，灭了前燕、前凉、仇池，平定了代国，与据守江南的东晋帝国形成了南北对峙局面。历史证明，苻坚在统一北方、南征北战的数百次大小战斗中，无论胜败，没有一次屠城暴行！

——在击灭前燕帝国时，前燕帝国皇帝慕容暐逃出邺城，被俘获。苻坚问他为什么逃而不降，慕容暐说：“狐狸死时，头还要朝向它出生的土丘，我不过想死到先人的陵墓上罢了。”苻坚深受感动，释放慕容暐，让他回到邺城皇宫，率文武大臣正式出城投降。苻坚除对搅乱前燕帝国几个罪大恶极的慕容皇亲和臣僚帮凶处斩外，对前燕皇帝慕容暐和朝廷高官一律封侯授爵，愿意在前秦帝国效力的，全部妥善安置。同时修筑鲜卑营，收容前燕帝国的低级官员和民众。苻坚的这些做法，被文人学士用“柔仁邀名”的成语予以概括。

——在攻灭前凉王国之前，苻坚召集文武大臣朝议，定的一个基调是：甘肃武威一带的氐、羌部落，居住混杂，谁都不听谁的，应予安抚为主，不接受安抚的才用武力征伐。于是，苻坚派出两路人马，一路前去安抚，一路随行作征伐准备。可庭中将军魏曷飞等人违背苻坚定的调子，先行发起攻击，大肆抢掠，满载而归，打乱了苻坚的部署。为此，苻坚下令，斩前锋督护，对庭中将军魏曷飞鞭打二百下，以向氐、羌部落民众道歉。史载，氐、羌部落归降并进贡达八万三千余顶篷帐。

——前凉王国被前秦帝国攻灭后，封国王张天锡“归义侯”，担任前秦政府主管北疆的执行官，搬进前秦帝国专门为他兴建的住宅。前凉王国各郡县官员，被前秦帝国全部留任。史载，苻坚除把前凉王国七千余家富豪，从甘肃武威迁到关中外，其他居民全部安居如昔。因战乱逃亡河西走廊的，可自由返回本土。

——前秦每灭一国，都要求该国的宗室成员入前秦帝国的太学，学习汉人的儒家经典。其中以苻坚让代国王子拓跋窟咄受学最为经典，苻坚平息代国后，亲自给拓跋窟咄授课。

——平定鲜卑族后，鲜卑族的臣僚，充塞前秦政府各权力部门，不少人的权力和威势，远在前秦臣僚之上。因而不少氐族大臣建议苻坚，要防范鲜卑人，不能让他们在要害部门为官，以防外患。苻坚说："我努力的目标，是把天下四方混合成一个大家庭，把夷族当作我怀抱中的婴儿……天地之间，只有增进的品德，才可以化解灾难，做到政治清明，怕什么外患！……"

这就是前秦帝国皇帝苻坚抱定"混一六合，以济苍生"的基本内核！

品品吧！这种胸襟，这种视野，这种作为，出于一位氐人皇帝，我们不该为中华五十六个民族而感到骄傲和自豪吗！

"淝水之战"，是前秦帝国由盛至衰的转折点。

当时的情况是这样的，长江以北的广大地域都被前秦帝国平定，地域面积占中国辖内总面积的十分之七。但西域的车师、鄯善一带数十个酋长国，尚未纳入前秦帝国的统治。因而苻坚在进攻偏隅南京的东晋帝国之前，派军队向西征伐，将西域三十多国打得归附前秦帝国后，觉得具备向东晋帝国发起毁灭性攻击的条件了。因为苻坚抱定的是"混一六合，以济苍生"的大志，要把天下四方混合成一个大家庭，如不把江南的东晋帝国纳入麾下，就不能完成"混一六合"的伟大事业。

但是，前秦帝国的大智囊王猛去世了，王猛临终前告诫苻坚：东晋虽然衰败了，但它的皇家仍是中国的正统，它的政府构架因时间的积淀而比较成熟，普天之下的民众也比较认可，因此，不要去图谋东晋。王猛特地提醒苻坚：暂时平定的鲜卑人、西羌人，要引起高度警觉，他们才是前秦帝国的仇敌！王猛的告诫，苻坚听不进去，他战无不胜、攻无不克的历史记录，使得他"混一六合"的豪气冲天，进攻东晋的打算从来不肯放弃。

公元383年，苻坚率前秦帝国六十余万戎卒和二十七万骑兵部队，浩浩荡荡向东晋进发，大军首尾千里，旌旗遮天蔽日，攻下寿阳后，在淝水与晋军对峙。苻坚登城观望，见晋军排列有序，连八公山上的草木都像是晋军。对此，文化人推出一个成语，叫“草木皆兵”。

在胜败存亡的关键节点上，苻坚的过度自信，把他送上了不归路！

晋军派人向阳平公爵苻融提出，请部署在淝水的前秦大军后撤一步，让晋军渡过淝水后，再正式开打。

前秦帝国的将领一致反对。春秋历史上，不就有宋襄公在泓水之战中，楚军进入泓水不打、楚军上岸后未列好阵不打，结果宋军被楚军打得大败的先例吗？前秦帝国怎么能重蹈这种失败的历史覆辙呢！

苻坚读中国历史典籍很多，他当然知道这一历史事件。可是他太自信了，一反众将领绝不后撤的意见，同意让晋军渡过淝水。他的谋划是，待晋军渡淝水一半时，放出铁骑冲刺，把晋军消灭在淝水之中。

但令苻坚万万没有料到的是，前秦大军从淝水岸边往后一撤，刹不住车了，整个大军像雪崩一样，霎时瓦解，从军官到士卒四散逃命。前面讲到八公山上“草木皆兵”，此时便是成语“风声鹤唳”了。听到呼啸而过的大风刮得草木摇晃，便以为晋军追杀过来了，士卒漫山遍野争抢逃命。晋军一看前秦的军队自己乱了，斗志昂扬，杀声震天，一路追杀过去，二十余万前秦士卒，命丧淝水岸边。

分析看，历史上著名的“淝水之战”，苻坚弄不清是怎么败的，东晋帝国的将领桓玄也弄不清是怎么胜的。苻坚下令军队后撤，同时部署待晋军踏进淝水后，派铁骑冲杀过去，把晋军消灭在淝水之中，怎么就演变成了前秦大军只有后撤，而没有铁骑冲进淝水断杀呢？又怎么就演变成了前秦大军的溃败大逃亡呢？这要不是上帝的神助，起到了人的能力所不具备的神力，怎么可能呢！

司马光还特地记述了这样一个细节：东晋帝国宰相谢安，面对前秦帝国的大军压境，却在跟客人下棋，收到淝水大胜的捷报后，继续下棋，客人问起，才漫不经心地说“孩子们打了一个胜仗”，说罢继续下棋。

谢安如此胜券在握的淡定，其底气从何而来？

在“淝水之战”的溃败中，皇帝苻坚身中流箭，独自一人逃了出来，虽然收拾残兵败将返回了首都长安，但前秦朝廷的分崩离析，已经成了谁都控制不了的历史洪流。原来投靠过来的鲜卑族名将慕容垂，率领大队人马走了；原来与苻坚并肩战斗的羌族首领姚苌，自己穿上黄袍，成立了“后秦帝国”；不少在淝水战败的将领，仗还没打完便投降了晋国；被前秦帝国攻灭后安置在长安的前凉帝国、前燕帝国的王公大臣，秘密在长安串联，纷纷背叛；尤其是前燕帝国的皇帝慕容暐和皇亲慕容肃等人，他们不满足于国家灭亡后被苻坚安置在长安，享受侯爵待遇，“淝水之战”后，他们紧锣密鼓地做刺杀苻坚的准备……“柔仁邀名”的成语，此时用苻坚的惨痛教训作了新的注释。

公元385年，苻坚在新平佛寺内，被他任命的龙骧将军姚苌缢死。姚苌向苻坚索要传国玉玺，苻坚呵斥他说：在“五胡”当中，没有你姚苌这个“小小羌胡”！姚苌好色成性，为不让姚苌糟蹋自己的女儿，苻坚忍痛把两个女儿杀死……史载，苻坚在姚苌面前，始终帝王之度不改，坐而待之，大气凛然！

公元394年，苻坚的子孙收拾旧山河，在大分裂时代坚持几年后，前秦帝国从往后的历史中被抹去了。

文章写到这里，还想就前秦皇帝苻坚的“柔仁邀名”写几句。文人创作的“柔仁邀名”成语，是专门安在苻坚头上的，无疑是贬义的。但从苻坚的所作所为看，他的“柔仁”，是不屠城，是不杀被灭国家的皇亲及大臣，是不杀背叛他的皇亲和将领，是引导人们到学校去学习，是给在战争中无处求生的民众以妥善安置，等等。试问，这些“柔仁”举措，是苻坚弄虚作假博取社会虚名吗？是苻坚搞形式主义骗取社会赞誉吗？是苻坚搞形象工程作表面文章吗？司马光的《资治通鉴》告诉我们：苻坚推出的这些“柔仁”举措，是实实在在的，是落地生根的，是大写在中国历史上的。既如此，苻坚“邀名”，不是强加给他的一顶污名化“帽子”吗？退一万步说，苻坚做了那么多“柔仁”的大事、好事，即便他诚心“邀名”，岂不是名副其实吗？又何错之有呢！

当然，我们不能遗漏司马光对苻坚这一做法的评价。司马光对苻坚不屠城、不滥杀皇亲和臣僚、妥善安置战火中无处求生的各族民众等，是欣赏、肯定的，但他不赞成苻坚对生擒的叛徒都加以赦免，并引用《诗经》“威克厥爱，允济；爱克厥威，允罔功”说明，不要宽恕诡诈狡狯的人，应该格外小心；不要得罪凶恶暴虐的人，防他翻脸不认人。司马光的这一评价，不无道理。

应当说，这是苻坚无法跨越的历史局限性！苻坚“把天下四方混合成一个大家庭”的崇高理想，无疑是超越历史、超越现实的！但他的这种博大、这种胸怀，不正是中华先贤们倡导的“大同”境界吗！

至于前秦帝国由盛转衰如此突然，背他而去的将领如此之多，也还得回到当时的历史境况中进行分析。大分裂时代，就是一个强人出头的时代，不仅“五胡”建了十多个国家，而且汉人也建了前凉王国、冉魏帝国、北凉帝国、西凉王国、西蜀王国、北燕帝国，还有已宣布建国，甚至拥戴和尚当皇帝，当几天皇帝就灭亡的国家尚未计算在内。加上晋王朝之后的东晋帝国、南宋、南齐、南梁、陈帝国，大分裂时代的天下，国家林立，兴亡几乎在一呼一吸之间。前秦帝国包括其他建立的国家，沿袭的基本都是汉朝国家的封建体制，政府管理构架既不完善，也不科学，因而“其兴也勃焉，其亡也忽焉”，是他们跳不出的历史大趋势。苻坚无疑是被历史证明的一个明君，但他也跳不出这个历史的大趋势。

即便如此，我们还是要赞美苻坚，赞美他的“柔仁邀名”！

吕光——后凉王国

公元386年，前秦帝国凉州（今甘肃省武威市）督导官吕光，得到皇帝苻坚被杀的消息后，披麻戴孝，率军哀悼。吕光同时宣布成立“后凉王国”。

吕光，甘肃秦安县人，氐族。他是前秦尚书吕婆楼的儿子，是吕婆楼向苻坚推荐的智囊王猛，王猛取得苻坚信任后，推荐了吕光。

吕光沉稳持重，富有谋略，勇力过人，他从县令做起，屡建功勋。公元357年，前秦帝国大将军、冀州州长张平投降东晋帝国，被任命为并州督导官。转年，苻坚率军征讨张平，双方拉开战局后，张平的长子张蚝，单枪匹马，大呼小叫，从前秦大军的阵地杀入杀出达五次之多，无人能敌，杀人无数。苻坚于是在阵前悬赏，决定生擒张蚝。鹰扬将军吕光横刀立马，单战张蚝，将张蚝挑落马下。

前秦帝国暴君苻生被杀后，王猛就提醒苻坚，苻生剩下的五个弟弟，苻幼、苻柳、苻瘦、苻武、苻腾，也要一并诛杀，否则必留后患。苻坚不同意，将他们同时任命为公爵。公元367年，前秦帝国五个公爵同时起兵背叛，其中四个是苻生的弟弟（苻腾早先叛乱被杀）。一夜之间，前秦帝国分裂成了五个独立王国。苻坚派出使节向他们解释，并采用氐族的一种示信方式“咬梨盟誓”，表示一定信守承诺。但泼出去的水收不回来了，苻坚不得不派军平叛。吕光率先在榆眉（今陕西省千阳县）征剿苻双、苻武合流的大军，大获全胜，斩杀俘虏一万五千余人并一鼓作气，很快平息了“五王之乱”。在发起淝水战役之前，苻坚任命吕光为征西兵团指挥官，率军向西域（今新疆及中亚细亚东部）发起进攻，击溃西域各国七十余万大军，降服三十多个小国。

淝水之战失败后，苻坚的一些皇亲、手下的诸多将领，纷纷背苻坚而去，吕光却没有加入这个背叛行列。他远在西域，用战争征服西域各国后，推行怀柔安抚之策，深得各民族拥戴。公元385年，他率军从西域出发，准备回前秦帝国向皇帝苻坚复命，以挽救国难。途经凉州时，遭遇凉州督导官梁熙组成的凉州兵团阻击。吕光审时度势，在安弥（今甘肃省酒泉市肃州区）与梁熙的凉州兵团开战，大获全胜，四面八方的胡、羌、夷等部落全部归附。吕光进入姑臧（今甘肃省武威市）后，上奏前秦帝国，推荐任命郡、县长及将领，仍履行前秦帝国臣僚的职责。只是在得知皇帝苻坚被姚苌缢死后，才宣布成立“后凉王国”，定都姑臧。

这之后，吕光为了扩大地盘、巩固根据地，先后发起对凉州州长张大豫的进攻，以及背叛后凉王国的湟河（今青海省化隆县）郡长强禧、张掖（今甘肃省张掖市）郡长彭晃等的征讨，但他从未对风雨飘摇的前秦帝国“补刀”，恪守了自己同为氐族人的底线！

毕竟吕光的先辈与苻家的先辈同居一个区域，大家都是跟着苻家的先辈从陇西等地一路走过来的，苻家光鲜的时候，同是氐族的吕家也光鲜。如今苻家这棵大树倒了，依附在这棵大树上的鸟儿各自飞走，寻找自己的安身立命之所，是必然的，也是正常的！

公元399年，吕光死前反复找儿子们谈话，语重心长地告诫他们：国家多灾多难，周边的邻国都在等待机会向我们下手，因此，你们兄弟要精诚团结，如果自相谋害，大难立刻来临。但吕光的告诫，远没有黄袍加身的诱惑大，一次一次的皇位更替，重复上演着一次一次的血洗诛杀。

公元403年，后凉王国灭亡。

羌——姚苌，大分裂时期的后秦帝国

羌族，是中华民族中一个古老的民族，传说是舜帝的后裔，《史记》的作者司马迁说，大禹兴于西羌。早在春秋战国时期，羌族便开始进入中原。汉武帝刘彻设置张掖等四郡后，加速了羌族进入中原的步伐。历史上，氐、羌两个民族关系密切，因而在大分裂时期，这两个民族分分合合的纠葛也多，同属前秦帝国的时间较长。

羌族首领姚弋仲，性情豪爽，果敢决绝，一刀一枪，典型的羌人性格。比如，公元349年，后赵帝国石虎登基称帝，放逐在凉州（今甘肃省武威市）的故太子宫卫士高力军团一万余人，立马启程东归，皇帝石虎则诏令他们西行，并派军队前去押送。高力军团司令梁犊趁机反叛，自称东晋帝国征东大将军，率军东进，连续攻城拔寨，势不可挡。石虎急调十万大军前去阻击，在新安阻击失败，在洛阳又大败。在这种情况下，石虎任命姚弋仲为冠军大将军讨伐梁犊。姚弋仲率八千部众赶到邺城，要求面见石虎，石虎不见，但给他送了一份皇帝御膳。姚弋仲大怒，说："主上让我来攻击盗贼，应该当面指示方略，我难道是赶来吃这顿饭的吗？"石虎无奈，只好接见姚弋仲。姚弋仲说："看我这个老羌，如何给你一战解决！"石虎当即加授姚弋仲为征西大将军，并赏给他一万匹全副装具的战马。姚弋仲身披铠甲，跨上战马说："等着看我老羌如何破贼吧！"说完便走了。结果，高力军团被打得大败，梁犊被斩。

冉魏帝国暴君冉闵下达"杀胡令"后，后赵帝国请求姚弋仲派兵讨伐冉闵。此时姚弋仲已年过七十且身体多病，特派儿子姚襄挂帅出征，他对姚襄说："你的才能超过冉闵十倍，你如果不把冉闵活捉回来，就不要回来见我！"结果，冉闵被彻底击溃，但儿子姚襄没能活捉冉闵，姚弋仲非常恼火，打了姚襄一百军棍。

后赵帝国灭亡后，姚弋仲归降东晋帝国。公元352年，姚弋仲逝世，儿子姚襄继承他的爵位，任平北将军，随东晋帝国中军将军殷浩北伐。姚襄也是豪爽率性的羌人性格，但他读书很多，思谋深远，颇受官兵爱戴。殷浩对姚襄部众的强盛十分厌恶，不仅找碴儿逮捕了姚襄的几个弟弟，还屡屡派出刺客，企图刺杀姚襄。因为姚襄的口碑好，刺客成了他的报信者。殷浩仍不放过他，秘密派出五千官兵袭击姚襄，姚襄迎战，把五千官兵全部收入麾下。殷浩还不罢手，派姚襄率军北上，他则率大军尾随，企图将姚襄军团全部歼灭。姚襄将计就计，伏击殷浩大军，斩杀一万余人，收缴殷浩北伐军团的全部武器，背离东晋帝国而去。

东晋帝国征西大将军桓温，北伐征讨姚襄，把姚襄打得大败。司马光在《资治通鉴》中写道：姚襄战败后逃到洛阳北邙山的当天，夜里民众抛妻弃子，追随姚襄的有五千人；姚襄虽屡战屡败，但人民只要知道他在什么地方，就扶老携幼前往投靠；东晋远征军谣传姚襄负伤死了，许昌、洛阳一带民众，都面向北方痛哭流涕……

公元357年，姚襄被日益强盛的前秦帝国大军击溃，他所骑的战马"黧眉騧"突然栽倒，姚襄翻落马下被杀，他的弟弟姚苌，率部向前秦帝国投降。

有一个细节，司马光记载下来了。姚襄的父亲姚弋仲死后，姚襄辗转作战五年，一直把父亲的灵柩带在身边，随军行动。

姚苌投降前秦帝国后，得到皇帝苻坚重用。在淝水大战中，姚苌的军队受东晋大军阻止，未能投入主战场去作战。苻坚战败，从前燕归降的大将慕容垂，扯起自己的旗帜走了，姚苌仍坚守在前秦帝国，帮助苻坚收拾烂摊子。

公元384年，前秦帝国北地（今陕西省铜川市耀州区）郡政府秘书长慕容泓，鲜卑族人，听说叔父慕容垂扯起旗帜走了，从关东召集数千名鲜卑人，回军关西，击败前秦帝国驻华阴的军队，自称陕西军区司令长官、雍州州长、济北王，史称“西燕帝国”。苻坚不能容忍，派军队指挥官苻睿和龙骧将军姚苌前去讨伐。苻睿勇猛、粗鲁、武断且胸无谋略，姚苌提出的把西燕帝国军队逐出函谷关，放他们回家，而不要逼得他们与前秦军队同归于尽的战役方案，被苻睿粗暴地否决了。结果两军一开打，前秦军队大败，苻睿也被斩杀。姚苌迅速派人向苻坚报告，并请求处分。“淝水之战”后方寸大乱的苻坚，竟然把姚苌派去向他报告的人斩了。

这一来，姚苌怕了，他迅速逃到渭北牧马场。甘肃天水、陇西的羌族部落首领，一听姚苌回来了，纷纷率众投靠，并公推姚苌为盟主。陕西华阴、耀县、甘肃泾川县等地的羌人、匈奴人等，也纷纷前来投靠。姚苌于是自称大将军、大单于、万年秦王，定都华阴。因为姚苌仍称建立的国家为秦国，为与苻坚的秦国区别开来，故称姚苌建立的秦国为“后秦帝国”。

姚苌登上后秦帝国的王位后，其阴险、凶残的本性就不再遮掩了。

公元385年，前秦帝国新平郡（今陕西省彬州市）弹尽粮绝，而援军又等不来。姚苌派人对郡长苟辅说：“我的目的不是杀人，只是要取得这个城池，你可以率城里的部众前去长安。”苟辅相信，率居民五千人弃城出逃，姚苌则派军队将五千人抓获后全部活埋，男女老少一个不留……

同年，姚苌抓获前秦皇帝苻坚，将他在新平佛寺缢死……

公元387年，已经改称皇帝的姚苌，把前秦帝国皇帝苻坚的尸体挖出来，扒去衣服，裸露全身，用皮鞭抽打，然后用荆棘把苻坚的尸体包裹起来，挖个土坑埋了……

公元389年，姚苌因屡战屡败，特地在军营树了一个苻坚的神像，虔诚地对着苻坚的神像祈祷，请苻坚不要再追究他的过失。姚苌认为，他的军队屡打败仗，是苻坚的阴魂找他报复造成的。祈祷没有任何效果，他的军队仍然在战场上一败再败，姚苌火了，砍下苻坚神像的脑袋，又把苻坚“诛杀”了一次……

公元393年，姚苌死了，他的儿子姚兴继位，姚兴之后又传了一代，于公元417年，后秦帝国被东晋帝国所灭。

倒是姚苌的后代，没有用皇亲和大臣的人头、鲜血，为皇位更替开道。尤其是姚兴，尊重儒学，采纳忠言，不滥杀臣僚，受到史学家好评。但在诸多强国崛起的大分裂时代，后秦帝国左拼右挡，也难以立足，最终被历史淘汰，也是必然的结局。

鲜卑——大分裂时期建了六个国家

《后汉书》载，鲜卑族是东胡的后裔。公元前206年，匈奴灭了东胡，东胡人流落在赤峰的西拉木伦河流域游牧。随着匈奴的衰落，鲜卑人逐渐在蒙古大草原上发展壮大起来，并一度完全控制蒙古全境，并不断向衰落的东汉王朝发起攻击。到了晋王朝时期，鲜卑人开始向华北迁移，分散居住在辽河上游到河北、山西北部，后又到陕西、甘肃地区定居。鲜卑的部落很多，慕容、宇文、段、拓跋、乞伏等是鲜卑势力强大的主要部落。大分裂时期，鲜卑各部落先后建立了六个国家，即慕容皝建立了前燕帝国、慕容垂建立了后燕帝国、慕容泓建立了西燕帝国、乞伏国仁建立了西秦帝国、秃发乌孤建立了南凉王国、慕容德建立了南燕帝国。

慕容皝——前燕帝国

慕容皝的父亲慕容廆，自称大单于，被东晋帝国封为辽东公爵，担任平州（今辽宁省及朝鲜半岛北部）州长，东晋授权他可以代表东晋皇帝发号施令、设立官府、任命州郡首长。

公元333年，慕容廆逝世，儿子慕容皝继任。

慕容皝政令严苛，引起兄弟们不满。他的庶兄慕容翰、同母弟慕容仁、幼弟慕容昭，都是战功卓著的战将，对慕容皝极其不满。慕容翰于是带着儿子出逃到同是鲜卑族的段家部落；慕容仁与慕容昭则暗地商议，除掉慕容皝。消息泄漏，慕容皝强迫慕容昭自杀。慕容仁率军前来讨伐，把慕容皝打得大败，夺得辽东郡大片土地。

段家部落酋长段辽，也对慕容皝发起攻击，打得慕容皝忙于招架，焦头烂额。不仅如此，另一个鲜卑族的宇文部落，与段家部落一起加入慕容仁阵营，共同讨伐慕容皝。

公元336年，是慕容皝获得转机的一年。那年的正月，从来不结冰的渤海沿岸结了一层厚厚的冰，慕容皝决定踏冰过海，率大军突袭慕容仁居住的平郭（今辽宁省盖州市）。在冰上行军三百余里抵达历林口（辽河下游）登陆后，抛弃所有辎重，改用轻装骑兵，向平郭发起进攻，大破慕容仁军，生擒慕容仁，将慕容仁的亲信、将领、幕僚全部诛杀。

段家部落酋长段辽、宇文部落酋长宇文逸豆归，分别率军前去救援慕容仁，被慕容皝一一击溃。在胜利的欢呼声中，公元337年，慕容皝宣布建国，国号“燕”。因称“燕”的国家较多，为予区别，史称“前燕”。

鲜卑族各族群之间，世世代代都是姻亲，双方不是舅舅就是外甥，但他们为争夺利益，长期处于敌对状态。慕容皝穿上燕王王袍后做的第一件事，就是投靠后赵帝国的皇帝石虎，请他出兵共同剿灭段辽。

公元338年，后赵帝国对段家部落发起歼灭性攻击，慕容皝率前燕帝国大军配合作战，打得段辽从令支（今河北省迁安市）逃到密云（今北京市密云区）。在密云无路可退了，又被打得全军覆没，段辽独自一人逃得无影无踪，段家部落二万余户散落到华北各地。

后赵帝国的石虎，帮慕容皝歼灭段家部落后，认为获利太少，转而向前燕帝国发起攻击，一夜之间前燕三十六个城池投降。燕王慕容皝也打算投降，朝鲜人孙泳、刘佩两次果断出击，打得后赵大军溃不成军，才使得慕容皝打消投降的念头，稳住阵脚。接下来的一幕，就是慕容皝对投降后赵的三十六个城池的官员、守将进行清洗，大批人头落地，鲜血横流。

段家部落覆灭后，慕容皝的庶兄慕容翰逃到了宇文部落，一到那里，慕容翰便疯了，有时躺在街头巷口，随地拉屎撒尿；有时披头散发，又唱又叫，跪地叩头，乞求路人赏口饭吃。宇文部落于是放松了对他的看管，他到处乞讨，想到哪里就到哪里。前燕帝国的慕容皝得知后，派商人前去宇文部落察看，探清了慕容翰想回家的底细后，派人前去迎接。慕容翰力大如牛，能拉动三百多斤重的弓箭，慕容皝特地为他制作了一把强弓。经过一番准备，慕容翰盗得一匹良马，带上两个儿子，跟派去接他的人一起跑了。宇文逸豆归派一百多名精悍骑兵追捕，慕容翰对追击的骑兵说："我不打算射杀你们，你们在我一百步的地方，把刀插到地上，我一箭射中了，你们就回去，没射中，你们不妨再追。"一个追兵解下佩刀插到地上，慕容翰一箭射出，正中刀环，追兵撤退而去。

慕容翰极具责任感，且极有谋略，他当初逃离，是躲避慕容皝对他的诛杀，但他逃到段家部落、又逃到宇文部落后，心心念念的还是自家的慕容部落。段家部落覆灭后，慕容翰在宇文部落装疯卖傻，当众撒尿，跪地乞讨，就是为了让宇文部落放松对他的警戒。目的达到后，继续装疯卖傻，到处乱跑，对宇文部落的山川关隘、军队布防等情况默记在心。他回归后，给慕容皝贡献了一个类似诸葛亮与刘备"隆中对"的战略谋划。

这个战略谋划的大目标是，把鲜卑各族由慕容族统一起来。鲜卑族的部落很多，一段时间里与慕容族平起平坐的是段家部落和宇文部落，段家部落歼灭了，剩下的只有宇文部落。而要歼灭宇文部落，首先要征服朝鲜族的高句丽王国。当时高句丽王国的首都在吉林集安县西通沟，因为他们知道，一旦慕容族歼灭了宇文部落，下一个被歼灭的目标便是高句丽王国。因此，只要慕容族发起对宇文部落的进攻，高句丽王国必然出兵来抄慕容族的后路。而与高句丽王国和宇文部落两面作战，慕容族没有胜算的把握。因此，在进攻宇文部落之前，必须先攻灭高句丽王国。慕容翰也看清了，慕容皝攻打高句丽王国时，宇文部落的首领宇文逸豆归，不具备救援高句丽王国的能力，也不具备挽救宇文部落的战略目光，只会在一旁看热闹，而绝不会出兵救援高句丽王国。

对于慕容翰的这一重大战略谋划，前燕帝国皇帝慕容皝完全赞同。

接下来的前燕帝国历史，完全是照着慕容翰的战略谋划写的。高句丽王国被彻底击溃，国王高钊单枪匹马逃进了深山老林。慕容皝把高钊父亲、母亲的尸体挖出来，连同王后和文武臣僚、王库里累世收藏的稀世之宝，还有五万余男女，全部押解返回龙城（今辽宁省朝阳市）。

挖出高钊父母的尸体，就是等着高钊前来归降。

这一目标达到了。

两年后的公元344年，前燕帝国发起了对宇文部落的毁灭性进攻，宇文部落从此烟消云散。宇文逸豆归逃往北方沙漠，再也没有出来。

为前燕帝国贡献这一重大战略谋划的慕容翰，在攻击宇文部落的战斗中被流箭射中，在家卧床疗养了很长一段时间，后来伤情逐渐好转，便在自家庭院试着骑马。于是有人向皇帝慕容皝报告，说这是慕容翰在做政变准备，慕容皝遂令慕容翰自杀。

无语吧！

但纵观下来看，前燕帝国创始人慕容皝，在大分裂时代的所作所为，还是可圈可点的！

公元345年，慕容皝下达过这样的诏令：国家的根本是人民，人民的命脉是粮食。现在，把皇家农庄全部撤销，土地发给没有田可耕的农民。实在贫苦的，由政府给其耕牛。财力稍微宽裕，愿使用官牛的，则依照曹魏帝国及晋帝国时的办法办理。河川沟渠对农田有裨益的，由地方政府随时保养……

这样的诏令，在大分裂时代极其罕见！

公元348年，慕容皝逝世，士子慕容儁继位，迁都蓟城（北京）。

慕容儁延续了前燕帝国的运势，于公元350年向后赵帝国（石闵篡权后改为冉魏帝国）发起大规模攻击，攻克的城池很多，但不屠城，居民“丝毫不受惊扰，军令严明，一草一木都不侵犯”，深受民众拥戴。经过两年多的连续战斗，大败冉魏兵团，生擒并处斩暴君冉闵。

公元360年，慕容儁逝世，十一岁的太子慕容暐继位。但司马光在慕容儁去世前记述的一件小事，似乎在预示着什么。

事情是这样的：前燕帝国征召幽州督导官乙逸，任高级国务官。上任走的时候，乙逸夫妇挤在一辆小车上，而他的儿子乙璋，却带着衣着华丽的侍从、骑兵卫士几十人，在路边等候迎接。乙逸一看气坏了，关着车门不跟儿子说话。到达首都蓟城后，乙逸才知道，自己时常担心干不成事还可能坏事的儿子乙璋，步步高升，已经从中书令升至御史中丞了。乙逸长叹了一口气说：“我从小就修身敬业，严格要求自己奉公守法，也不过仅能免除朝廷追究而已。乙璋对自己从不检点，任意奢侈放纵，反而擢升到高位，这并不仅仅是乙璋的侥幸，实在是世道败坏，没有公理！”

虽然乙逸这话震烁千古，但司马光在慕容儁去世之前记述下来，还是很有针对性的。

面对十一岁的娃娃皇帝慕容暐，太师慕容根鼓动太宰慕容恪取代慕容暐当皇帝。慕容根是慕容皝的弟弟，慕容恪是慕容皝的儿子，他俩都是慕容皝死前托孤处理朝政的重臣。慕容儁尚未安葬，抢班夺权的剧本就出来了。慕容恪是前燕帝国赫赫有名的战将，功勋卓著，清廉正直，他毫不含糊地拒绝了叔父慕容根，还语重心长地劝导慕容根打消这个念头。

阴谋往往是连贯性的，当一个阴谋被拒以后，因担心阴谋泄漏，必然推出下一个阴谋以求自保。

遭慕容恪拒绝后，慕容根便向太后可足浑和皇帝慕容暐打小报告，说慕容恪和皇家太傅慕容评阴谋篡权，请批准他率禁卫军讨伐。消息泄漏，慕容恪与慕容评果断出手，将慕容根及家人、同党全部斩首。

前燕帝国渡过了这一波危机，但后续危机就过不去了。

慕容恪去世后，慕容暐也长大了，朝政大权回到了他的手里。他不思虑国家安危、民众生活，而是一天到晚防着慕容家的叔叔、兄弟抢夺他的皇位。皇家太傅慕容评从皇帝慕容暐的御批、言谈、眼神中，捕捉到他的心思后，把下一个打击对象瞄向了慕容垂。

慕容垂是慕容暐的叔叔，他天赋英明，才干杰出，谋略超世，是前燕帝国的大功臣。“为了永绝后患”，慕容评与可足浑太后联手，打算诛杀慕容垂。凭慕容垂的智慧，凭他在朝廷上下的崇高威信，还凭他手握的重兵，他完全可以叫慕容暐把皇位“禅让”给自己，且完全有能力把可足浑太后、慕容评太傅等心怀不轨的人一网打尽。但他不愿看到慕容族用脑袋和鲜血“相煎”，便以游猎为名，带着儿子和家人朝自己的老家龙城走了。皇帝慕容暐立即派精锐部队追杀，慕容垂在走投无路的情况下，只好投靠前秦帝国。

前秦帝国的天王苻坚，是大分裂天下最英明的君王，他得到慕容垂，如给老虎插上翅膀；而前燕帝国逼走慕容垂，则如雄鹰的翅膀被折断，从此一天不如一天。就在慕容垂被逼出逃的第二年，前燕帝国便从此后的历史中抹去了。

但前燕帝国皇家太傅慕容评的卑鄙贪婪，在历史上怎么也抹不掉！

面对前秦帝国大军的灭国性进攻，慕容评下令封锁所有的山河道路。

问：面对进攻，封锁道路也没错呀！

答：慕容评封锁道路，不是为了防范前秦大军的进攻。

问：那为了什么？

答：为了自己发财！

相信读者朋友看了这段问答，肯定是一头雾水。

请接着看——

前燕帝国规定，无论民众或士卒上山砍柴或下河捕鱼，都必须缴纳所规定的金钱或绸缎。灭国在即，皇家太傅慕容评封锁山河道路，就是为收缴上山砍柴、下河捕鱼的金钱。

前秦帝国统军大将王猛听说后，忍不住大笑。于是调整作战方案，只派五千名骑兵，在夜幕掩护下，绕到前燕帝国大营的背后，突然发起进攻，把立国三十四年的前燕帝国瞬间摧毁。

听听前燕帝国皇帝慕容暐在灭国前是怎么跟慕容评说的吧。

慕容暐：“你（慕容评）为什么竟然不顾战士而去卖柴卖水，专心做起生意呢？国家仓库里的金银财宝，我跟你共同享有，你何必担心贫穷呢？如果贼寇的进攻挡不住，家破国亡，你带那么多钱，往哪里逃呀？”

是啊！贪官就是如此，眼里只有金钱，贪多少都不嫌多，他们才不管这么多金钱花得了花不了呢!

慕容垂——后燕帝国的明君

慕容垂从公元369年投靠前秦帝国，到公元383年从前秦帝国出走，在前秦帝国待了十四年。这十四年，是慕容垂深得天王苻坚高度信任的十四年，也是慕容垂为前秦帝国一统北方各国、功勋卓著的十四年。

前秦帝国的大智囊王猛，对慕容垂高度戒备，告诫苻坚，慕容垂是水中蛟龙，山中猛虎，绝不可能驯服，应尽早除掉。苻坚不听，任命慕容垂为冠军将军，封宾徒侯。

王猛于是想自己下手除掉慕容垂。王猛率军进攻邺城，请慕容垂的儿子慕容令当向导，临出发前王猛拜会慕容垂。酒桌上王猛说：“今天告辞，一去千里，你送我什么礼物，使我睹物思人呢？”慕容垂解下佩刀，送给王猛。王猛到达洛阳后，用重金收买慕容垂的亲信，去给慕容令传话，说的是：慕容垂后悔了，打算返回前燕，教慕容令抓住机会逃离。因为有父亲慕容垂的佩刀作为信物，因而慕容令相信，他立马率旧部骑兵侍卫，假装外出打猎，逃回了前燕帝国。王猛于是立即上疏，报告慕容垂叛变。慕容垂听到消息后，立即逃亡，在蓝田被追兵逮捕。

前秦帝国天王苻坚，是一位累世难寻的英明君王，他在太极殿接见慕容垂，安慰他，叫他打消疑虑，且在这之后一如既往地礼遇他、亲近他、信任他，为前秦帝国开创伟大勋业，留下了一位天下难寻的英才!

慕容垂原名慕容霸，十三岁便勇冠三军，独当一面，屡屡建功，颇受前燕帝国人民拥戴。开国君主慕容皝对慕容霸的才能至为惊奇，给他起名“霸”，打算由他继承君位，但因他不是长子，不符合儒家传位的规矩，加之臣僚纷纷反对，才由长子慕容儁接任。因为这个原因，慕容儁对老弟慕容霸十分妒恨，他登上君位后，因慕容霸曾从马上跌下，撞掉了门牙，就把他的“霸”字改成了“垂夬”字，后因神秘预言书上“垂夬”是个应验吉祥的字，又把“垂夬”改成了“垂”。虽然改成了“垂”字，断了神秘预言的祥瑞，但已经由燕王改为皇帝的慕容儁，以及皇帝后宫的一帮实权派皇亲国戚，仍对慕容垂十分忌惮，千方百计寻找机会对他下手。

慕容垂娶段家部落酋长段末柸的女儿为妻，慕容族与段族同是鲜卑族人，两族一直通婚，姻亲累世。慕容垂娶的段氏，非常有才华，且性情刚烈，她自认为段氏比慕容氏高贵，因而对皇帝慕容儁的皇后可足浑不太礼敬，使得可足浑怀恨在心。朝中的一些小人特别是宦官，便向慕容儁和可足浑打小报告，诬陷段氏用巫蛊诅咒皇帝和皇后，妄图用这种卑劣的手段，把慕容垂牵连进去。

皇帝慕容儁下令逮捕段氏，严刑拷打，段氏就是不肯诬服。慕容垂心痛妻子，悄悄派人到监狱转告段氏，叫她承认算了。段氏清楚，一旦诬服，不仅段氏家族的名誉受损，而且丈夫慕容垂也在劫难逃。因而段氏在狱中大义凛然，任由变着花样拷打，始终不肯低下高贵的头颅，最终用死维护了慕容垂的清白。

慕容垂被前燕皇帝慕容暐逼得投靠前秦帝国后，苻坚始终信任慕容垂，王猛则始终防着慕容垂。公元375年，王猛逝世前，还特地告诫苻坚，鲜卑人才是前秦帝国的大敌，一定要尽早清除隐患。

在这个问题上，历史确实是循着王猛的“告诫”写的，但有些细节，值得深思。

公元383年，前秦帝国兵败淝水，帝国大厦顷刻溃塌，军队作鸟兽散，唯有冠军将军慕容垂的三万大军，仍然阵容整齐，保持强大战斗力。身受箭伤的天王苻坚，吃了一壶乡民送来的泡饭后，收拾一千余名骑兵，投奔慕容垂大营。慕容垂的儿子和军中将领，都认为这是慕容家族恢复燕国的天赐良机，建议慕容垂杀掉苻坚，自己举旗，复兴燕国。

慕容垂是这么说的："我在燕国遭人陷害，逃命而投奔前秦，苻坚把我当成国家栋梁，恩宠礼遇，当世无双。后王猛设计陷害我，我无法证明自己的清白，是苻坚出面给我证明清白。种种恩德，怎能忘记？如果氐民族的气数尽了，我自当收拾关东残局，恢复燕国版图，仅此而已。关西之地（前秦疆域），我不会染指。"

几个意思呢？试着解释一下。

——我慕容垂深受苻坚大恩，绝不在苻坚落难之时去杀他……

——如果前秦帝国的运势尽了，我收拾函谷关之东的残局，恢复燕国版图，仅此而已……

——燕国在我手里恢复后，我不会去抢夺前秦的疆土……

慕容垂同时表明，他只要离开前秦帝国，就把手里的三万大军交给苻坚……

面对黄袍加身的巨大诱惑，慕容垂的做法，是不是出于王猛的预料之外？

慕容垂回老家祭祀祖坟祖庙，路过邺城，镇守邺城的长乐公爵苻丕出城迎接。慕容垂的手下建议趁机诛杀苻丕，慕容垂予以拒绝。恰在此时，居住在河南新安县的丁零部落酋长翟斌，聚众起兵，反抗前秦帝国，天王苻坚令慕容垂率军反击。这正中苻丕的下怀。他知道翟斌凶恶狂悖，一定会与慕容垂死磕，待他们打得两败俱伤时，他再去将这二人一并收拾。于是，苻丕调拨给慕容垂两千人，全是老弱残兵，盔甲武器全是残破的。同时任命广武将军苻飞龙，做慕容垂的副将，率嫡系氐人一千人，伺机对慕容垂下手。苻丕对苻飞龙说："慕容垂是三军统帅，你是谋杀慕容垂的大将。就此上路，好好去做。”

苻丕的这个阴谋，在慕容垂率军走到安阳时就露馅了，慕容垂率先动手，把苻飞龙率领的一千氐人全部诛杀，尔后上书天王苻坚，陈述击斩苻飞龙及氐人的原因。

前秦帝国回不去了，慕容垂横渡黄河，焚烧桥梁，走了。天下四方，跟在慕容垂后面的人越走越多。公元384年，“后燕帝国”成立，慕容垂称燕王。

前秦帝国兵败淝水后，大分裂的天下，没有振臂一呼八方响应的“共主”了。人们心中正统的东晋帝国，龟缩在江南一隅，已经成了过河的泥菩萨自身难保。淝水之战前已经统一北方的前秦帝国，跨长江这一步没有跨过去，瞬间树倒猢狲散。羌族姚苌从前秦走了，成立了后秦帝国；氐族吕光从前秦走了，成立了后凉王国；鲜卑族慕容垂从前秦走了，成立了后燕帝国；鲜卑族慕容泓从前秦走了，成立了西燕帝国；甘肃兰州的鲜卑人乞伏国仁，成立了西秦王国；青海东部的鲜卑人秃发乌孤，成立了南梁王国；鲜卑人慕容冲，接替死去的皇帝慕容玮，登上了前燕帝国的皇位。如此众多的国家纷纷比肩而立，说明此时已经没有可以担纲天下的强国了，处于“山中无老虎，猴子称大王”的状态。

但比较而言，后燕帝国是个强国，国王慕容垂是个明君！

公元384年，兵败如山倒的前秦帝国龟缩在邺城，粮食吃尽了，饲料也当粮食吃光了。后燕帝国的臣僚主张向邺城发起攻击，被慕容垂阻止了。他下令把城西的道路放开，让天王苻坚率领臣僚和军队安全撤走……

天王苻坚走了，留下长乐公爵苻丕据守邺城。慕容垂的大军包围邺城时，在城西留了一条不派兵包围的退路……

天王苻坚死后，慕容垂派大军攻击前秦帝国冀州州长苻定、冀州军区司令苻绍、幽州州长苻谟、幽州军区司令苻亮，攻克后，一律给他们封侯。这么做的目的，用慕容垂的话说是“用来报答天王苻坚的恩德”……

前秦帝国的禁宫宦官侍从主任光祚，在苻坚死后投降东晋帝国，任命为郡长，被慕容垂攻克后俘获。天王苻坚曾与慕容垂用手语交流，光祚看到后对苻坚说：“陛下，你是不是很怀疑慕容垂？他可不是久居人下的人。”那意思是提醒苻坚，尽早把慕容垂除掉。光祚成了俘虏后，慕容垂泪流满面地对他说：“天王待我恩深德厚，而我待他也尽心尽力。可两位公爵想害我，我害怕，才辜负了天王。每一想到，我都半夜难以入眠。”光祚曾提醒苻坚，慕容垂“不是久居人下的人”，对此慕容垂并非不知道，但他知道天王苻坚待光祚很好，因而俘获光祚后，不仅没有处死他，而是加以厚待……

像慕容垂那样知恩、感恩、报恩的人，在大分裂时期罕见！

把他人对自己的恩德铭记于心，并在有机会、有能力的时候给予回报，是人性最光鲜、最崇高的部分！

因为知恩、感恩、报恩，能过滤掉人生际遇中的挫折、艰辛、不幸、困苦等阴影，而把人生中顺畅、得意、成功的元素保留下来，传承下去！

还因为，知恩、感恩、报恩，能把一个人一生积聚的正气、阳气保留、传承下去！

写慕容垂的知恩、感恩、报恩，着重写的是他的人性，其实他的事业也开创得很宏大。他实现了他离开前秦帝国时提出的奋斗目标，将前燕帝国的版图全部收复，成了当时首屈一指的强国。

后燕帝国由兴到衰的转折点，是公元395年与北魏开打的参合陂之战。那一年，慕容垂七十岁，老了，也很固执，结果大败。但慕容垂没有因为这次大败而沉沦，他是谋略高深的战将，转年便把北魏打得溃不成军，用巨大的胜利，把他的参合陂之战的战绩改写过来。

史载，凯旋时，慕容垂途经参合陂（今山西省阳高县），看到堆积如山的骸骨，他摆下香案，放声大哭，向死难的鲜卑子弟致祭。慕容垂像个孩子似的痛哭，哭得震天动地，撼人心魄，哭得当场大口吐血，随即去世。

慕容垂死后，他的兄弟、子孙未能延续他作为一代明君的气度和智慧，太子慕容宝一接替帝位，便拉开了慕容皇亲抢夺皇位的血腥大幕。到末代皇帝慕容熙时，后燕帝国已经腐烂得开始掉渣了。例如，公元405年，后燕帝国发兵攻打朝鲜族的高句丽王国，眼看辽东（今辽宁省辽阳市）的城池即将攻陷，皇帝慕容熙下诏停止进攻，他的诏令是这样的："不要抢先攀登，等把城墙铲平后，我跟皇后（苻训英）坐在辇车上，一同进城。"这一叫停，失去战机，辽东无法攻克，丢下大批士卒战死，狼狈撤退。为给皇后苻训英兴建承华殿，慕容熙下令从很远的乡下运土，运费与粮价相等。苻训英死了，慕容熙在皇宫摆下祭堂，文武百官全部安排座位，命他们在座位上哭泣，同时派人检查每个人的眼睛，凡没有眼泪的，一律严厉处罚。很多臣僚是无论如何也哭不出来的，只好把辣椒放到口里含着，用辣椒把眼泪辣出来……慕容垂去世后十一年，后燕帝国被朝鲜族的北燕帝国灭亡。

慕容泓——西燕帝国

慕容垂从前秦帝国出走后，于公元384年发起了向邺城的进攻，前秦帝国北地郡（今陕西省铜川市耀州区）政府秘书长慕容泓，听说后立即逃走，跑到函谷关之东（前燕帝国疆域），集结数千名鲜卑人，向函谷关之西的前秦帝国发起进攻，连打胜仗，声威强盛。于是，慕容泓自称陕西军区司令、雍州州长、济北王，史称“西燕帝国”。

慕容泓是前燕帝国二任帝慕容儁的儿子，他想趁前秦帝国“淝水之败”的机会，恢复前燕帝国。从史料看，慕容泓并非大智大勇之人，前秦帝国派军队前去讨伐，他便吓得想跑。但他的运气闪亮了一下，一开打，前秦军队大败，主将还被斩。但跟随慕容泓的智囊和将领都认为慕容泓成不了大事，于是杀掉慕容泓，把他的弟弟慕容冲扶上了君位。

慕容冲是那种“当十个人的领袖，才能低于九个人”的皇帝，他放纵他的鲜卑士卒任意强暴、抢劫，关中人民四散逃命，道路断绝，赤地千里，不见人烟。

公元386年，慕容冲被部属斩杀，西燕帝国又换了一个皇帝，叫段随。

段随一当上皇帝，西燕帝国上演的，便是杀皇帝、换皇帝的循环大戏。

段随被杀，换上慕容觊当皇帝；

慕容顗被杀，换上慕容瑶当皇帝；

慕容瑶被杀，换上慕容忠当皇帝；

慕容忠被杀，换上慕容永当皇帝。

请注意！这出杀皇帝、换皇帝的大戏，发生在同一年，即公元386年。

再往下看。还是公元386年，登上西燕帝国皇帝高位的慕容永，把慕容儁、慕容垂留在长子（今山西省长治市）的子孙，不分男女老幼，全部屠杀，一个活口也不留。

……

不用再往下写了，鲜卑族的西燕帝国，其立国的主基调，即是用杀皇帝、杀鲜卑族人、杀天下民众播种人世间的仇恨，用鲜血浇灌其帝国腐烂的根基。

后燕帝国皇帝慕容垂生前曾说：“我虽然已老，可是摸索口袋里残余的一点谋略，自问足够解决问题，绝不会把这些蟊贼，留下连累子孙！”

令人遗憾的是，慕容垂的子孙就是“蟊贼”！

公元394年，西燕帝国灭亡。

乞伏国仁——西秦王国

鲜卑族的部落很多，生活在今甘肃省陇西县一带，有一个大的鲜卑部落，叫乞伏，在前秦帝国兴起时曾被前秦帝国苻坚征服，并任命部落首领乞伏国仁为单于。

公元383年，前秦帝国对东晋发起大举进攻，苻坚任命乞伏国仁为前将军，兼先锋骑兵司令。乞伏国仁率军开拔不久，他的叔父乞伏步颓便举兵反叛，苻坚即命乞伏国仁回军讨伐。乞伏国仁一回去，淝水之败的消息传来了，他便胁迫其他部落归附，拒绝归附的就派军队吞并，和叔父一起做反叛前秦帝国的准备。

两年后的385年，乞伏国仁扯起了史称“西秦王国”的旗帜，定都勇士城（今甘肃省榆中县），将他所控制的地盘分成十二个郡。乞伏国仁基本没有做国内民众的安抚工作，率军打的仗，也大都是抢周边少数民族的地盘。公元388年，乞伏国仁去世，他的弟弟乞伏乾归继位，设立文武百官，仿效汉王朝的政治制度。

公元400年，西秦王国与后秦帝国打了一仗，西秦大败，所有部众三万六千人投降。从战场逃命出来的国王乞伏乾归对将领和酋长说：“我自问没有能力，却勉强称王超过一纪（十二年），如今失败到如此地步，我打算到西边据守，你们各领部众自保吧。”

至此，西秦王国灭亡。

秃发乌孤——南凉王国

在甘肃靖远一带，有一个强悍的鲜卑部落，部落酋长叫秃发树机能，于公元270年起兵背叛晋帝国。晋帝国随即派兵征讨，却连吃败仗，故而秃发树机能的势力日益壮大，但其声威也仅局限于甘肃靖远一带。公元394年，后凉王国准备把秃发树机能的鲜卑部落收归麾下，派出使节，任命当时的酋长秃发乌孤为冠军大将军、河西（今甘肃省中、西部）鲜卑总督。秃发乌孤胸怀大志，作战勇猛，礼贤下士，在他管辖的区域大力推行农耕，加强武备，深得民众拥戴。秃发乌孤接受后凉王国的官爵，目的是“等待机会”。公元396年，后凉王国又发来官帽，任命秃发乌孤为征南大将军、益州州长、左贤王。这回秃发乌孤不要了，他从后凉王国的政治腐败、官员凶残、民怨沸腾中，看清了他所等到的机会，于是宣布建国，自称总司令、最高统帅、大单于、西平王，史称“南凉王国”，定都青海乐都。

公元399年，秃发乌孤醉酒骑马撞伤后死亡，他的弟弟秃发利鹿孤继位。秃发利鹿孤对他所统领的南凉王国有比较清醒的认识，他说：“我们自前世以来，都披头散发，衣裳左边开襟，从来没有冠帽腰带之类的装饰，追逐水草，四处迁徙。也从来没有城郭房舍之类的牵制，所以才能纵横沙漠，与中原抗衡。”因而他登上君位后采取的做法是，让汉人居住城郭，负责耕田养蚕，供应政府，而鲜卑人则加强战斗训练，邻国衰弱，就吞并邻国，邻国强大，就远远迁移。

秃发利鹿孤所采取的这种治国方略，既体现了鲜卑族的传统特征，又证明了南凉王国在大分裂天下的实力和处境。

南凉王国第三任国王秃发傉檀，见完妻子儿女一面后，便向西秦王国投降。走在投降路上的秃发傉檀，身边只有散骑侍郎阴利鹿一人。他不无感叹地说：“大臣、亲戚都抛弃我四散逃亡，而忠义始终如一的，只有你一人。”至此，南凉王国灭亡。

慕容德——南燕帝国

后燕帝国皇帝慕容垂去世后，他的子孙为争夺皇位杀得血流成河。后燕帝国开封公爵慕容详，就是在这种情况下登基自称皇帝的。有人劝慕容垂的另一个弟弟慕容德登基称帝，慕容德拒绝，他知道后燕皇帝慕容宝还活着，此时称帝不合适。

公元397年，北魏大军攻占后燕帝国首都中山（今河北省正定县），后燕的公卿、尚书、将吏、士卒等投降的有两万余人，北魏得到的玉玺、图书、奇珍异宝以万计。北魏大军接着挥师南下，向邺城开来了，慕容德只好率四万户人家放弃邺城，南渡黄河，在滑台（今河南省滑县）驻扎下来。一年后，慕容德仿效哥哥慕容垂的前例做法，自称燕王，史称“南燕帝国”。

也就在这个时候，后燕帝国在慕容盛手里“回光返照”了一下。

慕容盛是皇帝慕容宝的儿子，后燕帝国被北魏打得无以立足之后，皇帝慕容宝因顿丘王兰汗，仍祭祀慕容皇家祖坟，打算返回龙城（今辽宁省朝阳市），走到建安（今河北省迁安市）时，兰汗派人前来迎接。慕容宝高兴得不得了，立马动身要走，慕容盛哭着劝阻，慕容宝就是不听，慕容盛只好自己躲起来。

兰汗是慕容盛的岳父。

结果是，慕容宝一脚踏进龙城郊外官邸，便被兰汗处死，连同皇太子慕容策、亲王、公爵等一百多人丧命。

躲起来逃过一命的慕容盛，听到父亲慕容宝被杀的消息后，立即前去奔丧，他身边的人怎么劝都劝不住。见到兰汗后，慕容盛叩头痛哭，请求厚葬父亲。兰汗的正室乙氏、女儿兰妃（慕容盛的妻子）私下里也求兰汗，不要对慕容盛下手。兰汗心软了，把慕容盛接进皇宫，并给了他一顶高级咨询官的帽子。

慕容盛安顿下来不久，便看清了兰汗、兰堤、兰加难三兄弟之间的矛盾和猜疑，于是谋划着如何下手。

慕容盛秘密派慕容恪的孙子慕容奇出逃，在建安（今河北省迁安市）组织了数千人的队伍。兰汗命兰堤率兵征剿，慕容盛则对兰汗说："慕容奇不过一个孩子，怎么能发动这么大的事呢？"他暗示兰汗，他身边有内奸，并指名道姓说不能把军权交给兰堤，兰汗觉得有道理，便把兰堤换了。

兰汗杀了慕容宝之后，每次到后燕帝国皇家祭庙祭祀时，都把责任推给兰堤和兰加难。兰堤和兰加难知道这不是什么好兆头，便开始反叛，兰汗于是派太子兰穆率军讨伐。

倒是兰穆比他父亲兰汗明白，他看清了，是慕容盛来了之后，他们家才出了这么多的内乱。但是晚了，慕容盛早就用金钱、许诺，把兰汗手下的一批将领，拉到了自己的阵营，待兰汗听了兰穆的提醒，准备诛杀慕容盛时，慕容盛振臂一呼，一批将领率军冲进宫去，不仅兰堤、兰加难被杀，而且兰汗、兰穆父子也掉了脑袋。

公元398年，慕容盛正式称帝，他没有册封自己落难时鼎力帮助自己的妻子兰妃为皇后，而是下令处死，只是在丈母娘乙氏的拼死保护下，留了兰妃个活口，同时诏令兰妃终生不能当皇后。

慕容盛这个皇帝，没有带领后燕帝国往前走多远，公元400年，他取消皇帝称号，自己贬称为"平民天王"。

南燕帝国燕王慕容德，在对后燕帝国的"回光返照"冷眼旁观后，认真审视了大分裂时代的天下大势，决定走一条延续南燕帝国运势的路子，于是请佛教高僧竺朗占卜。得到竺朗的指点后，迈开腿朝向今山东省的兖州、琅琊、青州走去。走到慕容盛取消皇帝称号的公元400年，将自己的燕王帽子改为皇帝龙冠，同时把自己的姓名，改为“慕容备德”（本文仍称慕容德）。

慕容德性善、爽朗、幽默，他优待迁移的民众，长期免除他们的田赋捐税和差役劳役，因而迁移户中当地居民冒名的人很多，有的一个户籍中竟有一百多家，有的一个户籍里竟有上千人。慕容德没有下诏对这些谎称移民的人进行处罚，而是派官员下去，把这些当地居民剥离出来了事。

慕容德在首都广固（今山东省青州市）大宴群臣，待大家喝得酒酣耳热之际，他问：“我可以比古代哪一等君王？”青州督导官鞠仲拍马屁，把他比作夏王朝八任帝姒少康。慕容德立即赏给他绸缎一千匹。赏这么多，把鞠仲惊喜坏了。慕容德则笑着说：“你可以开我的玩笑，我不可以开你的玩笑吗？你不说实话，我也不说实话，叫你空欢喜一场！”整个宴会大厅笑喷了。

慕容德没有儿子，他选的接班人，帮他掘了南燕帝国的坟墓。

慕容德曾在前秦帝国苻坚时代，任张掖（今甘肃省张掖市）郡长，他把母亲公孙氏、哥哥慕容纳和嫂子，一起接到张掖定居。公元383年，苻坚征调慕容德率军进攻东晋帝国。临出发前，慕容德留下一把金刀交给母亲，作为今后联系的信物。“淝水之败”后，慕容德跟随慕容垂背叛前秦帝国，前来接替张掖的郡长苻昌，把慕容纳和慕容德的儿子全部诛杀，但留了一个活口，即慕容德的母亲，关进了监狱；还留了一个暂缓处死的人，是慕容德的嫂子段氏，因其怀孕了，也把她关进了监狱，打算待生完孩子后再杀。狱卒呼延平是慕容德的旧部属，他秘密把公孙氏和段氏放出监狱，送到西羌的偏远处所，段氏在那里生下一个儿子，叫慕容超。慕容超十岁时，奶奶公孙氏患病，临死前把金刀交给他，嘱咐他带着金刀去见叔父慕容德。慕容超为躲避追杀，假装精神失常，跪在街上讨饭，也吃了不少苦。

慕容德听说老兄有遗腹子流落在后秦帝国后，派人前去寻找，将慕容超接到了身边。慕容超把金刀交给慕容德，一见金刀，慕容德便哀恸不已，哭得肝肠欲断。于是，打算把慕容超作为皇位继承人。

有史学家评论："慕容超不至，南燕帝国不亡。"

公元405年，慕容德召集文武百官，讨论立慕容超为太子的事宜。巧合的是，当慕容德一提出这个问题，顿时地动山摇，发生大地震。臣僚簇拥着皇帝慕容德退朝，大家心里顿生疑惑。

慕容德死了，慕容超穿上了黄袍。

历史上有"狐裘大衣虽然破烂，不可以用黄狗皮来补"一说。慕容超当上皇帝后，南燕帝国不少臣僚说："看来黄狗皮要用来补狐裘大衣了。"

——慕容超前往南郊祭祀天神，突然窜出一只浑身红毛、形状像鼠，但体积大如马的怪物，一直窜到祭坛，刹那间不见了。接着便是狂风大作，飞沙走石，白天如同黑夜，皇家仪仗和祭坛上帷帐全部毁坏……

——慕容超把为他找美女的宦官、很会钻营的佞臣，专门从事打小报告陷害他人的小人，全部提升为高级国务官、将军，替换慕容族的皇亲和大臣……

——慕容超派军队侵入东晋帝国宿豫（今江苏省宿迁市），大肆抢劫，从那里挑选男女二千五百人，由皇家音乐总监教授他们演奏音乐……

——慕容超又派出军队侵入东晋帝国边境，抢掳大批美女，放在自己的后宫……

——慕容超怀疑大臣张纲为东晋军队制造攻城武器，把张纲的母亲倒挂到城墙，活活砍下四肢后，再砍下脑袋……

公元410年，慕容超被东晋帝国俘获、斩首，南燕帝国灭亡。

“五胡十六国”与民族大融合

写完“五胡十六国”之后，总觉得言犹未尽。

因为在没有认真读这段历史之前，有两个说法在我内心留下了阴影：一个是“大分裂”，一个是“五胡乱华”。这都是事关祖国完整统一的大问题，留下阴影的原因是，情感上不愿接受。在走进司马光的《资治通鉴》，把“五胡十六国”这段历史认认真真读下来之后，我不仅把心放进了肚里，而且决定就“‘五胡十六国’与民族大融合”写点看法。

中华民族始终走在民族融合的大道上

中国是从百和之国、千和之国一路走来的。

早在周王朝时期，周天子便按照公侯伯子男的等级顺序，给居住在华夏各地的部落酋长、首领分封，数百数千个封国，共同尊周天子为“天下共主”，天下不同区域、不同民族的部落，同属周王朝统领。周王朝携数百数千个封国，共同走过春秋战国之后，走进了一统华夏的大秦王朝。千古一帝秦始皇用统一文字、统一货币、统一度量衡等伟大创举，把中华各民族的百和、千和之国，统统纳入政治、经济、文化、军事等社会发展的机制性轨道，初步打造出了以汉字、汉语为主体的大中华文化圈。接替秦王朝的汉王朝，用几百年时间的磨合，基本消弭了春秋战国时期诸多不同区域封国的特色，形成了中华民族大融合、中华文明大扩展的强大历史惯性。

今天我们回头望去，发源于幼发拉底河与底格里斯河的古巴比伦文明、发源于尼罗河的古埃及文明、发源于印度河与恒河流域的古印度文明，已经消失得不见踪影了，唯有发源于黄河流域的中华文明，一路走来经久不衰、生机勃发。

我们深究一下，中华文明为什么历尽沧桑经久不衰呢？

答案是：中华民族数千年走来的历史，始终走在民族融合的大道上！

今天五十六个民族像石榴籽一样紧紧抱在一起，便是古老中华在民族大融合大道上走出来的！

所谓“五胡”，就是今天五十六个民族组成的大家庭成员！

入主中原始终是民族融合的聚焦点

中华民族起源于黄河流域，这里天高地阔，土地肥沃，雨水充沛，四季分明，适合人类繁衍生息。因而入主中原，便成了民族融合的主要聚焦点。

中原经济文化比较发达，中原人口中的南蛮子、北匈奴、西戎狄、东蛮夷等，类似于城市人与农村的“乡巴佬”“农民”。南蛮子等想入主中原，类似于“乡巴佬”想成为城里人一样。如今的城里人都知道，把自家的族谱往前翻三五代，翻出来的都是“乡巴佬”“农民”。史学巨匠司马迁早就说清了，中原周边的南蛮子、戎狄等少数民族，其祖先与中原人的祖先同属一个祖祠。就说南蛮子吧，其祖先是三皇五帝中的颛顼，颛顼的第五代孙吴回，是先古时的火神，被赐为祝融氏，其部落就在中原的河南新郑附近。只是他们迈开双腿，丈量中华民族原始版图时，才跨过长江，翻过五岭，走进江南的广阔天地。还有春秋时的吴国，是周文王两位伯父的封地；越国是把“周室之不成子”罚到那里去的；匈奴是“夏后之苗裔”，“随畜牧而转移”。由此可见，在华夏版图上生活的各少数民族，同祖同宗，同根同源，只是因为经济文化比较落后，才被中原人称作蛮夷。

中原经济文化比较发达，中原四周的少数民族想到中原来定居生活，似乎也无可挑剔。人往高处走嘛！追求更美好的生活，是人之常情！但中原国家不愿意，于是，围绕中原，四周少数民族想入主中原，中原国家阻止他们进入，便成了中华民族历史上的反复较力，且这种较力常常以战争的方式表现出来。但因为中原国家的科技文化比较发达，经济实力比较雄厚，周边少数民族入主中原的愿望，常常被中原国家阻止。

虽然周边少数民族入主中原的行动一次次被挫败，但他们绝不放弃！

中原战乱始终是民族融合的契机

中原四周少数民族入主中原的愿望，是天生的，已经嵌入灵魂、融入血脉！因而每当中原国家内乱，打起来了，他们便毫不犹豫地率军打过来了。所谓“五胡乱华”，就是这种情况的典型表现。

比如，“五胡十六国”时期，第一个入主中原的前赵帝国皇帝刘渊，他是匈奴人，他说：“夫帝王岂有常哉？大禹出于西戎，文王生于东夷，顾惟德所授耳。”刘渊说的是：帝王难道有永不变更的吗？大禹、周文王都是少数民族出身，他们入主中原，还不都是凭德行所为吗？其实他的潜台词是：我刘渊凭良好的德行，不是也可以入主中原吗？刘渊当然清楚，秦始皇的祖先居住在甘肃一带，被中原国家称作西戎，连中原国家召开大会都不准参加。秦始皇荡平六国，一统天下，入主中原，成立了大秦王朝。从西戎走来的秦始皇可以入主中原，我刘渊不也可以吗——“夫帝王岂有常哉”！

就在晋国“八王之乱”第六乱的公元304年，刘渊就建立了前赵帝国，穿上了龙袍。刘渊亲眼看到晋国皇帝仓皇逃跑的狼狈样子后，说：“汉王朝维系的时间最久，对人民有深厚的恩德。而我，是汉王朝的外孙，情同兄弟，老兄死了，老弟继承，难道不可以？”说得没错呀！汉朝与匈奴早就开始了和亲，刘渊说他是汉王朝的外孙，你晋国乱成一锅粥了，我汉王朝的外孙怎么就不能入主中原呢！

而中原战乱，几乎就是常态。

历史的脚步，走过“多战而无义战”的春秋，走过七雄争霸的战国，走到秦始皇统一中国后，尚未舒出一口和平安定的长气，便走进了刘邦、项羽争霸天下的连年战火之中。刘邦建立的大汉王朝，虽屡遭匈奴的进犯骚扰，但总体上得到了较长时间的休养生息。当历史再迈开双腿走起来以后，便走到了以东汉中期为起点的漫长战火岁月，且这战火一点燃，几乎没有停歇地一直燃烧了四百多年。

这四百多年的战火炙烤，就是四百多年的生灵涂炭，就是中原各民族四百多年躲避战火的大迁徙！这股大迁徙潮流，三国时期聚焦的是东吴，那里有山重水阔的大片蛮荒之地，人口稀少，物产丰富，尚处于未开发的原始状态，三国争霸的战火也未燃烧到那里。于是，大批躲避战乱的难民渡过长江，涌过东吴帝国各郡，涌入浙江、江苏、福建、广东、广西等地。难民想在没有战火炙烤的地方停下脚来，遭遇了当地居民的强烈抵制，他们用长矛、标枪把难民从水草丰茂的地方赶跑，赶进深山，赶进湖泊，赶得难民不得不把房屋砌成碉堡（土楼）进行抵抗防御。东吴帝国的明君孙权，不得不长时间动用军队来平息因难民涌入而导致的山越动乱。当然，大迁徙的聚焦点，除江南以外，还有从东北向华北、从华北向朝鲜半岛的目标指向。

大迁徙，虽然是战争引发的，但从客观方面看，形成了民族大融合！

我在写三国时写到，魏蜀吴三国君主，都对躲避战乱的各民族难民，采取了妥善的安抚政策，不仅使得因躲避战乱的大迁徙，显示出了混乱中的有序，而且无形中形成了经济文化的大交流、大融通。比如诸葛亮的南征，把蜀南地区原有的四个郡扩大至六个郡，挑选上万名不同民族的青年加入蜀军，号称“飞校”。对孟获“七擒七纵”，目的就是收揽少数民族的人心。再比如孙权的平山越，一方面是为了稳定大后方，另一方面是要把大批汉族民众移民过去，促使山越刀耕火种的生活方式逐渐发生改变，促使山越与汉民同化通融。史载：编入吴军的山越士兵，达十六万人之多。可见各少数民族与汉族的同化通融，达到何等程度。还比如曹操所采取的怀柔政策，积极推进少数民族向内地迁移，曹军中的“义从”“勇力”两支队伍，就是少数民族组成的军队。关中的人口中，有近一半是少数民族。

毫无疑问，人口大迁徙带动的经济文化大交流、大融通，极大地拓展了中华文明圈，极大地扩大了中华民族的势力范围。尤其是，大规模迁徙人潮涌向江南，使得这片此前处于原始蛮荒状态的大片区域得到迅速开发，这对之后中国产生的深远历史意义，是不言而喻的！

中华文明始终是民族融合的纽带

人，是思想、观念、文化、科技以及生活习俗的传承载体，大规模的人口迁徙，就是思想文化观念等的大规模扩散、传播、传承。从三国时期开始，因为连年战乱，东汉、魏晋就有大批官宦世家、豪族知识分子世家，加入了人口大迁徙的潮流之中。这些人与普通平民不同，他们不仅是带着文化知识和科学技能走的，还带有金钱财物和各种书籍。比较而言，他们是受欢迎的，走到哪里，都会很快打通融入当地的门道，并把他们自身的才华展示出来，得到当地民众的认可甚至拥戴。这些东汉、魏晋的豪族，迁徙到江南等地以后，不久便撑起了豪族的门面。随着时光的流转，他们带去的思想、文化、科技知识等，便会在脚下这片土地上产生强烈的社会效应，无形中起到了经济文化的开发作用。比如，匈奴等少数民族融入汉人居住区后，开始种庄稼、养家禽、吃鸡蛋。按照匈奴的传统习俗，父亲去世后，儿子要娶父亲的姬妾为妻；一家人有老有小，好吃的好穿的要保障小的，原因是，他们认为老的已经不能骑马作战了，吃好的穿好的是浪费。与汉人杂居后，匈奴人就摒弃了这些传统陋习，按照儒家道义，尊老爱幼，孝敬长辈。至于一年之中，如何根据二十四节气耕种、收获、储藏，匈奴人也掌握得与汉人无异。尤其是，匈奴等少数民族与汉人通婚，极大地增强了中华民族的强健体魄，极大地提升了中华儿女策马扬鞭的雄风气概！

信仰融合，是民族融合的精神纽带。

在我看来，家国情怀是中国人的普遍意识，也可以说是普遍信仰。因为我们的长辈，不管有文化还是没文化，一代代传承的说法是："国家乱，老百姓能好吗？""兵荒马乱，可就苦了老百姓了！"毫无疑问，"兵荒马乱"就是打仗，遭受生灵涂炭的，无疑是百姓；国家搞乱了，经济崩溃，老百姓就吃不饱、穿不暖。中华祖先传承下来的这种朴素认识，把一家一家的好寄托于国家的总体好之上，这种朴素的意识就是家国情怀。而这种意识的一代代传承，就无异于信仰了。

据传，东汉中期河北人张角创太平道，自称"大贤良师"，一开始是用护身符和灵药为患者治病，据说很灵验，不仅劳苦大众信，就连知识分子、豪族人士中很多人也信，因而很快就发展了众多信徒。

公元184年，张角以“苍天已死，黄天当立”为号，发起组织了全国性的反抗运动。所部用黄巾裹头的“黄巾军”与张道陵在鹤鸣山创立的“五斗米道”遥相呼应，给东汉王朝造成严重冲击，也使得道教得到迅速传播。这是中国自产宗教在历史上的崭露头角，对广大民众的宗教信仰影响非常深远。

佛教是东汉初期从印度传入中国的，一开始只在皇室和少数豪门中传播，到三国时期传播便广泛了。“五胡十六国”的大分裂时期，佛教在各民族融合中发挥了显著作用。

“五胡”，不仅中原人认为他们是蛮夷民族，不能入主中原当皇帝，就连“五胡”本身也觉得自己入主中原，缺乏当皇帝的正统性。而佛教是从印度传入中国的，是外来之教。既然外来之神佛陀可以登上中原人的祭祀殿堂，中原之外的民族领袖，怎么就不能登上皇帝宝座呢？因而“五胡”中的一些领袖人物，顺应汉人信仰佛教这一契机，大力推行佛教的传播和普及。

当然，这之中也有机缘巧合。

西域龟兹人佛图澄是佛学大师，公元310年，他从西域来到洛阳。佛图澄一路走来，看到“五胡”中的一些军队杀人如麻、凶暴残忍，非常痛心。见到后赵政权的羯族首领石勒后，劝导石勒不要杀人，要善待众生。石勒是个明智的君主，他尊重礼待佛图澄，但并不相信佛教。于是，佛图澄当众进行了一番表演，让加满水的钵中开出莲花，将自己腹中的五脏六腑拉出来，放到水里清洗后再放回去，等等。这些类似魔术的表演，赢得了石勒等人的信服。据说石勒的儿子石斌突然死了，佛图澄做了一番法事后，石斌竟然活过来了。这一来，石勒对佛教便五体投地了，他把自己的孩子全部送到佛寺养育，自己也皈依了佛教，成了一个虔诚的信徒。

想想看吧，“五胡十六国”的大分裂时期，战火的摧残不知道什么时候降临到自己的头上，寻求来世的救赎，几乎是人们的普遍心态，而佛教恰恰迎合了人们的这一心理需求。具有神秘色彩的外国僧侣纷至沓来，分布在中国的大江南北，在香火缭绕中诵经祈福。前来叩头求佛的大批信众，没有汉人、匈奴、鲜卑等民族之分，统统拜倒在佛祖面前，放下民族间的隔阂，放下心中的俗念，携手祈求来世的救赎之路。

在写完“五胡十六国”之后，写《“五胡十六国”与民族大融合》一文，所要表达的意思是，中国本就是个多民族国家，是百和之国、千和之国，民族大融合，是不可抗拒的历史发展潮流。当然，战争本身推动不了民族融合，它只能加深民族间的分裂，损害民族间的感情。但战争包括灾荒造成的人口大迁徙，契合民族大融合的发展趋势，是不以人的意志为转移的！

下面写灭亡前的东晋帝国，因为它曾是人们心目中的正统王朝，它在大分裂天下所处的地位及它的所作所为，特别是一些鲜活的历史人物，是不能舍弃的。

第二章 偏隅江南的东晋帝国

公元311年，晋王朝首都洛阳沦陷，皇帝司马炽被俘……

这之后，晋王朝在偏隅长江南岸的建邺（南京），撑起了东晋帝国的门面……

大批战将、谋臣逃难到建邺，他们在东晋帝国沉沦中演绎了很多精彩的历史故事……

东晋帝国沉沦中的名将、名臣

进入大分裂时期，要了解晋王朝的态势，必须记住一个时间节点，即公元311年。

这一年，是晋王朝“八王之乱”大戏闭幕的一年；

这一年，晋王朝的都城洛阳被攻陷，皇帝司马炽被俘。

从这一年开始，晋王朝就不是人民心目中的王朝了，而和“五胡十六国”一样属于帝国了。

皇帝司马炽被俘以后，晋帝国设置了五个临时朝廷。五个临时朝廷，意味着司马皇亲在五处开始争夺皇帝之位；而五个临时朝廷内部，夺权争位的自相残杀也已刀刀见血。“八王之乱”落下了帷幕，可晋帝国之乱却远没有结束。

公元313年，司马邺在长安登基。因避讳皇帝司马邺的这个“邺”字，将建邺（南京）改为建康。

公元316年，长安被攻陷，皇帝司马邺乘坐羊拉的小车，裸露上身，口含碧玉，拉着棺材，出长安西门投降。

偏隅建康的西晋帝国丞相司马睿，听到长安陷落的消息后，率军北伐。就在大军出发之前，司马光记述了一个怪诞细节。

军队出征要筹措粮草，因粮草筹措迟缓，丞相司马睿下令斩都运使淳于伯。刽子手把淳于伯绑在一根柱子上，砍下他的脑袋后，鲜血溅到柱子上，刽子手用刀在柱子上刮擦，打算擦去血迹。这一擦，怪诞的事发生了，刀上的鲜血突然顺着柱子往上冲，冲出柱梢二丈多高。

在浩瀚的史料中，司马光为什么要记述这么一件怪诞之事呢？

在笔者看来，司马光是要表达自己下笔的走向。想想看吧，东晋帝国从“怪诞”开始，在大分裂天下走出的步子会稳健吗？

下面，我们请出东晋帝国赫赫有名的四位重臣——王导、温峤、陶侃、桓温，这四人都是政治大家，有的还是儒学大家、军事大家、书法大家，备受后世推崇。从这四位大家的所作所为中，能看清东晋帝国在大分裂时期的模样。

王导的“忠”字招牌

“宁为尽忠而死，不为无赖求生”，是王导打出的“忠”字招牌。

王导史称东晋帝国名臣，原因是他忠诚。我这里用王导的“忠”字招牌写他，表明的是我对王导的忠诚有不同看法。

王导出身于琅琊郡（今山东省临沂市）的名望大家，是东晋开国元勋王裁的儿子，是大书法家王羲之的堂叔，与琅琊王司马睿是发小，感情很铁。司马睿调任“徐州军区司令”，把王导带到了徐州；司马睿调任“扬州军区司令”，又把王导带到了建康（今南京市）。那个时候，江东的士族势力很大，根本就不把退败到江东的司马睿看在眼里。为使司马睿在江东站住脚，王导发挥了巨大作用。他把江东的名望人士招揽到郡政府任职，用官职笼络他们；救助逃难到江东的北方士族，用安抚笼络他们。仅这样当然不够，又把中书监王敦，连同一大批军队调到江东，任命王敦为扬州州长。

王敦是王导的堂兄，是晋王朝第一任皇帝司马炎的乘龙快婿，调他率军前来江东，主要是对江南士族形成军事震慑。

就这样，王导主内，坐镇建康，总揽朝政；王敦主外，率军对反叛的民变团体进行征讨。二人一文一武，共同辅佐司马睿在建康逐渐稳住了阵脚。

王导在司马光笔下最出彩的时间节点，是公元311年。

那一年，晋国就像一面挂在街上的破锣，路过的人谁想敲打一下就可以敲打一下。都城洛阳被攻陷，皇帝司马炽被俘，朝廷文武臣僚不是被俘就是逃跑，不少人逃到了建康。在建康，逃跑过来的臣僚并没有看到晋国复兴的希望，只是在见到镇东将军王导后才看到曙光。骑兵司令桓彝把王导比作管仲，说："刚才我看到管仲，不再担心！"

王导与逃难过来的臣僚和名士，登上新亭（今南京市南面）游乐欢宴。面对江南秀丽的山水风光，看着人流如织的热闹场面，从江北战火中逃亡到江南的朝臣，不禁感慨万千。镇军长史周顗感叹道："南北风景并无大的差别，但举目四顾，黄河、长江却大有不同。"他所说的"不同"，是长江南北战火烤炙下的"不同"。他这么一说，大家都沉默下来，相对流泪。面对这种颓败情绪，王导站出来说："我们当同心合力，效忠皇家，克复神州，何至于像一群囚犯，面对面哭泣！"

是啊！江山不是哭出来的！

王导在那种境况下的慷慨陈词，犹如一股清风扑面，留下千古佳话！

回眼望去，整个晋王朝缺的正是这种"同心合力""克复神州"的慷慨悲壮！

王导就是从这时起，成了东晋帝国一面令人景仰的旗帜。

还有一人，此时也站在"克复神州"的高地，让人眼睛一亮，此人叫祖逖。

流传至今的成语“闻鸡起舞”，说的便是祖逖。他是范阳（今河北省涿州市）人，从小就有大志，他每天凌晨只要听到鸡鸣，便立即跳将起来锻炼身体。祖逖随晋朝丢官失土的逃官败将来到江南，被司马睿派到京口（今江苏省镇江市）驻防，他上书司马睿主动请缨：“你如果任命将领出征，像我这样的人作为统帅，北上恢复中原，各地英雄豪杰，定会望风响应。”司马睿即任命他为奋勇将军，拨付给他一千人的粮草、三千匹布，没有铠甲武器，令其自行招募军队。祖逖遂率自己的部众一百余家，渡长江北上。船到江心时，祖逖手敲桨楫，对天发誓：“我，祖逖，如果不能肃清中原而返，便死在此江！”

何等的英勇豪迈！祖逖在白浪翻滚的长江之中，给被萎靡气势笼罩的东晋帝国撩拨起了一股清风！

祖逖没有食言，率军北上，屡打胜仗，“恢复黄河以南疆土”，但东晋帝国大势已去，祖逖无力回天。他后来病死沙场，而没有南渡长江。

偏隅建康的东晋帝国皇帝司马睿，在文武百官两旁排开的登基仪式上，请司空王导坐到自己身旁。王导坚决推辞，说：“如果太阳跟地下的万物一模一样，人民怎么能仰望日光普照？”

王导如此拿捏分寸，又在朝廷上下受到普遍赞誉。

已经是军队最高统帅的王敦，又加授江州（今江西省）州长、荆州（今湖北省）、广州（今广东省）督导官；已经是中书监并兼任六州军区司令长官的王导，还加授骠骑大将军、开府仪同三司（宰相级）。

至此，东晋帝国已经形成了“王与马，共天下”的大士族，与皇权联合执政的门阀政治模式。

这种政治模式，王家是乐见的，司马家是恐惧的！

皇帝司马睿于是将朝廷和各州郡换上自己的亲信，对发小王导也逐渐排斥疏远，免掉了他的骠骑大将军职务，实际是剥夺了他的军权。王导依然如故，不吭不哈，没有一句怨言。王敦则愤慨无比，上书司马睿，为王导鸣不平，言辞十分强硬。司马睿接到王敦的上书后，加紧人事安排，以讨伐胡人为名加强对王敦的防范。

态势朝冲突的方向急转直下。公元322年，王敦在武昌召开誓师大会，以“清君侧”为名，剑指东晋帝国。皇帝司马睿亲率六军平叛，并以“斩杀王敦的，封五千户侯爵”，对臣僚悬赏激励。但王敦的攻势远强于司马睿亲率的六军，战火很快向建康卷来。

惶恐之下，有人建议全部诛杀居住在建康的王敦族人，司马睿不同意。

建康城被攻陷，东晋帝国的军队四散逃命去了，朝廷的文武百官也大都逃之夭夭。王敦倒没有用建康城的百姓人头和鲜血开路，只是任由他带来的军队大肆抢劫；也没有逼迫皇帝司马睿脱下龙袍，只是对司马睿宠信的几个大臣逮捕斩首，其中包括尚书省副行政长官周颉。

皇帝司马睿想见王敦，王敦不见，率军回武昌走了。

司马睿气死了，临死前召见王导，留下遗诏，请王导辅佐他的儿子司马绍。

司马绍一穿上黄袍，王敦变主意了，积极谋划自己登上皇帝宝座，一件很蹊跷的事让他的阴谋泄露了。

王敦有个十岁左右的侄儿叫王允之，聪明机警，深受王敦宠爱，常把他带在身边。一天晚上，王敦饮酒，又带着王允之，叫他喝下几杯酒后，王允之摇摇晃晃回到帐中睡觉。王允之一走，王敦便跟他的智囊商议反叛事宜。在帐中躺下的王允之并未睡着，他听到了叔父王敦等人的谈话。王敦也怕他听到，便急忙到帐中察看。只见王允之酒醉不醒，床上、衣服上呕吐得一片狼藉，王敦也就放心了。后来王允之以去看望在朝廷任司法部长的父亲王舒为名，把王敦反叛朝廷的阴谋报告了父亲，王舒便与王导一同火速进宫，向皇帝司马绍奏报。

说这事蹊跷，是因为笔者觉得这可能是没有的事。一个十岁的孩子，不可能有如此强烈且带倾向性的政治敏锐性。而司马光如此写来，可能还是要证明王导的“忠诚”。其实在王允之之前，温峤已经把王敦的反叛阴谋报告了朝廷。

皇帝司马绍立即出手平叛，任命王导为“全国武装部队总司令”，统领若干将军讨伐王敦。临出发前，王导在家设立王敦的灵堂，发出讣闻，带领王家弟子进行悼念。王导其实知道，王敦虽病重，但并没有死，他用这种方式打消王家弟子寄托在王敦身上的企望，打消朝廷中王敦党羽寄托在王敦身上的企望。这无疑是王导“忠”字招牌的一种特殊表达方式，知道王敦并没有死的皇帝及朝中大臣，对王导赞许有加。

王敦病死了，王敦的叛军被击溃了，跟着王敦反叛的骨干被斩首了。在清除王敦的党羽时，有人提议“凡是王敦的亲族，都应免除官职”，皇帝司马绍不同意，他下诏说“宰相王导，大义灭亲，即令犯错，再过一百世也要宽恕！”

看吧，王导因为“尽忠”，不仅保住并提升了官位，而且进一步张扬了美好的名声。

公元327年，历阳（今安徽省和县）郡长苏峻反叛朝廷，劫持八岁的皇帝司马衍。王导一直陪伴在被劫的皇帝身边，一方面仍以朝廷宰相的名义替苏峻发布政令；另一方面，王导暗地与起兵勤王的军队将领联系，指导勤王部署事宜。苏峻的心腹主张杀掉王导，苏峻不接受，原因就是王导的名气太大，杀了他会遭天下谴责。

苏峻的反叛平息后，当然又是一轮大清洗，跟随苏峻反叛的诸多将领、臣僚都在诛杀之列，宰相王导则一个劲儿为他们说情，为他们找虽跟随反叛但不够诛杀的各种理由，对其中的有些叛将，甚至提出赏赐官爵。

对此，大将军陶侃看不过眼，对王导说："杀州长就任命为州长，杀宰相是不是叫他当宰相？"

司马光也看不过眼，评价说：有的臣僚为皇家招来大祸，自己却拔腿逃跑；有的封疆大吏兵力强大，面对国家覆亡在即却端坐一旁。"人臣的罪恶，没有比此更严重的了。结果既不能用明确公正的刑罚制裁，反而更赐给其高官贵爵荣誉，东晋帝国政府纲纪混乱，可想而知。负这个责任的，岂不是王导！"

司马光的这个评价一针见血！

王导打的这块"忠"字招牌，很多人看走眼了，看成是他效忠东晋帝国的司马皇家，但如果静下心来前后连贯地想一想，就不难看清，本质上王导是为了维护他及他王家与皇权联合执政的门阀政治模式。

我们回过来看。

王导的堂兄王敦为什么反叛朝廷？原因就是东晋皇帝不甘与王家"共天下"，因而削弱王家的实权。对此，司马光明确记载，对于王敦的反叛，王导是赞成的。

既如此，为什么在王敦反了以后，王导也把枪口对着王敦呢？

答案也很简单，王家的七姑八姨都在朝廷和地方的一些重要部门担任要职，王家大小一百余人尚在首都建康，如不迅速把枪口对着反叛朝廷的王敦，王家一百余人的脑袋就要搬家，更别奢望还去享受高官厚禄了。王导是何许人也，他对全局的研判和把握，决定了他必然这么做。

至于王导为什么袒护叛军将领？一方面，这么做符合儒家"与人为善”的大义；另一方面，为他自己在朝廷上下广结善缘，树立良好形象。史载，朝中不少臣僚多次提议，见到宰相王导都要下跪叩拜，以示格外敬重。王导的这一目的，显然是达到了。

司马光认为，王导所信任的将领，“多半不遵守国家法令”，还说他利用皇家师傅的尊位豢养大批流氓无赖。

下面，让我们再看司马光记述的一个令人费解的细节。

王敦反叛后，王导把枪口指向王敦，并领着他的堂弟、禁军总监王邃、首都军区卫戍司令王廙、高级咨询官王侃、王彬等王姓亲属二十余个高官，每天清晨到宫门外等候皇帝降罪。周顗与皇帝司马睿关系密切，每天一早去皇宫与皇帝及大臣商议征剿王敦反叛事宜。王导见到周顗后，向他求救，说：“我们王家大小一百余口的性命全在你的手里啊！”周顗看都不看他一眼，径直进宫。

王敦攻进建康后，没有更换皇帝，但东晋帝国官员的任命他说了算，王敦就周顗的任命与王导交换意见，有这样一段记述：

王敦：“周顗、戴渊（骠骑将军）拥有很高声望，请他们当三司（宰相级），应该可以信任。”

王导不答。

王敦：“如果不给他们三司，难道只能当尚书令或仆射？”

王导不答。

王敦：“如果不这样，只有诛杀。”

王导仍不作答。

结果是，周顗、戴渊被诛杀。

令王导万万没想到的是，对于王导的求救看都不看一眼的周顗，进宫见到皇帝司马睿后，用人格担保王导忠诚，建议皇帝继续重用王导，以及王家在朝廷任职的其他高官。司马睿答应后，周顗高兴了，饮酒，喝了个酩酊大醉。摇摇晃晃出宫，见王导带领的一行人还跪在那里，不仅似没看到他一样，而且对左右随同说：“今年诛杀乱臣贼子，换个斗大的黄金印挂在手肘后头！”可到家酒醒了，周顗又正式给皇帝司马睿上书，恳切地陈述王导是个忠臣，不能诛杀他及他家在朝廷任职的亲人。

毫无疑问，周顗人格高尚，不卖好，不用漂亮话甜人，不落井下石，着实令人景仰。但他采取的做法令人费解，太离谱了，至少是不合时宜。

反观王导呢？他的做法也令人费解。虽然他当时不知道周顗在拯救自己，但捏在皇帝手里的王家上下一百多口人没被诛杀，王导该想想是什么原因吧？也就在周顗上书的第二天，皇帝司马睿叫王导穿上官服进宫相见。王导跪地叩头认罪，司马睿鞋都没顾得上穿，急忙向前拉着王导的手，安慰他并任命他为平叛前锋总司令。王导不是也该想一想，你昨天还在宫门请求降罪，今天便得到皇帝召见，并当场任命为高级将领，假若周顗从中作梗，可能吗？

王导想没想、怎么想，司马光也无从知晓。

但读《资治通鉴》的人会想，但所想的，与王导的“忠”字招牌不是一个方向！

温峤的“名臣”写照

温峤，并州太原郡（今山西省祁县）人，博学善文，以孝悌著称，他正直担当，从秀才起步，官至东晋帝国骠骑将军，开府仪同三司（宰相级）。

史称温峤“名臣”，当之无愧！

公元317年，温峤从并州抵达建康后被任命为散骑侍郎，不久又提升为高等助理官。军队最高统帅王敦对朝廷削弱他王家的权势不满，以“清君侧”为名率军攻入建康。王敦对皇太子司马绍“勇敢而有谋略”，心存忌惮，召集文武百官，商议废黜太子司马绍。王敦问温峤：“皇太子有什么可以称道的品德？”温峤回答说：“对事情观察入微，对谋略十分周全，不是浅薄的人所能了解的。用礼教的观点评估，应该是个孝子。”

在当时那么一种恐怖气氛之下，吓得大气都不敢出的满朝文武大臣，不由得从心底生出对温峤的敬佩。因为温峤讲得在理，王敦不得不妥协，但对温峤衔恨至深。

不多久，当上皇帝的司马绍任命温峤为中书令，王敦反对，提议任自己手下的左军政官。司马绍不敢不听，温峤便到了王敦手下为官。

这对温峤来说，无疑是极其危险的，但温峤的智慧能应对这个危险。

在王敦手下的温峤，对王敦毕恭毕敬，在处理最高统帅部的事务上，还时不时地给王敦打个小报告或贡献一点小阴谋诡计，使得王敦渐渐增加了对他的信任。

王敦为了篡夺皇位，招揽了一批卑鄙小人，其中一个叫钱凤。钱凤精于谄媚，且性格凶狠狡狯，他知道王敦有当皇帝的想法后，不断向他贡献歪点子，王敦便任命他为战备军事参议官。温峤知道，王敦对钱凤言听计从，要探清王敦反叛的底细，必须取得钱凤的信任。于是，温峤常常对与钱凤密切的臣僚说：“钱凤，可是满腹经纶。”这些臣僚把话传给钱凤，使得钱凤非常高兴，主动与温峤交结，乃至“友谊很深”。当时首都建康市长空缺，王敦问温峤谁合适，温峤便推荐钱凤，认为“没有比他更恰当的人”。王敦问钱凤谁合适，钱凤便推荐温峤，也说“没有比他更恰当的人”。王敦便上书皇帝，任命温峤当建康市长。

都城建康市长，是王敦篡夺皇位最关键的岗位，派谁去，谁就得承担监视东晋朝廷的职责。温峤是整个东晋朝廷唯一站出来反对王敦罢黜皇太子的人，对此王敦对他衔恨至深，特地把他调到自己手下任职，稍有不满就得叫他的脑袋搬家。如今叫他去任建康市长，不仅脱离了王敦随时杀他的危险，而且带着王敦一肚子篡夺皇位的阴谋回到了皇帝身边。温峤清楚，一旦王敦或钱凤想到这一层，他这个建康市长就当不成，于是温峤上演了一场醉酒撒野大戏。

王敦为温峤设宴送行，温峤一个劲敬酒猛喝，给钱凤敬酒时，温峤一口干了，钱凤没干完，温峤便要起酒疯来，摇摇晃晃把钱凤包头的绸巾扔到地上，板着脸对钱凤说："你是什么东西，我温峤给你敬酒，你竟敢不干杯！"王敦出面调停，才把温峤架走。

温峤往建康城上任一走，钱凤醒悟过来，认为带着王敦篡夺皇位阴谋走了的温峤，不值得信任。

是的！王敦大意了，温峤一到建康，便把王敦企图篡位的阴谋向皇帝报告了。于是晋帝国紧急调动部署军队，讨伐王敦。

司马光没有在《资治通鉴》里对温峤骗得王敦信任而要的一连串"阴谋"，从道德层面进行谴责，只是当作温峤所采取的"策略"，如实记述下来。

但读者难免从道德层面进行挑剔。

不过，这之后温峤的所作所为，在司马光的笔下始终是正面的、正直的、担当的，凸显了他作为"名臣"的光鲜！

在讨伐王敦的叛乱中，温峤把军队调到秦淮河北岸，纵火烧毁朱雀桥，阻断了王敦大军的连续进攻，使得惊慌失措的东晋朝廷稳定下来，履行指挥平叛的职能……

温峤在指挥追捕王敦党羽的战斗中，对一些部队的蛮横放肆、奸淫掳掠严厉斥责："你怎么可以利用别人作乱的机会，自己参与作乱……”

在平叛胜利后处置跟随王敦的党羽时，温峤力排众议，提出“如果有人附和甚至诱导王敦，行为凶恶狂悖，自然应当依照法令处罚。但如果是身不由己，误陷圈套，则应宽厚相待。”一大批“身不由己”跟随王敦反叛的臣僚，得到“宽厚”对待……

这之后，历阳郡长苏峻反叛朝廷，温峤立即打算率军东下，保卫都城建康。中书令庾亮一心想用朝廷调整苏峻职务的办法，来化解危机，并写信给温峤，提醒他“千万不要越过雷池一步”。温峤反复陈述“不愿坐在监狱看山头”的苏峻，绝不可能接受朝廷的调动，庾亮不听，结果苏峻大军打进建康……

为反击苏峻，朝廷提拔温峤为骠骑将军、开府仪同三司，温峤不肯接受，他说：“现在应以扑灭反叛为第一任务，没有一点功劳就先升官，怎么向天下人交代……”

西征将军陶侃，是与温峤同期的“名臣”，他在征讨王敦叛乱中立了大功，但没有被作为小皇帝司马衍的辅佐大臣，心里有怨气，在平息苏峻的叛乱中，一开始有些消极。温峤知道陶侃的道德品性，两次给陶侃写信，情真意切，并推荐陶侃为讨伐盟主，把征讨苏峻叛乱至关重要的力量拉进了平叛的同一方阵……

温峤下令惯于水战的江南士卒：“将士有上岸的，处死！”但在苏峻大军战无不胜、攻无不克的情况下，温峤却下令：“军令有时可以不服从，发现贼寇破绽，岂可因为在岸上而不攻击？”温峤因地制宜的指挥，重挫了苏峻大军的锐气……

苏峻的反叛平息后，温峤被擢升为骠骑将军、开府仪同三司，文武臣僚提议温峤留在京师辅佐皇帝，温峤坚决推辞。因为宰相王导是先帝司马绍委任的辅佐大臣，他不愿让王导面子上过不去，而是把多余的物资、辎重、器材、用具等留下，返回了任所武昌……

公元329年，年仅四十二岁的温峤逝世。

陶侃说："温峤忠贞诚实，名闻当今盛世，功勋和节义，人神同时感动！"

陶侃说的是公道话，在东晋帝国的臣僚群中，像温峤这样道德高尚、赤胆忠诚的，属实罕见！

温峤，不愧为乱世"名臣"之典范！

陶侃的"惜阴"史话

陶侃是鄱阳郡人，家境贫寒，无官宦靠山，按他自己的话说，是"少长孤寒，始愿有限"。他所受的教育，是母亲的言传身教；他所汲取的智慧营养，是平民百姓脚下的"地气"。陶侃出仕较晚，但他在仕途攀升的过程中，没有对同僚设计过"陷阱"，也没有参与过"阴谋"，做官清清白白，做人正道正直，这在政治混乱、官场混乱的东晋帝国，是难能可贵的一个"例外"。

陶侃创作了"惜阴"，即珍惜光阴的典故。

公元315年，陶侃调任广州郡刺史。当时广州很乱，一直跟东晋帝国离心离德的交州（今越南）刺史王机，得到流民集团的一个将领杜弘，觉得力量大了，便打算到广州来抢班夺权。陶侃一脚踏进韶关，杜弘便前来投降。陶侃知道杜弘来降打的是什么主意，施展一个小手腕，把杜弘假降的面目揭穿后，随即发起进攻，连同王机和杜弘的军队一并收拾，迅速平定了广州。

在广州刺史任上，陶侃在政务清闲时，总是在早晨把一百块砖从书房搬到院子里，晚上又从院子里搬回书房。有人问他为什么要这样做，陶侃笑着说："我打算为收复中原积蓄力量，如果生活过分安逸，到时候恐怕不能承担大事，所以要锻炼自己。"

有人把陶侃的这一做法上升为“惜阴”。照我看，就是锻炼身体。但他锻炼身体的目的，是在收复中原中担当重任。

司马光特地记述这么一件小事，无疑是想引导读《资治通鉴》的人，小中见大，从小事中看到陶侃心系国家的博大胸怀！

虽然陶侃搬砖锻炼身体，与“惜阴”联系起来有些牵强，但他珍惜光阴是真实的。陶侃任荆州督导官时，谦恭勤俭，军政事务处理得有条不紊，毫无遗落。有人看他一天到晚忙个不停，劝他注意休息，他说“圣人还珍惜‘寸阴’，凡人更当珍惜‘分阴’，又怎么能够把时间浪费在荒唐放荡、饮酒欢宴上呢？”陶侃不喝酒，不赌博，他手下的文职官员，因醉酒或赌博耽误了公事，他就教人搜出他们的酒壶酒杯和赌博工具，全部扔进长江。

陶侃是荆州的一把手，少不了有人以拜会为名给他送礼。陶侃则一定问清礼物的来路，如果是自家地里种的、山上长的、湖里养的，他很高兴地收下，并给予还礼，还礼的价值通常都在三倍以上。如果礼物非常贵重，或来路不明，或不合法、不合理，他不仅原封不动地退还，还当面呵斥，甚至骂人。

有一次，陶侃在路上碰到一个人，手里拿着一把尚未成熟的稻穗，陶侃问他稻穗哪里来的，那人说“经过田里顺手摘的”。陶侃顿时大怒，令手下把他绑起来鞭打。这事成了当地民众的美谈，也成了家长教育子女的谈资。

陶侃到造船厂视察，叫人把锯下的木屑、削下的竹节收集起来保管好，不要当废物扔了。当时很多人不理解，也不知这个陶长官要干什么。不久天降大雪，湖北气温比较高，雪一边下一边化，路上泥泞难行。陶侃命人把木屑撒到路上，人们这才弄清了他保管木屑的良苦用心。至于削下来的竹节，人们知道用得着，但不知怎么用。后来组织舰队攻击成汉帝国时，陶侃命人把竹节削成竹钉，用于制造舰船连接的钉子。如此一来，陶侃的部下以及造船厂的工人，都对陶侃竖起了大拇指。因为竹钉子必须干透了才能做钉子用，临时砍竹子来做，湿竹钉是钉不进木板的。

出身贫寒的陶侃，其智慧营养来自接贫苦百姓的“地气”！

接“地气”的官，古往今来都是百姓认可的好官！

陶侃的军事才华超众，他驻防武昌时，手下不少将领提议在长江北岸的邾城（今湖北省黄冈县）派兵驻防。陶侃便带着将领们到邾城打猎，在实地察看后，他对将领们说：“邾城在长江北岸，背后没有仗势，前面是各夷族部落，派军队去驻防，必然向夷族索取，夷族负担不起，便会招来盗匪对付我们，这是招祸的做法。”陶侃离开后，接替他的将领在邾城派军队驻防，结果与陶侃判断的一样，招致大祸。

陶侃因廉洁正道，在为官的路上走得比较顺畅，但也并非没有不满和怨气。他在王敦反叛朝廷的平叛中立了大功，朝廷上下一致认可，按照封建王朝的任官规矩，在论功行赏中应体现出来，要在官职上得到提升或重用。结果，立了大功的陶侃却被排除在提升之外。尤其是在五岁的皇帝司马衍继位时，功勋卓著的陶侃并未纳入“顾命大臣”的名单，对此，陶侃是有不满和怨气的。恰在这时，历阳（今安徽省和县）郡长苏峻反了，都城建康市长温峤成了讨伐苏峻的盟主，他邀请陶侃同为盟主，共赴国难。当时陶侃的怨气尚未打消，以“我只是一个会在疆场上作战的将领，不敢越界管事”为由，表达出了一种不满。温峤知道陶侃心系国家的责任担当，诚恳地给陶侃写了一封信，说：“纵是我自己，一旦发生急难，以你的仁慈都会率军救援，何况现在是国家急难……朝廷文武百官，没有一个不伸颈踮脚盼望等待你。”陶侃收到温峤的信后，立即穿上军服，登舰启程，与温峤等一起奔赴国难。

在战斗处于胶着状态的关键时刻，温峤向陶侃借粮草，陶侃火了，说了在当时的形势下不合适的话。他说：“现在连吃的都没有了，我只有回去了再想别的办法，慢慢铲除盗贼（指苏峻），也不算晚。”陶侃之所以这么说，分析看有两个原因。

一个是，温峤邀请陶侃共赴国难时，说的是“不愁没良将，不愁没粮草，只要你陶侃答应当盟主就足够了”。现在温峤提出向陶侃借粮草，与当时温峤的承诺不同，所以陶侃火了。

另一个是，对苏峻的平叛战斗打得很艰难，苏峻的叛军战无不胜、攻无不克，把包括陶侃在内的一些将领的战斗意志都打衰了。正是因为连打败仗，平叛大军的粮草供给才出现问题。面对这种情况，将领难免心急上火。

再分析看，陶侃的家国情怀决定了他口头上说要率军回去，其实他是一时急了说的气话，绝不会拔腿走的。

历史也是这样佐证的，陶侃给温峤送去了五万石稻米。

不久，苏峻被陶侃的部将斩杀了，叛乱也平息了。在臣僚簇拥着小皇帝返回建康时，司马光写了一个小细节，记录如下：

跟随小皇帝进入建康的宰相王导，进城的第一件事，便是命人寻找皇帝颁发给他的符节。那是在平息王敦的反叛中皇帝颁授给他的，在这次苏峻反叛朝廷的出逃中，因为逃得仓促，王导忘了带了。

陶侃笑着对王导说：“苏武的符节，恐怕不是这样的吧！”

陶侃这话说得耐人寻味！

符节肯定样式不同，而苏武符节的回归朝廷，与王导寻找上上任皇帝颁发给他的符节，其意蕴是有天壤之别的！

公元334年，陶侃病逝。司马光是这么评价的：“陶侃身在军旅，凡四十一年，精明而有毅力，善于判断观察，十分细密，没有人能欺骗他。他的辖区，东从南陵（今安徽省芜湖市繁昌区），西到白帝（今重庆市奉节县），数千里之遥，治安良好，路上丢了东西，没有人捡。”同期为官的臣僚评价：“陶侃的警觉力和洞察力好像曹操，忠心勤劳好像诸葛亮。”

顺便说一句，《桃花源记》的作者陶渊明，叫陶侃太爷爷。

桓温的“名将”之战

桓温是东晋帝国的重臣，两次率军北伐，打算收复中原，故被一些史学家誉为“名将”。

桓温是安徽怀远县人，其父桓彝任宣城郡长。公元327年，“宁愿坐在山头看监狱，不愿坐在监狱看山头”的历阳郡长苏峻反叛朝廷，在很多郡县跟着“反水”、朝廷上下弥漫投降气氛的情况下，桓彝集结军队，保卫都城建康。他手下的官员劝他静观大势，等待时机，他说：“国家危急，不能自保平安！”他把军队推进到离建康百十里的泾县，战斗中不幸被杀。

苏峻的反叛平息后，朝廷论功行赏，把在平叛中战死的桓彝的奖赏加在了他儿子桓温头上，十八岁的桓温由此踏上仕途。桓温长得高大排场，知书达礼，被皇帝司马绍看中，选做驸马。安西将军、荆州督导官庾翼，对接替司马绍的皇帝司马衍说：“桓温有英雄才略，希望陛下不要把他当平凡之辈看待，也不要把他当作一个普通的妹夫，而应交给他中兴大任，使国家渡过难关。”因为有父亲桓彝的光环照着，又攀上了皇帝驸马的高枝，加上诸多朝臣的推荐赞美，桓温没有做过任何令人刮目相看的事情，便穿上了青、徐、兖军区司令兼徐州督导官的官服。

也就是从平息苏峻的叛乱开始，东晋帝国形成了“北府”“西府”。“北府”的中心是都城建康，驻军长官被封为镇北将军、征北将军，负责东晋政府的保卫和镇守；“西府”的中心是荆州，驻军长官被封为安西将军、征西将军，控制湖南、湖北等广大区域，负责抵御长江以北“五胡”等军队的进犯。也可以说，“北府”掌控朝廷军，“西府”掌控地方军，因而觊觎帝位的反叛，基本上都由“西府”发起。

公元345年，桓温再升官，任安西将军，“持节”兼荆、司、雍、梁、宁等六州军区司令，还兼南蛮保安司令，成了“西府”的掌门人。没过多久，桓温便率军发起了对成汉帝国的大规模进攻。大军抵达岷江南岸后，桓温下令抛弃锅碗瓢盆等做饭家当，每人只带三天干粮，大军直指成都。在成都笮桥，桓温的进攻遇到了顽强抵抗，前锋失利，军心震恐。桓温下令鸣金（敲锣）撤退，传令官却因过度恐慌擂起战鼓。擂鼓是进攻的号令，战鼓一擂，全军将士奋不顾身，冲锋搏斗，一举反败为胜，击溃了成汉军队的阻击，攻陷成都。立国四十四年的成汉帝国，被桓温率军灭亡。成汉帝国最后一任皇帝李势，自绑双手到桓温大营投降。

司马光在《资治通鉴》中写道：在成汉帝国境内，从未出现过的一种被称作“獠”的民族，忽然从深山大批涌出，以致阆中、犍为、梓潼等地到处都是，十余万帐篷布满山谷，一度成了平原地区民众的灾难。桓温在对成汉帝国的进攻中，连带对“獠”民族占领的山寨、城邑发起了猛烈进攻，一举摧毁了膨胀起来的各种“獠”族势力。

这是桓温踏上仕途后率军开打的第一战。此一战名震天下，不少史学家便给他戴上了“名将”的光环。

真不知道这是天意还是误会。也弄不懂这一胜利，是桓温英明指挥的结果，还是惊恐的传令官误传号令的结果。假若桓温“鸣金”的号令被传令官准确传达下去，结局又会怎样呢?

此一战，使得东晋帝国“克复神州”的激情暴涨，且把全部希望寄托在“名将”桓温身上。在擢升桓温为征西大将军、爵位提升为公爵的同时，东晋皇帝提升了对桓温的戒备。站在桓温对立面的会稽王司马昱，邀扬州刺史殷浩参与朝政，以制衡桓温。

既如此，殷浩便得在东晋朝廷建立帮派力量，其中王羲之也是他选中的人物。

王羲之是王导的侄子，王导是个大书法家，但王羲之的书法造诣远在王导之上，其“兰亭序”的艺术高峰，至今仍是书法家们仰视的经典。当时王羲之任江州督导官，殷浩把他调任护军将军，以便留在身边，随时研究对桓温的制衡。从司马光的记述看，王羲之不仅是个伟大的书法家，而且政治上也很清醒，他被提官拉到殷浩身边后，反复提醒殷浩不要跟桓温结怨，因为国家的安定兴达得依靠内外和睦。但东晋帝国自“八王之乱”以来，便形成了自乱阵脚、相互残杀、内战优先的传统惯性，愈是读书多的文化人，愈看重这个传统惯性，因而王羲之的反复提醒是不起任何作用的。

这之后，东晋帝国历史的主基调，便进入桓温与殷浩内斗的轨迹。

公元349年，在后赵帝国石姓皇族相互残杀的大戏上演后，桓温上书东晋朝廷，提出率军北伐，收复中原。

公元350年，东晋帝国却诏命殷浩为中军将军，作出一副率军北伐的样子。这时东晋帝国又换皇帝了。桓温知道，皇帝司马聃是个五岁的娃娃，做不了主，做主的是殷浩。于是，桓温反复上书，言辞一次比一次激烈，跟殷浩较劲。最终皇帝司马聃的诏书下来，给了他“不准”二字。

桓温当然知道，这不是皇帝司马聃不准，而是“殷浩诏”不准。

到了公元351年十二月下旬，桓温忍无可忍，再次上书请求北伐，并在上书的当天，率大军五万余人顺长江而下，驻屯武昌。一看桓温动真格了，东晋朝廷害怕了，殷浩更是害怕。因为他们清楚，桓温统兵出击，一战灭了成汉帝国，成了东晋帝国公认的“名将”，如今他要求率军北伐，“克复神州”不是没有可能。要真是这样的话，东晋帝国的皇帝大位，就可能由姓“司马”而改为姓“桓”了。因此，阻止桓温统兵北伐，便成了东晋帝国从皇帝到皇亲、从皇亲到臣僚的“智谋”焦点。殷浩出了两个主意，一个是自己辞职，以缓解桓温的怨气；一个是派人持“驺虞幡”（皇帝阻止战争的符节）去阻止桓温北伐。“智谋”聚焦的结果是，请抚军大将军司马昱给桓温写封信，用拉拢、吹捧、安抚的言辞劝桓温停止北伐。

桓温本来就是与殷浩较劲，也没有做好北伐的兵员补充、战役谋划、粮草供给等准备，收到司马昱的信后，顺坡下驴，放弃了北伐。因为他知道，没有朝廷的各种后援，他单打独斗是不可能取胜的。

桓温与殷浩的连续内斗，仍是围绕北伐展开。

公元352年，殷浩要搞北伐了，但他把“名将”桓温排除在北伐之外。

右将军王羲之出面劝阻，他给殷浩写信说：“如今，在外大军残破，在内资源枯竭，保卫淮河已不能想象，不如回头保卫长江。监督各个将领，各自回到防地，在长江以北地区能在表面上服从东晋帝国就足够了。承认错误，检讨自己，一切从头改革，减轻人民的赋税差役，帮助人民重新建立家业，这样才有可能解救人民倒悬的痛苦。”

殷浩不理，王羲之又给会稽王司马昱写信说：“当权人士竟然不想想自己的智慧，不想想自己的力量，只一味盲动，不到失败誓不停止，全国人民无不痛心叹息，却不敢表达。过去的事已无法挽回，未来的事还可以挽救，请殿下三思。先有不能战胜敌人的准备，等到基础稳固力量雄厚，再去打别人的主意不晚。如若不然，恐怕麋鹿游荡，不仅限于原野。希望殿下暂时停止玄虚清谈，来解救国家危亡，使亡者复存，转祸为福。”

司马昱也不理。

王羲之写给殷浩和司马昱的信，立足现实，直指时弊，全国人民在高压态势下不敢说的话，他直率坦诚地说出来了。特别是对司马昱、殷浩等一帮自诩学识渊博的臣僚，对朝廷上下玄虚清谈的误国害民之风，王羲之旗帜鲜明地进行了批判，着实令人钦佩！

我想，王羲之是中国历史上伟大的书法家，假若他写的这两封信，似写《兰亭序》那般书写出来、保存下来，那将是一件多么珍贵的集书法艺术与政治智慧的瑰宝！

再看殷浩，他统领的这次北伐中，有驻防历阳（今安徽省和县）的北平将军姚襄。姚襄是个明白人，他在看清东晋北伐的军队根本无法向前推进的态势后，率军驻扎下来，在淮河两岸开荒垦田，训练军队。殷浩对姚襄的这一做法感到不安，便逮捕姚襄的几个弟弟，并数次派人刺杀姚襄，而刺客每次都把内情告诉姚襄。刺杀不成，又派安北将军魏憬袭击姚襄，一交战魏憬就被斩落马下，魏憬带领的五千官兵全部被姚襄收归麾下。殷浩一个一个阴谋、陷阱失败后，即以北伐总指挥的身份令姚襄率军北伐。姚襄知道殷浩又给他挖了一个陷阱，目的还是想置他于死地，于是他率领部队连夜逃亡，且边逃边设计反击计划。结果，殷浩率大军扑杀过去，姚襄则打了一个漂亮的伏击，斩杀俘获殷浩一万余人，缴获殷浩北伐兵团的全部武器，殷浩带少量护卫逃回去了。

桓温紧急上书，指控殷浩罪状，提议罢黜。朝廷遂将殷浩贬作平民，放逐到东阳郡信安县（今浙江省衢州市）。贬作平民的殷浩，经常用手指在空中书写“咄咄怪事”四字，没有人知道他写这四字何意。殷浩成了丧家之犬，而已经掌控全部地方武装的桓温，却打算推荐殷浩当尚书省最高政务长官，写信征求他的意见。殷浩大为高兴，立即回信，可他担心回信写得不恰当，写好了又重写，信袋封口了又拆，折腾了十几次，终于把信寄出。可桓温收到后，打开信袋，抽出来的信只是一张白纸。

殷浩一度是誉满东晋的名人，他才华横溢，非常清高，朝廷数度请他出仕，他都毫不含糊地拒绝。有人问他："为什么将要当官的人会梦见棺材，将要发财的人会梦见粪便？"殷浩张口答道："因为当官原本就是腐臭的，所以才会梦见尸体，而钱原本就是脏的，所以才会梦见粪便。"殷浩用类似的名言金句折服了天下很多人，而且他常常用手指在空中写"咄咄怪事"四个字，让人疑惑不已。在殷浩没有被东晋朝廷重用前，朝廷上下舆论的主基调是："殷浩不出来领导朝廷，谁来救天下苍生？"结果他两次率军北伐，朝廷上下的舆论主基调变成了"殷浩如此领导朝廷，谁来救天下苍生"。

再看西征大将军桓温的北伐。

公元354年，桓温的北伐一开始顺风顺水，各路连打胜仗，捷报频传。尤其是桓温的"名将"效应收获颇丰，不少前秦帝国、前凉王国的驻防将领，率军向桓温投降。东晋帝国的北伐大军很快抵达长安，沿途百姓争相迎接慰劳，不少老人流泪说："想不到今天能再看到晋朝大军。"但桓温的内心不坚毅，不具备"名将"的果敢，他率领的北伐大军，遭遇白鹿原会战的失利后便下令撤军。退到灞上时，顺阳郡长薛珍力劝桓温进攻长安，桓温不听；薛珍发牢骚说桓温过分谨慎，桓温不爱听，斩薛珍。桓温率大军向洛阳退去，大军所退之处，已经向桓温投降的军队将领又都背叛桓温，桓温用胜利和鲜血收复的领土，悄无声息地恢复到原来的主人，故都洛阳陷入重围之中。

看到"名将"桓温的这种打法，我想，顺阳郡长薛珍，如果不去劝桓温向长安发起进攻，而是拿起军号，吹响向长安进攻的号角，说不定桓温又打一大胜仗。

两年后，桓温又率军北伐，他登上坐舰高楼，北望中原，叹息道："使中原陆沉，变成像百年无人居住的废墟，那些清谈之人不能不承担责任！"他的这声感叹，把他与清谈之流划清了界线。

又是一路捷报频传。解除洛阳的包围后，桓温整修了一番司马家的皇陵，带着三千余户民众，便又撤回到荆州。在荆州，桓温统领着东晋帝国一半的国土，统领着除朝廷军队之外的全部地方军队，可以任命高官，可以随心所欲。

公元369年，桓温又调动多路军队，联合讨伐前燕帝国。一开始又是连战连捷，但捷报连续传到枋头（今河南省浚县）后，"名将"桓温的智谋又"卡壳"了。他把熟悉水战的江南官兵，全部摆放在高耸的岸堤之下不走了，同时下令豫州督导官袁真，率军攻击谯安（今安徽省亳州市）、梁国（今河南省商丘市），开凿石门，修筑一条连接睢水与黄河的运河以运输粮草。真不知桓温是怎么想的，谯安与梁国能不能拿下先且不说，就说凿开石门，修一条从睢水与黄河相连的运河，全长三百余里，这是哪路神仙在战事繁忙的短时间内能办到的呢？结果可想而知，运河没修成，桓温的军队被打得一败再败。再败下去就全军覆没了，桓温下令焚烧舰船，抛弃辎重和铠甲武器，从陆路向南撤退。前燕大军追到襄邑，把桓温大军打得七零八落，三万余人被杀。好不容易集结残兵再逃，又被前燕大军拦腰斩断，又损失一万余人……

桓温为掩饰自己的指挥无能，把惨败的责任推给袁真，指控他不能凿开石门，修通运河，及时运来粮草。袁真则反告桓温，指控他指挥错误，葬送三军。东晋朝廷不敢动手握重兵的桓温，只好把袁真贬作平民。袁真气愤不过，率军投降了前燕帝国。

"名将"桓温仅此一战，葬送了多少官兵和百姓的性命，损失了多少武器装备，给奄奄一息的东晋帝国造成多大的打击，史学大家司马光也未必能算清！

这之后的桓温，就是为谋划自己当皇帝而施展的一连串谋杀。

桓温的名言是："男子不能流芳百世，亦当遗臭万年。"这是"名将"桓温内心世界的真实写照，可见他终其一生，都行走在"顶线"企盼和"底线"准备的两端，与"不成功便成仁"是不搭界的。说到底，桓温追求的并非"成仁"，而是唯一的"成功"，不成功，遗臭万年也是他所追求的。

尤其令人不齿的是，桓温为了把皇帝搞臭，给他无端造谣。这时晋帝国又换皇帝了，换成了司马奕。司马奕没什么本事，但一向谨慎小心，没办过什么大事，也没有什么大的过失。桓温便在男女关系上给他造谣，说司马奕阳痿，不能生孩子，找了三个宠幸的男子，跟他的嫔妃生了三个男孩，准备继承司马皇家基业。这个谣言传得满天飞，连坊间百姓都跟着传。这个谣言传播的结果，是废黜司马奕的皇帝之位。

接替皇帝的会稽王司马昱，面对桓温战战兢兢，允许他坐轿进殿。桓温便利用他的权势，把司马皇亲中辈分最高且具军事指挥才华的武陵王司马晞，还有新蔡王司马晃等司马皇亲，打算以莫须有的罪名全部诛杀。吓得皇帝司马昱写信对桓温说："如果晋帝国的大运还可以延续，请公接受上一次诏书（辅佐之意）；如果大运已去，我请求避开贤能上进的道路。"桓温把司马晞、司马晃贬作平民，转手把一贯与他不和的殷、庾两大豪强家族全族屠灭。

前秦帝国天王苻坚听说后，用了当时的一句俗话评价桓温："受老婆的气，却板起面孔向老爹发作。"苻坚说的是，你桓温北伐，打到长安败下阵来，打到枋头又败下阵来，自己没能耐，拿换皇帝、杀大臣撒气。

公元373年，桓温去世，“流芳百年”的皇帝没有当上，不知道“遗臭万年”这个结局，他是否认可。

摇摇欲坠的晋帝国，就这么摇摇晃晃地往前走着。

“清谈”祸国殃民

前面多处写到晋帝国风行的“清谈”，这里专门写一文作点介绍。

所谓“清谈”，就是引经据典、高谈阔论，所谈的既不解决实际问题，又不涉及政治问题，没有人知道谈的是什么，还抓不到“清谈”者的任何政治把柄。

显然，“清谈”的是文化人，史称“名士”。面朝黄土背朝天的平民百姓，没那闲工夫“清谈”，也不具备文化知识作为“清谈”的学识。

“清谈”的理论依据是，老子、庄子哲学的虚无，顺其天命，清静无为；

“清谈”的追求是，“且趣当生，奚遑死后”“唯贵放逸”；

“清谈”的行为方式是，放浪形骸的“风流”。

“清谈”起源于曹魏帝国的3世纪40年代。

这就有些令人费解了。

曹操是力行实践的政治家，行事风格果断，一刀一块，招揽人才只看本事，道德品行概不过问。比如，前面写到的祢衡，才华出众，能言善辩，名气很大。初一接触，曹操就发现，祢衡是个专耍嘴皮子的家伙，自恃清高，一张嘴便辱骂伤人，气得曹操想把他宰了。但曹操正处于招揽人才的关键时刻，他没有杀祢衡，而是把他送给了荆州州长刘表。刘表信奉儒学礼教，满嘴的仁义忠恕、之乎者也，也看不惯祢衡那自恃清高的德性，没多久便把祢衡处死了。

曹操把力行实践推到极致，极大地冷落了知识分子。知识分子满肚子学问没地方表达，便聚到一起喝酒、喝茶、“清谈”。那时的“清谈”，还联系一些具体的人和事，没有完全陷入虚无。比如许邵、许靖的“汝南月旦评”，每月的第一天确定一个主题，对天下名士、社会传闻、提拔重用的人物进行品评。说曹操是“治世之能臣，乱世之奸雄”，就是他们评出来的。

曹魏帝国一立国，朝政大权便被司马懿父子实际掌控，大批忠于曹姓皇帝或被怀疑忠于曹姓皇帝的臣僚、高级知识分子、隐退士绅等，都被司马懿父子找碴儿处置了。就连曹魏的第四任皇帝曹髦，都被司马昭一矛刺死，杀得官员臣僚、士大夫等全部闭口，陷入“无人敢谏”的恐怖世界。司马家族开创的晋帝国，一开场便是司马皇亲篡夺皇位的大戏，从“一王之乱”到“八王之乱”，连续乱了十六年，也就是血腥恐怖延续了十六年，大批臣僚、士大夫人头落地。正是在这种情况下，起源于曹魏的“清谈”，向“避祸”转向，转到了只谈空话、大话、假话，司马皇家的问题、政治问题等有所忌讳问题，一概闭口不谈。

“清谈”的一大特点，是标新立异。“清谈”人士对儒家的“修齐治平”不谈，礼教诚善也不谈，要谈就是火力全开的批判。如文学大家阮籍，就把信守儒家礼教的正人君子比作裤裆里的虱子。阮籍的母亲逝世时，他正与朋友下棋，朋友要求中止，阮籍不干，强留朋友把棋下完。往母亲那里走之前，阮籍先喝了两斗酒，尔后大哭，哭得吐血。为母亲守孝期间，阮籍照常花天酒地。司马昭欣赏阮籍的才华，想把女儿嫁给他，阮籍为了不让司马昭开口求婚，把自己灌醉，这一醉便是六十日不醒……

与阮籍同为“竹林七贤”的刘伶，“嗜酒如命，他常乘坐小车，带一壶酒，命家人拿着铁铲跟在后面，吩咐说：‘我死在哪里，就埋在哪里’”……

“清谈”的结果，是正常社会认知的颠覆，放荡成了通达，诚信成了顽固，苟且混世成了高贵，守正不阿成了卑贱，信口雌黄成了学识，勤劳守法成了无能。“清谈”的名士，有的酗酒沉迷，有的装疯卖傻，有的赤身裸体招摇，有的当街小便，等等标新立异的“风流”举止层出不穷。

有样学样，“清谈”的名士如此放浪，仿效名士做派的社会底层人士很多。尤其是啃过一些古籍经典的文化人，看清了这是攀上仕途的最佳途径，于是在山野、乡里、巷道也放浪起来，留长发蓄胡须，把好端端的衣服弄脏扯烂了穿，时不时地发表一些虚无缥缈的言论，以引起“清流”派名士的关注，并由此走上仕途。

在司马光的《资治通鉴》中，记载“清流”派相互推荐当官的比比皆是。

比如西征将军庾亮，就是个“清谈”家，他兼任荆州、豫州、益州等六州军区总司令，一上任便把殷浩、褚裒、谢安等一帮靠“清谈”博得盛名的名士招揽到麾下，全部被任命为高官。这些名士的最大本事就是讲空话、耍嘴皮，聚到一起便是你捧我、我捧你，相互吹捧的氛围搞得十分浓厚，军事、农业、民生事务却搞得一派凋零……

被相互吹捧、拉拢、举荐踏上仕途、攀上高官的“清流”派人士，酗酒成了常态，风流成了常性。至于具体工作职责，既无心，也无能去应对履职。比如，名士王述，因“清谈”出名，三十岁时被宰相王导延聘入朝。当时有人劝王导，说王述除了夸夸其谈外，什么本事也没有，就是个白痴。第一次见面，王导没敢多问，只问王述居住的苏州大米多少钱一斤。王述张口瞪眼，回答不出。王导连忙给他遮掩，说：“王述不是白痴，为什么有人说他是白痴呢？真是可笑至极！”长期生活在苏州，每天吃饭，大米是个什么价不知道，这与白痴有什么两样？这样的人延聘到朝廷来做官，能干什么呢？

再看另一个高级咨询官蔡谟，他用“清谈”在身边聚集了很多弟子。因为名气大，东晋帝国皇帝打算任命他为左高级国务官兼宰相。蔡谟辞让，他对自己是块什么料还算清楚，说：“我要是当宰相，将被后代嘲笑。”封建王朝就是这样，征召谁当官，谁不来，特别是反复征召、反复不来的，就不只是认定这个人谱大本事强，而且认定这个人有风骨。大概八岁的皇帝司马聃，就认定蔡谟就是这么一个本事强、有风骨的人。坐在金銮宝殿御椅上的司马聃，从早上到晚上，十余遍召见，蔡谟就是不去，累得司马聃说：“那个人怎么到现在还不来，这要等到什么时候呢？”

皇帝不高兴了，臣僚当然愤怒。于是三公弹劾：“蔡谟狂妄，傲视君王，罪状跟叛逆相同！”

蔡谟吓坏了，赶紧领着家人、子弟一起跪在宫门外，五体投地叩头。

分析看，蔡谟靠“清谈”混到了高级咨询官的高位，他也许满足了，因为他几斤几两，自己清楚，当个咨询官，耍耍嘴皮，高官厚禄保得住，而去当宰相，干具体的事务，作重大决策，他就露馅了，高官厚禄也保不住。

东晋帝国就是这样，宰相、臣僚都是“清谈”派，更多的“清流”人物连蔡谟都不及，他们只想着自己升官发财，至于“克复中原”、造福天下黎民百姓等与自己职责、担当的应尽之事，全部抛至脑后。很多人逃避做具体事务的方法是，“一听要差遣他做事，就连忙声称有病”。诚如史学家干宝所言：东晋朝廷之中，缺少品德纯正的官员，民间缺少正直清高的士绅。风俗邪恶淫乱，崇拜不应崇拜的东西，羞耻不应羞耻的行为。知识分子肯定《老子》《庄子》才是正统，贬黜儒学六经，认为只说话不做事是境界高超，力行实践是低贱庸俗；担负行政责任的人，认为放荡污浊是豁达大度，遵守承诺、坚持立场是落伍顽固；进入仕途的人，认为用不道德的方法取得官位，是一种高贵，正正当当靠才干能力升迁的受到轻视；当权的人，认为不辨是非，只闭着眼签字，才是风流洒脱，对勤劳认真则加以嘲笑……在这种情况下，无论诽谤或赞美，都跟善恶的事实恰恰相反：知识分子全部精力都投入钻营奔走和逢迎贿赂；有人事权的人，为了安置私人去选择官位；当官的人，为谋一己私利接受官职；豪门大户、皇亲国戚的子弟，可以超越等级，直线上升，根本不受官员制度约束；仆仆风尘，全都是争权夺利之士，高官贵爵成百上千，没有一个人谦逊推让。

干宝沉痛地下了个结论："礼教刑罚，政治制度，完全崩溃，'国家将亡之时，根上一定先烂'，大概就是指此！"

如此堕落糜烂的东晋帝国大厦，虽有温峤、陶侃、祖约，包括大书法家王羲之等顶天立地的臣僚，用智慧、才华、正义、担当甚至生命支撑着，但它的"根"烂透了，哗啦啦倾倒是大势所趋，无法阻挡！

接续东晋帝国历史走来的，是南北朝！

“楚代晋”——历史步入南北朝的预演

楚国，是中国历史进入南北朝之前的一个短命国家。“楚代晋”，说的是东晋帝国被楚国取代。但因楚国立国没几天便被推翻了，东晋帝国的皇帝又姓司马，而司马皇帝还在龙椅上坐了十六年，最终被刘姓的皇帝取代了，并建立了宋国，史称南宋。且这之后偏隅建康（今南京）的帝国皇帝换来换去，而再也没换过姓司马的，故说“楚代晋”拉开了南北朝大幕。

“楚代晋”的皇帝叫桓玄，是桓温的儿子，东晋帝国“西府”的掌门人。

桓温黄袍加身的大梦做了很长时间，杀了很多阻止他当皇帝的人，但最终未能圆梦。倒是他儿子桓玄，圆了他的皇帝大梦。

先看司马光记述的一个小故事。

公元396年，喜爱饮酒和美女的晋国皇帝司马昌明，整天沉醉在后宫美女之中，几乎没有清醒过，也不过问朝政大事。司马昌明的后宫美女千万，以张贵人最为美貌绝伦，最受司马昌明宠爱。那年的九月二十，司马昌明在后宫饮酒，年近三十的张贵人坐在他身边，一群美女跳舞侍候。司马昌明喝得高兴了、看得来劲了，转头对张贵人说：“以你的年龄，应该靠边站了，我更爱年轻的！”当晚，皇帝司马昌明便被张贵人用被子蒙头闷死了。

司马光还写道：继位的皇帝司马德宗是一个白痴，天生哑巴，不会说话，连天气冷热以及自己的饥饱都不知道，喝水吃饭、睡觉起床都不能自理。

司马光这么写来，无非是想说，东晋帝国已经不可救药了，有人打皇位的主意，无可厚非！

住在荆州的“西府”掌门人桓玄，不时朝长江北岸“五胡”各民族的打斗看上一眼，但更多的，还是盯着“北府”司马皇亲的各种动作，从中捕捉率军向东晋朝廷开进勤王的“借口”。当时琅琊一个号称掌握长生不老之术的孙恭，靠法术接近皇帝，捞了亿万财富，引起朝臣不满，诱捕了孙恭及其六个儿子，牵扯了东晋朝廷很大的注意力，但也没给桓玄留下什么勤王“借口”，使得桓玄暂时没动。

再说孙恭，他连同六个儿子被杀，但他老兄的儿子孙恩从海上逃跑了，跑出了东晋朝廷的一大麻烦。

跑了不到一年时间，孙恩作为民变领袖又从海上回来了，一上岸便击斩上虞县长，接着发起对会稽（今浙江省绍兴市）的进攻。会稽郡长王凝之，是书法大家王羲之的儿子，这伙计笃信道教，面对孙恩民变集团的进攻，他既不派军队应战，也不加强军事防备，而是每天都跑到道观叩头念咒。郡政府官员要求出动军队阻截，王凝之说：“我已请了得道大仙，他答应借给我鬼兵，把守各处险要；每个险要处，有鬼兵数万，对盗贼（指孙恩）不必担心。”结果“鬼兵”不给力，会稽陷落，王凝之连同他所有的儿子全被斩首。关键是，吴郡（今苏州市）、临海郡（今浙江省临海市）、义兴郡（今江苏省宜兴市）等郡长都逃之夭夭，吴郡、永嘉郡（今浙江省温州市）、东阳郡（今浙江省金华市）、新安郡（今浙江省淳安县）等八郡民变掀起高潮，不到十天时间，孙恩的麾下汇聚起了数十万大军。

孙恩本就是个杀人不眨眼的刽子手，凡不拥护他的人，一律诛杀，连婴儿也不放过，在他统辖的浙江、江苏大片区域内，被杀民众占十分之七八。尤其可怕的是，孙恩用法术迷惑信众，使得他们把死亡当作登天，不少追随他的妇女，因怀抱婴儿不方便，便把婴儿扔到井里，嘴里还念叨着说："祝福吾儿，先登天堂仙境，我随后就来。"

东晋朝廷暂时放缓了皇位的明争暗斗，紧急调兵遣将，并派出京口（镇江）和长江以北的军区司令刘牢之，率大军反击孙恩的民变兵团。孙恩的战法很灵活，一看东晋大军来了，带上金银财宝和二十余万男女，又从海上跑到了舟山岛。待东晋朝廷觉得平安无事了，孙恩又打过来，一路从余姚、上虞打到了绍兴。刘牢之率"北府"大军来了，他又跑回舟山岛。公元401年，孙恩又来了，这回他率战舰千余艘，从长江打到了镇江。司马光写道：孙恩率军擂动战鼓，登上了镇江西面的蒜山，当地居民挑着担子看热闹，站到岸上看两军厮杀。一年后，孙恩才兵败投海而死。

孙恩民变的这场大戏，"西府"掌门人桓玄看得心花怒放，他乐见似孙恩这样的人给东晋朝廷添乱。如今孙恩死了，该他登场了。

桓玄登场之前，瞄向了一个人，他叫刘牢之，是他帮助东晋帝国平息的孙恩民变，也因此登上"北府"掌门人的高位。刘牢之很有军事才华，也有登上帝位的想法，但他不果断，关键时刻优柔寡断。例如武昌（今湖北省鄂州市）郡长庾楷，本是桓玄的属下，他暗地联络东晋朝廷讨伐桓玄，自己作为内应。东晋讨伐桓玄，就离不开掌控"北府"的刘牢之，可与刘牢之商议讨伐桓玄时，他顿时神情紧张得大汗淋漓，认为难度太大。结果参与暗中谋划的臣僚，生怕刘牢之走漏风声，决定将其击杀。刘牢之没有泄漏阴谋，便被委任为讨伐桓玄的前锋司令。手握"北府军团"的刘牢之，心里想的并不是首先讨伐桓玄，而是铲除朝廷当权的官员，待掌控东晋朝政后，再去收拾桓玄。于是，他不顾手下将军、谋士的反对，主动投靠桓玄，企图借桓玄的势力铲除阻碍自己的对手。有了"北府军团"的投靠，桓玄于公元402年顺利进入首都建康，代替皇帝下“桓玄诏”，任命朝廷中的重要官职。

在任命官员的“桓玄诏”中，刘牢之为会稽（今绍兴市）郡长，刘牢之“北府军团”的兵权，在“桓玄诏”中被免除了。气得发疯的刘牢之，决定反击桓玄，跟亲信商议反击事宜，结果很多亲信纷纷离座逃了。刘牢之只好也逃，但他的精神崩溃了，在长江中的一个小岛上吊死了。

桓玄在登上帝位之前，发动党羽制造谣言，把“禅让”运动搞得如火如荼，说什么“湖水干枯天下大乱，湖水满盈天下太平”。这里的“湖”指钱塘临平湖，三国时的东吴，曾从湖中捞出宝鼎，自东汉王朝末年干枯，至东吴最后一任暴君孙皓时，湖水突然满盈，后又干枯，桓玄登帝之前，湖水又满盈。桓玄就是利用钱塘临平湖的湖水满盈，为自己当皇帝造势。早就不可救药的东晋帝国，于公元403年十二月初九，皇帝由姓司马而改为姓桓了。因为桓玄是“西府”首领，“西府”驻地是荆州，故国号为“楚”。

司马光在桓玄称帝的过程中，记述了两件怪事。

一件是，桓玄住进建康皇宫，坐在御椅上会见朝臣，他正得意时，御椅“嘭”的一声突然塌了。群臣大惊失色，桓玄的姐夫殷仲文打圆场，说皇帝桓玄的恩德太重，甭说御椅，就连大地都难以承受，桓玄听了大为高兴。

另一件是，公元404年二月初一夜，无风无雨，长江却突然浪涛汹涌，大水涌进城门，瞬间淹死和卷走很多居民，怒涛澎湃的声音与民众的哀号呼叫震天动地。

司马光的笔端如此写来，对于国号为楚的皇帝桓玄来说，可不是好兆头！

性情苛刻琐碎、喜爱炫耀自身才华的皇帝桓玄，几乎把全部精力都用在捞取财物、起草修改诏书上，不仅朝廷乱作一团，而且经济、民生、社会治理等重大事务，拿不出任何举措。恒玄提议北伐，却暗地里下诏不予批准。他以北伐为由，悄悄建造轻便快艇，艇上装满了稀世珍宝和名人字画。有人问他这是要干什么，桓玄说：“兵凶战危，万一发生意外，吃水浅的船容易逃走。”

公元404年三月初一，彭城（今徐州市）郡长刘裕率军进入首都建康。楚帝桓玄表面上调兵遣将，实际是早就秘密准备了船只，以亲赴前线督战为名，带皇子等亲信，登船逆江南逃了。不到三个月时间，桓玄黄袍尚未穿热便悄悄逃了，逃了两个多月后，被益州（今四川省）大营指挥官冯迁砍掉了脑袋。

桓玄一死，被他废掉的皇帝又穿上了黄袍，东晋帝国又姓司马了。十六年后，东晋帝国不复存在了，取代它的是南北朝时期南朝的第一个帝国——南宋。

在南宋帝国成立之后的很长一段时间，长江以北的广大区域内，诸多“五胡”民族建立的帝国，仍在为抢地盘、抢民众、抢资源、抢皇帝之位而大打出手，直至公元439年，北凉王国灭亡，历时一百三十六年的“五胡十六国”结束，开启了历时一百五十一年的“南北朝时代”。南朝经历了南宋帝国、南齐帝国、南梁帝国、陈帝国共四个帝国的交替，北朝经历了北魏、北齐、北周共三个帝国的交替，其中北魏独自代表北朝，长达一百四十八年。

下面，从南朝四个帝国的交替入手，走进南北朝恢宏的历史中去。

第三章 历史的南朝四国

南北朝的南朝，是晋帝国灭亡后，南宋、南齐、南梁、陈国四个登上南朝历史舞台的帝国……

南朝四国在历史舞台的表演，有时让人眼睛一亮，有时让人看到希望，但在“希望”之后再往下看，就不堪入目了……

南宋的希望与失望

南宋，是南北朝时期南朝的第一个帝国，立国五十九年。

南朝第一个帝国南宋，第一任皇帝刘裕，虽然根本无法摆脱封建王朝尔虞我诈、诬告陷害这个政治生态的制度性桎梏，但他俭朴、克己、惜才、不扰民的所作所为，在漫长封建王朝的皇帝中，是难能可贵的！刘裕之后的第三任皇帝刘义隆，还创造了被后世称道的“元嘉时代”。但刘义隆之后的皇帝，瞬间葬送“元嘉时代”的美好光景，一个比一个更残忍、更暴戾，彻底把南宋帝国葬送了！

一

南宋第一任皇帝刘裕，江苏省徐州市人，家境贫寒。刘裕生下来，母亲便去世了，父亲打算把他抛弃。刘裕的姨妈听说后，赶紧跑过去把刘裕抱走了。当时姨妈生下儿子不到一年，姨妈断了他的奶，喂养刘裕。姨妈家不富裕，没钱供刘裕上学，刘裕很小就卖草鞋以添补家用。按左邻右舍的话说，刘裕虽不认得几个字，但心怀大志，果敢坚毅。刘裕爱赌博，与豫州督导官刁逵赌时，输了拿不出钱，被刁逵绑到拴马桩上，被武昌县令王谧知道后，替刘裕还了赌债。孙恩民变兵团向东晋首都建康发起进攻时，刘裕投靠在“北府军团”的刘牢之麾下担任斥候，率数十人侦察民变军的情况。在一次侦察中，遭遇数千名民变兵的围攻，刘裕带的几十人全被杀死，刘裕也被打得跌落在河岸之下。民变兵在岸上，刘裕在岸下，双方对打，刘裕抓住一个机会，翻身上岸，抡起大刀跟民变兵拼命，在接连砍倒几个民变兵之后，围着他厮杀的民变兵怵了，刘裕则越战越勇，大声呼喊着向民变兵冲去，吓得民变兵迅速后退。前面的民变兵一退，后面的不知什么情况，退得更快。只见刘裕一个人挥舞大刀，赶着数千名民变兵在大堤上逃跑。恰在这时，东晋的援军赶到，把民变兵杀得落花流水。

从此，东晋朝廷知道刘裕了，提拔为驻防上虞的军事参议官，叫他去抵抗孙恩民变兵团的进攻。刘裕在浙江海盐构筑阵地，在击败民变兵团的第一次进攻后，因手里的兵员太少，根本抵挡不住民变兵团的攻城，于是改变打法。他在夜里把插在城墙的大旗全部收起，把精锐部队埋伏在城里的巷道，派出老弱残兵在城墙上防守。第二天，民变兵团攻来了，见一群老弱残兵，便大声问刘裕在哪里，城上的人则说昨天夜里跑了。民变兵放松警惕，汹涌入城抢劫，被埋伏在巷道的刘裕官兵打得大败。

能打仗，就能升官。孙恩民变兵团尚未消灭，刘裕便升任下邳（今江苏省睢宁县）郡长，并在讨伐孙恩的战斗中连战连胜。刘裕在很短的时间里就看清楚皇帝桓玄的格局，比起他这个不识几个字的刘裕来差得太远了。于是，刘裕开始网罗人才，做取代桓玄的准备。

很快，朝廷、地方一帮官员与刘裕结成了同盟，紧锣密鼓地做推翻桓玄的各项准备工作。司马光特地记述了这样三个细节。

一个是，青州政府主任秘书孟昶的妻子周氏，是一个富家之女，孟昶对她说："我准备当一个叛徒（指背叛桓玄），你最好跟我离婚，免得受到连累。"周氏的回答给予孟昶以巨大支持，知道需筹措资金，便指着怀中的幼儿说："如果他可以卖钱，我都不会珍惜！"周氏把全部家财变卖，交给孟昶，还找来很多红布，缝制成军士战袍，"作为镇魔之用"。

一个是，刘牢之外甥何无忌深夜藏在屏风后，撰写勤王文告，他的母亲站在凳子上看他写什么，看到是写勤王文告后哭了起来，说：“你这么做，我这一生就没有遗恨了！”当他母亲听说勤王的盟主是刘裕后，转哭为笑。

还有一个是，刘裕急需一个主簿，负责起草文书，何无忌推荐了东莞人刘穆之（别名刘道民）。刘穆之把衣服撕破裹脚后，以一个战斗员的姿态晋见刘裕。刘裕问：“我急需一位有文字功力的人，你看谁合适？”刘穆之则说：“恐怕没有人比得上我。”

司马光写的这三个细节说明，当时的普遍民意是反感桓玄，拥戴刘裕。

当然，刘裕也不能把桓玄身上的黄袍扒下来，直接披在自己身上，那样的话，朝廷上下包括地方政府中信奉“禅让”的官员，会全部站到刘裕的对立面。穿了不到三个月龙袍的桓玄被杀后，刘裕觉得自己接受“禅让”当皇帝的条件尚不成熟，便把被桓玄“禅让”下台的皇帝司马德宗扶上东晋的帝位，自己则实际操控朝政，就连皇帝的诏书都变成了“刘裕诏”。他得满足司马朝廷臣僚的心理需求，由司马皇帝主动把皇位“禅让”给自己。

实际操控朝政的刘裕，尚须假皇帝之手，为自己积攒威信和实力。

——东晋宫廷顾问刁骋是个大富豪，建康城周边的山丘和湖泊中的物产，全被他家垄断，朝廷不能过问，弄得周边民众怨声载道。刘裕以“谋反”之罪诛杀刁骋及族人，把刁家的亿万财富全部分给贫苦人家，使得这些正苦于饥馑困顿的民众得以渡过难关——刘裕小时候吃过苦，他知道当个皇帝，什么是天大的事！

——王谧是桓玄的开国功臣，是他亲手把携带在皇帝司马德宗身上的玉玺解下来，挂到桓玄身上的。桓玄失败后，朝臣一致认为王谧应该诛杀，刘裕则出面保全。在一次议事会上，有人提问玉玺现在在哪里，吓得王谧赶紧逃了。刘裕派人把王谧接回来，继续担任宰相——桓玄被“禅让”当皇帝，见风使舵、拍马逢迎的臣僚有很多，难道迫不得已、违心自保的臣僚会少吗？对这些人不能一味排斥，更不能一棍子打死。刘裕做当皇帝的准备，得收揽人心，让人把心放进肚里！

——尚书令殷仲文，在百废待兴的当下，请求重建政府的音乐设施，刘裕说：“现在没时间做这件事，而且我也不懂。”殷仲文说：“如果你喜欢它，自然就懂了。”刘裕说：“正因为懂了就会喜爱，所以我根本不去碰。”所有败亡的封建王朝，哪个不是坠入声色犬马之中？

……

以上可以说是刘裕积攒的“软实力”，非常必要，也非常重要。让我们看司马光记述的一个细节，能品味出“软实力”的重要性。

公元410年，广州督导官卢循和始兴（今广东省韶关市）郡长徐道覆，趁刘裕率军攻击南燕帝国之机，举起反叛大旗，一路打来，攻城略地，打到了东晋首都建康，吓得皇帝、大臣纷纷准备逃亡。刘裕不得不火速从攻打南燕帝国的前线撤回，看到镇江的长江岸边站着很多百姓，观看卢循的舰队在长江排兵布阵，有说有笑，指指点点。刘裕感到奇怪，问这是怎么回事？他手下的军事参议官告诉他：“如果你没有回来，人民奔走逃命都来不及，怎么敢站在岸边看热闹？你回来了，他们就不怕了。”人民相信有刘裕在，就不用逃亡，这就是刘裕的“软实力”。

当然，仅有“软实力”是不够的，“软实力”必须靠“硬武功”作支撑。国家的安全靠“硬武功”支撑，人民的信赖靠“硬武功”支撑，经济的发展靠“硬武功”支撑，包括贸易往来，也得靠“硬武功”支撑。就当今的天下大势而言，即便通过依法招标、依法签约获得的国外贸易大单，如果没有“硬武功”作为强力支撑，对方毁约甚至倒打一耙，是分分钟都可能发生的事。

刘裕也许没想过什么“软实力”的问题，但他十分清楚建立武功，对于他登上帝位的重要性。

二

刘裕为东晋帝国建立了巨大的武功，这是不容抹杀的。

公元409年，刘裕率大军讨伐南燕帝国，采取了一种在军事家看来极其危险的战法。他的舰队抵达下邳（今江苏省睢宁县），便令将士下舰登陆，留下辎重，徒步开进，直指琅琊（今山东省诸城市）。这一战法的危险在于，如果南燕大军据守大岘山（今山东省临朐县）险道，就等于掐住了晋军的咽喉，再把地里的粮食收割归仓，拖延一段时间，尔后派军队切断晋军的运粮通道，刘裕就得损兵折将，无功而返。对此，军事天赋极高的刘裕，并非没有看清。但他看得更清楚的是，盘踞在山东青州一带的鲜卑族南燕帝国皇帝慕容超，不具备宏远的战略视野，他前进时想的是掠夺，后退时还舍不得田里的粮食，事大事小分不清，因而绝不会扼守战略要道大岘山，而最有可能的是在临朐布防。因而刘裕实施的战法，就是顺着南燕皇帝慕容超的心思去打。结果如刘裕所预料的那样，慕容超撤除莒城、梁父等地驻军，把军队全撤到首都广固（今山东省青州市）构筑防御阵地。刘裕一看慕容超如此布阵，激动得举手上指，感谢苍天。没多久，广固便被晋军围得水泄不通。第二年二月，南燕帝国首都广固被攻陷，皇帝慕容超被擒，南燕帝国灭亡。

就在刘裕率军攻打南燕帝国之际，广州督导官卢循和始兴郡长徐道覆，开着庞大的舰队向建康打来了，江州（今江西省九江市）督导官何无忌率军阻击，全军覆没，何无忌战死，其他各路阻击大军，也没有往朝廷传回捷报。此时刘裕大军已攻灭南燕帝国，只好迅速回撤。刘裕一到东府（今镇江市），便命建威将军孙处等将领，率水军舰队三千人，从台湾海峡南下，袭击卢循的老巢番禺。他给孙处下达的命令是：捣毁卢循的巢穴，“叫他们逃跑时无家可归”。眼前的危机尚未消除，刘裕的目光却看得更远。

事态正是朝着刘裕的目光发展的。卢循、徐道覆的叛乱进犯，很快便被彻底击溃，徐道覆被斩，卢循一看广州也回不去了，先用毒酒把妻子毒死，再把所有的妾和美女叫来，问：“谁能跟我一起去死？”回答是：“麻雀、老鼠都希望活下去，一同去死实在不情愿。”卢循便把不愿陪他一起去死的妾和美女全部诛杀，最后自己投河自尽。

公元412年，刘裕发起了对西蜀王国的进攻，西蜀位于四川，是汉族人谯纵建立的王国。刘裕在军队出发前，给“全国武装部队总司令”朱龄石一个密令，叫他到了白帝（今重庆市奉节县）再拆开。到达白帝的朱龄石打开密信，写的是“大军全部从外水（今岷江）北上，夺取成都；臧喜（另一将军）从中水（今四川省沱江）夺取广汉；剩下的老弱官兵，乘大型军舰十余艘从内江（今涪江）夺取黄虎（今绵阳）。”战斗完全按照刘裕的密令展开，大出西蜀王国的预判，首都成都陷落，国王谯纵逃到山上自缢，立国八年的西蜀王国灭亡。

公元416年，刘裕又发起了对后秦帝国的毁灭性总攻。大军出发前，有人给刘裕送了一个琥珀枕头（认为琥珀可以医治刀伤），刘裕则命人把琥珀捣成碎末，分别赏赐给行将出征的将士。进攻后秦帝国，刘裕有更深层次的谋划。后秦是羌族政权，东晋帝国反对刘裕的诸多司马皇亲和大臣，逃亡后多被后秦收容，刘裕要借对后秦的毁灭性总攻，把那些司马皇亲和大臣全部铲除。第二年八月，后秦帝国首都长安陷落，立国三十四年的后秦帝国灭亡。

值得记一笔的是，在收集的后秦帝国皇家宗庙祭品中，不仅有大量的彝器（少数民族祭祀用品），而且有浑天仪、土圭、指南车、记里鼓。记里鼓是古时的计程鼓，车有二层，行至半公里，下层便自动敲一下鼓，行至五公里，上层便自动敲一下锣。

言归正传。攒足了“硬武功”的刘裕，教人“明示”东晋帝国皇帝司马德文，把皇帝大位“禅让”给自己。史载，司马德文欣然提笔写道：“桓玄的时候，晋国已经失去天下，感谢刘公使它延长将近十六年，今天我禅让，本是我的心意。”刘裕遂登基，因此前封为宋公，国号宋，史称南宋。从司马炎称帝的晋王朝，到司马睿在建康称帝的东晋帝国，跌跌宕宕、摇摇晃晃走过一百五十六年的时光，于公元420年走到了尽头。

三

刘裕是南宋帝国的创立者，但他身上的黄袍穿了两年不到便死了。南宋历史的看点是刘裕，那就翻翻刘裕的不同侧面，看看他究竟是个什么样的历史人物。

刘裕简朴寡欲，嫔妃不多，财产全在国库，宫内没有私藏。岭南郡长进贡筒装细布，一个小小的竹筒里能容纳细布八丈。刘裕认为过于精美，耗费人力，遂把布发还，并诏令禁止继续制作。他的女儿出嫁，嫁妆不超过二十万钱，宫廷内外，没有人敢奢侈浪费。刘裕当皇帝后，特地把家里贫穷时用的耕田农具陈列在故居，以对子孙警示。

刘裕不占卜，不迷信。在司马光的笔下，多次出现刘裕的祥瑞征兆，刘裕都不当回事。例如，刘裕铲平南燕帝国后，广州的卢循率民变兵团打到了建康，刘裕火速回撤，在江苏淮安渡江时，大风卷着水珠迎面刮来，刮得人都站不稳。随行人员恐惧，劝阻刘裕上船。刘裕说："如果上天有意帮助我，风就会停息。否则，淹死有什么关系。"待刘裕一脚踏上小船，大风瞬间停止了。对于这类事情，刘裕从不炒作。

刘裕自己不识几个字，但对人才非常重视。王猛，是前秦帝国的第一谋士，在"五胡十六国"时期大受景仰。王猛的子孙王镇恶从前秦帝国逃到了湖南省桑植县，他不善于骑马拉弓，但胸有谋略，对混乱的局势能迅速作出准确判断。刘裕找王镇恶长谈，谈完就把他留下来，任中军参军。刘裕经常让身边的臣僚推荐人才，有人便推荐了谢晦。谢晦风度翩翩，博闻强记，刘裕任命他为司法助理官，堆积如山的讼案，在谢晦手里很快得到审理，且从未发生差错。

尤其是揽在刘裕手下的刘穆之，不仅重大决策向他请教，而且在他三次率军渡江北上的征战中，委托刘穆之总管朝廷全部事务，包括供应北征军团粮秣、薪饷、辎重等，大事小情、样样数数都处置得非常妥当。刘穆之的办公室，被各种咨询、请示的文件堆满了，刘穆之眼睛盯着文件，手写文件批复，耳听他人的谈话，嘴还跟人讨论、回答应酬，且绝不会混淆错乱，全都完美裁决。刘穆之不贪不腐，性情豪放，宾朋满座，按他自己的话说，除了吃饭"稍嫌丰富"外，其他就没有对不起刘裕的地方。

当然，刘裕并非纯洁善良之辈，作为皇帝，他不扰民，很俭朴，难能可贵！但同样作为皇帝，他不可能从封建王朝尔虞我诈、猜忌构陷的政治生态中超脱出来。刘裕很早便着手做篡夺皇位的准备，同时用拉帮结派笼络党羽，像刘牢之的外甥何无忌、青州政府主簿孟昶，还有刘毅、刘穆之等，他们早就结成了同盟，大家推举刘裕为盟主。

这些人为刘裕打仗、升官、扩大声誉等都出过大力，做过贡献。而刘裕呢，他除了对自己的兄弟、儿子信任外，对结党的朋友几乎都留有戒备的一手，但凡谁表现出了对他的不满，或功劳大了觉得不放心，他都会毫不犹豫地清除。

后将军刘毅，镇江人，家庭贫寒，在讨伐桓玄篡位的战斗中，与刘裕一样立过大功，但因刘裕的地位在他之上，心里很不服气。他不服气还有一个原因是，刘裕是个没读过书的粗人，而他一路走来注重读书，被标榜为知识分子，东晋朝廷中一些有声望的官员，多与他交往。刘毅自认为能力、声誉在刘裕之上，而官位却在刘裕之下，便开始给刘裕提要求、出难题。刘毅任荆州督导官，要求兼任交州、广州两个州的军区司令，刘裕批准；刘毅又提出他所信任的旧部任南郡（今湖北省江陵县）郡长，刘裕又批准；刘毅还提出让他的堂弟刘藩任兖州督导官，刘裕还是同意。刘裕则在一系列“批准”“同意”的同时，做好了将他们一网打尽的准备。公元412年，刘裕发起了对刘毅的讨伐，刘毅的一干党羽被杀，刘毅也上吊自杀。

前面提到的王猛之孙王镇恶，在讨伐刘毅的战斗中，为刘裕立过大功。在攻击后秦帝国的战斗中，王镇恶的舰队逆渭水而上，舰队由封闭式小艇组成，划桨的隐藏在舰身，所以渭水两岸的民众，只看到舰艇逆水而上，看不到划桨的官兵，大为惊讶，认为是神灵相助。舰队到达渭桥后，王镇恶令官兵登陆，把空无一人的舰船顺水往下漂去，他要把官兵置之死地而拼命战斗。王镇恶自己身先士卒，把后秦帝国最后一支有生力量打得七零八落，皇帝姚泓带着嫔妃、文武大臣，到王镇恶大营投降。王镇恶进入长安后，安抚慰问民众，严令部队执行纪律，不准抢劫骚扰民众。但王镇恶对后秦帝国仓库的财宝就是另一副嘴脸了，他“明抢暗偷”，“为数之多，无法计算”。刘裕因为王镇恶立有大功，采取睁一只眼闭一只眼的态度。但听说他抢了后秦皇帝的辇车后，态度就变了，派人暗地里侦察，结果发现辇车丢在宫墙之外，镶在上面的金银珠宝被王镇恶抠走了。刘裕虽没有追究王镇恶的贪腐问题，但辇车事件使得他警觉起来，他在离开长安返回建康之前，特地对本就与王镇恶不对眼的振武将军沈田子交代："一只猛兽，不如一群狐狸。"那意思沈田子听懂了，就在虎帐之中，埋伏刀斧手，把王镇恶斩了。

刘裕在攻灭后秦帝国之后，加快了篡夺东晋皇位的步伐，派中书舍人王韶之，对皇帝司马德宗下毒。因为琅琊王司马德文不离司马德宗左右，无法下手，刘裕便命王韶之直接下手，用衣裳扭成绳索，把皇帝司马德宗勒死，尔后把十七岁的司马德文扶上帝位。这之后，刘裕的手段更残忍、更惨烈了，毫无顾忌地剪除司马皇亲中有才干、有声望的人士，有的以"莫须有"之罪诛杀，有的派人暗杀，不长时间，司马皇亲中的很多人，不是被杀，就是逃亡。实在不想再等了，刘裕派人"明示"刚登上帝位的司马德文，把皇位"禅让"给自己。

更令人不齿的是，刘裕坐在南宋帝国的御椅上，对已经废黜的皇帝司马德文也不肯放过。司马德文的妻妾中，有人生下男孩，刘裕就派人把孩子掐死，吓得司马德文不敢单人住宿，特地把妻子叫到身边，就在床前摆个火炉，自己做饭，买米买菜的钱全由妻子出。皇帝刘裕看到不好下手，便诏令司马德文妻子的哥哥前去探望妹妹。就在司马德文的妻子离开的同时，早就埋伏在那里的士卒翻墙而入，把毒药拿给司马德文喝，司马德文拒绝，说："佛教的教规是，自杀而死的，转世投胎时不能得到人身。"士卒是来完成皇帝刘裕诏命的，他们才不管你死后投人胎还是投狗胎呢，一拥而上，用棉被蒙着司马德文的头，把他闷死了。

司马光如此写道：司马德文被闷死后，南宋皇帝刘裕率文武百官亲临金殿三天，深表哀悼。

我们当然不会忘了，当刘裕“明示”东晋最后一个皇帝司马德文“禅让”时，他欣然提笔写的“感谢刘裕让司马皇权延长了将近十六年”的文字犹在眼前。让人怎么也想不清楚的是，一个主动“禅让”下台的皇帝，刘裕为什么要置他于死地呢？

在此之前漫长的封建王朝，刘裕开创了第一个邪恶先例，即已经把君位篡夺到手后，将无权无势、与平民百姓无异的故君残忍杀死！

四

刘裕被封为宋王时，便确立世子刘义符为太子。

刘义符常跟一帮奸佞小人厮混，使得当了皇帝的刘裕和一些臣僚都觉得心里不踏实。领军将军谢晦就提醒刘裕：要想“把大业保存万代，神圣的皇帝宝座，不可交给没有才能的人。”刘裕想到另一个皇子庐陵王刘义真，派谢晦前去考察，考察回来给刘裕的报告是：“品德低于才能。”

其实刘义真根本用不着考察。

公元417年，“全国武装部队总司令”刘裕，向后秦帝国发起毁灭性攻击，攻陷其首都长安，留下十二岁的次子刘义真，任庸、梁、秦“军区司令”镇守关中。一年后，关中爆发动乱，刘裕特地派辅国将军蒯恩，前去长安接刘义真回建康，并对“关中司令”朱龄石说：“要刘义真轻装简行，火速出发，必须出了函谷关才可以放慢脚步。”一听说叫他撤，刘义真和他手下的一帮将领便开始大肆抢劫，每个人携带大量金银财宝、美女奴仆，把车塞得满满的往回走，一天走不了十里。夏帝国派三万大军追击刘义真，有人劝刘义真抛弃这些财宝美女，骑马逃出灾难，刘义真根本不听。结果夏军追赶过来，把保护他逃跑的军队、将领几乎全部杀光，刘义真利用天黑钻到草丛里，才逃过一命。

既然刘义真更不成器，那就矮子里拔将军吧，公元422年五月，刘裕去世，太子刘义符接替帝位。

刘义符是个什么德行的人呢？他在父亲刘裕死后的守丧期间，经常到后花园与一帮佞臣打闹砍杀、喝酒喧哗；还在皇家华林园开了一排商店，经常“深入”商店与店老板讨价还价；还经常带着身边的佞臣挤到一条小船上，游逛天渊池，常常夜不归宿。

刘裕去世时，把司空徐羡之、中书令傅亮、领军将军谢晦、镇北将军檀道济叫到跟前，接受遗命，嘱咐他们辅佐接替他的皇帝刘义符。没过多久，这帮顾命大臣在徐羡之的主导下，开始谋划撤换皇帝之事。刘义符是刘裕的长子，废黜他之后，接替的就轮到次子刘义真了。而刘义真比刘义符更糟，于是，他们便密谋将撤换皇帝之事分两步走。第一步，指控刘义真的种种罪行，其中最大的罪行是企图窃取皇位。皇帝刘义符立即下诏，撤销刘义真的王爵，贬作平民。第二步，罢黜皇帝刘义符，拥立一个新皇帝。但在新皇帝的人选上，几个顾命大臣根据各自的利益盘算各自提出人选。徐羡之所提人选是宜都王、荆州督导官刘义隆，并搬出一串与刘义隆相关的天降“祥瑞”，为自己的提议佐证。如刘义隆到荆州上任后，江陵城上出现紫云，望气师说这是帝王征兆；江陵之西的长江中，连绵九十九个小岛（洲），民间传说“小岛满一百时，帝王兴起”，而今年忽然生出一个小岛。这是极具说服力的“祥瑞”佐证，使得几个顾命大臣一致同意刘义隆继承帝位。达成一致意见后，便是奉皇太后之命，收回刘义符的皇帝印信并软禁，派刺客去刺杀刘义真。刘义隆则在作过四次推辞的表演后，“才勉强接受”，登基称帝。

刘义隆当南宋皇帝时虽只有十八岁，但他看清了一个重大问题，即皇权绝对不能旁落到他人之手。就说父亲刘裕临死前选的四个顾命大臣吧，选他们“顾命”，是辅佐接替帝位的皇太子刘义符，结果这四个人私底下一商量，便把刘义符这个皇帝给罢黜了，因害怕刘义符、刘义真日后报复，又把他俩给杀了。虽然刘义隆是这四个顾命大臣扶上帝位的，但他们所形成的强大权力和威势，谁能保证他们不把自己这个皇帝罢黜杀死呢？正是出于这样的考虑，刘义隆坐在皇帝御椅上推出的第一招，便是收拾这四个顾命大臣。

公元425年，刘义隆以北伐为名，发起了他当皇帝之后的第一次流血大清洗，矛头直指徐羡之、傅亮、谢晦三人，以檀道济没有提议诛杀刘义符、刘义真为由，排除在清洗之列，并进行安抚，拉到自己的麾下。其实四个顾命大臣为自保也早做了准备，他们把谢晦安置在长江上游的荆州，把檀道济安置在广陵（今扬州），让他俩控制强大的军队，以制衡朝廷。而把徐羡之、傅亮安置在朝廷中枢掌握权柄。皇帝刘义隆把檀道济拉到自己的麾下后，他所要征讨的其实只剩下谢晦一支孤军了。讨伐的诏书下达后，徐羡之在一个窑洞上吊自杀，傅亮被斩。镇守荆州的谢晦没有退路了，只好举起反叛的旗帜，结果战事一边倒，谢晦大军崩溃，逃跑时共七匹马，因他弟弟谢遁太胖，马驮不动，只好步行，谢晦又不能自己骑着马飞奔逃命，只能跑一段等一阵，没走多远便被抓，谢晦、谢遁及家人全被斩首。

四个顾命大臣，三个已经被皇帝刘义隆诛杀了，剩下一个檀道济，刘义隆封他为永修公爵，任江州（今南昌）督导官。也许是宰相刘义康得到刘义隆的暗示，也许是从刘义隆对檀道济的态度上捕捉到什么信息，刘义康和他结党的一批臣僚，对这位三朝元老、身经百战、享有威名的檀道济，始终没有放弃对他下手的机会。因为檀道济坦坦荡荡、严于律己，没有什么硬伤，宰相刘义康于是向皇帝刘义隆报告，征召檀道济回建康。

在这个关键点上，司马光的笔下，既没有记述皇帝刘义隆是否同意征召檀道济的态度，也没有记述征召檀道济回建康干什么。当时刘义隆患病，檀道济到达建康时，刘义隆的病情好转，檀道济在建康待了一个多月，打算返回江州任所。可刘义隆的病情复又加重，当时檀道济已经走到长江码头，上了船正要出发，宰相刘义康便火速召他返回，说是要给他举行隆重的欢送宴会，还没到宴会厅便被逮捕了，逮捕词是皇帝刘义隆的诏书："檀道济暗中变卖财产，招募地痞流氓，趁我卧病在床，阴谋叛逆。"檀道济连同家人、手下将领一批人被斩。

这时司马光的笔下记述了一个细节：

檀道济被捕时怒不可遏，目光好像火炬，把头巾掷到地上，愤恨地说："竟然摧毁你们的万里长城！"北魏帝国皇帝拓跋焘听说檀道济被杀后，大喜若狂，说："檀道济死，东吴（指南宋）那群小子，没有一个值得我忌惮了！"

这是皇帝刘义隆上演的第一次血腥大清洗。

皇帝刘义隆经常患病，稍有劳累病就发作，一年之中有数次濒临死亡，因而就让宰相刘义康总揽朝政大权，州长以下官员的任命，刘义康可自己做主，不必呈报刘义隆。刘义康有一个特长，即记忆力极强，耳朵听过的眼睛看过的，一辈子都不会忘记，十年二十年前见过一面的人，再见面他能直呼其名。总揽朝政、任命州长以下官员、记忆力超人，等等权威的因素、才华的因素，使得刘义康身边汇聚起了各色各样的人，很多臣僚几乎把皇帝刘义隆忘了，眼里只有宰相刘义康。各地进贡的物品，把上等的献给刘义康，次等的才献给皇帝刘义隆。司马光记述了这样一件小事：冬天皇帝刘义隆吃广柑，叹息这广柑外表不好看、味道也很差。刘义康立马着人到自家府上取来广柑，取来的广柑个头儿比皇帝吃的大三寸，味道也很好。而刘义康似乎也忘了自己只是南宋帝国的宰相，上面还有个皇帝叫刘义隆，因而不报告皇帝，给自己设置了一个六千人的庞大卫队。

就在吃过刘义康的广柑比自己的广柑大三寸后，皇帝刘义隆的秘密使者来到了殷景仁家。

殷景仁是尚书省副行政长官，患病卧床长达五年，没上朝见过皇帝刘义隆，人们也把他忘了。但皇帝刘义隆与他的文书来往很多，凡重大问题，刘义隆都要请教他。

有一个人知道皇帝刘义隆与殷景仁私下有交往，这个人是领军将军刘湛。刘湛与殷景仁很早就建立了友谊，刘湛任荆州秘书长时，殷景仁通过向刘义隆推荐，刘湛担任太子宫总管，加授皇家稽查官，开始接近皇帝，并提升为领军将军。也就是从这时起，刘湛开始疑神疑鬼，总担心殷景仁会离间他与皇帝的关系，因而另辟蹊径，投靠宰相刘义康，很快成了刘义康的贴心党羽。刘湛怂恿刘义康在皇帝面前诬陷殷景仁，并建议刘义康趁殷景仁外出时，派人冒充强盗刺杀殷景仁。殷景仁叹息说道："是我把他引荐到朝廷，进了朝廷就咬人！"

就在皇帝刘义隆的秘密使者从殷景仁家回去不久，也即是公元440年十月，皇帝刘义隆诏令软禁宰相刘义康，逮捕刘湛。几乎同时，殷景仁教家人把冠帽衣裳准备妥当，晚上被人用小椅子抬进皇宫，皇帝刘义隆把一份逮捕、诛杀、处分的人员名单，交给殷景仁负责落实。

接下来，便是攀附在宰相刘义康这条船上的一大批官员人头落地、鲜血横流，皇帝刘义隆的第二次流血大清洗落下帷幕。

还没完，流血大清洗还有第三次，且仍与刘义康有关。

刘义康是南宋帝国第二次流血大清洗的主要目标，但皇帝刘义隆没有处死他，而是把他贬到江州任督导员，继续享受皇亲的特权和奢侈。

皇帝刘义隆也许有些轻视刘义康，没有看清刘义康在全权处理朝政时所积攒的巨大能量。

鲁国人孔熙先，学识渊博，同时精通阴阳巫术。他的父亲孔默之任广州督导员，因贪赃枉法而被判刑。孔家通过行贿打通了与当时宰相刘义康的关系，刘义康出手，孔默之获得免罪。刘义康贬到江州后，孔熙先靠上去报恩，搬出神秘预言书，鼓动刘义康说："皇帝刘义隆肯定死于非命，天象和'图谶'显示，下一任皇帝将在江州兴起。"这对被贬江州的刘义康来说，无异于打了一针强心剂。这之后的孔熙先，也似打了鸡血似的，从朝廷臣僚到各地官员中，网罗推翻皇帝刘义隆的党羽，如吏部尚书沈演之、大将军府史仲承祖、首都建康市长徐湛之，包括道士法略、尼姑法静等，编织了一张各种势力参与、力量强大的密谋反叛大网。

但在这张网编织到"都城东区卫戍司令"范晔时，历史在这里留下了一个无法拉直的大问号。

范晔出身儒学世家，他精通儒学经书、历史典籍，擅长写作，是《后汉书》的作者，中国历史上伟大的史学家。司马光写道：范晔才华非凡，但行为不检点，常常冒犯儒学重视的名分和人伦规范，受到士大夫鄙视。比如，宰相刘义康的母亲安葬的前一天晚上，范晔在丞相府喝酒，他打开北窗听唱挽歌，大为快乐，为此被刘义康驱逐出去。再比如，范晔善弹琵琶，皇帝刘义隆很想听，屡次暗示，范晔都假装听不懂。一次刘义隆摆下御宴，饮酒嬉笑之间，对范晔说："我唱一首歌，你来伴奏。"唱起来了，也奏起来了，可皇帝的歌一唱完，范晔的伴奏便戛然而止。范晔的这种性格特点，必然受到儒家士大夫的排挤，但皇帝刘义隆欣赏范晔的才气，一如既往地重视他。

司马光写道：范晔曾对自己的官职升得慢，很有怨气；还写道，孔熙先家非常富有，经常与范晔赌博，故意给范晔输钱，输了很多钱后，孔熙先才说出了发动政变的阴谋；还写道，孔熙先故意捅范晔家的丑事，说范晔家曾祖父、祖父、父亲都是天下名望大家，可就是不能与皇家通婚，皇家把范家当猪狗对待，等等。在孔熙先的如此拉拢引导下，大史学家范晔决定参与他们的政变计划。

范晔一加入，便成了这次政变的主角。

司马光写道：皇帝刘义隆给衡阳王刘义季饯行时，范晔等人准备发起政变，刺杀刘义隆，只是因为“范晔恐惧，不敢仰视”，使得阴谋败露，遭皇帝刘义隆雷霆反击。孔熙先等一帮政变骨干被捕，范晔被软禁。一开始范晔隐瞒抗拒，在听到孔熙先说“所有行动计划、印信、文告、信件，都是范晔手笔，为什么范晔现在却如此耍赖”后，范晔才全部招供，低头认罪。

在范晔、孔熙先等一帮臣僚伏诛时，司马光特地记述了两个细节：

一个是，范晔的母亲赶到刑场，用手拍打着范晔的脖颈，悲痛欲绝，“范晔脸上没有惭愧颜色”；而范晔的妹妹、妻妾歌女前去辞别，“范晔悲不自胜，泪如雨下”。

另一个是，没收范晔的家产，乐器、衣服、玩物等，都非常珍贵华丽，妻妾歌女们有用不完的珍珠翡翠。而他母亲所住的地方，“却孤单简陋，只有一个厨房，堆满烧火用的木材，侄儿冬天没有棉被，叔父冬天只有单衣”。

我在写史学家范晔谋反时，反复用“司马光写道”来表述，是因为无法拉直范晔谋反这个我心中的巨大问号。

五

刘义隆自穿上黄袍后，就有收复黄河以南土地的雄心壮志，公元430年，下诏北伐。大军出动前，他派使节对北魏皇帝拓跋焘说：

“黄河以南土地，本是南宋疆域，后被你们强行夺取，我现在出兵，只要求恢复旧日疆界，并不关心黄河以北。”

拓跋焘暴跳如雷，说：“我生下来，头发还没干，就知道黄河以南的土地是我们的疆土，你们岂敢妄想！”

听说要与南宋开战，北魏驻防黄河以南的各将领都兴奋异常，因为他们率军驻防六七年了，因为没有战事，也就没有抢夺财宝和美女的机会。而驻防北方的将领，跟随皇帝拓跋焘出征，打残夏帝国，击破柔然汗国，都抢了大量财宝和美女。所以驻防黄河以南的将领，盼的就是与南宋开战。

战争打响，拓跋焘下令黄河以南的金墉（今洛阳市）、虎牢（今河南省荥阳市）、滑台（今河南省滑县）、高磝（今山东省聊城市茌平区）四郡兵马，全部撤回黄河以北，南宋大军不费吹灰之力，全部收复黄河以南地域。

北魏皇帝拓跋焘，作如此大规模后撤，是有深刻战略谋划的。北魏与南宋的战争是公元430年三月打响的，此时正是南方的梅雨季节，也正是南方春天耕种的时节，南宋军队适应这种气候，而北魏军队不适应。北魏军队骑马作战，梅雨季节道路泥泞，骑马也跑不起来，且会陷入泥淖。关键是，北魏军队几乎从不携带粮草，历来都是打到哪儿，抢到哪儿，作为补给。每年的六七月之前，庄稼大都没有成熟，北魏得等到庄稼成熟的秋天才进行大规模反击。

果不其然，当年八月，北魏大军发起大规模反击。恰在这时，夏帝国主动与南宋联系，约定同时出兵讨伐北魏，以太行山划界，太行山以东（今河北省）给南宋，太行山以西（今山西省）给夏帝国。北魏随即调整部署，决定在向南宋发起反击之前，先收拾夏帝国，以稳定北魏的大后方。皇帝拓跋焘亲率大军攻击夏帝国的都城平凉（今甘肃省平凉市崆峒区），接着把夏帝国皇帝赫连定在内的朝廷臣僚和军队包围在郭毓原（今甘肃省灵台县），杀得夏军一片狼藉，赫连定身负重伤，单枪匹马，落荒而逃。在收拾了夏帝国的同时，北魏大军在黄河以南的反击捷报频传，很快攻克洛阳、虎牢、青州、济南、滑台等地，不仅后撤时主动放弃的地方全部收复，而且缴获了南宋大批武器辎重和粮草。

南宋帝国发起的北伐之战，以失败告终。

公元450年，南宋帝国皇帝刘义隆力排众议，决定再次向北魏发起进攻。

这次北伐，南宋皇帝刘义隆做足了准备，他动员亲王、公爵、王妃、公主，以及朝廷所有官员、州长、郡长和富裕大户，每人捐规定数额的金银绸缎及物品，同时规定扬州、徐州、南兖州（今江苏省中部）、江州（今江西）四州中，家产满五十万的人家，加上私财满二十五万的和尚、尼姑，一律强行借贷四分之一。大肆征召兵员，青州、冀州、徐州、豫州、南兖州所有青年“三五发丁”，即家有三人发丁一人，家有五人发丁二人。皇帝刘义隆还根据战事发展走向，预做了准备，即如北魏军队大举南下，广陵郡（今扬州）先行焚烧城门内所有官民房舍和船只，把居民迁到长江以南；运往前线的武器、粮秣如果道路被切断，就停留在山阳（今江苏省淮安市淮安区）；事先把山阳附近的池塘全灌满水，一旦北魏大军打过来，即开决池塘，水灌北魏大军，等等。

按照皇帝刘义隆的作战部署，南宋大军打得很顺畅，一开始还捷报频传。而北魏的战略谋划，用皇帝拓跋焘的一句话就说清了，他说：“鲜卑人本来就穿羊皮做的裤子，要棉布绸缎做什么？能拖到十月，我就不再忧虑！”到了闰十月，拓跋焘亲率百万大军南渡黄河，已经打到黄河南岸的南宋大军，一接战便被歼一万余人，南宋指挥官王玄谟手下的士卒逃得一个不剩，丢弃的武器和军用物资堆积如山。

打到山东邹山时，北魏皇帝拓跋焘看到公元前219年，秦始皇出游到邹山时刻石立的歌功颂德碑。面对这块石碑，司马光没有记述拓跋焘说了什么，只是写道“命人把它推倒”，同时“命人用太宰祭祀孔丘”。想想也是啊！说什么呢？“推倒”秦始皇立的歌功颂德石碑，“祭祀孔丘”，不是把要说的都说清了吗？

面对北魏大军势如破竹的进攻，南宋帝国虽然最终战败，但在阻击北魏的进攻中，站出来一批令人景仰的战将和臣僚，给我们讲述家国情怀和精忠报国的故事。

薛安都、曾方平——面对无法阻挡的北魏骑兵冲刺，建武将军薛安都解下头盔，脱掉铠甲，除掉战马护甲，身穿红色汗衫，跨上战马，手持长矛，独自一人直奔北魏大军，杀入复又杀出、杀出复又杀入四次，如入无人之境，杀得北魏大军不得不后撤。第二天，前来增援的将军曾方平对薛安都说：“强敌在前，坚城在后，正是我们舍生取义之日。你如果不前进，我在阵前斩你，我如果不前进，你在阵前斩我！”战斗中，薛安都负伤，血流如注，他的长矛折断，便杀出阵来换一支长矛，重又杀入北魏军阵……

刘祖康——在率八千人回军救援寿阳时，北魏八万大军尾随追击，很多官兵吓得打算逃跑，“保安司令部”军政官刘祖康下令：“回头逃走的砍下人头，移脚后退的砍下双足！”战斗从早晨苦战到黄昏，杀得阵地上血流淹没脚踝。刘祖康身受十处创伤，仍冲锋在前，最终战斗到流尽最后一滴血……

张畅——面对北魏大军的猛烈进攻，“全国武装部队总司令”、江夏王刘义恭，打算放弃彭城逃跑。有人提议派出最精锐的部队，护送亲王、王妃及儿女出逃，得到刘义恭欢迎。安北将军府“秘书长”张畅拦住刘义恭说：“一旦出城，大家一定逃跑一空，您如果一定要去，我就用脖子上的血染红大王的马蹄……”

沈璞——南北战争一开打，战略地位十分重要的盱眙郡长沈璞，便下令加固城墙工事，深挖环城壕沟，积蓄财力粮秣，储备石头利箭，以备盱眙被围之用。北魏大军打过来以后，周边郡长、县长纷纷弃城逃跑，他坚守盱眙不走。恰在这时，南宋辅国将军臧质被打得前来投奔，沈璞的部下提出不让臧质大军进城，原因是盱眙城容纳不了更多的军队，储备的粮草也不多。如果让臧质的军队入城，一旦盱眙打了胜仗，臧质要分很大一块功劳；如果战败逃亡，臧质的军队会争抢船只、道路。沈璞则说："大敌当前，务必同舟共济，我们兵多，打退进攻就快，我们兵少，打退进攻就慢，怎么可以为了独占这份功劳而拒绝自家军队进来呢！"他下令敞开城门……

正是在这个盱眙，臧质为南宋打了一个大胜仗。

北魏皇帝拓跋焘率军包围盱眙后，派人向臧质索要美酒。拓跋焘就是这么一个行事风格，他几乎每包围南宋的一个城市，都向守城的将领索要美酒，人家给了他以后，他还还礼，送去的礼品非常丰厚。但坚守盱眙的臧质没有给他酒，而是往罐子里撒了一泡尿送去了。拓跋焘气坏了，他下令用泥土填平盱眙四周的壕沟，切断盱眙的水陆退路，并给臧质写信说："我派出的攻城部队都不是鲜卑人，城东北是丁零人跟匈奴人，城南是氐人和羌人。如果丁零人死光，正可减少常山、赵郡蟊贼；如果匈奴人死光，正可减少并州蟊贼；氐人羌人死光，正可减少关中蟊贼。你若杀掉他们，对我北魏无所不利。"臧质回信说："现在春雨已经形成，我们各路大军正在集结，你只管专心攻城，千万不要轻易逃走，粮食不够，我当开仓相赠。你送给我的刀剑已经收到，不知你什么意思，难道是让我腰斩你！"拓跋焘气得发抖，对盱眙发起猛攻，守城将士在臧质的指挥下奋不顾身，拼死战斗，战斗持续三十天之久，城墙四周的尸体堆积得跟城头一样高。北魏军中瘟疫爆发后，拓跋焘才不得不撤走。

但南宋帝国没有因为盱眙的胜利而扭转战局，最终以失败收场。

史载，南宋帝国在皇帝刘义隆手里开创的“元嘉时代”，因为这次南北战争的失败，而踏上了衰落的不归路。

六

南宋帝国第三任皇帝刘义隆，虽然经历了三次南北大战的失败，主导了三次流血大清洗，但他在这种复杂、艰难的时局中，还是有所作为的。刘义隆在位三十年，创造了被史学家赞誉的“元嘉时代”，让天下人眼睛为之一亮，看到了新的希望。

历史是这么评价刘义隆的：“仁爱忠厚，谦恭节俭，守法而不苛，包容而不放纵。文武百官，都能长久在位。郡、县长以六年为一个任期，官吏从不轻易免职，人民有一种安定感。三十年间，四海之内，平安无事，人口增加，赋税差役只限于正常规定，人民早上外出耕作，晚上回家休息，安居乐业，乡里街巷之间，读书的声音到处都可听到。知识分子重视操守，连乡下人都以轻薄为耻。江左（今安徽省芜湖以东）的风气，以这个时代最为美好，被后世称为‘元嘉时代’。”

历史的这个评价是非常高的，我们进入到一些细节中去看看。

——刘义隆下诏，整修孔丘庙以及学校房舍，同时免除孔丘坟墓周边人家的赋税差役，以使他们专心负责孔庙及学校的清洁和维护。

——荆州督导官、衡阳王刘义季调任征北大将军，有人推荐南谯王刘义宣接任，刘义隆不予诏准，原因是刘义宣不仅没什么才干，而且在民众中的口碑也很差。朝廷不少臣僚推荐刘义宣，特别是其姐姐会稽公主反复推荐，刘义隆不得已才诏准。但在诏准之前，刘义隆给刘义宣写了一封亲笔信，信中写道：“刘义季在荆州，虽没有卓越的政绩，但他洁身自好，清廉节俭，待人诚恳，不欺压下属，美誉在四方传播……而今派你接任，如有一件事做得不好，就会伤害西夏（大分裂时代，荆州称西夏）人民。我交代给你的事很容易做到，即是不要使人议论纷纷。”

——刘义隆为刘义季设宴践行，吩咐他的儿子全部参加，结果等来等去，从上午等到太阳落山也没开席，饿得这帮皇子饥肠辘辘。这时刘义隆来了，对这帮垂涎欲滴的皇子说：“你们从小生活在富足的家庭中，没有体会人民的贫困。现在让你们尝尝饥饿的痛苦，知道节约俭朴，爱惜财物。”

——刘义隆鼓励农耕，出台了不少吸引农民种粮、种桑、蓄养耕牛、减轻赋税的优惠政策，使民众过上了安居乐业的日子。

——刘义隆大力推行“四学”，命满腹经纶的隐士雷次宗讲授儒学，命建康市长何尚之讲授玄学，命太子宫禁卫司令何承天讲授史学，命军事参议官谢元讲授文学。“四学”都设有专门的学馆，物质保障丰厚。刘义隆经常到雷次宗主持的儒学馆，听他讲解儒学经典。司马光写道“乡里街巷之间，读书的声音到处都可以听到”，这与皇帝刘义隆大力推行教育不无关系。

刘义隆在皇帝的位置上，始终放不下收复黄河以南区域的心结，他总认为黄河以南的民众在北魏统治下生活得太痛苦了，总想把他们解救出来。史载：北魏对所遇到的南宋青年，立即斩首或拦腰砍断；对所遇到的婴儿，则用铁矛贯穿，然后舞动铁矛，使惨叫的婴儿在上面盘旋，作为欢乐游戏；所经过的郡县，烧杀一光，赤地千里，寸土不留，春季时节，燕子回来，没有房舍可栖，只好在树丛中筑巢。对于历史的这种记载，身处那个时代的南宋皇帝刘义隆肯定感同身受。正是这种感受而打下的心结，使得他先后三次挑起了南北大战，虽然三次都以失败告终，却仍然不肯收手。

公元452年，北魏帝国皇帝拓跋焘被宦官刺死了。刘义隆觉得这是个机会，不顾文武百官的反对，诏令对北魏发起进攻，他说：“拯救快要淹死的人，扫荡世间污秽渣滓，时机已经成熟。”

第四次南北大战的结果，仍是以失败告终。刘义隆说：“早知道这些将领们如此无能，恨不得抽刀在他们背后督战，现在，后悔已经来不及了！”

就是这次南北大战，刘义隆解救黄河以南的心结，变成了他人生的死结。

刘义隆与潘淑妃生的儿子刘濬，与太子刘劭关系密切。这二人脾气秉性相近，趣味相投，断不了惹是生非，在朝廷上下形象不佳。当时有个女巫叫严道育，号称不食人间烟火，能驱使鬼神。她对东阳公主刘英娥说：“有神灵将符咒赏赐给你。”当天晚上，刘英娥躺在床上，真的看到一束流光飞入竹制的书箱，她打开书箱一看，看到两颗青色宝珠。严道育如此神通，刘劭、刘濬、刘英娥兄妹三人，便成了她的忠实信徒。因为刘劭、刘濬行为不轨，常受到当皇帝的父亲刘义隆斥责，他俩便要求严道育帮忙化解。严道育便同他们一起，用玉石雕刻一个刘义隆的像埋在含章殿前，刘劭、刘濬、刘英娥天天吟咒，称刘义隆“那个人”“那家伙”。事情败露后，严道育逃了，而刘劭、刘濬、刘英娥及他们网罗的一帮党羽，皇帝刘义隆却对他们网开一面，没有给予必要的制裁。

刘义隆走出的这一步，走进了南宋帝国宫廷政变的漩涡！

女巫严道育逃跑后，皇帝刘义隆下令追捕，严道育扮成尼姑，就躲在太子刘劭的宫中。刘义隆得到消息后，派人突袭时，严道育被刘濬接走了。这时的刘义隆，如果似先前那般一刀一块，果断下手，把刘劭、刘濬控制起来，局面还可掌控。可他却为确立哪个儿子当太子一事反复征求意见，一夜一夜举着蜡烛跟臣僚商议。结果刘劭、刘濬联手，反攻过来，就在刘义隆与臣僚商议确立太子的现场，把他刺死了。

接下来便是血腥大屠杀，凡是跟皇帝刘义隆商议确立新太子的臣僚，无一例外都倒在屠刀之下，乃至受牵连而倒在屠刀之下的一家一家、一族一族，更是不计其数。

在这里，司马光特地记述了一个细节。

皇帝刘义隆被杀后，太子刘劭派人闯入后宫，杀死刘濬的母亲潘淑妃，及皇帝生前的亲信数十人。见到刘濬后，刘劭对他说：你的母亲被乱兵杀死了。刘濬则说：“正合我意，我一直盼望！”

司马光是史学大家，在南宋朝廷流血大诛杀的那么一幅庞大而又繁杂的情景中，特地记述这么一个细节，是极其耐人寻味的！

七

几乎在刘劭登上帝位的同时，南宋的天下插遍了对刘劭进行讨伐的大旗，而刘劭又不具备统驭全局的能力，在他的军队节节败退之时，他想起了女巫严道育传授给他的“神功”。于是他把钟山（蒋山）上的神像蒋侯、苏侯搬进皇宫，跪在神像面前祈求神灵援助，还颁发皇帝诏命，任命神像蒋侯为最高指挥官，封钟山王；任命神像苏侯为骠骑大将军。令刘劭失望的是，他任命的两个神像将军，没有调动“阴间军队”给予他任何援助，他“指挥”的军队瞬间败下阵来，刘劭成了阶下囚，被尊为“天师”的严道育也被斩首。

接下来又是流血大清洗。刘义隆的第三个儿子，武陵王刘骏，踏着鲜血走进皇宫，登上了南宋帝国的皇位。

武陵王刘骏，是刘劭穿上黄袍后第一个密令诛杀的目标。刘劭派去诛杀刘骏的大将军沈庆之则抓住这个机会，鼓动刘骏举起讨伐刘劭的大旗。当时刘骏一听，吓得心胆俱裂，只是在沈庆之和其他将领的“逼迫”之下，才不得不站出来充当旗手，并由旗手变成了皇帝。新皇帝上位，朝臣都抱有期望，因而不少大臣开始上书，提出治国理政的谏言。

司马光特地记载了一篇非常好的谏言，我们摘录看看：

中军将军府总参议官周郎，就皇帝和皇宫的俭朴，以及唯才选拔官员谏言说：“用全国的财富，供养一位君王，何必担心匮乏？即令用黄金装饰身体，也不会超过一百两；整年穿华丽衣服，也不过几套。却一箱又一箱地装满金银财宝，一柜又一柜地全是衣裳，眼睛既不能常常看见，身体也不能时时披挂，结果是，箱子拥有珠宝，柜子穿戴衣帽。”又说，“官员必须称职，事情才能办妥。而唯才是用，官员才能称职。王爷侯爷们的学识，不能担当职务时，就不应勉强他们为官。帝王的儿子，即令不做官，谁能说他卑贱？只要谨慎地选择良师益友，交结正人君子，就足够了。”

读到以上这段文字时，相信读者朋友一定是赞赏的。而皇帝刘骏是什么态度呢？司马光记述的是“皇帝刘骏震怒”。仅从刘骏的“震怒”上，我们就知道他是个什么格调、品位的皇帝了，也就知道他将把南宋帝国带到哪里去。

是的，司马光的《资治通鉴》，几乎看不到刘骏这个皇帝拿出鼓励农耕、提倡办学、招揽人才的任何举措，偶尔看到的，是他扶犁耕田做个样子。刘骏亲自主持孝廉秀才考试，因考生写了提倡“身体力行的功效”，而气得他把试卷扔到地上。司马光倒是记载了，皇帝刘骏奸淫了荆州督导官、南郡王刘义宣留在首都建康的所有女儿，也即是刘骏的所有堂妹。司马光还写道：“刘骏在深宫之中，荒淫无道，不论亲疏尊卑关系，只要美貌，即得宠幸。民间传闻，绘声绘色，十分详尽。”民间“十分详尽”的传闻是什么呢？司马光可能是觉得实在不好意思下笔，所以没写，我倒是从其他史籍中看到民间传闻是什么。是衣冠禽兽的刘骏，不仅奸淫堂妹，还奸淫了他的亲生母亲！皇帝刘骏的弟弟，竟陵王刘诞，气愤不过，揭露了刘骏的兽行，刘骏大怒若狂，“下令凡是刘诞左右侍从、心腹同僚、同一支派、穿孝服一年以上的近亲，包括仍留在建康的，全部逮捕诛杀，死亡以千计。”

不再写刘骏了，再写还是他的奸淫、残暴的恶行。因为除此之外，他实在没有什么值得写一笔的！

公元464年，刘骏死了，太子刘子业登基继位。十六岁的刘子业一穿上黄袍，司马光便记述了这样一个细节：皇太后病重，派人去叫儿子刘子业过去，刘子业则说：“病人房子里鬼多，怎么能去？”仅这一个小小的细节就明明白白地告诉了读者，南宋帝国第六任皇帝刘子业，也不是什么好东西！

是的！南宋帝国第六任皇帝刘子业，是中国历史上罕见的暴君。司马光的《资治通鉴》是这么记述他的：

——刘子业与姑妈私通，为让姑妈留在宫中，先杀了一个宫女，以姑妈的名义安葬。

——刘子业召集所有的公主、王妃，强迫左右侍从当场奸淫。

——刘子业命所有的宫女脱光衣服追逐游戏，不从的当场斩首。

——前任皇帝刘骏儿子成群，刘子业对刘骏宠爱的儿子，全部诛杀；即便不受刘骏宠爱，儿子中排行第三的，也要杀掉。因为他的爷爷刘义隆、父亲刘骏，在兄弟中排行第三。

——刘子业身边的亲信说谁的坏话，刘子业便杀谁。

——刘子业担心他的叔父起兵反叛，就把所有的叔父集中起来，鞭打棍击，任意凌辱。有三个叔父身体肥胖，刘子业下令制造大号竹笼，把这三个人装到三个竹笼里，像称猪一样称他们的重量。

……

荒淫无度、杀人如麻的皇帝刘子业，一年后被杀死了。

接替刘子业帝位的，是他的叔叔湘东王刘彧。刘彧身体肥胖，被刘子业当肥猪称过重量，在刘子业被杀时，他吓得惊恐逃跑，连鞋子都跑掉了，他是光着脚被架到御椅上当皇帝的。刘彧的黄袍尚未穿热，不受刘骏宠爱的另一个儿子、十一岁的晋安王刘子勋举起了反叛大旗，也穿上了黄袍。跟在刘子勋后面响应的人很多，刘彧这个皇帝的势力范围只剩下京畿卫戍区和淮南等郡县。刘彧害怕了，打算把皇帝印信、符节送给刘子勋，遭臣僚反对，只好硬着头皮举旗平叛。反叛和平叛的仗打得糊里糊涂，就像各地方势力今天反水明天投诚一样，眼花缭乱，倒是刘彧运气不错，最终平息了反叛。

在这个过程中，有一员大将让人眼睛一亮。

这个人是南宋辅国将军刘勔，他打的平叛第一仗，就是派一千余人切断叛军的粮草，扼制了叛军的进攻势头。刘勔率军包围叛军占领的寿阳，久攻不下，便召集军队将领商议对策。骑兵小队长王广之说："将军如果把你的马送我，我就能夺取。"王广之这么一说，激怒了其他将领，刘勔则把自己的坐骑连同马鞍一起送给了王广之，三天后寿阳攻陷。寿阳守军出城投降，刘勔一一安慰，不杀一人，进城之后严格约束军队。司马光写道："城中生命财产，没有一分一毫损失，寿阳人欢天喜地。"还有史学家写道："刘勔攻克寿阳，无论官员或贫民，没有一个人因遗失一粒米而叹息，大家扶老携幼，歌唱而出重围，诚是至善至美。"

之所以对刘勔特书一笔，是因为在南宋抢夺帝位的打斗中，几乎没有哪个将领顾及平民百姓的生命财产，杀人就像踩死一地蚂蚁一样，抢夺更是平叛和反叛大军的家常便饭。似刘勔攻克寿阳那般，"大家扶老携幼歌唱而出重围"的场景，几乎是唯一的"至美"。

再说那个被人架到御椅上的南宋皇帝刘彧，也是一个在中国封建社会少有的暴君。平息刘子勋的叛乱后，刘彧将刘子勋的兄弟，也就是南宋五任皇帝刘骏的儿子，一共二十八个，一个不剩全部杀掉。而与刘彧同是兄弟的亲王，刘彧今天找碴儿杀一个，明天亲自编造谣言杀一个，也杀得所剩无几。这里写的“杀一个”，其实是诛杀一串。而刘彧的无耻在于，他每杀一个兄弟都要下发一篇诏书，即《解释杀弟（或兄）诏书》，把自己放到道义的最高点，说一套不忍心杀而又不得不杀的假话，欺骗臣僚和天下舆论，掩饰自己的暴行。对于不是他刘姓皇亲的臣僚，他夜里做梦梦到谁了，梦醒之后就杀掉。

司马光毫不客气地写道：“刘彧登基后，任用的全是品质低劣的侍从人员。”“猜疑、嫉妒、残忍、暴虐、迷信鬼神巫术、神经过敏、忌讳多端，无论言语、文书，对‘祸’‘败’‘凶’‘丧’，以及类似的话和字，都加以回避。不准出现的禁忌，有数百数千条，凡是冒犯的，一律诛杀。”

在《资治通鉴》中，司马光如此评述一个君王，也是独一份。

公元466年十二月，御椅尚未坐热的刘彧，主动挑起了第五次南北大战，仗打打停停，打到公元469年一月结束，历时十四个月，青、冀（山东、河北）之地，全部并入北魏帝国版图，淮河以北四州，即冀州（今河北省衡水市冀州区）、相州（今河北省临漳县）、济州（今山东省聊城市在平区）、兖州（今河南省滑县）全部丧失。从此，南宋、北魏两国以淮河为界。

公元472年，刘彧死了，八岁的太子刘昱继位（八任）。令人颇感意外的是，八岁的南宋皇帝刘昱也是个暴君。司马光是这么记述的：“刘昱骄傲横暴”；“没有一天不出宫，不是晚上出去，凌晨回来，就是凌晨出去，晚上回来，随从人员都手拿短刀长矛，路上的行人，不管是男是女，也不管是狗、马、牛、驴，只要被刘昱碰上，立即诛杀，没有一个可以幸免”；“针、锥、凿、锯，不离刘昱左右，只要看谁不顺眼，刘昱顺手拿起凶器，当场杀人剖腹。一天不杀人，就闷闷不乐”。刘昱的亲娘皇太后王贞风劝他，并送给他一把羽毛扇。刘昱嫌弃母亲送礼太轻，命御医配制毒药去毒死母亲。在有人告诉他毒死母亲要守孝三年、不能出宫游玩的规矩后，刘昱才觉得“大有道理”，打消毒死母亲的主意。

这么一个混球当南宋皇帝，无疑是南宋之祸！三年后，刘昱被砍掉了脑袋，又选了一个九岁的刘準继任皇位。此时，皇权已经旁落到南宋禁军总监萧道成手里，皇帝只是萧道成的一个摆设，皇帝摆设了两年后，被封为齐王的萧道成，在经历一场设计好的你推我让程序后，穿上了南齐第一任皇帝的黄袍，开启了魏晋之后南朝的第二个帝国时代。

南齐是历史选择的一个意外

之所以用“历史选择的一个意外”，来写南齐帝国的历史，是因为南齐立国二十四年，历经七任皇帝，除创立南齐的皇帝萧道成三年零五个月外，其余二十余年，几乎全是萧姓皇亲为争夺帝位而展开的血腥厮杀，南齐治下的广大民众，连续二十年处于水深火热的煎熬之中。

如此可怕的历史选择，似乎只能用“意外”来表述。

一

南齐帝国的创立者叫萧道成，今江苏省常州人，是南宋将军萧承之的儿子，凭父辈的勋爵，萧道成踏上仕途，从军作战，屡建军功。在南宋皇帝刘义隆的儿孙为争夺皇位而屡开杀戒的打斗中，萧道成不跟风结帮，始终平衡自己在各种势力中的立场，因而在屠杀中获胜的一方，不仅没有将屠刀挥向萧道成，而且使得萧道成官职连升、声名大振，并交结了各路英雄豪杰。

公元474年，南宋帝国的桂阳王刘休范起兵反叛朝廷，时任首都西区卫戍司令、平南将军的萧道成，率军驻防新亭（今南京南面的江滨），用苦战顶住了叛军的进攻，刘休范在溃逃中丢了脑袋。

在这个节点上，司马光记述了一个混乱而可笑的细节。

萧道成派手下一个叫陈灵宝的小队长，把刘休范的人头送往皇宫，以让乱成一团的皇帝、大臣知晓反叛已经平息，好让局势稳定下来。可陈灵宝抱着刘休范的脑袋送去时，中途遇到反叛的残余军队抢劫，陈灵宝便把刘休范的脑袋抛到路边的水沟里，只身逃到宫门，大喊“乱事已平”。这一来麻烦大了。皇宫中的皇帝、大臣没有看到刘休范的人头，不仅没人相信“乱事已平”，而且怀疑萧道成谋划大的变局。而叛军以为刘休范没死，战斗越发激烈，越战越勇。南宋守在宫门的两个大将战死，有的大臣还打开宫城的东门，欢迎反叛大军进宫。恰在这时，有人说刘休范已死，听到这一消息，已经冲到南宋宰相府的叛军，急忙退了出来。接着又有人说刘休范没死，仍在新亭。一听到这个消息。叛军和一些南宋的臣僚官员争抢着涌向新亭，把萧道成在新亭的大营当成刘休范的大营，把萧道成当作刘休范了，纷纷向萧道成递名片、表忠心，为在刘休范的朝廷谋官做准备。司马光写道：呈递名片的“人数多到数以千计”。萧道成于是登上新亭北门，告诉大家，自己不是刘休范，而是萧道成，并亲自将“数以千计”的名片当众点火烧毁，然后对大家说：“刘休范父子昨天已被诛杀，尸体抛到劳山南岗。我是平南将军萧道成，各位也已经看到了，名片已经烧掉，不要担心。”

听说刘休范父子已死，叛军立马作鸟兽散，平叛立马大获全胜，十二岁的皇帝刘昱立马行加冠礼，臣僚立马端起了朝廷命官的臭架子。想想看吧，“数以千计”给刘休范递名片、表忠心的臣僚，就站在这群端起朝廷命官臭架子的臣僚之中。

司马光接着写道：行完加冠礼的皇帝刘昱，带一帮打手闯进萧道成办公的领军府。当时天气炎热，萧道成裸露上身躺在那里睡觉，刘昱叫萧道成起床，在萧道成的肚子上画一个箭靶，拉满弓就要发射，萧道成赶紧用手版挡住箭靶。跟随刘昱的一个侍卫说：“萧道成肚子大，是个奇妙的箭靶，一箭射死后就找不到这么奇妙的箭靶了，不如改用圆骨箭头，多射几次。”刘昱觉得有道理，用圆骨箭头射了萧道成一箭后，把弓往地上一扔，大笑而去。

受到如此侮辱，尤其是深切感受到性命之忧的萧道成，与几个掌握实权的大臣一商量，便把刘昱这个少年暴君杀了，换上十一岁的刘準坐上御椅。刘準这个皇帝，无疑是萧道成手中的棋子，萧道成利用这颗棋子，把自己称帝的反对者清理一遍后，于公元479年登上帝位，开创了南北朝时期南朝的第二个帝国——南齐。

司马光的《资治通鉴》载，萧道成登上帝位做的第一件事，便是召集文武百官，就南齐帝国的治理提建议。

淮南、宣城二郡郡长建议：废除南宋遗留的各种暴政和苛刻法令规章，同时建议，朝廷停止南下讨伐的军事行动。他们的理由是，交州（今越南河内）的民众反叛，都是郡县官吏暴虐、盘剥逼出来的，因而南齐政府应恩德相待，推行新的文化教育。

禁宫咨询官崔祖思建议：朝廷领受政府薪俸的王府、封国编外官员很多，对此设立“文官学校”“武官学校”，根据他们不同的特长，分别送到这两所学校学习，经考试合格的，安排恰当岗位，不合格的就不发给薪俸。同时建议，皇帝率先垂范，勤俭节约，对奢侈、荒淫的官员一律贬逐。

还有人提出：皇亲国戚霸占山川湖泊，使得居住其中的人们不敢上山耕种狩猎、下湖采藕捕鱼，遇到灾荒之年，连下湖采摘水草充饥都不敢。因而建议朝廷把山川湖泊还给人民。

……

可以看出，臣僚的建议一针见血，切中时弊！

司马光写道：对于臣僚所提建议，皇帝萧道成“一一嘉许赞赏”，有些奏章则交给有关单位厘定实施细则，奏报批准后施行。紧接着，萧道成下诏：“皇宫、太子宫以及各亲王，都不准经营田庄别墅、霸占山川湖泊。”

当然，南齐皇帝萧道成并非佛系，他上台不久，被他废黜的南宋末帝刘準，被“作乱者”砍死了，萧道成虽“不知情”，却对凶手进行了奖赏。但司马光记述了他“对南宋帝国留存下来的刘姓皇族，进行大屠杀”，只有与刘姓皇族十分疏远的个别刘姓族人，在很多大臣的劝谏下才免遭杀戮。

萧道成登上帝位的第二年，第六次南北大战爆发，战火是北魏点燃的，南齐是被迫应战。皇帝萧道成本就是在战火中成长起来的，他应对北魏的进攻，无论是战略谋划还是战役战法，都很有全局观念，因而第六次南北大战打打停停，南齐胜多败少，北魏没占什么便宜。

就在南北大战打起来的战时背景下，南齐皇帝萧道成，仍就国家治理、经济发展等推进部署。

南齐的监狱，遵循东晋帝国遗传下来的规矩，即囚犯患病，狱卒便以治病的名义给患病的囚犯送去毒药，囚犯不喝的，狱卒就强灌。人死后，监狱不负责任。这无疑是监狱中惯用的杀人手段。有人给皇帝萧道成报告这个情况后，萧道成诏令“囚犯害病，监狱一定要报告郡政府，由郡政府有关官员带着医生去会诊；狱卒提供的汤药，要经囚犯的家人察看后，才可以服用”——这是实事求是、接地气的诏令，无疑可以扼制监狱的这种习惯性谋杀！

公元482年，皇帝萧道成下诏，成立大学，第一批招收二百名学员——这是久违的举措，对于培养人才、倡导学习，无疑可以起到推动作用！

在皇帝的府库之中，存有非常珍贵的“玉导”（人头上装饰用的玉制品），皇帝萧道成下令全部敲碎，并要求府库其他珍贵的玉制品，一律遵照此项指令处理。他说：“留着这些东西，一切毛病都会出来。”为了确保这些玉制品彻底敲碎，他还特地命主管官员搜索检查，看是不是真的全部敲碎了——这看似事小，实则非同小可。皇帝、皇后、皇亲的奢侈腐败，都是从追逐奇珍异宝的“小事”入手的，社会风气的奢靡，就是皇帝、皇后、皇亲带起来的！

令人惋惜的是，开创南齐帝国的萧道成，于公元479年四月穿上黄袍，穿到公元482年九月，便去世了。不敢预测的是，萧道成如果在皇位上坐二十年、三十年，南齐帝国是不是会朝着国家兴旺、人民幸福的方向发展起来，但可以肯定的是，萧道成三年多的执政所为，让人看到了希望！

二

南齐帝国第二任皇帝，是萧道成的太子萧赜。

司马光写道：萧赜是太子时，宠信的弄臣张景珍狐假虎威，皇宫内外都对他十分畏惧。朝廷高级参议官荀伯玉，趁萧赜不在京师，把这一情况向皇帝萧道成禀报，萧道成大怒，下令搜查太子宫，逮捕张景珍斩首。萧赜吓坏了，宣称有病，窝在家里不出门了。护军将军王敬则，担心更换太子引发混乱，反复做萧道成的工作，并特邀萧道成与各亲王在太子宫聚餐，总算把这个风波平息下来，但萧赜从此对荀伯玉深为痛恨。

还有豫州督导官垣崇祖，萧赜也深为痛恨。这的确是个误会。垣崇祖谄媚亲附萧赜很久，萧赜也把他视作亲信，并说把自己的荣华富贵托付给他。可不巧的是，垣崇祖正要去向萧赜表忠心时，皇帝萧道成却突然诏令他去处理边界发生的事，垣崇祖来不及给萧赜报告便走了。对此，萧赜认为垣崇祖已背叛自己。萧赜接替帝位后，做的第一件事，就是以荀伯玉、垣崇祖勾连叛乱为由，将他二人斩首。

司马光接着写道：车骑将军张敬儿，十分迷信他妻子做的梦，他妻子曾告诉他，昨夜梦见一只手热得像着了火，张敬儿便提升为南阳郡长；不久他妻子又告诉他，夜里梦见一个肩膀发热，张敬儿便提升为雍州州长；没过多久，他妻子又梦见自己半个身子发热，张敬儿高兴异常，逢人便讲他妻子做梦的灵验。这事传得皇帝萧赜不高兴了，你张敬儿的妻子再做个浑身上下发热的梦，岂不是你要当皇帝了。于是萧赜在华林园摆“八关筵席”（即佛教的“八戒”素餐），朝廷文武百官全部参加，宴食上逮捕张敬儿斩首。

司马光用这样的记述，为南齐第二任皇帝萧赜开头，是耐人寻味的!

在司马光的笔下，南齐第二任皇帝萧赜，不是雄才大略、亲民爱民的好皇帝，也不是极其凶残暴戾、荒淫奢侈的坏皇帝，而是一个平庸无奇的皇帝。司马光记述过这样一件小事：萧赜命太子管家沈约撰写《宋书》（南宋史书），沈约把南宋五任帝刘骏、七任帝刘彧的各种卑鄙、淫乱的事，写得非常详细。萧赜审稿时，提出“不可写成这个样子”。是啊！把历史写成黄色纪实史话，要教育子孙后代什么呢？这件小事说明，萧赜虽是个平庸皇帝，但在一些原则问题上还是有分辨和把持的。

公元493年，萧赜去世，他的太子早去世了，只好立太子的儿子萧昭业，继任南齐帝国第三任皇帝。

对于萧昭业，萧赜只看到了他聪明敏捷、善良忠厚的一面，而“精于伪装”“内心阴狠卑鄙”的另一面却没有看出来。司马光写道：萧昭业的老父萧长懋卧病在床，以及后来逝世，萧昭业一直满面愁容，悲泣哀号，连身体都受到伤害，看见他的人，都感动得哭出声来。可萧昭业一回到私宅，立刻笑逐颜开，大吃大喝，纵情取乐。关键是：萧昭业常教女巫杨氏向上帝祈祷，祈祷祖父萧赜、父亲萧长懋快快死掉，好使他早日登基。萧昭业的父亲萧长懋先于祖父萧赜去世，他认为是女巫杨氏祈祷上帝的功劳，不仅愈发厚待她，而且恨谁就叫她对谁巫蛊念咒。

司马光写道：萧赜在位时，国库存款有五万亿，宫库存款超过三万亿，金银布匹丝绸，更多到无法计算。萧昭业登基不到一年，几乎全部用光。萧昭业黄袍穿了不到一年，便被一任帝萧道成的侄子西昌侯萧鸾发动的宫廷政变杀死了，扶上萧昭业的老弟萧昭文登基（四任），朝政大权则完全落在萧鸾之手，皇帝的一举一动，甚至起居饮食，都要事先报告萧鸾。有一天，皇帝萧昭文想吃鱼，御厨说没有萧鸾的命令，不能供应。

萧鸾之所以扶植十五岁的萧昭文上台，是因为他要借萧昭文的皇帝之手，把反对自己接替皇位的萧姓亲王清理掉。

“典签”设置是南宋的做法，一直延续到南齐。亲王都是皇亲，而皇亲不管年龄大小，不分智愚，一概分配到郡、州或军区任一把手，朝廷则给每个亲王设置一名“典签”，郡、州政府或军区所有事务，全由“典签”负责。“典签”经常往朝廷晋见皇帝，有时皇帝还单独召见，询问郡、州或军区的情况。于是，郡、州长官、军区司令是好是坏，全凭“典签”怎么跟皇帝说。在这种体制下，郡、州长和司令官，都对“典签”百般讨好、奉承。因为这些皇亲，勤政守法、廉洁履职的极少，大多是奢侈淫荡、鱼肉百姓的一方恶霸，他们最害怕“典签”把自己的恶行向皇帝汇报，因而百般讨好“典签”。如此一来，“典签”厉害了，不仅大肆收受贿赂，迅速暴富，而且自行任命官员，深深地参与到了朝廷的用人体制之中。例如，江州（今江西省九江市）督导官萧晔，为官清廉，性情刚直，他就不讨好派给他的“典签”，这个“典签”则对同僚说：“你们信不信，我一去京师，咱这里的督导官就得换人。”不久这个“典签”去了一趟京师（建康），“典签”还没回到江州，皇帝免职萧晔的诏令就到了。萧鸾十分清楚“典签”的厉害，因而在清洗屠杀亲王的过场中，把“典签”派上场，作为他的刽子手。

对于在京师任职的亲王，司马光说：萧鸾常用的手段是，派军队深夜包围王府，跳过院墙，杀声连天，呼喊而入。把人杀了还不算，还得把“全部家产都查封没收”。

在用屠杀扫清自己登基的反对势力后，萧鸾登上了南齐帝国皇帝大位（第五任）。

三

虽然萧鸾用残暴的手段，大肆屠杀萧姓亲王，但亲王是杀不完的。就在萧鸾杀亲王杀得手软的时候，一任帝萧道成、二任帝萧赜仍有十个儿子被封为亲王，还有萧赜死去的太子萧长懋两个儿子被封为亲王。萧鸾害怕，决定继续杀，全部杀光。

司马光的《资治通鉴》告诉我们，但凡暴君成了刽子手，也就成了演员，他要用眼泪表演一番“不忍心杀而不得不杀”，甚至是“自己不愿杀而是臣僚要杀”的把戏。萧鸾就是这样一个暴君刽子手。他在使用非常卑鄙的手段，把萧道成、萧赜、萧长懋的十二个亲王儿子，一个一个全部诛杀之前，他都要在萧家祖宗的牌位面前焚香痛哭，泪流满面。他身边的侍从都知道，一旦萧鸾作这样的表演，第二天就有亲王的人头落地。更令人恶心的是，把这十二个亲王全部杀了以后，皇帝萧鸾还指使朝廷要员上奏检举这十二个亲王的罪状，提出弹劾，请求判处死刑。而他还要下诏不予批准，朝廷要员再次上奏后，他才诏准，同时还要痛哭流涕。

残暴、无耻、虚伪至此，可谓无以复加！

好在萧鸾不久便死了，他的儿子萧宝卷接替登基（第六任）。司马光是这么评价萧宝卷的：

——当太子的时候，就厌倦求学读书，只知道游戏玩耍，毫无节制；登基之后，不跟政府官员见面，而只亲信宦官、提刀卫士。

——经常每天凌晨才睡，午后才起，文武百官朝见，午后进宫，傍晚才退出，各部门的奏章，一个月或数十天才能批回，有的竟如石沉大海，不知去向。宦官们包裹宫中的鱼肉回家，用的纸是奏章案卷。

——萧宝卷每月要出宫二十余次，从不通知前往何处；经常深夜一时、三时，突然鼓声擂响，火光照耀如同白昼，武装士卒手拿旌旗刀枪，处处阻截。

——士、农、工、商全部停业，砍柴割草的路被断绝，婚礼葬礼全不能举行。

——萧宝卷去沈公城，有一个妇女正在分娩，无法逃走，遂下令剖开她的肚子，看看婴儿是男是女。

皇帝萧宝卷用黄金雕成莲花铺在地上，令贵妃在上面行走，说“这才是步步生莲花”。据传，妇女“缠小脚”就是萧宝卷的创意。有人认为，少女的脚用薄纱裹起来，比光脚更性感，故淫荡不羁的皇帝萧宝卷才产生这个创意。当然，妇女缠脚在南齐并没有流行，只是在唐朝才盛行起来，残害妇女达千年之久。

不用再写了，如此恶劣的皇帝萧宝卷，在公元501年被杀，扶上一个叫萧宝融的继位（第七任），不到一年，萧宝融便主动把皇帝之位禅让给梁王萧衍。南齐帝国立国二十四年，便从历史上消失了。

短命的南齐帝国，真是历史选择的一个“意外”！

同是萧姓的南梁帝国，登上南朝的历史舞台。

南梁“菩萨皇帝”的梦幻与破灭

南梁的第一任皇帝萧衍，是南齐第一任皇帝萧道成的侄子，萧道成当皇帝后，他的兄弟、侄子跟着鸡犬升天，安置在朝廷和地方任高官。但南齐皇帝的位置，只能传给萧道成的子孙，他的兄弟和侄子是没份儿的。正是这个原因，萧衍当皇帝后将南齐改称南梁。

萧衍不到五十岁坐上南梁帝国皇帝的御椅，八十六岁去世，坐了三十七年，这在南北朝时期是罕见的。萧衍笃信佛教，遁入空门，四次舍身出家，待在寺庙讲经，不肯出来，是文武百官每人出钱，凑了上亿钱把他赎出来的。因此有人称萧衍为“菩萨皇帝”。在不少人看来，佛教崇善，信佛的人有慈悲心肠，笃信佛教的萧衍当皇帝，就可能推行善政，所以他在皇帝的御椅上坐的时间就长。

是不是这样，我们走进司马光的《资治通鉴》去看个究竟。

开局让人眼睛一亮

萧衍，江苏南京人，很聪明，爱读书，心怀大志。萧道成当上南齐帝国皇帝后，姓萧的族人跟着鸡犬升天。萧衍的父亲萧顺之，帮萧道成创建帝业有功，官职一路攀升，连带萧衍的仕途也顺风顺水。萧衍在文学方面很有天赋，在竟陵王萧子良率军镇守西周（建康城西）时，与沈约、谢朓等人常到萧子良处聚会，谈论历史、儒学、文学，史称“竟陵八友”。“竟陵八友”中，有中国历史上赫赫有名的大家沈约，他不仅是史学大家，著有《宋书》《齐纪》等，还是文学大家，是他发现了中国话的四声，即“一声平二声扬三声拐弯四声降”四声，极大地提升了中国语言的精确度，为中国语言做出的贡献无与伦比。南齐第六任皇帝萧宝卷的暴行引发各地反抗后，反抗军征东大将军萧衍立了大功，把十四岁的南康王萧宝融扶上了皇位，实际上就是为自己接替皇位搞个摆设过渡一下。从六任皇帝萧宝卷被杀，到七任皇帝萧宝融把皇位“禅让”给萧衍，也就“过渡”了三个多月，萧衍便把南齐帝国改为南梁帝国了。

在这“过渡”的三个多月中，萧衍假“摆设”皇帝之手，以谋反的罪名，诛杀了湘东王萧宝晊、江陵公萧宝览、汝南公萧宝宏等一干反对自己当皇帝的前朝萧姓皇亲，以及他在率军向建康打来时，沿途跟他对打的一大帮地方首领。在把自己当皇帝的绊脚石全部清理完毕后，萧衍便把“摆设”皇帝萧宝融的黄袍穿到了自己的身上。穿上黄袍后，萧衍就派亲信给萧宝融送去金屑（毒药）。十五岁的萧宝融知道这一天迟早会来，说：“要我死，用不着金屑，喝醉就可以了。”待他喝得不省人事后，萧衍的亲信就把他击杀了。司马光说，在南齐一任帝萧道成的子孙中，只有一个叫萧宝义的没杀，他是南齐五任帝萧鸾的长子，不杀他的原因，是他生下来就是个残疾人，不能说话，萧衍给他封了个巴陵王，命他侍奉南齐的皇族香火。毕竟南齐的萧与南梁的萧，是同一个萧族祖先，留一个残疾侍奉南齐皇族香火，能为他萧衍的脸贴上遵循儒家礼教的光彩。

但也应当承认，萧衍除了诛杀南齐萧家皇帝一脉子孙外，对南齐一任皇帝萧道成兄弟家已出五服的子孙，没有赶尽杀绝。比如萧道成弟弟萧嶷，共有十六个儿子，萧衍都把他们安排在南梁政府任高官，只不过都不在要害部门，他们都终生平安。

这在南北朝皇帝更替的血腥清洗中，萧衍也算是做得好的。

南梁帝国开国皇帝萧衍，与封建社会几乎所有的开国皇帝一样，登上帝位之初，在治国安民等方面出台过一些善政举措。

比如——萧衍当上皇帝的当年，诏命宫门在接待署的“谤木”“肺石”旁各设一个信箱。他这是学习尧帝的做法，在宫门外竖个“丁”字形木架，鼓励民众在木架上写批评政府的言论，称“谤木”，也称“表木”；在宫门外放一块红色的巨石，叫作“肺石”，民众有冤屈要向君王陈述，而官员又不代为转达的，民众可以站在“肺石”上，三天后，法官前去听取诉求，转报君王，对压制民众的官员做出处罚。萧衍作了点改进，在“谤木”和“肺石”旁各安一个信箱，提倡为官的、在野的因各种原因不敢进言，就把批评政府的信投到“谤木”信箱；功劳被掩盖，才能被压制，或沉冤不能昭雪的，就把申诉投到“肺石”信箱。毫无疑问，萧衍这么做的用心是良苦的！

比如——萧衍下诏，禁止各郡县直接向皇宫和太子宫进贡；各州和会稽郡（今安徽省寿县）例外，但也只可进贡土特产，不是土特产也不准进贡。

比如——萧衍诏令“设立五经（诗经、书经、礼经、易经、春秋）教授各一人，尽量兴建学校房舍，招收青年学生”。五个教授各主持一个学馆，每个学馆有数百名学生，由政府供应他们饮食，还发津贴。经考试，见解适当、文字通顺的，就任命为初级官吏。萧衍还亲自到一些学馆授课，诏令太子以下及各亲王、侯爵的儿子，凡到了读书年龄的都必须入学。《资治通鉴》载：一年之间，手拿儒家学派经书、身背装书竹箱，到京师（首都建康）留学的年轻学子，像风云一样聚集。

比如——萧衍诏令州、郡、乡各设一名“选拔官”，专门负责发掘本州、郡、乡的贤能人才，推荐给朝廷。朝廷经过考核后，将符合德才标准的，安排在朝廷或地方任职。

比如——公元509年正月，萧衍前往首都建康南郊祭祀天神，祈求风调雨顺，有臣僚建议他到会稽山和国山举行封禅大典。古时君王“封禅”都去泰山，因南北朝正处于对立和战争状态，去泰山举行封禅大典不可能，故有人建议在会稽山和国山举行封禅大典。这可是中国历史上功勋卓著的君王才有资格享受的殊荣，对此萧衍怦然心动。因为萧衍502年穿上南梁皇帝的龙袍以来，历经数年推行善政，使得南梁帝国财政收入大增，国库充盈，人民的生活得到一定改善，上上下下给他唱赞歌的很多，因而他自我感觉有举行封禅大典的资格，于是下令儒家知识分子起草封禅典礼的仪式。档案管理官许懋表示异议，他说：舜帝每五年巡查天下一次，只是在路过泰山时堆木柴燃烧，祭祀天神。如果是圣明的君王，根本用不着去那么远添土祭天，辟土祭地，因为古时“添土祭天（封）和辟土祭地（禅）的典礼仪式，都是道听途说。只因在上的君王好名声，在下的臣僚就竭力满足君王的虚荣”。萧衍觉得有道理，取缔了封禅典礼仪式的起草工作，并诏令今后不再提这个问题。

比如——从南宋开始，朝廷就为使用哪种历法争论不休，但根据历史的传统习惯，南宋采用的是何承天制定的“元嘉历”。南宋徐州总参议官祖冲之，河北涿州人，他一生钻研自然科学，在数学、天文历法、机械制造等方面，不仅为中国而且为全人类做出了巨大贡献。是他首次将“圆周率”精算到小数点之后第七位，即3.1415926与3.1415927之间，他的这一研究成果，一直延续到十六世纪才被打破。祖冲之在“元嘉历”之后，推出了他的“大明历”。他的新历法证明，“‘元嘉历’将‘冬至’的日子固定于某一天，用不了一百年，就会相差二度。而‘大明历’使‘冬至’到年终，每年只有微小差距，因而可以长久使用下去”。到了公元510年，南梁皇帝萧衍诏令天文台对这两种历法进行比较研究，祖冲之的儿子祖暅，时任南梁编制外政务顾问，他对天文、历法也很有研究，因而他有理有据地对两种历法进行了对比，得出了“大明历至为严密”的结论，皇帝萧衍下诏改用祖冲之制定的新历法。

比如——皇帝萧衍对萧姓皇亲极力包容，对朝廷官员也比较优待，犯了罪的，他甚至曲解法律，使之免受刑罚；而对平民犯罪的，法律惩罚极其严苛。比如连坐法，一人犯罪，全家男女老幼全部受到处罚；一人逃亡，全家男女老幼全部逮捕，充当人质，无情地扩大了打击面。一次，萧衍到建康南郊祭祀，被一位老汉拦住了御驾，老汉说：“帝国的法律，对平民如此严苛，对权贵却包容放纵，这不是治国之道！”萧衍于是下诏：“从今之后，逃犯的家属，或有罪应充当人质的，如家里有老人或孩子，可以不必法办。”虽然皇帝萧衍的“金口”只开了一条缝隙，但对平民百姓无疑也是一份福音。

比如——皇帝萧衍认为，皇家祖庙祭祀时宰杀牲畜献祭，伤害上天好生之德，诏令用面做成牲畜的样子代替，同时祭献蔬菜水果。

比如——皇帝萧衍诏令在首都建康设立“老弱残障收容院”，收容穷苦民众。几乎遍地都是的贫苦民众，加之连年战乱造成的残障人员，一个建康收容院收得过来吗？容纳得下吗？皇帝萧衍可就不管了。

以上诸多“比如”说明，开创南梁帝国的皇帝萧衍，在建国初期的所作所为还是可圈可点的！

皇帝遁入空门

南梁皇帝萧衍，是号称把仁爱施加到禽兽的大善人（指祭祀不杀牲），自从他遁入空门、笃信佛教后，从精神到肉体都坠入虚无的梦幻之中。皇帝坠入虚无的梦幻之中，整个国家机器的运转，必然跟着梦游起来，一系列荒唐的举措、荒腔走板的人事安排等，都会脱离事物发展的正常轨道。

公元514年，有人建议在淮河中游建个大坝，拦住淮河水，倒灌被北魏占据的寿阳（今安徽省寿县），淹没淮河以南北魏的各军事据点。皇帝萧衍派水利工程师和祖冲之的儿子祖暅前去考察，考察得出的结论是：淮河含沙量太大，河床不够坚固，承受不住筑坝的压力。这无疑是科学的结论，可萧衍不听，愣是下诏征调二十万人，从淮河两岸分别填土筑坝。史载，那一年的冬天极其寒冷，参与筑坝的二十万民工，活生生冻死约十五万人。民工不够了，萧衍诏令继续征调，一年后，大坝终于合龙，称“浮山堰”。可是，刚刚筑成的大坝突然崩塌。萧衍于是下令征调钢铁、石块、木头去堵，费了大量人力物力，于公元516年四月将淮河大坝筑成。大坝长九里，下宽一百四十丈，上宽四十五丈，高二十丈，大坝两侧种植杨柳，坝上驻屯军营。可是到了本年九月，大坝又一次崩塌，淮河下游沿岸所有的村庄，瞬间被洪水淹没，十余万民众被卷入大海。

筑个企图倒灌北魏驻军的淮河大坝，历时一年零七八个月，二十五万人丧命，造了多大的孽啊！

公元505年二月，皇帝萧衍下诏对北魏帝国发起大规模进攻，仗打到七月时，司马光是这么记载的：在梁益战场，南梁军队“屡战屡败”，北魏大军“进逼涪城”（今四川省绵阳市）；八月，南梁秦、梁二州督导官鲁方达，与北魏益州督导官王足会战，“鲁方达大败，连同十五个将领，全部阵亡”；担任阻击任务的郡长王景胤，“也大败，连同二十四个将领，也全部阵亡”……

在这种情况下，皇帝萧衍任命临川王萧宏为北伐大军总司令，动员全国兵力，向北魏发起大规模反攻。

这个萧宏是何许人呢？是皇帝萧衍的六弟。萧衍派他率军反击，配备的武器精良，粮草充足，长江以北的民众，“数十年甚至百余年以来，从未见过如此壮盛的军队”。但司马光是如何评价萧宏的呢？他说：“萧宏性情愚劣，而又胆小如鼠，处理军务，错误百出。”

那就看看萧宏在战场上的表现吧。当北魏皇帝下令大军渡过淮河，向南梁军队发起反击后，军队最高指挥官萧宏吓坏了，立即召集军事会议，讨论班师，遭到各路将领反对。有的说：“我们这次北伐，本就是寻找敌人主力，把他们消灭，怎么我们反而望风而逃呢？”有的说：“大王（萧宏）怎么说出这种亡国之语呢？皇上把全国武装部队全交到你手上，那就应宁可进一步效死，也不可退一步偷生！”还有的说：“岂有率百万大军北伐，还没见到敌人，只听到风声就急急撤退之理！”不少将领表示：“要退你们去退，我就是死也要往前打！”就在各将领求战心切的情况下，萧宏下达的命令是：“人马敢向前一步的，斩首！”萧宏本就是个懦夫，加上他准备撤退的当天夜里，军营发生“夜惊”（军队在极度紧张的情况下，军营稍有一点异常的响动，士卒便梦游般操起武器，相互攻击），萧宏吓得魂飞魄散，扔下自己统领的百万大军，连个招呼都没打便逃跑了。这一来兵败如山倒，各路大军抛弃城池纷纷撤退，士卒扔掉的武器填满水沟，相互踩踏而死和遗弃而死的兵卒无以数计。

北伐最高统帅萧宏在战场上的表现，就像是梦游一样，完全契合了萧衍这个皇帝精神上和肉体上的梦幻追求！

南梁并非没有名将，在南北大战打响以后，北魏皇帝元恪就警告各路将领，说韦睿等将领绝不可轻视，遇到了不要跟他们打。

韦睿是豫州（今安徽省潜山市）督导官，他派军攻击北魏占领的小岘（今安徽省合肥东昭关），北魏数百名士卒却在营垒外列阵，以显示自己的强大。韦睿下令攻击，其手下的将领胆怯，韦睿指着皇帝赐给他的符节说："这个东西不是用来装饰门面的！"那意思很清楚，不听我的命令是要命的。结果小岘攻克，韦睿便率军抵达合肥。他在实地考察合肥的山川地形后，率军连夜在肥水上筑坝，水位上涨后，把早就准备的舰船调过来，把合肥四面围得水泄不通，一举攻克，斩杀俘虏北魏军一万余人，虏获牛羊以万为单位计算。南梁北伐总指挥萧宏溃败后，为防止大军溃败丢失更多的土地，皇帝萧衍派韦睿增援淮河以南的钟离（今安徽省凤阳县），与首都西区卫戍司令曹景宗共同作战。两路大军连夜挖掘壕沟，用挖出来的土筑垒。挖掘壕沟的任务交给了南梁郡长冯道根，他也是一位名将，骑在马上，听着马步，就能测量出长度。他骑马走了一圈回来，每个人的工作量、需要多少人、多长时间把壕沟挖成，全算出来了。待天亮后北魏大军发现南梁修筑的营垒就在眼前，斗志受到沉重打击。战斗中，韦睿率军攻击北魏在淮河上建的南桥，曹景宗率军攻击北桥，淮河两座大桥被烧毁冲走之后，冯道根率军向北魏营垒冲杀，北魏军队抛弃武器，四散狂奔逃命，被挤到水里淹死无数，斩杀北魏十万余人，俘获五万余人。

韦睿等名将，为南梁稳住了大局，也为皇帝萧衍挽回了一点儿面子。

可是，对于那个抛弃大军、自顾逃亡的北伐总指挥萧宏，因为他是皇帝萧衍的弟弟，几乎没有受到任何追究，逃跑回去后，被萧衍任命为宰相、代理太子师傅，后又任命为"全国武装部队总司令"。

令人不可思议吗？非也！追求精神和肉体梦幻的皇帝萧衍，就这么带着南梁帝国梦游！

“菩萨皇帝”的梦幻操作

没有资料显示，南梁皇帝萧衍是否具有修行成佛的慧根，但他对佛教的笃信痴迷，却是令人惊悚的。

公元527年，皇帝萧衍修建同泰寺，为了方便自己从皇宫走到同泰寺，特地凿开了皇宫与同泰寺相对的大通门。司马光载：“萧衍无论早晨或晚上，前往同泰寺，都出入大通门。”本年三月初八，萧衍在同泰寺“舍身”。“舍身”源于古印度，据《金光明最胜王经》载，古印度国王摩诃维陀的幼子摩诃萨埵，在山崖下看到七只初生的老虎，围着一只疲弱的母虎，母虎饥饿待毙，摩诃萨埵遂生大慈大悲之心，舍身喂母虎。后来就有了佛教徒为了报恩，不惜在火上烤臂，或纵火自烤，或割肉奉献的“舍身”做法。这是皇帝萧衍第一次“舍身”，他具体采取什么“舍身”的做法，司马光没有记载，只说他四天后回宫，大赦天下。

公元529年九月十五，皇帝萧衍第二次“舍身”，并在同泰寺举行“四部无遮大会”，“四部”即和尚、尼姑、善男、信女；“无遮”即宽容与赦免。“四部无遮大会”，也就是信徒宽容大会。司马光载：“萧衍脱下黄袍，换上僧侣法衣，全身沐浴，吃斋念佛。”萧衍还在佛堂对和尚、尼姑、善男、信女讲解《涅槃经》。萧衍在同泰寺待了十天不回宫，文武百官只好纷纷凑钱一亿，向佛、法、僧“三宝”祷告，请求赎回这个“菩萨皇帝”。寺院收了那么多钱，萧衍还是不出来，文武百官只好齐聚同泰寺大门，呈递奏章，请求萧衍重返金銮宝殿。一请遭拒，二请遭拒，三请萧衍批示“顿首”后才返宫。

萧衍这个皇帝，先后四次“舍身”，每次文武百官都要凑钱将其赎回，其中第四次“舍身”，他在同泰寺待了三十七天，把朝政大事全抛置脑后。

公元537年，萧衍诏令翻修长干寺阿育王塔。长干寺最早是东吴时期一个尼姑修建的小型佛堂，后几经战火损毁，又几经重建装修，寺庙不断扩大，并在寺中建了个小塔。后来山西离石一个名叫刘萨诃的匈奴人突然死了，七天后却奇迹般地活了，活过来后他说有两个差人押着他走到十八层地狱，观音菩萨对他说："你的尘缘未尽，要出家为僧，洛阳、齐城、丹阳、会稽有阿育王塔，可去顶礼膜拜，才能使你不坠入地狱受苦。"刘萨诃从此遁入佛门，改僧名慧达，并按观音菩萨的指点，参拜佛塔，到达丹阳后，便登楼四望，看到长干寺有一股奇气，遂前往礼拜，见到了光芒四射的阿育王塔，并挖出一个金盒，里面有佛祖的三颗舍利子和一撮头发、一个指甲，头发长达数丈。刘萨诃在原先的小塔旁边，建了个二层塔保存佛祖的舍利子、头发和指甲。笃信佛教的皇帝萧衍，可能听说过这个故事，故诏令翻修长干寺阿育王塔，并从塔中找到了舍利子、头发和指甲。于是，萧衍便在长干寺召开盛大的无碍大会，并大赦天下。

这之后，皇帝萧衍便隔三岔五往寺里跑，去讲经，去主持各种佛事活动。

公元546年三月初八，萧衍在同泰寺讲解《三慧经》，讲到四月十四结束，当天晚上，同泰寺佛塔失火，萧衍认为"这是妖魔劫数，应该扩大诵经祈祷"。于是把文武百官全部召去陪他诵经，并下诏说："道高一尺，魔高一丈，每逢推行善事，定有孽障横生。我们要大兴土木，建造比烧毁的佛塔更高的佛塔。"

翻遍《资治通鉴》，也没见到司马光有对萧衍得到佛的点拨、神的兆示等任何记载，可他就是痴迷在自己的梦幻追求中不肯出来。在我看来，普通百姓信仰、沉迷佛教无可厚非，但一国的皇帝不行！因为皇帝的痴迷，不是皇帝一个人的事，他的至高无上的权威、他的金口玉律的决策，是带着整个国家机器运转的，是带着国家方方面面治理机制、体制运转的。而国家机器、国家机制体制的运转，必须遵循社会发展的客观规律，而绝不是皇帝一个人的梦幻追求！

试问，皇帝萧衍的梦幻追求，是追求善政而让民众过上太平幸福的生活吗？

我们请出司马光来，请他给我们说说。

司马光说："从高高在上的三公及部长级官员起，都不把人民的诉讼和审判当回事。邪恶的官员利用权势，玩弄法律，贪赃枉法，收受贿赂，就像菜市场交易一样公开，被冤枉滥杀的人很多。"

司马光还说："王爵、侯爵等高门第世家子弟，大多骄傲荒淫，违犯国法。萧衍年纪已老，对处理国家事务感到厌倦……于是贵族们横暴凶残，甚至光天化日之下在闹市杀人；甚至趁着黑夜，公开抢夺劫取。犯罪恶徒逃亡，躲在亲王家里，治安机关不敢搜捕。"

再看皇帝萧衍的六弟萧宏，就是那个抛弃百万大军逃跑的"北伐"总指挥，萧衍对他的处罚，就是在他逃跑回来当宰相，另加个"全国武装部队总司令"的官衔。以致首都建康每次发生群众集结或混乱暴动，都以严惩萧宏作为平息暴乱的条件。司马光载：萧宏在建康拥有豪华住宅数十处之多，一次萧衍参加萧宏的宴请，顺便到他的府上转了转，发现"各个屋子里，每一百万钱作为一堆的，门口悬挂黄色标识；十堆为一库的，门口悬挂紫色标识。仅堆钱的库，就有三十余间。萧衍当场屈指算了一下，现钱就达三亿余元；其他房间储存的是布匹、绸缎、蚕丝、棉花、油漆、蜂蜜、细麻、蜡烛等物品，每个房间都塞得满满的，不知到底是多少。"看完之后，萧衍对六弟萧宏说："阿六，你生活过得不错！"

无语啊！笃信佛教，心肠慈悲的皇帝萧衍，亲眼看到弟弟萧宏贪占了这么多的财富，没有惊讶，没有愤怒，有的只是高兴和赞许！

皇帝萧衍的诸多皇子，与叔父萧宏在贪腐上相比如何呢？

让我们看司马光记载的一个细节。萧衍的儿子萧续，临死前派参议官谢宣融给萧衍送了一千余件金银器具。萧衍问："王儿（萧续）的金银财宝，是不是只有这些？"谢宣融说："如果这些就算很多，怎么才能算更多呢？"

那意思很清楚，给你皇帝老爹送的只是九牛一毛，留给他子孙的，那才叫多呢！

还有那个在皇帝萧衍死后，与萧绎争夺皇位的益州督导官、武陵王萧纪，用一斤黄金铸一个金盘，一百个金盘装成一箱，他有多少箱呢？整整一百箱。还有五倍于黄金的白银，至于锦绣毛毯、绸缎彩布更是无可数计。

皇帝萧衍家的阿猫阿狗，如此搜刮聚敛财富，南梁帝国的百姓不会受到残酷盘剥吗？皇帝萧衍推行的政策、法令，还会是善政吗？

错失"天赐良机"

历史进入公元六世纪以后，遭遇了一个巧合。

南朝沉迷佛教的皇帝萧衍，在把南梁帝国搞得一地鸡毛的同时，北朝在佛教比南梁还要盛行的北魏帝国，上演了一轮又一轮的惨烈诛杀，杀得遍地血腥，暗无天日。到公元534年，北魏分裂为东魏和西魏两个帝国，东魏都城在邺城，西魏都城在长安，中国版图上三个帝国并列。

可以说，这个巧合给了南梁帝国一个天赐良机。

东魏帝国的两个关键人物，一个叫高欢，一个叫侯景，他俩都是怀朔镇（今内蒙古固阳）人，从小就要好，后一起投奔军阀尔朱荣。在高欢铲除尔朱荣之后，高欢当东魏丞相，侯景为河南大将军，驻守在黄河以南，统管豫州、颍州、洛州、济州、荆州等十三个州。公元

547年，高欢逝世，他的儿子高澄执掌东魏朝政，他封锁父亲高欢逝世的消息，模仿高欢的字迹给侯景写信，召他来京（邺城）。侯景打开信一看，就知道是高澄给他设的陷阱。因为在此之前，侯景跟高欢有约定，只要给他写信，就在信上加个小点作为密记，防止有人假冒高欢的名义写信害他。高澄以高欢名义写给侯景的信上没有密记，侯景就明白是怎么回事了。侯景没有去邺城，而是投靠首都设在长安的西魏。侯景在接受西魏官爵的同时，派出使节赶赴南梁帝国，向皇帝萧衍递交了带十三个州"回归祖国"的奏章。

这无疑是南梁帝国的一个天赐良机！长江以南、黄河以北十三个州同时并入南梁，这是一个多么惊人的喜讯啊！

恰在这时，南梁皇帝萧衍夜里做了个梦，梦见中原所有的州长、郡长都献出土地投降，南梁的文武百官陷入狂欢。梦醒后，萧衍告诉了中书舍人朱异，朱异说"这是天下一统的预兆"，进一步坚定了萧衍接受侯景投降的决心。

可是，如何派军队增援侯景，如何接管侯景带过来的十三个州，南梁皇帝萧衍却没有下文了，他唯一做的，即是派司州（今河南省信阳市）督导官羊鸦仁，率三万人给侯景送去了一些粮秣，他自己则到同泰寺"舍身"去了，一去便是三十七天。在侯景前来投靠的关键时刻，南梁朝廷停摆三十七天，大事小情全交给朱异一人摆弄。

朱异是个什么样的人呢?

司马光写道："朱异等都因奸恶谄媚、骄横贪污、蒙蔽君王、窃取权威，深受人民痛恨。"南梁皇帝自己"舍身"在寺院，把朝政大权交给这么一个佞臣，不是教他给南梁掘墓吗！

天赐良机就这样变成了南梁帝国的一败涂地！

东魏派大军向侯景打来了，把侯景包围在颍川城（今河南省许昌市）。

侯景等不来南梁大军的增援，只好向西魏求助，并提出割让四个州给西魏，作为对他增援的回报。

侯景很清楚，东魏和西魏是把北魏一分为二的两个帝国，各拥戴了一个拓跋族皇亲作为皇帝，政府的各项事务都处于茫无头绪的状态，唯有南梁帝国尚处于稳定的运行状态。但他在迫不得已的情况下，把答应献给南梁的十三个州中，拿出四个献给了西魏，南梁不高兴怎么办？皇帝萧衍责备下来怎么办？于是，侯景立马派人赶赴建康，向萧衍递交奏章，说“祖国的大军怎么没有抵达，而我的死亡迫在眉睫，万不得已，才向关中（西魏）求援，希望解除眼前危急”。还说“手被毒蛇咬过，勇士砍断手腕，是万不得已，目的只在为祖国效力，请求免于惩罚”。

皇帝萧衍给侯景的诏示是：“你认为怎么做才好，就应随机应变怎么去做。”

莫名其妙！侯景正是不知怎么做才奏请的，萧衍的诏示等于就是三个字：“随你便”。

西魏增援侯景的大军开过来了，并召他进京晋见皇帝。

侯景不敢去，他清楚，去就是送死。

于是，东魏、西魏两国大军，同时剑指侯景。

直到此时，南梁皇帝萧衍才下诏全国动员，集中力量反击东魏。但派出的各路率军将领全是他的萧家皇亲，一帮贪腐高手、打仗窝囊废，在与东魏大军的寒山会战中，被打得丢盔弃甲，“北伐总司令”萧渊明等诸多将领被俘，侯景的军队也瞬间崩溃，逃回建康后，萧衍任命侯景为南豫州（今安徽省寿县）州长。

东魏在打了大胜仗的情况下，却主动派出使节，向南梁请求和解，并提出将俘获的南梁“北伐总司令”萧渊明等交还给南梁。

这是一个阴谋。

因为侯景是东魏的心头大患，他具有独特的军事才华，很能打仗，加之他对东魏的军事要塞、各将领的作战特点、各地士卒的战斗作风等十分清楚，一旦南梁由侯景统军反扑过来，那将是东魏的灭顶之灾。而主动与南梁修好，不仅侯景的一身军事才华使不出来了，而且南梁的一些臣僚，还会以侯景兵败失地对他进行严厉处罚，达到假南梁之手，把东魏的心头大患侯景除掉的目的。

对于东魏的这一反间计，南梁不少文武大臣看出来了，但因为朱异坚决主张和解，皇帝萧衍就听了朱异的。侯景当然看清了东魏的这一手，是向着诛杀他来的，于是给皇帝萧衍上书，分析东魏采用离间计的原因，是西魏军队扼住了它的咽喉，柔然骑兵顶住了它的后背，如果南梁大军打过长江去，东魏就不复存在了。所以提醒南梁绝不能上东魏和解的当，而应乘势向其发起攻击。侯景知道，力主与东魏结盟的是朱异，于是给朱异送了三百两黄金，请他代转上书。朱异黄金收下了，上书压下了。

侯景仍不放弃，他直接给皇帝萧衍上书，陈述东魏这一离间计与自己性命的关切，萧衍则以自己全国最高领袖的名义，言之凿凿地担保侯景的性命绝对无忧。

侯景还是不放心，于是作最后的试探。他伪造了一封从东魏首都邺城发出的信，提出用被俘的萧渊明（萧衍哥哥的儿子），交换投靠南梁的侯景。侯景的这一试探，彻底弄清了皇帝萧衍的心思。萧衍复信说的是："萧渊明天早上归来，皇家晚上就送侯景回去"。

彻底看清了萧衍"这个老家伙心肠恶毒"的侯景，立即决定反击。他把南豫州各郡县居民全部征召当兵，分发武器，举起的反叛大旗是诛杀奸臣朱异。

侯景起兵时，只有战马数百匹，士卒八千人。就这么一支弱旅，在侯景的统领下，几乎战无不胜、攻无不克，越战队伍越壮大，南梁的庞大正规军，在侯景的进攻面前，无不望风披靡。司马光写道：“侯景露出真实面目，放纵士卒抢夺民间稻米、金银、子女”；侯景在宫城筑土山，“用暴力驱使人民，不分富贵贫贱，一言不合，侯景军的皮鞭木棍，即无情抽打，对身体衰弱、没有力气的人，立即扑杀，把尸体填到土山之中，哭号悲喊之声，震撼大地”。侯景本就有军事才华，加上他在反击中尽情释放的凶暴残忍，使得他连战连胜，于公元549年三月，侯景在五百名卫队的保护下，在南梁的太极殿与皇帝萧衍见面。

这次见面，侯景与萧衍有一段对话，实录如下：

萧衍问：“渡长江时，你有多少人？”

侯景答：“一千。”

萧衍问：“围宫城时，你有多少人？”

侯景答：“十万。”

萧衍问：“现在你有多少人？”

侯景答：“国境之内人民，全部归属于我。”

司马光接着写道：萧衍低下头，不再说话。

说什么呢？一手好牌让他打得一败涂地！

公元549年五月初二，“萧衍躺在净居殿，口干舌苦，要人送杯蜜水，没有人理，萧衍一再重复喊着‘荷！荷！’逝世，年八十六岁”。

“菩萨皇帝”萧衍死了，但因为他的梦幻操作，首都建康（南京）死去的有多少人呢？史载，公元548年十月，建康城有居民十万，士卒二万。侯景大军围城五个月后的549年三月，居民死亡近九万，士卒死亡一万六。十多万人的鲜活生命，在不到半年时间变成了冤魂，“菩萨皇帝”萧衍难不成要在阴曹地府为他们超度吗？

不寒而栗啊！

坠入毁灭不归路

萧衍去世后，侯景把萧纲扶上了皇帝之位（二任）。萧纲是一任皇帝萧衍的太子，他信奉道教。就在侯景带一千人渡长江向建康逃来时，萧纲正在太子宫“讲解《老子》《庄子》”。萧纲当皇帝，只是个摆设，朝政大权全部掌控在侯景手中。

侯景的残忍是不作任何掩饰的。公元550年，他率军攻克广陵（今江苏省扬州市）后，将城中的男女老幼都用土掩埋半身，然后令骑兵骑在马上跑起来挽弓射杀，直到最后一个人杀完为止。侯景常作的动员令是：“攻破栅栏，夺取城池，把敌人杀光，使天下知道我的威名。”司马光是这么描述的：只要打了胜仗，侯景手下的将领都“全部精力用来烧杀抢劫，砍人就像砍草一样，用来戏谑玩笑”。公元551年，侯景罢黜皇帝萧纲，同时诛杀萧纲五个儿子和萧姓皇亲二十多人。侯景扶上萧栋登基（三任），仅两个多月，便逼迫萧栋把帝位“禅让”给自己。因为侯景之前被封为汉王，他登上帝位后，把南梁帝国改成了汉帝国。黄袍穿了半年，侯景便被讨伐大军杀死了。

侯景被杀了，皇权又回归到萧家皇亲手里，实际回归的是一个巨大的诱惑，也是个没完没了的打斗和血拼。

这之后的南梁皇帝就像走马灯一样了。

公元552年，萧衍的儿子湘东王萧绎登基（四任），在他登基前的公元550年，就把儿子派到西魏帝国当人质，请求与西魏结盟，把西魏南界到石城（今湖北省钟祥市）、南梁北界到安陆（今湖北省安陆市）的大片领土，献给了西魏。

萧绎精通诸子百家，口中经常吟诵儒学六经，就连睡觉时都令人在一旁朗诵，朗诵人以为他睡着了，可一旦朗读错了，萧绎就会醒来，指出错误。但司马光评价他“性情残忍”。江陵被西魏大军包围时，监狱有已判死刑的囚犯数千人，有人建议将这些囚犯释放，萧绎不准，而是下令将他们全部用木棍打死。幸亏江陵瞬间陷落，否则数千人将成为他棍下的冤死鬼。《典略》载：有人把萧家皇亲子孙从监狱放出，排成一行，铁锁木枷，浑身刑伤，肌肉腐烂，脓血交流，教萧绎去看，说：“他们都是你的骨肉，而你忍心凶暴至此，怎么可以当君王！”萧绎还把他收藏的十四万卷古今图书，全部纵火烧毁，制造了中国历史上的又一次大火焚书。有人问他为什么烧毁图书，他说：“读了万卷书，还有今天下场，所以把它烧掉！”萧绎至死不明白，他读了那么多的书，为什么自己残忍、狭隘的性情和胸怀就没有一点儿改变呢？

倒是萧绎在湘东王的位置上，成就了“半老徐娘”的成语典故。萧绎瞎了一只眼，他的王妃姓徐，生性嫉妒，不漂亮却生活淫乱。萧绎每次回家，徐王妃就在脸上画半边妆，故意激怒他离开。萧绎一走，徐王妃就把萧绎手下一个叫暨季江的人招来上床。暨季江赞叹道：“徐娘虽老，仍那么多情。”于是便流传了“半老徐娘”的成语典故。公元554年，萧绎被西魏大军杀死了。

这之后，南梁皇帝的接替就不好排了。取代东魏帝国的北齐帝国，把当时东魏在“寒山会战”中俘获的贞阳侯萧渊明，送回南梁当皇帝了；西魏则把梁王萧詧送回南梁当皇帝了。萧绎死后，萧詧登基，五个月后萧渊明登基，十个月后萧方智登基。至公元556年，南梁帝国在建康（南京）的皇帝是萧方智，在江陵的皇帝是萧詧。公元557年，建康皇帝萧方智把帝位“禅让”给陈王陈霸先，南梁帝国灭亡了一半，另一半是江陵皇帝萧詧撑着。陈霸先创立陈帝国后，江陵的南梁帝国苟延残喘了三十余年，至公元587年才灭亡。

南梁帝国立国八十六年，“菩萨皇帝”萧衍的梦幻，延续了八十六年，为什么会延续那么多年？这确是一个值得深思的问题。

我们不妨拿出这期间北朝即北魏帝国的历史节点，来作点对照。

公元534年，北魏帝国分裂为东魏、西魏两国，选出了两个皇帝，确定了两个首都，东魏都城在洛阳，西魏都城在长安。

公元550年，东魏帝国灭亡，取代它的是北齐帝国。北魏帝国只剩下一半，即西魏帝国。

公元557年，西魏帝国灭亡，取代它的是北周帝国。北魏帝国彻底从之后的历史中抹去。

南梁帝国虽在时间节点上不完全与北魏帝国吻合，但南梁帝国分裂为建康的南梁和江陵的南梁模式，与北魏帝国的分裂大体是同频的。

还有，南梁出了个“菩萨皇帝”，搞得全国遍地寺庙林立，香火缭绕；北魏包括分裂后的东魏、西魏两国，其笃信佛教的程度，不在南梁之下。

这是历史走到这个时间节点的巧合呢？还是历史发展规律的另一种解说？

还是让我们继续读司马光的《资治通鉴》吧！

陈帝国把历史嫁接到隋朝

南朝的陈帝国是南朝的最后一个帝国，是它，完成了南朝历史结束的使命；也是它，把南朝的历史嫁接到隋王朝，结束了“五胡十六国”、南北朝并立长达二百八十多年的分裂，完成了“分久必合”的隋王朝大一统。

一

陈帝国的第一任皇帝陈霸先，浙江长兴县人，出身官宦世家。司马光是这么评价陈霸先的：“在军事行动中，决断制敌，有独到的英明谋略。政治崇尚宽厚简朴，除非是军事上紧急需要，不轻易抽税征夫。性情节俭朴素，平常吃饭，菜肴不过数盘，私人宴会时，都用陶制的器具和蚌壳装饰的盘子；菜肴水果，略胜于无而已。后宫妇女，都没有金玉翡翠首饰，也不设立歌女舞女乐队。”

不难看出，司马光对陈霸先的评价很高，这在中国南北朝时期的诸多帝国的皇帝中也是罕见的！与同期北齐帝国皇帝高洋作比较的话，陈霸先的明智清新与高洋的卑鄙残忍，是天壤之别！

陈霸先的发迹，是在平息侯景之乱的战斗中打出来的。侯景大军围困南梁首都建康（南京）后，担任南梁勤王军总司令的柳仲礼，此时率大军驻扎在秦淮河南岸，“却只知道和歌女舞女、小老婆群，不断摆设筵席，饮酒寻乐；各将领每天前往请求出战，柳仲礼一律不准”。柳仲礼可是南梁有名的战将，他在侯景率军进攻建康时，听说衡州督导官韦粲驻守的青塘失守，韦粲和他三个弟弟、一个堂弟英勇搏杀、全部战死后，正在吃早饭的柳仲礼，扔下碗筷，率一百人飞马救援，跟侯景在青塘大战，杀侯景军数百人，杀到秦淮河淹死了上千人，打得“侯景不敢再到秦淮河南岸”。如此一员猛将，转眼间怎么堕落成这样呢？正是柳仲礼的放弃抵抗，使得侯景大获全胜，使得南梁皇帝萧衍“饥死宫中”。而此时，远在始兴（今广东省韶关市曲江区）的郡长陈霸先，起兵讨伐侯景，一路招兵买马，集结英雄豪杰，向都城建康杀来，并在夺得鱼梁城（今江西万安县）后，被湘东王萧绎任命为豫州督导官兼豫章（今南昌市）郡长。诚如司马光评价的那样，陈霸先一路打来，“决断制敌，有独到的英明谋略”。公元552年三月，各路勤王大军打到了建康。当时的态势是，勤王大军人多，侯景军队人少，对此，陈霸先部署的打法是，把侯景的军队切割包围，各个击破，他自己选择与侯景对杀。侯景率军向陈霸先的阵地发起殊死突击，陈霸先身先士卒，始终站在一线指挥，将侯景大军彻底击溃，侯景将两个不满三岁的儿子挂在马鞍后面，率百余骑兵逃亡，逃到嘉兴，将两个儿子扔到水中淹死，自己也被刺死。

侯景之乱平息后，司马光记述了侯景智囊王伟的一个细节。在侯景挟持南梁第二任皇帝萧纲时，是王伟鼓动侯景自己当皇帝的；侯景当上皇帝后，是王伟命人用装满土的布袋，把萧纲活活憋死的。侯景兵败身死，王伟成了阶下囚，他在监狱里搜肠刮肚地写了“五十韵诗”，献给正准备接替南梁皇帝的萧绎，极尽吹捧谄媚之能事，企望以此打动萧绎，饶他不死。萧绎也是个文学爱好者，看到王伟的“韵诗”文采飞扬，动心了，打算饶他不死。有人便把王伟替侯景写的讨伐萧绎的檄文，拿给萧绎看，檄文写道：“项羽一眼中有两个瞳仁，尚有乌江的溃败；萧绎一眼已经瞎掉，天下岂能归附！”萧绎因瞎了一只眼，“半老徐娘”每次见他只画半边脸的妆，他最忌讳的就是瞎了一只眼的事，一看王伟写的檄文，火冒万丈，命人把王伟的舌头扯出来，钉在柱子上。

写陈霸先，特地加写王伟一段，想告诉读者的是，封建王朝似王伟这样的人很多，他们有学识，文学造诣很高，视野很开阔，家族门庭也很尊贵。令人遗憾的是，这之中不少人的灵魂始终面对权贵下跪，他们的学识、视野，全用在了捕风捉影、见风使舵上了。司马光的《资治通鉴》读下来，给人明确的印象是，但凡灵魂跪倒的人，无论使作多么高明的手腕，成功都是短暂的，长远的结局，都是被历史唾弃，遗臭万年！

再说陈霸先，平息侯景之乱后，被湘东王萧绎任命为征虏将军、开府仪同三司（宰相级），但他的主要任务还是率军作战，且在司马光的笔下，总是连战连捷。但南梁已经病入膏肓，皇帝萧绎德不配位，面对西魏对南梁的进攻，南梁全国都戒严了，萧绎却诏令文武百官身披铠甲，全部集中起来，听他讲解《老子》。南梁兵败，皇帝萧绎身死，西魏给南梁送回一个皇帝，北齐也给南梁送回一个皇帝，正是在这种情况下，陈霸先开始打自己称帝的主意。他先找了个借口，即以北齐送来的皇帝不够接替皇位资格为由，故意与全国武装部队总司令王僧辩闹翻，尔后发兵向王僧辩发起进攻，铲除了他称帝道路上的第一大障碍，扶上了一个完全听命于他的皇帝，自己则披上了南梁全国武装部队总司令的战袍，利用军政大权在握的机会，继续铲除自己称帝道路上的障碍。北齐因送来的皇帝被换人了，率军来打，陈霸先得把北齐打回去；萧家皇亲盘踞各地的势力抢夺皇位来了，他也得把他们堵在都城建康（南京）之外，以防他们穿上黄袍，给天下发号施令添乱。在假皇帝之手，基本把反对自己的各种势力摆平后，公元557年，被南梁封为陈王的陈霸先，接受被他控制皇帝的“禅让”，穿上黄袍，建立陈帝国。

陈霸先登基称帝后，立马前往钟山的蒋子文庙祭祀。为什么一登基便去蒋子文庙祭祀？是因为这里隐藏着陈霸先一个不为人知的秘密。六世纪初年，佛教总监法献，在乌缠国（今地不详）得到佛牙，安置在林上寺，由慧兴和尚保藏。慧兴圆寂时，交给弟子慧志，慧志送给了陈霸先，佛牙便保存在这里。陈霸先前来祭祀，就是为取出佛牙。陈霸先笃信佛教，当皇帝后也到大庄严寺舍身出家，被文武百官凑钱赎身还俗。

公元559年六月，陈霸先逝世。陈霸先在位时间很短，主要任务是与北齐打仗，在治国安民上没有出台过什么良政，也没有出台过涂炭天下的暴政，除把“禅让”给他帝位的皇帝派人刺杀外，基本上没有对萧家皇亲进行血腥清洗，被他打败俘获的将领，也大都作了妥善安置。但陈帝国草创，各种隐患很多，仅南梁帝国的萧家皇亲，在江陵、郢州（武汉）各拉起了一个庞大的文武臣僚班子，各推出一个皇帝。客观说，诸多重大隐患都是历史留下的，我们只能循着司马光的笔端，看陈霸先的后代如何去化解了。

二

接替陈霸先当皇帝的，是陈霸先的侄子，叫陈茜。陈霸先并非没有儿子，他有一个儿子叫陈昌，是他与皇后章要儿生的。公元552年，湘东王萧绎在准备称帝前，任命陈霸先为征北大将军，开府仪同三司（宰相级），率军进驻京口（今江苏省镇江市）。为牵制陈霸先，萧绎征召陈霸先的儿子陈昌，还有他的侄子陈顼，前往他驻扎的江陵充当人质。公元554年，江陵被西魏帝国攻陷，陈昌、陈顼被俘到西魏都城长安。陈霸先去世时，儿子陈昌尚在长安，在决定谁接替帝位时，皇后章要儿提出等儿子陈昌回来，但追随陈霸先打天下的战将臣僚，认为国家不能无主，硬是把临川王陈茜推上了皇位。陈茜跟随陈霸先转战南北，建立过很多功勋，他登上帝位后，没有对陈家皇亲大开杀戒，也没有对陈霸先的部属进行清洗，但他把陈霸先从北周回国的儿子陈昌杀害了。

陈霸先死后，郢州南梁帝国丞相王琳，便发起了对陈帝国的进攻。

王琳，浙江绍兴人，出身于一个贫寒的军人家庭，他的姐姐、妹妹都被湘东王萧绎纳入王宫，王琳也就跟着来到萧绎身边，被任命为军官。王琳待人恭敬诚恳，礼贤下士，所得赏赐从不拿回家，全部分赏给他手下的军官和士卒。王琳所统领的私人军队有一万人，几乎都是长江、淮河一带的强盗土匪，打仗极其勇猛，在平定侯景之乱中立了大功。进入建康（南京）后，王琳的手下暴露出了强盗土匪的习性，放纵凶暴。宰相王僧辩一看王琳的军队不好管，便在萧绎面前诋毁王琳，请求将他诛杀。萧绎没有杀他，而是把他任命为湘州（今湖南省长沙市）督导官。王琳分析认为，萧绎会向他下手，便在向萧绎谢恩辞行前，命他的部将陆纳率私人军队前去湘州，尔后独自一人去见萧绎，萧绎果然把他投进了监狱。

王琳一被抓，率军进入湘州的陆纳就开打，比萧绎早七个月称帝的萧纪也加入打斗之中，西魏帝国也派大军向南打来，一时间天下混战。萧绎攻不下湘州，而萧纪率军又打过来了，在这种情况下，萧绎便把王琳从监狱请出来，送到湘州前线，让陆纳的官兵看见王琳还活着，并在抓了放、放了抓之后，允许王琳进入湘州，恢复王琳的官职爵位，命他增援被萧纪正在攻打的峡口（巫峡口），最终把萧纪击溃。陈霸先实际掌控南梁帝国实权后，征召王琳到朝廷任职。王琳当然清楚，此一番前去必是有去无回，于是他拒绝征召，开始做对抗准备。陈霸先坐上陈帝国第一任皇帝的御椅后，派出两路大军讨伐王琳，在沌口（今湖北省武汉市蔡甸区）与王琳会战，结果是，王琳大胜，一战将陈霸先手下的名将、悍将侯安都、周文育等全部生擒，并将湘州总部移到郢城（今湖北省武汉市），同时派兵攻占江州（今江西省九江市），并请求北齐帝国送回南梁永嘉王萧庄登基称帝，王琳任丞相、最高统帅，实际掌控郢州南梁帝国实权。

陈霸先去世后，王琳把发起对陈帝国的战争，摆到了陈帝国二任皇帝陈茜面前，同时拉开了天下混战的大幕。北周帝国乘虚攻击南梁都城郢州（武汉），北齐帝国派军队协助王琳攻打陈帝国都城建康（南京）。这一次，突然刮起的西南风帮了陈帝国水军的大忙，王琳率领的舰队全部被火烧毁。前来协助王琳的北齐大军，一看王琳舰队被烧，纷纷撤退逃奔，挤到芦苇草丛的泥沼之中被俘的不计其数，打得王琳只携带妻妾和十余个侍从投奔北齐帝国。郢州南梁皇帝萧庄的一干文武大臣也一哄而散，萧庄也逃到了北齐。南梁帝国的郢州政府瓦解，只剩下南梁帝国在江陵苟延残喘，皇帝萧詧是公元554年从西魏帝国送来的。

王琳被北齐帝国任命为寿阳州长、特遣政府总监，但是他投靠的北齐帝国已经摇摇欲坠，换上来的皇帝，一个比一个荒淫暴戾，朝政腐朽，朝纲大乱，根本无力也无暇从经济上、军事上给王琳以任何支持。公元573年，陈帝国派大军攻击寿阳，在第一波的战鼓声中，寿阳即被攻克，王琳及他手下的将领全部被俘。司马光写道，王琳被俘后，不仅寿阳的大量民众，包括北齐的很多官员和民众，纷纷向陈军请求宽恕王琳，不要杀他；人们从四面八方涌来，给被押解去建康（南京）的王琳送行，不少人还慷慨解囊，给王琳送上丰厚的路费和行装。陈军将领害怕了，下令把王琳斩首。这一斩，斩得民间一片哭嚎，一个素不相识的老汉提着一壶酒和一块肉干，为王琳祭奠，哭得惊天动地，田间劳作的农夫也跟着痛哭流泪。

司马光还写道，王琳面貌神态安详文雅，反应敏捷，记忆力超常；刑罚公正，轻视金钱，敬爱人才，官兵对他一片忠心。

王琳称得上是“土匪头子”，他的私人军队一万多人，几乎都是长江、淮河一带的强盗土匪，为什么大史学家司马光对他的评价，似给英雄人物唱赞歌一般？我以为，是王琳深得民众拥戴！王琳手下一万多强盗土匪，有几个不是被官府、豪强逼出来的？有几个不是活不下去了才做强盗土匪的？王琳也是一样，要不是梁家皇帝、陈家皇帝数次以调动、征召的名义准备杀他，他会走上反抗之路吗？民心是一杆秤，王琳这个“土匪头子”，被民心称出了拥戴，这本身就是广大民众抛弃并鄙视皇帝、朝廷、各级官吏的真实写照！

三

公元566年四月，陈帝国二任皇帝陈茜去世。史学家认为，陈茜是南北朝时期少数好皇帝之一，他性情节俭，出台的治国安民举措比较宽松。陈茜最令人称道的是，他睡觉时不关寝宫小门，臣僚呈递紧急奏章时，要把木牌扔到石阶上，以发出声响把他惊醒，他则立即起床，审阅批示并答复诏令。坦率说，一个皇帝经年累月每天能做到这样，的确称得上勤政！

陈茜去世后，太子陈伯宗登基（三任），十五岁。陈茜的弟弟安城王、宰相陈顼搬进皇宫，协助皇帝陈伯宗处理朝政事务。这本是二任帝陈茜去世前所做的辅佐安排，可宫中一些成天疑神疑鬼的臣僚，担心陈顼抢夺皇位，于是假传圣旨叫陈顼搬出皇宫，去宰相府处理京畿公务。而陈顼身边的一些臣僚乘机鼓动，教陈顼不仅不搬出皇宫，而且把企图叫他搬出皇宫的一帮臣僚找碴儿处死、调离。于是，一场血腥大戏即“华皎之变”拉开了大幕。

华皎是湘州（今湖南省长沙市）州长，他在招兵买马、整顿武备的同时，请求调任广州，以观察陈帝国宰相陈顼的态度。与此同时，他暗中引导北周军队南下，又向江陵的南梁帝国投降，派儿子去充当人质。陈顼于是调集几路大军围攻湘州，并把华皎留在都城建康（南京）的家属全部诛杀。北周帝国和南梁帝国都派出军队支援华皎，陈帝国军队与华皎军队在沌口会战，华皎大败，战死的战死，逃跑的逃跑，投降的投降，华皎乘一叶小舟逃跑了。“华皎之变”以陈帝国的胜利而宣告结束。

陈帝国宰相陈顼，也因为这个大胜而指控皇帝陈伯宗与华皎勾结，把他的皇位罢黜了，自己登上了皇位（四任）。

公元573年，陈帝国皇帝陈顼，发起了对北齐帝国的进攻，征北总司令就是剿灭“华皎之变”的总指挥吴明彻，两国的会战在巴山（今江西省崇仁县）打响。此时的北齐帝国已经是千疮百孔了，能带兵打仗的人朝廷不敢用，用来带兵打仗的都是庸才。于是，北齐大军挑选身材高大、孔武有力的勇士组成“苍头”“犀角”“大力”等名号听起来吓人的攻击前锋，还特地从西域挑选一个精于骑射、箭无虚发的胡人，跑到两军对垒的阵前叫阵，给陈帝国大军造成了一定的恐慌。陈帝国北伐总司令吴明彻是一员名将，他对巴山郡长萧摩柯说：“你的才干不亚于项羽，如果能消灭北齐这个射手，这仗我们就能获胜！”萧摩柯胆气豪壮，喝完吴明彻的壮行酒，纵马驰出，冲向北齐阵营。西域射手急忙走到阵前，刚把弓拉满，萧摩柯“嗖”地掷出飞镖，击中射手前额，顿时毙命。北齐的“苍头”“大力”等突击队又冲出阵来，萧摩柯掷出的飞镖，把领队的将领逐一击落马下。北齐大军瞬间崩溃，淮南之域的豫州、扬州、合州、泰州、颍口、淮阴等全部揽入了陈帝国的版图，也即是陈帝国把南梁帝国长江以北的失地全部收复。

公元577年，立国二十八年的北齐帝国，被北周帝国灭亡。陈帝国派大军北伐，准备抢夺黄河以南的广大领域，还是以吴明彻任北伐总司令。这次北伐反映的是皇帝陈顼的投机心理，他以为上次能打败北齐，这次就能打败北周，殊不知，刚刚把北齐灭掉的北周，正处于连战连捷的兴奋期，结果吴明彻的三万陈军全军覆没，吴明彻还被生擒。

公元581年，是中国历史的转折之年，取代北齐帝国的北周帝国，被北周帝国的天元皇帝宇文赟自己挖坑埋葬了，立国二十五年的北周帝国灭亡，取代北周帝国的是隋帝国。从此，中国历史进入隋王朝的节奏，建都建康（南京）的陈帝国、建都江陵的南梁帝国，只是随着隋王朝的节奏而艰难喘息。

陈帝国在喘息中上演的是争夺皇位的杀戮。公元582年正月，陈帝国四任皇帝陈顼去世前，陈顼的次子始兴王陈叔陵，与太子陈叔宝、长沙王陈叔坚一同进宫侍候。陈叔陵对皇家典药吏说："切药材的刀太钝，你要把它磨锋利！"正月初十，陈顼去世，太子陈叔宝趴在地上哀号，陈叔陵拔出磨得锋利的切药刀，上去就砍，砍中陈叔宝的脖颈，砍得陈叔宝昏倒在地。陈叔陵扑上去接着砍时，皇后柳敬言扑上去阻拦，挨了几刀，乳娘吴氏从背后冲上去，抱住陈叔陵的手臂。这时陈叔坚冲上去，夺下陈叔陵的切药刀。在这场全武行的砍杀、夺刀打斗中，太子陈叔宝醒来后挣扎逃走了。

太子陈叔宝没死，抢夺皇位的陈叔陵就必死无疑了。陈叔陵把自己的王妃和最宠爱的七个小老婆，一个一个推进宅院的深井后，带少数骑兵准备渡过长江，前去投奔隋帝国。结果未能如愿，陈叔陵和他所有的儿子全部被杀，参与政变的臣僚一并被杀，太子陈叔宝踏着鲜血铺就的路，登上了陈帝国皇帝的宝座（五任）。

这个陈叔宝，也是个佛教信徒，他也搞过舍身出家，但佛教的戒律，他一项也不遵守。例如，陈叔宝淫荡成性，他后宫小老婆群的编制就多达二十个等级，还遴选了一群所谓有文学素养的“女学士”，每次宴请，都召集得宠的小老婆、女学士喝酒唱和，仅助兴唱艳曲的宫女就达一千多人。陈叔宝最宠幸的贵妃叫张丽华，宠幸她的原因，不仅是她“反应敏捷，性情聪明，神采焕发，举手投足无不雍容华贵，双目每一流转顾盼，光彩四射，就像一颗明星，照亮左右”，而且是她不断给陈叔宝引荐宫女，满足陈叔宝在不同美女身上发泄的淫欲。据说张丽华会一种取悦神灵的巫术，常在宫中祭祀一些旁门左道的鬼神，聚集女巫跳大绳祈祷，把后宫搞得神秘兮兮。因为这个原因，张丽华在皇宫之中位居巅峰，文武臣僚、地方要员、宦官侍从无不巴结她。张丽华则“破坏法律，出卖官爵，包揽诉讼，公开贿赂”，搞得有点正义感的“文武官员，全部离心”。

隋帝国统一北方后，陈帝国皇帝陈叔宝，派出使节前去聘问，实际就是派使节去画一张隋帝国第一任皇帝杨坚的画像。使节拿回杨坚的画像后，陈叔宝一看吓坏了，大喊着说：“我不希望见到这个人！”

其实杨坚登上隋帝国皇位后，立即派出使节到陈帝国聘问，两国相处比较和睦，隋国每次抓获的陈帝国间谍，都发给他们衣服、马匹，放他们回国。陈帝国四任帝陈顼去世后，杨坚派出使节前去祭悼，并带上自己写的信，自称杨坚，信的结尾还写了“叩首”。可是接替陈顼的陈叔宝，却在给杨坚的回信中这么写道：“想你治理国家，都能如意，天地之间，清净安恭。”一副皇帝给臣僚写诏书的口气。杨坚不露声色，把陈叔宝的回信交文武百官传阅，这一来，把隋国文武百官的怒火点起来了，奏请攻灭陈帝国的呼声此起彼伏。于是杨坚征求臣僚消灭陈帝国的方略，最终形成的战略谋划是：在长江以南水稻将要收割时，隋帝国在长江北岸集结少量兵马，大造打过长江去的声势，待陈帝国调配大军前来阻击后，隋帝国即把军队撤回。同样的做法反复使用几次，也就是用虚张声势把陈帝国的军队折腾得筋疲力尽后，陈帝国开始麻痹了，这时隋帝国才真的派大军打过长江去。

毫无疑问，这是隋帝国牵着陈帝国鼻子走的打法。面对如此危险的局面，陈帝国皇帝陈叔宝自称奴隶，把自己卖给寺庙，还在首都建康（南京）兴建大皇寺，另建七层佛塔，以求逢凶化吉。结果佛塔尚未完工，突然起火，夷为平地。

趁着大皇寺火光的照耀，隋帝国大军打过长江，攻城夺地，打到了建康郊区，长江以南陈帝国的郡、县纷纷举旗投降。已经危在旦夕了，陈帝国皇帝陈叔宝还迈着四方步，悠闲地对左右侍从说："天子之气，一向都在建康。北齐帝国三次渡江，北周帝国两次南下，没有一次不被击败，隋国军队又能怎么样？"他还下诏说："野狗脏羊（指隋军），对我们肆意凌虐，侵犯京畿郊区。蜂蝎虽小，却是有毒，应尽快清除。我当亲率皇家六军，扫荡八方。"陈叔宝的六军中，"和尚、尼姑、道士，都不准免役，一律参战"。陈叔宝"扫荡八方"的战法是，率宫女宦官十余人，跑到后宫井阳殿，躲到殿中的深井里。隋军在井口呼喊陈叔宝的名字，陈叔宝不应答，士卒说将往井里投石头，陈叔宝才惊叫着要出来。士卒遂放下绳索，叫陈叔宝捆绑身子，好把他拉上来。往上拉时，十几个人拉都很费劲，大家很纳闷，陈帝国皇帝得有多肥呀！待拉到井口一看，原来不是陈叔宝一个人，捆到一起的还有他宠爱的贵妃张丽华和孔贵嫔，三个人捆在一起，可不是重吗！

南北朝历史的南朝，随着陈国皇帝陈叔宝从井里被拉上来而画上句号。

文章写到这里，涌上心头的是一种说不清楚的滋味，我停下笔来想了好久，也没有理清这滋味到底是什么。那就读读元代著名诗人萨都剌的《满江红·金陵怀古》，看能否受点启示。

词如下：

六代豪华，春去也，更无消息。空怅望，山川形势，已无畴昔。王谢堂前双燕子，乌衣巷口曾相识。听夜深寂寞打孤城，春潮急。

思往事，愁如织。怀故国，空陈迹。但荒草蓑衣，乱鸦斜日。玉树歌残秋露冷，胭脂井坏寒螿泣。到如今只有蒋山青，秦淮碧。

立国三十三年的陈帝国，这个南北朝时期南朝的最后一个帝国，完成了把中国历史嫁接到隋王朝的使命。

下面，让我们循着司马光《资治通鉴》的笔端走向，去欣赏与南朝并立的北朝各帝国交替的历史精彩！

第四章

历史的北朝『看点』

与长江南岸四国对峙的，是北魏帝国……

北魏帝国是鲜卑族的一个分支拓跋族建立的，立国长达一百七十一年，是它荡平黄河以北诸多“五胡十六国”的帝国……

漫长的一百七十一年，“看点”很多，故分多章来写……

北朝——黄河以北的北魏帝国

公元261年，世代居住在瀚海沙漠以北蛮荒地带的索头部落可汗，派儿子拓跋沙漠汗到曹魏帝国进贡，并留在洛阳充当人质。

这是一个重要的历史节点，索头部落走出的这一步，走出了中国历史拓跋——北魏——北朝波澜壮阔的恢宏画卷！

索头部落是鲜卑族中最大的部落，有史学家追寻他们的祖先，追到了李陵。李陵是西汉王朝的战将，是名将李广的孙子。公元前99年，李陵率五千官兵深入大漠深处，与匈奴主力展开了一场中外战争史上绝无仅有的、以寡敌众的殊死战斗。李陵战败被俘，匈奴汗国冒顿非常敬佩李陵，特地把女儿拓跋嫁给李陵为妻，并生下子女。依照匈奴的传统习惯，儿子从母姓，李陵的儿子便姓拓跋。史学家的这个追寻，并没有得到拓跋族的认可，他们很多人不承认自己是李陵的后代。居住在瀚海以北蛮荒地带的拓跋族人，在拓跋毛可汗时期，统治三十六个封国、九十九个部落。势力强大以后，拓跋族便开始向南迁移，先是进入匈奴汗国瓦解后留下的真空地带，后在拓跋力微时期，定居于内蒙古和林格尔县及河北、山西的北部。公元295年，索头部落把所辖国土分成三部，一部是河北怀来县之北、内蒙古多伦县之西，一部是河北蔚县之北，一部是山西右玉县和内蒙古和林格尔县。并从此开始，接纳汉人，招揽汉族名士到拓跋族政府任官。

“五胡十六国”时期，虽然北魏的史官没有把拓跋族纳入“五胡”之中，但拓跋族无疑是“五胡十六国”中的主力，且在长江以北各国的打斗中，越打越强，越打领土越拓展。至公元386年，索头部落召开大会，北魏帝国宣告成立，年仅十六岁的拓跋珪登上王位，定都襄郡（今内蒙古和林格尔县）。公元398年，拓跋珪正式称帝。

北魏帝国立国时，天下帝国林立，长江以南有东晋帝国，长江以北有氐族的前秦帝国、后凉王国，羌族的后秦帝国，鲜卑族的后燕、西燕、西秦帝国等。毫无疑问，位于河北、山西以北及内蒙古和林格尔县的北魏帝国，并非当时天下的强国。可是，北魏帝国的立国长达一百七十一年，不仅灭掉了长江以北的诸多帝国，而且形成了在东晋帝国灭亡后，与定都建康（南京）的南宋、南齐、南梁、陈帝国的南北朝对峙。

拓跋族的北魏皇帝，具有鲜明的少数民族特色。

野蛮，无疑是他们的一个鲜明特色。

率性、洒脱、鲜活，也是他们的鲜明特色。

在治国理政上，则更多的是儒学礼制特色。

下面让我们走进司马光的《资治通鉴》，一起去看个究竟！

拓跋珪——北魏帝国的开国元勋

拓跋族与慕容族同属鲜卑族，双方的婚姻联系很多，拓跋珪的父亲就娶了慕容族的女人为妻。慕容垂建立后燕帝国后，当时尚称代国的拓跋族主动投靠，得到后燕帝国的多方援助。拓跋珪登上北魏帝国的帝位后，开始侵扰周边各种族部落，引起后燕帝国不满，皇帝慕容垂决定反击，于公元395年五月，派太子慕容宝等将领率八万大军直指五原（今内蒙古包头市），同时派近二万人作后续支援，打算教训一下北魏帝国。一看这来头，拓跋珪下令所有部落和家畜牲口西渡黄河，向西撤退躲避。同年九月，拓跋珪率军队抵达黄河南岸，慕容宝率领的后燕远征军，同时抵达黄河北岸。后燕军队登上舰船南渡黄河时，突然狂风大作，把数十艘舰船刮回了黄河南岸，数百名后燕官兵被北魏俘获。拓跋珪在后燕远征军的交通线上设下埋伏，将远征军之间相互派出的信使一个一个抓获，并叫他们回去告诉慕容宝："你父亲已经去世，为什么还不回去。"

这是一个真真假假的消息，真的是，慕容宝出征时，皇帝慕容垂确已患病；假的是，此时慕容垂仍活着。远征军出征几个月时间，不知道慕容垂是死了还是活着。

正因为消息真真假假，而使得后燕远征军恐慌骚动。赵王慕容麟的部将慕舆嵩等人，认为皇帝慕容垂已经死了，打算发动兵变，拥戴慕容麟继位。阴谋泄露，慕舆嵩等一干人全被处死，慕容宝与慕容麟兄弟之间开始互不信任。在这种情况下，慕容宝于同年十月二十五下令撤军，焚烧舰船，以防北魏军队乘船渡河追击。但慕容宝认为，没有船了，北魏军队不可能渡过黄河，所以没有派出后卫部队掩护撤退。也是巧了，后燕军队烧毁舰船时，黄河水面只有碎冰，可到了十一月初三，气温急剧下降，一夜之间黄河冰封，拓跋珪于是率军踏冰过河，留下辎重粮草，遴选二万精锐骑兵，强行追击。

接下来便发生了震惊历史的“参合陂惨案”。

后燕远征军撤至参合陂（今山西省阳高县），突然狂风陡起，一道黑气排山倒海涌来，霎时笼罩远征军大营。随军参战的佛教高僧支昙猛，警告慕容宝说：“风云突变，是敌人将要接近的预兆，应马上派军殿后抵御！”慕容宝认为黄河尚未封冻，北魏军队过不了黄河，因而不予理睬。支昙猛急了，反复劝谏，慕容宝大怒，骂支昙猛“妖言惑众，扰乱军心”，要将他斩首示众。后在宰相慕容德的劝说下，才派慕容麟率三万人殿后掩护。慕容麟则因部众拥戴他接替皇位而被诛杀一事，心怀不满，因而率军殿后表现得极其懈怠，一边走一边打猎，连个打探警戒都没派出。慕容宝也不放心，派骑兵向西打探北魏大军的消息，而这些骑兵走出十余里便下马解鞍，呼呼大睡。

拓跋珪督促大军日夜兼程追赶，至十一月初九傍晚便抵达参合陂西侧，并连夜排兵布阵，于次日凌晨便把作战有利的各据点全部占领。第二天一早，拓跋珪一声令下，发起总攻。后燕官兵惊恐万分，乱成一团，根本就组织不起反击抵抗，而后撤的道路又被北魏大军封阻，后燕大军顿时崩溃。太子慕容宝倒是生逃了，可随军作战的后燕帝国亲王、公爵及文武百官数千人被俘，还有四五万后燕官兵被俘。

按照拓跋珪的安排，将被俘的四五万官兵，“一律发给衣裳粮食，遣送回国”，但遭到总监王建反对，他认为后燕帝国很强大，这次倾全国人力财力来攻打北魏，结果天助北魏获胜，但如果把这么多俘获的官兵放回，对北魏是极大的隐患。因此，王建提出将俘虏全部坑杀。

对于王建这一泯灭天良的提议，皇帝拓跋珪的天地良心顿时卡壳，随即摔碎一地。

可怜四五万个活蹦乱跳的生灵，全被活埋坑杀，这是造的多大的孽啊！

后燕帝国皇帝慕容垂没有死，但已是年过七旬的老人，且身体患病。“参合陂惨案”激起了这位老人的无限愤慨，他决定亲自出马，对北魏进行报复。

慕容垂是当时天下诸多帝国中的第一军事大家，用他的话说是：“从口袋里随便摸出一个纸条（指预案）来，就能把一个国家灭掉。”慕容垂亲自率军，秘密越青岭、穿天门、凿山路、走鸟道，神不知鬼不觉地出现在平城（今大同市），把驻守平城的北魏大军一举击溃，把北魏公爵拓跋虔击杀，把平城的官兵和三万余户人家全部接收。闪电般的大捷，打得北魏上下惊恐。

慕容垂特地到参合陂祭奠后燕死难官兵，看到堆积如山的骨骸，他羞惭愤怒，大口吐血而死。

慕容垂死去，标志着强大的后燕帝国倒塌。北魏拓跋珪随即发起了对后燕并州（今山西省）的一连串进攻，夺取并州后便开始搭建政府管理构架。司马光写道：州、郡长之下的官员，全由知识分子担任；“任何一个士大夫前往军营大门谋求职位，不管男女老幼，拓跋珪都亲自接见，使每个人都说完要说的话，只要有一点才干，就加以录用。”拓跋珪的北魏帝国，不仅大量录用知识分子为官，而且大量招揽天下贤才。禁宫首席侍从长张兖，向拓跋珪推荐后燕帝国皇家图书馆馆长崔逞，张兖没见过崔逞，只是从别人嘴中听到过对崔逞的赞誉，便推荐给皇帝拓跋珪，拓跋珪当即任命崔逞为尚书，主持所辖三十六个司（曹）的事务。在攻打后燕帝国首都（今河北省正定县）

的战斗中，拓跋珪听说高阳（今河北省蠡县南）郡长崔宏是个贤才，此时正逃往东方，便立马派人去追，追回后任命为禁宫侍从长，与张兖共同主持政府机要，制定国家法令制度。战斗还没打完，拓跋珪听说前秦帝国大智囊王猛的孙子王宪在高邑（今河北省柏乡县北），特地前去高邑访询，见到王宪后高兴地说："你就是王猛的孙子啊！"随即任命王宪为本州（今山东省青州市）总考选官，负责东方各州的人才选拔工作。

知识人才是立国之本，强国之基。拓跋珪率领的北魏帝国，是在没完没了的战斗中，用一个接一个的胜利把北魏的强盛串联起来的，而北魏帝国不断从胜利走向胜利，又是与一拨一拨知识人才的大智良谋密不可分的。

公元398年十二月，拓跋珪称帝，定都平城（今山西省大同市）。根据智囊崔宏、崔逞等人的建议，皇帝拓跋珪推出了一项促使北魏强盛的机制性政策——"部族解散政策"。将拓跋族所属的各部族，集中迁居到国都平城，将各部族统辖族民的大权，收归北魏帝国政府所有。集中于平城的各部族鲜卑人，按东南西北等方位，重新编为"八部"，作为北魏军队的核心力量。这种特别强化帝权的国家结构创建，为北魏帝国完成华北的统一大业，终结"五胡十六国"的历史，开辟南北朝对峙的局面，起到了不可估量的作用！

北魏立国之前，拓跋珪召集文武百官讨论帝国的国号，多数人建议沿袭使用"代国"作为国号，禁宫侍从长崔宏提出以"魏国"为国号，理由是："魏"是美好伟大之意。崔宏说："商王朝政府，不常设在一个地方，所以有时称'殷'，有时称'商'。'代'虽是一个古老的国度，但上天的恩宠却是新近赐下的，我们已经把国名改为'魏'了，所以应保持'魏'的国号。"听了崔宏这席话，皇帝拓跋珪拍板敲定。

拓跋珪登上帝位后，诏令北魏“依照汉民族儒家学派的古代制度，制定朝廷和祭庙使用的音乐礼仪”。顺便说一句，也即是从这时起，拓跋珪诏令：“无论朝廷官员或乡里小民，都要把头发束成辫子，盘到头上，再戴冠帽。”在此之前，汉族男人是把头发连根扎起，免得像女人一样蓬松四散。鲜卑人的“束发”，是把头发结成一条辫子，这种“束发”一直延续到女真族的清王朝。

拓跋珪遴选调迁文武官员，爵位分四等，品位分九级，此外设普通官五品到九品，政府官员有空缺时，从中遴选补充。这些官员的称号，不仅沿袭了汉王朝和曹魏帝国的传统官名，而且仿效上古前例，设置了“龙官”“鸟官”等。如负责四季祭祀的称“龙官”，管历法的称“凤凰官”，管民政的称“祝鸠官”，管治安的称“爽鸠官”，信使称“凫鸭官”等，完全采用的是汉族王朝官名设置。

皇帝拓跋珪诏令崔宏主持，设立儒学五经教授，增加大学学生名额三千人。

对此，司马光特地记载了拓跋珪与大学博士李先的一段对话，实录如下：

拓跋珪：“天下什么东西最好，可以增加人的智慧？”

李先：“图书。”

拓跋珪：“天下共有多少图书，怎么才可以搜集到一起？”

李先：“自从有文字以来，图书数量每年增加，今天已经无法计数。如果皇上喜欢，不必担心搜集不起来。”

拓跋珪即诏令：“各郡县大肆搜集图书，全部送到首都平城。”

早在北魏大军攻打后燕帝国首都时，因久攻不克，而军中的粮草又供给不上，拓跋珪便征询文武百官的意见。御史中丞崔逞说：“桑葚可以充当军粮，猫头鹰因吃桑葚而声音都变得好听。此事《诗经》上说得至为明白。”《诗经·泮水》写道：“翩彼飞鸮，集于泮林。

食我桑椹，怀我好音。”崔逞说话无意，但听话的拓跋珪却大不高兴，认为这是崔逞对自己的侮辱。因为拓跋珪认为，猫头鹰是一种恶鸟，民间有“猫头鹰夜啼，是不祥之兆”之说，故而认为崔逞是把他比作猫头鹰。但拓跋珪还是把心头的怨气压下，采纳了崔逞的建议，允许人民用桑椹缴纳田租。公元399年，东晋雍州督导官郗恢写信向北魏求救，没有称拓跋珪皇帝，拓跋珪不满意，叫崔逞和奋武将军张衮代他写封回信，务必贬低东晋帝国皇帝。崔逞在回信中称东晋皇帝为“贵主”，拓跋珪顿时火了，说：“让你们贬低东晋皇帝，你们却称他‘贵主’，比起他叫我‘贤兄’，你以为怎么样？”直到这时，拓跋珪才把崔逞拿猫头鹰侮辱他的火撒出来，逼迫崔逞自杀。对于张衮，拓跋珪找了个他推荐的人不称职的理由，把他贬为初级见习官。一年后，闭门不出的张衮逝世。

拓跋珪追求长生不死，长期服用“寒食散”。“寒食散”是当时天下贵族常服的一种药，据说可以永葆青春，使肌肤雪白，但毒性很强，服用后浑身发热，必须用长途散步使热度消失，被叫作“行散”。问题是“行散”能消除浑身发热，却并不能排毒，长期服用的人，最终因肌肤崩裂而死。拓跋珪长期服用“寒食散”，体内积毒很深，脾气变得暴躁，一言不中听就杀人。根据《服饵仙经》的记载，拓跋珪特别设立仙人博士，建筑仙人牌坊，熬炼各种草药。药熬成后，命已判死刑的人试服，多数人都在服药后死亡。即便如此，拓跋珪仍然不停地征求药方、药材，让死刑犯试服。

从司马光的笔端走向看，虽然拓跋珪并未完全从封建帝王的残暴、荒淫、奢侈的模式中脱胎出来，但总的看，作为少数民族拓跋族皇帝，在国家机构的设置、官员的遴选晋级、思想文化的倡导等方面，还是很有作为的。“参合陂惨案”后，拓跋珪“深为后悔”，朝鼓励他坑杀降卒的总监王建脸上吐过唾沫，并将围攻邺城俘获的七百人全部释放送回。崔逞被杀后，司马光的记载是：“拓跋珪深感后悔。从此，知识分子有什么过失，多能受到包容优待。”

对于封建帝王来说，错了能改，是难能可贵的！

公元409年十月，北魏帝国的开国元勋拓跋珪，被儿子拓跋绍刺死，由此开启了帝位争斗的乱局。

拓跋嗣——守成有为的皇帝

北魏帝国第一任皇帝拓跋珪，娶匈奴部落酋长刘头眷的女儿为妃，生下儿子拓跋嗣。攻陷后燕帝国首都中山后，将俘获的后燕皇帝慕容宝的小女儿封为贵妃。就如何在这两个女人中遴选一个皇后，拓跋珪采用了索头部落古老的传统做法：命这两个女人，不用任何辅助工具，只用手铸一个金人，铸成金人的即为皇后。这在索头部落看来，能够铸成金人的，表示天神喜爱；铸不成的，表示天神不高兴。

结果，鲜卑部落的慕容氏，铸成金人，成为皇后。

问题来了，拓跋嗣的母亲没有铸成金人，他能当太子接替帝位吗？

答案是：能，但必须遵循索头部落另一个残忍的传统习俗，即确定谁当太子，太子的生母必须自杀。

公元409年，北魏帝国确定拓跋嗣当太子，强令他的生母自杀。为此，皇帝拓跋珪特地对拓跋嗣解释："汉武帝刘彻杀钩弋夫人，目的是预防母后干预政治和预防舅父或外祖父作乱。你就要继承大统，所以我效法古人，这只不过是为了帝国的长久之计。"

司马光写道："拓跋嗣至为孝顺，悲哀号泣，不能控制自己。"回到太子宫后，拓跋嗣"日夜悲号流泪"。皇帝拓跋珪大为恼怒，召拓跋嗣进宫再作解释。拓跋嗣身边的官员知道，拓跋珪服用"寒食散"中毒很深，性情暴戾无常，拓跋嗣一旦进宫，大祸难以预测，因而建议拓跋嗣暂时躲避，拓跋嗣遂逃离京师平城。

就在这个当口，皇帝拓跋珪因听说北燕帝国皇帝高云被刺杀，情绪更加暴躁，诟骂贺夫人并把她囚禁，打算杀掉。这个贺夫人，是拓跋珪母亲的亲妹妹，长得非常漂亮，拓跋珪一眼相中，要求纳为妾。母亲不同意，说："太美丽的东西，一定有毒。况且她已有丈夫，不可强夺！"拓跋珪则暗地派人刺杀她的丈夫，收纳辈分是姨母的贺夫人为妾，并生下一子叫拓跋绍。司马光载：拓跋绍凶暴无赖，经常穿着平民衣服，游逛大街小巷，还经常抢劫行人商旅，剥光他们的衣服，认为这是无上欢乐。拓跋珪听说后气得发抖，把他捉到后，头朝下、脚朝上倒悬在水井里，直到快要断气才拉出来。拓跋绍的母亲贺夫人被囚禁后，秘密派人通知拓跋绍来救她。拓跋绍于是带领身边的武士、宦官、宫女数十人，翻墙进宫，把老父拓跋珪刺死。

北魏朝廷的文武官员，在太子拓跋嗣返回平城后，逮捕拓跋绍，拥戴拓跋嗣登上皇帝宝座。当然，这得用拓跋绍和他母亲贺夫人的头颅，以及一帮官员、宦官、宫女的鲜血，作为北魏帝国第二任皇帝登基的祭奠。

十八岁的皇帝拓跋嗣，登上帝位后做的第一件事，便是处理各郡县祸害人民的土豪劣绅。北魏的"部族解散政策"，已经将集中于平城的各部族鲜卑人统管起来了，定居于平城之外各郡县的则是其他少数民族的人民，其中不少人用强暴手段掠夺财富，成了土豪劣绅。因而在朝议时，不少大臣主张对这些人"杀""赦"并重，先"杀"后"赦"。拓跋嗣则拍板敲定，先用温和的诏书赦免土豪劣绅的罪过，尔后征调他们来平城定居，对抗拒赦免和征调的才派军队征讨。

司马光载：北魏派出军队一万人，讨伐抗拒赦免令的人，所到之处，全部平定。

拓跋嗣的智囊崔浩，熟读《易经》《洪范》，既懂天文，又懂占卜，是北魏帝国乃至当时天下谋略最高的智囊，拓跋嗣对他非常信任。但这种信任，是在君臣谋事、处事的实践中逐步建立起来的。

我们来看看。

公元415年，北魏连续数年遭遇旱灾，从内蒙古和林格尔县到河北蔚县、山西大同一带，饿死的人很多，于是有人搬出神秘预言书，鼓动拓跋嗣迁都邺城。文武大臣朝议时，崔浩的意见是：迁都，大部分人民得跟着去，首都平城空虚，夏帝国的赫连勃勃、远在沙漠的柔然汗国，必然前来进攻，如此的话，北魏军队救援都困难；北方人迁到南方，水土不服，瘟疫等疾病一旦爆发，难以稳定下来。崔浩提出的对策是：将实在是活不下去的人，送到太行山之东去谋生；从现在起便推行耕种，做保障粮食供给的准备。毫无疑问，崔浩的分析和对策，是正确的，得到拓跋嗣的诏准。

北魏天文台长观察到火星在天鸡星座出现后却突然失踪，不知落到何方，认为马上有一个国家覆亡。拓跋嗣立即召集懂天文、历史、祭祀的高级知识分子讨论应对。崔浩分析认为，尧帝治理天下，以“五”作为施政计划单元，由此推测神灵降临的日子，覆亡的国家当是后秦帝国。参与讨论的知识分子都侃侃而谈，不赞成崔浩的意见，崔浩不跟人家争辩，只是微笑。皇帝拓跋嗣也是将信将疑，不到一年，后秦帝国灭亡，才对崔浩更加信服。

公元417年，东晋帝国全国武装部队总司令刘裕，正在做累积军功、登上南宋帝国皇位的准备，向后秦帝国发起总攻。后秦帝国的首都在长安，刘裕率军打去，必走黄河，而走黄河就得向北魏借道，一旦北魏大军阻止，东晋的刘裕就达不成战略目标。正是在这种情况下，北魏的拓跋嗣站在黄河北岸，东晋的刘裕站在黄河南岸；拓跋嗣所担心的是刘裕的军队登上黄河北岸，刘裕担心的是北魏横插一杠打过来。针对拓跋嗣的担心，北魏朝廷的文武百官进行了激辩，主流意见是，刘裕攻打后秦是假，登上黄河北岸进攻北魏是真，因而建议

“出军切断黄河上游，阻止晋军西上”。站到主流意见对立面的，只有崔浩一人。

崔浩说：“为国家制定方案，必须把国家的利益放到第一位。”他认为，东晋没有能力攻取北魏，但刘裕看清了攻灭后秦帝国的时机，在这种情况下，借黄河之道给刘裕，北魏安然无恙。如果北魏出兵阻击，刘裕即会放弃对后秦帝国的进攻，转而上岸把矛头指向北魏，这是北魏替后秦帝国挨打。

拓跋嗣虽相信崔浩的判断，却心里又放心不下，于是诏令军队作防止刘裕大军登上黄河北岸的作战准备，同时派出数千名骑兵，在黄河北岸伴随刘裕的舰队西上。行至山东聊城时，刘裕派出近千名武士登岸，组成“新月阵”，北魏宰相长孙嵩率三万大军前来攻击，结果大败而归。直到这时，皇帝拓跋嗣才“后悔没有采用崔浩的意见”。

但北魏皇帝拓跋嗣毕竟年轻，他在东晋帝国齐郡（今山东省淄博市）郡长投降北魏后，立即觉得对刘裕大军发起攻击的机会来了，但他没有立即拍板，而是先听崔浩的意见，问了三个问题：刘裕攻击后秦能不能成功？刘裕的才干比后燕帝国皇帝慕容垂如何？刘裕大军打到函谷关，我出动精锐骑兵攻击彭城行不行？崔浩则站在“把国家利益放在第一位”的起点上，深刻分析了后秦帝国肯定覆灭的原因，认为刘裕是从贫民崛起的“接地气”伟人，指明北魏所处的周边形势不利于进攻彭城等，深刻透彻，堪比诸葛亮的“隆中对”。君臣二人谈到深夜，拓跋嗣形容崔浩所言，如盐和酒一样，有滋有味。

公元422年五月，南宋帝国的开国皇帝刘裕去世，北魏皇帝拓跋嗣又觉得是个机会，打算派大军攻打南宋，夺取黄河南岸的洛阳、虎牢（今河南省荥阳市）、滑台（今河南省滑县），他征求崔浩的意见，崔浩明确表示反对。但拓跋嗣不听，他坚持的理由是：“刘裕利用姚兴（后秦皇帝）之死的机会，灭掉了后秦帝国，我们利用刘裕

（皇帝）之死的机会，灭掉南宋帝国，有什么不可以呢？”

这是两码事，拓跋嗣的理由与事件的本质不搭界！

结果公元422年开打的北魏与南宋之间第一次南北大战，战场形势像拉锯一样，今天你进我退，明天我进你退，打到公元423年十一月，北魏以许昌确定南方边界，以钟城（今河南省尉氏县）确定东方边界，虽然小胜，却没占到什么便宜。

但是，两国死伤的军人，还有被战火蹂躏而死的民众，就无可计数了！

就在南北大战的战幕合拢的同时，三十二岁的北魏帝国第二任皇帝拓跋嗣逝世，太子拓跋焘登基（三任）。

北魏帝国拓跋嗣为帝的时期，处于“五胡”少数民族帝国衰败的时期，也是东晋帝国全国武装部队总司令刘裕筹建南宋帝国的时期，司马光的史笔对拓跋嗣的记述不多。但从不多的记述中能够看出，拓跋嗣是北魏帝国不错的皇帝之一，他性善、听劝，不是那种动不动就“震怒”杀人的皇帝。拓跋嗣还修筑了从赤城（今河北省赤城县）西到五原（今内蒙古包头西北）两千余里长城。拓跋嗣在位十六年，能做出如此成绩，应该名扬史典！

拓跋焘——北魏开疆拓土的皇帝

拓跋嗣去世后，太子拓跋焘登上了北魏帝国第三任皇帝的宝座。

拓跋嗣跟当时天下所有的贵族一样，服用“寒食散”，他当皇帝的后几年，毒性连续发作，他预感到自己的不测后，秘密征询崔浩的意见。崔浩则明确告诉他，必须早早地确立太子，选择贤明的宰相或部长级官员做太子的老师，太子在京时由太子主持朝政，太子离京时由太子统帅三军。说白了，就是由太子早一点得到如何当皇帝的实际锻炼。崔浩还同时推荐了拓跋焘做太子，他是拓跋嗣的长子，很聪明，性情也温和。拓跋嗣便立十五岁的拓跋焘为太子，坐在金銮宝殿上主持朝政，他则隐退西宫，时不时地悄悄出宫，观察拓跋焘处理国事的裁决，非常放心地告别了人世。

北魏第一智囊崔浩

北魏帝国第三任皇帝拓跋焘，历史对他的评价很高。司马光记载：拓跋焘这个人雄壮勇敢，沉着稳重，无论登城防御，或身在战场，短兵相接，都身先士卒，亲冒乱箭飞石；左右死伤不断，而拓跋焘神色自若。因而将领士卒，无不畏惧佩服，都愿尽力效死。司马光还写道：拓跋焘“性情节俭，衣服饮食，够用就已满足”。文武百官请求加固京师（首都平城）城墙，拓跋焘则说：“古人有句话：‘只在恩德，不在险要’，赫连勃勃用蒸过的土筑城，而我把他灭掉，问题岂在城墙坚固不坚固！而今天下还没有太平，正需要人力的时候，大兴土木之类的事，我不愿去做。”司马光还写道：拓跋焘认为，财政是帝国的基础，不可轻易浪费。至于所发赏赐，都是为国死难、有功人士的亲属，皇亲国戚从没有过。拓跋焘常说：“法律，我跟人民共同遵守，怎敢轻视。”司马光对拓跋焘的负面评价，只说了一句：“性情残忍，说杀就杀，而且往往杀人之后又后悔。”

一下笔写了对拓跋焘的这么一大段评价，但在我看来，似乎还不完整，他还有许多鲜明的特点。比如，他很有主见，却很听劝；他魄力很大，敢于决断，但错了能改；他明朗爽快，活脱脱的性格跃然纸上。当然，他最值得评价的，便是开疆拓土的建功伟业。

拓跋焘的开疆拓土，得益于一个人，叫崔浩，他可称得上是北魏第一幕僚。

崔浩跟上文中提到的崔逞，是一个祖先，但不是同一个支派。崔浩博古通今，才华盖世，了解天际奥秘，通达人间世情，军事谋略和政治方案，当时没人能跟他相比。崔浩深受北魏二任帝拓跋嗣信任，早立太子经历当皇帝的实际锻炼，包括立拓跋焘为太子，就是崔浩跟拓跋嗣建议的。崔浩不信《老子》《庄子》，也不信佛教，引起北魏朝廷一大批笃信佛教、道教的文武臣僚不满。为了避嫌，拓跋焘曾一度免掉了他的高级国务官，保留公爵，命他返回私宅。但每遇大事及疑难问题，仍向崔浩请教。比如，《易·系辞上》说：“河出图，洛出书，圣人则出。”传说伏羲时有龙马从黄河出现，背负“河图”，有神龟从洛水出现，背负“洛书”，伏羲则根据“河图”“洛书”画成八卦，即后来演变成的《周易》。对此，北魏朝廷没有人能给出解释，崔浩说：“圣明的君王接受天命，上天必有祥瑞相应。‘河图’‘洛书’都由虫兽呈现，没有文字。不像今天，人神面对，手书笔迹，十分明确。‘河图’‘洛书’辞意深奥奇妙，我们不能因为世俗的顾虑而忽视上天的旨意。”拓跋焘听了十分高兴，更加信任崔浩。

拓跋焘登上帝位后，就先打柔然汗国还是夏帝国，是听了崔浩的意见拍板的。

柔然是一个古老的民族，最早在今鄂尔浑河和土拉河流域游牧，附属拓跋部落。北魏迁都至大同后，柔然进驻阴山一带。公元五世纪初，首领郁久闾社仑迁居漠河以北，并称可汗。柔然汗国经常侵犯北魏帝国，一任帝拓跋珪率军攻打过柔然，二任帝拓跋嗣也率军攻打过柔然。柔然的战法灵活，北魏边境防务空虚就来打，北魏大军打过来了就跑。公元424年，得到北魏二任帝拓跋嗣逝世的消息后，柔然六万大军进入云中（今内蒙古和林格尔县），抢夺了大量财物和百姓，北魏大军一开过去，柔然大军就退到大沙漠找不着了。在满朝文武百官建议率先攻打柔然汗国时，崔浩跟群臣唱了反调，主张先攻打夏帝国，他认为夏帝国已经烂透了，人神共弃，一定能击溃夏帝国。

诚如崔浩所分析的那样，公元426年，北魏发起了对夏帝国的攻击，这一打，夏帝国秦州、雍州所属的氐部落、羌部落全部向北魏投降，北凉王国也向北魏归附。在攻打统万城的战斗中，拓跋焘下令两个纵队包抄进攻，命令一下，突然狂风卷起沙尘，从东南方席卷而来，天地一片黑暗，伸手不见五指。通晓鬼神法术的宦官赵倪，告诫拓跋焘，这是“上天不肯帮助我们”，催促拓跋焘下令撤兵。正在拓跋焘犹豫之际，崔浩站出来厉声喝止，说：“刮风下雨，只看人们怎样利用，岂有刻板地认为一定对我们不利！”崔浩建议“隐蔽出击，作意外袭击”。拓跋焘听计，北魏大军攻入统万城，俘虏夏帝国亲王、公爵、官员、将领，及后宫嫔妃、公主、宫女数万人之多，马牛羊数十万，以及国库中数不清的奇珍异宝。皇帝拓跋焘下令依照等级，全部赏赐给将士。

在攻陷统万城后，拓跋焘看到了为夏帝国皇帝赫连勃勃歌功颂德的《统万碑文》，不仅大怒，而且鄙视。这种灵魂跪着写出来的拍马屁文章，连少数民族的皇帝看了都恶心！

公元429年，拓跋焘决定对柔然汗国作一次毁灭性的大规模攻击，遭到尚书令刘絜和太史令张渊、徐辩等人的联手抵制，他们抵制的理由是，南宋将趁机向北魏进攻，并搬出所谓的"阴气"，大谈攻伐对北魏的不利。拓跋焘很生气，叫崔浩跟他们辩论。崔浩立足全局分析认为，盘踞建康（南京）的南宋帝国，虽有收复在拓跋嗣手里占据黄河以南土地的愿望，但目前尚不具备这个能力，不敢轻举妄动。而大漠之北的柔然汗国，夏季解散部众，到各地逐水草放牧，秋季牛肥马壮了再聚集，而此时，他们的背后是寒冷的荒原，面对南方温暖地带，便不时前来抢劫。因此，崔浩建议在柔然汗国"公马护着母马，母马护着小马，寻找水草的时候"，突然发起攻击，一举将其击溃。拓跋焘听计，向柔然汗国发起进攻，在菟园水（今蒙古国巴彦洪戈尔）和高车部落（贝加尔湖）一带，东西五千里，南北三千里的土地上发起扫荡，打得柔然汗国可汗带少数人向西远遁，一万多匹战马和数不清的牛羊牲畜，成了北魏的战利品。拓跋焘率军班师途中，顺手对高车部落东方游牧区发动袭击，又俘获一百余万头牛马羊和数十万顶篷帐的百姓。

拓跋焘指着崔浩，对归降的高车部落酋长们说："你们看看这个人，表面上细小瘦弱，既不会挽弓，又拿不动铁矛。可蕴藏在他胸中的智慧，却超过百万大军。我虽有征伐的志向，却不能决断，而每次都能建立大功的缘故，都是受这位先生的教导。"

公元430年六月，一心想救黄河以南民众于水火的南宋皇帝刘义隆，主动发起了第二次南北大战。北魏皇帝拓跋焘，下令放弃黄河以南的全部土地，大军撤回到黄河以北。拓跋焘的战法很接地气，他把黄河以南的土地一放弃，就给南宋帝国放出了两千余里的防线，守住这条防线，不仅牵扯了南宋大量军力，而且没有一处不是薄弱环节。北魏军队打仗不携带粮草，打到哪里都是就地获取。同年八月，待黄河以南的庄稼成熟了，拓跋焘率大军南攻，南宋大军不战而获得的大片土地，用连战连败迎来了北魏的铁骑。

在这次南北大战中，司马光特地写了一个很小的事件，从中能看到拓跋焘的明智。

北魏荥阳郡长王慧龙，在荥阳经营十余年，农耕武备双管齐下，成绩斐然，南宋归附投靠荥阳的达一万余户。荥阳处于南北对峙的前线，因害怕荥阳向南宋发起攻击，南宋皇帝刘义隆派出间谍，在北魏散播谣言，说王慧龙做出了很大成绩，但官位十来年没有得到提升，因而想叛变归附南宋。谣言传到皇帝拓跋焘耳朵后，他立即给王慧龙下诏：“刘义隆畏惧将军，就像畏惧老虎，因而对你造谣陷害，我看穿了他的诡计。这种捕风捉影的谣言，你不要在意。”皇帝拓跋焘这一诏书，彻底粉碎了南宋的谣言，坚定了王慧龙效忠北魏帝国的决心。这之后，南宋皇帝刘义隆派出刺客去刺杀王慧龙，刺客却被活捉了。王慧龙说：“生死都是命中注定的，他（刘义隆）怎么能害死我？我用仁义作为屏藩，有什么可担心的！”王慧龙把刺客释放了。

第二次南北大战，以北魏帝国的大胜而宣告结束。

公元450年，南宋帝国主动发起第三次南北大战。这里不写仗是怎么打的、北魏皇帝拓跋焘是如何排兵布阵、如何身先士卒、如何冲锋陷阵的，而是从拓跋焘的另一面，即人性的鲜活面写他的趣事。

听到南宋将大举进攻的消息后，北魏皇帝拓跋焘给南宋皇帝刘义隆写了一封信，信中写道：“听说你打算亲自送上门来，假如你能走到中山、桑干河，就请随意行止，你来我不迎接，你去我不相送。

倘若你已厌倦你的国土，不妨来平城（山西大同）定居，我也前往扬州，双方不妨异地而居。你年纪已经五十岁，从来没出过大门，虽然你自己会走路，可你的生活经验不过三岁小孩，比起我们生长在马背上的鲜卑人，你该是什么模样！没有多余的东西送你，且送上烈马十二匹，以及毛毡、药材等物。你远道而来，马力不足，可骑我送的马。水土不服害病，可吃我送的药。”

当然，面对南宋的进攻，北魏不能不应对。拓跋焘是这么应对的，他对文武臣僚说：“现在我们的战马还没有养肥，天气又正炎热，立即反击，不会胜利。如果宋国（南宋）不肯停止，继续北进，我们不妨退到阴山，暂时躲避。鲜卑人本来就穿羊皮做的裤子，要棉布绸缎干什么？能拖到十月，我就不再忧虑了。”

同年十一月，北魏大军打到了南宋的彭城，拓跋焘派人到彭城小市门向南宋守军索要美酒和甘蔗，作为回报，拓跋焘给守军送去了骆驼。甘蔗吃完了，又派人去索要广柑、橘子，又要借赌博用的赌具，还有乐器，作为回报，拓跋焘又送去了毛毡和九种盐。九种盐是：白盐，皇帝所食；黑盐，研成粉末，用酒冲服，可治肚胀；胡盐，可治眼病；戎盐，可治疮痛。还有赤盐、驳盐、臭盐、马齿盐等，可当药用或拌入草料给牲口治病。派去的使节还对南宋守军说，你们怎么不放下吊桥，派人来看看我个高个低、是老是少？

同年十二月，北魏大军打到长江北岸了，南宋皇帝刘义隆登上石头城远眺，十分忧虑。刘义隆想了个损招，派人把野葛制成的毒酒悄悄放到长江对岸的荒村空屋之中，打算毒死喜欢喝酒的北魏将士。拓跋焘则在对岸的瓜步山中开掘盘山道，在山上架设毛毡篷帐，并派人给刘义隆送去了骆驼、名马，提议两国和解，两国皇家缔结婚姻。刘义隆则迅速派“奉朝请”（已经退休，但因重大国事而请回朝廷帮忙做事的官员）田奇，给拓跋焘送去了广柑和米酒。拓跋焘抓起广柑就吃，斟上米酒就喝，侍卫担心有毒，提醒他不要吃，拓跋焘不理。他对田奇说："我远道来此，不是为了建立大功，传播名声，而是打算维系两国的永久和平，结成姻亲，互相照顾，这样的话，我一匹马都不会南下。"

拓跋焘在凯旋中，仍是走到哪里便讨酒吃到哪里。司马光的笔端，显然不是把他描绘成酒鬼，而是告诉后人，北魏的拓跋焘，是个活生生的皇帝，是个蛮有趣的皇帝。

史载，第三次南北之战后，南宋帝国创造的"元嘉时代"被打残了，开始没落。

反观北魏帝国，自公元304年进入长江以北及西北"五胡"所建立的诸多帝国，至公元439年，最后一个北凉王国被北魏灭亡，历时一百三十六年的"五胡十六国"时代结束，西域的龟兹、疏勒、悦般、粟特等王国，不远万里向北魏帝国进贡。统一北方天下的北魏帝国，与长江南岸的南宋帝国，开启了历时一百五十一年的"南北朝时代"。

拓跋焘，便是站在北朝历史舞台的皇帝第一人！

治国理政的明智举措

第二次南北大战结束后，拓跋焘下诏："两个盗匪集团（指南宋和夏帝国）分别被击败或消灭，我们将停止战争，发展文化教育，举办从前被忽略的事，物色隐居不出来做官的人。"拓跋焘还特地点名了一批隐居的贤能人士，征召到朝廷为官。短短时间，数百名高级知识分子，汇聚在北魏朝廷。但在执行这一诏令中，有些郡县对不愿出仕的隐居人士，采取抓捕、遣送等强制手段。拓跋焘即下诏说："各郡县首长应礼貌地转达我的旨意，尊重对方本人或是应聘，或是拒绝的决定，不可强迫！”

拓跋焘在开疆拓土的频繁战斗中，同时部署了诸多国家治理的重大举措，让我们循着司马光的笔端走向，挑几项看看。

——发展教育。崇尚武功、开疆拓土，无疑是北魏帝国的主旋律，在这种情况下，全社会特别是贵族子弟不把读书当回事。为改变这种局面，拓跋焘任命很懂教育的中书博士索敞，专门负责贵族子弟的学习。索敞行为有礼，神态严肃，引导得法，吸引了大批贵族子弟跟他学习。拓跋焘同时任命河内（今河南省沁阳市）人常爽为宣威将军，命他在温泉（今大同市东北）兴建学校，招收学生七百多人，按照教学的一般规律，组织学生学习、考试、答辩。史载：“北魏帝国读书风气，从此振兴。”

——制定法令。拓跋焘下诏说：“所有引起争议、有疑问的诉讼案件，都交付中书省，用儒家经典裁决。”他把制定法律的任务交给了宰相崔浩。北魏法律的主要内容是：不设长时间的有期徒刑，只设一年的有期徒刑；对用巫术符咒害人的，法律规定让其后背绑一只羊，胸前抱一条狗，投入河川；九品以上的官员犯法，可以用他的官爵赎罪；怀孕女人判处死刑的，待生下孩子后一百天再行刑；各级官府大门左右，设立“登闻鼓”，让有冤屈的人擂鼓申冤，等等。这样的法律规定，虽然能明显看出其鲜卑民族的局限性，但不用怀疑，是接地气的。

——移民屯垦。“五胡十六国”时期，几乎所有的战争都把掳获民众作为重要任务之一。拓跋焘开疆拓土、屡打胜仗，每次都掳获大批民众，因而战后都要作移民屯垦安置。这可是一项巨大且复杂的工程，一个少数民族在一个地方住惯了，与一方水土建立了感情，被迫迁移到另一方山水后，很多人不适应，叫他们稳定下来就很难。比如，在内蒙古多伦多县至包头市之间，北魏迁移安置了一千多户敕勒部落民众，他们不堪忍受北魏屯垦官员的欺压盘剥，打算在秋天牛肥马壮时逃回阴山之北的故乡。对此如何处置呢？北魏尚书省最高政务长官刘絜等人提的方案是，趁黄河冰封尚未融化之前，把这批人送到黄河南岸，待黄河冰封融化后，他们想跑也跑不了。拓跋焘不同意，说："这些人游牧放荡、生活散漫惯了，把他们放到屯垦区，就像关在笼子里的野鹿，逼得急了就会乱闯乱跑，缓和一点自会平息。"拓跋焘不强迫敕勒人迁徙，而是采取安抚缓和政策，使他们逐步安定下来。

——整治贪腐。皇帝拓跋焘自身很俭朴，但从北魏朝廷到各级政府官员，贪腐成风。于是拓跋焘下诏，鼓动官吏和民众检举郡、县长贪赃枉法的问题，查出并罢免了一批拓跋族的贪官污吏，包括在朝廷和地方任职的拓跋族皇亲国戚。但这个问题没有从根本上得到解决，因为北魏帝国实行的是官员无俸禄政策，官员的薪俸只能从封地或自家的田地、牧场获取。司马光写道：拓跋焘诏令举报郡、县长的贪腐问题后，各地一些恶势力便开始要挟郡、县长，迫使不少郡、县长不得不跟恶势力联手，变个花样贪赃枉法。但话还得说回来，虽然北魏因制度缺陷，而不可能从根本上惩治贪腐，但拓跋焘整治贪腐的愿望是好的。

——不信"谶言"。北魏立法官高允，深明天文历法，但他从不为人推算凶吉变化，他说："阴阳灾变，很难了解，一旦了解，又怕泄漏天机，不如根本不了解。"皇帝拓跋焘问他："治理国家，什么是第一优先？"高允说："我自幼贫贱，只知道农家琐事，帝国如果推介农耕，储蓄粮食，使官府和人民都有储备，以后就不再忧虑饥馑。"高允这么说是有所指的，当时北魏帝国因为皇家牧场、林苑、围猎场及宫殿周边，封禁了很多肥沃的农田。拓跋焘听明白了，"下诏解除封禁，把粮田全部交给人民耕种"。

这里对高允作点介绍，高允可称得上是掌握预测真谛之人。皇帝拓跋焘在首都平城南郊兴建白台，高达二百余尺，他的弟弟拓跋丕，梦见登上土台，四下张望，看不到人，便找巫师董道秀卜卦解梦，董道秀说“大吉大利”。受到鼓励的拓跋丕，膨胀了登上帝位的野心。可是不久，拓跋丕便死了，董道秀因受牵连被斩。高允对这事的评价是：“凡卜卦的人，都应按照卦象的指示，劝人尽忠国家，孝顺父母。当大王（拓跋丕）询问董道秀时，董道秀应该说：‘高到极点为“亢”，《易经》说“亢龙有悔”，又说“高而无民”都是不祥之兆，大王（拓跋丕）不可不戒。’如此，大王（拓跋丕）在上位得到平安，董道秀在下位也可保住性命。而他的解释却恰恰相反，怪不得会死。”看到了吧，高允是不是领悟到了预测阴阳灾变的真谛！

——错了就改。拓跋焘很智慧，也很有主见，朝廷的重大事项，他都召集文武百官讨论。对于反对自己的声音或不执行自己诏令的，他也愤怒、发火，但冷静下来，意识到人家是对的，他不是死撑着面子一错到底，而是错了就改。

下面以高级咨询官古弼为例，重点说说拓跋焘是怎么错了就改的。

古弼忠厚谨慎，朴实正直，认为皇家上谷林园（今河北省怀来县）占地太多，应削减一半让贫民耕种。古弼进宫向皇帝拓跋焘奏请时，拓跋焘正与皇家稽查官刘树下围棋，两人全神贯注，顾不上搭理古弼。古弼等了很久，也没机会开口，心里窝着火，不好向皇帝发作，就向刘树发作，跳起来抓住刘树的头发，揪住他的耳朵，边打边骂：“朝廷之所以不上轨道，都是你的罪过！”拓跋焘对古弼的这一突然举动大吃一惊，说：“不听报告，是我的错，刘树何罪？”古弼遂说明来意，拓跋焘当即批准。事后，古弼前往公车门，脱下冠帽，光着脚晋见拓跋焘，请求处分。拓跋焘说：“我曾听说，兴筑神坛时，光脚赤臂挑土；神坛落成后，穿衣戴帽祭祀，神灵照样赐给他福分。那么，你有什么罪？快穿鞋戴帽去做你的事。只要对国家有利，方便人民的事，你只管竭尽全力去做，不应有什么顾虑！”

公元444年八月，皇帝拓跋焘到河西打猎，命留守京师的古弼，把肥壮的马送过去围猎，而古弼送去的全是老弱瘦马。拓跋焘大怒，说：“笔头奴（指古弼）！胆敢违背我的命令，待我回去，先砍他的头！”古弼的头上尖下宽，拓跋焘常开玩笑说他的头是笔尖。听到皇帝发怒后，跟随古弼工作的官员大都恐慌，古弼却不慌不忙地对他们说：“我为人臣属，不让君王沉迷于游荡狩猎，罪小。不防备万一事变，使国家军用物资缺乏，罪大……我以肥壮马匹供应军队，把弱马供应狩猎人员，是为了国家的长久利益，死又何妨？况且，这是我自作主张，你们不必忧虑。”拓跋焘听说后，叹息说：“有这样的臣属，是国家之宝！”

不久，拓跋焘又到山北狩猎，捕杀活捉麋鹿数千头，下诏尚书省派五百辆车去拉。派往尚书省的使节一走，拓跋焘便对身边的人说：“笔头公一定不肯给车，你们抓紧用马运走。”拓跋焘往回走时，古弼的奏章到了，说的是：“今年粮食丰收，为防止野兽和鸟儿糟蹋粮食，早上收割比晚上收割能多出三倍，请暂缓运鹿，用车辆载运粮食。”拓跋焘看着古弼的奏章说：“果然不出所料，笔头公真是国家栋梁！”

史上首次“灭佛”惨案

佛教是东汉初年传入中国的，“五胡”入主中原建立的十多个帝国，其君臣大都信奉佛教，民间信奉的也很多。南朝的南梁帝国，皇帝萧衍笃信佛教，四次舍身出家，到寺院修行讲经，在皇帝的带动下，寺庙、宝塔建得遍地都是，民众出家为僧为尼的很多。北魏帝国皇帝拓跋焘也信奉佛教，听说位于印度克什米尔的佛教大师昙无谶，能驱使鬼神，医治百病，还有使女人多生儿子的秘密法术，动心了，打算把他请到北魏来。而北凉王国已经把昙无谶当作“圣人”请走了，拓跋焘便派人到北凉征召，凉王沮渠蒙逊不肯放行，便把昙无谶给杀了。

这一杀，虽然杀得拓跋焘非常恼火，但司马光的记载是，拓跋焘去了北山。司马光的记载只四个字：“前往北山。”去北山干什么？北山很大，拓跋焘到了北山哪些地方？司马光一字未写。北山即武周山，位于北魏首都平城（大同）之西，东西数百公里，南北二十多公里，山上有“云冈”，“悬崖绝壁，陡峭千仞”。虽然当时天下著名的“云冈石窟”尚未开建，但也就是拓跋焘去了这趟之后的二十余年间，“云冈石窟”开凿的“叮叮当当”声便在武周山响起来了。

从印度的佛学大师昙无谶被杀，到拓跋焘“前往北山”，这之间是否有天地之间的密码尚未破译呢？

北魏帝国信奉佛教、道教的人很多，但智囊崔浩不信，他深耕的是儒家“五经”，对破译天地密码的《易经》颇有心得，擅长阴阳灾变预测。他评价《老子》《庄子》是“虚构的理论，不近人情”，还说“为什么要崇拜这个胡人的神（指佛教）”。因为这个原因，很多臣僚不喜欢他，对他进行攻击。但皇帝拓跋焘对他非常信任，因为他提出的方案都是把“国家利益放到第一位”。但没过多久，崔浩便坠入对道教的痴迷。

崔浩的这一转变，源于一个人，这个人叫寇谦之。

寇谦之，嵩山道士，长期修炼道家法术，声称从天上降临人世的李耳，授予他“天师”称号，还传授给了他“辟谷”“轻身”法术，命他重整道教。寇谦之还宣称，李耳的玄孙李谱文给了他《图箓真经》《天宫静轮之法》两本法术之书，命他辅佐“北方太平真君”。

寇谦之视拓跋焘为“北方太平真君”，并把《天宫静轮之法》献给了拓跋焘。对寇谦之自我“宣称”的这一套，朝廷上下很多人不信，但崔浩信，皇帝拓跋焘更是深信不疑。拓跋焘特地派人到嵩山祭祀，把寇谦之在嵩山的一百二十余个门徒接到首都平城，在平城东南建立“天师道场”，坛高五尺，每月由寇谦之登坛讲法。寇谦之对拓跋焘说：“陛下是‘真君’之体统治天下，建立‘静轮天宫’大法，自从天地开辟以来，从未有过这种盛况，因此应登台接受‘符箓’（天书），用以褒扬圣明的恩德。”拓跋焘大喜，于公元442年正月乘坐法驾，登上道教神坛接受“符箓”。且自此之后，北魏帝国皇帝登基时，都要举行接受天书的仪式。

被道教奉为“真君”的拓跋焘，坠入对道教的痴迷而不能自拔，于公元444年正月，开启了历史上第一次“灭佛”惨案。

拓跋焘下诏：“王爵、公爵以下，直到平民，凡是私自在家供养佛教僧侣或是男女巫师的，应把他们全部送到官府。二月二十五之后，仍留在家中的，僧侣、巫师处死，主人斩首。”

公元446年二月，拓跋焘为平息天台王盖吴挑起的民变，率军抵达长安，跟随他的侍从官员，被一些和尚请到寺里喝酒，这些喝完酒出来的侍从官员，对拓跋焘说，在和尚的住处“发现有相当多的武器”。拓跋焘一听暴跳如雷，认为“这不是和尚用的东西，一定是跟盖吴勾结，打算暴动”。于是下令逮捕寺庙中所有的和尚，全部诛杀。在收缴和尚的财产时发现，不少州长、郡长和富豪存放在寺庙的贵重东西很多，数以万计；还发现，寺庙的密室窝藏着供和尚和官员玩弄的妇人美女。这一来，拓跋焘更是怒火万丈，崔浩则抓住这一机会，鼓动拓跋焘诛杀天下所有的佛教和尚，焚烧经书，摧毁佛像。拓跋焘当即同意。

于是，中国历史上第一次“灭佛”惨剧，从长安蔓延至北魏帝国全境。

长安城的一城和尚，顷刻全部人头落地，寺庙、佛像摧毁，佛经焚烧。

拓跋焘诏令首都平城的留守朝廷，通令全国，仿效长安模式展开屠佛。

拓跋焘的诏书是这么说的：“从前，东汉王朝的昏君，迷惑于邪恶的假神，破坏伦常。自从古代以来，九州之内从没有这种事情：言语荒唐，空话连篇，不合人情，在不安定的社会中，使人眼花缭乱，受到迷惑。因此之故，政治教育不能推行，礼乐仁义跟着败坏，天下之大全成废墟。我继承天命，打算铲除虚伪，保护真主，恢复伏羲、神农的太平世界，其他的全部清除干净，消灭得不留一点痕迹。从今以后，胆敢仍侍奉胡人神祇，以及塑造偶像、捏泥人、铸铜人的，全家诛杀。有非常之人，才能做非常之事，除了我，谁能除去这个多少年代留下的假神！通告全国各军区、各镇、各州，对辖区内所有佛教寺庙、佛像，以及胡族佛经，全部击碎、摧毁、焚烧。所有僧侣，不管老少，一律活埋坑杀！”

不用怀疑，拓跋焘这一惨无人道的“灭佛”诏书，出自崔浩之手！

这里，笔者作个大胆分析。假若崔浩在拓跋焘大怒若狂时，不提“灭佛”的建议，拓跋焘也许就不会下“灭佛”诏。因为，拓跋焘具有少数民族君王的鲜明特点，他智慧、勇敢、决断、冲动，但他注意倾听群僚意见，错了认错，知错即改。他虽被奉为道教“真君”，难道“真君”不知道怜悯天下苍生吗？反观崔浩，他素来厌恶佛教，常在拓跋焘面前抨击佛教的虚无怪诞，浪费太多资源和财产，认为应当铲除，可拓跋焘也就是听听，没有对佛教动手。在发现和尚私藏武器、窝藏美女，而使得拓跋焘怒发冲冠时，崔浩如果不拱火、不递刀

（指起草诏书），也许这场“灭佛”之祸便不会发生，至多对涉事和尚、僧侣作个严肃处理而已。故笔者认为，崔浩，是挑起“灭佛”之祸的真凶！

拓跋焘的“灭佛”诏书一下，几乎在一夜之间，数以万计的僧侣，成了拓跋焘这个道教“真君”的冤魂！

长江以北的北魏帝国境内，大大小小的寺庙、佛塔，全部夷为平地！

这是中国历史上三次大规模“灭佛”的第一惨祸，因三个“灭佛”的皇帝，其谥号都有一个“武”字（拓跋焘谥号太武皇帝），故称“三武之祸”。

无独有偶的是，长江南岸的南宋帝国皇帝刘义隆，于公元435年，也下达过禁佛诏，但他的诏是“禁”而不是“灭”。

北魏掩饰不了的“国恶”

公元450年，北魏帝国皇帝拓跋焘，任命崔浩兼任皇家图书馆长，与皇家档案管理官高允等人，共同撰写《国史》，即北魏皇家历史。拓跋焘提出“务实从录”，即一定要真实，是什么就写什么。《国史》成书后，崔浩听从手下的建议，把《国史》刻在石碑上，石碑树在首都平城南郊、皇帝祭天神坛的东侧，整齐排列在交通要道的十字路口，以便让来来往往的人都看到。崔浩是文化人，肯定知道吕不韦牵头写的《吕氏春秋》，“布咸阳门市，悬千金其上，延诸侯游士宾客有能增损一字者予千金”的历史，故把写成的《国史》刻在石碑上，立于十字路口，以显示自己与众不同的才华，以及秉笔直书的正直品格。

令本想出风头的崔浩没想到的是，路过围观的人很多，大家议论纷纷，说写得好、写得不好的人都有。但是，鲜卑人看了以后，无一例外不大为愤怒，认为崔浩写的《国史》，揭露了鲜卑族祖先的“国恶”，严重败坏北魏帝国的形象。所谓“国恶”，就是见不得人的事，是被世人唾弃的恶事。一时间，到拓跋焘那里控告的人很多，拓跋焘于是震怒，下令调查崔浩等人的罪状。结果是，跟随崔浩写《国史》的一百二十八人，连同这一百二十八人的五族，全被诛杀。还不解气，拓跋焘又下诏，诛杀清河郡（今河北省清河县）所有跟崔浩同宗的男女老幼，即令血缘关系很疏远的，也不放过。还不解气，拓跋焘又下诏，跟崔浩有姻亲关系的范阳郡（今河北省涿州市）卢家、太原郡郭家、河东郡（今山西省夏县）柳家，一律屠灭全族。

对于编撰《国史》的主笔崔浩，司马光是这么记述的：“把崔浩装在一个四周都是栏杆的囚车中，送到平城（大同）南郊，摆在十字路口，任凭行人参观，守卫士兵数十人，把尿撒到崔浩的头上、脸上、身上；崔浩悲号呼喊，发出‘嗷嗷’哀叫，行路的人都听得清楚。”如此羞辱一段时间后，才将崔浩斩首。

读《资治通鉴》读到这里，读出了一连串的不解！

不解一，“国恶”是什么，《资治通鉴》没有记载。在我看来，“五胡”入主中原建立帝国的，无一例外都残暴无比、杀人如麻，都不同程度地存在“国恶”。就说北魏帝国的拓跋族吧，屠城是家常便饭，抢劫财富是家常便饭，奸淫妇女是家常便饭，剖开怀孕妇女的肚子、把孩子挑到长矛上戏耍等残忍无比的恶行，在司马光的笔下都有记载。显然，崔浩在《国史》中记载的这些内容，拓跋族人包括皇帝拓跋焘，都习以为常，不会认为是“国恶”。那么，“国恶”到底是什么呢？翻《北史》，上面一个字也没提；倒是有史学家从《晋书·载记》中，看出了“国恶”的一些端倪。说的是，前秦帝国向当时尚是代王的拓跋什翼犍发起进攻，大败而逃的拓跋什翼犍逃入阴山，他的儿子拓跋珪，用暴力把老父制服后投降。前秦皇帝苻坚大为震惊，遂把拓跋珪连同他的家人放逐到巴蜀，直到前秦在“淝水之战”失败后，拓跋珪才跟着舅舅慕容垂进入中山（今河北省正定县）。拓跋珪是北魏帝国第一任皇帝，是拓跋焘的祖父。莫不是崔浩写的《国史》，还原真实的历史刻于石碑，弄得天下都知道，揭了拓跋焘祖父的如此“国恶”，才使得拓跋焘像爆炸了一样对他下如此狠手？

不解二，《国史》并非崔浩一人牵头所写，拓跋焘下令编写《国史》时，指定由崔浩和高允牵头。拓跋焘亲自审问崔浩时，司马光记载的是“崔浩惶恐迷惑，不能回答”。而审问高允时，司马光记载的是“对每件事都叙述分明，有条不紊”。

莫不是高允落井下石、见风使舵，把罪过全推给崔浩？

让我们看司马光的记述：

皇帝拓跋焘令高允起草逮捕崔浩的诏书，高允对拓跋焘说：“崔浩的罪状，如果还有别的原因，我不敢多说，如果仅是对皇家的冒犯，罪不当死。”拓跋焘暴跳如雷，命武士逮捕高允，太子拓跋晃反复求情才赦免。

高允与太子拓跋晃关系很好，崔浩被俘后，拓跋晃领着高允去见皇帝拓跋焘。

拓跋焘问：“《国史》都是崔浩写的？”

高允答：“《太祖记》（拓跋珪传）是档案管理员邓渊所写，《先帝记》（拓跋嗣传）及《今记》（拓跋焘传），是我同崔浩一同执笔，我比崔浩写的多两倍。”

拓跋焘对拓跋晃说：“高允的罪比崔浩的更大，怎么能不死？”

拓跋晃说：“我从前问过他，他说全是崔浩所写。”

拓跋焘问高允：“太子的话对不对？”

高允说：“我罪该灭族，不敢说谎。太子因我陪侍他读书，怜悯我的罪过，放我一条生路。其实他并没有问过我，我也没有说过那种话，不敢胡言乱语。”

拓跋焘对拓跋晃说：“这就是正直！面对死亡，不改变常态，是信义。当一个臣属，不欺骗君王，是忠诚。赦免他的罪，作为褒扬。”

从皇宫出来后，太子拓跋晃责怪高允揽过，高允解释道：“记载皇帝的起居行动，叙述政府的行政得失，这是撰写史书的主要任务，不能算是不对。我跟崔浩从事的这项工作，生死荣辱，都不应该两样。接受殿下（太子）再生之恩，如果违背良心，只求幸免，不是我的愿望。”

司马光的记载说清了，高允的高尚，毋庸置疑！

不解的是，拓跋珪传是邓渊写的，而并非崔浩所写，书稿完成后，崔浩要审，难道高允不审吗？他二人审完之后，难道不用送皇帝拓跋焘审吗？还有，崔浩能决定把《国史》刻在石碑上、摆在十字路口供人观看，而不须报皇帝批准吗？

不解三，崔浩的表现古怪。皇帝拓跋焘亲自审问崔浩时，“崔浩惶恐迷惑，不能回答”；崔浩被关进囚车，守卫士兵朝他头上脸上撒尿，司马光只记述了他发出“嗷嗷”两个字哀叫。这太离谱了！崔浩是北魏帝国的第一智囊，是注释《易经》《诗经》《论语》《书经》的大学者，也是北魏帝国两任皇帝的军事谋略家，他经常在北魏的金銮宝殿慷慨陈词、舌战群僚，怎么可能在被逮捕以后“不能回答”皇帝的提问呢？怎么可能在整个“《国史》之祸”这一重大历史事件中，只有两声“嗷嗷”的表述而没有一句话呢？这种极其离谱的记载，无疑将放飞读者的疑惑和猜测！

公元452年二月初五，北魏帝国皇帝拓跋焘被宦官宗爱刺死。

于是，北魏帝国又开启了血腥的一幕！

宦官上演的北魏血腥大戏

宦官的阴毒一旦发泄出来，是极其恐怖的！

北魏寝殿侍奉宦官宗爱，职位很低，胆子贼大，阴险残暴，不受太子拓跋晃待见。宗爱成天战战兢兢盯着拓跋晃的脸色过日子，盯着盯着抓住机会了。他发现拓跋晃宠信的两个臣僚违法，便利用能够接触皇帝的机会，向拓跋焘进行了控告。拓跋焘是那种冲动型皇帝，立即处死了那两个臣僚，太子拓跋晃受到牵连，忧惧过度，于公元451年六月一病而死。

拓跋晃一死，皇帝拓跋焘非常后悔，常常整夜整夜地思念拓跋晃。宗爱看着愈发恐惧，于是一不做二不休，于次年正月，干脆进宫把拓跋焘刺死了。

拓跋族皇亲及主要臣僚商议，推举秦王拓跋翰接替帝位。没有资格参与商议的宗爱，听到这个消息后又恐惧起来。因为拓跋翰也一向看不起宗爱，他要当上皇帝了，宗爱一定没好果子吃。于是，宗爱的阴毒骤然迸发，他把平素跟自己关系密切的南安王拓跋余，秘密接到后宫，然后伪造皇后命令，召尚书左仆射兰延、侍中和疋、薛提等人进宫议事。待他们一脚踏进后宫，早就埋伏在那里的宗爱同党和三十个宦官，将兰延等全部诛杀，连准备接替帝位的秦王拓跋翰也被诛杀，并随即把南安王拓跋余扶上了帝位，自己则披上了全国武装部队最高指挥官、全国各军区总司令的战袍，一步登上一人之下万人之上的权力巅峰。

被宗爱扶上北魏皇帝之位的拓跋余，既是个酒鬼，又是个好色之徒，唯独不喜欢做的是过问国家政事。但他对坐在自己身边大权独揽、呼来喝去的宗爱十分厌恶。宗爱看出这一苗头后，又一次果断出手，暗中派人把拓跋余刺死了。直到这时，北魏朝廷的高官和拓跋族皇亲，才联手反击，斩了宗爱及他的一干党羽。

司马光一下笔，写了宦官宗爱在很短时间里，轻而易举地连续杀死北魏帝国两任皇帝，还有一个正准备登基的皇帝。他一个职位很低的宦官，做出如此惊天动地之举，似乎很难令人相信，至少是给人以极大的疑惑！

这之后，北魏帝国在皇位上坐着一个十三岁的小皇帝，叫拓跋濬（五任），他是三任帝拓跋焘的嫡长孙，太子拓跋晃的嫡长子。这个小皇帝继位后，司马光没有记载是什么原因，只是依据“口出怨言”的指控，把被拓跋焘誉为“国家之宝”“国家栋梁”的宰相古弼诛杀了，一并被杀的还有若干拓跋焘时期的“国家功臣”。一批前朝“栋梁”“功臣”被杀，是不是少年皇帝拓跋濬的手笔，不得而知。

但所知的是，被三任帝拓跋焘称赞为正直、忠诚、信义的中书令高允，小皇帝拓跋濬对他非常尊重，一直叫他“令公”。当时北魏的官吏没有俸禄，高允常教他的儿子们上山砍柴贩卖，以维持家计。皇帝拓跋濬有一次去高允家慰问，看到高允家只有草屋数间，厨房中只有盐和青菜。拓跋濬要给予赏赐，高允坚决拒绝。高允始终不改的，是坚持对皇帝的劝谏。当听说有大臣鼓动皇帝拓跋濬兴建宫殿后，高允立马前去劝阻，说：帝国的朝会之殿、宴会之殿、登高眺远之殿都够用，如果扩大建殿，要“抽调民夫差役二万人，而送茶送饭的老弱妇女，也得二万人，就算半年完工，一个农夫半年不下田耕种，家人就会挨饿，何况四万人之多不能下田耕种呢？这是陛下最应留心的事！”拓跋濬遂打消了建宫殿的念头。每当听到朝廷的一些举措不恰当后，高允都会请求皇帝召见，拓跋濬也总是屏退左右，单独与他见面，有时一谈就从早上谈到晚上，有时甚至一谈就是几天。好几次不知什么原因，谈到半截，气得拓跋濬命人把高允先扶出去，歇一会再扶进来谈。拓跋濬说："高允是真正的忠臣，我有过失，他从来没有不当面陈述的，有时他说的有些话，使我实在难以忍受，但他却不避讳。"

写高允这么一段，不是说皇帝拓跋濬滥杀前朝"功臣""栋梁"是高允出的主意，因为没有证据证明高允如此阴险！究竟是什么原因，不得而知。

公元465年三月，拓跋濬逝世，十二岁的太子拓跋弘继位。

拓跋濬当皇帝不到十三年，出台行政措施很少，扰民也就减少，还放松了对佛教的禁令，使北魏帝国维系了一段时间的相对稳定。

但我们有必要用历史的目光回望过去，看三个时间节点：

公元452年二月初五，北魏宦官宗爱刺死了北魏皇帝拓跋焘；

公元452年十月初一，北魏宦官宗爱杀害了北魏皇帝拓跋余；

公元453年二月二十一，南宋太子刘劭劈死了创造"元嘉时代"的南宋皇帝刘义隆。

在如此短的时间里，南北朝的三个皇帝被杀，其中两个在历史上评价还不错，这是历史的巧合呢？还是深层次的历史机缘将揭示什么呢？

拓跋濬逝世后，太子拓跋弘继位（六任），十二岁，大权落入高级咨询官、车骑大将军乙浑之手。权力瞬间膨胀了乙浑的欲望，他假传圣旨，大规模诛杀拓跋族皇亲和与自己不对眼的朝中大臣，直到登上宰相高位才慢慢收手。但他横行朝廷的时间不长，不到一年，便被冯太后诏令处死。

拓跋弘当皇帝时，正处于长江南岸的南宋帝国昏君辈出的时期，南宋六任帝刘子业被杀时，七任帝刘彧吓得连鞋子都跑掉了，是光着脚被扶上帝位的。可他一披上黄袍，便变得凶残无比，不仅大肆屠杀刘姓皇亲，还主动挑起了第五次南北大战。战争从公元466年十二月开打，至公元469年正月结束，最终以南宋帝国的惨败而收场。淮河以北四州（青州、冀州、徐州、兖州）全失，从此南北对峙，以淮河为界。北魏少年皇帝拓跋弘是被迫应战，他的表现称得上可圈可点。但从根本上看，是南宋皇帝的昏庸与朝廷的衰败，成就了北魏帝国的大胜。

司马光写道：拓跋弘从小就聪明睿智，刚毅果断，喜爱“黄帝”“老子”“佛教”学说，经常在接见政府官员及和尚、僧侣时，与他们探讨玄学理论，而对世俗的荣华富贵非常淡泊，时常想出家修行。因为这个原因，拓跋弘这个北魏皇帝，从十二岁当到十八岁时，便把皇位禅让出去了。拓跋弘十四岁之前，北魏的大权掌握在冯太后手里。公元467年八月，拓跋弘生下皇子拓跋宏后，冯太后还政于拓跋弘，让他亲自处理国事。司马光写道：拓跋弘一亲自处理国事，便下诏规定，“不管案件大小，确定罪行，不可动不动就上疏请示。合法的，朝廷会批准，违法的，朝廷会批驳，都从宫中直接发出诏书。由于这个原因，司法诉讼案件都能得到精细的审理”。司马光还写道：拓跋弘“辛勤劳苦，赏罚严明，擢升清廉有操守的人，罢黜贪官污吏。北魏帝国的州长、郡长，才开始有人因做官清廉而受到赞扬”。从司马光写的这段评价看，拓跋弘这个皇帝如果继续当下去，也许北魏帝国能由他带着走上更强盛之路。

信仰是人生坐标，坚定的信仰具有无比强大的力量！拓跋弘的信仰是出家修行的佛教，所以，在他正当青春年华的时候，主动把帝位让给了太子拓跋宏。他下诏说：“我钦慕太古生活，志向恬淡，不喜名利，特命太子（拓跋宏）升上皇位，我只求悠闲自乐，修身养性。”

拓跋弘的这一让，让出了一位北魏帝国历史上最有作为的大帝！

第五章 拓跋宏——『全盘汉化』的北魏大帝

拓跋族的北魏帝国，实行“全盘汉化”的“主谋”，是冯太后……

而冯太后背后的强大推手，是中华文明的“文而化之”……

“文而化之”的强大穿透力、渗透力、感染力，是任何力量也阻挡不了的……

皇帝拓跋宏，始终站在“全盘汉化”的舞台中央……

冯太后“主使”的皇帝诏

拓跋宏五岁当皇帝（七任），父亲拓跋弘不可能完全撒手不管，他自任“太上皇帝”，搬到了崇光宫，文武百官仍到那里向他上奏，但他基本不管事，成天在“鹿野浮图”寺庙，与和尚诵经修炼，偶尔就帝国的一些大事下个诏。因为“太上皇帝”笃信佛教，被三任帝拓跋焘“灭佛”荡平的寺庙，在拓跋弘时期重建了一千零七十五座。“太上皇帝”搬出皇宫后，成天陪伴在皇帝拓跋宏身边的是冯太后。

这个冯太后，是被载入史册的！

冯太后，今河北衡水市冀州人，她是北燕帝国统辖的辽西郡公爵冯朗之女，辽西郡被北魏收归后，冯朗被控有罪被杀，冯氏以罪人女儿的身份，发配到北魏宫中为奴婢，被五任帝拓跋濬看中，先立为贵人，不久便立为皇后。六任帝拓跋弘不是冯太后所生，但尊冯太后为嫡母。所谓嫡母，即父之正妻，父为皇帝，皇后即是嫡母。拓跋弘把帝位禅让给拓跋宏之后，冯太后即是拓跋宏的嫡祖母。拓跋宏称帝后，冯太后应称冯太皇太后了，为叙述方便，以下仍称冯太后。

冯太后长得漂亮自不待说，更令人惊诧的是，她不仅有文化，著有《皇家训词》（皇诰）十八篇，在拓跋宏为帝时颁布朝廷执行，而且还会数算。所谓“数算”，即是今天的数学，这在当时的天下属于凤毛麟角。十二岁的拓跋弘继位后，冯太后主持朝政；五岁的拓跋宏继位后，冯太后又主持朝政。两度主持北魏帝国朝政，两度临朝称制达十五年，拓跋宏推行“全盘汉化”的诸多举措，毫无疑问的是出自冯太后的大手笔！

五岁皇帝拓跋宏下达的诏书，显然不是出于他自己，要么是出自“太上皇帝”拓跋弘，要么是出自冯太后。分析看，因拓跋弘痴迷于寺庙诵经修行，所以出自冯太后的可能性更大。

让我们循着司马光的笔端走向，看看拓跋宏都下达过什么诏书，推出过什么举措。

——公元473年二月，拓跋宏诏命郡、县长，都要鼓励人民耕田种桑。一郡一县之中，贫富应互相帮助，家中有两头牛的，应借一头给没有牛的人家。不遵守此诏的，剥夺全家人的政治权利。

——公元474年六月，拓跋宏下诏，撤销“灭门”“灭房”酷刑。北魏之前的法律规定，一人犯罪，诛杀一家，即“灭门”；一人犯罪，诛杀大宗族中的一个支派，即“灭房”。但“谋反”“大逆”“外叛”三种罪不包含在内，处置更重。

——公元475年六月，拓跋宏诏令禁止屠宰牛马。拓跋族是游牧民族，屠牛宰马至为平常。拓跋宏禁止屠宰牛马的诏令，可以说是一个标志，即北魏帝国开始由游牧进入农业社会的标志！

公元476年六月，“太上皇帝”拓跋弘突然死亡，年仅二十三岁。对于尚是小青年、小伙子的拓跋弘之死，史学家有两种猜测，一是毒死，二是雇凶杀死。这两种猜测都指向冯太后。分析看，已经遁入佛门的拓跋弘，虽然戴着“太上皇帝”的冠帽，但他基本不插手朝廷事务了，冯太后没有置他于死地的必要。有史学家认为，拓跋弘曾打击过冯太后的情夫李䜣，冯太后复仇，把拓跋弘毒死。这也很勉强，冯太后年轻美貌，情夫很多，朝廷上下都知道，她自己对臣僚的议论也不怎么在乎，不至于对自己的嫡子下如此狠手。

但“太上皇帝”一死，皇帝拓跋宏只有十岁，北魏朝廷做主的，就剩下冯太后一人了。

让我们循着司马光的笔端走向，继续往下看。

司马光如此评价冯太后：生性聪慧，心思细密，读过书，会数算，了解政治，衣着简单朴素，日用饮食节省，比过去减少十分之七八。但生性猜忌残忍，工于心计。司马光还写道：冯太后对人从不记仇，第一天因过错受到她下令鞭打的人，第二天仍然善待，跟平常一样，甚至有人被鞭打而更加富贵。所以左右虽受体罚，而没有离心。

拓跋宏为帝的北魏，有一个非常好的做法是，每逢重大决策，皇帝必召集文武百官商议，支持的、反对的可以知无不言、言无不尽。有时为了把事情辩论清楚，皇帝拓跋宏把支持的、反对的分成两派，面对面进行辩论。北魏的文武大臣，大都是儒士，有的还是天下大儒，因而搬出儒家的古训、古制来辩，以反制对方，是常有的事。对此，冯太后定了个调子，她说："凡讨论问题，都应依照古代正确的言论，不可一味只援引前例。"——这是多么明智的定调啊！王莽搞的复古那一套，完全依据的是儒家祖宗的"前例"，但它不过时吗？

公元479年，拓跋宏下诏：裁撤首都平城的秘密警察（侯官），另行挑选数百名谨慎正直的人，负责大街小巷巡逻，只管吵闹打架，其他一概不管。首都这一千多秘密警察是干什么的呢？拓跋宏说他们"对犯了重罪的人，接受他们的贿赂后，不去检举；对犯了轻罪的人，却吹毛求疵，百般挑剔"。其实，这些秘密警察，是官员和富豪的密探、打手，专事打探别人的隐私，去诬陷政治对手——不取缔这个秘密警察队伍，首都的官员、平民能安居乐业吗？

公元482年三月，拓跋宏参观虎园后下诏："虎豹豺狼，凶猛残暴，捕捉它们的时候，很多猎人会受到伤害，而捕捉到手之后，对国计民生，既没有好处，反而浪费国家资财豢养。从今之后，勿再捕捉进贡。”——无须多说，读者一眼便能看出这个诏令的明智！

公元485年正月，拓跋宏下诏：“从现在开始，凡是神秘预言书（谶言），一律焚烧。保存这种书的人，以死刑定罪。”同时严厉禁止男巫、女巫，以及街头巷尾的摊卦。这可以说是史无前例的一诏！在拓跋宏之前的所有君王都信奉神秘预言书，认为这是上帝给出的祥瑞或凶险告示，兆示着某一事件的发生，很多扯起造反大旗的领袖人物，常用编造“谶言”欺骗天下。儒家也信奉“谶言”，且常常把“谶言”与天降祥瑞、天谴警告联系起来。拓跋宏认为，神秘预言书最早出现在夏商周时期，但夏商周并没有把它作为治理国家的大典，反而被邪恶的野心家所利用——拓跋宏这个少数民族皇帝，一语中的，戳破了“谶言”的神秘，揭了“谶言”的老底！

以上所记载的“拓跋宏诏”，仔细想来，应该是“冯太后”诏。因为皇帝拓跋宏尚是个少年，不太可能对历史、对民生、对治理国家等有那么深刻的理解和把握。类似“拓跋宏诏”，在司马光的《资治通鉴》中还有很多。比如，公元489年四月，拓跋宏下诏：“将所有救济物品，直接送给老人、病人、穷人和无依无靠的人。”拓跋宏为什么下这样的诏呢？因为“在楼上发放救济品给难民，竟然引起拥挤的人群与马匹互相踩踏，使很多人受伤，成为残疾，实在令人遗憾”。给困难群众发放救济品，无疑是善事、好事，但发放的方式不对，好事没有办好。拓跋宏下的这诏，就是要把好事办好！再比如，拓跋宏遣散皇宫大批宫女，赏赐给北方六镇没有妻子的贫民。这对往人世间走一遭，忙忙碌碌、辛辛苦苦一辈子而娶不上媳妇的男人，包括这些男人的家庭来说，岂不是喜从天降，“天上掉下个林妹妹”吗！

……

历史，包括编著《资治通鉴》的史学大家司马光，对北魏帝国冯太后多有挑剔，甚至抨击。但从以上写下的文字看，北魏帝国在拓跋宏手里推行的农耕、倡学、依法、民生等政策主张，特别是“全盘汉化”的举措，最强有力的推手，当是冯太后。

冯太后的“拍板”

公元485年十月，北魏帝国全面推行均田制。

这是北魏帝国“全盘汉化”的重要标志！

在推行均田制之前，皇帝拓跋宏做了大量的前期准备工作，如大力倡导种田种桑；禁止屠宰牛马；家有两头牛的，要借一头给没有牛的人家，等等。此外，北魏在推行均田制之前，还推出了两大重要举措。

一项是，实行俸禄制度。北魏从朝廷到地方，官员都没有俸禄，只能吃“杂食”，包括受贿、剥夺他人财富。当然，少数像高允那样的清官，只能打发家人靠耕种维系家计了。公元484年九月，拓跋宏下诏：从本年十月开始，官员实行朝廷供给的俸禄制度，每季发放一次。与俸禄制配套的，则是对贪腐更严厉的制裁。之前法律规定，贪污布十匹，或假借送礼馈赠布二十匹的，处死。实行俸禄制之后，贪污布一匹或有其他贪污的，不管多少，一律处死。此诏一下，民众纷纷举报，短时间内，经查实处死的郡、县多达四十多人，连皇亲国戚也不例外。司马光写道：“接受贿赂的官员，无不恐慌，贿赂的事几乎绝迹。”

当然，受贿养成了习惯的官员，搬出拓跋族的传统做法，反对实行俸禄制度，冯太后于是召集文武百官商议。中书监高闾说：“饥寒交迫之下，慈母也保不住她的幼儿。发给俸禄，清廉的官员可以不必贪污，贪腐的官员还可能悔过向善。如不发俸禄，贪腐的官员将更加贪污，而清廉的官员，生计都无法维持。”冯太后想听的就是这种意见，拍板敲定，实行俸禄制不变！

另一项是，取缔“荫户”。“荫户”是战乱的产物。战乱频仍的情况下，不少人为了得到庇护，投靠豪门强族，成为豪强的“荫户”。“荫户”不受朝廷管辖，也不为朝廷纳税和服各种劳役。而豪门强族把这些人当奴隶使唤，征敛比朝廷重得多，尤其是豪门强族利用战乱、荒年、人民四散逃亡的乱局，大量侵占扩张土地。扩张土地加收纳“荫户”，逐渐膨胀成了豪门强族与当地政府抗衡的势力。取缔“荫户”，不仅解放了大批沦为奴隶的民众，而且极大地削弱了地方豪强的势力。

在做了这诸多的前期准备工作之后，北魏帝国推行均田制。

均田制的主要内容是：十五岁以上男子，每人配给无树农田（露田）四十亩，女子每人二十亩，奴仆婢女同样配给；农户有一头牛的，增配农田三十亩，但以四头牛为限，即增配一百二十亩为限；贫瘠土地如是需要隔年耕种的，视情增配农田；年龄太大的人，不配给土地，获得配给土地的人死了，土地由官府收回；种桑的一次配给种桑五十棵的土地，可世代经营。围绕上述均田制政策，北魏政府拿出了配套规定，即经常调查户籍，对生活困难的人家，适当调剂增加土地；农户对余粮可自由出售；地方官员就近配给一份公田，离职时移交给下任官员，等等。

北魏拓跋族是个马背上的民族，如不实行均田制这种翻天覆地的大改革，那么，华北大平原一望无际的平原沃土就得废耕为牧，变回到瀚海以北蛮荒的草原状态。因此说，实行均田制，标志着北魏帝国一个史无前例的转变，即游牧文明向农耕文明的转变！

推行均田制，是北魏帝国“全盘汉化”的关键一步，皇帝拓跋宏没有在走出这一步后停下来，而是马不停蹄地向前走去。

公元486年年初，北魏启动了户籍制度改革。北魏县以下没有基层组织，只有大家族的族长，大多数人没有户籍，而一些大户人家的户籍中，竟有三五十户之多。为使政府的统辖，从朝廷一直延伸到基层，北魏参考中国古代的办法，推行户籍制度改革，即五家设“邻长”，五邻设“里长”，五里设“村长”（党长），把民户全部统管起来，同时把田赋捐税、差役，包括临时征收等事务全部统揽起来。

可想而知，这一改革的阻力是十分强大的。皇帝拓跋宏把这一改革提交文武百官讨论，司马光记述的是“群起反对”。待大家都发表意见后，冯太后开口了，她说：“设立邻长、里长、村长，田赋捐税，都有一定标准，被包庇的隐秘户口（荫户），从此都出现了，想投机取巧的人，再也玩不出什么花样了，为什么不可以实行？”

这“为什么不可以实行？”就是拍板，就是都别说了，就是就这么办！

司马光载：同年二月十三，开始建立邻长、里长、村长制度，重新校订人民户籍。开始时人民感到愁苦，豪门强族尤其反对。可是不久人民就发现，征收的田赋捐税，竟省下十倍费用，上下才都安心。

公元490年九月十八，四十九岁的冯太后去世了。二十四岁的皇帝拓跋宏悲痛欲绝，一连五天哀伤痛哭，连一口水都没喝过。

拓跋宏对祖母冯太后逝世的悲痛，是发自心底的。他生下来便由冯太后喂养，从他咿咿呀呀学说话开始，就是冯太后贴身教他，冯太后的聪明智慧，冯太后的渊博学识，冯太后的高远视野，尤其是冯太后对汉文化理解得深刻独到，像细雨润物一样滋养着他的心灵。拓跋宏作为皇帝的开明豁达，特别是他在北魏帝国推行“全盘汉化”的坚毅果决，最大的智慧来源、最大的动力支撑，都来自冯太后。是冯太后让他知道，在北魏帝国推行“全盘汉化”的极其重要性，也是冯太后在关键时刻，挺着他往“全盘汉化”的路上走。拓跋宏当然记得，当汝阴灵王拓跋天赐、南安惠王拓跋桢两个叔祖父，因贪腐当依法处置而使得拓跋宏为难时，是冯太后把他带到皇信堂，召集所有拓跋皇族的王爵、公爵共同商议，并率先发问："你们认为，应该顾念亲情，毁弃国法？还是认为，应该不顾亲情，以彰法纪？"冯太后这一问，把国之大是大非的重大问题，作为商议主题摆到了王爵、公爵面前，也使得拓跋宏排除了依法处置的强大阻力。可以说，在事关北魏帝国重大国策的关键时刻，冯太后都坚定地站在拓跋宏身后，给予最果决、最有力的支持。特别是拓跋宏一心推行的"全盘汉化"，本就是他与冯太后理想信念的高度统一。

我以为，北魏推行的"全盘汉化"，从本质上说，是中国悠久历史积攒的思想文化，对少数民族北魏帝国的"文而化之"，行的不是"蛮道"，不是以櫑木滚石、刀光剑影为代表的战火之道，而是以中国传统思想文化强大生命力、穿透力、渗透力的"文而化之"之道。北魏皇帝拓跋宏和冯太后，当他们站在一个国家的权力巅峰，布局国家的建设和发展时，大力推行"全盘汉化"，是因为，他们的视野在中华文明"文而化之"的高起点上完全契合！

迁都“使诈”

公元493年，北魏帝国皇帝拓跋宏，打算把首都从平城（今大同市）迁到洛阳。他认为，“平城只是开疆拓土的地方，不是传播文化的地方”。但拓跋宏十分清楚，从瀚海以北蛮荒地带走出来的拓跋族人，走到平城以后，居住时间很长了，住出了山水感情，住出了生活习惯，是不肯轻易向南迁移的。他还十分清楚，如果召集拓跋皇亲和文武百官商议，甭说商议十次八次，就是商议十年八年，反对迁都的意见还是会占上风。尤其是，冯太后去世后，再没人能一锤定音了，迁都很可能成为泡影。经过一番思考和谋划后，拓跋宏使作了一个“诈术”。

“诈术”是司马光说的，在我看来，是一个策略。

其“诈术”是，向长江南岸的南齐帝国发起大规模进攻。

在满朝文武百官参与商议的向南齐帝国发起进攻的御前会议上，先占卜，占得“革卦”，即“天子乙、姬发的变革，应天命而顺人心”。拓跋宏心中大喜，契合他迁都的变革。但文武百官参与商议的是向南齐发起进攻，而不是应天命顺人心的变革，因而反对的声音一片，各种各样的理由，都是这一仗不能打。因为攻打南齐只是借口，迁都洛阳才是目的，不以打南齐的借口把大军和文武百官带出去，迁都洛阳的事就办不成。于是，拓跋宏在这次御前会议上，表现出了前所未有的独断和霸道，他当着文武百官的面，与堂弟、任城王拓跋澄大吵，说：“帝国，是我的帝国，你打算沮丧民心士气吗？”吓得大家不敢吱声。会议一结束，拓跋宏立即召拓跋澄解释，说："我大发脾气，只是怕大家纷纷发言，坏了我的决策！"他把打算迁都的真实意图告诉拓跋澄，获得支持。

接着，拓跋宏下诏，在黄河上兴建大桥，准备让大军通过。北魏与南朝的东晋帝国、南宋等多个帝国打过多次仗，从未在黄河上耗费巨资建大桥，因而遭到很多臣僚反对，拓跋宏大手一挥，就这么定了！

浩浩荡荡数十万大军、辎重，无以数计的文武百官，从北向南开进，跨过黄河大桥，向洛阳进发。这一路走来，老天总阴沉着脸，一路下雨，把大家的心都浇凉了。到达洛阳的公元493年九月二十九，拓跋宏全副武装，骑在马上，下令大军继续南下。这时文武百官纷纷向前，拦住拓跋宏，说这次南征，全国没有一个人同意，只有皇帝拓跋宏一意孤行，不知皇帝这是要干什么？

好吧，那就跟你们说说。拓跋宏对大家说："这次出动大军，声势浩大，可是毫无战果，这怎么给后人交代？我们世世代代住在幽朔（幽州及朔方），一直盼望南移中原。如果取消这次南征的话，我们就把首都迁到洛阳。"拓跋宏接着问："各位王爵、公爵，你们认为如何？"问完又说："同意迁都的站东边，不同意迁都的站西边。"

司马光写道："鲜卑人虽不愿南迁，可是又恐惧南征，两害取其轻，自然没有人反对。迁都大计，遂完全确定。"

接着，拓跋宏迅速派任城王拓跋澄返回平城，向留守官员宣布迁都洛阳的消息并做安抚工作。同时派皇城警卫司令于烈返回平城，全权负责留守政府的事务。他自己则以洛阳为中心，四处巡视各州、郡，布局新都洛阳的建设工作。但在洛阳四周巡视的拓跋宏，放心不下的还是平城，那里住的多是拓跋族的老人，住了近百年了，故土难离啊！于是，拓跋宏一路巡视，一路往回走，于公元494年三月底抵达平城，随即召开文武百官大会，讨论迁都问题。赞成迁都和不赞成迁都的各抒己见，争吵不休。于是有人提出用占卜来决定，拓跋宏不同意。他不知道占卜出来会是个什么卦象，如果卦象显示不宜迁都，往后的工作就更难做了。于是他对大家说："人，远超龟壳。帝王以四海为家，有时往南方，有时往北方，无有不变之理。我们拓跋族的祖先，从前居住在非常遥远的漠北，于公元398年迁到平城，我在迁都平城将满百年的时候，为什么不可以迁都呢？"拓跋宏还特地引用《论语》："善人为邦百年，亦可以胜残去杀矣。"这是孔老夫子说的，说的是，善良的人建立国家一百年，应该不再野蛮，消除残杀。在拓跋宏讲了这样一番后，大家才不再争吵，但不愿迁都仍是平城拓跋族人的主流意见。

对此，拓跋宏看清了，但他决心不变，又采取了两招。

一招是，把石济以西（今河南省滑县西南）、河内以东（今河南省沁阳市）、南距黄河十里的大片土地，划归为河阳牧场，把平城的各种牲口，全部迁到新牧场放养。每年在这个牧场养马十万匹，还有大量的牛、羊和骆驼。他还从三任帝拓跋焘开辟的河西牧场，把大量的牲畜向东迁移，使得河阳牧场的牲口繁殖众多。

另一招是，把拓跋族的皇家祖庙牌位，护送到新都洛阳。

拓跋宏同时下诏，旧都平城人民南迁到洛阳，免除田赋租税三年。

为了迁都洛阳，皇帝拓跋宏可谓煞费苦心。我们再来看司马光记述的一个细节：拓跋宏祭祀孔府后返回洛阳，本可以从陆上行走，却故意要从泗水乘船，进入黄河逆流而上往回走。随行官员认为水路危险，劝他走陆路，他说："平城因没有水路运输之故，所以人民贫苦。迁都洛阳，四通八达，而人民仍畏惧水上风险。所以我才故意乘船，用以启发人民的思想。"

全盘汉化

迁都，无疑是改变拓跋族人传统习俗的“物理措施”，但要推行“全盘汉化”，仅靠这种“物理措施”远远不够，还必须从社会管理的体制机制上，搭建与之相匹配的社会管理架构，用制度规范推动中国传统思想文化的“文而化之”。在这方面，北魏皇帝拓跋宏更是煞费苦心，不遗余力。

让我们循着司马光的笔端走向，深入到《资治通鉴》中去看看。

——公元486年正月初一，拓跋宏主持元旦朝会，穿的是中国历代皇帝所穿的龙袍和冕旒帽，乘御用辇车，到首都平城南郊祭祀天神。拓跋宏自己穿上龙袍后，给官员制作了朱色、紫色、浅红色、绿色、青色的五等官服，朝会、祭祀等也都得穿上。此外，拓跋宏还下达过如下之诏：禁止鲜卑人穿着传统胡装；禁止人民赤背、裸体；禁止同姓结婚，即近亲结婚；因不合汉人礼教，废寒食节祭祖典礼；禁鲜卑语，完全用汉语……

——公元494年九月，拓跋宏下诏：全国官员“三年一次考核，立即升迁贬降，使顽劣的人不要挡住贤才上进的道路，贤才也不致于一直停留在低位”；“‘上上’的人升迁，‘下下’的人免职，中等的人仍留原职”。转年十二月，北魏实行九品等级的文官制度，启动官制等级的改革……

——公元495年十二月，北魏铸造并推行“太和五铢钱”，作为交易流通货币。拓跋宏诏曰：“从今以后，无论朝廷与民间，都要用此钱”……

——公元496年三月，拓跋宏诏曰：“鲜卑人把大地称为‘拓’，把君王称为‘跋’。我的祖先，原是黄帝姬轩辕的后裔，我们的保护神是大地之神，所以姓‘拓跋’。‘土’，是万种颜色中最纯正的颜色——黄色，更是万物的元始，所以皇家‘拓跋’，应改姓‘元’。功臣元老从代都南迁，凡是复音节的姓，一律改成单音节的姓。”于是，鲜卑姓氏中姓“跋跋”的，改为“长孙”；姓“达奚”的，改为“奚”；姓“贺赖”的，改为“贺”；姓“尉迟”的，改为“尉”；姓“勿忸于”的，改为“于”，等等。在改的姓氏中，分“国姓”和“郡姓”。“国姓”即皇亲、屡世门第高贵的姓氏，共十三个大家族，其中鲜卑人八大家族，汉人五大家族；“郡姓”是一郡中势力最大的家族，也是能够享有特权和政治、经济利益的家族。普通民众是进不了“国姓”和“郡姓”的。

从此之后，北魏皇帝拓跋宏，便改名为“元宏”了。本文仍以拓跋宏来写。

为了推动“全盘汉化”改革措施的落实，拓跋宏也是不遗余力。

让我们走进《资治通鉴》，实录一段拓跋宏实行官员考绩后，对尚书省的讲评。

公元494年九月十一，拓跋宏亲临金銮殿，升贬百官。他对尚书省官员的讲评是：

“尚书省的重要性，犹如国家的中枢，不仅仅是管理事务工作，收发文书而已。皇上治理国家的得失，责任全在尚书省。各位身居现职近两年，从没提出过一个建议，或改革过一项错误措施，也从没推荐过一位贤才，或罢黜过一个无能之辈，这是最大的罪状！”

这个总体讲评后，下面就落实到具体人了。

点评主管朝廷机要的广陵王拓跋羽："你是我的弟弟，位在宰相之上，你没有勤勉敬业的声誉，却有阿谀结党的迹象。现在免除你主管朝廷机要、廷尉职务，只任'特进'太子太保。"

点评尚书省尚书令陆睿："拓跋羽初到尚书省时，很受人称道，后来不再公正，做事懈怠，这都是由于你不能用大义辅导他的缘故。虽然责任不全在你，但也应对你作轻微处罚，削除你一年俸禄。"

点评尚书省左仆射拓跋赞："拓跋羽受到罢黜，你就应该斩首，但我只把错误归他一人，不再对你严厉处罚。现在免除你皇家教师（少师）一职，削除一年俸禄。"

点评尚书省左丞公孙良、右丞乞伏义："你们的罪也应斩首，现将你们所有官职、俸禄，以及养亲特别费全部削除，以平民身份，暂时仍留现职，三年后如能做出成绩，恢复官职待遇；如仍无成就，放逐回你们自己家乡。"

点评尚书省尚书、任城王拓跋澄："叔父神色之间，已露骄傲，应免除少保职务。"

点评尚书省首席政务长官于果："你不重视你的职务，好几次声称有病要求辞职，现免除你'首席'（长兼），削除一年俸禄。"

对于其他尚书省低级官员，皇帝拓跋宏当面一一列举他们的过失，有的解除职务，有的降级，有的罚俸。

读《资治通鉴》读到皇帝拓跋宏的这个点评时，我拍案叫绝，直呼过瘾！

毋庸置疑，即便是北魏帝国的一把手皇帝，亲力亲为地推动各项改革举措的落地，也不可能做到完全不走样地落实到位，何况这些改革发生在一个鲜卑民族的一个支翼拓跋族国家。但我们从皇帝拓跋宏的讲评中，看清了这样一个事实：拓跋宏不是按照拓跋族的传统讲评，而是按照中国封建王朝的做法讲评，且讲得更直率，更有针对性。讲评虽没有点到具体事项，但紧扣的是工作实效，即落实的情况，也是“全盘汉化”决策部署的落实情况。

“文而化之”的魅力

坦率说，读中国历史，读到拓跋族建立的北魏帝国“全盘汉化”时，激动的心情是难以掩饰的。因为有一个问题明明白白地摆在我们面前：入驻中原的北魏拓跋族，无疑是在战争中打赢了的战胜者，却在战败者的土地上，全盘接受战败者的思想文化。这使得我们明明白白地感受到：中国思想文化“文而化之”的生命力是多么强大，它影响、感化甚至改善少数民族习俗，提升少数民族文明素养的巨大能量，是任何力量也阻挡不了的！

当然，北魏帝国的“全盘汉化”，得益于皇帝拓跋宏的明智！

司马光是如此评价拓跋宏的：“喜爱读书，手不释卷，无论车上、马上，都不忘跟左右谈论理论。”“喜爱贤才，迫切之情，好像饥渴之追求饮食。”“喜爱接近、任用有智慧有才能的人；承认自己的错误，从善如流。”“执行法律十分严格，对于高级官员，从不特别放纵；然而对于别人偶尔犯了小过错，却常常宽容。有一次食物中发现有虫子，还有一次侍从端汤时不小心烫了他的手，他都一笑置之，不予责罚。”“每次出宫巡视或度假，以及率大军出征，有关单位奏请整修道路，他都说‘粗略修理一下桥梁，车马能通过就可以了。不要除草，不要铲平地面’。”“禁止士卒践踏谷物，凡砍伐民间树木供给军用时，一定留下绸缎布匹作为补偿。皇宫御殿，非到万不得已，绝不修整。衣服脏了，洗净后再穿。马鞍、马勒，只用铁制和木制。”

司马光在作上述评价时，还特地引用了拓跋宏常说的两段话：

一段是："当一个君王，最怕的是处理事务不能公平，以及待人不能诚心诚意。这两项如果做得到，即令是北方胡人和南方越人，都可以成为兄弟。"

一段是："对于当代发生的事，（史官）记载不可以不真实。君王权力不受约束，可以随便作威作福，没有人能克制。如果史书再不记载他的罪恶，他还会有什么顾忌！"

下面，让我们循着司马光的笔端走向，更进一步走近拓跋宏吧！

——迁都洛阳后，拓跋宏诏令设立"国子学""太学""四门小学"（专科学校），挑选博学贤士任教，以满足大批学子求学的渴望。

——宰相尉元、藩属事务部长游明根，因年长退休，拓跋宏亲自在明堂主持"养老典礼"，下诏任命尉元为"三老"、游明根为"五更"，向他们叩拜，为他们切祭肉，向他们敬酒。同时主持"敬老礼"，对"国老"（部长级以上退休官员）、"庶老"（部长级以下退休官员）行礼致敬。公元496年三月，拓跋宏将京畿地区七十岁以上的居民，全部请到洛阳参加他主持的"敬老礼"，同时对郡长、县长、高级知识分子加授荣誉，每人赏赐一根雕刻斑鸠的手杖（传说斑鸠从不噎食，用以祝福老人也不噎食）。

——早在公元473年，拓跋宏便任命孔子第二十八代孙孔乘，为特设的"崇圣大夫"，专门负责祭祀孔子事宜，并拨付十户人家，专门负责孔子墓、孔子庙的清理洒扫。到了公元492年，拓跋宏把祭祀孔子的仪式，搬到了中书省举行，尊孔子为"文圣尼父"，亲自主持祭礼。拓跋宏还下诏征求失散的书籍，使得一大批行将失传的历史典籍，在皇家图书馆得到保护。

——司马光还特地记述了这样一些事：拓跋宏在路上看到瘸腿

的、瞎眼的士卒，立即叫车马停下，慰问安抚，并交代给地方官员，由地方政府给他们终生提供衣服和粮食。有三个士卒，因为抢劫人民财产，被最高指挥官、安定王拓跋休逮住后，押解到各军营游行示众，正要斩首时，拓跋宏的御驾恰好经过，下令赦免。对此，拓跋休不理解。拓跋宏做他的工作，说："这三个人虽然罪该一死，但命运使他们遇到皇上，即便违反军令，不妨特别赦免。"拓跋宏对为官的、为民的，掌握的尺度不同，对为官的犯罪，处罚极其严厉，皇亲国戚也不能例外；而对平民犯罪的，"总是宽大处理，对缺少确凿证据的嫌疑犯罪，奏报上来后，拓跋宏多半都会免除死刑，改判流刑。京师判处死刑的，每年不过五六人，州郡也同样减少"。

——并州（太原市）督导员王袭，把并州治理得平安和谐，受到的美誉很多，皇帝拓跋宏也至为嘉许。公元493年八月三十，拓跋宏去并州巡视，只见道路两旁竖立了许多石碑，上面刻满了赞美王袭的文章。拓跋宏很不高兴，哪有自己刻碑表扬自己的！他当即剥夺王袭的将军称号，贬降二级文职。拓跋宏还下诏："皇帝御驾所经过的地方，如果对人民秋季庄稼造成损害，每亩发给谷米五斛作为补偿。"

——公元496年，北魏帝国大旱成灾，皇帝拓跋宏从七月二十二至二十四，连续三天不进饮食。文武百官请求晋见，拓跋宏不见，只派随从官问大家有什么事。豫州（今河南省汝州市）督导官王肃说，四郊降雨，旱情解除，只是京师（洛阳）降雨少点，恳求陛下进食。拓跋宏说："宫内宫外的官员和差役，都说四郊降雨，我疑心是他们为了让我宽心，故意这么说。如果真像你们所报告的那样，我今天就恢复饮食。如果大旱仍不能解除，我活着还有什么意义？当用我的生命，为万民赎罪。"司马光写道：当天晚上，天降大雨。

——此外，拓跋宏还诏令，撤销皇家工程部对民生无益的工程；把宫中不事纺织的宫女，解用出宫；废除皇家御库绫罗锦缎织造厂，对人民织造不加禁止；把皇家仪队车上的金银装饰全部去掉；减少皇后、嫔妃供应；把皇家御库的金银丝绸及用品，全部赐给文武大臣、工人、商人、衙役和首都周边六镇的边防军、鳏寡孤独、老人、病人，等等。

以上所写的，都是北魏帝国皇帝拓跋宏，为皇为帝的一些琐碎小事。在我看来，这些“小事”不小，能小中见大！从这样一连串的“小事”中，我们能深切感受到中华文明“文而化之”的强大穿透力、渗透力！中国历史上的圣贤，著书立说、游说、劝学等，不就是推行这一套吗？从拓跋宏处理的这些“小事”上，更清晰地看到了中华文明“文而化之”的巨大能量！

让我们再看一件拓跋宏处理的“小事”。

拓跋宏率军南征，指定任城王拓跋澄、洛阳警备区司令李彪、尚书省行政官李冲，负责留守朝廷的工作。结果，李冲采取断然措施，逮捕李彪，李彪对指控的犯罪事实全部供认。李冲上书皇帝拓跋宏：“依据事实，探索真情，都有具体的证据，如果我说的属实，就应把他放逐到北方荒漠诛杀，以铲除扰乱政事的奸邪；如果我所说没有证据，就把我贬到四方边疆地带，以平息谗言陷害。”

拓跋宏看到奏章后说：“李彪固然忘了他是谁，李冲也已满盈。”

我们把拓跋宏说的这句话揉搓碎了，来看个究竟。

先说李彪，他家世贫寒，朝中没有亲友可以攀缘。代都清渊公李冲，觉得李彪有才华和学问，给他安排事做，并向皇帝拓跋宏推荐，到处为李彪说好话。李彪得到拓跋宏欣赏，被任命为“洛阳警备区司令”。从此之后，李彪就不再尊重李冲了，朝会碰上了，只拱拱手而已。在留守朝廷期间，李彪任性专断，不断与李冲发生争吵，李冲气坏了，搜集李彪违法犯罪的证据，如偷坐皇帝的御马、私自取用皇帝用品、坐轿直闯皇宫等。李彪也承认犯罪事实，便果断对李彪逮捕。拓跋宏说李彪“忘了他是谁”，说的是李彪从穷小子一步步走上高官，忘恩负义，忘记了李冲对他的恩情。

此外，拓跋宏清楚，李彪是个酷吏，他发明了“木手”，即猛击罪犯腋下肋骨的器材，据说能使罪犯“坦诚不讳”“自动招认”。李彪处置叛乱的酋长，先用皮鞭抽打脸部，等鼻子眼睛全毁之后，才拉出去斩首。拓跋宏说李彪“忘了他是谁”，与他的这些作为不无关系。

再说李冲，他勤奋敏捷，长久居于要职，整天处理政务，都能圆满完成，曾获拓跋宏的“不死之诏”。李冲显贵后，私相授予家族和亲戚官爵，其中有人每年的俸禄，就高达一万多匹布帛。拓跋宏说“李冲也已满盈”，说的是李冲为官也不检点，拿朝廷的官职，私自授予家人和亲戚，违反用人规定。

最终的处理是，削除李彪官位，贬作平民。对李冲的处罚尚未下达，李冲便生病了，没几天便脏腑破裂而死。

从拓跋宏处理李冲、李彪的这件事，能使人进一步看清，拓跋宏就是中国封建史上的一个明君！

历史的局限

公元499年四月初一，拓跋宏逝世，年仅三十三岁。

相信读者看得出来，我用“年仅三十三岁”来表述拓跋宏的去世，表达的是一种惋惜。

这惋惜，既是对拓跋宏三十三岁去世的惋惜，更是对北魏帝国是否会中断“全盘汉化”的担忧，更深层次的，则是对拓跋宏这个皇帝所作所为难能可贵的认同。

历史的脚步走过一千五百多年后的今天，北魏帝国皇帝拓跋宏，在给我们留下恢宏历史记忆的同时，也给我们留下了诸多不解的历史课题。比如，他一个鲜卑族分支拓跋系的皇帝，为什么那么卖力地推行“全盘汉化”？再比如，冯太后从小抚育他、培养他，但冯太后一度想废黜他，曾把他禁闭在一间空房中，三天不给饮食，差点冻死、饿死，可他不记冯太后的仇，对冯太后的真挚感情终生不变，这又是什么原因？等等。

我想，拓跋宏留给我们尚不理解的课题，是否能从享誉全球的大同云冈石窟的罗马廊柱、印度佛像、希腊雕刻技巧，与中华文明大融合的展示中，找到答案或线索呢？还有，北魏在南都洛阳也开凿了一个享誉天下的龙门石窟。在这一南一北两个艺术圣殿的石窟之中，都隐含着什么尚未破译的惊天密码呢？

毋庸讳言，北魏皇帝拓跋宏推行的“全盘汉化”，有其本人对汉文化理解的局限。就拿儒家的孝道来说吧，父母死后守孝三年的老规矩，早已在拓跋宏之前的诸多汉族皇帝手里改变了，就连冯太后的临终遗言，都是“安葬之后，即脱丧服”。可拓跋宏就是转不过这个弯来，死抱着守孝三年不放，在满朝文武百官反反复复劝谏下，才坚持穿了一年丧服而脱。“全盘汉化”，当然不能“脏水和孩子”都要，而要留其科学精华，去其过时糟粕！

还有，拓跋宏的“救世主”心态，本身就是他的一个明显局限。拓跋宏在位期间，主动发起三次南北大战的根本原因，是源于其“统一天下，把万民当子女”的“救世主”心态。显然，他的这种心态，因超越历史条件的局限、超越其自身学识和能力的限制，而变得不切实际，已经被历史证明，是他根本无法实现的空想！

拓跋宏逝世后，十七岁的太子元恪（此后采用拓跋宏定的“元”姓）登基，成为北魏帝国第八任皇帝。

司马光写道：北魏帝国开始衰落。

第六章 北魏由衰败坠入分裂

推行“全盘汉化”的大帝拓跋宏，其历史的局限性，在他去世之后，立即凸显出来……

其实，拓跋宏的子孙，其目光、胸襟、见识，早就偏离了拓跋宏的理想……

撬动北魏分裂的，是一个女人，叫胡太后……

撬动北魏分裂的胡太后

元宏（拓跋宏）去世后，十七岁的太子元恪登基（八任）。元恪被指定为太子后，其母高氏暴病而亡。元恪登上帝位后，立即对舅舅高肇等封爵，“只数天时间，大富大贵，尊荣显赫”。关键是，元恪没有处理国家政务的能力，身边聚集了一群只会讨好他的佞臣，朝政大权旁落到高肇手中，他自己则钻到寺院诵经讲经去了。因为皇帝笃信佛教，社会上跟着信佛的人很多，仅从新疆和中亚细亚来到首都洛阳的外国僧侣，就有三千多人。北魏各地建造寺庙成了一种风尚，达一万余座，家家户户，没有人不侍奉佛祖。

此时长江南岸，南齐帝国正处于被南梁帝国的取代之中，正准备称帝的南梁一任皇帝萧衍，已经把目光瞄向了北魏黄河以南的大片土地。

而操控北魏朝政的高肇，出身贫寒，又没有为官的经历，瞬间登上帝国朝政操盘手的高位，拿不出稳定大局的朝政朝纲，而是一味压制老臣、功勋，削弱他们的采邑，惹得朝廷上下怨恨之声充盈道路。当时朝廷上下威信最高的是彭城王元勰，他性情品行，一片纯孝；为国效命，全副忠心；文武全才，谋略超群。拓跋宏临终前，特地嘱咐他：如果元恪能够信任，你就辅佐他；如不能信任，你就取代他。元勰一心辅佐元恪，忠心耿耿，而高肇却总打杀害元勰的主意，终于在公元508年将其杀死。

公元515年，元恪去世，六岁的太子元诩继位（九任）。朝中皇亲利用高肇奔丧之机，将其绞死。北魏帝国没有因为绞死一个搞乱朝纲的高肇，而校正往前走的方向，它像山坡滚落的巨石，已经滚落得势不可挡了！

撬动这块滚石的，是一个女人，叫胡太后。

胡太后是北魏九任皇帝元诩的生母，被选入八任帝元恪的后宫，处于后宫小老婆群的最低级——第十五级。因为北魏规定，皇子册封太子时，亲娘要被处死。因而皇帝后宫的皇后、嫔妃、小老婆都祈求神灵："只愿生亲王、公主，不愿生太子。"胡氏则与众不同，她愿意生男孩接替皇位，被处死也心甘情愿。结果胡氏生了元诩，因为元诩并非皇帝的长子，所以胡氏并未被处死。待元恪立元诩为太子时，元诩的哥哥都去世了，他成了长子，也就顺理成章成了太子。八任帝元恪同时诏令，废除诛杀太子生母的传统，胡氏得以不死，而且成了皇后，元恪死后，胡氏便成了皇太后。

皇帝后宫的残酷在于，嫔妃美女千千万，皇帝可以夜夜当新郎，皇后不能夜夜当新娘，只能独守空房，煎熬着青春的欲望。大概率看，从皇后熬成皇太后的，大都比较年轻，虽然皇太后决不允许找情侣，但她身边的侍从、宦官知道她的心思，都会想方设法成全她。但如果皇帝尚是娃娃或少年，由皇太后垂帘听政，她的权势便成了她满足欲望，甚至放纵淫荡的巨大资源，臣僚中主动贴上去的、送上去的，甚至因她向谁抛过一个媚眼而主动投怀送抱的，就比比皆是了。这似乎是年轻皇太后的一个潜规则，臣僚大都心知肚明。胡太后只有三十多岁，正是情欲似火的年龄，因而她就比较淫荡，连南梁帝国出使北魏帝国的使节都不放过，甚至看中谁，反抗都没用。胡太后给这些人的回报是，小官可以迅速提升为大官，犯了罪的可以赦免，赏赐的财物极其丰厚。由此，朝政朝纲被她为满足淫欲而搞得更坏了，已经踏上衰败之路、似山坡滚石的北魏帝国，被她推动得迅速坠落。

让我们循着司马光的笔端走向，深入到《资治通鉴》中去看个究竟吧。

——胡太后行使皇帝职权后，做的第一件事，便是加授老父胡国珍为总监督长，封安定公爵，接着又任骠骑大将军、开府仪同三司（宰相级）、雍州督导官，但不离开京师（首都洛阳）。

——骠骑将军于忠，在八任帝元恪时期，擅自以皇帝的名义发布诏书，任命人事，专权横行，随意生杀，受到诸多亲王和臣僚弹劾。胡太后则因于忠在高肇谋害自己时出手救助过她，不仅不予追究，而且任命其为太师，主管政府机要，与她父亲胡国珍一起管理政事。

——胡太后在皇宫旁边兴建永宁寺，铸一丈八尺的金佛像一个，与普通人身高的金佛像十个，玉佛像两个，还兴建九层佛塔，塔高九十丈，佛塔顶柱十丈，寺院供和尚居住的房舍一千余间，“陈设的珠宝璧玉和绫罗绸缎，使人目瞪口呆”。胡太后屡次举行吃素诵经大会，施舍给和尚尼姑的财物，动辄以万为单位计算，赏赐左右侍从官员的，更是没有节制，费用庞大，却从来没有把恩德普及到平民身上。

——“胡太后信仰佛教，崇拜佛祖，民间很多人家的男子，全都去当和尚，以致后代灭绝”。高阳王府咨议官李玚上书陈述：“南方敌人（指南梁帝国）还没有臣服，各种差役层出不穷，人民之所以去当和尚，多数是为了逃避兵役苦差。照此下去，势将消灭父慈子孝的天伦之情”；“天神称神，地神称灵，人死之后称鬼。古书说：‘光明的地方有礼仪音乐，黑暗的角落则有鬼神’，光明的地方堂堂正正，黑暗的角落出现鬼魂。佛祖（释迦牟尼）本身是人，死后称他的魂魄是鬼，这不是诽谤吗？”胡太后听了大怒，下诏对李玚进行责罚。

——胡太后驾临北魏绸缎库，命随行的亲王、公爵、公主、宫女、大臣等一百余人，尽个人的能力去拿，能拿多少就拿多少。结果拿得最少的也超过一百匹绸缎。尚书省最高执行长李崇和章武王元融，因背的绸缎太多，压得栽倒在地，李崇跌伤了腰，元融扭伤了脚。

——清河王元怿，是七任帝元宏（拓跋宏）的儿子，他喜爱文学，风度翩翩。胡太后看上了，强迫召他进宫。

——公元503年八月，第九次南北大战打响，因南梁帝国北伐总司令萧宏抛弃大军，独自逃命，而使得大战胜利的筹码倒向了北魏。但北魏朝廷的朝纲混乱，把一手好牌打得稀烂，致使北魏黄河以南大片国土丧失，很多州郡投降南梁，民变在北魏风起云涌。

——公元519年正月，北魏首都洛阳发生暴动，原因是胡太后收到改变“铨叙条例”的亲启密奏，即排斥军人、使军人不能转为文官的奏请，引发“洛阳暴乱”，军人上街，阻断交通，喧哗诟骂，焚烧房舍，将提交密奏的大臣直接打死。胡太后下令逮捕兵变首领和凶悍暴徒，斩首八人，其余不作追究。分析看，胡太后对“洛阳暴乱”作如此轻描淡写的处理，是因为北魏帝国“人人渴望天下大乱”，已经摇摇欲坠了，胡太后生怕因丁点儿火星引发焚毁北魏朝廷的熊熊火海。

——“洛阳暴乱”后不久，宦官孙腾，与总监督长元叉联手夺权，把胡太后软禁在北宫宣光殿，引起亲王与朝中重臣联手反击。在一连串的流血诛杀中，胡太后重新登上显阳殿，再度临朝主政。司马光写道：“胡太后二度掌握政权以来，宠信的弄臣家奴，作威作福；政府功能瓦解，行政效率停滞，既没有恩德，又没有威望，到处发生变民，政府所控制的地区每天在缩小。”解除软禁一出来，胡太后便召她的情夫郑俨跟她上床，并将他由宰相府的副军事参议官，提升为谏议大夫、中书舍人，全天候留居宫内。每逢郑俨休假回家，胡太后便派宦官跟随，郑俨跟妻子说不了几句话，宦官就催他起程回宫。此时的胡太后，淫行越来越放荡，也担心臣僚向皇帝元诩报告她的丑事，因而元诩信任谁，她便给谁找个罪名排除掉。皇帝元诩已经十九岁了，他能不知道他母亲这些丑事吗？关键是，执掌朝政的滋味，他这个皇帝也想尝尝呀，于是，他给匈奴人、车骑大将军、六州讨虏总司令尔朱荣下了个密诏，命他率军向京师（首都洛阳）进发，以胁迫胡太后给他交权，同时把那几个与胡太后淫行从密的大臣除掉。消息走漏，胡太后抢先下手，把皇帝元诩毒死，同时扶持一个三岁娃娃元钊登上帝位（十任）。

正率大军往京师开来的尔朱荣，性情火爆，听到这一消息后，推举彭城王元勰的儿子长乐王元子攸为皇帝（十一任），于公元528年四月三十冲进皇宫，逮捕胡太后和刚刚登基的三岁皇帝元钊，直接把他们扔到黄河淹死，并一手炮制了“河阴大屠杀”惨案。这之后，尔朱荣完全掌控北魏帝国大权，皇帝元子攸下达的诏书，实际已经变成“尔朱荣诏”了。尔朱荣并非不想当皇帝，他在把胡太后和小皇帝扔进黄河之前，按匈奴的传统习俗，自己动手给自己铸作小铜人，连续四次都没铸成，而给元子攸铸作，一次就成了，所以他认为自己没有做皇帝的命，便把元子攸扶上了帝位。但尔朱荣从骨子里就看不起元子攸，当他听说元子攸对他多有抱怨，甚至打算对他动手后，他嗤之以鼻，根本就不加戒备，结果被元子攸斩首，连同尔朱家族数十人脑袋落地。

但尔朱家族的七亲八姑占据北魏帝国的高官职位太多了，且在不少州郡拥有重兵，形成了势力强大的“尔朱帮”。尔朱荣一死，“尔朱帮”立即向北魏帝国反扑过来，很快就叫皇帝元子攸的脑袋搬了家。就在这一时段，北魏帝国各地冒出来一批皇帝，有汉族的，有少数民族的，仅北魏的元家，就有北海王元颢称帝、东海王元晔称帝（史称十二任），还有“尔朱帮”扶植的广陵王元恭称帝（十三任），还有北魏反抗军政府丞相高欢，扶植的安定王元朗称帝（十四任），转过脸去，高欢又叫元朗“禅让”，扶植平阳王元修称帝（史称十五任）。

看到了吧，短短五年时间，北魏帝国换了五任皇帝。其中十三任皇帝元恭，是元宏（拓跋宏）的侄子，为躲避意想不到的诬告陷害，装了八年哑巴。“尔朱帮”也以为他是哑巴，结果一说叫他当皇帝，他立即说：“上天如此安排，有什么可说的！”十五任皇帝元修，是元宏（拓跋宏）的孙子，为躲避皇亲争夺皇位的追杀，躲到乡下，隐姓埋名。当高欢派人找他当皇帝时，他吓得不敢露面，反复跟找他的人说：“你不是出卖我吧？”确认不是陷阱后，立马端起皇帝的架子说：“我不得不称朕了！”

看到了吧，装哑巴的、躲起来的，刚刚还是那副熊样子，一旦真的要当皇帝了，立马换一副嘴脸，气壮了，神爽了，至于他是不是当皇帝的那块料，具不具备当皇帝的智商，就统统不管了。

北魏帝国已经烂成这样了！

元修这个皇帝，上台后什么都没干，便用毒酒把十三任帝元恭毒死，把十二任帝元晔诛杀，接下来做的全部事情，便是谋划把扶他上帝位的丞相高欢杀掉。元修根本就不是高欢的对手，他使作的阴谋诡计一出笼，立即被高欢破译得清清楚楚，在几乎再也拿不出任何管用的阴招后，元修放弃首都洛阳，逃往长安。高欢则在洛阳扶持十一岁的元善见当皇帝（十六任）。

十五任皇帝元修逃跑后的公元534年八月，北魏帝国分裂成东魏、西魏两个帝国，东魏的首都是洛阳，西魏的首都是长安。东西两魏的皇帝，虽然都姓“元”，但掌控朝政的都不姓“元”。历史的脚步没走多远，东西两魏“元”姓的皇家姓氏，便走得无影无踪了。

下面，让我们循着司马光的笔端走向，分别看东魏和西魏是怎么把皇家“元”姓走没的吧！

高欢支撑的东魏帝国

东魏帝国十一岁的皇帝元善见，是丞相高欢扶上位的，无须解释了，“元善见诏”，实际就是“高欢诏”。

高欢是什么来头？

高欢本是汉人，他的爷爷高谧在北魏帝国当过御史，因犯罪放逐到怀朔镇（今内蒙古固阳县），时间久了，便被当地的鲜卑族逐渐同化，因而有史学家把他认作鲜卑族人。高欢“沉着而有伟大志向，因家庭贫穷，远到平城（大同市）当低贱差役，勉强糊口”。娶了一娄姓富翁的女儿后，高欢才有钱买一匹马代步，也因此当上了防守司令部的信差，并交结了如孙腾、侯景等一批好友。经人推荐，高欢到车骑大将军尔朱荣手下当军事参议官，并建议尔朱荣“清君侧”，获得尔朱荣的信任。

尔朱荣被杀后，强大的“尔朱帮”发起了强力反击，整个北魏帝国没有人可以仰仗了，便任命高欢为大丞相，把高欢推到抵挡“尔朱帮”反击的第一线。高欢没有辜负北魏朝廷的信任，“用数千人的鲜卑部队，击破‘尔朱帮’百万雄师”。这虽然说得有些夸张，但“尔朱帮”的进攻屡屡被他击溃，倒是事实。仗打到并州（太原市）时，高欢便在那里建大丞相府，远离朝廷住下来。并州是高欢的老根据地，他就是从那里发迹的。

首都洛阳有现成的丞相府，高欢不去，而是在并州建丞相府，与皇帝保持一段物理上的距离，根本原因是，防备十五任皇帝元修对他的陷害。

这是历史的一个死结！

把司马光的《资治通鉴》翻来翻去，也没找到北魏十五任皇帝元修要除掉高欢的理由。元修可是高欢扶上帝位的，可他在皇帝之位，采取欺诈设陷的种种手段，就是要除掉高欢。反观高欢，先后四十次给元修呈奏章、表忠心，可“元修全部不理”。元修逃到长安后，高欢特地派佛教高僧道荣到长安给他呈递奏章，说：“陛下如果能从遥远的地方赐给我一纸诏命，允许我回京师洛阳，我自当率领文武百官，扫清宫殿，恭候圣驾。”奏章接下来说的是，如果你不回来，那就得立新的皇帝，来主持元姓皇族七座祖庙的祭祀。史载：“元修仍不回答。”在这种情况下，高欢召集文武百官和帝国元老，讨论拥戴元善见当皇帝，高欢仍为丞相，此外的大司马、太尉、司空等要职，高欢一个也没往自己身上揽。

东魏帝国摇摇欲坠，全靠高欢苦苦支撑！

公元537年夏季，高欢出游汾阳的天池，发现一块奇石，上面隐隐约约呈现四个字：“六王三川”。有人解释说，“六王”，是高欢的别名（高欢乳名叫贺六浑）；“王”，是天下之主；“三川”，是黄河、洛水、伊水，而泾水、渭水、洛水，也别称“三川”。在作了这样一番解释后，鼓动高欢接受天命，穿上龙袍。高欢则说：“很多人闲着无事，一直造谣说我要谋反，一旦听到你的这种解说，那还得了，可不能对人乱讲！”

当时中国境内并立三国，长江南岸南梁帝国、长江北岸西魏帝国、东魏帝国。高欢掌握的东魏，与南梁恢复邦交，与西魏进行斗争。而十五任皇帝元修去西魏时，带走了北魏朝廷大批臣僚，而这些臣僚的家人，大都留在东魏，亲人之间你来我往，交往出了很多“奸细”。这无疑是个十分棘手的问题，且看高欢是如何处置的吧。

东魏特派政府助理官杜弼，认为文武官员中很多人贪赃枉法，建议高欢严惩。高欢说：天下官员贪赃枉法由来已久，不是从现在开始的。我们将士们的家人，不少都在函谷关以西，西魏正千方百计引诱他们。而南梁帝国以中国正统自居，对官员、士绅和知识分子形成了强大的吸引力。在这种情况下，我们东魏肃清正风，对贪赃枉法的官员毫不宽恕，一律依法惩处，“恐怕武人都投奔宇文泰，文人都投奔萧衍。人才逃走一空，怎么能维持帝国不垮。请你稍稍等待，我不会忘记。”

西魏大军向东魏打来了，杜弼向高欢建议，先诛杀内部奸贼。高欢问：“谁是内部奸贼？”杜弼答：“那些掠夺人民的高官贵爵。”高欢不问了，而是令拿箭的箭上弦，拿刀的刀举起，拿矛的手握矛，夹道列排，命杜弼从夹道中走过。司马光写道：“杜弼战战兢兢，汗流浃背。”高欢对杜弼说：“你从刀枪夹道中走出来，已经心胆都裂，而那些高官贵爵，敢用他的肉身去冒犯这些利箭钢刀，百死一生？虽然贪赃枉法，人格卑鄙，但他们在为政府履职上，却有更大的贡献，怎么可以跟普通人相比？”

高欢所说的这番话，有很大的片面性，似乎只能放在当时的背景中去理解。

在东魏，鲜卑人轻视汉人，汉人看不起鲜卑人，高欢每次发布号令，便派鲜卑族官员两边做工作，对鲜卑人说：“汉人是你的家奴，男人为你耕田，女人为你织布，呈献粮食绸缎，使你吃得饱、穿得暖，为什么还要欺压他们？”对汉人则说：“鲜卑人是你家的雇工，拿你一半粮食、一匹绸缎，为你格杀盗匪，使你过太平日子，为什么还要痛恨他们？”

东、西魏经常爆发大战，各有胜负，有些官员便依据战局的变换而作自己投靠的选择。东魏礼宾司长裴让之，在西魏大将独孤信弃军逃走时，叫他的老弟裴诹之随他投靠西魏。高欢下令逮捕裴让之及其兄弟五人，裴让之对高欢说：我的娘亲在西魏，我只是让一个弟弟投靠西魏，以让娘亲有儿子尽孝。高欢一听，立即把裴让之五兄弟释放。

司马光载："北魏帝国自520年以来，社会秩序混乱，人民为了躲避差役捐税，很多人出家当和尚、尼姑，多达二百万人，寺庙也有三万余座。本年（公元538年），东魏帝国皇帝元善见下诏（高欢诏）：'无论州长、郡长、县长，不经批准擅自兴建寺庙的，计算支出费用，依照违犯国法的罪名惩罚。'"

北魏分裂为东、西两个帝国后，连年战乱，黄河以南的州、郡，土地大片荒芜，长满茅草，活活饿死的人很多。高欢命州、郡、县长鼓励农耕，尽可能把荒芜的土地恢复耕种。高欢还命各州沿河或渡口建立粮仓，囤积粮食，以应饥馑荒年；同时在沿海地带，煮海水制盐，以供军事和行政费用。这样坚持下来，"一连数年，农作物丰收。米谷每斛只卖九钱，东魏帝国人民的生活，总算稍微有点改善"。

人民处于水深火热的战乱之中，其生活还能"稍微有点改善"，这便是天大的功德了，难能可贵啊！

高欢苦撑着摇摇欲坠的东魏，时时刻刻面临着西魏的进攻。虽然两魏的皇帝都姓元，但两魏的皇帝都被重臣架空，不可能有体现其本人意愿的"皇帝诏"发布，而两魏的重臣都不停地争原北魏帝国皇帝的"正统"，用以凝聚本国的人心。因而仗该不该打、能不能打、打不打得赢，是次要的，首要的是必须打。东、西两魏在用战争争夺"正统"的打斗中，互有胜负。公元546年十二月那次对打，高欢被打败，随即谣言传出，说高欢被"定功弩"射死。散播谣言，也是战争的一个重要组成部分，如不能及时阻断，其对军队士气的杀伤力，是不可估量的。此时高欢身体患病，仍硬撑着接见军队高级将领，与大家同唱《敕勒歌》：“敕勒川，阴山下。天似穹庐，笼罩四野。天苍苍，野茫茫，风吹草低见牛羊。”苍凉的歌声，从久经战火磨难的将领口中同声唱出，唱得大地颤抖，苍天落泪。

史学大家司马光是这样评价高欢的：“性情内向，沉默寡言”；“随机应变之快，犹如闪电”；“统帅军队，法纪风纪，执行彻底，分析事实，明察秋毫”；“擢升人才，委派官职，全看工作能力”；“一向节俭朴素，刀剑、马鞍、缰绳口勒，从不用金玉装饰”；“有知人之明，喜爱知识分子，对平民时的旧友或立过功劳的元老，多予保全”；“文武百官，都乐于听他驱使”。

尤其令人感动的是，苦撑着东魏帝国的高欢，几乎常年走在带兵作战的路上，可他“约束人马，军纪严肃，不准侵犯人民财产，每次经过麦田，手牵马缰”，为的是防止马啃吃麦苗、麦穗。

公元547年正月，高欢逝世。

高欢逝世，他苦撑苦支的东魏帝国随即坠落！

公元550年五月，东魏帝国皇帝元善见从金銮宝殿走出来时，嘴里念诵的是范晔《后汉书·赞》：“刘协（东汉王朝末任帝）生不逢时，身受播迁逃亡之苦，帝国又多灾多难，四百年政权，在他手上结束，永远做伊祁放勋的嘉宾。”元善见此时的念诵，是感叹自己的生不逢时，还是感叹东魏坠落的无奈？

取代东魏帝国的，是北齐帝国。

宇文泰支撑的西魏帝国

在写北齐帝国之前，我们再来看看从北魏分裂出去的西魏帝国。

支撑西魏帝国的，是宇文泰。

宇文泰，鲜卑族宇文部落人，他的祖先宇文逸豆归酋长，在公元344年被前燕帝国打得逃往北方沙漠之后，宇文部落很久没有在历史上露面。到公元524年宇文泰的父亲宇文肱露面时，宇文部落已经定居在今内蒙古武川县了。宇文泰先是跟着父亲打仗，后被制造“河阴大屠杀惨案”的尔朱荣看中，提拔为统军（初级指挥官），随泾州督导官贺拔岳入关，提升为征西将军、夏州（今陕西省榆林市横山区）督导官。

被北魏丞相高欢扶上帝位的元修，极力拉拢手握重兵的贺拔岳，把包括长安在内的二十个州的军区司令，打成一个包，安到贺拔岳头上。在给贺拔岳送诏命时，皇帝元修还在心前刺出鲜血，作为盟誓证明。对此，高欢看得很清楚，这是皇帝元修在做积蓄铲除他高欢的准备，因而如何化解，也就有了办法。贺拔岳与秦州（今甘肃省天水市）督导官侯莫陈悦结成了同盟，而侯莫陈悦是个不讲诚信、贪心极大、诱以重利便什么事都做得出来的小人。高欢便从侯莫陈悦入手，实行挑拨和贿赂，侯莫陈悦便把贺拔岳杀了。

在这里，司马光记载了一个细节：杀了贺拔岳之后，侯莫陈悦突然间精神恍惚，不敢接管贺拔岳的部众，而是率领自己的军队仓促撤走了。也正是在这个当口，宇文泰站出来，接管贺拔岳丢下的部众，成了一支与高欢抗衡的强大力量。北魏皇帝元修遂投奔宇文泰后，定都长安，史称西魏帝国。

显然，西魏帝国当家的不是皇帝元修，而是丞相宇文泰。

宇文泰胸怀宽广，志向高远，“统御英雄豪杰，能得到他们誓死效忠；性情爽直朴素，不喜爱虚浮豪华，对政治运作，明白练达，崇尚儒家学派，崇拜古人古事，所有的行政措施都效法三代（夏商周）制度”。

下面，我们从司马光记载宇文泰的史实中，挑两件事，看宇文泰是如何支撑西魏帝国的吧。

一件是，“六条诏书”。

公元541年，宇文泰推出了替皇帝撰写的“六条诏书”：一是“清心思”，要求所有官员清心寡欲；二是“敦教化”，严格推行道法教育；三是“尽地利”，推广农耕，扩大种田养蚕；四是“擢贤良”，突破门第世家的限制，用人以才能为主；五是“恤狱讼”，严禁酷刑拷打，宁错放罪人，不冤枉良善；六是“均赋役”，赋税和劳役必须公平，有钱有势的人家不能避免。

“六条诏书”虽以皇帝之名颁发，但集中体现的则是宇文泰治国理政的基本方略，涵盖了政治思想、经济民生、治国理政等方方面面。可以说，宇文泰企望通过“六条诏书”，达到实现自己理想王国的目标。为此，宇文泰把“六条诏书”放在案头，命有关官员背诵学习。关键是，全国所有州长、郡长、县长、长史的官帽能否保住，背诵和深刻理解“六条诏书”，是至关重要的一条。你赋税、劳役都完成得很好，但不能背诵“六条诏书”，理解得也很肤浅，你的官帽就得拿掉。

反观宇文泰，应当说，他是“六条诏书”的带头实践者。

比如，秦州督导官王超世，是宇文泰妻子的老哥，他在督导官位上贪污腐败，宇文泰即奏报皇帝元修，请求依法处理，元修便诏令王超世自杀谢罪。皇帝元修诏，实际就是宇文泰诏。

比如，陕西省武功县人苏绰，在西魏特遣政府担任助理官，但不受重视。一次，宇文泰找尚书省副执行长周惠达询问一件事，周惠达答不上来，便去找苏绰询问，问后跟宇文泰一说，宇文泰非常高兴，当即擢升苏绰当档案管理员。之后不久，宇文泰在一帮高官陪同下，前往昆明池参观捕鱼。在仓池，宇文泰打听仓池的历史渊源，没有一个人知道，便召苏绰询问，苏绰有问必答，说得清清楚楚。话题一扯开，天地万物起源、历代王朝兴亡等，宇文泰的问题越问越宽泛，苏绰的回答令宇文泰越来越满意。于是宇文泰再次擢升苏绰，当特遣政府政务秘书，参与并主管机密决策。“六条诏书”就出自苏绰手笔。

比如，宇文泰在特遣政府所在地设立学校，从政府各部门挑选秘书、助理、参谋等年轻人，白天照常上班，晚上到学校去学习。政府出资办夜校，培养年轻的低级官员，这可能是中国历史上的第一次。

比如，在首都长安阳武门外放置纸笔，鼓励人民批评政府，提出建议，以使国家得以了解政府的施政缺失。

比如，当时知识分子撰写文章，只追求辞藻虚浮华丽，不触及实质内容。为扭转这种文风，宇文泰命苏绰撰写《大诰》，发给所有官员，并下令：“以后撰写文章，一律依照这种文体。”

……

另一件是“府兵制”。

所谓“府兵制”，就是兵农合一制度，是中国历史上最重要的军制。公元542年，西魏帝国实行“府兵制”，列入“府兵”的士卒，所有租税差役一律免除；士卒主要在家务农，只是在农耕闲暇时，接受二十余天的军事训练。国家无战事，轮调“府兵”前往京师担任警卫任务；国家有战事，则由全国武装部队总司令统一调度指挥，出征作战。

用我们今天的目光来看“府兵制”，也能看清，这是接地气的制度。

这一制度在此后的若干朝代沿袭，虽多有改变，但其“兵农合一”的主体特征没有改变。

“府兵制”的创立者，就是宇文泰！

当然，在治国上显示出才华的宇文泰，是不甘心在他人手下为臣的，虽然他能使皇帝诏的本质定调为“宇文泰诏”，但毕竟立的是皇族牌坊，不是宇文族的牌坊，因而择机让皇帝“禅让”，是宇文泰始终打的一个主意，只不过表现出来的是“尚不着急”。

公元534年闰十二月，跟随宇文泰定都长安的西魏皇帝元修，喝酒后死亡，因是毒发身死，怀疑是酒里下毒，所以背后凶手的目标指向无疑是宇文泰。原因是，皇帝元修荒淫乱伦，堂妹同他上床而不让出嫁的就有三人，都封为公主。南阳王元宝炬的亲妹妹元明月，就是其中一个。崇尚儒学、崇拜古人古事的宇文泰，看不得皇帝元修乱伦，找碴儿把元明月诛杀了。皇帝元修气得不是弯弓拉弦，就是擂打桌案，宇文泰难道看不懂皇帝元修究竟是啥意思吗？结果，皇帝元修喝酒中毒死了。

元修死后，宇文泰把南阳王元宝炬扶上了西魏帝国的帝位。在元宝炬皇帝的任上，宇文泰以“皇帝诏”的名义，将“鲜卑人改为汉姓的，一律撤销，恢复原姓”，但皇族仍姓“元”。公元551年三月，元宝炬去世，太子元钦继位。三年后，皇帝元钦密谋诛杀宇文泰，消息泄漏，被宇文泰罢黜囚禁，扶上齐王元廓接替皇位。也就是从这时起，皇族也恢复原姓“拓跋”，皇帝元廓就叫拓跋廓了。宇文泰特别遴选功劳最大的将领三十六人、功劳其次的将领九十九人，分别改姓，这些将领所统领的士卒，也一律改姓将领的姓。

公元556年十月，宇文泰逝世。

同年十二月，西魏皇帝拓跋廓“下诏逊位”，把帝位“禅让”给了宇文泰的儿子宇文觉，国号北周。

随着西魏帝国的灭亡，立国一百七十一年的北魏帝国灭亡。

第七章

北齐、北周立国只为过皇帝瘾

北齐、北周在北魏帝国分裂的土地上建国……

不想民生，不想厚德，只想建国当皇帝过瘾……

两国皇帝最过瘾的，不只是荒淫无度、奢侈无边，更是用暴戾杀人……

北齐帝国的高姓皇族蛇蝎一窝

来看取代东魏帝国的北齐帝国。

东魏帝国的丞相高欢，是史学家赞誉的一代名相，他苦支苦撑着东魏帝国，其权力大到一句话便能叫皇帝把皇位“禅让”给他，可他为相十三年，始终没有把这句话说出来，而是对被他扶上帝位的皇帝元善见，“礼貌上至为恭敬”“每次参加宫廷宴会，都低头拜伏地上，向皇帝敬酒”“元善见设立佛法大会，乘坐人拉的小车去上香，高欢手捧香炉，在小车后步行跟随，弯曲身躯，屏声静息，观察元善见的脸色行事”。因为丞相高欢的忠心耿耿，元善见一个人便把皇位从东魏帝国的开始，坐到了东魏帝国的结束。

高欢去世的当年，高欢的长子高澄，便把皇帝元善见软禁，并屠杀元姓皇亲六十多人，开始做篡夺皇位的准备。高澄被厨房奴隶杀死后，他的弟弟高洋，于公元550年把东魏帝国换成了北齐帝国，登上了皇帝的宝座。

北齐帝国开国皇帝高洋，是个什么货色呢？我们完全依据司马光的评价和记载来写。因为司马光的评价很长，只好分几个层次来写。

司马光首先写道：“高洋初当皇帝时，留心帝国政务，一切要求简单安静，知人善用，心怀坦荡，每个人都能为国出力。”“执法严厉，如果有人违犯，即令是皇亲国戚，也要处罚。”“至于军事行动，则自己独断独行，每逢冲锋陷阵，都亲冒乱箭飞石，所到之处，无不建功立业。”

这是司马光对高洋这个皇帝的肯定。支撑这段肯定的史实是，在讨伐契丹部落时，“高洋披头散发，袒胸露背，日夜不停，深入一千余里，翻山越岭，身先士卒，只吃肉喝水，而豪气更高”。“北齐帝国动员民夫一百八十万人，兴筑长城，从幽州夏口，直到恒州，九百余里。”高洋认为：“佛教、道教是两个不同的宗教，打算取消一个，于是命和尚、道士在高洋面前举行辩论。根据辩论情况，高洋裁定取消道教，指令道士都要剃光头发改当和尚……于是北齐帝国境内成为佛教世界，道士绝迹。”

下面请看，司马光笔锋一转，对高洋是这样描写的：“但几年之后，渐渐对自己的功绩和事业感到骄傲，于是拼命饮酒，生活淫乱，随心所欲地残忍凶暴。”

这无疑是一个概括，具体的情况是：

——“有时自己唱歌跳舞，日夜不停；有时披头散发，穿上蛮族服装，挂着彩带；有时光着身子，脸上抹粉描眉；有时骑着驴、牛、骆驼、白象，不用马鞍缰绳。”“经常穿街过巷，有时坐在街头，有时睡在巷子里，有时天气炎热，他脱得赤条条地晒太阳，有时隆冬严寒，他也脱得赤条条地乱跑”……

——高洋曾在路上问一位妇女：“天子怎么样？”妇女回答说：“疯疯癫癫，算什么天子！”高洋便把她杀了……

——高洋讨伐山胡（山西省石楼县的匈奴部落），将“山胡十三岁以上男子一律斩首，女子和十二岁以下男子都当作战利品，赏赐给军人”……

——“高家的妇女，高洋不管是亲是疏，是长辈还是晚辈，多数被他奸淫过”……

——彭城王高浟的娘亲、太妃尔朱英娥，是北魏十一任帝元子攸的皇后，也是高洋的庶母，高洋要与她上床，尔朱英娥拒绝，高洋便亲手把她格杀……

——故东魏乐安王元昂的妻子，是现皇后的亲姐姐，高洋嫌召她来奸淫太麻烦，便打算把她直接收到后宫。于是，高洋先杀元昂，他把元昂召来，命他趴在地上，一口气向他发射一百余支响箭……

——高洋宠爱歌舞女郎薛妹妹，但他突然想起来薛妹妹曾跟别人上过床，妒火中烧，令武士砍下薛妹妹的头，藏在怀里，在宴会敬酒时，把薛妹妹的人头掏出来放到盘子上……

——高洋喝醉了，把故东魏的宫女赏赐给六弟高演，酒醒后指控高演夺取，令卫士用刀柄把高演捣成重伤……

——“高洋特别制造大锅、长锯、锉刀、石锥等刑具，放在院子里，每次饮醉，一定要亲手杀人作为娱乐节目。杀了之后，还要割下四肢，或投到大火中焚烧，或投到水里喂鱼。”

——首都邺城的死囚，全部安置在殿廷左右卫士轮休的地方，称之为“供御囚”，皇帝高洋想杀人时，就带出来供他杀人娱乐……

——高洋召见朝廷百官，突然叫出司令官韩哲的名字，并当场诛杀。令百官不解的是，韩哲并没有犯罪，也单独接触不到高洋……

——尚书省左仆射崔暹逝世，高洋亲自到他家祭悼，问崔暹的妻子李女士想不想崔暹，李女士说想，高洋便挥刀斩李女士。你不是想吗？你就去地狱见他吧……

——高洋问彭城公爵元韶：“刘秀怎么能够中兴？”元韶说：“因为没有把姓刘的赶尽杀绝。”不知元韶的回答触动了高洋哪根神经，他随即下令：“把所有姓元的，不分男女老幼，全部屠戮，用以解除将来的危机。”其中一天之内，诛杀始平公爵元世哲等二十五家……

——高洋出巡，文武百官恭送圣驾启程，高洋下令长矛骑兵把他们团团围住，说：“我一举鞭，你们就杀！”只是因为高洋沉醉不醒，没有把鞭子举起来，才使文武百官躲过一劫……

——高洋酒醒后，“在地上摆设公案，命平秦王高归彦手举木棍，高洋自己责备自己，数说自己的罪状，脱掉上衣，露出脊背，对高归彦说：‘打不出血来，我就杀你’……改打脚板五十下后，高洋穿上衣服，向娘亲叩拜道歉，悲哀得难以控制。宣布戒酒，可十天之后，又跟当初一样”……

——内宫管理员李集向高洋规劝时，把他比作桀、纣，高洋令人把他的头按到水里，按一会儿拉上来，想叫李集改口，连续按下又拉上三四次，李集就是不改口，高洋哈哈大笑，说“天下竟有如此白痴”。随即把李集释放，只一会儿工夫，又传见李集，什么也不说，下令架出去腰斩……

——永安王高浚，是高洋的亲弟弟，劝高洋不要饮酒过度，高洋很生气，逮捕高浚，囚禁在北城地牢，喝水、吃饭、拉屎、撒尿，都在里面……

——祠部尚书王昕，遭人陷害，说他把皇帝高洋比作桀、纣，高洋不作查验，就在金銮殿前把王昕斩首，尸体投入漳河……

……

无需再往下写了，北齐帝国开国皇帝高洋，就是这样一个蛇蝎！

公元559年十月，高洋死了，他十五岁的儿子高殷登基称帝。高洋曾嫌高殷汉人性情太浓，便亲自教他杀人。高洋叫人送来一个囚犯，一连催促三次叫高殷去杀，高殷也不敢下手。高洋大怒，用鞭杆撞击他，吓得高殷精神失常，说话口吃。公元560年八月，高殷的叔父高演毒死高殷，穿上了龙袍。公元561年十一月，高演逝世。

高演死后，著有一部家书在中国广泛传颂的思想家、文学家颜之推说：“高演天性孝顺，可惜不知道如何避免做出不孝的事，才有这样的结局，这都是不读儒家学派经典之故。”

颜之推说的是：高演派杀手送给二任帝高殷毒酒，高殷不喝，杀手就把他扼死了。高演的母亲娄昭君询问高殷在什么地方，高演不能回答，气得娄昭君骂道：“你是不是把他杀了？不听我的话，你应该死！”

显然，高演并非不读儒家经典而死的。

高演死后，高欢的第九个儿子高湛登基称帝。

北齐帝国第四任皇帝高湛，又是个什么货色呢？

——高湛逼奸一任帝高洋的皇后李祖娥，警告她说：“你如果不同意，我就杀你的儿子。”李祖娥只好由他摆布，怀孕了，生下一个女儿，李祖娥抛弃不养，高湛提着佩刀，当着李祖娥的面，用刀柄把她的儿子高绍德捣死。仍不解气，把李祖娥脱得一丝不挂，痛打一遍后，装进一个布袋中扔到水沟里……

——佞臣和士开鼓动高湛说：“自古以来，所有帝王都成灰土，尧舜与桀纣没有分别。陛下应趁年轻力壮，尽情任性地拼命享受，想怎么做就怎么做。一天的奇异快乐，可以抵一千年的平凡生活。”高湛完全接受这种及时行乐的思想，朝政大事一概不理……

——天空出现赤红星光，还有白虹环绕太阳两圈，高湛认为不吉利，想用杀人来化解。恰巧有人报告，说三任帝高演的太子高百年曾经写过几个“敕”字，高湛大怒，认为“敕”是皇帝的指令或训令，是唯有皇帝才可以用的字，高百年写“敕”字是企图篡位，于是把高百年打得奄奄一息后再砍掉脑袋……

——佞臣祖珽，在高湛当长广王时，曾骗他说梦见高湛骑龙飞天，获得高湛宠信。公元565年，祖珽又以“顺应天心”为名，鼓动高湛把帝位禅让给太子高纬（九岁），高湛则披着“太上皇”的外衣，继续他的纵情淫乐……

公元568年十二月，高湛死了。高湛在位时间短，作恶可不少。

史学家评价说：“高湛骄傲奢侈，荒淫逸乐，以致民间的捐税差役繁多而又沉重，官民都感愁苦。”

接下来的北齐帝国第五任皇帝高纬，是高姓皇族蛇蝎一窝的集大成者。

高湛死时，高纬只有十二岁，十二岁的少年皇帝，不具备作恶作祟的健全智商，因而得找一批老道的奸臣，帮他出作恶施阴的主意。这里，我们拎出一个叫祖珽的奸臣，用祖珽把高纬身边的奸臣串起来说说。

祖珽称得上是北齐的“重臣”，历经高欢及高洋、至高纬的高姓皇族的各个朝廷，司马光对他的评价是“人品低劣”。拎出祖珽来说高姓皇族是“蛇蝎一窝”，必须回过头去翻翻祖珽一路走来的恶劣作为。

祖珽曾在高欢手下做事，在一次宴会上，一只金酒杯忽然不见了，高欢下令搜查，结果在祖珽的发髻中搜出来了，于是打祖珽二百鞭，发配到工厂做苦工。北齐一任帝高洋时，祖珽当皇家图书馆主任秘书。四任帝高湛当皇帝时，有人拿着《华林遍略》到邺城晋见皇帝高湛，请求收购。《华林遍略》传说是南梁皇帝萧衍主编的，价值极高。高湛于是找来很多文书人员，用一天一夜把全书抄了一遍，尔后把书退给人家。抄写的《华林遍略》，便存在皇家图书馆。祖珽利用在皇家图书馆工作之便，偷出几卷卖了。事情败露后，判处祖珽绞刑，经多人说情，保住了性命，贬作平民。

但四任帝高湛忘不了祖珽，因他尚是长广王时，祖珽以献自己调制的“胡桃油”（绘画用）为由，受到高湛接见。祖珽装模作样地对高湛端详一遍后说：“殿下的骨骼，在法相上看非常尊贵，我曾经梦见你骑一条龙上天。”这种胡说八道，对于一天到晚想当皇帝的高湛来说，当然非常悦耳动听。祖珽被贬作平民不久，高湛便把他召回，并一步一步提升为中书侍郎、敬骑常侍。在这个位置上，祖珽网罗了朝中一批奸臣、佞臣，其中就有与胡太后有奸情的顾命大臣和士开、精于谄媚的武卫将军高阿那肱、对汉人恨之入骨的领军大将军韩长鸾、精于算计构陷的乳娘陆令萱和她的儿子骆提婆等。可以说，搞乱北齐帝国的奸臣，全被祖珽网罗起来了。

河间王高孝琬，看不惯祖珽、和士开等奸臣，曾用草扎成他们的模样，当作箭靶。祖珽等人便对皇帝高湛说，扎的草人就是陛下。北魏时有民谣说："河南种谷河北生，白杨树上金鸡鸣。"祖珽等人翻出这段民谣，对高湛说："河南、河北之间，就是'河间'，暗示河间王高孝琬将要设立'金鸡'，大赦天下。"高湛怕的就是叔叔、伯伯、兄弟抢他的皇位，于是逮捕高孝琬，严刑拷打而死。

祖珽想当丞相，便开始陷害受皇帝高湛宠信的臣僚，不小心把高湛淫乱的丑事也泄露了，气得高湛用刀柄猛撞他的嘴巴，左右侍卫马鞭木棍一齐上，打得祖珽只剩一口气时，他大叫说："陛下不要杀我，我替陛下配制仙丹。"一听"仙丹"，高湛立马喝令停打。刚一停打，祖珽便自比范增，埋怨高湛对他这个大谋士不用。高湛又怒火上蹿，你是范增，不是暗指我便是项羽吗？祖珽脑子转不过来了，说高湛"没有资格轻视项羽"。这一来彻底把高湛气爆了，他亲自抓起土塞进祖珽的嘴里，狠抽二百鞭以后，投进地牢，脚镣手铐一齐上。祖珽被囚地牢，狱卒用蔓菁子点燃照明，时间一长，再加上手脚都不能动，祖珽的双眼都被浓烟熏瞎了。

……

十二岁的高纬接替皇位后，身边聚集了一批奸臣，仍嫌不够，于是从地牢把双眼熏瞎的祖珽请出来，任命为皇家图书馆馆长，加授开府仪同三司（宰相级），进一步增强了高纬身边的奸臣势力。史载，北齐帝国的朝政大权全由奸臣掌控，皇帝高纬与这帮奸臣同坐一条船上，引得朝廷上下很多官员、富商，包括知识分子，都把巴结这帮奸臣，作为获官、获利的捷径。

司马光特地记载了这样一件事：政府机要主管和士开，是皇帝高纬的大红人，在这帮奸臣中的权势最为尊贵，朝廷中有些无耻官员，找上门去做他的养子。一次和士开生病，一个知识分子觍着脸上门问候，正碰上医生给和士开诊治，医生望闻问切后说：你患的是伤寒重症，其他药都无效，要想活命，只有饮“黄龙汤”。所谓“黄龙汤”，是民间的一种偏方，即把人粪装进一个瓮里，塞住瓮口，放到阴凉处，若干年以后，作为药用。据说“黄龙汤”对瘟疫有特别功效，病人要断气时，喝了“黄龙汤”，便能救过来。和士开对喝“黄龙汤”很为难，而那个登门请安的知识分子便要求先替他尝尝，一口气把“黄龙汤”喝下后，说“容易下肚得很”。和士开很感动，“勉强服下，病竟痊愈”。司马光记载的这件小事，足以说明皇帝高纬身边的那帮奸臣，是多么被小人看重。

还说祖珽，他以推荐皇帝高纬的乳娘陆令萱当皇太后作为诱饵，与陆令萱和她的儿子骆提婆勾搭到了一起，祖珽逢人便说：“陆令萱是女中豪杰，自从女娲以来，还没有出现过这样的女性。”作为回报，陆令萱总跟皇帝高纬说祖珽是“国师”“国宝”，皇帝高纬便把祖珽提升为尚书省副执行长。

祖珽与陆令萱联手，首要陷害的目标，是宰相兼皇家师傅斛律光。

斛律光是北齐帝国的中流砥柱，他天质沉稳刚毅，指挥作战、统御大军都暗合兵法，变化无穷。北周帝国收复巴蜀、攻陷江陵之后，对北齐帝国形成了吞并之势，是斛律光家的诸位将领，训练军队，坚决遏阻北周军队的入侵。斛律光廉洁节俭，不贪图权势，不喜欢音乐女色，很少会见宾客，更不接受他人馈赠。因为斛律光品质高洁，因而对祖珽极其厌恶，经常骂他小瘪三，满肚子坏主意。祖珽为了陷害斛律光，先收买斛律光的家奴，打探斛律光的情况。家奴告诉他：“斛律光每天晚上抱着膝盖长叹：‘瞎子执政，家破国亡。’”北周帝国对北齐帝国的进攻，被斛律光挡在国门之外后，北周帝国开始打心理战，编造歌谣说：“百升飞上天，明月照长安”（斛律光别名斛律明月）；“高山不推自己崩，槲树不扶自己挺”，并秘密派人到北齐首都邺城教孩童在路上边玩边唱。祖珽听到后，又编了两句“盲老公背受大斧，多嘴老母说不出话”，叫孩童连起来唱。祖珽和陆令萱对皇帝高纬的解释是：“一百升”，就是一斛，“盲老公”是指祖珽，“多嘴老母”是指宫中女监督官陆令萱。看到高纬相信了他的解释，便建议高纬抓紧下手，除掉斛律光。接下来，北齐的中流砥柱斛律光被勒死了，他的五个儿子全部处死。

在这里，司马光又记述了三个细节：

一个是，斛律光被勒死后，“血流满地，以后无论怎么洗涤、铲磨，血迹历历，都不消灭”。

另一个是，祖珽命人没收斛律光的家产，问收到什么武器没有？结果是：“弓十五张，宴会时用的箭一百支、刀七把，皇上赏赐的长矛两支。”祖珽一听，气急败坏地问：“还有什么武器？”答：“还有枣木军棍二十捆，凡斛律家奴仆跟外人打架，不管错在何方，先打奴仆一百军棍。”

还有一个是：“北周帝国皇帝宇文邕，听到斛律光被诛杀，大喜过望，大赦。”

大史学家司马光写这三个细节，想告诉读者什么，相信读者朋友看出来了。

“自此以后，祖珽专权独断，掌握中枢机要，直接控制隶属于丞相府的骑兵司及民间武力司，祖珽家族亲戚，纷纷擢升高位。”

与祖珽联手陷害斛律光的陆令萱又如何呢？

“从此，陆令萱跟她的儿子、总监督长骆提婆，权势倾动中外，出卖官爵，干涉司法，看对方贿赂多寡来作判决；收受贿赂，永不嫌多。”“陆令萱母子想教谁活，想叫谁死，要赏赐谁、剥夺谁，全凭自己高兴不高兴，想怎么干就怎么干，不受约束。”

与陆令萱、骆提婆沆瀣一气的领军大将军韩长鸾又如何呢？

“韩长鸾对知识分子最为痛恨”；“早晚陪同高纬饮宴，专门说别人坏话”；“每天都瞪大眼睛，挥动拳头，凶暴的神态像要吞食别人”；“经常诟骂说：‘汉狗！真叫人受不了，只有诛杀！’”

长江南岸的陈帝国打来了，长江北岸的北齐帝国各郡纷纷向陈帝国投降，而北齐帝国皇帝高纬在这个节骨眼上，准备前往晋阳（今山西省太原市）巡视，一帮臣僚上书劝阻，认为前线战事吃紧，军队的信差来往不断，都要请皇帝裁决，皇帝这个时候从邺城跑去晋阳，民众可能认为皇帝逃跑，不利于稳定民心。韩长鸾却对皇帝高纬说：“汉人官员竟然采取一致行动，联名上奏，表面上看是劝阻陛下前往晋阳，事实上未必不是暗中谋反，应该诛杀！”高纬于是召集在奏章上签名的官员，集中在含章殿，将他们全部斩首。同时诏令，将这些臣僚的家属放逐到北方边境，妇女配给奴工署，男孩送蚕室割掉生殖器，家产全部没收，创造了中国历史上的一场千古冤案。

皇帝是这个德性，高姓的皇亲国戚又怎样呢？

对此，司马光记述了皇帝高纬的庶兄、定州州长高绰的滔天罪行。高绰牵着狗在路上遇到一个怀抱婴儿的女子，便下令把婴儿抢过来喂他的狗，女子死抱着婴儿不放，高绰的随从哪里肯放过，愣是把婴儿夺过来，让高绰的狗撕咬。高绰又令人把婴儿的血涂到那女子身上，尔后纵狗扑上去，把女子咬死蚕食。有人把高绰的这一滔天罪行报告皇帝高纬后，高纬下令把高绰押解到行宫，高纬去看他，问他在定州什么事最快乐。高绰说：“挖一个土坑，抓很多毒蝎放进去，再放猕猴进去观赏，最是快乐。”高纬一听，立即下令捕捉毒蝎，把毒蝎放到浴盆里，尔后抓来一人，命他脱光衣服，跳到浴盆里。只见那人被毒蝎蜇得翻腾辗转，痛苦悲号。高纬与高绰在旁观看，啧啧称奇，乐不可支。高纬一边看一边责怪高绰说：“这么刺激的事，为什么不用驿马车奏报我知？”

看看吧，高姓皇族就是这么一窝蛇蝎！

公元576年，北周帝国向北齐帝国发起毁灭性总攻，平阳沦陷，晋州被围。皇帝高纬正领着淑妃冯小怜在祁连池打猎，前线使节三次向他报告，他不理睬，第四次报告时，他还要“再杀一围”（派军队把猎物围起来，由皇帝射杀）……在平阳的反击战中，北齐军队一度攻破城墙，正要乘势攻入城中时，皇帝高纬却下令阻止，他要召唤冯小怜前来观赏攻入平阳的壮烈场面。而此时的冯小怜正对镜化妆，不能马上赶到。北周军队利用这段喘息时间，用木材筑起了第二道防御工事，致使平阳无法攻克……冯小怜过来后，听说晋州城西的山上有神仙留下的足迹，提出要去参观，皇帝高纬便下令用于攻城的木材，在弓箭射不到的河上修建一座桥梁，他要领着冯小怜去参观神仙足迹。刚要过桥时，桥突然坍塌……皇帝高纬带着冯小怜在一个小山丘观战，北齐军东翼一向后收缩，冯小怜便吓得哭叫“已经败了”，高纬便立即带着冯小怜逃跑。“北齐大军于是彻底崩溃，被杀一万余人，军用物资武器等全部抛弃，数百里间，堆积如山”……高纬退到洪洞（今山西省洪洞县）后，冯小怜又对镜擦粉，搔首弄姿，忽然有人喊“周军追到”，吓得高纬带着冯小怜继续向北逃亡……文武官员建议皇帝高纬悬赏招募勇士，高纬却不肯拿出金银财宝；建议慰劳官兵，鼓励士气，高纬站到各将领面前，想不起讲稿上的话，看到将领们一脸严肃的表情，自己忍俊不禁，纵声大笑……皇帝高纬继续逃亡，把一袋袋黄金拴到马鞍上，逃到山东省临朐县西南，被北周军队擒获……

立国二十八年的北齐帝国灭亡！

北齐帝国的奠基者高欢，一世英名，可他的子孙一窝蛇蝎！

围在皇帝高纬身边的一帮奸佞小人，在国家行将灭亡中的表现如何呢？让我们拎出几个来看看。

乳娘陆令萱，一看北齐帝国大势已去，自杀身亡。

陆令萱的儿子骆提婆，率军投降北周帝国。

祖珽还在挑起抢权内斗，被罢官逐出朝廷。

在一开始抗击北周帝国的进攻中，让人眼睛一亮的安德王高延宗，在皇帝高纬败退逃跑时，登基称帝，但黄袍尚未穿热，便被北周大军擒获。有人认为北齐帝国如果是高延宗早当皇帝，也许历史将改写。殊不知，高延宗当定州州长时，在楼上大便，而令人在下面张口承接；把猪肝等内脏羼和人粪做成食物，命左右官员吞食，谁吞不下去或皱眉头，就用鞭子抽谁；常用活人试验他的刀剑是否锋利，等等。想想看吧，他要当了皇帝，比高纬这个皇帝会好吗？

右丞相高阿那肱，秘密投降北周帝国后，在皇帝高纬身边，经常按照北周帝国的要求给高纬出主意，就在追击高纬的北周大军近在眼前时，高阿那肱还骗高纬说："周军还很远，我已下令烧掉桥梁，挖断道路。"

最惨的当数胡太后、穆皇后和冯小怜了。胡太后是三任帝高湛的正妻武成皇后，她的淫荡没有节制，不仅跟很多臣僚乱淫，而且跟佛教总监昙献上床，以致很多和尚戏称昙献"太上皇"。穆皇后是四任帝高纬的正妻，北齐灭亡时，胡太后也就四十多岁，穆皇后也就二十多岁，两任皇后在北周帝国首都长安闹市开设妓楼，公开卖淫，生意很火。胡太后还对穆皇后说："为后不如为娼，更有乐趣！"至于高纬的小老婆冯小怜，辗转几个人家，最后转到一个仇家，活不下去了，只好自杀。

高姓皇族蛇蝎一窝，人类渣滓，也全集高家一门！

崛起的北周帝国被一个昏君毁灭

北周帝国的开局，是杀皇帝，换皇帝。

公元557年一月，北周帝国的周公爵宇文觉登基（一任），不称皇帝，称天王。同年九月，宇文觉被诛杀。

公元557年九月，宁都公爵宇文毓登基继任天王（二任），公元559年八月，改称皇帝。八个月后，宇文毓被毒死。

公元560年四月，鲁公爵宇文邕登基称帝（三任）。

不到四年，北周帝国换了三任君主的主谋，是晋公爵宇文护。

宇文护是宇文泰的侄子，“名望和地位一向卑微”。宇文泰去世前，嘱咐宇文护扶持他的孩子。因为这个原因，在决定谁接替君位的问题上，宇文护具有其他人不可比拟的权威，因而捏在他手里的权柄，也是他人不能相比的。一任天王宇文觉，十六岁，想削弱宇文护的权势，宇文护便先下手为强，诛杀宇文觉；二任皇帝宇文毓，二十四岁，聪明敏捷，有见识有度量，宇文护恐惧，便在宇文毓吃的糖饼中下毒。宇文毓临死之前，口述遗诏说：“鲁公爵（宇文邕）是我的老弟，他宽厚仁爱，豁达大度，全国人民共知共闻，使帝国宏大，必定是他。”十八岁的宇文邕接替帝位后，北周帝国才走上正常的发展轨道。

当然，宇文邕绕不过去的还是大冢宰宇文护，但宇文邕很聪明，很沉稳，不蛮干。

公元563年一月，宇文邕前往原州（今宁夏固原市原州区）巡视，一到原州便连夜返回长安。陪同他出巡的梁公爵侯莫陈崇，猜测是皇帝宇文邕要对宇文护下手。听到这种说法后，宇文邕把朝中要员集中到大德殿，当面对侯莫陈崇进行训斥，实际是当着朝中要员的面辟谣。当天晚上，宇文护便私自派军队包围侯莫陈崇的住宅，逼迫他自杀。

皇帝宇文邕更深切地体会到了宇文护的狠毒！

于是宇文邕下诏："宇文护，论亲属关系是我堂兄，论职务是我的首席助理。从今开始，无论诏书、文告以及政府机关文书，不可直接书写他的名字。"

不直呼、直书其名，是至高无上的尊重！宇文邕以此把宇文护捧到天上，他自己则领着文武百官举行耕田典礼，鼓励农耕。他还举行"视学""养老""乞言"典礼，这是一种古老的儒学传统，宇文邕拾起来，赐给朝中德高望重的太傅于谨延年手杖，命他当最高教育官"三老"，"乞言"请教于谨指点治国之道。于谨说："木材经过墨线测量，才能削直；君王接受正直劝告，才能圣明"；"可以没有粮食，可以没有军队，但不可以没有信用"；"对有功的人要赏，对有罪的人要罚，则负责任的人必日多，不负责任的人必日少"；"言行合一，是建立完整品格的基础，希望陛下经过三次考虑，然后发言，就此考虑，然后实行"。宇文邕本就信奉儒学，他用这种看似不经意的方式转移文武百官的关注点，进而把宇文护稳住。

宇文护似乎也把心放进肚里了，虽然他的私宅四周警卫威武森严，甚至超过皇宫，但他与他的几个儿子及其僚属，贪污凶暴、横行霸道一点儿也不收敛，惹得文武百官和普通平民对他们都深为痛恨。可皇帝宇文邕什么也不说，更不予干涉。关键是，宇文皇亲有样学样，一个个也跟着贪腐凶残起来，有的竟毫无顾忌地伸手要官要待遇，引起朝廷上下极其反感。于是，不少朝廷官员反复上书求谏，急切请求皇帝宇文邕除掉宇文护，狠刹北周帝国弥漫开来的歪风邪气。人心聚焦、时机成熟了，宇文邕果断下手，将宇文护及他的儿子、弟弟一网打尽，全部诛杀；把皇家档案馆中一批拍马逢迎的臣僚，假托神秘预言书、祥瑞预兆而鼓动宇文护篡夺皇位的效忠信，逐一翻出来，把写信的人全部诛杀；对贪腐淫荡的宇文皇亲高官，该贬的贬，该调的调。宇文邕用这套连环手段，在进一步确立皇帝权威的同时，把朝廷各部门的职能权重等基本捋顺了。

这之后，皇帝宇文邕便按照自己的意志，驾驭北周帝国的走向了。

公元554年，西魏帝国攻陷东魏帝国的江陵，将被俘的江陵人全部收作家奴、婢女。公元572年十月，已经取代西魏的北周皇帝宇文邕下诏："凡是江陵俘虏，被没收作为家奴、婢女的，一律恢复自由，成为平民。"

太子宇文赟捕获两只白鹿，作为祥瑞呈献给父皇宇文邕，宇文邕下诏："治理国家，只在恩德，不在祥瑞！"

公元573年十二月，宇文邕召集文武百官以及和尚、道士开会，他自己登上高座，主持儒教、佛教、道教的先后顺序排位辩论，辩论的结果是：儒教第一，佛教第二，道教第三。这是在《资治通鉴》中首次将儒学当成儒教，且与佛教、道教并列的记载。转年五月，北周帝国查禁佛、道二教，将佛教、道教的经书和神像全部销毁，废除和尚、道士，一律恢复原来的世俗身份。同时查禁各种名目繁多的祭祀，拆除没有在政府备案的庙宇、道观。这即是中国历史上佛教"三武之祸"的第二祸，因为宇文邕谥号武皇帝，查禁佛教的皇帝，都在谥号中都带一个"武"字，故归纳为"三武之祸"。查禁佛、道二教后，宇文邕下令兴建"通道观"，为儒教提供统一解释。

公元575年七月，宇文邕率军讨伐北齐帝国，进入北齐领土后，宇文邕诏令全军："严禁士卒砍伐人民树木，践踏庄稼，违反这项诏令的，一律处斩！"攻克北齐的晋阳后，宇文邕诏令"拿出晋阳宫中的金银财宝、衣服珍玩，赏赐将士，并释放宫女二千人。"战斗中，宇文邕虽有皇帝才有的固执，以及他本人性格上的犹豫，但总体上还是听劝的，将领们提出的有利于战局的建议，他大都能欣然接受。加之北齐帝国皇帝高纬，面对亡国之战，仍不忘带着宠爱的淑妃冯小怜"观战""游览"，致使北齐帝国兵败如山倒，于公元577年正月灭国。宇文邕下诏："齐国（北齐帝国）的东山、南园、三台同时拆除，砖瓦木材等物，仍可以使用的，赏赐给居民；山川园林，归还旧主。"东山、南园、三台是专供高姓皇族的游乐庄园，宇文邕不想让宇文皇族享受这份奢侈。宇文邕到方形神坛祭祀，下诏说："供皇帝休息的'会义''崇信''含仁''云和''思齐'各殿，都是宇文护执政时修建的，奢侈豪华，超过祭祀圣贤所用的庙宇，应全部拆除，拆下来的砖瓦木材等，赏赐给贫穷民众。以后，任何建筑装潢，都要朴实简单。"

在攻陷北齐帝国后，宇文邕下达过很多好的诏令，涵盖民生、法治、治学、纳才等诸多方面。但他毕竟是个封建帝王，他的不少做法也是极不恰当的。例如，宇文邕打算把原北齐帝国高欢的后裔全部消灭，便强加给他们一个企图谋反的罪行，下令高姓皇族的人自杀，只有部分皇亲国戚，拆散后发配到西疆（今甘肃省东部）。高欢的子孙确是蛇蝎一窝，但他们战败投降了，注意点对他们的防范便足够了，何至于全部诛杀、放逐呢？

史学家对宇文邕的评价是："生性节俭，平常总是身穿布袍，床盖布被，后宫美女不过十余人。每次作战，都亲自走在队伍之中，徒步爬山越谷，普通人都不能忍受那种艰苦。宇文邕对将士有恩德，明察细微，决断迅速，执法严厉。将士们畏惧他的威严，却愿为他效死。”

可以说，是宇文邕使得北周帝国快速崛起！

但是，宇文邕一个致命的失误，使得正处于快速崛起的北周帝国，快速蜕变为隋王朝。

这个致命的失误，便是接替他帝位的人选。

公元578年五月二十七，宇文邕逝世，太子宇文赟继承帝位（四任）。

对于宇文赟能否成为北周帝国的皇帝，其实宇文邕心知肚明。

司马光对宇文赟的评价是：“喜爱亲近品德恶劣的下等人物。”

宇文邕对太子宇文赟的管教极其严格，宇文赟喜爱饮酒，宇文邕下令一滴酒都不能进太子宫；宇文赟有了过失，宇文邕便拿鞭子对他抽打；宇文邕要求东宫官员，把宇文赟的一言一语、一举一动都记录下来，每月奏报。因为宇文邕清楚，宇文赟不配当皇帝的德性，但其他儿子太小，也看不出具有帝王气质，便只好对宇文赟严厉管教，企望用严厉管教培养他良好的帝王品德。就在宇文邕发起对北齐帝国灭国性攻击中，随军出征的宇文赟，“还有很多败德的行为”，气得宇文邕用军棍对他责打。北周帝国的很多重臣也都看出宇文赟“无法承担重任”，大将军王轨在敬酒时，就拉着宇文邕的胡须说：“可爱的老爷子，遗憾的是接班人太弱！”但宇文邕出于自私，没有把帝位传给弟弟或侄子，还是传给了自己的儿子宇文赟。

司马光写道：“宇文赟刚坐上皇帝宝座，邪恶本性就像火山一样突然爆发。大肆奢侈，淫欲横流；老爹的棺材还在灵堂，宇文赟脸上却没有丝毫悲哀颜色，一面用手摸弄被打伤的疤痕，一面诟骂说：‘老家伙，你死得太晚！’然后巡视老爹的后宫美女，命她们上床供他淫乐。”

尤其令人痛恨的是，宇文赟登上帝位后，做的第一件事就是谋害宇文宪。

齐王宇文宪是宇文赟的叔叔，是北周帝国的名将，司马光的评价是："善于指挥大兵团作战，富于谋略，将领士卒对他十分崇拜。北齐帝国军队畏惧他的威名，听到他的风声，都会绝望沮丧，崩溃逃走。宇文宪大军所到之处，纪律森严，樵夫牧童照样劳作，毫无惊扰。宇文宪的部属将士，从不私自夺取人民财产。"就是这样一位北周帝国的中流砥柱，宇文赟似着了魔一样要除掉他。除掉宇文宪的同时，将跟随宇文宪作战的诸多将领全部处死，时称"伴死"。曾经拉着宇文邕胡须说"接班人太弱"的大将军王轨，以及一帮宇文皇亲的高官，都被宇文赟处死。

一大批为北周帝国建立过巨大功勋的战将名臣，在宇文赟当皇帝不到一年的时间里，先后被宇文赟编造各种莫须有的罪名处死。在用战将、名臣的鲜血作了这样一番铺垫后，年仅二十一岁的皇帝宇文赟，将帝位"禅让"给年仅七岁的太子宇文阐，他自己则搬进"太上皇宫"，自称"天元皇帝"，朝廷的大小事务一股脑儿全推出去了。司马光这样写道："宇文赟把皇帝宝座让给儿子，骄傲奢侈的心态越发严重，越来越认为自己伟大，更毫无顾忌，更肆无忌惮"；"不准任何人被称为'天''高''上''大'，官名有这几个字的，一律更改；姓'高'的一律改姓'姜'，'高祖'一律改称'长祖'"；"自三公部长级以下官员，经常受宇文赟毒打，每次毒打，以一百二十棍为一个单位，称为'天仗'。后来更增加到二百四十棍为一个单位"；"于是内外恐怖成一团，人人自危，遇事只求不受刑罚，谁也不肯再有担当，大家像呆子一样站在那里，连呼吸都不敢出声"。宇文赟出巡，设置的警卫圈，多达三百六十圈。

宇文赟如此为北周帝国掘墓，中国历史随之发生蜕变，隋王朝便在这个历史的蜕变中脱颖而出。

杨坚——隋王朝第一任皇帝，在历史蜕变的潮头高高站立！

说杨坚，得从他的父亲杨忠说起。

杨忠是西魏和北周的军事贵族，地位显赫的大将军，在西魏的宇文泰手下，杨忠因战功赫赫很受重用；在北周的宇文邕手下，杨忠延续了他作为名将的功勋和荣誉，在攻灭北齐帝国的战斗中屡打胜仗，进一步巩固了其军事贵族的地位。在这个过程中，杨忠的长子杨坚，其出类拔萃的军事指挥才华，受到朝廷上下的一致赞誉。司马光评价说："杨坚身材魁梧，相貌奇特。"会看相的来和曾对杨坚说："你眼神神采外射，犹如两颗星辰，普照大地，有一天会当天下之主。你要多多忍耐，不要随便杀人！"就连北周赫赫有名的战将宇文宪，"每次看到他，不知不觉地手足无措"。

公元568年七月，北周帝国随公爵杨忠逝世，杨坚继承爵位，任开府仪同三司（勋官五级）、尚书省宫廷副司长。在北周作乱的宇文护想拉杨坚作亲信时，杨忠特地告诫杨坚，不要靠近宇文护。因为北周帝国自掘坟墓的皇帝宇文赟，娶杨坚的女儿杨丽华为妻，并封为皇后，杨坚的官位便升为四辅之首（大前疑）。但宇文赟对杨坚非常恐惧，他与身边的奸臣设计了一个陷害杨坚的阴谋：由宇文赟召见杨坚，如果杨坚不来，或来了以后"脸色跟平常不一样"，便立即诛杀。结果杨坚应召，去了以后"神色自在"，才免遭一劫。公元580年五月，宇文赟死了，朝廷重臣封锁消息，仍以宇文赟的名义下达诏书，任命杨坚为全国兵马总司令，京师各禁卫军完全由杨坚控制。于是，杨坚以护送千金公主出嫁突厥汗国为由，征召陈王宇文纯、越王宇文盛、代王宇文达等五个亲王进京朝见。因为这五个亲王不控制起来，他们在得知太上皇宇文赟死了的消息后，必将起兵反抗。这一切办妥之后，才正式发布宇文赟死亡的消息。

娃娃皇帝宇文阐赐给杨坚皇帝诛杀专用的铜斧（假黄钺），用此铜斧赋予他斩杀朝中任何人的特权。至此，没有任何人也没有任何势力，可以阻止杨坚埋葬北周帝国而建立隋王朝了。

公元580年八月，龟缩在江陵的南梁帝国八任帝萧岿，被杨坚拉到同一个阵营，不仅拉上了一个联手消灭长江南岸陈帝国的一个帮手，而且壮大了他抵御北周帝国宇文皇族反扑的力量。同年，杨坚晋封为随王。转年二月，北周帝国最后一任皇帝宇文阐，携带皇帝玉玺，把政权正式移交给杨坚，立国二十五年的北周帝国灭亡。

从此，由杨坚撑旗的隋王朝兴起，中国历史上的大分裂及南北朝时期进入尾声。

杨坚认为，“随”字有个“辶”，中国字的偏旁部首叫“走之”，有随时移动的意思，遂去掉“辶”，以保证永不动摇，因而杨坚创立的王朝，叫作隋朝。

下面，我们走进《资治通鉴》，去学习隋朝。

第六卷

隋朝 唐朝 五代十国

重读《资治通鉴》

傅剑仁 著

第六卷

隋朝 唐朝 五代十国

河北出版传媒集团
河北教育出版社

目录

第一章 隋王朝是为大唐盛世过渡的

隋王朝用八年时间，完成了中国的统一……

盛世王朝，必定是一统华夏的王朝……

虽然隋炀帝杨广用暴戾毁灭了隋王朝，但他的所作所为，有正负两面……

比如，开凿北至涿州、南至余杭的大运河……

还比如，开疆拓土，四方来贺……

隋文帝铺展的中国统一画卷

隋王朝取代北周帝国后，用八年时间灭掉陈帝国的情况，我在“陈帝国把历史嫁接到隋朝”一文中做了简要介绍。本章，循着司马光《资治通鉴》铺展的历史画卷，写隋王朝统一中国后，隋文帝杨坚治国理政的可圈可点。

说隋文帝杨坚治国理政可圈可点，本就没有把话说满。因为再好的封建帝王，因“封建”二字的制度性缺陷，就决定了帝王必将成为社会治理的主要阻碍，甚至是社会发展进步越不过的桎梏。但这并不是说，因为“封建”二字，封建社会就出不来好皇帝。隋朝的创立者杨坚，在铺展的中国统一画卷上，其所作所为是值得喝彩的！

公元589年，隋王朝统一全国，隋文帝杨坚下诏说：“现在，天下已经统一，天生万物都顺适本性，发展成长，太平时代的法令规章，正应及时推行。凡我所有人民，都要追求最高品德，接受熏陶，每个家庭都要自修，每个人都要立志。兵力可以建立威势，却不可以不早日停止；刑罚可以帮助教化，却不可以一心一意对它依靠。现在规定除了保卫宫城的禁卫军和镇守四方的边防军之外，野战部队一律解散，武器都要收回。社会秩序既然安定，各地没有非常之事，军官的子弟都应该读书学习儒家学派经典。民间所藏的铠甲刀枪，全部销毁。通告天下，了解我的意思。”

这可以看作是隋文帝杨坚的治国理政宣言！虽然缺项很多，不完整不全面，但基本的内容还是值得赞赏的。

当然，刚刚统一全国，随之灭亡的陈帝国，包括灭亡时间不长的北周帝国、北齐帝国的残余势力，以及也想尝尝当皇帝滋味的民间领袖人物，还有瀚海沙漠以北的突厥汗国，都把隋王朝初立当作机遇，纷纷发起了进攻和反叛。这是隋文帝杨坚不得不直面的现实问题，因而从公元590年开始，杨坚不断派出大军，平息长江以东及太湖和钱塘江流域的民变反叛、广州及岭南各少数民族的反叛，击溃吐谷浑汗国对隋王朝边境的进犯、突厥汗国对隋王朝内蒙古和大同方向的进犯等。与此同时，隋文帝杨坚还对陈帝国、北周帝国等投降的皇帝、大臣、贵族进行安抚。如陈帝国投降后，隋王朝只诛杀了原陈帝国上下都痛恨的五个奸臣，其余的臣僚、贵族，有的安排在隋王朝任职，有的封个侯爵，让他们的生活得以保障。

应当说，这是保持隋王朝大局稳定的举措，是妥当的，也是必要的。

下面，我们循着司马光的笔端走向，深入到《资治通鉴》中，具体看隋文帝杨坚治国理政的情况。

一

司马光说：杨坚爱护人民，鼓励耕田种桑，减轻差役，减收田赋捐税。

公元592年，隋王朝的所有粮仓全部储满，很多粮食只好堆积到一些宫殿和办公场所的走廊、大厅。杨坚说："我征收的捐税、田赋，本已很轻，而又大量赏赐，怎么粮食反而多了呢？"有关单位给他的解释是：财政收入经常多于支出。于是杨坚下诏："宁可把粮食绸缎保存在人民之手，也不保存在仓库之中。河北（今黄河以北）、河东（今山西省）本年田赋，减三分之一；军眷田赋，减二分之一；

民夫差役完全免除。”当时京辅（大长安）一带，地少人多，人民的衣服和粮食都严重不足，杨坚遂派出使节，前往各地重新分配耕田，耕地少的乡村，每人分地二十亩。

隋王朝各院、署、部及各州政府的官员，把现金借给各商号，收取利息，称作公廨钱（类似于今天的公积金）。有大臣提出：这一做法不仅困扰民众，而且败坏风气，应改为出租耕田，收取粮食。杨坚同意，下诏说：“三公部长级及以下官员，一律发给公田，不可以自己经营生计，与民争利。”

公元594年，陕西关中大旱，人民饥馑。杨坚派出使节，查看普通民众吃什么食物，并叫使节把民众吃的食物带回让他亲眼看一看。当看到民众吃的是碾碎的豆粉，其中掺杂糠皮后，杨坚流下眼泪，并召集文武百官一起观看，深刻地责备自己，并在旱情没有解除之前，不再吃肉喝酒。为了减轻长安人民对皇宫供应的负担，杨坚率政府官员及关中的贫苦居民，离开长安，前往靠近粮仓的洛阳。途中，杨坚训令斥候官不准驱逐逃荒难民；难民可以奔跑在皇家禁卫部队中间；遇到难民扶老携幼的，杨坚都拉开马头避让，安慰勉励他们之后才走；走到危险难行的地方，看到有挑担的或背东西的人，杨坚总命左右侍卫前去扶助。

相州（今河南省安阳市）州长豆卢通，特地给杨坚进贡精致白细绢布，杨坚当着文武百官的面，在金銮宝殿将其烧毁。

杨坚下令，年满五十的人，免除兵役及差役。

杨坚常年带兵打仗，深知军人眷属的艰辛，他们始终跟随军队处于奔波之中，户籍没着落，也没有田地可耕种。杨坚当上皇帝后，诏令“所有的军人眷属，全部隶属州县，由州县政府分给他们田地耕种，户籍田赋，跟平民一样，但仍由垦屯总部管理”，之后还下诏：“盗取边防军粮一升以上的，一律斩首，并没收家产。”

杨坚日常生活简单朴素，所用的器具衣物，破旧了的修补好接着用；除非宴会，平常进餐不过一盘肉而已；皇后、嫔妃及宫中妇女的衣服，必须洗了再穿。

杨坚登上帝位的公元581年，全国的户籍不满四百万户，而到6世纪末，不到二十年，全国超过八百九十万户，增加了一倍多。

二

杨坚诏：“各州政府所判决的死刑犯，不准自行处决，应全部移送大理寺复审，复审完毕送尚书省奏报，再做最后决定。”

杨坚的这一诏令指向，是因为全国的执法人员，很多人不了解法律，嫌疑人所犯同样的罪，却有不同的判决结果，不仅引发民怨，而且执法人员从中谋取私利。

公元596年，杨坚下诏：“判决死刑的囚犯，要经过三次审判，然后奏报，才可以执行。”——实行死刑犯三审制，三审之后还要报大理寺审核批准。

一段时间，社会上盗窃案件比较多，杨坚很恼火，诏令：“偷窃一钱以上的人，一律街市斩首！”这无疑是皇帝凭自己焦虑的心情，而做出的与法律相悖、脱离实际、不接地气的决定。而这一诏令执行起来，也很不好把握。司马光特地写了这么一件事：有三个人一起偷了一个瓜，达到盗窃一钱以上的处斩标准，下面的执法人员便将这三人全部处死。如此一来，社会造成恐慌，很多人早晨迟迟起床，晚上早早就寝，生怕早起或晚睡碰上什么麻烦。结果有几个人劫持法官，对他说：“我们不是来杀你的，而是来为天下人申冤的。请代我们转告皇上，自古以来，立法治国，从没听说只偷一钱，便判死刑的。你如果不奏报，我们就会再来把你杀了！”杨坚接到法官的奏报后，立即把这项法律废除了。

最高法院（大理寺）的工作人员来旷，弹劾最高法院的判决过于宽大，杨坚便认为来旷忠心正直，命他每天早朝时，站在五品官员的行列，以示一种荣誉。来旷又检举最高法院副院长（大理少卿）赵绰，随意减免囚犯刑罚。杨坚即派人调查，发现与事实相反，不禁大怒，下令诛杀来旷。赵绰站出来反对，认为来旷所犯的罪，不至于处死。杨坚袍袖一拂，转身就走。赵绰大喊："我不说来旷了，我有别的事，要向你报告！"杨坚于是命赵绰进入内阁，进去后的赵绰，还是说来旷的事，他说："我有三项死罪，我当最高法院副院长，没有管理教育好工作人员，致使来旷触犯皇上，这是其一；有些囚犯依法不应处死，我不能用自己的生命为他们争取，这是其二；我本没有其他的事要奏报，却当众说谎，希望晋见皇上，这是其三。"杨坚的怒气缓和下来，免除来旷的死刑，只是贬逐下去。

司法部审判司长辛亶，相信世俗的看法，认为穿红色内裤可以使自己官运亨通。杨坚听说后，认为这是一种变相的巫蛊诅咒，下令斩辛亶。赵绰坚决反对，说："依照法律，辛亶的罪过不应处死，我不敢接受你的这个命令！"杨坚的怒火"腾"地蹿上来了，说："你珍惜辛亶，却不珍惜你自己？"那意思赵绰听明白了，不斩辛亶，就得斩他。可赵绰坚持依法的原则不变，说："陛下可以杀我，不可杀辛亶！"杨坚更是怒不可遏，下令把赵绰拉出金銮殿斩首。行刑官把赵绰拉到殿外，剥去他的官服，正要砍头时，杨坚却派人问赵绰："你是不是改变主意？"赵绰的回答是："一心执法，不敢怕死！"气得杨坚拂袖而去，过了很久，才下令把他释放。第二天一早，杨坚亲自向赵绰道歉，并赏赐给他三百匹绸缎，给予勉励。

有两个人在市场上用劣币兑换良币，被警察逮住了，杨坚下令将这二人斩首，赵绰不同意，于是，他与杨坚有一段对话，实录如下：

赵绰："依照法律，二人应该受仗刑，杀他们，于法无据！"

杨坚："这件事跟你有没有关系？"

赵绰："陛下不认为我愚昧，把我安置在法官位置上，如今面对胡乱杀人，怎么能说与我无关呢？"

杨坚："一个人去摇大树，如果摇不动，就应该识相不摇！"

赵绰："我的期盼更大，希望动摇陛下的圣意，岂止大树！"

杨坚："吃稀饭时，如果太烫，就应该暂时放到一边。天子的威严，难道你想压制？"

看得出来，隋文帝杨坚自比无人撼得动的大树，把反抗自己比作喝烫嘴的稀粥，以压制赵绰反抗他的意志，但赵绰就是赵绰，"一心执法，不敢怕死"。正是因为有不少似赵绰那样"一心执法"而"不敢怕死"的执法人员，皇帝随意执法的行为，才受到约束和限制。

反过来说，如果皇帝杨坚不理智、不明智、不想把一统中国的隋王朝搞好，就不会有"一心执法，不敢怕死"的法官！就不会有冒死上书劝谏的名臣！就不会有一心为民的好官！

文章写到这里，笔者不由得感慨：看一个封建王朝是好是坏，关键看一个人——皇帝；而看皇帝是好是坏，关键看一群人——臣僚、战将、官吏！

笔者不敢妄加评判隋文帝杨坚，因为杨坚生性猜疑，他手下的文武臣僚升升降降，全源于他的猜疑，因而让人很难分清这些臣僚是忠是奸。倒是在司马光的笔下，有一批彪炳史册的官吏，折射出了杨坚这个皇帝的可圈可点。

岷州州长辛公义

岷州（今甘肃省岷县）地处边远，经济文化落后，人民生活极其艰难。尤其令人恐惧的是，岷州经常发生瘟疫，一旦发生瘟疫，家人就把病人抛弃，远走躲避。隋文帝杨坚把辛公义派去当州长，辛公义到达岷州后，把被家人抛弃的病人全部抬到州政府办公大厅。当时天气特别炎热，患病的人很多，达数百人，州政府办公的屋子、走廊、院子、大厅全躺满了病人。州长辛公义则把自己的床铺架在病人中间，用自己的薪俸采购药品，请医生为病人治疗。哪个病人治好了，辛公义便把病人的家人召来，把人接走，并对他们说："生死自有命运注定，他患的病没有传染，如真有传染，我早死了。"这以后，患病的人不再被抛弃，当地父慈子孝的风气逐渐培养起来了。

辛公义把岷州治理得很好，隋文帝杨坚一纸诏命，把他调到并州（今山西省太原市）任州长。辛公义走马上任，没有去州政府，而是直接到州监狱，就在露天的院子里，一个一个提审犯人，在那里一待就是十多天，犯人或判决，或释放，全部结案。办完这件事以后，辛公义才去州政府办公。那时候州长的主要任务是在公堂审理案件，辛公义白天审理案件，晚上就住在公堂。有人劝他回家休息，辛公义说："州长没有恩德，不能使人民不发生诉讼，把人囚禁监狱，我自己怎么可以在家安稳睡觉。"辛公义说的这话在并州传开以后，老百姓很感动，有人因一些纠纷想打官司，乡里年纪大的人就加以劝阻，说："这是件小事，怎么忍心劳动州长！"在老人的劝阻下，原来打算打官司的人，放弃诉讼，主动和解。

西宁州州长梁毗

西宁州（今四川省西昌市）是少数民族地区，各少数民族酋长都认为，黄金是价值最高的东西，黄金越多，身价越高，因而为争抢黄金，打得不可开交，死人伤人很多。梁毗任州长，对此深感忧虑。经过一番谋划，梁毗想出一个办法，他利用各酋长争相用黄金贿赂自己的机会，把黄金堆在座位旁边，召来贿赂自己的酋长，对他们说：

“这种东西，饥饿的时候不能吃，寒冷的时候不能穿，你们却为了它而互相残杀，死亡了很多人，如今又送到我这里，是不是打算害死我？”说罢把黄金全部退还。酋长们听了梁毗的话，觉得有道理，从此为争夺黄金的相互攻击大量减少。隋文帝杨坚知道后，把梁毗调任最高法院院长。史载，梁毗这个法院院长，“执法公平”。

梁毗认为尚书左仆射杨素横行朝廷、大肆收受贿赂、培植党羽等做法，是朝廷的大患，便给隋文帝杨坚呈递“亲启密奏”，指出杨素的作威作福，“其害于而家，凶于而国”。杨素非常能打仗，是杨坚信任的战将。接到梁毗的“密奏”后，杨坚大怒，逮捕梁毗，囚禁监狱，亲自盘问。梁毗死不改口，极力抨击说：“杨素仗侍宠爱，手握大权，军队所到之处，屠杀平民，至为残酷。太子（杨勇）、蜀王（杨秀）因犯罪被贬作平民，文武官员全都震恐颤悚，只有杨素卷起衣袖，挥动手臂，扬眉吐气，满脸喜悦，把国家的灾难，当作自己的幸运。”亲自审问梁毗的杨坚，审完之后便把他释放，让他回去继续当法院院长。

齐州副参谋官王伽

齐州（今山东省济南市）政府副参谋官王伽，负责押送李参等流刑犯（流囚）七十余人到长安，一路的吃住安排十分辛苦，犯人都戴着枷锁，走得很慢。走到荥阳（今河南省荥阳市）时，王伽对犯人们说：“你们违犯国法，被绳索捆绑，是应该受到的刑罚。而我们这些押送你们的人，连带受苦受累，你们不惭愧？”说罢，他下令解除犯人的枷锁，跟大家约定：某月某日，你们一定要到京师某地集合，你们不去，或去早了，或去晚了，我就得替你们受死。到了约定的日期，犯人全部到齐。隋文帝杨坚听说后，召见王伽，详细询问王伽为什么这么做，对他大加赞赏。同时接见全体犯人，请他们带着妻儿一同觐见。之后杨坚下诏说："凡是生命，都有灵秀之气，知道善恶，辨别是非。如果用至诚相待，细心劝导，风俗习惯就会改变，人人达到最美好的境界。""倘若全国官吏都像王伽这样，全国人民全是李参之辈，则舍弃刑罚的日子，就不会很远。"杨坚同时擢升王伽当雍县（今陕西省宝鸡市凤翔区）县长。

……

笔者读《史记》和《资治通鉴》，凡读到上述一类情况，在我的笔下都不会舍弃。因为，这是中华民族苦难辉煌的真实写照，是中华文明的重要内涵！

三

司马光说：杨坚性情猜忌，喜欢苛求，挑剔小节，相信部属一些挑拨离间的话，以致功臣老友，没有一个人能有始有终。

疑神疑鬼，是封建帝王的通病，隋文帝杨坚这个病更重。在笔者看来，一大批为杨坚打江山、稳江山做出重大贡献的智囊、战将、臣僚，他们忠诚、廉洁、尽职，但都因杨坚的疑神疑鬼、无端猜忌，而遭排斥打压。如内史令李德林，是杨坚夺取政权过程中的第一智囊，也是隋王朝的开国元勋。因臣僚之间争权夺宠，有人对李德林进行指控，杨坚便罢免他的内史令职务，把他贬到湖州（今浙江省湖州市）任州长，李德林请求留在京师当一个无职的散官，杨坚都不允许。在攻打陈帝国的战斗中，率八千军队，横渡长江，生擒陈帝国皇帝陈叔宝的大将军贺若弼，更是功勋卓著。贺若弼的军队纪律森严，对人民的一草一木都不侵犯。有一个士卒私自到民家买酒，贺若弼下令将其斩首；俘获陈帝国军卒六千余人，贺若弼下令全部释放，发给他们粮食，遣散回家，并把皇帝杨坚的诏书（此前印了三十万份），交他们带往各地散发。于是陈帝国民心瓦解，隋军所到之处，如风吹云散。贺若弼因对杨坚任命杨素、高颖当宰相不满意，发牢骚抨击过这二人，杨坚遂逮捕贺若弼，虽未杀他，但剥夺了他的官职实权。类似李德林、贺若弼等一批战将、臣僚，因杨坚的无端猜忌，被剥夺官职，甚至处死。

隋文帝杨坚经常做的一件事是，派身边的侍从窥探臣僚的隐私，一旦发现有人犯错，便重刑责罚。可他对派出去窥探的侍从也不放心，又暗地里派人对这些侍从进行引诱贿赂，一旦这些侍从接受，便立即斩首。

晚年的杨坚性情变得喜怒无常，严厉残暴。比如，每次朝会，杨坚都派监察官对文武百官的着装、佩剑、言谈进行监督。一次元旦朝会，有些武官的衣帽及佩剑不整齐，而监察官没有提出弹劾，杨坚大怒说："你当监察官，想弹劾就弹劾，不想弹劾就不弹劾！"下令将监察官斩首。谏议官毛思祖上前劝谏，杨坚二话不说，将毛思祖斩首。司马光写道：杨坚无端杀人后也经常后悔，多次表示悔过，但"悔过"也只体现在嘴上，"悔过"之后，依然如故，照样由着自己的性子，想杀人就杀人，只不过杀人之后再"悔过"一下。

猜忌任性，胡乱杀人，绝非明君之道！

四

杨坚说："从前的帝王，偏爱小老婆，嫡子与庶子遂互相斗争，终于罢黜太子，另立储君，甚至把国家搞亡。我从没有小老婆，五子同胞，共一个亲娘，可以说是真正的亲骨肉手足，所以我从没有这方面的忧虑。"

隋文帝杨坚为使他杨家江山永固，汲取前朝君王后宫美女成群，嫡子、庶子为争夺皇位而相互残杀的历史教训，在他的后宫，除正妻独孤皇后外，只有两个宠爱的小老婆，且除皇后生的五个儿子外，小老婆没有生子。五个儿子分别是太子杨勇、晋王杨广、秦王杨俊、蜀王杨秀、汉王杨琼。隋王朝在全国设四个军区，太子杨勇留在京都，其余四子，有三个派往并州军区（今山西省太原市）、扬州军区（今江苏省扬州市）、益州军区（今四川省成都市）任总司令，只有荆州军区（今湖北省江陵县）的司令，作为一种荣誉，由韦世康担任。

这样一种布局，无疑是隋文帝杨坚的煞费苦心！

但是，只有五个嫡子的杨坚，万万没有料到的是，摧毁他这种布局的，恰恰是他的皇后和儿子。

先看嫉妒心极强的独孤皇后。皇帝杨坚怵独孤皇后，因而他的后宫嫔妃很少，也不敢跟她们上床。一次杨坚在仁寿宫看到一个女奴，美若天仙，忍不住把她宠幸了。独孤皇后知道后利用杨坚朝会的机会，把那个女奴毒死了。杨坚回到仁寿宫后气得发狂，独自一人骑马冲出皇宫，不走大路，沿着小路走了二十多里。尚书左仆射高颎等人赶紧追过去，拉住马头，苦苦规劝。杨坚叹息着说："我贵为天子，却没有一点自由！"高颎则劝他，不能因为一个女人而舍弃帝国。独孤皇后就因为高颎说她"一个女人"而怀恨在心，找碴儿把高颎整治了。

太子杨勇性情宽恕忠厚，诚恳豪爽，从不虚假伪装。但杨勇的东宫美女很多，跟正妻元妃感情不睦。元妃突发心脏病，两天即逝世，独孤皇后认为是被杨勇害死的，因而派出暗探，搜集杨勇的过错。杨勇的弟弟杨广得知这一情况后，在母亲独孤皇后面前对杨勇加以诬陷，促使独孤皇后决心罢黜杨勇，改封杨广为太子。

再看杨广，姿容仪态，十分优美，反应敏捷，行事聪明，而又沉默稳重。但杨广是个官场的高级演员，演技极高，外人知道他每天只跟正妻萧妃一人相聚，可他后宫美女不断有人怀孕。他为了骗过母亲独孤皇后，后宫美女怀孕了，杨广规定一律堕胎，不能堕胎的，生下孩子后则一律掐死。杨广还把后宫所有美女都送到别的地方藏起来，他身边只留下老的、丑的，身上穿着没有绣花衣服的服饰。杨广的床帐改用素色绸缎，把乐器上的弦都去掉，但仍挂在墙上，故意积满灰尘。为的是留给父皇杨坚这样的印象：这个儿子不喜欢声色犬马。

隋文帝杨坚对更换太子一直犹豫，但他经不起独孤皇后的拱火，于是决定对太子杨勇进行深入考察。杨勇感觉到了自己太子地位的危险性，便在太子宫后园兴建“平民村”，房屋非常简陋，屋里摆了些物件，祈求鬼神帮他化解厄运。他自己则身穿布衣，下垫床褥，就睡在屋里。杨坚特地派他宠信的杨素，去“平民村”打探杨勇的情况。

这个杨素，虽姓杨，但与杨坚并非一宗。杨素在平息陈帝国、北齐帝国残余势力的反叛、各地民变动乱、突厥汗国的进攻等战斗中，屡建功勋。杨素一个残暴的做法是，每次会战之前，一定先找一些人的过失，斩首立威，多则斩一百多人，少则斩数十人。正式开打后，杨素先派一二百人冲锋，战胜则罢，战败退回来，回来多少人就斩杀多少人；尔后再派二三百人做第二波冲锋，凡战败而回的，依例全部诛杀。杨素使的这一手让将领士卒无不恐惧发抖，因而将领士卒凡出击，都抱定必死的决心，所以屡打胜仗。杨素很能打仗，因而深得隋文帝杨坚信任，被任命为内史令、尚书右仆射，他在隋王朝的权势，在臣僚中无人能比。杨坚下诏兴建仁寿宫，杨素当总监工官，他铲高山、平深谷、建堂殿，工程紧急，要求严酷，民夫差役死亡很多，有的疲劳过度，体力不支，杨素就下令将他们推进坑穴，用泥土石块活埋，死亡的人以万为单位计算。杨素的弟弟、叔父等人，都在朝中任高官，他的儿子们没有寸功，都高升柱国、州长。杨素的家产十分庞大，家奴千计，美女千计。关键是，杨广得知皇帝、皇后想罢免太子杨勇后，迅速与杨素结盟，杨素便带领他的亲信，坐在杨广的板凳上，站到了太子杨勇的对立面。

隋文帝杨坚，派杨素去打探杨勇的情况，杨素打探回来的报告是："太子怨恨强烈，恐怕有什么变化，希望严加戒备！"加之独孤皇后在一旁添油加醋，派人搜集了杨勇很多鸡毛蒜皮的小事，再加上她自己的曲解编造后，报告隋文帝杨坚，杨坚便定下了更换太子的决心。

太子杨勇被罢黜了，杨广接替当太子。司马光写道：封晋王杨广当太子的公元600年十一月初三，"全国地震"。

废了杨勇后，太子杨广立即着手陷害蜀王杨秀。他暗中制作了两个木偶，用绳索绑住木偶的手，又用铁钉钉住木偶的心，再加上脚镣手铐和重重枷锁，其中一个木偶标明杨坚，另一个木偶标明汉王杨琼，并用符咒写道："请西岳慈父圣母，生擒杨坚、杨琼生魂，就照这个样子，不要让他们到处游荡。"杨广派人把木偶符咒埋在华山之下，由杨素挖掘出来，呈报给隋文帝杨坚。杨秀于是被贬作平民，软禁起来。

公元602年，独孤皇后死了，隋文帝杨坚身边的宣华夫人陈女士和容华夫人蔡女士深受宠爱。公元604年，杨坚患病，在仁寿宫躺着，太子杨广等人在身边侍候。一看父皇快死了，杨广暗地联系杨素，叫他做杨坚死后的各种安全准备。杨素一条条列好送回时，宫中侍人却送给了杨坚。杨坚尚未断气，你太子杨广就着手做杨坚死后的后事料理，且多数做法都与杨坚的想法背道而驰，所以杨坚非常生气。恰在这时，陈女士上完厕所阴着个脸回来了，杨坚问她怎么回事？她说上厕所时碰上杨广，杨广一把抱住她求欢，她竭力反抗才得以逃回。杨坚气得擂着床，大声呼喊杨勇。杨广一看彻底暴露了，于是一不做二不休，假传圣旨，把杨坚身边两位大臣逮捕，同时遣散宫中所有的宦官和宫女，把御医叫去给杨坚侍奉医药，不一会儿，隋文帝杨坚便中毒死了。

隋文帝杨坚死了，隋王朝随即衰落！

隋炀帝杨广的正面与负面

隋炀帝杨广的登台，踏着的是鲜血铺就的阶梯。就说杨坚的小儿子汉王杨琼吧，发兵讨伐杨广的弑君之罪，兵败之后，“杨琼的部属及平民，被牵连而遭处死及流放的，达二十余万家”。一大批杨家皇亲及文武百官，因不满、反叛而被杨广血洗。杨广当皇帝十五年，一次西巡、三次东征、三下江南、四次北巡，几乎年年行走在南下、北巡、东征的路上。他南下多是寻欢作乐，但东征、北巡可是为了征略四方、开疆拓土。隋王朝在新疆及中亚细亚数千里的土地上，设置了西海（今青海省天峻县）、河源（今青海省兴海县）、鄯善（今新疆维吾尔自治区若羌县）、且末（今新疆维吾尔自治区且末县）四郡，将内地的罪犯放逐边疆屯垦，从事农耕，确保前往西域的商旅免遭抢劫杀害。至公元609年，隋王朝共有一百九十郡、一千二百五十五县、在册八百九十余万户人家；国土辖区东西长九千三百里，南北宽一万四千八百一十五里，不仅北面、西北面的诸多国家来朝进贡，而且南面的林邑王国（今越南归仁县）、台湾海峡的流求，都前来隋王朝朝贡。称得上万国来贺的盛世场景，在隋王朝呈现。

如此一位皇帝，当如何评价呢?

有史学家说隋炀帝杨广，是像秦始皇、汉武帝刘彻那样征略四方、开疆拓土的大帝；更多的史学家说他是“像锄草一样，锄掉兄弟骨肉，像杀猪一样，杀尽忠良贤臣”的暴君。

在我看来，隋炀帝杨广有伟大光鲜的一面，也有昏暴淫荡的一面，契合封建社会有所作为帝王的特质。

让我们走进司马光的《资治通鉴》去看个究竟。

司马光说：杨广喜爱读书写作，自出任扬州军区总司令，特在王府设立“学士”多达一百人。杨广常命王府“学士”编纂书籍，撰写文章。后登基称帝，前后约二十年，编纂撰写工作没有停止。从儒学派经典、文学、军事、农业、地理、医药、算卦、佛教、道教，到赌博、猎鹰、犬马，都有著作，没有一样不精密正确，共编纂成三十一部，一万七千余卷。司马光所说的是，杨广是个大学者，涉及的学科领域非常广泛，虽然三十一部各类书籍的每一个字，并非都是杨广亲笔所编，但他无疑是主导者，书的内容不经他审阅敲定是不可能印刷的。如此看来，杨广确是一个大才子，具备修身、齐家、治国、平天下的帝王素质。

杨广自己就说：“天下人都认为我是继承先人的事业，才拥有四海，事实上，即令我跟士大夫们竞争，也会当天子。”这看出杨广对他自己学识才干的自负，大有天下所有知识分子都不如他的目空一切。

杨广还说：“我天性不喜欢别人规劝，尤其是，一个人地位声望都到高峰，还想用谏诤求名，我就更不能忍受。至于地位卑贱的人，我虽然可以宽容，但最后一定会把他从地面上铲除！”杨广说的是，两种人不能对他劝谏，一种是高官，一种是贱民。把这两种人去掉，天下也就没有人可以对他杨广进言劝谏了！

以上所写，可以看出，杨广的学识虽博大丰富，但不能作为他当皇帝的素质支撑，他的学识和人格是两张皮、分裂的！

杨广开凿北起涿州、南至余杭的大运河，初心是满足自己的奢侈淫欲，收获是开启了中国大运河的历史壮举

杨广登上帝位后，就着手修凿了时至今日仍不失为伟大工程的大运河。

不得不说，隋文帝杨坚给杨广留下了一个好家底。司马光在《资治通鉴》中多次写道："天下太平，物资丰富。""财政收入经常多于支出。"隋王朝所有的粮仓全部储满，很多粮食只好堆积到一些宫殿和办公场所的走廊、大厅。如此丰厚的物质基础，客观上为隋炀帝杨广建宫殿、修运河、征略四方，包括他本人的奢侈挥霍、淫荡享乐，奠定了丰厚的物质基础。

杨广修运河的初心，源于他的私欲享受。

杨广对江南美景、美女的心心念念，源于他作为皇子驻守扬州留下的美好享受。

公元605年三月，杨广在洛阳兴建显仁宫，工程极其浩大，从南面的皂涧（洛水支流）到洛水北岸，搜刮长江以南、五岭以北所有的奇异木材、古怪石头，还有各种稀有的花草和珍贵的飞禽走兽，用来修建宫殿和充实园林。分析看，从全国各地特别是大庾岭（五岭）等地，将这些东西运到洛阳，是极其艰难的事情。于是，杨广诏令黄河以南、淮河以北各郡征召百万民夫，开凿通济运河（通济渠），自洛阳西苑引谷水、洛水注入黄河。再从板渚（今河南省荥阳市汜水镇）引黄河水穿过荥泽（今河南省郑州市西北）注入汴河，尔后经大梁（今河南省开封市）东面，注入泗水，再注入淮河。至此，通济渠修建完成。显然，运河至此，是到达不了扬州的。于是，杨广再诏令淮南征调十万多民夫，挖掘古邗沟，经山阳（今江苏省淮安市）到杨

子（今江苏省仪征市）注入长江。运河连接长江，从洛阳到达扬州的水路便打通了。司马光写道：运河宽四十步，河旁都修筑御道，种植杨柳，自长安至江都（今江苏省扬州市），设立行宫四十余处。紧接着，杨广下诏建造龙舟和船舶数万艘，以便他出游江南时使用。

同年八月十五，隋炀帝杨广乘船走运河去扬州，他从显仁殿出发，登上红色御船，驶出洛口（洛水注入黄河处）后，换乘龙舟。该龙舟共四层，高四十五尺，长二千尺。最上层有皇帝接见官员的“正殿”，二三层有皇帝休闲的“内殿”，以及皇帝身边官员办公的左右“朝堂”，房间达一百二十间，全用黄金璧玉装潢，下层由随行宦官居住。皇后乘坐的叫“飞螭号”舰船，规模比杨广乘坐的龙舟稍小，但装饰没有分别。此外，后宫美女、亲王、公主、文武百官、和尚、道士、尼姑、道姑和外国宾客乘坐的舰船，以及拉各种保障物资的舰船，还有很多，仅用来拉纤的民夫就达八万余人。还没完，皇帝出行得有军队护卫，水上十二禁军官兵得有舰船乘坐，运载武器装备得有舰船，全部加起来共数千艘舰船，浩浩荡荡从洛口出发，舰船首尾相接，长达二百余里，灯光照耀江面水岸，骑兵在两岸骑行护卫。所经过的州县，五百里以内都有供应食物的任务，有的州一天便出动百余辆牛车送货，全是山珍海味，后宫美女都吃得发腻，倒进水中的食物很多。如此奢侈浪费，皇帝杨广不心痛，他要从这种奢侈浪费中得到满足。

公元608正月，杨广再次下诏，挖掘永济运河（永济渠），引沁水向南注入黄河，再向北流到涿郡（今北京市）。为此，仅征调黄河以北的武装部队官兵，就超过一百万人。男人几乎都被征召走了，人力不够，便征召妇女服役，投入挖掘永济渠之中。

公元610年十二月，杨广再次下诏，挖掘江南运河，从京口（今江苏省镇江市）到余杭（今浙江省杭州市），全长八百余里，河宽十丈，运河两岸设立驿马车站、离宫、草料场。修这段运河的目的，是满足皇帝杨广乘龙舟走水路，观看两岸秀丽的江南美景，到东方的会稽去游玩。

至此，以洛阳为中心，北起涿郡，南至余杭，跨越八省，全长二千七百余公里的隋朝大运河全线贯通。

这是一项伟大的世纪工程，是中华民族历史上的一大创举！

虽然隋炀帝杨广修建大运河的目的、初心是满足自己的私欲，但客观上为经济发展、物资交流、政治管控、军事布局、文化促进等，起到了巨大作用。

需要说明的是，隋朝大运河是在自先秦以来，各王朝开掘出的河渠基础上修建连通的，它与元朝开凿的大运河，是两条不同的运河，但有部分河道重叠。隋朝大运河现今很多河道废弃，甚至无迹可寻，但开通以后，促成了大唐盛世的出现。正如唐朝诗人皮日休所写的那样：隋朝修建的大运河，“在隋之民不胜尽害，在唐之民不胜其利”。因为且不说隋王朝为修运河的横征暴敛，仅修河的数百万民夫，死亡就高达二分之一，其悲、其惨无以言表！

杨广营造中国周边小国“四方来贺”的盛况，是以“尸体压着尸体”“人民的财力和体力同时枯竭”为代价的

隋炀帝杨广好大喜功的内心世界，被文官部副部长裴矩揣摩到了以后，便着手做迎合他的功课。但凡外国商人来隋朝，裴矩便向他们打探该国的山川形势和风土人情，以及君王臣僚的爱好，包括服装等装饰。根据打探的情况，裴矩着手写了《西域图记》三卷，涉及西域四十四国，东西纵横达二万里，并把各国的地形、险要关隘都绘制

成地图。裴矩也真是个有心人，他在《西域图记》中标明，从敦煌出发，前往西海（今中亚细亚依斯色克湖）有三条路，北道走伊吾（今新疆维吾尔自治区哈密市），中道走高昌（今新疆维吾尔自治区吐鲁番市），南道走鄯善，而敦煌是这三条路的总枢纽。裴矩将《西域图记》奏报隋王朝政府的同时，特地写道："因西突厥汗国（今新疆维吾尔自治区西北部及中亚细亚）及吐谷浑汗国（今青海省），分别控制羌人部落及匈奴人部落，西方交通遂被拦腰切断，所以他们（西域各国）无法向中国朝贡。"故而裴矩建议，派出使节前往西域各国，表明隋王朝是他们的强大后盾，加强与这些国家的友谊，这些国家就会来朝贡，如果西突厥和吐谷浑从中阻挠，隋王朝就派大军将他们消灭。

杨广看了《西域图记》和裴矩的奏章后，怦然心动，兴起媲美嬴政（秦始皇）、刘彻（汉武帝）的功业大志，企图把西域重新纳入版图，并把如何经略四方蛮族的任务，全部交给裴矩。

裴矩的"有心"在于，他在派出使节用金钱珠宝利诱西域各国的同时，瞄向了西突厥汗国的大可汗阿史那达曼，知道他思念娘亲，便先派使节对他娘亲进行接纳安抚，尔后再派使节去见阿史那达曼，并搬出他的娘亲做他归顺隋王朝的工作，获得成功，阿史那达曼派使节前往隋王朝进贡汗血宝马。接着裴矩鼓动铁勒汗国（今新疆维吾尔自治区东北部及外蒙古北部）攻击吐谷浑汗国，打得吐谷浑汗国可汗慕容伏允向东逃亡，进入西平郡（今青海省海东市乐都区）边境，向隋王朝请求投降。于是杨广又派出两路人马，乘势追击，擒获吐谷浑汗国王爵、公爵以下官员二百人。吐谷浑汗国故土全空，计东西四千里、南北两千里，全归并隋王朝，杨广在此设立郡、县、镇指挥所。郡有四个：鄯善郡、且末郡、西海郡、河源郡。从此，西域四十四国向隋王朝朝贡的道路，彻底被打通。

公元609年六月十一，隋炀帝杨广西巡，抵达张掖（今甘肃省张掖市）。裴矩则游说高昌国国王、伊吾将军等，以承诺支付大量金银财宝为筹码，请他们晋见隋炀帝杨广。六月十七，杨广抵达燕支山（今甘肃省永昌县胭脂山），裴矩还是用重金贿赂的手法，召来二十七国的君王或使节，在路边欢迎杨广。但好大喜功的杨广觉得不过瘾，下令武威、张掖两郡的青年男女，由郡、县政府出资，身着华丽服饰，换上新车骏马，"自发"前来燕支山，对他表示热烈欢迎。热闹的场面长达数十里，道路两边全是欢迎隋炀帝杨广的西域各族人民。

司马光写道：隋王朝的强盛，至此已达到巅峰。

隋炀帝杨广志得意满，体验到了征略四方、开疆拓土的快感。

已经升为黄门侍郎的裴矩，乘机向杨广进言，进攻高句丽王国（今朝鲜）。

史载：周王朝一任武王姬发，把商王朝末代王孙子胥余封到朝鲜半岛；秦王朝末年（公元前194年），卫满推翻子胥余的后裔，建立王国；汉武帝刘彻消灭卫满后裔，于公元前108年，在朝鲜半岛设置四郡；东汉王朝末年，公孙度盘踞朝鲜半岛，后在公孙渊时，朝鲜半岛被曹魏帝国所灭。但在"五胡十六国"时期，天下大乱，高句丽王国再次崛起，并对中原骚扰不断。隋王朝开国皇帝杨坚，于公元598年对高句丽王国进行讨伐，因将帅无能而以失败告终。隋炀帝杨广征略四方取得重大成果后，高句丽王国非常恐惧，想到隋王朝来朝贡，但因击败杨坚讨伐而有担心杨广报复的顾虑，始终不敢到隋王朝来朝贡。裴矩便以此为借口，建议杨广向高句丽王国发起攻击，杨广欣然接受，先后发起了三次对高句丽王国的大规模进攻。

下面，我们重点看杨广对高句丽王国的第一次进攻。

公元611年二月，杨广下诏讨伐高句丽王国。

杨广下令在东莱（今山东省莱州市）海口，建造军舰三百艘。司马光写道：监工官员严厉督促，全体工匠日夜站在水中，一点都不能休息，从腰以下，都生虫蛆，死亡十分之三四。

杨广下诏全国总动员，不管路途远近，各地军队都到涿郡集合，又征调长江、淮河以南水手一万人、弓箭手三万人、岭南短矛突击手三万人，汇聚在涿郡。

杨广下令黄河、长江以南各郡，制造辎重运输车五万辆，送往高阳（今河北省高阳县），用于装载盔甲、帐幕等军需物资。同时调来大批民夫，负责拉车。

杨广下令征调长江、淮河以南的船只和民夫，把黎阳仓（今河南省浚县）、洛口仓（今河南省巩义市）的粮食，运到涿郡。司马光写道：大小船舶前后依次相接一千余里，装满武器铠甲及攻城工具，来来往往，路上始终保持数十万人，日夜不断，大道为之阻塞，士卒、民夫中途大量死亡，尸体压着尸体，天气炎热，相继腐烂，脓血满路，臭气扑鼻，天下骚动。

杨广下诏在峭山之东设立总部，饲养战马，供应大军，又征调民夫把粮食运送到泸河（今辽宁省锦州市）、怀远（今辽宁省沈阳市辽中区）二镇。运粮的车辆和拉车的牛只，全都一去不返，士卒死亡也超过一半。政府又征调小型手推车的车夫六十余万人，二人共推米三石，道路遥远险恶，三石谷米不够二人干粮之用，等抵达总部缴粮时，已无粮可缴，车夫担心受罚，于是全都逃亡。司马光在做了这样的记述后说：人民的财力和体力同时枯竭，活不下去了，便开始聚集，四处抢劫。

看到了吧，讨伐高句丽王国的战斗尚未打响，隋王朝各地的民变便风起云涌了。

河北人窦建德、高士达就是此时作为民变领袖，站上历史舞台的。

还说杨广发起的对高句丽王国进攻。杨广亲自部署，将军队分成左翼十二军、右翼十二军，公元612年正月十三，第一军出发，以后每天派出一军，两军相距四十里，前后衔接，鱼贯前进。四十天后，大军才出动完毕，首尾相接，战鼓及号角声音，互相听得清楚，旌旗连绵九百六十里。

看到了吧，如此一种排兵，是出去打仗，还是摆排场炫耀？

结果呢？

九个军东渡辽河，共三十五万人，等到回到辽东（今辽宁省辽阳市），只剩下二千七百人，所有武器辎重全部丧失。

从司马光的记载看，不是高句丽王国的军队能打，他们最顽强的战法是守在城里不出战。隋王朝大军落得如此惨败的根本原因，是隋王朝在大战准备阶段，用强制征召、反复盘剥，彻底耗光了国家和军队的元气，挫灭了人民的士气。加之隋炀帝杨广把战场作为个人耍威风的炫耀场，如此惨败是必然的结局！

从本质上看，杨广的这番操作，仗未开打，就已经败了！

之后的公元613年、614年，隋炀帝杨广又发起两次对高句丽王国的进攻，仍以惨败收场。战前的重复加征盘剥，把隋王朝撂到了陡峭的山坡，“轰隆隆”飞速滚下山去，已经是任何力量也阻止不了的了！

“杨广像锄草一样锄掉兄弟骨肉，像杀猪一样杀尽忠良贤臣”，加速了隋王朝的灭亡

司马光说：杨广没有一天不兴建宫殿。

不说别的，仅这句话，就足见杨广祸害隋朝天下，是多么可怕！

杨广登上帝位后，在西京长安、东京洛阳、江都扬州等地，兴建成片规模宏大的林苑庄园、亭台楼阁，从全国各地搜集奇石怪树、名贵花草和稀有的飞禽走兽，耗费了国家大量的财富，给人民群众增添了无穷无尽的负担。仅洛阳西苑，周围二百里，里面有四十余里的人工海，海中有“蓬莱”“方丈”“瀛洲”三座仙山，高出水面一百余尺，亭台楼阁在山上星罗棋布。院中建有十六院，各由一个四品官级的美女主持。每逢秋冬，树叶凋落，便用绸缎剪成树叶、花朵装饰。如此奢侈浪费，杨广不懂得收手而又喜欢出巡、出游，游到每一个地方，杨广都亲自寻找风景优美的地方，兴建离宫林苑。

皇帝有这个爱好，必然把臣僚中一些本就储备了巴结、逢迎的劣质本性激发出来。

就说何稠吧，他是宫廷库藏部副部长，此人聪明过人、思虑精巧，称得上是设计奢侈品的大师，他把自己的设计才华，全用到了满足杨广的奢侈荒诞上。何稠参阅大量的古代典籍，将隋炀帝杨广的御袍、御帽，都绣上太阳、月亮、星辰，还制造“黄麾”（古时皇家似旌旗的一种装饰，皇帝出行时，由卫士高举作为前导）三万六千个，满足杨广出行的奢华，耗费了大量财力。

司马光还特地记载了这样一件事：乌程（今浙江省湖州市）有一棵老树，高一百余尺，树干笔直，没有枝丫可以攀登，树的顶端有鹤鸟筑的巢穴。有人想爬上去拔鹤鸟的羽毛，但爬不上去，就用刀斧砍树。而鹤鸟为保护幼鹤，则把自己身上的羽毛拔掉，扔到树下。

司马光写这件事的背景是什么呢?

是杨广下令各州、县进贡鸟羽毛，人们遂大肆捕捉飞鸟，在陆地水边设置天罗地网，无论是飞禽还是走兽，只要有羽毛可做装饰品的，几乎屠杀一空。乌程那棵老树上的鹤鸟，为了保护幼鹤，将自己的羽毛拔下来，扔给那些准备伐树的人。

隋炀帝杨广的奢侈荒诞，其祸害之大，连飞禽走兽都不能幸免！

杨广为向突厥汗国炫耀他的财富和权力，下令制造了一顶能容纳数千人的帐篷。帐篷做好后，他御驾亲临，在警卫仪队的簇拥下，在帐篷里宴请突厥汗国的君臣……

杨广把西域各国君王和蛮族酋长，都集中到洛阳，请他们观看各种表演和杂耍，仅手拿乐器的艺人就达一万八千人，整整一个月才结束，耗费金钱万万之多……

杨广建了一个可以移动的行宫，既能拆开又能组合，下面用轴轮承载，由人力推动，每次外出，杨广坐在里面观赏两边的风景，仅身边的侍卫就达数百人。他觉得不过瘾，又建造了一个移动城堡，周围长两千步，用木板当作城墙，布包木板，城楼和瞭望台一应俱全，跟随保卫他的武装人员，达五十余万人……

杨广住景华宫，派出大量人员到山涧、水边捕捉萤火虫，捉数斛之多，等到黑夜外出游山时，把萤火虫放掉。于是刹那间，万点萤火，布满高山深谷……

……

封建王朝的君王，但凡奢侈淫荡的，无一例外都凶暴残忍。杨广更是集奢侈淫荡和凶暴残忍于一身。

祭祀部长高颎，是隋文帝杨坚时的重臣，司马光评价说：“高颎文武全才，洞察世情，自从受到一任帝杨坚的信任，就竭尽忠心，诚恳贡献，推荐人才，把拯救天下的大事，当作自己的责任。”“高颎当权近二十年，官民一致赞扬敬服，没有人有异议，隋王朝能日趋富庶，是高颎的力量。”如此一位明臣，对隋炀帝杨广的胡作非为，肯定是看不惯的，也是不会巴结奉承的。司马光多次写道：高颎劝谏杨广，杨广根本不听。在这种无奈的情况下，高颎与几位同样忧虑的朝臣，闲聊时表达了对杨广一些做法的忧虑，被人告发后，杨广毫不含糊地将高颎等几位大臣斩首，他们的家人也受到连累。想想看吧，如此德高望重的大臣，杨广想杀就杀，那些人微言轻的臣僚，杨广杀起来会眨眼吗？比如，在民变遍地蜂起的情况下，杨广又南下扬州，建节尉任宗极力劝阻，杨广在金銮殿便将他用棍棒打死；初级巡查官崔民象上疏劝阻，杨广先是用刀砍碎他的面颊，尔后斩首。

唐朝名相魏徵说："杨广像锄草一样，锄掉兄弟骨肉；像杀猪一样，杀尽忠良贤臣。受到赏赐的人，看不见他们的功勋，而被诛杀的人，没人知道自己犯了什么罪。"

魏徵所言，是杨广为皇为帝的真实写照！

面对民变蜂起、"帝王群"遍地，杨广加速用奢侈、残暴、淫荡把隋王朝埋葬

公元616年七月，隋炀帝杨广南下江都（今江苏省扬州市）。

而此时的隋王朝天下，出现了"帝王群"。所谓"帝王群"，指的是遍地蜂起的民变领袖纷纷登上君位，或称王，或称帝。诸如梁帝梁师都、楚帝林士弘、永乐王郭子和、长乐王窦建德、西秦霸王薛举等十多个帝王，圈地成立了国家，摆开了与隋炀帝杨广平起平坐的架势。

而杨广在扬州干什么呢？

司马光写道：杨广自从到了江都，荒唐淫乱达到巅峰。宫内有一百余间房，全都十分舒适豪华，住满美女，每天由一房做东，宴请杨广。江都郡秘书长赵元楷，负责供应酒肉，杨广跟萧皇后以及他心爱的小老婆，一房挨一房吃喝欢宴，酒杯从不离口，跟随他的一千余个小老婆，也常常喝得酩酊大醉。

司马光还写道：杨广到江都之后，长江、淮河一带各郡县官员前

往晋见，杨广什么都不问，只问呈献礼物的厚薄。呈献礼物丰富，则越级提拔当郡秘书长，甚至当郡长；呈献礼物稍薄，则多半停职或免职……从此，郡县政府官员比赛刻薄剥削，务使进贡给皇帝的礼物盖世豪华……人民外受民变军抢劫，内被朝廷逼缴捐税，家无余物，生活难以维持，加之天下饥荒，没有粮食可吃……到所有可以吃的东西吃尽，就互相格杀吞食……

这里，司马光写的每一个字，都在控诉，都在流血！

看到了吧，隋王朝江山社稷，皇帝杨广全抛弃了。

当然，帮助杨广抛弃江山社稷的，还有杨广宠幸的奸臣。

比如，民变蜂起，杨广在扬州享乐淫乱，各地上奏告急的报告到了内史侍郎虞世基手里，他都塞到抽屉里，杨广问时，他说：“像老鼠一样的小偷，像走狗一样的大盗，郡县政府追逐搜捕，马上完全消灭，请陛下不要放在心上。”越王杨侗派祭祀部秘书长元善达，辗转通过民变控制区，来到扬州向杨广报告情况，说魏公爵李密拥有反叛武装百万之多，洛阳被围，情况十分危急。虞世基则说：“越王年纪还小，是他手下的人骗他，真要是遍地民变的话，他元善达怎么能走到这里来。”杨广觉得虞世基说得在理，命元善达穿过民变控制区去运粮草，结果被民变军杀死。

被杨广挑选给自己长期护驾的骁果武士，大多是西北人，长期客居在扬州，想念故乡，他们知道杨广泡在美酒、美女之中，无意西还，便开始打离开杨广逃跑的主意。禁卫指挥官窦贤便带着一帮骁果武士逃走了。杨广下令让虎贲指挥官司马德戡率骁果武士集中驻扎，实际是集中看管。司马德戡深得杨广宠信，但他也看清了，再守在杨广身边，无异于等死。于是司马德戡联络直阁将军裴文通、内史舍人元敏、虎牙指挥官赵行枢、鹰扬指挥官孟秉等诸多臣僚、将军，商议背叛皇帝杨广。有宫女得知这一消息后，向杨广报告，杨广大怒，斩宫女。此后，臣僚们所做的任何背叛杨广的准备工作，再也没人给杨广报告了。臣僚推举右屯卫将军、许公爵宇文化及，当反叛杨广的牵头人，胆小如鼠的宇文化及被一干同僚架着，走到了历史前台。

公元618年三月十一，当了十五年隋王朝皇帝的杨广被绞死，隋王朝的大权随即落入宇文化及之手。为了掩人耳目，宇文化及给秦王杨浩戴上了皇帝的帽子（四任），由军警严密看守。

公元618年五月二十四，东都洛阳留守官员拥戴越王杨侗登基称帝（五任）。

在此之前的公元617年十一月，唐王李渊在长安把代王杨侑扶上了帝位（三任），杨侑只负责一年四季祭祀皇家祖先事宜，其余的所有事务全由李渊处置。

公元618年五月十四，隋王朝三任帝杨侑把皇帝宝座“禅让”给唐王李渊。

从此，中国历史上令天下仰视的大唐王朝，步入中国辉煌的浩瀚历史画卷！

第二章 大唐的盛世与没落

大唐王朝立国二百八十九年……

李世民创造了大唐盛世的鼎盛辉煌……

还有若干皇帝演绎了“半截子”辉煌……

撑起大唐盛世的，是彪炳史册的战将、令人景仰的名臣、才华横溢的文化名流、出使西藏的友好使者，更是创造历史的人民……

而摧毁大唐盛世的，有武则天、杨贵妃等戏剧舞台上的美女、名角，更是皇帝的昏庸……

李渊——大唐王朝的开创者

公元618年五月二十，隋王朝的唐王李渊登基称帝，历时二百八十九年的大唐王朝，步入中国封建历史最辉煌的时期。

李渊的祖先是辽宁省辽阳市人，李渊出身于贵族家庭，其祖父李虎官至西魏帝国太尉，死后北周帝国追授其为唐国公；父亲李昞官至北周帝国柱国大将军，袭唐国公；母亲是隋文帝杨坚妻子的姐姐，属于皇亲国戚。李渊深得隋文帝杨坚垂爱，担任千牛备身（杨坚的禁卫武官）。隋炀帝杨广时，李渊官至卫尉少卿。公元617年，李渊出任太原留守长官，趁隋末大乱发兵晋阳，南下长安，拥立杨广之孙杨侑为帝，自领大丞相，封唐王。史学家评价李渊："素怀济世之略，有经纶天下之心。"

荡平"帝王群"

隋王朝末年，民变蜂起，天下几乎插遍了不同帝王的旗帜。待李渊插上唐王朝的皇帝大旗时，"帝王群"中势力强盛的主要是魏公爵李密、夏王窦建德、许帝宇文化及、郑帝王世充等。李渊别无选择，他必须靠扩充地盘、扩大势力的拼命打斗，使刚刚诞生的唐王朝，在天下立住脚，否则，唐王朝就会像诸多短命的帝国一样，用不了多长时间，就将从历史上抹去。

"帝王群"的天下，是比拳头谁硬的天下！

下面，我们循着司马光的笔端走向，看唐王李渊是怎么把“帝王群”荡平的。

李渊从太原南下，采取的是“北诱东惑”战略。

“北诱”，即是用巨大的利益作为诱饵，引诱西北沙漠强悍的突厥汗国，与自己结盟，以消除后患；“东惑”，即是以拥护东边势力强大的魏公爵李密称帝为迷惑，使李密沉醉于黄袍加身的大梦之中，放弃对李渊抢占地盘、扩大势力的进攻。笔者以为，这是当时李渊所采取的上等策略。

魏公爵李密在当时的名号最响亮，他是甘肃省秦安县人，跟李渊同姓，但并非同族血脉。李密出身于官宦世家，被隋王朝封为蒲山公爵。李密胸有谋略，志向宏大，轻视钱财。李密当禁军左亲卫指挥官时，隋炀帝杨广远远地看到了他，说：“左翼卫队那个皮肤黑黑的年轻人，眼光有神，跟平常人不一样，不要让他担任宫廷警卫。”李密便称病辞职，回家闭门读书，常骑在黄牛背上读《汉书》，被楚公爵杨素碰见，大为惊奇，便牵线让他的儿子杨玄感与李密交往，两人成了好朋友。

隋王朝末年，民变蜂起，杨玄感暗中策划叛变，李密成了他的智囊。李密给杨玄感出了上、中、下三条密计，杨玄感采用下计，结果兵败被杀，李密被擒，押解途中逃亡。李密在亡命天涯的一段时间里，投靠过多拨民变兵团，因不受重视，只好躲在淮阳农村，改名换姓，教农家子弟读书识字，以维持生计。因当地政府对这个教书先生产生怀疑，李密不得不再逃，逃到雍丘（今河南省杞县），被当地的侠义之士王秀才收留，并将女儿嫁给他为妻。但好日子没过几天，又被人告发，王秀才及家人全被诛杀，李密因有事外出才躲过这一劫。韦城（今河南省滑县）民变首领翟让，在瓦岗聚众起兵，势力较大，他自称“土匪”，李密前去投靠，不被重视也不受尊重。而此时的李密穿梭于各民变兵团之间，选择自己投靠的目标，选的就是翟让。恰在这时，一个叫李玄英的人走遍所有民变兵团寻找李密，原因是民间歌谣《桃李章》如此唱道："桃李子，皇后绕扬州，辗转花园里。不要多言语，谁能这么允许。"李玄英的解释是："桃李子"指的是姓李的逃犯，"皇后"跟帝王相同，"辗转花园里"指天子杨广在扬州回不来了，"不要多言语，谁能这么允许"指的是一个"密"字。因而认定李密将登上帝位，接管隋王朝天下。

有了这般舆论造势，李密的名声大噪，交结他的人很多。民变首领翟让也改变态度，接纳李密，并让他独自建立大营，号称"蒲山公爵营"。至此，李密有了一支自己掌控的军队。史载："李密军令严整，士卒们遵守命令。"隋王朝留守洛阳的东都，派大军征剿李密，被李密率军打得大败。有了这场大胜，李密便于公元617年二月二十九，设坛登基，号称魏公爵。李密这么登高一呼，河北、河南省以南，长江、淮河以北的民变兵团全部汇聚在李密的麾下，势力强大的民变首领窦建德，也投靠在李密麾下。黄河以南的郡县，大都归附李密；隋唐时期大名鼎鼎的秦叔宝、程咬金，也都投奔李密；之后不久，巨鹿（今属河北省）人魏徵，也写自荐信投奔李密。

此时的唐王李渊尚未登基称帝，而只是暗地里做称帝的准备。但李渊清楚，不把势力强大的李密稳住，他即便登上帝位，也坐不稳御椅。于是，李渊采取"北诱"策略，亲自给突厥的始毕可汗阿史那咄吉写信，言辞谦恭，态度卑屈，说："可汗如果跟我一同南下，请千万不要抢劫凌虐人民；如果只接受和亲，坐等金银财宝，也由可汗选择。"李渊的使节见阿史那咄吉时，就说得更直白："你如果进入长安，人民和土地归唐公爵（李渊），金银财宝则任由突厥抢劫，绝不阻拦。"阿史那咄吉高兴坏了，不仅答应结盟，而且建议李渊登基称帝。

李渊有了这个底气后，便开始采取“东惑”策略。他故意放低身段，以谦卑的态度给李密写信，说自己五十岁，年纪大了，“拥护吾弟（李密）攀龙麟，附凤翼”，又把李密高兴坏了。李渊打的算盘是，用几句漂亮话，把李密大军稳定在东都洛阳，他则专心西征，平定关中，据守险要，拿下关中。

诚如李渊所谋划的那样，他率大军从山西打到陕西，一路势如破竹，隋王朝所属各郡县纷纷举旗投降。公元617年十一月初九，李渊率军攻克长安。

李渊一路打来，一路拆除隋炀帝杨广兴建的行宫殿堂；一路招揽拜访贤人学士，包括颜之推的孙儿颜师古等大批学者，被招揽到自己的麾下；一路打开隋王朝的府库粮仓，赈济灾民难民，因而一路得到民众拥戴。

公元618年五月二十，唐王李渊在长安登基称帝。

登上帝位的李渊，没有沉浸到黄袍加身的奢侈享受之中，而是把目光瞄向了窦建德、王世充和李密等实力强大的帝王。

先看窦建德，他是漳南（今河北省故城县）人，家无官宦背景，年轻时行侠仗义，胆量和气魄超凡，身边聚集了一帮讲义气的年轻人。窦建德忠厚朴实，待人友善，礼贤下士，深受家乡父老好评。在隋炀帝杨广招募壮士攻击高句丽王国时，窦建德应招，当上了率二百人的部队长。后因隋炀帝杨广怀疑窦建德与民变兵团勾结，窦建德的家人全被诛杀，逼迫窦建德走上了反抗隋王朝的道路。史载：民变军擒获政府官员及官员家庭子弟，一律诛杀，只有窦建德温和地好好对待他们，因此隋王朝官员有的也会献出城池，向窦建德投降，窦建德的声势一天比一天强盛，武装战士多达十万人。公元617年正月，窦建德在乐寿（今河北省献县）登基，称“长乐王”。

早在公元616年，涿郡副郡长郭绚率军攻击民变首领高士达，高士达自知才干、谋略不如窦建德，便把大权交给窦建德。窦建德则放出虚假消息，声称与高士达闹翻，请求向郭绚投降。郭绚信了，放松戒备，窦建德则派兵发起突袭，诛杀及俘获数千人，郭绚也丧命。面对魏公爵李密的势力如日中天，已经称“长乐王”的窦建德也归附李密，并建议李密早日登基称帝。李密沉醉在当皇帝的虚幻之中，对窦建德这股民变势力没看在眼里。

窦建德踏上反抗隋王朝之路后，曾率军攻打过河间郡（今河北省河间市），郡政府秘书长王琮顽强坚守郡城，窦建德围攻一年有余，也未能攻克。隋炀帝杨广被绞死后，被围困的王琮向窦建德投降。有人建议把王琮杀掉，窦建德说：“王琮是一位忠臣，我正要对他奖赏，用来勉励世人当如何侍奉君王，怎么能杀他呢！从前，我们在高鸡泊（今河北省故城县西南）当强盗，或许可以乱杀人。而今，我打算安抚人民，平定天下，怎么能残害忠良！”担心手下将领谋杀王琮，窦建德特地下令军中：“敢杀王琮的，屠灭三族。”

公元618年十二月，有人向窦建德呈现了一个上尖下方的墨色玉器（玄圭），窦建德便将国号改为夏。易州（今河北省易县）、定州（今河北省定州市）都已投降窦建德，只有冀州（今河北省衡水市冀州区）不肯投降。原因是，州长麴棱的女婿崔履行，号称有奇异法术，可以使攻城的军队自行溃败。窦建德的夏军攻城，崔履行命守城士兵全都坐在地上，对他们说：“盗匪就是爬上城墙，你们也不要害怕，我有法术教他们自相捆绑双手。”为了让士兵们相信，崔履行身穿麻布丧衣，装神弄鬼，还叫妇女登上各家房顶，向四方掀动长裙乱舞，他自己则登上北门放声大哭。就在崔履行的鬼哭狼嚎声中，冀州城被窦建德攻陷了。攻克冀州后，窦建德率十万夏军，攻击幽州（今北京市）。守城的是民变首领罗艺，夏军不能取胜，撤回乐寿。

公元619年，夏王窦建德还与谋杀隋炀帝杨广后称许帝的宇文化及交过手，在山东聊城将许帝宇文化及生擒。这之后，窦建德声势高涨，连战连捷，攻陷了唐王朝的邢州（今河北省邢台市），生擒邢州军区总司令陈君宾。接着攻陷唐王朝的洺州（今河北省邯郸市永年区）、相州（今河南省安阳市）、赵州（今河北省赵县）、黎阳（今河南省浚县）。攻克黎阳后，在生擒的一大批官员中，就有唐王朝大名鼎鼎的智囊魏徵，夏王窦建德任命魏徵当皇家生活记录官。

在夏王窦建德的雷霆攻势面前，唐王朝的卫州（今河南省卫辉市）投降、滑州（今河南省滑县）投降，相邻州县及民变首领望风归附，纷纷投降。于是夏王窦建德迁都洺州（今河北省邯郸市永年区）。司马光写道：窦建德勉励人民种桑耕田，国境之内，一派升平，没有盗匪，商人和旅客都敢在郊野露天住宿。

此时的天下，“帝王群”中唐帝李渊的势力已经壮大，因而夏王窦建德联手郑帝王世充，向唐帝李渊发起进攻。

再看王世充，他是西域（今新疆维吾尔自治区及中亚细亚东部）人，本姓支，父亲名支收。王世充小时随娘亲改嫁到王家，遂改姓王。王世充读书很多，喜爱兵法，熟悉法律判例，但性情狡猾奸诈，善奉承谄媚。王世充在隋炀帝杨广手下，任江都郡政府秘书长，他征调淮河以南地区军队数万人，讨伐民变首领刘元进，俘获了刘元进民变兵团部分士卒。王世充把这些士卒召集到一起，在通玄寺佛像前焚香盟誓，承诺只要逃跑的士卒前来投降，绝对不动杀机。因为王世充是当着佛像做出的承诺，所以四散逃命的民变士卒听说后，放弃逃入大海当强盗的打算，纷纷前来投降。司马光写道：十天半月之间，几乎全体都回来自首，王世充把他们引诱到黄亭涧（今江苏省苏州市南黄山之下），封锁四周，全体屠杀，死约三万余人。

司马光还写道：王世充秘密挑选长江、淮河一带的民间美女，呈献给杨广奸淫，因此越发受杨广宠爱。

看到了吧，王世充就是这么一个向主子献媚的刽子手！

再看李密。魏公爵李密势力壮大后，率军进攻洛阳，隋炀帝杨广诏令各路大军进行阻击，王世充就统领这些大军，中隔洛水，与李密开打数十战，但不占上风。史书载“王世充大多失败”“王世充没有功绩”。仗打到公元618年正月，王世充在得到兵员补充后，建造浮桥，渡洛水向李密发起进攻，此一战李密把王世充统领的隋军彻底击溃，仅在洛水淹死的就达一万余人。王世充侥幸逃脱，勉强集合残兵败将一万余人，驻扎在洛阳北面不敢再战了。隋炀帝杨广被绞死后，杨广的孙子越王杨侗登基，任命王世充当纳言，封郑国公爵。隋王朝皇帝一换，李密便在反复权衡后，也向隋王朝投降。皇帝杨侗任命李密为太尉、尚书令、东南道大行台行军元帅，封魏国公爵，强调“军事行动的裁定及谋略，一律接受魏国公爵指挥”。对此，王世充极其不满，暗中做诛杀李密的准备。王世充盖了一座姬旦（周公）庙，每次出兵，都先到姬旦庙祈祷。王世充还命巫师宣称：姬旦命王世充立即进攻李密，否则瘟疫流行，士卒死光。王世充的部队多是南方人，深受瘟疫之苦，纷纷要求出战。而李密轻视王世充，军事部署不到位，警戒也松懈。王世充事先还找了一个与李密十分相似的人，用绳索捆绑，藏在军中，待大战正烈时，命人把他牵着走过阵前，同时大喊“已捉住李密”。王世充的官兵信以为真，顿时斗志昂扬；李密的官兵也信以为真，顿时斗志瓦解，胜利的天平顷刻倒向王世充，李密大败逃命，西奔投降李渊。

投靠李渊的李密认为，唐帝李渊至少给他个宰相当当。李密的这个愿望落空了，但李渊待李密很好，始终以“老弟”相称，不仅没有限制他的行动，而且把李密带过去的军队，继续让他统领。但李密不甘心啊，于是举旗反叛，结果部队被击溃，他自己也被斩杀。

王世充打败李密之后，隋王朝的大权集中于他之手，皇帝杨侗只做一件事，即跪到佛像前，祈求保命。

也就是在这种情况下，夏王窦建德与王世充和解，投靠隋王朝，封夏王。

也还是在这种情况下，跟随李密投降隋王朝的秦叔宝、程咬金（程知节）两位将军，在王世充大军的阵前，倒戈投降唐军。率军在一线作战的李世民，对二人至为优待，当即任命秦叔宝当骑兵总司令，程咬金当左翼第三亲军指挥官。

掌握隋王朝大权的王世充，命人捕捉各式各样的飞鸟，用绸缎拴到脖子上，上面写着各种祥瑞，然后释放，下令捕捉到这种鸟前来呈献的人，一律任官封爵。公元619年四月初五，王世充把隋王朝皇帝杨侗囚禁在含凉殿，经过三遍“禅让”程序后，王世充登基称郑帝。

王世充称郑帝后，窦建德开始建立天子旌旗，出宫时戒严，回宫时净街，命令改称诏书，完全摆开了皇帝的架势和排场。但窦建德并没有与郑帝王世充一刀两断，仍保持军事上的结盟关系，在李世民大军的进攻面前，窦建德与王世充联手抗击。窦建德写信给李世民，要求退还占领郑帝王世充的土地。此时的李世民，已经下定了一战解决夏王窦建德、郑帝王世充两个劲敌的决心，用战场上的猛烈进攻，打得王世充招架不住，也打得窦建德节节败退。为了防止窦建德从战场上撤走，李世民北渡黄河，故意在黄河岸边留下一千多匹战马。看到唐军的战马在岸堤吃草，窦建德认为唐军的后勤保障出现大问题了，于是果断率领全部武装部队在黄河北岸列阵。李世民则深入前线观察，看到夏军席地而坐，争抢饮水后，下令发起全面进攻。此时夏朝文武百官正在朝会，突然看到唐军到了眼前，顿时惊慌失措。窦建德迅速组织调度，好歹稳住了军心。可李世民突然在夏军的背后竖起唐军大旗，这一来夏军再也稳不住了，瞬间崩溃，夏王窦建德也被刺伤擒获。此一战，夏军被彻底歼灭，夏朝也轰然倒下；此一战，李世民俘获夏军五万多人，当场释放，命他们各自回家。

夏王窦建德一被抓，郑帝王世充立马换上白色衣服，率领太子、文武官员两千人，到唐军大营投降，郑朝也轰然倒下。

唐帝李渊诏令把王世充贬作平民，流放巴蜀，斩窦建德。

文章写到这里，心里突然难受了！

唐王朝创立皇帝李渊，称得上是明君，怎么能饶过刽子手王世充，而诛杀窦建德呢？

读《资治通鉴》给我留下的深刻印象是：在隋王朝末年民变首领的“帝王群”中，几乎都是杀人不眨眼的刽子手，唯有窦建德英武仁慈无人能比！我们随便拉出几个民变首领来看看吧。清河（今河北省清河县）民变首领张金称，攻陷平恩（今河北省曲周县东南），一个早上就屠杀男女一万余人；张金称所经过的地方，不留一条人命。再看民变首领登基称秦帝的薛举，他的太子薛仁杲攻克天水后，把所有富人召集一堂，头下脚上，颠倒悬挂，用醋灌他们的鼻孔，命他们献出金银财宝。称楚帝的民变首领朱粲，军中粮食缺乏，他便鼓励士卒煮食妇女、婴儿，还说人肉才是最美味的肉，只要别的地方有人，何必担心饿肚子。颜之推的儿子颜愍楚，是朱粲请来的贵宾，全家老小都被朱粲煮了。即便唐王朝明君李世民，还在公元620年攻陷夏县后，屠过一城。而窦建德从未屠城，围攻河间郡一年有余，消耗了夏军大量兵员、财物，河间郡投降后，窦建德不仅一人没杀，而且对顽命抵抗的郡政府秘书长王琮，优待有加。对于这样一位深受人民拥戴、深受史学家赞许的民变领袖，而被史学家誉为明君的李渊，怎么把他斩了呢？

不解啊！

下面再看唐王朝对其他帝王的荡平。

先看许帝宇文化及

隋王朝末年民变蜂起，隋炀帝杨广询问民变情况，左翊卫大将军宇文述说“逐年减少”，杨广问“减少几成”，宇文述说“剩下不到十分之一”。

宇文化及，就是这个蒙骗杨广的宇文述的儿子。宇文述死后，宇文化及当右屯卫将军。发生在扬州绞死隋炀帝杨广的“江都政变”中，大家推举宇文化及当领袖，宇文化及吓得脸色大变，浑身淌汗。政变发动后，宇文化及害怕得抖成一团，说不出话，有人前来晋见，宇文化及只会手扶马鞍，不敢抬头，连称“罪过”。就是这么一个胆小如鼠的家伙，在杨广被绞杀后，立马换了一副极其恐怖的嘴脸，下令对隋王朝杨姓皇族以及皇亲国戚，不管是婴儿还是老人，一律处死。

真可谓空前绝后、雷霆万钧的变脸！

宇文化及摄政，扶植秦王杨浩作为摆设皇帝，派警卫严密看管。在这种情况下，宇文化及野心膨胀，声称率大军返回首都长安。从江苏扬州到陕西长安，不仅路途遥远，且沿途都是各自称帝称王的民变兵团，而这些民变兵团的帝王，都认为宇文化及杀害隋炀帝杨广是罪大恶极，都打出了征讨宇文化及的旗帜。当时的魏公爵李密便把精锐部队投入东部战场，阻击宇文化及。宇文化及最信任的骁果勇士，数千人投降李密。听说据守幽州的民变首领罗艺智勇双全，宇文化及派使节前去招降，罗艺明确拒绝。罗艺表示，他只向往唐王朝，并率渔阳郡（今天津市蓟州区）、上谷郡（今河北省易县），投降唐王朝。公元618年，宇文化及到达魏县（今河北省魏县）后，因疑神疑鬼把心腹亲信全部杀光，军事力量更日益削弱，兄弟束手无策，再没有其他方法自救，只好每天聚在一起饮酒，由歌舞女郎在旁演奏，宇文化及每次都喝醉，酒醒了再把自己灌醉，每天如此。就是在这种醉生梦死的情况下，宇文化及叹息道：“人生终有一死，难道没有当皇帝的一天！”于是，他毒死皇帝杨浩，自己登基称帝，国号“许”，死前也要尝尝做皇帝的滋味。宇文化及穿了不到半年的黄袍，把当皇帝的那种美女、美酒滋味享受一把后，被夏王窦建德消灭了。

再看定杨天子刘武周

马邑（今山西省朔州市）人刘武周，勇敢侠义。郡长王仁恭因刘武周是本郡豪杰，命他率军驻守内宅，可刘武周与王仁恭的小老婆通奸，害怕事情败露，便先下手为强，杀王仁恭，并开仓放粮，得到民众拥护，刘武周自称郡长，占领一方。公元617年三月，刘武周被东突厥汗国封为定杨天子。刘武周攻陷唐王李渊的汾阳宫（今山西省宁武县管涔山上）后，李世民率军对刘武周进行反击。司马光记叙了这样一个细节：在攻击定杨军的战斗中，李世民率少数骑兵，侦察敌阵，因又困又累，李世民与一个武士在一个山头双双入睡。此时定杨军从四面八方包围过来，李世民还在酣睡，正巧一条蛇追赶一只老鼠，撞到那个武士脸上，武士惊醒，一看四周全是定杨军，赶紧叫醒李世民，骑马逃脱。公元620年四月，已经登基称帝的唐王朝皇帝李渊，下令唐军对定杨天子刘武周发动总攻，李世民一天一夜急行军二百余里，一天八次接战，斩杀俘获定杨军数万人。对此，司马光还特地记叙了一个细节：李世民已两天没有吃饭，三天没有脱下铠甲，营中只剩下一只羊，李世民跟将士共同烹食。

定杨军大将尉迟敬德（尉迟恭）集结残兵败将固守介休（今山西省介休市），李世民派人前去游说，尉迟敬德立马献出介休和永安（今山西省灵石县）投降。李世民大为高兴，任命他当右翼第一亲军指挥官。

定杨天子刘武周很快便成了孤家寡人，被东突厥汗国诛杀。

在天下大乱、帝王林立的隋王朝末年，类似刘武周这样的帝王很多，都是唐王朝一统天下的扫荡对象。如夏王窦建德之后，河北故城人刘黑闼举起义旗，收拢窦建德的人马，于公元622年正月登基称东汉王，被李世民击溃后，刘黑闼投靠东突厥汗国，多次率东突厥军队向唐王朝进攻，公元623年才兵败被斩。

从司马光的记载看，隋王朝末年的“帝王群”，基本上都是李世民荡平的。李世民自十六岁从军以来，前后数十次战役，一直身先士卒，只带少数骑兵，就敢深入敌人重阵，虽然不断遇到致命的危险，但从来没有被流箭、刀锋伤过。

治国安邦的举措

李渊时期的唐王朝，主要是与“帝王群”的各帝王打仗、抢地盘、扩充势力。但李渊在这一过程中的所作所为，是值得赞赏的！

先让我们看看，李渊到底是个什么样的人。

司马光在《资治通鉴》中写了这样一个细节：李渊扶杨侑当隋王朝皇帝后，实际掌控朝政大权，而皇帝杨侑下诏，设置唐国丞相府，加授李渊“九锡”。李渊清醒地认识到，这是马屁精出的馊主意，是叫他通过“禅让”登上帝位。对此，李渊说：“‘禅让’，不过是一连串复杂的仪式礼节，既骗上天，又欺世人。”他不但觉得可笑，还觉得可耻。李渊进一步解释道：“尧、舜、汤、武各人有各人所处的时代，虽然取得政权的方法不同，但有一点是共同的，即诚心诚意地顺应天意，满足人心。”李渊不接受“九锡”，仍把丞相府改为相国府。

从这个细节中，我们看到，李渊是个实在人！他并非不想黄袍加身，但他不愿意搞“既骗上天，又欺世人”那套虚伪的“禅让”把戏；因为是虚伪的，他不仅觉得可笑，而且觉得可耻。

从这个细节中，我们还看到，李渊心里装着“人心”！所谓“顺应天意”，是整个封建社会全部帝王心心念念的一个玄虚期盼，说白了，就是上天有没有给自己当帝王的命；而“满足人心”，则是整个封建社会极少数帝王心心念念才有的真实期盼，也是历史和人民区分昏君、暴君、庸君与明君的衡量标准！

下面让我们循着司马光的笔端走向，看看李渊的所作所为。

李渊之所以能把各帝王一一荡平，是因为坚持了两手，一手是给官爵，即对被自己打败的、向自己投降的，都给封官授爵。按他的话说：“用官位团结人民，岂不比用刀枪好。”是啊！官员后面还有一帮人呢，把官员争取过来了，人民不就跟过来了吗！另一手是开仓放粮，即每攻下隋王朝或其他帝王的郡县，都“大开仓门，救济饥民”。李渊的这两手，使得他大得官心、民心，仗打到哪里，哪里的民众就拥护，哪里的官员就开城投降。李渊尚在隋王朝为将时，隋炀帝杨广派财政部长樊子盖，率军征讨绛郡（今山西省新绛县）民变兵团，樊子盖不管是平民还是变民，从汾水北岸起，见人就杀，见村就烧，变民有投降的，全都活埋。后李渊接替樊子盖，李渊作风宽大，变民有投降的，不但不杀，反而安置在自己左右担任侍从，因此变民很多投降，前后有数万人。李渊率军打到长安城下后，命令将士严守营寨，不准进入村落蹂躏人民。攻陷长安后，又跟人民约法十二条，撤销隋政府所有苛刻法令。司马光还写道：唐王朝还规定政府公务员，不可以经商，不可以和人民争夺利益；从事工业或商业的人，不准在政府任职。

诚心诚意地顺应天意，满足人心，是李渊获得成功的根本秘籍！

公元619年，唐王朝开始制定“租庸调法”，规定全国每一位成年男子，每年应向朝廷缴纳谷米二石、绸缎二匹、棉花三两，除此之外，政府不准加征。公元624年，唐王朝正式颁发“租庸调法”。“租”指田赋，规定成年男子由政府配给农田一百亩，有病的或没有丈夫的妇女农田配给递减。所配给的农田，十分之二作为私产，可遗留给子孙；十分之八则在死后交还国家，再分配给他人。分到农田的成年男子，每年向朝廷缴纳粟米二石。“调”指捐税，每个成年男子可依照当地特产，选择绸缎、棉布等缴送政府。“庸”指劳役，每个成年男子，每年应为朝廷服劳役二十天，不愿服劳役的，可缴纳代金。国家有事，人民加服劳役十五日，则免除本年捐税；加服劳役三十日，则田赋、捐税全部免除。同时规定了遇到水灾、旱灾、虫灾时减免“调”“租”“庸”的办法。

这是大唐王朝治理天下的制度性构架！

这一构架的指向，无疑是民生！

公元618年五月二十，李渊登基称帝。五月二十八，李渊便诏令设立国子（贵族大学）、太学（大学）、四门（四门专科学校），招收学生三百多名，同时要求州、县学校招收学生。公元624年二月，皇帝李渊下诏：“各州应调查，凡是明了儒家学派经典一种以上的知识分子，把姓名呈报中央。州、县、乡一律设立学校。”

这种“文而化之”的治国安邦，无疑是大唐王朝最根本的构建！

位于新疆维吾尔自治区西北部及中亚细亚东部的突厥汗国，始终是隋王朝西北边境的一大隐患。李渊发兵晋阳、南下长安时，与突厥汗国结盟，利用突厥的兵马，壮大自己的军威声势。但李渊对与突厥的结盟，始终保持着非常清醒的认识，他说：“蛮族骑兵进入中国国土，是中国人民一大灾害。我之所以需要突厥军队，只是怕刘武周联合他们，共同制造沿边灾难。而且蛮虏使用骑兵，马匹一边走一边吃草，无需供应粮秣。我们只不过姑且用他壮大声势，超过几百人，就没有用处。”当突厥汗国同意结盟，并提出送一千匹战马后，李渊只同意买五百匹，以表示自己穷，需要也不是十分迫切。其实根本原因是，蛮虏多的是马，而又十分贪财，我们一次全买下来，他们就会送更多的马来。李渊给西突厥汗国可汗写信说："你的兵马来了以后，金银财宝由你们抢夺，但千万不要抢劫、凌虐人民。"

突厥汗国分为东西两国，西突厥汗国可汗给李渊呈献大粒珍珠，李渊说："珍珠当然是贵重宝贝，然而我认为大王的赤胆忠心才最贵重！"把珍珠还给了可汗。

突厥汗国虽然与唐王朝结盟，但稍有不满，便向唐王朝边境发起攻击。李渊的态度是，我可以给你大量的贿赂，但你若进攻，我必反击，只是反击把握一个适当的分寸，不耗费过多的财力物力，以保证自己在与"帝王群"的打斗中，有足够取胜的实力。

应当说，在与"帝王群"争夺天下的情况下，李渊与突厥汗国结盟，消除其背后插刀的隐患，是完全正确的；针对突厥汗国的出尔反尔，李渊针锋相对地反击，且拿捏好反击的分寸，不把双方的关系弄成直接对抗，也是完全正确的！

玄武门之变

李渊与皇后窦氏，生李建成、李世民、李玄霸、李元吉、平阳昭公主，李玄霸早年去世，李建成是长子，被立为太子。

对于太子李建成，司马光是这么描述的：李建成最初对太子宫总管李纲还是很礼敬的，时间一长，便渐渐亲近一些卑劣的小人物，对秦王李世民所建立的大功，既厌恶又猜忌。李纲屡次规劝，李建成都不接受。于是李纲请求退休，李渊不准，说："我知道你是正直之士，勉强留下来，帮助我儿。"但李建成听不进去了，他酗酒没有节制，相信挑拨离间的谄言，不念兄弟之情，李纲只好坚决请辞。

对于李元吉，司马光是这么描述的：李元吉骄傲奢侈，奴仆、宾客、婢女、小老婆群，合到一起有数百人。李元吉最喜欢她们身披铠甲，用真刀真枪作战演习，以致很多人死的死、伤的伤，他自己也曾受伤；奶娘陈善意苦苦规劝，李元吉醉酒之后，勃然大怒，命勇士用拳脚把她殴打致死。李元吉喜爱打猎，经常装满捕兽工具三十车，说宁愿三天不吃饭，也不能一天不打猎。他外出游逛狩猎，蹂躏农家田园庄稼；放纵左右侍卫夺取人民的财产。李元吉又常到街市射人，观察对方如何躲避他的利箭。夜间外出，到别的地方奸淫民间妇女。司马光还写道：公元619年二月，李渊派李元吉率军阻击定杨天子刘武周的进犯。驻守晋阳（今山西省太原市）的李元吉对他的政务官说：“你率老弱病残守城，我率精锐部队出战！”就在说这话的当晚，李元吉带着他的妻子和小老婆群，悄悄逃跑了，几乎没有开战，晋阳便落入刘武周之手。

对于李世民，司马光的描述很多，这里我们且看魏公爵李密，第一次见到李世民的评价。李密就是那个骑在牛背读《汉书》的人，当时神秘预言书说，“姓李的会当天子”，他暗自窃喜，认为说的就是自己。可是，当他第一次见到李世民时，顿觉震惊佩服，并私下对人说：“真是英明领袖，不这样，又如何平定祸乱！”

李渊无疑是荡平“帝王群”的决策者，而李世民无疑是荡平“帝王群”的执行者，是最大的功臣！就拿李元吉带着老婆、小老婆夜里逃跑的那一仗来说吧，刘武周是贿赂突厥汗国后，被突厥汗国封为天子的，刘武周背后的靠山是突厥汗国。而当时的夏王窦建德，无论打仗还是招揽民心，都处于上升阶段。还有郑帝王世充进攻长安的大军，也打到雍丘（今河南省杞县）了。在这种情况下，李渊不愿同时面对刘武周、窦建德、王世充和突厥汗国四个强敌，因而打算放弃河东（今黄河以东的山西省），只守关西（今函谷关以西）。显然，放弃河东，就是放弃李渊帝王大业的发祥之地，就是放弃李渊争夺天下的大本营。在这一关键点上，李世民站出来，主动请战，要求率军夺回河东。因为李世民清楚，父皇李渊的大本营如果丢了，大涨的就是其他帝王的士气，大挫的就是唐王朝的士气，这天下大势的一涨一挫，是致命的！“一日一夜急行军二百余里，交战数十回合”“一天之内，八次会战”“李世民两天没有吃饭，三天没有脱下铠甲”“营中只剩下一只羊，李世民跟将士共同烹食”等，就是李世民向定杨大军发起进攻时的真实写照。结果是，李世民彻底击溃定杨大军，天子刘武周被东突厥汗国砍了头。

鼓动李渊反隋立唐的，也是李世民。

早在公元615年，法术师安伽陁声称“姓李的会当天子”，劝隋炀帝杨广，把天下姓李的全部杀掉。杨广首先瞄准的目标，是右骁卫大将军、郕公爵李浑，于是立即杀了李浑、李浑的侄儿李敏、李善衡家族三十二人。李世民深知，杨广既然对姓李的开刀，父亲李渊就难逃毒手，因而鼓动李渊顺应民心，发动正义之师。李渊一听非常吃惊，并假模假式地要写奏章向皇帝杨广奏报。李渊的老友晋阳宫总管裴寂，为了促使李渊早下反隋的决心，特地把晋阳宫的美女送给李渊。事后裴寂对李渊说：“我叫皇上的宫女侍候你，一旦传出去，大家都是要砍头的！”恰在这时，隋炀帝杨广因李渊不能抵御突厥汗国，派来逮捕他的人到了，李世民和裴寂一起做李渊的工作，李渊才最终同意反叛隋王朝。李渊对李世民说：“家破人亡，由你；把家变成国，也由你。”

其实李渊对于三个儿子中，谁接替他当皇帝最合适，心中是有数的，但他儒家传位给长子的传统观念在头脑中扎根太深，加之已经册封长子李建成为太子，故而在更换太子上犹豫不决。为了给太子李建成建功立业、塑造名望，李渊听取魏徵的建议，派李建成率军剿灭夏王窦建德之后的汉王刘黑闼，派出的兵力很足，还特地派魏徵作为他的智囊，彻底击溃刘黑闼大军，并将刘黑闼和他的弟弟刘十善斩首。即便如此，久经风雨磨砺的李渊，还是犹豫，他曾对李世民说：“大事如果成功，天下如果到手，全都靠你，就教你当太子。”

太子李建成也看清了父皇李渊的犹豫，便与李元吉联手，打击陷害李世民。

联起手来阻止李世民当太子的，还有李渊后宫的那群小老婆。

晚年的李渊，后宫嫔妃成群，仅生下男孩就近二十人，全封为王爵。生下儿子的嫔妃，争相巴结窦皇后生的李建成、李世民和李元吉三个儿子，期望自己的儿子得到他们的关照。而李建成、李元吉也曲意逢迎这些年轻美丽的庶母，希望通过她们的口，在父皇李渊面前说好话、唱赞歌。李世民因常年在外带兵打仗，后宫嫔妃巴结他的机会不多，他对这群嫔妃也多有不屑。

李世民攻克洛阳后，李渊派数名贵妃去洛阳，负责遴选隋王朝皇宫留下的美女，收集御库中的金银财宝。这些贵妃私下向李世民索求贿赂，并替他们的亲属要求官职，李世民一律拒绝，因而这些贵妃回去后，诋毁、构陷李世民的传言四起，惹得皇帝李渊大发雷霆。一看李渊发火了，后宫的小老婆轮番到李渊那里告状，并说李建成如果继承皇位，她们才可得以保全，李渊便打消了更换太子的念头。

李建成和李元吉，便谋划将李世民直接整死。

公元624年七月，李渊到长安城南打猎，命李建成、李世民、李元吉比赛骑马射箭。李建成有一匹蛮族送给他的马，十分肥壮，但有一个致命的缺点，就是飞奔起来脚步不稳，常常栽倒。李建成把这匹马交给李世民，叫他骑着去追逐野鹿。李世民一骑上奔驰，便栽倒摔出好远，李世民接着骑了三次，三次都栽倒摔地。李世民心知肚明，他对侍从说：“他打算用这匹马杀我，生死都命中注定，怎能伤到我。”李建成听说后，把李世民说的改为“我有天命，要当天下之主，怎会白白一死”，通过李渊宠幸的小老婆，报告给了李渊。李渊又是震怒，李世民则自请交司法机关调查审理。恰在这时，东突厥汗国入侵国境，李渊才取消对李世民的调查惩处，派他率军阻击东突厥的进攻。

试想，李世民往大牢一押，李建成、李元吉能让他喘着气出来吗！

公元626年六月初一，李建成请李世民参加夜宴，在酒中暗下鸩毒，李世民饮后，突然心如刀绞，呕吐鲜血数升。李渊彻底看清了李世民处境的危险性，于是决定把他派往洛阳，主持唐王朝的特遣政府。李建成和李元吉听说后，暗中命人呈递“亲启密奏”，警告李渊：李世民将一去不返，李渊的皇位不保。李渊便收回成命。

这之后，李建成、李元吉及李渊的小老婆们，不再掩饰了，直接请求李渊诛杀李世民，李渊犹豫。

秦王李世民也在犹豫，不知如何是好，拿不定主意。

特遣政府文官部考核司长房玄龄，与司法部审计司长长孙无忌跟李世民商量，建议他效法姬旦前例（指姬旦杀管国国君姬度、蔡国国君姬鲜），拯救唐王朝；秦王府军务秘书官杜如晦，也建议李世民率先下手，诛杀李建成、李元吉；秦王府左翼第二护卫军副司令尉迟敬德，更是催促李世民赶紧行动。

但是，李世民还是犹豫不决。

接下来，李建成和李元吉便着手打击、调离李世民身边的战将、谋臣。李元吉直接派杀手去杀尉迟敬德，杀手几次在夜里潜入尉迟敬德的庭院，尉迟敬德的大门、窗户全部敞开，杀手看到尉迟敬德在那里打着呼噜大睡，却不敢动手。李元吉便在父皇李渊面前控告尉迟敬德犯罪，李渊下令逮捕尉迟敬德，李世民多方营救才得以免死。

李元吉接着在父皇面前控告房玄龄、杜如晦，皇帝李渊便把他俩调出秦王府，又把秦王府左翼第一骑兵司令程知节，调到外地任职。恰在这时，东突厥汗国数万骑兵入侵唐朝边塞，包围了乌城（今陕西省定边县），李建成便推荐李元吉统兵迎战，并把李世民唐王府的尉迟敬德、程知节、右翼第二卫戍军司令段志玄、右翼第三警备军司令秦叔宝，还有右武卫大将军李艺（罗艺）等，全都调来由李元吉统领。一时间李世民身边的心腹密友，只剩下长孙无忌一个人了。长孙无忌反复做李世民诛杀李建成、李元吉的工作，李世民还是犹豫不决。

分析看，李世民的犹豫，出于两点：一是不愿看到骨肉手足相互残杀；二是如果这种残杀不可避免，他不愿当首先挑起残杀的罪人。但在听了齐王府（李元吉）护卫军司令薛实的报告后，李世民不再犹豫了。薛实说的是：李元吉之所以那么卖力支持李建成除掉李世民，是因为李世民不好对付，除掉了李世民，对付东宫太子（李建成），比翻一下手掌都容易。李世民清醒地意识到，不管自己如何不愿意看到兄弟之间的相互残杀，潜在的连环残杀血腥大幕，已经被李建成、李元吉悄然拉开。

而此时，太子李建成已经拉开了直接扑杀李世民的大幕，他与李元吉商定，在昆明湖（今陕西省西安市南）设宴，为李元吉出征饯行，邀请李世民赴宴，埋伏勇士，在宴会上把李世民扑杀，同时将尉迟敬德等一干臣僚诛杀。

公元626年六月初三，金星白昼划过长空。天文台长傅奕向皇帝李渊呈递“亲启密奏”，说：“金星出现在秦国（今陕西省）地带，秦王（李世民）将坐上宝座，治理天下。”

令人万万没有想到的是，皇帝李渊把这份密奏交给了李世民！

李世民便立即行动，六月初四，在玄武门（宫城北门）设下伏兵，他亲自挽弓，一箭射杀太子李建成，尉迟敬德一箭射死李元吉。

太子李建成的十二个儿子全部斩首，同时开除皇家户籍。有人建议李世民，处死太子李建成、齐王李元吉左右亲信一百余人，没收他们的家产，李世民不同意!

当“玄武门之变”的大幕徐徐合拢时，李世民被皇帝李渊册封为太子；同年八月初八，六十一岁的皇帝李渊下令把皇位传给太子李世民；“李世民坚决辞让，李渊不准”。八月初九，二十八岁的李世民登基称帝（二任太宗）。

大唐王朝在李世民手里，创造了“贞观之治”的历史辉煌!

李世民——创造中国封建王朝历史辉煌的明君

李世民，是中国封建王朝最伟大的皇帝之一！

是他，创造了封建史上彪炳史册的“贞观之治”！

是他，创造了中国的大唐王朝四方来贺！

大史学家司马光，用饱含深情和崇敬的笔端，记述了唐太宗李世民，创作“贞观之治”的全过程。

考虑到司马光对李世民的所作所为、所言所行记述得很多、很详细，故而我在这里分出类别来写，这么做，是想让读者对李世民有个立体的、全局的认识。

下面，让我们走进《资治通鉴》去欣赏。

心系人民——明君格局的最高点

评价一个封建君王是好是坏，最核心的一点，就是看这个君王，心里是不是装着人民。这是君王格局的最高点，也是江山社稷落地生根的原点！

隋王朝末年，因赋税差役太重，人民无力负担，社会上便出现了“福手”“福脚”，即自己砍断手，或砍断脚，以逃避朝廷的赋税差役。毫无疑问，这是政府逼的！好好的一个人，谁愿意自断手脚成为残废呢？对此，李世民诏令，把自己身体伤害致残的，依法加重惩罚，田赋差役不免。这么要求，便是皇帝李世民给唐王朝出的一个难题——“福手”“福脚”之人，是不堪忍受隋王朝赋税盘剥才自残的，这些人到了唐王朝，却不免除田赋差役，叫他们如何生存？不是对这些人更大的伤害吗？

诚然，李世民的这个诏令，是企图阻止人们再用“福手”“福脚”伤害自己，但如果民生得不到改善，人们还是在繁重的赋税盘剥下活不下去，你这个诏令能阻止得了吗？

让我们循着司马光的笔端走向，去看李世民怎么做的吧。

先看李世民是怎么说的。

公元628年，关内（今陕西省）大旱成灾，人民饥馑，很多平民卖掉儿女，换取粮食衣物。李世民诏令御库拿出金银绸缎，为被卖的儿女赎身，归还给他们父母。李世民下诏说：“如果庄稼能够丰收，天下能够太平，宁可所有灾难都集中在我一人之身。能使万邦生存，是我唯一愿望，甘心无怨。”同年六月，李世民在御花园看到蝗虫，捉了几只，说：“人民靠庄稼养活生命，而你吃庄稼，那我就吃你！”正要将蝗虫往嘴里塞时，左右侍从劝阻，说蝗虫有毒，吃了会生病。李世民则说：“我为了人民，不怕生病！”说罢便把蝗虫吃了。

李世民说：“我是亿万人民的政治领袖，希望每个人都能富贵。教给他礼仪，使年轻的敬重年长的，妻子敬重丈夫，大家都有荣誉。减少差役赋税，使人专心经营他的事业，大家都成富翁。只要家家户户能自给自足，我虽然不听音乐，心里也充满快乐。”

有大臣奏请李世民检查军械库武器铠甲，李世民说：“各位大臣尽心尽力使人民安定，才是我的武器铠甲。”

李世民说：“我主持早朝汇报，每说一句都经过再三斟酌，唯恐伤害人民，所以不多说话。”

李世民率禁卫军将士，在显德殿训练箭术，很多官员担心禁卫军中有人伤害他，警告说这样做不安全。李世民说：“帝王把全国当作一个大家庭，四海之内的人民，都是我至爱的儿女，我把我的心一一放到他们腹中，怎么连皇家禁卫军都加以猜忌呢！”

李世民与臣僚讨论如何肃清盗贼，有人主张使用重刑，李世民嗤之以鼻，说：“人民之所以沦落为盗贼，原因在于赋税沉重、劳役繁多，贪官污吏又向他们勒索敲诈，无食充饥，无衣御寒，所以才顾不得廉耻。我应该戒除奢侈，节省各种开支，减少人民劳役，减轻人民田赋捐税，选任清廉的官员，使人民穿得暖，吃得饱，而且还有盈余。”

从以上李世民所说的看，他的心里装着人民，且人民在他心里的分量是沉甸甸的。

再看李世民是怎么做的。

李世民一登上帝位，便立即下令释放皇家园林的猎鹰猎狗，拒收各地贡品，他下诏说：“宫女太多，幽闭深宫，实堪可怜，应调查选择，释放出宫，送回给他们的父母，自行婚配。”父皇李渊和李世民的后宫，有三千多宫女无事可做，每天只是洒水扫地，李世民下令：“把她们全部放出，随她们自己的意愿婚配。”

有臣僚建议，唐王朝初创，每家发一匹绸缎赈济。李世民不同意，他说：“我以诚信治理天下，不打算做表面工作，名义上赈济贫苦，却没有实惠。家庭有大有小，怎么可以都发一样的救济？”李世民要求不搞一刀切，而是根据各家人口的多少，有的放矢进行赈济。

隋王朝末年，“帝王群”的帝王之间反复上演的一件事，便是战争。中国大地从南到北的累累白骨，被一些帝王筑成“京观”（尸骨垛成堆）。李世民下诏：“一律铲平，散落的枯骨重新埋葬，堆土掩蔽，成为坟墓，不可暴露于外。”不仅如此，李世民还派使节前往高句丽王国，收集隋王朝阵亡将士骸骨，安葬祭奠。

隋王朝末年，很多平民为躲避战祸，逃到瀚海沙漠的东突厥汗国。李世民登上帝位后，派使节前往东突厥汗国，用金银绸缎把他们赎回。至公元631年五月，共赎回八万余人。

公元637年秋季，天降大雨，毁坏了很多民宅，洛阳宫也被大水毁坏。有人提议修缮，李世民则下诏说："洛阳宫被水淹毁部分，稍加修建，可以居住就行，剩下的建筑材料一律发给洛阳城中房舍损毁的人家。"

李世民诏令五品以上官员，都要向朝廷推荐好的州长、县长。因为李世民认为，人民主要靠州、县养活，好的州、县长，能使人民生活得更好。

公元648年，李世民准备进攻高句丽王国，诏令巴蜀（今四川省）人民建造船舰，由巴蜀政府出钱，雇佣善于建造船舰的潭州（今湖南省长沙市）人代工。而当时的巴蜀政府，拿不出钱来，州、县政府便强行征收，逼迫很多人家不得不把田地房舍卖掉，甚至把子女卖掉，用来缴纳强征，引起社会不安，民怨沸腾。李世民听说后，立马下诏："潭州人造船价款，全由朝廷负担。"

公元646年正月，李世民派出朝廷二十二位大臣，授权《六条》，到全国各地巡查。《六条》是：一、当地强大家族的房屋建造，有没有违反政府规定，家族成员有没有侵犯欺侮人民；二、政府官员有没有欺侮人民、聚敛钱财、为非作歹；三、司法官员审理人民诉讼，是不是尽心调查证据，判决是依法，还是凭自己高兴或不高兴；四、人事管理上，官员是不是包庇自己的亲信，打击压制贤才；五、官员的子弟，是不是仗恃权势，干涉司法审判；六、官员中是不是有人贪赃枉法，违反政府法令。二十二位大臣巡视回来后，李世民听取汇报，亲自裁决，雪冤而擢升的地方官员二十人，因罪行重大而判处死刑的地方官员七人，流刑以下处分而赦免的官员近千人。

李世民当皇帝后，改革人民少而官员多的行政体制，依照山川形势，全国只设十道。唐朝的行政系统分四级：中央——道——州——县，“道”相当于古时的“州”，“州”相当于古时的“郡”。同时对朝廷大刀阔斧裁员。这一行政体制改革，裁减了一大批“吃皇粮”的官员，皇帝身边的文武百官总共只有六百四十三人，极大地减轻了人民保障供养的负担。

司马光的《资治通鉴》告诉我们，把人民装进心里，唐太宗李世民不仅说得好，做得也好。正是言行一致的双好，才使我们认识到，李世民为皇为帝的格局顶点，是人民！

前面写到的，李世民对“福手”“福脚”给唐王朝出的那道难题，是能够在民生改善中得到解决的。

明智处事——明君大智的标识

从《资治通鉴》记述的诸多帝王看，绝大多数帝王是分得清事大事小，也分得清对错是非的，具备处理好国事的条件。可具体到处事上，不少帝王便颠倒黑白，任性胡作。为什么？根本原因是这些帝王不明智，也可以说是不想明智。因为明智处事也是有条件的，这个条件就是帝王的自我约束、自我规范、自我限制。这无疑是对帝王特权的限制，绝大多数帝王是不肯接受的。大唐王朝的唐太宗李世民，恰恰在自我约束、自我规范、自我限制上，树立了明智处事的典范！

司马光的笔端走向，记述了李世民大量的明智处事，这里挑出几个人们比较关注的问题，欣赏李世民的做法。

关于“亲启密奏”

所谓“亲启密奏”，是封建王朝特别机密事由的一种奏报。“亲启”，即只能皇帝本人启封阅读；“密奏”，即指特别重大的秘密情报，诸如某个地方诸侯或朝中重臣正在做反叛朝廷的准备、太子行为不端或打算谋杀父皇篡位等重大事项，不能走漏风声，就以“亲启密奏”的方式直接奏报皇帝。坦率地讲，“亲启密奏”如果仅限于这个范畴，无可挑剔。皇帝高高在上，自称“寡人”，甭说天下之大事，就是皇宫之内和朝廷之中的许多重大问题，也是不知晓的，通过臣僚的“亲启密奏”，及时掌握“下情”，是非常必要的。

问题是，“亲启密奏”在很多君王手里变味了，变成了奸臣、小人打击报复、陷害忠良的诬陷通道，变成了君王排斥陷害功臣老臣、监视臣僚的监控管道。

李世民对文武官员说：“我开拓正直批评这条路，是希望对国家有所裨益；可近来呈递的‘亲启密奏’，都是些人身攻击的小事。今后如果再发生这种现象，我就认为他陷害忠良，给予处罚！”

这段话是李世民在公元636年秋天说的，毫无疑问，我们能从这段话中，看出李世民的明智！

但我们往前翻，翻到公元626年，李世民又是怎么做的呢？

李世民认为，朝廷上下的官员差不多都贪赃枉法，他很焦虑，于是他秘密派出身边的侍从，给朝廷的一些官员行贿，企图用这种办法把贪官查出来。结果有人上钩了，司法部关卡稽查司管理员收受了一匹绸缎的贿赂。这可是铁板钉钉的事实，李世民下令把这个管理员诛杀。财政部长裴矩坚决反对，他说：“官员接受贿赂，自应处死。但陛下派人送去，是故意引诱他人犯法，这不属于‘用道德引导，用礼教治理’的范畴。”令人欣喜的是，听了裴矩的话，李世民大喜，他对文武官员说：“裴矩能面对皇上，竭力争辩，而不肯当面顺从，如果每件事情都能如此，何必担心国家不能治理！”

这件事说明，李世民的明智，也是需要不断校正的！

魏徵就反复提醒李世民，在面对揭发他人隐私的问题上，一定要保持清醒。副总监察官权万纪，因不断揭发他人隐私，而受到李世民宠爱。魏徵提醒李世民说：“权万纪等一群卑鄙小人，不知道识大体，认为揭发他人隐私，才是正直；陷害他人受苦，才是忠贞。”关键是，魏徵直击要害，说李世民不是看不清权万纪的诡诈阴险，而是企图利用权万纪这种小人，监控朝廷文武百官。魏徵越说越激愤，竟然说：“陛下纵然不能提携善良人士，为世俗做榜样，也不必亲近佞臣，自毁形象！”这话说得很重，直击李世民的痛点。司马光写道：李世民沉默不语，赏赐魏徵绸缎五百匹。

司马光的这段描写，说明李世民真的受刺激了，心里冒上来的火，憋得鼓鼓的，但愣是憋着没发泄出来，仍然守住了明智的处事底线。

尚书左仆射房玄龄、守侍中王珪负责文武百官的甄选考绩工作。房玄龄是隋王朝助理监察官房彦谦的儿子，被保荐到隋王朝任官，隋王朝灭亡后，在唐王朝成了著名的重臣。司马光对他的评价很高，说他精通行政工作，又有文学素养，从早到晚竭尽心力，唯恐公务处理有误；待人处事，宽厚和平，听说别人的优点，就好像是自己的优点一样，从不要求对方十全十美，也不把自己的长处作为标准。司马光甚至说，房玄龄是唐王朝时代的贤能宰相。王珪性情宽厚、清廉、公正、容人、生活十分简朴，对自己要求非常严格。这二人负责官员的甄选考绩工作，是最佳人选。毫无疑问的是，即便他们甄选考绩再公开、再公正，也会有人不满意。前面提到的副总监察官权万纪，就不满意，弹劾房玄龄、王珪不公正，李世民便下令调查审理。魏徵立即站出来劝阻，给李世民讲了这样几层意思：房玄龄、王珪是老臣，朝廷文武百官早就看清了他们忠心正直的本性；考核的人很多，难免有一二人的考核不恰当，不能因一二人的不恰当，而否决全部考核；权万纪是副总监察官，前期一直参与考核工作，从未提出什么问题，近期不参与考核工作了，便对房玄龄、王珪提出弹劾；一旦根据权万纪的弹劾，查出一二人考核不恰当，对朝廷没有裨益，而查出权万纪所控是假的，则会动摇朝中高官对皇帝的信任。魏徵的劝谏，使得李世民再次守住了明智的处事底线。

顺便说一句，擅拍马屁的权万纪建议李世民开采银矿，李世民说："你从没有推荐过一个人才，也没有斥退过一个不称职的官员，而只谈开矿抽税的好处。"李世民还说："以我天子之尊，所缺的不是钱，而是有利于人民的忠言。与其每年多收入数百万贯钱，不如每年多延揽一位人才。"李世民免除权万纪的官职，命他返回私宅。

再看房玄龄。李世民准备亲率大军进攻高句丽王国，命房玄龄留守长安，全权代表皇帝行事。有人要告密，房玄龄问他告谁，那人说告你。房玄龄二话不说，立即把他扣押，用驿马送给皇帝，让皇帝去听那人告自己的问题。因那人满嘴跑火车，没有任何事实依据，李世民把他腰斩了。

从司马光的记载看，李世民虽然对"亲启密奏"保持了一份清醒，但在他的内心深处，仍时不时地冒出靠"亲启密奏"监控文武百官的念头。到了公元639年，李世民还下诏要求五品以上官员，向他呈递"亲启密奏"。只是他听劝，且用听劝守住了他明智处事的底线。正因为这样，李世民的执政，才没有表现出暴戾，没有滥杀无辜，没有滥杀功臣、老臣。但这并不是说李世民手里没有捏着滥杀的把柄，而是明明有把柄在手，也不动杀机，不开杀戒——这正是他成为大唐王朝明君的一个重要原因。

有民间人士建议李世民排除奸佞，李世民问谁是奸佞，那人说：

“陛下跟文武百官对话时，不妨假装勃然大怒，作为试探。仍然据理力争的人是正直之士，因恐惧而顺从的人就是奸佞。”李世民说：“领袖好比源泉，官员犹如河流，把源泉搞成一团浑水，却盼望河流清澈，绝不可能。领袖心怀诡诈，怎么能够要求官员正直！我正以诚心诚意治理天下，常见从前帝王喜爱用小动作权术对待他的部属，我认为那是一种耻辱！”

公元640年，唐王朝发起对高昌王国的进攻，远征军司令侯君集指挥若定，立下大功，将立国一百八十一年的高昌王国征服，唐王朝把高昌王国故地改称西州。

攻灭高昌王国的远征军司令侯君集，私自盗取高昌王国的奇珍异宝。他手下的将士知道后，遂有样学样，大肆偷窃抢掠，造成极其恶劣的影响。有人提出弹劾，李世民将侯君集逮捕囚禁。对此有人上书，说：“派遣大将出征，最重要的要求是要他克制敌人，假如能克敌制胜，即令贪污，照样也要赏赐；如果战败，即令廉洁如水，也应诛杀。”上书人引用黄石公《军势篇》的论述：“用他的智慧，用他的勇敢，用他的贪婪，用他的愚昧。智慧的人愿意为国家建立功勋，勇敢的人喜爱发泄内心的天性，贪婪的人急切追求金银财富，愚昧的人不计较生死”，目的只有一个，即夺取战争的胜利。李世民觉得不无道理，于是下诏把侯君集放了，任文官部长。

侯君集很委屈，觉得自己的功劳给个文官部长太低了，便对从太子宫总管调任洛州军区的总司令张亮说：“我征服一个国家，却碰上他发起比屋子还大的脾气！”“我烦闷得简直不想活了，你要不要反？我跟你一起反！”

张亮也是唐王朝的大功臣，侯君集以为张亮从太子宫总管到洛州军区任总司令，也是被贬，所以以为找到知音了，故跟他说“要反”的话。不曾想张亮把这个情况用“亲启密奏”报给了皇帝李世民。李世民则对张亮说：“你和侯君集都是开国功臣，而侯君集说这话的时候，旁边没人，如果交司法机关调查，他一定不承认。”所以李世民告诫张亮，暂时不要提这件事。

李世民是大唐王朝的皇帝，只要他开口，不该死的可以死，不该活的可以活，但他的明智决定了他处事的明断，该死的叫其死得心服口服，该活的叫其活得清清亮亮。李世民知道，凭张亮的一面之词，去审问侯君集，侯君集是绝不会承认的，只有抓住真凭实据，才能叫他真正服罪。果不其然，侯君集被太子李承乾招揽为心腹，参与谋杀皇帝李世民的政变，被处斩。

李世民说：“君王只有一颗心，可是把它当作目标，努力去争取它的人太多了。有些人用勇敢，有些人靠辩才，有些人凭仗他的马屁功，有些人使用他的邪恶奸诈，有些人用满足君主嗜好欲望的方法，从四面八方围绕着它，奋勇攻击，贩卖自己的特长，希望领袖人物购买，借以升官发财。当领袖的，只要心里稍有一点松懈，接受其中的一项，国家危亡就跟在后面立刻来临，君主的真正困难在此！”

看看吧，李世民对他这个皇帝身边各色人等的分析，是不是清醒？是不是明智？

关于“祥瑞”“谶书”

“祥瑞”和“谶书”，是在《资治通鉴》中出现频率比较高的两个词。所谓“祥瑞”，是指上天降下的美好兆示。这种兆示，平民百姓是没份的，通常降临到将要当君王的人身上，哪怕这个人眼下是穷光蛋、叫花子，祥瑞的金色光芒在他身上一照，当君王的路就谁也挡不住了。当然，这种兆示有时也降临到某个王朝的中兴时期，其实也是“祥瑞”降临到君王身上的另一种表现形式。所谓“谶书”，即神秘预言书，通常在改朝换代、君王更换的当口，“谶书”上出现某种一般人都看不懂的文字，经巫婆、神汉或文人学士之口的解说以后，在社会上广泛流传。这一来，很多想当皇帝天子的人，就把神秘预言往自己身上扯，忽悠着一群信以为真的人，跟在他屁股后面举小旗、喊号子。因为“谶书”很神秘，故不少想当王称帝的人，给自己编造“谶书”。

司马光的《资治通鉴》读下来，几乎所有的君王，都迷信“祥瑞”“谶书”。

唐太宗李世民是怎么看的?

先看“祥瑞”。

李世民登帝不久，在他寝殿的槐树上，有白鹊筑了两个连接起来的巢，形状像腰鼓。于是一些官员认为是一种“祥瑞”，纷纷向李世民道贺。李世民则说：“我时常讥笑杨广喜欢‘祥瑞’。要知道，得到贤能人士，才是‘祥瑞’，而两个鸟巢有什么可贺的！”他命人把两个鸟巢拆毁，把白鹊送到郊外释放。

李世民登帝以来，不断有官员搬出各地发生的一些稀罕事，向李世民祝贺“祥瑞”。李世民说：“最近有些官员，不断上疏祝贺‘祥瑞’，家家户户富裕，而没有‘祥瑞’，并不妨碍君王当尧帝、舜帝；家家户户怨恨愁苦，而有很多‘祥瑞’，也不妨碍君王当桀、纣。北魏帝国末年，官员砍伐连理木（视为吉祥木材），用来煮白野鸡（视为吉祥鸟）吃，难道是天下太平的理想境界吗？”

接着李世民下诏：“自今以后，除非是特别‘祥瑞’才可以报告中央，其他普通‘祥瑞’报告给有关单位即可。”

解释一下，“祥瑞”是分级别的，“大瑞”六十四种，如庆云之类；“上瑞”三十八种，如白狼之类；“中瑞”三十二种，如苍鸟之类；“下瑞”十四种，如灵芝、连理木之类。

从李世民下达的这一诏书看，他的内心深处还是相信天降“祥瑞”的，只不过他对“祥瑞”的认知是独特的、正确的。是啊！家家户户富裕，没有“祥瑞”，有什么关系？家家户户怨恨愁苦，有很多“祥瑞”，有什么用？“祥瑞”能证明君王当得好吗？家家户户富裕，才是最大的“祥瑞”，才能证明君王当好了。

司马光还写了一个小故事，我们来看看。

有一个名叫刘恭的人，生下来脖子上的纹路，像一个“胜”字。这在普通百姓看来，不过好奇而已，而巫婆神汉便编出很多神话。这伙计于是膨胀了，到处嚷嚷自己“当称霸天下”。当地官员哪能容忍刘恭的叫嚷，把他抓起来扔到监狱了。皇帝李世民断不了提审犯人，有人就把刘恭押给李世民审问，李世民听了刘恭被捕的陈述后，把他放了。李世民说：“如果上天要他崛起，我就无力把他排除；他如果没有上天之命，一个‘胜’字又有什么意义！”

公元631年正月，太子李承乾十三岁，应举行加冠礼了。有人主张二月举行，李世民不同意，说：“二月正逢春耕，最好改到十月。”太子太傅萧瑀根据《阴阳书》的推算，认为十月不如二月。李世民说：“吉祥凶险，都在人为，动不动就看‘阴阳书’，不顾礼仪，吉祥怎么可能降临！在正大光明的道路上前进，自然跟吉祥会合。春耕时候，农夫最忙，不可剥夺！”

再看“谶书”。

“谶书”主要是预言朝代和君王更替的，因为李世民将唐王朝治理得很好，到处莺歌燕舞，因而预言朝代和君王更替的“谶言”很少。倒是有一件事，引起了李世民的关注。

公元637年年底，荆州军区（今湖北省江陵县）总司令武士彟的女儿武曌，本年十四岁，李世民听说她美貌如花，便召进皇宫当小老婆，属于小老婆群的第十级“人才”，武曌就是武则天。到了公元648年，太白金星在白天反复出现，天文台的官员占卜后警告李世民：“女主即将兴起。”而当时民间流传的神秘预言书《秘记》说：“唐王朝三世之后，女主武王将夺取政权，主宰天下。”

李世民听了很忧闷，便私下打探，宴会中借“酒令”助兴，叫输了的人说出自己的乳名。负责玄武门警卫的左武卫将军、武连县公爵、武安人李君羡，输了喝酒时，说自己的乳名叫“五娘”。李世民听了一惊，女主不是女的吗？李君羡一个大男人叫“五娘”，对不上号呀！但因为李君羡武安人带“武”、武连县公爵带“武”、负责玄武门警卫带“武”，就连他的乳名“五”还与“武”同音，李世民还是警觉起来，把他调离皇宫，出任华州（今陕西省华县）州长。李君羡到任后，与当地一个佛教法术士成了密友，两人经常背着人密谈，被人以“与妖人结交，企图兵变”而告发，被判处死。

李世民心中“女主”的结未解，便私下问天文台长李淳风，李淳风说：“我上观天象，下察历数，发现那人已在深宫之中，而且是陛下的亲近下属。从今天算起，不超过三十年，就会称帝称王，把李姓皇族的子孙几乎杀尽，征兆已经形成。”

李世民一听极度紧张，脱口而出说：“现在就把可疑的人全部杀掉，那会怎样？”

李淳风说：“上天的旨意，人力不能抵抗。命中注定当帝王的人，不会死去，对可疑的人全部诛杀，只不过使很多人含冤。而且从今天算起，经过三十年，那人已经衰老，或许有一点仁慈，制造的灾难还小。即令今天将其诛杀，上天再派遣年轻力壮的来施展毒手，恐怕陛下的子孙一个也剩不下。”

李淳风说得很恐怖，李世民遂打消了“把可疑的人全部杀掉”的念头。

李世民是信天命的，他从自己多次孤身冲入敌阵而不死、太子李建成给他酒里下毒而不死的经历中，确信天命决定一个君王的命运，天命不可违。

因为信天命，李世民诏令祭祀部研究官吕才，召集相关学者，共同校订流传于世的阴阳占卜法术等书。公元641年四月，吕才等人校订完毕，共四十七卷，每卷吕才都引用儒家经典考证，撰写了序文。我们不妨选择其中几个问题，看吕才等人是怎么校订的。

比如《禄命·序》，“禄”指盛衰兴亡，“命”指富贵贫贱。《禄命·序》写道：“探讨人生盛衰贵贱预言的书很多，有时偶尔也会猜中，因此有人相信。然而长平坑杀降卒四十万（指战国时期秦国白起坑杀赵国四十万降卒），没有听说四十万人都触犯‘三刑’。”这里说的“三刑”，是道家的一种诡秘学说。《禄命·序》还写道：“嬴政命中仅是一介贫民，没有官爵，即令可以领取薪俸，奴婢也很少，做事没有毅力，有始无终。刘彻、元宏（北魏拓跋宏），依照诡秘书所说，命中都没有官职爵位……这都是禄命学不灵验的证明。”

再比如，《孝经》说：“选择墓穴，安葬灵柩。”吕才则在《葬书·序》中写道：“近年来，有的选择死后的埋葬年月，有的勘察埋葬墓地，大家认为只要有一项不妥，灾难就会临头，立见生死。《礼经》规定天子、封国国君、大夫埋葬，都是以月计数，证明古人并不挑选某一特定的月份（古人规定，天子死七月葬，封国国君死五月葬，大夫死三月葬，并不另择特定月份）。《春秋》说九月初九，安葬国君姬宋，因天降雨，无法安葬，延到九月初十下午安葬。证明古人并不选择某一特定的日子安葬。郑国埋葬他们的国君姬嘉，坟墓管理员的房子正挡着通道，如果拆除，灵柩早上便可入土，如果不拆除，则要到中午才可入土，姬产决定不拆除，证明古人并不选择某一特定的时辰。古代死者都安葬在都城以北，坟墓都有固定位置，证明古人并不选择某一特定的地方。”

吕才在《葬书·序》的最后写道：有些人父母逝世，痛哭流泪、呼天抢地之际，竟去选择埋葬的墓地，希望自己能升官晋爵；而巫婆巫汉也趁着丧家痛不欲生之际，代他们择时择地，用以谋取钱财。有人说辰日不可哭泣，丧家遂用微笑招待前来祭悼的吊客；有人说生肖相同的人不可到墓地，就发生身穿吉祥衣服而拒绝给亲人送葬的现象。伤害教化，败坏礼仪，没有比这更为严重的！

司马光接着写道：巫婆、巫师都讨厌吕才的话，而有见识的人，则认为是真知灼见。

司马光没有记载李世民是什么态度，但我们不可忘了，他可是见识丰富的大唐王朝创造“贞观之治”的大帝，岂止是“有见识的人”！

关于“封禅”

所谓“封禅”，即是皇帝率领文武百官，到泰山添土祭祀天神，称作“封”，到梁父山辟土祭祀地神，称作“禅”。

在漫长的封建社会，但凡有所作为，特别是大有作为、创造盛世的皇帝，都会去泰山“封禅”，名义上说是去感谢天神、地神的恩典，实际是去炫耀，是向天下宣示自己的丰功伟绩。

公元631年正月，各地进京朝见的特使联名上疏，请求李世民去泰山“封禅”。

李世民亲笔撰写诏书：拒绝。

同年十二月，各地进京朝见的特使又联名上疏，请求李世民去泰山“封禅”。

李世民则仍是拒绝。

转年正月，唐王朝文武百官再度请求李世民去泰山“封禅”。

李世民于是说："你们这些人都认为'封禅'是当帝王的巅峰盛事，我认为并不如此。如果社会安定，家家户户衣食丰足，君王就是不去泰山添土祭祀天神，不到梁父添土祭祀地神，又有什么不好。从前，嬴政（秦始皇）'封禅'，而刘恒（汉文帝）不'封禅'，后世人民难道认为刘恒不如嬴政？况且，祭祀天地神灵，又何必攀登到泰山顶上添几尺土，然后才能展示自己的诚心敬意？"

不难看出，李世民把"封禅"说清楚了，可满朝文武官员就"封禅"之事纠缠不休、反复请求，李世民的态度软化下来，打算接受。

但有一个人始终表示反对，这个人就是魏徵。

于是，李世民找魏徵交谈，我们且把这君臣二人的交谈实录如下：

李世民："你不赞成我'封禅'，是不是因为我的功劳不够高？"

魏徵："够高！"

李世民："我的品德不够厚？"

魏徵："够厚！"

李世民："国家还不够安定？"

魏徵："够安定！"

李世民："四方蛮族还没有臣服？"

魏徵："已经臣服！"

李世民："连年的庄稼没有丰收？"

魏徵："已经丰收！"

李世民："祥瑞吉兆还没有呈现？"

魏徵："已经呈现！"

李世民："既然如此，为什么不能'封禅'？"

魏徵："陛下虽然在这六项上都有成就，可是，我们继承的是隋王朝末期天下大乱后遗留下来的残局，户口凋零还没有恢复，仓库粮食仍然空虚。陛下向东巡视（前往泰山），成千上万的车辆马匹，每到一处所需要的供应，地方政府很难负担。而且，陛下‘封禅’大典，万邦首领都会集合，远方蛮族酋长也要随从左右，可今天的情况是从伊水、洛水开始，向东直到大海（东海）、岱山（泰山），村落稀少，人烟难得一见，荒草野蔓，望不到边际，这正是把蛮族迎接到我们的心脏地带，却暴露我们的虚弱。何况，即令有大量的赏赐，也未必使远方来的人满意；即令免除人民很多年田赋捐税差役，也不能弥补他们的损失。只不过博得一个‘封禅’虚名，却实际受到伤害，对陛下有什么用！”

这是明君与贤臣一段精彩的对话！

对话聚焦的——

是不扰民！

是不图虚名！

是不暴露国家的弱点！

从此，“封禅”的事不再提及。

但李世民晚年变了，变得有些追求奢华，变得有些猜忌，变得有些好大喜功。在臣僚无休止的劝谏中，李世民一度同意去泰山“封禅”，好在他的明智本性未改，最终也没去！

关于美色

周朝规定，天子结婚娶一百二十一个老婆，封国国君结婚娶十七个老婆，大夫结婚娶三个老婆。但规定没用，周朝的天子带头，把这个规定打破了。周朝之后的君王，后宫美女成群，还分出等级享受与官职匹配的待遇，因而后宫上演的夺嫡之战、争宠之战等就几乎没有停止过，且任何一场都是以一批臣僚和皇亲国戚的人头落地，而画上血淋淋的句号，甚至是分号。

“玄武门之变”，本质上是皇帝李渊的三个儿子争夺皇位而展开的杀戮，但导致这一杀戮的一个重要原因，即是李渊后宫的成群美女，用肉体、用贿赂、用谄言，深度介入了三个皇子的帝位之争，导致这一惨案的发生。

李世民登上帝位后，司马光的笔端几乎没有从“淫荡”的角度，记述过李世民的“不良”，只是多次记载他释放宫中美女。如公元626年八月，也即是李世民登基称帝的当月，便下诏遣散宫女，两年后又诏令释放宫女三千余人。

李世民二十八岁当皇帝，正当年富力强，他后宫的美女很多，也给他生了一群儿女。但后宫之外的美女，李世民并非不惦着，除了后宫有一帮官员专门负责为他挑选美女外，但凡他听说哪儿有个美女，便一定会召来。十四岁的武曌，便是李世民听说后召来的。

但李世民的明智，以及明智而延伸的听劝，决定了他在对待美色上与其他封建君王并非处于同一档次。

公元631年十一月，北方已经很冷了。林邑王国（今越南归仁市）给李世民进贡了五色鹦鹉；新罗王国（今朝鲜半岛庆州）给李世民进贡了两个美女。分析看，李世民既想接受，又有些犹豫，便与魏徵商量。魏徵认为不合适，李世民便把美女和鹦鹉分别交给他们的使节带回去了。李世民说：“林邑鹦鹉都说无法忍受北方寒冷，想回祖国；何况两位美女远离她们的亲人。”

李世民在对待美色上的格调，与他身边臣僚的劝谏，是分不开的。

李世民与王珪休闲时，旁边有一个美女侍候。这个美女长得很漂亮，庐江王李瑗便把这个美女的丈夫杀了，把美女抢过来做小老婆，李瑗后来参与谋反被杀。李世民听说这个美女后，把她召进了后宫。闲谈中，李世民把这个美女的经历跟王珪讲了。王珪一听“腾”地站起身来，问李世民：“李瑗杀夫夺妻对不对？”李世民当然知道不对。王珪接着说：“知道不对的事就不能做，你把这个美女召在身边，难道想说明李瑗做得对吗？”听了王珪这顿数落，李世民赶紧差人把这个美女送出宫，归还给她的亲属。

其实王珪要说的是：一个因为漂亮而招致丈夫被杀的女人，再漂亮也不能召到皇帝身边来。

公元634年，李世民又看上一个美女，召到后宫当“充华”级小老婆（属于小老婆群的第十二级），诏书发出后，魏徵找上来了，告诉李世民说：“这个美女是隋王朝通事舍人郑仁基的女儿，已经名花有主，嫁给唐王朝知识分子陆爽了。”李世民一听大吃一惊，立马提笔书写诏书，解除对这个美女的册封。尚书左仆射房玄龄与朝中臣僚，认为皇帝一言九鼎，诏书都发了，就不能中止。房玄龄还找了个理由，说郑家女儿许配给陆家，并没有正式聘礼。关键是陆爽，他赶紧给李世民上疏，声明跟郑家女儿根本就没有婚约。

如此热闹了，李世民就得找魏徵聊聊了，君臣二人的谈话实录如下：

李世民：“官员或许想拍我马屁，可是这陆爽自己也这么说，为什么？”

魏徵：“陆爽可能认为陛下表面上放弃，或许会暗中报复，加他一个罪名，所以不得不忍痛割爱。”

李世民：“他们可能有这种想法，我的话怎么竟不能使人深信不疑呢？”

皇帝说的话，为什么不能使人相信，皇帝自己搞不清什么原因，魏徵是清楚的——因为皇帝虽然金口玉律，但经常出尔反尔！

好在李世民不是这样的皇帝！

关于“葬父”

这里所说的“葬父”，指唐王朝开国皇帝李渊逝世后，接替李渊的李世民，安葬父皇的事。

这本是一件很平常的事，但具体到皇家，特别是安葬父皇，那就是天大的事。

华夏祖先创作的“孝经”，服丧便是极其繁杂的大篇章。服丧依血缘的亲疏远近分为五等，称“五服”，我们且看其中的第一等服“斩衰”吧：子为父，臣为君，妻为夫，封国国君为天子皇帝，穿麻布孝衣，不缝边，不食肉饮酒，不行房事，不嬉闹玩笑，守孝三年。往细里说，孝子要住在埋葬父皇坟旁的土房里，不洗脸，不刷牙，不换衣服，睡草垛，枕土块，不笑只哭，待上三年。三年后出土房，如果自己不用人搀着能站立起来，就不算孝子，等等。但诸多华夏先贤，早就提出过薄葬，如棺材板不超过三寸，坟坑不及泉水等。尤其是汉文帝刘恒，留遗诏颁布天下，明确提出：他死后只服丧三日，不可禁止百姓娶妻、嫁女、祭祀、饮酒、吃肉等。可是，汉文帝刘恒之后的好些君王，想照着汉文帝那样做，可一帮儒家臣僚誓死不允许，使得这些君王想学都学不成。

公元635年五月初六，太上皇李渊去世，李世民下诏：“太上皇坟墓应依照长陵（汉高祖刘邦坟墓）模式，务求高大。”

这是李世民作为孝子，必须公开表明的态度。

皇家图书院长虞世南先上书劝阻，重点说的是：高大的坟墓和丰富珍贵的陪葬物，会累及地下的亲人，因为世人看到坟墓如此高大，怎么知道其中并没有金银宝玉呢？坟墓中如果有人们渴望得到的东西，就是铜墙铁壁的南山，也会被盗墓贼凿开，这就会连累地下的亲人受害。虞世南提出比照《白虎通》的规定，坟高两丈一尺（三仞），陪葬器物从简，在坟墓旁立碑，把陪葬器物一一刻在上面，尔后重抄一份，藏于皇家祖庙，作为子孙永久效法的榜样。

奏章呈上后，李世民没做批复，虞世南便再次上疏，这次虞世南就说得更实际了。他说：“汉王朝皇帝从登基的那天起，就开始修自己死后的墓，有的甚至修了五十余年。而今用几个月时间，去修先帝李渊务求高大的墓，根本就不可能修好。”

李世民于是把虞世南的两个上疏，交有关部门详细讨论。房玄龄跟大家会商后，奏报李世民说：“长陵高九丈，原陵（东汉刘秀墓）高六丈，九丈太高，而《白虎通》规定的两丈一尺太低，建议照原陵的规格（高六丈），建造李渊的坟墓。”

李世民诏准。

李世民“葬父”，一场原以为会在唐王朝引发大辩论、大争吵的风波，就这样很快平息了。

分析看，这么做符合李世民的心愿。

为什么？

请看司马光的记载：

“汉王朝皇帝，登基之日就预筑坟墓。李世民为了免除子孙仓促之间，劳累人民，浪费国库，认为预筑坟墓是一项好办法。但他有志提倡节俭，恐怕预筑坟墓将使子孙追随风俗，奢侈过多。于是，公元637年二月初二，李世民脱下为老爹所穿的丧服，就在山上挖一个洞，作为自己的坟墓，仅只容纳一个棺材而已。”

无需做什么解释了，“挖一个洞，作为自己的坟墓”，已经全说清了！

在司马光的笔下，记载李世民明智处事的故事很多。例如，李世民扩大征召天下著名儒家知识分子当教师，自己也常去听课；增建学生宿舍一千二百间，学生多达二千二百六十人；朝鲜半岛的高句丽王国、百济王国、新罗王国以及高昌王国、吐蕃王国（今西藏自治区）

等，也都派皇族子弟到中国留学，听讲的达八千多人。再比如，李世民是个学者型皇帝，写了很多文章，仅赐给太子李治的《帝范》就有“君体”“建亲”“求贤”“纳谏”“去谗”“诫盈”“崇俭”“赏罚”等十二篇。皇家图书院建议李世民把所写的文章整理出版选集，李世民不同意，他如是说：“我的言论、文章，对人民有益的，史书上会记载下来，足可以不朽。如果对人民无益，出版选集有什么意义？……当一个政治领袖，应只担心对人民没有恩德，不必担心言论文章不受敬重！”有人写《圣德论》拍李世民马屁，李世民亲写诏书回复说：“你把我捧得太高，我怎么敢比上古君王，只不过比近代君王稍好一点而已。然而，你只看到开头不错，还没有看到最后情景。如果我能始终如一，大作《圣德论》才会流传，如果结局相反，恐怕徒使后人对你讥笑！”

依法行事——明君良善的播撒

有史学家评价说，李世民创作的“贞观之治”，其中最重要的贡献，就是没有冤狱！

这个评价或许有点满，但李世民作为皇帝，把自己良善的品质，通过法治的途径播撒给人民，是不争的历史事实！

司马光写道：李世民逝世时，全国监狱只有五十余名囚犯，其中判处死刑的只有二人。

让我们循着司马光的笔端走向，去看个究竟。

先从立法的角度来看。

唐王朝实行轻刑法律，且不搞连坐。

李世民命尚书左仆射房玄龄，负责修订法律规章，共制定法律五百条，罪行分二十级，即笞打五板到五十板的五级，杖打六十棍至一百棍的五级，有期徒刑一至三年的五级，流刑一千里至三千里的三级，死刑绞死及斩首二级。房玄龄奏报称："旧法，兄弟已分遗产，各住各家，官势庇荫，互不涉及；可是遇到一人谋反，另一个人却受到连坐，一律处死；祖父官荫可到孙子身上，祖父谋反，孙子只不过处以流刑，发配远方。无论依照礼教，还是根据人情，兄弟连坐都不恰当。现修改为祖父与孙子、兄长与老弟，受到连坐处分时，一律改判为苦役。"司马光评价说：比起隋王朝法律，死刑减少九十二条，流刑改判有期徒刑七十一条。删除烦琐，废除弊端，把重刑变成轻刑的条文，多到无法细记。又说：李世民批准修订的法律规章后，天下称赞，人民得到实惠。

房玄龄不愧为法律大家，他在修订唐王朝法律规章的同时，把一任帝李渊、二任帝李世民的诏令，全部审查了一遍，把两位皇帝的诏令与法律规章相悖的，一律删除，剩下七百条与法律规章一致的，也颁布实行。房玄龄还制定了一千五百九十多条"实施细则"，类似于今天的"司法解释"，同时颁布实行，以便执法人员在实践中掌握。

房玄龄又把枷、手铐、铁链、铁锁、棍杖、竹板（笞）的长短宽窄做出明确规定，以防止执法人员在实践中滥用。

在法律规章的修订中，唐太宗李世民经常与中书舍人、刑部郎中讨论司法判例。有人提出将绞刑改为砍断右脚脚趾，李世民认为过于残酷，说"不可伤害人民肢体"。商量的结果是："取消砍断右脚脚趾，而改判加重流刑，贬到三千里以外的边荒地区，再贬做三年苦工。"

李世民阅读《明堂针灸书》，读到"人的所有内脏都联系脊背"时，放下书本就写诏令："自今以后，不准捶击、鞭打囚犯脊背！"

公元631年八月，河内（今河南省沁阳市）人李好德，经常胡说八道，被认定妖言惑众。李世民下令调查，最高法院主任秘书张蕴古说：“李好德精神失常，医生有证明，依法不应定罪。”副总监察官权万纪提出弹劾，说张蕴古与李好德当州长的哥哥关系密切，张蕴古涉嫌包庇李好德。李世民非常生气，下令把张蕴古斩了。冷静下来后，李世民非常后悔，下诏说：“自今以后，我定人死罪时，即使下令立即斩决，主管单位也应复奏三次，方可执行。”

李世民关于死刑犯必须复奏三次才可执行的诏令，执行情况如何呢?

听听李世民是怎么说的吧。李世民说：“因为死刑是最重的刑，所以我规定必须经过三次复奏，才可以执行，就是希望主管官员深思熟虑。却想不到，一会儿工夫，三次复奏全部完毕……有关审判单位，只知道根据法律条文，即令人情上可以原谅，也不敢违背法律，其中难道没有冤枉？”

李世民在这里说的“一会儿工夫”，是个关键词!

从时间概念说，一两个小时可以说是“一会儿工夫”，半天甚至一天也可以说是“一会儿工夫”，一天以上就不好说是“一会儿工夫”了。每次复奏，至少要经过主管单位官员提交、主管单位领导审核、奏报皇帝批准的流程。在这个流程中，主管单位领导的审核提出疑义，就得退回主管单位官员继续讨论研究；皇帝审核提出疑义，就得退回到这个流程的原点，然后重新再走流程。由此可以肯定，不少案件复奏三次，绝不可能是十天半个月，至少是一两个月，甚至更长时间。把这么长时间，说成“一会儿工夫”，反映的是李世民的心情，往深里挖掘一下看，是李世民的良善本性!

分析看，李世民错杀张蕴古，非常后悔，为防止错杀情况再次发生，他诏令定人死罪时，必须经过三次复奏。“奏”，既是对主管单位官员说的，也是对他李世民皇帝说的。说的是，对死刑犯的判决，主管单位、主管官员必须研究、审核奏报皇帝三次，才能判处执行。

由此可见，复奏三次不仅是对执法单位、执法人员的规范，更是对皇帝李世民的规范！

于是，李世民再次诏令：“已判决确定死刑的囚犯，在执行前二日内，要五次奏报；由州政府执行的，行刑之前要三次奏报。行刑那一天，宫廷膳食局不准在餐桌上摆设酒肉；后宫歌舞团及祭祀部不准演奏音乐；由御史台检查督促。在法律上应该处死，但情有可原的，应专案奏报。”

以上是从立法的角度写的。之所以把李世民就涉法问题的诏令也写进去了，是因为封建社会皇帝金口玉律，说的话就是法律。

再从执法的角度来看。

鄃县（今山东省夏津县）县长裴仁轨，派城门看守为自己办私事。李世民接到报告，打算斩裴仁轨。宫廷秩序监察官李乾祐劝阻说：“对于法律，陛下跟天下人民都应共同遵守，它不是陛下私人的东西。而今，裴仁轨犯了轻罪，而竟用极刑处决，我恐怕人民连手脚都没地方放了。”李世民听劝，免裴仁轨一死。

公元632年十二月十二，李世民亲自提审死刑犯，心生怜悯，下令释放他们回家与亲人见面，约定来年秋天回来接受处决。接着下令全国死刑犯全部释放，约定时间前来首都长安集合。公元633年九月，去年释放的全国已经做出死刑判决的三百九十人，一个不少全部来到长安集合。李世民一高兴，干脆将他们全部赦免。

李世民重情重义，对于跟随他转战南北的部属，尤其是他尚是秦王时，秦王府的文武官员、侍从警卫，非常关心。但在提拔使用上，李世民坚持唯才是举，不迁就、不照顾，让他们各得其所。但毕竟这些人是跟着自己从战火中打过来的，尤其是在“玄武门之变”的生死存亡中，这些老臣的忠心耿耿，李世民念念不忘，十分感激。因而当这些老臣触犯法律后，李世民处理起来下不去手，很犹豫。

例如，陕州军区（今河南省三门峡市陕州区）总司令党仁弘，在尚是秦王的李世民率军攻击郑帝王世充时，负责后勤保障工作，粮秣薪俸从未中断，为李世民最终击溃王世充大军，做出巨大贡献。李世民对党仁弘很器重，当了皇帝后，多次给党仁弘调任重要官职。党仁弘有才干有谋略，所到之处都有很好的政绩和声望。但党仁弘很贪婪，被人举报后一查，竟查出他贪污收受赃款高达一百余万。这可是个掉脑袋的数量！按照五次奏报的法定程序，第五次奏报李世民后，李世民跟身边的官员说："我昨天看到最高法院第五次上奏诛杀党仁弘，心怜他白发苍苍，竟被斩首。当时我正吃晚饭，不能下咽，就命把餐桌搬开。我试着为他寻找活命的理由，却始终找不到，只好不讲法律，向官员求情！"

第二天召集朝廷五品以上官员开会，李世民宣告说："法律，是君王接受天命制定的，不可因为私情，失去信誉。而今，我偏袒党仁弘，打算赦免他，是破坏国法，辜负上天。我准备到城南郊野，睡在草席上，每天只吃一餐蔬菜，一连三天，请求上天宽恕。"

朝廷五品以上官员全部不同意，认为生杀大权是皇帝才能享有的特权，皇帝要杀谁、赦免谁，不违法。李世民坚持要去南郊处罚自己，文武百官一再叩头请求，从早晨一直僵持到午后，李世民做出让步，当即写下诏书："我有三罪，一是对人认识不够深刻，二是因私情破坏国法，三是欣赏善行却没有赏赐，讨厌恶行却不能诛杀。因你们一再劝阻，姑且依了你们。"同时宣布，剥夺党仁弘的官爵，贬作平民，放逐钦州（今广西壮族自治区钦州市）。

下面再看司马光记述的与法治相关的两件小事。

一件是李世民乘坐小轿外出，负责警卫的一个卫士，不小心碰到了李世民的衣裳。这是有法律规定的，属于违法行为。这个卫士吓坏了，脸色顿时大变。李世民则说："这附近没有监察官，我不会罚你。”

另一件是李世民去未央宫游赏，前导卫士已经过去，忽然发现一个腋下佩刀的人趴在草丛之中。李世民上前盘问，那人说：“听到鸣锣开道的声音，知道是皇帝来了，我就趴在草丛中躲藏，前导卫士也没看见，我就想等皇帝过去了再出来。”李世民转头对太子李治说：“这件事如果传出去，得有几个人被处死，你在后面迅速放他逃走！”

是啊！皇帝出行，是要清道戒严的，你身揣佩刀，藏在皇帝经过的草丛之中，犯的是死罪；前导卫士没有把你从草丛中拎出来，犯的也是死罪。

唐太宗李世民就是这样，把自己的良善，通过法治的途径播撒！

知错即改——明君人格的完善

知错，是人的智慧属性。任何人，但凡读过书，有一定的道德底线，就能分清对错。但认错很难，难就难在自己能否心悦诚服地承认错误，尤其是他人指出的错误，能否心悦诚服地接受。

改错，是人的本能属性。任何人，无论读书多少，修养深浅，都不会撞了南墙不回头。但改错很难，难就难在自己愿不愿意改正错误，尤其是他人指出的错误，愿不愿意真正纠正。

皇帝老子天下第一、唯我独尊，认错、改错更是难上加难！

但是，司马光的《资治通鉴》读下来，唐太宗李世民的知错即改，堪称整个封建王朝帝王的典范！

先看司马光记述的两个小故事。

一个是李世民从小就特别喜爱弓箭，在长时间骑在马背上转战的岁月里，收藏了十多把良弓，李世民常常拿出来欣赏。当了皇帝以后，李世民把收藏的良弓拿出来请工匠鉴定。工匠看了直摇头，说几乎没有一把良弓。李世民问什么原因，工匠告诉他："木心不直，因此脉络全都是歪的，弓虽强劲，但射出的弹道不直。"李世民从这件事中悟出的道理是："我用弓箭平定四方，但对弓箭的认识却不正确，何况天下之大、事务之多，又怎么能全部知道呢！"于是，他诏令京师（首都长安）五品以上官员，轮流到中书内省值班，以便他随时到那里，听取他们掌握的民间疾苦，以及朝廷政治措施的得失。

另一个是李世民与魏徵交谈，魏徵讲了隋炀帝杨广的一件事。杨广命大臣於士澄调查处理一桩盗抢案，於士澄对涉案人员一概刑讯逼供，结果在严刑拷打之下，牵出盗抢团伙两千多人，且全部自动招认，坦诚不讳。杨广于是下令，将这两千多人全部斩首。隋王朝最高法院主任秘书张元济，觉得这么大的盗抢团伙很蹊跷，便悄悄进行调查，发现被杀的两千多人中，只有五个人是盗抢犯，其余的全是屈打成招的无辜平民。

这两个小故事使李世民认识到：天下之大、事务之多，皇帝一个人是治理不了的，必须把文武百官、各级官吏的积极性调动起来，集众人的智慧，解决天下的各种问题。而要把官员的智慧激发出来，君王必须诚心诚意纳谏，说得对的要采纳，君王错了的要知错即改。只有这样，各级官员才能说真话、报实情、献真招。否则，君王就是孤家寡人，臣僚便是暴君的帮凶，甚至是打手。

有了这个认识后，李世民把纳谏作为他为皇为帝的一项重要职责。他把文武百官涉及国家大事的奏章都贴到墙上，每次走过的时候，都驻足观看。

公元629年四月，李世民对文武百官说："中书省、门下省都是政府机要之地，无论诏书或手令，有不恰当时，都要反映。最近我只看到事事顺从，却听不见一句反对声音，如果只是办办公文，谁都可以做，何必由贤能人才担任！”

公元631年十二月，李世民对各部门主管官员说：“我一直害怕受喜怒哀乐的影响，而滥用赏罚，所以渴望你们毫不留情地指出我的错误。而你们也应接受别人的指责，不可因自己有了想法，而厌恶别人冒犯。假若你们不能接受别人的劝告，又怎么去劝告别人！”

公元643年二月，李世民对谏议大夫褚遂良说：“我有过失的话，你应在没有造成大祸时，赶紧规劝。我见之前帝王拒绝劝告时，总是说‘已成定案’，或说‘已经应许’，终不肯改正。这个样子，要想平安，怎能得到！”

在李世民的反复鼓励下，主动劝谏、提不同意见的人多起来了。但李世民发现，很多官员把劝谏写成文字上疏时，写得很好，一旦召见面谈，却语无伦次，他不解什么原因，便问魏徵。魏徵说：“我仔细观察，各单位官员奏事，常常思考好几天，可是等到了皇帝面前，心情紧张，要说的话说不出三分之一。原因是建言规劝，通常是反对皇帝意见，冒犯皇帝禁忌。除非皇帝面色言辞特别温和，否则谁能畅所欲言！”

司马光载：从此，李世民接见文武百官，面色和言辞越发温和。

公元644年八月，李世民对司徒长孙无忌等人说：“人，最苦的是不知道自己的错误，你们要明白见告！”长孙无忌说：“陛下的战功和恩德，我们连崇拜都来不及，怎么会有错误。”李世民听了很不高兴，说：“我请你们批评我的过失，你们却曲意地拍马屁，说些使我高兴的话！我来当面说说你们的长处和短处，用以互相劝诫改正，各位觉得如何？”

于是，李世民一口气对长孙无忌、高士廉、褚遂良等八位重臣进行面对面点评，对每个人的长处给予肯定，短处进行批评，给大家进行了一次如何批评、劝谏的现场示范。

臣僚的批评、劝谏，使得李世民这个皇帝，始终走在治理唐王朝的正确道路上。

比如，李世民提出去洛阳巡视，朝廷便征调士卒，大兴土木，整修洛阳宫。给事中张玄素上书劝阻，认为修建洛阳宫不是唐王朝最紧要的事，而皇帝李世民却把不紧要的事抓在手上；认为修建洛阳宫，得到远方砍伐梁柱，牵引一根巨大的梁柱，至少得两千人用铁轴、木轮去拖，一天走不了二三十里，耗费朝廷大量财政；认为十年前皇帝李世民下令摧毁隋王朝修建的奢华宫殿，十年后却下令修建宫殿，说明皇帝开始变了。张玄素最后说："陛下驱使满身创伤的人民，踏上隋王朝覆亡的道路，恐怕比杨广更不如！"

李世民问张玄素："你认为我不如杨广，比如履癸（桀）、子受辛（纣）如何？"

看到了吧，李世民被张玄素的这番批评，批得上了大火，要发作了。

张玄素回答说："如果兴建洛阳宫的工程不能停止，结果跟杨广一样，天下大乱！"

张玄素不会听不出皇帝的不高兴，但他挺直脊梁，绝不退缩！

李世民深深地叹了一口气，承认自己考虑不周，他对尚书左仆射房玄龄说："因为洛阳位居全国中央，各地朝贡道路远近平均，本来为了便利人民，所以我才命修建宫殿。听了张玄素的话，理由充分，应该立刻停工。以后我有事前往洛阳，就是住在露天底下，也没有关系。"

再比如，李世民前往显仁宫，因地方官员接待准备不周，受到处罚。魏徵劝谏说："陛下因接待准备不足而处罚官吏，我恐怕大家见风使舵，将大肆聚敛，将来有一天，人民将无法活命，这绝非陛下出巡的本意。从前，杨广暗示郡县呈献饮食，看丰富不丰富，作为赏罚标准，所以全国叛变，这是陛下亲眼见到的事，怎么反去效法呢！”

司马光写道：李世民听了大惊，立马纠正。

在对李世民各种各样的批评、劝谏中，有的劝谏非常高明，有的劝谏者还是不起眼的小人物。

先看高明的劝谏。

公元629年冬天，李世民派使节前往凉州军区（今甘肃省武威市）办事，使节看到军区司令李大亮养有优良猎鹰，便暗示他向皇帝呈献。李大亮便上书“亲启密奏”说：“陛下断绝游猎为时已久，而钦差大臣却要我呈献猎鹰，如果是陛下本意，则跟当初的承诺相违；如果是钦差大臣擅作主张，则他不是适当的钦差大臣人选。”

李大亮劝谏的高明之处，在于一箭双雕，他不知道皇帝李世民是否要良鹰，但他知道皇帝做过断绝游猎的承诺，故他劝皇帝信守承诺；李大亮判断钦差大臣为拍皇帝马屁，暗示他献鹰，故提醒皇帝提防这样的人。

再看小人物的劝谏。

公元648年，李世民后宫的小老婆徐惠上疏。徐惠在李世民的小老婆群排第十一级，故说她是个小人物。徐惠是针对李世民东征高句丽王国、西讨龟兹王国、兴建豪华宫殿上疏的，她说了这样几层意思：“以农村有限的生产，去填补永不停息的巨浪（指渡海东征），企图俘获尚未克制的敌人，却先伤害训练有素的劲旅，将加速自己败亡。”“陛下虽指示屋顶只盖茅草，表示节俭，但仍然是大兴土木，使人民疲惫；陛下虽指示按市价出钱雇佣工人，但仍然难免骚扰流弊。”“贵重的玩物、悦目的声乐技艺，都是砍死帝国的巨斧；珍珠宝玉、锦绣绸缎，实是使人迷惑的毒药。”“树立节俭榜样，还怕后世奢侈；树立奢侈榜样，教后世怎么办？”

这个排第十一级小老婆的上书，能使读者看到，上书批评、劝谏皇帝，在李世民的唐王朝时期，已经成为一种风尚。形成这种风尚的源头，是李世民的诚恳纳谏以及他的知错即改。诚恳纳谏，使得李世民汇聚起了众人的智慧；知错即改，使得李世民的脚步始终朝向治国安民的正确方向！

明君与明臣——纳谏与劝谏的智慧交融

公元643年二月，李世民把二十四位开国功臣的肖像，画在凌烟阁上，他们是：赵公爵长孙无忌、赵郡王李孝恭、莱公爵杜如晦、郑公爵魏徵、梁公爵房玄龄、申公爵高士廉、鄂公爵尉迟敬德、卫公爵李靖、宋公爵萧瑀、褒公爵段志玄、夔公爵刘弘基、蒋公爵屈突通、郧公爵殷开山、谯公爵柴绍、邳公爵长孙顺德、郧公爵张亮、陈公爵侯君集、郯公爵张公谨、卢公爵程知节、永兴公爵虞世南、渝公爵刘政会、莒公爵唐俭、英公爵李世勣、胡公爵秦琼。

李世民与这二十四位开国功臣，都有非常精彩的故事，这些故事不仅深刻揭示了何为明君、何为明臣，而且深刻揭示了在唐太宗李世民的统治下，为什么会出现这么多令后世景仰的名臣。

限于篇幅，这里只写三位明臣。

李世民与魏徵

魏徵，河北省晋州市人，家境贫寒，但胸怀大志，好读书习文。隋王朝末期民变蜂起，魏徵响应瓦岗起义军首领李密，被召为文学参军。李密归降唐王李渊后，魏徵随李密归唐，被夏王窦建德击败俘获。窦建德被李世民击败后，魏徵再次归唐，被太子李建成召到太子宫做事。“玄武门之变”后，太子李建成被杀，魏徵也在被诛杀之列，因魏徵曾鼓动李建成除掉李世民。“玄武门之变”，李世民没有大开杀戒，故魏徵没有被杀。当李世民听说魏徵很有谋略后，召魏徵问：“你为什么要离间我们兄弟？”魏徵答：“先太子要是按照我说的去做，就没有今天的祸事了。”李世民见魏徵说得如此直爽，没有丝毫隐瞒，加之早就听说魏徵贤能，便将其赦免，并把他吸纳为自己的幕僚，擢升为谏议大夫，之后官职步步高升，参与朝政，为实质宰相。李世民遇事便找魏徵请教，几乎言听计从。

李世民为什么如此信赖魏徵？

听李世民是怎么说的吧，他说：“我登基的最初几年，上疏的官员都说：‘国君当独断独行，展示权威，不可把权力交给部下。’也有人建议：‘应该炫耀帝国武力，出军讨伐四方蛮族。’只有魏徵劝我：‘放弃武力，任用文官治理国家，国家安定，四方蛮族自然归服。’我采纳了他的建议。而今，颉利可汗（东突厥十三任大可汗）阿史那咄苾被擒，突厥酋长甚至身带佩刀，担任皇家侍从，部落人民也都改穿中原衣裳，这都是魏徵的力量！”

是这样的！魏徵拿出的主意，常常比其他臣僚高明。

公元627年，岭南（大庾岭以南）酋长冯盎、谈殿等相互攻击，很长时间没有到唐王朝朝见，于是反映冯盎叛变的奏章像雪片一样飞向朝廷，李世民打算派大军南下讨伐，魏徵劝阻。

魏徵认为冯盎叛变的证据不足，不应劳师动众。

李世民说：“检举冯盎叛变的人，在道路上前后相望，怎么能说他没有叛变呢？”

魏徵分析道：“冯盎如果叛变，一定派兵据守险要关卡，攻击掠夺其他州县。检举冯盎叛变好几年了，而他的军队却都没有调动，说明他没有叛变的举动。”

既如此，冯盎为什么不来朝见呢？

魏徵分析道：“很多州县检举冯盎谋反，陛下又派使节前去镇压安抚，冯盎害怕，不敢来。”

现在怎么处置好呢?

魏徵给出的办法是：陛下派出亲信大员，向冯盎表示朝廷的诚意，冯盎一定会来。

诚如魏徵分析的那样，李世民派大臣前去安抚慰问后，冯盎立即派儿子入朝晋见。

李世民非常高兴，说：“魏徵教我派出一个使节，岭南全部安定，威力胜过十万雄兵！”

公元627年，有人控告任尚书右丞的魏徵用人不公，包庇亲戚，调查结果没这回事。但调查官员温彦博认为，魏徵不知道避嫌，并非没有可以责备的地方。李世民便叫温彦博给魏徵带话，叫他注意点人与人之间的分际。魏徵进宫，明确表示不接受李世民的提醒，他对李世民说：“君臣应相互以诚相待，如果上下都心存分际，则国家是兴是亡，恐怕难以预料。”

魏徵接着说：“我幸运地能事奉陛下，但愿使我当一个‘良臣’，不要使我当一个‘忠臣’！”

李世民不解，说：“良臣、忠臣，难道不一样吗？”

魏徵说：“与君王同心合力，共享荣华富贵，就是‘良臣’。在金銮殿上，当面与君王争执，身既被杀，国也灭亡，就是所谓的‘忠臣’。”

魏徵把“良臣”与“忠臣”的区别说清楚了。

“良臣”良在：批评、劝谏皇帝的臣僚不被杀头——说明君王听进去了，国家兴盛！

“忠臣”忠在：批评、劝谏皇帝的臣僚被斩杀——说明君王拒绝批评、劝谏，国家灭亡！

李世民听了非常高兴。

李世民与魏徵几乎就治国安邦的诸多重大问题，都进行过深入、坦诚的交谈、讨论，诸如国家的安危问题、官员的贪腐问题、法治的公正问题、社会的教化问题、人才的选拔问题等，有意见一致的，也有分歧很大的。在诸多问题的探讨中，李世民有一个问题不解，他说："有一个问题是，你每次向我进言，我如果不接受，再跟你讨论那个问题时，你就毫无反应，是什么缘故？"

魏徵的解释是："我认为事情不可以那样做，所以劝陛下；陛下既然不接受，我却继续参与讨论实施细则，事情就会成为定案，付诸实施，所以不敢说了。"

李世民说："你参与继续讨论后，仍可以再行劝阻，又有什么关系？"

魏徵说："姚重华（舜帝）曾警告文武百官：'你们不要当面顺从，背后却发表反对意见。'（有些事）我心里明知是错的，却在口头上敷衍陛下，这正是'当面顺从'。"

李世民听了大笑，他原以为魏徵有时讨论问题毫无反应，是对他疏远而怠慢，听了魏徵的解释，才深深理解，魏徵以毫无反应的态度参与继续讨论，更是表明坚决反对的态度。李世民非常高兴，鼓励魏徵打消思想顾虑，大胆进言规劝。

魏徵是不是彻底打消了思想顾虑，不得而知，但他对李世民逐渐发生变化后言而无信的批评，越来越尖锐了。

魏徵说："陛下登基初期，立志节约勤俭，要求官员进言规劝，不可厌倦。可是近来土木工程的兴建有些增加，而进言规劝的人很多受到斥责，这是跟从前不同的地方。"

魏徵说："自古以来，上疏给君王，如果不激烈，就不能打动君王。"他提醒李世民，有些官员上疏胡说八道，无非是想打动陛下，陛下不要在意。

魏徵说：“陛下最近不太能接受真切的言论，虽然勉强包容，但已没有以前那种从内心发出的开阔宽厚气度！”

魏徵说：“政治领袖建立大业，有好的开始多，而能一直坚持到底的少，难道是夺取政权容易，保护政权困难？只因开始时心怀忧患，一定竭诚对待部下；等到大功告成，生活安乐，自然骄傲放纵，态度轻佻怠慢。”

为此，魏徵给李世民上疏了一篇堪称中国政治史上的重要文献——《谏太宗十思疏》。

《谏太宗十思疏》写道：“只有君王才有能力昏乱！君王昏乱，一定暴虐刚愎，不接受任何劝告，即令臣属贤能，也没有用！”

《谏太宗十思疏》写道：“要观察一个完整的形象，最好是面对一盆平静的水；要借鉴失败的教训，最好是察看一个失败覆亡的国家。”

《谏太宗十思疏》写道：“陛下登基十有余年，而道德教化还不能提升到最高境界，原因在于陛下对待臣民不够诚信……陛下现在的态度是，对待君子，虽然尊重，但感情疏远；对待小人，虽然轻视，却感情亲密。疏远，下情不能上达；亲密，什么话都可以说。”

《谏太宗十思疏》写道：“陛下的志向和功业，比起20年代末期，渐渐不能保持的，共有十项。”其中一项是：“连年以来，随便使用民力，居然还有理论依据，说人民没事做就会骄傲放荡，使他们的生活劳苦才容易驱使。自古迄今，从来没有一个王朝政府因人民生活安逸而灭亡、生活劳苦反而安定，这恐怕不是使国家兴隆的名言。”

……

如此尖锐的批评劝谏，李世民有时拍掌大笑，承认错误；有时予以肯定，给予赏赐；还特地将魏徵批评李世民自己不能保持志向和功业的十项，写到屏风上，早晚阅读。

但对于魏徵的批评劝谏，李世民产生了害怕心理。李世民曾经得到一只漂亮鹞鹰，非常喜欢，在身边没人的时候，教它站在自己的胳膊上。一次李世民玩鹞鹰，突然看到魏徵进来，便赶紧把鹞鹰藏到怀里。魏徵其实已经看到了，因而他在奏事时故意拖延时间，结果藏在李世民怀里的鹞鹰给闷死了。

有一次退朝回宫后，李世民脸色铁青，咆哮说："看我找个机会杀掉这个乡巴佬！"原因是魏徵总在金銮宝殿上，当着大家的面侮辱他，是长孙皇后运用智慧，化解了李世民对魏徵的怨恨。

公元643年正月十七，中国封建史上伟大的谏臣魏徵逝世，李世民悲痛不已，亲自为魏徵题写碑文，并将公主下嫁给魏徵的儿子魏叔玉。李世民说："用铜当作镜子，可以使人的衣帽整齐；用历史当作镜子，可以使人看出时势的兴衰；用人当作镜子，可知道什么是对，什么是错。魏徵去世，我失去一面镜子。"

同年夏天，李世民因对魏徵曾推荐的人不满意，开始怀疑魏徵，加之有人揭发说，魏徵自己抄写规劝李世民的话，交给皇家史官，对李世民火上浇油。李世民很不高兴，诏令解除公主下嫁魏叔玉的婚约，并摧毁为魏徵撰写碑文的墓碑。

公元644年，李世民决定对高句丽王国发起攻击，身边没有了魏徵，没有人能劝得住他了。李世民亲率大军，在新城（今辽宁省抚顺市北）、建安（今辽宁省盖州市）、驻跸山（今辽宁省辽阳市西）发起了三大战役，虽歼灭高句丽军四万多人，但战争以失败告终，仅战马就损失了十分之七八。面对这个失败，李世民想起了魏徵，说："魏徵如果仍在，他不会让我有这次行动！"

于是，李世民派使节乘驿马快车，火速赶到魏徵墓，用少牢（羊）祭奠，重新制作墓碑，上面刻着他写的碑文。

李世民是明智皇帝，他必然在对魏徵的认识上，作这样的回归！

李世民与李靖

李靖，是唐王朝李渊、李世民时期的著名战将，功勋卓著！

李靖是京兆三源（今陕西省三原县）人，他当马邑郡政府秘书长时，与当时的唐王李渊结下私怨。李渊占领三原城后，逮捕李靖，正要斩首时，被李世民拦住，并将李靖安排在自己的属下为官。在与“帝王群”争夺天下的战斗中，李靖为唐王朝屡建功勋。公元621年十月，唐王朝向盘踞在湖北江陵的梁国发起进攻，军队总指挥李孝恭排斥李靖的作战谋划，结果被梁军打得大败。李靖高超的军事才华，使得他在这种情况下抓住了战机。他发现梁军士卒争抢唐军的物资，肩扛背驮的物资很重，使得他们走路都摇摇晃晃。李靖于是迅速发起攻击，大破梁军，乘胜追到江陵城下，攻占外城，又攻克水陆码头，缴获大量船舰。李靖将这些船舰全部放到江心，任由它们顺流飘荡，梁国的援军看到后，以为梁国首都已经沦陷，纷纷向唐军投降。正是在这种情况下，梁帝萧铣率文武百官，向唐军投降。唐军在梁国首都秋毫无犯，南方各州县听到消息，都望风而降。

在“玄武门之变”中，房玄龄、长孙无忌等反复劝李世民诛杀李建成和李元吉，李世民则反复犹豫，他征询灵州军区总司令李靖的意见，李靖不作回答。对此，李世民对李靖肃然起敬，进一步看清了李靖的人品，对他非常信任。

公元629年秋季，李世民决定对东突厥汗国发起攻击，任命李靖为远征军作战司令。李靖自率三千骁勇骑兵，从马邑（今山西省朔州市）出发，打了东突厥一个措手不及。接着李靖派出间谍，到东突厥王府散布谣言，挑拨可汗与臣僚的关系，使得东突厥汗国人心惶惶，惊恐不安。在阴山和白道（今内蒙古自治区呼和浩特市西北）分别击溃东突厥大军后，东突厥汗国表示向唐王朝投降，皇帝李世民便派出使节，前往东突厥汗国安抚。这时，各路远征军的将领，都不打算再往前推进了，李靖不同意，他的分析是：东突厥在战败之后的投降靠不住，他们尚有数万生力军，如果穿过瀚海沙漠向北逃走，休养一段时间还会卷土重来；唐朝的使节已经到达突厥，他们一定放松警戒，我们乘机发起攻击，是全歼突厥军的最佳战机。但这么做，与皇帝接受突厥投降，是相违背的。将在外，君令有所不受！李靖毅然决然地分两路向突厥发起进攻，他率领的这路大军杀突厥军一万余人，俘获突厥男女十万余人，掳获牲畜十万余头；另一路俘获突厥军五万余人。东突厥汗国大汗阿史那咄苾，率属下的大酋长，全部向唐军投降。

此一战，南自阴山，北至瀚海沙漠，全部并入唐王朝版图。司马光写道："瀚海沙漠以南，遂无敌踪。"

李靖打了大胜仗，尚在凯旋的路上，便遭到弹劾，说他在攻陷东突厥汗国可汗的御帐后，放纵官兵，军纪败坏，东突厥汗国的金银财宝、珍玩古董等被抢一空，应将李靖军法审判。

李世民亲出手令，阻止这项弹劾。但在李靖班师回京后，李世民召见他，给他记功，加授李靖左光禄大夫，同时对李靖放纵官兵抢劫，进行了严厉批评。

李靖性情沉默敦厚，每次参与商议国事，拘谨慎重，好像不会讲话一样。受到皇帝李世民的批评后，他常常待在家里，连门都不出。李世民于是召见李靖，说："有人进谗言陷害你，我是清醒的，请你不要挂心。"并将李靖提升为尚书右仆射。

正是皇帝李世民的高度信任，使得李靖忠心不改，充分发挥自己的军事才华，为大唐王朝赴汤蹈火，保驾护航！

公元634年，吐谷浑汗国（今青海省）不断派兵攻击唐王朝的兰州、廓州等地，李世民派使节前去责备，吐谷浑便扣留使节。李世民只好派军队攻打，一打，吐谷浑军赶着马匹牛羊逃走了；唐朝的军队一撤回，吐谷浑军又打来了，同年十一月，打到了凉州（今甘肃省武威市）。这一带原先投靠唐王朝的党项部落（今四川省西北部）、羌部落（今甘肃省临潭县），转而投靠了吐谷浑汗国。

李世民头大了，决定反击，他想请李靖担任大军统帅，但觉得不好开口。此时李靖已经六十四岁了，且身体有病，因病辞职。李世民任命李靖为“特进”，爵位、俸禄、赏赐及官属全部保留，只是要求他病情减轻后，每隔两天去一趟宰相联合办公处。正当李世民为挑选大军统帅发愁时，李靖主动请缨，把李世民高兴坏了，在任命他为西海道（今青海省）远征军作战总司令的同时，还专门派皇家御医随军保障。

李靖是那种全局在胸的军事大家，先打哪里、再围哪里，谁打主攻、谁打配合，以达到什么战役目标为战斗单元，部署得一清二楚。敏锐地捕捉战局变化而出现的战机，更是李靖的强项，在关键战机出现后果断拍板，更是其他将领所不能比拟的。打到柴达木盆地一带时，很多将领认为沿途草料缺乏，战马疲惫瘦弱，不能深入追击了。李靖则认为这是彻底击溃吐谷浑大军的天赐良机，他下令兵分两路，强行推进。在曼头山（今青海省共和县西南）击溃吐谷浑大军，俘获大量人员和牲畜；在牛心堆（今青海省西宁市西南）击溃吐谷浑大军，而后李靖的两路大军在乌海（喀拉湖）会师，又重创吐谷浑大军，俘获吐谷浑的亲王、智囊天柱王和大量人员、牲畜。为彻底歼灭吐谷浑汗国，李靖率军穿过积石山、黄河发源地，抵达且末，到了吐谷浑汗国最西边境。残余的吐谷浑军队在慕容伏允可汗的带领下，打算投奔于阗王国（今新疆维吾尔自治区和田市），李靖的远征军继续追击，俘获他的皇后和王子，慕容伏允只带一千余骑兵逃亡，走到半路，部众全部逃光。

公元635年五月，李靖向皇帝李世民报告：征服吐谷浑汗国。

接着，地处新疆塔城一带的处月部落、处密部落，派使节到中国进贡，这是历史上的第一次。

军事天才李靖，年龄越来越大了，为了使他的军事才华后继有人，李世民指定文官部长侯君集跟李靖学习兵法。没过多久，侯君集便向李世民打小报告，说李靖快要反叛了。李世民根本就不信，问有什么证据，侯君集说李靖只教他一些肤浅的兵法知识，深奥精密的兵法李靖不肯传授给他，由此说明他想反叛。

李世民一听，这根本就不是什么反叛证据，但为什么李靖会对侯君集传授兵法有所保留呢？带着这个问题，他与李靖交谈。李靖的解释是：如今全国统一，天下安定，我传授给侯君集的兵法，足以克制四方蛮族。而侯君集想要的是更加精深的独特兵法，他打的什么主意？到底想干什么？于是，李靖提醒李世民，要防止侯君集谋反。

对于李靖的这一提醒，李世民是不信的。但侯君集鼓动太子李承乾谋杀李世民，篡夺皇位的政变发生后，李世民才看清了李靖的深刻。

这似乎不只是李靖的深刻，更是李靖的忠诚！

李世民与尉迟敬德

尉迟敬德，《新唐书》称尉迟恭，祖籍山西省寿阳县，家境贫寒，无官宦背景，以勇猛闻名。民变首领刘武周起兵反隋后，尉迟敬德被刘武周招为偏将。公元620年，尉迟敬德被李世民策反，投靠唐王朝。不久，一并投降过来的定杨军将领寻相逃跑，有人怀疑尉迟敬德也会逃跑，便把他囚禁起来，准备诛杀。李世民听说后，下令释放，并送给他钱财，对他说："你如果一定要走，这些就当作你的路费，聊表我的同事之情。”尉迟敬德也不客气，拿着钱财便走了。同年五月二十一，李世民带五百骑兵巡视战场，郑帝王世充的一万多军队，犹如神兵天降，把李世民团团围住。郑军大将单雄信手持长矛，向李世民刺去，在这千钧一发之际，尉迟敬德飞马狂奔而来，一枪将单雄信挑落马下，救李世民突出重围。尉迟敬德就这样回到李世民身边，深受李世民信任。

尉迟敬德有两手绝技，一手是特别善于躲避猛刺过来的长矛，每次单枪匹马冲入敌阵，无论多少长矛向他冷不丁刺来，他都能瞬间闪避。另一手是他能在敌人挥舞长矛猛刺过来时，瞬间夺下敌人的长矛。齐王李元吉与太子李建成打算除掉李世民，因而也就想把李世民的这员猛将除掉。李元吉精于马术和使用长矛，他十分自负，提出与尉迟敬德不用长矛进行比武。尉迟敬德则提出，自己不用长矛，李元吉可以用长矛。李元吉手执长矛，跃马而出，决心刺死尉迟敬德。可是，双方一交手，李元吉的长矛就被尉迟敬德夺到手了。尉迟敬德把长矛交给李元吉，再战，长矛再次被尉迟敬德夺去，还战，长矛还是被尉迟敬德夺到手。

公元621年，李世民率军攻击窦建德的夏国，东出武牢关，侦察夏军动向，令各将领率军埋伏在预设阵地，他与尉迟敬德共四人，直奔夏军前线。在离夏军三里左右时，夏军五六千骑兵排山倒海般发起攻击，李世民对尉迟敬德说：“我拿弓箭，你拿长矛，就是有百万敌人，又能对我们怎样？”李世民还对前来攻击的夏军大喊：“我是秦王李世民！”夏军蜂拥而上，李世民一箭一箭发射，尉迟敬德一矛一矛刺出，各杀死三十余人。夏军不追了，他俩便前出挑衅，最终把夏军引入包围圈，打得夏军损兵折将。有人骑着杨广所乘的青毛马，铠甲武器十分华丽，故意向唐军炫耀，李世民赞叹说：“真是一匹好马！”尉迟敬德便带二人冲入敌阵，把马给李世民牵过来了。

尤其在“玄武门之变”的残酷斗争中，尉迟敬德对李世民的支持旗帜鲜明。

尉迟敬德在李世民的秦王府任左翼第二护卫军副司令。太子李建成知道，要诛杀李世民，先得把尉迟敬德拿下，否则不成。于是，李建成悄悄给尉迟敬德送去一车金银财宝，并给他写了封劝他离开李世民的信。尉迟敬德毫不犹豫地拒绝了，他如是说：“我，尉迟敬德，出身贫贱，隋王朝末年，天下大乱，人民流离，我一直追随叛逆集团（指定杨天子刘武周），罪该万死。秦王对我有再生之恩，而今又列名王府，只有杀身以报。对于殿下，我没有一点功劳，所以不敢接受重赏。如果跟殿下秘密交往，就是对主人暗怀二心，贪图富贵，把忠贞抛到了脑后。”尉迟敬德迅速把这事报告李世民，李世民说：“你的心志像山岳一样坚定，纵然把黄金从地面堆到北斗星，你也不会改变！”李世民还特地提醒他，要注意安全！

果不其然，李元吉派刺客去刺杀尉迟敬德，尉迟敬德则把从大门到卧室的门窗全部打开，自己就躺在床上等着。刺客几次进到庭院，看到尉迟敬德躺在那里，却不敢动手。

一计不成，又来一计。李元吉在父皇李渊面前，捏造尉迟敬德多种犯罪事实，李渊便下令把尉迟敬德逮捕囚禁。在李世民的多方营救下，尉迟敬德才保住一命。

尤其难能可贵的是，李世民在“玄武门之变”中获得成功后，秦王府有将领建议诛杀李建成、李元吉左右亲信一百多人，没收他们的家产。尉迟敬德站出来坚决反对，他说：“一切罪恶，只在两个元凶，既然已经诛杀，如果扩大打击面，无法使社会安定！”

尉迟敬德是一员猛将，也是个粗人，可他在如此重大的问题面前，表现出来的，就绝非肤浅、粗陋了！

李世民当皇帝后，尉迟敬德为右武侯大将军，后又调任同州（今陕西省大荔县）州长。一次宴会，有一个人的座位排在尉迟敬德之上，尉迟敬德顿时火了，大嚷：“你有什么功劳，坐在我上边！”任城王李道宗紧挨尉迟敬德坐，赶紧站起来劝阻。尉迟敬德暴跳如雷，挥拳打李道宗，几乎把李道宗的眼睛打瞎。李世民大不高兴，筵席仓促结束。事后李世民警告尉迟敬德，说：“我现在理解为什么刘邦杀功臣了，国家秩序得靠赏罚维持，对你的过分恩典，不可能常有，你要好好检讨、勉励，不要弄到后悔不及！”

尉迟敬德这么一闹，有的人便开始对他构陷，说他要反叛，李世民对这种构陷不屑一顾。

公元639年，李世民任命尉迟敬德为鄜州军区（总部设在今陕西省富县）总司令，给他送行时，李世民说：“不断有人说你要反叛，怎么回事？”

尉迟敬德的回答是：“说我反叛就算反叛吧！我追随陛下东征西讨，身经百战，今日的血肉之躯，都是刀锋箭头下的残余！现在天下安定，却怀疑我要叛变！”边说他边把衣服脱下扔到地上，露出满身的伤疤。

这伤疤都是他跟随李世民冲锋陷阵的记录，是他尉迟敬德对大唐王朝赤胆忠诚的写照！

在此之前，李世民提出把公主嫁给尉迟敬德，尉迟敬德说：“虽然我的妻子出身低微，但我们是贫贱夫妻，共同生活已久。我虽然没受过什么教育，但听说过，古人富贵之后，不更换妻子。娶公主一事，不是我的愿望！”

娶公主，尉迟敬德就是皇帝李世民的驸马！

尉迟敬德压根就没有攀龙附凤的愿望！

……

在凌烟阁画肖像的二十四位开国功臣，原都是北周帝国、隋王朝的旧臣以及跟随民变首领起义造反的战将谋臣，且都与唐王朝为争夺势力范围打过仗，他们在各为其主时，算不上是良臣，而在李世民手下，绝大多数变成了贤臣。

比如裴矩，在隋王朝杨广手下任监察官，被史学家称作杨广宠信的五个佞臣之一，甚至有史学家评论说，是奸佞裴矩引导隋炀帝杨广把国库耗空的。可裴矩在李世民手下任财政部长时，李世民秘密派出左右侍从给官员行贿，企图用这种办法把贪腐官员查出来，裴矩就站出来劝谏，认为这是陛下引诱他人违法，并从道法引导、礼教治理的高度，对这种做法提出了批评。

对此，司马光评价说："古人说：'君王圣明，臣属正直。'裴矩在隋王朝时是个佞臣，但在唐王朝，却竭尽忠心，并不是他的性格有什么变化，而是领袖不愿听到自己的过失，忠贞就变成邪恶；领袖欢迎正直的言语，邪恶就变成忠贞。因此可以知道，领袖像测时的仪表，官员像是日影，仪表动，日影一定跟随。"当然，并非所有的佞臣，在李世民手下都变成了良臣，似本文反复提到的侯君集，就佞臣的恶劣本性始终不改。

长孙皇后——明君的皇后标配

长孙皇后是李世民的原配，自幼喜欢读书，言谈举止遵从礼教。她知道秦王李世民与太子李建成、齐王李元吉之间的矛盾，从不拱火挑拨，而是在侍奉公公李渊，包括在与李渊的小老婆群打交道时，尽可能弥合他们兄弟之间的裂缝。登上皇后宝座后，她一切求俭，衣服用具够用就很满足。皇帝李世民曾在家里跟她讨论赏罚问题，她不参与讨论，还引用《尚书·牧誓》中的"牝鸡之晨，唯家之索"给予解释。意思是母鸡是不该像公鸡那样打鸣的，一旦母鸡清晨打鸣，家里可能会死人，或家运衰败。

长孙皇后的亲生女儿长乐公主出嫁，李世民因特别宠爱这个女儿，要求陪送的嫁妆超过皇妹永嘉长公主。魏徵劝阻，说：“皇妹永嘉公主是先帝李渊的女儿，你让自己的女儿超过先帝的女儿，是对先帝的不恭敬。”李世民把魏徵的劝谏告诉长孙皇后后，长孙皇后叹了一口气说：“总听你赞扬魏徵，不知道具体事情。现在知道了，他依照礼仪大节，制约人主的私欲，他才是真正的国家栋梁！”长孙皇后接着提醒李世民：“我跟你是结发夫妻，蒙受你很多恩惠宠爱，可是我每跟你谈话，总要先查看你的脸色，不敢轻率冒犯你的威严，何况臣属部下，距离更为疏远。而魏徵能够如此直言，你不可以不接受！”征得李世民同意，长孙皇后特地派人赏赐魏徵，并捎话说：“你应该一直保持这份正直，不要改变！”

李世民在一次退朝回宫后，脸色铁青，咆哮说：“看我找个机会杀掉这个乡巴佬！”

长孙皇后问乡巴佬是谁？

李世民说：“就是魏徵！他总在金銮宝殿上，当着大家的面侮辱我！”

长孙皇后立马退回寝殿，穿上正式的皇后官服，庄严地站在大庭之中，准备向李世民朝拜。

李世民问她这是干什么？

长孙皇后说：“我曾听说，君王英明，臣属正直！魏徵如此正直，因为陛下是一位英明君王的缘故，我怎能不庆贺！”

这话说的，李世民能不高兴吗！

让我们循着司马光的笔端走向，去欣赏长孙皇后的所作所为吧！

李世民后宫有很多美女，有时从小老婆群中回来后，李世民无缘无故发火，怪宦官、怨宫女。在这种情况下，长孙皇后便假装生气，提出亲自审问，并把惹李世民生气的宦官或宫女羁押起来。待到李世民的火气平息后，便漫不经心地替他们说情解脱，然后把他们释放。司马光评论说：因此，宫廷之中，没有滥刑乱杀惨事。

李世民的小老婆群或宫女生病，长孙皇后都亲自安抚探望，减少自己的医药和膳食费用，资助他们治疗。司马光评价说：宫中没有人对她不爱戴。

长孙皇后有文化，她收集古代妇女的处事故事，编著《女则》三十卷；她还在有感而发的时候写论文。李世民说："皇后这本书，足以做万世楷模！"

长孙皇后经常教导所有皇子，要求他们首先做到谦卑、节俭。太子李承乾的奶娘说太子宫使用的东西太少，请长孙皇后报告皇帝增加一些。长孙皇后说："身为太子，忧虑的应是品德不高、名声不好，而不是忧虑东西不够用！"

李世民患病，经年不愈，长孙皇后床前侍候，昼夜不离。她把毒药夹在衣带上，说："皇上如果有个三长两短，我不能独自活命。"她不想似汉高祖刘邦的皇后吕雉那样，在刘邦死后干扰朝政。

长孙皇后患有哮喘病，在随李世民住在九成宫（今陕西省麟游县境）时，因半夜有急奏事项，李世民全副武装出来询问情况，长孙皇后带病跟从。左右侍从劝阻，长孙皇后说："皇上震惊，我怎能安心！"

长孙皇后病情转重，太子李承乾建议大赦天下，广开善门，超度凡夫俗子皈依佛道两教，以祈冥冥中的神灵保佑。长孙皇后说："生死有命，不是人力所能改变。如果说行善一定有福，我从来没做过坏事；如果不是这样，胡乱祈求，有什么用！赦免罪犯是国家大事，不可反复施行。"

长孙皇后临死之前，与李世民诀别，说了几件事：房玄龄受李世民谴责，免职在家，她希望李世民不要抛弃忠心耿耿的房玄龄；长孙家的一些人因为她是皇后，身居高位，享受荣华富贵，为了保全长孙家子孙，千万不要把他们安排在权重官位；她死之后，不要兴筑坟墓，劳动民众，陪葬的器物都用瓦或木制品；盼望陛下继续亲近君子，疏远卑劣小人，接受忠言，抛弃邪恶谗言，减少劳役，停止狩猎。

长孙皇后的遗言，读了令人肃然起敬！

大史学家司马光的《资治通鉴》，从春秋末期的“三国分晋”写起，写到公元636年七月二十一长孙皇后逝世，写了一千零三十九年的冬去春来，写了数不清的君王皇后，似长孙皇后这么明智、勤俭、善良、宽厚的皇后，从未在他的笔下出现过。尤其是她不插手朝政任何事务，却反复劝谏李世民“亲近君子，疏远小人”“接受忠言，抛弃邪恶谗言”“减少劳役，停止狩猎”等，在司马光的笔下绝无仅有！

可以说，李世民创造“贞观之治”的历史辉煌，是李世民与魏徵、长孙无忌、房玄龄、李靖、尉迟敬德等一大批德才兼备的贤臣，共同创造的！

李世民与长孙皇后，是明君与贤后的标配，是封建王朝所有皇帝与皇后的典范！

咸服四邦——明君抱负的展示

“泱泱中华，四方来贺”，说的是李世民创造的“贞观之治”时期（“贞观之治”之说，源于史学家吴兢所著《贞观政要》）的盛世场景。

“泱泱中华，四方来贺”，是不是大唐王朝用战争把他们打败了、打服了，才不得不“来贺”呢？

这是一个严肃的话题，让我们走进司马光的《资治通鉴》，去看个究竟。

公元626年八月，李世民登基称帝，东突厥汗国十万大军便打过来了，攻陷泾州（今甘肃省泾川县），挺进到武功（今陕西省武功县），八月二十八突厥大军在渭水西岸列阵，唐王朝首都长安戒严。

东突厥阿史那咄苾可汗派心腹官员执失思力，以晋见唐皇李世民为由，到长安城搜集情况，探听虚实。李世民将执失思力扣留，随即带上待中高士廉、中书令房玄龄等六人，骑马到渭水东岸，与阿史那咄苾隔河对话。对话尚未开始，唐朝各路大军纷纷开来，瞬间“旌旗招展，铠甲耀日，遮蔽原野”。李世民下令军队后撤列阵，自己单独留在岸边，与阿史那咄苾对话。房玄龄等人认为危险，拦住马头。李世民说：“我新登帝位，蛮虏以为是机会，我如果显示衰弱，紧闭城门固守，蛮虏一定放纵他们的士卒，大肆劫掠，局势就无法控制。所以我单枪匹马出来，表示并没有把他们看在眼里。我又故意炫耀强大的军队，使他们相信我一定迎战。一切都出乎蛮虏意料之外，使他们不知如何应付。他们深入我朝国土，必然心怀恐惧警惕。在这种情况下，跟他们作战一定胜利，跟他们和解一定稳固。”

一看这架势，阿史那咄苾不打了，请求和谈。李世民便与他在渭水便桥上，斩白马盟誓，东突厥大军撤退。

事后李世民给文武百官这样解释：“当他们请求和解时，可汗一个人停在渭水西岸，其他高官贵族都来见我，我如果摆下筵席，把他们灌醉绑住，而后乘机袭击他们的军队，势如摧枯拉朽。我再派长孙无忌、李靖，在他们北返要道豳州埋伏重兵，张开口袋阵地等待，蛮虏逃回时，伏兵在前迎头痛击，大军在后追赶，消灭他们如同翻转手掌一般。”请读者朋友认真读读李世民说的这段话。李世民本就是在战火中打出来的常胜将军、军事大家，他在东突厥十万大军打到大唐王朝首都长安的渭水西岸时，就如何用军事手段彻底击溃东突厥大军的方案，已经在他的脑子里形成了，且这个方案完美无缺、无懈可击。

可他为什么不这么做呢？

请听李世民的解释。他说：“我之所以不用战争手段，是因为我刚刚登基，国家还不安定，人民仍很贫困，需要安抚休养。一旦跟蛮虏开战，我们的损失一定也多……”

李世民的这个解释，传承的是华夏祖先的战争理念，也触及了“泱泱华夏，四方来贺”的本质！

华夏祖先特别崇尚和平，“和为贵”“和而不同”“和睦万邦”等与“和”相关的理念，与崇尚和平是一脉相承的。打仗，也都打的是“义战”，即符合道义、得道多助的战争。这一点，汉朝名将陈汤对天下的宣示，即“犯我中华者，虽远必诛”也说清楚了。前提是“犯我”，你不“犯我”，我是不会向你挑起战争的，你“犯我”了，我必将反击，你逃得再远，我也要把你消灭！

东突厥汗国十万大军打到渭水西岸，不是“犯我”吗？为何不反击？

李世民给出的理由是，他刚登基，国家不安定，人民仍贫困，一旦开战，人民要增加负担等。李世民给出的理由，核心是五个字：“时机不成熟”，但他没有说此仇不报！

两年后的公元628年，时机成熟了，李世民开始复仇，向梁国发起毁灭性攻击。

盘踞在雕阴（今陕西省绥德县）、弘化（今甘肃省庆阳县）、延安（今陕西省延安市）一带的梁帝梁师都，是隋王朝末年（公元617年三月）割地称雄的。唐王朝建立后，梁师都经常从东突厥汗国搬兵，不断点燃战火，掠夺唐王朝的土地和人民。这就属于“犯我”了。李世民发起的这一战，彻底击溃梁师都，使这个历时十二年的梁国政权灭亡。梁国从历史上抹去了，你东突厥派大军支援梁国攻打唐王朝的这笔账，不能抹掉吧？西突厥汗国请求与唐王朝和解，你东突厥汗国却百般阻挠。这笔账，不能抹掉吧？还有李世民刚登基，你东突厥十万大军就打到渭水西岸这笔账，也不能就这么算了吧？公元629年，李世民把东突厥“犯我”的旧账新账一起算，派李靖为远征军作战司令，发起对东突厥汗国的进攻，将东突厥大军彻底击溃，把阿史那咄苾可汗押解到长安。至公元630年三月，“瀚海沙漠以南，遂无敌踪”。

再比如，盘踞在青海省一带的吐谷浑汗国，也是不断派兵攻击唐王朝的兰州、廓州等地，李世民派使节前去责备，吐谷浑便把使节扣留。这就是“犯我”了。李世民又任命李靖为西海道远征军作战司令，一战将吐谷浑汗国征服。

唐太宗李世民的开疆拓土，就是在发起类似的反击战中展开的。由此也能看清，周边小国“来贺”，无疑是被打服了才“来贺”的，但前提是，你“犯我”了，我才去把你打服的。当然，“来贺”的诸多小国，也是跟风“来贺”的。

下面让我们看看大唐王朝咸服四邦的盛大场景。

盘踞在瀚海沙漠群到俱伦水（今贝加尔湖），包括回纥部落、拔野古部落、阿跌部落、同罗部落、仆固部落、霫部落在内的薛延陀汗国，特地派出可汗的老弟为使臣，到大唐王朝进贡。这个薛延陀汗国使臣见到李世民后，李世民赠给他一把宝刀和一条宝鞭，对他如是说：“你的部属中，犯有大罪的用这把刀斩首，犯有小罪的用这条鞭抽打。”

听李世民这口气，是不是有点居高临下？

公元629年，从塞外回归的中原人，以及向唐王朝投降的四方蛮族，达一百二十余万人。

公元630年，契丹部落（辽河上游）、奚部落（滦河上游乌桓人）、霫部落（辽河以北匈奴人）、室韦部落等十余个部落，归降中国。

公元631年，倭国（今日本）第一次派“遣唐使”来中国。

同年，唐王朝开拓党项部落（今四川省西北部）土地，设十六州四十七县。

公元632年，党项羌（今四川西北部羌部落）归降唐王朝达三十万人。

公元636年，葱岭之北距瓜州二千八百里的朱俱波王国、甘棠王国（今越南安沛省）派使节前来唐朝进贡。

公元640年，距长安一万五千里的流鬼国（可能在苏联乌苏里江一带），派使节余志前来进贡。因路途遥远，翻山越岭才到达长安。

同年，立国一百八十一年的高昌王国向唐王朝投降，东西八百里、南北五百里的国土面积，纳入唐王朝版图。唐王朝把高昌王国故地改称西州。

司马光写道：至此，唐王朝国土，东到大海，西到焉耆（今新疆维吾尔自治区焉耆县），南到林邑（今越南归仁县），北到瀚海沙漠群，东西九千五百一十里、南北一万零九百一十八里的广袤土地上，全都设立唐王朝州县。

……

早在公元630年，唐王朝四邻蛮族酋长和君王，在长安皇宫门前集合，请求李世民接受他们所上的尊号——“天可汗”。李世民说：“我是中国天子，难道还要兼办可汗的事！”文武百官及四邻蛮族酋长、君王都高呼万岁。自此以后，李世民对西北边陲酋长、君王颁发诏书时，一律自称“天可汗”。

“泱泱中华，四方来贺”的盛世场景，就出现在“天可汗”李世民时期！

下面，重点写写中国历史上的友好使者——文成公主。

写文成公主，就是写西藏。

西藏在那个时代叫吐蕃，李世民时期的吐蕃王国国王叫弃宗弄赞，也就是伟大的松赞干布。松赞干布的父亲是一位很有作为的贵族将领，是他率军征服并兼并了吉曲河（今拉萨河）流域的大片土地，一跃而成为雪域高原各部的共主。松赞干布十三岁那年，父王被人毒死，他登基继位。他在迅速扑灭宫廷内部的反叛势力后，果断决定迁都逻些（今西藏自治区拉萨市），并率兵西征，实现了西藏高原的统一，建立了强大的吐蕃王国。

正当唐王朝周边少数民族纷纷向唐王朝进贡，并迎娶唐朝公主和亲，搞得热热闹闹之际，公元634年十一月，吐蕃王国派使节前来唐王朝进贡，并请求迎娶唐王朝公主——这是历史上的首次。李世民便派使节冯德遐前往吐蕃王国安抚慰问——这也是历史上的首次。但迎娶唐朝公主的事，李世民没答应。

松赞干布不高兴了，东突厥可汗、吐谷浑可汗等都娶了唐王朝公主，我吐蕃王国国王怎么就不行呢？吐蕃使节报告松赞干布说：“我刚到唐朝廷时，他们待我非常优厚，答应大王可迎娶公主。可是，偏偏吐谷浑可汗也到唐朝晋见，从中挑拨离间，唐朝廷对我的礼遇开始淡薄，而且拒绝通婚。”松赞干布一听大怒，立马率军攻击吐谷浑汗国，打得吐谷浑逃到青海之北，人民和牲畜很多落入吐蕃之手。接着进攻党项（今四川省西北部）、白兰（今青海省西南部），到达松州（今四川省松潘县）西境后，松赞干布派使节携带金银珠宝，到唐王朝首都长安进贡，声称迎接公主。李世民不予搭理，松赞干布便在松州一带攻城略地，打得这一带的州长、县长纷纷献出城池，投降吐蕃。仗打打停停延续了好几年，年轻气盛的松赞干布没把唐王朝公主娶到手，就是不走。这期间，吐蕃王朝的高级官员屡屡建议休兵撤走，松赞干布不听，因而气得上吊的，就有八人之多。

公元638年八月，李世民决定反击，派出多路大军从不同方向发起攻击，在松州城下把吐蕃军彻底击溃后，松赞干布才率军撤退。

可是，在吐蕃大军撤退的同时，松赞干布派使节前来唐王朝道歉，仍然提出要迎娶唐王朝公主。

这回李世民同意了。

松赞干布立马派宰相禄东赞，带五千两黄金和数百种珠宝珍玩，跑到唐王朝来了。李世民选一位皇族女儿，叫作文成公主，嫁给松赞干布，并于公元641年正月十五，命江夏王李道宗持节护送文成公主去吐蕃王国。司马光在《资治通鉴》中写道：国王松赞干布大喜，以中原女婿的礼节叩见李道宗，羡慕中原衣服和仪仗队的豪华盛大，特别替文成公主兴筑一座城池宫殿，让她居住。而自己也改穿绸缎衣服，才和文成公主见面。吐蕃风俗喜爱把红颜料涂到脸上，文成公主厌恶，松赞干布为她下令禁止。而他自己的凶暴猜忌性格也逐渐革除，还派遣皇家子弟前来唐王朝贵族大学学习，研读儒家学派经典。”

司马光关于文成公主友好出使的这段记载，在诸多史书、史话、演义中变得精彩纷呈。

比如，松赞干布的宰相禄东赞在长安住了三个多月，唐太宗李世民多次召见他、宴请他。一次李世民给禄东赞出了五道题，说哪怕只有一道答不上来，文成公主就不能出嫁。李世民还把出题难为姑爷家，说成是中国的老规矩。

我们看看其中的第二题：要把混在一起的一百匹母马和一百匹马

驹的母子关系分辨出来。

禄东赞的解题方法是：把一百匹母马和一百匹马驹分开圈养，并且不给小马驹喂养草料和水，饿了一天后，把马驹同时放出，只见一匹匹又饥又渴的小马驹，飞奔到母马腹下找奶吃。母马与马驹的母子关系，瞬间分明了。

还有演义写道：在松赞干布为文成公主而建的小昭寺开光典礼上，一名歹徒企图刺杀文成公主，未能得逞，而凶手却被杀死灭口了。文成公主破案找出幕后主使的办法是号称从大唐带来一口金钟，能辨识忠奸，只要把它挂在一间暗室，在场的每个人都去抚摸一下，便能分辨出来。若是忠臣，抚摸金钟没有声音；若是奸臣，抚摸金钟就会响个不停。松赞干布命人布置好之后，令在场的王臣依次进入暗室摸钟。结果所有人摸了一遍，金钟也没响。就在大家怀疑金钟灵不灵，抑或刺杀文成公主的幕后主使在不在场时，文成公主突然下令点灯照明，并让每个人把手伸出来检查，幕后主使现了原形。原来智慧的文成公主令人在金钟上涂了厚厚的松油，她料定幕后主使因害怕金钟发出响声，不敢触摸；而不是幕后主使的人，相信触摸金钟不会发出响声，都触摸了——手上没有沾上松油的两个幕后主使，就这样查出来了。

这当然是人们赞美文成公主的传说、演义，似司马光这等严谨的史学大家，是不会写到正统史典的。但文成公主在拉萨教藏族妇女纺线、织布、挑花、刺绣，引来内地工匠传授安装小磨、制造农具、制陶、酿酒等技术史实，司马光也很少记载，只是能从他记载的松赞干布改穿绸缎衣服，下令禁止把红颜料涂到脸上，凶暴猜忌的性格也逐渐革除，派皇家子弟前来朝廷大学学习，研读儒家学派经典等概括性的记载中看到，文成公主到达吐蕃后，国王松赞干布思想、行为发生的巨大变化。

作为读《资治通鉴》的我们，必须看到极其重要的一个问题，即从文成公主这位伟大的友好使者开始，全人类看吐蕃的目光，已经与中国紧紧联系在一起了！

……

这里，还简单说说大唐王朝与印度交往的事。

中天竺（今印度中部）国王尸逻逸多，势力最强，其余四个天竺王国（东、西、南、北天竺），都向中天竺称臣。李世民派太子宫右翼侍卫军秘书官王玄策出使天竺后，东、西、南、北天竺开始派使节来唐王朝朝贡。恰巧中天竺国王去世，他手下的一个叫阿罗那顺的高官，便率军攻击王玄策。王玄策出使，侍卫只有三十人，全部被擒。王玄策和他的副使蒋师仁逃走，逃到吐蕃，发文征调吐蕃和泥婆国骑兵八千多人，于公元648年五月，向中天竺王国发起反击，杀死三千余人，驱到水中淹死近一万人，国王阿罗那顺及王后、太子及男女一万二千人被擒。司马光写道：于是天竺震动，城市和村落归附（大唐）的有五百八十余座。

有史学家写了一篇“王玄策一人灭一国”的文章，说在西藏吉隆县马拉山的崖壁上，发现了一块唐时石碑，刻写了王玄策出使天竺国的情况，与司马光在《资治通鉴》中的记载完全吻合。这无疑是发掘了唐朝历史的一个富矿，只是需要更多的史料和文物佐证！

总之，唐太宗李世民创造的“贞观之治”，是中国封建史上的鼎盛时期，四方蛮族酋长君王，纷纷派遣使节前来中国朝见，道路上前后不断，每年元旦庆祝大典时，常有数百甚至数千使节云集京师（首都长安），奏响的历史赞歌是：“泱泱中华，四方来贺！”

……

公元649年五月二十六，中国封建史上伟大的皇帝李世民与世长辞。他二十八岁登上帝位，五十一岁去世，仅用二十三年时间，将一个隋王朝留下的烂摊子，收拾成了“贞观之治”的历史辉煌，这无疑是历史的一个奇迹！

这个奇迹，源于李世民当皇帝的明智！

更令人惊诧的是：李世民从当皇帝的第一天起，在皇帝的御椅上坐了二十三年，自始至终将自己为皇为帝的明智一以贯之。

我在这里把历史往前翻一年，即公元648年正月初八，看李世民将自己所写的《帝范》十二篇，赐给太子李治时，是怎么说的吧！

李世民说：“修身和治国的方法，都在这十二篇中。我一旦死亡，再也没有什么话忘记告诉你了。”

又说：“你应该把更远的古代圣王当作教师，我不够资格使你效法。师法高水平的东西，只能达到中等水平；师法中等水平的东西，难免一直停顿于最低水平。我自登基以来，不恰当的事做了很多；锦绣绸缎、珍珠宝玉一直堆满面前；亭台楼阁不断兴建；狗马猎鹰，生活在再远的地方也要得到；而自己又喜欢游逛四方，使人民不堪劳苦，这是我最大的过失，不要认为它是对的，也去学习。要想到我拯救天下苍生，是一项很大的贡献；而统一全国，是一项很大的功劳。贡献大，伤害小，人民才不怨恨；功劳大，过失小，大局才得以保全。但如果比起古代君王的尽善尽美，我内心非常惭愧。你没有我的贡献和功劳，却继承我的荣华富贵，全力去做有益于人民的事，帝国不过仅能保持平安；骄傲、惰怠、奢侈、放纵，一旦发生，性命就有危险。况且，建立困难而败坏容易的是‘一个帝国’！容易失去而得到很困难的是‘帝国宝座’！怎么可以不珍惜，怎么可以不谨慎！”

这段话很长，我之所以把它完整写下来，是想让读者朋友进一步理解——什么才是为皇为帝的明智！

李治——弹奏大唐王朝由盛到衰变奏曲

李世民逝世后，太子李治登基称帝（三任），号唐高宗。

李治是前太子李承乾被废后，当上太子又当上皇帝的。凭李世民的明智和开明，他对儿子特别是太子的管教是极其严格的。但李承乾这个早就被册封的太子，实在是管不住也教不好。李承乾这么说：“我当皇帝，定要尽情享受所有的乐趣，有人规劝，立即诛杀，顶多杀数百人，大家就会自动停止。”把大唐王朝交到这么个货手里，就像隋文帝杨坚把隋王朝交给杨广一样，是自掘坟墓。太子李承乾在公元643年，发动宫廷政变，打算诛杀父皇李世民，篡夺皇位，被迅速平息，李世民随即册封晋王李治当太子。

司马光这样写道：李世民对李治的教育抓得很紧，见他吃饭，就说“你只要知道农耕的艰苦，你就永远有饭吃”；见他骑马，就说“你只要知道它的劳动情形，不榨尽它的力量，你就永远有马骑”；见他乘船，就说“水可以使船浮起来，也可以使船翻覆。人民是水，君王是船”（水所以载舟，亦所以覆舟，民犹水也，君犹舟也）；见他在树下休息，就说“木材在划线之后才能锯直，君王在正直人的规劝之下才能成为圣哲”（木从绳则正，后从谏则圣）。可见李世民教育管束太子，是煞费苦心的，像不像奶奶管孙儿那般唠唠叨叨？

这么管教出来的太子李治，登基称帝后做得如何呢？

我们先看两组数据：

一组是，公元649年五月二十九，李治登基称帝，公元683年十二月初四去世，李治在皇帝的御椅上坐了三十四年；

另一组是，公元655年十月十九，武曌（武则天，据说这个“曌”字是武则天自创的。本文称武则天）登上皇后宝座，至李治去世，武则天当了二十八年皇后。

看这两组数据，笔者要说的是，武则天当皇后的前五年，大史学家司马光认为，7世纪50年代前期（650年至655年）政治清明，人民安泰，有李世民在位时“贞观”的遗风。我理解司马光的说法是：李治从李世民手里接过皇位，李世民创造的“贞观之治”遗风，在李治接手皇帝后，有着强大的传承惯性，因而在这种不以李治意志为转移的传承惯性中，李治当了五年的好皇帝。剩下的近三十年时间，李治受皇后武则天掌控，弹奏的是大唐王朝由盛到衰变奏曲，偏离了“贞观之治”的主旋律，契合了武则天主政唐王朝的神秘预测。

针对这两组数据的分析，本文分上篇、下篇来写李治这个皇帝。

上篇：保持“贞观”之风的传承惯性

李治一登上帝位，便是安葬父皇李世民。当时的左骁卫、右骁卫大将军，都是咸服的蛮族首领，两个大将军要求自杀，为李世民殉葬，李治不同意，只是同意把李世民在位期间，生擒的十四个各蛮族君王酋长，雕成石像，刻上名字，陈列在北司马门里，向世人显示李世民的丰功伟业。

李治的叔父李元婴，在为老哥李世民守丧期间，打猎游宴，毫无节制；屡次在夜里开城出入，扰乱治安，甚至用弓箭随意射人，还把活人埋进雪里取乐。李治写信对他进行斥责，说：“因为你是我的至亲，不忍把你交法院制裁，现在把你的年终考级，列为‘下上’（九等中的第七等），希望你知道愧疚！”

也是在为李世民守丧期间，左武侯军警卫员跳墙偷窃国家仓库的财物，被人逮住了。李治认为，负责防盗的人自己行盗，应予斩首。谏议大夫萧钧认为，依照法律不应处死，李治便依了法官去处理。

李治下诏：“自今天起，中央官员和各州、县官员，如有呈献猎鹰、猎犬、马匹的，一律惩罚！”

公元652年二月的一天，李治在福安门观赏各种民间游艺和特技表演，第二天他对随行官员解释：“昨天我上皇城门楼，只是观察这个活动是奢侈还是节俭，并不是为了追求声色场上的娱乐。”李治还特地讲了一件事，说他一登上城楼，看到一群洋人在表演足球（当时称“鞠”“球”，踢足球称“蹋鞠”“击鞠”）。在此之前，李治参观过一次足球表演，洋人以为李治喜欢足球，便送给他一个足球。李治说：“帝王的一举一动，怎么可以随便猜测！我已经把这个足球烧掉，希望断绝洋人对我的迎合，也同时自我警惕！”

对于臣僚拍他的马屁，李治也保持着清醒的头脑。西突厥汗国进攻新疆，李治诏令反击。征西大军作战司令梁建方和右骁卫将军高德逸，指挥有方，打了胜仗，凯旋后却受到弹劾，说梁建方没有乘胜追击，说高德逸买了骏马自己留下而未交到皇家马厩。最高法院院长李道裕上疏说：“高德逸自己留下的马，筋骨异于寻常，十分雄健，应交还皇家马厩。”李治则说：“李道裕是个法官，马匹的事不在他的职责范围，只是乱猜我的心意，拍马屁罢了……我只有自己多加检点。”

左威卫大将军权善才、左监门贵族征兵府司令范怀义，误砍了昭陵（李世民墓）上的柏树，依照法律，应开除官籍，李治却下令诛杀。最高法院主任秘书狄仁杰，奏称“二人不应处死”。李治命狄仁杰退出，狄仁杰不走，还说：“法律明文规定，不至于处死，陛下却下令处死，法律已丧失公信力，人民不知道该怎么办了！”李治虽然怒气难消，但最终还是采纳了狄仁杰的意见。

被李治宠信的尚书左丞王本立，横行霸道，政府官员都惧他。狄仁杰不惧他，揭发他作奸犯法的罪行，交付司法审理，李治却原谅了他。狄仁杰说：“帝国虽然缺乏英才，难道就缺王本立这种人！陛下为什么如此爱惜一个罪犯，宁愿破坏法律？陛下一定要扭曲事实赦免王本立，请把我流放到没有人迹的蛮荒，作为忠贞人士的警惕！”王本立因此被判刑，于是政府一片肃穆。

李治创造并完善了官员遴选制度。

唐朝的文官遴选程序大致是这样的：先看遴选对象的气质、言辞、书法、文章，再根据他的“年资”（经历）、“劳绩”（成果），然后决定他担任什么官职。当然，在任职之前还要公示，将考核成绩按甲乙丙丁排出次序，还要经给事中、侍郎、侍中层层审核把关，再报皇帝，签发皇家任命状（告身）。武官遴选程序相同，只是考试项目不同，考的是骑马、射箭、举重、负重等。关键是，李治的官员遴选制度，将知识分子纳入了特殊的遴选程序，要求写三篇文章，称“宏词”；对三个案件写出裁决文书，称“拔萃”。这两项合格，就被授予官职。更关键的是，在黔中（今湖南省西部及贵州省东部）、岭南（今广东省）、闽中（今福建省）等少数民族地区，唐王朝委托所在军区司令（都督），在当地土著民族中物色人才充任。在这个完善的选官程序中，李治还提出了“以德为先”的要求。

在处置中国周边各少数民族的“威服四方”上，李治延续了“泱泱中华，四方来贺”的盛世荣光！

这里，我们来看司马光笔下五位彪炳史册的名将，他们是：苏定方、薛仁贵、刘仁轨、徐世勣、裴行俭，从他们身上能把大唐王朝的“威服四方”说得更清楚。

名将苏定方

公元656年，唐王朝发兵西征，苏定方是西征大军作战总司令程知节的前锋司令，西征的对象是西突厥汗国。这里顺便解释一下，突厥等中国周边的蛮族小国，之前多次被中国击溃，突厥分裂成两个小国，东突厥汗国投降中国，西突厥汗国远远逃遁。但在休养生息若干年后，西突兵强马壮了，便又对中国边境发起攻击。这次西征，也是对西突厥汗国攻击中国的反击。前锋司令苏定方率五百名骑兵，与西突厥两万余大军对攻，击败西突厥大军，追击二十里，斩杀俘虏一千五百余人，俘获的战马及军用物资堆积得漫山遍野，多到无法数计。程知节的副司令王文度，嫉妒苏定方的功绩，假传圣旨，以程知节的名义发布命令，不准西征大军进入西突厥腹地。恒笃城（今地不详）一群胡人投降，王文度将他们全部诛杀，瓜分他们的财物，给苏定方分财物时，苏定方拒收。因为王文度假传圣旨、程知节逗留不前，双双被免职，苏定方成了西征作战总司令。苏定方率军抵达金山（今阿尔泰山），攻击处木昆部落，打得处木昆大军总司令率一万余顶篷帐，向远征军归附。苏定方征调处木昆骑兵一千人，随远征军西进。在中亚西亚额尔齐斯河，苏定方的西征军与西突厥汗国十姓部落组成的十万大军决战。西突厥汗国大可汗阿史那贺鲁，根本不把深入西突厥腹地、总共一万余人的苏定方西征军看在眼里，苏定方正是利用西突厥统帅的轻敌，用长矛部署方阵，他亲率骑兵部署在侧翼，西突厥军三次攻不破长矛方阵后，开始乱了，苏定方则率领骑兵发起攻击，打得西突厥军大败，斩杀被俘数万人；打得西突厥大将胡禄屋及西部防区司令官，全部率部众向苏定方投降；打得阿史那贺鲁只带数百名骑兵，向西逃命。

苏定方下令继续追击，突然天降大雪，一夜之间雪深二尺，军中将领一致请求停止追击。苏定方认为这是老天帮忙，力排众议，率军踏雪前行，日夜不停，追上了正在打猎的阿史那贺鲁。西征军突然发起攻击，阿史那贺鲁组织不起反击，只带他的儿子、女婿等少数人逃亡，逃到石国（今乌兹别克斯坦首都塔什干市）时，才停下来喘气。

苏定方命西征大军原地休整，命西突厥汗国归附的各部落酋长，带领各部落人民，返回原住地，开辟道路，设立驿站，埋葬阵亡将士及民众尸体，划定各部落范围，恢复正常生产生活秩序。苏定方规定，凡被阿史那贺鲁掠夺的人民和牲畜，一律送回，跟随阿史那贺鲁与唐朝西征军打仗的十姓部落，一律不予追究。

逃到石国的阿史那贺鲁大可汗，被迎进西北苏咄城之后，被石国当作礼物，送给了唐王朝。唐王朝于是在原西突厥汗国的土地上，设濛池总督府（驻咸海及伊塞克湖之间）、昆陵总督府（驻巴尔喀什湖与伊犁河之间），所属各国都改设州及军区（府），西到波斯王国（今伊朗高原）边境，全部隶属安西总督府（今新疆维吾尔自治区库车市东），唐王朝派藩属事务部长卢承庆，到这两个总督府发布人事任命。

公元659年十一月，位于蒙古西库伦城的思结部落司令都曼，率疏勒国、朱俱波国、谒般陀国背叛中国，攻占于阗王国。苏定方率军讨伐，一日一夜行三百里，第二天早晨抵达马头川城下，都曼大为惊骇，出城迎战，失败退回城中据守。等到黄昏，西征军后续部队陆续抵达，团团围住，都曼恐惧，出城投降。

公元660年八月，苏定方率海军舰队从成山（今山东省荣成市东北）出港，横渡黄海，攻击百济王国（今朝鲜半岛扶余），经过一场击溃北济军的大战后，国王扶余义慈、太子扶余隆及各城防司令全部投降，百济王国灭亡。

司马光写道：大唐王朝名将苏定方，前后征服三国，都生擒他们元首。

名将薛仁贵

龙门（今山西省河津市）人薛仁贵，于公元645年随李世民东征高句丽王国，李世民看到远征军队伍里，有一人身穿奇形怪状的衣服，大声呼号，攻入敌人阵地，所到之处，无人能够抵挡，高句丽军纷纷败退，远征军乘势投入，高句丽军霎时崩溃。这个人就是薛仁贵，李世民当即任命他为游击将军。这次东征失败了，李世民对薛仁贵说："我当年手下的将领，都已进入老境，我总想选拔勇士接替，没人能比得上你。我不喜欢得到辽东，喜欢得到你。"

在李治手下，薛仁贵多次被委任挂帅出征。

回纥部落（今蒙古国西南）与同罗部落（今蒙古国北部）、仆固部落（今蒙古国东部）联合侵扰大唐北方边境，李治下令反击。阿尔泰山一带的铁勒九姓部落，集结十万人阻击唐军，与左武卫将军薛仁贵的军队相遇后，铁勒挑选骁勇、健壮的数十名战士出阵挑战，薛仁贵独自向前，连射三箭，击毙三人，其他人震恐，赶紧下马投降。军中为此高歌"将军三箭定天山，壮士长歌入汉关"。

在苏定方攻击西突厥汗国，唐朝廷就如何分化瓦解西突厥内部各种势力争执不下时，皇帝李治请薛仁贵拿主意。薛仁贵拿的主意是：将俘虏的泥孰部落酋长的妻子儿女，全送他们回家。李治同意，泥孰部落酋长大喜，立即率军加入唐王朝的西征大军，为全歼西突厥大军，提供了重大帮助。

李治派薛仁贵攻打高句丽王国，在横山（今辽宁省辽阳市境）大战中，击溃高句丽大军。

公元670年夏季，吐蕃王国率军攻陷西域十八州，李治命薛仁贵当远征军总司令，左卫将军郭待封为副司令。郭待封认为当薛仁贵的副司令是一种耻辱，因而薛仁贵约定与郭待封兵分两路进击，在乌海（今青海省兴海县）会师，郭待封偏不听薛仁贵的指示，故意磨磨蹭蹭往前走，走到半路被吐蕃二十万大军围歼，粮秣和军用物资全部丧失。薛仁贵在乌海没有等到郭待封，孤军难支，也被吐蕃军击溃。薛仁贵、郭待封等将领，因此被戴上脚镣、手铐，押回京师，开除官籍。

公元682年，东突厥汗国率军攻击并州（今山西省太原市），李治命薛仁贵复出，率军反击，抵达云州（今山西省大同市）时，东突厥官兵打听大唐是谁统军，听说是薛仁贵后，他们不信，说是大唐官兵撒谎，薛仁贵早被诬杀了。薛仁贵于是走到阵前，脱下头盔，让东突厥官兵看个清楚。东突厥官兵一看真是薛仁贵，纷纷下马行礼，尔后缓缓撤退。薛仁贵抓住战机，趁势攻击，大破东突厥军，杀一万余人，俘虏二万余人。

名将刘仁轨

公元640年，刘仁轨在陈仓县当民兵司令，陈仓地方征兵府司令鲁宁，因犯罪被羁押在陈仓监狱，自认官职在刘仁轨之上，成了囚犯仍端着臭架子不放，对刘仁轨侮辱诟骂，刘仁轨被骂火了，用乱棍把鲁宁打死。皇帝李世民大怒，要斩刘仁轨，但想看看这是个什么县尉，胆敢打死我的征兵府司令，于是把他押解到京师亲自审问。刘仁轨淡定自若，他对李世民说："因为一个囚犯，当着人民侮辱我这个在职的民兵司令，实在是怒不可遏。"在一旁的魏徵为刘仁轨开脱，李世民觉得在理，不仅没有杀他，还把他提升为栎阳县政府主任秘书。李世民打算围猎，而当时农民的收割刚开始，刘仁轨上疏："今年庄稼丰收，但民间仅收割十分之一二，就在这个时候，差遣他们准备围猎的各种事宜，诸如整理道路、补修桥梁，动不动就要一二万人，对农村的伤害至大。我盼望陛下延后十天出发，等到农民收割完毕，公私两利。”李世民采纳他的建议，不久便擢升刘仁轨当新安县县长。后刘仁轨在给事中的任上遭奸人陷害，被皇帝李治贬为平民。

公元661年，李治下诏征召平民身份的刘仁轨，当摄理带方州（今朝鲜半岛开城）州长，向百济王国（今朝鲜半岛扶余）发起进攻。刘仁轨接到征召后，高兴得跳起来。司马光评价：刘仁轨治军严厉整齐，辗转作战，所向无敌。在熊津江口大破百济军，攻陷真岘城。也就是在这次反击中，扶余王国还特地从倭国（今日本）搬来了援军。司马光写道：在白江口（锦江口），跟倭国援军发生遭遇战，中国海陆联军，发起攻击，四次会战，传出四次捷报，焚毁倭国船舰四百艘，浓烈烟火，直冲霄汉，仿佛要把天都烤焦，海水被鲜血染成一片赤红。百济国王扶余丰逃出一命，投奔高句丽王国，王子扶余忠胜、扶余忠志等，率残余部众投降。

司马光接着写道：留下镇守百济王国故地的刘仁轨，命军民合作，掩埋尸体，调查户口，整理村落，派遣政府首长修桥补路，加强防堤水坝，恢复鱼池，督促农民种桑耕田，赈济穷人，抚养孤儿老人，建立唐王朝皇家祭祀神坛，颁发中国使用的年号（正朔），及历代皇帝名字。百济人民大为喜悦，境内各行各业都恢复正常。

瞧瞧，这是不是大唐王朝“威服四方”的延伸！

名将李勣

原名徐世勣，是唐王朝的开国功臣，他的画像在凌烟阁上。徐世勣在隋王朝时，任黎阳守将，这里的土地属于已经投降唐王朝的魏公爵李密所有，徐世勣向唐王朝投降时，把这里的郡县、户籍、人口、军队、马匹等数目，登记得清清楚楚，交给李密，由他呈献给唐王朝。李渊感叹说：“徐世勣不忘恩、不求功，是真正的忠臣！”并赐徐世勣姓李。因避讳唐太宗李世民的“世”字，又改名李勣。这里我们就用“李勣”来写他。

李世民在打天下的过程中，与李勣结下了深厚友谊。李勣生病，有秘方说，胡须的灰可以治疗，李世民便把自己的胡须剪下来，烧成灰烬，亲自加到药丸里，叫李勣服下。但李世民在去世之前，给太子李治交代说：“李勣的才能智慧，绰绰有余，但你对他没有恩德，恐怕难以使他效忠。我今天把他贬到外地，如果他马上出发，等我死后，你就擢升他当尚书令，可对他信赖；如果他犹豫拖延，你就把他诛杀。”

李勣是洞察世事的智者，接到任叠州军区总司令（总部设在今甘肃省迭部县）的诏书后，连回家跟妻儿告别都省了，立即启程前去上任。李治于是把李勣召回朝廷任职。武则天在李治的后宫争夺皇后的谋杀上演后，李勣绝不选边投靠，只做冷眼旁观。

公元666年，李治加派李勣为辽东兵团总司令，进攻高句丽王国，打到公元668年九月，唐朝大军推进到鸭绿江，一举摧毁高句丽的鸭绿江防线，向前推进二百多里，攻陷辱夷城后，把平壤团团围住。高句丽末任国王高藏，命政府各单位首长九十八人，手举白旗，到中国远征军营帐，向李勣投降。至此，高句丽王国灭亡。唐王朝在平壤设安东总督府，作为最高军政机关，将高句丽王国故土分为五部，设置九个军区、四十二州、一百县。擢升高句丽王国配合唐军作战的有功官员和首领，分别担任军区司令、州长、县长，配合汉人，共同治理。也就是这个时期，薛仁贵任摄理安东总督，率武装部队二万人镇守。

公元669年十一月，李勣患病，皇帝李治把他所有在外的子孙，全部召回侍候。李勣临终前对他的子孙说：“我死之后，安葬完毕，你（指其弟李弼）就搬到我的书房，抚养年幼孤儿。仔细观察，如果谁的思想有危险性，在外结交品行不端的人，一律先行打死，然后奏报皇上。”

李勣常说：“我十二三岁时当‘无赖贼’，见人就杀。十四五岁时当‘无敌贼’，不高兴了就杀人。十七八岁时当‘上流贼’，到战场上才杀人。二十岁时已不当贼，而当大将，指挥军队，救人性命。”这无疑是李勣为了凑那几个“贼”，对自己“夸张”了一把！

司马光评价说：李勣身为大军统帅，深有谋略，而又能做最正确的判断；跟别人讨论问题，对正确的建议，接受之快，好像流水。战争获胜，把功劳归给部属，所得到的金银绸缎，全部分给将领士卒。人们愿意为他牺牲生命，所以只要发动攻击，一定攻克。

司马光还记载了李勣的有趣特点，每次任用将领时，他总是遴选相貌端正、气度忠厚稳重的人。问他什么缘故，他说：“命薄的人，不容易成功扬名。”

名将裴行俭

前面写到的唐王朝官员遴选制度，主创就是裴行俭，他当时任文官部副部长。

西突厥汗国可汗阿史那都支和另一支派部落酋长李遮匐，与吐蕃王国和解后，联合进逼安西（总督府设苏联托克马克城）。唐王朝派裴行俭当特使，给了两项任务。一项任务是，去宣布泥洹师当波斯王国国王，兼安抚阿拉伯帝国的特使；另一项任务是，对西突厥汗国可汗进行斥责安抚。路过西州军区（总部设在今新疆维吾尔自治区吐鲁番市）时，裴行俭停了下来。他在西州军区当过政务秘书，朋友很多，便召集西州老朋友的子弟一千余人，喝酒玩耍。裴行俭故意放风说：“现在天气太热，等天凉了再上路。”阿史那都支听说后，与李遮匐商定，等到中秋节以后，用拒绝接待唐朝使节，表明自己反叛的态度。裴行俭在喝酒玩耍的过程中，召见了西州军区的四个胡人部落酋长，漫不经心地跟他们说："从前，我们在西州军区，纵情任性地饮酒打猎，真是人生最大的乐事，而今，我打算重温往昔的盛事，有谁还能与我一起出去奔逐？"四个部落的胡人子弟争着参加，很快集结上万人。几天打猎训练后，裴行俭突然领着他们向西挺进，在离阿史那都支的御帐十余里的时候，派人去向他通报。这大大出乎阿史那都支的预料，仓促率领子弟，到大营晋见。裴行俭遂当场拿下阿史那都支，另一支派的部落酋长李遮匐，没有退路了，只好投降。两项任务都完成后，裴行俭押着阿史那都支和李遮匐返回长安。

东突厥汗国又闹事了，率军打到了定州（今河北省定州市），李治任命裴行俭为北方远征军总司令。结果是，在黑山（今内蒙古自治区包头市西北）大破东突厥大军，生擒酋长阿史德奉职；大可汗阿史德泥熟匐的人头被部属砍下，提到北征军大营来投降了。

在这个过程中，司马光记述了这样一件事。

北征军在和林格尔县北边安营扎寨，四周护营壕沟都挖好了，总司令裴行俭却突然下令迁向高冈。各将领以士卒都已安睡为由，不愿动了，裴行俭则下死命令迁移。大营迁到高冈后，暴风雨突然急卷过来，原先营地的积水瞬间达一丈有余。各将领惊骇敬佩，问裴行俭怎么这么神道，裴行俭笑着说："从今往后，你们只需听我的命令，不必问我怎么知道。"

司马光评价裴行俭，不仅很能打仗，而且有发掘人才的智慧。"唐初四杰"王勃、杨炯、卢照邻、骆宾王，都是裴行俭与另一位文官部部长李敬玄，挖掘扶持的名誉天下的才子。王勃那"落霞与孤鹜齐飞，秋水共长天一色"，杨炯那"宁为百夫长，胜作一书生"，卢照邻那"寂寂寥寥扬子居，年年岁岁一床书"，骆宾王那"鹅鹅鹅，曲项向天歌"等脍炙人口的诗句，至今仍闪闪发光。裴行俭说："知识分子要担当重任，应该先具备开阔的胸襟和前瞻性的见识，然后才可以谈到文章造诣。”裴行俭评价王勃虽文采四射，但不是当官的材料。王勃的父亲王福畤当交趾（今越南河内市）县长，王勃去探望父亲时，在南中国海溺死，年二十八岁。

相信读者朋友，能从以上几位名将身上，延伸领悟大唐王朝“咸服四方”“泱泱中华，四方来贺”的盛世场景！

下篇：契合武则天主政的神秘预测

摧残大唐王朝根基的，是武则天。

但如果没有皇帝李治做靠山，满足神秘预测所预言的，武则天将成为唐王朝“女主”的条件，武则天是做不到的。

让我们沿着司马光的笔端走向，去看个究竟。

唐太宗李世民在位二十三年，创造了“贞观之治”的历史辉煌，但他没有去泰山封禅，虽然一度被文武百官反复劝谏下想去封禅，但最终还是放弃了。公元665年十月二十八，李治到泰山封禅去了，排场极其盛大，来回耗时很长。

司马光写道：随从皇帝的文武仪仗队，长达数百里，络绎不绝；皇家禁卫军，排列营幕，设置篷帐，布满原野。东自高句丽王国（今朝鲜半岛平壤），西到波斯王国（今伊朗高原）、乌长王国（今印度西北部），各国都纷纷派出使节，率领随从，用毛毡搭盖帐篷，牛羊、骆驼、马匹填塞道路。”

庞大的封禅队伍，十月二十八从洛阳出发，十一月二十抵达濮阳（今河南省濮阳县），十二月初九抵达齐州（今山东省济南市），十二月十九抵达泰山脚下，然后排练封禅仪式。公元666年正月初一，李治在泰山祭天，正月初三在社首山祭地。正月十九从泰山往回走，四月初八回到首都长安。

“长达数百里”的文武仪仗队、“布满原野”的禁卫军帐篷，还有“牛羊、骆驼、马匹填塞道路”的各国使节队伍，用近半年时间封禅下来，犹如蝗虫掠过一般，人民的灾难之重，可想而知！

封禅大队人马路过寿张（今山东省东平县西南）时，皇帝李治还特地拜访了张公艺。拜访他的原因是，张公艺九世子孙同居一堂，北齐帝国、隋王朝、唐王朝都表彰过张家。李治询问张公艺九世同堂的秘诀，张公艺书写了一百个“忍”字，作为解答。

真不知这一百个“忍”字，要告诉皇帝李治什么秘诀真谛。莫不是告诉李治，在武则天摧残大唐根基的过程中，他只管弹奏变奏曲去“忍”着？

武则天是山西省文水县人，因长得漂亮，十四岁被唐太宗李世民召进后宫。李治还是太子时，在父皇的后宫第一次见到武则天，便被她的美艳而震撼；李世民逝世一周年的忌日，李治在感业寺第二次见到武则天，便痴迷不悔。此时李治的王皇后正与萧淑妃争宠，李治痴迷武则天后，王皇后和萧淑妃都被冷落了。于是，王皇后与萧淑妃联手，与武则天斗。此时的武则天充分发挥自己比王皇后、萧淑妃地位低的优势，放下身段，主动与王皇后、萧淑妃从不搭理的后宫美女、侍从交结，得到的赏赐也分给她们，因而王皇后、萧淑妃的一举一动，武则天全都掌握，并选择她们俩人的一些不妥言行，在躺在皇帝李治怀里时，向他添油加醋地控诉。

武则天生下一个女儿，王皇后前去探望，抱着逗弄，甚是喜欢。王皇后一走，武则天便把女儿掐死，然后用锦被盖着。皇帝李治前来探望，欢天喜地地掀开锦被，发现女儿死了，问谁来过，左右侍从说王皇后来过，李治气得暴跳如雷，开始着手更换皇后。

皇帝李治清楚，换皇后，朝中高官一定反对，于是他与武则天到太尉长孙无忌家喝酒，一次就送去十车金银珠宝及绸缎。就在饭桌上，李治宣布长孙无忌心爱的小老婆生的三个儿子，一律提升为朝散大夫。但皇帝李治提出换皇后的话题，长孙无忌始终不接话茬。这之后，武则天叫亲娘杨女士和巴结她的朝中大臣，分别做过长孙无忌的工作，长孙无忌始终不松口。

长孙无忌是皇帝李治的亲舅舅，是李世民的长孙皇后的亲哥，鼓动一任帝李渊称帝的，是长孙无忌；鼓动李渊更换太子，把李世民扶上帝位的，还是长孙无忌。他为人正直，有才智，很忠诚，受到史学家的好评。

但是，长孙无忌的正直、智慧、忠诚，斗不过武则天的阴险、奸诈、狠毒。

而唐王朝似长孙无忌一样正直、智慧、忠诚的一帮高官，也斗不过武则天。因为武则天的背后，站着正弹奏着大唐王朝变奏曲的皇帝李治。

公元655年九月的一天，文武百官退朝后，皇帝李治命太尉长孙无忌、司空李勣、尚书左仆射于志宁、中书令褚遂良等人进入内殿，商讨更换皇后的事，武则天被安排在珠帘后参与。褚遂良一上来就死谏，并把手中的笏板放到台阶上，说："皇上处死我，我也不同意换皇后。"李治大怒，下令把褚遂良赶出去。安排在珠帘后参与的武则天大喊说："为什么不扑杀这个獠贼！"长孙无忌赶紧说："褚遂良是先帝（李世民）的托孤大臣，即令有罪，也不可用刑！"商讨不欢而散。

待中韩瑗、中书令来济等人听说后，也都上疏死谏，李治全不理睬。

皇帝李治更换皇后的事，发生在唐太宗李世民逝世五年之际，朝中正直的臣僚，尚保留着"贞观"遗风的惯性，因此，皇帝李治要把皇后换掉，还得把朝中骑墙的小人、奸臣，拉到自己弹奏大唐王朝变奏曲的队伍中来。

类似的人很多，具有代表性的是李义府和许敬宗。

李义府，饶阳（今河北省饶阳县）人，当时任中书舍人，一向被长孙无忌轻视，被贬到壁州（今四川省通江县）当军务秘书。皇帝贬逐他的诏令尚未发出，李义府听到皇帝要更换皇后的消息，便连夜写好奏章，呈递给皇帝李治，坚决请求罢免王皇后，改封武则天，以满足全国人民的愿望。李治大为高兴，不久便越级提拔李义府为中书侍郎。

一看这态势，军械供应部长许敬宗、总监察官崔义玄、副总监察官袁公瑜等人，立马跟上，站到长孙无忌等重臣的对立面，坚决请求换掉王皇后，换上武则天。许敬宗是这么说的："庄稼汉多收了十斛小麦，尚且打算换老婆，何况天子另选皇后，跟别人有什么相干！"

于是，皇帝李治下诏："王皇后、萧淑妃，阴谋把我毒死，即日起剥夺她们的尊号，贬作平民。她们的娘亲及兄弟，一律开除官籍，流放岭南。"

看到了吧，这是皇帝李治为更换皇后，给自己编造的"被害谣言"。这个"被害谣言"，无疑是满足武则天成为唐王朝"女主"的"皇帝宣言"。

武则天当上皇后，首先干的，便是派人捶打已经囚禁的王皇后、萧淑妃各一百棍，砍断她们的手脚，泡到酒缸中，闷死后再捞出来斩首。

大史学家司马光实在是气愤不过，写了这样一段文字，对武则天进行惩罚：武曌（武则天）不断梦见王皇后、萧淑妃披头散发，手足流血——她们死时的惨状，向她索命；遂迁移到蓬莱阁，但她们仍然在梦中出现，所以，武曌大多数时间都在洛阳，终身不回长安。

至于反对她当皇后的长孙无忌、褚遂良、韩瑗、来济等朝中重臣，一个一个都被武则天诛杀了，帮凶就是李义府、许敬宗等奸臣。

如，已经当上中书令的李义府，上疏检举韩瑗、褚遂良、来济秘密准备政变；已经当上侍中的许敬宗，则上疏检举长孙无忌秘密准备政变，且都拿出了所谓的“铁证”。于是反对武则天当皇后的一干重臣，被免除官职爵位，长孙无忌被逼上吊身亡，韩瑗等人被李治诏令处死，韩瑗当时已经逝世，也要被挖开坟墓，验明正身。这些重臣的子孙、亲戚以及属臣，无一例外受到惩处，杀的杀，流放的流放，男的成了奴仆，女的成了奴婢。

唐王朝的第三任皇帝李治，就这样配合武则天，弹奏着唐王朝由盛变衰的变奏曲，一路向衰败滑去。

这里顺便说一句：上面写到的唐王朝五大名将，没有在李治更换皇后的问题上选边站队，用自保躲过了武则天的陷害诛杀。

皇后武则天在把正直的臣僚收拾一遍后，开始做登帝的准备。

皇帝李治早就册封了李忠当太子，武则天一登上皇后高位，奸臣许敬宗便上疏，鼓动李治让武则天生的儿子李弘当太子，把李忠换掉。公元656年正月，皇帝李治罢黜太子李忠，册封四岁的李弘当太子。

李弘“仁慈孝顺，谦让谨慎”，“对士大夫都以礼相待，全国人民对李弘也倾心拥戴”。武则天因自己想当皇帝，故看不惯李弘的儒家做派，也听不进李弘的劝谏。公元675年四月二十五，没病没灾的太子李弘，一觉睡下便再也没有起来。世人认为是武则天把李弘毒死的，《新唐书》则记载：“天后（武则天）杀皇太子（李弘）。”

李弘死后，武则天的另一个亲生儿子李贤，被册封为皇太子。史载：“李贤处理政府事务，明确谨慎，官民一致称赞。”一段时间后，宫中传出秘密议论，说李贤不是武则天所生，而是她的姐姐韩国夫人所生。武则天所宠信的法术师明崇俨，便乘机向武则天推荐相王李旦替换太子李贤。恰在这时，明崇俨被暗杀，武则天便把凶手的帽子，扣到太子李贤头上，并唆使她宠信的佞臣，不断检举揭发。皇帝李治虽非常喜爱李贤，但面对皇后武则天的逼迫，只好下诏剥夺李贤的太子身份，册封另一个名叫李哲的儿子作为皇太子。

皇帝李治就这样弹奏着大唐王朝变奏曲，站在身后为武则天对太子杀了又杀伴奏，满足武则天成为唐王朝“女主”的需要。每个太子更换的现场，都是一大批臣僚的脑袋落地，都是与太子相关的一干人血流成河。

史载，武则天当上皇后之后，露出本性，专权横行，作威作福，李治打算有所动作，武则天立刻干预，李治禁不住一肚子气愤。恰在这时，宦官向皇帝李治告发，道士郭行真经常出入禁宫，替武则天实施祈福避祸的法术。李治大怒，秘密召见中书侍郎、实质宰相上官仪，讨论如何处置。上官仪建议：“皇后纵情任性，全国人民都不能心服，请求罢黜！”李治同意，教上官仪立即起草诏书。

武则天埋伏在皇帝李治身边的密探，飞奔向武则天报告，武则天便迅速出现在李治面前，李治正在看上官仪起草的诏书，让武则天抓个正着。此时的李治，像人赃俱获的罪犯一样，端不起皇帝应有的架势，而是甩锅上官仪。武则天则毫不含糊地命许敬宗诬告上官仪，坐在一旁的李治，立即下令逮捕上官仪，连同他的儿子等人全部被斩首。因为上官仪曾当过太子李忠的属官，连同诏令已经贬为平民的李忠自杀。

看清了吧，皇帝李治变成了这么个熊玩意儿，完全成了皇后武则天手中的泥巴团，想怎么捏便怎么捏，李治的任何反抗意图，都能在第一时间被武则天迅速扑灭。

而此时的大唐王朝是个什么状态呢？史载，从公元659年七月韩瑗、褚遂良被陷害诬杀后的二十年间，唐王朝文武百官没有人再敢对皇帝上疏规劝了，也就是说，再没有人对治国安邦出好的主意了。直到二十年后见习监察官李善感上疏，说皇帝李治的所作所为，天下人民，没有一个不深感失望，才被史学家形容为“凤鸣朝阳”。

皇帝李治长期患病，头部一直昏眩沉重，到公元683年，眼睛失明了。御医秦鸣鹤诊断后，说如果从陛下的头上刺出鲜血，就可以痊愈。一直在珠帘后垂帘听政的武则天，一听就火了，咆哮说：“这个人应该被斩首，竟敢在天子头上刺出鲜血！”秦鸣鹤吓得扑通跪地，叩头乞求饶命。皇帝李治不想死，坚持要让他在头上刺出血来。秦鸣鹤遵命，用针刺“百会”“脑户”两个穴位，血一出来，李治立即觉得眼睛能看得见了。这也许就是李治的回光返照，一个月后的十二月初四，李治死了，皇太子李哲（后改名李显）登基称帝（四任）。

皇帝李哲封正妻韦女士当皇后，同时打算任命韦女士的老爹韦玄贞，当侍中。皇太后武则天不高兴，直接训令罢黜李哲，贬作庐陵王。

公元684年二月初七，皇太后武则天封豫王李旦当皇帝（五任），但国家大事一切由武曌决定，李旦住另一宫殿，对政府不准过问。

接着，司马光写了这样一个小故事，羽林军飞骑战士十余人，在一个小巷饮酒，其中一人说：“早知道没有封爵升官的赏赐，不如拥护庐陵王（指李哲）。”另一人立即离座，前往玄武门检举，酒席未散，十余人全被逮捕，说拥护庐陵王的那个人被斩首，其他人以“知情不报”全部绞死，去检举揭发的那个人，直接任命当五品官。

写完这个小故事之后，司马光写道：告密的风气，从此兴起。

公元690年九月初七，武则天不再隐忍了，自己登基称帝，定国号为周。

唐王朝三任皇帝李治，在位三十四年，用近三十年时间，弹奏着唐王朝的变奏曲，为皇后武则天摧残大唐王朝的根基伴奏，以满足武则天成为唐王朝“女主”的神秘预言，这难道就是李世民的天文台长李淳风所说的“上天的旨意，人力不可抵抗”吗?

武则天，一个良知泯灭的“女主”

“武则天”三个字一下笔，我满脑子升腾起她杀人不眨眼的残暴，同时立即想起公元648年，唐王朝天文台长李淳风与李世民的对话。李淳风说：“不超过三十年，（女主）就会称帝称王，把李姓皇族的子孙几乎杀尽。”

不知天文台长李淳风，是真的能测定上天的旨意，还是司马光为吸人眼球的写作技巧，唐王朝的历史真的走上了武则天杀人不眨眼的邪道。

李淳风的预测是公元648年，四十二年后的公元690年，司马光写道：唐王朝李姓皇族，到此几乎全被杀光，年幼体弱的也被流放到岭南（大庾岭以南），李姓皇族的亲戚朋友被杀数百家。

四十四年后的公元692年，司马光又写道：武曌自从685年以来，任用酷刑官吏，首先诛杀唐王朝皇亲国戚数百人，接着诛杀高级官员数百家，所杀州长、征兵府副司令以下，更多到无法计数。每宣布一项人事任命，宫女就互相悄悄说：“鬼杀手又来了。”不出十天半月，那官员往往被逮捕，甚至全族被屠。

流放到岭南的李姓皇族亲戚，包括一些对她武则天不满的官员，武则天心里是有数的，她不放心。于是，公元693年，武则天派代理行政监察官万国俊，前去岭南“调查”流民情况。万国俊清楚武则天派他去“调查”是什么心思，到达岭南后，把流民集中起来，假传圣旨，命他们自杀。流民“哀呼悲号，心中不服”，万国俊像驱逐牛羊一样，把他们驱逐到河边，全部斩首，一天就诛杀三百余人。然后假造流刑犯自动招供的口供，返京复命。武则天大喜，擢升万国俊为朝散大夫。接着，武则天派出四路人马，到全国各地“调查”流民情况，其中一路杀流民七百人，一路杀五百人，最少的也是杀一百多人……

武则天笃信佛教，她杀了这么多人，就不怕下地狱、进油锅吗？

司马光写道：武则天疑心天下所有的人都对她不利，又因为自己长期独裁专权，而且私生活荒淫糜烂，知道李姓皇族和高层官员都对她十分不满，心存恐惧，因而决定血腥镇压。

出于这样的阴暗心理，武则天采取的做法是公开鼓励告密。

武则天规定：任何官员都不准询问告密内容，全国各地的告密者，一律乘坐政府驿马车，依照五品官员待遇供给伙食，送到神都（今河南省洛阳市），住藩属事务部所属宾馆，武则天亲自接见，满意的当场提拔当官，诬告的不予追究。如此一来，几乎把天下所有人的卑劣潜质都激发出来了，包括有文化的、没文化的，当官的、为民的，特别是本身就是地痞流氓、杀人越货的歹徒。对此，司马光如此写道：四面八方的告密者，像蜂群一样涌出，帝国成为恐怖世界，人们不敢随便移动脚步，甚至不敢用力呼吸。

最先向武则天告密的是一个胡人，叫索元礼，司马光没有记述他告的什么内容，但受到武则天召见，当场任命为游击将军，武则天交办的所谓叛乱案，都交由索元礼办理。得到这项特殊授权的索元礼，立马成了“办案高手”，他办理的任何案件，都用极其残暴的刑逼手段，牵连出数十人甚至数百人来，全部斩首。

一看这个不起眼的胡人索元礼，因为告密又升官又发财，权势大得谁见谁怕，一帮朝廷官员迅速跟着走上告密这条阴毒之道。尚书都事周兴、来俊臣等人，纷纷去向武则天告密，周兴因此被提拔为司法部副部长，来俊臣被提拔为副总监察官。这二人手下各豢养地痞流氓数百人，派他们每天到朝中臣僚家和各地官员家“搜集”谋反证据；这些地痞流氓又进行告密的“创新”，收买官员家的奴仆、女婢检举告发主人，他们接到告发后，便把官员抓起来，肆无忌惮地进行刑讯逼供。来俊臣与最高法院助理审判官万国俊，还专门编写了如何编造、陷害、刑逼的教材《罗织经》，教导手下的地痞流氓，如何陷害清白无辜的人。

这帮告密者发明的逼供方法有：制造长枷，依照长枷的重量，分别定名为“定百脉”“突地吼”“死猪愁”“求破家”“反是实”等，还把短木绑到被告的手上和腿上，像拧毛巾一样，扭绞双臂双腿，名叫“凤凰展翅”；把被告的腰绑到柱子上，往前猛拉套在被告脖子上的长枷，名叫“驴驹拔撅”；命被告爬上高梯，用绳子拴住枷尾，慢慢向后拉，称“玉女登梯”；把被告头朝下脚朝上倒着悬挂，在脖子上吊一块石头；用醋灌被告的鼻孔；用铁环套在被告的头上，再往铁环与脑袋的空隙钉木楔……每次提审被告，先叫他们观看这些刑具，旁边还有刽子手讲解这些刑具怎么使用。因此，几乎没有被告不承认犯罪的，而且竭力诬陷自己，以求早死。

下面选两个告密者看个究竟。

一个是醴泉（今陕西省礼泉县）人侯思止，靠卖烧饼为生，一向诡诈无耻。他无根无据诬告恒州（今河北省正定县）州长裴贞与舒王李元名阴谋叛乱，武则天接见他后，立马提升他当游击将军。侯思止表示，自己想当个比游击将军小点的御史，武则天说：“你不认识字，怎么能当御史？”侯思止说：“獬豸也不识字，可是它能用角撞奸邪的人。”獬豸是古代传说的一种独角兽，遇到人打斗时，就用角撞不占理的人。武则天见他能说出獬豸来，便任命他当监察官。后来武则天把没收官员的房子赏他一套，侯思止不要，说：“我最讨厌叛徒，不愿住叛徒的房子！”武则天大为高兴。

如此荒唐的笑话，侯思止说出来，武则天竟然大为高兴！

另一个是衡水（今河北省衡水市）人王弘义，品行向来不端，曾向邻居乞讨瓜果，邻居拒绝，他便向县政府告发，说瓜田中发现白兔，县政府派人到瓜田捕捉，白兔没捉着，把瓜田全毁了。王弘义路过赵州（今河北省赵县）、贝州（今河北省清河县），见乡里父老做素食布施和尚，便告发他们谋反，诛杀二百多人。王弘义被武则天提为游击将军，去调查胜州军区（今内蒙古自治区准格尔旗）司令王安仁的谋反问题。王弘义到达后什么调查也没做，只是把王安仁和他儿子的头砍下来，装进箱子回来复命。路过汾州（今山西省汾阳市），州军务秘书毛先生设宴招待，酒足饭饱出来，王弘义又将毛先生斩首，带着三颗人头回朝廷向武则天复命。

武则天的告密队伍、打手队伍，还有两拨人，一拨是她武家的阿狗阿猫，一拨是陪她上床的淫棍。

先看武家阿狗阿猫。武则天掌控唐王朝后，对武家人大封特封，连她已经去世多年的父亲、爷爷、太爷爷，都封了皇帝帽子，活着的七亲八姑，封爵的封爵，给官的给官，几乎一个不落。武则天的侄子武承嗣官至尚书左仆射、实质宰相，权力在所有实质宰相之上。在武则天当皇帝、把唐朝改为周朝、加尊号“圣母神皇”等一系列改变唐王朝颜色的问题上，都是武承嗣为首的武家班，唆使告密队伍、打手队伍恐吓收买拍马屁的官员和不知情的民众搞起来的。而对唆使不听、收买不从的官员臣僚，自然成了告密队伍和打手队伍栽赃构陷的目标，因而死在武承嗣手下的人成千上万。武承嗣曾看上一个美女，他先派人把这个美女的丈夫杀死，事情败露后，武承嗣派告密者编造“证据”，又把美女的家人全部处死。可以说，武承嗣想叫谁死，谁就得死；想叫谁当官，谁就可以当官。因为他有武则天做他的靠山，武则天对他极其信任，一度想册封武承嗣为太子，被狄仁杰等一批臣僚反复劝阻才放弃。

再看陪武则天上床的淫棍。唐王朝三任皇帝李治去世时，武则天已是六十一岁高龄了，但在司马光的笔下，老太婆武则天淫行不止。

公元685年，武则天下令修建洛阳白马寺，任命和尚怀义当主持。怀义是户县（今陕西省西安市鄠邑区）人，姓冯，名小宝，原在洛阳街头卖药。冯小宝长得健壮帅气，武则天一见就喜欢上了。为便于冯小宝出入后宫，武则天命他出家为僧，法号怀义。跟武则天上了床的冯小宝，立马变得豪横凶残，想打谁打谁，路上遇见道士，先殴打，再剃光他的头发。他招揽了一些地痞流氓当打手，经常惹事犯法，地方监察官冯思勖依法办理过冯小宝手下的打手，冯小宝在路上碰到冯思勖后，一句话不说，上去就打，差点把他打死。冯小宝官至代北兵团总司令，连瀚海兵团司令都受他领导。司马光写道：武则天七十二岁时，冯小宝非常不喜欢进宫，大多数时间居留白马寺。武则天则以冯小宝纵火烧毁皇家明堂为由，将他用乱棍打死，把尸体送到白马寺，烧成灰烬，和在泥里建造佛塔。被武则天宠幸得谁都害怕的冯小宝，权势大了，财富多了，又处于壮年，他当然更想找那些年轻曼妙的女子上床，可七十二岁的皇帝老太婆武则天，怎么能由得他呢！

武则天七十四岁时，宫廷御马管理官张易之、张昌宗两兄弟，因年轻力壮，容貌俊美，同时成了武则天床上的常客，张易之立马升任军械供应部副部长，张昌宗升任最高顾问官。有了陪武则天上床的资本，张易之、张昌宗兄弟胆量放大，大肆收取贿赂，栽赃陷害他人。公元704年，武则天病重，张家二兄弟担心靠山崩塌之后，大祸降临自己头上，因而暗中准备应变。次年，张易之、张昌宗被斩首。

司马光还写道：武则天七十七岁时，虽然床上不乏陪她的常客，但仍不满足，仍大量遴选美貌少年，当亲卫府寝殿听差。“听差”就是等着武则天召唤上床的差事。这些小家伙，无疑是武则天告密队伍、打手队伍的补充和后备军。

类似的人渣，纷纷得宠于武则天而大行其道，天下苍生如何度日！

公元684年九月，朝廷、地方被贬斥流放的一帮官员，在押送来、押送去的交会点扬州碰上了，在这些人中，就有长安县政府秘书官骆宾王。因为都有满肚子的委屈和憋屈，加之下一步还不知会在什么地方被斩首，因而商定以拥护庐陵王李哲复位为号召，对武则天的残酷统治进行反抗，逼武则天交出政权。这帮被憋得喘不过气来的人，感召力很强，很快聚集十多万人马，但准备工作很粗糙，李姓皇族的亲王也没联络起来，加之缺乏领军打仗的将才，很快被武则天派来的政府军剿灭了。

对此，武则天深切感觉到了自己统领唐王朝的危险性。

而李姓皇族的亲王，也看清了一个基本现实，即不联合起来，是撼不动武则天的。

公元688年秋季，李姓皇族的韩王李元嘉、霍王李元轨、越王李贞、江都王李绪等一干李渊、李世民、李治的儿子和孙子开始暗中联络，做推翻武则天的准备。因为琅琊王李冲才干和品德出众，无形中李冲便成了核心人物。结果，又是一次仓促行事，联合体的结构布局尚未形成，李冲率募集的五千人便发起进攻。李冲的父亲越王李贞笃信鬼神，要打仗了，令士卒都身佩“避刀符”，叫道士及和尚念经，祈祷反抗成功。这样一个反抗，注定是失败的结局。

于是，武则天抓住把柄，下决心利用这个机会，把李姓皇族的各亲王，全部诛杀，一网打尽。

面对如此大规模的残酷诛杀，唐王朝众多文武百官，就没有人站出来反抗、劝谏吗?

司马光的笔端告诉读者的是：谁反抗、谁劝谏，谁就没有好下场。但中国历史上早就昂扬树起的士大夫精神——“富贵不能淫，贫贱不能移，威武不能屈”“生，亦我所欲也，义，亦我所欲也，二者不可兼得，舍生而取义者也”，正是在历史发展的各个关键节点上，经反复淬炼而不断发展传承的！面对武则天的残酷诛杀，中国的士大夫精神，在死谏与被诛的鲜血流淌中，做了深刻诠释。

比如，在三任帝李治打算让皇后武则天摄政时，中书侍郎郝处俊就坚决反对，这个仇武则天深深地刻在心底。九年后，武则天完全掌握唐王朝了，便拿郝处俊任太子宫事务管理官的孙子郝象贤开刀，唆使他的家奴告发郝象贤谋反，将其全族屠灭。觉得不解恨，武则天又下令把他父亲、爷爷（郝处俊）的尸骨挖出来烧毁。

再比如，公元686年九月，新丰（今西安市临潼区）的东南方，从地面冒出一座小山。有人拍武则天马屁，当作“祥瑞”向她禀报，四方人士涌到洛阳，向武则天祝贺。武则天特别喜欢出现“祥瑞”，很多人为了巴结迎合她，把佛像埋在地下，尔后挖出来向她禀报“祥瑞”，武则天明明知道是造假的，照样给予赏赐、擢升。这次平地长出一个小山包，武则天一高兴，把新丰县改为庆山县。

江陵（今湖北省江陵县）人俞文俊，上疏说：“这是宇宙间阴阳失调、天地失序的结果。你武则天以一个女主人的阴柔身份，坐在男主人的阳刚位置上，使阴柔和阳刚颠倒反转，地气受到强力压制，土丘就有了变化，引起灾难。陛下命名‘庆山’，我认为无‘庆’可言！”武则天没有当场把他拉出去用乱棍打死，而是把他流放，走到半路便叫人诛杀。

类似俞文俊这样的人，朝廷和社会上还有很多，他们冒死上疏劝谏，有的甚至在朝议时，当着文武百官的面，跟武则天唱反调，唱对头戏！

他们高唱的，是中国漫长的封建社会“富贵不能淫，贫贱不能移，威武不能屈，”的士大夫风骨之歌，是士大夫精神传承的生动写照，也是中华民族苦难辉煌的生动写照！

让我们再来看看另一个名臣狄仁杰。

狄仁杰，太原人，在三任帝李治手下任最高法院主任秘书时，便以坚持正道劝谏而出名。武则天掌控唐王朝后，狄仁杰任宁州（今甘肃省宁县）州长，宁州赞美州长的人，到处都是。公元688年，越王李贞联络李姓皇族反抗武则天失败后，武则天大开杀戒，此时当豫州（今河南省汝南县）州长的狄仁杰呈递密奏，劝谏武则天将部分人流放。政府军总指挥张辅光自恃平息李姓亲王反叛有功，向豫州政府大肆索取，狄仁杰不给，张辅光大怒说：“州长轻视元帅。”狄仁杰说：“扰乱汝南，一个越王李贞而已，现在一个李贞死，却变出一万个李贞。”张辅光不解，狄仁杰对他说：“阁下率三十万大军，所诛杀的本该只限越王李贞。城里官民听到政府军抵达，跳出城墙归降，大营四面，都踏成道路。可你却放纵将士凶暴抢劫，把已归降的人杀掉，作为自己的功劳，人民的血染红了原野，不是一万个李贞，又是什么！”狄仁杰接着说：“我恨不得有一把尚方宝剑，砍掉你的脖子！即令因此把我处死，也跟送我回家一样愉快！”

狄仁杰这话说的，真叫人痛快！

但武则天不爱听，把狄仁杰贬到更偏远的复州（今湖北省仙桃市）当州长去了。

武则天问狄仁杰，想不想知道谁打他的小报告，狄仁杰表示，不想知道！

史载，武则天偏爱狄仁杰，称他“国老”，遇事总召他商量，听他的意见。

如此就令人疑惑了，莫不是被誉为历史名臣的狄仁杰，也是武则天的告密、打手队伍中的成员？

让我们循着司马光的笔端走向，去看个究竟。

公元690年九月，武则天的侄子武承嗣等武家班的人，鼓动朝廷、各地官员，再由这些官员贿赂四方蛮族酋长、和尚、道士及各地民众，共六万余人，上疏请求武则天当皇帝。他们编了很多“祥瑞”的谎言，诸如“凤凰数万只，聚集在皇宫南城政府办公处所”等。九月初七，武则天登上天门城楼，罢黜唐王朝五任帝李旦，赐他姓“武”，改唐朝为周朝，六十七岁的武则天正式登上皇帝高位。

当上皇帝的武则天，想着使武家的天下延续下去，便打算册封自己的侄子武承嗣当太子。一些拍马屁的臣僚迎合上去，搞了个数百人的请愿团，请求武则天封武承嗣当太子。尚书右仆射武长倩（本姓岑，被赐武姓）、地官尚书格辅元联手反对。武则天则命武长倩出征吐蕃王国，走到半路便把他召回囚禁。武承嗣则一边诬陷格辅元，一边把反对他当太子的祭祀部长欧阳通等，用莫须有的口供牵连，全部诛杀。

接下来瞄准诛杀的一帮大臣中，就有已调任财政部副部长的狄仁杰。武则天的得力打手副总监察官来君臣，经奏请武则天同意，定下一个潜规则，即以阴谋叛变定罪的，在第一次审问就自动招认的，免除死刑，减轻一等处分。第一次审问狄仁杰时，他就自动招供“确实阴谋叛变”。提审事务官王德寿一看狄仁杰这么好说话，就对他说：“我受长官驱使，身不由己，打算靠这个逆案，谋求小小升迁，请你在口供中，顺便提一提杨执柔，是不是可以？”杨执柔是国防部长。

王德寿这么个芝麻官在执行公务时都兜售私货，企图陷害杨执柔，使得狄仁杰深感悲哀，他说：“天地神明，竟让我干这种伤天害理的勾当！”说罢一头撞到柱子上，撞得血流满面。狄仁杰自动招认

“叛变”后，在等待判决的时候，写了冤状托人带出交给了武则天，武则天立即派通事舍人周綝前去调查。来君臣立即叫狄仁杰穿上官服，周綝去了之后，看都没看狄仁杰一眼便走了，还带走了以狄仁杰等人的名义，写给武则天的《感谢诛杀表》。

直到这时，武则天才有点醒悟。要砍头了，还感谢你砍我的头，这不合情理嘛！

武则天召见狄仁杰，两人的对话如下：

武则天：“你承认谋反，为什么？”

狄仁杰：“不承认谋反，已经死在酷刑拷打之下了。”

武则天：“为什么呈递《感谢诛杀表》？”

狄仁杰：“根本没有这回事！”

对话的结果是，狄仁杰等七名大臣被贬谪，七大家族的人全部被释放。

还回到武则天想封侄子武承嗣当太子的事情上来。

狄仁杰在武则天情绪好、能听得进劝的时候，问武则天：“姑妈跟侄儿、亲娘跟儿子，到底谁亲？”又说：“宝座由儿子继承，陛下百年之后，牌位送到皇家祖庙，陪伴先帝（李治），共享香火，代代相传，直到永远。宝座如果由侄儿继承，我可没听说过，侄儿当皇帝而把姑妈的牌位，送到皇家祖坟去的！”

武则天不高兴了，说：“这是我的家务事，你不要管！”

狄仁杰说：“帝王的家包括四海，四海之内，什么不是陛下的家事？帝王是头脑，臣属是手足，道理上如同一体。何况我居宰相之位，怎么可以不参与！”

虽不乏拍马屁的味道，但狄仁杰劝谏的主题没变，且能循着武则天的心窝窝，说到她的心坎上去。

有一天，武则天问狄仁杰：“我梦见大鹦鹉两个翅膀，全都折断，是什么意思？”

狄仁杰的解释是：“鹉和武同音，武是陛下的姓，两个翅膀是陛下的两个皇子；如果起用两个皇子，两个翅膀自然可以恢复原状。”

狄仁杰会不会解梦、这么解对不对，似乎已经不重要了，武则天听了狄仁杰的解梦后，不再考虑武承嗣当继承人了，这才是重要的。

狄仁杰的正直和智慧，不仅体现在武则天不枉杀老臣、不传位给侄儿的劝谏上，更体现在对民众的体恤和关心上。

公元698年，东突厥汗国强大了，拥有四十万大军，侵犯大唐边境，打败了唐朝军队，掳去了大批百姓。面对这种情况，朝廷有些官员却认为，几乎每次在突厥、契丹等军队打过来时，边境一带的人民便投降，这种行为跟叛逆没有分别，因此也应依法惩处。源于这一认识，武则天时的政府对于曾经沦陷的地方，当作恶地；对于曾经沦陷敌方的人民，视作恶民，甚至奸淫他们的妻子，抢夺他们的财产……以至盗贼（指突厥、契丹等）平定后，人民所受的苦难更深。

武则天任命狄仁杰为黄河以北安抚特使，他在实地考察后上疏说：“我们铲除盗贼，最重要的工作是安抚人民，对生命财产不可丝毫侵犯。收复地区认同政府的人民，就是国家正式公民，反而在这个时候，受到自己政府的迫害，岂不悲痛！民心犹如流水，阻挡它就成为湖泊，疏导它就汇成江河，无论疏导或壅塞，怎么会不变呢？”（今之归正，即是平人，翻被破伤，岂不悲痛！夫人犹水也，壅之则为泉，疏之则为川，通塞随流，岂有常性。）狄仁杰还特地提出：“现在，离家逃亡的罪犯露天住宿，草丛行走，暗中投入深山大湖。如果被赦免，他们就出来，如果不被赦免，他们就更加疯狂。山东（今崤山之东）的盗匪，都是因此聚集起来的。”最后狄仁杰强调：“我认为，边塞偶尔发生战斗，不值得忧虑；国内人心不安，才是严重大事！对沦陷区的民众，如果定罪，人心一定恐惧，如果宽恕，即令附逆的人也不会生事！”他建议武则天特赦黄河以北各州民众，不做任何调查审问。

武则天诏准后，狄仁杰便着手安抚人民的工作：将被东突厥俘虏的人，一律送回本乡；不断调运粮食，救活贫苦百姓；整修驿站道路，帮助打了败仗的军队顺利撤退。为防止各将领及中央钦差大臣向州、县索要供应品，狄仁杰只吃粗米饭，禁止部属侵扰平民，有触犯的一律斩首。史载：“河北（今黄河以北）逐渐安定。”

狄仁杰的家人深为他的处境担忧，劝他不要再做“死谏”的傻事，狄仁杰却说：“只要对国家有利，管什么对自己有害！”

史载：狄仁杰推荐过数十人当官，有国防部副部长姚元崇、司法部副部长张柬之、太州（今山西省晋中市太谷区）州长敬辉等，都是著名政治家。有人对狄仁杰说：“天下桃李，都在你的门下。”狄仁杰说：“我推荐人才，是为国家，不是为我自己！”

公元700年九月二十六，狄仁杰因病去世。

武则天哭着说：“南宫（政府所在地）已成为空城！”之后还常常叹息：“上天为什么这么早夺走我的‘国老’！”

文章写到这里，我必须说：不能因为良知泯灭的武则天，听谏于狄仁杰、信任狄仁杰，就把狄仁杰归于阴险狠毒、杀人如麻的武则天一伙！因为从道德的层次来看，狄仁杰在天上，武则天在地下！还因为，正是有一批似狄仁杰这样“只要对国家有利，管什么对自己有害”的臣僚、官员，担当着中华民族优秀思想文化、家国精神的传承和发扬，才使得大唐王朝得以延续发展！

……

公元705年一月，被狄仁杰举荐重用的司法部副部长张柬之，与众臣僚联手，迫使八十二岁高龄的武则天，交出皇帝宝座，把太子李显（武则天当政时改名武显）扶上帝位（六任帝）。同年十一月二十六，武则天去世。

武则天的一生，杀人如麻，是罪恶的一生！但她在晚年，并非一无是处。她在任用臣僚、惩处身边的奸臣、给流放的官员平反、采纳忠言等方面，也有值得肯定的方面。发出“前不见古人，后不见来者，念天地之悠悠，独怆然而涕下”呐喊的大文人陈子昂，就多次上疏苦谏，直捅武则天的痛点，武则天都强压自己的愤怒，保持对他的宽容和尊重。

李世民用二十三年时间，创造了大唐王朝“贞观之治”的辉煌，武则天用五十年（从当皇后的655年至去世的705年）时间，用杀人如麻对大唐王朝进行摧毁。把这两个时段，放到历史的长河中来看，能看出历史发展的必然性吗？属于历史发展的螺旋式上升轨迹吗？

倒是从历史发展的另一个轨迹，使人认识到，封建王朝的好坏取决于一个人，即皇帝，皇帝好，臣僚跟着好，人民就得益，天下就太平，反之亦然。但皇帝是祖传的，上帝都无法做到祖传的皇帝个个都是好皇帝。朝整个封建王朝一眼望去，祖传下来的皇帝，让人民说好皇帝的很少。显然，上帝也没看清一个问题——制度问题！不确立人民当家做主的制度机制，历史只能在“皇帝好——人民好”“皇帝坏——人民遭殃”的轮回中，翻来覆去折腾。

武则天这个女皇，虽不是祖传的，但却不是个好皇帝！

武则天之后的韦皇后乱政

公元705年正月二十五，太子李显从武则天手里接过皇帝宝座，恢复唐王朝国号，封太子妃韦女士当皇后。

这是李显第二次当皇帝，也是韦女士第二次当皇后。

公元683年十二月十一，当时名叫李哲（后改名李显）的太子，在父皇李治死后，登基称帝，他的正妻韦女士当皇后。李显当上皇帝后，立马把在普州（今四川省安岳县）任政府参谋官的岳父韦玄贞，提升为豫州（今河南省汝南县）州长，尚未到任，又要提升韦玄贞当侍中。

显然，韦玄贞提拔的步子迈得太大，遭到中书令裴炎的反对。皇帝李显火冒三丈，说："我就是把帝国送给韦玄贞，有什么不可以，何况不过一个小小的侍中！"

皇太后武则天立即召集文武百官，把李显从皇帝御椅上强行拽下。李显大喊："我有什么罪？"

武则天冷冷地说："你打算把帝国送给韦玄贞，怎么说没有罪？"

司马光在《资治通鉴》中记述的这一历史情节，不只是让人感觉李显很幼稚，而是没有脑子。唐王朝一切政事，全由武曌做主，已经二十九岁的李显会不知道吗？

闹了这一出之后，李显就不是贬作庐陵王了，而是一路押解到房陵（今湖北省房县）看管起来。从首都洛阳朝房陵走去，李显与韦女士一路历尽艰辛，相依为命。好不容易到达房陵后，二人也是惶恐度日。每当听到皇宫使节抵达的消息，李显就吓得心胆俱裂，打算自杀。陪伴在身边的韦女士总是这样宽慰他：“祸福之来，没有固定的程式，既然早晚都要一死，何必提前！”

这段刻骨铭心的经历，使得李显向韦女士做出如下承诺：“将来有一天，如果再见天日，你想干什么就干什么，绝不禁止！”

也许就是这个承诺，韦女士当上皇后之后，接续武则天的诸多做派，成了大唐王朝乱政的祸首！

从司马光的记载看，皇帝李显兑现对韦皇后承诺的所作所为，简直令人不可思议！

推翻武则天的统治后，对陷害诛杀李姓所有皇亲和正直大臣的刽子手，进行了一番清洗，但独独放过了武则天的侄子武三思。他可是沾满鲜血的刽子手之一，诸多臣僚建议皇帝李显清算武三思，可李显就是不肯，根本原因源于韦皇后。

武则天在位时极其信任的上官婉儿，被皇帝李显收到后宫当小老婆，上官婉儿跟武三思通奸后，便把武三思推荐给韦皇后，韦皇后便召武三思到寝殿赌“双陆”（古时的一种赌博），赌着赌着便上床了。武三思经常出入内宫寝殿，与韦皇后上床的事传得满朝官员几乎都知道了，可皇帝李显在韦皇后与武三思赌博时，还坐在旁边给他们数钱。不仅如此，李显还隔三岔五地换上休闲服，到武三思家串门，串着串着武家班被贬逐的人便一个个复出了，升官了。有韦皇后做主心骨，武三思便把复仇的目标，瞄向了推翻武则天统治的五个大臣：张柬之、敬晖、桓彦范、袁恕己、崔玄暐。

武三思与韦皇后两人在牌桌上、床上商定陷害步骤后，由韦皇后跟皇帝李显去说，叫李显去办。其步骤是：第一步明升暗降，将这五人的实职免掉，分别给他们戴一顶“平阳王”“扶阳王”“汉阳王”“南阳王”“博陵王”的高帽；第二步贬谪流放，令这五个大臣分别下到相关州，调离中央权力中心；第三步栽赃陷害，武三思秘密派人书写韦皇后的淫乱丑闻，贴到洛阳桥上，请求罢黜韦皇后。皇帝李显暴跳如雷，下令彻查。已经投靠武三思的总监察官李承嘉，“调查”后奏报：“敬晖、桓彦范、张柬之、袁恕己、崔玄暐派人张贴，虽然表面上只提罢黜皇后，实际却是谋杀陛下，请屠灭五人全族。”

一说“屠灭五人全族”，皇帝李显想起来了，去年将他扶上皇位的功臣，他一高兴曾赐给他们“免死铁券”，承诺对他们赦免十次死刑，这五人就在“赦免十次死刑”的功臣之中，一年后便将他们诛杀，觉得欠妥。于是，诏令将这五人，连同年满十六岁的家属子弟，全部流放到大庾岭以南。

不杀这五个大臣，武三思的心放不到肚里，被武三思和韦皇后提拔起来的一帮佞臣也害怕。于是，他们选择曾被五个大臣贬斥过的最高法院法官周利贞作为打手，令他前去大庾岭以南“视察”。周利贞赶到大庾岭后，张柬之、崔玄暐已经去世，周利贞便把还活着的桓彦范放到竹刺上拖来拖去，直拖得浑身露出白骨，才用乱棍打死；把还活着的敬晖，用刀把他的肌肉一片一片割下，活活剐死；令还活着的袁恕己喝毒性极强的“野葛汁”，再用乱棍打死。刽子手周利贞完成这项任务一返回，便被提升为副总监察官。

唐王朝上下对韦皇后与武三思如此残害朝中大臣愤愤不平，西安的一个名叫韦月将的隐士站出来，上疏检举武三思与韦皇后通奸，皇帝李显立即下令将韦月将斩首。黄门侍郎宋璟则奏请进行调查，查实是诬蔑再斩，李显一接到奏请，连头巾都来不及裹好，拖拉着鞋跑出来，向宋璟咆哮：“我以为已砍下人头，怎么还没动刀？”宋璟说：“有人指控皇后跟武三思上床，陛下一句话也不问，就把他诛杀，我担心天下人背后议论。”李显根本听不进去，催促宋璟立即将韦月将砍了。宋璟则说：“一定要斩韦月将，请先斩我，否则，我不敢接受圣旨！”

宋璟的铁骨铮铮，瞬间把其他臣僚的正义感调动起来了，不少臣僚站出来主张调查，有的婉转地提出，现在是夏天，夏天杀人，违背天时。

皇帝李显一看众臣意志难违，便下令棍打韦月将一顿后，将他流放岭南。等到当年秋分的第二天，天刚蒙蒙亮，韦月将便被人斩首。

不用说，这是李显的诏令，也是韦皇后和武三思的主意！

为使自己的权势天长地久，韦皇后把目标瞄向了皇位。

瞄向皇位，首先就得干掉皇太子。

皇太子李重俊，不是韦皇后所生。韦皇后便与武三思、上官婉儿密谋，不断在皇帝李显面前，控诉李重俊的种种“恶行”。上官婉儿文笔很好，在武则天时便负责诏书和皇家训令的起草工作，李显当皇帝后，继续由她负责起草工作，上官婉儿便在笔下加上了对太子李重俊的挑剔和指责，加上了对韦家班和武家班人的赞美和赏荐，用这种方式，一点一点地动摇皇帝李显对太子李重俊的信任。

韦皇后与武三思的另一手，就是打女儿李裹儿这张牌。

李裹儿是李显被武则天罢黜皇帝后，在押解去房陵的半路，陪伴他的妻子韦女士所生。因为是被押解，生活条件极其艰苦，韦女士生产时，李显在旁边守着，女儿生下后，李显脱下衣服裹着。因为这个原因，女儿取名李裹儿，李显对她特别疼爱。李显再次当上皇帝后，对这个女儿百依百顺，宠成了朝中的一大祸害。

韦皇后打李裹儿牌，就是叫她去跟皇帝李显撒娇，缠着李显把太子李重俊换掉，换上她当皇太女。果真如此的话，李显去世后，皇太女不就顺理成章地接替皇位吗？女儿当了皇帝，女儿妈妈的权势，不就顺理成章地达到顶峰吗？

虽然在司马光的笔下，尚未见到皇帝李显答应李裹儿当皇太女的记载，但毫无疑问的是，朝中的各种传闻、父皇不给李重俊任何安慰的态度，特别是韦家班、武家班的人称李重俊“家奴”的羞辱，使得皇太子李重俊再也压抑不住了。公元707年七月初六，李重俊假传圣旨，召集一帮亲信，冲进武三思家，什么也不说，直接把武三思和他儿子武崇训的脑袋砍了。接着冲进后宫去杀上官婉儿，上官婉儿赶紧跟在皇帝李显屁股后面，躲到了玄武门城楼。

杀了武三思父子，太子李重俊总算出了口气，但他的草率爆发，很快以丢掉脑袋而画上句号。

令人遗憾的是，皇帝李显没有从太子李重俊的这一爆发中吸取教训，以韦皇后为首的韦家班，更是像风吹过一样，轻轻地把这一页翻过去了。韦皇后、李裹儿、上官婉儿等人以及她们背后站着的族亲，更加肆无忌惮地贪取。司马光写道：她们仗势特权，随心所欲，说人情，受贿赂，即令是杀猪的屠夫、卑贱的奴仆婢女，只要行贿三十万钱，就可以得到“黑诏”任命状。什么是“黑诏”任命状？就是收了行贿人的钱财后，提议行贿人升官的便条，斜封起来，交给中书省去任命当官，时称“斜封官”。韦家班卖出的“编制外正同官”“试用”“摄政”“虚职加官”“兼职”“代理”等官职，达数千人之多。读者朋友可以简单算一下，官职有大有小、有虚有实，平均一个人三十万钱，韦家班卖了“数千人之多”，得收多少贿赂呢？

对此，皇帝李显是什么态度呢？

让我们看司马光记述的一个细节。

司马光写道：皇帝李显命宫女在内宫设立街道，经营商店，组织朝中的高层阶官员，充当商人和旅客，到店里跟宫女谈买卖、做生意，讨价还价，吵嘴诟骂，什么脏话、下流话都可以说。皇帝李显跟着韦皇后前去观赏，笑得合不拢嘴。

皇帝是这么个品位，皇后带着她的娘家人和心腹，做什么似乎都是可以理解的！

定州（今河北省定州市）人郎岌，上疏说韦皇后及其党羽将作乱叛变，韦皇后使个眼色，皇帝李显便下令将郎岌乱棍打死……

精通医药的高级顾问马秦客、烧得一手好菜的宫廷膳食部副部长杨均，深受韦皇后宠爱，自由出入内宫。他们可不是每次去都号脉、做菜，主要是陪韦皇后上床。时间长了，这两人也害怕，于是与韦皇后等人一起密谋，打算把皇帝李显毒杀，由韦皇后主持唐王朝大政。

公元710年六月初二，韦皇后及马秦客、杨均，还有皇帝李显最最宠爱的女儿李裹儿，把毒药放在馅饼里，看着李显吃完死去。

韦皇后封锁皇帝李显的死讯，立即召集韦家班人马商议办法，商议的结果是，扶上李显的一个儿子当皇帝，由韦皇后临朝主政。六月初七，十六岁的李重茂登基称帝（七任）。五天后的六月十二，韦家班改主意了，仿效武则天前例，打算由韦皇后直接当皇帝，改朝换代。

在这个改朝换代的关键时刻，唐王朝李姓皇族站出一位领袖——李隆基，他振臂一呼，唤醒朝中文武百官的正义感和良知，获得广泛的人心支持。特别是李隆基早就与"万骑卫士"中的将领和英雄豪杰建立了良好的关系。所谓"万骑卫士"，是唐朝二任帝李世民搞起来的，他挑选骁勇健儿，身上穿画虎皮的衣服，胯下垫画豹皮的马鞍，专门护卫皇帝出行。李世民时号称"百骑卫士"，武则天时号称"千骑卫士"，李显时号称"万骑卫士"。李隆基把诛杀韦家班的打算跟"万骑卫士"的副司令李仙凫一说，"万骑卫士"立马成了李隆基的主力部队，韦家班篡权作乱的人全被诛杀，韦皇后和李裹儿的人头也随即落地。

大唐王朝于是再次踏上中兴的历史轨道。

李隆基——“开元盛世”的创与毁

在韦皇后着手改朝换代的关键时刻，李姓皇族站出来的领袖人物李隆基，是李旦的儿子。韦皇后等人被杀后，被韦皇后扶上帝位的李重茂，赶紧把帝位让给了叔父李旦（八任）。

这是李旦第二次当皇帝。

公元684年二月，正准备自己称帝的武则天，把御椅尚未坐热的皇帝李哲（后改名李显）罢黜，扶上了豫王李旦当皇帝，但国家大事一切由武瞾决定。李旦住另一宫殿，对政府不准过问。李旦就这样当了六年皇帝后，武则天称帝，李旦被罢黜，连“李”姓都改成了“武”姓。

李旦被罢黜皇帝后，被封为相王，带着五个儿子（寿春王李成器、临淄王李隆基、衡阳王李成义、巴陵王李隆义、彭城王李隆业）住在长安城东。附近居民王纯家有口水井，在韦皇后乱政期间，井口忽然大水涌出，在李旦父子居住的地方，形成了一片大湖小泊，称“龙庆池”。有望气人士望出“龙庆池”有一种浓厚的帝王之气，皇帝李显登基后，还特地到“隆庆池”泛舟，以压那股帝王之气。

这难说不是民间的编排，因为开创“开元盛世”的李隆基就住在那里，得有这种所谓的“祥瑞”为他造势。

李旦当上皇帝后，为遴选太子大伤脑筋。按传统惯例，应选长子李成器当太子，而推翻韦家班的最大功勋，是二子李隆基。再说，长时间的观察比较，李旦看清了，无论气度、魄力，还是胸襟、才能，李隆基都在李成器之上。听说父皇为遴选太子大伤脑筋后，长子李成器找父皇，坚决请求让弟弟李隆基当太子；二子李隆基也找父皇，坚决请求让哥哥李成器当太子；不少臣僚也找皇帝李旦，请求封李隆基当太子。于是李旦下定决心，选李隆基当太子。

但李隆基这个太子，遭遇了姑妈太平公主的排斥、诬告和陷害。

太平公主是武则天的女儿，是皇帝李旦唯一的妹妹。韦皇后乱政时，对太平公主多有打压，李旦第二次当上皇帝后，对这个妹妹非常宽容，使得她迅速膨胀，插手朝中的人事任命，大肆收受贿赂，网络党羽，且作风淫荡。太平公主也看出，太子李隆基英明果敢，他要当上皇帝，自己想控制他很难，于是策划更换太子。为此，太平公主采取了三手，一手是发动谣言攻势，说李隆基不是嫡长子，不应该当太子，惹得朝中臣僚议论纷纷。这一手被皇帝李旦化解了，他特地下诏解释选李隆基当太子的理由，明确诏令大家闭嘴。太平公主采取的第二手是培植亲信，派大批密探深入李隆基的生活圈，把李隆基的一举一动加上各种“无礼”“出格”后报告皇帝李旦。关键是，李隆基身边的人，很多也被太平公主收买成了耳目，给李隆基造成了很坏的舆论影响。第三手是对反对更换太子的臣僚，大肆打压，对支持更换太子的摇尾巴分子，越级提拔。因为皇帝李旦对太平公主的迁就，一些不该贬的、不该提的官员，按照太平公主的意愿贬了、提了。

如此一来，大批官员投靠太平公主，朝廷上下很快形成了正直臣僚受压、奸佞臣僚得势的局面。

司马光如此写道：自此，法令纪律又陷混乱，跟五任帝李显在位时一模一样。

皇帝李旦还算明智，他虽然无原则地迁就太平公主，但在更换太子上始终不松口。公元712年七月二十五，李旦主动下诏，传位给太子李隆基。八月初三，李隆基登基称帝（九任玄宗）。

不得不说，李旦此时传给李隆基的皇位，是一副极其危险的担子。七个宰相中，有五个是太平公主运作提拔起来的；朝中的文武百官，多半是对太平公主摇尾巴的。在这种情况下，太平公主毫不掩饰地召集她宠信的五个宰相，以及手握军权的将领，商讨罢黜皇帝李隆基，另立新君。他们商定的计划是：公元713年七月初四，在皇帝李隆基主持的朝会上，他们率禁军冲进去，直接把李隆基抓起来。

得知这一消息的皇帝李隆基，没有退路了。

七月初三，李隆基抢先一天出手，分兵多路，发起了大规模流血整肃。五个投靠太平公主的宰相，诛杀了四个；一大批跟在太平公主屁股后面摇尾巴的臣僚，少数被杀，多数被囚；太平公主在家自杀，她的儿子和党羽数十人被处死。

司马光写道：没收太平公主家产，金银珠宝堆积如山，罕见的宝物，可以跟皇家御库相比，马厩里的马、牧场上的羊、田园农庄、放债利息，清查了好几年都清查不完。

挖掉太平公主这个毒瘤，也就为李隆基开创大唐王朝“开元盛世”，铲除了大批奸臣、佞臣！

李隆基是这样开创“开元盛世”的

“开元盛世”是继李世民开创“贞观之治”后，大唐王朝的又一辉煌盛世，是中国封建史上又一朵盛开的荣耀之花。

司马光的笔端告诉我们，李隆基开创“开元盛世”，主要得益于如下举措：

全国分为十五道

这是社会管理体制的一次重大构建。在此之前的封建王朝，有皇亲国戚的食邑分封，有中央统管之下的州、郡、县、乡层级管理，等等。这样的社会管理体制，最大的弊端是，从上到下事权不明晰，中间梗阻很多，且有很多地域没有被纳入管理之中，形成社会管理的空白区。全国分为十五道，不仅全国所有地域全管，而且职责明确，就六条：一、当地强大家族势力的房屋建造，是不是违反政府规定，家族成员是不是欺负平民；二、政府官员是不是欺负平民、聚敛钱财、为非作歹；三、司法官员审理诉讼，是不是认真调查取证，判决是不是凭自己高兴或不高兴；四、人事管理上，官员是不是包庇宠爱的人，打击贤才；五、官员子弟是不是仗恃权贵，干涉司法审判；六、官员中是否有人贪赃枉法，违反政府法令。各道设巡察特使，挑选贤明的州长兼任，依据六条规定，不定期下到各道调查，听取群众反映，处理违反六条规定的官员和事件。巡察特使除改变法律规章须报中央批准外，其他的事情自行处理之后，再奏报。这样做的结果，不仅极大地限制了各级官吏、地方豪强的违法乱纪，而且有效地促进了全社会的经济发展。司马光如此写道：“太平日子已久，仓库的财产货物，堆积如山。”“各州呈缴的布匹绸缎，上面有污渍的或有磨损的，都发回该州，折算现金，另行购买补缴。自此，征调运转，开始繁多。”

关键是，十五个道，就是十五个战区。

为使读者了解十五个道的分布，特记录如下：

京畿道（首都长安）、都畿道（东都洛阳）、关内道（首都长安地区）、河南道（今河南省开封市）、河东道（今山西省永济市）、河北道（今河北省大名县）、陇右道（今青海省海东市乐都区）、山南东道（今湖北省襄阳市）、山南西道（今陕西省南汉中市南郑区）、剑南道（今四川省成都市）、淮南道（今江苏省扬州市）、江南东道（今江苏省苏州市）、江南西道（今江西省南昌市）、黔中道（今重庆市彭水苗族土家族自治县）、岭南道（今广东省广州市）。

十五个道的布局，形成了唐王朝从中央到州、县、乡方方面面的有效统管，效果是十分明显的。

例如，当时农民靠天吃饭，赶上风调雨顺的年景，粮食丰收了，粮价却太低，农民收入没有多少增加；遭遇旱涝虫害等灾年，政府又拿不出多少粮食进行赈济。唐太宗李世民时期，曾推行的“义仓”和“常平仓法”，丰年把粮食储存起来，荒年把储存起来的粮食，作为赈济发给灾民的做法，在李世民去世不久就废弃了。李隆基登基后，恢复“常平仓法”，全国十五个道负责选择粮食产区建仓，指导监督州和县丰年储粮、灾年放粮的具体工作，确保农民丰年不减收入，灾年不逃荒，为“开元盛世”奠定了社会稳定的基础保障。

公元715年前后，各地连续遭受蝗虫灾害，因为十五个道较好地发挥了防治救灾、赈济灾民的一盘棋功能，极大地减轻了蝗灾对人民的损害。

司马光如此写道：虽然连年蝗虫成灾，却没有引起民间大饥馑惨剧。

十五个道的布局，是唐王朝全国一盘棋的统管，不仅搭建起了唐王朝上情下达、下情上传的畅通渠道，使中央的决策部署、政策法令畅行落地；而且搭建起了中央与地方调度、调剂的一张大网，有战事，军队就近调度，有天灾，粮食等物资可全国范围统一调剂；还能为商旅贸易，打通了传统的区域阻点，促进经济、文化交流和社会发展。但是，确保十五个道把这些功能发挥出来的关键，在于唐王朝中央不内斗、不自乱、不腐败、不蜕变，始终具备对各道的领导力、统治力和一呼百应的感召力。但凡做不到这样，十五个道的行政区域，就是十五个独立王国，就是唐王朝十五个巨大隐患！对此，唐王朝踏上衰败之路后，就已经得到反复验证！

实行募兵制

唐王朝长期实行的是征兵制，男子二十岁服役，六十岁除役，而家人不能免除捐税差役，长时间下来，积累了两个问题。一是服役兵员农闲时实施军事训练，战争时集合出征，不仅伙食费、铠甲要自备，而且武器也要自备。这对服役人员及其家庭，无疑是极大的负担，因而逃役成了军队的一个普遍问题。二是军中将领普遍贪污腐败，他们为了贿赂朝廷管钱、管物、管官的官员，对士卒进行盘剥。军中规定，士卒的钱财必须寄存在军中统一保管，为把这些钱财弄到手，将领们找各种各样的借口，对士卒进行凌虐，被凌虐致死的，寄存在军中保管的钱财，顺理成章地装进了将领们的口袋。因此，军中士卒非常不稳定，逃跑、反抗、叛逃时有发生。

唐王朝一级实质宰相张说，上疏建议废除征兵制，改为“兵”“农”分离的募兵制。张说提出：全国边防驻军六十万人，减为四十万人；招募青年分到各道充军，由政府予以保障供给；对逃跑的士卒，不予追究，优先招募录用。皇帝李隆基批准后，仅十天半月时间，集结精锐部队十三万人。募兵制不仅解决了唐王朝的兵源问题，而且大大减轻了人民的负担！

保持了一段时间的明智

设置丽正书院，把当代文学知名人士集结一堂。大唐王朝是中国历史上文学艺术鼎盛时期之一，名誉天下的大诗人李白、杜甫、贺知章等，就是唐王朝的杰出代表。皇帝李隆基设置丽正书院，将各地的文学名人集中在一起，由政府保障供给，或陪李隆基阅读，或校勘书籍，当然，更多的是文学家之间的探讨交流和创作。“少小离家老大回，乡音无改鬓毛衰，儿童相见不相识，笑问客从何处来”的作者贺知章，就是李隆基招揽天下文学名士时，来到了丽正书院的。文学艺术的创作，既离不开孤独的思想挣扎，也离不开交流的火花碰撞，火花碰撞出的灵感闪念，往往是文学艺术巨作的开启源头。试想，把唐王朝各地的文学名士集结于一堂，磋商交流碰撞出的火花，将是多么绚丽多彩！

公元725年，皇帝李隆基将集仙殿更名为“集贤殿”，他说：“神仙也者，都是虚构，我不相信。而贤人才是救世救人的工具，我今天与各位在一起聚会，把集仙殿改名为‘集贤殿’。”

把集仙殿更名为“集贤殿”，不信神仙而信贤人，这是皇帝李隆基明智的一个显著标志。李隆基对宰相们说：“《春秋》从不记载祥瑞，只记载丰收。”他训令天下：“自此之后，各州县不可再奏报祥瑞！”

在做了这样的记述后，司马光笔锋一转写道：用水力推动的“浑天仪”完成，上面排列星群；把水注进去，水的压力使齿轮转动，仪器遂自行旋转，一昼一夜，恰巧自转一周；另有两个齿轮，带动悬挂在空中的两个球，分别代表太阳和月亮，做反方向移动，快慢恰到好处。又设计“地平仪”木柜，一半埋在地下，地上有两个木头人，每十五分钟敲一次鼓，每一个小时敲一次钟，机器都安装在木柜之中。

说实话，我琢磨了半天，也没弄清楚“浑天仪”和“地平仪”的原理，但我相信它肯定是观察天体运转和地动变化的仪器，且一定是全人类天体物理学上的一个重大发明！

司马光在《资治通鉴》的笔端走向中，进入科学技术领域的不多，可在唐王朝皇帝李隆基设置“集贤殿”、训令不再奏报祥瑞之后，为什么会把“浑天仪”“地平仪”的事记载下来呢？

想不出太多的深层次理由，但有一点是毋庸置疑的，即李隆基开创大唐王朝的“开元盛世”，如若没有科学技术作为重要元素，是不可能的！

心中有人民，处事也公道

这是君王明智的内核。应当说，李隆基在当皇帝的相当长时间里，用对不同事件的处理，证明了他的明智。

比如，李隆基曾派宦官到江南收集赤头鹭、紫鸳鸯，打算放到御花园观赏。但派出去的宦官自以为有皇帝的圣旨在手，所到之处造成很大的骚扰。时值初春，江南春耕正忙，养蚕也需要大量人手。可宦官不管这些，下令地方官员组织民众寻找赤头鹭和紫鸳鸯，不仅贻误农时，而且惹得民众怨声载道。汴州（今河南省开封市）人倪若水上疏，对李隆基的这一做法提出批评，认为皇帝应该把凤凰当作普通飞禽，把麒麟当作平凡走兽，不要为御花园观鸟，而影响春耕生产。李隆基看到上疏后，亲写手令给倪若水，向他表示歉意，并诏令宦官把已捕获的鸟全部放飞。

比如，当时长安的洋人很多，有洋人给皇帝李隆基上书，说南海珍珠、翡翠、奇异宝贝很多，可以派人到那里去收集；同时说狮子国（今斯里兰卡）仙草灵药很多，还有精通医药的女巫师，可以派人到那里去收集仙草灵药，同时请一些女巫师充实皇宫。李隆基听了怦然心动，诏令行政监察官杨范臣，陪同洋人前去寻求。杨范臣则奏报说："陛下刚登基时焚烧大量珍珠璧玉，现在却不远万里去寻求珍珠、翡翠，前后发生的这种变化，应予警觉。"杨范臣还说洋人是拍陛下马屁，企图迷惑陛下，切不可上当。史载："李隆基立刻认错，责备自己。"

再比如，皇家服侍官长孙昕是皇后的妹夫，因为有这层关系，所以在朝廷很是张扬。长孙昕因一点小事，与总监察官李杰发生冲突，于是长孙昕跟他妹夫杨仙玉，埋伏在李杰必经的一条小巷，把李杰暴打了一顿，官帽和官服也被撕破。皇帝李隆基听说后，就在文武百官参加的朝会上，下令将长孙昕和杨仙玉，用乱棍打死。而后李隆基当着文武百官，对李杰说："长孙昕是我最亲密的亲戚，没能训诫教导好，致使他凌辱冒犯帝国官员，虽处死刑，仍不足以赎罪。希望你一秉刚强意志，继续纠举罪恶，不要被这些凶徒吓阻！"

还比如，六任帝李显时流行的"斜封"，即皇亲国戚收取大把贿赂后，不走官员选拔任用程序，写个便条直接交有关部门任命当官的做法，李隆基登上帝位后废除了，但时间一长，他又把"斜封"捡起来了，写个便条给人事主管单位，要求把自己当亲王时的旧部擢升。皇帝一带头，亲王们就立马跟上，一份份写便条的"斜封"送到了人事部门。侍中宋璟旗帜鲜明地提出反对，他认为："无论发给赏赐，或任命官吏，必定因其有功劳或有才干，且全应经过中书省、门下省审查！"宋璟反对的理由是，发给赏赐或任命官吏，必须经过法定程序审核，而不能写便条、下手谕（墨敕），搞"斜封"那一套。皇帝李隆基觉得有道理，立即下诏堵死了"斜封"那条路。

还比如，一段时间，民间传闻皇帝要挑选天下美女，充实寝宫。李隆基听说后，在崇明门集合大量牛车，把宫中大批美女由牛车载送她们回家，以此平息民间的传言。

还比如，皇帝李隆基因社会风俗变得奢侈糜烂，下令将皇帝多余的车辆、衣服、金银珠宝器具以及所有装饰品，令有关单位将其销毁，能用的供应军事及国家使用；珠宝璧玉、锦绣绸缎都在金銮宝殿前焚化；皇后妃妾以下宫中妇女，都不准戴珠宝璧玉、穿锦绣绸缎。

还比如，当时全国各地都在首都长安设置了办事处，派到办事处的人叫作朝贡特使，这些特使都携带大量金银财宝，用于对朝中重臣和要害部门请客送礼。因为有大量金银财宝做后盾，朝贡特使到交班回去的时候，大都有朝中大臣举荐，留在京师当官。各地换一批朝贡特使再来，又带来大量用于贿赂的金银财宝。如此恶性循环，极大地败坏了朝廷风气。侍中宋璟上疏提出，将朝贡特使一律遣返，从根本上革除这一弊端。皇帝李隆基准奏，一夜之间，驻京办事处撤了，朝贡特使走了。

……

重用了一批贤能大臣

下面，我们挑几个贤能重臣品品。

姚崇重视人才培养，把魏知古这个地位卑微的小职员，一步步提拔到了侍中，与自己同时担任宰相。姚崇曾派魏知古负责东都（今河南省洛阳市）的官员遴选工作，同时派当时的文官部长宋璟，进行最后的审查，做录用或辞退的决定。魏知古对派宋璟做录取或辞退决定，十分不满，怀恨在心。姚崇的两个儿子，在朝廷驻东都的分支机构工作，仗恃父亲对魏知古的提携之恩，大肆揽权受贿，并不断请托魏知古事由。魏知古把姚崇两个儿子的所作所为，没有告知姚崇，提醒他严加管教，而是直接报告皇帝李隆基。李隆基与姚崇交谈时，不经意地问他有几个儿子，都在哪里当官。姚崇对儿子的性情、品行很了解，没少对他们进行训斥管教，皇帝这么一问，他便说："我有三个儿子，两个在东都，他俩的欲望太多，而又不肯自爱，定是有什么事请托魏知古，我还没来得及查问。"姚崇的回答大出李隆基的预料，他原以为姚崇会极力为儿子辩护，没想到他如此坦诚，因而对姚崇更加信任。皇帝李隆基对姚崇一路提携魏知古也知情，对魏知古不去提醒姚崇，而是直接向自己奏报很反感，于是提出将魏知古斥责放逐。姚崇却一而再、再而三地劝阻李隆基，不能因为魏知古揭发了自己儿子的问题，而将其斥退。

姚崇与御史大夫卢怀慎，共同处理朝廷政务，由于这二人为官清廉，所以史学家对他俩的评价很高。司马光写道：卢怀慎清廉谨慎，节俭朴素，从不经营家产，虽然已到宰相高位，但所得的薪俸，随时都散发给故旧亲友，以致妻子、儿子都难免不挨饿受冻，住家破烂，遮不住风雨。虽然史称姚崇和卢怀慎为贤能宰相，但卢怀慎的能力远赶不上姚崇，因而时称姚崇为“救时宰相”，称卢怀慎为“伴食宰相”。“救时”也好，“伴食”也罢，两位宰相品行很好，为官清廉，不争权，不耍小聪明，因而为李隆基开创“开元盛世”，做出了巨大贡献。

比如，公元715年，崤山以东遭受严重蝗灾，很多农民出于无奈，在田地边焚香，向蝗虫叩头祭祀，而不去捕杀。卢怀慎很佛系，支持农民这么做，认为捕杀蝗虫会伤害天地间的和睦元气。而姚崇是支持扑杀蝗虫的，还特地讲了个楚国国王芈侣吃马蟥的故事：楚庄王芈侣吃咸菜时，发现一条马蟥。只要他把这条马蟥夹出来，主管国王御食的一干人就将人头落地。楚庄王没有这么做，而是把马蟥当咸菜吃了，结果肚子疼痛，不能进食。宰相听说后，对楚庄王说：“上天并不特别爱谁，只特别爱有品德的人，大王仁爱，病情绝对不会恶化。”果然楚庄王的病好了。姚崇说：“为什么对蝗虫那么大慈大悲，不忍心下手，却忍心看人民活活饿死！如果杀死蝗虫会招来大祸，我愿一身承担！”皇帝李隆基笃信佛教，他本是支持卢怀慎的，听了姚崇这么一说，转而支持姚崇，派出督察官前往各州、县，督促地方政府组织农民捕杀蝗虫。无须多说，这对农民的收成，肯定是有益的！

前面提到的宋璟，也是一位贤能重臣，他是在卢怀慎病危逝世前，姚崇向皇帝李隆基推荐接替卢怀慎的。宋璟原是广州都督，被提拔任刑部尚书，后又被提升为侍中。司马光评价说：“宋璟当宰相，主要在选拔人才，依照能力交付他们工作，使政府官员都能称职；宋璟所作赏罚，一秉大公，没有私弊，敢于冒犯皇帝的怒气，做直言无隐的劝告。”

广州官民准备给宋璟立“遗爱碑”，宋璟听说后，立即上疏皇帝李隆基，说：“我在广州没有特别贡献，只因我今天的光荣和深受宠爱，遂引起他们阿谀谄媚。如果打算革除这种风气，应从我开始，请下令禁止。”

宋璟的堂叔宋元超，在洛阳争取到了一个候补官资格，仗着有宋璟这样的背景，休假时要求延长假期。宋璟得到消息后，用正式公文通知文官部，要求解除宋元超的候补官资格。

皇帝李隆基宠信的开府仪同三司王毛仲准备嫁女，李隆基问他有什么需帮忙的，王毛仲说：“万事俱备，但客人不肯上门。”王毛仲说的“客人”，指的是宋璟，朝中文武大臣都主动贴上去了，唯独宋璟请都不来。李隆基笑着说：“明天，我替你请。”第二天，朝中臣僚都聚集在王毛仲家祝贺，中午到了宴会厅之后，大家不敢动筷子，只等宋璟驾到。宋璟姗姗来迟，进门后先按常规举杯向西遥敬皇帝，然后入座，喝了半杯酒，说了句贺喜的话，便推说肚子痛，站起来走了。司马光如此写道：宋璟刚强正直，越老越坚持。

此外，李隆基刚当皇帝时，太平公主与她提名推荐的五个宰相，商讨罢黜皇帝李隆基的篡权阴谋，结果李隆基抢先出手，诛杀了四个，没有诛杀的那个叫陆象先。没杀陆象先的原因是，陆象先反对罢黜李隆基。陆象先在公元721年任蒲州（今山西省永济市）州长，他处理政务十分宽达，程序简单，官民犯罪了，大多数都训诫后释放。政府官员认为不用刑罚，不能展示州长权威，陆象先则认为，权威不是靠刑罚树起来的，他说：“天下本来没有事，都是那些平庸的人硬搞出来的。只要能使源头清洁，使平庸的人不要乱出主意，何必担心社会没有秩序。”（天下本无事，但庸人扰人耳。苟清其源，何忧不治。）

还有张九龄，也在李隆基时期当过中书令，他的行事风格是公正、清廉、简约，敢于坚持原则，给李隆基的上疏、对李隆基的劝谏，从来不看李隆基的眼色，也不顾忌皇亲国戚的意愿，他官当得硬硬朗朗，人做得正正道道，文学创作也出神入化。“海上生明月，天涯共此时”，就是张九龄留给中华子孙世代传诵的佳句。

诚如李隆基将集仙殿改为“集贤殿”时所说：“贤人才是救世救人的工具。”李隆基开创的“开元盛世”，是他重用了很多贤能大臣的必然结果！

李隆基是这样毁掉“开元盛世”的

毫无疑问，大唐王朝的“开元盛世”不是一朝一夕、一蹴而就开创的，而是皇帝、朝臣、各级官员和人民群众，历经数十年的不懈努力共同开创出来的。

可是，毁掉“开元盛世”，不仅没费多长时间，而且只出于几个人之手。

毁掉“开元盛世”的罪魁之一李林甫

在我看来，“开元盛世”由盛转衰的转折点，是公元734年李林甫出现并得到重用。

司马光是这样评价李林甫的：待人非常温和，但阴险狡狯，精于谄媚拍马屁，计策百出；用尽心机，交结宦官跟皇帝嫔妃的家人，探听皇帝的动静，事情无论大小，李林甫全都知道，因此，每次当面奏报，总能符合皇帝的心意，李隆基对他非常喜悦。

司马光的评价告诉我们，李林甫极其聪明，计策百出；他的聪明才智主要用于巴结宦官和皇帝嫔妃的家人，以把皇帝的大事小情全部掌握，用于奏报时取悦皇帝；最为关键的是，他的聪明才智，全出于阴险狡猾。

当时后宫的武惠妃得宠，生下一个男孩名叫李清，皇帝李隆基非常宠爱，因而对太子李瑛逐渐疏远。李林甫立马投靠武惠妃，誓言拥护李清当太子。因为这一巴结，李林甫便被提拔为教育部长、一级实质宰相。武惠妃为让儿子李清当太子，经常在李隆基耳边讲太子李瑛和其他皇子的坏话，李隆基一气之下，打算把太子李瑛和另两个皇子贬作平民。中书令张九龄上疏劝阻，于是武惠妃与李林甫联手，日夜不停地在李隆基面前攻击张九龄，李隆基遂对张九龄逐渐疏远，很快免除他的宰相职务，贬出京师，张九龄的中书令官帽，戴到了李林甫头上。司马光特地写道：从此以后，政府官员为了保全官位俸禄，再听不到公正直率的言论了。

而李林甫把所有谏官召集起来，如此说道："现在，皇上高高在上、英明领导，文武官员服从都来不及，还多说什么话！你们难道没看见吗？宫门口的'仪仗马'，它们吃的饲料，相当于三品高官的薪俸。可在值班时，只要嘶叫一声，就立刻被剔除，后悔都来不及！"

李林甫就这样，把大唐王朝所有谏官的嘴都堵上了。

紧接着，太子李瑛，皇子李瑶、李琚，被皇帝李隆基诏令自杀，李瑛舅父赵家、太子妃娘家薛家、李瑶舅父皇甫家，数十人家被判流刑。

下面，让我们看看李林甫的阴险套路。

套路之一，皇帝想起谁有才华，李林甫就让谁的才华无用武之地。皇帝李隆基突然想起严挺之，觉得这个人有才华，可以重用。李林甫从李隆基那里一出来，便召见严挺之的弟弟严损之，说："皇帝惦记你老哥，为什么不叫你哥去晋见皇帝呢？"这话说得没错，也看不出李林甫的阴险。接下来李林甫的阴险便显露出来了。严挺之在绛郡（今山西省新绛县）任郡长，李林甫出的主意是：叫严挺之上疏皇帝，说自己身染风湿，请求回京师医治。严挺之便依李林甫的主意上疏，李林甫便拿着严挺之的上疏，对皇帝李隆基说："严挺之年老体衰，又害上风湿，最好加授给他一个闲官，使他安心疗养。"李隆基拿着严挺之的上疏叹息不已，年老体衰，又染风湿，还怎么重用呀！结果严挺之从郡长实职变成了闲散虚职，在官员的编制外终老。

李林甫的阴险套路，完全达到了把有才华、有能力、很清廉的官员，排除在重要岗位之外，而把他招揽的走狗、打手占据重要岗位的目的。皇帝看上谁、想用谁已经不可能，除非李林甫也看上谁，才有可能。

套路之二，皇帝倚重谁，李林甫就引导谁犯错误。左相李适之性情疏阔，坦率正直，李林甫想搬掉他，便主动找上去对李适之说："华山有金矿，如果开采，可以使国家富裕，圣上还不知道这件事。"几天后，李适之给李隆基汇报政务时，提到了这件事。李隆基问李林甫华山金矿的事，李林甫是这么说的："我早知道华山蕴藏金矿，但华山是陛下的本命。王气所在，不应开采，所以一直不敢提。"李林甫说的核心是，华山是皇帝李隆基的本命山，动华山就是动皇帝李隆基的根基。这么一个事关皇帝本命、聚帝王之气的重大问题，你李适之提出开采，到底是要金子，还是要皇帝的位置？于是，李适之被疏远，进而被排斥。

套路之三，堵死天下贤才的进官之路。李隆基打算普遍招揽天下贤才，诏令凡精通一门学问的知识分子，全到京师集中考试。李林甫很害怕，因他在朝廷上下作恶太多，民间议论纷纷，民怨沸腾，把知识分子集中到京师，肯定有人当面指责他李林甫。于是，他反复劝阻皇帝李隆基，以防这些出身卑贱的知识分子，因用词不当，污染陛下的贤洁听闻。故而把由皇帝亲自考试，改由郡县遴选考试，再把遴选出来的考生，集中到京都复试，结果没有一个人及格。李林甫还特地给皇帝李隆基道贺，说民间没有被遗漏的人才。

此外，李林甫培植了一帮用冤狱铲除异己的打手。司马光写道：吉温、罗希奭（李林甫一路提升起来的两个打手）像猎狗一样，随着李林甫的指使，想定谁重罪，就定谁重罪；想定谁轻罪，就定谁轻罪；再困难的案件，二人都能完成任务，兴起大狱，一旦陷入，没有人能脱罪，当时的人称之为“罗钳吉网”。

当然，毁掉“开元盛世”的其他罪魁，如杨玉环、安禄山等，也是在李林甫的阴险套路中，得到皇帝李隆基宠信的。

毁掉“开元盛世”的罪魁之二杨玉环

美女杨玉环，是故蜀州（今四川省崇州市）户籍官杨玄琰的女儿，十七岁那年，被挑选为皇子李清的正妃。几年后，皇帝李隆基见到二十六岁的杨玉环，顿时神魂颠倒，打主意把她弄到手。李隆基派人悄悄告诉杨玉环，叫她宣称自愿出家当女道士，还假模假式地给她戴了顶“太真”的法号，以蒙蔽外人，实际是把杨玉环偷偷接进了皇宫。司马光评价说：杨玉环肌肉丰满，气质高贵，艳光照人，通晓音乐，性情机警聪明，善于奉承李隆基的心意。可以想见，把个六十一岁的老头李隆基吸引得神魂颠倒，足见杨玉环美貌是多么出众！于是，李隆基封杨玉环为贵妃，为讨杨玉环欢心而给她的父亲、叔父、堂兄等封官授爵。

杨玉环家人被封官授爵的，都是些什么货色呢？司马光特地写了一个名叫杨钊（后更名为杨国忠，本文称杨国忠）的人，他与杨玉环同曾祖父，是杨玉环的堂兄。此人没有学识，更没有品德，在一个县政府当防卫员，杨玉环的父亲杨玄琰去世后，他前去吊唁，还与杨玉环的二姐上床寻欢。杨玉环得宠后，杨国忠的官职一路攀升，可以随意出入皇宫。

现在流传的杨玉环吃荔枝的事，是真实的。陕西长安不产荔枝，而产荔枝的五岭以南，直线距离约三千里，中隔山重水阔，当时的交通条件又几乎都是原始状态，把岭南带露珠的荔枝送到长安，极其困难。但皇帝李隆基为讨杨玉环欢心，诏令沿途的驿站，用快马接续传送，白天连着黑夜，不停换马，从岭南一直送到长安，以保证荔枝的颜色和味道，全没有改变。从杨玉环要吃荔枝这件事可以看出，因为美丽，因为受宠，再加上她本性的嫉妒、撒泼、任性、胡来甚至对皇帝李隆基口出恶言，是难以避免的，把李隆基激怒也是难以避免的。公元746年七月，李隆基被杨玉环激怒，令宦官把她送到她的堂兄杨铦家。可送走之后，李隆基便魂不守舍，看谁都不顺眼，莫名其妙大发雷霆，碰上谁就捶打谁。跟随李隆基多年，已经成了李隆基肚里蛔虫的宦官头子高力士，提出把杨玉环院里的东西，给杨玉环送过去，李隆基同意。一百余辆车把东西刚运完，李隆基便叫人把自己吃的饭菜，分出一部分给杨玉环送去。到了晚上，高力士请求李隆基把杨玉环接回来，于是宫门大开，杨玉环回宫。

经过这番折腾，皇帝李隆基对杨玉环的爱，更是深入骨髓，后宫再没有其他美女能够接近皇上。

杨玉环毁掉“开元盛世”的罪恶，主要是两个方面。

一是，杨玉环集皇帝的万般宠爱于一身，她家的七大姑八大姨、阿狗阿猫全都鸡犬升天，一个个提拔占据朝廷的重要岗位为官，却又不能为天下百姓做什么有益的事情。

就说杨国忠吧，无德无才，靠着杨玉环这个堂妹的关系，被李林甫拉到身边作为内援，李林甫想谋害谁，就派杨国忠做打手，把谁给办了。司马光这样写道：杨钊也利用这个机会，满足私欲，被排挤、陷害、诛杀、屠灭的官员，有数百家之多，都出自杨钊之手。因为杨国忠是杨玉环的堂兄，大唐王朝很多要害部门的首长，全由杨国忠兼任。

杨玉环的三个姐姐被封为韩国夫人、虢国夫人、秦国夫人，皇帝李隆基称她们“姨姐”，可以随便出入皇宫，权势震动天下。加上杨玉环的另两个堂兄杨铦、杨绮，被称作“五杨家门”，他们向李隆基请托任何事情，无不应允。因而来自全国四面八方的贿赂馈赠，像轮柱集中车轴一样，全都涌进他们的家门，而唯恐送得太迟，以致‘五杨’的家门，从早到晚，人来人往，热闹得如同市场。

公元751年夏季，剑南战区（今四川省成都市）因南诏王国（今云南省昭通市）不听招呼，发兵攻打，在泸水（今金沙江）之南会战。结果，唐朝军队被南诏军队打得大败。南诏王国获胜后，在归还俘虏和占领城邑的同时，给皇帝李隆基捎话：“如果唐王朝不接受我们的请求，我们只有向吐蕃投降，云南郡恐怕不再是唐王朝领土。”面对如此重大的问题，大权在握的杨国忠根本就分不清轻重，他不向皇帝奏报，却下令剑南战区继续向南诏王国进攻，结果在洱海湖会战，一战损失远征军六万多人，南诏王国遂向吐蕃投降。这时宰相杨国忠向皇帝李隆基奏报“大获全胜”。

无德无才的杨国忠，集唐王朝大权于一身，他作恶多端，贪得无厌，杀人无数。之所以写他在处理南诏王国危机这件事，是因为想特地说明，杨国忠这个大事小情都拎不清的草包，统揽唐王朝大权，只会加速对“开元盛世”的摧毁！

二是，杨玉环引狼入室，使得安禄山得到宠信。

安禄山是营州（今辽宁省朝阳市）一个小蛮族部落的人，叫阿荦山。他的亲娘是一个女巫，丈夫死后，带着阿荦山嫁给突厥人安延偃，投奔唐王朝后，改名安禄山。

史学家评价安禄山狡狯圆滑，非常了解人情。他在幽州战区司令官（节度使）张守珪手下任左骁卫将军，在与契丹部队的战斗中，轻敌冒进，造成巨大损失，应予斩首。张守珪上报给朝廷，李隆基觉得安禄山作战勇敢，很有才干，下令免除他的官位，而以平民身份代理现职。中书令张九龄坚决反对，说："安禄山违抗军令，军队在战场上覆没，依照军法，不可不斩。"张九龄可能有相面特长，他提出，安禄山是叛徒相貌，不斩定有后患。李隆基没有因为张九龄的坚决反对而改变主意，使得安禄山一步步进入大唐王朝的权力中心。

司马光写道：安禄山生日，李隆基和杨玉环赐给他衣服、宝物、酒食。杨玉环则用锦绣绸缎，缝制了一个特大的婴儿襁褓，把体重达三百斤的安禄山包裹起来，命宫女、宦官用彩轿把他抬起来。正当大家嬉笑玩闹之时，皇帝李隆基到了，问大家笑什么，侍从说杨贵妃分娩三天，现正在给"禄儿"洗澡。李隆基命人打开襁褓，一看是安禄山，便当场赐杨玉环给"禄儿"洗澡钱，同时厚赏安禄山。这之后，安禄山自由自在出入皇宫，有时陪杨玉环吃饭，有时一整夜不出宫。宫廷内外盛传"禄儿"与杨玉环通奸，李隆基就当没听见一样。安禄山为使自己与杨玉环淫乱方便，特地请求当杨玉环的义子，李隆基欣然同意。

给予"开元盛世"致命一击的安禄山，就这样被杨玉环引入了皇宫。

安禄山揭开了唐王朝腐烂的遮羞布

安禄山狡猾灵巧，精于谄媚，最会讨人欢心，所以人们多对他赞扬。皇帝李隆基身边的人，但凡前去安禄山所在的管辖区，他都用重礼相送。收了贿赂的大小官员，回宫后都为安禄山大唱赞歌，在一边倒的赞歌声中，安禄山的官职一步步提升。宰相李林甫因受贿最多，因而赞歌唱得最响。

不得不说，安禄山是个了不得的人物，他深知，用贿赂使皇帝身边的人为自己唱赞歌很重要，但仅此还远远不够，必须让皇帝觉得他真是个人才，真是为大唐王朝谋利益，才是更重要的。为此，安禄山卑鄙的内在素质，被全部发掘出来，并派上了用场。

比如，为在塞外建功，博取皇帝的宠信，安禄山采取的做法就出人意料地卑鄙。居住在滦河上游的奚部落，与居住在辽河上游的契丹部落，是安禄山当范阳战区（今北京市一带）司令时的两个友好邻居，皇帝李隆基还特地派出唐朝公主嫁给这两个部落的酋长。安禄山则不断发兵对这两个部落发起掳掠，以激怒这两个部落。这两个部落一而再、再而三地忍让后，不再忍了，诛杀嫁过去的唐王朝公主，反叛唐王朝。安禄山的目的达到，率大军讨伐，击破这两个部落，然后上报平叛的战果，获得皇帝李隆基极大的赞赏。

把奚部落和契丹部落打残后，安禄山以范阳战区节度使的身份，隔一段时间便摆一场盛大酒宴，邀请这两个部落的头脑前去赴宴，招待他们喝的“莨菪酒”含有剧毒，喝下后昏醉，安禄山便把他们全部挖坑埋掉，动不动就有数千人，然后把酋长的人头砍下，装到盒子里呈献中央，前后有四五次。

如此凶残狡猾的安禄山，在皇帝李隆基面前是个什么样子呢？是“豪爽开朗”“憨憨傻傻”“幽默风趣”的。公元743年正月，安禄山第一次见到皇帝李隆基时说：“去年，辽城郡田里有害虫吃庄稼嫩苗，我焚香祷告上天说：‘我如果做事不正，侍奉君王不忠，请上天教害虫吃我的心。如果我没有辜负天地神明，请上天把害虫赶走。’马上就有一群鸟从北方飞来，把害虫吃光。”骗得李隆基非常高兴。李隆基曾指着安禄山的大肚子，问他肚皮里都是什么东西，安禄山张口答道：“什么也没有，只有一颗赤心！”李隆基命安禄山晋见皇太子李亨，安禄山却不肯叩头，左右侍从催促他跪下，安禄山不服从，还问："皇太子是个什么官？"李隆基说："皇太子就是储备的君王，我死之后，代替我当天子，做你们的君王。"安禄山则说："从前我只知道陛下一个人，不知道还有储备君王。"包括同时见到李隆基和杨玉环时，安禄山总是先叩拜杨玉环，他的解释是："我们蛮族先拜娘亲，后拜老爹。"

看到了吧，安禄山具有天才般的演技，他充分运用自己的憨态、傻样，表演自己蛮族的"无知"，获得了皇帝李隆基的高度信任。

关键是，安禄山在做各种表演的同时，在紧锣密鼓地做推翻大唐王朝的各种准备。他借口抵抗奚部落、契丹部落等南侵，储备了大量武器和战备物资。当然，推翻唐王朝，仅有武器和战备物资是不行的，拿住军权才是至为关键的。在这个问题上，安禄山表现出了特殊的智慧。

安禄山看清了，李林甫大权独揽，作恶多端，为了防止他人分享他手中的权力，他把边防军将领调任中央当宰相的渠道切断了。于是安禄山对李林甫格外讨好、巴结，通过李林甫，达到自己的目的。李林甫对皇帝李隆基说："文官出任统帅，面对乱箭飞石，都害怕得不得了，不如专用贫寒农家出身的蛮族。蛮族将领勇敢果决，习惯于战场上冲杀，又出身贫寒，势力孤单，更没有党派，陛下只要诚心诚意，用恩德相待，他们都会效忠政府，死而后已。"李隆基赞成李林甫的观点，贫寒出身的安禄山便得到重用。安禄山也循着李林甫的这个思路，紧锣密鼓地网罗蛮族党羽，向李林甫、李隆基大力举荐。没过多长时间，像史思明、安思顺、哥舒翰、高仙芝等蛮族将领，都成了战区司令。至公元747年，各战区司令官已全由蛮族将领担任，安禄山便一人身兼三个战区的司令，拥有全国最精锐的武装部队。安禄山还自请兼任御马总监和全国牧马总管，挑选了数千匹马集中饲养，训练成战马。

公元752年十一月，当了十九年宰相的李林甫死了，杨国忠接任李林甫的职务，同时兼四十几个国家部门的首长。他得知皇帝李隆基打算擢升安禄山当宰相后，担心安禄山的权势压过自己，开始检举揭发安禄山准备谋反的问题。朝廷很多臣僚也反映安禄山正在做谋反准备，可李隆基根本就听不进去。司马光写道：凡是有人说安禄山谋反，李隆基都把他们逮捕、捆绑起来，送给安禄山处理。因此，虽然人人都知道安禄山就要叛变，却没有人敢反映了。

公元755年二月，安禄山奏报：请求用三十二个蛮族将领取代汉人将领，皇帝李隆基立刻下诏颁发委任状。十月，安禄山公开举旗反叛大唐王朝。

皇帝李隆基召集全体宰相商议对策时，司马光特地写道：杨国忠大喜过望，脸上掩饰不住得意非凡的表情。

司马光写的这个细节，明明白白地告诉读者：杨国忠真是个分不清事情轻重的草包，让这种草包去对付老谋深算的安禄山，胜负高下立判，大唐江山要易主了！

安禄山所统领的精锐部队所向披靡，所经过的地方屠杀摧残，一片残破；听说安禄山的大军开来，唐朝郡县便打开城门投降。陈留（今河南省开封市）郡长开城投降后，安禄山将已经放下武器的上万名士卒全部诛杀；宰相杨国忠招募六万名没有经过训练的新兵进行抵抗，几乎全被安禄山歼灭；仅潼关一役，唐政府军就被歼十七万二千人……

公元756年正月初一，安禄山在洛阳登基，建立燕国，自称大燕皇帝。

皇帝李隆基，特别是身兼朝廷四十多个部门首长的宰相杨国忠，面对唐王朝大厦将倾的危险局面，是个什么表现呢？

下面我们以公元756年六月十二为时间起点，一天一天往下看。

六月十二傍晚，李隆基把禁卫军集合起来，赏赐给他们大量的金银绸缎，命他们准备九百余匹御马，干什么用，他没说。

第二日凌晨，李隆基单枪匹马，带着杨玉环姐妹、皇子皇孙、亲近的宦官，还有宰相杨国忠，悄悄溜出延秋门，向西逃亡。

这是宰相杨国忠的主意。

杨国忠兼任剑南战区（今四川省成都市）司令，听到安禄山反叛的消息后，他第一时间训令剑南战区副司令崔圆，秘密储存物资，准备迎接皇帝李隆基到那里躲避。

六月十三早晨，有部分文武百官进宫朝见，宫门一打开，宫女宦官争先恐后冲出来，乱成一团，宫内宫外天翻地覆，都不知道皇帝哪里去了。于是亲王、公爵、官员、平民像炸裂了的碎石似的，向四面八方奔走逃命。

还是六月十三，司马光记载了一个细节，逃亡路上，皇帝李隆基派宦官通知沿途郡县政府准备接待，结果没有一个官员奉旨迎接。没有吃的了，有人送来了糙米饭。送饭的咸阳乡绅郭从谨对李隆基说："安禄山心怀恶念，并不是一天两天了；也有人前往宫门揭发他的阴谋，陛下却把他们诛杀，遂使安禄山得以依照计划，实行叛乱，以致陛下流亡在外。从前圣明的君王，总是寻求忠良，使自己耳聪目明，我记得宋璟当宰相时，在陛下面前不断说出内心实话，全国靠他平安。从此以后，政府官员把说真话当作禁忌，只知道揣摩陛下的心意，讨陛下的欢心。所以宫门以外的事情，陛下全不知道。我身在荒原野草之中，早就知道有今天的变局，可是皇宫在九重天外，森严而又遥远，我的一番心意无法上达。不过话又说回来，事情不到这种地步，我又怎么能见到陛下，陈述下情呢！"

乡绅郭从谨这段话比较长，之所以全部记录下来，是因为基层乡绅早就看清的问题，统驭万民的皇帝李隆基看不清楚！

六月十四，李隆基一行逃到了马嵬驿（今陕西省兴平市），护驾的禁卫军士卒饥饿疲惫，怒火中烧，认为大祸是宰相杨国忠惹出来的，打算杀了杨国忠解气。恰在这时，跟随护驾的吐蕃王国二十余个使节找杨国忠要吃的，没等杨国忠说话，一箭射出，射中杨国忠的马鞍，杨国忠仓皇逃跑，被士卒用乱刀砍死，同时把杨国忠的儿子杨暄，以及“五杨”之门中的韩国夫人、秦国夫人全部杀死。皇帝李隆基住宿的驿站，也被护驾的禁卫军包围起来，禁卫军大将军陈玄礼提出处死贵妃杨玉环，作为平息禁卫军官兵的条件。李隆基不理解，他问：“贵妃（杨玉环）一直住在深宫，怎么知道杨国忠的反叛阴谋呢？”

看到了吧，直到此时，皇帝李隆基还看不清杨玉环引狼入室的严重后果，还看不清是安禄山反叛朝廷。

问题无解了，李隆基忍痛割爱，命宦官高力士把杨玉环带到佛堂绞死。

六月十五，皇帝李隆基从马嵬动身，但不知该往哪里走。马嵬的父老乡亲拦住李隆基，要求他留下来领导平叛，李隆基只好留下太子李亨，自己脱身出来。

六月十七，皇帝李隆基住宿在扶风郡（今陕西省宝鸡市凤翔区），跟随他逃亡的官兵怨气越来越大，抨击他的话脱口而出。李隆基只好出面跟大家承认自己的错误，把蜀郡进贡的春季彩色绸缎堆在院子里，叫大家自己取了回家。

司马光写道：燕军官员将领都是四肢发达、头脑简单的粗汉，没有远大眼光和谋略，攻克长安之后，被胜利冲昏头脑，认为天下大势已定，日夜饮酒，整天抢夺财产、奸淫美女，没有西上的打算，所以李隆基才能够平安逃到巴蜀，而太子李亨向北逃亡，也没有受到追击。

这一天一天连续看下来，看到的是“开元盛世”被毁的无解！

公元756年七月十二，太子李亨遵照父皇李隆基的意愿，在灵武城（今宁夏灵武市）登基称帝（十任肃宗）。

公元762年四月初五，七十八岁的太上皇李隆基去世。

文章写到这里，读者朋友肯定看清楚了，虽然说李林甫、杨玉环是毁掉“开元盛世”的罪魁祸首，是安禄山给已然衰败的“开元盛世”致命一击，但从根本上说，开创“开元盛世”的皇帝李隆基，才是毁掉“开元盛世”的元凶！

跟在皇帝李隆基这个元凶屁股后面的罪魁和打手，不仅很多，而且换茬，换了一茬又一茬。限于篇幅，这里就不再展开写了，只写写宦官高力士。因为高力士在后来的文学作品中经常露面，这里便对历史的高力士做个简要介绍。

高力士姓冯，他的祖父是岭南酋长冯盎。公元698年，岭南征剿司令李千里呈献两个阉割的男孩，其中一个就是冯力士，由宦官高廷福当义子收养，遂改姓高。皇帝李隆基十分信任宦官，常常任命他们当禁卫军三品将军，朝廷上下巴结、贿赂宦官的官员很多，宦官都很富足。李隆基最信任的宦官是杨思勖、高力士。杨思勖极其残暴，但很能打仗，屡立战功；高力士则常陪在李隆基身边，服侍皇帝。在这个过程中，高力士常常根据自己的喜好，添油加醋地给皇帝进谗言。比如，霍国公爵王毛仲因为深受李隆基信任，所以根本就不把宦官放在眼里，还当着很多人对高力士破口大骂。王毛仲的正妻生儿子后，李隆基任命王毛仲的初生婴儿为五品官，并叫高力士送去很多金银绸缎作为贺礼。高力士给李隆基回话时就添油加醋，说王毛仲对皇帝封他儿子五品官嫌低，说应封三品才合适，惹得李隆基大不高兴，把王毛仲贬作瀼州（今广西壮族自治区上思县）秘书长，尚未到任，李隆基又派使节追上，命他自杀。

高力士小心谨慎，态度恭顺，皇帝李隆基对他非常信任，曾对高力士说："我打算高高在上地过清静日子，不管国家大事，而把政府交给李林甫，你觉得如何？"高力士认为政府权柄不可以随意交给别人，并且讲了一番为什么不能交的道理。

因为高力士是皇帝李隆基身边的大红人，所以巴结、奉承、贿赂他的官员很多，李林甫、安禄山也不例外。高力士在皇帝李隆基身边，也没少给李林甫、安禄山添好话。但司马光是这么评价高力士的：他性情温和谨慎，很少犯错，平常察言观色，随机应变，一向自我克制，不敢骄傲蛮横，所以李隆基对他始终亲近信任，儒家学派知识分子对他也不痛恨。

如此看来，宦官高力士不能纳入毁掉大唐王朝"开元盛世"的罪魁之列。

“安史之乱”的大唐乱象

安禄山当皇帝，就是为了过瘾，他心中无大局，安国无谋略，至于民生事务，根本就不放在心上。司马光写道：安禄山攻克唐朝首都长安后，做的第一件事就是对长安居民家连续搜查三天。他为什么要这么做？因为他听说皇帝李隆基仓皇出逃时，长安居民趁乱抢劫了皇宫和皇家御库，大量的金银珠宝被搬到居民家里去了。安禄山下令搜查，就是要把被市民抢走的东西，再抢回来。这三天搜查，安禄山的诏令是：“连同居民自己的私产，也一并没收。”又训令：“市政府和县政府追踪，一文钱或一两重的东西都要查明，对持有的人定罪。”

当然，安禄山进长安后，不只是搜刮、抢劫财富，他还下令把唐王朝没来得及逃跑的亲王、侯爵、将军等以及逃跑了但家属还在长安的，全部屠杀，连怀抱中的婴儿也不放过。

看到了吧，安禄山这个皇帝就是这么干的！

一年后的公元757年正月，安禄山被他的长子安庆绪杀死了。杀他的原因，是安禄山打算把燕帝之位，传给他宠爱的小老婆所生的儿子安庆恩。

用这种手段当上燕帝的安庆绪，日子好过不了。史评：安庆绪头脑昏庸，性情怯懦，讲话没有条理，当上皇帝后，躲在宫中，每天尽情饮酒。

燕军大将史思明，就不把安庆绪放在眼里。

史思明原名史窣干，营州（今辽宁省朝阳市）一个小蛮族部落人，他与安禄山的生日只差一天，从小就在一起玩，感情很深。史窣干因躲债逃亡，被奚部落骑兵俘获，正要被斩时，他谎称自己是唐王朝派来的使节，因而被奚部落酋长接见，并打算派一百人随他赴唐王朝朝见。在史窣干的游说下，奚部落由一名将领带队，随员增加到三百人，随史窣干走到平卢（今辽宁省朝阳县）时，史窣干暗地派人报告平卢基地司令，谎称这三百人是来袭击平卢的，被基地司令以设宴招待的方式，全部诛杀。因为使诈这一手，史窣干被提升为地方征兵府副司令，皇帝李隆基命他改名为史思明。

安禄山反叛唐王朝，史思明不仅是他的心腹，而且是他的战将，故史称“安史之乱”。安禄山交给史思明三千人，命他平定河北，史思明能征善战，但凶暴残忍，仅一年时间，河北完全被平定。司马光写道：燕军每攻破一个城池，城里所有的妇女、衣服首饰以及所有可以拿动的财产，全都被抢劫一空；男人则给燕军挑东西、做苦力；老幼或衰弱患病的人，他们则用刀枪长矛刺死，作为游戏娱乐。

唐王朝的长安、洛阳两京沦陷后，安禄山把抢劫的所有金银珠宝，全部运到范阳（今北京市）。安禄山被刺死后，史思明就驻守范阳，不仅手里掌控着巨大财富，而且手握强大的精锐部队，所以对弑父上台的皇帝安庆绪，史思明根本就不看在眼里，他看在眼里的就是自己当皇帝。

公元759年，长安、洛阳两京在燕帝安庆绪手里丢失了，安庆绪逃到了邺城（今河南省安阳市），史思明则率大军驻扎在邺城南面。连打败仗的燕帝安庆绪没有退路了，提出把燕帝让给史思明，史思明则给安庆绪安一项弑父篡位的罪名，将安庆绪连同他的四个弟弟，还有一帮安庆绪宠信的臣僚斩首，自己披上了燕帝的黄袍。

史思明当了两年燕帝后，也被长子史朝义杀死。安禄山和史思明被杀的原因也如出一辙，都是打算让小老婆所生的儿子接替帝位，结果长子率先下手，先杀父皇，再杀皇弟及皇弟宠信的臣僚，用一片血腥弥漫作为皇位更替的背景。

公元763年正月三十，燕帝史朝义的人头被送到长安，“安史之乱”画上句号。但“安史之乱”捅破大唐王朝瘀结的脓包后，大唐王朝的腐烂弥漫四散。

安禄山兵变的755年，皇帝李隆基后宫的宫女，高达四万人之多，是中国五千年历史中的最高纪录；同是755年，全国人口五千三百万，十年后，也就是平定“安史之乱”的第二年，即765年，全国人口只剩下一千七百万，高达三千六百万人死亡。算下来，十年中平均每天有九千八百六十三人丧失生命。这每天丧命的九千多人，有少部分是因战火引发的饥荒而饿死、病死的，更多的是刀砍枪挑而死的。这无疑是中国历史上悲惨的十年！而把唐玄宗李隆基后宫四万多宫女，与每天九千多士卒、平民死亡联系起来一想，不由得对一些史学家、文学家对李隆基进行美化、把杨玉环当作美女吟诵，而深感不齿！

更为关键的是，李隆基之后，中国大地连续两百年弥漫着腥风血雨，中国人民连续两百年陷入苦难深渊！

读《资治通鉴》读到“安史之乱”，心情很坏，有说不清的烦躁，有莫名的愤慨，还有诸多疑惑。接着往下写吧，因没兴趣而理不出头绪。通过反复做自己的工作，把从李隆基当皇帝到“安史之乱”这段历史读了又读，逼着自己往下读，往下写。因为即便自己再不愿看中国人民连续两百年的大苦大难黑暗岁月，但毕竟这是中国封建社会历史的重要组成部分，是中国人无法回避的一段历史，很多历史事件我们是需要知道的，很多令人景仰的历史人物，我们是需要传颂的！

……

安禄山“范阳兵变”后，剑指洛阳，大军南下如入无人之境，洛阳很快沦陷。面对实战经验丰富的叛军，唐政府军几乎没有招架之功，节节败退。

但在这种关键的历史节点上，皇帝皇亲、朝臣战将、知识分子、底层庶民各色人等，展露了各自的秉性气息。有的大义凛然，有的卑琐畏惧；有的舍生取义，有的舍义取利；有的为挽救国家危亡而殊死战斗，有的为谋取私利而阴险卑鄙……高尚与卑鄙、担当与逃避的品德高低、优劣，在“安史之乱”的大乱局中，经受历史的检验和洗礼！

下面，让我们循着司马光的笔端，去领略一下。

先看颜氏家族，一门两位英雄：颜真卿、颜杲卿！

在读《资治通鉴》之前，我只知道颜真卿是唐朝的一位伟大书法家，是“颜体楷书”的创始人，是司马光告诉我，出身于琅琊颜氏世家的颜真卿，从进士起步，当上了唐王朝的监察御史、殿中侍御史，因得罪杨玉环的堂兄杨国忠，被贬为平原郡（今山东省德州市陵城区）郡长。安禄山举起反叛唐王朝的大旗后，颜真卿立即招兵买马，十天时间便集结一万余人，并被同时参与讨伐的军队将领，推举为盟主，他率军坚决抵抗安禄山的进攻，在堂邑（今山东省聊城市东昌府区堂邑镇）打了大胜仗，收复了河北多个郡县。

在这里，司马光还特地记述了这样一个细节：安禄山举起反叛大旗后，颜真卿立即派人抄小道向朝廷报告，皇帝李隆基是得到颜真卿的报告后，才知道安禄山真的反了，并说：“我连颜真卿是什么样子都不知道，他竟然做得这么好。”

颜真卿在事关国家前途命运的关键时刻，所表现出的高尚品格，给历史留下了永久的喝彩！

颜真卿邀北海郡（今山东省青州市）郡长贺兰进明，共同抵抗安禄山的进攻。颜真卿清楚贺兰进明的德性，不给好处是不会搭理你的。出于大局谋划，颜真卿提出把自己在堂邑之战的功劳，让给贺兰进明。贺兰进明于是率五千人与颜真卿会合后，暗地里拢揽军权，颜真卿并不介意；贺兰进明把颜真卿让给他的堂邑之战的功劳，添油加醋地奏报给皇帝李隆基，并获得加授官位，颜真卿也不做任何解释。大敌当前，颜真卿心中只有平息安禄山叛乱的念头，没有任何个人的私利！

还有，平卢游击司令刘客奴等人，主动联系颜真卿，愿意接受他的指挥，向安禄山的老巢范阳（今北京市）发起进攻。颜真卿不仅立马送去粮食、装备予以支援，而且派自己的儿子颜颇，前去刘客奴那里充当人质。颜真卿当时只有这个儿子，且只有十余岁，派儿子去当人质，以表明自己的诚意，使平叛阵营形成了更强大的凝聚力。

再看颜杲卿，他是颜真卿的堂哥，时任常山（今河北省正定县）郡长，他扔掉安禄山发给他的紫袍，先是以慰问之名，将已经投降安禄山的井陉守将李钦凑及官兵全部诛杀，接着把安禄山的金吾将军高邈生擒，尔后游说被安禄山派去包围饶阳（今河北省深州市）的将军放弃包围。在颜杲卿的影响下，河北境内十七个郡重回唐朝政府，来势汹汹的安禄山只掌控范阳、卢龙、密云等六郡。

公元756年正月，颜杲卿派儿子颜泉明等人，前往京师长安报捷，带上了叛将李钦凑的人头、被擒的高邈等人，还写了一份陈述战果的奏报。内丘县（今河北省内丘县）主任秘书张通幽，流泪请求与颜泉明同行，颜杲卿批准。行至太原后，张通幽悄悄求见太原特别市长王承业，献计扣留颜泉明，修改奏报，把功劳揽到自己身上。恰在这时，燕军大将史思明率军包围常山，颜杲卿向王承业求救。王承业正在修改给朝廷的奏报，贪取颜杲卿的战功，因而巴不得颜杲卿战死，拒不发兵。同年八月，常山陷落，城内一万多人被屠，颜杲卿被生擒。与此同时，王承业向皇帝李隆基报功的使节见到李隆基，李隆基提拔王承业为羽林大将军。

颜杲卿被押解到洛阳，燕帝安禄山一张嘴给他许了三个战区的司令官，颜杲卿不为所动，大骂安禄山“臭羯狗”“反贼”。安禄山大怒，将颜杲卿绑到中桥桥柱上，凌迟剐死，儿子颜泉明及颜家三十余人被斩或被锯……

再看张巡，他是在我写这段历史时，最令我纠结的一位战将。我纠结的原因，相信读者朋友读了以下文字，能够理解。

张巡，山西省永济人，安禄山称燕帝时，他任真源（今河南省鹿邑县）县长。公元756年，安禄山的燕军一路攻来，郡长杨万石举旗投降，命张巡为郡政府秘书长，西上迎接燕军。张巡没有去迎接燕军，而是在真源起兵抗燕，他率数千人固守雍丘（今河南省杞县），燕军大将李怀仙率四万多大军，突然抵达城下。

这之后，张巡在雍丘、宁陵、睢阳上演了兵力极其悬殊的拼死大战！

拼死大战的时间跨度是：公元756年三月初二至公元757年十月初九，共一年七个月零七天。

下面，我们依据司马光《资治通鉴》的记载，按时间顺序，看张巡是如何英勇战斗的吧！

三月初二，四万多燕军包围雍丘。张巡派一千人登上城墙守卫，自己率一千人，分成几个突击队，打开城门向燕军发起攻击，张巡冲在最前面，直扑燕军阵地，燕军兵马纷纷躲避，向后稍微撤退。

三月初三，燕军用一百门巨炮攻城，万石俱发，城墙城楼全被摧毁。张巡在城墙上竖立木栅，拦击飞石。燕军像蚂蚁一样地攀登城墙，张巡把草束成粗绳，浇灌油脂，用火点燃，从城上投下，燕军无法再上。张巡还不时抓住机会，出城偷袭，有时利用夜色掩护，从城墙上把士卒缒下，在黑暗中砍营。就这样，张巡数千士卒与燕军四万多兵马，对峙六十余日，大小三百余战。燕军攻不下雍丘，撤走，张巡乘胜追击，俘虏胡人士卒两千人而回。

同年七月二十八，围攻雍丘的燕军将领令狐潮，给张巡写信，说唐朝皇帝李隆基已经逃跑了，死活不知；说他的守将中有六个人已经写信向燕军投降，这六人已被燕帝安禄山封开府（文散官一级从一品）、特进（文散官二级正二品），劝张巡放弃抵抗，投降燕军，当高官，享厚禄。

七月二十九，张巡在大厅供上皇帝李隆基的画像，率守城将士朝见叩头，而后把被燕帝安禄山封为开府、特进的六个叛将斩首，激励将士与雍丘城共存亡。当时城里守军的箭都已射完，张巡便用稻草扎一千个草人，披上黑衣，利用夜暗从城上缒下，造成一种发起突击的假象。燕军官兵发现后，立马发箭射击，每个草人上密密麻麻扎上箭后，被拉到城上。直到这时，燕军才发现上当。张巡于是得到数十万支箭。之后，张巡还使用这一手，利用夜暗把披上黑衣的草人，从城上缒下，燕军不再发箭射击了，而是用纵声大笑讥讽张巡。待燕军放松警惕后，张巡又利用夜暗，从城上缒下五百名敢死队员，突然冲进燕军大营，杀得燕军丢盔弃甲，逃了很远，在得到增援后，才再次集结包围雍丘。

当年十一月，张巡率军突击，又一次把包围雍丘的燕军打得退走。拿不下雍丘，燕军便在雍丘北筑城，切断雍丘守军的运粮通道，这对张巡来说是致命的。雍丘的张巡守军只剩一千余人，而燕军始终保持数万人的优势，在这种情况下张巡只好放弃雍丘，移军离雍丘一百余里的宁陵。刚到宁陵，燕军大将杨朝宗便率大军赶到了。张巡没有选择，只能率军出击，一昼夜数十回合，大破燕军，杀一万余人，尸体塞满汴水，向下游漂去。燕军收拾残兵败将，趁夜逃走。

公元757年一月二十五，燕军十三万人进逼睢阳郡（今河南省商丘市），郡长许远向张巡求救，张巡遂自宁陵率军进入睢阳。当时的兵力对比是这样的：张巡带来三千人，许远的军队有三千八百人，加起来是六千八百人，而燕军是十三万人。郡长许远对张巡说："我性情懦弱，又不懂军事，而你智勇双全，我替你护内，你替我作战。"许远负责征调粮草、修理武器，张巡负责指挥作战。司马光写道：张巡督促鼓励，日夜不停地苦战，有时一天多达二十多次接战，十六天后，生擒燕军将领六十余人，格杀士卒二万余人……燕军趁夜撤退。

同年三月十一，燕军大将尹子奇再率大军攻击睢阳，看到睢阳守军人数这么少，燕军官兵忍不住发笑。第一次交战，张巡手举大旗，带头直冲燕军大营，斩杀燕军三千余人，燕军不得不后撤。第二天，尹子奇又率大军回到睢阳城下，张巡只好率军再战。车轮一样的交战打到五月十七，虽然张巡的士卒越打越少，但睢阳城仍岿然不动。晚上，张巡擂动战鼓，做出城攻击的准备，可第二天一早，战鼓听不到响声了，张巡的士卒也不见了。正当燕军大将尹子奇认为张巡无力再战时，张巡和他手下的十余位将领，各率骑兵五十人，从大开的城门冲出，直奔燕军大营，杀得燕军死伤一地。张巡打算射击尹子奇，但不认识，便用削尖了的草箭射击，被射中的人认为张巡的箭射完了，便拿着草箭去向尹子奇报告。这一来，让张巡认清了谁是尹子奇，命神箭手南霁云发箭，一箭射出，射中尹子奇的左眼，燕军瞬间崩溃，睢阳城被围的情况得以缓解。

燕军虽然损失惨重，但仍有数万人包围睢阳，射瞎一只眼的大将尹子奇，经过一段时间的休整后，于同年七月初六再次向睢阳发起攻击。

长时间被围，睢阳城中的粮食吃光了。在此之前，负责后勤保障的郡长许远，经多方努力，在睢阳城积蓄了六万多石粮食，虢王李巨强令睢阳拿出三万石粮食，分给濮阳（今河南省濮阳市）和济阴（今山东省菏泽市定陶区）二郡。令人气愤的是，济阴郡分得粮食后，便投降了燕军。半年下来，睢阳的粮食耗尽了，将士们每天只分得一合米（十合是一升，十升是一斗），只好加茶叶、树叶、纸张等，搅拌到一起充饥。被围的睢阳，粮食得不到补充，而燕军运粮通道畅通无阻；睢阳守军战死一个少一个，而燕军不断有大军前来增援。关键是，与睢阳相距不远的唐军，对睢阳的求救、求助，一概不予理睬。仗打到睢阳守军只剩下一千六百人时，张巡下令士卒不再下城，全在城墙上坚守，同时派神箭手南霁云，率三十名骑兵，突围出城，赶到临淮（今江苏省盱眙县），向河南（今黄河以南）战区司令贺兰进明请求救兵。贺兰进明拒绝派兵救援，但留下南霁云在乐队伴奏下喝酒。南霁云咬下一个手指，交给贺兰进明说："我既不能完成主将交给我的任务，请留下这个手指，作为证明，我好回去报告！"

南霁云在返回睢阳途中，特地到宁陵，组织三千骑兵，于八月初三夜杀回睢阳，他所带领的三千骑兵，进城后只剩一千人。

睢阳又多了一千张要吃饭的嘴。

燕军对睢阳的包围圈越缩越小，攻打越来越猛，睢阳守军坚守城墙，伤亡惨重。张巡和许远分析认为：睢阳是江淮（今华东地区）的屏障，睢阳陷落，江淮不保。因而认定唐朝政府一定派军救援淮阳，他们则必须用战斗等待唐朝大军的到来。

但张巡、许远失算了，他们失算的不仅是没等到一兵一卒的增援，更是朝廷的腐败和无能！

张巡、许远和睢阳，陷入绝境！

司马光如此写道：茶叶、纸张吃完之后，杀战马吞食，战马吃完之后，爬到树上捕捉麻雀、挖掘墙下老鼠，而麻雀和老鼠也被吃完，张巡绑住他心爱的小老婆，把她杀掉，任由士卒吞食她的尸体。许远也杀掉他的家奴，然后搜捕城里所有的妇女，全都杀掉吞食；吃完妇女的尸体之后，继续吃年老体弱的男子。每个人都知道一定会死，却没有人背叛。最后，全城只剩下四百人。

字字滴血啊！

张巡、许远，你们真不该杀活人吞食啊！知道你们已经拿不动刀枪了，也不可能突破燕军的重围了；知道你们举手投降，在睢阳丧失十余万人的燕军，也会用屠城把睢阳人杀得一个不剩。但即便如此，你们还是不能杀自己人充饥啊！

因为，这是人性最根本的底线！

公元757年十月初九，睢阳陷落，张巡被捕杀死。

杀他之前，燕军将领尹子奇问张巡：“听说你每次作战，连牙齿都咬碎，为什么？”

张巡答：“我立志吞灭逆贼，只恨力量不足！”

尹子奇用刀撬开张巡的嘴察看，满嘴只剩下三四颗牙。

唐朝论功行赏时，围绕张巡该不该赏，展开了争论，且这种争论延续千年不休。一派观点认为：“杀一无辜而得天下，不为。”这是孟子说的，是领袖人物最高的道德操守。但几千年中国封建社会的历史读下来，这样的领袖从未出现过，就连被历史、被后人一致推崇的一代明君唐太宗李世民，在抢夺天下版图时，还屠过一城。一城，何止无辜一人！另一派观点则是：“损失数百人，而保全天下，当为。”这一观点贴上了爱国主义标签，也接地气，但不被绝大多数的儒学人士认同。

但在笔者看来，这两派都离题了！张巡和许远是在抵抗燕军的进攻中，弹尽粮绝了仍不举手投降，因而把活生生的人杀了，用以补充体力继续与燕军战斗，与“杀一无辜而得天下，不为”扯不上，与

"损失数百人，而保全天下，当为"也扯不上。张巡、许远以及坚守睢阳城的将士，根本就没有时间去想什么"当为""不为"的问题，他们早已把生死置之度外，只是用每天的战斗，等着去死。在这种情况下，对他们进行道德谴责，毫无意义！但从人性的底线上，我还是要说，你可以战死，你可以饿死，你还可以投降，但你绝不能把活生生的人杀了吞食！虽然在司马光的笔下，经常出现易子而食、从活人身上割肉吞食，甚至把人肉晾成肉干出售等惨不忍睹的文字，但那不是君子所为，不是英雄所为！

这便是我在写张巡时的纠结。在当时那样的情况下，张巡不要燕国给的高官，不惧兵力如此悬殊的势弱，得不到唐朝政府一兵一粮的增援，用一年半多时间的殊死战斗，绘就了一幅撼人心魄的英雄画卷！但在张巡这个英雄身上的诟病，无疑是唐王朝的腐烂所造成的！

……

"安史之乱"不仅乱了天下，更乱了大唐王朝。分析看，作为唐朝政府的文武百官，在安禄山不具备一统天下的能量上，大都看清了，但在如何平息安禄山的反叛上，却各自打着小算盘。利用这个机会干掉谁、投靠谁的谋划，在"安史之乱"的乱局下暗流涌动。这个时期的唐肃宗李亨，没有把控全局的谋略智慧，也不具备处置乱局的果敢和气魄，但他人性还不错，听得进劝谏，也分得清是非，因而他适应了大唐王朝从强盛走向衰败的惯性，获得不少战将和贤臣的辅佐。战将如郭子仪、李光弼、李嗣业，包括仆固怀恩等，贤臣如李泌，都在平定安禄山的叛乱中，展示了各自的才华、品德和风采。

战将说说郭子仪吧，他是华县（今陕西省渭南市华州区）人，安禄山反叛朝廷时，任横塞（今内蒙古自治区五原县西北）基地司令，在平定安禄山反叛的连续战斗中，被提升为朔方战区司令。郭子仪与战将李光弼联手，在九门（今河北省石家庄藁城区西北）与安禄山的大将史思明会战，把史思明大军一举击溃；接着用一天时间，又把燕军占据的赵郡（今河北省赵县）收复；接着在行唐（今河北省行唐县）会战中，又把刚刚补充战力的史思明打得大败，一战歼灭燕军四万多人，打得史思明从马上栽下，拄着折断的枪，狼狈逃走。气得安禄山大骂身边劝他谋反的谋臣，责问他们反叛称帝“万无一失”在哪里？李隆基的太子李亨在灵武（今宁夏回族自治区灵武市）登基后，郭子仪率五万大军，迅速赶到灵武。从此，灵武军事上的威力开始强大，人们反攻复国的希望，更为坚定。皇帝李亨对郭子仪说：“我的家园，你有再造之恩！”李亨这话说得没错，燕帝安禄山盘踞的京师长安和洛阳，都是郭子仪指挥大军收复的。

史思明杀掉燕帝安庆绪，自称“大燕皇帝”后，唐肃宗李亨下诏，特派郭子仪统率各战区军队前去讨伐……

安禄山兵变后，唐王朝派驻包括西域在内的灵武（今宁夏灵武市）、陇右（今青海省海东市乐都区）、河西（今甘肃省武威市）、北庭（总部在今新疆维吾尔自治区吉木萨尔县）等地的军队，陆续调往内地勤王，留在边疆的是一些老弱残兵。吐蕃认为这是个机会，在进行试探性进攻后，开始向内地侵夺。几年时间下来，西北数十州相继沦陷，自凤翔（今陕西省宝鸡市凤翔区）以西、邠州（今陕西省彬州市）以北，全部落入吐蕃之手。公元763年十月，吐蕃大军打到陕西省武功县了，接替李亨的皇帝李豫在放弃首都长安逃亡的同时，诏令郭子仪当关内野战军副最高指挥官，进驻咸阳抵御……

司马光的笔端告诉我们，虽然郭子仪并非常胜将军，也打过败仗，但大唐王朝面临的内外战争，哪里打响，那里就有郭子仪；哪里攻坚、防御的任务最重，那里就有郭子仪。但李隆基之后的皇帝李亨、李豫、李适，都害怕功勋卓著的郭子仪，抢夺他们手中的皇位，皇帝身边的佞臣也不断诬告陷害。郭子仪却始终忠心耿耿，恪守臣僚的本分，最终得以善终，八十五岁寿终天年。

郭子仪手下的战将李光弼和仆固怀恩，一直跟随郭子仪作战。李光弼军事谋略很强，战术灵活，对军队的要求严格，很多大仗、硬仗，郭子仪都派他去打，打得捷报频传。比如，在与史思明的作战中，史思明为显示自己军力的强大，在黄河南岸的沙洲上，每天放一千匹骏马洗澡。李光弼则把军中刚生完小马的五百匹母马，放在黄河北岸的沙洲洗澡，而将小马留在城内。母马思念子马，不断长嘶，黄河对岸的骏马听到后，纷纷从黄河游过来，成了李光弼的战利品。在平定安禄山的战斗中，特别是郭李兵团攻陷赵郡（今河北省赵县）后，士卒开始抢劫掠夺。李光弼坐在城门口，把士卒劫掠的东西一一没收，发还民间，郡民大为高兴。郭子仪俘虏四千人全部被释放。

再看仆固怀恩，他所在的仆固部落，居住在蒙古国东部一带，早在李世民时期，仆固部落酋长便来大唐王朝晋见，受到李世民的热情款待，并陆续安排他们的首领，在大唐王朝的军队任职，并在仆固部落所在地设金徽军区（今蒙古国巴彦乌拉县），酋长任军区司令。

司马光评价说：仆固怀恩族人自从天下大乱以来，每天都在为国（唐朝）死战，一个家门里，牺牲性命的有四十六人，女儿也远嫁蛮荒（回纥汗国），而他自己更是建大功，两次收复两京（第一次是757年九月收复长安，第二次是763年十月收复洛阳），仆固怀恩都在郭子仪手下担任主力，平定黄河以北及黄河以南广大区域动乱，对国家的贡献，没有人可比。司马光的评价，把仆固怀恩的功勋说清楚了。可这么一位功勋卓著的大功臣，却遭人暗算，把他与回纥可汗的正常会面，说成是阴谋叛变。皇帝李豫本来不信，但经不住身边宦官的谗言加码，最终把仆固怀恩逼走。

可以肯定的是，仆固怀恩被逼走，是唐王朝内部腐烂的一个侧面写照！

……

以上所写的是令人景仰的战将，此外还有令人景仰的知识分子。

李泌，长安人，少年时便以才能干练、思维敏捷闻名于世。唐玄宗李隆基命当时的忠王李亨与李泌交往，李亨钦佩李泌，称他为先生。宰相杨国忠讨厌李泌，把他排挤出京师，李泌便到颍阳（今河南省登封市）隐居。安禄山反叛后，李亨从马嵬北上时，便把李泌召到身边，大小事情都向他请教；李亨当上皇帝后，打算请李泌当右相，李泌坚决辞让；后在李亨的反复劝说下，李泌当皇家资政。太上皇李隆基赏给李亨一副镶有七种珠宝的马鞍，李泌建议李亨撤下那些珠宝，交给国库保管，等有人立战功时，作为奖励；李亨收复长安后，打算挖掘前宰相李林甫的坟墓，焚烧骨骸，扬弃骨灰，李泌提醒李亨，这样做只能显示你没有容人的胸怀，很多臣僚会因此害怕；李亨的二儿子宁王李倓，打算除掉心怀不轨的张良娣和李国辅，李泌坚决阻止，不让他造成宫廷流血而影响平叛大局；李亨的大儿子广平王李俶，看到张良娣和李国辅想置李泌于死地，便暗中准备除掉张良娣和李国辅，李泌也坚决阻止。

公元757年九月十二，全国野战军最高指挥官李俶，率郭子仪、李嗣业、仆固怀恩等战将，兵分三路向占据长安的燕军发起攻击，皇帝李亨派皇家资政李泌，随李俶出战，出谋划策。九月底，克复长安传来捷报，李亨即把李泌接到凤翔，与自己同住一床，交谈一夜。

李泌提出要走，李亨不解，问他为什么，李泌讲了五条理由：一是他跟皇帝李亨交往的时间太久，二是皇帝李亨对他的信任太专，三是皇帝李亨对他的宠爱太厚，四是他的功劳太大（在克复长安的战斗中，李泌给李俶出了制胜的大主意），五是他一个隐士的事迹太传奇。李亨做工作留他，没有留住。

李泌用自己高超的智慧、崇高的尊严，树起了中国知识分子的标杆！

公元762年四月十八，肃宗李亨去世，宦官与皇后经过一番厮杀后，太子李豫（之前叫李俶，改名李豫）踏着遍地鲜血，登基称帝（十一任，号代宗）。

大唐王朝继续摇摇晃晃朝着衰败和灭亡走去。

大唐王朝兴衰于“半截子”好皇帝

唐玄宗李隆基，无疑是个“半截子”好皇帝，“上半场”他皇帝当得很好，开创了“开元盛世”；“下半场”他皇帝当得很差，宠信奸臣李林甫、安禄山、杨国忠等，后宫美女四万多人，还从儿子手里抢美女，把杨玉环这股祸水引进朝廷。从“安史之乱”算起，唐王朝还延续了二百余年，这二百余年，是中国大地弥漫腥风血雨的二百余年，是中国人民陷入苦难深渊的二百余年。这二百余年里，唐王朝有十多个流淌着李姓皇亲血脉的人，坐在皇帝的御椅上，在他们之中，并非没有明白人，也并非没有不想使大唐王朝复兴的人，但他们陷入了一个带有规律性的怪圈，即只做“半截子”好皇帝！

下面，我们就这个问题，对唐王朝第十二任帝德宗李适做个分析。

在写李适之前，我们对第十一任帝代宗李豫做个简介。他是十任帝李亨的长子，在位十七年，可能是他在位时间相对较短，没有掉入“下半场”规律性怪圈，史学家对他的评价还算不差。李豫在位时期，主要是打仗、平叛，收拾父皇李亨留下的烂摊子，这里就不做专门介绍了，他当皇帝做的一些事情，在写李适时一并介绍。

公元779年五月二十一，代宗李豫逝世，太子李适接替，号德宗，十二任。公元805年正月二十三，李适逝世，在位近二十六年。

下面，我们完全按照司马光在《资治通鉴》中的记载，截取李适当皇帝的公元779年五月二十三至当年的最后一天，逐月逐日看他

"上半场"是如何当皇帝的。

父皇死了，当然是处理丧葬事宜。司马光写道：李适在守丧期间，一举一动都遵循儒家学派的礼仪规则，喝马齿苋煮的稀饭，不加盐，也没有乳酪。

闰五月初三，因服丧礼仪发生争执，李适下诏贬中书舍人崔祐甫当东都洛阳特别市副市长；因发现宰相常衮蒙骗自己，贬常衮当潮州（今广东省潮州市）州长，提升崔祐甫当宰相。

这之后，司马光没记载日子，但写道：李适下诏，拒绝各地政府进贡非急需物品；遣散皇家梨园剧团总监及乐队三百余人，剩下的人全部拨给祭祀部。

闰五月十五，李适下诏尊郭子仪为"尚父"，授太尉兼中书令，把郭子仪关内、河东（今陕西省和山西省）等各野战军副最高指挥官（虽然指挥作战是郭子仪，但最高指挥官的帽子，得由皇亲来戴），以及在各特设机关的头衔全部免除，并派人把守各战区，彻底分割了郭子仪原有的辖区。司马光分析认为，郭子仪功劳及声望极高，权力极大，十一任帝李豫就想分割他的大权，但顾虑重重，没有下手。李适一当上皇帝，便实现了李豫的愿望。

闰五月十七，有人呈献以显示祥瑞的《庆云图》，李适下诏说："我认为，风调雨顺、国泰民安，才是祥瑞；推荐贤能、表彰忠良，才是喜庆。像彩云、灵芝、奇异珍贵的飞禽走兽、怪模怪样的花草树木，对人民有什么裨益？现在公告天下，从此以后，不要呈献祥瑞！"同时下令，将皇家庄园收到的四千多斛田租，分别送给庄园所在州、县，充作军粮；还下令，将各国多年进贡已经驯服的四十二头大象，连同花豹、山猴、斗鸡、猎狗等，全部放归原野；还下令，释放数百名宫女回家。

闰五月十九至六月初一，主要是做人事调整，不仅调整了淮西战区（总部在今河南省汝南县）、河东战区（总部在今山西省太原市）、西川战区（总部在今四川省成都市）的战区司令，而且调整了中央政府部门的大量官员。特别值得一提的是，唐王朝著名的经济专家刘晏等人，在这次调整中被安排到了经济主管部门任职。

六月初一，赦免天下。李适下诏说："全国人民有含冤难申的、州县政府拒绝审理的，准许他们直接到三司上诉（三司是御史台、中书省、门下省）……被告如认为州县政府判决不公，准许他们擂'登闻鼓'申冤。"自晋王朝以来，皇帝为了使人民有申冤的渠道，特在宫门外悬挂大鼓，冤民击鼓后，皇帝即亲自处理，史称"登闻鼓"。

同日，李适下诏对皇家新建陵墓进行超规格保养供应，受到司法部法务司副司长令狐峘的劝阻，李适说："你不但批评我的错误，还成全我的美德，听到正义之言，岂敢不马上接受！"

六月初八，李适规定，六品以上清廉而有声望的官员，即令不在宫中上班，或不是皇家侍卫，每天也要遴选二人，轮流到宫廷值班，以备皇帝随时咨询。

接着，司马光这么写道：李适之前的十一任帝李豫对宦官特别宠爱信任，派他们到各地出差，不仅不禁止他们索取贿赂，反而认为他们接受贿赂，是维护皇帝的尊严，因而宦官公开索贿，毫无顾忌，就连皇帝派宦官给朝廷官员送达文书，官员都要给宦官送礼金。派往外地的宦官，用正式公文索取所经州县的贿赂，宦官返回时，大车小车满载而归。李适派宦官邵光超，向淮西战区司令李希烈致送旌旗符节，李希烈送给宦官邵光超奴仆、马匹以及绸缎七百匹、老茶叶二百斤。皇帝李适听说后，打邵光超六十棍，流放外地。于是出使在外还没有回朝的钦差宦官，听到消息，立即把所收的贿赂抛弃到深山峻谷；地方官员虽然照样致送，但没有人再敢接受。

七月初，李适下令清理周边各国长期滞留京师长安的使节和专差。司马光写道：李豫当皇帝时，国事近乎停顿，各国使节、专差抵达京师后，有的一连几年都不回去，政府专门设置宾馆，招待他们食宿。宾馆经常有数百人居住，加上这些人的部属、奴仆，人数超过千人，全由政府保障食宿，发薪俸津贴，开支庞大。李适下令彻查，并规定，因违法该囚禁的使节、专差予以释放，事情办妥了的遣送回去，该改派新职的马上改派。仅此一项，每年节省谷米一万九千二百斛。

七月初五，李适毁宅。九任皇帝李隆基时期，皇亲国戚兴建家宅，对房屋的高度、豪华度还有一定限制，但杨贵妃为首的杨家班，从把李靖的家庙当马厩开始，高官、大帅、宦官大肆敛财，大兴土木，竞相攀比，修建极具奢侈豪华的私宅，被人们形容为“木妖”。李适亲自下令拆除几家特别豪华的私宅，并收缴一些私家园林，由皇宫有关部门接管。

七月初六，李适下令削减各地进贡的织锦绸缎一千匹，及其他玩物、服装等数千项。

七月十三，李适下令回纥汗国（瀚海沙漠群）及其他胡族，留在京师的一律穿本族传统服装，禁穿唐王朝服装。为什么？司马光解释的是：京师有一千多回纥人，因回纥汗国在平定“安史之乱”中帮过唐王朝的大忙，唐王朝出于感激，给滞留的回纥人提供生活保障。而两千多回纥之外的胡人，也穿着回纥族的服装，享受朝廷提供的生活保障。这些胡人与回纥人一起，用贪婪凶暴从事各种非法牟利活动，骗取唐王朝女子为妻妾，而政府官员因担心引发外交纠纷不敢管。针对这种情况，李适下令回纥、胡人都穿本民族服装，以减少政府的保障供应。

七月二十四，李适下令解除酒禁，允许自由买卖，不再抽税。

七月二十八，李适将河中（今山西省永济市）人张涉，由贵族大学教授一步提升为左散骑常侍。司马光说：这是破格提拔，李适打算不拘一格选拔治国人才，与张涉同时破格提拔的还有多人。祭祀部音乐官沈既济上疏说："遴选官员的标准，不过根据三项：一是品德，二是才干，三是工作绩效。可现在负责遴选官员的部门，对这三项都不重视。考核的时候，只看他的书法是否恭正，裁决文书写得是否通顺，档案记录历年考核是否高等，言辞是否流利，举动是否合乎礼法，如此而已。走路规规矩矩，说话慢慢吞吞，不是品德；文章华丽，条理分明，不是才干；每年的考核都是高等，不是工作绩效。根据这三个标准，而企图物色可以担当国事的人才，绝对不够！"沈既济点到了唐王朝遴选官员问题的症结所在，李适认可，并提拔了一批实绩突出的官员。

八月初八，李适派祭祀部副部长韦伦出使吐蕃，将十一任帝李豫时俘获的五百名吐蕃俘虏，每人赏赐一套衣服，送他们回国。司马光的解释是：李适想缓和与吐蕃的紧张关系。

九月初七，李适把淮西战区改为淮宁战区，同时诏令西川战区司令官崔宁前来京师朝见。司马光的解释是：崔宁当西川战区司令十四年，田赋捐税以及应呈献的贡品，完全停止；崔宁建立了属于他的私人军队，随心所欲地淫乱奢侈。恰在这时，吐蕃王国与南诏王国出动联军十万，分三路向大唐王朝发起攻击。李适即把崔宁留在京师，征调范阳兵团、皇家禁军混合编组，南下迎战。

十月十三，安葬十一任帝李豫，李适亲自送葬，看到灵柩不走南下的御用大道，而偏西行走，询问什么原因。主管官员说：陛下本命在"午"（正南），不敢冒犯。李适说：怎么能只为自己求福，而让老爹的灵柩绕道！仍坚持走南下的御用大道。司马光的解释是：十任帝李亨、十一任帝李豫都深信阴阳鬼神，事情无论大小，都要请巫师求神问鬼，而李适不信这一套。

这之后至年底，主要是解决政府每年收入的现金及绸缎的储存问题。司马光介绍：唐朝政府每年的现金收入及财物，都储存在国家仓库（左藏），但京师权势煊赫的武将军阀，索取供应，毫无节制，且行为凶暴。负责财政的官员无法抗拒，只好把金钱财物转移至皇宫的大盈库，交由宦官管理，成了皇帝的私房库。而主管大盈库的三百余名宦官，侵占其中财产，勾结袒护，结成了一个坚固的既得利益团体，不可动摇。李适搞清了这个问题后，当天即行下诏："全国所有的财赋收入，一律遵照过去惯例，全部归还国家仓库。每年只选择精致的上好绸缎三五千匹，送交大盈库。"

十二月三十，日食。湖南民变首领王国良聚众起兵，李适派司法部狱政司副司长关播，前去安抚招降。在金銮宝殿辞行时，司马光写了李适与关播的一段对话，实录如下：

李适："主持国政的基本任务是什么？"

关播："基本任务是，必须寻觅有才干的能人，做自己的助理。"

李适："我最近下诏征求有才干的贤人，又派使节到各地广泛察访，或许对治理天下，有点帮助。"

关播："下诏征求和使节推荐，只能得到一些会写文章而渴望当官的知识分子，哪有真正有才干的贤人，一听到命令就报名参加的！"

司马光写道：李适大为高兴。

以上是《资治通鉴》记载李适当皇帝半年的情况。

从李适当皇帝的情况看，其所作所为颇有一代明君李世民的风范！给人的感觉是，大唐王朝的复兴，将在李适手里实现。这之后，李适还拿出了支撑唐王朝复兴的诸多举措。

举措之一：实行"两税法"。公元780年正月，宰相杨炎提议实行"两税法"。在此之前，唐朝实行的是"租庸调法"，因为朝政混乱，九任帝李隆基后期，"租庸调法"就名存实亡了，取而代之的是政出多门、名目繁多的苛捐杂税，逼得大多数人都弃家逃走，流向四方谋生，仍留在本乡的，不超过十分之四五。“两税法”是将田赋、劳役、捐税合并，一律用钱缴纳，每年两次，夏季缴“夏税”，秋季缴“秋税”，其他所有苛捐杂税一律取缔。“两税法”的核心是，纳税基准由人转变为土地（资产）。人可以流动，土地搬不走，这就极大地稳定了唐王朝财政的收入，增强了唐王朝政府的权威。

举措之二：起用了一批有能力治国安邦的贤臣。皇帝李适疑心极重，对谁都不放心，即便是两小无猜的儿时伙伴，他也不能诚心相待。因为这个原因，一帮投机钻营的佞臣，便在他身边得宠。即便如此，他因化解各种国难的需要，起用了一批有能力治国安邦的贤臣。如离开十任帝李亨而进山隐居的名相李泌；在“安史之乱”后，主导唐王朝恢复经济发展的经济专家刘晏、第五琦；安禄山举起反叛旗帜后，在全国一片投降的怨艾声中，毅然举起平叛大旗的书法大家、政治家、军事家颜真卿；还有既有深厚的传统文化根底，又具先进思潮的思想大家陆贽，等等，令后世景仰的大家都被李适召到身边出谋划策，担负重要工作。

比如李泌，是皇帝李适在前往兴元（今陕西省汉中市）的逃亡路上召回来的，任命他当左散骑常侍。李适在请吐蕃王国派兵讨伐汉帝朱泚时，承诺将伊州（今新疆维吾尔自治区哈密市）、西州（今新疆维吾尔自治区吐鲁番市）、庭州（今新疆维吾尔自治区吉木萨尔县北）等地，割让给吐蕃。朱泚的反叛平定后，李适打算兑现承诺，受到李泌的坚决反对。皇帝做出的承诺不予兑现，这得有个说法吧？李泌给出的说法是：吐蕃军态度观望，不肯前进，暗中跟敌我双方保持同等距离，最后还在武功（今陕西省武功县）大肆抢劫，接受朱泚金银财宝贿赂，半途撤退。这个说法有理有据，吐蕃无可反驳。此外，李泌还保护了一批受佞臣陷害的忠诚、清廉臣僚。比如镇海战区司令韩滉，统领供给朝廷粮食的江东十五州，韩滉忠贞清廉，十五州一派和谐升平，对朝廷的进贡从未中断。因为韩滉为人刚正，不拍权贵的马屁，皇帝李适身边的佞臣便对韩滉构陷诬告，说他在皇帝李适逃亡时，在镇海修筑了一个石头城，预做当皇帝的准备。对此，皇帝李适相信，李泌不相信。下面我们实录李适与李泌的对话，看李泌是如何说服李适的。

李适："外面议论纷纷，检举他（韩滉）犯罪的报告，多如一团乱麻，你难道没有听说？"

李泌："我当然听说了。他的儿子韩皋，当文官部考核副司长，直到今天，不敢回江南探望父母，就是因为攻击他老爹的声音，像滚水一样沸腾。"

李适："他的儿子且这么害怕，你为什么还敢作保？"

李泌：韩熀的用心，我太知道了，我愿上疏为他辨明，请把我的上疏交中书省，使全国皆知。"

李适："我正想重用你，你最好保持距离，不要跟大多数人的意见相反，恐怕使你受到连累。"

司马光写道：李泌退出后，仍呈递奏章，愿以全家百口人命，担保韩滉忠贞。

看李适与李泌接下来的对话。

李适："你还真的为韩滉上疏，为了你，我特地把奏章留在皇宫，我知道你跟韩滉是亲近老友，但犯不上不爱惜自己的性命。"

李泌："我怎么会因为亲近老友的缘故，而辜负陛下！只因韩滉实在没有二心，我之上疏力保，为的是国家，不是为自己。"

李适："怎么为的是国家？"

李泌："而今天下大旱，蝗虫成灾，关中粮仓米价每斗一千钱，粮库就要吃光，只有江东（太湖流域）丰收，是国家命脉所在。希望陛下早早把我的奏章批下去，使大家的疑虑得以消除。也请陛下当面吩咐韩皋，叫他回家探望父母，使韩滉感激，不再心存怀疑，迅速运送粮食，这岂不是为了国家！”

司马光写道：韩皋回去了，韩滉只准许他在家待五天，便亲自把他送上运粮船，押送一百万斛稻米给朝廷进贡。

比如刘晏，中国历史上最伟大的财政经济专家，《三字经》中“唐刘晏，方七岁，举神童，作正字”，说的就是他。刘晏是山东省东明县人，聪慧好学，被誉为小神童。早在十任帝李亨时期，刘晏就任财政部副部长，兼全国财政、造币，以及盐铁专卖总监，推出了改革盐铁专卖、改革粮食漕运等一系列举措，为平定“安史之乱”及此后的唐王朝经济发展，做出了巨大贡献。刘晏就是财政经济专家，一门心思谋的是经济发展，权势上的阴谋诡计一概不通，因而他的官从十任帝李亨时当起，一直当到了十二任帝李适时期，但他的官当得跌跌宕宕，今天升明天贬。而刘晏呢，他是经济专家，提升了、被贬了，都不影响他作为专家的心态和风范！

下面，让我们看看司马光对刘晏的评价。

司马光写道：“安史之乱”几年间，全国户口流失十分之八九，州县被军阀割据，贡物和赋税全到不了中央，国库枯竭。天灾人祸，又接连不断；蛮族每年侵犯，沿边驻扎大量国防军，都靠政府供应，费用多到无法计算，全部倚靠刘晏筹划。

司马光写道：刘晏精力充沛、聪明智慧、反应迅速，调节物资的有无多寡，方法神奇。他经常用高薪雇佣健步如飞的人，在各种重要地方，设置物价情报站，调查各种物价，即使是遥远的城市，用不了几天，报告就送到了总监署，粮食、货物价格贵贱全在总监署控制之下，国家获得大量财源，人民却不忧虑物价飞涨或惨跌。

司马光写道：刘晏了解，户口越多，赋税的来源越多，所以他掌管全国财物，最优先的工作就是要全国人民富裕。所以各道设置特遣官，每隔十天或一个月，都要把该道所属州县落雨量、下雪量和粮食是丰收或歉收等情况，呈报总监署。如果丰收，即用高价买进，如果歉收，即用低价卖出。

司马光写道：刘晏认为，官员越多，人民受到的骚扰也越多。所以，产盐的地方设置食盐管理官，收集盐户生产的盐，转卖给商人，由商人通过市场去买卖，其他州县不再设官。山区距离产盐地太远，因为商人不愿前去，则设盐运官，由政府把盐运到山区储存。有时盐商受到阻碍，不能供应，盐价很高，政府就压低盐价卖出，称为“常平盐”，政府既可赚到利润，而民间也不会再缺盐。

司马光所写的，能不让我们加深对刘晏这位伟大财政经济专家的景仰吗？

再比如陆贽，叫我看，他就是皇帝李适的“帝王师”，其治国安邦的思想理念是成体系的。陆贽是浙江嘉兴市人，从小就声名显赫，被李适召去当皇家文学研究官。《资治通鉴》中记载陆贽在李适身边的上疏，只是他全部奏章《翰苑集》的一小部分。下面，我们节选一些，看看陆贽的上疏是如何博大精深、切中时弊的吧。

公元783年八月，针对黄河南北战事拖延很久，朝廷的赋税差役一天比一天沉重，陆贽上疏说：“人民，是国家的根基；财产，是人民的心脏。心脏受到伤害，等于根基受到伤害；根基受到伤害，则枝干树叶都会枯萎脱落……希望陛下再颁诏书，撤销京师及京畿直属县的房屋捐等一切苛捐杂税，让已经缴纳的怨恨平息，让没有缴纳而正受惩罚的获得安宁。人心祥和平静，国家的基础根本自然稳定。”

朝廷几位将领因皇帝李适猜疑而被逼反后，李适说：“这是天意，不关人事。”陆贽不认同，上疏说：上天看到或听到的，就是人民看到和听到的……绝不可故意贬低人为的力量，而把灾难的责任推给天命。《易经》说“实践真理就是吉祥”，又说“吉，是行事正当；凶，是行事错误”，说明天命由于人事的道理至为明显。圣贤哲人的思想融会在儒学《六经》之中，肯定“祸”“福”都由人自己决定，从没有说过“盛”“衰”由天命安排。人事处理正当合理，上天却非要降祸给他不可，这种事从来没有发生过；人事处理荒谬混乱，上天却非要赐福给他不可，也从来没有发生过。

一些地方的反叛得以平定后，李适问陆贽当下最重要、最急迫的事是什么，陆贽上疏说：“最急的事，莫过于了解你的部属和人民。对大家喜爱的，立即实施；对大家厌恶的，立即革除……国家是乱、是治，全看人心！尤其在动荡混乱之时、危困疑难之际，人心归附，就能屹立；人心背弃，就会瓦解！陛下怎么可以不明察民情，跟人民同爱同恨，使亿万人民产生向心力，来安定邦国！这正是当前最重要、最迫切的任务！”

奏章呈上去十天，李适没有反应，陆贽又上疏说：“建国的根本，在于得到人民的拥护；要想得到人民的拥护，在于洞察人民的心意。所以孔子认为‘人心是圣王的农田’，就是说要靠它才能治理国家。”

陆贽又说：“《易经》说‘乾卦’在下，‘坤卦’在上，叫‘泰’；‘坤卦’在下，‘乾卦’在上，叫‘否’。削减上面，补充下面，叫‘益’；削减下面，补充上面，叫‘损’。天在下而地在上，位置恰好颠倒，反而称‘泰卦’，为什么？因为上下有良好的沟通。君在上，臣在下，反而称为‘否卦’，为什么？因为上下无法交流，甚至尖锐对立。当权的人克制自己，厚待人民，人民一定喜悦拥戴，岂不是‘益’？当权的人瞧不起人民，却随自己高兴，想干什么就干什么，人民心生怨恨，甚至起而反叛，岂不是‘损’！”

陆贽又说：“君王的统治术如果是只船，民心就是水。船顺着水性行驶，就能浮起，否则就会沉没；君王能够得到民心拥戴，宝座才固若钢铁，否则就陷入危险。所以古代的英明圣王，高居万众之上，一定使他个人的欲望顺从人民的欲望，绝对不敢使人民的欲望顺从他个人的欲望！”

陆贽又说：“无过并不可贵，改过才可贵！因为任何人的行为都有差错，不管他是上等智慧，还是下等愚劣，全都不可避免。智慧的人改正错误，选择善行；愚劣的人则认为过失是一种羞耻，所以坚持一错到底。选择善行的，品德日益提升；坚持一错到底的，势必恶贯满盈！”

陆贽还说：“天花乱坠但经不起检验的话，不要听信；直率公正、不加修饰但合情合理的话，不要放弃。讲的话使人听起来不大愉快，却踏踏实实做事，这种人并不愚昧；言语甜如蜂蜜，还保证可获重利，并不证明他高人一等。凡事都要根据实际情况，考察验证，评估后果，再决定接不接受规劝，采不采纳建议，不应该注重一个人的口才，而应该注重国家利益！”

陆贽博古通今，学识渊博，思虑精深，他在皇帝李适身边，几乎就治国安邦的所有问题，都谈出了自己独到的见解，就连君王有六大毛病，臣僚有三大弊病，都逐一做了分析，提出了预防和化解这些毛病和弊病的建议，今天读来仍振聋发聩，令人警醒！

但是，文章写到这里，就不得不写“但是”了，因为李适这个皇帝，是个“半截子”好皇帝，“但是”之后，看他是如何用昏庸、残暴、胡作非为来践踏大唐王朝的吧！

用杀富，抢财富

公元781年五月，博魏战区（总部设在今河北省大名县）、平卢战区（总部设在今山东省东平县）、成德战区（总部设在今河北省正定县）联合反抗中央，拉开了军阀混战的序幕。唐王朝周边的吐蕃王国、回纥汗国、南诏王国等抓住这一机会，先后发起对唐王朝边境地区的进攻和掠夺。这里特地说一句，吐蕃王国从“安史之乱”后，就没有停止向唐王朝内地进犯掠夺，虽然中间也有和好结盟，但都是短暂的，吐蕃进犯掠夺的步子，几乎就没有停下过。三战区联合反抗的战幕一拉开，财政保障就吃紧，皇帝李适的做法是杀富人，抢财富。他下诏的名义是向富商“借贷”，命财政总监编列富商名册及政府“借贷”数目。名册和数目发下去后，任务完不成，于是逮捕富商，酷刑拷打，不少富商还是交不起，便自杀了事。李适于是变换手法，对民间所有金钱、布匹、粮食积蓄等，强行“借贷”四分之一，民间所有钱柜、仓库被查封。人民无法维持生活，纷纷关门停业罢市。

一个月后的六月，唐朝政府开始征收“税间架”（房屋捐）和“除陌钱”（交易税）。所谓“房屋捐”，就是每栋房屋以两根横梁的宽度为一间，上等房屋每年每间征收两千钱，中等房屋征收一千钱，下等房屋征收五百钱。政府派税务官员拿着尺、纸、笔、算盘，闯到每一户人家勘验房屋间数，并规定，隐瞒一间打六十棍；鼓励检举告密，给告密者赏五十钱。问题是，很多人家早些年富庶，盖了一些房，后衰落了，一排排房子空在那里，里面空空如也，连住都住不得了，这样的房子也是免不了征税的。所谓“交易税”，就是不管什么钱，每串钱政府征收五十钱；如果是以物易物的交易，则折合市价按比例征收；隐瞒一百钱的打六十棍，罚二千钱；告密者赏十串钱，由被罚之人负担。这里的问题更多，如贷款做生意，贷一串钱，生意还没做，就得先交五十钱；如子女孝敬父母的钱，得被政府拿走一半。因为李适规定，不管什么钱，朝廷都得拿走一半……

司马光写道：忧愁怨恨的声音，使大地沸腾！

在这里，司马光记载了这么一件事：皇帝李适到了新店（今河南省三门峡市西南）打猎，走进一个叫赵光奇的农家，问道：“你们快乐不快乐？”赵光奇明确告诉他不快乐。原因是：过去政府除了征收“两税”之外，不再征收任何赋税和差役代金，如今什么苛捐杂税都征；后来政府说议价买粮，实际是强行掠夺，我们农民从未收到过政府给的一枚钱；每次听到皇帝下诏救济，不过是几句空话。赵光奇把底层民众的实际困难说得这么清楚了，皇帝李适是如何对待的呢？他下令免除赵光奇一家的赋税差役。

全国人民都是与李光奇家一样的，免李光奇一家赋税差役，能解全国人民的穷苦忧愁吗！

真不可思议啊！

用官帽，换贿赂

公元783年“泾原兵变”后，皇帝李适逃到了奉天，从奉天返回京师长安后，李适全副精力，用来聚敛钱财。各地政府首长多半靠向皇帝行贿——呈献金银珠宝，来保自己的官位。当时对这项贿款，称“税外方圆”（当时钱是圆的，中间有个方孔），或称“开支盈余”。各地政府的“开支盈余”是怎么来的呢？司马光告诉我们：有的是截留一部分正常税款，有的是增加人民的税收，有的是克扣属官们的薪俸，有的是把公田出产的蔬菜瓜果拿去贩卖。贪污中饱之余，拿出十分之一二，贿赂李适。

司马光说的有事实根据吗？往下看。

江西道（首府设在今江西省南昌市）行政长官李兼，每月呈献贿赂皇帝李适一次，称“月进”。

西川战区司令官韦皋，每天呈献贿赂皇帝李适一次，称“日进”。

常州州长裴肃，因不断给皇帝李适行贿，高升到浙东道（首府设今浙江省绍兴市）行政长官。

宣歙道（首府设在今安徽省宣城市）行政长官刘赞逝世，刘赞手下的执行官严绶主持善后，搜光仓库里的金银珠宝，全部贿赂李适，李适就一步把他提升为司法部副司长。

浙西道（首府设在今江苏省镇江市）行政长官兼全国各道盐铁专卖运输总监李锜，手握重大财经资源，大肆给皇帝李适行贿，深得李适宠信。李锜则仗着皇帝的宠信，毫无顾忌地盗取国家财产。当地一位名叫崔善贞的平民知识分子，前往皇宫呈递“亲启密奏”，举报李锜的贪腐问题。李适看了“亲启密奏”后，下令给崔善贞戴上刑具，把他押送给李锜。李锜则在押送崔善贞的路边挖了一个坑，待崔善贞走到那里后，什么也不说，连人带刑具推进坑里埋了。

真无语啊！

用奸臣，害忠良

前面写了，李适在当“半截子”好皇帝时，身边汇聚了一大批贤良大臣，给他拿了很多好主意、大主意，造成了摇摇晃晃的大唐王朝，大有在他李适手里中兴的假象。可“半截子”尚没到，这些贤良大臣便一个一个被收拾了。

先看刘晏，这位唐王朝最伟大的经济专家，被李适下令绞死了。绞死他的罪状是两条，一条是，安排了一些当权人士的亲友故旧，在他手下任职。这一点刘晏不否认。刘晏是活生生的人，在当时那种政治生态中，亲友故旧找他，他不可能一概不予理睬。但刘晏对这些人的安排，都不在要害部门，大都是无关紧要的职位，其俸禄多少、升迁快慢，全都纳入官员升迁的正常轨道。另一条是，刘晏所造运粮船的价格太高，超过成本的一倍。这一点刘晏也不否认。江南的粮食运到长安，要经过长江、汴水、黄河、渭水，在这些河段运粮的船，坚固程度的要求也不一样，因而必须建造适合各河道行驶的船。长江粮船只能到扬州，汴水粮船只能到河阴（今河南省郑州市西北），黄河粮船只能到渭口，渭水粮船则到首都长安仓库。刘晏付船价较高的原因是，必须给造船工匠衣食及日常费用比较宽裕，他们造出来的船才坚固耐用。如果一开始就跟他们连一个钉子钱都算得清清楚楚，那造船业就不能长久维持，造出来的船也好不了。毫无疑问，绞死刘晏的两大罪状，都与刘晏贪腐不沾边。刘晏尚未获罪时就说："我几乎可以预见，将来一定有人指责我付给工匠的钱太多，而坚持减少；如果减少一半，还可以勉强维持水准；如果减少到一半以下，造出来的船就不能用了。"

诚如刘晏所预言的那样，李适身边奸臣除检举刘晏自己并不否认的两条罪行外，还特地加了条"准备背叛中央"的罪名，他也被李适派宦官绞死。

"下半场"的大唐王朝皇帝李适，就像一个已经裂缝的臭蛋，身边围着一群嗡嗡乱飞的苍蝇，他任命的宰相，一个比一个阴险狠毒。比如卢杞，容貌丑陋，脸色像一张蓝纸，心地阴暗，狡猾险恶。司马光写了这样一个细节：郭子仪赋闲在家，但凡接见宾客，历来都是侍女、小老婆不离左右，而接见卢杞，便命她们统统离开，原因郭子仪说清了："卢杞长得那么丑，女人们看见他，一定忍俊不禁，笑出声来，而他心地阴险，会怀恨在心，一旦手握生死大权，必定报复，到时候我们郭家恐怕连一个孩童都保不住。"

皇帝李适喜欢卢杞的原因是："卢杞小心翼翼，我所说的话，他没有一句话不顺从，而他又没有学问，不能跟我来回辩论、据理力争，使我觉得我学富五车，简直无法用完。"

正是因为这样的原因，李适力排众议，连续提拔卢杞，最后提到宰相的高位，独揽朝政。司马光说："卢杞狡猾阴险，暗中下手，为建立自己的势力和威望，对稍微不能使自己满意的人，一律置之死地。”公元781年十月，卢杞诬杀宰相杨炎；782年又陷害另一位忠诚正直的宰相张镒；783年正月，把“颜氏行书”创立者颜真卿，送给叛军杀害；尔后逼迫唐代名相李泌退出政坛。

这里说说卢杞是怎么陷害颜真卿的。

卢杞的父亲是副总监察官，被安禄山杀害，时任平原郡长的颜真卿，用舌头舔干他头上的血，给予妥善安葬。这是多么沉重的情分啊，可不知什么原因，卢杞不仅不感恩，反而更为痛恨颜真卿。公元783年正月，淮宁战区（总部设在今河南省许昌市）司令李希烈，因皇帝李适的猜忌被逼反，李适打算派人去给李希烈安慰解释，卢杞张口就推荐颜真卿，说：“颜真卿是三朝元老（应是四朝：九任帝李隆基、十任帝李亨、十一任帝李豫、十二任帝李适），忠勇正直，刚毅果决，全国人民对他都十分尊敬，衷心信服，真是最恰当的人选。”李适同意，但朝廷的大臣纷纷上疏抗议，说：“眼睁睁看着朝廷失去一个元老，是政府的羞辱！”颜真卿知道这一去便是上西天，但他慷慨赴任，给儿子的家书只有八个字：“祭祀祖宗，抚养孤儿。”颜真卿孤身一人到达李希烈大营后，毫不含糊地斥责李希烈的反叛行为，反复劝他停止反叛，回归朝廷。但射出去的箭是收不回来的，李希烈把颜真卿残忍杀害了。

颜真卿死前这悲壮的一幕，犹如他笔下大气磅礴、行云流水的行书，给华夏子孙留下了金光闪闪的佳作！

有史学家认为，卢杞当宰相不到三年，没有出过一个好主意，甚至没有说过一句正确的话，只是陷害忠良。一代名相李泌，就是卢杞与其他奸臣联手排挤走的。不仅如此，在卢杞之后的另一个奸佞宰相裴延龄，还是卢杞推荐并扶上宰相大位的。陆贽给李适上疏，列举裴延龄的奸诈事实，一条条写出他的罪恶。陆贽说：“裴延龄认为做官之道，搜刮聚敛是最高策略，虚假荒谬是最好计谋。搜刮敛财而引起人民怨恨，他却借以显示为了尽忠皇帝，而不顾自己的利害；花言巧语、谗言陷害，他却以显示疾恶如仇，竭尽做一个臣僚的本分……”李适看了陆贽的上疏大不高兴，待裴延龄更加优厚。接下来，就是摘掉陆贽的官帽，把他贬走。

用宦官，乱朝纲

宦官在“半截子”好皇帝李适手里得到重用，是必然的！

公元784年十月，李适诏令宦官分别担任神策军左翼和右翼作战司令，让宦官掌握军权，开启了中国历史上第二个宦官时代。从此宫中的大小事情，全由宦官做主，包括任命官员、抵御外来入侵、平定民变、册封太子等，宦官可以改变皇帝的诏令，而皇帝改变不了宦官的意志。从此以后，宦官操弄朝纲的情况，一直伴随着大唐王朝的灭亡而结束。

在此之前，皇宫购买宫外的东西，由政府官员负责，按市价付款。宦官掌权后，由宦官负责，出宫购买货物的宦官，手持皇宫的公文，强买市场上的货品，说给多少钱就是多少钱，绝不允许商家讨价还价。过了一段时间后，公文也不带了，只派出数百名“白望人”，分别到长安的东市、西市以及热闹街坊或巷口，左右张望（白望），看到所要的货品，声称这是“宫市”，即皇宫要的货品，卖主就得让他们随便拿，不敢向他们要钱。宦官通常也给钱，往往是拿一千钱的货物，只给一百钱。为躲避宦官的强买，商人有好的货物，都不敢拿到市场去卖；卖酒、卖饼的摊贩，一见宦官来了，立马收拾摊子，关门闭户。

司马光特地写了这么一件事：一个农夫用驴驮着木柴进城出售，一个宦官说“这是宫市”，付给他几尺绢，叫农夫把木柴送进宫去。

进宫以后，宦官留下驴和木柴，把农夫赶出来。农夫把绢还给宦官，说：“柴钱不要了，把驴还给我就行。”宦官不给，农夫急了，便把这个宦官揍了一顿。这事传到皇帝李适那里以后，李适下诏免了那个宦官“宫市”的职务，给农夫补偿了十匹绢。至于“宫市”，依然如故；对于揭发“宫市”弊端的，一概不听。

关键是，朝廷、军队一些重要职位，几乎都是宦官推荐的人选。

比如，夏绥战区（总部设在今陕西省榆林市横山区）司令韩全义，想当统辖十七个战区的野战征剿司令，便大肆贿赂左神策军总指挥窦文场。窦文场就是个宦官，他跟皇帝李适一说，李适即诏令韩全义当征剿司令。司马光写道：韩全义既没有勇气，又没有谋略，全靠灵巧的谄媚和大量贿赂，结交宦官，才得到这项统帅高位。每次举行军事会议，数十名监军宦官坐在营帐里，高谈阔论，始终找不到一个答案就散会。结果平定民变叛乱的作战，都是大败而溃散。

再比如，监军宦官薛盈珍，想取代义成战区（总部设在今河南省滑县）姚南仲司令的位置，便向皇帝李适打小报告诬陷姚南仲。薛盈珍使出一连串陷害姚南仲的阴谋失败后，一批官员与宦官勾结的真相暴露了。皇帝李适于是召见姚南仲，问：“是不是薛盈珍干扰了你？”姚南仲回答说：“薛盈珍没有干扰我，而是他破坏了陛下的国法！不过，全国像薛盈珍这种人，数都数不完！”

姚南仲的回答，点到了问题的症结所在。而对“数都数不完”践踏朝纲的宦官，大唐王朝皇帝李适是个什么态度呢？

司马光写道：李适沉默不说话，不但不处罚薛盈珍，反而仍让薛盈珍处理机密大事。

“半截子”好皇帝李适，其实没到“半截子”就已经变坏了。

令人不解的是，为什么大唐王朝的一些皇帝走不出“半截子”好坏的规律性怪圈呢？

李纯创作的"元和中兴"含金量不高

公元805年正月二十三，唐德宗李适去世，太子李诵登基称帝（十三任顺宗）。

李诵称帝前，突然中风，半身不遂，完全丧失语言能力。同年八月初四，李诵下诏命皇太子李纯登基称帝（十四任宪宗），他自称太上皇。李诵在当皇帝的短短七个多月时间里，虽然不能说话，但诏书、诏令等人事安排事宜照常运转，其间发生的王叔文"永贞革新"，我们来做点分析。

李诵当太子时，下得一手好围棋的浙江绍兴人王叔文，还有写得一手好书法的浙江杭州人王伾，经常到李诵住的东宫玩乐，一边玩一边对皇帝李适处事任官、朝廷百官的人品才华等做冷眼旁观，断不了私下发表看法。王叔文因此建议太子李诵组织"影子政府"，并推荐"某人可以当宰相，某人可以当大将，希望有一天重用他们"。于是，当时政府中一些有名望、才华的人，如陆淳、吕温、柳宗元、刘禹锡等，与太子李诵、王叔文、王伾结成了生死之交，几乎每天聚在东宫，商议太子李诵接替帝位后的相关事宜。李诵中风后当皇帝，命王叔文留守皇家文学研究院裁决国事。这就是说，半身不遂、不能说话的皇帝李诵所颁布的诏书、诏令等，完全出于王叔文等的"裁决国事"，王叔文的"永贞革新"也就发生在这个时候。

可以想见，没有纳入皇帝李诵"生死之交"圈的文武百官，反弹的势力有多么强大！

让我们循着司马光的笔端走向，看看王叔文短短七个月“永贞革新”的情况：

公元805年二月二十四，也就是十二任帝李适去世的第二天，首都长安特别市长李实被贬逐。十二任帝李适身边，汇聚了一帮奸佞小人，比如李实，阴险狡诈，擅长搜刮聚敛。司马光写道：李实凶暴乖张，但李适对他却十分宠爱信任。李实仗恃皇帝的支持，更加骄横傲慢。他如果应允推荐某人，某人一定破格升官；他如果诬告陷害某人，某人一定遭贬逐。他说什么时候办到，什么时候一定办到，官员和知识分子都对他畏惧，见他时都不敢抬头。李诵和王叔文的“影子政府”，早就瞄准了拿李实开刀。所以李诵一确定当皇帝，便把长安特别市长李实贬逐到四川了。

二月二十四，皇帝李诵下诏免除人民欠税，取缔一切苛捐杂税，同时取缔了地方在上缴赋税之外，给皇帝的“进奉”。

二月二十四，取缔当时人民痛恨的一项恶政——“皇家五坊”。所谓“皇家五坊”，指雕坊、鹘坊、鹰坊、鹞坊、狗坊，五坊的差夫史称“五坊小儿”。这些“小儿”极其凶恶横暴，他们常常在大街小巷设置罗网，捕捉小鸟，但凡不给他们行贿的，他们便把罗网架到其家门口或井口，不让人进出，也不让从井里打水，且常常以吓了进贡的鸟为由，敲诈勒索。商家对“五坊小儿”恨之入骨，但敢怒不敢言。王叔文“裁决国事”后，一上来就取缔了“皇家五坊”，以及宫廷直接向人民强行搜刮的“宫市”。

三月初一，皇宫释放宫女三百人，释放皇家剧团歌女六百人，叫她们的亲人领回家。

六月初九，将人民在本年十月之前，预计欠政府的税款、粮食、绸缎，折合成钱是五十二万六千多串，全部豁免。

七月初九，追赠已逝世的“帝王师”陆贽官位，谥号“宣公”。

以上所做的这些事情，都是在皇帝李诵中风之后，王叔文主导干的。

公元805年八月初九，李纯登基称帝，十四任，号宪宗。李纯一登基，立即诏令王叔文自杀，皇帝李诵的一帮“生死之交”也都被收拾了一遍。

七个月间，王叔文的“永贞革新”做这么多有益于国家和人民的事情，不知道接替李诵当皇帝的李纯，为什么一上来便诏令王叔文自杀？

还有，撰写《资治通鉴》的大史学家司马光，对王叔文的评价也不高，说：王叔文诡计多端，自称读过很多书，知道怎么治理国家，总是利用机会向李诵陈述民间疾苦。“诡计多端”肯定不是好的评价，但“总是利用机会向李诵陈述民间疾苦”，这有什么错？皇帝不知道民间疾苦，只知自己奢侈荒淫，这样的皇帝能当好吗！

好，不去穷究个中原因了，还是让我们循着司马光的刀笔走向，去看十四任帝李纯，是如何创作“元和中兴”的吧！

李纯登基五天后的八月十四，有人给李纯呈献了两只长毛乌龟，李纯说：“我所喜爱的只有贤能人才，华丽的禾苗、神奇的灵芝只不过虚有美名，所以《春秋》在这些东西出现时，不认为是祥瑞。从今之后，凡是所谓祥瑞，报给有关单位就行，不必再奏报给我。至于珍贵的飞禽、奇异的走兽，一律不准呈献！”

从司马光的记载看，李纯听得进臣僚的意见、建议；注重使用德才兼备的贤士，担任朝中大臣职务；各地有给他呈献奇珍异宝的，他都一概拒收。李纯之所以被史学家誉为创造了“元和中兴”，其中一个主要原因，即是强化中央集权，解决了各战区司令官的独立王国问题，把各战区司令官的任命大权收回了中央。

从“安史之乱”开始，唐王朝各战区司令几乎都是终身制，中央想派人接替，派不进去；中央想对战区司令进行调整，调整不成；战区司令去世之后，通常都是他的儿子接替司令职务，或其他将领抢班夺权当司令。唐王朝中央通常在战区自己确定司令人选后，派钦差宦官去走个过场，发布朝廷的人事任命，事实上，从没有一个人出于中央的决定。

为了让读者朋友看得更清楚一些，我在这里解剖一下西川战区司令韦皋去世后的司令官任命情况。

公元805年八月，西川战区司令韦皋去世，他手下的后勤补给副总监刘辟，自称战区后勤补给司令，唐王朝不答应，征召刘辟回京任给事中，刘辟拒绝回京，开始调动军队做对抗准备。唐王朝一看不好，立即下诏任命刘辟为西川战区副司令代司令。刘辟得到这个任命后，上疏中央要求扩大自己的势力范围，由他这个西川战区代司令兼管三川战区（西川战区、东川战区、山南西道战区）。唐王朝皇帝李纯气炸了，下决心对刘辟进行讨伐。

看到了吧，已经很多年了，唐王朝对各战区司令都是这么迁就的。其结果即是，各战区早就成了大唐王朝的国中之国，他们想办的，用不着唐王朝批准；他们不想办的，唐王朝三令五申都是耳旁风。各战区司令可以任命州长、郡长、县长，可以收税，应上缴给中央的赋税，说扣下就扣下。就说西川战区司令韦皋吧，他在司令的位置上二十一年，州县官吏全是他任命的亲信，辖区人民如何纳税，全由他说了算，每隔三年，他便免征全区人民田赋捐税一年，因而深受巴蜀人民的拥戴，他去世后，人们把他的画像当“土地神”供奉，家家户户祭祀。

李纯对刘辟的讨伐获得巨大成功，对各大战区形成极大的震慑。

讨伐刘辟，李纯用对了一个人，叫高崇文，他是左神策军特遣兵团司令，在将领行列名不见经传，任命他率军讨伐刘辟，不仅威名及地位高的将领感到意外，就连朝廷文武百官都不理解。可就是这个名不见经传的高崇文，早晨六点接到诏命，八点即率军出发，武器装备、粮秣一样不缺。刘辟在鹿头关（今四川省德阳市北）修筑八个营栅，派数万大军阻击高崇文的进攻。高崇文率军八战八胜，连续击溃刘辟大军的阻击，很快攻入刘辟的老巢成都，生擒刘辟。进入成都的高崇文大军，士卒露天休息，商户照常做生意买卖，商店市场丝毫没有惊扰，珍贵的货物堆积如山，也没有任何损失。关键是，韦皋的幕僚都身穿白色衣服，脚蹬麻布鞋子，口衔土块，向高崇文请求宽恕，高崇文对他们一律释放赦免；韦皋以及刘辟任命的大小地方官员，全部不予追究，继续留任履职。如此一来，西川战区的社会秩序迅速得以恢复。

司马光还特地记载了高崇文的一件小事。刘辟有两个小老婆，长得绝顶美艳，监军宦官建议高崇文呈献给皇帝李纯。高崇文拒绝，他把这两个美女配给没有妻子的将领。

在平定淮西战区吴元济的叛乱中，李纯还用了一个名不见经传的人，这个人叫李愬。李愬当时任太子宫总管，临时提拔起来统兵，去平息吴元济的叛乱。用没带过兵的李愬去征伐叛军，甭说朝廷很多官员不看好，就连叛军的将领，对于默默无闻、官卑职微的李愬，更是轻视，不加防范。叛军对李愬的轻视，成了李愬取胜的优势，他屡屡在兵力敌强我弱的悬殊对比中，找到制胜的战法，不断获得以少胜多的战果。当然，李愬获胜的根本秘诀，还是争取民心。对于向李愬投降的士卒，凡家有父母的，李愬都发给他们粮食布匹，送他们回去孝敬父母。对于被俘的变军官兵，李愬坚持亲自询问，问什么呢？问境内什么地方险要、什么地方易守难攻、叛军的兵力部署、防守的虚实等。唐王朝军队有一项规定，即留敌人间谍住宿的，屠杀其全家。李愬进入战区后，废除这项规定，要求厚待敌人间谍，结果这些间谍为李愬所用，给李愬提供了很多机密情报。李愬部署进攻吴房（今河南省遂平县），发起进攻的那天是“往亡日”，民间认为“往亡日”是大凶日，什么事都不可以做，更甭说军队发起进攻了。李愬在“往亡日”发起进攻，完全出乎叛军的预料，结果大获全胜。在狂风暴雪的黑夜，李愬强行军七十里，抵达蔡州（今河南省汝南县），出其不意地发起攻击，把睡梦中的叛军首领吴元济生擒……

攻克蔡州后，司马光写了这样一件小事：蔡州脱离中央三十二年，积攒了大量的金银珠宝，李愬命大军露营驻扎，禁止到仓库抢劫，等着朝廷大军前来接收。皇家膳食官对皇帝李纯说：“淮西有相当多的珠宝，我知道放在哪里，我去拿的话，一定可以拿到。”此时的皇帝李纯，一心想的是平息叛乱，没有想去拿回珠宝。

淮西战乱平定后，河北三镇（卢龙、成德、魏博）的司令内心惶恐不安，魏博战区（总部设在今河北省大名县）、卢龙战区（总部设在今北京市）的司令，立即派人前去中央，请求归附，唯有平卢战区（总部设在今山东省东平县）司令李师道，决心继续与中央分庭抗礼，皇帝李纯下诏予以讨伐。结果是，从十任帝李亨以来，被李师道家族完全控制长达五十七年之久的平卢战区，被十四任帝李纯收回了统治权，黄河南北三十余州之广阔大地，回归唐王朝，全国恢复统一，“元和中兴”达到顶点。

司马光的笔端走向告诉我们，在平定平卢战区的叛乱之前，十四任帝李纯这个皇帝，当得还是可圈可点的。

李纯重用了一批德才兼备的贤士。司马光写道：皇帝李纯亲自出题考试选拔人才，类似文学大家元稹、白居易、柳宗元、韩愈等，都是在李纯亲自主持的人才选拔中被提拔起来的。这些大家有深厚的历史文化积淀，敢于直言无隐地批评朝政、批评皇帝，无疑是唐王朝宝贵的人才资源。

就说元稹吧，他就明确指出了皇帝李纯的一个重大问题，即排斥谏官的问题。元稹批评说：“现在的谏官，大的方面，从没有被陛下召见的机会；小的方面，则对政府行政事务一概不能参与……为什么把他们安排在谏官的位置，却又排斥他们、疏远他们、轻视他们？”“国家无论是治理或是动乱，都先有预兆。领袖鼓励部属批评，多听多看，是治理的前奏；领袖喜欢听阿谀的马屁话，受亲近的人蒙蔽，是动乱的前奏……如果拒绝规劝，还加以惩罚，则正人君子将闭口不言，只求明哲保身；而卑劣小人势将摇尾逢迎，窃取官位。这样的话，领袖的身边小事，都可能被扭曲蒙蔽，天下要想不乱，又怎么可能！”元稹还条条列出，建议皇帝依照次序召见文武百官，恢复金銮宝殿奏报制度，以及禁止违背时令进贡等十件事。皇帝李纯对元稹进行嘉勉，并说：“从今以后，事情有不对的，你们应该向我十次进言，不要只劝一两次就停止。”

再看白居易，他当时是皇家编译院校对官，他作乐府长诗一百余篇，对唐王朝的弊政进行规劝讥讽，诗作传到皇宫后，皇帝李纯看了十分喜爱，把他提升为皇家文学研究官。淮南战区（总部设在今江苏扬州市）司令王锷，家财万贯，异常富有，对进贡皇帝和馈赠宦官的贿赂，十分厚重，希望能遥兼二级宰相。白居易旗帜鲜明地反对，他给皇帝李纯上疏说：“王锷在扬州五年，千方百计搜刮勒索，等金银财宝多了就亲自运到中央进贡打点，如果这样就任命他当宰相，全国所有地方政府首长，都会看出王锷的宰相是靠贿赂买到手的，势必互相比赛贪污，人民将如何承受？”白居易的死谏，使得李纯放弃任命王锷为二级实质宰相。

天下大旱，皇帝李纯打算颁布一道慰问诏书，白居易等人上疏提了四条建议：减少田赋租税，让人民得到实惠；将宫中无差役的宫女遣送出宫，节省费用；禁止各道用横征暴敛的钱，向陛下进贡；禁止岭南、福建等地的富豪，掠夺良家儿女。李纯于是下诏：“全国减刑，免除租税，释放宫女，卖给富家当奴隶、婢女的，严厉禁止！”司马光还特地记载了这样一件小事：白居易在一次与皇帝李纯探讨问题时，脱口而出说“陛下错了”。李纯顿时翻脸，拂袖回宫，并指令皇家文学研究院院长，叫白居易离开皇家文学研究院。但经皇家文学研究院院长做解释工作后，李纯便打消了这一念头，并待白居易跟当初一样。

皇帝李纯还亲自主持选拔贤良方正、直言直谏人才的考试，起用了一批德才兼备的贤良之臣。如皇家文学研究官裴垍、李绛，后来官至唐朝宰相，被誉为一代名相。

裴垍心胸宽大、立身严肃、清正廉洁，人们不敢因私心打扰他。曾经有位老朋友来找他，裴垍热情接待，不拘形迹地跟他说笑喝酒。这个老朋友一看裴垍还是过去的裴垍，便跟他提出，想到长安市的一个主管部门任职。裴垍非常直率地对他说：“老哥不配当这个官，不能因为我们是老朋友的缘故，伤害政府正大光明的形象。将来有一天，如果有个瞎眼宰相怜悯你，可能给你这个位置，我可是绝对不会给的！”

另一位宰相李绛，与裴垍一样，正大光明，敢于提出自己的见解，决不逢迎皇帝。比如，浙西战区（总部设在今江苏省镇江市）司令李锜的反叛被平息后，有人提出把李锜贪占掠取的大量财富运往京师，裴垍和李绛则坚持把叛徒的家产，全部发还给浙西战区人民。裴垍生病被免去宰相后，李纯提拔专拍马屁的李吉甫当宰相。李纯登延英殿，李吉甫奏报说：“天下已经太平，陛下应该及时行乐。”李绛立即反驳道：“黄河南北，还有五十余州不执行中央政令。蛮族（指吐蕃）腥膻的难堪气味，紧逼泾州、陇州，烽火不断传来，边城一夕数惊。加上水灾、旱灾不时发生，国库仓廪都告枯竭。这正是陛下需夜以继日、辛苦勤劳的时候，怎么能说天下太平，可以及时行乐呢！”皇帝李纯有一事不理解，淮河、浙江流域不是水灾，就是旱灾，可他派出的监察官考察回来后报告没有灾情。宰相李绛了解各地灾害情况，他知道监察官是给皇帝报喜不报忧，于是他向李纯提出，把这些监察官的名单给他，他要一个一个逐一审问后给予治罪。

在皇帝李纯选拔的“贤良方正”人才中，负责全国财政暨盐铁专卖总监的李巽，是继经济大家刘晏之后的又一位经济专家。史载：李巽到差一年，田赋捐税的收入，跟刘晏时一样多；到差二年，超过刘晏；到差三年，增加到一百八十万串。大唐王朝有这么一位分管财政的大臣，创造“元和中兴”也就不奇怪了！

但是，唐王朝十四任帝李纯格局上的两大致命问题，决定了他成不了大唐王朝的明君、大帝，也决定了他创造的“元和中兴”含金量不高！

李纯格局上的第一个致命问题是：受贿、贪财。

从大的方面说，一国之皇帝，全天下的财富都属于他一个人，他想怎么奢侈淫荡，花多少钱也没人能阻止得了，因而严厉查处贿赂官员，防止属于他皇帝的财富被贪腐官员所侵占，当是皇帝应关注的重要问题。可李纯这个皇帝很奇怪，他在皇帝的位置上大肆收受贿赂，且凭官员贿赂的多少，发给多大的官帽。真令人不解啊！难道他不清楚，官员手中的钱财，都是从老百姓手里掠夺、压榨来的吗！比如，山南东道战区（总部设在今湖北襄阳市）司令裴均，是个公认的大贪官，他在皇帝李纯诏令禁止各地进贡后，仍进贡银器一千五百余件，作为对皇帝李纯的试探。李绛、白居易等上疏劝阻，李纯则在下令把这些贡品交全国财政署的同时，诏令各战区和各道驻京办事处：“从今往后，各单位向中央进贡，不必通报御史台，如果有人查问，将查问者的姓名报我。”看到了吧，门面上诏令各地不许向中央进贡，私下里却诏令各地向中央进贡，还要瞒着御史台，如果朝廷有大臣过问此事，还要把过问人的姓名报他这个皇帝。报他干什么？不就贬职调离吗！于是，朝廷上下的行贿受贿之风暗流汹涌，各地呈献给皇帝的“经费盈余”大增。所谓“经费盈余”，就是按规定上缴的田赋捐税之外的“额外收入”。这“额外收入”，不是对人民群众的加重盘剥，会是什么呢？问题的症结还在于：贤良方正的官员因拿不出“经费盈余”给皇帝行贿，纷纷被皇帝排斥；而拿得出“经费盈余”给皇帝行贿的官员，都是些奸佞之辈，这些奸佞之辈受到皇帝宠信，贤良方正人士随即受到排挤和打压。

李纯格局上的第二个致命问题是：离不开宦官。

从唐王朝九任帝李隆基开始，之后的皇帝大都宠信宦官，离不开宦官。唐王朝各战区司令与中央分庭抗礼，搞独立王国，与宦官有很大的关系。唐王朝对各战区的管辖，长期采取的做法是，往各战区派驻监军宦官，军事行动将领不能做主，完全由监军宦官指挥。仗打赢了，监军宦官派出专使，向皇帝呈递捷报；仗打败了，监军宦官向皇帝提出弹劾将领。因为监军宦官的权力极大，所以各战区司令、将领争相给他们行贿，监军宦官则给皇帝李纯行贿，帮给自己送了大把钱财的将领跑官、要官。如此形成的恶性循环是：各战区的战斗力极其低下，根本就组织不起来像样的战役，常常一接战便溃败；各战区司令和将领，大肆掠夺压榨辖区的民众，人民群众苦不堪言。

皇帝李纯身边汇聚的一帮贤良方正臣僚，如裴垍、李绛、元稹、柳宗元、韩愈等，反复向李纯上疏进言，分析往各战区派驻监军宦官的弊端，一度说动了李纯，把派驻各战区的监军宦官全部撤回。但好景不长，没过多久，李纯便感到不适应了，原因很简单，战区给李纯以进贡为名的贿赂没有了，断了李纯的财路。这对于习惯于收受贿赂，习惯于存私房钱的皇帝李纯来说，是极其痛苦的。于是他重走老路，重用宦官，恢复往各战区派驻监军宦官的制度，并将宫库中已经封存作废的两枚印信，拿出来交给统领禁军左右六军的督军宦官。也就是说，禁军的一军左羽林军、二军右羽林军、三军左龙武军、四军右龙武军、五军左神武军、六军右神武军的军权，全部掌控在宦官手中。

公元819年，宦官鼓动皇帝李纯迎接法门寺塔的一节佛祖指骨，留在皇宫三天，然后送往各寺展示。史载：亲王公爵、大官小民、瞻仰膜拜，供奉布施，争先恐后，唯恐不及，甚至有人倾家荡产捐赠，还有人在手臂点燃香火，灼伤自己，作为奉献。司法部副部长韩愈，不信佛教，对皇帝李纯搞如此盛大的场面迎接佛祖指骨，上疏批评劝谏。韩愈不仅是文学大家，而且历史知识极其渊博，他分析南北朝时南梁一任帝萧衍，笃信佛教，在位四十八年，前后三次舍身同泰寺，结果被叛将侯景困死台城，国破家亡的历史事实，竭力劝阻李纯不要痴迷佛教，更不能劳民伤财。气得李纯要把他斩了，在多人的劝阻下，把韩愈贬逐当潮州（今广东省潮州市）州长。

一封朝奏九重天，夕贬潮州路八千。
欲为圣明除弊事，肯将衰朽惜残年！
云横秦岭家何在？雪拥蓝关马不前。
知汝远来应有意，好收吾骨瘴江边。

韩愈写的这首诗，便是他与其他贤良方正之士被贬逐的真实写照！

公元820年正月二十七，皇帝李纯暴毙。司马光写道：当时众口一词，认为被宦官总管府秘书长陈弘志刺死，同党们隐瞒真相，不敢追查凶手，对外发布消息只说是药物中毒，外人不明内情。

能叫当朝皇帝暴毙，接下来叫谁当皇帝，就不在话下了。李纯死后，一群宦官出面，共同拥立性情奢侈的太子李恒接替帝位，十五任，号穆宗。

听听臣僚上疏对李恒的评价吧：“陛下宴会寻欢的日子太多；狩猎游荡，一点没有节制。”“陛下日夜不停跟戏子杂耍之类的人，亲密地聚在一起，赏赐又过于丰厚。”四年后，皇帝李恒死了，皇太子李湛继位，十六任，号敬宗。

李湛于公元824年正月二十六登基，同月二十八至三十，李湛赏赐宦官大量官服、彩色绸缎以及金银珠宝；有时今天赐宦官穿绿色官服（六品、七品），明天又赐穿红色官服（四品、五品）。司马光记载了这样一件小事：被王叔文“永贞革新”取缔的“皇家五坊”（雕坊、鹘坊、鹰坊、鹞坊、狗坊），在李纯当皇帝的后期恢复，完全由宫内宦官掌控。李湛当皇帝后，“五坊”的宦官更加为非作歹，敲诈抢夺无止境。陕西鄠县县长崔发，抓了“五坊”几个在大街上殴打市民的宦官，李湛暴跳如雷，逮捕崔发，任由宦官分批对崔发进行殴打，一批打得没劲了，换另一批上来接着打……公元826年十二月初八，皇帝李湛又莫名其妙地死了，宦官们又把太子李涵（改名李昂），扶上皇位，十七任，号文宗。

李昂对宦官谋害十四任帝李纯、十六任帝李湛深信不疑，于是穿上黄袍后，就打算拿宦官开刀。李昂虽贵为皇帝，但也不是宦官们的对手，他多次策划组织诛杀宦官，都被宦官挫败。公元835年十一月二十一发生的“甘露事变”，就是皇帝李昂经过反复谋划、精心准备的一次屠杀宦官事件。具体的谋划是，李昂登紫宸殿听取奏报，事先安排人奏报，天降甘露挂在石榴树上，李昂领着文武大臣前去观看，趁机诛杀宦官。结果露出破绽，宦官组织反击，现场诛杀近两千人，被皇帝李昂召到身边、参与策划这次谋杀行动的文武大臣，被宦官一网打尽。从此以后，皇帝李昂继续当皇帝，但中央大权握在北司（皇宫）宦官之手，南衙（政府）宰相只不过照发公文而已。宦官更是盛气凌人，对上胁迫天子，对下轻视宰相，把文武百官当作草芥。公元840年正月初六，十七任帝李昂逝世，他生前立的太子，宦官不认同，把李昂的弟弟李瀍扶上了皇帝宝座，十八任，号武宗。

不用多说，李瀍这样的皇帝，不过是宦官手里可以随意摆布的一颗棋子，大唐王朝只能眼睁睁地看着一帮宦官任意践踏。李瀍可能也是出于无奈，遁入空门，痴迷道教，并在文武百官呈献的尊号中，特地加了一个“道”字，即“仁圣文武章天成功神德明道大孝皇帝”。在道士的鼓动下，李瀍于公元845年八月，下诏禁佛。当时全国寺庙共四千六百座、道场四万所、和尚及尼姑二十六万余人。李瀍下诏将寺庙全部拆毁，道场全部废除，强令二十六万余名和尚尼姑还俗。五台山的一些和尚逃往幽州，朝廷给驻守居庸关的守将送去两把大刀，明确指示“发现游方和尚入境，把他们立即斩首”。宦官们大都不信佛，也就由着皇帝李瀍禁佛折腾。公元846年三月二十六，李瀍（改名李炎）去世。

以上一口气写了大唐王朝十四任皇帝李纯死后的四任皇帝，时间跨度是二十六年。在我看来，二十六年的四任皇帝中，十七任帝李昂不是糊涂人，也想有所作为，但宦官的势力太强大了，他左冲右撞，总想突破宦官对他这个皇帝的控制，但最终未能成功。因此说，大唐王朝的这二十六年，是宦官把持朝政、践踏朝纲的二十六年，是大唐王朝向毁灭深渊滑去的二十六年。

十八任皇帝李瀍去世后，接替皇位的，是十四任帝李纯的儿子李怡，改名为李忱，号宣宗，是他创造了大唐王朝的“大中之治”。

“大中之治”是滑向毁灭深渊的大唐王朝止跌中兴，还是大唐王朝的回光返照？让我们循着司马光的笔端走向，去看个究竟！

“大中之治”是唐王朝的回光返照

创造大唐王朝“大中之治”的皇帝李忱，小时候宫里人认为他智商不高，他无论和大家在一起或自己独处，从不开口。十七任帝李昂每次到亲王居住的十六宅，总是拿这个反应迟钝的叔父李忱开玩笑。因为这个原因，宦官们选皇帝接替人选时，选择了李忱。但当他坐在金銮宝殿听取文武百官奏报时，人们才发现李忱有真才实学，对日常事务的裁决，都很合理。李忱一上台，毫无征兆地贬逐了遭文武百官厌恶的宰相李德裕，以及李德裕提拔的若干大臣，还把鼓动皇帝李瀍禁佛的道士赵归真等人，用乱棍打死。

居住在西北边界（今陕西省榆林市横山区）一带的党项部落，经常在唐王朝边境制造灾祸，唐王朝几任皇帝训令有关战区出军讨伐，连年征战，调兵遣将，不断地转运粮草辎重，而战事不能平息。皇帝李忱了解到，党项部落之所以不断聚众起兵，反抗政府，全都是官逼民反。边防军将领贪图党项人的马、羊，一次又一次地欺骗抢夺，稍有反抗就随意杀人，逼得党项民众不得不武装起义抗暴。针对这种情况，皇帝李忱亲自遴选文官接替边防军中贪污、凶暴的统帅，且在他们上任前，当面勉励告诫。史载：这些将领接替边防军统帅后，安抚党项民众，保护他们的财产，双方建立了互信，没过多久，大唐王朝几任皇帝都未能平定的党项叛乱，终于完全被平定。

自8世纪50年代以来，因唐王朝内乱，属于唐王朝的河湟万里之地，被吐蕃王国占领。百年之后的9世纪50年代，吐蕃内乱，沙洲

（今甘肃省敦煌市）平民张义潮，暗中结交英雄豪杰，突然组织大批人马包围沙洲，城内的唐民纷纷响应，吐蕃守将大为惊骇，仓皇逃跑。张义潮遂接管州政府，代理州长，并派人携带愿归降唐王朝的奏章，到天德军（今内蒙古自治区乌拉特前旗）呈递。皇帝李忱立马任命张义潮为沙洲警备区司令。

披上沙洲警备区司令战袍的张义潮，随即率军出击，战旗所指捷报频传，连克瓜州（今甘肃省瓜州县）、伊州、西州、甘州（今甘肃省张掖市）、肃州（今甘肃省酒泉市）、兰州（今甘肃省兰州市）、鄯州（今青海省海东市乐都区）、河州（今甘肃省临夏市）、岷州、廓州（今青海省化隆县）等十州，并派人把十一州（包括沙洲）的地图资料及重要档案，送往京师长安晋见。河湟万里之域，被吐蕃王国占领一百年之后，又重回到大唐王朝的怀抱。

毫无疑问，这便是十九任帝李忱创造“大中之治”的一个主要标志！

除此之外，皇帝李忱起用裴休任全国盐铁专卖及运输总监，为大唐王朝注入了强大的经济支撑。在此之前的二十多年里，经济专家刘晏制定的运粮规章，早就被抛弃不用了，从江淮运往首都长安的大米，每年大约四十万斛，真正运到长安的不过十分之三四，大多数都被沿途官员贪污、士卒偷盗，加上有些运粮船中途沉没而损失掉了。裴休接手后，彻底清查弊端，颁布水运法规十条，于是每年运到渭仓（今陕西省华阴市）的大米，高达一百二十万斛。这无疑也是李忱创造“大中之治”的一个主要标志。

皇帝李忱处置“牛李党争”，也还比较稳妥。所谓“牛李党争”，说的是当时尚是低级官位的牛僧孺、陆浑，不畏权势，不避强梁，尖锐地批评朝政弊端，与宰相李吉甫形成激烈的抗争。李吉甫去世后，他的儿子李德裕当上了宰相，便开始寻衅复仇。于是，唐王朝的文官系统分为两大阵营，以李德裕为首的称为“李党”，以牛僧孺为首的称为“牛党”，围绕争夺宰相大位，各自拉帮结派，打压对方。通常情况是，“牛党”胜，“牛党”的人马纷纷上台，“李党”的人马被贬逐出朝廷；“李党”胜，“李党”的人马纷纷上台，“牛党”的人马被贬逐出朝廷。当然，决定谁胜谁负的，不是“牛党”或“李党”，而是皇帝和宦官。在这种情况下，巴结皇帝和宦官，给对方造谣构陷，始终是党争的阴谋手段和尖锐武器。这种情况延续了半个多世纪之久，唐王朝几乎所有的高官都卷入这场党争。唐王朝的文学大家，也几乎无一例外地卷入了这场党争。如“锄禾日当午，汗滴禾下土，谁知盘中餐，粒粒皆辛苦”的文学大家李绅，不仅深层次介入了这场党争，而且在司马光的笔下并不是很光彩。其实十四任帝李纯时的宰相裴度，把所谓的党争早就说清楚了，他说：“人因见解相同而聚集在一起，物因形状不同而分别归类。无论是正人君子或卑劣小人，只要志趣相投，势必结合。正人君子结合，称‘共识’；卑劣小人结合，称‘结党’。外表看起来很相似，实质却有很大的悬殊。”裴度点到了问题的症结所在，但凡结党的，或把不同治国理念之争视作党争的，都是别有用心的小人所为！

李忱处置“牛李党争”的做法是：免掉了李德裕的宰相，因为李德裕当权的日子太久，不能大公无私地处理事情，而只凭自己的爱憎，痛恨他的人越来越多；贬逐了一批李德裕的亲信官员，对被李德裕打压贬逐的牛僧孺、李宗闵等一干人马，用重新任职而给予平反，暂时缓解了双方的尖锐对立，平复了朝廷官员的情绪，但并没有从根本上解决党争问题。因为大唐王朝摇摇晃晃走过漫长岁月后，其机制、体制已经形成了培植小人的土壤，不深挖、深耕把这个土壤改良过来，小人还是会一茬茬长出来的，党争也就不可能绝迹。

司马光认为，皇帝李忱有很深的手足之情，他当皇帝后，经常到皇亲居住的十六宅，与亲王们喝酒游玩，亲王生病的，他还经常到病床边慰问。但他对皇亲国戚不迁就，不放纵。

比如，万寿公主是李忱的爱女，嫁给温文儒雅、受人称赞的皇家图书院校对员郑颢，有关部门依照皇帝嫁女惯例，用白银装潢婚车，李忱制止，改用白铜装潢。万寿公主出嫁前，李忱跟她谈话，警告她不可以瞧不起丈夫家的人，不可以干涉政治。郑颢的弟弟曾害重病，皇帝李忱派宦官前去探视，宦官回来后，李忱问万寿公主在干什么，宦官说在慈恩寺看戏。李忱非常恼火，叹息着说："怪不得高门世家都不肯跟我们家结亲，实在有他们的道理！"李忱把万寿公主叫到宫里，罚她站在台阶下面，好长时间不搭理她。万寿公主一面哭一面请求宽恕，李忱责备她说："哪有小叔子患病，当嫂子的不去探望，却去看戏的？"司马光写道：李忱在位期间，皇亲国戚都小心翼翼，遵礼守法。

比如，李忱对娘亲郑太后十分孝顺，不让她住到其他宫殿，而就住在内宫，李忱早晚都去侍奉。李忱的舅父郑光，担任过两个战区的司令，李忱与他讨论为政之道，郑光的谈话肤浅鄙陋，李忱看他不是做官的料，便把他留在京师当个闲官。郑太后多次强调郑光家贫穷，李忱赏赐给他金银绸缎，但始终不任命他担任治民的官职。郑光手下的庄园管理员，骄傲凶暴、横行乡里，一连几年不缴纳田赋，地方官员不敢过问。首都长安特别市长韦澳，为人公平正直，把这个管理员逮捕了。接着，李忱召见韦澳，有一段话，记录如下：

李忱："你打算怎么处罚？"

韦澳："依法斩首！"

李忱："可是郑光喜欢他，怎么办？"

韦澳："陛下把我从内宫调到长安，就是为了扫除京师积累的弊害，郑光的庄园管理员多年来制造灾祸，如果可以免除重刑，那么国家的法律只能管理贫穷小民，我不敢这么办！”

李忱：“你说得完全对！可是郑光纠缠我没完。不妨狠狠责打那个管理员一顿，只饶他不死，可不可以？”

韦澳：“我不敢再不接受，但请陛下准我继续囚禁，直到把欠款清缴完后才把他释放。”

李忱：“当然可以，我为了郑光干预你公平执法，深感惭愧！”

毫无疑问，这是皇帝为舅父求情，且是违法求情。但是，用脚指头想想都知道，皇帝无与伦比的权威，他用得着向一个长安市长求情吗？他张嘴说把那个管理员放了，长安市长敢不放人吗？

说实话，看了这段对话，我顿时对唐王朝十九任皇帝李忱肃然起敬！

下面让我们看看李忱任用官员的情况。

李忱亲自主持贤良方正人才考试选拔，一大批有德有才、清正廉洁的官员，被提拔到朝廷和各地任职，唐王朝的文学大家，几乎都被李忱召到麾下任职，为“大中之治”积累了大批贤才。

其中把右散骑常侍李景，提拔为浙西道行政长官，可以更清晰地看清李忱的用人原则。

李景的母亲郑女士，丈夫早死，家境贫寒，她一个年轻寡妇带着三个孩子，住在东都（今河南省洛阳市），郑女士亲自教他们读书识字。郑家后院有一堵古老的院墙，在一场大雨后倒塌，发现墙脚埋有大量金银财宝，多得足以装满一艘大船。家人一看都高兴坏了，飞跑过去报告郑女士。郑女士过去后，焚香祭拜，说：“我曾经听说，不经过辛苦努力，却获得丰厚的报酬，会成为灾祸。上帝如果因为我家祖先有太多的善行好事，可怜我们贫穷，作为特别赏赐，我希望赐福给我几个孩子，使他们学业能有成就，这才是祖先的期望。对于这些金钱，我绝不敢接受。”焚香祭拜后，命家人立即掩埋，把院墙恢复原状。史载，郑家三兄弟都通过进士及第走上仕途。皇帝李忱听说后，特地把李景从右散骑常侍提拔为浙西道行政长官。

皇帝李忱还随即提拔了一些官员，让我们来看看。

李忱打猎，遇见一个砍柴的樵夫，问他哪里人，樵夫说泾阳县人；李忱又问县长是谁，樵夫说叫李行言；李忱还问这个县长怎么样，樵夫说："相当固执。有一次抓了几个强盗，神策军派人来要把他们带走，李行言就是不肯，竟把强盗杀了。"李忱回宫后，把李行言的名字贴到卧室的柱子上，一个月后，李行言被提拔到海州（今江苏省连云港市）任州长。

还有一次，李忱到渭水打猎，看见十几位年长的乡间父老，聚集在一座寺庙焚香求佛，李忱问他们求佛为什么，他们说："我们是礼泉县人，只因为县长李君奭政绩优异，任职期满，就要离职，我们想让他留任，特别在这里祷告佛祖保佑，成全我们的心愿。"没过一个月，怀州（今河南省沁阳市）州长空缺，李忱御笔钦点，提拔李君奭去当州长。

司马光写道：李忱非常喜爱听取反对意见，凡是谏官们对时局的批评、官员对诏书的封驳，只要有道理，李忱多数都不坚持自己的意见，屈意接受。看到高级官员的奏章时，必定焚香洗手，很严肃地阅读。"比如，民间有个叫刘集的医生，跟宫里的宦官走得很近，在宦官的游说下，皇帝李忱要求全国盐铁专卖总监署，给刘集补个管理员的空缺。文官部副部长柳仲郢不同意，他说："医术精良，应补医官的空缺，如果让他管理盐铁，用什么作为考核他的标准？而且盐铁场管理员位置低贱，不应由陛下亲自下令，我不敢接受诏书！"李忱立即收回诏命，赏给刘集一百匹绸缎，把他送走。

李忱每次出席朝会，奏事完毕后，都会和颜悦色地宣布："我们可以谈谈家常闲话。"话题无所不包，包括各地发生的一些稀奇古怪事情、街头巷尾的故事。令文武百官不解的是，李忱每次召见朝廷和地方官员，讲的意见都非常接地气，很有针对性。原来李忱手里捏着一本《处分语》，他很早就派皇家文学院研究员韦澳等人，深入各地，收集风土人情、民生利弊、百姓对官员的评价等，汇集成了一本《处分语》，因而找人谈话时，他讲的意见一针见血，针对性很强。如此一来，朝廷及各地官员都变得越来越规矩，生怕自己什么事做得不恰当，被写进皇帝李忱手中的《处分语》。

公元847年春季，大旱成灾，皇帝李忱减少饭菜，撤除进餐时的演奏乐队，遣送宫女，释放猎鹰，停止兴建土木工程，同时叫有关部门重新审理京师羁押的囚犯，能释放的释放，能减刑的减刑。之后还下诏说："自今以后，司法衙门处罚人犯时，应一律用平常棍棒，打脊背一下，可折合打屁股十下；打屁股一下，可折合鞭挞五下。官吏执法时，应遵守统一标准。"

司马光特地写了这么一件事。农业部长韦廑，想当夏绥战区司令。一个法术师听说后，主动找上门去，自吹祈祷神灵，无不应验，并叫韦廑把自己的愿望写到一张纸上。法术师拿到那张纸后，霎时翻脸，说韦廑命他祭祀天神，阴谋叛变。这可把韦廑及家人吓坏了，跪着向法术师哀求，并把家中所有的金银珠宝全部送给法术师。这个法术师一夜暴富，穿着打扮立马光鲜起来，引起警察怀疑，把他抓起来一审，弄清了是怎么回事。这事报给皇帝李忱后，李忱诏韦廑当面盘问，并对宰相们说："韦廑是京师城南世家（当时城南有韦、杜两大家族，住处分别称"韦曲""杜曲"），被恶人诬陷，不要让狱卒凌辱他。"根据皇帝李忱的意见，法术师被乱棍打死，韦廑被贬到永州（今湖南省永州市）当军务秘书。

司马光还记载了这样一件事。皇帝李忱精通音乐演奏，音乐师罗程琵琶弹得特别好，得到李忱很多关照。罗程遂仗恃皇恩，凶暴蛮横，一言不合便拔刀杀人。因为这个原因，罗程被抓起来囚禁在首都长安特别监狱。其他音乐师打算出手营救，特地在李忱到后苑听音乐的机会，为罗程虚设了一个座位，座位上放着一把琵琶。演奏一开始，众多音乐师跪到李忱面前，说："罗程辜负陛下，应死万次，可是我们惋惜他的绝世手艺，不能在陛下设宴游乐时，侍候左右。"李忱没有被音乐师的求情而打动，他说："你们惋惜的是罗程的技艺，我所珍惜的是高祖（一任帝李渊）、太宗（二任帝李世民）的国法！"仍然诏令将罗程乱棍打死。

……

公元859年八月，皇帝李忱的背上长出大疮，几天后便逝世了。

李忱是大唐王朝最好的皇帝之一，他在位十三年，不是"半截子"好皇帝，而是从始至终的好皇帝，他创造的"大中之治"给常年处于战乱的中国人，创造了难能可贵的十三年安定！

在我看来，虽然李忱创造的"大中之治"含金量很高，但从根本上看，是大唐王朝灭亡前的回光返照！

因为宦官把控朝政的这个根本问题，李忱想解决而未能解决。他曾多次跟他的心腹大臣，探讨解决这个问题，有人鼓动他果断对宦官下手，李忱闭着眼睛摇头，他知道宦官的势力已经扩展到政府、军队和地方的方方面面，只要向宦官动手，宦官反扑过来的能量，他是抵挡不了的；也有人提出拉拢宦官中有才干的人，分化宦官势力，李忱还是闭着眼睛摇头，他说他曾试过，宦官的人性决定了他们只求升官发财，不知道感恩，一旦让他们穿上紫色官服（三品以上高官），他们为攫取更大的利益，立即会把皇帝抛到一边，与当权宦官合流成一体与皇帝对抗。在经过反复权衡后，李忱放弃了对宦官的清剿。关键是，李忱几次就诛杀宦官，与心腹大臣进行极其机密的探讨，宦官们很快便知道了，宦官头子还不时抓住机会，对他这个皇帝进行敲打警告。李忱深知，在这种情况下出手，没有胜算。

还因为李忱之后，接替他皇位的子孙，一个不如一个，成了摧毁大唐王朝的实际帮凶。李忱是公元859年八月逝世的，大唐王朝是公元907年四月灭亡的，在李忱之后的唐王朝四十八年延续中，皇帝像走马灯一样换了四个：懿宗李漼、僖宗李儇、昭宗李晔、哀帝李柷。关键是，李忱尸骨未寒，全国各地的兵变像雨后春笋般爆发，尤其是盐贩子黄巢的起义，给了摇摇欲坠的大唐王朝致命一击。大唐王朝907年灭亡，黄巢880年攻下洛阳、长安，登基称帝了，大唐王朝有近三十年走在流亡的路上。

黄巢给摇摇欲坠的唐王朝致命一击

公元859年八月初八，十九任皇帝李忱去世前，特地给宦官交代，把三儿子李滋扶上皇位。李忱去世后，宦官们把李忱的长子李温（改名李漼）扶上了皇位，二十任，号懿宗。李漼痴迷佛教，一穿上黄袍，便训令首都长安东、西两街四个寺院，设置戒坛，剃度二十一天，把国家大事完全抛到了一边。不仅如此，李漼喜爱听音乐、玩游戏和吃喝饮酒，金銮宝殿前的皇家歌舞女郎，将近五百人，宫中宴会，每月不少于十几次，山珍海味，无一不备。李漼的女儿同昌公主死了，李漼诛杀皇家医官二十余人，逮捕囚禁这些医官的亲属三百余人。公元873年七月十九，二十任皇帝李漼死了，宦官们把李漼十二岁的小儿子李儇扶上帝位，二十一任，号僖宗。面对十二岁的小皇帝，政府官员和宦官们谁都不把他看在眼里，朝廷上下贪污凶暴、争权夺利愈演愈烈。李儇叫宫廷机要主任宦官田令孜“干爹”，朝廷的大小事情全由田令孜裁决。根据田令孜的建议，李儇诏令：“搜刮首都长安东西两市商店和旅客的所有财宝货物，全部送到宫库。但凡有人向司法机关控告，一律押送到长安市政府，用乱棍打死。”公元875年七月，一望无际、漫山遍野的蝗虫，从东方飞向西方，所经过的地方，树叶和庄稼全被吃光，只剩下赤地千里。但地方官员给李儇报告的是：“蝗虫飞到京畿，不吃庄稼，都抱着荆棘而死。”皇帝李儇相信了，文武官员还纷纷向李儇表示祝贺……

无须再写了，仅此就足见大唐王朝已经腐烂成什么样子了！

公元875年，站出一个给摇摇欲坠的大唐王朝致命一击的人，这个人叫黄巢。

冤句（今山东省菏泽市曹县）人黄巢，集结变民数千人，响应长垣（今河南省长垣市）变民首领王仙芝，向大唐王朝的统治发起了进攻。黄巢年轻时贩卖过私盐，他豪放侠义，骑马、射箭十分精通。但黄巢一直想当官，他读过一些儒家经典，多次参加“进士科”考试，每次都落榜，无奈之下，聚众起兵，跟着王仙芝抢劫州县，横行于崤山之东，交不起赋税或失去土地的穷苦农民，纷纷加入黄巢的队伍。当时，全国四面八方民变风起云涌，多的一千多人，少的数百人，打家劫舍，飘忽流窜剽掠；唐王朝所派的驻各地的军队，也纷纷举起反叛大旗，魏博、原州、大同、湖南、河东、凤翔等地的兵变接连爆发，在唐王朝广阔的大地上，再也看不到一块安定的绿洲了。

王仙芝的民变大军一路所向披靡，打到蕲州（今湖北省蕲春县）时，大唐王朝派宦官给他送去一个招安状，任命王仙芝为左神策军管理员兼行政监察官。官虽不大，但王仙芝欣喜万分。而跟随王仙芝一路打过来且屡立战功的黄巢，再小的官帽也没给戴，因而很是愤怒，他对王仙芝说：“当初我们向神灵立下滔天大誓，除暴安良，义行天下，现在你为自己弄了个一官半职，去左神策军当差，丢下我们五千多名将士，往哪里投奔？”黄巢越说越愤慨，冲过去挥拳就打王仙芝。这之后，变民军分为两支，三千人追随王仙芝，两千人追随黄巢，打进蕲州城抢劫杀掳一番后，各自走了。黄巢这路连克匡城（今河南省长垣市）、濮州（今山东省鄄城县），正包围亳州（今安徽省亳州市）时，王仙芝战死，他的部众前来投靠黄巢，一致推举黄巢当最高领袖，称“冲天大将军”，年号“王霸”，黄巢便开始像当皇帝一样，任命文武百官。

连吃几场败仗后，黄巢上疏唐王朝皇帝李儇，请求招安。李儇诏命黄巢为右卫将军，同时诏令他遣散部众，自己一人到京师上任。黄巢认为这是个陷阱，右卫将军不要了，继续他的反叛大业，攻陷福州后，又转战岭南。势力已经强大的黄巢，还是一心想到朝廷当官，他先是提出，只要唐王朝任命他为天平战区（总部设在今山东省东平县）司令，他就接受招安。皇帝李儇认为黄巢要价太高，拒绝；黄巢于是上疏，要求当岭南东道（总部设在今广东省广州市）司令，李儇和一帮高官商量来商量去，决定给黄巢戴一顶太子宫侍卫军司令的官帽。黄巢暴跳如雷，立即下令对广州进攻，一天就攻陷广州，把广州战区司令生擒了。黄巢凶残无比，进入广州城后，为掠夺而杀害蕃坊（伊斯兰教徒居住区）居民十几万人。受岭南瘴气瘟疫传染，黄巢手下的士卒大批死亡，于是黄巢放弃广州，向北发展。他下令在桂州（今广西壮族自治区桂林市）制造大木筏数十条，乘山洪暴发，载着官兵顺湘江而下，漂过衡阳、永州抵达潭州。攻陷潭州后，又逆长江而上，进逼江陵。驻守江陵的总指挥官被吓跑了，留下部将刘汉宏保卫江陵。总指挥官一跑，刘汉宏立即发动兵变，在江陵大肆抢掠后，纵火把江陵夷为废墟。十天后，黄巢大军赶到时，刘汉宏也跑去当盗匪了。

黄巢继续北上，从江陵出发，直指襄阳（今湖北省襄阳市）。在这里，黄巢遭遇惨败。山南东道战区司令刘巨容，与江西征剿司令曹全晸，在荆门把黄巢大军引入伏击圈，把黄巢大军打得落花流水。就在一战可以全歼黄巢军队的关键时刻，刘巨容拒绝追击，眼睁睁地看着黄巢残军逃跑。望着拼命逃跑的黄巢残军，刘巨容说：“最高领袖喜爱辜负人，紧急的时候对人又升官又赏赐，一旦平定，就把人抛弃甚至还定罪判刑。不如留这些盗匪在世界上，作为我们升官发财的资本。”

刘巨容算是把当时唐王朝的政治生态看透了！

黄巢就是在唐王朝这种政治生态中，死里逃生，越做越大，部众发展到二十万人。

司马光写道：关东变民蜂起，各地纷传狼烟，而皇帝李儇却不问国事，专门游戏玩耍，随意赏赐，毫无节制。一个名叫侯昌业的左拾遗，实在看不过眼，上疏对李儇苦谏。李儇二话不说，下诏命侯昌业自杀，诏书是这么写的："侯昌业出身平民之家，擢升到亲近高官的官位，不知谨慎言行，反而愚妄地奏报一些捕风捉影的闲话，侮辱最高领袖，诽谤百次征召才允就职的各位官员，依照国法，不能宽容，赐他自尽！"

司马光还写道：皇帝李儇喜爱踢球、斗鸡、斗鹅，他最纯熟的一项运动是打球。李儇曾夸口说："我如果报考'打球进士科'，一定夺得状元。"三川战区（东川、西川、山南西道）司令空缺，皇帝李儇用三川司令当赌注，命四个人选比赛打球，依优胜顺序挑选战区司令，史称"择官游戏"。真不知这么挑选出来的司令，是叫他们领兵打仗，还是去踢球。

黄巢一路向北打来，于公元880年十一月十七，攻陷大唐王朝的东都洛阳。黄巢进到洛阳，对唐王朝留守东都的文武官员安抚一番后，便率军向长安进发，并连续攻陷华州、潼关，打到了唐王朝皇帝李儇的眼皮子底下。这时，皇帝李儇又下诏命，任命黄巢当天平战区司令，诏书送到了黄巢手里，黄巢看都不看一眼，便率军向唐王朝的京都进发。

同年十二月初五，黄巢乘坐黄金装饰的双人小轿，卫士的头发随意披散，都用红巾扎束，身穿锦绣衣服，手拿武器，出现在唐王朝京都的大街上。

待到秋来九月八，我花开后百花杀。

冲天香阵透长安，满城尽带黄金甲。

黄巢所写的《不第后赋菊》，不知他在被人前呼后拥行走在长安大街时，有没有想起他多次参加唐王朝的“进士科”考试，每次都名落孙山的往事来。

同一天，大唐王朝皇帝李俨，带着四个亲王和几个嫔妃，从金光门逃走了，逃向哪里，满朝文武百官都不知道……

同一天，没有跟随皇帝李俨逃跑的士卒和居民，争先恐后涌向唐王朝的国库，抢夺金银绸缎……

同一天，跟随黄巢进入长安的士卒，大肆剽掠，纵火烧毁街道店铺，见人就杀，街道上堆满了尸体……

大唐皇帝李俨，正在逃往兴元（今陕西省汉中市）的路上，他的下一个逃亡目的地，是四川成都。

同年十二月十一，黄巢下令屠杀唐王朝所有留在长安的李姓皇族，连一个婴儿也不留下。

次日，黄巢住进皇宫。又次日，黄巢在含元殿登基称帝，国号大齐。齐帝黄巢下诏，唐王朝三品以上官员和三品以下官员，不愿到黄巢政府任职的，一律诛杀。

转年三月中旬，有人在尚书省大门题诗，嘲讽齐政府官员都是些没文化的乌合之众，齐帝黄巢下令，把尚书省的守卫和官员，全部挖出眼珠，脚朝上头朝下倒吊示众；接着搜捕长安城中所有能写诗的知识分子，共三千余人，全部诛杀；同时把凡是识字的市民，都罚作苦役。黄巢可能忘了，当他刚举兵反叛时，就有民谣歌颂他、警示他：“逢儒则肉师必覆。”黄巢也是读过一些儒家经典的人，因而他曾下令军中：不准杀害知识分子，所俘虏的人中有人称自己是知识分子的，黄巢即下令释放。可当上皇帝的黄巢，因一首嘲讽诗，在长安兴起了大屠杀的“文字狱”。

长安四周讨伐黄巢的唐王朝军队，准备向长安发起进攻，黄巢便放弃长安，率军向东撤退。黄巢边走边看，看到的是唐朝政府军的纪律败坏，官兵们闯进民家住宅，大肆剽掠财物、布匹、妇女，根本就不是来跟他作战的。黄巢于是杀了个回马枪，率军杀回长安，把身上驮着抢夺的沉重财物的唐军官兵杀得满街满巷都是。黄巢再次进入长安后，对长安市民帮助唐军非常痛恨，下令士卒对市民开杀，杀得满街满巷鲜血横流，被称为鲜血“洗城”。

黄巢的出现，是大唐王朝腐烂透顶的必然结果，黄巢只不过给了从头到脚都化脓了的大唐王朝致命一击。

其实黄巢就是一个草莽农民领袖，他一生追求做官，年轻时参加“进士科”考试，举起反叛旗帜后，几乎每打一次胜仗，便向唐王朝伸手要一次官帽。如果唐王朝从一开始便满足黄巢当官的要求，也许他便成了唐王朝镇压民变、兵变的打手。当然，历史没有“如果”。黄巢打进唐王朝的京都长安后，穿上黄袍，做了他做梦也不敢梦的皇帝，完全被奢侈、荒淫和后宫美女包围起来了。本就不具备除暴安良、造福百姓格局的黄巢，从一脚踏进长安开始，就已经宣告他走上了不归路。黄巢在长安穿黄袍两年零四个月后，被各地的讨伐大军打出来，他下令烧毁皇宫，向东逃亡。公元884年六月十七，逃到位于今天山东省济南市莱芜区西南的狼虎谷时，他被外甥林言砍掉了脑袋。

从黄巢被砍掉脑袋，到朱全忠灭掉大唐王朝的二十三年中，中国的历史其实已经进入大黑暗的“五代十国”时期，只是因为大唐王朝作为一个历史符号的存在，才在大唐王朝灭亡后认定历史的另一个符号——“五代十国”。

但在写“五代十国”之前，还得写我很在意的一文，即“文化繁荣是大唐王朝独有的气质”。

文化繁荣是大唐王朝独有的气质

文化繁荣，是民族精神富有的显著标志！

中华民族是一个精神世界极其富有的民族，中华祖先从着手写中国历史的第一笔起，就对物质世界和精神世界同时着墨，且把精神世界写得丰富多彩、精彩纷呈！

在我看来，文化是有源头的，也是需要时代积累的。中华民族的文化源头，是华夏祖先创造的儒、墨、道、兵、法、易、农、工、医等思想理论。其中儒学，最显文化底蕴和高贵气质。其修身、齐家、治国、平天下的家国情怀，己所不欲、勿施于人的良善品质，与邻为善、以诚相待、以和为贵的君子风范等，是古往今来乃至千古不变的贵族标签。中华民族就是几千年来，始终带着这种标签的民族！

今天我们看大唐王朝，都会产生一种向往，觉得那是中国封建社会繁荣昌盛的美好王朝。产生这种感觉的根本原因，源于盛世大唐王朝的文化繁荣。其实，大唐王朝的文化繁荣，是中华民族文化传承积累的结果，只是积累到大唐王朝，来了个大爆发。毫无疑问，唐王朝之前的历朝历代，都在深耕中华民族的精神家园，都有伟大的思想家、理论家、文学家、艺术家、军事家、科学家等大家，为这个家园贡献智慧和佳作，诠释中华文明生生不息的传承和发展。比如，南梁皇帝萧衍和他的三个儿子萧统、萧纲、萧绎，都是诗歌创作的顶尖高手。还有隋炀帝杨广，写作的诗集就达五十五卷之多，他写的“寒鸭飞数点，流水绕孤村”，更是被誉为经典佳句。

因此说，文化繁荣在大唐王朝的大爆发，自有其大爆发的历史由来。在我看来，大唐王朝的这样几个做法，也是促成文化繁荣的重要原因。

招揽贤士，为文人入仕开口子

司马光的《资治通鉴》告诉我们，隋王朝之前，中国封建社会没有科举制度，皇帝是世袭的，官员的爵位是世袭的，庶民百姓中的贤良人士，入仕做官的路基本被堵死了。但有些朝代也留了个口子，即立了战功的，乡民推举的“乡贤”“乡孝”“乡才”等，也能被皇帝钦点踏上仕途。虽然这个口子开得很小，且时开时不开，但对庶民百姓的吸引力是强烈的。唐太宗李世民本身就是文学大家，包括武则天文学造诣也很高，李世民当皇帝后，就在科举制度中，开了一个招考文学贤士的口子，并把诗歌作为专门的考试科目，将一批批有文学才华的人士，招揽到了皇帝身边。给这些人做官的基本路径是：先安排到皇家文学院，从事皇帝诏书、诏令的起草、跑腿等工作；再从这些人中遴选有见识、敢直言的担任谏官；最后从谏官中挑选有治国安邦才华的，担任州长、战区司令或朝廷的部长、宰相。司马光的笔端告诉我们，今天耳熟能详的唐朝文学大家、书画大家等，都在朝廷不同的领导岗位任过职，有的还当过宰相。

但凡文学艺术大家，无论性格豪放的，抑或内敛的，都有常人不具备的浪漫情怀。这些人如果始终生活在社会底层而没有站到朝廷官员的层面，他视野、胸襟的开阔度就受限，就无法站在山顶领略“一览众山小”的境界，也就不可能成为文学艺术大家。而进入封建官场这个政治斗争的漩涡，亲身体悟其中的尔虞我诈，亲身感受其中的凶险激荡，其骨子里的浪漫情怀，便会自然而然地宣泄出来，用文学的语言、笔触，发出振聋发聩的呐喊，喊出流芳千古的名言佳作来。

不可否认的是，有浪漫情怀的文化贤士做官，比较率性，有的还清高、孤傲，他们敢言敢谏，敢顶敢抗。这种不适合封建官场的性格，必然受到排挤、打压，因而这些文化贤才，几乎无一例外受到过贬逐。文学贤才在官场的起落沉浮，浮起来，浪漫情怀是一种意境，沉下去，浪漫情怀又是一种意境。这种人生沉浮的起伏反差，更能激发出他们的灵感，写出闪烁千古的佳作来。

千山鸟飞绝，万径人踪灭，
孤舟蓑笠翁，独钓寒江雪。

这首流芳百世的五言绝句《江雪》，就是柳宗元被贬柳州后写的。在下着大雪的江面上，一叶孤舟，一个身穿蓑衣、头戴斗笠的老翁，独自在江心垂钓，天地间如此纯净，老翁的心境如此清高，性格如此孤傲，整个世界除了漫天飞舞的大雪与他相抱、相拥外，苍天、大地也不敢靠近他。如此孤傲放达、如此淡泊富有的柳宗元，无论是在官场还是被贬逐，他骨子里那股贵族的清高，是始终不改的。

还有李白“君不见，黄河之水天上来，奔流到海不复回。君不见，高堂明镜悲白发，朝如青丝暮成雪。人生得意须尽欢，莫使金樽空对月……五花马，千金裘，呼儿将出换美酒，与尔同销万古愁”的《将进酒》，也是被贬黜后放浪形骸的宣泄。

再看李白的《早发白帝城》：

朝辞白帝彩云间，千里江陵一日还。
两岸猿声啼不住，轻舟已过万重山。

李白的这首诗，就是他人生沉浮的典型之作。公元759年，受永王李璘案牵连，李白被流放到贵州夜郎，走到重庆奉节时，皇帝一纸诏书，赦免他的罪过，召他重新回朝为官。李白的心情顿时由阴转晴，写下了这首著名的诗篇。这首诗反映了李白由“沉”到“浮”的心情。白帝城至江陵一千余里，朝发不可能夕至，但李白的心情是一定要到达的，因而长江两岸的美丽风景、树上跳跃玩耍的猴子，已经吸引不了李白了，他急切回朝的心情，似离弦之箭，穿过了长江的千山万峰。

崇尚文化，形成了以文化而扬名的豪门世家

文化繁荣的基础，在于人民群众对文化的尊崇。

中国人尊崇文化，是嵌入灵魂、融于血脉的！

比如，我们今天所谈的家风，就是精神层面的文化传承。家风不是财富积累而成的，而是文化传承积累而成的。培育良好的家风，是古往今来中国人精神层面的不懈追求。形成这种追求，是与世族大家的引领分不开的。东汉末年的三国时期，中原战乱频仍，很多处于战乱中的豪门世家，纷纷举家南迁，跨黄河，渡长江，到江南广阔的但尚未开发的地方逃难。这既是民族大融合的南迁，更是文化大交流的南迁，还是经济大开发的南迁。豪门世家的南迁，不仅带去了财富，还带去了科技和文化，在促进江、浙、皖、闽等地大发展的同时，树起了令世人景仰的世家形象。

豪门世家令人敬仰的绝不仅仅是财富，更是文化，是文化使他们成为豪门世家。君臣、夫妻、父子、兄弟的礼制厘定，修身、齐家、治国、平天下的家国情怀，尊老爱幼的孝悌规范，行善积德的人生修为等，家风中的题中应有之义，才是世人景仰豪门世家的主要内容。

不仅普通人景仰，连皇帝也不例外——这是司马光在《资治通鉴》中告诉我们的。

“贞观之治”时期，唐太宗李世民下令编撰一部划分豪门世家的氏族目录，他的出发点，是想把他们李家所在地的关陇集团，编为豪门世家目录的第一名。结果负责这项工作的官员，经考察论证，把山东博陵的崔氏列为第一名，李家的关陇集团列为第三名。李世民大怒，下令重新编一本以李氏为第一名的氏族目录，即《贞观氏族志》。李氏该不该列为第一名，在这里已经不重要了，重要的是，连皇帝都十分重视豪门世家。

再看创造“大中之治”的皇帝李忱，他提出把女儿永福公主嫁给皇家文学院校对员于琮。于琮是豪门世家子弟，也是李忱亲自主持考试选拔上来的。但李忱提出这事之后便没有下文了，宰相问起，李忱说：“我最近和这个女儿吃饭，一句话不顺耳，她当着我的面，连汤匙和筷子都摔到地上。她性情这么暴躁，怎么可以当知识分子的妻子。”李忱说的本质是，他这个皇帝的公主，因文化、修养不好，不配做知识分子的妻子。这件小事，颠覆了我们今天在文学和影视作品中看到的描述，确实令人深思！

大唐王朝的文学大家，几乎都是从官宦世家、豪门世家走出来的。像王勃、颜真卿等出身于不同世家的文学贤士，在历朝历代都有，他们在没有走上仕途之前，就在当地很有名气，受人尊重。只是在走上仕途之后，他们的文学艺术才华，才名扬天下、名扬世代。

文化名流，扛起了文化繁荣的大旗

文化繁荣，必须有旗手！

我原以为，旗手往往只有一个人。可《资治通鉴》读下来，扛起大唐王朝文化繁荣的旗手，人数很多，层出不穷。一批又一批享誉千古的文学家、艺术家、书法家、绘画家等，用仰天吟诵和挥毫泼墨，引领着大唐王朝的文化繁荣。

我们以诗歌为例，按史学家对唐朝的阶段划分来看，初唐时期（公元618年至712年），有魏徵、上官仪、王绩、王勃、杨炯、卢照邻、骆宾王、宋之问、陈子昂等，王勃、杨炯、卢照邻、骆宾王被誉为“初唐四杰”；盛唐时期（公元713年至765年），有王维、孟浩然、岑参、高适、王昌龄、王之涣、李白、杜甫等；中唐时期（公元766年至835年），有韦应物、韩愈、白居易、张籍、元稹、柳宗元、刘禹锡、孟郊、贾岛、李贺、薛涛等；晚唐时期（公元836年至907年），有杜牧、李商隐、温庭筠、皮日休、韦庄、罗隐、鱼玄机等。此外，中国伟大的书法大师颜真卿、伟大的绘画大师吴道玄、伟大的佛学大师唐玄奘等，也都诞生于大唐王朝。我们今天回眸望去，在一个又一个封建王朝中，大唐王朝群星闪耀、熠熠生辉！

毫无疑问，文化名流作为大唐王朝文化繁荣的旗手，是他们用仰天吟诵和挥毫泼墨，描绘出了大唐王朝独特的气质和风度！

看到了吧，上面点到的诗歌大师、书法绘画大师、佛学大师，哪一位不是闪烁古今的伟大旗手！

每个旗手的背后，都有一群崇拜者，如此众多的旗手，崇拜他们的，又是多少人呢？如此烘托起来的文化景象，岂不就是浩瀚壮观的文化繁荣吗！

还有，《全唐诗》共九百卷，录入的作者二千二百余人，诗的总数是四万两千八百余首，时间跨度是三百年。我想，如果把官宦世家、豪门世家特别是庶民百姓中创作吟诵的好诗全部收集起来，那将是一座多么雄壮的诗歌大山！

八方来贺，张扬了文化繁荣的魅力

隋、唐两个王朝，周边小国万国来朝、八方来贺，给今天的中国人留下了极其深刻的印象。当然，这些小国如果不服你，是不会来朝来贺的。

隋王朝国库充盈，隋炀帝杨广又好大喜功，有些周边小国来贺，是他派大臣给小国君主送钱送物动员来的；路边欢迎他的少数民族群众，也是他花钱雇来的；欢迎他的群众穿的崭新的民族服装及表演器材，也是他花钱定做的。

这没有什么可挑剔的！大国外交，不花钱是不可能的。小国、穷国几乎没有外交，原因之一，就是花不起外交所需花的钱。想想就能明白，没有外交的大国，能叫大国吗！唐太宗李世民不贿赂小国来贺，但小国来贺了，他也非常高兴，也给予金钱、珠宝和绸缎等赏赐。公元630年，唐王朝四邻蛮族酋长和君王，集合在长安的皇宫门前，请求李世民接受他们所奉上的“天可汗”尊号。自此之后，李世民对四邻酋长、君王颁发诏书时，称“天可汗”。

泱泱中华，四方来贺的盛世场景，就出现在“天可汗”李世民时期！

司马光的《资治通鉴》告诉我们，四邻小国来贺的人，贺完不走的很多，他们在京都长安和东都洛阳住下来，甚至一住便是一二十年。大唐王朝的京都常年有几十个外国使团，数万名外国留学生。李世民在京都的大学增建宿舍一千二百间，征召天下著名儒家知识分子当教师，朝鲜半岛的高句丽王国、百济王国、新罗王国以及高昌国、吐蕃王国等，都派皇家子弟到中国留学，学生多达八千人。中外各国不同民族的人们，在长安街头吃阿拉伯面食，看罗马医术，是家常便饭；王维、李白等文化名流，来到胡姬酒肆喝酒行令、吟诗作画，也是经常发生的。这种不同区域、不同民族的文化大交流，进一步烘托起了大唐王朝的文化繁荣，进一步彰显了大唐王朝文化繁荣的魅力！

我们不得不说，这是大唐王朝的文化软实力，是大唐王朝独有的文化气派！

一个伟大的王朝，必须是经济、科技硬实力，与文化繁荣软实力并驾齐驱的王朝！

下面，我们跟随司马光的《资治通鉴》，走进中国封建史上五十三年的黑暗岁月。

第三章 五十三年的『五代十国』

从唐王朝灭亡，到宋王朝建立，相隔只有五十三年，但给人一种隔了几百年的感觉……

“五代十国”把五十三年塞得满满当当的，是战争、杀戮、流血……

“五代十国”中并非没有明君、明臣、名将，但被这段黑暗的岁月淹没了……

“五代十国”简介

公元907年，大唐王朝灭亡，公元960年，大宋王朝建立，唐宋之间相隔五十三年，但给人一种隔了几百年的感觉。这恰好印证了人们“好日子过得飞快，苦日子度日如年”的错觉投射。

“五代十国”的历史，谈不上丰富多彩，但确是混乱繁杂。“五代十国”把这五十三年塞得满满当当的，是战争、抢夺和杀戮。作为“五代十国”的皇帝、国王，他们在人生最风光的制高点，彻底享受了一把权威、奢侈和淫乱；而作为劳作养家的庶民百姓，他们被按在水深火热之中，无奈地遭受杀戮、痛苦、折磨和煎熬。

说实话，“五代十国”这段历史，实在是太乱了，我在《资治通鉴》中反反复复读了无数遍，但下笔写仍很忐忑，甚至怀疑自己能否写出令读者满意的文章来。但我把读《资治通鉴》的文章，写到这个时段了，无法不写了，只好循着司马光的笔端走向，按立国的先后，分“五代”“十国”来写，以求读者读了以后，也能分清“五代”是哪五国，“十国”是哪十国，它们是怎么立起的，又是怎么倒下的。

中原地区先后建立的五个短命帝国，史称“五代”，分别是：后梁帝国，907年定都开封；后唐帝国，923年定都洛阳；后晋帝国，936年定都洛阳；后汉帝国，947年定都太原；后周帝国，951年定都开封。中原之外的其他“十国”，都向中原五个短命帝国臣服纳贡，故史称“五代十国”。“五代”之前兴起的大齐帝国，皇帝是黄巢，不在“五代”之列。“五代”时期的第一个政权叫“后梁”，皇帝是朱温，被大唐王朝的二十一任帝李俨，赐名朱全忠。

“十国”各自的辖区，处于中原外围；“十国”都是隋、唐两朝的辖区，接受隋、唐领导，立国穿上黄袍的君王，多是唐王朝任用的官员；“十国”虽然宣布建国，但因其实力不济和传统惯性，都对“五代”称臣纳贡；“十国”不是同时建立的，而是在“五代”内乱时，抓住机遇，先后建立的，或自身内乱蜕变出来的；“十国”灭亡的时间先后不一，有的是在宋王朝建立之前就已灭亡，有的则是被宋王朝灭亡的。

“十国”是：

前蜀国，公元891年—925年，一任帝王建，定都成都；

南吴国，公元902年—937年，一任王杨行密，定都扬州；

南唐国，公元937年—975年，一任王徐知诰，定都南京；

南楚国，公元907年—951年，一任王马殷，定都长沙；

吴越国，公元902年—978年，一任王钱镠，定都杭州；

闽国，公元909年—945年，一任王王潮，定都福州；

南汉国，公元917年—971年，一任帝刘岩，定都广州；

南平国，公元924年—963年，一任王高季兴，定都江陵；

后蜀国，公元934年—966年，一任帝孟知祥，定都成都；

契丹国，公元916年—1125年，一任帝阿保机，定都巴林左旗。

我在本文中，没有将契丹国单独成篇来写，原因是它与唐王朝、与“五代”的联系太紧密了，涉及契丹的大事件，都在其他篇幅中写了，故不再重复写了。还有前面写到的“北汉”帝国，有史学家称其是“十国”之一，原因是他存续的时间较长。我因上文大体写了“北汉”的情况，加之它是夹在后周和契丹之间，也想当契丹国的“儿皇帝”，没有什么作为，故未单独成篇来写。但我把桀燕帝国加进去了，它虽在“十国”中立国最晚，灭国最早，立国时间也不长，但它在“五代十国”天下闹得动静很大，从桀燕皇帝身上，更能加深对“五代十国”的了解。

毫无疑问，“十国”跟“五代”相比，“五代”是司马光笔下的主角，“十国”是配角；“五代”记载得比较详尽，“十国”的记载断断续续。公元941年之后，“十国”的边界基本划定，相互间抢地盘的打斗少了，更多的是争权夺位的内斗血拼。对于“十国”的创立者，我大都书写的是“创业篇”，当然也有例外；而他们的子孙，大都书写的是“荒诞篇”，这之中也有例外。加之“十国”的“荒诞篇”，司马光着墨较多，因而我在写“十国”时，重点写创立者的艰辛打拼，对其子孙的荒诞则点到为止。

下面先看“五代”的兴起与没落。

“五代”第一个政权——后梁

（公元907年—923年，第一任帝朱全忠，传位三代灭国）

后梁的第一任皇帝朱温，砀山（今安徽省砀山县）人，从小没有父亲，跟着母亲和两个哥哥，投靠萧县（今安徽省萧县）的刘崇家，经常遭受刘崇的羞辱和打骂。黄巢打出反叛旗帜后，朱温加入黄巢的队伍，他头脑灵活，作战勇敢，受到黄巢器重，成了黄巢攻城略地的得力干将。

公元880年十二月，黄巢杀进长安，穿上黄袍，建立大齐帝国，在同州（今陕西省大荔县）尚未攻陷的情况下，黄巢给朱温戴了顶同州州长的官帽。那意思是，你攻陷同州，你就当州长，攻不下，别怪我。在那么混乱的情况下，唐政府同州州长，没等朱温来攻便逃了，朱温未费攻伐之力便占据同州当上了州长。

但一当上州长，便遇到了大麻烦。

逃离长安的唐二十一任帝李儇，号召各地勤王，首先攻击的目标，就是朱温驻守的同州。朱温抵挡不过，向齐帝黄巢求援。而黄巢呢，给了他一个不予理睬。朱温经过一番盘算，算定齐帝黄巢必定灭亡，于是，一不做二不休，干脆向唐王朝投降。皇帝李儇大喜过望，当即封朱温为金吾大将军，同时赐名朱全忠。朱全忠是一名战将，他掉转枪头攻打黄巢，加上唐王朝请来了沙陀大军助战，黄巢抵挡不过，逃离长安，逃到山东省济南市莱芜区西南的虎狼谷时，被他的外甥林言砍掉了脑袋。

司马光写道：此时的唐王朝天下，各战区（道）互相攻击，中央也不再为他们分辨谁是、谁非、谁对、谁错，大家像野兽一样，互相吞噬，再没有公理法纪约束，只看谁的军队强盛，对其他什么也不在意。

毫无疑问，朱全忠的军队最强盛，因而成了唐王朝倚重的主要力量。

朱全忠没有辜负唐王朝的期盼，为唐王朝平定民变立了大功。当时蔡州（今河南省汝南县）民变大军来势凶猛，民变首领叫秦宗权，他率领的民变大军，兵锋所到，屠杀焚烧，奸淫掳掠，几乎不剩下一个活人，残酷凶暴的程度比黄巢更厉害，大军行动从来不带粮食，只往尸体撒上食盐，装到车上随军行动，当作干粮。一个人渣、恶棍当扯旗造反的领袖，真是平民百姓的一大祸害！公元885年三月，秦宗权登基称帝，与唐王朝皇帝平起平坐，号称“蔡州皇帝”。这个“蔡州皇帝”不在“五代十国”之列。但这个“蔡州皇帝”攻城略地，打了不少胜仗，攻陷不少城池，声势不断壮大，唐王朝的各路大军，几乎都拿他没辙，唯有朱全忠一次一次将其击溃，其中公元887年在开封市北一战，就杀秦宗权军二万余人。但秦宗权这个人渣，在溃败逃跑时，仍下令屠城，把居民全部格杀，再把所有官舍民屋全部焚烧。

公元888年三月初六，唐王朝二十一任帝李儇去世，他的弟弟李敏（后改名李杰，又改名李晔）接替皇帝宝座，二十二任，号昭宗。朱全忠当时不具备直接抢夺唐王朝皇帝宝座的实力，继续为唐王朝卖命，又在蔡州之南大破秦宗权军，进一步把秦宗权军打残。同年十二月，“蔡州皇帝”秦宗权被部将砍掉双脚，献给朱全忠投降。不得不说，无论朱全忠出于什么目的为唐王朝卖命，他彻底打败秦宗权大军，还是为平民百姓除了一大害！

但此时的天下，已是战火一片，兵变、民变蜂起，几乎没有一地不是战场。朱全忠所做的，即是抢占地盘，扩大势力。他自请兼全国盐铁专卖运输总监，这是个肥差，唐王朝不敢不给他；他逼迫唐朝皇帝李晔，剥夺沙陀军首领李克用的官职爵位，唐王朝不得不照办；他暗示自己想封为晋王，唐王朝不敢不封……司马光的《资治通鉴》告诉我们，朱全忠一开始在大的谋划上把持得还不错，得益于他背后站着的一个女人，即张夫人。张夫人也是砀山人，她具有极高的智慧，朱全忠对她十分敬重，即令是军政大事，也都跟她商量。有时候大军已经出动，走到中途，张夫人认为必须停止，派一个使节追上去传话，朱全忠会立刻回师。在剿灭黄巢军的过程中，朱全忠与李克用的沙陀军旗鼓相当，但因为朱全忠背后站着一个智慧女人，在大事的谋划上更高一筹，不久朱全忠的势力便占据上风，成了最有能力抢夺唐王朝皇帝宝座的风云人物。

公元901年十月，朱全忠率七万大军，浩浩荡荡从开封向长安开来。朱全忠向长安进军，一是他本就有挟天子令诸侯的欲望，二是受唐王朝宰相崔胤的邀请。

崔胤无德无才，但深受皇帝李晔宠信，担任朝廷二级实质宰相。崔胤为独揽大权，准备诛杀妨碍他揽权的宦官，便与皇帝李晔密谋，结果宦官率先出手，把皇帝李晔劫持到了凤翔，崔胤便联络二百余名朝臣，请朱全忠西上迎接皇帝回京。朱全忠率军包围凤翔，但劫持皇帝的主谋是岐王李茂贞，他在宦官头子的支持下，就是不放人，因为他打的主意也是挟天子令诸侯，不肯把皇帝李晔交给朱全忠。朱全忠于是把凤翔围得水泄不通，一粒米、一寸布都送不进去，连凤翔周围的草都拔得干干净净。对皇帝李晔召来勤王的军队，朱全忠则率领大军逐一击溃。凤翔被围一年，城里粮食吃光了，树叶草根吃光了，岐王李茂贞束手无策，在这种情况下，给朱全忠写信投降，同时承诺以诛杀宦官，作为迎接皇帝李晔回京师的条件。当天晚上，协助李茂贞劫持皇帝李晔的宦官头子韩全海等十多名宦官被杀。接下来，便是历史上第二次对宦官的大屠杀（第一次是东汉末年袁绍对宦官的大屠杀），宦官头目在内的七百余名宦官，被集中起来屠杀；皇帝李晔还诏令，把朝廷出使各地的宦官监军、宦官使节全部诛杀；连宦官推荐的宫女、和尚、道士以及与宦官有深厚交情的人，也用乱棍打死……

毫无疑问，中国历史上第二次屠杀宦官惨案，是朱全忠逼出来的！

司马光的《资治通鉴》一路读来，令人对宦官的痛恨一路增加，尤其读到唐王朝有六任皇帝（十七任帝李昂、十八任帝李瀍、十九任帝李忱、二十任帝李漼、二十一任帝李俨、二十二任帝李晔），都是宦官决定并推上皇帝宝座的，心里更是愤懑有加，真恨不得有人从《资治通鉴》中站出来，对作恶多端的宦官进行严惩。但读到宦官遭到大批血腥屠杀时，心里又不愿看到这样的人间惨祸！我们无法否认的事实是，宦官在皇帝身边、在后宫得宠，有他们为了生存、发财等欲望而使出来的阴谋伎俩，但最根本的，还是皇帝的昏庸、淫荡和无能，把一些宦官潜藏在灵魂深处的阴毒唤醒出来。

还说朱全忠。

因为迎接皇帝李晔回京有功，朱全忠被授予“回天再造竭忠守正功臣”，任命为全国各战区（道）兵马元帅，封为晋王。朱全忠想要的荣誉、封爵和权力，全都要到手了。此时的朱全忠，党羽爪牙遍布禁卫要津和京畿各地，他想干什么，就能干什么，潜藏在他灵魂深处的阴毒，可以毫无节制地尽情释放。比如，朱全忠要迁都洛阳，皇帝、臣僚就没有一个人敢反对；唐朝天文台长说星象有变，灾难就在深秋（904年），往东走最不吉利，朱全忠便指使人检举天文台长等一干人马，全部逮捕斩首；朱全忠把皇帝李晔身边的随从、宫女全部换成了自己的人，李晔也不敢有意见。公元904年八月十一，皇帝李晔在寝宫被砍死，十三岁的太子李祚（改名李柷）接替皇位，二十三任，号哀帝。李柷在父皇李晔灵柩前登基称帝，没有人敢哭。转年二月初九，朱全忠命人宴请二十二任帝李晔的九个儿子，等把他们灌得半醉后，全部绞死，扔到九曲池中。朱全忠把魏博战区改为天雄战区，魏博战区的“牙兵”骄傲蛮横，即使再小的不如意，也会发动兵变，甚至屠杀统帅全家。“牙兵”是田承嗣搞起来的，早在公元763年，田承嗣任魏博战区司令，他把辖区十余万健壮勇敢的年轻人，全部招入军队，又从中挑选一万名打仗不怕死的亡命之徒充当卫士，称作“牙兵”。至此，“牙兵”强悍于世。“牙兵”不好管，朱全忠便与他的天雄战区司令罗绍威合谋，将八千“牙兵”，连同其家人，包括妇女和儿童，一个不留，全部诛杀。司马光写道：朱全忠就是个“屠夫”，他率军攻克高唐（今山东省高唐县）后，一城生灵，无论军人平民，男女老幼，全部被斩首……

朱全忠抓了三十个唐王朝官员，这些官员自称“清流”，朱全忠把他们全部扔进黄河，说是要让他们成为“浊流”。

朱全忠，就是一个杀人不眨眼的刽子手！

公元907年四月十八，朱全忠逼迫唐王朝皇帝李柷“禅让”，自己穿上黄袍，国号“梁”，史称“后梁”，建立了“五代十国”时期的第一个政权。

司马光写道，听说朱全忠将要称帝，朱全忠的哥哥朱全昱对他说：“你也配当天子？”朱全忠穿上黄袍后，宴请朱姓同族和外姓亲戚，酒后赌博，朱全昱把骰子猛地扔到盒里，说：“朱三（朱全忠在兄弟中排行第三），你本是砀山一个穷民，跟随黄巢当强盗，皇上命你为四个战区的司令，富贵荣华高到极点，为什么一夜之间消灭唐王朝三百年帝国，自己当起皇上？你看着好了，我们朱家不久就要被屠杀净光，还赌什么博！”

朱全忠的哥哥朱全昱看清楚了，朱全忠就不是那块当皇帝的料，黄袍穿了五年，被儿子朱友珪杀死；朱友珪登基一年后，被其弟朱友贞重兵逼迫下自尽；朱友贞已经撑不起“后梁”了，公元923年被沙陀大军灭国。

“五代”第二个政权——后唐

（公元923年—936年，第一任帝李存勖，沙陀人，称帝三年灭国）

后唐，是沙陀人在中原建立的政权。

沙陀族居住在浩瀚的西北沙漠群中，唐高祖李渊起兵反隋时，沙陀就给予侧翼配合，在唐王朝各个重要节点上，沙陀都立过大功，做过重大贡献，因而唐王朝一直厚待沙陀，把沙陀族人安排在山西代县一带居住，沙陀酋长在朝廷安排要职。

公元868年七月，徐州兵变，来势汹汹，势不可挡。沙坨酋长朱邪赤心，率三千沙陀骑兵充当唐朝的征伐先锋，在鹿塘寨（今河南省永城市）一战中，沙陀骑兵突然出现，忽左忽右，横冲直撞，如入无人之境，击溃徐州变军，斩杀二万余人。徐州兵变平息后，唐王朝论功行赏，任命朱邪赤心为大同战区司令，赐姓名李国昌。

李国昌在战区司令的位置上，行事凶暴，唐王朝调他到大同警备区当司令，李国昌拒不到任。王仙芝、黄巢的民变爆发后，李国昌的儿子沙陀军副司令李克用，在蔚州起兵，杀死大同警备区司令段文楚，提出接替司令，唐朝不准，派畜牧部长卢简方当大同警备区司令。李国昌父子拒绝卢简方到任，并率军向河北怀来县一带发起进攻，很快就打到了忻州（今山西省忻州市）。唐朝火速调来多路大军，连吐谷浑的军队都请来了，联合阻击沙陀大军。军力悬殊，李国昌父子及族人遂向北逃亡，投奔鞑靼部落（今内蒙古自治区阴山北）。吐谷浑首领派人贿赂鞑靼部落酋长，叫他诛杀李国昌、李克用父子。李克用得到消息，当时他们正与鞑靼部落的贵族在一起游戏打猎，李克用便挂起马鞭，炫耀自己的射击技能，他指定射击远处的一片树叶，一箭射中树叶；他又在远处的树上挂一根针，一箭过去，针被射断，把在场的鞑靼贵族们看傻眼了。接着李克用设宴，招待大家，说："听说黄巢已流窜北方，一定会给中原制造灾难。一旦天子赦免了我的罪，到时候我就会和大家南下，共同建立大功，岂不是乐事，人生能活几年，谁肯老死沙漠。"鞑靼贵族知道沙陀人没有久留之意，也就放弃了谋害他们。

黄巢大军打进长安后，皇帝李俨逃跑了，有人建议请沙陀军队来征讨黄巢，李俨同意，李克用即率沙陀和鞑靼等部落军一万人南下，沿途的唐政府军像防贼一样防着他。李克用用正式公文通知沿途提供军需保障，河东战区司令只送出钱一千串、米一千斛，李克用火了，派沙陀士卒进城大肆抢夺剽掠，满载而归。这一抢，唐王朝又对李克用不敢用了，李克用则占据忻（今山西省忻州市）、代（今山西省代县）二州，不断向四周抢夺。不得已，唐王朝任命李克用为忻、代二州的候补州长，新成立一个雁门战区，李克用任战区司令。李克用于是率四万沙陀大军抵达河中（今山西省永济市），准备渡黄河向黄巢发起攻击。

司马光写道：唐政府所有勤王军，对齐军都十分畏惧，不敢前进。等到李克用抵达，齐军开始害怕了。齐帝黄巢于是派出使节，携带厚重的奇珍异宝贿赂李克用，寻求联盟。李克用烧掉黄巢的诏书，把奇珍异宝分给手下将领，率大军渡黄河西上，直指同州。驻守同州的朱全忠抵挡不住，投降唐王朝，与李克用联手，将黄巢赶到虎狼谷砍掉了脑袋。

这之后，便是朱全忠和李克用之间的争斗了，朱全忠先胜一筹，建立后梁政权，披上了黄袍。

朱全忠披上黄袍，就踏上了死亡之路！

因为，朱全忠一路走的是杀人如麻的死亡之路！

还因为，朱全忠遇到了必置他于死地的强劲对手！

这个对手，便是李克用的儿子李存勖。

公元908年正月十九，晋王李克用病死了，他二十四岁的儿子李存勖接任。史载，唐王朝皇帝李晔见到李存勖后，十分惊讶，认为他是栋梁之材。

对于李存勖，司马光还记载了这样一个民间传闻：李克用临终前，交给李存勖三支箭，一支箭讨伐刘仁恭，嘱咐他不攻克幽州，黄河以南不可能到手；一支箭攻击契丹部落，因为契丹首领阿保机曾与李克用对天盟誓，结拜为兄弟，誓言重建唐王朝，结果投靠后梁，嘱咐他这个仇一定要报；一支箭消灭朱全忠。李存勖将这三支箭藏在李克用的祭庙里，讨伐谁，便取一支随军作战，凯旋后，将箭放回祭庙。当然，李存勖要登上帝位，必须以这三支箭的指向为作战轴心。

李存勖接替晋王后，首先要解决的问题，即是树起自己的权威。

当时晋王国的军权掌握在李存勖的叔叔李克宁手里，军队的将领都希望李克宁接替晋王。很长时间以来，民变、兵变首领形成了收养义子的风尚，就连朝廷的宦官都大量收养义子。比如宦官头子杨复恭，收养义子达六百余人，义子大都担任州长或军队监军、朝廷要职。李克用也收养了大批军中义子，这些义子纷纷请求李克宁站出来，接替晋王。面对这种情况，李存勖主动找叔叔李克宁，提出把晋王之位让给他。李克宁拒绝的态度很坚决，特地率领军队将领，向李存勖叩头祝贺，以示忠心。但没过几天，也就是李克用死后不到一个月，李克宁的态度就变了，与军队将领密谋，打算生擒李存勖，投降后梁。消息传到李存勖耳朵后，他不动声色，迅速部署，以王府宴请各领军将领为名，就在宴会桌上，把李克宁等人当场逮捕斩首。这一杀，大局才稳定下来。

接着李存勖率军南下，在三垂冈（今山西省长治市潞城区）设下埋伏，杀死后梁军上万，获得堆积如山的物资、粮食和武器。这一初试牛刀，获得全局主动，后梁皇帝朱全忠感叹："生子当像李亚子（李存勖乳名），李克用可以说还没有死！"

李存勖返回晋阳（今山西省太原市），下令州政府推荐贤能人才，罢黜贪官污吏、减轻赋税、安抚贫苦、申冤救屈、禁止奸淫偷盗，全国秩序井井有条。就连被后梁军包围一年有余，人民冻死、饿死大半，街市巷里人迹稀少，一片萧条的潞州（今山西省长治市），因晋王李存勖推动农耕，鼓励养蚕，减少租税，延缓缴纳日期，放宽刑罚，几年之后，终于恢复往日繁荣。

这在当时众多的兵变、民变杀得血肉横流的情况下，李存勖的这一做法，让人感觉耳目一新。

接下来主要是打仗抢地盘、壮大势力了。李存勖真正的劲敌，还是后梁朱全忠。李存勖懂军事，会打仗，加上他听得进不同意见，信任手下将领，因而他在与朱全忠的作战中，始终处于上风。特别是公元911年的柏乡（今河北省柏乡县）大会战，李存勖率军把后梁杀得几乎精锐尽失，后梁的战略腹地深（今河北省深州市）、冀（今河北省衡水市冀州区）二州，变成了晋王李存勖的辖地。

公元923年四月二十五，晋王李存勖登基称帝，国号大唐，史称后唐。之所以称大唐，是因为李存勖始终认为，他们李家是大唐王朝李姓皇族的后裔。

李存勖登上皇帝之位后，还需解决仍站在自己对手位置上的后梁。朱全忠死后，后梁为抢夺皇位，内斗自乱，杀得伤痕累累，但后梁的军事实力仍很强大。对此，后唐帝李存勖保持了应有的清醒。公元923年，李存勖亲披战袍，发起了对后梁的毁灭性攻击。临出发前，李存勖跟夫人、皇子道别，他说："大事是成是败，就在这次对决，如果不能成功，你们就把家人聚集到魏州（今河北省大名县）皇宫，放火自杀！"这是李存勖亮明的底线：即使战败，也要坚决进攻。虽然战局有过拉锯，但胜利始终向李存勖倾斜。后梁三任帝朱友贞面对再也没有可走的前路，令人砍掉自己的脑袋，宣告后梁的失败和灭亡。

这之后的后唐皇帝李存勖，便在没落的路上徜徉了。

李存勖颇具音乐、表演天赋，能作词作曲，还经常登台表演。他当上皇帝后，经常敷粉、涂朱、美容化妆，与优伶等同台表演，因而一批戏子、票友成了他的新宠，这些人提的要求，包括某某当官、某某调任等，他都满口答应，立马落实。因为李存勖沉湎于红袖歌舞之中，把国中大事撂到了一边，导致国事荒废，国势衰落。司马光记述了这样一件小事：有一个音乐师叫严旭，突然被宰相提拔为蓬州（今四川省仪陇县）州长，皇帝李存勖不予批准，问他有什么本事当州长，严旭说会唱歌，李存勖叫他唱一曲听听，严旭一唱，李存勖认为他唱得好，就马上任命他当州长。

戏迷皇帝李存勖，身边汇集了一大批具有表演天赋的文化艺人，这些人有时也用他们独特的表演方式，化解一些难题。

比如，皇帝李存勖带大批随从打猎，在中牟（今河南省中牟县）的庄稼地里纵横驰骋，践踏老百姓的庄稼。中牟县令看着心痛，马前叩谏，李存勖觉得很丢面子，下令对县令就地正法。随从打猎的艺人敬新磨，灵机一动，率"伶官队"飞奔过去，把县令押到李存勖面前，高声数落县令"三大罪状"：你身为县令，竟不知皇上的"好猎脾胃"，这是该死的罪状之一；你供给皇上的衣食租税，不是多此一举吗？这是该死的罪状之二；你作为县令，为什么不叫老百姓都饿着肚子，而留下这些土地不去耕种，好让皇上来尽情游猎呢？这是你该死的罪状之三。数落之后，敬新磨大声喝令刀斧手，把这个糊涂透顶县令的脑袋砍下来，献给皇上。皇帝李存勖被点醒，挥手叫县令走了。

披上黄袍的李存勖，特别宠信宦官。本来后唐宫殿林立，宦官却建议大兴土木。李存勖提出现有的宫殿可用，宦官却说宫殿里有鬼，理由是宫里人少了，鬼就多。于是，李存勖采纳宦官的建议，一次就挑选民女三千人充实后宫，供李存勖淫乐。根据宦官的建议，李存勖把财政部分为“内外府”，凡是州县上交的税赋，放到“外府”，作为政府经费；凡是各地要员呈贡的，放到“内府”，作为皇帝的游宴欢叙之用。结果“外府常虚竭无余”，“内府山积”。由此可以想见，政府的赋税交不上来了，而各地官员贿赂皇帝的呈贡，则源源不断，这对人民群众无疑是更大的盘剥，对社会风气的败坏，无疑是急速加码！

皇帝李存勖的如此变化，无须多想便知，忠言逆耳的劝谏，他再也听不进了；正直贤能的臣僚，他再也不重用了；猜疑、排斥、诛杀贤良大臣，是必然的；后唐各地纷纷举起兵变、民变大旗，也是必然的。后唐政权像山坡上的滚石，哗啦啦向山下滚去，已经不可阻止了！

公元926年四月初一，皇帝李存勖身边的卫士哗变，李存勖被乱箭射死。

在这里，司马光记述了这样一个细节，三月二十八，感到绝望的李存勖宴请一百多位将领，他痛哭流涕地对大家说：“你们自从追随我以来，无论是灾祸患难，或是荣华富贵，没有一样不同当同享，现在我已到了这种情况，难道没有一点办法相救？”一百多位将领都割下自己的头发，放在地上，对天发誓，说要用生命报答皇帝，说到激动处，大家相对而哭。可是，三天后士卒哗变，这些割发流泪、誓言死忠的将领，却脱下铠甲，悄悄溜走了……

李存勖死后，他的兄弟、儿子为抢夺皇位大打出手，打到公元936年，后唐帝国灭亡。

“五代”第三个政权——后晋

（后唐帝李存勖去世后，沙陀人李嗣源登上帝位，国号不变，至公元936年，石敬瑭登基称帝，他是沙陀扶植的“儿皇帝”，国号晋，史称后晋，传位一代灭国）

后晋是后唐演变过来的政权，这种演变源于一人，叫李嗣源。李嗣源原名邈佶烈，与李克用是同一部族，十三岁追随李国昌，被李克用收养为义子，改名李嗣源。在李克用、李存勖打天下的过程中，李嗣源是挑大梁的战将，功勋卓著，任成德战区（总部设在今河北省正定县）司令兼中书令。李存勖当上后唐皇帝后，受宦官的唆使，多次想除掉李嗣源，只是因为李嗣源抱定无所谓的态度，使得李存勖没有下手。李嗣源说：“我一颗赤心，不辜负天地，是福是祸，一切听天由命！”

公元926年三月，也就是后唐皇帝李存勖死前的一个月，李嗣源所带领的军队发生兵变，将士们围着他大喊大叫，要求李嗣源当黄河以北的皇帝。李嗣源找了个理由逃出，身边只跟着一百余名士卒。成德战区五千名特遣兵团官兵听说后，纷纷投奔李嗣源。李嗣源每天派出数人，携带写好的奏章，向皇帝李存勖说明情况，表明自己无意当皇帝的态度，但奏章都被宦官扣下了。在这种情况下，李嗣源听取女婿石敬瑭的建议，率军占领大梁（今河南省开封市），以做进退准备。同年四月初一，后唐皇帝李存勖被乱军射杀，李嗣源立即率军进入洛阳，从灰烬中拣出李存勖的骨头安葬。

臣僚纷纷请求李嗣源继承皇位，李嗣源坚决拒绝；洛阳文武百官一连三次上书请李嗣源监督国政，李嗣源同意，但在接受文武百官朝见时，下令不称“诏”，而称“教令”，文武百官不许称他“陛下”，而称“殿下”。在李嗣源监督国政期间，下“教令”遣散了后宫的美女，废除苛捐杂税，废除全国各战区监军宦官制度，处死了一批搞乱朝纲的宦官。在一片赞扬声中，于公元926年四月二十，李嗣源穿上黄袍，登上金銮宝殿，国号不变，仍叫后唐。

史称李嗣源心胸宽广，性情忠厚，不猜疑也不忌恨，行事平和，不跟人争强斗胜。在皇帝的御椅上，李嗣源发布了一系列拨乱反正的诏令，如中央和地方所有官员，不准进贡飞鹰、猎狗以及其他奇玩异宝之类；按皇宫保障所需，安排宫女、宦官、御厨，多余的一律随个人意愿离开；各个有名无实的宫中单位，全部废除；新年、冬至、端午、皇帝生日可以进贡，但不可以借此向人民勒索。还特别规定，州长以下官员不准有任何呈献，等等。同时选择了一批廉洁、担当、贤能的官员在重要岗位任职，如财政部、全国财政总监署、全国盐铁专卖暨运输总监署三部门的管理总监任圜，像忧虑家务一样忧虑国家，选拔优秀人才，排斥投机分子，一年之间，仓库满盈，军民逐渐富裕，政府的公权力逐渐建立。但李嗣源也不是善茬，他下手杀人，连眼都不眨。如芦台（今河北省青县）发生兵变，李嗣源对芦台军留在后方的家属三千五百家男女老幼，全部诛杀。

李嗣源用错了一个人，这个人叫安重海，是李嗣源的家奴，被提升至宰相高位。安重海有能力，也廉洁，但心胸极其狭隘，报复心极强。他诬杀了财政事务管得很好的任圜、皇子李从璨，逼反了战区司令董璋、孟知祥。皇子李从珂，十几年前曾一时冲动与安重海打过一架，在李从珂已经向他诚恳道歉后，安重海不肯和解，为诬杀李从珂，甚至不惜发动国防军叛变。朝廷上下对安重海的所作所为非常气愤，并把这种愤怒的情绪，加到了皇帝李嗣源头上。

公元933年，李嗣源中风患病，他的儿子李从荣想乘机夺取皇位，李嗣源连病带气而死。巧合的是，李嗣源去世的十一月二十六，大宋王朝的创立者赵匡胤出生。李嗣源死后，他的幼子李从厚登基称帝。李从厚性格软弱，他为了维护统治，着手分解将领的兵权，打算将河东节度使石敬瑭与凤翔节度使李从珂对调。石敬瑭是李嗣源的女婿，李从珂是李嗣源的义子，这二人都不愿对调。于是李从珂立马点兵点将，以“清君侧”的名义，一路杀到后唐首都洛阳。李从厚打不过李从珂，兵败逃走（后被李从珂派人绞杀），李从珂夺得皇位，穿上黄袍。

李从珂一穿上黄袍，就决定拿手握重兵的石敬瑭开刀。石敬瑭敌不过李从珂，于是请契丹人来帮忙。

这里说说契丹部落。契丹部落为中国古代游牧民族，发源于中国东北地区，由八个部落组成，约定每个部落酋长轮流当契丹王，三年为期。在中国内乱时，契丹率军南下，犯边掠夺。唐太宗李世民时期，赐契丹人姓李，并设置了松漠都督府，管理契丹族人。有个叫耶律阿保机的契丹酋长，他当契丹王时，征服了居住在河北省承德市北一带的五姓奚（奚部落的五个支派）、居住在黑龙江省大兴安岭西部的“七姓室韦”（室韦部落七个支派），以及阴山以北地带的鞑靼部落。阿保机自恃强大，戴在头上的契丹王帽子九年不肯摘，其他七部落酋长联手把他劫持后，他交出王冠，来到河北省滦平县一带，把自己的这个部落独立出来。实力强大了以后，阿保机把契丹的七部吞并，势力更强大以后，阿保机不断率军南侵，成了唐王朝的一个主要威胁。

公元936年七月三十，石敬瑭派使节请契丹救援，他开出的条件是：愿以儿子的身份侍奉契丹皇帝耶律德光（石敬瑭比耶律德光大十岁）；事成之后，把“燕云十六州”割让给契丹。这份大礼，完全超乎耶律德光和契丹贵族的愿望，耶律德光满口应允，立马点将调兵，浩浩荡荡打杀过来。本年十一月，耶律德光“封”石敬瑭为大晋皇帝，史称“后晋”。这便是“五代”的第三个政权。

公元937年，契丹改国号辽，仿效中国，建立政府构架。

后晋皇帝石敬瑭一穿上黄袍便兑现承诺，将幽（今北京市）、蓟（今天津市蓟州区）、瀛（今河北省河间市）、莫（今河北省任丘市北）、涿（今河北省涿州市）、檀（今北京市密云区）、顺（今北京市顺义区）、新（今河北省涿鹿县）、妫（今河北省怀来县）、儒（今北京市延庆区）、寰（今山西省朔州市东）、武（今河北省张家口市宣化区）、云（今山西省大同市）、应（今山西省应县）、蔚（今河北省蔚县）、朔（今山西省朔州市）共十六州，割让给契丹。除此之外的附加条件是：每年向契丹进贡绸缎三十万匹。

我之所以把“燕云十六州”详细记下，是因为读《资治通鉴》读到这里时，内心涌上一股巨大的愤慨！

用如此广阔的领土，外加每年三十万匹绸缎的进贡，换个“儿皇帝”当，这样的皇帝有骨头吗？有灵魂吗？有可能不对庶民百姓加码盘剥吗？

石敬瑭这个“儿皇帝”一当，给后唐手握重兵的将领，起到了很坏的示范效应。后唐全国各战区特遣兵团总指挥赵德钧（原名赵行实），和他统兵的儿子赵延寿，也想效仿石敬瑭当“儿皇帝”，只是耶律德光没搭理他们。

后晋皇帝石敬瑭过了几年穿黄袍的瘾，病死了，但他在皇位上没有混账透顶。比如，他把自后梁、后唐以来，凡知识分子或平民，不论是充当使节，或被俘掠夺，迄今仍羁留契丹的，派使节赎回，各自回家，但以割让国土换帝位的卑劣行径，必须把他永远钉在中国历史的耻辱柱上！

公元942年六月，石敬瑭的侄子石重贵登基称帝。石重贵决心脱离契丹的控制，下令搜捕所有在后晋境内做生意的契丹人，全部诛杀，没收他们的财产。辽帝耶律德光决定对后晋发起进攻。这之后，后晋与契丹来来回回打了三年，把秀丽的山河打成了焦土，把陷入煎熬的百姓打得鲜血横流。司马光写道：契丹军在所经过的地方，大肆纵火焚烧，劫掠屠杀，一千华里的中国领土，中国人几乎全部死光，财主也几乎全被掠夺。而后晋财政更加枯竭，只好再派出三十六名搜刮特使，分别前往各战区道搜刮人民残余的粮食财物，每人都发给一柄“尚方宝剑”，对胆敢拒绝搜刮的平民，立即诛杀。平民家男女老幼惊慌恐惧，求生无门，求死无地。

公元946年十二月二十三，后晋皇帝石重贵脱光上身，口含碧玉，手牵绵羊，还着人抬着棺木，向耶律德光投降，立国十一年的后晋灭亡。

……

这里特地说说契丹的述律皇太后。

公元917年二月，南吴王国国王杨隆演携带猛火油（类似今天的石油）送给契丹，说：“这种油泼到城楼上纵火燃烧，敌人如果用水扑灭，反而使火势更大。”契丹帝耶律阿保机大喜过望，立即挑选骑兵三万人，打算进攻幽州。述律皇后笑着说：“怎么可以为试验一种油，而去进攻一个国家！”她指着帐篷前的一棵树，问阿保机：“这棵树如果没有皮，还能不能活？”阿保机说不能活。述律皇后接着说：“幽州城池跟这棵树一样，我们只要派三千骑兵埋伏在附近，掠夺田野荒原，就好像剥了幽州的皮，城里没有粮食吃了，用不了多久，就自然陷入困境，何必这么轻举妄动！”

公元926年七月，契丹一任帝耶律阿保机去世，述律皇后召集重要将领和一些重要部落酋长的妻子，说：“我如今成了寡妇，你们应该跟我一样。”接着把她们的丈夫召集起来，问他们想不想念先帝，大家都说想念。述律皇后说：“如果真的想念，就应该去找他！”说罢，将这些重要将领和酋长全部诛杀。

述律皇后为什么要这么做？我们往下看。

一任帝耶律阿保机死后，谁接替帝位尚未定下来。按中国儒家的传统礼制，应由长子继位。但述律皇后打算让二儿子接任，这是不合儒家礼制的。于是，在首都临潢府（今内蒙古自治区巴林左旗）西楼，述律皇后命大儿子耶律突欲和二儿子耶律德光，骑马站在大帐之前，她对各酋长说：“两个儿子我都非常喜爱，不知道叫谁继位才好，你们可以挑选你们想拥护的，上去抓住他的缰绳。”酋长们都知道述律皇后什么意思，而可能提反对意见的将军、酋长，都找去世的耶律阿保机了，所以酋长们都争先恐后跑到耶律德光的马前抓缰绳。述律皇后就这样“顺应民意”，把二儿子耶律德光扶上了皇位。

耶律阿保机被安葬在木叶山（今内蒙古自治区赤峰市北境），述律太后对平时跟随左右、凶恶奸诈的侍从说：“替我传句话给先帝。”当场被诛杀后给先帝到阴曹地府“传话”的达数百人之多。

前面写到的，在后唐皇帝李从珂手下，任各战区特遣兵团总指挥的赵德钧和他的儿子赵延寿，早就有当“儿皇帝”的盘算，赵延寿还瞒着满朝大臣，给耶律德光皇帝献过“契丹主所赐诏及甲马弓箭”，提出只要立他为“儿皇帝”，“请即以其兵南下平定洛阳”。公元936年闰十一月，赵德钧父子被耶律德光用铁链牵走了。赵德钧为了活命，把携带的金银珍宝，连同田地、房产契税，全部呈现给述律太后。司马光特地记下了述律太后与赵德钧的对话，实录如下：

述律太后：“你这次为什么去太原？”

赵德钧：“奉后唐皇帝（李从珂）的派遣。”

述律太后指着上天说：“你明明专程去向我儿子乞求封你当皇帝，怎么敢胡说八道！”接着指着赵德钧的前胸说：“这颗心不可欺骗！”接着说：“我儿将要走时，我告诫他，赵德钧如果率军向北方的榆关（今山海关西南）挺进，你就马上撤退，必须放弃太原。你想当皇帝，为什么不先把我儿打败？那时候再夺取皇位，也不会晚。你身为君王的臣属，却辜负君王，不肯进攻敌人，却打算利用天下动乱的机会，贪图一点蝇头小利，做出的竟是这种事，还有什么脸活下来！”

赵德钧低头无语。

述律太后：“金银珍宝都在这里，可是你的田地房产在什么地方？”

赵德钧：“在幽州。”

述律太后：“幽州今天属于谁？”

赵德钧：“属于你。”

述律太后：“既然属于我，还用得着你献吗？”

……

后晋与契丹打得难解难分时，后晋表示愿坐下来和谈，遭契丹拒绝。于是，述律太后与儿子耶律德光有一段对话，实录如下：

述律太后：“用中原人做胡人的领袖，可不可以？”

耶律德光：“不可以。”

述律太后：“可是，你却想做中原人的主子！”

耶律德光：“只因为石家（石重贵）辜负恩德，天理不容。”

述律太后：“你即使夺得中国土地，也不能久住，万一发生差错，后悔莫及！”

述律太后转过身去对文武百官说：“中原人怎么能够倒头安睡！

自古以来，只听说中原主动与胡人维持和平关系，没听说胡人主动与中国维持和平关系的。现在，中原如果能回心转意要求和平，我们为什么拒绝！”

……

耶律德光打败后晋之后，也想过一把当中国皇帝的瘾，于公元947年二月初一在开封称帝，结果水土不服，一个月后，便主动撤回到北方。

……

特地写这么一段文字，想告诉读者的是：发源于中国东北地区的游牧民族契丹，之所以在耶律德光手里迅速发展兴盛起来，是因为在他的身后，站着一位明智的老太太——述律平，即述律皇太后！

“五代”第四个政权——后汉

（公元947年—950年，第一任皇帝刘知远，吐谷浑人，沙陀扶持的“儿皇帝”，传两代灭国）

后汉皇帝刘知远，吐谷浑部落人，姓慕容，他也是契丹的“儿皇帝”，但在驱逐契丹的遍地烽火中，刘知远高举“驱逐鞑虏，复我大晋”的大旗，赢得不少民心。

后晋灭亡后，率大军进驻后晋首府（今河南省开封市）的耶律德光，带来的还是契丹的习性。当有人建议给辽军官兵发薪饷及粮食、草料时，耶律德光说：“我们国家从来不用这种办法。”他放纵辽军骑兵向四方出动，打的旗号是“牧马”“打草谷”，实际是四处剽掠。“牧马”的结果是，年轻力壮的横死于刀剑利刃之下，老弱妇女儿童饿死在田野山谷之中。近自东（今河南省开封市）、西（今河南省洛阳市）两都，远至郑（今河南省郑州市）、滑（今河南省滑县）、曹（今山东省菏泽市定陶区）、濮（今山东省鄄城县）等州，数百里之间，农民的家产和牲畜，几乎搜刮一空。

耶律德光对后晋主管财务的官员说：“辽军三十万大军，既然消灭了后晋，就应该有优厚的赏赐，快去筹款！”后晋国库早就枯竭，不筹款又不行，只好派出军队在京城逐家搜刮，包括后晋的宰相、大将在内，无人可以幸免。这一番搜刮“筹款”不够，又派出搜刮特使数十人，分别前往各州搜刮，对藏匿财产或抗拒缴出的人，一律诛杀。面对辽军的搜刮抢夺，从官员到人民发现：辽军才是真正的灾难之源，将辽军驱逐出境，成了愤怒的发泄焦点。

恰在这个时候，后晋河东战区司令刘知远，派人向耶律德光呈上了三份奏章，有史学家称作“效忠三表”。

一表祝贺，祝贺辽军进入京师（首都汴州）；

二表求恕，因“太原夷夏杂居，戍兵所聚，未敢离镇”，请求耶律德光原谅自己。

三表忠心，一旦道路通了，立即前去京师进贡。

耶律德光很高兴，立马叫人起草诏书褒扬，并亲自在刘知远的姓名之上，加了个“儿”字，同时赐给刘知远木拐。木拐相当于皇帝赏赐的茶几手杖，在辽国只有皇叔才能得到。

公元947年二月初一，耶律德光穿上黄袍，登上金銮宝殿，过当皇帝的瘾。但他在中原当皇帝水土不服，“不服”在于人民，不仅中原人“不服”，连中原周边的“十国”也“不服”，因而“驱逐鞑虏”的声浪四起。耶律德光感叹道：“我不知道中国人难以统治到这种程度！”于是打算撤回辽国。

一看这态势，刘知远于同年二月二十五在太原称帝。因耶律德光给他加的那个“儿”字，史学家也称他“儿皇帝”。刘知远自称不愿改变后晋的年号，仍称后晋。称帝后的刘知远想犒劳赏赐将士，因拿不出多少钱来，便打算向百姓征收重税，刘知远的妻子李皇后（民间传说称“李三娘”）劝阻说：“你以河东作为基础，创立帝国大业，还没带给人民什么恩德，却先剥夺他们，这不是新登基的皇帝救国救民的本意吧！现请把宫中的积蓄全搬出来劳军，虽不多，但这样做，不会招致人民的怨恨。”这位民间故事中有口皆碑的李三娘，是“五代十国”一位极其难得的贤后，广受史学家好评。

耶律德光撤回辽国，把国库、宫殿所有的金银珍宝，装车拉走，还带了几百名宫女、宦官北上。路过相州（今河南省安阳市）遭遇抵抗，耶律德光下令进攻，相州攻克后，屠杀所有男人，掳掠所有妇女随大军北上。辽军官兵把中国人的婴儿抛到空中，下面用刀尖承接，当作最大的游戏娱乐。司马光写道：耶律德光所经过的城乡村镇，全成一片废墟，举目荒凉。

同年四月二十一，耶律德光走到杀胡林（今河北省滦县北）死了。死前，耶律德光也有所反思，他认为把中国破坏成一片废墟，举目荒凉，是投降他的汉奸、卖国贼出的主意，这是他们的罪行。他总结自己的三大错误，一是向各战区搜刮金银粮食，二是纵容辽国军队奸杀烧掠（“牧马”“打草谷”），三是没有迅速把各战区司令送回任所。

我们不得不说，契丹皇帝耶律德光死前“其言也善”！

听到耶律德光死了，刘知远立即率军南下，同年六月十五，刘知远抵达大梁（今河南省开封市），改国号汉，史称后汉。半年后，后汉帝刘知远病死，他的儿子刘承佑登基称帝。

十八岁的皇帝刘承佑，无法应对各战区司令的骑墙观望，也不知道该怎么招揽人心，加之他对母亲李三娘太后的规劝根本就不听，说：“国家大事，你们女人不懂！”皇帝不知该怎么当，只好听从奸臣的主意，决定拿不把他当回事的大臣开刀。

刘承佑首先瞄准的诛杀目标，是尚书令杨邠、中书令史弘肇、度支王章，还有枢密使兼侍中郭威。这四人是后汉朝廷的重臣，司马光是这么评价的：杨邠很能秉公尽忠，退朝之后，在家里不接受任何人关说请托，虽然不能拒绝四方馈送的贿赂，但多余的一律缴归国库。史弘肇维持京城治安，道路上遗失的东西，没有人敢捡。王章寻找被忽视遗漏的小利，紧缩开支，竭力充实库藏……中央出动大军多年，而供应不缺。司马光总结写道：因为这三个人的力量，帝国得以粗略安定。至于郭威，是从刘知远手下的一个军士干起来的，一直干到了后汉的中流砥柱，是稳定后汉局势的定海神针。

刘承佑刚登上帝位，就爆发了“三叛连衡”，即后汉帝国三个割据军阀接连反叛，宣布独立。“一叛”是封疆大吏，即河中战区司令李守贞；“一叛”是凤翔巡查司令王景崇；还有“一叛”是王景崇的手下将军赵思绾，他用阴谋占据了长安。三人中最怂的是王景崇，他骨头软，一面在李守贞称王后接受他的封爵，一面又向后蜀投降。最爱做皇帝梦的是李守贞，他受一个叫总佗的和尚忽悠，断定他贵为天子，因而眼看危亡在即，仍认为这是天子应当接受的劫难。最人渣的是赵思绾，他是披着一张人皮的“吃人野兽”，他最大的嗜好是吃活人的肝，曾当着众人的面，把一个活人的肚皮剖开，取出人肝后用火烘炙，一次把人肝吃光。赵思绾据守的长安城粮食吃光后，便抓妇女、儿童作军粮，根据其官兵的多少，决定每天供应多少“妇孺军粮”，常常犒军时，他一杀就是数百人。赵思绾还有一个嗜好是，用人胆泡在酒里喝，他无耻地说：“吞食人胆一千枚，则胆量雄豪，无敌于天下。”这个“三叛连衡”，是后汉的征西大将军郭威逐一剿灭的。

对于支撑后汉政权的忠良贤臣、砥柱战将，皇帝刘承佑却在身边奸佞小人的鼓动下，要把他们全部杀掉。公元950年十一月十三，后汉帝刘承佑主持朝会，杨邠、史弘肇、王章一脚踏进金銮宝殿东厢房，便被刘承佑布置的军卒砍死。这还不算，刘承佑分别派使节率骑兵逮捕杨邠等人的亲戚、朋友、侍从，全部诛杀。郭威没在场，躲过一劫，但他留在京城的全家老小都被砍掉了脑袋。

这一杀，不仅杀出了后汉文武百官的集体恐慌，而且杀出了他们的集体愤怒，民心和希望瞬间向郭威聚集！

于是，郭威背负民心和希望，率大军向后汉首都开封进发。公元

951年正月初五，后汉李太后（李三娘）下令把传国玉玺交给郭威，郭威登基称帝，说：“我是周王朝苗家的后裔，虢国国君的后代，国号定名为周（史称后周）。”立国不到四年的后汉随即灭亡。

“五代”第五个政权——后周

（公元951年—960年，第一任帝郭威，传位三代灭国）

后周帝郭威，皇帝当得像模像样！

郭威不是踏着鲜血走向金銮宝殿的。他以安葬皇帝的规格，安葬了被乱军杀死的后汉帝刘承佑，把皇太后安置在西宫，并上尊号为“昭圣皇太后”。后汉帝刘承佑诛杀重臣时，令平卢节度使刘铢，将郭威留在京城的家人，无论男女老幼全部诛杀。郭威进入后汉首都开封时，本打算从玄化门进去，因刘铢下令射击，箭如雨下，郭威不得不改从迎春门进入。刘铢落入郭威之手后，郭威只斩刘铢，而“赦其家”。郭威是这么跟臣僚解释的：“刘铢残酷地屠杀我的全家，即妇孺皆所不免。我要是也报复式地屠杀他的全家，则怨仇反复，试问要到哪一天才能解？”郭威还诏令：罪人非反逆，不得诛及亲族，没收财产。

后周皇帝郭威，极其可贵的一面是——关注民生！

下面重点说说。

郭威说：“我出身贫寒，尝遍人间艰苦，又赶上这个丧亡战乱的年代，忽然成了帝王，怎么敢厚待自己、虐待百姓！”他下诏完全禁止各方进贡美味珍品，说：“享受山珍海味的只不过我一人，可受害的却是全国人民！”

郭威把皇宫里的几十件宝石玉器拿出来，在院里当众砸碎，说：

“对于一个帝王来说，要这些东西干什么？听说刘承佑跟他心爱的人，每天在宫里寻欢作乐，珠宝珍玩不离身，这件事刚过去不久，应当作为鉴戒！”他因此下令：“赏心悦目的珠宝，不准进宫！”

废除加码的赋税。在郭威之前的朝廷，实行的是层层加码的赋税政策，对人民缴纳的田赋，每斛之外，多缴二升，称作“雀鼠耗”，意思是麻雀、老鼠每斛吃了两升，所以民众要多缴二升。在后汉刘承佑时，由多缴两升，改为多缴两斗，称作“省耗”。唐王朝时，一百钱一串，刘承佑时改为八十钱一串，平民向政府缴钱时，一串收八十钱，而政府发给平民时，一串发七十钱，称作“省陌”。郭威一当上皇帝，便下诏全部取缔“雀鼠耗”“省耗”“省陌”等加码盘剥百姓的政策。

公元952年秋季，辽国大水成灾，几十万人逃难到后周各地乞讨。郭威诏令各地方政府负责接待安抚，被辽国掠去的中原人，十分之五六借这个机会回到了故乡。

同年十一月，郭威下达诏令：“从现在开始，每年向农家征收的牛皮，减少三分之二。计算的方法是田地十顷，缴牛皮一张，多余的由农家自己使用或贩卖，但不准卖给敌国。”在此之前的各朝政府，禁止民间买卖牛皮，甚至用法律规定，私自买卖牛皮一寸的，处死。后周皇帝郭威的这一诏令，深受民众欢迎。

还与牛有关。郭威诏令：“撤销武装屯垦署，屯垦区农民一律转给州县政府，纳入正常户籍。农民现在耕作的土地，以及现在使用的房舍、牛马、耕田农具，一律转成他们的私产，撤销所有耕牛租金。”这是解决历史遗留问题。唐王朝末年，中原成了战场，军营遍地，到处武装屯垦，招募农民耕种，向他们征粮收税。为此，尚书省专门成立了武装屯垦署。后梁皇帝朱全忠在淮河以南大肆剽掠，抢得大量牛马，发给东南一带州县农家，由农家每年向政府缴纳租金。朱全忠之后的朝代不断更替，但农民向政府缴纳耕牛的租金一直没变。到后周郭威时，过去四十九年了，牛马早死光了，可政府照样收取农家租金。郭威废除这一侵害农民利益的税收后，有人算了一笔账，说国库每年少收入几十万串钱。郭威则说：“财富藏在民间，跟藏在国库一样，我要那几十万串钱干什么！”

“五代”时兴“买宴”，即高级官员送给皇帝一笔钱，皇帝就设宴请他一顿酒席。这实质是对皇帝行贿，且不用偷偷摸摸，行贿多大都不属犯罪。前静难战区司令，给皇帝郭威呈献白银五百两、绸缎一千匹“买宴”。郭威拒绝接受，说：“地方首长到中央朝见天子，天子理应设宴慰劳，怎么可以让他们买？从此以后，凡请求‘买宴’的，一律不准！”

公元953年四月，皇帝郭威调宋州战区（今河南省商丘市）司令常思，任平卢战区司令，临行前常思对郭威说：“我在宋州时，征收熟丝四万余两，寄存在民间，我打算用来进贡，请陛下催促他们缴纳。”郭威则派人在宋州张贴通告，说：“凡常思所要征收的全部免征，已经征收的全部发还！”

……

笔者把《资治通鉴》细读下来，发现这么一个规律：但凡关注民生的帝王，都是好帝王，这样的帝王生活俭朴，后宫美女不多，法治宽松，也都听劝。后周皇帝郭威，就是这样的帝王！

公元954年正月十七，郭威逝世。死前他对儿子郭荣（后改名柴荣，本文仍称郭荣）说：“我死之后，给我穿上纸做的衣服，尸体装到瓦棺里面，马上入土，不要留在宫中太久，墓穴不要用石头，用砖砌就行。无论工匠或民夫，都要发钱雇佣，不可以骚扰民家。埋葬完后，招募守墓人三十户，免除他们的赋税差役，请他们打扫照顾。不要修建地下宫室，不要命宫女守陵，不要雕刻石羊、石虎、石人、石马，只要在墓前竖一个石碑，上面写‘后周皇帝平生喜爱俭朴节约，遗嘱用纸衣裳、瓦棺材，继任皇帝不敢违背’。你如果不照我的意思去做，我地下有知，决不保佑你！”

郭威的遗言，与他做皇帝的做派完全吻合，令人景仰、钦佩！

接替郭威的皇帝郭荣，是郭威的养子，郭威的亲人被后汉帝刘承佑全部杀光了。史评郭荣英明刚正，他接续了郭威的良政善治，是“五代十国”时期最明智的一个皇帝。

郭威一死，辽国大军便向后周打来了，辽国大军在这个节点打来，是盘踞在太原的刘崇请来的。

刘崇是后汉一任帝刘知远的老弟，生有儿子刘赟，刘知远非常喜爱，收养当自己的儿子。二任帝刘承佑死后，一些大臣扶持刘赟登基称帝，但朝廷上下特别是军队，一致推举郭威当皇帝，并被军队官兵“黄袍加身”。李太后深知形势比人强，训令罢黜刘赟，请郭威当皇帝。一看郭威当皇帝，据守河东战区的司令刘崇，也登基称帝，仍用后汉国号，史称北汉。但因地域狭小，势力单薄，刘崇便巴结辽国，辽国则册封刘崇为“大汉神武皇帝”，并改刘崇为刘旻（本文仍称刘崇）。

请来攻打后周的辽国，此时发生内乱，为抢夺皇位杀得遍地淌血，顾不得与刘崇联手进攻后周了，只是派军队做一些表面的样子。面对北汉军队的进犯，后周帝郭荣力排众议，决定反击，并御驾亲征，直接到一线指挥，极大地鼓舞了官兵的士气，打得刘崇脱下黄袍，混在溃败的士卒中逃亡。公元954年十二月，刘崇去世，儿子刘承均监督国政，上疏辽国皇帝时自称“儿”，辽国皇帝颁发给他诏书时，称他“儿皇帝”。

“儿皇帝”刘承均已然在“五代十国”的天下，掀不起大的风浪了，只是时不时地乞求辽国出兵骚扰后周，辽国也多是“表示”一下而已。

后周皇帝郭荣，则大写了他在“五代十国”天下的明智举措！

公元956年，郭荣发起了对十国之一的南唐帝国第一次进攻，打得节节败退的南唐帝李璟，派出以口才闻名于世的两名大臣，钟谟和李德明晋见郭荣。郭荣如是说：“你们的主公自称是唐王朝李姓皇族的后裔，应当知道礼义。你们和我们只隔一道淮河，却从未派过一个使节前来敦睦邦交，反而漂洋过海，跟辽国勾结，舍弃中华，侍奉蛮族，礼在哪里？义在哪里？你们想游说我撤军，我绝不是战国时代那些愚蠢的君王，你们岂能使我回心转意？回去告诉你们的主公，快来见我，向我叩头道歉，保证平安无事。不然的话，我想参观一下金陵城，借用你们的国库，犒赏我的三军！”

郭荣亲率后周大军三次征伐南唐（首都江宁府），一次就攻克黄（今湖北省武汉市新洲区）、舒（今安徽省潜山市）、扬（今江苏省扬州市）、滁（今安徽省滁州市）、泰（今江苏省泰州市）等八州，打得南唐帝李璟自称“唐国王”，后又改称“江南国主”，主动向后周称臣，将长江以北四州呈献给后周。至此，长江以北十四州、六十县全部并入后周版图。

郭荣统率的周军，军纪严明，禁止扰民。比如，郭荣攻打南唐的泗州（今江苏省盱眙县）时，禁止军中派出砍柴的人践踏民间农田，农民喜悦感激，争着送粮草。占领泗州时，没有一个士兵敢随意进城。率军北上攻辽时，周军浩浩荡荡开进，因为不扰民，很多地方的人民，不知道大军曾经入境。

郭荣在位六年，基本上都是打仗，南征北战。但就是在这种情况下，郭荣仍高度关注民生。公元955年秋季，西征获胜，四川被纳入版图，郭荣与高层官员喝庆功酒，他说：“这两天潮湿陡地降温，十分寒冷，我却在皇宫吃山珍海味，想起对人民没有功劳，却享受上天的恩典。我既不能去种田吃饭，只有亲冒乱箭飞石，为人民除害，心里才能勉强平静。”郭荣建造币厂，开采铜矿，收缴民间的铜器、佛像，由政府支付价款。有人劝他不要毁佛像取铜，郭荣说：“你们不必替我担忧。佛祖劝人向善，感化众生，只要一心向善，就是敬奉佛祖。那些铜像难道真的是佛？而且我听说过，佛祖一心造福人，纵使眼睛、头颅都可以施舍。如果施舍我的身子可以拯救人民，我不爱惜我的身子！”公元958年十二月，郭荣下诏：“所有‘课户’（负担官员薪俸的农家）、‘俸户’（指定殷实农家负责收缴赋税）一律撤销，全部纳入州县户籍。州县政府官员及幕僚，从今往后，由朝廷直接发给薪金及粮食。”公元959年二月，淮南大饥荒，郭荣下诏借粮食给民间。有人认为民间太穷，将来恐怕无力偿还。郭荣说：“人民跟我的儿子一样，哪有儿子倒吊在那里，做父亲的不去给他解开的道理？为什么要他们非偿还不可！”

“五代十国”时期，黄河洪灾泛滥，多处决口，后周之前的各朝，任由黄河水从决口流淌，大批房舍、农田被毁。后周一任帝郭威，就调配大量人力、物力，堵塞了八个决口。郭荣接替皇位后，接续了对黄河决口的堵塞。当时黄河杨刘（今山东省东阿县东北）到博州（今山东省聊城市）之间，长达一百二十里的地段，相继决口崩堤，河水日夜不停向东奔流，淹没农田村庄，多到无法计数。郭荣派人实地考察，征调民夫六万人，全部堵塞成功。

郭荣还着力做的一件事，是修复、疏通运河水路。隋王朝兴建的大运河，润泽了唐王朝，促进了唐王朝经济的发展。但唐王朝陷入内乱之后，大运河的一些流经段落，因年久失修、战火摧残而被毁坏废弃。郭荣似乎对修复运河、水道情有独钟，司马光的笔端反复记载郭荣修复水道的情况。如公元957年，郭荣下令疏浚汴水，向北流进五丈河，自此齐鲁地区的船舶都可直接驶到大梁。如公元958年，郭荣命工程人员挖掘楚州（今江苏省淮安市）西北鹳水，找出运河故道，郭荣亲自前往观看，参与规划，征调楚州民夫挖掘，十天工夫就完全打通。史载，这是战国时吴王夫差开凿的运河，连接淮河、长江，称“邗沟”。再比如，公元958年，后周挖掘汴口，引导黄河水流入淮河。于是长江、淮河间的运河，得以畅通无阻。

……

公元959年六月十九，后周二任帝郭荣因病逝世，时年三十九岁，他七岁的儿子郭宗训被扶上帝位。

公元960年正月初一，辽国大军向后周打来了，七岁的皇帝郭宗训令归德战区（总部设在河南省商丘市）司令、殿前护从司令（殿前都点检）赵匡胤，率禁卫军北上抵御。正月初三，赵匡胤率军抵达陈桥驿（今河南省封丘县东南），喝醉了，在营帐里酣睡。官兵在赵匡胤睡觉的营帐外列队等候，等到次日天色微明时，将领们冲进营帐，把事先准备好的黄袍，披到赵匡胤的身上。正月初五，后周三任帝郭宗训颁发“让位诏书”，立国十年的后周灭亡。

后周十年灭亡，心里多有不舍！

写完“五代十国”的“五代”之后，接下来写“十国”。

前蜀国向后蜀国的演变及兴亡

本文将前蜀国与后蜀国一并来写，主要考虑这两国同属一地，首都也都是成都，前蜀国的灭亡与后蜀国的建立，有演变的内在联系。

前蜀国一任皇帝王建，是河南省舞阳县人，在蔡州（河南省汝阳县）州长秦宗权手下当过营门官，被唐王朝二十一任帝李儇的宰相王令孜收为义子。王令孜是宦官，权倾朝野，收养的大批义子都在相关部门任职，王建任神策军将军，在讨伐巴蜀民变时，任利州（今四川省广元市）州长。王建与川西战区（总部设在四川省成都市）司令陈敬瑄反目后，先抢占阆州（今四川省阆中市），尔后猛攻成都。公元891年八月，王建进入成都，任川西战区司令。司马光评价说：王建夺取西川，留心政治事务，采纳直率的批评，慷慨施舍，喜爱跟知识分子交往，部属们都能发挥才干，完成任务。王建对人谦卑恭敬，节俭朴素，然而疑心太重，杀人很多，将领中当初有过汗马功劳的，多数都被找一个借口，予以处决。

在川西战区司令的位上，王建的一个主要任务，是阻击和防范鹤拓帝国的骚扰。鹤拓帝国的前身，是南诏帝国（鹤拓帝国后又改名长和帝国），首都在云南省大理市，是大唐王朝的封国，给大唐王朝进贡，南诏皇帝迎娶唐朝王室公主。唐王朝内乱之后，对于南诏帝国提出的要求，不能及时满足，南诏帝国便开始骚扰侵犯。巴蜀黎（今四川省汉源县）、雅（今四川省雅安市）二州境内的蛮族酋长刘昌嗣、郝玄鉴、杨师泰，号称“大金堡三王”，他们跟南诏王国勾连，提供情报，充当耳目向导，收取好处。王建之前的战区司令也都知晓，但睁只眼闭只眼，怕管了惹乱子。王建上任后，查清事实，以泄露军事秘密罪，将这三个酋长斩首，并摧毁位于四川省泸定县的大金堡。对于南诏军队的进犯，王建也一一给予反击。

公元907年，朱全忠穿上黄袍，建立后梁帝国，王建便以“集结勤王，复兴唐王朝”为名，联络弘农王杨渥、岐王李茂贞、晋王李克用，共同讨伐朱全忠。王建写信建议李克用和他一起称帝，等铲平朱全忠的后梁帝国，扶唐王朝李姓皇亲当上皇帝后，再取消帝号，退回臣属地位。李克用拒绝，王建便登上皇帝宝座，建都成都，国号大蜀，史称前蜀。唐王朝灭亡后，原朝廷中官宦世家的后裔，很多人都逃难到巴蜀。王建虽不识字，但对他们以礼相待，任命他们当官，派他们兴办学校，并注重维护传统典章制度，所以巴蜀仍有唐王朝的遗风。

前蜀帝王建兴建登兴义楼，一个佛教和尚的做法特古怪，他亲手挖出自己的一只眼睛，呈献给王建作为祝福。王建非常感动，立即举行盛大招待会，请一万多名和尚进餐回报，致使佛教在巴蜀传播发展很快。

唐王朝末年，将相王侯收养义子成风，王建有亲生儿子二十一人，而收养的义子达一百二十人。王建率军发起的军事行动，上阵的将领几乎全是“父子兵”，因而他的义子几乎全是功臣。正是这些义子当将领，王建的前蜀军队打了不少胜仗，一度声威大震。

公元913年七月，前蜀帝国发生了一次太子挑起的流血事件。王建的太子王元膺，嘴长得像猪嘴，牙齿突出唇外，眼光飘忽不定，但机警敏捷，反应迅速。而且喜爱读书，学识丰富，精于骑马射箭，只是性情暴躁，猜疑忌妒，凶狠恶毒。王元膺想从父亲手里夺取皇位，但他深知，军队将领几乎全是他父亲的死党，不拿下军队将领，他夺取皇位的路就走不通。王元膺经过精心谋划，打算把军队将领和各位亲王召集起来，用军队把他们囚禁，然后逼父亲王建把皇位让给他。消息走漏，打起来了，诸多人的脑袋掉到血泊之中后，以王元膺被卫士诛杀而落下帷幕。但这只是前蜀帝国翻过去的一篇，接下来的篇章，即是各亲王、各义子将领为争夺皇位而各拉势力，叛的叛，反的反，把前蜀王国撕扯得七零八落，最终十六岁的儿子王宗衍被立为太子。公元918年六月初一，前蜀一任帝王建去世，太子王宗衍登基称帝（二任）。

前蜀帝王建死去，前蜀帝国也就直奔死亡而去。

二任帝王宗衍虽然出台了不少举措，想了不少办法来挽救前蜀帝国的颓势，但不具备挽救颓势的凝聚力和感召力。加之王宗衍断绝了向中原后唐帝国的臣服和朝贡，后唐帝李存勖派大军前去征讨。后唐大军打来时，王宗衍正带着文武百官和大批宫女往秦州（今甘肃省秦安县）赶。因为宦官王承休说，秦州建了很多行宫，宫里塞满了从民间掠来的美女，叫皇帝王宗衍前去享用。当有人向他奏报后唐大军开到前蜀边境了，王宗衍还认为这是臣僚阻止他前去秦州而撒的谎。结果前蜀帝国军队没来得及抵抗便被歼灭。

公元925年十一月二十七，前蜀二任帝王宗衍身穿白衣，口衔碧玉，手牵绵羊，脖套草绳，光着双脚，率文武百官向后唐远征军投降。立国十九年的前蜀国灭亡。

……

在前蜀国的地盘上，登上帝位的后蜀国皇帝不姓王了，姓孟，叫孟知祥。之所以我把本篇的题目叫“前蜀国向后蜀国的演变及兴亡”，是因为孟知祥是后唐帝李存勖派往四川战区的司令，封蜀王，孟知祥是在前蜀国的地盘上，演绎后蜀国的兴起与衰亡。

后蜀帝孟知祥，河北邢台人，是晋王李克用的侄婿。因为攀上了晋王，很受重用，任北都（今山西省太原市）代理留守长官，前蜀帝国灭亡后，又当川西战区司令。巴蜀山河秀丽，物产丰富，与中原的后唐王朝相距遥远，真可谓山高皇帝远。孟知祥一坐上川西战区司令的将椅，便渐生据蜀自立之心。他所做的准备工作，一是对四川各地蛮族的反叛进行清剿安抚；二是与川东战区（总部设在今四川省三台县）司令董璋联手，共同反叛后唐。后唐二任帝李嗣源下诏，免去孟知祥所有官职及爵位，并派政府军讨伐两川，因粮草供给不上，只好撤退。这一撤，原后唐政府军据守的区域，又回到了两川司令之手。

孟知祥毕竟是晋王李克用的侄婿，与后唐帝国有千丝万缕的联系，他反叛朝廷后，住在洛阳的家属亲戚都平安无事，于是他想归降后唐。但川东战区司令董璋坚决不干，二人遂反目为仇。董璋率先出手，派军队进攻成都，孟知祥只好接招，亲率大军迎敌。这一仗孟知祥的川西大胜，川东战区司令董璋被砍下脑袋。孟知祥于是携两川六大州回归后唐帝国，后唐二任帝李嗣源，任命孟知祥为东西两战区司令，封蜀王。

公元933年八月初四，后唐皇帝李嗣源的诏命送到成都，孟知祥是身穿龙袍、在盛大的仪仗队簇拥下迎接的；同年十一月二十六，后唐帝国二任帝李嗣源去世，转年闰正月二十八，孟知祥在成都称帝，史称后蜀。同年七月二十六，孟知祥去世，他的太子孟仁赞（改名孟昶）登上皇帝宝座（二任）。虽然之后的后蜀国存在时间较长，但始终没有挤到历史的舞台中央来，公元956年，立国三十二年的后蜀帝国，被北宋灭亡。

南吴国向南唐国的演变及兴亡

本文将南吴国与南唐国一并来写，是因为南唐国是从南吴国演变出来的。

南吴王国的创立者杨行密（原名杨行愍），安徽长丰县人，是从庐州（今安徽省合肥市）“牙兵”一步步干上来的。杨行密有大智慧、大抱负，作战勇敢，屡立战功，但遭他的都将（指挥官）打压排挤。在压抑了很久以后，杨行密去见指挥官，指挥官问他需要什么帮助，杨行密说：“我需要你的人头！”杨行密把指挥官杀死后，大唐王朝任命杨行密代理庐州州长。

淮南战区司令高骈，是杨行密的顶头上司，是他给杨行愍改名杨行密的。高骈崇拜鬼神，有个叫吕用之的巫法师，因妖言惑众、结党作乱受政府通缉，投靠高骈，高骈接纳了他。吕用之对高骈说：“宰相今夜行刺你。”高骈吓坏了，吕用之便找来一个同伙，晚上睡高骈的床上，夜里把铜器扔到台阶发出巨响，又往庭院洒上猪血，摆出一种那一夜惨烈搏杀的场景。如此简单的骗局，高骈笃信无疑，对吕用之更加宠信。吕用之收了萧胜大量的贿赂，就给萧胜跑官，叫高骈派萧胜到盐城去任官。高骈犹豫，吕用之骗他说，萧胜有灵性，给他个官帽，是叫他去取古井中的一把宝剑。几个月后，萧胜给高骈呈献一把匕首。吕用之对高骈说：“这是北帝佩带的那一把，得到它，一百里之内，没有一种武器能侵犯大帅。”

淮南战区司令高骈身边没有很多骗子，只一个骗子，就把他彻底骗晕了。高骈日益堕入骗局，使得杨行密抓住机会，在与各种势力的打斗中，越打越强，于公元888年，任淮南战区候补司令。从此以后，杨行密在淮南建立政治实体，被唐王朝封为吴王，史称南吴王。

有史学家认为，杨行密是“十国”中最好的君王，无论胸襟、品德、见识，都高于其他君王。司马光写道：杨行密收复扬州后，克勤克俭，勉强维持各项开支，除因公举行宴会外，从没有演奏过音乐。他招抚流失的人口，减轻劳役，降低赋税。不到几年，政府和民间开始富裕，人烟也渐渐稠密，几乎恢复当年的旧观。

但是，与其他君王一样，杨行密在扬州经营久了以后，也逐渐变了。

司马光记载了这么一件事：杨行密手下的战将田頵，请求管辖池（今安徽省池州市贵池区）、歙（今安徽省歙县）二州，杨行密不同意。问题是，田頵晋见杨行密时，不仅杨行密身边的人，甚至最低级的监狱看守，都向田頵索要贿赂，气得田頵起兵反叛，将南吴停泊在东塘的战舰，全部纵火焚毁。

司马光的这一记载，是不是让人感到围绕杨行密的腐败气息很浓？

公元905年十一月，杨行密去世，他的儿子杨渥接任，史评杨渥一向没有好名声。司马光写道：杨渥在为老爹杨行密服丧期间，一点也不悲伤，日夜不停地饮酒作乐。又于夜晚燃起十个人才抱得过来的巨大蜡烛，照耀得如同白昼，用来打球。一支蜡烛要数万钱。淮南战区总部警备队左翼指挥官张颢、右翼指挥官徐温劝阻，杨渥大怒，他对徐温说：“你说我不成材，你为什么不杀了我，自己干！”张颢、徐温于是斩杨渥身边的佞臣，完全掌控淮南战区军政大权。南吴王杨渥想除掉张颢、徐温，消息泄露，张颢、徐温率先下手，杀杨渥。

司马光的笔端告诉我们，杀掉杨渥后，张颢想接任淮南战区司令，但在幕僚严可求的运作下，扶杨渥的弟弟杨隆演接任。张颢很生气，派刺客去刺杀严可求。当刺客举起屠刀时，严可求请求最后写封信给杨隆演告别。钢刀架在严可求的脖子上，严可求提笔书写。刺客识字，看到严可求书写得忠烈、悲壮、大义凛然，不忍下手了，认为他是忠厚长者，抢了一些严可求家的财物走了。严可求没死，便与徐温联手，杀掉了张颢。

张颢一死，淮南战区的军政大权落入徐温之手，南吴王杨隆演得看徐温的眼色行事。

徐温是江苏东海人，是杨行密的心腹战将。司马光评价说：徐温性情沉默刚毅，生活简单节俭，虽不认识字，但命助理人员把犯人口供读给他听，由他判决时，都合情合理。司马光还写道：杨行密进入宣州（今安徽省宣城市），将领们纷纷抢夺金银绸缎，只有徐温控制米仓，烹煮稀粥，赈济灾民。

公元920年五月，南吴王杨隆演去世，有人提议徐温接任南吴王，徐温说："我如果有意，当在诛杀张颢的时候夺位，怎么会等到今天！即使杨家没有儿子，只有女儿，我也要拥护她登基称王！"他把杨公爵杨溥扶上王位。杨溥很聪明，他知道监督他的宫门管理官翟虔，是徐温的亲信，对杨溥家人凶暴无礼，因而杨溥当着徐温的面，故意把"两"念成"水"。徐温问他怎么回事，杨溥说："翟虔的老爹名翟两，长久以来我都避讳，不敢冒犯。"徐温听懂了，这是南吴王杨溥怕犯翟虔老爹翟两的忌讳，因而要斩翟虔，杨溥说情才把他流放。

公元927年，徐温去世，南吴王杨溥称帝。十年后的937年十月，杨溥将皇帝印信交给徐温的养子徐知诰，徐知诰登基称帝，国号唐，史称南唐。

南吴就这样演变成了南唐。

……

徐知诰原名李昪，是八岁时被淮南战区军队从徐州掳获的，杨行密看这个孩子气质非凡，便收养为义子。但杨行密的长子杨渥容不下他，杨行密便把李昪送给徐温，改名徐知诰。徐知诰喜爱读书，精于骑射，见识丰富，胸襟开阔，徐温的亲生儿子都比不上他。徐知诰掌控南吴军政大权后，一直在做取代杨溥的准备，但他比较谨慎，很长时间心不甘情不愿地侍奉皇帝杨溥。徐知诰常常对着镜子，用镊子拔嘴上的白胡子，边拔边叹息：“国家虽然平安，我却老了，怎么办呢？”左右臣僚知道徐知诰的心思，纷纷找杨溥做工作，劝他把帝位禅让给徐知诰。杨溥知道，南吴帝国的实权完全掌握在徐知诰之手，一旦他来夺权，那自己的脑袋就得搬家。经过一番权衡，杨溥于公元937年十月，把皇帝印信交给了徐知诰，徐知诰在金陵（今江苏省南京市）登上皇帝宝座。

徐知诰是个有能力的人，南唐在他的带领下，一度风生水起，成为“十国”中实力最强的帝国，还灭掉了闽国、南楚国。南唐还是“十国”中最重视知识人才的国家，接替徐知诰的二任帝李璟（因其父徐知诰原名李昪，故姓李），有深厚的文学修养，在他的身边，聚集了长江南北一批知识分子，安排在朝中任官。这些人不是通过科举考上来的，而是上疏讨论国事，被李璟发现并任命做官的。司马光写道：“南唐文风之盛，高于其他各国。”但南唐始终没有站到历史舞台的中心位置，末代君主李煜，称南唐后主，他精书法、工绘画、通音律，诗文造诣很高，尤以词的成就光耀后世。公元978年，李煜向北宋投降，立国四十一年的南唐国灭亡。

在这里，我们选两首南唐后主李煜的词，欣赏一下。

虞美人·春花秋月何时了

春花秋月何时了？往事知多少。
小楼昨夜又东风，故国不堪回首月明中。
雕栏玉砌应犹在，只是朱颜改。
问君能有几多愁？恰似一江春水向东流。

相见欢·无言独上西楼

无言独上西楼，月如钩。
寂寞梧桐深院锁清秋。
剪不断，理还乱，是离愁，
别是一般滋味在心头。

南楚国的兴与亡

南楚王国的创立者马殷，蔡州（今河南省汝南县）人，庶民出身。蔡州变军首领秦宗权招募兵员时，马殷从军，在龙骧特别营司令刘建锋手下当兵。马殷军事素质很好，很能打仗，得到刘建锋重用，被提拔为将军。转战到湖南后，战区司令刘建锋被杀，将领们推荐马殷接任。公元900年十月，马殷派军把五岭以北地区全部扫平，将桂（今广西壮族自治区桂林市）、宜（今广西壮族自治区河池市）、岩（今广西壮族自治区来宾市）、柳（今广西壮族自治区柳州市）、象（今广西壮族自治区象州县）五州，纳入南楚王国的管辖。接着在对南楚首都长沙的进攻中，马殷派三万水军顺长江东下，另派三百艘战舰驻守浏阳口（浏阳河注入湘江处）。这一仗南楚大胜，杀敌一万多人，缴获战舰八百艘，同时收复被淮南占据的岳州（今湖南省岳阳市）。后梁皇帝朱全忠随即任命马殷为楚王，兼武安战区司令，以及本战区征缴绥靖司令。

这是南楚王国最耀眼的高光时刻！

马殷在南楚王国的位置上，上奉天子，下奉士民，发展农业，减轻赋税，南楚国经济得到快速发展，强于四邻。

公元930年十一月十一，七十九岁的南楚王马殷去世。他留下的遗嘱是：王位传承兄终弟及，兄弟相传。并在马家祠堂设置一把佩剑，说："敢违抗我命令的，诛杀！"

马殷的儿孙续写的不是"励志篇"，而是"荒诞篇"。下面让我们来看。

接替马殷的，是他的儿子马希声。司马光写了这么一件事：马希声听说后梁一任帝朱全忠喜欢吃鸡，他照着学，每天都杀五十只鸡吃。安葬老父马殷时，将要移灵，马希声还一口气喝几碗鸡汤再走。吃鸡，不算什么奢侈的事，但在安葬父王移灵时，还要等他喝几碗鸡汤再走，就让人觉得他有多么不着调了。

其实，南楚王马殷，早就看清马希声是个什么货色。

马殷有个智囊叫高郁，一直跟在马殷身边出大主意。当时的武安战区，东西两面都有势力强大、虎视眈眈的强国，马殷想给他们送礼，谋求和睦相处。高郁给马殷从全局上做了分析，认为人家打的是武安战区土地的主意，送多少礼都不可能使他们放弃这一打算。他给马殷拿的策略是：“上奉天子，下奉士民”，训练士卒，磨利武器，发展经济，安抚民众，培植霸业。马殷按照高郁的策略，采取自由贸易政策，对商品不征收捐税，于是四面八方的商旅都涌向潭州，湖南成了全国贸易中心。湖南农民以前不种桑养蚕，高郁则命农民缴租时，都用绸缎代钱，于是民间纺织业快速兴起，湖南人民因此富饶。对此，邻近各国都把高郁当作眼中钉。

马殷对高郁非常信任，离间高郁从马殷身上撬不开口子，但这个口子，从马希声身上撬开了。荆南战区（总部设在今湖北省江陵县）司令高季兴，派人给马希声送了一封信，信中对高郁大加赞赏，说他在天下享有盛名，表示愿与高郁结为兄弟。高季兴私下里教使节对马希声说：“我们高大帅常说：‘马家政事都由高郁做主，是马家子孙将来的隐患。’”马希声便到父王马殷那里指控高郁生活奢侈问题、行为放肆问题、与邻国私通问题等。马殷一开始不搭理马希声，但马希声不断拿出高郁违法私通等“证据”，坚持要解除高郁的军权，马殷只好把高郁降为作战参谋长。高郁大不高兴，对身边侍从说：“快去整修西山（岳麓山）上的别墅，我要退休到那里养老。小狗长大，已能咬人了！”马希声听说后，大怒若狂，就在总部公署把高郁杀死了。

高郁死后，南楚王国日渐衰落。

公元932年七月，马希声去世，马希范继任。司马光写道：马希范肆意追求美女，纵情声色，宴会饮酒从夜晚直到天亮，宫内宫外，毫无分别。有位商人的妻子十分艳丽，马希范把她丈夫杀掉，强行抢夺回宫。马希范铸造特大号的长枪巨矛，用金片包裹，文武百官都不知干什么用；用沉香雕刻八条巨龙，每条长一百余米，用黄金珠宝装饰，环抱群柱，相互对称，马希范坐在八条龙中间，号称第九龙。在马希范毫无节制的挥霍下，国库空虚，他便加重赋税，农民无法承担，纷纷放弃耕种，全家逃亡……

公元947年五月，马希范死了，他没有传位给长弟马希萼，而是传位给幼弟马希广。马希广善良懦弱，马希萼残暴凶狠，于是，南楚王国形成了善良懦弱与残暴凶狠的较量。

有人提议把马希萼除掉，马希广不同意，他说：“我不忍心杀我老哥，宁愿把潭（今长沙市）、朗（今常德市）分成两国，分别治理。”

马希萼则决心把马希广除掉，他在武贞战区（总部设在今湖南省常德市）制造七百艘战舰，浩浩荡荡向潭州打去。

马希萼战败后，引诱辰州（今湖南省沅陵县）、溆州（今湖南省洪江市）、梅山（今湖南省冷水江市北）等地的蛮族进攻潭州。同时向南唐帝国称臣，请求派兵攻打潭州。南楚与南唐是一对老冤家，打了几十年，打成了世仇，南唐在马希萼发出邀请后，看到了消灭南楚的机会，迅速派军赶来了。

面对南唐大军的进犯，南楚王马希广派人做哥哥马希萼的和好工作，马希萼则说：“大义已经断绝，除非死在地下，不能相见。”

结果是，马希广兵败被擒，马希萼被南唐帝国扶上南楚王的王座。

这就是良善懦弱与残暴凶狠的较量结果！

但是，公元951年十月，南楚王国被马希萼搬来的南唐帝国灭掉了，立国四十五年的南楚王国，死在世仇之手。

吴越国的兴与亡

吴越国的创立者钱镠，杭州市临安区人，从小在义胜战区（总部设在今浙江省绍兴市）司令董昌的手下，从乡保安员一步步干上来的。因有乡保安员的经历，故有史学家说他是土匪出身。

钱镠一个最显著的特点，是特别喜欢营造衣锦还乡、荣归故里的浓厚氛围。他每提升一次官职，便给老家的村庄改一次名，先称衣锦营，又称衣锦城，后称衣锦军。钱镠每次炫耀衣锦还乡，都要宴请家乡的父老乡亲，还用锦绣绸缎把山林全盖起来。也正是这个原因，钱家几代积累下来，成了当地颇有名望的大户人家。

写钱镠，得从董昌写起。

义胜战区司令董昌，对自己当一方诸侯不满足，一心想当皇帝。董昌说："神秘预言书说'兔子上金床'，正是指我，我出生的那年是兔年，明年（895年）又是兔年，明年二月兔日兔时（卯日卯时），正是我称帝之时。"到了那个时辰，董昌召集文武官员商议自己称帝之事。战区副司令黄碣劝阻，董昌将黄碣斩首，连同黄碣家八十人一并诛杀。董昌征求会稽县（今浙江省绍兴市）县长吴镣的意见，吴镣说："你不当真诸侯传给子孙，怎么想起来当个假皇帝自取灭亡呢？"董昌又是大怒，把吴镣及族人全部诛杀。董昌又以皇帝的口气，对山阴县（今浙江省绍兴市西）县长张逊封官许愿，说自己当皇帝后，命张逊当御史大夫。张逊一劝，董昌又把张逊斩首。公元895年二月初三，也就是神秘预言书说"兔子上金床"的那一天，董昌身穿龙袍，戴上平天帽，登上皇帝宝座，国号为大越罗平国，诏令文武百官称他为圣人。

钱镠当时任镇海司令，董昌给他写信，说自己当罗平国皇帝了，诏命钱镠当两浙（今浙江全省）总指挥官。钱镠回信劝阻，董昌不予理睬。钱镠便率三万官兵赶到越州（今浙江省绍兴市），围城“兵谏”。他对董昌说：“我率军到这里，是等候你改过。即使你不爱惜自己，可家乡父老有什么罪，他们都会随着你全族屠灭（意思是朝廷会派大军来剿灭）。”董昌有些恐惧了，他把鼓动他当皇帝的臣僚、将领、女巫逮捕起来交给钱镠，但戴在自己头上的皇冠不肯取下。

唐王朝二十四任帝李晔下诏征讨董昌，大军包围越州后，钱镠派董昌的亲信去见董昌，告诉董昌说：皇帝李晔已诏命他退休，回杭州临安养老。董昌不得已交出皇帝印信符节。公元896年五月，总监吴璋送董昌去杭州，走到半路斩董昌及家人三百余口，还有董昌任命的宰相、大臣一百余人。董昌这个皇帝当了一年零三个月，他仓库里的金银绸缎和各种珍宝，足足塞满五百间房屋，粮食达三百万斛。钱镠把金银绸缎全部赏赐给将士，打开粮仓赈济平民。董昌建立的大越罗平国，史学家没有将其列入“十国”。

公元904年，钱镠被唐王朝封为吴王，公元923年正月，钱镠正式宣布建立吴越王国，他发出的命令，改称“诏书”，文武百官称“臣”，与皇帝的做派没有区别。但钱镠对中原帝国称臣纳贡不改，朱全忠当皇帝，就向朱全忠称臣纳贡，李存勖当皇帝，就向李存勖称臣纳贡。因而吴越王国外部压力不大，只是与周边小国为争抢地盘打一打。

钱镠是个酷爱建设家乡的君王，他在吴越王的位置上，修筑钱塘江石头堤防，扩大杭州城池，大肆兴建亭台楼阁，一度使杭州成为东南亚最富庶的地区。

钱镠一生谨慎，睡觉时常枕一个圆木或大铜铃，称作“警枕”，圆木一滚动或铜铃一响，他便赶紧起床；他还在卧室放一个粉盆，三更半夜想起什么事，便起床写在粉盆上。钱镠最心爱的小老婆的父亲犯法，依法应处死，左右侍从请求宽恕，钱镠说：“怎么可以为了一个女子，而破坏国法！”但当了国王的钱镠，又守在全国最富裕的浙江杭州，生活极其奢侈，征税极其严苛，对平民百姓的盘剥很重。

公元932年三月，八十一岁的吴越王钱镠去世，他的儿子钱传瓘（改名钱元瓘）接任。钱传瓘一坐上王位，便取消皇帝礼仪，恢复战区司令身份；废除荒田（有主人而未耕种）、绝户（人死没有子女）的租税；设“择能院”选拔人才；对部属关爱有加，不因诬告陷害而处罚官员。钱镠的孙子钱弘佐接任钱传瓘后，司马光写道：钱弘佐温和谦让，喜爱读书，对知识分子十分尊敬，亲自主持日常事务，头脑清楚，观察敏锐，常常揭发隐秘的奸佞行为，别人无法蒙蔽。钱弘佐一上任，便下令全国免税三年。

钱镠去世前叮嘱儿子们：“子孙要小心翼翼侍奉中原，不要因为政府换了朝代，皇帝改了姓名，竟也跟着改变立场。”钱镠的子孙始终恪守，从未改变。史载：“五代十国”帝王后裔，下场都很悲惨，只有钱镠的后裔，率先向宋王朝投降，并在宋王朝为官，有的还身居要职。钱家子孙为改变钱镠土匪出身的不良记录，大都认真读书，学识渊博，多人著书立说，流芳后世。

闽国的兴与亡

闽王国的创始者王潮，是光州（今河南省潢川县）民变首领，跟光州州长王绪转战去漳州（今福建省漳州市），途中因粮食不足，王绪下令不准携带老弱，违者斩首。可王潮与他的弟弟王审知、堂弟王彦复，却扶着娘亲，沿着崎岖的山道踉跄前行，王绪看到后要斩他们的亲娘。王潮三兄弟说："我们侍奉亲娘，就像侍奉将军。既杀了我们的娘亲，还要他的儿子干什么？"请求在杀他们的娘亲之前被杀，将领们纷纷求情，才免得一死。因王绪只要看见将领中勇敢、谋略胜过自己，或气质优雅、体格魁梧的，一律诛杀，将领们害怕，联手把王绪杀了，并一致推举王潮当首领。王潮率军返回故乡光州，要求大家所经过的地方，一定要纪律严明，秋毫无犯。走到福建省沙县时，被泉州（今福建省泉州市）人携带牛肉美酒挡住了，请求王潮留下来当泉州州长。王潮留下来了，并于公元886年八月，率军攻打泉州，攻下泉州后，唐王朝即任命王潮当泉州州长。

司马光写道：王潮沉着勇敢，又有智慧谋略，取得泉州后，积极安抚流亡四方的难民，公平征税，整顿军事设备，无论官吏和平民，都心悦诚服。公元892年，王潮率军攻打福州，民间自发运送粮食供应，平湖洞（今福建省仙游县）跟沿海蛮族部落也主动提供船只，帮助王潮运送军队和辎重。攻陷福州后，唐王朝又任命王潮当福建道行政长官。在击败黄连洞蛮族对汀州（今福建省长汀县）的包围后，王潮鼓励人民耕田养蚕，确定租税数目，跟相邻战区和睦相处，保护边境不受侵犯，使人民获得休养，闽中人民心满意足。王潮就这样一步一步为闽王国奠基。

公元897年，王潮去世，他的弟弟王审知披上了闽王王袍。司马光对王审知的评价较高，说他性情节制勤俭，平常都穿麻布编的鞋子，王府总部的房舍都很简陋，从没有整修过。刑罚宽大，捐税轻微，无论政府与民间都很富裕，辖境之内，国泰民安。但在王审知之后，便一代一代腐烂没落。限于篇幅，我们挑几个来说说。

公元925年十二月，王审知逝世，他的儿子王延翰自称大闽国国王。王延翰在老父刚死不到一个月，便大量搜索民间美女，强行押入王宫，仍不满足，不断向民间掳掠。王审知的义子王延禀，任建州（今福建省建瓯市）州长，王延翰写信，命他搜索美女。王延禀气不过，回信对王延翰斥责，因害怕王延翰报复，先下手为强，率军杀到闽国首都福州，直接把王延翰斩了，把王延翰的弟弟王延钧扶上了王位。

王延钧号称在他的住宅看见真龙，下令把住宅改为龙跃宫，并前往宝皇宫接受道教神仙文书，登基称帝，国号大闽，自己改名王璘（本文仍称王延钧）。王延钧笃信鬼神，利用巫法师装神弄鬼，谋害他不喜欢的大臣。公元935年十月，王延钧被哗变的皇家禁卫军杀死了，他的儿子王继鹏登基称帝。

王继鹏当皇帝之前，拜学识渊博、性情朴实正直的咨询官叶翘为师，品学都有长进。但一当上皇帝便骄傲放纵，把叶翘抛到了一边。叶翘对他说："老臣辅佐不得其法，以致陛下自登基以来，没有一件事受人民称赞，请准许我告老还乡。"

叶翘说的"没有一件事受人民称赞"，点到了问题的症结！

听听闽国人民的叹息吧："李从珂的罪状（后唐四任帝致后唐灭亡），我们不知道，但我们君王（王继鹏）的罪状，我们是知道的，将怎么办呢？"

司马光写道：王继鹏专门聚敛搜刮，无论收入多少，都不满足。一方面，他交代朝廷主管人事的官员："我把人事大权交给你，贤明能干的人教他做官，即使那些匪徒恶棍，也不要排斥，只要他们掏钱，就把他们的姓名登记下来，奏报给我。"王继鹏收了匪徒恶棍交的钱以后，回报这些人官帽。另一方面，王继鹏下诏："人民有隐瞒年龄的，棍打脊背；城乡有隐藏人口的，处死；逃亡的，屠杀全族。水果、蔬菜、鸡鸭、鱼肉，都课重税。"

公元939年七月，闽帝王继鹏被侄子王继业用绳子勒死了。

接续的皇帝王延羲荒淫奢侈，毫无节制。他要求分管财务的官员，每天给他提供一万串钱，财务官员只好加倍收缴民间赋税，赋税收不上这么多钱，便挪用机关经费，机关经费也没得挪了，自知皇帝王延羲饶不了他，郁闷而死。王延羲知道后，把他的尸体挖出来，砍成几截扔到河里。接着，王延羲拿出政府各部门的官帽出售，按官职大小定价。皇家文学侍从官周维岳身材矮小，但酒量很大，有人说他体内有一个特殊的酒肠，所以喝不醉。王延羲便令武士把周维岳摔下台阶，剖开他的肚子，查看那条特殊酒肠。公元944年，忍无可忍的臣僚，把王延羲杀了。

接替帝位的是富沙王王延政，他早就在建州（今福建省建瓯市）称帝。他手下一个叫李仁达的将领，一看闽国朝廷大乱，心生称帝野心，担心人心不服，便扶持雪峰寺和尚卓严明当皇帝，原因是他眼里有两个瞳仁，而且双手过膝，是天子相貌。和尚卓严明也不含糊，脱下袈裟，穿上龙袍，接受文武百官叩拜。面对讨伐打来的大军，和尚皇帝束手无策，只会在金銮宝殿上喷水念咒，布灰撒豆，焚香作法而已。李仁达也看着生气，派人把和尚皇帝刺死。尚在建州的闽帝王延政，诏命叛乱部队缴出武器后，送他们回去，却在走到半路，把八千人全部诛杀。公元945年八月，闽国最后一任皇帝王延政，向南唐远征军投降。至此，从王潮进入福建，历时六十二年的闽国灭亡。

南汉国的兴与亡

南汉王国创始人刘岩，河南省上蔡县人，其祖先在南海经商，迁居泉州。其父刘谦是从岭南战区当初级军官干起来的，官至封州（今广东省封开县）州长。刘谦去世后，其子刘隐接任，并被唐王朝封为南海王。刘隐去世后，刘岩继任南海王，平定了岭南东西两道的割据势力，控制岭南。公元917年刘岩称帝，建都番禺（今广东省广州市），称大越帝国，国号汉，史称南汉。

公元928年，南楚王国派军包围封州，南汉帝刘岩赶紧用《易卦》卜卦，卜出“大有”，即“自天佑之，吉无不利”。刘岩大喜，信心满满地派军迎战，结果真的击溃了南楚的进攻，解了封州之围。这之后，刘岩更加信奉《易经》，凡事都卜卦，十分迷信鬼神。公元930年，刘岩卜得吉卦后，派军进攻交州（今越南河内市），又获胜。攻克交州后，刘岩任命将领李进，任安南战区司令，镇守交州。这之后，驻守交州的将领你杀我、我杀你，使得交州的管辖权脱离了南汉王国。公元938年，刘岩打算夺回交州，这次卜卦虽还是吉卦，但结果是南汉大败，士卒溺死大半，大军统帅刘岩的儿子刘弘操也战死。刘岩没有追究卜卦不准，而是劈开助理编撰官侯融的棺材，让他的尸体日晒雨淋。皇帝刘岩认为，是侯融建议裁减军备，让人民休养生息，才使得军队战斗力不强，打了败仗。

司马光写了这么一个细节，南汉帝刘岩的儿子刘弘度，被指定为继承人，刘弘度招募士卒一千人，全是市井街头的无赖流氓，他们经常上街抢夺商店，没人敢管。宰相杨洞潜向刘岩奏报，刘岩说：“让孩子们学一点军事常识而已。”杨洞潜叹息道：“政治黑暗到这种程度，还要宰相干什么？”

司马光的《资治通鉴》告诉我们，“十国”的创立者大都是书写“创业篇”的，可南汉一任帝刘岩是个例外，他几乎从一开始书写的就是“荒诞篇”。

公元942年四月二十四，南汉一任帝刘岩去世。司马光是这么评价刘岩的：口舌伶俐，明察秋毫，擅长使用权术，喜欢吹牛，认为自己很了不起，常把建都中原的五代皇帝，称作“洛州州长”。刘岩生活极其奢华，皇宫金殿都用黄金、宝玉、珍珠、翡翠装饰；刑罚极其残酷，水灌鼻孔、割掉舌头、砍掉四肢、挖肉刮骨、火烧炭烤、扔到大锅里煮、关到笼子里蒸，等等，刑罚骇人听闻。他还发明了“水牢”，水池里放很多毒蛇，把囚犯扔进水池……

接替刘岩的是刘弘度，改名刘玢（本文称刘弘度）。刘弘度在皇帝的御椅上没坐两天，辖区就开始“闹鬼”。据说博罗县（今广东省博罗县）有个神仙降临民家，他可以跟人说话，但人却看不见他，请他预测凶吉，很是灵验。当时博罗县一带遍地变民，人们问神仙谁可当领袖，神仙高声宣布“张遇贤当王”。张遇贤是县衙一个小职员，随即被变民拥戴当王。南汉二任帝刘弘度派军征剿，结果被张遇贤拼凑起来的变民打得溃不成军。

一任帝刘岩的灵柩尚未下葬，刘弘度便招娼妓厮混，还把男男女女叫到一起，集体淫乱，他在一旁欣赏；文武百官和他的亲王弟弟参加宴会，都要脱衣检查，确定没带武器才能进去；左右侍从只要违背他的意志，便立即诛杀……刘弘度当皇帝不到一年，便被弟弟刘弘熙杀死，刘弘熙坐上御椅（三任），改名刘晟（本文称刘弘熙）。

司马光写道：刘弘熙当皇帝，主要精力是防备弟弟夺他的权，于是先后杀了八个弟弟及家人，把八个弟弟的女儿全都抢到他的后宫做小老婆。刘弘熙还把瓜放到音乐师尚玉楼的头上，演示自己的剑法，一剑挥过去，瓜没砍着，尚玉楼的脑袋掉了……

司马光还写道：接替刘弘熙的四任帝刘继兴（原名刘铱，本文称刘继兴），宫中的宦官就将近两万人，掌权的高官贵爵差不多都是宦官。把知识分子称为“门外”，还不准“门外人”参与朝廷决策。知识分子成了“门外汉”，不得进入皇宫的大门，这样的帝国还能有救吗……

南汉王国刘岩的后裔，就这么往前走去，走到公元971年被北宋灭亡。

南平国的兴与亡

南平王国的创立者高季兴（高季昌），河南省三门峡人，早年在朱全忠义子朱友让家当家奴，被朱友让收为义子，成为朱全忠的亲随牙将。朱全忠登上后梁帝位后，任命高季兴为荆南战区司令，后梁灭亡后，高季兴向后唐投降，被后唐帝李存勖封为南平王。

四川的夔（今奉节县）、忠（今忠县）、万（今重庆市万州区）三州，唐王朝时属于荆南战区，“五代十国”时被前蜀王国占领，南平王高季兴一直想夺回。公元925年，后唐帝李存勖对前蜀王国发起毁灭式进攻，特地命高季兴率荆南战区军队夺取夔、忠、万三州。高季兴即亲率荆南舰队，逆长江而上，配合后唐对前蜀进攻，夺回了三州。但是后唐帝李存勖死后，后唐二任帝李嗣源另派官员到三州任职，从高季兴手里把三州收回了。高季兴派军队突入夔州，杀死驻军将士，还在西陵峡口，把顺江而下押送前蜀国金银珠宝的大营管理官韩珙杀了，押送的大量金银财宝也被抢了。后唐追问下来，高季兴说的是：“韩珙等舟船穿三峡东下，茫茫数千里，如果想知道船翻人溺的情况，应去查问水神。”后唐李嗣源震怒，派三路大军围攻南平。南平王高季兴为求得外援，把十匹骏马、两名美女转手送给南吴王国，同时献出土地，请求归降。南吴王杨溥早就知道，高季兴可不是什么好东西，当后唐一任帝李存勖问高季兴，前蜀、南吴两国应先灭哪国时，高季兴建议先灭南吴。因而当高季兴献骏马、献美女、献土地，请求归降时，南吴收下高季兴的贡品，不接受他归降称臣。面对后唐打来的三路大军，高季兴焦头烂额，只好左拼右挡，转而向早已交恶的南楚王国求和，并再次向南吴王国称臣。南吴看到高季兴被折腾得差不多了，才接受他的归降，并封高季兴为秦王。没过多久高季兴患病死了，南吴已经称帝的杨溥，命高季兴的儿子高从诲，继任荆南战区司令。

由此可见，南平王国的创立者高季兴，就是一个后梁亡、降后唐，后唐攻、求南楚，打不过、降南吴的投机分子。

高从诲一上任，便托人求情，转降后唐，恢复臣属关系，继续向后唐进贡。高从诲的南平战区，管辖荆（今湖北省江陵县）、归（今湖北省秭归县）、硖（今湖北省宜昌市）三州，处于后唐、南吴、后蜀的中间地带，高从诲攻打他国的事不敢想，全部想的是如何防止他国攻打自己。因而高从诲放低身段，到处叩首，自己称臣，寻找机会，打“擦边球”，各国遂送他一个绰号“高赖子”。这似乎是他高家的基因遗传，好像把这个绰号安到高季兴头上，更为合适。因为高季兴在位时，利用自己独特的地理位置，对南楚、南吴、南汉、闽国等向中原国家进贡的金银财宝，大肆抢劫，常常激起这些国家的众怒，断不了发兵讨伐。高季兴的南平王国疆域狭小，兵力衰弱，一看他国打过来了，便把抢夺的金银珠宝吐出来，还得搭上自己国库的一份。高从诲继任后，后唐、后晋、辽国、后汉相继控制中原，南汉、闽国、南吴、后蜀的首领先后称帝，高从诲是见“帝”就拜，只要他们接受，就向他们称臣，以贪图他们的赏赐。高从诲的“高赖子”形象使得各国都看不起他，特别是公元947年后汉帝国发生内乱时，高从诲觉得是个机会，主动与后汉断绝关系，结果北方的商人旅客都不能入境南平王国，境内物资匮乏，一片萧条，民众的生活雪上加霜。没辙了，高从诲又厚着脸皮向后汉皇帝认错，请求宽恕，并表示继续向后汉进贡。

公元948年十月，南平王高从诲去世，他的儿子高保融继任（三任）。

南平王国尴尬的地理位置，尤其是高姓王族“灵活”“投机”的遗传基因，决定了南平王国——好，好不到哪里去；死，死得不会太快。公元963年，南平王国被北宋灭亡。

桀燕用笑话诠释残暴

桀燕帝国是刘守光创立的，在“十国”中它立国最晚，灭亡最早。

刘守光穿上黄袍，立国大燕。但因为他立国就是一个笑话，尤其是他用笑话诠释他的凶狠残忍，所以史学家称大燕为桀燕。

刘守光的父亲刘仁恭，是卢龙战区（总部设在今北京市）司令，他就始终在朱全忠、李克用两大敌对势力之间，寻找自己的平衡点，朱全忠占上风，他就投靠朱全忠，李克用占上风，他就投靠李克用，弄得两边不落好，两边不是人。公元903年，契丹大军发起对渝关（今河北省山海关）的进攻，刘仁恭派刘守光驻守平川（今河北省卢龙县），刘守光使做了一个阴招，他假惺惺地跟契丹和解，在城外摆设宴席，招待契丹的高层官员，待酒饮到半醉，出动伏兵，把他们全部生擒，契丹交了很重的赎金后，刘守光才把他们释放。

刘守光对自己的这一手非常得意，变得更加狡诈起来。父亲刘仁恭的小老婆罗女士长得很漂亮，刘守光便引诱她上床，被发现后，父亲刘仁恭用木棍揍了他一顿，把他赶出家门，不认他这个儿子了。刘守光便开始报复，他在父亲刘仁恭到大安山（今北京市西）玩游时，带人把父亲刘仁恭擒走，自己披上了卢龙战区司令的战袍，并请求后梁帝朱全忠给他发个正式任命。义昌战区（总部设在今河北省沧州市）司令刘守文，是刘守光的哥哥，发兵讨伐刘守光，结果兵败，也被刘守光擒获了。刘守光把哥哥刘守文杀死后，发兵抢占了沧州。

夺得沧州后，刘守光的荒淫凶虐，更节节升高。审问被告时，就把被告塞到铁笼子里，用火把铁笼烤红逼供；又特别制造一种铁刷，用来刷人的脸。

司马光写道，公元911年六月，刘守光身穿暗红色长袍（唐王朝皇帝穿暗红色龙袍），对将领们说："我疆土辽阔，地势险要，兵强马壮，也想当当皇帝，你们看怎么样？"他还派人游说武顺、义武战区，要求两战区尊他当"尚父"。

这本就是一个笑话，天下人都不知"尚父"是个什么官。于是晋王李存勖便开始捉弄刘守光，联络六个战区司令，联名推荐他当后梁政府尚书令、"尚父"。后梁帝朱全忠认为刘守光既愚蠢，又疯狂，一眼就看懂了是六战区司令捉弄他，便把这个闹剧进行到底，派宫门管理官王瞳、承办官史颜群前去隆重布达，并摆开了"尚父"登位的一套礼仪。当在登位礼仪时知道"尚父"仍是天子的臣属后，刘守光大怒，下令逮捕王瞳、史颜群以及各战区前来观礼的使节，让他们戴上脚镣手铐，投进监狱。刘守光可不管人家是不是看他笑话，仍然登基称帝，还在庭院摆出利斧和切肉的砧板，宣布说："反对的，斩！"智囊孙鹤斗胆劝阻，刘守光就下令把他按到砧板上，一片一片割他身上的肉……

公元911年八月十三，刘守光登基称帝，国号大燕，史称桀燕。

晋王李存勖听说后，哈哈大笑，说："等他暖热了板凳，我再踢开他的屁股！"

晋王李存勖组织三方面联军，攻打刘守光，刘守光便裹胁境内所有青年，一律在脸上刺青，打上记号，知识分子也不例外，统统当兵打仗。但他根本就不是晋王李存勖的对手，一接战便被打得落花流水。刘守光向契丹求救，契丹因他向来言而无信，不肯支援。在走投无路的情况下，刘守光登上幽州城楼，对围困的联军喊话："等晋王驾到，我就开门下跪迎接。”李存勖到了，他单枪匹马来到城下，对刘守光承诺：“只管出来见面，包管无事。”可刘守光又要起赖皮来，要等到明天再说。李存勖不等了，指挥军队发起进攻，进城后找不到刘守光，只救出了被他擒获囚禁的刘仁恭，刘守光带着皇后、皇子逃走了。刘守光逃到沧州一农户家讨饭吃，被抓获送给了李存勖。

李存勖继续上演闹剧，发布昭告全国大捷的“露布”。左右不知“露布”是什么，李存勖告诉他们，就是把消灭桀燕帝国、俘虏桀燕皇帝刘守光的消息，写到布上，派人拖着走，宣传一下。

刘守光当皇帝的桀燕帝国，三年而亡。

……

缕清“十国”，虽因杂乱而使自己感到很烦，但仍觉得意犹未尽。

在我看来，自黄巢暴动之后，唐王朝的各战区司令，几乎都露出了由独立王国向独立建国转变的本相。尤其是中原之外的战区，真正由民变领袖站到“十国”行列的，一个也没有。“十国”的君王，有的出身官宦，有的出身庶民，但当他们独立建国时，都已是朝廷任命的高官了。这说明，天下大乱，占据一方且手握军权的高官，才有条件立国。

细算下来，“五代”之外不止“十国”，如文中写到的董昌建立的大越罗平国，还有仅仅点到的南诏王国，还有没有点到的岐国等，都有皇帝或国王，有比较完备的国家架构体系。这里就不一一写了，请读者朋友去读司马光的《资治通鉴》吧。

第四章 大宋王朝喷薄欲出

大宋王朝在“五代十国”的废墟上，似一轮冉冉升起的朝阳，喷薄欲出……

这是中国封建王朝更替的周期律诠释……

更是中华文明生生不息的历史写照……

赵匡胤走向大宋王朝

赵匡胤是站在“五代十国”的废墟上，走向大宋王朝的。

赵匡胤，河北涿州人，出身军人家庭，在后周帝国一任帝郭威手下当兵，被二任帝郭荣重用为将，屡立战功。

赵匡胤在“五代十国”显露头角，是公元954年后周帝郭荣与后汉三任帝刘崇（刘旻）的高平（今山西省高平市）之战。会战一开始，后周将领樊爱能、何徽无缘无故率军撤退，他们手下的千余名士卒脱掉铠甲、扔掉武器，高呼万岁，向敌军投降。皇帝郭荣一看不好，亲率皇家卫士，冒着飞石流箭，奋力反击。在这个关键时刻，禁卫军将领赵匡胤大喊：“君王危险到这种程度，我们怎么不拼一死！”他对同是将领的张永德说：“你手下很多人精于左手发箭，你带领他们登上高地，加强左翼，我率军加强右翼，咱们合力攻击，国家安危就取决于此战了！”说罢赵匡胤率军冲锋，殊死作战。赵匡胤这么一带头，后周的金殿侍从官、殿前领班也都带领部下，向后汉军发起攻击，于是战局反转，后周大胜。

后周二任帝郭荣抱负宏大，他时常愤慨自黄巢攻陷长安以来，八十年间，中国分崩离析、四分五裂。高平之役大获全胜后，郭荣慨然生出以武力统一中国的雄心壮志。当时中原之外的小国，大都臣服后周帝国，唯有实力强盛的南唐帝国，主动与辽国勾连，企图南北夹击后周。在这种情况下，郭荣果断拍板攻击南唐，短时间内三次南下伐唐，每一次都把赵匡胤当军中主帅使用。赵匡胤就是在这三次南下伐唐战役中，凸显了他极高的军事才华和大将风度。

下面，我们截取公元956年二月，第一次伐唐战役中，司马光记载赵匡胤的几个故事：

后周帝郭荣命赵匡胤急行军袭击清流关（今安徽省滁州市西北），南唐将领皇甫晖做梦也没想到，后周大军会这么快兵临城下。皇甫晖对赵匡胤喊话："可不可以等我布好阵势，再行交战？"赵匡胤笑笑答应了，率军后撤，等着皇甫晖布好阵势出来。第二天皇甫晖布好阵势出城，赵匡胤立即飞马而出，一手搂着马颈，一手拿着武器，大声号叫，冲入敌阵，一剑将皇甫晖砍落马下生擒……

赵匡胤每次出战，都把战马、铠甲和武器用彩带扎成绣球装饰，格外耀眼。有人对他说："你这样做，不是给敌人提供明显目标吗？"赵匡胤则说："我就是要让敌人认识我是谁……"

后周扬州守将韩令坤，听说南唐大军向扬州开来，尚未见南唐军的影子，便放弃扬州逃了。皇帝郭荣严令韩令坤迅速返回扬州，同时派赵匡胤进驻六合（今江苏省南京市六合区）。赵匡胤进驻六合后，下令说："扬州占领军有经过六合的，砍下他的脚！"这话传到扬州后，韩令坤才率领部众下决心死守……

南唐派二万大军扑向六合，在离六合二十余里的地方安营扎寨。赵匡胤驻守六合的军队不足两千人，兵力对比极其悬殊。赵匡胤经过分析认为，南唐军虽然人多，但距六合二十余里驻扎下来，说明他们心怀恐惧。赵匡胤制定的对策是，不主动出击，而是坐等，因为一出击便会让南唐军看出他的兵力薄弱，等南唐军开进到六合城下时，再把全部兵力押上去奋力搏杀。赵匡胤认为，不足两千人的六合守军，取胜的唯一途径是每个人都以一当十，殊死战斗。结果在南唐军的第一波进攻中，赵匡胤的官兵以殊死战斗，歼敌五千人。南唐军本就恐惧，五千人战死，剩下的抱头鼠窜，涌江南渡，挤到水里淹死很多……

就在这次战斗中，赵匡胤在挥剑督战的同时，挥剑划破一些士卒头上所戴的皮笠。战斗结束后，他检查每个士卒头上的皮笠，凡被他用剑划破的，一律拉出来斩首。因为战前赵匡胤下达过殊死战斗的训令，那些在作战中躲躲闪闪、没有执行他训令的士卒，被他用剑划破皮笠，留下了战后被斩的记号。司马光写道：自此，部下士卒没有人敢不拼死效命……

也就在第一次南征战斗中，赵匡胤就注重发现贤良人才，司马光也写了两个故事，我们领略一下。

后周南征大军攻下滁州后，皇帝郭荣派皇家文学侍从官窦仪，清查滁州府库的财物，赵匡胤派亲信去找窦仪，索要一些绢绸。窦仪不给，他对赵匡胤说："你当初攻陷城池时，把库藏全部搬走都没关系，现在政府已经清查登记，就是国家财产，除非有皇上诏书，不可以私自处理！"听了窦仪的话，赵匡胤对他肃然起敬。窦仪这个人赵匡胤记住了，当上皇帝后，任窦仪为国防部副部长、二级实质宰相。

攻陷滁州后，赵普任军事执行官，当时赵匡胤捕获盗匪一百多人，准备斩首。赵普请求先经过审讯，再下判决。一百多人审下来，八十余人获得释放。赵匡胤找赵普交谈，大为欣赏，觉得他是个奇才。赵普这个人赵匡胤也记住了，当上皇帝后，任赵普为右谏议大夫，做他的智囊。

……

公元959年六月十九，后周二任帝郭荣逝世，他七岁的儿子郭宗训登基。第二年，八岁的皇帝郭宗训诏令赵匡胤，率军北上抵御辽军的进犯。赵匡胤率军走了，后周首都开封却传说四起，居民三五成群聚在一起，议论说赵匡胤这个殿前都点检（也叫护从司令，位在都指挥使之上）是天子；星象观察家说，太阳下面还有一个太阳，四周黑色光芒，摩擦激荡；还有的跟赵匡胤亲近的人说，赵匡胤当皇帝，是上天的安排，等等。

赵匡胤不知道首都开封的这些议论，他于公元960年正月初三，率军走到陈桥（今河南省封丘县东南）了，晚上与将领们喝了一场酒，醉了，在营帐里酣睡。而营帐外面，将士们商议得正欢，大家一致认为，后周帝国八岁的皇帝撑不起国家来，拥戴赵匡胤当皇帝，大家才安心。转天拂晓，将领们全副武装，手拿武器，敲赵匡胤的营帐。赵匡胤大吃一惊，从床上跳起来，话都没来得及问，大家一拥而上，不由分说，把皇帝穿的黄袍披到了他身上；尔后在赵匡胤的四周跪下叩头，高呼万岁；接着把他架到早就准备好的马上，赶着就往首都开封走。赵匡胤脱不开身了，拉住缰绳，要求将士们明确回答他的问话。

赵匡胤："你们贪图荣华富贵，拥戴我当皇帝，我的号令，你们是否服从？"

大家异口同声："当然服从！"

赵匡胤："我曾面向北方侍奉皇太后、皇上（指三任帝郭宗训），政府高级官员都与我平起平坐，你们不可以惊动皇宫，也不可以凌辱官员，冒犯国库。遵守命令的，重赏；违背命令的，连同妻子儿女一并诛杀！"

大家又异口同声："是的！"

于是赵匡胤整顿军容，从首都开封仁和门进城，纪律严明，一点也没有侵犯。

公元960年正月初五，赵匡胤接到后周三任帝郭宗训的让位诏书后，登基称帝。因他原任职的战区总部设在宋州（今河南省商丘市），国号宋，史称宋朝。

至此，五十三年的"五代十国"画上了句号。这个句号是随着中原的第五个帝国后周的灭亡而画上的，中原之外的“十国”中，南唐、吴越、南汉、南平等国，虽然没有在“五代十国”的五十三年中灭亡，但往前走得踉踉跄跄，也走不动了，没走几步，便被宋王朝全部吞并。

至此，一统中华的宋王朝大旗，开始在中华民族的祖先用脚、用刀枪、用生命和鲜血丈量出来的国土上高高飘扬！

……

读《资治通鉴》写完上面这段文字，我看了一眼手机，时间是2023年2月13日凌晨1点29分。此时的我，没有因为终于写完了而长舒一口气，而是感觉言犹未尽！

2023年2月13日于山东海阳